예언서개론

베이커
구약 개론
시리즈 3

Handbook On The Prophets

예언서개론

이사야
예레미야
애가
에스겔
다니엘
소예언서

로버트 치즈홀름 | 강성열 옮김

CH북스
크리스천
다이제스트

차례

† 약어표

AB	Anchor Bible
AUSS	*Andrews University Seminary Studies*
BA	*Biblical Archaeologist*
BASOR	*Bulletin of the American Schools of Oriental Research*
BDB	Brown, F., S. R. Driver, and C. A. Briggs. *A Hebrew and English Lexicon of the Old Testament.* Oxford, 1907
Bib	*Biblica*
BRev	*Bible Review*
BSac	*Bibliotheca Sacra*
BT	*The Bible Translator*
BTB	*Biblical Theology Bulletin*
CBOTS	Coniectanea biblica: Old Testament Series
CBQ	*Catholic Biblical Quarterly*
CTA	*Corpus des tablettes en cunéiformes alphabétiques découvertes à Ras Shamra-Ugarit de 1929 à 1939.* Edited by A. Herdner. Mission de Ras Shamra 10. Paris, 1963
ETL	*Ephemerides theologicae lovanienses*
ExpT	*Expository Times*
FOTL	Forms of the Old Testament Literature
GKC	*Gesenius' Hebrew Grammar.* Edited by E. Kautzsch. Translated by A. E. Cowley. 2d ed. Oxford, 1910
HALOT	Koehler, L., W. Baumgartner, and J. J. Stamm, *The Hebrew and Aramaic Lexicon of the Old Testament.* Translated and edited under the supervision of M. E. J. Richardson. 4 vols. Leiden, 1994–99
HAR	*Hebrew Annual Review*
HSM	Harvard Semitic Monographs
HTR	*Harvard Theological Review*
HUCA	*Hebrew Union College Annual*
ICC	International Critical Commentary
Int	*Interpretation*
JANES	*Journal of the Ancient Near Eastern Society of Columbia University*
JAOS	*Journal of the American Oriental Society*

JBL	*Journal of Biblical Literature*
JETS	*Journal of the Evangelical Theological Society*
JJS	*Journal of Jewish Studies*
JNSL	*Journal of Northwest Semitic Languages*
JPSBC	The JPS Bible Commentary
JSNT	*Journal for the Study of the New Testament*
JSNTSup	Journal for the Study of the New Testament Supplements
JSOT	*Journal for the Study of the Old Testament*
JSOTSup	Journal for the Study of the Old Testament Supplements
JSS	*Journal of Semitic Studies*
JTS	*Journal of Theological Studies*
KJV	King James Version
NAC	New American Commentary
NASB	New American Standard Bible
NCB	New Century Bible
NET	New English Translation
NGTT	*Nederduitse gereformeerde teologiese tydskrif*
NICOT	New International Commentary on the Old Testament
NIV	New International Version
OTE	*Old Testament Essays*
OTL	Old Testament Library
OtSt	*Oudtestamentische Studiën*
RB	*Revue Biblique*
SBLDS	Society of Biblical Literature Dissertation Series
SBLMS	Society of Biblical Literature Monograph Series
SBLSP	*Society of Biblical Literature Seminar Papers*
SJT	*Scottish Journal of Theology*
SJOT	*Scandinavian Journal of the Old Testament*
TBT	*The Bible Today*
TDOT	*Theological Dictionary of the Old Testament.* Edited by G. J. Botterweck and H. Ringgren. Translated by J. T. Willis, G. W. Bromiley, and D. E. Green. 8 vols. Grand Rapids, 1974–
TJ	*Trinity Journal*
TOTC	Tyndale Old Testament Commentaries
TynB	*Tyndale Bulletin*
UF	*Ugarit-Forschungen*
VT	*Vetus Testamentum*
VTSup	Vetus Testamentum Supplements
WBC	Word Biblical Commentary
WTJ	*Westminster Theological Journal*
ZAW	*Zeitschrift für die alttestamentliche Wissenschaft*

† 서문

히브리 성서의 예언 문헌은 상당한 해석상의 장애물들을 가지고 있다. 시문(詩文)으로 된 예언 문헌은, 상상력과 감정을 자극하는 생생한 이미지들로 가득 차 있음에도 불구하고, 압축된 표현들과 갑작스런 분위기 전환, 그리고 때때로 나타나는 신비로운 암시 등으로 인하여 독자의 이해를 피해가는 경우가 많다. 예언 문헌의 독자는 이 예언의 책들이 특정 시대에 특정 집단의 사람들을 대상으로 하여 기록된 것들인 까닭에 현대 독자들이 공유할 수 있는 게 거의 없다는 것을 금방 알아챈다. 그러나 이 책들은 단순히 오랫동안 잊혀진 사람들을 위해 기록한 옛 문서들 이상의 의미를 가지고 있다. 그것들은 시간과 공간을 초월하는 메시지, 곧 영원하신 하나님의 말씀을 담고 있다. 옛 예언자들과 마찬가지로 우리 역시 이 하나님을 믿는다. 그리고 그들이 남긴 말씀들은 하나님의 성품에 대한 통찰을 우리에게 제공하며, 우리에게 그를 더 사랑하고 더 헌신적인 태도로 그를 섬기도록 촉구한다.

해석상의 난제들과 중요성으로 인하여 예언 문헌은 신중한 연구를 요청한다. 학자들은 예언의 책들을 바르게 이해하는 한편으로 전문 학자들에게 오래도록 쓸 수 있는 참고자료를 제공하려는 노력 하에, 예언서 낱권들에 대한 전문적인 주석들을 생산해 냈다. 그러한 작품들은 온갖 방법을 다 동원하여 해석상의 쟁점들을 상당히 깊이 있게 다루고 있다. 이 책은 이러한 전문적인 주석 장르에 속해 있지 않다. 이 책은 각 예언서의 구조와 주제 및 메시지 등을 분석하는 개략적인 주석을 통하여 예언 메시지를 개관하려는 목적을 가지고 있다. 참으로 독자들은 나무와 숲을 동시에 보지 않으면 안 된다. 왜냐하면 개별적인 부분들은 전체에 대한 감각이 없이는 쉽게 이해되지 않기 때문이다. 그러나 나는, 필요한 경우에는, 때때로 특히 중요한 해석상의 쟁점들을 한층 깊이 다루고자 했고, 주석들과 전문적인 신학 문헌들에 표현되어 있는 학문적인 견해들을 종합하면서 그것들과 교감하고자 했다. 그러한 논의의 많은 부분들은 각주에 잘 반영되어 있다. 그리고 예언 문헌에 대한 한층 심화된 학문적 연구를 진행하고자 하는 자들을 위해서 각 장의 말미에 참고문헌을 소개하였다. 대부분의 경우 이 참고문헌은 1990년 이후로 완성된 영문 저작들에 한정되어 있다.

이 책의 주된 독자층은 전문 학자들이나 상급 과정에 속한 학생들이 아니다. 그들이 이 책으로부터 도움을 얻기를 바라기는 하지만 말이다. 도리어 이 책은 예언서를 개관하고자 하는 학부 학생들과 예언서 입문을 위한 세미나 과정을 수강하는 학생들, 그리고 목회자들과 진지하게 성서를 연구하고자 하는 평신도 등을 겨냥하고 있다. 이 책이 도발적이면서도 흥미로운 하나님의 말씀, 곧 예언서에 대한 어느 정도의 통찰력을 제공하기를 바라는 마음 간절하다.

Robert B. Chisholm Jr.

이사야

서론

이사야의 예언 경력은 적어도 40년의 기간에 걸쳐 있다. 하나님은 웃시야 왕이 죽던 해인 주전 740년에 그를 예언자로 부르셨다(사 6:1). 그의 사역은 요담과 아하스의 통치시기를 거쳤으며, 주전 715년부터 686년까지 유다를 다스렸던 히스기야 왕의 통치시기에 이르기까지 계속되었다(사 1:1).

그가 활동한 시기는 복잡한 사건들이 연이어 터진 시기였다. 당시에 강대 제국 앗수르는 서쪽으로 영역을 넓혀가면서 이스라엘이나 유다와 같은 약소 국가들을 정복하였다. 주전 722년경에 앗수르 제국은 이스라엘을 정복하였으며, 그곳의 백성들을 포로로 잡아갔고, 그 지역을 앗수르의 영토에 편입시키고 말았다. 유다 역시 앗수르의 속국이 되었다. 유다가 나중에 모반을 꾀하자 앗수르는 그 땅을 침략하여(주전 701년) 예루살렘 주변 지역을 정복하였다. 히스기야 왕의 기도에 대한 응답으로 야웨(본서는 "야웨"를 "주님"을 뜻하는 "Lord"로 표현하나 번역서에서는 "야웨"로 번역키로 함: 역자 주)의 기적적인 개입이 이루어진 후에야 비로소 그 성읍은 구원을 얻을 수 있었다(사 36-37장). 이사야는 이 모든 일들을 겪으면서 그 사건들에 관해 예언을 하였으며, 하나님의 백성에게 회개할 것을 촉구하였다.

이사야의 예언을 담고 있는 책은 두 개의 중심 단원(unit)을 가지고 있다. 그 첫 번째(1-39장)는 대부분이 이사야가 활동하던 시대의 주요 관심사들과 사회정치적인 현실들을 반영하고 있다. 이 책은 이사야의 예언 활동이 끝나 갈 무렵인 주전 701년의 한 예언과 더불어 시작된다. 앗수르의 침략이 이루 어지자 이사야는 유다에게 회개할 것을 촉구하였으며, 계속 죄 안에 머물러 있으면 훨씬 더 엄한 심판에 직면할 것임을 경고하였다. 39장은 바벨론이 유 다 백성을 포로로 잡아가게 될 것임을 경고하던 시기의 한 이야기에 관해서 말하고 있다. 1-39장은 네 부분으로 세분할 수 있다: 1-12장, 13-27장, 28- 35장, 36-39장.

이 책의 두 번째 중심 단원(40-66장)은 포로 생활을 내다보고 있으며, 미 래의 바벨론 포로민들의 주요 관심사들에 대해서 언급한다. 이 단원은 포로 민들에게 겉으로 드러난 현실과는 달리 그들의 하나님이 버젓하게 살아 계 신다는 점을 확신시키려고 노력한다. 그는 그들을 기꺼이 포로 상태로부터 건지실 것이요, 유대 민족의 역사에 빛나고 새로운 시대가 열리게 하실 것이 다. 이 단원에서는 주전 539년에 바벨론을 정복한 후 유대 포로민들의 귀향 을 허락한 페르시아의 위대한 통치자 고레스의 이름이 언급되기까지 한다 (사 44:28—45:1). 40-66장은 40-55장과 56-66장의 두 부분으로 나눌 수 있 다.

40-66장이 너무도 분명하게 포로기 상황을 배경으로 하고 있다는 것으로 인하여, 대부분의 학자들은 이 장들의 이사야 저작권을 부정하는 한편으로, 이름이 알려지지 않은 포로기의 한 개인("두 번째 이사야" 또는 "제2이사야" 로 불리는)에게 그 저작권을 돌린다. 어떤 이들은 포로기 이후 시대를 살았 던 제3의 인물("세 번째 이사야" 또는 "제3이사야"로 불리는)이 56-66장을 기록했다고 주장한다.

40-66장은 바벨론 포로기가 이미 이루어졌고 예루살렘이 폐허 상태에 있 다고 묘사하지만, 이것이 이 단원의 이사야 저작권을 배제하는 것은 아니다. 이 단원의 중심 주제들 중 하나는 이스라엘의 주권자이신 하나님이 역사를 이끌어 가신다는 점이다. 그는 특정 사건들이 일어나기 오래 전에 그 사건들 에 관해 말씀하시고 그것들이 일어날 것임을 선포하시는 분이다. 포로기가 닥쳐올 것임을 경고한 그 동일한 하나님이 자신의 예언자를 통하여 말씀하 시면서 포로기의 미래 세대를 향하여 그들이 처하게 될 상황을 매우 구체적

으로 밝히신 것이라는 얘기다. 이처럼 독특한 메시지는 그 메시지가 선포한 상황보다 수십 년 전에 예언된 것으로서, 낙심에 빠진 포로민들에게 희망과 기대감을 가지고서 미래를 바라볼 것을 촉구하려는 의도를 가지고 있었다.

40-66장에 있는 이사야의 수사학적인 표현 방식은 연로한 할아버지가 어린 손녀딸에게 편지를 쓰고 봉인한 후에 "네가 결혼할 때 열어보도록 해라"는 말과 함께 그것을 그 손녀딸에게 전달하는 것과 비교될 수 있다. 할아버지는 자신이 손녀딸의 결혼식 때까지 살지 못할 수도 있음을 알고 있지만, 그녀가 아내요 어머니로서 무수한 시련들을 겪게 될 것임을 충분히 예견하고 있다. 그는 자신을 미래로 투사하여 마치 자기가 실제로 그녀의 결혼식에 참석하고 있는 것인 양 그 손녀딸에게 말한다. 우리는 그 편지가 손녀딸에게 상당한 수사학적인 영향력을 행사할 것임을 상상할 수 있다. 이를테면 손녀딸이 그 편지에 담긴 선견지명과 지혜를 인식하고서 할아버지가 얼마나 자신을 염려하고 있는지를 알게 되는 것이 그렇다. 하나님의 백성인 포로민들이 이사야의 시대보다 150년 후의 시대를 살면서 자기들에게 선포된 그의 메시지를 들었을 때, 그들은 하나님이 자기들의 상황을 미리 아셨고 새로운 희망의 메시지로 자기들을 위로하실 정도로 자기들을 충분하게 돌보고 계셨다는 것을 깨달았음에 틀림이 없다.

폭풍 후의 무지개(이사야 1-12장)

1-12장에는 다양한 심판 선고들이 정의와 평화가 땅을 가득 채울 미래의 한 시대에 대한 묘사들과 뒤섞여 있다.[1] 하나님을 반역하는 백성을 향한 고발의 메시지들과 임박한 심판에 대한 다양한 표상들이 이 단락을 지배하고 있기는 하지만, 예언자는 심판의 그늘 너머에 있는 희망의 날을 예견하고 있다(2:2-4; 4:2-6). 이 가느다란 희망의 빛줄기는 어둠을 몰아내는 거대한 빛

---

1) 정경으로 확정된 이사야서의 최종 형태에서는 1:1의 표제가 40-66장을 포함하는 이사야서 전체의 도입부 역할을 수행한다. 예언자의 주요 관심사는 처음부터 끝까지 유다와 예루살렘의 운명에 초점을 맞추고 있다.

으로 변하면서(9:1-7) 마지막 두 장(11-12장)의 분위기를 지배하기에 이른다.

제사가 아니라 순종(1:1-20)

주전 701년에 산헤립(Sennacherib)이 이끌던 앗수르 군대는 유다를 침공하여 그 농작물을 삼켰으며, 성읍들을 폐허로 만들었다.[2] 그들은 예루살렘을 포위하였고, 유다를 앗수르의 한 지방과도 같은 나라로 축소시켜버리겠다고 위협하였다. 20여 년 전에 북왕국(이스라엘)에게 했던 것처럼 말이다. 히스기야의 기도에 대한 응답으로 야웨께서는 기적을 통하여 그 성읍을 구원하셨으며, 산헤립으로 하여금 꼬리를 내린 채로 급히 집으로 돌아가게 하셨다(사 36-37장).

이 침략이 있은 후에 야웨께서는 자기 백성의 반역에 직면하셨으며, 그들에게 최후통첩을 발하셨다. 그 메시지는 법정의 한 모습과 더불어 시작된다(1:2a). 야웨께서는 검사의 역할을 맡으시고, 유다(여기서는 이스라엘로 불림)는 피고의 입장에 서며, 하늘과 땅은 증인으로 소환된다. 오래 전 모세의 시절에 의인화된 하늘과 땅은 이스라엘이 야웨와 더불어 맺은 계약을 증인 자격으로 목격하였다. 그 계약에서 이스라엘 민족은 하나님의 법을 지키는 한편으로 그가 제시한 기준들을 위반할 경우에는 그의 징계와 심판을 달게 받는다는 데 동의하였다(신 4:26; 30:19; 31:28; 32:1). 이제 야웨께서는 그 증인들에게 이스라엘이 자신의 맹세에 충실하지 못했음을 증언함으로써 자신의 고발이 옳은 것임을 뒷받침해줄 것을 요구하신다.

야웨의 고발은 직접적이고 확실하다(2b-3절). 그는 이스라엘의 반역과 배은망덕함을 고발하신다. 이스라엘의 아버지이신 야웨께서는 자기 자녀들의 필요를 충족시키고 그들을 바르게 양육하기 위해 최선을 다하셨다. 사람들은 이 자녀들이 감사함으로 응답할 것이라고 기대하지만, 그들은 도리어 하

---

2) 선전을 목적으로 하는 산헤립의 과장된 침략 서술에 대해서는 다음을 참조하라: James Prtichard, *Ancient Near Eastern Texts Relating to the Old Testament* (Princeton: Princeton University Press, 1969), 287-88.

나님의 권위에 도전하였다. 우매한 짐승(소와 나귀)조차도 자신의 양식이 어디로부터 오는지를 알 수 있는데도, 이스라엘은 야웨가 자기들에게 주어진 많은 복들의 근원이라는 사실을 인정하지 않았다.

야웨께서는 그러한 반역을 용납하지 않으신다. 이사야가 지적한 바와 같이, 그는 이미 신명기의 저주 목록에 언급된 심판들을 여러 차례 유다에게 보내심으로써 그들을 파멸 직전에까지 이르게 하셨다(4-9절).[3] 2-3절에 이어지는 이 단락은 죽음의 소리와 더불어 시작된다. 감탄사 "아아!"(이 히브리어 낱말은 때때로 "화로다!"로 번역됨)는 장례식장에서 들을 수 있는 탄식의 외침이다(왕상 13:30; 렘 22:18-19). 이사야의 청중이 이 탄식소리를 들을 때, 죽음과 관련된 표상들이 그들의 마음속에 떠올랐음에 틀림이 없다. 예언자는 이러한 탄식소리를 4-9절의 서두로 내세움으로써 반역하는 민족의 장례식이 임박했음을 암시하고자 했다.

이사야는 이처럼 임박한 파멸이 닥쳐올 수밖에 없는 이유를 강한 언어로 되풀이한다(4절). 이스라엘은 죄의 무거운 짐을 지고 있다. 그들은 "이스라엘의 거룩하신 자"를 거역했다("버렸다," "걷어찼다," "등을 돌렸다"로 해석이 가능함). "이스라엘의 거룩하신 자"라는 호칭은 이사야가 하나님을 가리킬 때 즐겨 사용하는 표현들 중의 하나이다. 그것은 야웨가 자신의 계약 백성을 다스리시고 그들에게 도덕적인 권위를 행사하시는 최고 통치자임을 드러내고 있다(사 6장). "거룩"이라는 낱말은 "특별한, 독특한, 일상적인 것들과 구별되는"이라는 기본적인 의미를 가지고 있다. 야웨의 거룩하심은 무엇보다도 그가 세계 통치자로서 갖는 초월적인 최고 주권을 가리킨다. 그는 자신이 다스리시는 세계로부터 "구별되는" 분이시다.[4] 동시에 그의 거룩하심은 그의 왕권으로부터 비롯되는 그의 도덕적인 권위를 포함한다. 왕으로서 그는 자기 신하들에게 그들이 어떻게 살아야 하는지를 지시할 수 있는 권한을 가

---

3) 이곳에 사용된 언어와 신명기 28:23, 33, 51-52, 62 등에 있는 언어를 비교해 보라.

4) 그의 보좌가 높이 들린 상태에 있음을 강조하는 이사야 6:1과 그를 "왕"으로 칭하는 6:5를 주목하라.

지고 있다. 참으로 그 자신의 품성이야말로 올바른 행동을 위한 기준이 되는 것이다. 그는 도덕적인 의미에서도 자기 신하들로부터 "구별되는" 분이시다. 그는 기준을 세우시는 분이다. 그들은 그 기준에 도무지 미치지 못한다.[5]

거의 치명적인 상태에 빠진 이스라엘은 의학적인 치료를 받을 가망성이 없을 정도로 크게 망가진 인간의 몸과도 같다(5-9절). 이방 군대(앗수르 군대)가 그들의 땅을 침공하여 성읍들을 불사르고 들판의 온갖 농산물들을 빼앗아 가버렸기 때문이다. 겨우 예루살렘(여기서는 딸 시온으로 불림)만 살아남아 이스라엘이 하나님의 파괴적인 심판을 가장 잘 보여주는 옛 두 성읍 소돔과 고모라처럼 파멸당하지 않게끔 명맥을 유지하고 있을 뿐이다(사 13:19; 렘 49:18; 50:40; 암 4:11; 습 2:9). 여기서는 특히 하나님을 가리키는 "전능하신 야웨"라는 호칭(전통적으로 "만군의 야웨"로 불림)이 적절하게 사용되고 있다. 왜냐하면 이 호칭은 종종 야웨를 자기 군대를 이끌고서 전쟁터로 나아가시는 강한 전사-왕(warrior-king)으로 묘사하고 있기 때문이다(1:9, 24; 2:12).

야웨께서는 이스라엘의 죄와 절박한 회복의 필요성을 분명하게 밝히신 다음에, 자신과 자기 백성 사이의 화해에 필요한 것이 무엇인지를 드러내신다. 그러나 야웨께서 말씀하시기 전에 예언자가 먼저 예루살렘 거민을 법정으로 소환하면서 그들을 "소돔의 관원들"과 "고모라의 백성"으로 칭한다(10절). 이처럼 비꼬는 투의 표현은 야웨의 시각을 반영하는 것으로, 이스라엘이 그의 눈에 얼마나 죄 많은 민족인지를 강조하고 있다.

겉으로만 본다면, 그러한 비교는 불공평한 것으로 보일 것이다. 왜냐하면 그 백성은 매우 경건한 자들이기 때문이다. 그들은 규정된 종교 축제들을 지켰으며, 풍성한 희생 제물들을 성전에 바쳤고, 하나님께 기도하기를 쉬지 않았다(11-15절). 그러나 야웨께서는 그들의 모든 종교적인 의례 행동에 크게 진노하셨다. 그는 사람들의 희생 제물과 분향을 싫어하셨으며, 그들의 성전 집회들을 무거운 짐으로 여기셨다. 그는 그들의 기도에 귀를 기울이지 않으

---

5) 이사야 6:5에서 예언자는 자신이 도덕적인 측면에서 왕의 면전에 서 있을 자격을 전혀 가지고 있지 못하다는 점을 인하여 탄식한다.

셨다. 그 까닭은 기도하면서 펼친 그들의 손에 억울하게 희생당한 자들의 흘린 피가 가득했기 때문이다.

폭력적인 범죄 행위에 대한 이러한 언급은 야웨의 말씀이 정점을 향해 나아갈 수 있도록 하는 배경 역할을 수행한다. 예루살렘 거민은 그들의 죄를 "씻을" 필요가 있었다(16-17절). 대체 어떻게 해야 한다는 것인가? 그들의 사회경제 체제를 변화시킴으로써 말이다. 그 당시 유다에는 압제적인 왕실 군사 관료 체제가 크게 발달해 있었다. 이 관료 체제는 서서히 팽창해 가면서 점점 더 많은 땅을 소유하게 되었고, 갈수록 경제적이고 법적인 체제를 강압적인 것으로 바꾸어 버렸다. 그것은 다양한 행정적인 차원에서 뇌물을 받았으며, 다른 부정직한 행동을 일삼았다(사 1:23). 행정 중심지 밖에 있던 일반인들은 과도한 세금과 징집, 지나치게 높은 이율 및 다른 압제적인 조치들로 인하여 점차 자유를 잃게 되었고, 자기들의 토지 재산과 생존 수단 및 시민으로서의 권리 등을 상실하고 말았다.[6] 야웨께서는 급격한 변화를 원하셨다. 부요한 관리들은 자기들의 관료 체제를 해체시키고 가난한 자들에게 그들의 땅을 되돌려주어야 할 필요가 있었다. 부자들은 부를 축적하고 힘없는 농부들을 착취하는 대신에 법정과 시장에서 공평함을 증진시킬 필요가 있었다.

야웨께서는 최후통첩을 끝으로 자신의 말씀을 마무리하신다(18-20절). 그는 죄로 얼룩진 백성에게 아직도 용서가 가능함을 분명하게 밝히셨다. 그러나 그들의 미래는 사회 정의를 향한 야웨의 요청에 그들이 어떻게 응답하느냐에 달려 있다. 만일에 그들이 순종한다면 그들은 다시금 평화와 풍성한 농산물 수확의 형태로 주어지는 하나님의 복을 경험하게 될 것이다. 그러나 만일에 그들이 계속해서 반역 행위를 일삼는다면, 심판의 마지막 일격이 그들에게 임할 것이다. 아이러니컬하게도 그 땅이 생산해 내는 최상의 것들을 먹는 대신에(19절), 그들은 칼에 "삼키움"을 당할 것이다(20절).

---

6) 당시의 사회경제적인 배경에 대한 연구를 위해서는 다음을 참조: J. A. Dearman, *Property Rights in the Eighth-Century Prophets* (Atlanta: Scholars Press, 1988).

시온을 정결케 하심(1:21-31)

이 말씀은 시온의 간략한 역사를 제공한다. 한때 "신실했던 성읍"이요 정의의 중심지였던 그곳이 이제는 살인자들과 반역자들과 도적들과 부정직한 관리들과 우상숭배자들로 가득 찬 "창기"가 되고 말았다. 그러나 정결케 하는 하나님의 심판을 통하여 시온은 "의의 성읍과 신실한 성읍"으로 바뀔 것이다.

예언자는 시온의 도덕적이고 윤리적인 상태에 대하여 탄식한다. 그는 그 성읍을 불성실한 아내와 불순한 은 및 묽어진 포도주 등에 비유한다(21-22절). 일찍이 그곳의 지도자들은 정의를 장려했지만(왕상 3:7-12, 16-18; 10:9; 대하 19:5-10), 이제는 그들이 경제적인 이득에만 눈이 멀어 있으며, 사회의 가장 취약한 자들, 곧 과부들이나 고아들의 권리를 무시하고 있다(23절). "전능하신 야웨"(문자적으로는 "만군의 야웨"; 이 호칭은 야웨를 자기 군대를 이끌고서 전장으로 향하는 강한 전사로서 묘사함)께서는 예루살렘의 지도자들 — 그가 "대적들"로 간주하는 — 에게 복수하심으로써 압제당하는 자들의 입장을 변호하실 것이다(24절).

그러나 그러한 소식이 완전히 나쁜 것만은 아니다. 이 심판은 긍정적인 목표를 가지고 있다. 야웨께서는 22절에 사용된 은유들 중의 하나를 한층 발전시킴으로써 자신의 심판이 시온의 부정함을 태워버릴 것이라고 설명하신다(25절). 그 후 그는 그 성읍을 위해 정의로운 지도자들을 회복시키실 것이요, 그로 인하여 그 성읍은 다시금 정의의 중심지가 될 것이다(26-27절). 현재의 상황으로 얼른 복귀하신 야웨께서는 현재의 죄 많은 세대가 이 미래의 시대로부터 배제될 것임을 강조하신다(28절).

바로 이 지점에서 하나님은 시온에 있는 또 다른 주요 문제점을 지적하신다(29-31절). 지도자들과 백성은 사회적인 불의의 죄를 가지고 있었을 뿐만 아니라, 과수원과 정원에서 이방 신들을 섬기기까지 했다. 그것은 풍요 제의의 한 형태를 구성하고 있음이 분명하다. 야웨께서는 그에 걸맞게 이 죄인들을 잎이 시들면서 죽어가는 나무와도 같게 하실 것이요, 물 없는 정원과도 같게 하실 것이다. 그들은 그들 자신이 추구한 풍요를 빼앗길 것이다.

정의의 중심지(2:1-5)

2-4장에서 예언자는 앞선 말씀의 주요 주제들을 보다 완전하게 발전시키는 중에 여전히 유다와 예루살렘에 관심의 초점을 맞추고 있다(2:1). 이 부분의 서두와 마지막 부분(2:2-5; 4:2-6)에서 그는 정결하게 된 시온이 정의의 중심지가 될 것이요, 그 성읍을 보호하기 위한 야웨의 임재(1:26-27)가 회복될 것이라고 예언한다. 그러나 이 두 중심 메시지 사이에서 이사야는 백성들로 하여금 그들의 우상숭배와 불의에 직면하게 만들고, 유다에 임할 임박한 심판과 그 파괴적인 결과들에 대해서 묘사한다(2:6— 4:1).

곧 이루어질 상황과 임박한 심판을 넘어서서 이사야는 예루살렘의 성전지대가 세계의 중심지가 될 한 시기를 상상한다(2-4절). 열방이 야웨의 율법을 배우고 자기들의 논쟁거리들을 그의 지혜롭고 공정한 판단에 맡기기 위해 예루살렘으로 몰려올 것이다. 열방이 보다 평화롭고 가치 있는 계획들에 자기들의 에너지를 쏟아 부음으로써 전쟁이 종결될 것이다.

이 환상은 인간 사회의 변혁이나 다름이 없는 모습을 그리고 있다. 사람들은 전쟁을 정도에서 벗어난 것으로 또는 비정상적인 것으로 생각하는 경향을 가지고 있다. 사람들은 그것이 인간 문명의 기초를 이루고 있다는 것을 알지 못한다. 역사가 키건(John Keegan)은 이렇게 말한다: "역사의 교훈은 우리가 살고 있는 나라들과 그 나라들의 각종 제도들 및 심지어는 법들까지도 다양한 종류의 충돌 — 때로는 피에 굶주린 듯한 형태를 갖는 — 을 통해서 생겨난 것이라는 사실을 우리에게 상기시켜준다."[7] 많은 전문적인 직업 군인들이 전쟁의 공포에 대해서 증거한다. 로버트 리(Robert E. Lee)는 "전쟁이 그토록 소름끼치는 것이라는 점은 확실하다. 그렇지 않다면 우리는 그것을 점점 좋아해야 할 것이다"라고 말한다.[8] 그런가 하면 셔먼(William T. Sherman)은 이렇게 말한다: "전쟁은 기껏해야 야만적인 것일 뿐이다 … 총을 한 번도 쏘아본 적이 없고 부상당한 자들의 비명 소리와 신음 소리를 들

---

7) John Keegan, *A History of Warfare* (New York: Alfred A. Knopf, 1994), 4.

8) J. Kaplan, ed., *Bartlett's Familiar Quotations*, 16th ed. (Boston: Little, Brown, 1992), 440.

어본 적이 없는 자들만이 피와 더 심한 보복과 더 강한 황폐화를 부르짖을 뿐이다."[9]

주전 8세기를 살아가면서 앗수르의 위협에 직면해 있던 이사야에게 있어서 전쟁이라는 것은 백병전을 벌이는 전장에서의 피비린내 나는 대량살상을 의미했다. 그것은 또한 종종 굶주림과 그로 인하여 부모가 자식을 잡아먹는 것과도 같이 터무니없는 잔학 행위를 초래하는 포위 공격을 의미하기도 했다. 전쟁은 또한 농작물을 파괴하고 힘없는 여인들을 겁탈하며 죄 없는 아이들을 학살하거나 노예를 매매하고 전 인구를 남의 땅으로 집단 이주시키는 일 등을 의미하기도 했다. 그러나 야웨께서 평화와 정의의 나라를 지상 위에 세우시면 이 모든 상황이 바뀔 것이다.

이 나라가 아직 오지는 않았지만 이사야는 동족들로 하여금 "야웨의 빛"에 행함으로써 그것을 맛볼 것을 촉구한다(5절). 여기서 말하는 야웨의 빛은 아마도 야웨의 계명들과 도덕적인 기준들을 가리킬 것이다(3절). 열방이 언젠가는 이스라엘의 하나님의 주권적인 권위를 인정할 것이 분명하기 때문에, 그의 백성이 지금 여기서 그러한 권위에 복종한다는 것은 당연히 요구되는 일이었다.

심판의 날이 다가옴(2:6-22)

야웨의 다가오는 나라를 마음에 그리던 이사야는 자신이 살고 있는 시대로 되돌아온다. 그는 유다가 이방 종교의 영향에 크게 휘둘리고 있다는 점을 인정한다. 유다 백성은 미래를 알기 위하여 점술가들과 징조 해석자들을 찾았다(6절). 고대 근동 세계에서 점술은 신들의 의도를 분별하는 한 수단이었다. 점술은 우연한 현상들과 그에 수반되는 사건들의 목록을 작성하는 일, 동물의 장기(臟器)를 살피는 일, 별들의 운행과 모양을 관찰하는 일 등의 다

---

9) Ibid., 492.

10) 이에 대해서는 다음을 참조: Robert R. Wilson, *Prophecy and Society in Ancient Israel* (Philadelphia: Fortress Press, 1980), 90-98. 윌슨은 메소포타미아의 점술 이론과 실제에 초점을 맞추고 있다.

양한 방법들을 포함하였다.[10] 점술이 이스라엘 주변 나라들에 널리 퍼져 있었지만, 야웨께서는 이스라엘에 그것이 유통되는 것을 금하셨다(신 18:10-12). 그 대신에 하나님은 이사야와 같은 예언자들을 통하여 자신의 뜻과 계획을 드러내셨다.

신명기 법을 거역한 유다의 왕실 관료들은 은과 금뿐만 아니라 말들과 전차들까지도 수집하고 있었다(7절; 신 17:16-17을 보라). 고대 근동 지역에서는 강대 국가들이 전쟁터에서 말이 이끄는 전차들을 사용하였지만, 야웨께서는 자기 백성이 현대화된 군대보다는 그의 초자연적인 보호의 힘을 신뢰할 것을 원하셨다. 그는 자기 백성에게 전차들을 두려워하지 말라고 말씀하셨으며, 그들에게 승리를 약속하셨다(신 20:1-4). 야웨께서는 강한 전차 부대를 멸하실 능력이 자신에게 있음을 여러 차례 입증하신 바가 있다(출 14:23-28; 수 11:4-11; 삿 4:15; 삼하 8:4).

유다 백성은 이방 신들을 수입하고 사람의 손으로 만든 우상들을 숭배함으로써 십계명의 첫 번째 계명과 두 번째 계명을 노골적으로 무시하기까지 했다(8-9a절; 출 20:3-5; 신 5:7-9을 보라). 어떤 이들은 9a절이 심판 예언에 해당한다고 해석하지만(11, 17절을 보라), 이 구절은 우상숭배에 관한 묘사로 이해하는 것이 더 옳을 것이다. 따라서 그것은 "사람들이 절하면서 그것들에게 경의를 표하며, 땅에 엎드려 그것들을 경배한다"(NET)로 번역하는 것이 적절할 것이다. 이사야는 사람들이 실제로 자기들의 손으로 만든 생명 없는 것들에게 절하며 그것들을 경배한다는 사실을 강조하였다. 이러한 도덕적 불합리성으로 인하여 그는 하나님께 우상숭배자들을 남겨두지 말 것을 촉구하지 않을 수 없었다(9b절).

이어서 예언자는 죄 많은 백성들에게 방향을 돌이켜, 그들에게 무서운 전사-왕의 영화로운 모습으로 다가오실 야웨의 파괴적인 심판을 피하여 달아날 것을 촉구한다(10절). 이 심판의 날에 하나님께서는 교만한 자들을 표적으로 삼으실 것이요, 의기양양한 모습으로 자신을 높이시는 중에 그들을 낮추실 것이다(11, 17절). 이사야는 몇몇 은유들을 사용하여 이 교만한 자들을 묘사한다(12-16절). 그는 그들을 레바논의 백향목과 바산의 상수리나무에 비교한다. 이 나무들은 매우 커서 자신을 대단한 자로 여기는 강한 자들을 가리키는 상징으로 적절하게 사용되는 경우가 많았다. 이 교만한 자들은 자기들이 우뚝 솟은 산맥이나 높은 산들, 높이 치솟은 탑들, 요새화된 성벽들처럼 안전하다고 생각했다. 그들은 자기들이야말로 그들 자신이 속한 계층에서 가장 훌륭한 자들이요, 지중해를 통하여 멀리 서쪽 항구들로 항해할 수 있는 크고 인상적인 "무역"선들(문자적으로는 "다시스의 배들")과도 같은 자들이라고 생각했다.

야웨께서 심판하시려고 임하실 때 공포에 사로잡힌 유다의 우상숭배자들은 야웨의 진노를 피하려고 동굴 속으로 달려갈 것이다(18-21절). 그들은 자기들이 애지중지하던 우상들을 가지고 가겠지만, 아이러니컬하게도 어둠 속에 거하는 설치류에게 그것들을 던질 것이다. 이는 사람의 손으로 만든 그 "신들"이 야웨의 권능으로부터 그들을 지켜주지 못함을 폭로하는 하나의 상징이라 할 수 있다.

이사야는 다시금 청중을 위해 한 가지 교훈을 이끌어낸다(22절). 만일에 가장 강한 자들조차도 불길한 운명에 처해진다면, 그들을 신뢰한다는 것은 도무지 납득할 수 없는 행동이 아닐 수 없다. 유다는 자신의 지도자들이나 이방 통치자들을 신뢰해서는 안 된다. 왜냐하면 다가올 심판이 매우 분명하게 보여주듯이 모든 인간은 죽을 수밖에 없기 때문이다.

임박한 혼돈(3:1-15)

이사야는 이 주제를 더 발전시켜 야웨께서 유다와 예루살렘의 부패한 지도자들로부터 전사들과 재판관들, 예언자들, 점술 전문가들 등을 포함하는 다양한 힘들을 제거하실 것이라고 선포한다(1-3절). 이로 인하여 그들의 지도력은 공허한 것으로 전락하고 말 것이요, 그 자리를 무능한 젊은이들이 채우려고 애쓸 것이다. 온갖 갈등이 그 땅을 휩쓸 것이요, 이웃 간에 서로 싸울 것이다. 젊은이들이 노인들과 맞서 싸울 것이요, 사회의 비천한 자들이 존귀한 자들에게 도전할 것이다(4-5절). 사람들은 제각기 자기 주변 사람들에게 자기들을 이끌어달라고 필사적으로 매달리겠지만, 유능한 지도자들은 그처럼 어리석은 자들의 요청을 받아들이지 않을 것이다(6-7절).

국가 지도자들의 죄야말로 하나님의 심판을 초래하는 근본 문제점에 해당하는 것이다. 지도자들은 옛 소돔처럼 뻔뻔스러운 태도로 하나님의 권위에 도전하였다(8-9절; 1:10을 보라). 야웨께서 경건한 남은 자들은 지키시고 그들의 행동에 대해서는 보상을 하시겠지만(10절), 가난한 자들을 압제하는 죄 많은 지도자들은 벌하실 것이다(11-12절). 야웨께서는 강한 전사—왕과 재판관의 자격으로 국가 지도자들을 고발하시고 그들에게 임할 심판을 선고하신다(13-15절).

아름다움이 사라짐(3:16—4:1)

시온의 부요한 왕실 관료들의 아내들과 딸들 역시 임박한 심판을 피하지 못할 것이다. 가난한 자들을 괴롭히는 남편과 아버지의 압제 조치들로 인하여 이득을 보던 이 여인들은 자기들의 아름다운 값비싼 장신구들과 의복들을 자랑하지만(3:16), 이사야는 그들의 속물근성과 과도한 허영심을 강조하기 위하여 그것들을 지겨울 정도로 자세하게 소개한다(18-23절). 그러나 임박한 심판은 이 모든 것을 바꿀 것이다. 이 여인들은 대머리가 될 것이요, 노예로 낙인이 찍힐 것이요, 자기들이 자랑하던 향료들을 빼앗긴 채로 포로가 되어 끌려갈 것이다(17, 24절). 그들의 남편들과 아버지들은 죽임을 당할 것이요(25절), 애곡하는 여인으로 의인화된 그들의 성읍은 버림받을 것이다(26절). 살아남은 여인들은 누구든지 살아남은 소수의 남자들에게 자기들과 결혼해 달라고 필사적으로 요구할 것이다(4:1).

심판 이후(4:2-6)

이 임박한 심판은 가혹하기는 해도 하나님의 복이 주어질 새로운 시대를 열어줄 것이다. 야웨께서는 그 땅에 풍성한 농산물 수확을 회복시키실 것이다(2절). 사람들은 물질적인 소유를 자랑하기보다는 야웨께서 마련하신 양식으로부터 만족함을 얻을 것이다(3:18의 "온갖 장식품"[finery]과 4:2의 "자랑거리"[pride]는 동일한 히브리어 낱말을 번역한 것임).

많은 해석자들은 여기에 메시야에 대한 언급이 있다고 보아 2절 상반절을

이렇게 번역한다: "그 날에 야웨의 가지가 아름답고 영화롭게 될 것이다"
(NIV). "가지"(branch)로 번역된 히브리어 낱말 '체마흐'가 후대의 예언자들
에 의해 메시야적인 인물을 가리키는 것으로 사용되고 있기는 하지만(렘
23:5; 33:15; 슥 3:8; 6:12), 그 본문들은 문맥에 비추어볼 때 인간 통치자를
염두에 두고 있으며 그 낱말이 은유적인 시각에서 후손을 가리키는 데 사용
되고 있음을 분명하게 보여 준다. 예레미야는 "가지"를 다윗과 관련시키며,
스가랴는 그를 야웨의 종으로, 그리고 특정 인간과 동일시한다. 이사야 4:2
에는 그러한 문맥상의 암시가 전혀 없다. 그 반대로 본절의 평행 구조에서
문제의 어구는 "땅의 열매"에 상응한다. 그리고 "땅의 열매"는 다른 곳에서
배타적으로 농산물을 가리키는 데만 사용된다(민 13:20, 26; 신 1:25).[11] 이 낱
말의 용례는 대부분의 경우 농산물이나 곡물을 가리킨다(창 19:25; 시
65:10[여기서 야웨는 이러한 곡물의 근원으로 묘사됨]; 사 61:11; 겔 16:7;
17:9-10; 호 8:7). 농산물을 회복시키시는 야웨의 모습은 이사야서의 이 부분
에 아주 훌륭하게 들어맞는다(사 1:19를 보라). 예언자들은 자주 미래의 시대
에 관한 자기들의 환상에 이 주제를 포함시킨다(그 중에서도 특히 사 30:23-
24; 32:20; 렘 31:12; 겔 34:26-29; 암 9:13-14).

이사야에 따르면, 임박한 심판은 예루살렘을 정결케 만들어주기도 할 것
이다(3-4절). 심판으로부터 살아남은 자들은 "거룩한" 자들로 불릴 것이다.
왜냐하면 야웨께서 "시온의 여인들에게서 더러움을" 씻어내실 뿐만 아니라,
가난한 자들을 죽인 자들이 남긴 "핏자국"까지도 씻어내실 것이기 때문이다
(사 1:21을 보라). 여기서 시온의 여인들을 묘사하는 데 사용되는 언어는 특
히 빈정거리고 비꼬는 어투로 되어 있다. 4절의 "더러움"으로 번역된 낱말은
이사야서의 다른 곳에서 구토물이나 배설물을 가리키는 데 사용된다(28:8;
36:12). 사람의 눈으로 볼 때 시온의 여인들은 아름답게 치장한 자들이지만,
하나님의 눈으로 볼 때 그들의 의복과 장신구는 배설물처럼 혐오스럽고 더

---

11) "땅의 열매"가 메시야의 인간 기원을 가리킨다는 주장은 풍유적인 것으로 배척되
어야 마땅하다. 이 풍유적인 견해를 변호하는 입장을 위해서는 다음을 참조: J. Alec
Mortyer, *The Prophecy of Isaiah* (Downers Grove, Ill.: InverVarsity, 1993), 65.

러운 것이다.

정결케 된 시온에 관한 이사야의 환상은 자기 백성을 지키시는 분으로서의 하나님의 이미지들에서 절정에 도달한다(5-6절). 출애굽 시절과 마찬가지로 하나님은 초자연적인 방식으로 자기 백성을 보호하신다. 이사야는 출애굽 사건에 대해 언급하면서 구름기둥과 불기둥이라는 상징적인 은유를 사용하여 보호를 목적으로 하는 하나님의 임재를 묘사한다(출 13:21-22; 14:19, 24를 보라). 거대한 닫집이 그 아래 있는 자들을 열과 비로부터 보호하듯이, 하나님께서는 해롭고 위험한 힘들로부터 자기 백성을 지켜주실 것이다.

음정이 고르지 않은 사랑 노래(5:1-7)

이사야는 5장에서 자신의 수사학적인 재능을 십분 발휘하고 있다. 본장은 계약 공동체(이스라엘과 유다를 포함하는)가 야웨께 바치는 사랑의 노래로 시작한다(1-2a절).[12] 계약 공동체는 자신을 포도원으로 칭하는 은유를 사용함으로써(아가 8:12를 보라) 야웨께서 포도원이 맛있는 포도를 생산하기를 기대하면서 얼마나 꼼꼼하게 준비하셨는지를 노래한다.

그러나 이 사랑 노래는 중간에 야웨께서 개입하여 그것을 고발과 심판의 말씀으로 바꾸시는 바람에 균일하지 않은 음정을 드러내고 있다. 야웨의 포도원은 쓴 포도만을 생산해 냈다(2b절). 좋은 포도를 수확하기 위해 최선을 다했건만 그렇지 못한 탓에(3-4절), 야웨께서는 그 포도원을 버릴 수밖에 없었다(5-6절).

7절은 확장된 은유에 대해서 설명한다. 포도원은 이스라엘과 유다를 대표

---

12) 1-2절의 화자(話者)가 누구인지에 대해서는 논란이 많다. 어떤 이들은 신랑의 들러리 역할을 수행하는 예언자가 결혼식 때에 자기 친구를 위해 이 사랑의 노래를 만들었다고 본다. 그러나 하나님의 계약 공동체(이스라엘과 유다를 포함하는)를 화자로 보는 것이더 나을 것이다. 적어도 2절 중간을 본다면 그렇다. 1절 두 번째 행에서 "사랑하는 자"로 번역된 히브리어 낱말은 솔로몬의 노래에 나오는 여인에 의해 자주 자신의 연인을 묘사하는 데 사용된다.

한다. 그리고 예상되는 좋은 포도는 정의와 의를 상징하며, 쓴 포도는 살육과 고통의 부르짖음을 대표한다. 이사야는 야웨의 기대감과 현실 사이의 대조에 주의를 환기시키기 위해 말놀이를 사용한다. 야웨께서는 "정의"(히브리어로 '미슈파트')를 기대하셨지만, 단지 "살육"(히브리어로 '미스파흐')만을 얻었을 뿐이다. 그는 "의"(히브리어로 '체다카')를 기대하셨지만, 단지 압제당하는 자들의 "고통의 부르짖음"(히브리어로 '체아카')만을 얻었을 뿐이다.

죽음의 소리(5:8-30)

이사야는 일련의 재앙 신탁을 사용하여 앞의 "노래"에 담긴 두 개의 중심 주제들 — 사회적인 불의에 대한 고발과 임박한 파멸의 선고 — 을 확장시킨다. 이 신탁들은 한결같이 장례식 때 듣게 되는 탄식의 외침에 해당하는(왕상 13:30; 렘 22:18-19; 암 5:16; 사 1:4 등을 보라) "아" 또는 "화로다"라는 감탄사로 시작한다.

자신의 고발 서두에 이 낱말을 사용함으로써 예언자는 반역하는 민족의 장례식이 임박했음을 암시한다. 순전히 그들의 죄악으로 인하여 말이다. 8-30절의 구조는 다음과 같다:

재앙 신탁	고발심판	선고
1	8절	9-10절
2	11-12절	13-17절
3	18-19절	—
4	20절	—
5	21절	—
6	22-23절	24-30절(24b절의 짤막한 고발을 포함함)

고발 부분의 주제들은 교차대구 형식(해당 문장의 두 번째 부분이 첫 번째 부분을 반영하는)으로 정리되어 있다:

> A 사회적인 불의(8절)
>> B 술잔치(11-12a절)
>>> C 영적인 불감증(12b절)
>>> C' 영적인 불감증(18-21절)
>> B' 술잔치(22절)
> A' 사회적인 불의(23절)

첫 번째 재앙 신탁에서 예언자는 거대한 집들을 짓는가 하면 일반 백성을 희생시켜 논밭을 모으는 부유한 왕실 관료들을 정죄한다(8절). 그들의 행동은 야웨야말로 땅의 주인이요, 모든 이스라엘 사람들은 공평하게 자신에게 할당된 땅을 소유해야 한다는 계약의 기본 원리를 위반한 것이다(레 25:8-55를 보라). 아이러니컬하게도 부자들은 그들의 굉장한 집들을 충분히 즐길 만큼 오래 살지 못할 것이요, 그들의 논밭은 농작물을 생산해 내지 못할 것이다(9-10절).

두 번째 재앙 신탁은 관료들의 부정직과 압제적인 행동들에 의해 가능케 된 무절제한 생활양식에 초점을 맞추고 있다. 부자들은 깨어 있는 순간의 대부분을 독한 술을 마음껏 제공하고 음악을 연주하는 잔치에 허비한다(11-12a절). 그들은 야웨께서 "하시는 일들"에 무관심하다(12b절). 그 일들은 여기서 강대국 앗수르의 제국주의 확장 정책의 형태로 그 땅에 곧 닥쳐올 심판을 가리키는 것으로 보인다(26절을 보라). 이러한 영적인 분별력의 결핍은 포로 상황을 초래할 것이요, 지도자들은 사로잡혀 가서 굶어 죽을 것이다(13절). 그들은 죽음의 잔치에 나오는 주된 요리가 될 것이요, 부자들이 한때 잔치를 벌이곤 했던 거대한 집들의 폐허에서 어린 양들이 풀을 뜯을 것이다(14, 17절). 그 심판의 날에 교만한 자들은 수치를 당할 것이요, 야웨께서는 자신이 압제당한 자들을 변호하시는 정의롭고 탁월한 전사-왕이심을 입증할 것이다(15-16절; 2:11, 17을 보라).

그 다음에 나오는 세 개의 재앙 신탁은 빠른 속도로 이어지며, 12b절과 마찬가지로 백성의 영적인 불감증에 대해서 묘사한다. 반역하는 백성은 자기들의 죄를 질질 끌고 가면서, 자신의 계획을 성취하시는 하나님을 향하여 빈정대는 투로 말한다(18-19절). 그들은 하나님의 윤리적인 기준들을 왜곡시키며, "악한 것을 선하다고 하고 선한 것을 악하다"고 한다(20절). 도덕적인 영역에서 볼 때 그들은 빛과 어둠 사이의 차이 내지는 단 것과 쓴 것의 차이에 대해서 말하지 못한다. 그들은 명백하게 도덕적 혼란 상태에 빠져 있음에도 불구하고 자기들이 지혜롭다고 생각한다(21절).

이 세 가지 재앙 신탁들은 순전히 고발의 내용만을 담고 있으며, 공식적인 심판 선고를 전혀 포함하지 않고 있다. 이 신탁들은 백성의 죄에 초점을 맞춤으로써 그들의 죄악에 주의를 환기시키고 있다. 이 신탁들은 또한 심판 선고를 늦춤으로써 뭔가 불길해 보이는 듯한 분위기를 조성하고 있다. 유다 백성의 죄에 대한 증거가 늘어남에 따라 사람들은 마침내 이루어지게 될 심판 선고가 대단히 놀라운 것이 될 것으로 기대하기에 이른다.

여섯 번째의 마지막 신탁은 유다 백성의 사회적인 불의와 그러한 불의를 가능케 한 무절제한 생황양식에 초점을 맞춘다(22-23절). 마침내 사람들이 예상하던 심판 선고가 마른 풀을 불사르고 바람에 날려가는 나무들을 소멸시키는 파괴적인 불의 환상들을 가지고서 나타난다. 이 심판 선고는 반역하는 백성 — 그의 율법을 위반한 — 을 치시는 하나님의 진노를 반영하고 있다. 그것은 또한 길거리에 널린 시체들의 모습을 보여주기도 한다(24-25a절).

그러나 하나님의 심판을 묘사하는 이상의 환상들은 하나님의 진노의 범위를 제대로 반영하고 있지 않다(25b절). 심판 선고는 앗수르 침략군에 관한 상세한 묘사 — 두려움을 불러일으키는 — 에서 절정에 달한다. 하나님께서 군대 소집을 명하는 깃발을 높이 드시고 호각 소리로 그들을 소환하시면, 앗수르 군대는 신속하게 행동을 개시하되, 그들의 목표물을 향해 무자비하게 빠른 속도로 진군할 것이다(26-28절). 교만한 백성은 야웨께 속히 그의 "도모"를 이루시라고 도발한 바가 있다(19절을 보라). 야웨께서는 중무장한 앗수르 군사들과 전차들을 통하여 바로 그 일을 행하실 것이다. 유다 백성의 대적은 포효하는 사자와도 같이 자신의 먹이를 움켜쥘 것이요, 무기력한 희생물을 끌고 가서 집어삼킬 것이다(29절). 그들을 공격하는 군대의 함성은 바닷가로 밀려와 부서지는 파도 소리처럼 클 것이다(30a절). 심판의 어두운 구름이 그 땅 위에 짙게 드리워짐으로써 하나님의 죄 많은 백성을 향한 죽음을 암시할 것이다(30b절). 아이러니컬하게도 도덕적인 문제들과 관련하여 빛(선을 상징하는)을 어둠(악을 상징하는)이라 칭하던 자들(20절)은 하나님의 파괴적인 심판의 어둠이 그들의 생활공간인 빛을 집어삼키는 것을 목도할 것이다.

무인지대로 들어섬(6:1-13)

웃시야 왕이 죽던 해(주전 740년)에 이사야는 참된 왕이시요 전능자이신 야웨께서(6:5) 자신의 하늘 궁정에 앉아 계시면서(사 6:1) "스랍들"로 불리는 자들의 수종을 드시는 모습(6:1-2)을 환상 중에 본다.[13] 이 스랍들은 야웨의 거룩함을 크게 선포하며, 왕으로서 갖는 그의 영광이 땅 전체를 가득 채우고 있다고 선언한다(3절).

"거룩"이라는 낱말의 삼중적인 사용은 야웨의 거룩함에 주의를 환기시키고 있다. 히브리어는 때때로 강조를 위하여 어떤 한 낱말을 되풀이 사용한다.[14] 예로써 이사야 26:3은 하나님께서 자기를 신뢰하는 자들에게 주시는 안전함을 강조하기 위하여 "평화"(히브리어로 '샬롬')라는 낱말을 되풀이 사용한다. 이 구절은 이렇게 번역할 수 있다: "당신께서는 분명한 목적을 가진 자에게 완전한 평화(문자적으로는 '평화, 평화')를 주실 것입니다." 드물기는 하지만 한 낱말의 3회 반복은 어떤 한 개념을 특별히 강조하려는 강조 용법들 중의 하나이다. 예로써 에스겔 21:27에 의하면, 야웨께서는 자신이 예루

---

13) "스랍"으로 번역된 히브리어 낱말은 "불타는 자"라는 뜻을 가지고 있다. 이는 아마도 스랍들이 불타는 듯한 모습을 가지고 있음을 암시할 것이다. 구약 성서의 다른 곳에서 "스랍"은 독사를 가리킨다(민 21:6; 신 8:15; 사 14:29; 30:6). 아마도 독사를 뜻하는 스랍은 희생자를 물 경우에 물리면 독성의 영향으로 열에 시달리게 하는 탓에 "불타는 자들"로 불렸을 것이다. 이사야가 본 스랍들은 뱀의 모양을 가지고 있었을 수도 있다. 뱀 모양의 피조물이 날개를 가지고 있다는 것이 이상하게 보일 수도 있지만, 뱀을 뜻하는 "스랍" 용어를 사용하는 두 개의 본문은 그들을 "날아가는" 존재로 묘사한다(사 14:29; 30:6). 이는 아마도 그들이 날아가듯이 움직이기 때문에 그러했을 것이다.

14) 이에 대해서는 다음을 참조: Bruce K. Waltke and M. O'Connor, *Biblical Hebrew Syntax* (Winona Lake, Ind.: Eisenbrauns, 1990), 233.

살렘을 "엎드러뜨리고 엎드러뜨리고 엎드러뜨릴" 것이라고 선포하신다. 이는 그가 그 성읍을 한 무더기의 깨진 기와조각들과 부스러기들로 만드실 것임을 의미한다. 이사야 6:3에서 "거룩"이라는 낱말의 3회 반복은 야웨가 절대적으로 거룩하신 분임을 강조하는 효과를 갖는다.[15] 앞서 설명한 바와 같이(1:4를 보라), 이 문맥에서 강조되는 야웨의 거룩하심은 무엇보다도 그가 다스리시는 세계에 대한 그의 초월적인 통치권을 가리킨다.[16] 동시에 하나님의 거룩하심은 그의 왕권으로부터 비롯되는 도덕적인 권위를 포함한다.

이사야는 스랍들의 노래에 귀를 기울이는 중에 그들의 큰 목소리가 하늘 성전의 기초 자체를 뒤흔드는 모습을 보는 순간, 자신이 무인지대로 들어선 까닭에 파멸당할 수밖에 없다고 생각한다(4-5절).[17] 설령 찬양이 당시에 널리 유행되던 것이었다고 해도, 이사야는 왕이신 하나님을 찬양할 자격을 가지고 있지 못했다. 그 자신이 "이스라엘의 거룩하신 자"와 그의 말씀을 거역한(사 1:4; 5:24를 보라) 죄 많은 사회에 오염된 탓에 그의 입술(찬양의 수단)

15) 일부 기독교 신학자들은 스랍들의 "거룩하시다, 거룩하시다, 거룩하시다"는 삼중 선포가 삼위일체를 가리킨다고 본다. 그러나 이러한 주장은 언어학적인 기초 내지는 문맥상의 증거를 전혀 가지고 있지 못한 것이요, 따라서 몽상에 가까운 것으로 폐기되어야 마땅하다.

16) 높이 들린 그의 보좌를 강조하는 1절의 묘사와 그를 "왕"으로 칭하는 5절의 설명을 주목하라.

17) 수사학적인 측면에서 본다면, "나는 망하게 되었구나"는 그의 탄식은 히브리어 완료 동사 형태를 사용하고 있다. 그가 완성된 동작을 가리키는 완료 동사를 사용한 것은 적어도 화자의 시각에서 볼 경우 그가 파멸당한 것이나 다름이 없음을 암시한다.

18) 여기서 이사야의 생각 배후에는 공동체 연대(corporate solidarity)의 원리가 작용하고 있다. 현대 서구인들이 개인주의를 강조하는 경향을 가지고 있지만, 고대 이스라엘인들은 개개인의 행동이 그들의 사회적인 맥락 속에서 다른 사람들에게 큰 영향력을 행사할 뿐만 아니라, 개개인의 사회적인 맥락이 그 개인에게 부정적이거나 긍정적인 영향력을 행사하기도 한다는 것을 아주 잘 알고 있었다. 이 원리는 여호수아 7장에 아주 잘 설명되어 있다. 이 본문에 의하면, 한 개인(아간)이 실제 범죄자임에도 불구하고 하나님은 이스라엘이 범죄하였다고 비난하신다(11절). 공동체 연대의 원리에 대한 논의를 위해서는 다음을 참조: Joel S. Kaminsky, *Corporate Responsibility in the Hebrew Bible* (Sheffield: Sheffield Academic Press, 1995).

이 "부정한" 상태에 놓여 있었던 것이다.[18] 그러나 스랍들 중의 하나가 불타는 숯덩이를 이사야의 입술에 댐으로써 그가 영적으로 정결하게 되었음을 상징적으로 보여준다. 이러한 영적인 정결함은 그의 죄 고백에 대한 응답으로 주어진 것이다(6-7절).

이사야는 이어서 자원자를 원하시는 야웨의 음성을 듣는다(8절). 야웨께서는 하늘의 회중 전체를 대표하여 "내가 누구를 보내며, 누가 우리[19]를 위하여 갈꼬?"라고 물으신다. 죄로부터 정결함을 입게 된 이사야는 자진하여 영적인 직무를 맡겠다고 나선다.

이사야의 제안을 받아들이신 야웨께서는 그에게 "이 백성"으로 불리는 계약 공동체를 향하여 한 개의 메시지를 설교할 것을 명하신다. 여기서 "이 백성"이라는 어구는 하나님과 그의 백성 사이의 소원함이 어느 정도 심각한지를 암시한다. 이사야가 백성에게 전할 메시지의 내용을 대충 기록하고 있는 9절은 풍자적인 요소를 분명하게 가지고 있다. 우리가 아는 한에 있어서, 이사야는 이 말씀들을 문자 그대로 선포하지는 않는다. 9절의 히브리어 문장에 있는 명령형(개역은 서술문으로 되어 있으나 히브리어 본문은 명령형으로 되어 있음: 역자 주)은 어디까지나 수사학적인 차원에서 사용된 것으로, 이사야가 사람들로부터 받게 될 반응을 기대하고 있다.[20] 하나님께서 주신 말씀들을 다 설교할 때, 이사야는 당연히 모든 메시지의 서두와 결론 부분에서 이처럼 풍자적인 말들을 사용했을 것이다. 그 풍자적인 말들은 명령형으로 되어 있기는 해도 다음과 같이 풀어쓸 수도 있다: "너희는 계속해서 들으나 결코 이해하지 못한다. 너희는 계속해서 보지만 결코 깨닫지 못한다." 이사야는 당연히 그들에게 영적으로 둔감해질 것을 명했을 것이다. 왜냐하면 앞뒤의 장들이 분명하게 보여주는 바와 같이 유다 백성은 어쨌든 그 방향으로 가게 되었기 때문이다.

---

19) 1인칭 복수 대명사는 이 문맥에서 볼 경우에 야웨와 그의 스랍들을 가리키는 것으로 보인다. 하늘의 회중 전체를 염두에 둔 것일 수도 있지만 말이다(왕상 22:19-22를 보라).

20) 수사학적인 차원에서 명령형을 사용하는 것에 대해서는 다음을 참조: Waltke and O'Connor, *Biblical Hebrew Syntax*, 571-72.

야웨께서는 설교해야 할 메시지의 내용을 주신 다음에 이사야에게 그 명령의 본질에 대하여 이렇게 설명하신다: "이 백성의 마음을 둔하게 하며 그들의 귀가 막히고 그들의 눈이 감기게 하라. 그렇지 않으면 그들이 눈으로 보고 귀로 듣고 마음으로 깨닫고 다시 돌아와 고침을 받게 될 것이다"(10절). 우리는 과연 이 명령을 액면 그대로 받아들여야 할까? 야웨께서는 참으로 자기 백성의 깨달음과 회개와 치유를 막고자 하셨을까? 10b절은 명백하게 반어적인 요소를 가지고 있다. 겉으로 본다면 그것은 완악하게 만드는 이사야의 사역이 진정한 회개를 막으려는 의도를 가지고 있음을 암시하는 것으로 보인다. 그러나 주위의 다른 장들이 분명하게 보여주듯이 유다 백성은 회개할 준비가 거의 되어 있지 않거나 그럴 의사가 거의 없었다. 그 까닭에 이사야의 설교는 회개를 막을 필요가 없었다. 10b절은 백성의 태도를 반영하고 있으며, 따라서 이렇게 풀어쓸 수 있다: "그렇지 않으면 그들이 눈으로 보고 귀로 듣고 마음으로 깨닫고 회개함으로 회복함을 얻을 것이다. 그러나 그들에게는 그렇게 하려는 의사가 없음이 분명하다. 그렇지 않은가?!"

이러한 풍자의 틀 속에서 본다면 10a절 역시 반어적인 내용을 가진 것으로 읽혀야 한다. 9절에서와 마찬가지로 이곳의 명령형 역시 수사학적인 표현으로, 그리고 백성의 반응을 기대하는 표현으로 이해할 수 있을 것이다. 따라서 10a절은 이렇게 풀어쓸 수 있다: "네 설교는 이 백성의 마음을 둔감하게 만들고 그들의 귀를 무디게 하며 그들의 눈을 감기게 할 것이다." 이렇듯이 처음부터 야웨께서는 이사야에게 유다 백성을 완악하게 만들 것을 명하셨음이 분명하다. 왜냐하면 그의 설교는 결국 그러한 효과를 갖는 것으로 끝맺음할 것이기 때문이다.

9-10절이 풍자와 반어법을 사용하고 있음에도 불구하고, 이사야를 향한 하나님의 명령은 유다 백성을 완악하게 만드시는 하나님 자신의 행동으로 이해될 수 있을 것이다. 결국 하나님께서 꼭 이사야를 보내셔야만 했던 것은 아니다. 하나님은 그를 보내심으로써 죄 많은 백성을 자신으로부터 한층 멀어지게 만드셨다. 왜냐하면 이사야의 설교는 계약에 기초한 야웨의 요구들과 계약 위반 행동에 대한 임박한 심판에 초점을 맞추고 있는 것으로서, 유다 백성으로 하여금 그들 자신의 죄에 직면하게 만드는 한편으로, 그들이 그

메시지에 대하여 부정적인 반응을 보일 경우 계속해서 그들의 마음을 둔감하게 만들었기 때문이다. 아이러니컬하게도 이사야의 설교를 배척한 이스라엘의 행동은 훈련을 목적으로 하는 징계를 초래하였고, 얻어맞은 백성으로 하여금 화해의 필요성을 절감하는 단계에까지 이르게 하였다. 심판 예언은 앗수르 군대가 그 땅을 폐허로 만든 주전 701년에 그대로 성취되었다(사 1:2-20에 전제되어 있는 상황임; 특히 4-9절을 보라). 당시에 유다 백성을 완악하게 만드는 하나님의 행동은 예정된 수순을 밟아나갔고, 이사야는 최후통첩을 발할 수 있었다(1:19-20을 보라). 히스기야는 그 최후통첩을 마음 깊이 받아들였고, 그 결과 예루살렘을 보존했음이 분명하다(사 36-39장을 보라. 그리고 렘 26:18-19를 미 3:12와 비교하라).

이러한 해석은 이스라엘의 도덕적인 책임과 자기 백성 중에 행하시는 야웨의 통치 주권 사이에 균형을 이루고자 하는 것으로서, 이사야서의 안과 밖에 있는 다른 관련 본문들과 일치한다. 이사야 3:9은 유다 백성이 "그들 자신에게 재앙을 불러들였다"고 선언하지만, 이사야 29:9-10은 야웨께서 자기 백성을 완악하게 만드는 일이 어느 정도 관여하셨음을 암시한다. 스가랴 7:11-12는 포로기 이전 시대를 회고하면서(슥 7:7을 보라), 이전 세대들이 자기들의 마음을 완악하게 만들었다고 보지만, 시편 81:11-12는 동일한 시대를 회상하면서 야웨께서 "그들의 완악한 마음을 내버려두셨다"고 말한다.[21]

하나님의 명령을 받은 이사야는 언제까지 그 일을 해야 하는지를 야웨께 묻는다(11a절). 이에 야웨께서는 예언자에게 그 땅이 황폐하게 되고 백성이 포로로 잡혀갈 때까지 계속해서 설교해야 한다고 말씀하신다(11b-12절). 유다 백성의 파멸을 우상숭배의 중심지인 성소의 붕괴에 비교하는 결론부의 은유는 임박한 심판이 철저할 것임을 강조함과 동시에, 하나님의 이러한 심판이 필요한 주요 이유들 중의 하나를 암시하고 있다(13절).

학자들은 히브리어 본문으로 볼 때 해석상의 난점들을 안고 있는 13절을

---

21) 이사야 6:9-10을 히브리 성서의 보다 큰 맥락, 곧 하나님이 완악하게 하신다는 주제에 비추어 해석하려는 노력에 대해서는 다음을 참조: Robert B. Chisholm Jr., "Divine Hardening in the Old Testament," *BSac* 153 (1996): 410-34, 특히 430-33.

제대로 이해하려고 많은 노력을 기울여 왔다. 현재 상태의 본문을 문자적으로 이해하면 이렇다: "그 중에 십분의 일이 아직 남아 있을지라도 그것 역시 다시금 불에 탈 것이요, 밤나무와 상수리나무가 잘릴 때에 기둥('그루터기')이 남는 것처럼 거룩한 씨가 그것의 기둥('그루터기')으로 남을 것이다." 대부분의 학자들은 본절의 전반부가 설령 그 땅 인구가 십분의 일로 줄어든다고 해도 그렇게 남은 자들 역시 죽임을 당할 것임을 의미한다는 데 동의한다.

본절의 후반부는 이해하는 데 어려움이 있다. 어떤 이들은 여기서 한 줄기 희망의 빛을 발견한다. 하나님의 백성은 잘려 나간 나무와도 같게 될 것이다. 그러나 잘려 나간 나무일지라도 다시 새롭게 자랄 수 있는 그루터기를 남긴다(욥 14:7-9를 보라). 이스라엘의 "그루터기"는 미래에 대한 희망을 제공하는 거룩한 남은 자를 가리킨다.

그러나 이 해석에는 문제가 있다. 이 견해를 지지하는 자들은 히브리어 명사 '마체베트'를 "그루터기"로 번역한다. 그것이 실제로는 히브리 성서의 다른 용례에서 기둥이나 기념비를 가리키는 데도 말이다(삼하 18:18을 보라). 이 용어는 다른 곳에서 거룩한 기둥을 가리키는 '마체바' 명사와 매우 비슷하다. 모세의 율법은 이스라엘에게 이방 종교를 가진 가나안 사람들의 거룩한 기둥들을 파괴하라고 명한다(출 23:24; 34:13; 신 7:5; 12:3). 그 까닭에 어떤 이들은 이사야 6:13의 '마체베트' 명사가 거룩한 기둥들 중의 하나를 가리킨다는 견해를 선호한다. 사실 히브리어 본문을 약간 수정하면(관계 대명사 '아셰르'[which]를 '아셰라'["아세라"]로 바꾸고, '밤'["그들 중에"]을 '바마'["산당"]로 바꿈),[22] 13절을 다음과 같이 풀어쓸 수 있다: "그 중에 십분의 일이 아직 남아 있을지라도 그것[그 땅 또는 십분의 일] 역시 아세라의 밤나무와 상수리나무처럼 불에 탈 것이다. 산당의 거룩한 기둥이 내던져질 때 그러하듯이 말이다. 그것[산당]의 기둥이 곧 거룩한 씨이다."

---

22) 아세라 상징물과 산당은 다른 곳에서 똑같이 이방 종교의 기둥들과 관련되어 있다. 출애굽기 34:13; 신명기 7:5; 12:3; 16:21-22; 열왕기상 14:23; 열왕기하 17:9-10; 18:4; 23:13-14; 미가 5:13-14 등을 보라. 아세라 상징물은 살아 있는 나무 내지는 나무 기둥으로 만들었을 것이다. 이에 대해서는 다음을 참조: J. C. de Moor, 'אֲשֵׁרָה' TDOT 1:442-43.

이 견해에 따르면, "거룩한 씨"라는 어구는 계약 백성을 위한 하나님의 이상, 곧 족장들의 후손을 가리킨다. 아이러니컬하게도 하나님께서 자신을 위하여 구별하신 그 "거룩한" 민족은 이방 종교의 "기둥"(가나안의 바알 신을 상징하는 듯함)보다 더 나쁜 상태에 놓여 있다. 그들은 산당의 거룩한 기둥처럼 내팽개쳐질 것이요, 그들의 땅은 폐허가 될 것이다. 이방 산당들이 파괴될 때 성소에 자리한 거룩한 나무들이 불에 타는 것처럼 말이다. 이런 식으로 이해한다면, 본절의 풍자적인 진술은 앞에 있는 심판 선고의 나머지 부분과 마찬가지로 완전히 부정적인 의미를 담고 있다. 그것은 또한 유다 백성의 실패를 생각나게 할 것이다. 그들은 이방 종교에 반대하지 않았다. 도리어 그들은 그것을 수용하였다. 이제 그들은 그들이 마땅히 이방 종교를 파멸시켜야 했던 것과 똑같은 방식으로 파멸을 겪게 될 것이다(사 1:29-30을 보라).

믿음을 가질 것을 촉구함(7:1-9)

예언 소명을 받은 지 5년이 지난 주전 735년에 이사야는 자신이 국제정치계의 위기 한복판에 내던져져 있음을 발견한다. 이 시기에 웃시야의 손자인 아하스는 섭정 자격으로 아버지 요담과 함께 유다 나라를 다스렸다.[23] 거의 십 년 동안 디글랏 빌레셀 3세(Tiglath-pileser III) 치하의 앗수르는 서쪽으로 제국을 확장시키고 있었다. 시리아와 이스라엘은 앗수르 통치로부터 벗어나기 위해 동맹 체제를 결성하였다. 그들은 유다를 반앗수르 동맹 체제에 가담시키고자 했으나 아하스는 동맹 체제 가담을 거부하였다. 그 결과 시리아와 이스라엘이 그들의 남쪽에 있던 유다를 침공하였다(사 7:1). 그들은 요담과 아하스를 "다브엘의 아들"이라 불리는 꼭두각시 왕으로 대체하려고 했으나 (6절),[24] 그들의 침략은 성공을 거두지 못했다.

---

23) 이 시기의 연대표를 위해서는 다음을 참조: Edwin R. Thiele, *The Mysterious Numbers of the Hebrew Kings*, 제3판 (Grand Rapids: Zondervan, 1983), 131-34.

24) 다브엘 가문은 아마도 길르앗 지방에서 유명하게 된 유다 지파의 한 가문을 가리킬 것이다. 이에 대해서는 다음을 참조: Yohanan Aharoni, *The Land of the Bible: A Historical Geography*, translated and edited by A. E. Rainey, 개정판 (Philadelphia: Westminster, 1979), 370.

처음에 시리아-이스라엘 연합군에 관한 소문을 들었을 때 유다 왕가(王家)는 두려움에 사로잡혔다(2절). 이 무렵에 야웨께서는 이사야에게 왕실로 들어가 하나님의 보호가 있을 것임을 왕족들에게 확신시키라고 명하셨다. 예언자는 자신의 아들 스알야숩을 데리고서 윗못의 도수관(導水管) 가까운 곳에서 아하스를 만나고자 하였다. 그곳에서 아하스 왕은 성읍의 방어 및 급수 체계를 살피고 있었다(3절).

이사야 자신이 나중에 설명한 바와 같이, 그와 그의 아들들은 상징적인 이름들을 가지고 있었다(사 8:18을 보라). "야웨께서 구원하신다"는 뜻을 가진 이사야의 이름은 자기 백성을 위기로부터 건질 수 있는 야웨의 능력을 상기시켜준다. 그리고 "남은 자가 돌아올 것이다"는 뜻을 가진 스알야숩의 이름은 아마도 대부분의 이방 침략자들이 패배할 것이요 오로지 남은 자만이 집으로 돌아올 것이라는 긍정적인 의미를 가지고 있을 것이다.

이사야는 아하스에게 두려움에 사로잡히지 말라고 말하면서, 야웨께서 침략자들의 발길을 묶어두실 것임을 확신시키고자 했다(4-9절). 결국 아하스는 영원한 왕조를 약속 받은(삼하 7:11b-16) 다윗 가문의 한 사람이었다(2절을 보라). 이와는 대조적으로 침략자들은 하찮은 존재들이다. 이사야는 이스라엘의 왕 베가를 단순히 "르말리야의 아들"이라고 칭함으로써 그 점을 강조한다(4-5, 9절).

아하스에게 시리아-이스라엘 동맹군의 위협으로부터 구원받을 것임을 확신시킨 이사야는 왕족들과 백성 전체에게 야웨를 믿을 것을 촉구하기도 한다(9절).[25] 그는 말놀이를 활용하여 만일에 그들이 믿음 안에 "굳게 서지" 않는다면 그들이 결코 "서지" 못할 것임을 경고한다. 이 경고의 정확한 의미는

---

25) 9b절의 "굳게 서다"와 "서다"라는 동사는 히브리어에서 복수형으로 되어 있다(NIV를 참고: If you do not stand firm in your faith, you will not stand at all: 역자주). 이는 이사야의 말이 더 이상 아하스만을 대상으로(4-5절에서는 2인칭 동사와 대명사가 히브리어에서 단수로 나옴) 하고 있지 않음을 의미한다. 9b절의 복수형은 아마도 아하스와 왕족들(요담을 포함) 및 나라 전체를 포괄할 것이다. 2절은 시리아-이스라엘 동맹군에 관한 소식을 들었을 때 아하스와 "그의 백성"이 두려움에 사로잡히는 반응을 보였다고 말한다.

본문에 있는 이야기의 나머지 부분이 전개되어 가면서 점차 분명하게 드러난다.

복을 앗아가는 불신앙(7:10-25)

20세의 아하스(왕하 16:2를 보라)가 그 이상의 격려를 필요로 한다는 것을 아신 것으로 보이는 야웨께서는 유다를 침략자들로부터 보호해줄 것임을 확증하는 징조(sign)를 왕에게 보여주신다(10-11절). 야웨께서는 아하스에게 백지 수표를 주신 셈이다. 왕은 자신이 원하는 어떠한 징조라도 요구할 수 있었다. 인간의 일상적인 경험을 넘어서는 것을 포함해서 말이다. 그러나 이미 하나님을 신뢰하는 대신에 앗수르 군대를 섬기기로 작정한(왕하 16:7-8을 보라) 아하스는 주저하면서 야웨를 "시험"하고 싶지 않다는 반대 의사를 표시한다(12절). 사실 야웨께서는 이스라엘의 이전 세대들이 자기들을 보살피려는 그의 선한 의도와 그렇게 할 수 있는 그의 능력을 의심함으로써 그를 "시험"한 까닭에 그들에게 진노하셨다(출 17:2-7; 민 14:22; 신 6:16; 시 78:18, 41, 56; 95:9; 106:14 등을 보라). 그러나 야웨는 약한 믿음 때문에 격려를 필요로 하는 자들에게 구원을 확증하는 징조를 보여주는 것 이상의 일을 하시지 않는다(삿 6:17; 삼상 10:7-9). 야웨께서 아하스에게 보여주신 것은 신앙을 자극하기 위한 일반적인 초청의 의미를 갖는 것이지, 아하스를 유혹하여 범죄하게 하려는 속임수가 아니다. 아하스의 경건해 보이는 듯한 답변은 믿음으로 행하기보다는 눈에 보이는 결과를 따라 행하기를 더 좋아하는 자가 세워 놓은 연막(煙幕)과도 같은 것이었다.

이사야는 아하스가 그 문제를 비켜가는 것을 원치 않았다. 왕에게 그의 영적인 유산을 상기시킨 예언자는 "다윗 가문" 전체를 대상으로 하여 예언하되, 그들이 이사야의 인내심을 시험할 뿐만 아니라 하나님의 인내심까지도 시험하고 있음을 경고한다(13절).[26] 이사야는 미묘하면서도 풍자적인 동사의

---

26) 13-14절에 있는 2인칭 남성 동사와 대명사는 히브리어에서 복수형으로 되어 있다. 이는 그 메시지가 왕족 전체를 대상으로 하는 것임을 암시한다. 16-17절에서 예언자는 다시 1인칭을 사용함으로써 아하스에게 초점을 맞춘다.

변화를 통하여 야웨를 "네 하나님"이라 칭하지 않고 도리어 "내 하나님"이라 칭한다(11절에서처럼). 그 의미는 분명하다: 여기서 예언자는 과연 왕실이 야웨를 그들의 하나님으로 인정하고 있는지를 확신할 수가 없다는 것이다.

아하스가 징조 구하는 것을 거절함에도 불구하고, 야웨께서는 그에게 징조를 주기로 작정하신다. 이 "징조"는 14-25절에 개괄적으로 정리되어 있는 일련의 사건들을 포함한다. 왕실에서도 잘 알고 있는 한 젊은 여인이 곧 아기를 낳을 것이요, 산모는 그에게 임마누엘("하나님이 우리와 함께 계시다" 는 뜻을 가짐)이라는 이름을 줄 것이다. 나중에 이 아이는 신 우유(또는 "버터")와 꿀을 먹을 것이다. 이 경험은 그에게 지혜로운 도덕적 결정을 내리는 데 도움을 줄 것이다. 그러나 이 일이 이루어지기 전에 시리아와 이스라엘의 군대가 패배당할 것이다. 그 후 야웨께서는 2백여 년 전에 있었던 왕국 분열 이후의 어떤 시대와도 같지 않은 시대를 열어주실 것이다.

이집트와 앗수르가 똑같이 유다를 목표로 하여 쳐들어올 것이다. 18절은 이집트 군대를 파리에 비교하고 앗수르 군대를 벌에 비교한다. 몰려드는 파리는 사람을 귀찮게 만든다. 그리고 벌떼는 귀찮기도 하지만 특히 위험하기도 하다. 톡 쏘아서 고통을 안겨주기 때문이다(신 1:44; 시 118:12를 보라). 이러한 은유는 잘 선택된 것이다. 그 까닭은 앗수르 군대가 이집트 군대보다 훨씬 더 강하고 위험하기 때문이다. 그럼에도 불구하고 두 나라 군대가 똑같이 유다를 압박할 것이다. 이집트는 유다가 앗수르의 공격에 대하여 완충 역할을 수행하기를 바라기 때문이요, 앗수르는 유다가 이집트 공격의 전진 기지 역할을 수행하기를 바라기 때문이다. 신 우유와 꿀에 관한 앞서의 언급에 비추어볼 때 이 은유는 매우 적절한 것이다. 파리는 우유 제품을 좋아하고 벌은 꿀 주변에서 발견할 수 있기 때문이다. 앗수르 군대는 유다 땅을 침공하여 농작물을 파괴하고 유다 백성으로 하여금 염소 우유와 꿀로 연명하게 할 것이다. 임마누엘이 신 우유와 꿀을 먹는 것을 보게 될 그때에 유다 백성은 하나님이 자기들과 함께 계심을 알 수밖에 없을 것이다. 하나님은 시리아-이스라엘 연합군이 침공하던 위기의 때에 그들과 함께 하심으로써 자신이 그들을 충분히 구원할 수 있음을 보여주셨다. 그런데 그는 심판의 때에도 그들과 함께 하심으로써 그들의 믿음 부족을 책망하실 것이다.

이 예언은 처음에 구원의 메시지였던 것으로 보인다. 임마누엘이라는 이름이 그것에 긍정적인 의미를 부여했을 것이다. 버터와 꿀은 다른 곳에서 번영과 복을 상징하는 것으로 사용된다(신 32:13-14를 보라). 16절은 유다의 대적들이 패배할 것임을 선포하고 있다. 그리고 17절은 다윗과 솔로몬의 영화로운 시대가 되살아날 것임을 예언하는 것으로 간주할 수 있다. 그러나 이 메시지는 17b-25절에서 부정적인 의미를 갖는 것으로 바뀐다. 하나님은 구원의 때뿐만 아니라 심판의 때에도 자기 백성과 함께 하실 것이다. 버터와 꿀은 상실의 징조가 될 것이요, 16절에 선포된 구원은 잠깐 동안만 지속될 것이다. 그리고 새 시대는 영광의 회복이 아니라 유례없는 수치를 특징으로 가질 것이다. 야웨를 향한 신뢰를 거부한 아하스의 행동은 잠시의 복을 심판으로 바꾸고 말 것이다. 이사야가 명백한 구원 예언으로부터 심판의 메시지로 전환한 것처럼 말이다.

우리는 14-17절을 더 상세하게 살피지 않으면 안 된다. 왜냐하면 이 본문은 뜨거운 논쟁을 불러일으킨 본문이기 때문이다. 특히 마태복음 1:23에 인용되고 있는 14절이 그렇다. 나는 임마누엘의 정체와 신약성서의 14절 사용에 관해 논하기 전에 먼저 14-17절을 번역하되 거기에 해설을 덧붙이고자 한다.[27]

이사야 7:14-17에 대한 번역 및 해설
14 그러므로 주께서 친히 너희에게 확실한 징조[28]를 주실 것이다. 보라,

27) 아래의 번역은 필자가 본래 NET를 위해 준비한 번역을 다시금 손질한 것이다.

28) "징조"로 번역된 히브리어 명사는 기적적인 사건을 가리킬 수도 있지만(11절은 이러한 유형의 "징조"를 기대하고 있는 것으로 보인다), 그것이 이 낱말의 본래적인 의미는 아니다. 이사야서의 다른 곳에서 이 낱말은 보통 자연 현상이나 특별한 의미를 갖는 사물/인간을 가리킨다(8:18; 19:20; 20:3; 37:30; 55:13; 66:19 등을 보라). 그것은 단지 38:7-8, 22에서만 자연계의 법을 넘어서는 기적적인 행동을 가리킬 뿐이다. 14-25절에 개괄적으로 묘사되어 있는 징조는 다양한 사건들과 그 시기를 관리하시는 하나님의 섭리를 포함하지만, 반드시 그의 기적적인 개입을 뜻하는 것은 아니다. 따라서 "징조"라는 낱말의 사용은 꼭 기적적인 출생을 염두에 둔 것이라고 볼 필요가 없다.

저기 있는(over there)[29] 젊은 여인[30]이 잉태하여[31] 아들을 낳을 것이다.

---

29) 본문은 단순히 "젊은 여인"이라고만 표현하고 있다. "저기 있는"이라는 표현은 그 징조가 갖는 힘을 부각시키기 위해 번역에 덧붙인 것이다. 이사야는 자신이 아하스를 만나 얘기하는 곳에 있던 한 여인을 가리켰을 가능성이 매우 높다. 이사야가 "다윗 가문"에 관해 말하면서 2인칭 복수형을 사용하고 있다는 것은 다른 사람들이 그곳에 있었음을 암시한다. 그리고 그가 본절의 뒷부분에서 2인칭 여성 단수 동사("네가 칭할 것이다")를 사용한 사실은 그가 언급한 여인이 그곳에 있던 자일 경우에 가장 잘 설명이 된다.

30) 전통적으로는 "처녀"로 번역이 된다. 히브리어 명사 '알마'가 처녀를 가리킬 수도 있지만(창 24:43; 16절을 보라), 이 낱말이 본래부터 그러한 의미를 가지고 있는 것은 아니다(여기서 중요한 것은 지시 대상과 의미를 구분하는 일이다. 이 점을 분명하게 입증하기 위해 다음과 같은 시나리오를 만들어보자. 한 젊은 여자가 "결혼 준비 중임"이라는 표현으로 자신의 처녀성을 홍보하는 브로치를 달고 있다고 상상해 보라. 만일 내가 당신에게 "저 여자(gal)를 보세요! 그녀는 상당한 도덕적 용기를 가지고 있군요"라고 말한다면, 당신은 내가 말하는 "여자"(gal)가 "처녀"를 뜻한다고 생각하지 않을 것이다. 내가 그 낱말을 진짜 처녀인 젊은 여자를 가리키는 것으로 사용했다 할지라도, 당신은 그 낱말이 "처녀"가 아니라 "젊은 여자"를 뜻한다고 여긴다. 다른 맥락에서 본다면 "여자"(gal)라는 낱말은 처녀가 아닌 자를 가리킬 수도 있다. 달리 말해서 어떤 낱말이 가리키는 한 인물은 그 낱말의 본래 의미와 전혀 무관한 특징을 가질 수도 있다. 이 점은 "여자"(gal)라는 말과 거의 일치하는 히브리어 낱말 '알마'에도 똑같이 적용되는 것으로 보인다. 이 낱말은 성적인 경험보다는 나이와 관련되어 있다. 어떤 한 문맥에서 그것은 처녀인 젊은 여자를 가리킬 수도 있지만, 다른 문맥에서는 처녀가 아닌 젊은 여자를 가리킬 수도 있다.) 이 낱말은 그에 상응하는 남성 명사 '엘렘'("젊은 남자"를 뜻함, 삼상 17:56; 20:22)의 여성 형태이다. 이와 관련된 추상명사 '알루밈'은 "처녀성"이 아니라 "젊음"을 의미한다. 동일 계통 언어들의 용례는 확실히 그 낱말이 "처녀"라는 특수한 의미를 가지고 있음을 암시하지 않는다. 그에 상응하는 아람어 낱말은 <사사기 탈굼>(*Targum of Judges*) 19:3–5에서 레위인의 첩을 가리키는 데 사용되며, 그에 상응하는 우가릿어 낱말은 결혼하여 임신한 한 여신을 가리키는 데 사용된다(*CTA* 24). 히브리 성서에서 발견되는 이 낱말의 매우 한정된 용례는 애매한 점을 가지고 있다(출 2:8; 시 68:25; 아 1:3; 6:8을 보라). 그리고 잠언 30:19에 있는 이 낱말은 처녀를 가리키지 않을 수도 있다(이 본문이 어떠한 유형의 낭만적인 행동을 염두에 두고 있느냐에 따라 결정됨). 이 낱말은 성적인 경험이 아니라 나이와 관련된 것으로 보인다. 따라서 "젊은 여인"으로 번역하는 것이 가장 적절하다. 이 용어는 동시에 신약성서에서 예수 그리스도의 어머니인 동정녀 마리아의 예언에도 적용될 수 있을 정도로 유연한 것이기도 하다.

너 젊은 여인은 그를 임마누엘이라 칭할 것이다.[32] **15** 그는 신 우유와 꿀을 먹을 것이요, 그것들은 그가 잘못된 것을 거절하고 올바른 것을 선택하는 법을 아는 데[33] 도움을 줄 것이다. **16** 그렇게 되는 것에는 이유가 있

---

31) 형용사 '하라'는 다른 곳에서 서술적인 용법으로 쓰일 경우에 과거의 임신 상태(해설자의 시각에서, 삼상 4:19), 현재의 임신 상태(화자의 시각에서, 창 16:11; 38:24; 삼하 11:5), 곧 이루어질 임신(삿 13:5, 7) 등을 가리킨다. 이사야 7:14를 우리는 "젊은 여인이 임신한 상태에 있다"로 번역할 수 있을 것이다. 이 경우에 그 여인은 왕족의 일원일 수도 있다. 다른 가능성은 위의 번역에서 선택한 것으로, 형용사 '하라'를 임박한 미래의 의미로 받아들여 "젊은 여인이 곧 임신할 것이다"로 번역하는 것이다. 이 경우에 그 여인은 왕족의 일원일 수도 있지만, 이 예언 후에 곧 이사야와 성관계를 맺게 될 그의 아내를 가리킬 가능성이 더 높다(8:3을 보라).

32) 이 구절을 직역한다면 "너는 그의 이름을 부를 것이다"로 읽힌다. "젊은 여인"이라는 표현을 위의 번역에 추가한 것은 명령을 듣는 자의 정체를 분명하게 밝히기 위해서이다. 이 구절에 쓰인 동사는 여기서 고어체의 3인칭 여성 단수 형태로서, 흔히 "그녀가 부를 것이다"로 번역된다. 그러나 '카라트'라는 형태는 2인칭 여성 단수로 이해되는 경우가 더 많다. 이 경우에 이 구절은 바로 앞에 언급된 젊은 여인에게 한 말로 볼 수 있을 것이다. '카라' I("부르다") 동사의 3인칭 여성 단수 완료형의 다른 세 가지 용례에서는 '카레아' 형태가 사용되고 있다(창 29:35; 30:26; 대상 4:9를 보라). (신 31:29와 렘 44:23에서는 3인칭 여성 단수 완료형인 '카라트' 대신에 이 구절에 사용된 동음이의어 '카라' II["만나다, 마주치다"]가 쓰이고 있다.) '카라트' 형태('카라 II["부르다"]에서 비롯된 형태임)는 다른 세 구절들에서 제각기 2인칭 여성 단수로 사용된다(창 16:11; 사 60:18; 렘 3:4['케레']).

33) 이 구절은 "그의 앎에 대하여"로 직역할 수 있다. 전통적으로 이 표현에 쓰인 전치사는 시간을 가리키는 것으로 번역되었다: "그가 알 때에." 전치가 '레'가 때때로 시간의 의미를 가질 수도 있지만, 그것은 '야다' 동사("알다")의 부정사 연계형과 더불어 사용되는 40개의 다른 모든 용례들에서 한 번도 그러한 의미를 가지고서 사용된 적이 없다. 대부분의 경우 부정사 연계형은 목적이나 결과를 뜻한다. 여기서는 차라리 이 의미가 더 낫다. 그 다음에 이어지는 문맥은 신 우유와 꿀이 하나님의 심판에 의해 그 땅에 초래될 파멸을 대표하고 있음을 보여준다. 재배된 농작물이 사라지면서 사람들은 어쩔 수 없이 염소가 만들어내는 우유와 가시덤불 사이에서 발견되는 꿀로 연명해야 한다. 임마누엘은 계속 이 신 우유와 꿀을 먹을 수밖에 없는 상황 속에서 죄의 결과가 어떠한지를 실감하게 될 것이요, 또 다른 하나님의 징계를 피하기 위해서라도 올바른 도덕적 결정을 내려야 할 필요성을 느낄 것이다.

다.[34] 그 아이가 잘못된 것을 거절하고 올바른 것을 선택하기 전에, 네가 두려워하는 두 왕의 땅이 황폐하게 될 것이다. 17 야웨께서는 너와 네 백성과 네 아버지의 집에 에브라임이 유다로부터 떨어져 나온 이후의 어떤 날과도 같지 않은 날을 주실 것이다. 그 날에 앗수르 왕이 올 것이다![35]

임마누엘의 정체

임마누엘이라는 아이는 누구인가? 학자들은 이 물음에 다양한 방식으로 답변을 해 왔다. 많은 이들이 마태복음 1:23에 기초하여 이사야 7:14에 대한 메시야적 해석만을 고집하며, 임마누엘을 오로지 예수하고만 동일시한다. 임마누엘 예언이 궁극적으로 예수를 가리키고 있음은 틀림없지만(아래의 "한 모형으로서의 임마누엘"이라는 설명을 보라), 14절을 전후 문맥에서 살펴본다면 메시야적인 해석만을 고집할 수 없다는 것을 금방 알 수 있다. 14절은 이사야가 이 예언을 선포했을 때 임마누엘의 어머니가 그 자리에 있었음을 암시하며, 15-17절은 임마누엘이 다윗 가문과 주전 8세기의 유다 백성 중에 계시는 하나님의 임재에 대한 가시적인 징조 역할을 수행하고 있음을 보여준다. 나라 전체와 마찬가지로 그도 결국에는 앗수르의 침공으로 인한 파멸을 경험했다.

이 역사적인 인물 임마누엘은 과연 누구인가? 어떤 이들은 임마누엘이 이

---

34) 이 구절은 "왜냐하면"으로 직역할 수 있다. 이 불변사는 다음에 이어지는 문맥 전체(16-25절)를 이끈다. 그 문맥은 왜 임마누엘이 그 아이에게 적절한 이름인지, 그가 왜 신 우유와 꿀을 먹어야 하는지, 그리고 그러한 음식물을 먹는 일이 왜 그의 도덕적인 성장에 도움을 주는지 등을 설명해 준다.

35) 히브리어 본문은 단순히 "앗수르 왕"으로만 표현하고 있다. 이 구절이 문장의 말미에 다소 어색하게 덧붙여져 있어서인지 어떤 이들은 그것을 후대의 추가문으로 간주한다(물론 이것은 후대의 편집자들이 문법에 매이지 않은 채로 조금 엉성하게 작업을 했음을 의미한다.) 그러나 이 구문의 어색함은 긍정적인 메시지를 심판 선고로 갑자기 바꾸기 위한 예언자의 수사학적인 전략을 도와주는 것일 수도 있다. 사실 "앗수르 왕"이라는 표현은 앞의 지시 대상인 "때"(직역하면 "날들")와 대립 관계에 있으며, 다가오는 "날들"의 주요 인물이 누구일 것인지를 구체적으로 밝혀준다.

사야의 예언 당시에 임신 중에 있던 유다 여인들에게서 난 모든 아이들을 총칭하는 이름이라고 본다. 그러나 14-16절에 사용되는 단수 형태는 임마누엘이 한 개인을 지칭하는 이름이라는 견해로 기울어진다. 임마누엘은 다윗 가문에 태어난 정체불명의 아이를 가리킬 수도 있다.[36) 이 경우에 이사야가 언급한 젊은 여인은 왕실의 왕비나 공주(아마도 임마누엘 예언이 선포될 당시에 처녀였을 것임)를 가리킬 수도 있다.

그러나 이보다 더 가능성이 높은 견해는 임마누엘과 마헬살랄하스바스(그의 출생에 관한 내용은 8장에 기록되어 있음)가 동일 인물이었을 것이라는 추론이다. 8:3에 있는 출생 기사는 7:14에 있는 예언의 성취로 쉽게 해석될 수 있을 것이다. 공식적인 기록과 증인들에 대한 언급(8:1-2)은 이 두 가지가 그 아이에게 대하여 징조 역할을 수행하고 있음을 암시한다(7:14를 보라). 7:14-16에서처럼 아이가 특정 나이에 도달하기 전에 유다의 대적들이 패배하는 일이 발생할 것이다(8:4를 보라). 7:17-25와 8:7-8은 똑같이 시리아-이스라엘 동맹의 패배에 이어 앗수르의 유다 침공이 있을 것이라고 말한다. 8:8의 말미에 임마누엘에게 직접 주어지는 메시지는 그의 출생에 관한 내용이 앞의 절들에 기록되어 있다는 점을 생각한다면 충분히 납득할 수 있는 것이다.

이 견해의 주된 난점은 상이한 이름들이 사용되고 있다는 데 있지만, 두 가지의 다른 이름이 사용되는 경우는 구약성서의 다른 곳에서도 발견된다(창 35:18을 보라).[37) 임마누엘이라는 이름(어머니가 준 것임, 7:14를 보라)은 하나님의 임재라는 기본적인 사실을 강조하는 것으로 보인다. 반면에 마헬살랄하스바스라는 이름(이사야가 준 것임, 8:3을 보라)은 "빠르게 노략하다, 신속하게 약탈하다"는 뜻을 가진 것으로, 하나님께서 어떠한 모습으로(심판 중에) 임재하실 것인지를 정확하게 설명해주는 것으로 보인다. 그 아이의 출

---

36) 어떤 이들은 임마누엘을 히스기야 왕과 동일시한다. 그러나 히스기야는 주전 740년보다 5년 전에 이미 탄생한 사람이다. 이에 대해서는 다음을 보라: E. H. Merrill, *Kingdom of Priests* (Grand Rapids: Baker, 1987), 404, 426 n. 102.

37) 예수께서 실제로 임마누엘이라 불린 적이 없었고, 그가 이 이름으로 불렸다는 증거도 없다는 것 역시 흥미로운 일이 아닐 수 없다.

생시에 다른 이름을 준다는 것 역시 아이러니컬한 일이 아닐 수 없다. 왜냐 하면 그것은 보통 긍정적인 현실로 여겨지는 하나님의 임재가 아하스의 불 신앙으로 인하여 어떻게 어둡고 불길한 것으로 바뀌는지를 강조하고 있기 때문이다. 어떤 이들은 8:8에 있는 "네 땅"이라는 어구가 왕족 중의 한 사람 (아하스의 아들이나 메시야)을 가리킨다고 본다. 그러나 다른 곳의 용례는 이 어구를 그렇게 한정시킬 필요가 없음을 보여준다. 본문의 대명사는 그 땅 의 왕을 가리킬 수도 있지만(민 20:17; 21:22; 신 2:27; 삿 11:17, 19; 삼하 24:13; 왕상 11:22; 사 14:20), 그것은 또한 단순히 특정 지역의 원주민을 가 리킬 수도 있다(창 12:1; 32:9; 욘 1:8). (사 13:14에 있는 "그의 땅"이라는 용 례도 참조하라. 이 절에 있는 대명사는 그 땅의 원주민을 가리키며, 37:7에서 는 왕을 가리킨다.)

하나의 모형으로서의 임마누엘

임마누엘은 아하스와 유다가 곧 직면하게 될 위기 시에 하나님이 함께 하 실 것임을 상기시키는 역할을 수행할 뿐만 아니라, 계약에 명시된 하나님의 약속들이 성취될 때에 나라의 미래가 굉장할 것임을 보증하는 역할을 수행 하기도 한다. 결국 하나님께서는 또 다른 아이, 곧 특별한 방식으로 이루어 지는 하나님의 임재를 나타낼 이상적인 다윗 계열 통치자를 통하여(9:6-7을 보라)[38] 자기 백성을 적대 국가들로부터 구원하실 것이다(8:9-10을 보라).

메시야이신 예수는 이사야가 예언한 다윗계 이상의 성취요, 임마누엘이 예시한 자이다. 성육신의 기적을 통하여 그는 단순히 하나님의 임재를 가시 적인 형태로 드러냈을 뿐만 아니라, 문자 그대로 "하나님이 우리와 함께 하 심"을 보여주신 분이다. 마태는 이 점을 인식하고서, 임마누엘의 탄생에 관 한 이사야의 옛 예언을 예수께 적용하였다(마 1:22-23). 첫 번째 임마누엘은 유다 백성에게 하나님의 임재를 상기시킴과 동시에 한층 뛰어난 방식으로 하나님의 임재를 드러낼 탁월한 아이가 올 것임을 보증하는 자이다. 두 번째

---

38) 왕의 출생에 관한 9:6a의 언급이 이 구절을 어떻게 임마누엘(7:14)과 마헬살랄하 스바스(8:3)의 탄생에 관해 묘사하는 본문과 연결시키고 있는지를 주목하라.

임마누엘은 매우 강하고 무한히 탁월한 방식으로 "하나님이 우리와 함께 하심"을 보여주시는 분이다. 그는 하나님께서 의도하신 모형론을 현실화시킴으로써, 그리고 하나님께서 계획하신 모형을 완성함으로써 이사야의 임마누엘 예언을 "성취하신다." 물론 그 모형을 완전히 성취함에 있어서 성육신한 임마누엘의 어머니는 처녀가 아니면 안 된다. 그 까닭에 마태는 '알마'라는 히브리어 낱말(더 일반적인 의미인 "젊은 여인"을 뜻하지만, 처녀를 지시 대상으로 포함시킬 만큼 포괄적인 용어임)과는 달리 그러한 전문적인 의미를 가진 헬라어('파르테노스')를 사용한다.

이 구절은 마태가 예수의 탄생을 둘러싼 사건들과 예언서에 언급된 이스라엘 역사의 주요 사건들 사이에 유비 관계가 있다고 보는 유일한 본문이 아니다. 이 구절들을 유비 관계 속에서 하나로 묶어주는 것은 "성취"라는 개념이다. 2:15에 의하면 하나님은 자신의 이상적인 아들 예수를 이집트로부터 불러내신다. 그가 모세 시대에 자신의 아들 이스라엘을 이집트로부터 불러내신 것(호세아 11:1에 언급된 역사적인 사건을 가리킴)처럼 말이다. 그렇게 함으로써 마태는 예수가 이사야에 의해 예언된 이상적인 이스라엘(사 49:3을 보라) ― 비뚤어진 이스라엘을 바로잡을 ― 임을 분명하게 밝힌다(사 49:5와 마 1:21을 보라). 마태복음 2:18은 갓난아이들을 죽인 헤롯의 행동이 하나님의 백성을 압제하는 잔인한 군주들의 행동을 나타내는 또 다른 사례에 해당한다고 본다. 헤롯의 행동은 이스라엘 백성을 포로로 잡아감으로써 의인화된 땅으로 하여금 어린 아이를 빼앗긴 어머니처럼 애달프게 탄식하게 만드는 앗수르 군대의 행동과 유사하다(렘 31:15). 예언 본문들 중의 어느 것도 그 본래적인 문맥에서 볼 경우 예수 시대의 사건들을 가리키지는 않는다. 그러나 마태의 시각에서 본다면 이스라엘 역사에서 발견되는 이 사건들은 예수 시대의 사건들을 미리 보여준 것이라 할 수 있다.

징조가 될 아이가 무대에 등장함(8:1-10)

이사야를 보내 왕을 자극하고 그에게 경고의 메시지를 보낸 야웨께서는 이어서 예언자에게 "빠르게 노략하다, 신속하게 약탈하다"는 뜻을 가진 마헬살랄하스바스라는 이름을 두루마리에 기록하라고 명하신다(8:1). 그는 이 상징적인 행동을 목격한 두 명의 믿을 만한 증인들을 소환하기까지 하신다(2절). 이사야는 이어서 "여예언자"(prophetess, 그의 아내로 추정됨; 개역이나 개역개정판은 단순히 "나의 아내"로 번역하나 표준새번역 개정판은 "예언자인 나의 아내"로 번역함: 역자 주)로 불리는 자와 성관계를 맺는다. 그녀는 그 후 임신을 하여 한 아들을 낳는다(3a절). 야웨께서는 이사야에게 그 아이에게 마헬살랄하스바스라는 상징적인 이름을 지으라고 지시하신다(3b절). 이 이름은 다메섹(시리아의 수도)과 사마리아(이스라엘의 수도)에 임할 임박한 하나님의 심판을 보여주는 일종의 그림 언어에 해당하는 것이다. 그 아이가 자기 부모를 "아빠"와 "엄마"로 부를 수 있는 나이에 도달하기 전에, 이두 성읍이 대표하는 두 나라는 노략과 약탈을 당하게 될 것이다(4절). 무서운 홍수처럼 그 일대를 휩쓸어버릴 앗수르 군대가 하나님의 심판 도구로 사용될 것이다.[39)]

그러나 징조가 될 아이의 이름이 예시하는 심판은 유다의 대적들에게만 한정되지 않는다. 야웨를 신뢰하기를 거부한 아하스의 행동으로 인하여 앗수르 군대는 홍수처럼 유다 땅 안으로 밀려들어올 것이다(8a절). 다양한 은유들을 바꾸어 사용하는 이사야는 앗수르 군대를 유다 땅 전체에 거대한 날개를 펼친 한 마리의 커다란 새로 묘사한다(8b절). 이 마지막 심판 선고는 임마누엘(내가 보기에는 마헬살랄하스바스의 다른 이름임)에게 주어진다. 본문은 이 지점에서 아이러니로 가득 차 있다. 사람들은 자기 백성과 함께 하시는 하나님의 임재가 그들의 안전을 보증할 것이라고 생각하겠지만, 이 경우

---

39) 6절의 정확한 의미는 불확실하다. 만일에 "이 백성"이라는 어구가 사마리아/이스라엘을 가리키는 것이라면, 이 구절은 "천천히 흐르는 실로아 물"(예루살렘에 물을 공급하는 샘을 가리키는 표현인 듯함)이 상징하는 야웨를 거역한 북왕국의 행동을 가리킬 것이다. 그러나 "이 백성"이라는 어구는 유다 백성을 가리킬 수도 있다. 이 경우에, "기뻐하다"로 번역된 낱말은 상이한 히브리어 낱말 형태로부터 비롯된 것으로서 "두려워 녹다"는 의미를 가진 것으로 여겨져야 할 것이다. 그렇다면 6절은 유다 백성이 시리아-이스라엘 연합군에 대한 두려움에 사로잡힌 나머지 어떻게 야웨의 구원 약속을 거절했는지를 보여주는 본문이라 할 수 있다.

에 그는 아하스가 도움을 요청하던 바로 그 나라인 앗수르를 도구로 하여 자기 백성을 심판하시는 중에 그들과 함께 하신다.

야웨의 경고는 곧바로 현실이 된다. 주전 734년에 디글랏 빌레셀 3세가 서쪽 지역을 침공하면서 먼저 두로와 팔레스타인 해안 지방을 정복하기 시작한 것이다. 주전 733-732년에 그는 시리아와 이스라엘을 정복하였다. 그는 다메섹의 왕 르신을 죽였고, 시리아를 앗수르의 한 지방으로 복속시키고 말았다(왕하 16:9를 보라). 이스라엘에서는 호세아가 베가 왕을 죽이고서 앗수르의 꼭두각시 왕이 되었다(왕하 15:29-30을 보라). 그리고 북왕국의 북쪽 지역들이 앗수르의 영토로 편입되면서 이스라엘의 영토는 크게 축소되고 말았다.[40] 이 모든 일들은 주전 735년 말 또는 주전 734년 초에 태어난 어린 임마누엘이 옳고 그른 것을 분간할 수 있기 전에(사 7:16을 보라), 또는 자기 부모를 "아빠"나 "엄마"로 부르기 전에(사 8:4를 보라) 이루어졌다.

아하스가 앗수르와 더불어 맺은 협약은 유다를 곤경에서 벗어나게 해주었지만, 그 동맹 관계는 사실상 유다에게 죽음의 키스와도 같은 것이 되고 말았다. 유다는 이제 정기적인 조공을 요구하던 조약에 의해 앗수르에 예속되었으며, 왕실과 나라의 부를 모두 빼앗겼다(대하 28:20-21을 보라). 유다가 나중에 아하스의 아들 히스기야 때에 앗수르의 억압 통치에 반기를 들자, 앗수르의 왕 산헤립이 그 땅을 침공한다. 주전 701년에 앗수르 군대는 홍수처럼 유다 안으로 밀려들어와서(사 8:7-8을 보라) 시골 지역을 폐허로 만들었으며, 농작물을 파괴하였다(사 7:17-25를 보라. 1:7과 37:30-31도 보라). 산헤립은 몇몇 요새화된 성읍들과 마을들을 정복하였으며(왕하 18:13을 보라), 대단히 많은 사람들과 가축들을 사로잡아갔다.[41] 30대 초반의 젊은이가 된

---

40) 주전 734-732년에 있었던 앗수르의 서쪽 지역 침략에 관한 보다 상세한 설명을 위해서는 다음을 참조: Wayne T. Pitard, *Ancient Damascus* (Winona Lake, Ind.: Eisenbrauns, 1987), 186-89; B. Otzen, "Israel under the Assyrians," in *Power and Propaganda*, ed. M. T. Larsen (Copenhagen: Akademisk Forlag, 1979), 251-61.

41) 이 침공에 대한 산헤립의 크게 과장된 서술에 대해서는 다음을 참조: Pritchard, *Ancient Near Eastern Texts*, 287-88.

임마누엘은 이 침공의 결과를 직접 경험하였다. 그는 계속해서 신 우유와 꿀을 먹어야만 하는 상황 속에서 틀림없이 죄의 결과가 어떠한지를 깨닫고서 올바른 도덕적 결정을 내리려는 생각을 했을 것이다(사 7:15를 보라). 많은 사람들은 그가 신 우유와 꿀을 먹는 것을 보고서 이사야의 말을 회상하고서는, 아하스가 믿음으로 행하기보다는 겉으로 보이는 것에 의존하여 행동하기로 결정한 것에 대하여 탄식해마지 않았음에 틀림이 없다.

그러나 산헤립의 침공은 전혀 생각지 못한 방향으로 마무리된다. 산헤립의 군대가 예루살렘을 포위하자 히스기야는 그 전쟁에 개입하실 것을 야웨께 간구한다(사 36-37장을 보라). 야웨께서는 죽음의 사자를 보내어 앗수르 군대를 하룻밤에 살육하게 하심으로써, 산헤립으로 하여금 두 다리 사이에 꼬리를 내린 채로 도망하게 만드신다(사 37:36-37). 히스기야의 믿음은 아하스의 불신앙이 가져온 결과들을 역전시키며, 유다는 자기들의 심판자가 아니라 구원자이신 하나님이 자기들과 함께 하심을 다시금 경험한다.

이사야 자신은 이것을 주전 735-734년에 이미 예견하였다. 당시에 그는 자기 아들의 출생과 관련된 심판의 메시지를 선포한 바가 있다. 앗수르 군대가 어떻게 유다 땅으로 홍수처럼 밀려들어와서 그 땅을 어둡고 불길한 심판의 그림자로 뒤덮을 것인지를 묘사한(사 8:7-8을 보라) 이사야는 갑자기 침략자들에게로 방향을 돌려 그들을 조롱한다. 8:9-10에서 그는 "민족들"(앗수르 군대를 가리키는 표현인 바, 이는 앗수르 제국 전체의 다양한 피정복 국가들로부터 징발한 군대를 사용했기 때문임)[42]에게 전쟁을 준비할 것을 촉구하면서도, 그들의 공격이 실패로 끝날 것임을 분명하게 선포한다.[43] 왜 그

---

42) 헤이스(J. H. Hayes)와 어빈(S. A. Irvine)은 이곳의 "민족들"이 시리아와 이스라엘을 가리킨다고 본다: *Isaiah* (Nashville: Abindgon, 1987), 152. 이 경우에 예언자는 한층 임박한 미래와 그것이 가져올 구원에 초점을 맞춤으로써 처음에 그러했던 것과 똑같은 방식으로 자신의 메시지를 마무리하고 있는 것이 된다. 그러나 "먼 나라"에 대한 언급은 7-8절의 중심 무대인 앗수르가 여전히 그 어구의 지시 대상임을 암시하고 있다(5:25도 참조하라). 이 점은 8:9-10의 간략하면서도 확신에 찬 외침을 더 구체적으로 밝히는 10:5-34를 고려할 때 한층 분명하게 드러난다.

43) 9-10절에 있는 삼중 명령형("패망하여라"; 개역이나 개역개정판은 "패망하리라"로 번역하나 히브리어 본문에는 명령형으로 되어 있음: 역자 주)은 수사학적인 의미를

러한가? 이 물음에 대해서는 단 한 마디의 낱말로 답변할 수 있다. 임마누엘이라는 이름이 그것이다(10절 말미에 있는 "하나님이 우리와 함께 하심"이라는 표현을 보라). 모든 것들이 선포되고 그대로 행해질 때 유다의 심판관에서 구원자로 바뀐 하나님은 자신의 구원자 역할을 재개하실 것이요, 심판의 도구로 활용된 바 있는 떠들썩한 민족들에 대하여 자신이 통치 주권을 가지고 있음을 입증하실 것이다.

어두운 시기의 인내(8:11-22)

시리아-이스라엘 동맹군의 위협은 유다 안의 많은 사람들을 공포에 사로잡히게 만들었다. 두려움에 사로잡힌 나머지 이성을 잃은 어떤 이들은 다른 사람들이 정부를 전복하려는 음모에 가담했다고 고발하기까지 하였다. 야웨께서는 이사야와 그를 따르는 자들에게 공포에 사로잡히지 말 것을 경고하셨다(11-12절).[44] 두려움과 혼란의 도가니 속에서 신실한 남은 자들은 계속해서 주권자요 왕이신 야웨를 의지할 것이다(13절).

예루살렘 거주민을 포함하는 이스라엘과 유다의 백성은 야웨를 버렸다. 그러한 결정은 파멸로 귀결될 것이다. 야웨께서는 그들의 안전을 보증해주기보다는 도리어 그들의 파멸을 이끄실 것이다. 과거에는 자기 백성을 위한 그의 개입이 "도움의 돌"에 의해 경축되었었다(삼상 7:12을 보라). 그는 이스라엘을 지키시고 안전하게 하시는 "반석"이셨다(신 32:4; 삼하 22:32). 그러나 이제는 아이러니컬하게도 그가 이스라엘과 유다를 덮칠 돌/반석이 되실 것이요, 예루살렘 사람들을 사로잡을 올무가 되실 것이다(14-15절).

다가올 이러한 사건들에 비추어볼 때, "증거"의 말씀과 "율법"을 신실한

가진 것으로, "너희가 패망할 것이다"라는 예언에 해당한다. 이러한 표현 방식은 민족들의 공격이 어떠한 결과를 초래할 것인지를 이사야가 확신하고 있음을 분명하게 보여준다. 명령형의 반복은 조롱의 분위기를 만들어낸다.

44) 12-13절의 2인칭 동사 및 대명사 형태들은 복수형으로 되어 있는 바, 이는 그 경고가 이사야와 그의 지도력을 기대하는 다른 야웨 추종자들을 대상으로 한 것임을 암시한다(16절을 보라).

남은 자들에게 맡긴다는 것은 중요한 의미를 갖는다(16절).[45] 여기서 말하는 "증거"는 아마도 하나님께서 예언자에게 주신 예언 메시지를 가리킬 것이요, "율법"은 예언자의 명령과 경고를 가리킬 것이다. 예언이 성취되고 경고가 현실화되면, 하나님을 따르는 자들은 이사야의 사역이 진정한 것임을 확증하고 사람들에게 그들을 향한 하나님의 권위가 진정한 것임을 각인시키는 공식 기록물을 만들어낼 수 있을 것이다.

이사야는 하나님께서 자신의 얼굴을 자기 백성에게서 감추실 임박한 심판의 때에도 자신이 야웨를 계속해서 신뢰할 수 있음을 확신하였다(17절). 이사야와 그의 자녀들(스알야숩과 마헬살랄하스바스)은 야웨께서 자기 백성을 기꺼이 도우실 수 있는 분임을 꾸준히 상기시키는 자들로 굳게 설 것이다(18절). 이사야의 이름("야웨께서 구원하신다"는 뜻)은 야웨가 그 백성의 유일한 보호의 근원이라는 사실을 상기시켰으며, 스알야숩의 이름("남은 자가 돌아올 것이다")은 적어도 본래는 아하스를 격려하기 위한 목적을 가지고 있었다(7:3을 보라). 그리고 마헬살랄하스바스의 이름("빠르게 노략하다, 신속하게 약탈하다")은 시리아와 이스라엘의 패배를 보증하는 것이었다(8:4를 보라). 그런데 애석하게도 믿음을 잃은 유다 백성은 이러한 이름들이 암시하는 하나님의 보호를 빼앗기고 말았다.

심판의 어둠이 그 땅을 뒤덮자 유다 백성은 미래를 인식하고 지배하기 위해 이교의 신비주의에 빠져들기 시작하였다(19절).[46] 이곳에 언급된 "신접한 자와 마술사"(영매들과 심령술사들을 가리킴: 역자 주)는 땅 속에 함정을 파

---

45) 여기서 만일에 야웨께서 이사야에게 말씀하고 계신 것이라면(2인칭 동사 형태가 단수형으로 되어 있음), "나의 제자들"은 야웨 추종자들을 가리킨다. 그러나 이사야가 말하고 있는 것이라면, 그의 말을 듣는 자들이 누구인지는 구체적으로 알 길이 없으며, "나의 제자들"은 이사야의 추종자들을 가리킨다.

46) 19-22절에서 말하는 자가 예언자인지 아니면 야웨인지는 확실치 않다. 만일에 이사야가 말하고 있는 것이라면, 그는 아마도 야웨 추종자들에게 말하고 있을 것이다(19절의 2인칭 대명사와 동사는 복수형으로 되어 있음). 그러나 만일에 야웨께서 말씀하고 계신 것이라면, 19-22절은 이사야와 신실한 남은 자를 대상으로 하고 있는 12-15절의 말씀을 그대로 잇는 것이라 할 수 있다.

고서는 그들을 죽은 자들이 있는 지하계로 끌어들이고자 할 것이다.[47] 신접한 자들은 주문을 주절거리며 속살거림으로써 죽은 자들의 영을 불러일으키려고 애쓴다. 그러면 그 죽은 자들의 영은 질문하는 자에게 신탁 메시지를 줄 것이다.[48] 이러한 영적인 어둠 한복판에서 신실한 남은 자들은 다시금 "율법"과 "증거"로 칭하여지는 하나님의 예언의 말씀이 가리키는 바를 따르지 않으면 안 된다(20절; 16절을 보라). 야웨께서는 이사야를 통하여 이미 백성에게 그들의 미래가 어두울 것임을 말씀하신 바가 있다. 앗수르가 그들을 침략한 결과 피난민들은 분노 중에 자기들의 왕과 자기들의 하나님을 저주하면서 양식을 찾으러 그 땅을 돌아다닐 것이다(21-22절).[49]

빛이 어둠을 몰아냄(9:1-7)

심판의 어둠이 영원토록 그 땅을 뒤덮는 것은 아니다. 이사야는 북왕국 이스라엘 지역에 초점을 맞추면서, 하나님께서 스불론과 납달리 지파의 옛 지

---

47) 사울 왕은 신접한 자의 자문을 구한 적이 있다(삼상 28장을 보라). 이들 신접한 자들과 그들의 의례에 대해서 더 자세하게 알려면 다음을 참조하라: H. Hoffner, "אוֹב" *TDOT* 1:130-34.

48) 19b절은 흔히 우상숭배자들을 향한 화자(이사야 또는 하나님)의 답변으로 번역된다(예로써 NIV를 보라). 그러나 히브리어 본문을 직역하면 이렇다: "백성이 자기 하나님/신들에게 구할 것이 아니냐? 산 자를 위하여 죽은 자에게 구하여야 하지 않겠느냐?" 이것은 19a절에 언급된 신접한 자의 말을 계속 잇는 것으로 볼 필요가 있다. 이에 대해서는 다음을 참조하라: John Day, *Yahweh and the Gods and Goddesses of Canaan* (Sheffield: Sheffield Academic Press, 2000), 218. 19-20a절은 이렇게 풀어쓸 수 있다: "그들이 너희에게 말하기를 '주절거리며 속살거리는 신접한 자와 마술사에게 물어라! 백성이 자기 신들에게 구할 것이 아니냐? 산 자를 위하여 죽은 자에게 [구할 것이 아니냐?]' 라고 할지라도, 율법과 증거의 말씀을 따르도록 하라!"

49) 전통적인 번역은 히브리어 '엘로힘'이 보통 때와 마찬가지로 유다 백성이 재앙의 원인으로 생각하고 있는 진실하신 하나님을 가리킨다고 본다. 이 문맥에서 생각해볼 수 있는 또 하나의 견해는 이 낱말을 이방 신들 — 유다 백성이 그들을 구원해주기를 바라는 — 을 가리키는 복수형으로 이해하는 것이다. 이렇게 본다면 그들은 그 땅을 돌아다니면서 자기들을 보호하지 못한 그 신들을 저주하고 있는 것이 된다(2:20을 보라).

역에 쏟아 부으셨던 치욕적인 심판을 돌이키실 한 때에 대해서 묘사한다(1절).[50] 주전 734-732년에 앗수르의 디글랏 빌레셀 3세는 이스라엘 땅의 많은 지역들을 합병하였으며, 사마리아를 앗수르 사람들이 선정한 통치자의 다스림을 받는 괴뢰 국가로 축소시켜버렸다. 앗수르 사람들은 합병한 지역들을 1절에 언급된 세 개의 속주(屬州)들로 개편하였다: 므깃도("이방의 갈릴리"), 돌("해변 길"), 길르앗("요단 저쪽 [지역]").[51] 그러나 하나님의 구원의 빛이 이 지역에 짙게 드리운 어둠을 몰아낼 것이다(2절). 승리를 구가할 다윗계의 왕(7절과 11:1, 10을 보라)은 이스라엘을 압제하는 대적들로부터 그들을 구원할 것이다. 옛 시절에 기드온이 잔인한 미디안 족속을 몰아낸 것처럼 말이다(4-5절; 삿 7장을 보라).

이 큰 승리는 하나님의 백성에게서 기쁨이 터져 나오게 할 것이다(3절). 그들은 자기들의 왕에 초점을 맞추면서 그의 탄생을 회상할 것이요, 그가 기꺼이 지도자로서의 책임을 다할 것임을 확신할 것이다. 또한 그들은 그의 군사적인 재능을 강조하는 제왕 호칭들을 나열할 것이다(6절).[52] 왕의 군사적인 힘은 나라를 안전하게 만들며, 정의를 위한 그의 헌신은 다윗 왕조의 지속을 보증할 것이다(7a절). 그의 성공의 비밀은 야웨께 있다. 자기 백성을 위한 야웨의 "열심"(강한 헌신과 애정을 뜻함)은 그들을 옹호하게 만들고, 다윗과 그의 나라에게 주신 약속들을 성취하게 할 것이다.

왕에게 수여된 제왕 호칭들에 대해서는 특별한 주의를 기울일 필요가 있다. 왜냐하면 그것들은 그의 통치를 특징짓는 것이요, 그의 통치를 요약하고 있는 것이기 때문이다. 안타깝게도 6b절의 문법적인 구조는 분명하지가 않다. 히브리어 본문에서 그 문장은 "그리고 그가 그의 이름을 부를 것이다"로 시작한다. 그러나 "그가 부른다"는 동사의 주어가 명시되어 있지 않다. 어떤 이들은 뒤이어 나타나는 그 호칭들 중의 한 개 또는 그 이상의 것들이 왕이

---

50) 1-5절에서 이사야는 장차 있을 회복의 시대를 수사학적인 시각에서 묘사하며, 미래의 사건들을 이미 발생한 것인 양 설명한다.

51) 다음을 보라: Aharoni, *Land of the Bible*, 374-75.

52) 6절에 있는 히브리어 동사 형태들은 완료된 동작을 가리킨다. 그것들은 이 큰 승리를 경험할 미래 세대의 시각을 반영하고 있다.

아니라 하나님을 가리킨다고 본다. 예로써 중세의 히브리 서기관들이 남긴 전통적인 히브리어 본문은 "모사요 전능하신 하나님이 그의 이름을 '영존하시는 아버지, 평강의 왕'으로 부를 것이다"라는 번역을 암시한다. 그러나 그 동사의 주어는 불특정한 것으로 보는 것이 더 나을 것이다: "사람들이 부를 것이다." 이 경우에 그 동사는 수동태로 번역할 수도 있다. 그렇게 되면 문법적인 틀에서 목적어로 나오는 것이 주어가 된다: "그리고 그의 이름이 불릴 것이다." 이렇듯이 불특정 주어와 더불어 "이름"을 목적어로 갖는 "그가 부르다/불렀다"라는 표현은 히브리 성서의 다른 곳에서도 발견된다(창 25:26; 35:8; 38:29-30; 민 11:3; 21:3; 수 5:9를 보라).

전통적으로 "기묘자"와 "모사"는 별도로 취급되어, 모두 다섯 개의 호칭들이 본문에 소개되어 있는 것으로 여겨졌다(KJV를 보라). 그러나 두 가지 요소들을 결합시킨 형태로 되어 있는 두 번째와 세 번째 및 네 번째 호칭의 양식은 첫 번째 호칭 역시 "경이로운 모사"(NIV를 보라)라는 복합 문장으로 되어 있음을 암시한다(표준 새번역 개정판도 그렇게 되어 있음: 역자 주). 어떤 이들은 이 첫 번째 호칭이 일반적인 의미에서의 왕의 지혜를 가리킨다고 본다. 그러나 전후 문맥은 그것이 더 구체적인 개념을 염두에 두고 있음을 암시한다. 앞선 구절들은 왕의 군사적인 승리에 초점을 맞추고 있으며, 바로 다음 호칭("전능하신 하나님")은 그의 신적인 힘을 강조하고 있다. 따라서 "경이로운 모사"라는 호칭은 전사-왕을 비범한 군사 전략가로 묘사하고 있는 것으로 보인다. 이와 관련된 명사로서 "모략" 또는 "계략"으로 번역되는 낱말은 이사야 11:2와 36:5에서 군사적인 힘과 연결된다.

두 번째 호칭인 "전능하신 하나님"은 왕을 전쟁터에서 하나님을 대표하는 자로 묘사한다. 하나님은 초자연적인 방식으로 왕에게 전쟁을 수행할 수 있는 힘을 주신다. 왕의 원수들은 전쟁터에서 그를 대적할 경우, 사실상 하나님 자신을 대적하는 것이 된다. 비록 사람들이 회고조로 이 호칭이 왕의 신성을 가리키는 것으로 볼 수도 있겠지만, 이사야나 그의 청중이 이 호칭을 그처럼 대담한 방식으로 이해했을 것 같지는 않다. 시편 45:6은 다윗계의 왕을 "하나님"으로 부른다. 왜냐하면 그는 하나님의 지상 대표자로서 나라를 다스리고 전쟁을 수행하기 때문이다. 고대 근동의 예술과 문학은 전쟁을 수행할 수 있도록 왕들을 훈련시키고 특별한 무기를 주며 전쟁에 개입하는 신들의 모습을 그리고 있다. 이집트의 선전 자료에 의하면, 헷 족속은 라메세스(Rameses) 2세를 다음과 같이 묘사한다: "우리 중에 있는 그는 인간이 아니다. 그는 위대한 힘을 가진 세트(Seth)요, 바알 자신이다. 그가 행하는 일들은 사람의 행동이 아니다. 그것들은 유일하신 분에게 속한 것들이다."[53] 이사야 9:6에 있는 제왕 호칭은 우군과 적군이 똑같이 전쟁터에서 다윗계의 왕을 바라볼 때 예상되는 것과 동일한 반응을 염두에 두고 있는 것으로 보인다.[54]

세 번째 호칭인 "영존하시는 아버지"는 왕을 자기 백성의 보호자로 묘사한다(이와 유사한 "아버지" 용례에 대해서는 사 22:21과 욥 29:16을 보라). 이처럼 비유적이고 관용적인 "아버지" 용례는 성서에 국한되지 않는다. 페니키아의 한 비문(대략 주전 825년경의 것으로 추정되는)에서 킬라무와(Kilamuwa)라는 통치자는 "어떤 이들에게는 내가 아버지였고, 또 다른 이들에게는 내가 어머니였다"고 말한다. 또 다른 비문(대략 주전 800년경의 것으로 추정되는)에서 아지타왓다(Azitawadda)라는 통치자는 바알 신이 자기를 자기 백성에게 대하여 "아버지와 어머니"가 되게 했다고 자랑한다.[55] 이사야와 그의 청중은 "영존하시는"이라는 용어가 왕의 오랜 통치 내지는 항구적인 왕조를 강조하기 위한 왕실 특유의 과장법에 해당한다고 보았을 것이다(다윗계의 왕에 대하여 사용하는 이러한 과장 언어의 예로는 왕상 1:31; 시 21:4-6; 61:6-7; 72:5, 17 등을 보라). 이러한 과장 언어("전능하신 하나님"이라는 호칭의 경우에서처럼)는 나중에 문자 그대로 성취된다. 왜냐하면 예수께서 영원히 통치하실 것이기 때문이다.

네 번째 호칭인 "평강의 왕"은 왕을 자기 백성을 위하여 안정된 사회정치적 환경을 확립시키는 자로 묘사한다. 그것은 좀처럼 그를 온유하고 부드러운 자로 묘사하지 않는다. 그 까닭은 그가 군사적인 힘으로 평화를 이루기

---

53) Miriam Lichtheim, *Ancient Egyptian Literature*, 3 vols. (Berkeley: University of California Press, 1975-80), 2:67.

54) Hayes and Irvine, *Isaiah*, 181-82를 보라.

55) 이 두 비문들에 대해서는 다음을 보라: Prtichard, *Ancient Near Eastern Texts*, 499-501.

때문이다. 그의 백성은 무적의 왕이 그들의 원수들을 파멸시킨 까닭에 안전과 번영을 누리게 된다(하나님께서 힘을 사용하여 평화를 이루시는 비슷한 사례를 위해서는 시 29편을 보라).

여전히 높이 들린 야웨의 심판의 손(9:8—10:4)

메시야 시대를 개관한 예언자는 자기 시대의 거친 현실로 되돌아온다. 다음 예언에서 이사야는 북왕국을 향한 야웨의 용서 없는 심판에 대해서 묘사한다. 이 예언은 하나님이 이미 파괴적인 심판을 보내셨음을 전제하면서도(10절을 보라),[56] 하나님의 분노가 진정되지 않았으며 또 다른 하나님의 심판이 다가오고 있음을 강조한다(10:1-4). 이 예언의 말씀은 주전 734-732년에 있었던 앗수르의 북왕국 침공 직전 또는 그 침공과 주전 722년에 있었던 사마리아의 함락 사이의 어느 시점에 주어졌을 것이다. 이 예언은 네 부분으로 나누어지는 바, 각 부분은 "이 모든 일에도 불구하고 야웨의 분노가 사라지지 아니하며 그 손이 여전히 높이 들릴 것이다"라는 후렴으로 끝난다:

첫 번째 부분(9:8-12)
    A. 과거의 심판에 관한 묘사(9:8)
    B. 과거의 심판에 대한 백성의 태도에 관한 묘사(9:9-10)
    C. 과거의 심판에 관한 묘사(9:11-12a)
    D. 후렴(9:12b)
두 번째 부분(9:13-17)
    A. 과거의 심판에 대한 백성의 태도에 관한 묘사(9:13)
    B. 과거의 심판에 관한 묘사(9:14-17a)
    C. 후렴(9:17b)
세 번째 부분(9:18-21)
    A. 과거에 심판에 관한 묘사(9:18-21a)

---

56) 8-9, 14, 17-20절에 있는 히브리어 동사 형태들은 과거 시제로 번역하는 것이 가장 적절할 것이다(미래 시제나 현재 시제를 사용하는 NIV와는 달리).

> B. 후렴(9:21b)
>
> 네 번째 부분(10:1-4)
>
> A. 미래의 심판을 선포하는 재앙 신탁(10:1-4a)
>
> B. 후렴(10:4b)

이스라엘은 하나님의 심판에 의해 초래되는 파괴적인 결과들을 경험한다. 이 심판은, 비록 하나님에 의해 선포된 것이긴 하지만, 교만한 백성에게 아무런 영향도 미치지 못한다. 그들은 도리어 자기들이 무너진 성읍들을 재건하고 파괴된 뽕나무를 백향목으로 대신할 것이라고 즐거운 마음으로 자랑한다(8-10절). 야웨께서는 시리아 군대와 블레셋 군대로 하여금 그 땅을 공격하게 하셨지만, 그 백성은 자기들의 죄를 뉘우치지 않는다(11-13절).[57] 야웨께서는 그 백성의 많은 우두머리 지도자들을 제거하셨다. 그 중에는 백성을 잘못 인도한 거짓 예언자들도 포함된다(14-16절). 머리에서 발끝까지 이스라엘은 부패했다(17절). 이처럼 널리 퍼진 악은 그 땅을 불사를 하나님의 심판의 불길을 끌어당긴다(18-19절). 내전으로 인하여 나라는 두 개로 나누어지고 유다 땅을 침공하기까지 한다. 베가 때의 북왕국이 반앗수르 동맹 체제에 가담하도록 남왕국을 압박하고자 했던 것처럼 말이다(20-21절; 왕하 15:10—16:6을 보라).

이 모든 일들은 단지 장차 임할 한층 파괴적인 심판의 전주곡일 뿐이다. 북왕국의 지도자들은 정의를 장려하지 못한 탓에 파멸당할 운명에 처해져 있었다(10:1의 "화 있을진저!"를 주목하라). 그들은 가난한 자들을 압제하는 조치들을 취했으며, 자기 백성의 정의를 부정하였고, 과부들과 고아들에 의해 대표되는 힘없고 약한 자들을 착취하기까지 했다(10:1-2). 하나님께서 심

---

57) 시리아 군대와 이스라엘 군대가 동맹군을 결성한 것은 주전 735년경이기 때문에 (7:1을 보라), 11절은 그 전에 있었던 시리아 군대의 북왕국 침공을 가리키고 있음에 틀림이 없다. 그 시기는 아마도 므나헴이 이스라엘을 다스리던 때였을 것이다(주전 752-742년). 이에 관해서는 다음을 보라: J. Bright, *A History of Israel*, 3rd. ed. (Philadelphia: Westminster, 1981), 271-72. 앗수르에 맞서 시리아와 연합한 베가와는 달리 므나헴은 친앗수르 정책을 전개하였다(왕하 15:19-20).

판하시는 날에 이 지도자들은 자기들을 도울 자를 전혀 갖지 못할 것이요, 어디에도 자기들의 돈을 숨기지 못할 것이다(3절). 침략자의 칼을 피한 자들은 사로잡혀 포로로 끌려갈 것이다(4절).

하나님께서 앗수르의 콧대를 꺾으심(10:5-34)

하나님의 엄한 이스라엘 심판은 정의를 향한 그의 갈증을 충족시키지 못할 것이다. 높이 올려진 그의 손(4b절)은 다시 한 번 그의 대적들을 칠 것이다. 그런데 이번에는 교만한 앗수르 사람들이 자기들이 남들을 괴롭혔던 그 일을 직접 겪게 될 것이다.

야웨께서는 불경건한 이스라엘을 벌하시기 위해 앗수르 사람들을 심판의 도구로 사용하셨다(5-6절). 그러나 앗수르 사람들은 이러한 사실을 깨닫지 못했다. 앗수르 제국의 왕들은 시리아와 이스라엘 및 다른 서쪽 국가들에 대한 자기들의 승리를 자랑하였다. 그들은 약한 나라의 신들이 그들의 나라를 앗수르의 침공으로부터 막아내지 못한 것으로 간주했는데, 유다도 그러한 약한 나라들 중의 하나라고 생각했다(7-11절).[58] 야웨께서는 유다를 징계하기 위해 앗수르 사람들을 사용하실 것이다. 그러나 일단 그 일이 끝나면, 그는 앗수르 사람들에게 한 가지 교훈을 가르치실 것이다(12절). 교만한 앗수르 사람들은 자기들의 성공이 자기들 자신의 힘과 지혜에서 비롯된 것이라고 보았으며, 자기들의 정복이 버려진 새의 보금자리에서 알을 훔치는 것처럼 쉬운 일이라고 자랑하였다(13-14절). 앗수르 사람들은 야웨의 손에 들린 도구에 지나지 않았지만, 그들은 자기들이 그보다 더 뛰어난 자들인 양 행동하였다. 물론 이것은 터무니없는 일이었다. 그것은 마치 연장이 직공을 움직이려 하는 것과도 같고, 무기가 전사를 휘두르려 하는 것과도 같은 것이었다(15절). 앗수르의 지나친 교만은 하나님의 주목을 받을 수밖에 없었다. 이스라엘의 전사-왕이신 하나님은 거센 불길이 숲을 삼키는 것처럼 앗수르 사람

---

58) 앗수르 사람들은 9절에 언급된 나라들을 주전 740-717년 사이에 정복하였다. 사마리아가 이미 함락된 것으로 보는 11절은 앗수르를 향한 이 심판 신탁이 주전 722년 이후의 어느 시점에 선포되었음을 암시한다.

들을 파멸시킴으로써 자신의 위엄과 권세를 널리 드러내실 것이다(16-19
절).

앗수르를 향한 야웨의 승리는 이스라엘을 위해 새로운 시대를 향한 문을
열어줄 것이다. 북왕국의 남은 자들은 그들의 참된 왕이신 야웨를 향한 그들
의 신뢰와 연합 관계를 갱신할 것이다(20-21절). 적절하게도 야웨는 "이스라
엘의 거룩한 자"로, 그리고 "전능하신 하나님"으로 불린다. 앞의 호칭은 그
의 통치권을 나타내는 것이고(1:4와 6:3을 보라), 뒤의 호칭은 "그들을 치실"
때 그가 드러내신 권능을 상기시키는 것이다(20절). 서글프게도 남은 자들만
이 다가올 하나님과의 화해에 참여할 것이다. 왜냐하면 이스라엘의 인구가
심판으로 인하여 현저하게 줄어들 것이기 때문이다(22-23절).

"전능하신 하나님"이라는 호칭은 이곳과(21절) 이사야 9:6에서만 나온다.
9:6의 경우 이 호칭은 다가올 이상적인 다윗계의 왕을 가리키는 별칭들 중의
하나이다. 이사야 10:20-21은 야웨("이스라엘의 거룩한 자")와 다윗계의 왕
("전능하신 하나님")에게로 돌아오는 이스라엘 백성에 관해 묘사한다. 호세
아 3:5에서처럼 말이다. 그러나 다윗계의 왕은 21절의 전후 문맥에서 전혀
언급되지 않는다(그러나 11장을 참고하라). 앞의 절은 이스라엘이 "이스라엘
의 거룩한 자인 야웨"를 의뢰할 것이라고 말한다. 이 점에서 본다면 "전능하
신 하나님"이라는 호칭은 야웨를 가리킬 수도 있을 것이다. 하나님을 가리키
는 이 비슷한 두 호칭은 신명기 10:17과 느헤미야 9:32("광대하시며 능하시
고 두려우신 하나님") 및 예레미야 32:18("크고 능하신 하나님")에서도 나온
다.

21-22절에서는 "남은 자가 돌아오리라"는 진술이 두 차례 나온다. 이 진술
은 이사야의 아들 스알야숩의 상징적인 이름을 반영하고 있다. 이 아들은 아
하스 왕을 처음 만날 때 아버지 이사야와 동행한 적이 있었다(7:3을 보라).
그때에 이사야는 왕에게 야웨께서 시리아와 이스라엘 침략자들로부터 그를
구원하실 수 있다는 것을 보증함으로써 그를 격려하고자 애썼다. "남은 자가
돌아오리라"는 뜻을 가진 스알야숩의 이름은 당시에 대부분의 이방 침략군
들이 패배를 당할 것이요 남은 자만이 집으로 돌아올 것임을 암시하는 긍정
적인 의미를 가지고 있었을 것이다. 이사야 10:20-21은 하나님의 심판이 한

때 큰 나라였던 이스라엘을 남은 자들로 전락시킴으로써 스알야숩의 이름에 담겨 있는 예언이 성취되었음을 보여준다. 그러나 이 이름에는 좋은 소식 역시 담겨 있다. 마침내는 남은 자들이 하나님께로 돌아올 것이요, 이상적인 다윗계 왕의 통치 하에 유다와 결합하게 될 것이다(11장을 보라).

예언자는 이스라엘과 하나님 사이의 화해에 관해 묘사하는 것을 중단함으로써 자신이 다루는 중심 주제, 곧 앗수르 제국의 쇠퇴라는 주제로 되돌아온다(24절; 5-19절을 보라). 야웨를 위하여 예루살렘 거민에게 말하는 중에 그는 강한 전사-왕이신 그들의 하나님이 그들을 앗수르의 위협으로 지켜주실 것임을 보증한다. 야웨께서 자기 백성을 징계하기 위해 앗수르 사람들을 도구로 사용하셨지만(24절), 유다를 향한 그의 진노는 금방 앗수르로 옮겨갈 것이다(25절). 그는 앗수르 사람들을 치실 것이요(26절), 유다를 앗수르의 압제적이고 고통스런 통치로부터 구원하실 것이다(27절).

그는 앗수르 군대를 패배시키실 것이다. 기드온의 시대에 미디안 족속을 멸하신 것처럼 말이다(26a절). "오렙 반석"에 대한 언급은 사사기 7:25에 언급된 사건을 회상시킨다. 기드온이 미디안 족속에게 승리를 거둔 결과 에브라임 지파는 미디안의 장관 오렙을 사로잡아 한 바위에서 참수하는 바, 그 바위가 후에 처형당한 그의 이름으로 불리게 된 것이다.

이러한 힘의 과시는 하나님께서 모세의 시대에 이집트를 향하여 행사하신 권능을 연상시킨다(26b절). 26b절의 히브리어 본문을 직역하자면 "그리고 그의 막대기가 바다를 향하여[또는 '위에'] 들려질 것이요, 그는 그것을 이집트의 길[또는 '태도']에서 드실 것이다"로 읽힌다. 만일에 본문의 현재 형태를 유지한다면, "바다"는 적대국인 앗수르를 상징할 것이다. 이 경우에 그 낱말은 모세가 홍해 바다를 통하여 이집트 추격군을 멸하기 위해 어떻게 그의 막대기/손을 들어 올렸는지를 생각나게 하려는 의도를 가진 것으로 보인다(출 14장을 보라).[59]

---

59) 그러나 어떤 이들은 "바다를 향하여"(against sea; 히브리어로 '알-하얌')를 "그들에게 대하여"(히브리어로 '알레헴')로 수정한다. 이 경우에 그 낱말은 야웨께서 이집트를 심판하시기 위해 모세의 막대기를 사용하신 방식을 가리키는 것으로 보인다.

28-32절은 북쪽에서 비롯된 앗수르의 유다 침공을 매우 인상적인 방식으로 묘사한다.[60] 앗수르 군대는 조금씩 예루살렘으로 다가가서 그 성읍을 향하여 강하게 주먹을 흔들어댄다. 그 후에 야웨께서 갑자기 그들을 치신다. 예언자는 야웨를 강한 나무꾼에 비교하고 앗수르를 숲에 비교하면서, 자신의 도끼로 나무들을 잘라내시는 야웨의 모습에 대해서 묘사한다(33-34절).

이 예언은 본질적으로 산헤립이 유다를 침공한 주전 701년에 성취되었다.[61] 역사 기록들과 성서 본문(사 36:2를 보라)은 산헤립이 북쪽으로부터가 아니라 남서쪽으로부터 예루살렘에 접근했다고 본다.[62] 요컨대 28-32절의 서술은 수사학적이면서도 예언적인 것으로 이해하는 것이 좋을 듯하다. 그것을 꼭 앗수르 군대의 실제 이동 경로로 볼 필요는 없다. 도리어 그 주요 목적은 불길한 분위기를 만들어내는 데 있었다. 구체적인 지리 정보는 이러한 목적에 충실하게 이바지하고 있다. 비록 그 정보가 사람들이 앗수르 군대의 침공 경로를 어떻게 기대할 것인지를 반영하고 있을 뿐이지, 꼭 실제의 침공 경로가 어떠했는지를 보여주려는 것이 아니었지만 말이다.[63]

평화를 성취하는 이상적인 왕(11:1-9)

---

60) 이 본문과 관련된 상세한 지리적인 정보를 위해서는 다음을 참조: Aharoni, *Land of the Bible*, 393.

61) 헤이스와 어빈(*Isaiah*, 209-10)은 이 본문이 이스라엘-시리아 연합군의 유다 침공(주전 735년)에 관해서 묘사한다고 본다. 그러나 이 견해는 앗수르의 멸망을 예언하는 앞의 문맥을 무시하고 있다. 어떤 이들은 본문에 언급된 침공이 주전 713-711년에 있었던 사르곤(Sargon)의 서방 원정과 관련하여 이루어진 것이라고 보지만, 당시에 있었던 그러한 침공을 뒷받침할 만한 역사적인 증거는 전혀 없다.

62) 오스왈트(John N. Oswalt, *The Book of Isaiah, Chapters 1-39* [Grand Rapids: Eerdmans, 1986], 274-75)는 이 구절이 수사학적인 것이지, 특정한 역사적 사건에 상응하는 것이 아니라고 본다. 그러나 헤이스와 어빈은 본문에 묘사된 구체적인 지리 정보가 그러한 견해를 용납하지 않는다고 주장한다.

63) 이 문제에 관한 더 구체적인 논의를 위해서는 다음을 참조: R. E. Clements, *Isaiah 1-39* (Grand Rapids: Eerdmans, 1980), 117-19.

앞서 소개된(9:1-7을 보라) 메시야 주제로 되돌아온 이사야는 이상적인 다윗계의 왕이 정의와 평화를 보증하면서 통치할 한 날을 마음에 그리고 있다. 이 왕은 이새의 뿌리 또는 그루터기에서 자라는 싹이나 가지로 묘사된다(1절). 예언자는 왕을 다윗보다는 이새와 관련시킴으로써, 이 통치자를 기대에 어긋나는 또 다른 다윗의 후손이 아닌 새로운 다윗으로 묘사한다. 다른 예언자들은 장차 올 이 이상적인 왕을 "다윗"으로 칭하거나 그를 다시 올 다윗으로 묘사한다(렘 30:9; 겔 34:23-24; 37:24-25; 호 3:5; 미 5:2 등을 보라). 과거의 다윗(삼상 16:13을 보라)과 마찬가지로 이 왕은 하나님의 신에 감동된 자이다. 하나님의 신은 그에게 뛰어난 지혜를 주고, 그에게 하나님의 계획을 실천할 수 있게 하며, 그의 안에 야웨를 향한 절대적인 충성심을 불어넣어준다(2-3a절).

"지혜와 총명"이라는 어구(2절)는 왕이 소유한 분별력의 정도를 강조하기 위하여 동의어를 결합시킨 형태로 되어 있다. 이 초자연적인 지혜는 왕으로 하여금 단순히 겉으로 보이는 것보다는 진리에 기초하여 올바른 결정을 내릴 수 있게 해준다(3b절).

"모략과 재능"이라는 어구(2절)는 서로 관련된 개념들을 결합시킨 것으로서, 자신이 궁리한 계획들이나 전략들을 실행에 옮길 수 있는 그의 초자연적인 능력을 가리킨다. 이 능력은 그로 하여금 정의로운 정책들을 실천에 옮기고 압제자들을 제거함으로써 압제당하는 자들을 변호할 수 있게 해준다(4절). 참으로 정의를 향한 그의 헌신이야말로 그의 통치의 기초를 이룬다. 그것은 허리에 둘린 띠와 같이 안정과 견실함을 가져다준다(5절).

"지식과 야웨 경외"라는 어구(2절)는 야웨를 향한 이 왕의 절대적인 충성심을 묘사한다. "지식"은 여기서 계약적인 의미에서 사용되고 있으며, 하나님의 권위를 인정하고 기꺼이 그것에 복종하려는 태도를 가리킨다(렘 22:16은 야웨를 "아는" 것이 정의를 향한 헌신과 동일한 것이라고 본다). "야웨 경외"는 여기서 순종을 가능케 하는 야웨의 하나님의 권위에 대한 상당한 존경심을 가리킨다. 이 두 용어의 결합은 야웨를 향한 일편단심의 충성심을 강조한다. 이러한 충성심은 그가 올바른 법적인 결정을 내리며 정의로운 정책들을 실천에 옮길 것임을 보증해준다(3-5절).

이사야의 환상에서 인간 사회의 변화는 동물 세계의 급격한 변화를 동반한다(6–9절). 우리가 알고 있는 동물 세계는 "약육강식의 원리"를 특징으로 가지고 있다. 그곳에서는 육식동물이 활보하며 약한 동물들을 집어삼킨다. 그러나 이상적인 왕이 다스리는 동안에는 이러한 기본적인 구조가 변화한다. 육식동물들이 더 이상 약한 동물들을 공격하거나 잡아먹지 않는다. 그 대신에 육식동물들의 본성이 변하며, 초식동물로 바뀐다. 이 놀라운 환상은 순전히 비유적인 것일 수도 있다. 육식동물이 인간 압제자들을 상징한다면, 그들에게 희생되는 동물은 그 압제자들에게 희생당하는 무기력한 자들을 상징할 수도 있다는 얘기다(4–5절). 그러나 그것은 인간 사회의 변화 — "압제자들"과 "압제당하는 자들"이라는 범주가 사라지는 — 를 반영하는 실제적인 변화를 묘사하는 것일 수도 있다.

이 평화의 왕국은 확실히 전 세계적인 것이지만(2:2–4와 11:10을 보라), 9절은 예루살렘과 이스라엘 땅 안에서 이루어지는 변화에 초점을 맞추고 있다. 9절은 이렇게 진술한다: "그들(방금 언급한 육식동물을 가리킴이 분명하며, 4절에 언급된 악한 자들을 상징하기도 함)은 내 거룩한 산 모든 곳에서 해치지도 않을 것이요 파멸시키지도 않을 것이다. 이는 물이 바다를 덮음 같이 땅이 야웨를 아는 지식으로 가득할 것이기 때문이다." 야웨의 "거룩한 산"은 시온산/예루살렘을 가리킨다(시 2:6; 15:1; 43:3; 48:1; 99:9; 사 56:7; 57:13; 65:11, 25; 66:20; 단 9:16, 20; 욜 2:1; 3:17; 옵 16 등을 보라). 이것은 NIV에서 "땅"으로 번역된 히브리어 '에레츠'가 이곳과 4절에서 이스라엘 "땅"을 가리킴을 암시한다.

사로잡힌 자들이 집으로 돌아옴(11:10—12:6)

이 이상적인 왕은 또한 사로잡힌 하나님의 백성을 개심케 할 것이다(10–12절). 주전 722년에 앗수르 사람들은 이스라엘 백성을 메소포타미아와 그 너머의 지역들에 포로로 잡아갔다(왕하 17:6; 18:11을 보라). 주전 701년에는 산헤립이 예루살렘 성벽 밖에서는 패배를 당했지만, 많은 유다 사람들을 포로로 잡아갔다.[64] 이사야 역시 유다 사람들이 바벨론에 포로로 잡혀갈 것임을 예언했다. 그 일은 주전 605-586년에 이루어졌다(사 39:6-7을 보라). 그러나 이상적인 왕의 통치에 관한 이사야의 환상에 의하면, 한때 이스라엘에게 적대적이었던 나라들이 포로민들로 하여금 땅의 모든 곳들로부터 그들의 고국으로 돌아갈 수 있게 한다.

일단 고국으로 돌아오면 하나님의 백성은 새로운 국가적인 힘을 향유하게 될 것이다(13-14절). 북왕국(여기서는 에브라임에 의해 대표되는)은 더 이상 유다를 압제하지 않을 것이다. 그 대신에 그들은 주변의 적대 국가들 — 서쪽의 블레셋과 동쪽의 에돔, 모압, 암몬, 사막 부족 집단 등 — 에 대항하여 하나로 합할 것이다. 통일왕국 시대인 다윗과 솔로몬 때의 영화로웠던 시절과 마찬가지로 그들은 이 나라들을 굴복시킬 것이요, 그들에게 조공을 바치게 할 것이다.

이사야는 하나님의 백성이 대규모로 돌아오는 제2의 출애굽에 대해서 묘사한다. 야웨께서는 바다와 강을 말리실 것이요, 자기 백성으로 하여금 이집트와 앗수르로부터 돌아오게 하실 것이다(15-16절). 모세의 시대에 그랬던 것과 마찬가지로 야웨의 백성은 그의 위대한 행동들을 찬미할 것이다(12:1-6). 그들은 그의 진노가 구원으로 바뀐 것에 대하여 그에게 감사를 드릴 것이요, 모세의 노래(출 15:2를 보라)를 연상시키는 어휘들을 사용하여 그를 자기들의 보호자와 구원자로 찬미할 것이다. 샘으로부터 신선한 물을 마시듯이 그의 구원을 마시면서 말이다. 하나님의 회복된 백성은 시온의 거주민들에게로 돌아올 것이요, 그들에게 자기 백성과 함께 하는 하나님의 주권적인 임재를 찬미하면서 야웨의 위대한 행동들을 열방 중에 선포하게 할 것이다.

이스라엘이 고국으로 돌아올 것이라는 이 예언은 과연 문자 그대로 성취될 것인가? 어떤 이들은 이 예언이 서술된 그대로 성취될 것이라고 주장한다. 반면에 다른 이들은 이 예언의 상세한 내용들 전부가 문자 그대로 성취된다는 것은 불가능한 일임을 지적한다. 어쨌든 시간이 지나면서 북왕국의

---

64) 다음을 보라: Pritchard, *Ancient Near Eastern Texts*, 287-88. 산헤립은 히스기야의 백성 20만 150명(부풀린 숫자임이 분명함)을 포로로 잡아갔다고 주장한다. 이사야 6:11-13은 이러한 대참화를 예고하였다. 그리고 이사야 1:9는 그것을 전제하고 있는 것으로 보인다.

포로민들은 새롭게 정착한 고국 주변의 문화에 동화되면서 그들 나름의 민족적인 정체성을 상실하고 말았다. 마찬가지로 블레셋 족속과 에돔 족속 및 모압 족속, 암몬 족속 등도 같은 더 이상 존재하지 않는다. 어떤 이들은 이사야 시대의 지정학적인 구조들과 다양한 민족들이 어떤 형식으로든 장차 다시 나타나게 될 것이라고 주장한다. 그런가 하면 다른 이들은 이 땅들에 현재 거주하고 있는 자들을 그들의 옛 선구자들과 연결시키며, 오늘날의 이들 거주민들을 통하여 이사야의 예언이 성취되리라고 기대한다.

그러나 이러한 지나친 문자주의는 예언 메시지가 본래의 청중을 위해 당시의 상황에 적합한 것으로 만들어졌다는 점을 설명하지 못한다. 그 예언은 그 핵심 부분에 있어서는 성취를 보겠지만, 그 모든 내용이 문자 그대로 낱낱이 성취된다고 보기는 어렵다. 사도 바울이 분명하게 밝힌 것처럼(롬 11:25-32), 우리가 유다 백성(주로 유다와 베냐민 및 레위 등의 지파들로부터 비롯된)으로 알고 있는 이스라엘 민족의 회복이 장차 이루어질 것이다.[65] 그러나 이 예언의 많은 상세한 내용들은 문화적인 제약을 받고 있으며 이사야 시대의 시각을 반영하고 있는 것들로서, 그 예언을 이사야의 청중이 이해할 수 있고 또 그들과 관련된 것으로 만들기 위해 이곳에 포함되었다. 따라서 그것은 원형적인 것으로 이해되어야만 한다.[66] 이사야 11:13-14는 이 미래 시대의 지정학적인 현실들을 문자적으로 묘사하기보다는, 회복될 미래의 이스라엘이 하나로 통합되면서 안정을 누릴 것임을 분명하게 밝히고 있다.

이사야는 포로로부터의 귀향을 제2의 출애굽으로 묘사함에 있어서(11:15-16), 장차 있을 하나님의 구원 행동을 구원 역사에 있는 그의 위대한 행동들과 연결시키는 "미래 회귀"(back to the future) 기법을 사용하고 있다. 이렇게 함으로써 그는 이스라엘 초기 역사의 하나님이 여전히 활동하고 계시며 자기 백성의 역사에 개입하여 그들의 미래를 만들어낼 수 있는 분임을 강조

---

65) 에스라 1:5; 4:1; 10:9; 느헤미야 11장 등을 보라.

66) 예언 문학의 원형적인 언어에 관한 간략한 논의를 위해서는 다음을 참조: Robert B. Chisholm Jr., *From Exegesis to Exposition* (Grand Rapids: Baker, 1998), 173-74.

한다. 초기 전승들의 이러한 활용은 반드시 미래에 대한 문자적인 묘사로 볼 필요가 없다. 도리어 그것은 문학적인 암시의 한 창조적인 형태로 보지 않으면 안 된다. 이 수사학적인 기법은 이스라엘의 미래가 이스라엘의 출애굽 구원 — 모세 시대에 있었던 — 을 가능케 한 하나님의 기적적인 개입과 동일한 방식에 의해 결정될 것임을 분명하게 보여준다.

전 세계에 미치는 심판(이사야 13-27장)

이사야서의 첫 중심 단원을 구성하는 이 두 번째 부분은 여러 나라들을 향한 일련의 심판 신탁들을 소개하고 있다(13-23장). 이 심판 예전은 지상에 임할 야웨의 나라를 예고하는 전 세계적인 심판의 환상(24-27장)의 배경에 해당하는 것이다.

심판의 신탁(13-23장)

대부분의 신탁 메시지들에 연대 표시가 되어 있지 않지만, 그것들은 서로 다른 이사야의 활동 시기에 생겨난 것으로 보인다. 예로써 시리아-이스라엘 연합군을 향한 심판 신탁(17:1-11)은 디글랏 빌레셀 3세에 의한 그들의 패배(주전 733-732년)보다 이른 시기에 주어졌음에 틀림이 없다. 그리고 블레셋 족속을 향한 심판 신탁(14:28-32)은 아하스 왕이 죽던 해(주전 715년)에 선포된 반면, 이집트와 구스를 향한 심판 예언(20:1-6)은 사르곤 왕이 이끄는 앗수르 군대가 블레셋의 도시 아스돗을 공격한 주전 712년에 선포된 것이다. 두로를 향한 심판 신탁(23:1-18)은 앗수르가 바벨론을 함락시킨 일(주전 689년에 이루어짐)을 과거에 이루어진 사건으로 언급한다(13절).

13-23장에 있는 심판 신탁들은 아래와 같이 정리된다:

　　　바벨론에 관한 신탁　　　　13:1—14:27
　　　블레셋에 관한 신탁　　　　14:28-32
　　　모압에 관한 신탁　　　　　15:1—16:14

다메섹에 관한 신탁[67]	17:1–11
민족들에 관한 재앙 신탁	17:12–14
구스에 관한 재앙 신탁	18:1–17
이집트에 관한 신탁	19:1–25
이집트와 구스에 관한 예언	20:1–6
바벨론에 관한 신탁	21:1–10
두마에 관한 신탁	21:11–12
아라비아에 관한 신탁	21:13–17
예루살렘에 관한 신탁	22:1–25
두로에 관한 신탁	23:1–18

이사야는 이 신탁 메시지들을 실제로 이들 여러 나라들을 향하여 선포한 것이 아니라 유다를 향하여 선포했을 것으로 보인다. 이 예언 메시지들은 아마도 두 가지의 목적을 가지고 있었을 것이다. 첫째로 이 신탁 메시지들은 계속해서 국제 정치에 휘말려 들어가고 있는 지도자들에게 유다가 이방 나라들을 두려워하거나 안전을 목적으로 국제적인 동맹군을 결성할 필요가 없음을 상기시켜준다. 그리고 둘째로 이 신탁 메시지들은 그들의 하나님이 참으로 온 땅의 최고 통치자요 자기 백성의 신뢰를 받을 만한 분임을 상기시켜준다.

바벨론에 관한 신탁(13:1—14:27)

주로 바벨론에 속한 첫 번째 신탁(13:1을 보라)은 전 세계적인 심판에 대해 묘사하는 도입부(13:2-16)[68]와 바벨론에 임할 하나님의 심판에 관한 긴 설명(13:17-14:23), 앗수르를 향한 짤막한 심판 메시지(14:24-25), 그리고 전 세

---

67) 17장에 있는 신탁은 다메섹(시리아의 수도)을 겨냥하고 있지만, 시리아는 이스라엘의 동맹군이었다(7:1을 보라). 그리고 그 신탁은 이스라엘을 향한 심판 메시지를 포함하고 있다(3, 10절).

68) 특히 11절의 "세상"(world)에 대한 언급을 주목하라. 5절 역시 하나님께서 "온 땅"(히브리어로 '콜-하아레츠')을 멸하실 것이라고 말한다. 비록 NIV가 이 구절을 "나라 전체"(the whole country)로 번역하고 있기는 하지만 말이다.

계적인 심판의 주제로 되돌아가는 결론부의 요약(14:26-27) 등을 포함하고
있다.

이 신탁은 다음과 같은 구조를 드러내고 있다:

> 표제(13:1)
> 전 세계적인 심판의 배경(13:2-16)
> 바벨론이 무너짐(13:17—14:23)
> > 바벨론이 폐허가 됨(13:17-22)
> > 이스라엘을 위한 구원(14:1-2)
> > 이스라엘이 바벨론 왕을 조롱함(14:3-21)
> > 바벨론이 폐허가 됨(14:22-23)
> 앗수르가 패배함(14:24-25)
> 전 세계적인 심판의 배경(14:26-27)[69]

이 신탁은 야웨께서 전쟁을 위해 자신의 전사들을 소집하시는 모습과 더
불어 시작한다(2-3절). 예언자는 큰 군대가 "전능하신 야웨"(문자적으로는
"만군의 야웨", 1:9를 보라)를 우두머리로 하여 열국 민족 중에 모이는 소리
를 듣고 그 모습을 본다. 야웨께서 심판하실 날이 다가옴에 따라 그 군대는
애곡과 두려움을 널리 퍼뜨린다. 왜냐하면 그때는 "전능자"가 자기 대적들을
멸하시는 날이기 때문이다(6-8절).

히브리 성서에서 "전능자"라는 호칭(히브리어로 '샷다이')은 하나님을 생
명을 주기도 하시고 빼앗기도 하시는 주권적인 왕과 세계의 재판관으로 묘
사한다.[70] 족장들은 하나님을 주로 엘(El, "하나님"을 뜻함) 샷다이로 알고 있

---

69) 14:26에 대한 NIV의 "전 세계"(the whole world)라는 표현은 히브리어 '콜-하
아레츠'를 번역한 것이다(13:5와 앞의 각주를 보라).

70) 이 호칭의 기원과 의미는 불확실하다. 가장 유력한 가설은 그 이름이 "산의 신"을
뜻한다는 주장이다(같은 어원의 아카드어 낱말이 "산"을 가리키기 때문이다. 아마도 히
브리어 '샤드'["가슴"]가 이와 관련될 것이다). 이 이름의 기원에 관한 다양한 가설들에
대해서는 다음을 보라: T. N. D. Mettinger, *In Search of God*, trans. F. Cryer

었다(출 6:3). 족장들의 이야기에서 그 이름은 하나님이 풍요와 생명의 근원
으로 나타나시는 맥락에서 사용된다(창 17:1-8; 28:3; 35:11; 48:3). 야곱은
요셉을 축복할 때 "젖가슴의 복과 태의 복"이라는 표현을 사용함으로써 샷다
이(아마도 몇몇 고대 본문 증거들과 마찬가지로 '엘 샷다이'로 읽어야 할 것
이다)를 자녀를 포함하는 복을 주시는 분으로 언급한다(49:25). 창세기 밖에
서는 샷다이라는 이름("하나님"을 뜻하는 엘이 누락됨)이 하나님을 보호하시
거나 심판하시는 주권적인 왕으로 묘사한다. 이 이름은 특히 욥기에서 두드
러지게 나타난다. 31회나 사용되고 있기 때문이다. 욥과 그의 "친구들"은 샷
다이를 세상의 주권적인 왕으로(11:7; 37:23a), 생명의 근원으로(33:4b), 정의
를 증진시키는 분으로(8:3; 34:10-12; 37:23b) 묘사한다. 그는 자녀를 포함하
는 복을 주시지만(22:17-18; 29:4-6), 징계하시고 벌하시고 파괴하는 분이기
도 하다(5:17; 6:4; 21:20; 23:16). 나오미는 야웨께서 자기 남편과 아들들의
생명을 취하심으로써 자기를 괴롭히고 있다고 말할 때 이 이름을 사용한다
(룻 1:20-21). 시편 91:1은 샷다이를 자기 백성의 보호자로 묘사한다. 반면에
시편 68:14와 요엘 1:15은 이사야 13:6과 마찬가지로 그를 자기 대적들을 향
하여 전쟁을 벌이시는 분으로 묘사한다.

이사야는 "야웨의 날"을 하나님께서 세상의 악한 죄인들에게 자신의 분노
를 쏟으시는 때로 규정한다(9, 11절). 하늘의 발광체들이 어두워지고 온 세상
이 크게 흔들린다(10, 13절). 파괴적인 심판은 철저하고 무자비하고 가혹하
다(12, 14-15절). 무기력한 유아들과 여인들이라고 면제되는 것은 아니다(16
절).

"야웨의 날"이라는 표현은 히브리 성서에서 자주 나타난다.[71] 가장 기본적

(Philadelphia: Fortress, 1988), 70-71. 이 이름은 본래 하나님을 거룩한 산에서 가나안
적인 방식으로 다스리시는 주권적인 재판관으로 묘사하였을 것이다. 이사야 14:13과 에
스겔 28:14, 16은 그러한 산을 하나님과 연결시키고 있는 반면, 시편 48:2은 시온을 가
나안 신들의 산인 "자폰"(Zaphon)으로 칭한다.

71) 이 구절의 기원과 용례에 대한 연구를 위해서는 다음을 참조: Gerhard von Rad,
"The Origin of the Concept of the Day of the Lord," *JSS* 4 (1959): 97-108; A. J.
Everson, "The Day of Yahweh," *JBL* 93 (1974): 329-37; Douglas Stuart, "The

인 의미로 본다면, 그것은 야웨께서 자신의 대적들을 심판하기 위해 세상에 개입하시는 날을 가리킨다. 이 구절은 다양한 사건들에 적용된다. 이에는 주전 8세기에 있었던 앗수르의 이스라엘 정복(암 5:18-20), 주전 586년에 있었던 바벨론의 유다 정복(겔 13:5; 습 1:7, 14), 예언자 요엘이 위협한 포로기 이후 공동체에 임할 심판(1:15; 2:1, 11), 열국들의 파멸과 관련된 전 세계적인 심판(욜 2:31; 3:14; 옵 15), 계약 공동체를 정화시키는 하나님의 심판(말 4:5) 등이 포함된다. 이곳 이사야 13장에서 "야웨의 날"은 역사적인 바벨론 제국의 붕괴와 더불어 시작되는 하나님의 전 세계적인 심판의 때를 가리킨다.

17-19절에서 이 끔찍한 예언의 초점은 한층 날카로워진다. 메대가 무자비하게 바벨론을 공격하는 모습을 본다면 말이다. 바벨론의 파멸은 소돔과 고모라가 가혹하게 무너지는 것과도 같은 것이다. 왜냐하면 그 성읍은 폐허가 될 것이요, 들짐승들에게 짓밟힐 것이기 때문이다(20-22절).

바벨론의 함락은 하나님께서 포로민들을 구원하실 것임을 의미할 것이다 (14:1-2). 야웨께서는 자신의 은혜를 이스라엘에게 베푸실 것이요, 그들을 고국으로 돌아오게 하실 것이다. 이스라엘은 자기들을 압제했던 나라들보다 우세한 자리를 차지하게 될 것이다. 이 예언은 고레스의 바벨론 정복 이후 이스라엘이 포로로부터 해방될 것임을 예고하고 있다. 그러나 그 언어는 그 사건을 넘어서서 이스라엘이 지상에서 유력한 나라가 될 때를 기대하고 있다(11:14를 보라).

압제와 고통으로부터 해방된 하나님의 백성은 바벨론 왕, 곧 패배당한 그들의 압제자를 조롱한다(14:3-21). 이 조롱의 노래는 왕의 몰락에 이어지는 전 세계적인 축제에 관한 환상으로 시작한다. 바벨론 왕은 한때 세계를 정복하기는 했어도(6절) 야웨께 필적할 만한 존재가 못 된다(4-5절). 그의 몰락으로 인하여 여러 나라들이 안도의 숨을 쉴 수 있게 된다(7절). 반면에 레바논의 의인화된 나무들은 더 이상 자기들을 베어 넘기는 바벨론 왕을 염려할 필요가 없다(8절). 이것은 메소포타미아 왕들이 평소에 어떻게 행했는지를 암

Sovereign's Day of Conquest," *BASOR* 220/221 (December 1975-February 1976): 159-64.

시해준다. 느부갓네살을 포함하는 바벨론의 왕들은 건축 공사를 위해 레바논의 목재를 자기 나라로 실어 날랐었다.[72]

이스라엘이 부를 조롱의 노래는 이어서 패배한 왕이 죽은 영들의 땅에 도착하여 환영받게 될 것이라고 말한다(9-15절). 바벨론 왕에 앞서 지하계로 내려간 열방의 많은 왕들이 그를 맞이할 것이다(9-10a절). 그들은 빈정대는 목소리로 그가 자기들처럼 되었음을 지적할 것이다(10b절).[73] 이전의 모든 영광에도 불구하고 구더기들과 벌레들이 그의 시체를 먹어치울 것이다(11절). 이 왕들은, 그들 자신의 신화론적인 전승들에 기초하여, 한때 교만했으나 이제는 창피를 당한 왕을 "아침의 아들 계명성"에 비교한다. 전승에 의하면 이 계명성은 최고신의 자리를 차지하려고 애쓰던 서구 셈족 만신전의 열등한 신을 가리킨다(12-13절).[74] 이 신은 한때 오만한 모습을 가지고 있었으나 나중에는 무덤으로 내팽개쳐졌다(14-15절).

12-15절에 사용된 비유적 표현들로 인하여 많은 해석자들은 이 본문이 사탄의 타락에 관해 언급한다고 보았다. 그러나 문맥에 비추어볼 때 이러한 해석은 적절하지 않다.[75] 4-21절은 인간 통치자로 묘사되는 바벨론 왕을 겨냥

72) 건축 공사를 위해 레바논의 목재를 사용한 느부갓네살의 행동에 대해서는 다음을 참조: George Roux, *Ancient Iraq* (Middlesex, England: Penguin Books, 1966), 345-46, 359-60.

73) 10b-15절은 왕들이 바벨론 왕에게 한 말을 담고 있다. 그들의 말은 4b-21절의 보다 긴 조롱가(嘲弄歌) 안에 삽입된 한 개의 짧은 조롱가를 구성하고 있다.

74) "아침의 아들 계명성"의 정체에 대해서는 논란이 많으나, 아마도 금성을 가리킬 것이다. Day, *Yahweh and the Gods*, 167-70을 보라.

75) 마틴(John Martin)은 이렇게 말한다: "많은 이들이 주장하기를 12-14절은 사탄의 타락으로 인하여 죄가 우주 안에 들어오게 되었음을 가리킨다고 보지만, 그러한 견해는 본 장에 다소 무리하게 강요된 것으로 보인다." 다음을 참조: "Isaiah," in *The Bible Knowledge Commentary: Old Testament*, ed. J. F. Walvoord and R. B. Zuck(Wheaton: Victor Books, 1985), 1061. 또한 다음의 책도 참조: E. J. Young, *The Book of Isaiah*, 3vols. (Grand Rapids: Eerdmans, 1965-72), 2:441. 영(Young)은 이 구절을 "사탄에게 적용할 수 없음"을 확언한다. 칼빈(John Calvin)은 이사야 14:12-15가 사탄을 가리킨다는 견해를 강하게 배척하면서, 그 견해를 "무익한" 것이라고 칭하며, 그것이 "대단한 무지"와 문맥을 무시하는 태도에 기인한 것이라고 본다:

하고 있다. 그는 "사람"으로 불리며(16절), 육체를 가지고 있다(11, 19-20절). 그럼에도 불구하고 12-15절의 언어로 인하여, 어떤 이들은 이 조롱의 노래가 이중적인 지시 대상을 가지고 있거나, 아니면 적어도 교만한 바벨론 왕을 사탄에 비교하고 있다고 본다. 그러나 이방 왕들이 또 다른 이방 왕에 관해 말하는 내용을 담고 있는(9-11절을 보라) 이 구절은 서부 셈족의 신화에서 발견되는 언어를 포함하고 있다. 12절에서 "계명성"(히브리어로 '헬렐' ; "빛나는 별"을 뜻하는 이름 또는 직함)의 아버지로 불리는 '샤하르' 신(Shahar, NIV에서는 "새벽"[dawn]으로 번역됨)의 출생은 우가릿 신화에 묘사되어 있다.[76] "하나님의 별들"(13절, 히브리어 "엘"은 서부 셈족 최고신의 이름임)이라는 어구는 "집회의 산"에 모인 신들의 회합을 가리킨다.[77] NIV의 "거룩한 산"(sacred mountain)은 히브리어 '자폰'(Zaphon)을 번역한 것이다. 여기서 말하는 '자폰'은 우가릿 신화에서 특히 바알 신과 관련된 산의 이름을 가리킨다.[78] 이 구절은 최고신 엘 또는 폭풍우의 신 바알의 자리를 빼앗으려는 이류 신 헬렐의 행동에 관한 신화를 언급하고 있는 것으로 보인다. 그가 시도한 반역은 실패한다. 그리고 그는 지하계로 내던져진다.[79] 바벨론 왕은 속임

Calvin's Commentaries, trans. W. Pringle, 22vols. (reprint, Grand Rapids: Baker, 1999), 7:442. 이 구절들에 대한 해석의 역사를 위해서는 다음을 보라: Gerald Keown, "A History of the Interpretation of Isaiah 14:12-15," Ph. D. diss., Southern Baptist Theological Seminary, 1979.

76) 다음을 보라: J. C. L. Gibson, *Canaanite Myth and Legends*, 2d ed. (Edinburgh: T. & T. Clark, 1978), 123-27.

77) 신들의 회합은 우가릿 신화에서 "별들의 모임"으로 불린다. 서부 셈족 신들의 회합에 관한 연구들을 위해서는 다음을 보라: Lowell K. Handy, *Among the Host of Heaven: The Syro-Palestinian Pantheon as Bureaucracy* (Winona Lake, Ind.: Eisenbrauns, 1994); E. Theodore Mullen, *The Divine Council in Canaanite and Early Hebrew Literature* (Chico, Calif.: Scholars Press, 1980).

78) Day, *Yahweh and the Gods*, 107-8.

79) 여기에 인용된 일반적인 평행 요소들은 그 비유적 표현들이 서부 셈족 신화에 뿌리를 두고 있음을 암시하지만, 학자들은 본문의 정확한 신화론적인 배경을 아직껏 파악하지 못한 채로 있다. 이 문제에 관한 연구들을 위해서는 무엇보다도 다음의 자료들을 보라: P. C. Craigie, "Helel, Athtar, and Phaethon (Isa. 14:12-15)," *ZAW* 85 (1973):

수를 써서 그와 비슷한 위세를 부린 것에 대하여 조롱을 당한다. 만일에 여기서 자폰이 시온산을 상징한다면(시 48:2를 보라), 이 신화론적인 표상의 배후에 놓인 현실은 아마도 느부갓네살이 예루살렘을 침공하여 성전을 더럽힌 행동을 가리킬 것이다.[80]

여기에 언급된 바벨론 왕은 실제로 누구를 가리키는 것일까? 만일에 이 예언이 주전 539년에 있었던 바벨론의 멸망을 예고하는 것이라면(내가 아래에서 주장하듯이), 여기서 조롱의 대상이 되고 있는 바벨론 왕은 나보니두스(Nabonidus, 바벨론이 멸망할 때의 공식적인 왕)나 벨사살(Belshazzar, 당시에 왕으로 다스리던 자임; 단 5:1을 보라), 아니면 주전 605-562년에 바벨론을 다스리면서 바벨론을 세계적인 강대국으로 만든 느부갓네살을 가리킬 것이다.[81] 그러나 여기에 묘사된 왕의 구체적인 이름을 밝힐 필요는 없다. 아마도 "바벨론 왕"은 단순히 느부갓네살이나 그의 전임자인 나보폴라살(Nabopolassar) 등의 통치로 대표되는 강대국 바벨론을 상징할 것이다.

이스라엘이 부르는 조롱가는 신화론적인 표상을 뒷전으로 한 채 현실로 돌아와 바벨론 왕의 치욕스런 죽음에 초점을 맞춘다. 구경꾼들은 그의 시신을 바라보면서 이처럼 치욕을 당한 왕이 과연 한때 세상을 위협하여 정복한 자와 동일한 사람인지 믿을 수 없다고 말한다(16-17절). 다른 왕들의 시신들은 품위 있는 무덤에 안치되어 있지만, 이 왕의 시신은 칼에 죽임을 당한 다른 이들과 마찬가지로 매장되지 못한 채로 방치되어 있다(18-20a절). 설상가상으로 그 왕의 왕조는 그의 아들들이 조상들의 죄로 인하여 죽음으로써 끝을 보게 된다(20b-21절).

223-25; Day, *Yahweh and the Gods*, 166-84; J. W. McKay, "Helel and the Dawn-Goddess: A Re-examination of the Myth in Isaiah XIV 12-15," *VT* 20 (1970): 451-64; Hugh R. Page, *The Myth of Cosmic Rebellion* (Leiden: Brill, 1996), 120-40; W. S. Prinsloo, "Isaiah 14:12-15: Humiliation, Hubris, Humiliation," *ZAW* 93 (1981): 432-38.

80) Day, *Yahweh and the Gods*, 183-84를 보라.

81) 데이(Day)는 여기에 언급된 바벨론 왕이 느부갓네살을 가리킨다고 강하게 주장한다: *Yahweh and the Gods*, 180-84.

조롱가가 끝난 후 이제는 야웨께서 다시금 직접 말씀하신다(22-23절; 참조. 13:3, 11-13, 17). 그는 자기가 바벨론 백성을 쓸어버릴 것이요(22절; 참조. 13:18-19), 그들의 성읍을 파괴하여 그곳에 오로지 들짐승들만이 거주하게 할 것임(23절; 참조. 13:20-22)을 다시 한 번 선포하신다.

한층 임박한 미래로 눈을 돌리신 야웨께서는 자기가 이사야 시대의 주요 강대국인 앗수르 역시 멸할 것임을 청중들에게 상기시키신다(24-25절; 참조. 10:5-34). 바벨론에 관한 신탁에 앗수르에 대한 언급이 있다는 것이 어색해 보이기는 하지만, 앗수르가 이사야의 시대에 바벨론을 정치적으로 지배하고 있었고, 성서 전승에 따르면(창 10:8-10을 보라) 유명한 전사요 사냥꾼이던 니므롯(Nimrod)이 바벨론과 니느웨(앗수르의 주요 성읍) 모두를 창설한 자라는 점을 기억한다면, 앗수르가 이곳에 언급된 것이 충분히 이해될 것이다.

이 신탁은 바로 전에 언급된 심판이 온 세계를 위한 보다 큰 계획의 일부에 해당하는 것임을 야웨께서 분명히 밝히시는 내용으로 끝을 맺음으로써 맨 처음에 다루었던 주제로 되돌아간다(26절). 야웨께서 심판의 손을 쳐드시면, 어느 누구도 자신의 계획을 실행하시는 그의 행동을 막지 못한다(27절).[82]

바벨론의 멸망에 관한 이 예언은 언제, 그리고 어떻게 성취되었을까? 어떤 이들은 이 예언이 산혜립 치하의 앗수르가 바벨론을 약탈하고 더럽힌(23:13에 언급된 사건임) 주전 689년에 성취되었다고 주장한다.[83] 그러나 주전 689년에 있었던 바벨론의 함락은 14:1-3이 암시하는 것처럼 이스라엘의 회복으로 이어진 것이 아니었다. 뿐만 아니라 이 견해는 메대에 대한 13:17의 언급

---

82) 야웨께서 손을 "펼치신다"(또는 "쳐드신다")는 표현(27절)은 이전의 심판 예언에 반복적으로 나타나던 어구(9:12b, 17b, 21b; 10:4b)를 그대로 되풀이한 것이라 할 수 있다.

83) 특히 다음을 보라: Seth Erlandsson, *The Burden of Babylon* (Lund: CWK Gleerup, 1970). 에얼란드손의 견해에 대한 반론은 Day, *Yahweh and the Gods*, 180-81에서 찾아볼 수 있다. 에얼란드손은 단지 13:19-22와 14:22b-23만을 바벨론에 적용시키며, 나머지 자료는 앗수르에 적용시킨다. 데이가 주목한 바와 같이 "이 견해에는 … 부자연스런 데가 있다."

을 쉽게 설명하지 못한다. 왜냐하면 그들은 주전 539년에 있었던 고레스의 바벨론 정복에 참여하였기 때문이다(렘 51:11, 28을 보라). 이 견해를 지지하는 자들은 메대가 앗수르 군대 안에 있는 용병들이었다거나 메대에 대한 언급이 순전히 문학적인 것으로서 무시무시한 대적들을 상징하고 있을 뿐이라고 주장하지 않으면 안 된다.[84] 조롱가에 언급되어 있는 바벨론 왕은 대단한 세계 정복자로 묘사된다(14:4-7을 보라). 어떤 이들은 조롱의 대상이 앗수르 왕(디글랏 빌레셀이나 사르곤 또는 산헤립)을 가리킨다고 보지만, 이 견해는 추측에 지나지 않는 것으로 설득력이 약하다.[85] 앗수르의 통치자들이 바벨론을 정복한 것은 사실이다. 심지어 디글랏 빌레셀은 불(Pul)이라는 바벨론식 이름을 사용하기도 했다. 그러나 그에 대한 열왕기하 15:29의 설명에서 그는 여전히 "바벨론 왕"이 아니라 "앗수르 왕"으로 불리고 있다. 만일에 우리가 이사야 자신을 하나의 기준으로 활용하고자 한다면, 이 조롱가에 언급된 자는 갈대아(Chaldean) 왕임에 틀림이 없다. 왜냐하면 39:1에서 예언자는 갈대아 통치자를 "바벨론 왕 발라단의 아들 므로닥발라단"으로 칭하고 있기 때문이다. 39:7에서 그는 히스기야의 후손들이 바벨론에 포로로 잡혀가서 "바벨론 왕"의 궁전에서 환관들이 될 것이라고 예언한다. 그러나 이사야의 시대에는 바벨론의 갈대아 통치자들, 곧 므로닥발라단과 무쉐집-마르둑(Mushezib-marduk, 주전 689년의 갈대아 통치자) 중 어느 누구도 대단한 통치자들로 여겨지지 못했을 것이다.[86] 이들 중 어느 누구도 중요한 시기에 바벨론에 대한 통치를 지속하지 못했으며, 거대한 세계 제국을 건설하지도 못했다.

이러한 이유들에 기초하여 볼 때, 이 신탁은 바벨론이 주전 539년에 고레스가 이끄는 페르시아 군대에게 멸망당할 것임을 예언하고 있는 메시지라

84) 열왕기하 17:6(18:11도 참조)은 "메대의 성읍들"이 당시에 앗수르의 지배 하에 있었음을 암시한다.

85) 그러한 견해에 대한 비판을 위해서는 Day, *Yahweh and the Gods*, 181-82를 보라.

86) 이에 대해서는 다음을 보라: H. W. F. Saggs, *The Greatness That Was Babylon* (New York: New American Library, 1962), 129-30.

할 수 있다. 이러한 견해는 메대에 대해서 언급하거나 바벨론 왕을 세계 정
복자로 묘사하는 본문의 내용과 잘 들어맞는다(느부갓네살이 바로 그 왕이
었다!)[87] 뿐만 아니라 고레스에 의한 바벨론의 멸망은 이스라엘의 포로 귀향
을 가능케 하였고, 많은 나라들을 바벨론의 압제적인 통치로부터 해방시켰
다.

   그러나 이러한 견해에 문제점이 전혀 없는 것은 아니다. 고레스는 바벨론
을 멸망시키지 않았다. 사실 그의 군사 행동에 뒤이어 가능해진 바벨론 접수
는 상대적으로 평화로운 것이었으며, 심지어는 바벨론의 일부 종교 관리들
에게 환영을 받기도 하였다. 그렇다면 바벨론의 급격한 파멸에 대한 예언자
의 설명은 어떻게 설명할 것인가? 아마도 주전 689년에 있었던 바벨론의 함
락이 이 신탁의 비유적 표현에 도움을 주었을 것이다. 그러나 이보다는 그
언어가 일정한 양식을 따르되 다소 과장되었을 가능성이 더 높다. 예언자들
은 때때로 극적인 효과를 노리기 위하여 어떤 한 성읍이나 민족에게 임할 하
나님의 심판을 묘사함에 있어서 그처럼 상투적인 언어를 사용했다.[88] 이사야

---

87) 야마우치(Edwin Yamauchi)는 메대 왕국이 페르시아 제국에 흡수된 후 "메대가
아케메니드 시대(주전 550-330)에 페르시아 치하에서 중요하면서도 종속적인 역할을
수행했다"고 말한다. 그의 다음 책을 보라: *Persia and the Bible* (Grand Rapids:
Baker, 1996), 57. 이사야가 페르시아에 대해서 언급하기보다는 메대에 대해서 언급한
것은 아마도 그의 시대에 메대가 지배적인 자리를 차지하고 있었기 때문일 것이다(같은
책 23쪽에서 야마우치는 "고레스가 부상(浮上)할 때까지는 메대가 페르시아를 지배했
다"고 기록한다.) 페르시아에 대한 성서의 맨 처음 언급은 에스겔의 시대에 이르기까지
나타나지 않는다(겔 27:10; 38:5를 보라).

88) 이사야 34:11-15; 예레미야 50:39-40; 51:36-37; 스바냐 2:13-15 등을 보라. 예
레미야의 두 예언은 똑같이 주전 539년에 있었던 바벨론의 멸망에 대해서 언급하고 있
다. 특히 50:28; 51:11, 24, 34-35, 59-63 등을 보라. 이 본문들은 한결같이 이 예언 메
시지가 주전 6세기에 느부갓네살이 다스리던 왕국을 지칭하고 있음을 분명하게 밝히고
있다. 고대 근동의 문헌 역시 극적인 효과를 노리기 위하여 그처럼 도식화된 언어를 사
용한다. 히터(Homer Heater Jr.)는 이러한 비유적 표현을 "파멸의 언어"라 칭한다. 이와
관련된 성서 본문들과 주제들 및 고대 근동 문헌들에 있는 "파멸 언어"의 사례들에 대한
유용한 연구를 위해서는 그의 다음 논문을 보라: "Do the Prophets Teach That
Babylonia Will Be Rebuilt in the *Eschaton?*" *JETS* 41 (1998): 31-36. (여기서 한 가

13-14장의 경우, 이러한 문체의 사용은 바벨론 제국이 멸망하여 영원히 사라질 것임을 강조하는 효과를 갖는다. 고레스의 바벨론 정복은, 신탁 메시지에 묘사된 바와 같은 잔혹성이나 파멸을 동반하지는 않았지만, 바벨론 제국을 끝장냈으며, 본질적으로는 이사야의 예언을 성취하였다.[89]

바벨론 함락에 관한 이 예언이 본질적으로는 주전 539년에 성취되었다 해도, 그것은 그 사건을 뛰어넘는 원형적인 차원을 가지고 있다. 바벨론의 함락은 13-23장에 묘사되어 있는 광범위한 심판의 일부에 지나지 않는다. 이 열방 심판은 24-27장에 묘사되어 있는 최종적인 세계 심판을 예시하고 있다. 바벨론 제국의 함락은 이러한 마지막 심판과 관련되어 있는 까닭에 (13:1-16; 14:26), 계시록에 전개되어 있는 모형론의 한 모습을 반영하고 있다 하겠다. 실제로 요한은 계시록에서 바벨론을 하나님께서 멸하실 적대적인 세계 제국들의 원형으로 묘사한다(계 14:8; 16:19; 17:5; 18:2, 10, 21 등을 보라).

블레셋에 관한 신탁(14:28-32)

이 짧막한 신탁에서 예언자는 블레셋에게 임박한 심판을 경고한다. 블레셋은 자기들을 압제하던 한 왕("너를 치던 막대기"와 "뱀"으로 불림)이 역사의 무대로부터 사라졌다고 기뻐하고 있었음에 틀림이 없다(29a절). 그러나 사실 그들은 슬퍼해야만 했다. 왜냐하면 "독사"가 그 "뱀"으로부터 날 것이요(29b절), 북쪽으로부터 블레셋 영토를 침공하여 기근과 죽음을 가져올 것이기 때문이다(30b-31절). 이처럼 포괄적인 심판으로 인하여 가난한 자들과 집 없는 자들이 부요한 통치자들의 땅들을 소유하게 될 것이다(30a절). 블레

지 주목할 것은 히터가 이사야 13-14장이 주전 689년에 성취되었다고 주장한다는 점이다. 25-31쪽을 보라.)

89) 설령 이사야 13-14장을 주전 689년에 있었던 바벨론 함락보다는 주전 539년의 사건들에 대한 예언으로 본다고 해도, 그 두 장이 이사야에 의해 기록되기보다는 포로기나 포로기 이후의 시대에 기록되었음을 뜻하는 것은 아니다. 이사야는 바벨론이 다시금 일어서고 유다는 바벨론에 포로로 잡혀가며(39장), 하나님께서 고레스를 통하여 자기 백성을 바벨론 제국으로부터 구원하실 것임(40-55장)을 예언했다.

셋은 침략의 두려움을 경험하겠지만, 야웨께서는 예루살렘 사람들을 지켜주실 것이다. 이 때문에 그들은 블레셋이 예루살렘으로 사신들을 보냈을 때 블레셋과 동맹관계를 맺을 필요가 없었다(32절).

29절에 언급된 통치자들의 정체는 확실치 않다. "뱀"으로부터 "독사"가 날 것이라는 비유는 "독사"가 "뱀"의 왕조에 속한 후임 왕임을 암시하는 것으로 보인다. 이 신탁 메시지가 아하스가 죽던 해(주전 715년)에 선포된 것으로 추정되는 까닭에, 어떤 이들은 바로 그가 29절의 "뱀"이요, "독사"는 그의 아들 히스기야라고 주장한다.[90] 그러나 이 견해는 타당성이 없어 보인다. 왜냐하면 아하스가 블레셋을 정복했다는 기록이 어디에도 없기 때문이다. 그 반대로 블레셋이 아하스의 통치 초기에 유다의 영토 일부를 취하였다(대하 28:18). 히스기야가 블레셋의 영토를 정복하기는 했지만(왕하 18:8), 그는 북쪽으로부터가 아니라 동쪽으로부터 블레셋을 침공했을 것이다.

"뱀"과 "독사"는 앗수르의 통치자들을 가리킨다고 보는 것이 더 정확할 것으로 보인다. 그 까닭은 앗수르가 이 시기에 블레셋을 장악하고 있었고, 그들이야말로 블레셋을 북쪽으로부터 침공할 자들로 여겨질 것이기 때문이다. 그러나 만일에 이 신탁 메시지가 주전 715년에 선포된 것으로 추정된다면, 그것을 앗수르의 연대기와 일치시킨다는 것이 어렵게 된다. 사르곤은 주전 722년에 살만에셀 5세를 이어 앗수르의 왕이 되었으며, 주전 705년까지 통치하였고, 그 해에 그의 뒤를 이어 산헤립이 왕위에 올랐다. 주전 715년에는 왕권 교체가 없었다. 아마도 이 신탁 메시지에 있는 비유적인 표현은 "뱀"과 "독사" 사이의 왕조 관련성을 전혀 염두에 두지 않았을 것이다.

이 비유적 표현의 배후에 있는 통치자들의 정체를 확인하는 작업은 이 신탁 메시지가 지시하는 사건들, 곧 주전 715년에 있었던 아하스의 죽음(28절)과 북쪽으로부터 닥친 블레셋 침공(31절, 앗수르를 염두에 두고 있는 것으로 보임) 모두를 설명하지 않으면 안 된다. 아마도 29a절의 막대기/뱀은 아하스를 가리킬 것이다. 아하스 자신이 블레셋의 영토를 정복한 적은 없지만, 앗수르를 향한 그의 충성심은 블레셋에 있던 반앗수르 세력들의 분노를 일으

---

90) 아하스가 죽은 해에 관해서는 다음을 보라: Merrill, *Kingdom of Priests*, 403-4.

켰음에 틀림이 없다. 사실 학자들 중에는 아하스야말로 서쪽 지역에 대한 앗수르의 압제적인 통치에 책임을 져야 할 자라고 생각할 수도 있을 것이다. 왜냐하면 그는 20년 전에 앗수르 왕 디글랏 빌레셀 3세에게 블레셋을 포함한 여러 대적들로부터 자신을 구원해 달라고 청한 바가 있었기 때문이다(대하 28:16-20). 그때 이후로 블레셋은 앗수르에 종속되었다. 이러한 배경을 염두에 둔다면, 어떻게 하여 아하스가 (다소 과장되기는 해도) 블레셋의 압제자로 여겨질 수 있는지를 이해할 수 있을 것이다. 아하스가 죽자 블레셋은 (올바르게도) 그의 죽음이 유다의 히스기야로 하여금 반앗수르 정책을 전개하게 만들 것이라고 생각하여 그의 죽음을 경축하였을 것이다. 그것은 블레셋과 다른 민족들을 앗수르의 지배로부터 해방시킬 한층 강력한 서쪽 지역 동맹 체제의 결성을 촉진시켰을 것이다.

이사야는 신속하게 그처럼 그릇된 희망을 바로잡고자 했다. 아하스의 죽음에 의해 촉발된 앗수르의 영향력 감소에 대한 기대감은 충족되지 못했을 것이다. 서쪽 지역에 대한 앗수르의 통치권은 계속되었을 것이고, 앗수르의 통치에 맞서는 새로운 저항은 앗수르의 보복을 초래했을 것이다. 주전 712년에 사르곤은 아스글론 지역의 반란을 평정하기 위해 블레셋의 영토를 침공하였다(사 20장을 보라). 주전 701년에 산헤립은 서쪽 지역을 침공하였을 때 블레셋 안에 있던 반앗수르 세력들을 철저하게 응징하였다. 29b절의 "독사"는 아마도 서쪽 지역에 상존(尙存)하던 앗수르의 위협 — 두 왕, 곧 사르곤과 산헤립으로 구체화되는 — 을 상징할 것이다.

모압에 관한 신탁(15:1—16:14)

그 다음 신탁은 모압 족속, 곧 사해 동쪽에 살던 롯의 후손에게 임할 하나님의 심판을 묘사함으로써 우리의 관심을 동쪽으로 돌린다. 이 신탁 메시지는 모압 영토를 향한 파괴적인 침략 행동에 관해서 묘사한다. 비록 그 침략자가 구체적으로 명시되어 있지 않지만 말이다. 이 신탁 메시지에 딸린 부록(16:13-14를 보라)은 이 예언이 과거의 어느 한 시점에 선포되었음을 암시하며, 그것이 삼년 안에 성취될 것을 선포하고 있다. 불행하게도 우리는 본래적인 예언이나 부록에 추가된 메시지의 연대를 확정할 수 있는 위치에 있지 못하다. 성서 밖의 문헌들 역시 이 신탁 메시지가 묘사하고 있는 모압 침공의 연대를 전혀 확증해주지 못한다.

예언자가 발하는 탄식의 서두 부분은 그 땅의 갑작스런 파멸에 뒤이은 전면적인 애곡에 대해서 묘사한다(15:1-4). 남자들은 머리와 얼굴의 털을 밀고 베옷을 입을 것이요, 자기들이 입은 손실을 공공연하게 슬퍼할 것이다. 이러한 행동은 고대 근동 지역에서 슬픔을 표현하는 일반적인 방식에 속했다. 예언자는 탄식자의 극적인 역할을 수행함으로써, 울면서 소지품들을 들고서 폐허가 된 땅을 가로질러 도망하는 모압 피난민들과 자신을 동일시한다(5-7절). 그들의 울음소리는 너무도 커서 모압 영토 전역에 울려 퍼지며, 국경선 지역에까지 미친다(8절).

물에 피가 가득한 디몬의 충격적인 모습은 긍휼과 자비를 불러일으키는 것으로 보인다. 그러나 야웨께서는 그 점에 동의하면서도 모압을 향한 자신의 심판이 끝나지 않았음을 선포하신다(9절). "사자"가 재난을 피하여 살아남은 무기력한 피난민들을 공격할 것이다.[91] 이러한 은유는 아마도 전리품을 수집하기 위한 침략 전쟁 직후에 모압 땅으로 몰려드는 침략군 내지는 주변 민족들을 상징할 것이다.

모압 족속의 유일한 희망은 유다에게로 돌이키는 것이다(16:1-5). 이사야는 전쟁에 패한 모압 사람들에게 예루살렘(여기서는 "딸 시온산"으로 불림, 1절)을 통치하는 유다 왕과의 동맹을 선언하도록 권유한다. 이 주제를 한층 구체적으로 서술하기에 앞서, 그는 다시금 모압 피난민들의 절망적인 상황에 대해서 묘사한다. 흥분한 여인들은 보금자리에서 쫓겨난 어미새와 마찬가지로 공포에 사로잡힌 나머지(2절), 인접한 나라들에게 은신처를 제공해달라고 청한다(3-4a절). 그에 대한 응답으로, 예언자는 그들의 잔인한 군대가 패배할 것이요, 모압의 충성을 받을 자격이 있는 한 왕이 다윗의 보좌 위

---

91) 이러한 해석은 전통적인 히브리어 본문 읽기를 따른 것이다. 어떤 이들은 "사자"('아리에')를 "내가 본다, 주목한다"('에레')로 수정하기를 원한다(히브리어 본문상으로 볼 때 이 두 가지의 읽기는 매우 비슷해 보인다). 이 경우에 예언자는 단순히 모압 피난민들의 곤경에 대한 자신의 환상이 아직 끝나지 않았음을 선포하고 있을 뿐이다. 더 설명할 것이 있기 때문이다. 이에 관해서는 Hayes and Irvine, *Isaiah*, 241-42를 보라.

에 앉아 다스릴 것임을 그들에게 확신시킨다(4b-5절).

예언자는 과연 어떤 왕을 염두에 두고 있었을까? 침략군의 패퇴를 예고하는 4b절은 예루살렘 밖에서 있었던 앗수르의 패배(주전 701년)를 가리킬 수도 있을 것이다. 이 경우에 5절은 이 사건 이후에 히스기야가 부상하게 된 것을 예고하는 메시지일 수도 있다. 물론 이 사건은 이사야 9:6-7과 11:1-10에 묘사되어 있는 이상적인 다윗계의 통치자가 마침내 왕위에 오를 것임을 예시하고 있다. 그는 회복된 이스라엘을 안전하게 할 것이다(11:13-14를 보라). 그때에는 모압과 같은 주변 나라들이 지혜롭게도 그의 정의로운 통치에 복종할 것이요, 그 안에서 안전을 도모할 것이다(사 2:2-4를 보라).

예언자는 망쳐질 모압의 농사에 초점을 맞추면서(6-12절) 자신의 탄식자 역할로 되돌아온다(9, 11절; 15:5를 보라). 모압은 자신의 밭과 포도원을 자랑하지만, 임박한 침략은 그 땅의 수확물들과 포도나무들을 망쳐놓을 것이다. 모압 족속은 많은 기도자들에게 자기들의 신(들)에게 기도하기를 청하겠지만, 아무런 소용이 없을 것이다.

다메섹에 관한 신탁(17:1-11)

그 다음에 이어지는 신탁은 시리아-이스라엘 동맹군의 파멸을 예고하는 것으로, 다메섹과 사마리아를 패배시킨 디글랏 빌레셀의 침략(주전 733-732년) 이전에 주어진 것임에 틀림이 없다. 예언자는 다메섹(시리아의 수도)과 아로엘(Aroel)[92]의 성읍들 및 이스라엘(여기서는 "에브라임"으로 불림)의 요새화된 성읍들이 무너질 것임을 선포한다(1-3, 9절). 이 신탁은 그림을 보는 듯한 생생한 표현들을 통하여 이스라엘의 영광이 사라질 것이라고 말한다. 한때 유명했던 나라가 이제는 영양 부족으로 인하여 몸에 피부와 뼈만 남은 사람과도 같게 될 것이다(4절). 그 땅의 사람들은 거의 대부분이 사라질 것이다. 마치 수확자들이 밭의 곡물을 다 거두어가 버리는 것처럼 말이다(5절).

이러한 심판이 임하는 이유는 이스라엘이 과거에 그들을 구원하시고 보호

---

92) 아로엘은 아마도 여기서 아르논강 부근의 사해 동쪽에 위치한 한 성읍을 가리킬 것이다. 이 지역은 이스라엘에 의해 정복되었고, 나중에는 시리아의 소유가 되었다. 여호수아 12:2; 13:9, 16; 사사기 11:26; 열왕기하 10:33 등을 보라.

하신 하나님을 거역하였기 때문이다(10절). 그들은 이방 신들을 위한 제단들과 예배 중심지들을 만들었다(11a절). 수입 포도나무를 재배하려는 그들의 시도는 이방 신들을 향한 그들의 열심을 상징하였다(11b-12절). 그러나 그 포도나무들이 열매를 거둘 수 없는 것처럼 이스라엘의 우상 숭배 역시 번영을 가져다주지 못할 것이다.

그럼에도 불구하고 일부의 생존자들이 살아남을 것이다. 수확자들이 뒤에 남겨 놓은 일부 이삭들이나 감람나무 수확에 이어 나무 꼭대기에 남겨진 일부 열매들처럼 말이다(6절). 파괴적인 심판은 생존자들에게 긍정적인 영향을 줄 것이다. 그들은 자기들의 이교적인 행위들을 거부할 것이요, 자기들의 창조자요 최고 왕인 하나님께로 방향을 돌이킬 것이다(7-8절).

요란한 민족들에 관한 재앙 신탁(17:12-14)

임박한 미래가 보잘것없어 보이기는 하지만, 그 터널을 다 지나고 나면 한 줄기의 빛이 비추인다. 하나님은 많은 나라들에서 차출한 병사들을 포함하는 강력한 앗수르 군대를 심판의 도구로 사용하실 것이다. 밀어닥치는 물결처럼 요란스러운 침략군은 유다까지도 위협하겠지만, 마침내 그들은 하나님의 거센 심판의 바람 앞에 검불처럼 흩어져 버릴 것이다. 예언자는 다시금 주전 701년에 있을 산헤립 군대의 파멸을 예언한다.

구스에 관한 재앙 신탁(18:1-17)

그 다음의 신탁은 멀리 떨어져 있는 구스 땅(오늘날의 에티오피아) — 이집트의 남쪽에 위치해 있는 — 과 관련되어 있다. 구스는 "날개 치는 소리가 나는 땅"으로 불린다(1절). 그런데 이 이상한 표현은 많은 성서 해석자들을 당혹케 하였다. 그것은 구스를 벌레들로 가득한 땅으로 묘사하는 것일 수 있다. 아니면 그것은 빠른 속도로 움직이는 구스의 상선들(선원들을 날개에 비유함)을 가리킬 수도 있다. 이사야의 시대에 구스인들은 이집트를 정치적으로 지배하였으며, 종국에는 서쪽에 있던 앗수르의 주요 경쟁국이 되었다. 아마도 2a절은 유다를 포함하는 팔레스타인 국가들과의 반앗수르 동맹 체제를 견고하게 하려는 그들의 시도를 가리킬 것이다.

2b절의 의미는 불분명하다. 사절들과 그들이 보냄을 받는 먼 나라의 정체에 대해서는 알려진 것이 없다. 2b절에 언급되어 있는 사절들은 2a절에 언급되어 있는 사자들과 동일한 자들을 가리킬 수도 있다. 만일에 그렇다면, 유다로 보내어진 구스의 사절들은 자기들의 먼 고향으로 되돌아온 것이라 할수 있다. 그러나 동맹군을 결성하려는 구스의 노력에 대한 응답으로 야웨께서 그 자신의 사자들을 구스에 보내어 모든 나라들에게 똑같이 적용되는 메시지(3-6절)를 전하게 하셨다고 보는 것이 더 적절할 것이다.

야웨는 전쟁에 보낼 자신의 군대를 소집할 준비가 되어 있다(3절; 13:2-5를 보라). 그는 항상 존재하는 관찰자이시다. 마치 내리쬐는 여름 햇빛과 안개 같은 구름이 고대 이스라엘에서 수확기의 특징으로 나타나는 것처럼 말이다(4절).[93] 적절한 시기에 그는 개입하실 것이다. 예언자는 4절에 언급된 농경 사회의 표상을 매개로 하여 하나님의 심판을 포도나무를 가지치기하는 농부의 행동과 비교한다(5절). 야웨께서는 열방을 "가지치기"하실 것이요, 버려진 가지들을 산들 위에 버려 들짐승들과 새들로 하여금 그것들을 먹게 하실 것이다(6절). 이러한 표상은 아마도 주전 701년에 이루어진 앗수르의 패배를 예고하는 메시지일 것이다(14:25; 16:4; 17:12-14를 보라). 그러나 그것은 구스를 향한 재앙 신탁이기도 한 까닭에(1절), 구스인들에게 임할 하나님의 심판을 포함하고 있음에 틀림이 없다(20:3-6을 보라).

이 메시지가 유다에게 주는 의미는 매우 분명하다. 하나님께서는 앗수르와 구스를 포함하는 세상의 모든 강한 나라들을 심판하실 것이다. 이 때문에 유다는 이방 나라들과의 복잡한 동맹 관계들을 피하는 대신에 하나님의 보호 능력을 신뢰하지 않으면 안 된다. 결국에는 구스인들이 전능하신 야웨(만군의 야웨)가 다스리시는 곳인 예루살렘으로 조공을 바치는 날이 올 것이다(7절; 24:23을 보라)

이집트에 관한 신탁(19:1-25)

---

93) G. B. Gray, *The Book of Isaiah I-XXVII*, ICC (Edinburgh: T. & T. Clark, 1912), 314.

이 신탁은 아마도 주전 720-702년 사이의 어느 시점에 선포되었을 것이다. 왜냐하면 그것은 이 시기의 이집트의 정치적인 상황을 반영하고 있는 것으로 보이기 때문이다.[94] 그 시기는 구스의 왕들이 이집트를 다스렸다는 점에서 중요한 때였다. 주전 716년경에 피양키(Piankhy)를 계승한 샤바카(Shabaka) 왕은 이집트의 불안정한 정치 상황을 견고하게 만들었으며, 이집트를 구스와 통합시켰다. 그는 앗수르와 평화로운 관계를 유지했던 것으로 보인다. 그러나 주전 701년경에 그의 계승자인 셰비트쿠(Shebitku)는 산헤립과 갈등을 빚게 되었다. 앗수르의 이익과 구스의 이익이 충돌하기 시작했기 때문이다.

이 신탁은 서두 부분에서 빠른 속도로 움직이는 구름을 타고서 이집트로 나아가시는 야웨의 모습을 생생하게 그리고 있다(1절). 그의 출현은 이집트의 우상 신들과 그 숭배자들을 두려움에 떨게 만든다. 야웨께서는 이집트의 가정들("그들이 각기 형제를 치며")과 국가 전체("나라가 나라를 칠 것이며")에 재앙을 내리실 것이라고 말씀하신다(2절). 공포에 사로잡힌 이집트인들은 자기들이 믿는 신들을 바라보면서 도움을 기대하지만, 야웨께서는 점술로 미래를 알고 통제하려는 그들의 시도를 좌절시키실 것이다(3절).

야웨께서는 이집트를 이방 정복자에게 넘기실 것이다(4절). 이사야가 예언한 이 왕의 정체에 관하여 학자들 사이에 통일된 견해가 없지만, 가장 유력한 견해에 의하면 그는 앞서 언급한 구스의 통치자 샤바카를 가리킨다. 그는 왕위에 오른 지 얼마 되지 않아 이집트를 정복한 자이다. 이 시기에 이집트는 오소르콘 4세(Osorkon IV)와 쇼셍크 6세(Shoshenk VI) 및 바켄라네프(Bakenranef) 등의 권력 투쟁 와중에 세 개의 파벌로 분열되어 있었다. 2절은 이처럼 불안정한 상황을 언급하고 있다.

하나님의 이집트 심판에 관한 환상은 이집트가 자신의 생명을 의존하고 있는 나일강이 마르는 데서 절정에 도달한다(5-10절).[95] 강물이 마르면서 그

---

94) 이 신탁의 연대와 역사적인 배경에 관한 논의를 위해서는 다음을 보라: John D. Currid, *Ancient Egypt and the Old Testament* (Grand Rapids: Baker, 1997), 232-40.

95) Ibid., 240-45.

곳의 죽은 물고기들이 썩고 식물들은 시들어간다. 나일강의 물을 관개용수로 사용하는 주변의 밭도 역시 메마른다. 나일강에 생계를 의존하는 자들, 곧 어부들과 세마포를 만드는 자들은 자기들의 운명에 대하여 탄식한다.[96]

나라의 앞길을 인도하는 이집트의 왕실 참모들은 아무런 도움도 주지 못한다. 왜냐하면 야웨께서 그들을 속이시고, 그들로 하여금 통치자들에게 그릇된 조언을 제공하게 만드시기 때문이다(11-14a절).[97] 이집트는 술에 취한 자가 토하면서 비틀거리는 것과도 같은 혼란 상태에 빠지게 되고, 통치자들과 예언자들(제각기 "머리"와 "꼬리"로 불림; 15절과 9:14를 비교하라)은 그러한 상황 속에서 아무런 도움도 주지 못한다(14-15절). 하나님의 강력한 심판에 직면한 이집트인들은 두려움에 떨며, 유다와 그들이 믿는 하나님이 탁월함을 인정하지 않을 수 없게 된다(16-17절).

바로 여기에서 이 신탁 메시지는 보다 긍정적인 어조를 취하면서, 이집트가 하나님의 나라 안으로 동화되는 때를 기대한다(18-22절). 그때에 이집트인들은 히브리어를 말할 것이요, 이스라엘의 하나님을 향한 충성을 선언할 것이다.[98] 이집트의 태양신 레(Re)를 숭배하는 중심지인 "태양의 성읍"조차도 야웨께로 방향을 돌이킬 것이다.[99] 이집트의 국경 지대에는 야웨께 바치

---

96) 세마포는 밧줄과 아마사(絲)를 만드는 데 사용되었다. 그러나 나일강이 마른다는 것은 세마포가 더 이상 자라지 못한다는 것을 의미했다: ibid., 242.

97) 하나님의 속이시는 행동이라는 히브리 성서의 주제에 관한 연구를 위해서는 다음을 보라: Robert B. Chisholm Jr., "Does God Deceive?" *BSac* 155 (1998): 11-28.

98) 이집트의 "다섯" 성읍들에 관해 언급하는 18a절의 내용은 해석자들을 당혹케 한다. 그 까닭은 특히 그것이 상대적으로 적은 수를 가리키고 있기 때문이다. 여러 가지 해석의 가능성들에 관한 논의를 위해서는 다음을 보라: Oswalt, *Isaiah, Chapters 1-39*, 376-77; Clements, *Isaiah 1-39*, 171.

99) 히브리어 본문은 "멸망의 성읍"이라는 표현을 사용한다. 그러나 이처럼 부정적인 개념은 18-22절의 긍정적인 강조점과 어울리지 않는다. 쿰란 이사야 사본과 일부 중세 히브리서 사본들은 도리어 "태양의 성읍"(헬리오폴리스를 말함)으로 읽는다. 여기에 사용된 낱말 '헤레스'("멸망")는 '케레스'("태양")라는 낱말과 너무도 비슷한 탓에, 서기관이 필사하는 중에 실수를 할 수도 있다. 몇몇 다른 고대 본문들 역시 "태양의 성읍"이라는 표현을 지지한다. 그 중에는 심마쿠스의 헬라어 역본과 고대 타르굼, 라틴어 불가타역 등이 포함되어 있다.

는 기념비가 세워짐으로써 이집트의 충성심이 어떠한지를 분명하게 말해줄 것이다. 이집트인들은 자기 땅의 중심부에 야웨를 위한 제단을 세울 것인 바, 그 제단은 그가 그들을 대적들로부터 기꺼이 지켜주실 것임을 계속하여 상기시켜줄 것이다. 야웨의 자기 계시에 대한 응답으로 이집트인들은 희생 제물로 그를 섬길 것이다. 야웨께서 그들의 땅을 고치시고 그들의 기도에 응답하심으로써 저주가 복으로 변할 것이다.

이사야는, 이집트의 영적인 변화에 대한 이러한 환상으로는 불충분한 듯이, 이집트와 앗수르 사이에 이루어질 전례 없는 평화의 때에 관해 묘사한다. 그의 설명에 의하면, 당시에 경쟁 관계에 있던 두 나라는 동맹 국가로 바뀔 것이다(23-25절). 그들은 야웨께 경배하기 위하여 이스라엘과 함께 손을 잡고서 행진할 것이요, 야웨께서는 이들 셋을 자기 백성으로 인정하실 것이다.

앗수르의 왕 사르곤(주전 722-705년)이 이집트의 구스 통치자들과 평화로운 관례를 진전시키기는 했지만,[100] 그의 정책은 이러한 예언의 언어를 거의 만족시키지 못했다. 사르곤의 계승자인 산헤립은 금방 이집트와 갈등 관계 속에 들어가게 되었고, 앗수르인들이나 이집트인들 중 어느 한 쪽도 야웨 숭배자들이 되지 못했다. 이 예언의 성취는 확실히 미래의 한 날을 기다려야만 했다.

이 예언은 어떻게 성취될 것인가? 결국 앗수르 제국은 오래 전에 동쪽 지역으로부터 사라졌고(습 2:13-15를 보라), 오늘날의 이집트는 거의 주전 8세기의 지정학적인 후손이라고 볼 수 없다. 예언이라는 것이 종종 맨 처음 그것이 주어진 시대를 넘어서서 성취되기도 한다는 점을 고려한다면, 우리는 이사야가 선포한 이러한 환상의 문자적인 성취보다는 본질적인 성취를 기다리지 않으면 안 된다. 이사야는 의식하지 못했겠지만, 하나님께서는 그와 유다 백성을 위해 그 예언을 상황에 맞추어 적용하셨다. 야웨께서는 예언자와 그의 동시대인들에게 친숙한 현실들을 사용하심으로써, 유다 주변의 두 강

---

100) 이에 대해서는 다음을 보라: Currid, *Ancient Egypt and the Old Testament*, 239; Hayes and Irvine, *Isaiah*, 265.

대국이 동맹 관계를 맺게 되고 한 분이신 참 하나님을 섬기게 되는 환상을 이사야에게 주셨다. 그 현실이 이사야의 시대에 구체화되지는 않았지만, 그 예언이 실패한 것은 아니다. 앗수르와 이집트는 언젠가는 전쟁 무기들을 버리고서 야웨를 한 분이신 참 하나님으로 인정하게 될 지상의 두 강대국 — 서로 싸우는 — 의 전형이라 할 수 있다(사 2:2-4; 11:1-10을 보라).[101]

이집트와 구스에 관한 예언(20:1-6)

주전 712년에 앗수르 왕 사르곤은 블레셋의 한 성읍 아스돗에 군대를 보내어 반역을 진압한다(1절). 아스돗의 왕 야마니(Iamani)는 이집트에서 은신처를 찾으려고 시도한다. 그러나 앗수르와 다투기를 싫어하던 구스의 통치자 샤바카는 야마니를 사로잡아 앗수르로 보내버린다.[102] 야웨께서는 이 기회를 활용하여 자기 백성에게 한 가지 중요한 실물 교훈을 주기로 작정하신다. 그는 이사야에게 맨발로 걷되 아주 가벼운 옷차림을 할 것을 명하신다(2절).[103] 예언자는 이집트인들과 구스인들에게 어떠한 일이 일어날지를 가리키는 표로 3년 동안 그렇게 행동해야만 했다(3절). 가장 최근에 유다 백성의 마음속에 자신의 강한 힘을 생생하게 각인시킨 바 있던 앗수르인들은 결국 이집트를 정복할 것이요, 이집트인들과 구스인들을 포로로 사로잡아갈 것이다(4절). 그때에 이집트를 신뢰하던 자들은 두려움과 당혹감에 사로잡힐 것이다. 그 까닭은 그들의 믿음이 잘못된 대상을 향하고 있었음이 입증될 것이기 때문이다(5-6절). 이사야의 행동과 그의 예언 자체는 이집트와의 반앗수르 동맹 체제를 굳게 믿고 있던 유다 백성을 낙담시키기 위한 목적을 가지고 있었다. 그들은 도리어 중립을 유지하면서 야웨께서 자기들을 지켜주시도록 신뢰해야만 했다.

---

101) 예언 문헌 일반과 이 본문의 원형적인 언어에 관한 간략한 논의를 위해서는 다음을 보라: Chisholm, *From Exegesis to Exposition*, 173-74.

102) Currid, *Ancient Egypt and the Old Testament*, 238-39.

103) 여기에 사용된 히브리어(NIV에서는 "벗은"[stripped]으로 번역됨)는 때때로 "나체"를 뜻하기도 한다. 그러나 여기서는 "가볍게 입은"이라는 뜻을 가지고 있는 것으로 보인다. 속옷만을 입을 정도로 많이 벗었다는 뜻이다.

이집트의 패배를 예언하는 이 메시지는 산헤립이 이집트가 이끄는 서쪽 연합군을 엘테케(Eltekeh)에서 패주시킨 주전 701년에 부분적으로 성취되었다.[104] 이 환상은 앗수르의 왕 에살핫돈(주전 680-669년)과 앗수르바니팔(주전 668-627년)이 구스를 패주시키고 이집트를 정복한 주전 7세기에 보다 완전하게 성취되었다.[105]

바벨론에 관한 신탁(21:1-10)

바로 이어지는 신탁은 예언의 서두에 "해변 광야"로 불리는 바벨론과 관련되어 있다(9절을 보라). 이 호칭이 갖는 의미는 분명하지 않다. 남부 메소포타미아 지역은 옛날부터 "해변의 땅"으로 알려져 있었다. 아마도 이사야가 사용한 호칭은 이 이름을 경멸하는 투로 변형시킨 것이었을 것이다. 그는 "땅"을 "광야"로 대체함으로써, 그 지역을 황무지[106]로 바꾸어버릴 심판이 다가왔음을 예언했을 것이다.

이 신탁 메시지는 바벨론을 침공할 군대가 동쪽으로부터 회오리바람처럼 몰려올 것이라고 말한다(1절). 야웨께서는 이러한 심판의 도구를 통하여 바벨론에게 희생당한 자들의 고통을 끝내실 것이다(2절). 침략자들의 정체는 엘람과 메대로 밝혀진다. 그들은 이사야의 시대에 바벨론 동쪽에 살고 있던 두 개의 강한 민족 집단들이었다. 13:17에서처럼 이 신탁은 주전 539년에 있을 고레스의 바벨론 침공을 예고한다.[107] 반역 행위가 포함되어 있음을 암시

---

104) 산혜립의 전쟁 묘사에 대해서는 다음을 보라: Pritchard, *Ancient Near Eastern Texts*, 287-88.

105) 이 시기에 이집트를 정복한 앗수르의 활동에 대해서는 다음을 보라: William W. Hallo and William K. Simpson, *The Ancient Near East: A History* (New York: Harcourt Brace Jovanovich, 1971), 291-92.

106) NIV에서 "광야"로 번역된 이 동일한 낱말은 이사야 14:17에서 바벨론 왕이 어떻게 당시의 세계를 정복하고서 그것을 "광야"로 바꾸었는지를 묘사하는 데 사용된다.

107) 바벨론을 향한 엘람의 적대감에 대한 언급은 주전 546년에 있었던 엘람의 남부 메소포타미아 침공을 예견하고 있다. 이 침공에 대해서는 다음을 보라: Saggs, *The Greatness That Was Babylon*, 155.

하는 2절의 첫 번째 부분은 이사야의 시대에 엘람이 전통적으로 갈대아인들과 함께 반앗수르 동맹 체제를 결성했었다는 사실을 반영하고 있는 것으로 보인다.[108] 그러나 이제는 그들이 이전의 친구에게 등을 돌릴 것이요, 그들의 몰락에 기여하게 될 것이다.

예언자는 침략자들에 의해 초래된 두려움과 공포감을 묘사함으로써 자신도 그 침략 행위에 일정 부분 관여하고 있음을 보여준다(3-4절). 엘람과 메대의 공격은 너무도 갑작스럽게 이루어진 탓에 일상적인 활동을 방해할 것이다(5절). 신탁 메시지에 담긴 전쟁 드라마가 계속되는 중에 야웨께서는 예언자에게 이스라엘을 대표하는 듯한 정체불명의 성벽에 파수꾼을 세울 것을 명하신다(6-7절; 10절을 보라). 마침내 한 사자가 바벨론이 멸망했다는 소식을 가지고 온다(8-9절). 예언자는 짓밟힌 하나님의 백성에게 자신의 메시지가 진정한 것임을 확신시킨다(10절). 여기에 선포된 심판은 13-14장에 묘사된 사건들과 평행을 이룬다. 13-14장은 바벨론 붕괴의 소식이 하나님의 백성을 압제로부터 해방시키고 그에 따른 경축 행사를 가능케 한다고 보았던 것이다(14:3을 보라).

두마에 관한 신탁(21:11-12)

이 신탁은 아라비아 사막에 위치한 오아시스인 두마와 관련되어 있다.[109] 예언자는 두마 방향의 에돔에 위치한 세일로부터 누군가가 자기를 부르는 소리를 듣는다. 그 사람은 두마의 멸망으로 인하여 경제적인 이익에 있어서 부정적인 영향을 받게 될 두마나 에돔의 피난민들을 대표할 것이다. 정체불명의 이 사람은 밤(심판과 고통의 때를 상징함)이 곧 지나갈 것인지를 파수꾼에게 묻는다(11절). 파수꾼은 아침(고통으로부터의 해방을 상징함)이 곧 올 것이라는 답을 주지만, 뒤이어 밤(새로운 고통을 상징함)이 다가올 것임을 추가로 언급한다(12절).

이 신탁의 배경은 확실치 않다. 어떤 이들은 그것이 앗수르의 아라비아 사

---

108) Ibid., 121, 128-32.
109) 창세기 25:14는 두마를 이스마엘의 아들들 중의 한 명으로 소개한다.

막 침공을 반영한다고 보면서, 아마도 그 일이 사르곤 왕의 때에 이루어졌을 것이라고 추정한다. 만일에 두마의 패배가 게달의 몰락과 같은 시기에 발생했다면, 이 신탁은 이사야의 생애 중에 발생한 한 사건을 가리키고 있음에 틀림이 없다(16-17절을 보라). 또 다른 가능성은 이 신탁이 주전 6세기의 정치적인 발전을 예견하고 있을 수도 있다는 점이다. 당시에 나보니두스는 아라비아를 정복(11절에 언급된 밤)하였었고, 이어서 페르시아인들에게 패배(12절에 언급된 아침)하였다. 그리고 페르시아인들은 바벨론을 정복한 후 자기들의 제국을 서쪽으로 확장(12절에 언급된 밤)하였다.

아라비아에 관한 신탁(21:13-17)

이 신탁은 아라비아에 있는 또 다른 두 개의 오아시스인 드단과 데마에 관해 언급한다. 이 두 지역의 거주민들은 물과 음식을 전장(戰場)의 살육을 피하여 도망한 자들에게 주라는 지시를 받는다(13-15절). 이 권고는 16-17절의 심판 선고와 연결되어 있다(히브리어 본문은 16절 서두에 설명의 성격을 갖는 불변사 "왜냐하면"를 가지고 있으나 NIV는 이를 번역하지 않음). 피난민들은 게달의 아라비아 지역에 있는 생존자들을 가리키고 있음이 분명하다. 게달은 이 예언이 선포된 지 1년 안에 군사적인 패배를 겪음으로써 폐허가 될 것이요, 큰 수치를 당할 것이다. "1년 안에"라는 표현은 이 예언이 이사야의 생전에 선포된 것으로서, 앗수르가 아라비아를 침공할 것임을 예고한 것이라 할 수 있다.

예루살렘에 관한 신탁(22:1-25)

이 신탁은 "이상 골짜기"에 속한 것이다(1, 5절). 그 골짜기는 여기서 예루살렘 성읍과 관련되어 있다(8-11절). 이 호칭의 의미는 확실하지 않다. 비록 그것이 예루살렘 부근에 있는 계곡들 중의 하나를 가리키고 있음이 분명하지만 말이다. 아마도 그것은 예언자가 이 신탁을 거기에서 받았거나 아니면 그 골짜기가 예언적인 환상에서 중요한 역할을 수행한 까닭에 그렇게 불렸을 것이다(5절).

예언자는 자기 백성을 집어삼키는 재앙으로 인하여 탄식하는 자의 역할을 수행한다(4절). 죽음이 바로 곁에 있다는 것을 분명히 알고 있는 그들은 마지막 잔치를 벌인다(1b-2a, 13절). 탄식하면서 참회해야 함에도 불구하고 말이다(12절). 어떤 이들은 굶주림으로 인하여 죽었고, 지도자들은 도망을 치지만 결국 대적에게 사로잡힐 뿐이었다(2b-3절). 야웨의 심판의 날이 다가온 결과, 엘람과 기르 먼 땅으로부터 온 전사(戰士)들이 유다를 침공하고서 예루살렘을 포위한다(5-8a절). 예루살렘 사람들은 성읍의 방어 시설을 강화하고 물의 공급을 확보하면서도 돌이켜 하나님의 도우심을 바라지는 않는다(8b-11절). 이 때문에 야웨께서는 그들에게 있는 불신앙의 죄가 용서받지 못할 것이라고 선포하신다(14절).

이 신탁의 배경은 확실치 않다. 그 메시지의 내용과 문체는 이 신탁이 예언자와 동시대의 한 사건을 반영하고 있음을 암시한다. 8b-11절에 묘사되어 있는 행동은 히스기야가 산헤립의 공격에 맞서 예루살렘을 방비하기 위하여 취한 조치들을 가리키는 것으로 보인다(대하 32:1-5를 보라). 5-12절에 사용된 히브리어 동사들은 이야기체로 되어 있으며, 이미 발생한 사건들을 가리키고 있는 것으로 보인다. 만일에 그렇다면, 5절에 언급된 "날"은 예언자의 시각에서 본 미래가 아니라 이미 도래했거나 발생한 날이라 할 수 있다(8절과 12절의 "이 날"을 보라). 이 때문에 어떤 이들은 이 신탁이 주전 701년에 산헤립이 유다 땅을 침공하여 예루살렘을 위협함으로써 생겨난 위기를 반영한다고 주장한다. 5절과 14절이 그 성읍의 붕괴를 암시하고 있음에도 불구하고, 이 신탁은 야웨로 하여금 앗수르를 되돌림으로써 그 성읍을 구원하도록 촉구한 히스기야의 기도보다 먼저 선포된 것일 수도 있다(렘 26:17-19를 보라).

그러나 그렇게 보기에는 엘람과 기르에 대한 언급(5절)에 문제가 있다. 왜냐하면 이 땅들이 앗수르를 대표한다고 보기 어렵기 때문이다. 엘람이 창세기 10:22의 앗수르(Ashur 또는 Assyria)와 관련되어 있고 아람 족속의 본 고장인 기르(암 9:7)가 앗수르의 한 지역일 수도 있지만(왕하 16:9; 암 1:5를 보라), 이것은 도리어 은밀하게 바벨론 군대를 칭하는 방식일 수도 있다. 이 때문에 어떤 이들은 이 신탁이 주전 586년에 발생한 바벨론의 예루살렘 정복을 가리킨다고 보는 견해를 선호한다. 엘람에 대한 언급은 이러한 견해를 더 선호하게 만든다. 그 까닭은 엘람이 전통적으로 바벨론의 동맹국이었기 때문이다. 만일에 이러한 견해가 옳다면, 예언자는 미래에 대한 환상을 보았을 것이고, 그러한 침공을 마치 이미 진행 중인 사건처럼 묘사했을 것이다. 어떤 이들은 주전 701년의 위기 중에 선포된 이사야의 처음 예언이 주전 586년에 다시 적용되었다고 주장한다. 이 경우에 6절은 후대의 이러한 상황에 맞추기 위해 나중에 추가된 것으로 볼 수도 있을 것이다.

이 신탁의 두 번째 부분(15-25절)은 정부의 고위 관리 셉나에 관한 것이다. 그는 당시에 유다의 왕실 관리들을 특징짓는 교만을 상징적으로 보여주는 인물이다. 셉나는 자신을 위하여 값비싼 무덤을 만들었다. 마치 자신이 유명한 국가 지도자로 기억될 자격이 있는 것처럼 말이다(15-16절). 그러나 야웨께서는 셉나의 관직을 박탈하고 그를 수치스럽게 죽게 함으로써 그의 교만을 심판하실 것이다(17-19절) 야웨께서는 그를 엘리아김으로 대체하실 것이다. 그는 셉나의 영광을 나타내는 상징물들을 그대로 물려받을 것이요, 사람들에게 아버지 같은 보호자가 될 것이다(20-21절). "다윗 집의 열쇠"를 소유함으로써 엘리아김은 왕에게 나아갈 수 있는 길을 열거나 막는 권한을 갖게 될 것이다(22절). 처음부터 엘리아김의 지위는 단단한 곳에 박힌 못과 같이 안전할 것이다(23절). 그의 가족은 존중히 여김을 받을 것이요, 그 못에 걸려 있는 그릇들과 항아리들에 비교되는 그의 자손들은 명예로운 지위들을 얻을 것이요, 특별한 혜택을 누릴 것이다(24절). 그러나 친족 중심의 관리 임용은 불가피하게 그의 지도력을 약화시킬 것이요, 엘리아김의 집은 마침내 무너질 것이다. 23절의 은유에 이를 그대로 적용한 예언자는 엘리아김의 몰락이 마치 삭아서 부러지는 못처럼 그 위에 걸려 있는 모든 것들을 산산조각 나게 할 것이라고 말한다(25절).

두로에 관한 신탁(23:1-18)

이 신탁은 이스라엘 북쪽의 지중해 해안 지역에 위치한 항구도시인 두로와 관련되어 있다. 예언자는 이 신탁을 자신의 예언 활동이 끝나갈 무렵에 받았음에 틀림이 없다. 그 까닭은 13절이 앗수르의 바벨론 침공(주전 689년에 이루어짐)을 이미 이루어진 사건으로 간주하고 있는 듯하기 때문이다.[110]

인상적이게도 이사야는 거대한 무역선들(문자적으로는 "다시스의 배들";

2:16을 보라)을 불러 두로의 파멸을 슬퍼하라고 말한다(1, 14절). 두로는 번영하는 상업 중심지였기 때문에, 지중해 주변의 모든 상인들은 그의 파멸을 슬퍼할 것이다(2-7절). 두로는 인간의 교만을 상징적으로 보여준다. 이 때문에 야웨께서는 두로가 수치를 당하게 될 것이라고 선언하신다(8-9절). 두로의 파멸로 인하여 다시스와 시돈의 상인들은 무역품들을 거래할 항구를 잃게 될 것이다(10-12절). 산헤립의 앗수르 군대에 의해 폐허가 된 바벨론 사람들의 땅과 마찬가지로 두로 역시 폐허가 될 것이다(13절).

이 신탁의 두 번째 부분에서 이사야는 두로가 이상적인 왕의 평균 수명이라 할 수 있는 70년 동안 잊혀진 바가 될 것이라고 말한다(15a절). 70이라는 숫자는 7이라는 숫자의 배수에 해당하는 것으로서, 하나님의 심판이 요구하는 것들을 완전히 충족시키는 오랜 기간을 상징적으로 암시하는 데 사용되고 있는 듯하다. 그것은 또한 예언이 그것을 듣는 자들 대부분이 목격하지 못하는 가운데 성취될 것임을 암시하기도 한다. 그러나 야웨께서는 마침내 두로를 유명한 상업 중심지로 회복시키실 것이다. 두로를 창기에 비교한 이사야는 그 성읍이 다시금 고객들을 끌어들일 때가 올 것이라고 말한다(15b-17절). 그러나 상인들은 두로가 벌어들인 것들을 더 이상 쌓아두지 않을 것이다. 도리어 그것들은 야웨께 바쳐질 것이요, 야웨께서는 그것들을 자기 백성에게 나누어주실 것이다(18절). 창기 두로가 벌어들인 것들을 모으는 야웨의 표상이 몇몇 현대 독자들에게 불편하게 여겨질 수도 있겠지만, 이사야가 강조하는 바는 분명하다. 두로는 하나님의 나라에 통합될 것이요, 이스라엘의 하나님께 조공을 바칠 것이다.

이 신탁의 배경은 확실하지 않다. 많은 왕들이 두로를 공격하고 포위하지만, 그 성읍은 사실상 알렉산더 대왕에 의해 정복당하는 주전 332년까지는 멸망하지 않는다. 이 때문에 어떤 이들은 이 신탁이 그 사건에 대한 장기적인 예언에 해당한다고 본다. 그러나 이 신탁은 두로가 이미 무너졌음을 전제하는 것으로 보인다.

---

110) 이 사건에 관한 산헤립의 설명에 대해서는 다음을 보라: Roux, *Ancient Iraq*, 291-92.

주전 709년에 앗수르의 사르곤은 서쪽 지역에서 주전 7세기에 들어 두로의 탁월함을 감소시키는 상업 정책을 실시한다. 앗수르의 왕들인 산헤립과 에살핫돈 및 앗수르바니팔 등은 정기적으로 두로를 위협하였으며, 두로와의 무역을 위험스러운 것으로 만들었다. 진부하면서도 과장된 파멸의 언어를 사용하는 이 신탁은 두로의 상업적인 탁월함이 사라지게 될 것임에 대해서 언급한다.[111]

두로가 하나님의 나라에 통합될 것이라는 예언은 한층 많은 문제점을 안고 있다. 그 까닭은 두로가 유다에 종속되었음을 나타내는 증거가 어디에도 없기 때문이다. 이 때문에 두로의 미래에 관한 이러한 예언은 원형적인 것으로 보는 것이 가장 옳다. 두로는 언젠가는 야웨의 주권을 인정하고서 자신의 부로써 그에게 영광을 돌릴 지상의 거대한 상권을 대표한다(사 60:5-9; 학 2:7을 보라).

야웨께서 자신의 나라를 견고하게 세우심(24-27장)

이사야의 시대에 속한 나라들에 임할 하나님의 심판에 관한 신탁(13-23장)은 24-27장에 꼭 맞는 서론에 해당한다. 24-27장은 하나님의 궁극적인 세계 심판과 그의 지상 왕국 확립에 대해서 묘사한다. 이 장들은 여러 가지 방식으로 13:1-16에 언급된 세계 심판의 주제를 끌어들여 한층 발전시킨다. 학자들은 때때로 24-27장을 "소묵시록"(Little Apocalyptic)으로 칭한다. 왜냐하면 이 장들의 문체나 주제상의 강조점들이 "묵시록"으로 알려진 요한계시록과 유사하기 때문이다.

저주가 세상을 삼킴(24:1-20)

"소묵시록"은 하나님의 파괴적인 세계 심판에 관한 묘사와 더불어 시작한다. 하나님의 마음에 드는 것은 하나도 없다. 그의 심판은 공동체 구성원 중

---

111) 이 점에 대해서는 특히 다음을 보라: Hayes and Irvine, *Isaiah*, 288-90; Motyer, *The Prophecy of Isaiah*, 192. 파멸의 언어에 대해서는 이사야 13-14장에 대한 앞의 주석을 보라.

의 가장 존귀한 자들과 가장 천한 자들을 포함하는 모든 이들에게 미칠 것이다(1-3절). "저주"가 세상을 삼킬 것이요, 세상에 불모와 기근을 가져다줄 것이다(4, 6절). 잔치를 좋아하고 쾌락을 즐기는 자들이 특히 낙심에 빠질 것이다. 왜냐하면 포도나무와 수확물들이 파괴됨으로써 포도주와 독한 술이 사라질 것이기 때문이다(7-9절). 각종 술잔치가 성읍의 길거리에서 고통과 슬픔으로 변할 것이다(10-11절). 파멸이 성읍들을 휩쓸 것이요, 그 결과 소수의 생존자들만이 남게 될 것이다(12-13절).

이 "저주"가 세상에 임하는 까닭은 그 거민들이 "영원한 언약"을 깨뜨리고 "율법"과 "율례"를 어겼기 때문이다(5절). 저주와 언약은 성서와 고대 근동 세계 안에서 항상 서로 관련되는 것으로 나타난다. 그러한 저주는 일반적으로 풍부한 농산물이 사라질 것이라고 위협한다. 예로써 모세 언약은 하나님의 계명들을 어기는 자들에게 쏟아질 심판들의 목록으로 끝을 맺는다. 그 중에서도 특히 가뭄, 수확물 감소, 기근 등이 강조된다(신 28:17-18, 22-23, 38-42). 이와 마찬가지로 앗수르의 왕 에살핫돈이 그의 봉신 국가들과 더불어 맺는 조약은 그 봉신 국가들이 조약 규정들을 감히 위반할 경우에 임할 엄한 심판들을 담고 있는 긴 저주 목록으로 끝을 맺는다. 그 저주들 중의 하나는 가뭄이 불순종하는 봉신 국가의 땅에 임할 것임을 선언한다.[112]

5절의 "영원한 언약"은 어떤 언약을 가리키는가? 어떤 학자들은 이것이 창조의 때에 하나님과 아담 사이에 맺어진 것으로 여겨지는 세계적인 언약을 가리킨다고 본다. 그러나 성서는 그러한 언약에 대해서 아무 것도 분명하게 언급하지 않는다.[113] 어떤 이들은 "율법"과 "율례"에 대한 5절의 언급에 착안

---

112) 다음을 보라: Pritchard, *Ancient Near Eastern Texts*, 534-41. 특히 조약 규정의 64번째 항목을 보라.

113) 덤브렐(W. J. Dumbrell, *Covenant and Creation* [Nashville: Thomas Nelson, 1984], 20-39)은 창세기 6:18이 그러한 언약의 존재를 전제한다고 주장한다. 그러나 이 본문은 전혀 언급되지 않은 언약을 소급하여 가리킨 것이라기보다는 노아 언약의 비준을 기대하고 있는 것으로 여겨진다(9:8-17을 보라). 어떤 이들은 이사야가 하나님께서 아담과 더불어 맺으신 언약(호 6:7)을 염두에 두고 있다고 보지만, 호세아 본문의 의미는 확실치 않다.

하여 그 언약을 모세의 율법으로 보고자 하지만, 모세의 율법이 대표하는 언약(시내산 언약을 가리킴: 역자 주)은 결코 "영원한 언약"으로 칭하여진 바가 없다.[114] 그리고 그러한 견해는 세상 나라들이 어떻게 하나님과 이스라엘 사이에 맺어진 언약에 근거하여 심판을 받을 수 있는지를 충분히 설명하지 못한다. 또 어떤 이들은 이 언약이 하나님께서 노아와 그의 후손 사이에 맺으신 언약을 가리킨다고 본다. 이사야 24장은 인류가 불의한 방법으로 피를 흘림으로써 깨뜨린 언약에 대해서 언급한다. 땅이 "더렵혀졌다"(5절)는 언급이 암시하는 것처럼 말이다. 이사야 26:21도 그것을 구체적으로 언급한다.[115] 노아에게 주어진 하나님의 명령은 인류에게 땅을 가득 채울 것을 지시하며, 살인을 중대한 범죄 행위로 규정한다(창 9:1-7). 뿐만 아니라 하나님께서 노아에게 주신 약속(창 9:8-17)은 특히 "영원한 언약"으로 불린다(16절). 그러나 그 언약은 창세기 9:8-17에 개괄적으로 설명되어 있는 약속에 국한되고, 땅을 가득 채우라는 1-7절의 명령을 포함하지는 않는 것으로 보인다.

아마도 이사야의 언어는 의도적으로 모호성을 띠면서 이스라엘과 이방 나라들 모두를 포함하려고 했을 것이다. 만일에 그렇다면, 이스라엘의 관점에서 볼 경우에 "영원한 언약"은 살인을 처벌하는 특별 규정을 포함하는 모세의 율법을 가리킨다. 그러나 이방 나라들의 관점에서 볼 경우에 "영원한 언약"은 인류로 하여금 서로를 죽이지 않고서 번성할 것을 명하는 노아 계약을 가리킨다. 이 경우에 이사야는 노아에게 주어진 하나님의 약속을 풍자적인 어투로 땅 위에 번성하라는 명령과 연결시킨 것이 된다. 그렇게 함으로써 그는 그 명령의 중요성을 강조하며, 그것을 실천하지 못한 인류의 실패가 그 약속을 위기에 빠뜨렸음을 다소 과장된 어투로 암시하는 것으로 보인다. 이사야 24:18은 이러한 견해를 뒷받침한다. 그 까닭은 그것이 다가올 세계 심

---

114) 사사기 2:1과 시편 111:5, 9는 모세 언약을 가리킨다고 볼 수도 있지만, 하나님께서 아브라함에게 주신 약속을 가리킨다고 보는 것이 더 정확할 것이다. 출애굽기 31:16은 안식일을 하나님과 이스라엘의 관계를 다루는 영원한 언약(아니면 이 경우에는 "표징" 또는 "보증")이라 부른다. 그러나 그것이 안식일 준수를 명하고 그에 대해서 규정하는 율법을 영원한 것으로 여길 수도 있음을 뜻하는지는 확실치 않다.

115) 피 흘림이 땅을 "더럽힌다"고 보는 민수기 35:33-34도 참조하라.

판을 노아 홍수의 재현으로 묘사하고 있기 때문이다(창 7:11; 습 1:2-3을 보라).[116]

논란을 불러일으키는 또 다른 해석상의 문제는 이사야 24:10-12에 묘사된 "성읍"의 정체와 관련되어 있다. 많은 학자들은 그 성읍이 하나님을 대적하는 인간 사회의 교만을 상징적으로 보여준다고 이해한다. 10-12절의 일반적이면서도 다소 상투적인 언어는 이러한 견해를 뒷받침한다. 그러나 다른 학자들은 그처럼 막연한 언어의 배후에 특정 성읍이나 국가에 대한 언급이 숨어 있다고 본다. 어떤 이들은 그 성읍을 모압(사 25:10-12를 보라)이나 바벨론[117]과 같은 이방 나라들로 본다. 반면에 또 어떤 이들은 예언자가 은연중에 예루살렘(24:8-9를 5:11-14와 비교하라)이나 사마리아(27:9-11을 17:8과 비교하라)를 염두에 두고 있다고 본다. "영원한 언약"의 경우와 마찬가지로 이사야의 언어는 여기서도 의도적으로 모호성을 띠고 있는 것으로 보인다. 24:10-12의 "폐허가 된 성읍"은 하나님을 대적하고 그의 파괴적인 심판을 경험하는 세계의 모든 성읍들을 대표한다. 그러나 24-27장의 언어와 표상 역시 이사야가 살던 시대의 성읍들, 곧 모압과 바벨론과 예루살렘과 사마리아 등과 같은 구체적인 성읍을 가리키고 있다.

하나님의 이러한 심판은 살아남은 나라들로 하여금 하나님의 영화로우심을 찬양하게 만든다(14-16a절). 그러나 그들의 반응은 섣부른 것이다. 예언자는 그들과 더불어 하나님을 찬양하지 않는다. 도리어 그는 세상을 계속해서 짓누르는 죄에 대하여 탄식한다(20절을 보라). 왜냐하면 그는 이러한 "배신"이 또 다른 하나님의 진노를 초래할 것임을 알고 있기 때문이다(16b절).

---

116) 다른 한편으로 이사야 54:9는 노아에게 주어진 약속을 무조건적이고 영원한 것으로 본다.

117) 바벨론에 임할 심판을 선고하는 신탁(사 13:1-14:27)은 이사야 24장과 비슷하게 우주적인 심판에 대한 묘사와 더불어 시작한다. 이사야 24장 역시 창세기 11장에 있는 바벨탑 이야기를 연상시키는 동사들을 포함하고 있다. 이에 대해서는 다음을 보라: Robert B. Chisholm Jr., "The 'Everlasting Covenant' and the 'City of Chaos': Intentional Ambiguity and Irony in Isaiah 24," *Criswell Theological Review* 6 (1993): 242-43.

이러한 후속적인 하나님의 심판은 피할 수 없는 파멸(17절)을 가져다줄 것이다. 그 파멸은 그 강렬함이나 파괴적인 효과에 있어서 노아 홍수에 비견되는 것이다(18-19절).

17-18절에서 이사야는 "두려움과 함정과 올무"야말로 심판의 대행자들이라고 말한다. 이 세 대행자들은 희생자들을 사로잡으려고 모의하는 자들로 묘사된다. 이것은 히브리어 본문에서 한층 분명하게 드러난다. 이 세 낱말들의 발음이 서로 비슷하기 때문이다(음성학적으로 볼 때 이 세 낱말들은 다음과 같은 발음을 가지고 있다: '파카드,' '파카트,' '파크.') 만일에 누군가가 두려움의 소리를 듣고서 달려간다면, 그는 함정에 빠질 것이다. 만일에 그가 그 함정에서 빠져 나온다면, 그는 올무에 걸릴 것이다. 요점은 이렇다: 심판은 피할 수가 없는 것이다.

야웨께서 왕이 되심(24:21—26:7)

하나님께서 심판하실 날은 그를 대적하는 우주적인 세력들의 패배에서 절정에 도달한다. 그 세력들은 "위로 하늘에 있는 군대와 아래로 땅에 있는 왕들"로 규정된다(21절). "위로 하늘에 있는 군대"(문자적으로는 "지극히 높은 곳에 있는 만군")는 하나님의 천상(天上) 회합의 구성원들로 묘사되며(왕상 22:19를 보라), 과학 이전의 시대에 별들과 행성들을 생각하는 이스라엘의 사고방식과 관련되어 있다.[118]

야웨께서는 이 대적들을 사로잡으시고 그들을 감옥에 가두어 마지막 징벌을 기다리게 하신다(22절). 성서 계시의 과정을 염두에 둔다면, 그러한 연합을 배후에서 조종하는 자는 당연히 다른 누가 아닌 사탄이다. 사도 요한은 그의 패배와 투옥에 대해서 묘사한다(계 20:2-3을 보라).[119] 이사야가 사용한

---

118) 신명기 4:19; 17:3; 열왕기하 17:16; 21:3, 5; 23:4-5; 역대하 33:3, 5; 이사야 34:4 등을 보라. 이 본문들은 "하늘의 만군"을 천체와 동일시한다. 사사기 5:20에 의하면, 별들이 야웨를 위하여 싸운다. 그리고 욥기 38:7에 의하면, "새벽별"("하나님의 아들들"로 불리기도 함)이 하나님의 창조 사역을 경축한다. "하나님의 별들"에 대한 이사야 14:13의 언급은 가나안 신 엘의 천상 회합을 가리킬 수도 있다. 그 회합은 우가릿 신화에서 "별들의 회합"으로 묘사된다.

표상은 메소포타미아 신화에 뿌리를 둔 것일 수도 있다. 그 신화는 바벨론의 신 마르둑(Marduk)이 세계 질서를 위협하는 파괴적인 힘인 티아맛(Tiamat)을 어떻게 패배시켰고 그의 악마적인 세력들을 감옥에 가두었는지에 대해서 말한다.[120]

자신의 대적들을 굴복시킨 야웨께서는 예루살렘의 시온산에서 자신의 통치를 확립시킨다(사 2:2-4를 보라). 야웨의 왕적인 위엄을 강조하기 위하여 이사야는 달과 해가 어두워지더니(문자적으로는 "부끄러워지더니") 제각기 밤과 낮에 대한 지배권을 자기들의 창조자이신 하나님께 넘겨주었다고 묘사한다(사 60:19-20을 보라).[121]

---

119) 베드로(벧후 2:4을 보라)와 유다(6절을 보라)는 하나님께서 감옥에 가두신 타락한 천사들에 대해서 말한다. 그러나 이 본문들은 이사야가 마음에 그리고 있는 종말의 반역 행위에 관해서 말하고 있지 않다. 두 본문은 창세기 6:2에 있는 천사들의 반역 행위를 가리키고 있다. 창세기 6:2는 "하나님의 아들들"(하나님께서 주도하시는 천상 회합의 구성원들; 욥 1:6; 2:1; 38:7; 시 89:5-8 등을 보라)이 어떻게 여인들과 동거하여 인류를 오염시켰는지를 설명하고 있다. 베드로와 유다의 생각에 영향을 준 것임에 틀림이 없는 신구약 중간 시대의 유대교 문헌 전승을 위해서는 제1에녹서 6-10장과 희년서 5장을 보라. 이 본문들의 번역은 다음의 책에서 찾아볼 수 있다: James H. Charlesworth, ed. *The Old Testament Pseudepigrapha*, 2 vols. (Garden City, N. Y.: Doubleday, 1983, 1985), 1:15-18; 2:64-65.

120) 바벨론의 창조 서사시인 에누마 엘리쉬(Enuma Elish)의 네 번째 토판을 보라. 이 서사시의 해당 부분에 대한 번역은 다음의 책에서 찾아볼 수 있다: Pritchard, *Ancient Near Eastern Texts*, 60, 66-69, 514.

121) 이곳의 언어를 지나치게 문자적인 의미로 해석해서는 안 된다. 요점은 이렇다: 하나님의 왕적인 위엄은 모든 것을 뛰어넘는다. 심지어는 달과 해의 빛까지도 뛰어넘는다. 이러한 언어는 매우 은유적이다. 왜냐하면 이사야 30:26이 24:23과 60:19-20에 묘사된 상황과 정반대되는 모습을 그리고 있기 때문이다. 30:26에 의하면, 달과 해는 구원의 시대에 일곱 배나 더 밝게 빛날 것이다. 이 경우에 빛은 모든 사람들에게 똑같이 나타나는 야웨의 구원 현존을 상징한다. 여기서 분명하게 알아야 할 것은 천체들이 단번에 어두워졌다가 다시 밝아질 수는 없다는 점이다. 일단 이 본문들의 은유적이고 과장법적인 성격을 이해한다면, 외견상 모순되어 보이는 문제가 금방 해결된다. 더 상세한 논의에 대해서는 다음을 참조: Chisholm, *From Exegesis to Exposition*, 176.

이 사건은 하나님의 백성으로 하여금 그를 크게 찬양하게 만든다(25:1-5). 이러한 미래 세대를 대표하고서 그들의 시각에서 말하는 예언자는 하나님을 향한 자신의 충성심과 그의 신실하고 위대한 행동들에 대하여 그를 찬양하고자 하는 자신의 생각을 밝힌다. 하나님은 세계를 위한 자신의 계획을 선포하신 후, 그것을 그대로 실행하신다. 그는 세상의 강한 나라들을 패배시키시고, 그들로 하여금 자신의 권세를 인정하게 만드신다. 그들은 그의 백성을 멸하려고 위협하지만, 하나님은 자신이 "폭풍 중의 피난처요 폭양을 피하는 그늘"과도 같은 분임을 입증하신다.

자신이 세상의 왕이라는 정당한 지위를 가지고 있음을 밝히신 야웨께서는 시온산에서 잔치를 벌이신다(25:6-8). 세상 사람들은 인류의 대적들 중 가장 두려운 죽음이 사라질 새로운 시대의 개막을 경축하기 위해 모인다. 이사야는 생생한 비유적 표현들을 사용하여 야웨께서 죽음을 삼키시고 죽음의 두려움을 경험한 자들의 얼굴에서 눈물을 제거하실 것이라고 말한다. 죽음(Death)의 죽음(death)은 하나님의 백성의 미래 세대로 하여금 그를 향한 그들의 충성심을 분명히 밝히게 만들고, 그가 마련하시는 구원을 경축하게 만든다(25:9).

죽음을 삼키시는 야웨의 모습을 묘사하는 그림 언어는 고대 근동의 맥락에서 볼 경우에 특히 적절하다. 죽음은 히브리 성서(잠 1:12; 사 5:14; 합 2:5)와 우가릿 신화에서 자신의 희생물을 게걸스럽게 집어삼키는 자로 묘사된다. 각종 신화들에서 죽음은 "땅을 삼키고 하늘을 삼키며 … 별들을 삼키는 입술"을 가지고 있는 자로 묘사된다.[122] 신격화된 죽음은 자신의 식성(食性)을 다음과 같이 설명한다: "그러나 나의 식성은 황무지에 있는 사자의 식성과도 같다 … 만일에 '흙'[인간 희생자를 가리키는 표현]을 먹어치우려는 내 갈망이 진실하다면, 나는 사실상 그 흙을 충분히 먹어치워야 한다. 나의 일곱 몫[충분함과 완전함을 의미함]이 이미 그릇에 있거나 아니면 나할[희생자들을 산 자들의 땅으로부터 죽은 자들의 땅으로 옮기는 일에 책임을 지고 있는 강의 신을 가리킴]이 잔을 섞어야 한다면 말이다."[123] 야웨께서 인류를

---

122) Gibson, *Canaanite Myths and Legends*, 69.

집어삼키는 거대한 힘(죽음을 가리킴: 역자 주)을 삼키심으로써 두려움을 불러일으키는 그의 통치를 끝장내신다는 것은 참으로 적절한 일이 아닐 수 없다.[124]

이사야는 이어서 장차 있을 시온산의 안전을 하나님을 대적하는 교만한 나라들의 운명과 대비시킨다(25:10-12). 모압을 적대 국가들의 원형으로 묘사하는 이사야는 그들이 수치스러운 파멸을 묘사함에 있어서 생생한 은유를 사용한다. 하나님의 대적들은 거름더미의 지푸라기처럼 밟힐 것이다. 그들은 철저하게 수치를 당할 것이다. 거름더미에 얼굴이 파묻힌 채로 그 구역질나는 쓰레기더미로부터 벗어나려고 헤엄치듯이 팔을 휘젓는 자가 그러하듯이 말이다. 그리고 그들의 힘과 교만을 상징하는 요새화된 성벽들 역시 무너질 것이다.

주변 나라들의 패배는 다시금 하나님의 백성으로 하여금 크게 그를 찬양하게 만들 것이다(26:1-7; 25:1-5, 9를 보라). 하나님을 대적하는 나라들의 폐허가 된 성읍들과는 대조적으로 예루살렘은 견고하게 설 것이다. 하나님은 자신의 신실한 백성을 지키실 것이요, 국가의 안전을 자기에게 맡기는 자들에게 상을 주실 것이다. "심지가 견고한" 자(3절)는 2절에 언급된 의로운 나라를 가리킨다. 그는 그들에게 "완전한 평화"(히브리어 본문의 문자적인 의미는 "평화, 평화"인 바, 이러한 되풀이 용법은 강조를 목적으로 하고 있음)를 주실 것이다. 그 평화는 이 문맥에서 본다면 정서적인 안정보다는 국가의 안전을 가리킬 것이다. 그의 백성에게 대하여 하나님은 그들이 안전한 피난처로 삼을 수 있는 높은 바위 절벽(NIV, "Rock")과도 같은 분이다. 하나님은 대적들의 성벽들을 허물어 먼지더미가 되게 하실 것이요, 한때 압제를 당하던 자기 백성으로 하여금 그 폐허를 짓밟게 하실 것이다. 그는 자기 백

---

123) Ibid., 68-69.

124) 히브리 성서는 죽음을 신격화하지 않는다. 그러나 우리는 그 정반대의 길로 물러서서 히브리 성서의 죽음 묘사를 단순한 의인화의 차원으로 축소시켜서는 안 될 것이다. 아마도 중간 입장에 서서 히브리 성서가 죽음을 "악마화"하고 있다고 말하는 것이 옳을 것이다. 이러한 견해는 악마를 "죽음의 세력을 잡은 자"로 묘사하는 히브리서 2:14와 일치한다.

성을 위하여 길을 닦으실 것이다. 이는 그가 자기 백성에게 주실 보호와 안전을 가리키는 그림 언어에 해당한다.

환상이 현실로 바뀔 것을 갈망함(26:8-18)

이 시점에서 고통당하는 하나님의 백성은 야웨의 이름을 부른다. 이사야가 나라의 영화로운 미래에 관해 말하는 것을 들은 그들은 야웨를 향한 자기들의 충성심을 밝히며, 예언자의 환상이 현실로 바뀔 것을 기대한다. 그들은 다가올 하나님의 심판을 간절한 마음으로 기다린다. 그 까닭은 그것만이 죄인들에게 그의 정의와 위엄을 확신시켜줄 것이기 때문이다(8-9절). 죄인들은 하나님의 자비와 정의로 인도함을 받는다. 그들은 그의 도덕적인 권위의 생생하고도 확실한 증거를 필요로 한다(10-11절). 하나님의 백성은 기도를 계속하면서 그가 어떻게 자기들을 압제적인 통치자들로부터 건지셨고 그들의 경계선을 넓혀주셨는지를 회상한다(12-15절). 그러면서도 그들은 자기들의 고통스런 과거와 좌절을 기억하기도 한다(16-18절). 여기에서 출산의 고통에 비교되는 이스라엘의 환난은 아무런 목적도 가지고 있지 않은 것으로 보인다. 산고(産苦)를 겪는 여인은 아이를 낳을 것이라는 희망을 가지고서 고통을 참는다. 그러나 이스라엘의 고통은 단지 바람을 낳을 뿐이다. 이스라엘은 자녀를 낳기 위하여 애쓰지만 아이를 바깥으로 내밀지 못하는 여인과도 같다.

환상의 갱신(26:19—27:13)

야웨께서는 이스라엘의 기도에 대하여 희망의 말씀으로 응답하심으로써 그들에게 힘을 주신다. 그는 이스라엘의 죽은 자들이 무덤으로부터 일어날 것이라고 선포하신다(19절). 이 약속이 이스라엘의 죽은 자들의 문자적인 부활을 가리키는지(단 12:2를 보라), 아니면 이스라엘 백성이 "무덤"과도 같은 이방 땅의 포로생활로부터 구원받을 것임을 은유적으로 표현하는 것인지는 (사 27:12-13; 겔 37:1-14를 보라) 확실치 않다.[125]

---

125) 이와 관련된 논쟁과 은유적인 견해를 지지하는 입장에 대해서는 다음을 보라:

야웨께서는 또한 자기 백성에게 경고하여 그의 심판의 완전한 분노가 지나갈 때까지 피난처를 찾으라고 말씀하신다(20절). 앞서 이사야가 선포한 바와 같이 야웨는 자신의 처소로부터 나와 노아에게 주어진 명령을 어긴 세상 사람들을 징계하실 준비가 되어 있다(21절; 24:5를 보라). 그들은 땅을 가득 채우기보다는 동료 인간의 피를 흘림으로써 땅을 더럽혔다.

야웨께서는 심판을 위하여 나타나실 때 자신의 통치에 맞서는 자들을 멸하실 것이다(27:1). 서부 셈족 신화에서 리워야단(Leviathan)은 일곱 개의 머리를 가진 뱀 모양의 바다 생물이다. 바다 신의 상징이거나 동료를 뜻하는 그것은 이미 확립되어 있는 세계 질서를 무너뜨리고자 위협한다. 이사야는 여기서 이 신화적인 표상과 언어를 마지막 전쟁에서 야웨를 대적하는 하늘과 땅의 연합 세력에 적용한다(24:21-22를 보라). 히브리 성서의 다른 곳에서 이와 비슷한 표상과 언어는 적대 세력들을 향한 야웨의 승리 — 창조의 때와 역사 안에서 이루어지는 — 를 묘사하는 데 사용된다(참조. 시 74:13-14; 77:16-20; 89:9-10; 사 51:9-10). 사나운 물에 대한 야웨의 승리는 그의 통치 주권을 분명하게 보여준다(시 29:3, 10; 93:3-4를 보라).[126]

야웨께서는 대적들에 대한 승리를 거두신 후에 자기 백성에게 풍성한 복을 내리신다. 그들은 야웨의 보살핌과 돌보심 아래 맛있는 과일을 생산해내는 포도원 — 관개(灌漑)가 잘 된 — 이 될 것이다(2-6절). 이처럼 풍부한 열매를 맺는 포도원의 은유는 5:1-7의 표상과 완전히 반대되는 것이다. 5장 본문의 경우, 야웨께서는 이사야 시대의 범죄한 세대를 소유주이신 하나님의 온갖 손질과 돌보심에도 불구하고 좋은 포도를 생산해내지 못하는 포도원에 비유하신 바가 있다. 우상숭배에 빠진 이 세대는 하나님의 무자비한 심판을 받을 것이요, 그 결과 이방 예배의 중심지들과 성읍들이 모두 폐허로 바뀔 것이다. 그리고 종국에는 그들 모두 포로로 사로잡혀갈 것이다(7-11절). 그

Day, *Yahweh and the Gods*, 123-124. 데이는 다니엘 12:2의 언어가 이사야 26:19에 의존하고 있음을 인정한다. 그러면서도 그는 다니엘 12:2가 그 표상을 변형시켜 문자적인 부활을 가리키는 데 사용하고 있다고 주장한다.

126) 리워야단에 대한 신화적인 묘사들-그 표현이 이사야 27:1의 언어와 똑같거나 유사한-에 대해서는 다음을 보라: Gibson, *Canaanite Myths and Legends*, 50, 68.

러나 야웨께서 포로가 된 자기 백성을 이방 땅들로부터 불러 모아 그들을 그들 자신의 땅으로 복귀하게 하실 날이 곧 올 것이다. 자기들의 땅으로 돌아온 그들은 예루살렘의 시온산에서 그를 경배할 것이다(12-13절).

죽음 후에 찾아올 구원(이사야 28-35장)

이사야서의 이 단락은 사마리아와 예루살렘에 곧 임할 심판에 관한 경고로 시작하지만, 포로가 된 하나님의 백성이 시온으로 돌아옴을 경축하는 모습으로 끝을 맺는다. 이 단락은 다음과 같은 구조를 가지고 있다:

교만한 사마리아를 향한 재앙 신탁(28:1-4)
공동체의 변화가 선포됨(28:5-6)
영적인 불감증에 빠진 공동체를 향한 심판 선고(28:7-13)
예루살렘의 지도자들을 향한 심판 선고(28:14-29)
의인화된 예루살렘을 향한 재앙 신탁(29:1-4)
예루살렘의 구원이 선포됨(29:5-8)
반역한 하나님의 백성을 향한 심판 선고(29:9-14)
반역한 하나님의 백성을 향한 재앙 신탁(29:15-16)
하나님의 백성의 변화가 선포됨(29:17-24)
반역한 하나님의 백성을 향한 재앙 신탁(30:1-17)
예루살렘의 구원이 선포됨(30:18-33)
불성실한 하나님의 백성을 향한 재앙 신탁(31:1-3)
예루살렘의 구원이 선포됨(31:4-9)
하나님의 백성의 변화가 선포됨(32:1-8)
득의에 찬 하나님의 백성을 향한 심판 선고(32:9-14)

28-32장은 하나님의 백성에 초점을 맞추고 있으며, 심판과 구원의 두 축 사이에서 움직인다. 28:1—30:17에서는 심판의 메시지가 중심을 이루지만(70

개의 절들 중 56개의 절들이 심판에 초점을 맞춤), 30:18—32:20에서는 구원의 메시지가 중심을 이룬다(45개의 절들 중 36개의 절들이 구원과 영적인 변화의 때를 기대함). 33장에서는 심판의 초점이 하나님의 백성으로부터 앗수르로 옮겨간다. 34장은 하나님의 심판의 범위를 모든 나라들로 확대한다. 비록 에돔 족속이 특별한 관심의 대상이 되고 있기는 하지만 말이다. 마지막의 환상(35장)은 예루살렘을 앗수르의 위협으로부터 구원하실 하나님의 행동을 특징으로 갖는 임박한 미래를 넘어서서 하나님께서 포로 된 자기 백성을 예루살렘으로 돌이키실 더 먼 미래를 향해 움직인다.

사마리아의 아름다움이 시들어감(28:1-4)

이 신탁은 주전 722년에 발생한 사마리아의 붕괴를 예고한다. 예언자는 그 성읍을 북왕국 백성이 크게 자랑하는 멋진 화관(花冠)과 아름다운 꽃으로 묘사한다. 그러나 그 화관은 땅바닥에 내던져질 것이요, 사람들의 발에 짓밟힐 것이다. 그리고 그 꽃은 생기를 잃고서 시들어갈 것이다(1, 3-4a절). 파괴적인 폭풍우와도 같은 야웨의 심판은 사마리아를 폐허로 만들 것이요(2절), 잘 읽은 무화과를 먹어치우듯이 그 성읍을 삼킬 것이다(4b절).

행복한 날에 대한 잠시 동안의 암시(28:5-6)

임박한 심판을 더 상세하게 설명하기 전에 예언자는 잠시 멈춘 다음 격려의 말씀을 삽입한다(5-6절). 하나님의 심판을 특징짓는 어두운 폭풍우 구름의 뒤쪽은 은빛으로 가득 차 있다. 심판이 지나고 나면 살아남은 자들은 야웨를 자랑할 것이다. 왜냐하면 그가 이스라엘 민족에게 의로운 지도자들을 주시고 자기 백성을 침략군으로부터 보호하심으로써 국가의 안전을 재확립하실 것이기 때문이다.

어지러운 심판(28:7-13)

미래에 대한 이러한 잠시 동안의 암시는 이사야가 살던 시대의 엄연한 현실들과 뚜렷한 대조를 이룬다. 이사야의 시대에 이스라엘의 영적인 지도자들은 무능력했다(7-8절). 예언자는 그들이 사법적인 결정을 내리고 예언의 환상을 받는 중에 자기가 토한 것들 위에서 비틀거리는 술고래들과도 같다고 묘사한다. 이러한 묘사는 제사장들과 예언자들에 대한 문자적인 표현일 수도 있다. 다소 과장된 점이 있기는 하겠지만 말이다. 그러나 더 정확하게는 이사야가 술 취함을 그들의 영적인 불감증과 무능력을 강조하는 은유로 사용했을 가능성이 더 높다.

예언자는 이어서 이렇게 질문한다: "그가 누구에게 지식을 가르치며 누구에게 도를 전하여 깨닫게 하려는가?"(9a절). 12절이 암시하는 바와 같이, "가르치고 전하여 깨닫게 함"을 뜻하는 동사의 주어는 야웨이시다. 예언자는 자신의 질문에 신속하게 답변한다(9b절). 야웨께서는, 적어도 자신이 관련되어 있는 한, 도덕적인 유아기 단계에 있는 자기 백성에게 무엇인가를 전하려고 애쓰신다. 그들은 하나님께서 주시는 평화와 복을 완악하게 거절한다(12절). 마치 그가 자기들에게 하시는 말씀을 도무지 깨닫지 못하는 어린아이들처럼 말이다.

야웨의 징계는 적절할 것이다. 그는 그들에게 말씀하시되, 그들의 땅을 폐허로 만들 이방 침략자들을 통하여 말씀하실 것이다(10-11절). 이 두 절은 다음과 같이 번역하는 것이 가장 좋을 것이다: "참으로 그들은 뭐가 뭔지 알 수 없는 말을 들을 것이요, 아무런 의미도 없는 재잘거림 소리를 들을 것이요, 여기저기서 웅얼거리는 소리를 들을 것이다. 왜냐하면 그가 조롱하는 입술과 이방 언어로 자기 백성에게 말씀하실 것이기 때문이다"(NET를 보라). 10절의 의미에 대해서는 논란이 많다. 본문을 문자 그대로 읽으면 다음과 같다: "참으로 [또는 "왜냐하면"] '차브 라차브 차브 라차브 카브 라카브 카브 라카브'; 여기서도 조금 저기서도 조금 하는구나." 이 반복 음절들은 뭐가 뭔지 알 수 없는 말들로서, 유아의 더듬거리는 말과 비슷하며, 이방 침략자들이 그 땅을 정복할 때 사람들이 듣게 될 소리를 모사한 것이다. 이 경우에 "조금"이라는 낱말은 나불거리는 소리의 짧은 음절 구조를 가리킨다.[127] 예언

127) 어떤 이들은 '차브'가 '차봐'라는 히브리어 동사("명하다")로부터 파생한 것이라

자는 앗수르의 침략이 임박했음을 알리면서, 그때가 되면 사람들이 뭐가 뭔지 알 수 없는 소리처럼 들릴 이방 언어를 듣게 될 것이라고 말한다. 야웨께서는 한때 뜻이 분명한 말씀을 주셨지만, 다가올 심판에서는 이방 압제자들의 입을 통하여 그들에게 말씀하실 것이다. 뭐가 뭔지 알 수 없는 말들은 하나님께서 선포하시고 그대로 이루신 바를 상기시킬 외적인 표징이 될 것이다.

사실 뭐가 뭔지 알아들을 수 없는 말들은 실제로 이방 민족의 침략보다 앞서 시작될 것이다(13절). 야웨께서 주실 예언적인 호소의 말씀들은 12절에 인용된 메시지처럼 분명하게 들릴 것이다. 그러나 이 호소의 말씀들은 사람들에게 아무런 영향도 주지 못한다. 그들은 예언자의 설교를 알아들을 수 없는 말들로 무시하지만, 아이러니컬하게도 하나님의 인도하심이 없다면 그들의 파멸은 필연적인 것이 될 수밖에 없다.

예루살렘의 지도자들에게 인정을 베풀지 않음(28:14-29)

예언자는 이어서 예루살렘의 독선적인 지도자들에게로 방향을 돌이킨다. 그들은 이집트와의 동맹 관계(사 30:1-7; 31:1-3을 보라)가 자기들을 앗수르의 침략으로부터 지켜줄 것이요, 자기들을 파멸로부터 막아줄 것이라고 생각한다. 이사야는 그들이 "죽음과 더불어 맺은 언약"을 자랑한다고 조롱한다(14-15절).

아이러니컬하게도 야웨께서는 어느 날엔가는 시온을 안전하게 만들려는 의도를 가지고 있었다. 야웨께서는 건축 공사의 표상을 사용하여 자신이 직접 시온에 "귀하고 견고한 기초석"을 세우실 것이라고 선포하신다(16절). 이러한 표상은 하나님이 시온을 다시 세우시고 그곳이 사람들로 가득하게 하

고 보아, 이 진술의 전반부를 "명령에 명령을 더하고 명령에 명령을 더한다"는 뜻으로 해석한다. 이 견해를 지지하는 자들은 또한 '카브'가 "측량줄"을 뜻하는 명사로 보며(17절을 보라), 그것이 여기서는 "표준" 또는 "기준"이라는 추상적인 의미로 사용된다고 이해한다. 이 경우에 사람들은 예언자를 조롱하는 셈이 된다. 그가 항상 소리쳐 명령하면서 자기들이 따라야 할 기준들을 상기시킨다고 본다는 얘기다.

실 것이요, 그 후 그들이 하나님을 향한 믿음을 통하여 안전을 경험하게 될
것임을 암시한다(사 4:3-6; 31:5; 33:20-24; 35:10을 보라). 더 구체적으로 말
하자면, 기초석은 그러한 안전을 실현할 다윗계의 이상적인 지도자를 가리
킬 수도 있다(사 32:1을 보라). 야웨께서는 정의와 공평을 제각기 측량줄과
다림줄로 칭하심으로써(17a절) 이 새로운 시온이 세워질 것이요, 그러한 특
징들을 갖게 될 것임을 강조하신다(사 1:26-27을 보라).

그러나 이 새로운 시온이 현실화되기 전에 현재의 지도자들이 제거될 것
이다. 유다가 죽음과 더불어 맺은 언약은 하나님의 심판이 강한 폭풍우처럼
그 땅을 휩쓸어가는 순간 쓸데없는 것이 되고 말 것이다(17b-19절). 이사야
는 사람들의 거짓된 안전 의식을 너무 짧은 침상과 너무 좁은 이불로 비교한
다(20절). 그것들이 안전을 약속하고 추위로부터 그들을 지켜줄 수도 있겠지
만, 종국에는 쓸모없는 것이 되고 말 것이다. 이와 마찬가지로 유다가 죽음
과 더불어 맺은 언약도 맥 빠진 것이 되고 말 것이다.

자기 백성에게 가혹한 심판을 퍼붓는 것은 하나님께서 의도하신 바가 아
님이 분명하다. 사실 그는 그것을 "기이한 일"과 "이질적인 일"로 칭하신다
(21절). 그는 자기 백성을 공격하실 것이다. 마치 다윗 시대에 브라심 산에서
블레셋을 대하여 싸우신 것처럼(삼하 5:20을 보라), 그리고 여호수아 시대에
기브온에서 가나안 족속을 공격하신 것처럼(수 10:10-11을 보라) 말이다.

득의에 찬 이사야의 청중이 그의 메시지를 조롱하려고 할지는 모르지만,
그들은 그의 말에 귀를 기울일 필요가 있다(22-23절). 다가올 심판은 자기
백성을 위한 하나님의 계획에서 중요한 요소로 작용하며, 그의 지혜에 대한
증거가 되기도 한다(24-29절). 농부들이 하나님께서 주신 지혜를 활용하여
농작물을 재배하고 수확하는 것처럼, 자기 백성을 다루시는 하나님의 방법
역시 지혜와 질서를 드러낸다. 심판은 하나님께서 정하신 시간표를 따라서
이루어질 것이요, 비록 가혹하기는 해도, 과도한 것은 아닐 것이다. 심판은
필연적인 것이다. 파종 후에 필연적으로 쟁기질이 뒤따르는 것처럼 말이다.
하나님은 자기 백성을 도리깨질하실 것이다. 그러나 그는 아무 쓸모없을 정
도로까지 그들을 뭉개지는 않으실 것이다.

예루살렘이 포위됨(29:1-4)

야웨께서 "아리엘"로 불리는 예루살렘을 향한 재앙 신탁을 선포하심으로써 심판의 북소리가 계속 이어진다(29:1-4). 어떤 이들은 "아리엘"이 "하나님의 사자(lion)"를 뜻하는 복합명사라고 본다. 그러나 여기서 이 낱말은 "제단의 화덕"을 뜻한다고 보는 것이 더 타당할 것이다. 왜냐하면 이와 동일한 히브리어 낱말이 2절에서 보통명사로 사용되기 때문이다. 2절에서 야웨께서는 예루살렘을 제단의 화덕에 비교하신다(2절 후반부의 "아리엘"을 가리키는 바, 개역은 이를 그대로 "아리엘"로 번역하나 표준새번역이나 NIV는 이를 보통명사로 번역한다: 역자 주). 제단의 화덕이 희생제물을 위해 달구어지는 것처럼, 예루살렘도 적군의 포위에 직면하여 하나님의 뜨거운 심판의 열기를 경험하게 될 것이다. 그때에 비천함과 놀라움에 사로잡힐 그 성읍 사람들은 거의 말을 할 수 없는 지경에 이를 것이다. 그들의 목소리는 점술가의 의례용 구덩이에서 말하는 유령의 소리와 같을 것이요, 마법사가 주문을 욀 때 나는 소리와 같을 것이다.[128]

기적적인 구원(29:5-8)

이사야가 전하는 메시지의 어조가 갑자기 바뀐다. 예루살렘은 이방 군대에 의해 포위될 것이지만, 야웨께서 강한 폭풍우와도 같이 오셔서 침략자들을 휩쓸어버리실 것이다. 예루살렘의 대적은 승리를 기대하지만, 그들의 기대는 성취되지 못한다. 그들은 굶주린 자와 목마른 자와도 같을 것이다. 마치 그들 자신이 먹고 마신다고 생각하지만 결국에는 그것이 일장춘몽에 지나지 않는 것이었음을 깨닫는 것처럼 말이다. 이 예언은 주전 701년에 있었던 예루살렘의 기적적인 구원을 예고하고 있다(사 37:36-37을 보라).

영적인 불감증(29:9-16)

---

128) 여기에 사용된 표상의 배경에 대해서는 이사야 8:19에 대한 나의 설명을 보라.

예언자는 특징적인 방식으로 다시금 자신의 어조를 바꾸어 영적인 불감증에 빠진 자기 시대의 사람들을 비난한다. 그는 다시 한 번 술 취함의 은유(28:7-8을 보라)를 사용하여 그들을 눈멀고 술에 취한, 그리고 잠에 빠진 자들로 묘사한다(9-10a절). 그들에게 있어서 이사야의 예언적인 환상은 밀봉된 두루마리와도 같아서 읽을 수가 없다. 물론 겉으로 보기에 그들은 경건한 모습을 가지고 있다. 그들은 야웨께 충성을 다짐한다. 그러나 그들의 예배는 진정한 헌신이 없는 무의미한 의례 행위일 뿐이다(13절).

이 때문에 야웨께서는 놀라운 일을 행하심으로써 그들을 무감각 상태로부터 깨우실 것이다(14절). 범죄한 그들은 자기들의 악한 계획을 하나님께로부터 감출 수 있다고 생각한다. 마치 자기들이 그를 주관할 수 있는 것처럼 말이다(15-16절). 이사야는 토기장이를 인정하지 않는 그릇이라는 우스꽝스러운 표상을 통해 그들의 왜곡된 사고방식을 공격한다. 그들은 자기들의 태도가 얼마나 어리석은 것인지를 알게 될 것이다. 하나님께서는 자신의 "기이한 일"(28:21을 보라), 곧 정결케 함을 목적으로 하는 심판을 통하여 그 나라에 대한 자신의 통치 주권을 입증하실 것이다(28:14-29를 보라). 그 후 그는 그 나라의 영적인 상태를 변화시킴으로써 참된 안전을 오직 그 안에서만 찾을 수 있음을 분명하게 보여주실 것이다(29:17-24를 보라).

변화되는 공동체(29:17-24)

그러한 변화는 레바논의 거대한 숲이 평범한 과수원[129]으로 변하거나 평범한 과수원이 거대한 숲으로 변하는 것처럼 급진적인 성격을 갖게 될 것이다(17절). 레바논의 숲은 하나님에 의해 낮추어질(20-21절을 보라) 높은 자들과 강한 자들(2:13; 10:34을 보라)을 상징할 수도 있다. 그리고 과수원은 자신의 정당함을 입증 받게 될 비천한 자들과 압제당한 자들을 가리킬 것이다(19절을 보라).

예언자는 두 번째 은유를 사용하여, 다가올 변화를 듣지 못하는 사람이 갑

---

129) NIV는 히브리어 '카르멜'을 "비옥한 들판"(fertile field)으로 번역한다. 그러나 이 낱말은 과수원을 가리킨다고 보는 것이 더 적절할 것이다(*HALOT* 499를 보라).

자기 듣게 되고 보지 못하는 자가 시력을 회복하는 것에 비교한다(18절). 아마도 이러한 비교는 상징적인 의미를 가지고 있는 바, 그것은 한때 하나님께 대하여 무감각한 상태에 있던 자들의 영적인 갱신을 가리킬 것이다(9-12, 24절과 6:9-10을 보라).

하나님의 정의야말로 이 새로운 시대에 대한 예언자의 환상에서 중심을 이루는 것이다(19-21절). 가난한 자들과 궁핍한 자들은 하나님의 개입을 기뻐할 것이다. 왜냐하면 그의 심판이 공동체로부터 무자비한 악인들을 제거할 것이기 때문이다. 그들은 왕실에 머물러 있으면서 순전한 정의를 왜곡하는 자들이다.

하나님의 심판에 의해 죽음을 맛보게 될 하나님의 백성은 자기들이 처한 상태와 운명에 당혹감을 느낄 것이다. 그러나 그들의 부끄러움은 곧 사라질 것이다. 야웨께서 자기 백성의 인구를 불어나게 하실 것이기 때문이다(22b-23a절). 그는 나이 많은 아브라함에게 아들을 주심으로써 그를 부끄러움으로부터 건져내신 것처럼(22a절), 수치를 당한 이스라엘에게 자녀들을 주실 것이다. 이렇듯이 새로워진 풍요는 이스라엘 백성으로 하여금 하나님을 그들의 주권자요 왕으로 존중히 여기게 할 것이요, 그에게 마땅히 돌려야 할 영광을 돌리게 할 것이다(23b절). 하나님으로부터 벗어난 채로 그의 방법들에 대해서 불평하는 이스라엘 민족은 영적인 통찰을 얻을 것이요, 겸손하게 그의 권위와 가르침에 복종할 것이다(24절; 렘 31:27-34를 보라).

이집트는 돕지 못한다(30:1-17)

앗수르가 점점 위협 세력으로 성장하자 유다는 도움을 얻기 위해 이집트로 방향을 돌린다(30:1-2). 주전 701년에 있었던 산헤립의 침공 이전에 히스기야는 이집트가 모종의 안전 — 여기서는 그늘에 비교되는 — 을 제공할 것이라는 기대 하에 파라오와 동맹관계를 맺는다.[130] 유다는 소안(Zoan)과 하부

---

130) 3절에 언급된 파라오는 주전 702년 또는 701년에 죽은 샤바카(Shabaka)를 가리키거나 그의 계승자인 셰비트쿠(Shebitku)를 가리킬 것이다. 산헤립은 히스기야에게 보내는 편지에서 이 조약관계에 대하여 언급한다(사 36:6, 9를 보라).

하네스(Hanes, 또는 Tahpanhes)에 있는 이집트의 여러 성읍들에 관리들을 보낸다(4절). 여기서 소안은 북쪽의 이집트 삼각주에 위치한 지역을 일컬으며, 하네스는 이집트의 남쪽 지역에 위치한 멤피스 남쪽 지역을 일컫는다. 유다의 필사적인 노력을 입증이나 하려는 듯이 이사야는 유다의 사절단이 어떻게 사막의 위험을 무릅쓰고서 자기들의 조공을 파라오에게 바쳤는지를 묘사한다(6절).

히스기야는 야웨의 신께 묻지도 않고서 이집트와 동맹관계를 맺는다(1절을 보라). 이사야나 그의 동시대 사람인 미가야와 같은 예언자들을 통하여 하나님의 뜻을 묻지도 않은 채로 말이다. 이들 예언자들은 하나님의 신에 감동되어 하나님의 뜻을 그의 백성에게 전달하던 자들이었다(미 3:8을 보라). 사실 반역하는 백성은 예언자들의 경고를 무시하며, 도리어 하나님의 대변인들에게 낙관적인 미래상을 그릴 것을 요구한다(9-11절).

그러나 하나님은 이 요구에 응하기를 거절하신다. 조롱하는 어투로 이집트를 라합("교만한 자")로 칭하신(7절) 그는 이집트가 앗수르의 군대 앞에서 아무런 도움도 주지 못할 것이요, 유다에게 당혹스러운 존재가 될 것이라고 경고하신다(3-7절). 그는 이사야에게 이 메시지를 두루마리에 기록하여 영원한 증거가 되게 하라고 명하신다(8절). 이로써 예언자는 장차 그것을 하나님께서 임박한 심판에 관하여 자기 백성에게 경고하셨음을 나타내는 증거로 사용할 수 있을 것이다.

하나님의 백성은 회개하고서 야웨를 자기들의 보호자로 믿어야 할 필요가 있었다(15절). 그런데도 그들이 그렇게 하기를 거절하는 바람에 심판이 불가피할 것이다. 이스라엘 민족은 안전하지 못한 높은 성벽과도 같아서 금방 무너질 것이다(12-13절). 그것은 순식간에 무너져서 산산이 부서질 것이다. 이와 마찬가지 방식으로 유다의 파멸 역시 갑작스럽고도 철저하게 이루어질 것이다. 이사야는 유다의 파멸을 더 이상 유용하게 쓸 수 없을 정도로 깨져 버린 토기 조각에 비교한다(14절). 앗수르가 그 땅을 침공할 때 유다 백성은 두려움에 사로잡힌 나머지 도망할 것이요, 오직 남은 자들만이 살육을 피하여 살아남을 것이다(16-17절).

하나님의 자비로운 개입(30:18-33)

심판이 필요함에도 불구하고 야웨께서는 예루살렘에게 자비를 베풀기를 원하시며, 자기 백성과의 관계가 회복되는 때를 기대하신다. 가혹한 심판과 고통이 닥쳐오겠지만(20a절), 야웨께서는 슬픔이 사라질 한 때를 염두에 두신다(19a절). 유다 백성은 월경으로 더럽혀진 옷을 버리듯이 자기들의 우상들을 버릴 것이요(22절), 야웨께로 방향을 돌이킬 것이다(19b절). 야웨께서는 그들의 기도에 응답하실 것이요(19b절), 그들을 도덕적인 교훈을 주실 것이다(20b-21절). 또한 그는 농업에 필요한 복을 회복시켜주실 것이다(23-25절). 그의 복은 매우 밝은 빛처럼 모든 사람들의 눈에 분명하게 보일 것이다(26절). 구원하시고 치유하시는 하나님의 임재를 강조하기 위하여 이사야는 그것을 태양처럼 밝게 빛나는 달과 일곱 배나 더 밝게 빛날 태양에 비교한다. 여기서 빛은 구원과 회복된 복을 상징한다. 그리고 "일곱"이라는 숫자는 강렬함을 상징하는 것으로 사용된다.[131]

복을 주려는 때를 시작하기 위해 하나님께서는 놀라운 권능으로 개입하셔서 예루살렘을 위협한 앗수르 침략군을 멸하실 것이다(27-33절; 8:9-10; 10:5-34; 14:25; 17:12-14; 29:5-8 등을 보라). 도움을 주는 분으로서의 역할을 수행하는 중에 야웨께서는 불과 폭풍우를 통하여 자신을 드러내실 것이요, 앗수르 군대를 산산이 부술 것이다.[132] 적군의 왕은 죽임당할 것이요, 그

---

131) 이사야 60:19-29(24:23과 이 본문에 대한 앞의 설명도 참조)에서 예언자는 과장법과 상징체계를 사용함에 있어서 진일보한 모습을 보인다. 그는 태양과 달이 구원의 때에 실제로 사라질 것이요, 하나님 자신이 그 자리를 대신하게 될 것이라고 묘사한다.

132) 야웨의 "이름"은 때때로 야웨 자신을 나타내는 환유법으로 표현되기도 한다(출 23:21; 레 24:11; 시 54:1; 124:8). "야웨의 이름"이 자기 백성을 돕기 위해 다가오는 것으로 묘사하는 이사야 30:27의 요점은 그가 자기 이름에 암시되어 있는 자신의 속성을 드러내신다는 점이다. 달리 말해서 그는 "야웨"("그는 존재한다/존재할 것이다")라는 이름으로 나타나신다. 그는 항상 자기 백성과 함께 있으면서 그들을 도우시는 분이다. "야웨"라는 이름은 하나님께서 모세에게 확신을 심어주신 상황 속에서 알려진 것이다. 당시에 하나님은 모세가 파라오를 만날 때 그와 함께 계실 것이요, 이스라엘을 종살이하는 이집트로부터 건지실 것임을 분명하게 밝히셨다(출 3장을 보라).

의 시체는 예루살렘 인근의 묘지인 도벳에서 불살라질 것이다(렘 7:32; 19:11
을 보라). 예루살렘 거주민들은 "이스라엘의 반석" — 하나님을 자기 백성의
보호자로 묘사하는 호칭인 — 을 찬미함으로써 자기들이 겪은 기적적인 구
원을 경축할 것이다.

물론 임박한 심판을 묘사하기 위해 이사야가 여기서 사용한 표상은 상투
적인 것이요 과장된 것이다. 하나님께서 주전 701년에 앗수르를 파멸시키신
일은 본질적으로 예언적인 환상을 성취한 것에 해당한다. 비록 야웨께서 그
때 당시에 문자 그대로 불이나 폭풍우 속에서 자신을 드러내신 것이 아니었
고, 앗수르 왕 산헤립이 죽임당하거나 가까이에 매장된 것은 아니었지만 말
이다. 불이나 폭풍우라는 표상은 하나님의 파괴적인 권능을 강조하는 효과
를 갖는다.[133] 예언자는 앗수르 왕의 죽음에 관해 묘사함으로써 그의 권세가
사라질 것이요, 그가 수치를 당하게 될 것임을 강조한다.

반복되는 메시지: 이집트는 돕지 못한다(31:1-3)

예언자는 다시 한 번 유다가 이집트에 의존하고 있음을 비난한다. 유다는
자기들을 지켜줄 자로 자기들의 주권자요 왕이신 "이스라엘의 거룩하신 분"
(1:4를 보라)을 신뢰하기보다는 이집트와 그의 군사력을 더 의지한다(1절).
유다의 왕실 고문들은 그러한 선택이 지혜로운 결정이었다고 생각한다. 그
러나 야웨 역시 지혜를 소유하신 분으로서, 유다의 범죄와 반역 행위 및 이
집트와의 동맹관계 등에 대한 심판을 선고하시고 그 심판 선고를 그대로 실
행에 옮기심으로써 왕실 고문들의 계획을 망쳐놓으신다(2절). 이집트 사람들
과 그들의 군마(軍馬)들은 살과 뼈로 이루어져 있다. 그것들만으로는 야웨의
권능에 맞서지 못한다. 그것은 신체적이고 물질적인 것들에 대하여 훨씬 뛰
어난 것이기 때문이다(3절).

---

133) 예언자들의 심판 메시지에 나타나는 진부한 표상들에 대한 논의를 위해서는
Chisholm, *From Exegesis to Exposition*, 174-75를 보라.

그러나 야웨께서는 도우실 수 있다!(31:4-9)

이사야는 마치 앞의 절들에 선포된 심판에 대해서 언급하는 것인 양, 야웨를 시온산에서 전쟁할 준비가 되어 있는 사자 — 포효하면서 두려움을 모르는 — 로 묘사한다(4절). 그러나 그는 파괴자로 오시지 않고 도리어 보호자로 오신다(5절). 예언자는 다시금 임박한 심판 대신에 곧 이어질 예루살렘의 구원에 초점을 맞춘다. 야웨께서는 초자연적인 방식으로 앗수르 침략군을 쳐서 쓰러뜨리실 것이요, 그들로 하여금 두려움에 사로잡힌 나머지 도망가게 하실 것이다(8-9절; 37:36-37을 보라). 그처럼 강한 보호자라야 자기 백성의 충성 서약을 받을 자격이 있다. 예언자는 유다 백성에게 그들의 반항적인 행동을 뉘우치고 야웨께로 돌아올 것을 촉구한다(6절). 야웨께서 기적적인 방식으로 그들을 구원하실 때, 그들은 자기들의 죄를 깨달을 것이요, 사람의 손으로 만든 우상들을 던져버릴 것이다(7절). 이사야는 그들이 머뭇거리는 대신에 즉시 야웨께로 돌아올 것이라고 생각한다.

5절은 출애굽 전승을 반영하는 본문일 수도 있다. "뛰어넘다"(pass over)로 번역된 동사는 이곳과 출애굽기 12:13, 23, 27에서만 나타난다. 출애굽기 본문에 의하면 야웨께서는 이집트의 압제자들을 심판하러 오실 때 이스라엘의 가정들을 "뛰어넘으실"(또는 "살려두실") 것이다.[134] 이사야는 5절에서 이 동사를 사용함으로써 출애굽 사건을 암시하고 있는지도 모른다. 모세의 시대에 그러했듯이 야웨께서는 자기 백성의 대적들을 심판하실 때 자기 백성을 건져주실 것이다.

새로운 지도자들이 나타나고 어리석은 자들은 사라짐(32:1-8)

이사야는 유다가 왕과 왕실 관리들 — 정의를 장려하고 약한 자들과 무력한 자들을 지켜줄 — 의 인도함을 받을 때를 마음에 그리고 있다(32:1). 그는 이 지도자들을 바람과 비를 막아주는 피난처에 비유한다. 또한 그는 그들을 사막에서 생명을 주는 물로, 그리고 태양이 내리쬐는 지역의 그늘로 묘사한

---

134) "유월절"(Passover)이라는 명사는 이 동사로부터 파생된 것이다.

다(2절). 예언자는 유다 민족의 영적인 상태의 급격한 변화를 소경이 시력을 되찾고 어리석은 자가 지혜를 얻으며 언어 장애를 가진 자가 분명하게 말할 줄 알게 되는 것에 비유한다(3-4절). 이사야의 시대와는 대조적으로 어리석은 자들은 더 이상 탁월한 자리에 오르지 못할 것이요, 존중히 여김을 받지도 못할 것이다(5절). 어리석은 자들에게 그처럼 영화롭게 한다는 것은 완전히 부적절한 것이다. 왜냐하면 어리석은 자들은 경건한 자들과는 달리 악한 계획들을 세울 뿐만 아니라, 가난하고 궁핍한 자들을 돕기보다는 도리어 압제하기 때문이다(6-8절).

진정한 안전이 그릇된 확신을 대신함(32:9-20)

이사야는 이어 득의에 찬, 그리고 자만심에 빠진 예루살렘의 여인들을 향하여 말한다(9절; 3:16을 보라). 그들은 안심하는 태도로 독선적인 모습을 보이기보다는 두려움에 사로잡힌 나머지 떨면서 탄식해야 마땅했다. 그 까닭은 1년 안에 그 땅이 황무지로 바뀔 것이기 때문이다. 수확이 없을 것이요, 성읍들은 폐허로 바뀔 것이다(10-14절).

그러나 이사야는 다시금 심판을 넘어서서 한층 행복한 시대를 내다본다. 하나님께서 개입하셔서 농업의 풍요를 그 땅에 회복시켜주실 것이다(15절). NIV는 이 구절을 "높은 곳으로부터 신(Spirit)이 부어질 때까지"로 번역함으로써, 그것이 마치 하나님의 개인적인 신을 가리키는 것처럼 보인다. 그러나 여기서 정관사(본문은 "그 신"이라 말하지 않음)나 대명사 접미어("나의 신"과 같은 경우, 44:3을 보라) 또는 수식하는 명사("야웨의 신"과 같은 경우) 등이 없이 나오는 히브리어 '루아흐'는 여기서 "활력" 또는 "생명"을 가리킴으로써 비인칭의(impersonal) 성격을 가지고서 나타난다.

들판의 이러한 회복은 공동체의 변화를 수반할 것이다. 정의가 넘쳐날 것이요(16절), 그 땅은 임박한 미래에 겪을 파멸과는 대조적으로 평화와 안전과 번영을 누릴 것이다(17-20절).

하나님의 도우심을 구하는 기도(33:1-9)

이사야는 다시금 파멸을 선포하지만(28:1; 29:1, 15; 30:1; 31:1), 이번에는 하나님의 원수들 — 여기서는 "학대자"와 "속이는 자"로 불리는 — 에 대한 심판을 기대한다(33:1). 이 경우에 원수들은 유다를 대적하는 나라들을 가리 킨다(3-4절). 비록 많은 다른 나라의 전사(戰士)들을 활용하는 앗수르가 예 언자의 일차 표적이긴 하지만 말이다(8:9-10; 17:12-14를 보라).

예언자는 인상적인 문체로 하나님의 백성을 위한 기도를 드린다. 그 기도 는 하나님의 개입을 바라는 간구(2절), 믿음의 확증(3-6절), 그 땅에 발생한 파멸에 대한 탄식(7-9절) 등을 포함하고 있다. 이사야는 공동체가 혼란에 빠 져 있고 그 땅은 침략자들에게 유린당한 까닭에 하나님의 자비로운 구원을 요청한다. 침략군이 농작물 수확에 미친 파괴적인 영향은 레바논과 샤론과 바산과 갈멜 등 풍성한 수확물로 널리 알려진 지역들 모두가 말라버린 것과 도 같이 지독한 것이다. 그러나 예언자는 하나님이 대적들을 몰아내시고 그 들의 노략물을 빼앗으실 것임을 확신하고 있다. 메뚜기 떼가 농부들로부터 수확물들을 빼앗는 것처럼 말이다. 이사야는 야웨야말로 온 세상의 주권자 요 왕이시며, 정의를 보증하시고 자기를 충성스럽게 따르는 자들 — 여기서 는 야웨를 "경외하는" 자들로 칭하여짐 — 에게 지혜와 안전의 보화를 주시 는 분임을 분명히 밝힌다.

경건한 자들을 위한 피난처(33:10-24)

예언자의 간구와 탄식에 응답하신 야웨께서는 자기가 친히 개입하셔서 자 신의 권능을 드러내실 것임을 선포하신다(10절; 시 12:5를 보라). 그리고나서 그는 민족들을 조롱하시고, 자기 백성을 멸하려는 그들의 노력이 무익하여 자멸(自滅)의 결과를 초래할 것임을 분명하게 밝히신다(11절). 불타는 지옥 에 비유되는 하나님의 심판은 유다를 대적하는 민족들을 파멸시킬 것이요, 야웨께서는 그 사건을 목도한 모든 증인들에게 그의 권능을 인정할 것을 요 구하실 것이다(12-13절).

예루살렘 거주민들은 하나님의 심판이 밀어닥칠 것이라는 생각으로 인하 여 두려움에 사로잡힐 것이다. 왜냐하면 그들은 자기들 역시 하나님의 진노의 대상임을 알고 있기 때문이다. 공포에 사로잡힌 이 죄인들은 다음과 같은 수사학적인 질문을 던질 것이다: "우리 중에 누가 삼키는 불과 함께 거하겠으며 우리 중에 누가 영영히 타는 것과 함께 거하리요?"(14절). 사람들은 그들의 질문에 대하여 "아무도 없다"는 답변이 주어질 것이라고 생각할 것이다. 그러나 예언자(아마도 하나님 자신?)는 경건한 자들이 하나님의 진노로부터 분리될 것임을 확언한다(15절). 어떤 사람이 경건한 자들인지는 그들의 생활양식과 말투를 보고서 금방 알아챌 수 있을 것이다. 유다의 불의한 지도자들과는 달리 경건한 자들은 뇌물을 받고 폭력적인 범죄를 저지르면서 다른 사람들을 압제하는 일을 싫어하는 자들이다. 하나님의 심판이 죄인들을 파멸시킬 것임에도 불구하고 경건한 자들은 안전할 것이요, 자기들의 필요를 충족시킬 수 있을 것이다(16절).

예언자는 희망의 메시지로 경건한 자들을 격려한다(17-24절). 그는 견실한 통치와 국가적인 안전이 회복될 행복한 날이 이를 것임을 그들에게 약속한다. 그들은 "왕"(17절)이신 야웨 자신(22절)을 자기들의 눈으로 직접 보게 될 것이다. 앗수르의 세금 징수자들이 사라질 것이요(18-19절), 예루살렘 거주민들은 왕이신 하나님의 보호와 통치 아래 평화와 안전을 경험하게 될 것이다(20-22절). 그리고 하나님께서는 그 성읍에 번영을 가져다주시고, 자기 백성의 죄를 용서하실 것이다(23-24절).

예언자는 자신의 메시지를 쉽게 이해시키기 위해 항해와 관련된 은유들을 사용한다. 21절에서 그는 예루살렘을 폭이 넓은 강들과 시내들로 묘사함으로써, 그곳에 생명을 주는 물이 풍성할 것임을 암시한다(시 46:4를 보라). 이와 아울러 그곳을 침략하는 어떠한 배들도 그곳을 위협하지 못할 것이다. 야웨께서 그곳을 안전하게 지켜주실 것이기 때문이다. 23절에서 이사야는 자기 시대의 예루살렘을 항해할 준비가 되어 있지 않거나 항해를 할 수 없는 배에 비교한다. 이러한 표상은 그 성읍이 위험으로부터 벗어나지 못할 것임을 암시하며, 하나님의 개입을 필연적으로 요청하게 될 것임을 강조하는 것으로 보인다.

야웨의 두렵고도 신속한 칼(34:1-17)

이사야는 이어서 모든 민족들을 소환하실 것이다. 그 뒤에 이어지는 메시지가 특히 그들에게 적용되는 것이기 때문이다(1절). 하나님은 민족들에게 진노하시고 그들의 군대를 멸하려 하시며, 그들의 시체로 하여금 피로 얼룩진 땅 위에서 썩게 하실 것이다(2-3절). 하나님의 심판은 지상의 영역에 국한되지 않을 것이다. 하나님은 자신을 대적하는 천상의 반역 세력들 — 여기서는 "하늘의 별들"(문자적으로는 "하늘의 만군," 4절; 24:21-23을 보라)로 칭하여짐 — 을 쳐부술 것이다. 다른 곳에서처럼 "하늘의 만군"은 하늘의 발광체들을 가리킨다.[135] 이사야는 그것들이 시들 것이요, 두루마리처럼 말려질 것이며, 포도나무나 무화과의 잎들처럼 마를 것이라고 묘사한다.

일단 하나님의 강한 칼은 이러한 천상의 세력들을 쳐부수고 난 후, 앙갚음을 위해 에돔으로 내려갈 것이다(5, 8절). 그들이 유다를 향하여 드러낸 적대감 — 거슬러 올라가 보면 모세의 시대로부터 시작된 — 때문이다(민 20:14-21을 보라). 이사야는 하나님의 에돔 심판을 섬뜩한 희생제사의 장면, 곧 희생제물의 피와 기름과 내장 등으로 가득한 장면에 비교한다(6-7절). 에돔은 불타는 황무지로 전락할 것이요(9-10절), 단지 야웨께서 에돔 땅에 할당하신 동물들, 곧 소리지르는 야생 조류들이나 썩은 고기를 먹는 다른 동물들만이 그곳에 거주하게 될 것이다(11-17절).

에돔이 받을 심판에 대한 이러한 묘사는 일정한 양식을 따른 것이요, 다소 과장된 것이다. 예언자들은 하나님의 진노의 대상이 모진 심판을 겪을 것임을 강조하려는 수사학적인 의도 하에 그러한 "파멸의 언어"를 사용한다.[136] 이사야의 이 예언은 본질적으로 말라기의 시대에 성취된다(말 1:3을 보라). 비록 그것의 우주적인 차원이 역사적인 사건들을 넘어서며, 종말의 전 세계적인 심판을 지향하고 있지만 말이다. 이처럼 폭넓은 종말론적인 맥락에서 볼 경우 에돔은 하나님의 모든 대적들의 전형(典型)으로 이해된다. 그들은

---

135) 신명기 4:19; 17:3; 열왕기하 17:16; 21:3, 5; 23:4-5; 역대하 33:3, 5 등을 보라.

136) 이사야 13:20-22; 14:23; 예레미야 50:39-40; 51:36-37; 스바냐 2:13-15 등과 다음의 논문을 보라: Heater, "Do the Prophets Teach That Babylonia Will Be Rebuilt in the *Eschaton*?" 31-36.

그의 진노의 심판에 의해 산산이 부서질 것이다(63:6과 오바댜서를 보라).

시온을 향한 행진(35:1-10)

이 예언 단락을 마무리하는 이 환상에서 하나님은 자신의 영화로운 위엄을 드러내시며, 고통당하는 자기 백성의 상황을 변화시키신다. 야웨께서 자기 백성을 변호하시고 그들을 구원하신다면, 그것은 마치 황무지가 갑자기 숲이나 비옥한 계곡으로 바뀐 것과도 같을 것이다(1-4절). 이러한 변화는 눈먼 자와 귀먹은 자, 다리 저는 자, 말 못하는 자가 장애로부터 해방되는 것에 비유될 수 있을 것이다(5-6a절; 29:18을 보라). 맨 처음의 은유(1절)로 되돌아간 예언자는 황무지가 시내로 가득하게 되고 메마른 광야가 연못과 샘으로 가득하게 될 것이요, 그 결과 온갖 식물들이 나서 자랄 것이라고 묘사한다(6b-7절). 물에 관한 이러한 표상은 생명과 새로워진 하나님의 복을 암시한다. 이사야는 이어서 "거룩한 길"이라 불리는 길에 관하여 묘사한다. 고향으로 돌아오는 포로민들은 그 길을 통하여 시온으로 돌아올 것이다(8-9절). 죄인들과 어리석은 자들은 이 길로 통행하지 못할 것이요, 위험한 들짐승들 — 유다를 대적하는 민족들을 상징하는 — 역시 거기에 숨어 있지 못할 것이다. 포로민들은 시온으로 들어서면서 기쁨으로 노래할 것이다(10절). 그 기쁨을 왕관에 비유한 것(삼하 1:10을 보라)은 애곡 행위를 가리키는 "머리 위의 흙"(삼하 1:2; 13:19; 15:32; 욥 2:12)을 풍자적으로 변형시킨 것이다. 하나님의 백성은 한때 슬픔에 사로잡힌 나머지 자기들이 처한 상황으로 인하여 애곡하는 수밖에 없었다. 그러나 고향으로 돌아오는 포로민들은 자기들의 구원을 경축하면서 행복에 겨워할 것이다.

야웨께서 왕과 성읍을 구원하심(이사야 36-39장)

이사야서의 첫 중심 단원을 구성하는 이 마지막 장들은 주로 설화체 형식으로 되어 있으며, 대부분이 열왕기하 18:17-20:19에 상응하는 내용으로 이

루어져 있다.[137] 36-37장은 주전 701년에 있었던 앗수르의 예루살렘 포위와
같은 해에 있었던 야웨의 기적적인 예루살렘 구원에 대해서 묘사한다.[138] (이
사야 37:38은 주전 681년으로 건너뛰어 앗수르 왕 산헤립의 암살에 대해서
묘사한다.) 38장은 히스기야의 질병과 기적적인 회복에 관해 말한다. 6절은
그 질병이 앗수르의 예루살렘 포위 직전 또는 포위 기간 동안에 발생했음을
암시한다(참조. 37:35). 39장은 히스기야가 회복된 후 바벨론의 사절단이 그
를 방문한 것에 대해서 묘사한다(1절을 보라). 만일에 히스기야의 질병과 회
복이 앗수르의 예루살렘 포위 직전이나 포위 기간 동안에 발생했다면, 이 방
문은 아마도 예루살렘의 기적적인 구원 직전에 이루어졌을 것이다. 왜냐하
면 바벨론의 사절단이 앗수르의 포위 공격 기간 동안에 방문했다고 보기는
어렵기 때문이다.

어떤 이들은 히스기야의 질병과 바벨론 사절단의 방문이 좀 더 이른 시기,
곧 앗수르의 포위 공격 이전에 이루어졌다고 본다. 그들은 1절에서 "바벨론
왕"으로 불리는 므로닥-발라단이 주전 720-710년 사이에, 그리고 다시금 주
전 705-703년 사이에(703년 이후는 아님) 바벨론에서 권력을 장악했음을 지
적한다. 그러나 므로닥-발라단은 비록 주전 703년에 예루살렘에 대한 통제
력을 상실했을지라도, 3년 더 반앗수르 동맹체제를 계속 유지하였다.[139] 따라
서 그는 주전 701년 또는 700년에 히스기야를 만났을 가능성이 매우 높으며,
반앗수르의 시각을 가진 설화자에 의해 여전히 "바벨론 왕"으로 불릴 수 있
었을 것이다.

이른 연대를 주장하는 자들은 또한 이사야 39:1이 예루살렘 성읍의 구원을

137) 이사야 38:9-20의 기도는 이사야서에만 나오는 것이다.

138) 이사야 36:1(=왕하 18:13)은 주전 715년에 시작되는 히스기야의 단독 유다 통치
14년째 되는 해에 대해서 언급한다. 그 전인 주전 729-715에 히스기야는 아버지 아하
스와 함께 나라를 다스렸다. 열왕기하 18:1, 9-10은 히스기야의 섭정 첫 번째 해와 네
번째 해 및 여섯 번째 해에 대해서 언급한다. 맥폴은 바로 이 점과 관련하여 틸레(E.
Thiele)의 견해를 수정하고 있다: Leslie F. McFall, "Did Thiele Overlook Hezekiah's
Co-regency?" *BSac* 146 (1989): 393-404.

139) Roux, *Ancient Iraq*, 290을 보라.

마치 그것이 바로 전에 이루어진 것인 양 묘사하고 있다고 본다. 그러나 이러한 주장은 자료상의 침묵에 기초한 것이다. 뿐만 아니라 예루살렘 침공 기간 동안에 이루어진 앗수르 군대의 붕괴는 히스기야를 한층 매력적인 협력자로 돋보이게 만들었을 것이다. 그것은 또한 왜 므로닥-발라단이 그에게 그토록 큰 관심을 기울였는지를 부분적으로 설명해줄 것이다.

바벨론 사절단의 방문이 이른 시기에 이루어졌다고 주장하는 자들은 또한 이사야 39:2가 그러한 방문이 이루어질 무렵에 히스기야가 거대한 부를 소유하고 있었음을 암시한다고 본다. 그들은 앗수르가 히스기야가 가진 부의 상당 부분을 가져갔기 때문에(왕하 18:13-16을 보라), 2절에 언급된 사건은 앗수르의 침공보다 먼저 이루어졌을 것이라고 주장한다. 그러나 만일에 사절단의 방문이 열왕기하 18:13-16에 기록된 사건보다 앞서는 것이라면, 2절에 언급된 보물들을 바벨론(앗수르가 아니라)에 빼앗길 것이라고 예언하는 이사야 39:6은 과연 어떻게 설명할 것인가? 뿐만 아니라 열왕기하 24:10-17은 바벨론이 어떻게 성전과 왕궁의 보물들을 가져갔는지, 그리하여 이사야의 예언을 성취하였는지를 말해준다(13절과 왕하 20:17=사 39:6을 비교하라).

이 장들은 주제상의 측면에서 이사야서에 크게 기여하고 있다. 36-37장은 앗수르 군대의 붕괴와 예루살렘의 구원을 선포하는 이사야의 초기 예언들의 성취에 대해서 기록하고 있다. 38장에 의하면, 히스기야는 자신이 이끌고 대표하는 예루살렘 성읍과 마찬가지로 고비를 넘기고 의욕을 되찾는다. 그러나 39장에서 이야기는 히스기야가 제왕적인 자만심에 사로잡힌 나머지 잠재적인 이방 동맹국들과 어울리기 시작하면서 다소 나쁜 쪽으로 흘러간다. 이제 왕은 과거에 유다를 괴롭혔고 장차 유다의 궁극적인 파멸을 초래할 수도 있는 자만심으로 가득 차 있다. 이사야는 그 기회를 이용하여 유다가 언젠가는 바벨론으로 사로잡혀갈 것이라는 메시지를 선포한다. 유다 백성이 포로가 될 것이라는 예언을 매개로 하여 39장은 미래의 포로 세대를 겨냥하고 있는 40-66장을 예비하는 역할을 수행한다.

위협적인 침략군이 도착함(36:1-20)

주전 701년에 히스기야는 앗수르의 통치를 타도하기 위해 시돈과 아스글론의 왕들 및 에그론의 지도자들과 더불어 동맹관계를 맺는다.[140] 산헤립은 반역의 무리를 평정하기 위해 서쪽으로 이동한다. 시돈의 왕은 키프로스로 도망쳤으며, 아스글론의 왕은 포로로 잡혀갔고, 에그론의 반역 지도자들은 처형당했다. 그 후 산헤립은 유다를 침공하였다.[141] 그의 군대는 처음에 중부 유다 지방을 가로질러 행군하였으며, 북부 세펠라 지역을 유다 침공의 교두보로, 그리고 군량미 조달지로 결정하였다. 그들은 아세가와 가드 및 세펠라 지역의 성읍들 — 예루살렘에서 남서쪽으로 50km 정도 떨어진 곳에 있는 라기스도 이에 포함됨 — 을 손에 넣었다.[142] 그 후 큰 군대가 라기스로부터 예루살렘을 이동하였다(사 36:1-2a). 자신의 연대기에서 산헤립은 자기가 46개의 성벽 있는 성읍들을 사로잡았으며(사 36:1을 보라), 20만 명이 넘는 자들을 포로로 잡았고, 히스기야로 하여금 상당량의 조공을 바치게 하는 한편으로(왕하 18:13-16을 보라), 그를 그의 왕실 성읍에 "새장에 갇힌 새처럼" 가두어두었음을 자랑한 바가 있다.[143]

---

140) 히스기야의 개혁과 반앗수르 정책에 대해서는 다음을 보라: Oded Borowski, "Hezekiah's Reforms and the Revolt against Assyria," *BA* 58 (1995): 148-55.

141) 이에 대해서는 다음을 보라: N. Na'aman, "Sennacherib's Campaign to Judah and the Date of the *lmlk* Stamps," *VT* 29 (1979): 61-86.

142) 라기스의 포위 공격에 대해서는 다음을 보라: D. Ussishkin, "The Destruction of Lachish by Sennacherib and the Dating of the Royal Judean Storage Jars," *Tel Aviv* 4 (1977): 28-60.

143) 자신의 침략 행동을 널리 선전하고자 하던 산헤립의 설명에 대해서는 다음을 보라: Pritchard, *Ancient Near Eastern Texts*, 287-88. 어떤 이들은 산헤립의 유다 침공이 15년 간격으로 두 번 있었다고 주장한다. 이 견해에 의하면 열왕기하 18:14-16은 첫 번째 침공에 관해 말하는 본문이고, 열왕기하 18:17—19:35은 두 번째 침공에 관해 말하는 본문이다. 이 견해의 주요 내용과 그에 대한 논의 및 비판 등에 대해서는 무엇보다도 다음을 보라: Bright, *History of Israel*, 284-88; J. B. Geyer, "2Kings XVIII 14-16 and the Annals of Sennacherib," *VT* 21(1971): 604-6; S. H. Horn, "Did Sennacherib Campaign Once or Twice against Hezekiah?" *AUSS* 4 (1966): 1-28; K. A. Kitchen, "Late-Egyptian Chronology and the Hebrew Monarchy," *JNES* 5 (1973): 225-33; Merrill, *Kingdom of Priests*, 414-15 n. 74; W. H. Shea,

산헤립의 핵심 관리들 중의 한 명[144]이 윗못 부근의 수도에서 히스기야의 관리들 세 명을 만나는데(2-3a절), 그곳은 이사야와 그의 아들 스알야숩이 수년 전에 아하스 왕을 만난 곳이기도 했다(사 7:3을 보라). 이 앗수르 관리는 산헤립의 메시지를 전달한다. 그 메시지에 의하면, 앗수르 왕은 전쟁을 치르지 않은 채로 히스기야를 설득하여 항복하도록 할 셈이었다.

산헤립은 히스기야의 반앗수르 정책이 잘못된 확신의 산물이라고 주장한다(4-5절). 만일에 히스기야가 이집트와의 동맹관계를 신뢰하고 있다면, 그는 실망감에 사로잡히게 될 것이다. 왜냐하면 이집트는 자신을 의지하는 자에게 도움을 주기보다는 도리어 상처를 주는 "부서진 갈대 지팡이"와 같을 것이기 때문이다(6절). 만일에 히스기야 왕이 유다의 하나님이 보호해주실 것임을 믿고 있다면, 그의 믿음은 잘못된 것임이 드러나게 될 것이다. 왜냐하면, 산헤립이 생각하기에, 히스기야는 온 땅의 우상숭배 중심지들을 깨뜨리고 백성들에게 오로지 예루살렘에서만 예배를 드리게 함으로써 야웨의 진노를 샀기 때문이다(7절). 산헤립의 주장은 그의 이교적인 심성을 반영하고 있으며, 히스기야의 예배 중앙화가 하나님을 불쾌하게 만들었다는 그릇된 가정에 기초하고 있다(왕하 18:3-4).

그 핵심 관리는 산헤립의 메시지를 계속하기에 앞서 자신의 말 몇 마디를 끼워 넣는다(8-9절). 그는 히스기야에게 항복할 것을 촉구하며, 그 대가로 유다의 붕괴된 군사력을 재건하는 데 도움을 주겠다고 약속하기까지 한다. 만일에 히스기야가 산헤립의 요구 조건을 받아들인다면, 그 핵심 관리는 히스기야가 조달할 수 있는 것보다 더 많은 말들을 유다에 제공할 것이다. 만

"Sennacherib's Second Palestine Campaign," *JBL* 104 (1985): 401-18.

144) 이 관리의 호칭은 "수석 집사"를 뜻하는 "랍사게"이다. "수석 집사"는 통상적으로 군사 원정에 참여하지 않는 왕실 관리였다. 그러나 이 경우에 산헤립은 개인적으로 자신의 군대를 서쪽으로 이끌기로 작정하였다. 코건과 타드몰이 지적한 바와 같이, "그가 개인적인 수행원들을 거느렸다는 것은 당연한 일"이었다. 이 두 사람은 또한 이 특별한 관리가 히브리어에 능통한 까닭에 히스기야와의 협상을 위해 선택되었을지도 모른다고 보았다: M. Cogan and H. Tadmor, *II Kings*, AB (New York: Doubleday, 1988), 230.

일에 한 왕실 관리가 그처럼 많은 말들을 제공할 수 있다면, 왕 자신은 유다를 위해 무엇을 할 수 있겠는지를 생각해 보라. 확실히 이집트를 의지하는 것보다 앗수르와 협상하는 것이 훨씬 합리적인 것처럼 보인다.

이렇듯이 겉보기에 매력적인 제안을 한 그 관리는 산헤립의 메시지를 전함으로써 자신의 말을 마친다(10절). 산헤립은 앞서 히스기야가 그 땅의 예배 중심지들을 파괴함으로써 야웨를 거역하였다고 보았다(7절을 보라). 이제 앗수르 왕은 한 걸음 더 나아가 야웨께서 친히 앗수르를 징계와 심판의 도구로 선택하셨다고 주장하기까지 한다. 앗수르가 그 땅으로 온 것은 야웨께서 하신 일이라는 것이다. 산헤립의 주장은 어느 정도 옳은 것이다(10:5-6을 보라). 그러나 설령 그렇다 할지라도, 그것이 히스기야가 항복할 필요가 있다거나 교만한 앗수르가 하나님의 심판으로부터 자유로움을 뜻하는 것은 아니다(10:5-34를 보라).

성벽에서 그 관리의 말에 귀를 기울이고 있는 백성들이 산헤립의 메시지를 듣고 있을 것이라 생각한 히스기야의 관리들은 앗수르의 특사에게 유다 지역의 히브리어 방언으로 말하지 말고 앗수르 제국 서쪽 지역의 외교 언어인 아람어로 말할 것을 요청한다(11절). 그러나 앗수르 관리는 그렇게 하기를 거부하면서, 장기간의 예루살렘 포위가 지도자들뿐만 아니라 모든 백성들에게까지 끔찍한 결과를 초래할 것임을 지적한다. 성읍 안에 있는 자들은 누구나 굶주림으로 인하여 고통을 당할 것이요, 그들 자신의 대변을 먹고 소변을 마시고자 할 것이다(12절). 온 백성이 포위 공격의 부정적인 영향을 받을 것이기에, 앗수르의 특사는 성벽 위에 서 있는 사람들에게 계속해서 말한다(13절). 확실히 그는 일반 여론이 히스기야에게 안 좋게 돌아감으로써 그의 백성이 그에게 반역을 일으키기 전에 그가 스스로 항복하게 되기를 기대한다.

앗수르 관리는 이어서 예루살렘 거주민들을 향한 산헤립의 메시지를 선포한다. 그는 사람들에게 히스기야나 경건해 보이는 그의 약속들 — 하나님께서 그들을 구원하실 것이라는 — 을 신뢰하지 말라고 경고한다(14-15절). 그는 유다 백성이 항복할 경우 먹고 마실 것들을 그들에게 풍성하게 공급해줄 것임을 약속한다. 앗수르 군대가 유다 백성을 포로로 잡아갈 수밖에 없는 상황이 벌어진다고 해도, 그는 농사를 지음으로써 번성할 수 있는 비옥한 땅을 새로운 고향으로 갖게 할 것임을 그들에게 약속한다(16-17절). 겉으로 보기에 매력적인 제안을 한 산헤립은 더 나아가 하나님의 구원이 있을 것이라는 히스기야의 약속들(15절을 보라)이 허황된 것이라는 종래의 주장을 되풀이 한다. 그는 야웨께서 히스기야에게 진노하신 나머지 사실상 앗수르 군대로 하여금 유다를 공격하게 한 것이라고 본다(7, 10절을 보라). 다른 한편으로, 산헤립은 설령 야웨께서 예루살렘을 구원하려고 애쓴다 할지라도 그가 실제로는 그렇게 하지 못할 것이라고 주장한다(18-20절). 그들이 할 수 있는 일이라고는 현재까지의 상황을 냉철하게 주시하는 일밖에 없다. 이제껏 주변 나라들의 어떠한 신도 앗수르 군대의 정복 행위를 막지 못했다. 산헤립은 자신의 주장을 뒷받침하기 위하여 그들에게 아맛과 아르밧, 스발와임, 사마리아 등이 어떻게 앗수르 군대 앞에서 무너졌는지를 상기시킨다.[145] 여기서 산헤립의 수사적인 표현에는 지나친 점이 없잖아 있다. 우리가 금방 확인하게 되듯이, 그는 살얼음 위를 걷듯이 움직인다.

히스기야가 이사야에게 도움을 청함(36:21—37:7)

히스기야의 명을 받은 백성은 산헤립의 메시지에 답하기를 거부한다(21절). 그러나 히스기야의 관리들은 탄식의 한 표현으로 자기들의 옷을 찢으며, 앗수르 특사의 말을 왕에게 보고한다(22절). 히스기야는 그 나쁜 소식을 듣자 자신의 옷을 찢고서 슬픔의 옷을 입으며, 기도하기 위해 성전으로 간다(37:1). 또한 그는 제사장 사절단과 함께 관리들 중의 두 명을 이사야 예언자에게 보낸다(2절). 그날의 수치스러운 사건들에 대해서 탄식한(3절) 히스기야는 야웨께서 앗수르의 교만을 심판하실 것이라는 희망을 피력하며, 이사야에게 예루살렘 사람들을 위하여 중재기도해 줄 것을 요청한다(4절).

---

145) 디글랏빌레셀 3세는 주전 741년에 아르밧을 정복하였다(Roux, *Ancient Iraq*, 279를 보라). 그리고 사마리아는 주전 722년에 무너졌으며, 사르곤은 주전 720년에 하맛을 정복하였다(같은 책, 282를 보라). 스발와임의 정확한 위치는 아직껏 알려져 있지 않다.

이사야는 야웨께로부터 비롯된 보증의 말씀을 그 관리들에게 들려서 히스기야에게로 보낸다. 야웨께서는 수년 전에 아하스에게 아람-이스라엘 연합군의 위협을 두려워하지 말라고 명하셨던 것처럼(사 7:4를 보라), 히스기야에게 산혜립의 신하들이 발하는 신성모독인 말들을 두려워하지 말라고 명하신다(5-6절). 야웨께서는 당시의 상황을 조종하시고 정리하심으로써, 산혜립으로 하여금 급박한 소식을 듣고서 전쟁을 중단한 채로 앗수르로 돌아가게 하실 것이다(7절). "내가 영을 그의 속에 두리니"라는 말씀의 정확한 의미는 완전히 확실치 않다. 그것은 하나님께서 왕의 마음을 조종하기 위해 보내신 자신의 영을 가리킬 수도 있고(왕상 22:19를 보라), 아니면 염려와 두려움의 태도를 가리킬 수도 있다. 어느 경우에든 야웨께서 그 왕 위에 군림하고 계심은 확실하다.

산혜립이 히스기야를 조롱함(37:8-13)

앗수르 왕이 라기스로부터 북서쪽으로 몇 km 떨어진 립나를 공격했다는 소식을 들은 산혜립의 예루살렘 특사는 주력 부대가 있는 곳으로 복귀한다(8절). 그와 함께 머물러 있던 군대에 대한 언급이 없는 것으로 보아, 이 관리와 함께 예루살렘으로 보내어진 큰 군대(36:2를 보라)는 계속 거기에 남아 그 성읍을 지키고 있었을 것이다.

그 사이에 산혜립은 이집트 군대의 구스족 장관인 디르하가가 자신에게 맞서기 위해 온다는 소식을 듣는다(9절).[146] 본래 이 소식은 야웨께서 이전에

---

146) 앗수르 연대기에 의하면, 산혜립은 이미 한 이집트 군대를 엘테케(Eltekeh)에서 패주시킨 바가 있었다. 이 때문에 어떤 이들은 이사야 36-37장에 있는 사건들의 선후 관계 — 산혜립과 이집트의 전쟁을 그의 유다 공격 이후에 발생한 것으로 묘사하고 있는 듯한 — 가 잘못된 것이라고 주장한다. 그러나 이사야 37:9는 디르하가를 향한 전쟁이 실제로 발발했다고 말하지 않는다. 뿐만 아니라 어쩌면 산혜립은 두 번에 걸쳐서 이집트 군대와 싸웠을 것이요, 앗수르 연대기는 두 번째 전쟁에 대한 언급을 생략했거나 두 전쟁을 하나로 묶어서 표현했을 것이다. 이러한 연대기 서술 기법의 사례들에 대해서는 다음을 보라: A. Laato, "Assyrian Propaganda and the Falsification of History in the Royal Inscriptions of Sennacherib," VT 45 (1995): 198-226. 다른 이들은 디르하가

히스기야에게 주신 응답에 언급되어 있는 것이 아닌가 하는 생각이 들 수도 있다(7절을 보라). 그러나 설령 그렇다 해도 산헤립은 전혀 퇴각할 징후를 보이지 않는다. 도리어 그는 히스기야에게 또 다른 위협의 메시지를 보낸다. 이 메시지에서 그는 다시금 히스기야의 하나님이 예루살렘을 앗수르의 무적 군대로부터 구원해내지 못할 것이라고 주장한다(10-13절; 36:18-20을 보라). 산헤립은 심지어 야웨께서 히스기야를 속이고 있다고 말하기까지 한다(10절). 그가 말하는 요점은 분명하다: 산헤립은 이집트 문제를 해결하고 난 후에 히스기야와의 문제를 해결코자 한 것이다. 산헤립이 겁 없이 허세를 부리면서 디르하가의 접근 소식에 대한 반응을 보이는 동안에 극적인 긴장감이 고조된다. 이에 7절에 선포된 야웨의 계획이 방해받는 것처럼 보인다.

히스기야가 하나님의 도움을 구함(37:14-20)

결의가 굳은 강한 대적을 목전에 둔 히스기야는 아버지 아하스와는 달리 도움을 구하기 위해 야웨께로 돌이킨다. 그는 성전으로 가서 산헤립의 메시지를 담고 있는 두루마리를 야웨 앞에 놓아둔다. 마치 "여기 당신을 모독하는 이 원수가 당신에 관하여 말하고 있는 것들을 읽어 보십시오!"(15절)라고 말하는 것처럼 말이다. 히스기야는 이어서 날카로운 신학적 통찰을 드러내는 짤막하면서도 강한 기도를 드린다. 그는 기도의 서두에서 산헤립의 교만한 주장과는 대조적으로 이스라엘의 하나님 야웨가 모든 전사들 중에 가장 강한 분이요("전능하신 야웨"라는 칭호는 문자적으로 볼 때 "만군의 야웨"를 가리킴; 사 1:9를 보라), 최고의 창조자이시요, 온 세상의 왕이심을 인정한다(16절). 이어서 그는 야웨께 산헤립의 모욕적인 조롱을 처리해줄 것을 요청

를 "이집트의 왕"으로 칭하는 표현(사 37:9)이 잘못된 것이라고 본다. 그 이유로 디르하가가 주전 690년까지는 왕위에 오르지 못했기 때문이라는 것이다. 그 표현은 확실히 시대착오적인 것으로서, 후대의 진전된 상황을 반영하고 있다. 이처럼 나중에 이루어진 일을 앞질러 언급하는 방식은 고대 문헌이나 심지어는 현대 문헌에서도 흔히 발견된다. 이에 대해서는 다음을 보라: K. A. Kitchen, *Ancient Orient and Old Testament* (Downers Grove, Ill.: Inter Varsity, 1966), 82-83.

한다(17절). 그렇다. 사람들은 앗수르가 이룩한 과거의 군사적인 성공들을 부정할 수 없을 것이다(18절). 그러나 그 성공들은 과대평가된 것이었다. 왜냐하면 사실 앗수르는 단지 사람의 손으로 만든 이방 "신들"의 숭배자들을 패배시켰을 뿐이기 때문이다. 그 신들은 사실상 나무와 돌로 만든 것들에 지나지 않는다(19절). 히스기야는 야웨께 자기 백성을 구원해주심으로써 주변 나라들에 야웨가 유일하신 참 신임을 입증해달라는 요청으로 기도를 끝맺는다(20절).

야웨께서 스스로 조롱하심(37:21-29)

야웨께서는 이사야를 통하여 히스기야의 기도에 응답하시는 바, 이사야는 하나님의 메시지를 왕에게 전달한다(21절).[147] 야웨께서는 응답의 서두에서 의인화된 예루살렘이 도발적인 태도로 앗수르 왕을 비웃고 있는 모습을 통하여 산헤립을 조롱하신다(22절). 이어서 그는 거만한 태도로 자신을 모욕하고 모독한 산헤립을 책망하신다(23-25절). 산헤립은 서쪽 지역에서 이룬 자신의 군사적인 성취들을 자랑하지만,[148] 자신의 그러한 성공이 단지 야웨의 주권적인 계획과 지시를 따라 이루어진 것일 뿐임을 알지 못한다(26-27절). 그러나 야웨께서는 산헤립을 일단 서쪽 나라들을 향한 심판의 도구로 사용하신 후, 이제는 앗수르의 통치자에게 방향을 돌려 그의 교만을 징벌코자 하신다(28절). 야웨께서는 "갈고리"로 산헤립의 코를 꿰고, "재갈"을 그의 입에

---

147) 이사야 37:21은 히스기야의 기도가 하나님의 개입을 가능케 한 촉매제가 되었다는 인상을 준다("네가 … 내게 기도하였도다"라는 표현을 주목하라). 그러나 이 본문은 전승 과정에서 손상을 입었을 수도 있다. 열왕기하 19:20의 평행 본문은 이렇게 말한다: "네가 앗수르 왕 산헤립 때문에 내게 기도하는 것을 내가 들었노라." "내가 들었다"는 동사는 이사야 37:21에 나타나지 않는다.

148) 24b-25절에서 야웨는 산헤립의 말을 인용하신다. 앗수르 왕이 정말로 그러한 말을 했는지는 확실치 않지만, 그 말은 그의 교만한 태도와 자신의 성공을 침소봉대하려는 그의 버릇을 정확하게 반영하고 있다. 25절에 있는 마지막 진술("내 발바닥으로 애굽의 모든 하수를 말리리라")은 과장된 것임이 분명하다. 왜냐하면 산헤립은 이집트를 정복하지 못했기 때문이다.

물려 그를 그의 본국으로 돌아가게 하실 것이다(29절). 코에 갈고리를 꿰는 모습은 정복자에게 사로잡혀 포로가 되는 모습을 상징한다(대하 33:11을 보라).[149] 반면에 뒤이어 입에 재갈을 물리는 모습은 산헤립을 완강한 말이나 나귀에 비교하고 있다(시 32:9; 잠 26:3을 보라).

히스기야를 위한 좋은 소식(37:30-35)

자신이 앗수르 왕을 제거할 것임을 분명하게 밝히신 야웨께서는 히스기야에게 보다 좋은 날들이 곧 다가올 것임을 보증하신다. 앗수르의 침략으로 인하여 유다 백성은 일상적인 농업 활동에 방해를 받았고, 다음 해를 위한 농작물 파종을 하지 못했다. 그 결과 그들은 그 전 해에 심은 씨로부터 저절로 난 농작물들을 먹을 수밖에 없었다. 그러나 다음 파종기가 다가오면, 평소 때의 주기에 맞추어 정상적인 농업 활동을 재개할 수 있을 것이다(30절).[150] 이 메시지는 "징조"로 불린다. 때때로 징조는 장차 있을 발전을 보증하는 것이지만(사 8:18; 20:3; 38:7-8을 보라), 여기서는 하나님의 실제 개입이 있기

---

149) 이러한 표상은 산헤립을 사람들에게 사로잡혀 갈고리에 꿰인 채로 우리로 내던져진 사자에 비교한 것일 수 있다(겔 19:4, 9를 보라).

150) 3년에 대한 언급에는 문제가 있다. 만일에 앗수르가 곧 제거된다면, 왜 정상적인 농업 활동이 재개되기까지 그렇게 오랜 시간이 필요할 것인가? 만일에 앗수르의 패배가 가을이 가까웠을 때 또는 가을철에 이루어졌다면, 3년이라는 기간은 유다 나라가 앗수르의 침략으로 인하여 폐허가 된 상황으로부터 회복되고, 인구가 다시 늘어나며, 이듬해를 위해 농작물을 파종하는 등의 일들이 가능케 되기에는 너무도 길지 않겠는가? (곡물 파종은 보통 11-12월에 이루어졌다. 이에 대해서는 다음을 보라: Oded Borowski, *Agriculture in Ancient Israel* [Winona Lake, Ind.: Eisenbrauns, 1987], 34.) 다음 파종은 이듬해 가을까지는 이루어지지 않지만, 그 농작물은 다음 봄이 되기 전까지는 수확되지 않을 것이다. 따라서 "금년"은 현재의 농사짓는 해 — 곧 끝나가는 — 를 가리킨다. 확실히 수확은 불가능했을 것이다. 왜냐하면 앗수르가 농작물들을 태우거나 없애버렸기 때문이다(사 1:7을 보라). "제2년"은 다음 농사짓는 해를 가리킨다. 그러나 가을철 파종이 불가능하기 때문에 이때에는 어떠한 수확도 없을 것이다. "셋째 해"는 13-14개월 밖에 지나지 않은 다음 가을철의 파종과 더불어 시작될 것이다. 이에 대해서는 다음을 보라: Oswalt, *Isaiah, Chapters 1-39*, 664-65.

전에 미리 그것을 상기시키는 역할을 수행하는 것으로 보인다(출 3:12; 사 7:14-25를 보라).

장차 자라나게 될 것은 농작물만이 아니다. 앗수르의 침략으로부터 살아 남은 "유다 족속의 남은 자" 역시 "뿌리를 박고" "열매를 맺을" 것이다(31 절). 앗수르의 침략은 인구 감소를 초래하였다(사 1:9를 보라). 많은 사람들이 죽거나 포로로 잡혀갔다. 그러나 예루살렘에 남겨진 생존자들은 그 땅으로 들어갈 것이요, 하나님의 도우심에 힘입어 다시금 그 땅을 채울 것이다(32 절).

현재의 위기 상황으로 돌아온 야웨께서는 산헤립이 그 성읍을 침략하지 않을 것임을 확언하신다. 사실 그는 예루살렘을 공격하거나 포위하지 않을 것이다(33-34절). 왜냐하면 야웨께서 산헤립이 모욕한 자신의 영광을 위하 여, 그리고 다윗에게 주신 자신의 약속으로 인하여 그 성읍을 지켜주실 것이 기 때문이다(35절). 야웨께서는 다윗에게 영원한 왕조를 약속하신 바가 있다 (삼하 7:12-16을 보라). 비록 이 약속이 다윗계의 왕들을 하나님의 징벌로부 터 막아주지는 못했지만, 그것은 왕조의 지속과 히스기야와 같이 경건한 왕 들 — 다윗의 도덕적인 모범을 따라간 — 의 보호를 보증해 주었다(왕하 18:3 을 보라).

죽음의 사자와 두 명의 암살자(37:36-38)

야웨께서는 아무 효과도 없는 위협과 약속을 주시는 분이 아니다. 그의 천 사(문자적으로는 "사자")가 하룻밤에 18만 5천의 앗수르 병사들을 죽인다(36 절).[151] 여기서 우리는 한 가지 흥미로운 아이러니를 만나게 된다. 산헤립은

---

151) "하나님의 사자"와 "야웨의 사자"(이 두 호칭은 삿 6:20-22와 13:3, 9, 13에서 서로 바꾸어 쓸 수 있는 것들로 나타남)로 불리는 천사는 히브리 성서에서 매우 중요한 역할을 수행한다. 이 호칭이 한 명의 천사를 가리키는지는 확실치 않다. 이 구절은 속격 의 고유명사이므로 정관사를 가지고 있는 것이나 마찬가지이다.

그러나 그것은 어떤 문맥에서건 단순히 특정 천사를 가리키기만 할 수도 있다. 그것이 항상 동일한 천사를 가리키고 있다는 암시를 주지 않은 채로 말이다("야웨의 종"이라는

구절이 특정 문맥에서 한정되어 있는 한 종을 가리키는 경우를 참고하라. 그러나 이 구절이 모든 본문에서 항상 동일한 종을 가리키고 있는 것은 아니다.) 모든 본문이 특정 천사를 염두에 두고 있다고 보는 이들은 이 천사의 정확한 정체에 대해서 의견의 일치를 보지 못한 채로 있다. 어떤 이들은 그가 하나님 자신이라고 주장한다(아니면 아마도 성육신 이전 단계에 속한 삼위일체의 제2격). 그런가 하면 또 어떤 이들은 하나님과는 구별되는 천사가 하나님의 권위를 가지고서 온 까닭에 하나님 자신처럼 말할 수 있고 또 그렇게 여겨질 수 있다고 주장한다.

어떤 본문들은 이 천사를 하나님/야웨와 동일시한다. 그 천사는 때때로 하나님 자격으로 말하는 것으로 보인다(창 31:11-13; 출 3:2, 4; 삿 2:1-3). 반면에 그 천사를 만난 인간은 때때로 마치 자신이 하나님을 친히 목격한 것처럼 행동한다(창 16:13; 삿 6:22; 13:22; 그리고 창 32:28-30을 호 12:3-4과 비교해 보라). 다른 한편으로 그 천사는 때때로 자신이 하나님과는 구별된 존재인 것처럼 말한다(창 21:17; 22:11-12, 15-17; 슥 :12). 어떤 본문들은, 자세히 들여다보면, 천사와 하나님이 서로 구별되는 존재들임을 드러낸다(출 3:2-4; 삿 6:11-23). 출애굽 사건 때 이스라엘과 동행한 천사(출 14:19에서 "하나님의 사자"로 불림)는 하나님으로부터 구별되는 존재이지만(민 20:16을 보라), "그 [하나님] 앞의 사자"로 불리며, 하나님의 "이름"이나 그의 충만한 권세를 소유하고 있다 (출 23:21).

천사는 대표성을 가진다는 점에서는 하나님과 동일하지만, 본질이나 인격에 있어서는 동일한 존재가 아니라고 보는 것이 옳을 것이다(본질의 측면에서 천사를 하나님으로부터 구별하는 본문들이 이를 분명하게 보여준다.) 천사는 하나님의 권위를 충분히 가지고서 나타나는 까닭에, 하나님을 위하여 말할 수 있다(때때로 1인칭 시점에서). 천사를 만나는 자들은 그가 하나님의 권위를 대변하는 자리에 있음을 인식하고서는 그에 상응하는 행동을 취한다. 이는 제임스 로스(James Ross)가 말한 바와 같다: "천사의 권위에 관한 물음에 대해서는 단순하게 답할 수 있을 것으로 보인다: 그것은 그를 보낸 자의 권위를 가리킨다. 따라서 천사는 그를 보낸 자와 동일한 존재인 것처럼 취급되어야 한다." 이에 대해서는 다음을 보라: "The Prophet as Yahweh's Messenger," in *Prophecy in Ancient Israel*, ed. David L. Petersen (Philadelphia: Fortress, 1987), 114.

이러한 견해를 뒷받침하는 증거는 우가릿의 바알 신화에서 찾아볼 수 있다. 이 신화의 앞 장면에서 불의 형상을 가진 얌(Yam)의 사자들이 신들의 회합에 들어와 얌의 말을 엘(El)에게 전한다: "당신의 주이신 얌, 당신의 아버지 재판관인 나하르의 메시지는 이렇습니다: '신들이여, 여러분이 보호하고 있는 그를 포기하시오. 오 다수를 차지하고 있는 여러분이여, 다곤의 아들 바알과 그의 종복들을 포기하시오. 내가 그의 금을 소유할 수 있게 말입니다.' 엘은 마치 얌이 곁에 있는 것처럼 답변한다: '오 얌이여, 바알은 네 종이다. 바알은 네 종이다. 오 나하르여, 다곤의 아들은 네 포로이다. 설령 그라 할지라도 히스기야를 위협하기 위해 사자들을 보낸다(36:2와 37:9). 그런데 야웨께서는 산헤립의 강한 군대를 멸하기 위해 사자를 보내신다. 자신의 군대가 괴멸되자 산헤립은 진을 거두어 자기 나라로 돌아갈 수밖에 없었다. 야웨께서 약속하신 것처럼 말이다(37절).

이 사건을 둘러싼 세부적인 내용들 중 많은 부분들의 의미가 아직은 분명하게 드러나 있지 않다. 하나님의 사자가 예루살렘에 있지 않은 것으로 보이는 산헤립의 주력 부대(9절)를 쳤는지, 아니면 예루살렘에 남겨진 부대(예루살렘으로 파견된 앗수르의 관리를 따라간 군대가 계속 거기에 머물러 있다가 그 관리가 립나로 돌아갈 때에야 비로소 움직였다고 본다면; 37:8에 대한 설명을 보라)를 쳤는지는 확실치 않다. 36절을 문자적으로 본다면 이렇다: "아침에 일찍이 일어나 본즉 시체뿐이라." 여기서 "일어나다"는 동사의 주어가 누구인지는 분명하지 않다. 그것은 앗수르 군대의 살아남은 자들을 가리킬 수도 있고(산헤립과 함께 있거나 아니면 예루살렘에 머물러 있던), 예루살렘 거주민들을 가리킬 수도 있다(거기에 앗수르 군대가 남겨져 있었다고 본다면).

어떤 이들은 앗수르 군대의 죽은 자들 숫자가 있음직하지 않거나 불가능해 보인다고 본다. 히브리 성서에 있는 거대한 통계 숫자들의 용례들을 여기서 충분히 다룰 수는 없는 노릇이다. 그러나 적어도 해석자가 선택할 수 있는 몇 가지 가능성들을 개관할 필요는 있다. 어떤 이들은 그 숫자를 그대로 받아들인다. 그런가 하면 또 어떤 이들은 그 숫자를 볼 때 그 이야기가 허구적인 것임을 알 수 있다고 본다. 그러나 이처럼 극단적인 견해들이 선택 가능한 유일한 견해들인 것은 아니다. 보통은 숫자 "천"(1,000)을 뜻하는 히브리어 '엘레프'가 군사적인 맥락에서는 훨씬 규모가 작은 병사들의 수로 이루어진 군부대를 가리킬 수도 있다. 또 다른 견해에 의하면, 때때로 어떤 숫자들이 특정 사건의 중대성을 강조하려는 목적에서 의도적으로 부풀려지기도

다른 신들처럼 너에게 조공을 바쳐야 한다. 설령 그라 할지라도 거룩한 이의 아들들과 마찬가지로 너에게 선물들을 드려야 한다.'" 이에 대해서는 다음을 보라: Gibson, *Canaanite Myths and Legends*, 42.

한다. 어느 경우에든 죽은 앗수르 병사들의 실제 숫자는 18만 5천보다 훨씬 적었겠지만, 그것이 상당한 숫자였음에는 틀림이 없다.[152]

어떤 이들은 이 이야기의 역사성을 의심한다. 왜냐하면 산헤립이 자신의 전쟁 보고에서 그것을 전혀 언급하지 않기 때문이다. 그러나 자신의 패배에 관한 언급이 생략되어 있다는 것은 전혀 놀라운 일이 아니다. 산헤립이 자신의 왕실 연대기에서 역사를 왜곡하는 경향을 드러내고 있음이 충분히 입증되고 있다는 점을 염두에 둔다면 말이다.[153] 우리는 또한 산헤립이 예루살렘을 접수하였다거나 히스기야를 폐위시켰다고 주장한 바가 없다는 점을 고려하지 않으면 안 된다. 이 경우에 그의 침묵은 의미심장한 것이다.

헤로도토스가 보존한 후대의 역사 전승은 쥐들이 화살통과 활시위와 방패 손잡이 등을 갉아먹는 바람에 이집트의 델타 지역에서 싸우던 산헤립의 군대가 퇴각할 수밖에 없었다고 말한다. 어떤 이들은 쥐들에 대한 언급이 실제로 있었던 일에 대한 암시일 수도 있다고 추측한다. 아마도 쥐들로 인하여 앗수르 군대 안에 전염병이 발생했을 것이요, 이 때문에 그들은 퇴각할 수밖에 없었을 것이다. 만일에 그렇다면, 그 전염병은 야웨께서 보내신 죽음의 사자가 사용한 도구일 수도 있다. 그러나 그 전설을 주의 깊게 살펴본다면, 그것은 성서에 기록된 이야기와 전혀 무관해 보이는 듯하다.[154]

또 다른 문제점은 이 사건과 7절에 있는 야웨의 약속 사이에 어떤 관계가 있는가 하는 점이다. 야웨께서 주신 보증의 말씀, 곧 산헤립이 어떤 보고를 듣고서 자기 나라로 돌아갈 것이라는 말씀은 예언의 성취로 볼 수 있는 것일까? 만일에 그 보고가 디르하가의 진격 소식을 가리키는 것이라고 본다면(9절을 보라), 예언이 정확하게 성취된 것이라고 보기 어렵다. 만일에 이러한 판단이 옳다고 한다면, 야웨께서 산헤립의 교만과 계속적인 신성모독(10-13절을 보라)에 자극을 받은 나머지 애초의 계획을 수정하여 그를 한층 더 가

152) 히브리 성서에 있는 거대한 통계 숫자들의 용례에 대한 연구를 위해서는 다음을 보라: D. M. Fouts, "The Use of Large Numbers in the Old Testament," Ph. D. diss., Dallas Theological Seminary, 1992.

153) Laato, "Assyrian Propaganda," 198-226.

154) Cogan and Tadmor, II Kings, 250-51.

혹하게 심판하기로 작정하셨다고 추론할 수도 있다. 그러나 9절에 언급된 보고는 야웨께서 예고하신 것이 아니라 단순히 이야기의 극적인 긴장감을 고조시키기 위하여 저자가 언급한 것일 수도 있다. 이사야 37장은 별도의 구체적인 보고에 관해 언급하지 않는다. 그러나 앞서 언급한 바와 같이 만일에 일부 군대가 예루살렘에 남겨져 있었다고 한다면, 산헤립은 디르하가와 맞서 싸우던 중에(9절을 보라), 예루살렘으로부터 온 소식을 전해 듣고서 퇴각했을 수도 있다. 이 경우에 예언의 형태로 전달된 그 보고야말로 산헤립의 퇴각을 촉진시켰을 것이다.[155] 또 다른 가능성은 산헤립이 고국으로부터 놀라운 보고를 들었는데, 그 보고가 36절에 언급된 재앙과 함께 그로 하여금 유다를 떠나게 만들었을 것이라는 점이다.

이 문제를 우리가 어떻게 해결하건 간에, 한 가지 분명한 것은 7절에 언급된 예언의 후반부 — 야웨께서 산헤립을 고국에서 암살당하게 하실 것이라는 — 가 진술된 그대로 성취되었다는 점이다. 38절에 의하면, 산헤립은 자기 신 니스록의 신전에서 예배드리던 중에 자신의 두 아들에게 죽임을 당한다. 아이러니컬하게도 산헤립의 신은 자신의 신실한 추종자를 구원하지 못한다. 심지어는 자신의 신전까지도 제대로 지켜내지 못한다. 이와는 대조적으로 히스기야는 야웨의 성전에 들어선 후 보호를 확증하는 약속을 받게 되고, 그 약속은 그대로 성취된다. 산헤립을 암살한 자들은 앗수르의 북쪽에 위치한 아라랏(우라르투를 가리킴)으로 도망하며, 에살핫돈이 아버지를 이어 앗수르의 왕위에 오른다.

세속 역사는 이 이야기의 일부가 정확한 것임을 분명하게 밝혀준다. 바벨론 역대기를 포함하는 몇몇 고대 자료들은 산헤립이 정말로 암살당했다는 사실을 우리에게 알려준다.[156] 세속 전승들은 단지 한 명의 아들만을 범죄자

---

155) 물론 예루살렘으로 파견된 군대가 앗수르의 관리와 함께 되돌아갔다면, 36절은 산헤립의 주력 부대가 괴멸 당했음을 가리킨다. 이 경우에 왕은 그 재앙을 직접 목격했을 것이다.

156) 그 증거에 대한 상세한 논의를 위해서는 다음을 보라: Cogan and Tadmor, II Kings, 239-40. 이 문제에 관한 보다 철저한 연구를 위해서는 다음을 보라: S. Parpola, "The Murder of Sennacherib," in *Death in Mesopotamia*, ed. B. Alster

로 언급하지만, 두 번째 아들(성서 본문에 언급된)은 그 범죄의 공범자였을 가능성이 매우 높다. 세속의 자료들은 그 암살자가 자신의 동생 에살핫돈을 후계자로 선택한 아버지의 행동에 분개한 아르다-밀리수(Arda-Milissu), 곧 아랏-닌릴(Arad-ninlil)이라고 말한다.[157] 앗수르의 연대기에 의하면, 이 사건은 산헤립의 유다 침공이 있은 지 20년이 지난 후인 주전 681년에 발생한 것이다.[158] 주전 669년까지 지속된 에살핫돈의 통치는 앗수르의 기록들에서 금방 확인할 수 있다.

히스기야가 새로운 생명을 얻음(38:1-8, 21-22)

산헤립이 유다 땅을 공격하기 직전 또는 공격 과정의 어느 한 때에 히스기야는 중병을 앓게 된다. 야웨를 대변하던 이사야는 그 병이 불치병이라는 사실을 왕에게 통보하며, 그에게 집안 일을 정리하라고 말한다(1절). 그러나 왕은 자제하는 마음으로 그 소식을 받아들이지 않는다. 그는 슬프게 울고서는 야웨께 자기가 신실하고 충성스러운 종이었음을 상기시킨다(2-3절). 야웨께서는 히스기야의 기도와 슬픔에 마음이 움직인 나머지 그에게 15년의 삶을 연장시켜주기로 결정하신다. 이에 이사야가 무대에 등장하여 그 좋은 소식을 왕에게 전달하며, 히스기야의 신하들에게 왕의 질병을 어떻게 처치해야 하는지에 관한 의학적인 가르침을 제공한다(4-5, 21절).[159]

이사야는 또한 야웨께서 주신 추가 메시지를 전달한다. 히스기야가 회복된다는 메시지에 더하여, 야웨께서는 히스기야와 예루살렘 성읍을 산헤립에

(Copenhagen: Akademisk Forlag, 1980), 171-82.

157) 성서에 언급된 아드람멜렉이라는 이름은 암살자의 실제 이름과 다소 다른 바, 이는 본문 전승 과정 중에 발생한 필사상의 오류에 해당한다고 볼 수 있다.

158) 이 이야기의 세부적인 내용들 중 일부는 세속 문헌들의 뒷받침을 전혀 받지 못한 채로 있다. 앞서 언급한 바와 같이, 산헤립이 사레셀이라는 아들을 두었다는 기록은 어디에도 없다. 또한 메소포타미아 지역에 니스록이라는 이름을 가진 신이 있다는 증거도 없다.

159) 21-22절은 본문 전승 과정에서 자리를 잘못 잡은 경우에 해당한다. 본래는 6절과 7절 사이에 속한 것이다. 열왕기하 20:6-9를 보라.

게서 건져주실 것임을 약속하신 것이다(6절). 히스기야의 회복과 예루살렘의
구원 사이의 밀접한 관계는 왕이 그 성읍을 대표하는 자임을 암시한다. 히스
기야와 예루살렘은 똑같이 죽음의 문턱에 도달하지만, 왕의 신실한 행동들
로 인하여 똑같이 새로운 생명을 얻게 된다.

곧 죽을 것이라는 소식에 놀란 것이 분명한 히스기야는 자신이 참으로 회
복될 것이요, 성전에서 한 번 더 예배를 드릴 것임을 입증할 징조를 요구한
다(22절). 자신의 약속에 대한 보증으로 야웨께서는 태양 광선을 굴절시킴으
로써 그 광선에 의해 생기는 그림자가 물러가게 하신다(7-8절). 아이러니컬
하게도 이 "징조"는 히스기야와는 대조적으로 하나님의 구원을 확증하는 징
조를 거부했던 왕의 이름을 따라 만들어진 "아하스의 해시계"에서 주어진다
(사 7:10-17을 보라).

히스기야의 감사(38:9-20)

질병에서 회복한 히스기야는 하나님께 기도하는 중에, 도움을 호소했던
자신의 탄식과 부르짖음을 생각하면서(10-16절), 자기를 치료하여 주신 하
나님께 감사를 드린다(17-20절). 처음에 자기가 회복되지 못할 것이라는 말
을 들었을 때, 히스기야는 한참 기운이 넘칠 때에 죽어야 하고(당시에 그는
38세 내지는 39세에 지나지 않았다)[160] 또 더 이상 야웨께 예배를 드릴 수 없
다는 것에 대해 탄식해마지 않았다(10-11절). 그는 자신의 죽음을 장막을 거
두는 목자와 베틀로부터 직물을 잘라버리는 직공과 일광을 몰아내는 밤의
어둠 등에 비유한다(12절). 그는 하나님이 마치 사자처럼 자기를 공격하는
듯한 느낌을 받는다. 그는 극심한 고통 속에서 밤새도록 아픔을 느끼며, 하
늘을 쳐다보면서 구원을 갈망한다(13-14절). 그는 자기가 하나님의 주권적
인 의지에 의해 희생될 것임을 느끼면서도(15절), 하나님께서 내리신 일부
결정들이 취소될 수도 있음을 인식하고서, 야웨께 자기를 치료하여 생명을
연장해 주실 것을 요청한다(16절).

---

160) 열왕기하 18:2는 히스기야가 주전 715년에 아하스를 계승하였을 때 25세였다고
말한다. 이에 대해서는 다음을 보라: Merrill, *Kingdom of Priests*, 410.

이어서 좋은 소식이 전해지고 왕은 질병으로부터 회복된다. 자신의 과거를 되돌아보면서 그는 고통당한 것이 다소간에 유익이 되었음을 깨닫는다. 아마도 그것이 그를 하나님께 더욱 나아가게 만들었고 그에게 야웨의 용서에 대한 새로운 감사를 가능케 했기 때문일 것이다(17절). 죄 용서에 대한 언급은 히스기야가 자신의 질병을 자신의 죄스런 인간 본성 때문에 자신에게 가해진 하나님의 징벌로 간주했음을 암시할 수도 있을 것이다. 욥기에 잘 나타난 바와 같이, 성서 시대에는 심한 질병을 죄에 대한 징벌로 해석하는 게 일반적인 경향이었다. 히스기야는 무덤으로 내려가고 싶지 않았다. 왜냐하면 히브리 성서의 세계관에 비추어볼 경우, 죽은 자들의 땅은 하나님을 찬미할 수 없는 곳이기 때문이다(18절). 오직 살아있는 자들만이 하나님의 신실하심을 찬미할 수 있다(19절). 하나님의 계속적인 보호를 확신하고 있던 히스기야는 야웨의 성전에서 종신토록 바로 그 일을 할 수 있기를 기대했다(20절).

바벨론의 사절단이 히스기야를 방문함(39:1-8)

히스기야가 질병으로부터 회복되자, 바벨론의 지배권을 앗수르로부터 되찾아오려고 애쓰던 므로닥발라단은 히스기야와 우호 관계를 맺기로 결심한다(1절). 앞서 언급한 바와 같이, 므로닥발라단의 히스기야 방문은 아마도 하나님께서 예루살렘을 구원하신 후에 이루어졌을 것이다. 아마도 예루살렘의 구원은 히스기야를 근동 지역의 반앗수르 동맹체제에 잘 들어맞는 인물로 만들어주었을 것이다.

히스기야는 바벨론의 사절단을 환영한 후 그들에게 자신의 부를 보여준다(2절). 마치 "그렇습니다. 나는 정말 강한 동맹국의 수장이지요?"라고 말하는 것처럼 말이다. 히스기야의 행동은 그의 교만과 자만심을 드러내는 것이었다. 이사야는 이 일을 계기로 하여 유다가 언젠가는 바벨론에 포로로 잡혀갈 것이라는 메시지를 선포한다(3-5절). 바벨론 사람들은 자기들이 히스기야의 보물 창고들과 왕궁에서 본 히스기야의 모든 재물들을 빼앗아갈 것이다(6절). 히스기야의 후손들이 포로로 잡혀가서 바벨론 왕궁에서 환관 노릇을 하게 될 경우, 다윗 왕조는 위기에 빠지게 될 것이다(7절). 이사야의 이러한 예언은 느부갓네살이 왕실에 속한 모든 사람들을 포로로 잡아가고 왕실 보물들을 약탈해 간 주전 605-586년 사이에 그대로 성취된다(왕하 24-25장; 단 1장).

자신의 죽음을 선포한 메시지에 대하여 필사적인 반응을 보인 것(38:1-3을 보라)과는 대조적으로, 이 예언에 대한 히스기야의 반응은 매우 절제된 모습을 보인다(8절). 그는 야웨의 결정이 적절한 것임을 인정하며, 자신의 생애 동안에 평화와 안전을 누리게 될 것이라는 점에 대하여 만족한 것으로 보인다. 그렇다면 우리는 하나님의 말씀에 대한 왕의 답변을 어떻게 해석해야 할까? 한편으로 보면, 그의 답변은 다분히 자기중심적인 태도를 보이고 있는 듯하다. 그러나 다른 한편으로 보면, 그는 자신의 죄를 인정함과 아울러, 징벌을 늦추신 하나님의 자비하심을 그대로 받아들였을 것이다.

회복과 갱신(이사야 40-55장)

이 장들에서 이사야는 장차 있을 포로민들의 시각을 취한다. 유다 백성이 포로가 될 것임을 선포한 바 있는 그는 미래로 자신을 던져 마치 포로가 된 그들과 실제로 함께 있는 것인 양 포로민들을 향해 말씀을 전한다. 앞서 언급한 바와 같이, 대부분의 학자들은 이사야서의 이 부분이 포로기에 활동한 익명의 예언자("두 번째 이사야" 또는 "제2이사야"로 불리는)에 의해 기록되었다고 추정하며, 그가 예루살렘의 이사야에게서 비롯된 전승을 충실하게 계승하고자 했다고 본다. 그러나 40-55장은 최고의 창조자이신 하나님이 이스라엘의 미래가 궁극적으로 어떻게 될 것인지를 선포할 수 있다는 점을 강조한다. 왜냐하면 그는 장차 어떤 일이 발생할지를 선포하시는 분이요, 자신이 선포한 그것이 실제 현실이 됨을 확증키 위해 역사 안에서 활동하시는 분이기 때문이다. 하나님은 역사를 초월하시며, 민족들의 흥하고 망함을 통제하신다. 이 점을 가장 잘 반영하는 방법은 미래의 세대가 마치 현재하는 것처럼 말하는 것이 아니겠는가?

본 단원의 서두 부분은 야웨께서 짓밟힌 예루살렘을 회복시키겠다고 약속하시는 것으로 시작한다(40:1-11). 그는 낙심에 빠진 포로민들에게 자기가 자신의 입으로 약속한 것을 성취할 수 있는 분이라는 것을 확신시키고자 한다(40:12-31). 자신의 절대 주권을 강조하신 야웨께서는 포로민들이 자신들의 미래에 대해서도 책임을 져야 한다는 점을 분명하게 밝히신다. 그들은 죄로 인하여 포로가 된 까닭에, 하나님의 약속이 완전히 성취되기 전에 먼저 지난날의 죄를 회개함과 아울러 하나님께서 주실 용서와 계약 갱신의 은총을 받아들이지 않으면 안 된다. 하나님의 절대 주권과 인간의 책임을 조심스럽게 균형 상태에 놓고 있는 그 은총은 계약 갱신을 향한 요청이 담긴 55장에서 절정에 도달한다.

이러한 양 극단의 중간 부분에서 야웨는 자신이 바벨론의 우상 신들보다 우월한 신임을 강조하시며, 그러한 신들이 자기 백성을 향한 그의 계획을 방해할 수 없음을 분명하게 밝히신다. 야웨께서는 자기 백성을 포로 상태로부터 해방시키기 위해 이방 통치자인 고레스를 자신의 도구로 사용하실 것이다. 야웨는 또한 이스라엘의 미래에 또 다른 핵심 인물을 등장시키신다. 그는 왕과 예언자의 역할을 수행할 특별한 종으로서, 바벨론 포로로부터의 새로운 출애굽을 주도할 새로운 모세로 묘사된다(42:1-7을 보라).

49-55장에서는 고레스가 뒷전으로 사라지고, 이 특별한 종이 중심 무대를 차지한다. 이 하위 단원의 서두 부분은 그의 역할과 목표를 되풀이한다(49:1-13을 보라). 그는 압제를 경험할 것이요(50:4-9), 거절의 고통을 당할 것이다(52:13—53:12를 보라). 그러나 아이러니컬하게도 그의 고통은 사실상 이스라엘의 구속을 가능케 하며, 새로운 계약의 제공을 가능케 한다. 야웨의 종을 다루는 이 본문들 사이사이에는 서두에서 다룬 주제, 곧 시온의 회복을 다루는 내용들이 들어 있다(49:14-26; 50:10—52:12; 54:1—17 등을 보라).

짓밟힌 예루살렘을 위한 위로(40:1-11)

이사야는 예루살렘의 회복을 선포하는 위로의 메시지로 미래의 포로민들을 향한 자신의 설교를 시작한다. 하나님은 누군지 알 수 없는 사자들[161]에게 예루살렘이 죄의 대가를 충분히 받았고 고통의 때가 지나갔음을 선포함으로써 자기 백성을 위로하라고 명하신다(1-2절). 의인화된 성읍은 포로가 된 백성을 대표한다. 하나님을 거역한 그들의 죄는 바벨론 군대에 의한 예루살렘의 파괴를 초래한 바 있다. 이 비극적인 사건의 결과 예루살렘은 수 년 동안 사람이 살지 못하는 폐허가 되고 말았다. 포로민들은 아마도 하나님이 정말로 자기들을 돌보시는지, 그리고 자기들에게 여전히 한 민족으로서의 미래가 있는지를 의심스럽게 생각한다(40:27을 보라). 이곳의 메시지는 하나님이 그들을 버리지 않으셨고, 도리어 그가 밝은 미래를 향해 문을 열어주고 계심을 분명하게 밝힌다.

한 전령(단순히 "외치는 자의 소리"로 불림)이 예루살렘으로 돌아오실 야웨의 길을 준비하라고 큰 소리로 명한다(3-5절). 이 목소리는 나중에 세례 요한과 관련된다(마 3:3; 막 1:3; 눅 3:4-6; 요 1:23 등을 보라). 그러나 이 문맥에서는 한 예언자를 염두에 두고 있다는 암시가 전혀 없다.[162] 신약성서는 요한의 유대인 청중을 메시지 수신인으로 설정하고 있지만, 이사야 40장이 하나님의 백성을 향해 말하고 있는 것 같지는 않다. 왜냐하면 이 메시지에 바로 이어 그들은 포로로부터 돌아오는 양 떼로 묘사되고 있기 때문이다(11절을 보라). 이사야 40장의 선포 대상은 아마도 아무런 실체가 없는 자들일 것이다. 엄격하게 말해서 그들은 1-2절에 있는 익명의 전령과 마찬가지로 극적인 효과를 노리기 위해 사용된 자들이다.[163]

---

161) 1-2절에 있는 동사들, 곧 "위로하다"와 "말하다" 및 "선포하다" 등으로 번역되는 히브리어 동사 형태들은 모두 복수형으로 되어 있다. 대명사 "너희"도 마찬가지이다. 1-11절에 있는 전령들은 아마도 실체가 없는 자들일 것이다. 그들은 순전히 극적인 효과를 노리기 위해 사용되고 있을 뿐이다.

162) 신약성서에서 세례 요한과의 관련성은 "광야에서"라는 구절을 그 앞의 "외치는 자의 소리"와 연결시킴으로써 가능해진다. 히브리 본문의 경우 "광야에서"는 다음에 이어지는 "예비하라"와 병렬되어 있으며, 다음 행의 "광야에서"와 동의적(同意的)인 평행 관계를 이루고 있다. 이 구절에 대한 신약성서의 해석은 70인역을 따른 것이다. 70인역은 "광야에서"라는 구절을 우연히 생략한 한 히브리어 원본에 기초하고 있음이 분명하다.

163) 이사야 40-55장의 보다 큰 맥락에서 본다면, 시온의 완전한 회복은 유다 백성의

그 전령은 자신의 청중에게 승리자의 모습으로 예루살렘으로 돌아오실 야웨를 위해 행렬용 큰길을 만들라고 말한다(3절; 10절을 보라). 이 길은 동쪽의 사막을 관통하도록 만들어져야 한다. 왜냐하면 야웨께서 포로가 된 자기백성과 함께 바벨론으로부터 돌아오실 것이기 때문이다(11절과 사 35:1, 6-10을 보라). 그 전령은 모든 장애물들이 사라질 것임을 마음에 그리고 있다(4절). 그는 과장법을 사용함으로써 골짜기들이 돋우어질 것이요, 산들이 평탄하게 될 것이다. 그 후 왕이 영광 중에 나타날 것이요, 모든 사람들이 그것을볼 수 있을 것이다(5절). 이 맥락에서 하나님의 "영광"은 겉으로 드러나는 왕의 위엄을 가리킨다. 그것은 햇빛처럼 빛날 것이다(사 24:23; 35:2; 60:1을 보라). 그 전령은 야웨께서 돌아오실 것이라는 이 약속이 야웨 자신으로부터비롯된 것이라는 확언으로 끝을 맺는다. 이사야서의 다른 곳에서와 마찬가지로 "이는 여호와의 입이 말씀하셨느니라"는 구절은 하나님의 미래 선포를강조하는 데 사용된다(사 1:2; 58:14를 보라). •

왕의 귀환에 대한 이러한 비전은 9절에서 계속된다. 그러나 그 전에 삽입절이 사이에 끼여 있다(6-8절). 이름을 알 수 없는 한 전령이 "외치라!"고 말하자, 다른 사람이 "내가 무엇이라 외치리이까"라고 답한다.[164] 그러자 첫 번째 전령이 두 번째 전령에게 그가 해야 할 말을 가르쳐준다. 그 메시지는 인간의 연약함과 그의 신뢰할 수 없는 약속들을 하나님의 주권적인 권능 및 믿을 수 있는 그의 말씀과 대비시킨다. 뜨거운 바람(여기서는 "야웨의 기운"으로 불림)에 시들어버리는 풀과 같이 인간은 오늘 있다가 내일 사라지는 존재이다. 그가 한 약속은 오래가지 못하며, 믿을 수도 없다. 많은 해석자들은

회개로부터 비롯된다는 점이 분명하게 드러난다. 이 때문에 4-5절의 언어는, 이처럼 큰 맥락에서 읽을 경우, 도덕적인 준비를 가리키는 것으로 이해될 수 있을 것이다. 세례 요한은 자신이 말라기에 예고된 예언자요(말 4:5를 보라), 왕이신 예수께서 이사야 40:3-5의 약속을 성취하기 위해 곧 예루살렘에 나타날 것을 알고 있는 까닭에, 자신을 이사야 40:3의 목소리와 동일시하면서, 이사야 40:4의 메시지를 자신의 것으로 받아들인다.

164) 다시금 극적인 효과를 노리기 위한 목적에서 전령들이 나타난다. 그러나 70인역은 6절의 두 번째 행에서 "그리고 내가 말했다"로 읽는다. 이 경우에 말하는 자는 예언자 자신이지만, 그는 앞의 행에서는 듣는 자로 나타난다.

NIV와 마찬가지로 6b절을 이렇게 읽는다: "모든 인간은 풀과 같고, 그들의 모든 영광은 들의 꽃과 같다." 그러나 "영광"(70인역을 따름)으로 번역된 히브리어 낱말은 우리가 잘 알고 있는 명사인 '헤세드' 인 바, 이 낱말은 "신실, 헌신, 충성, 성실" 등을 뜻한다. 이러한 의미는 본문의 문맥에 잘 들어맞는다. 인간과 그의 성실함(야웨의 약속을 강조하는 이 문맥은 특히 성실함의 동사적인 표현들을 염두에 두고 있다)은 오래가지 못하며, 믿을 수도 없다. 이는 영원하신 하나님의 말씀들 및 약속들과 날카로운 대조를 이룬다. 이 문맥에서 "우리 하나님의 말씀"(8절)은 무엇보다도 왕의 복귀에 관한 약속을 가리킨다(5, 10-11절을 보라). 1-5절은 "예루살렘의 곤경이 끝났다! 왕이 돌아올 것이다! 하나님께서 약속하신다!"고 선포한다. 그리고 6-8절은 "너희는 그것을 믿을 수 있다! 하나님의 약속들은 믿을 수 있는 것들이다!"라고 분명하게 선포한다.

의인화된 예루살렘은 구원이 목전에 임박했음을 알린 후 이제는 높은 산에 올라 야웨께서 유다의 다른 성읍들로 돌아오실 것이라는 좋은 소식을 선포하라고 명한다(9절). 많은 번역자들은 NIV와 마찬가지로 이 본문을 이렇게 읽는다: "좋은 소식을 시온에(to) 전하는 자여 … 좋은 소식을 예루살렘에(to) 전하는 자여." 그러나 히브리어 본문에는 "시온"이나 "예루살렘" 앞에 전치사 "to"가 없다. "좋은 소식을 전하는 자"로 번역되는 분사구문은 여성 단수 형태로 되어 있다.[165] "오르라"와 "높이라"는 동사들도 마찬가지이다. 문법상의 증거는 9절에 있는 명령이 의인화된 시온/예루살렘을 대상으로 하고 있음을 암시한다.[166] 이 본문은 다음과 같이 번역하는 게 더 적절할 것이다: "전령 시온이여, 높은 산에 오르라! 전령 예루살렘이여, 크게 외치라"(NET).

예루살렘이 유다의 성읍들을 향하여 "보라, 너희 하나님이시다"라고 외칠 때, 야웨께서는 승리의 전리품, 곧 "상급"과 "보응"을 가지고서 전쟁터로부터 돌아오시는 강한 전사-왕으로 나타나신다(10절). 이러한 은유는 11절에

---

165) 이사야 41:27과 52:7은 시온으로 보냄 받은 전령에 관해 말하지만, 이 두 본문에서 그를 가리키는 데 사용되는 동사는 남성 단수 형태로 되어 있다.

166) "시온"과 "예루살렘"은 "좋은 소식을 전하는 자"와 문법적으로 병렬되어 있다.

서 다른 것으로 바뀐다. 11절에서 야웨는 양 떼를 이끌고 어린 양을 품에 안는 목자로 묘사되는 바, 양 떼는 포로가 된 그의 백성, 곧 그가 자신의 상급으로 받아들이신 그의 백성을 가리킨다.[167]

"야웨의 팔"이라는 은유는 10-11절에서 아이러니컬한 방식으로 사용된다. 흔히 그러하듯이(사 48:14; 51:9; 59:16; 63:5, 12 등을 보라) 그것은 10절에서 군사적인 힘을 암시한다. 그러나 11절에서 야웨의 팔은 그의 어린 양을 그의 품에 안는다. 여기서 그 표상은 폭력이 아니라 온화함을 암시한다. 이 표상의 이중적인 의미는 하나님의 두려운 권능을 사람들이 어떻게 보느냐에 따라 그 의미가 달라진다는 점을 우리에게 상기시켜준다. 그의 강한 팔은 그의 대적들에게 두려움을 불러일으킨다. 왜냐하면 그것은 그들을 패배시키는 도구에 해당하기 때문이다. 그러나 이 동일한 팔이 그의 백성에게는 확신을 안겨주는 상징이 된다. 그 까닭은 그것이 우리에게 자기 백성을 지켜줄 수 있는 그의 능력을 생각나게 하기 때문이다.

자신의 약속을 반드시 지키시는 야웨(40:12-31)

자기 백성을 구원하려는 의도를 밝히신 야웨는 그들에게 자기가 충분히 그렇게 할 수 있는 분임을 깨닫게 하신다. 포로민들은 자기들의 하나님이 시간과 공간의 제약을 받거나 지혜와 권능에 한계가 있는 분이라고 생각했을지도 모른다. 아마도 그는 바벨론의 신들보다 못한 분일 수도 있었을 것이요, 그래서 그의 백성은 포로 생활을 할 수밖에 없었을 것이다. 그러나 서두 부분의 이 단락은 야웨가 영원한 창조주이시요, 권세와 능력과 지혜에 한계가 없는 온 세상의 왕이심을 확언함으로써 그러한 생각이 잘못된 것임을 지적한다.

야웨의 절대 주권에 대한 변호는 "야웨 외에는 아무도 없다!"는 답변을 기대하는 일련의 수사학적인 질문들과 더불어 시작된다(12절). 오직 야웨만이

---

167) 이사야 62:10-12를 보라. 이곳의 12절은 귀향하는 포로민들("야웨께서 구속하신 자")이야말로 그의 "상급"에 해당한다고 본다. 그들은 야웨께서 큰 길을 통하여 예루살렘으로 돌아오실 때 그와 동행할 것이다.

세상을 창조하셨고, 물과 하늘 및 산 등을 포함하는 만물을 일정한 비율에 맞추어 만드셨다. 마치 상인이 온갖 물품들을 저울에 달듯이 말이다.

또 다른 질문들이 그 뒤를 잇는 바(13-14절), 그 질문들은 제각기 "어느 누구도 아니다!"라는 답변을 기대하고 있다. 바벨론의 신화에 의하면, 마르둑(Marduk) 신은 지혜의 신 에아(Ea)의 조언에 따라 세상을 창조한다. 그러나 온 세상의 진정한 창조주이신 야웨는 어느 누구의 의견도 참고하지 않는다. 그는 어떠한 충고도 조언도 필요로 하지 않는 분이다. 그의 지혜와 기술로 충분하기 때문이다.[168]

최고의 창조자요 왕이신 하나님 앞에서는 열방이 양동이 속에 있는 한 방울의 물이나 저울에 붙은 먼지처럼 무가치할 수밖에 없다(15절). 야웨의 위대하심은 인간이 상상할 수 있는 모든 것을 초월한다. 설령 레바논 삼림의 모든 나무들을 연료용으로 잘라내고 그곳의 모든 동물들을 번제용으로 죽인다고 해도, 그것으로 드리는 희생제사가 야웨의 위대하심을 충분히 증거하지는 못할 것이다(16절). 왕이신 하나님과 비교해 본다면 열방은 아무것도 아니다(17절). 왜냐하면 역사의 과정을 결정하는 자는 열방이 아니라 야웨이시기 때문이다. 야웨는 비길 데 없는 하나님이시다. 그는 사람의 손으로 만든 철제 또는 목제 이방 우상들보다 무한히 뛰어나신 분이다(18-20절). 그는 온 땅 위에 왕으로 앉아 계신 분이다. 온 땅의 보잘것없는 거주민들은 그 앞에서 조그마한 메뚜기들과도 같다(21-22a절). 그는 하늘을 장막 같이 펼치시고(22b절), 별들의 자리를 결정하신다(25-26절). 그는 온 땅의 통치자들을 제거할 힘을 가지고 있다. 그는 한 호흡만으로 폭풍우 앞의 겨와도 같이 날려 버리신다(23-24절). 분명코 어떠한 나라도, 어떠한 왕도, 어떠한 신도 야웨의 계획을 방해하지 못하며, 그가 자신의 약속을 지키시는 것을 막지 못한다.

이 때문에 포로민들은 하나님께서 자기들을 버렸다고 느낄 필요가 없다. 자기들의 미래에 대하여 좌절할 필요도 없다. 포로가 된 이스라엘의 불평(27

---

168) R. Whybray, *The Heavenly Counsellor in Isaiah xl 13-14: A Study of the Sources of the Theology of Deutero-Isaiah* (Cambridge: Cambridge University Press, 1971), 64-77.

절)은 마치 야웨가 어떤 형식으로든 제약을 받을 수도 있는 듯한 암시를 준다. 그는 다른 많은 이방 신들처럼 죽었다가 다시 살아나는 신일지도 모른다. 그의 판결은 유다 지역에만 한정되고 바벨론을 포함하지는 않는 것처럼 보인다. 그는 자기 백성을 구할 적절한 방도를 마련하지 못하거나 그러한 일을 행할 만한 힘이나 에너지를 갖지 못한 분처럼 보인다. 그러나 이러한 생각은 잘못된 것이다. 예언자는 이스라엘의 하나님이 역사를 초월하시는 영원하신 하나님이요, 열방을 다스리시는 온 세상의 창조자이심을 분명하게 밝힌다(28a절). 그는 결코 피곤함을 모르며, 지혜의 부족함을 느끼지도 않는다(28b절). 그 반대로 그는 자기를 믿는 자들에게 무한정한 힘을 주신다(29-31절). 설령 건강한 젊은이들이 비틀거리고 넘어진다고 해도, 야웨께서 주시는 무한한 힘은 신실한 자들로 하여금 고통을 이기게 하며, "독수리처럼 높이 날게" 한다. 이 때문에 포로민들은 기대감과 새로운 희망을 가지고서 미래를 내다보아야만 한다.

열방의 무기력함(41:1-7)

절대 주권자이신 하나님은 열방에게로 방향을 돌이키고서, 그들과 공개적인 논쟁을 벌이신다(1절). 열방은 유일하신 참 하나님을 버리고 우상들을 선택하였다. 그러나 야웨께서는 자신의 명성을 더럽히는 이러한 범죄 행위를 용납하지 않으신다. 그는 인간 역사를 주관하시는 바, 이는 그가 비길 데 없는 절대 주권자이심을 증거한다. 미래의 포로민들의 시각을 빌려 말씀하시는 그는 "동방 사람"으로 불리는 페르시아 사람 고레스를 첫 번째 증거물로 선택하신다. 야웨께서는 이사야를 통하여 말씀하신 바와 같이, 고레스를 자신의 종으로 세우시고, 그에게 열방을 정복하게 하신다(2-3절; 44:28-45:4를 보라). 야웨께서 앞으로 닥칠 사건들을 사전에 알리시고 또 그것들을 그대로 이루실 수 있다는 것은 그가 온 세상을 다스리시는 분임을 증거한다(4절). 정복을 위한 종으로 선택된 종 고레스 앞에서, 무기력한 열방은 두려움에 사로잡히고, 우상 신들을 더 많이 만들어냄으로써 하나님의 권능을 훼방하려고 미친 듯이 노력한다(5-7절). 그러나 전혀 움직이지 못하는 이 "신들"

의 모습(7b절을 보라)은 인간 역사를 주관하시는 유일하신 참 하나님의 활동
적인 모습과 극명한 대조를 이룬다.

포로민들을 위한 희망의 소식(41:8-20)

야웨께서는 이어서 포로가 된 자기 백성에게 말씀하시며, 구원을 가능케
하는 자신의 임재를 그들에게 확신시키신다. 그는 그들이 그가 선택한 종이
라는 점을 깨닫게 하신다. 그들은 하나님께서 자신의 "친구"로 부르신 아브
라함의 후손이라는 특별한 지위를 가지고 있다(8절; 대하 20:7을 보라). 여기
서 "친구"라는 낱말은 아마도 하나님의 특별한 동역자가 된 아브라함과 하나
님 사이의 계약 관계를 가리킬 것이다.[169] 야웨께서는 자신이 포로민들을 먼
땅 바벨론으로부터 고국으로 되돌릴 준비가 되어 있음을 선포하신다(9절).[170]
두려움에 사로잡힌 열방(5절을 보라)과는 대조적으로 포로민들은 두려워할
필요가 없다. 왜냐하면 야웨께서 그들과 함께 하시고 그들에게 힘을 주시겠
다고 약속하시기 때문이다(10, 13절). 그는 그들의 "구속자"이신 바(14절), 이
호칭은 출애굽 전승을 생각케 한다(출 6:6; 15:13; 시 74:2; 77:16 등을 보라).
이스라엘의 가정생활 영역에서 "구속자"는 다양한 방식으로 확대 가족
(extended family; 여러 세대를 포함하는 큰 규모의 가족을 가리킴: 역자 주)
의 이익을 지켜주는 자를 일컫는다. 야웨께서는 이 호칭을 자신에게 적용하
심으로써, 이스라엘이 자신의 가족이나 다름이 없는 자들이요, 자기가 그들
을 포로와 압제의 상황으로부터 구원하심으로써 가족의 이익을 지키려는 의

---

169) 열왕기상 5:1에 의하면 두로 왕 히람과 다윗은 "친구들"로 묘사된다. 이는 그들
이 조약의 상대자들임을 의미한다.

170) 많은 학자들은 9절에 있는 동사들을 과거 시제로 번역한다(NIV의 "내가 붙들었
다," "내가 불렀다," "내가 말했다" 등을 보라). 마치 야웨께서 과거의 어떤 사건을 가리
키시는 것처럼 말이다. 그러나 문맥에 비추어 본다면, 그 동사들은 현재 완료나 단순 과
거(사실에 입각한 묘사라는 뉘앙스를 띰)로 번역하는 것이 더 나을 것이다. 야웨께서는
포로 상태로부터 돌이키시려는 의도 하에 자기 백성을 붙드셨다. 그는 그들에게 먼 땅으
로부터 돌이킬 것을 명하시며, 그들이 자신의 종이라는 점을 선언하신다.

도를 가지고 있음을 그들에게 알게 하신다.

이스라엘은 자신의 대적들에 의해서 쓸모없는 작은 벌레로 여겨지지만(14절), 곧 그러한 상황이 바뀔 것이다. 그들의 대적들은 그들 앞에서 멸망당할 것이다(11-12절). 왜냐하면 야웨께서 자기 백성에게 전쟁할 힘을 주실 것이요, 그들에게 원수들을 멸할 수 있는 힘을 주실 것이기 때문이다(15-16절). 그러한 대적들의 파멸은 도리깨질하는 과정과 비교된다. 농부들은 타작기를 사용하여 낟알을 겨로부터 분리시키며, 겨를 공중에 흩날림으로써 낟알을 골라낸다. 타작기는 바람으로 하여금 겨를 날려버리게 한다.[171] 이처럼 포괄적인 은유에서 이스라엘은 찢고 쪼개는 날카로운 날을 가진 타작기에 비교되며, 강하고 교만한 원수들은 겨로 변해버릴 산들과 언덕들에 비교된다. 야웨께서는 겨를 날려버릴 바람을 친히 준비하신다(40:24를 보라).

고통과 압제를 당하는 포로민들은 필사적으로 물을 찾으나 그 물을 발견하지 못하는 지극히 메마른 사람과도 같다(17a절). 그러나 야웨께서는 친히 개입하셔서 그들을 위하여 물로 가득한(17b-18절), 그리고 충분한 성장을 가능케 하는(19절) 정원을 만들겠다고 약속하신다. 이러한 표상은 생명과 하나님의 복이 회복될 것임을 상징한다(35:1, 6-7을 보라).

자기 백성을 구원하시려는 하나님의 궁극적인 목적은 자신의 영광을 드러내는 데 있다(20절). 하나님께서 포로민들의 상황을 급격하게 바꾸신다는 것을 알 수 있는 자라면, 최고의 왕이신 하나님("이스라엘의 거룩하신 자")의 엄위하신 창조의 권능을 인정하게 될 것이다. 하나님을 창조주와 우주의 최고 주권자로 인식하는 것이야말로 진정한 예배의 출발점이다.

이방 신들을 향한 공격(41:21-29)

이어서 야웨는 이방 신들에게로 방향을 돌리신다. 그는 논쟁을 위한 목적에서 마치 그들이 실제로 존재하는 양 그들에 관해 말씀하신다. 그는 "야곱의 왕"으로서 말씀하신다. 이 호칭은 그에게 계약 백성을 다스릴 권한이 있

---

171) 고대 이스라엘의 도리깨질과 낟알 고르기 작업에 대해서는 다음을 보라: Borowski, *Agriculture in Ancient Israel*, 62-69.

음을 확증한다. 열방이 이스라엘을 위한 그의 구원 활동에 맞서기 위해서는, 그들의 신들이 야웨보다 뛰어나다는 것을 입증하지 않으면 안 된다. 그 까닭에 그는 그 신들에게 자기들이 신으로서의 속성과 권능을 가지고 있음을 증명해보라고 부추기신다(21절). 그는 더 구체적으로 자기들이 장차 있을 일들을 예언하고 그 일들을 성취할 수 있는 능력을 가지고 있는지를 증명하라고 요구하신다(22-23절). 만일에 그들이 참으로 역사의 과정에 대한 주권을 가지고 있다면, 그들은 자신들이 과거에 했던 예언들과 그것의 성취를 증명할 수 있어야 하며, 미래에 관한 새로운 예언을 하는 일에 있어서도 주저함이 없어야 한다. 그러나 이방 신들은 말이 없다. 왜냐하면 그들은 실체가 없는 탓에 어떠한 일도 행할 수 없기 때문이다(24, 29절). 이와는 대조적으로 야웨는 역사 안에서 활동하신다. 그는 페르시아 사람 고레스를 세계 정복자로 세우신다(25절). 오직 그만이 예언자 이사야를 통하여 그 일을 선포할 수 있는 분이다(26-28절).

고레스는 여기서 "북방 사람"으로 불리지만, 2절에서는 "동방 사람"으로 언급된다. 노스(C. R. North)는 이를 이렇게 설명한다: "메대와 리디아를 합병시킨 고레스의 제국은 바벨론 동쪽으로부터 에게 해 지역에 이르기까지 활 형태로 영토를 확장하였다. 이로써 그는 북방 사람과 동방 사람 양쪽으로 불릴 수 있었다."[172] 이 페르시아 통치자는 또한 야웨의 "이름"을 "부르는" 자로 묘사된다. 이것은 45:4-5 및 고레스의 이름이 새겨진 성서 밖의 원통형 기둥(Cyrus Cylinder)과 상충되는 것으로 보인다. 이 기둥에 의하면, 고레스는 자신의 성공을 마르둑을 포함하는 여러 메소포타미아의 신들에게 돌리고 있기 때문이다.[173] 그러나 41:25의 진술을 그가 배타적으로 이스라엘의 하나님만을 섬기는 자임을 뜻하는 것으로 이해할 필요는 없다. 구약성서의 다양한 역사서 자료들은 고레스가 자신의 성공에 야웨의 개입이 있었음을 인식했다고 묘사한다(대하 36:22-23; 스 1:1-4). 뿐만 아니라 바벨론의 신들에 대한 그의 긍정적인 태도 — 원통형 기둥에 표현되어 있는 — 는, 야마우치

---

172) *The Second Isaiah* (Oxford: Clarendon, 1964), 105.

173) Pritchard, *Ancient Near Eastern Texts*, 315-16.

(Yamauchi)에 의하면, "무엇보다도 … 일반 여론을 조종하고 바벨론에 대한 고레스의 통치권을 정당화하기 위한 정치선전"[174]에 해당한다고 볼 수 있다.

정의의 승리(42:1-12)

야웨께서는 자신의 통치 주권에 대한 또 다른 증거로 새로운 예언을 제공하신다. 그는 하나님의 신으로 충만한 자신의 "종"이 온 땅에 정의를 실현할 것이라고 선포하신다(1-4절). 이어서 야웨는 그 종에게 말씀하시고 그에게 계약 중재자와 구원자의 직무를 부여하신다(5-7절).

이 종의 정체에 대해서는 논란이 많다. 바로 앞의 본문이 하나님의 도구로서의 고레스의 성공에 대해서 설명한 까닭에, 42:1-7 역시 자연스럽게 그의 사역에 대해서 묘사하는 본문으로 이해될 수도 있다. 그러나 고레스는 폭력적인 정복자로 묘사되지만(41:2-3, 25), 이 종은 온유한 자로 묘사된다(42:2-3). 고레스와 하나님의 종은 똑같이 자기 백성과 열방을 위한 하나님의 계획을 성취함에 있어서 중요하고도 상호 관련된 역할을 수행한다. 그러면서도 그들의 역할은 서로 구분되는 것으로 보인다. 이는 그들이 서로 다른 인물들임을 암시한다.

70인역(구약성서의 고대 헬라어 역본)은 그 종을 "야곱/이스라엘"로 본다. 이러한 해석은 타당성을 가지고 있는 것으로 보인다. 왜냐하면 40-48장에서 이스라엘은 줄곧 야웨의 종으로 불리고 있기 때문이다(41:8-9; 42:19; 43:10; 44:1-2, 21; 45:4; 48:20). 뿐만 아니라 41:8-13과 42:1-6은 몇몇 동사들로 인하여 서로 연결되어 있다. 이 두 본문에서 똑같이 야웨는 그 종을 선택하시고(41:8-9; 42:1), 붙드시고(41:10; 42:1), 부르시고(41:9; 42:6), 그의 손을 붙잡으신다(41:13; 42:6). 그러나 42:1-7에 묘사되어 있는 종과 포로가 된 이스라엘 사이에는 약간의 차이점이 있는 것으로 보인다. 이스라엘은 눈이 먼 종으로서(42:19) 용서와 구원을 필요로 하지만, 이 종은 닫힌 눈이 열리며 구원자의 역할을 성취한다(42:7). 이스라엘과 종은 서로 긴밀하게 연결되어 있지만, 둘 사이에는 차이점이 있기도 하다.

---

174) Yamauchi, *Persia and the Bible*, 88.

그 차이점은 본 단원의 뒷부분에서 한층 선명하게 드러난다. 여러 가지 측면에서 42:1-7과 크게 평행을 이루는 49:1-13에서 그 종은 특히 "이스라엘"로 불린다(3절). 그러면서도 그는, 마치 새로운 모세인 양, 포로 된 이스라엘을 구원하고(5-6절), 이스라엘을 위해 새로운 언약을 중재하며(8절), 하나님의 백성을 본국으로 인도해야 하는(9-13절) 직무를 부여받는다. 그 종은, 어떠한 의미에서는 "이스라엘"을 뜻함에도 불구하고, 포로 된 이스라엘과 구별되기도 한다. 이 종에 대한 나중의 언급들이 이러한 결론을 뒷받침한다. 왜냐하면 그 종은 이스라엘을 위하여 고난을 당하기 때문이다(52:13—53:12에 대한 아래의 주해를 보라. 특히 53:8에 대한 나의 설명을 보라). 다른 많은 예언자들과 마찬가지로 그는 반대와 압제에 직면하지만, 아이러니컬하게도 그의 고난은 죄로 인하여 포로가 된 자기 백성을 위한 하나님의 구속 행동에 있어서 매우 큰 비중을 차지한다. 이처럼 큰 문맥에 비추어볼 때, 그 종은 죄로 오염된 이스라엘과 긴밀하게 연결되어 있으면서도 서로 구별되는 "이상적인" 이스라엘을 가리키고 있음이 분명하다.[175] 그의 사역에 관해 묘사하는 네 개의 본문들은 적절하게도 "종의 노래들"로 불린다(42:1-7; 49:1-13; 50:4-9; 52:13—53:12). 이 종의 정체와 사역에 관한 더 세부적인 논의를 위해서는 이 본문들에 대한 추가 연구를 기다리지 않으면 안 된다.

야웨께서는 자기 종을 선택하셔서 특별한 주의를 끌게 하신다. 이는 그가 온 땅에 정의를 실천하는 특별한 직무를 수행토록 하기 위해 그를 선택하시고 그에게 힘을 주셨기 때문이다(1, 4절). 그 종은 자기를 내세우지 않을 뿐만 아니라(2절), "상한 갈대"와 "꺼져가는 등불," 곧 약하고 가난한 자들을 괴롭히거나 압제하지 않을 것이다(3절).

하나님의 신으로 충만하되 정의 실현의 명분을 대표하는 한 개인의 표상은 이사야 11:1-9에 묘사된 메시야-왕의 모습을 연상시킨다. 고대 근동 지역에서 공동체 안에 정의를 증진시키는 일은 왕의 책임에 속한 것이다.[176] 종에 대한 본문의 묘사와 이사야 11장 사이의 평행 관계 및 고대 근동이라는

---

175) 이 점을 좀 더 자세하게 알기 위해서는 49:1-13에 대한 아래의 주해를 보라.

176) Moshe Weinfeld, *Social Justice in Ancient Israel and in the Ancient Near East* (Jerusalem: Magnes, 1995), 45-56.

문화적인 맥락은 그 종이 왕임을 강하게 암시한다. 종들의 노래들 중 어느 하나도 이 왕을 다윗 왕조와 연결시키지 않고 있음에도 불구하고, 우리는 그 종과 이사야 11장에 묘사된 이상적인 다윗계의 통치자가 동일한 인물을 가리킨다는 결론을 내리지 않을 수 없다.[177]

종의 역할을 선포하신 야웨께서는 이제 그 종에게 공식적인 직무를 부여하신다. 야웨께서는 자신을 온 세상을 창조하시고 땅 위에 사는 모든 사람들에게 생명을 주신 유일하신 참 하나님으로 소개하신다(5절).[178] 이러한 소개는 적절한 것이다. 왜냐하면 이 종의 노래는 41:21에서 시작되는 이방 신들을 향한 공격의 일부를 이루고 있기 때문이다. 야웨께서는 그 종이 자신의 직무를 수행하는 동안에 그를 지키시고 보호하시겠다는 약속을 주신다(6a절). 이 직무는 이중성을 가지고 있다. 첫째로 그 종은 "백성을 위하여" 언약을 중재해야 하고, 둘째로 이방인들에게 "빛"을 전달해야 한다(6b절).

히브리어 본문은 사실상 하나님이 그 종을 "백성의 언약"으로 만드실 것이라고 말한다. 인간이 문자 그대로 "언약"이 될 수는 없는 까닭에, "언약"이라는 용어는 여기서 언약을 맺거나 중재하는 자를 가리키는 데 사용되어야만 한다. "백성"의 정확한 정체는 확실치 않다. 5절에서 이 낱말은 인류를 가리키며, 6절의 다음 행에 있는 "이방인들" 역시 모든 백성을 염두에 두고 있음을 암시하고 있다. 이 경우에 그 종은 하나님과 인류 사이의 언약 중재자로 부름받은 것이 된다. 그러나 야웨께서 그 종을 똑같이 "백성의 언약"으로 부르는 것으로 묘사하는 이사야 49:8은 이스라엘을 염두에 두고 있는 것으로 보인다(9-13을 보라). 뿐만 아니라 이사야 40-66장에 있는 다른 본문들은 하

---

177) Richard Schultz, "The King in the Book of Isaiah," in The Lord's Anointed, ed. P. E. Satterthwaite, R. S. Hess, and G. J. Wenham (Grand Rapids: Baker, 1995), 154-59. 슐츠는 이사야가 그 종을 다윗계열과 동일시하지 않고 있다고 본다. 그 이유는 만일에 이사야가 그렇게 했다면 그것은 이 예언 단락이 가지고 있는 주제상의 강조점으로부터 벗어나기 때문이라는 것이다.

178) 5a절의 히브리어 본문은 "이것은 그 하나님 야웨께서 말씀하신 것이다"로 읽힌다. "하나님"에 딸려 있는 정관사는 그가 유일하신 분이요, 다른 모든 신들보다 뛰어나신 분임을 암시한다.

나님이 이스라엘과 언약을 맺을 것임을 기대하고 있다(55:3; 59:21; 61:8을 보라). 그러나 이 장들에 있는 다른 어떤 본문도 하나님과 열방 사이의 언약에 관해서 말하지 않는다. 따라서 이사야 42:6b는 그 종의 사역을 이스라엘을 향한 언약 중재자의 사역으로, 그리고 더 넓게는 하나님의 "빛"을 이방인들에게 전하는 사역으로 묘사하고 있다고 볼 수 있다.

이러한 맥락에서 볼 경우에 "빛"은 속박과 압제로부터의 해방을 상징한다(49:6b와 51:4-6을 보라). 그 종이 땅 위에 정의를 세우는 데 사용할 방식들 중 하나(42:1, 4)는 죄수들을 어두운 감옥으로부터 풀어주는 것이다(7절). 이 것은 아마도 완악하고 위험한 범죄자들 또는 사회적인 불의의 희생자들을 가리키지 않을 것이다. 오랜 기간 동안 어두운 감방에 갇혀 있는 동안 그들은 눈이 멀게 되지만, 그 종은 그들을 풀어줄 것이요, 그들을 햇빛 비치는 바깥세상으로 인도함으로써 "그들의 눈을 열어줄" 것이다(시 146:7-8의 비슷한 표상을 보라).

야웨께서는 자기가 자신의 주권적인 영광을 열방의 신들과 함께 나누지 않으실 것을 강조하심으로써 자신의 주장을 마무리하신다(8절). 우상 신들과는 대조적으로(사 41:22-23을 보라) 야웨는 이전의 예언들(여기서는 고레스에 관한 것들)을 성취하시며, 새로운 일들(종의 사역과 관련된)이 일어날 것임을 선포하신다(9절). 그의 역사 주권은 모든 사람들에게 분명하게 드러나야만 한다. 야웨의 주권 선언에 응답하여 예언자는 온 땅 거민들에게, 그리고 심지어는 먼 곳에 사는 자들에게까지 야웨께 찬송을 부르고 그의 위대하심을 인정할 것을 요청한다(10-12절).

비길 데 없는 구원자(42:13—44:23)

이 단락은 40:1—42:12의 중심 주제들을 되풀이하면서 발전시키고 있다. 이스라엘은 두려워할 필요가 없다. 왜냐하면 야웨가 열방의 신들보다 뛰어나시며, 자기 백성을 포로로부터 기꺼이 해방시키실 것이요, 또 그렇게 하실 수 있는 분이기 때문이다. 이 장들 역시 이스라엘의 죄를 문제 삼는다. 물론 그 죄는 이스라엘을 포로가 되게 하는 이유에 해당하면서 동시에 회복의 유일한 장애물이기도 하다. 야웨는 참으로 자기 백성을 구원하실 준비가 되어 있으며 또 기꺼이 그렇게 하심으로써 그들에게 주신 자신의 약속을 성취하실 생각을 가지고 있다. 그러나 그러한 일이 가능하게 되기 전에 먼저 그들이 죄의 문제를 해결하지 않으면 안 된다. 이 단락은 후반부가 전반부의 주제들을 그대로 반영하는 구조를 보여주고 있다:

전반부(42:13—43:13)
　A 야웨께서 다가올 이스라엘의 구원을 선포하심(42:13-17)
　B 야웨께서 이스라엘을 죄의 문제와 직면케 하심(42:18-25)
　C 야웨께서 이스라엘에게 두려워하지 말라고 격려하심(43:1-7)
　D 야웨께서 우상 신들에 대한 자신의 탁월성을 분명하게
　　밝히심(43:8-13)
후반부(43:14—44:20)
　A 야웨께서 다가올 이스라엘의 구원을 선포하심(43:14-21)
　B 야웨께서 이스라엘을 죄의 문제와 직면케 하심(43:22-28)
　C 야웨께서 이스라엘에게 두려워하지 말라고 격려하심(44:1-5)
　D 야웨께서 우상 신들에 대한 자신의 탁월성을 분명하게
　　밝히심(44:6-20)
결론(44:21-23)

전사이신 하나님께서 치심(42:13-17)

　예언자는 야웨를 전쟁터로 나아가시는 위대한 전사로 묘사한다. 그는 전쟁의 함성을 높이시고 자신의 권능을 드러내신다(13절). 우리는 야웨께서 말씀하시는 소리를 듣는다. 그는 자기 백성이 패배와 포로생활의 고통을 겪을 때에 자신이 "침묵하셨음"을 인정하신다. 그러나 그는 더 이상 자신을 억제하지 못하신다. 산고를 이긴 여인처럼 그는 숨이 차고 헐떡이는 모습으로 자신의 대적들을 공격하는 데 열중하신다(14절). 야웨께서는 모든 대적을 멸하실 것이다. 그는 자신의 공격이 가져올 파괴적인 결과를 산 위의 나무들을 메마르게 하고 강들과 연못들을 마르게 하는 광범위한 가뭄에 비유하신다(15

절). 눈이 먼 죄수들을 자유케 하신(7절을 보라) 그는 그들을 다시금 집으로 인도하실 것이요, 그들 앞의 길을 밝혀주실 것이요, 그들의 길에서 장애물들을 치워주실 것이다(16절). 우상을 신뢰하는 원수 국가들은 수치를 당하게 될 것이다(17절; 41:5-7을 보라).

죄의 부정적인 결과들(42:18-25)

야웨께서는 이제 맹인의 은유를 사용하되 풍자적인 메시지로 그것을 변형시키신다. 앞의 맥락에서(7, 16절) 눈먼 것은 포로민들의 감옥생활과 연결되어 있으며, 그들의 고통스러운 상황을 묘사하는 데 사용된다. 그러나 여기서 야웨께서는 포로민들의 영적인 둔감함을 묘사하시면서 그들을 눈멀고 귀가 닫힌 자들로 칭하신다(18-20절). 그는 이스라엘을 자신의 종으로, 사자로 선택하셨다. 그는 자기 백성에게 모세의 율법을 주셨고 그들이 그것에 순종할 것으로 기대하셨다. 율법은 주변 나라들이 이스라엘의 지혜에 깊은 감동을 받게끔 이스라엘 공동체를 이끌려는 의도를 가지고 있었다(21절; 신 4:5-8을 보라). 이스라엘은 하나님의 율법을 전시함으로써 다른 민족들을 유일하신 참 하나님께로 인도함으로써 열방에 대하여 "사자"(messenger) 역할을 수행해야만 했다(사 6:9-10을 보라). 그러나 이스라엘은 영적으로 눈이 멀고 귀가 닫힌 자나 다름이 없었다(사 6:9-10을 보라). 이스라엘 백성은 하나님의 위대한 행동들과 율법을 통하여 그의 자기 계시를 목격하였음에도 불구하고 야웨를 대적하였다(23-24절). 그 결과 그는 그들에게 피할 수 없는 파괴적인 심판을 내릴 수밖에 없었다(22, 25절). 그럴 때조차도 그들은 하나님의 징계에 적절하게 응답하는 데 실패한다(25b절). 자기들의 죄가 포로생활의 가장 큰 원인임을 깨닫기는커녕 그들은 하나님이 자기들을 잊으셨다고 불평한다(40:27을 보라). 마치 그가 자기들이 처한 상황에 대하여 책임을 지셔야 하는 것처럼 말이다.

이스라엘의 구속자요 보호자(43:1-7)

이스라엘이 저지른 과거의 실패들에도 불구하고 야웨께서는 자기 백성에게 두려워하지 말 것을 강조하시며, 자기가 그들을 포로생활로부터 구속할 것임을 보증하신다. 야웨는 이스라엘의 창조자요 주권적인 왕의 자격으로 말씀하시면서(1, 3절), 자기가 그들을 위협하는 모든 세력들로부터 그들을 지켜주시겠다고 약속하신다(2절). 두 가지의 은유를 사용하신 그는 그들이 위험한 강을 건너고 타오르는 불길을 걸을 때에도 자기가 그들과 함께 하실 것임을 약속하신다. 이 두 가지 은유들 중의 첫 번째 것은 출애굽 전승을 연상시키며, 두 번째 것은 아이러니컬하게도 앞선 신탁에 나타난 표상을 역전시키고 있다. 42:25에서 타오르는 불길은 이스라엘을 향한 하나님의 심판을 상징하지만, 여기서 그는 그러한 불길이 그들을 상하게 하지 못할 것임을 약속하신다.

야웨께서는 이스라엘을 향한 자신의 특별한 사랑을 분명하게 밝히신다(4절). 그는 자신의 영광을 위하여 이스라엘을 창조하셨기에(7절), 자신의 그러한 계획을 포기하지 않으실 것이다. 그는 뿔뿔이 흩어져버린 그들을 그 먼 땅으로부터 다시 오게 하실 것이다(5-6절). 설령 그것이 다른 나라들의 고통을 의미한다고 할지라도 말이다(3절). 야웨께서는 다시금 은유적인 언어를 사용하시면서 자기가 이집트와 구스와 스바(모두 함의 후손들이 거주하는 아프리카 지역을 가리킴, 창 10:6-7을 보라)를 이스라엘의 해방을 위한 속량물로 주실 것이라고 말씀하신다. 물론 주권자이신 야웨는 자기 백성을 구속하기 위하여 누군가를 "속량"해야 할 필요가 없다. 그러나 이곳에 언급된 속량물의 은유는 이스라엘이 하나님 보시기에 소중한 존재임을 강조하는 효과를 갖는다. 이 표상의 배후에는 페르시아의 이집트 정복이라는 현실이 놓여 있다. 하나님은 고레스를 정복자로 세우시고 페르시아인들에게 제국 건설을 허용하심으로써 위에 언급한 이방 민족들을 페르시아의 신민(臣民)들이 되게 하신다. 그러나 그는 또한 자기 백성으로 하여금 고레스 칙령에 의해서 포로로부터의 귀향을 가능케 하시기도 한다.

눈멀고 귀가 닫힌 자들을 증인으로 세우심(43:8-13)

야웨께서는 포로 된 이스라엘을 구원하기로 약속하시지만, 그들이 성취해야 할 과제를 주기도 하신다. 그는 그들이 한데 모인 열방 앞에서 그의 위대하심과 열방의 신들보다 뛰어나심을 증거하기를 기대하신다(8, 10절). 열방 중에 누구도 고레스의 성공을 예견하지 못하며, 이스라엘의 구원이 가까웠음을 선포하지 못한다(9절). 오직 야웨만이 그러한 일들을 선포하신다. 왜냐하면 오직 그만이 "하나님"이라는 호칭을 받을 자격이 있는 분이요, 역사를 주관하시는 분이기 때문이다. 이 때문에 오직 그만이 자기 백성을 구원하실 수 있다(11-12절). 그가 일단 행동하기로 결정하시면, 어느 누구도 그가 자신이 선포하신 일을 성취하지 못하게 막지 못한다(13절).

바벨론으로부터의 구원(43:14-21)

이스라엘의 창조자로, 왕으로, 구원자로 말씀하시는 야웨는 자신이 바벨론을 무찌르시고 자기 백성을 압제로부터 해방시키실 것임을 분명하게 밝히신다(14-15절). 출애굽은 이스라엘 역사에서 매우 중요한 사건으로 여겨지고 있다. 하나님은 기적적으로 바다를 둘로 나누시고 그들로 하여금 이집트의 추격군을 피하게 하셨다(16절). 이집트 군대가 그들을 추격하여 바다에 이르자, 야웨께서는 이집트 병사들과 전차들을 멸하셨다(17절). 그러나 다가올 포로민들의 구원 — 여기서 "새로운 일"로 불리는(19절) — 은 하나님께서 과거에 하신 어떠한 일보다도 뛰어난 일이 될 것이다(18절). 야웨께서는 자기 백성을 다시 고향으로 되돌아가게 하실 것이요, 그들을 위험한 짐승들로부터 보호하시고, 여행 중에 그들에게 필요한 것들을 공급하실 것이다(19-21절).

추한 과거를 보이심(43:22-28)

미래의 구원에 대한 이러한 비전을 상세하게 설명(44:1-5를 보라)하기 전에 야웨께서는 다시금 죄로 얼룩진 이스라엘의 과거를 들추어내신다(42:18-25를 보라). 야웨께서 자기를 섬기도록 이스라엘을 창조하셨건만(43:21을 보라), 이스라엘은 그를 거역한다(22절). 여기서 포로민들은 아마도 이스라엘이 항상 야웨께 풍성한 희생제물을 드렸다는 점을 지적함으로써 반론을 제기하고자 할 것이다. 그러나 야웨의 시각에서 볼 경우에 그러한 제사는 받아들일 수 없는 것이다. 왜냐하면 희생제물을 가져오는 자들부터가 죄인들이기 때문이다. 이 점을 분명하게 밝히기 위하여, 야웨께서는 이스라엘이 희생제물을 바쳤다는 것을 사실상 인정하지 않는다(23-24절). 겉으로만 본다면 이 구절들은 포로기의 이스라엘이 적절한 희생제물을 가져오지 못했음을 정죄하는 것으로 보인다. 그러나 그러한 비난에는 문제가 있다. 그것은 외견상 불공평해 보인다. 야웨께서는 포로생활을 하던 이스라엘의 행동을 가리키고 있지 않다. 그 까닭은 희생 제의가 그러한 상황 속에서는 불가능하였고, 야웨께서도 그것을 거의 기대하지 않으셨을 것이기 때문이다. 만일에 이 구절들이 포로기 이전의 이스라엘의 행동을 가리킨다면, 그것들은 포로기 이전의 이스라엘이 과도한 희생제물을 가져왔다고 보는 다른 구절들(예로써 사 1:11-14; 렘 6:20; 암 4:4-5; 5:21-23 등을 보라)과 서로 어긋나는 것으로 보인다. 이 구절들은 희생제물을 가져오지 않은 이스라엘의 행동을 정죄하기보다는 이스라엘의 종교적인 의례가 무가치한 것이었음을 매우 수사학적인 언어로 설명하는 것으로 해석하는 것이 더 나을 듯하다. 앞에서도 언급한 바와 같이 이스라엘은 희생제물을 가져오기는 했지만, 그것을 야웨께 가져온 것이 아니었다. 이는 그가 그것을 받아들이지도 않고 원하지도 않으셨다는 사실에 의해 뒷받침된다.[179)]

야웨는 이스라엘의 죄를 용서할 준비가 되어 있다(25절). 그러나 이스라엘은 먼저 죄로 얼룩진 자신의 과거를 자백해야 하며, 무죄 주장을 중단하여야 한다(26절). 이스라엘의 조상 야곱도 죄인이었고, 그때 이후로 이스라엘의 모든 지도자들은 야웨께 범죄하였다(27절).[180)] 이러한 반역행동으로 인하여 야웨는 이스라엘을 향하여 과감한 조치를 취하시고 그들에게 엄한 심판을 내리기로 작정하셨다.[181)]

---

179) 더 상세한 논의를 위해서는 다음을 보라: North, *Second Isaiah*, 127; R. Whybray, *Isaiah 40-66*, NCB (Grand Rapids: Eerdmans, 1975), 91.

180) 이스라엘의 "첫 조상"이 누구인지에 대해서는 논란이 많다. 이 구절은 아브라함을 가리킬 수도 있다(51:2를 보라). 그러나 이사야는 다른 곳에서 그를 부정적으로 언급하지 않는다(29:22; 41:8; 63:16을 보라). 더 유력한 후보자는 야곱이다. 그는 이사야서의 다른 곳에서도 이스라엘의 "조상"으로 불린다(58:14; 63:16). 야곱은 이스라엘을 구성하는 열두 지파의 조상이며, 하나님과 싸운 그의 전력은 그의 후손들의 반역행동을 미리 보여준다(호 12:2-4를 보라).

181) NIV는 28절을 미래 시제로 번역한다. 그러나 이 문맥에서 심판은 이미 이루어진 것으로 보아야 옳다. 접속사가 접두 자음으로 붙은 동사 형태와 연속법 아닌 접속사가

메마른 땅을 적심(44:1-5)

야웨께서는 다시금 자신의 선택된 백성을 도와줄 것임을 분명하게 밝히신다(1-2절). 포로 된 백성을 메마른 땅에 비교하신 야웨께서는 자신의 복을 비처럼 내리셔서 이스라엘을 새롭게 하겠다고 약속하신다(3절). 포로 공동체의 후손들은 시냇물 곁의 나무들처럼 번성할 것이요(4절), 전혀 부끄러움 없이 야웨께 충성을 다짐할 것이다(5절).

2절에서 야웨는 이스라엘을 "여수룬"이라 칭하신다. 이것은 "정직한 자"라는 뜻을 가지고 있다. 이 호칭은 오직 이곳과 신명기 32-33장에서만 나타난다. 신명기 32:15에서 여수룬(=이스라엘)은 야웨의 복을 통하여 번성할 것이지만(13-14절), 나중에 다른 신들을 섬김으로써 야웨를 거역할 것이다(16-18절). 신명기 33장에서 여수룬의 왕이신(5절) 야웨는 각 지파들에게 돌아갈 복을 주관하신다. 그 복은 "여수룬의 하나님 같은 자는 없다"(26절)는 선언으로 끝을 맺는 바, 그 하나님은 이스라엘을 도우시는 분으로서 그들의 군사적인 활동과 농경활동에 복을 주실 것이다(27-29절). 이사야 44:3의 여수룬 호칭은 적절한 것이다. 왜냐하면 이 구절의 전후 문맥이 신명기 32-33장의 여수룬 호칭과 관련된 동일한 주제들, 곧 도움을 주시기 위한 야웨의 임재(사 44:2b와 신 33:26을 보라), 우상숭배의 무익함(사 44:6-20과 신 32:15-21을 보라), 야웨의 복(사 44:3-5와 신 32:13-15; 33:26-29를 보라) 등과 같은 주제들을 다루고 있기 때문이다.

이방 신들을 조롱함(44:6-20)

야웨는 다시 한 번 자신이 유일하신 참 하나님임을 분명하게 밝히시며, 이를 반박할 자가 있으면 누구든지 증거를 대라고 요구하신다(6-7절). 그는 이스라엘에게 자신의 비길 데 없음을 증거할 것을 촉구하시며, 자신이야말로

접두 자음으로 붙은 동사 형태는 일반적으로 제각기 미완료와 청유법을 가리키는 것으로 이해된다. 그러나 그 형태들은 과거형으로 보는 것이 더 적절할 것이요, 따라서 과거 시제로 번역하는 것이 더 나을 것이다. 어떤 이들은 이 두 형태에 추가된 접두 자음 형태의 접속사를 연속법 형태로 수정하고자 하지만, 그럴 필요까지는 없다. 시문체에서 과거형은 '와우' 연속법으로 나타나거나 아니면 '와우' 없이도 나타날 수 있다.

이스라엘이 믿을 수 있는 유일한 보호자이심을 선언하신다(8절).

8b절에서 시적인 평행 대구(對句)로 나타나는 "하나님"과 "반석"이라는 호칭들은 3절의 여수룬 호칭처럼 신명기 32장을 생각나게 한다. 신명기 32장에서 이 호칭들은 이스라엘을 낳으시고(15, 18절) 신실한 왕으로서 그들을 다스리시는(4, 15절) 야웨께 사용된다. 신명기는 거짓 신들에게로 돌이키는 이스라엘의 반역행동에 대해 묘사하면서(15, 17-18절), 하나님의 진노를 촉구한다(30절). 그러나 야웨께서는 자기들을 지켜주지 못하는 신들을 섬기는 대적들을 멸하심으로써 자기 백성을 위해 복수하실 것임을 약속하신다(31, 37절). 야웨는 이로써 자신이 능력 있는 유일한 하나님이요 믿을 수 있는 보호자("반석")이심을 입증하실 것이다. 신명기 32장의 연대기 구조에 의하면, 야웨께로부터 이사야 44장의 메시지를 듣는 세대는 심판과 구원 사이에 서 있다. 그들은 이미 신명기 32장에 언급된 심판을 경험한 자들이다. 그러나 야웨는 그들을 여수룬이라 칭하시고서 재보증과 약속의 맥락에서 자신을 "반석"으로 칭하심으로써, 포로 된 이스라엘에게 신명기 32:34-43의 약속들에 주의를 기울일 것을 촉구하신다.

야웨께서는 날카로운 풍자로 이방 신들과 그들의 숭배자들을 조롱하신다. 우상을 신뢰하는 자들은 확실히 절망과 수치에 사로잡힐 것이다. 왜냐하면 그 신들은 사람의 손으로 만든 것들이기 때문이다(9-11절). 9-11절과 1-8절 사이를 연결하는 두 개의 동사는 야웨와 이방 신들의 차이를 강조한다. 첫째로 야웨는 자기 백성 이스라엘을 "지어내신다"(히브리어로 '야차르'). 반면에 우상들을 "만들고"(다시금 '야차르' 동사가 나타남, 9절) 신을 "빚어 만드는"('야차르') 자들은 이방 신들을 만들어낸다. 요점은 이렇다: 야웨는 창조자이시지만, 이방 신들은 창조된 자들이다. 둘째로 이스라엘은 "두려워할"(8절, 히브리어로는 '파카드') 필요가 없다. 그러나 우상숭배자들은 대적들 앞에서 두려움에 사로잡힌다(히브리어 '파카드'를 번역한 11절의 "두려움"을 보라). 요점은 이렇다: 야웨는 자기 백성을 안전하게 지키시지만, 이방 신들은 자기들을 숭배하는 자들을 도와주지 못한다.

야웨는 우상들이 사람의 손으로 만든 것이라는 점을 강조하심으로써 이상의 두 가지 사실을 분명하게 밝히신다. 대장장이들과 목수들은 열심히 일하여 우상 신을 만들어낸다. 그 우상 신은 사람의 모양을 본떠서 만들어지며, 안치되어 있는 성소에 갇힌 채로 아무런 일도 행하지 못한다(12-13절). 우상을 제조하는 일로 인하여 대장장이들과 목수들은 피곤함을 느끼지만, 그들은 그 일을 결코 중단하지 않는다. 만일에 우상 제조자들이 그처럼 쉽게 허약함과 피곤함을 느낀다면, 우상 신의 힘은 얼마나 불충분하고 허약하겠는가. 이와는 대조적으로 야웨는 피곤에 지친 자기 백성에게 초자연적인 힘을 주신다(40:29-31을 보라). 우상들은 조그마한 성소에 앉아 있지만, 야웨는 지평선 위에 앉아서 인간 세상의 모든 일들을 주관하신다(40:22-23을 보라).

사람의 손으로 만든 우상들을 조롱하는 것은 14-20절로 이어진다. 우상은 사람이 자른 나무로부터 취하여진 목재로 만들어지는 것이다(14절). 인간은 그 목재의 절반을 불쏘시개로 사용하여 자신의 몸을 따뜻하게 하고 음식물을 요리한다. 그리고나서 나머지 절반으로는 우상을 만들어 숭배하면서 도움을 호소한다(15-17절). 우상숭배자들은 이 모든 어리석음에 사로잡혀 있다(18절). 그들은 이를테면 눈에 석고가 발라진 것과도 같은 상태에 있어서, 도무지 자기들이 숭배하는 우상 신이 불쏘시개로 쓰는 나무와 똑같은 것으로 만들어졌다는 생각을 하지 못한다(19-20절).

초청과 응답(44:21-23)

야웨께서는 자기 백성을 향한 초청의 말씀으로 이 단락의 긴 논의를 마무리하신다. 그는 그들에게 자기가 그들에게 말씀하신 모든 것을 주의 깊게 생각해볼 것을 촉구하시며, 그들에게 용서가 가능함을 분명하게 밝히신다(21-22a절). 사실 야웨는 자기가 그들을 이미 용서하였고 그들의 죄를 제거하였음을 선언하신다. 이를 그는 잠시 눈에 보이다가 금방 사라지는 하늘의 구름에 비유하신다(욥 7:9; 30:15; 호 6:4; 13:3을 보라). 이스라엘은 단지 회개함으로써 이러한 제안을 그대로 받아들이기만 하면 된다(22b절). 이사야 55:7에 있는 언약 갱신에의 부르심은 용서가 회개의 결과라고 보기 때문에, 이곳 44:22에서는 야웨께서 과장법을 사용하시고 있는 것으로 보인다. 그는 그들의 죄가 회개하기도 전에 용서받았다고 말씀하심으로써 이스라엘을 기꺼이 회복시키려는 자신의 의도를 강조하신다. 그의 시각에서 볼 경우에, 회개는 화해를 위해 필요한 유일한 길에 해당한다. 예언자는 야웨의 초청에 응답하여 하늘과 땅 및 의인화된 산들과 숲들을 소환하여 야웨를 찬양하고 이스라엘을 향한 그의 자비하심을 인정할 것을 요청한다(23절).

야웨의 기름 부음 받은 자인 고레스(44:24—45:8)

동방/북방의 강한 정복자가 거둘 승리들에 대하여 묘사하신(41:2-3, 25를 보라) 야웨께서는 이제 이 왕의 이름을 밝히시며, 그에게 승리를 보증하신다. 야웨는 온 세상의 유일한 창조자로서(24절) 역사를 주관하신다. 그는 이사야와 같은 예언자들을 통하여 예루살렘과 유다의 성읍들이 재건될 것임을 선언하신다(26절). 그 일을 성취할 그의 도구로 고레스가 선택되는 바, 그는 여기서 하나님의 "목자"로 불린다. 왜냐하면 그가 수행할 정복 전쟁들과 그가 내릴 명령들은 하나님의 백성을 유익하게 할 것이기 때문이다(28절). 물론 반대하는 세력도 있을 것이다. 그러나 야웨께서는 모세의 시대에 홍해를 말리신 것처럼 그 일을 방해하는 모든 것들을 제거하실 것이다(27절).

바벨론의 예언자들과 징조 해석자들(NIV, "점술가들")은 야웨의 계획을 방해하려고 애쓸 것이다(25절). 징조 해석은 메소포타미아 종교와 사회에서 없어서는 안 되는 것들로 나타난다. 우연한 현상들을 관찰하고, 동물의 내장을 살핌으로써, 그리고 천체 현상을 관찰함으로써 바벨론의 징조 해석자들은 자기들이 신들의 뜻을 분별함과 아울러 미래를 조절할 수 있다고 믿었다. 그들은 징조들의 목록을 만들었으며, 재앙을 피하기 위하여 반대 징조들을 만들어내었다.[182] 고레스가 바벨론으로 진격하자 예언자들과 징조 해석자들은 패배를 면하려고 애쓰겠지만 아무 소용이 없을 것이다. 왜냐하면 야웨께서 이 특별한 일을 위해 페르시아 왕을 선택하여 그에게 힘을 주실 것이기 때문이다(45:1). 그는 심지어 고레스를 그의 "기름 부음 받은 자"로 칭하기까지 하신다. 이 칭호는 흔히 이스라엘의 제사장이나 왕에게 적용되는 것을 일

---

182) 메소포타미아의 점술에 대한 유용한 연구를 위해서는 다음을 보라: Wilson, *Prophecy and Society in Ancient Israel*, 90-110; A. Leo Oppenheim, *Ancient Mesopotamia*, rev. ed. (Chicago: University of Chicago Press, 1977), 206-27.

컫는다.[183] 야웨는 또한 자기가 고레스의 오른손을 붙들 것이요 페르시아의 승리를 보증할 것임을 선언하신다.

직접 고레스를 향하여 말씀하시는 야웨는 자기가 왕 앞에서 행하실 것이요, 온갖 장애물들을 제거할 것임을 약속하신다(2절). 자신의 직무에 대한 보상으로 야웨께서는 고레스에게 패배한 적들의 부를 넘겨주실 것이다(3a절). 이방 왕 고레스는 야웨가 유일하신 참 하나님임을 즉각 깨닫지 못한다 할지라도, 이스라엘의 하나님의 주권적인 힘을 인식하게 될 것이다(3b-6절).[184] 여기서 야웨의 궁극적인 목적은 자기 백성을 구원하는 일이요, 자신의 위대함을 고레스와 열방에게 드러내는 것이다. 야웨께서는 역사적인 사건들에 대한 자신의 통치권을 통하여 자기가 온 세상을 주관하는 분임을 증명하실 것이다. 그는 자신이 선포한 뜻에 맞추어 "빛"(여기서는 생명과 번영을 상징하는)과 "어둠"(여기서는 재앙과 죽음을 상징하는) 모두를 창조하신다(7절). 그는 전쟁을 종결지으실 수도 있고, 평화가 지배하게(이는 자신의 포로 된 백성을 위하여 고레스를 통해 그가 하고자 하신 일임) 하실 수도 있다. 아니면 그는 열방을 향하여 재앙과 심판을 베푸실 수도 있다(이는 그가 고레스를 통하여 바벨론에게 하고자 하신 일임).[185]

야웨께서는 자신이 자기 백성의 회복에 전념하고 있음을 강조하기 위하여 물의 은유를 한 번 더 사용하신다(8절). 아주 인상적인 문체로 그는 비를 내

---

183) 이 칭호는 다윗이나 그의 왕손들 중의 한 명에게 가장 자주 사용된다.

184) 증거에 의하면 고레스는 다신교주의자로 계속 남아 있었지만(고레스 원통형 기둥은 그가 마르둑과 바벨론의 신들에게 찬미하고 있음을 보여줌), 성서는 그가 이스라엘의 하나님 덕택에 승리할 수 있었음을 인식했다고 본다(대하 36:22-23; 스 1:2-4). 보다 상세한 논의를 위해서는 이사야 41:25에 대한 필자의 설명을 보라.

185) 7절은 하나님의 범인과율(pancausality)을 가르치려는 것으로 이해되어서는 안 된다. 린드스트룀(Fredrik Lindström)은 본절에 대하여 다음과 같이 말한다: "여기서 긍정적인 구절들은 자기 백성의 구원을 위한 야웨의 개입과 관련되어 있다. 반면에 부정적인 구절들은 바벨론 제국의 파멸을 가리킨다. 이렇듯이 이 본문에서 야웨께서 하시는 일로 여겨지는 것들은 이스라엘 백성이 곧 바벨론 포로로부터 해방될 것이라는 사실하고만 관련되어 있다." 이에 대해서는 그의 책, *God and the Origin of Evil* (Lund: CWK Gleerup, 1983), 236을 보라.

려 땅에 있는 농작물의 성장을 도울 것을 하늘에 있는 구름에게 명하신다. 여기서 비는 구원을 상징하며, 곡물의 성장은 회복된 하나님의 백성의 새로워진 생명력을 암시한다.

많은 사람들은 본절들에 나오는 고레스의 이름이야말로 이 예언 단락이 페르시아 왕이 다스리던 주전 6세기에 속한 것임을 나타나는 유력한 증거라고 본다. 어떤 이들은 예고의 성격을 갖는 예언이라는 개념을 아예 인정하지 않는다. 그러한 회의주의자들에게 우리는 이 본문에서 자신의 위대하심을 감동적인 언어로 표현하는 최고의 창조자가 확실히 앞일을 예고할 수 있고 미래를 결정할 수 있는 분임을 지적하지 않을 수 없다. 참으로 그가 그렇게 할 수 있는 힘을 가지고 있다는 것이야말로 이사야서의 이 단락에서 발견하는 핵심 주제들 중의 하나라 할 수 있다. 또 어떤 이들은 성서가 예고의 성격을 갖는 예언을 포함하고 있음을 인정하면서도 그러한 예언이 장차 등장할 개인들의 이름을 포함하지는 않는다는 점을 지적한다. 이러한 비판자들은 "하나님은 어떤 한 개인의 이름을 그가 태어나기 수십 년 전에 예고하실 수 있을까?"라는 질문보다는 "하나님은 과연 미래의 사건들을 예고할 때 그처럼 세부적인 것들까지 지적하시는 것일까?"라는 질문에 더 깊은 관심을 기울인다. 이사야 저작권을 옹호하는 자들은 종종 요시야 왕의 이름이 그가 태어나기 3백 년 전에 예고되었다는 점을 지적한다(왕상 13:2). 그럼에도 불구하고 이러한 종류의 구체성은 이 두 본문들에 한정된다. 이 때문에 어떤 이들은 이 두 예언을 나중에 그대로 성취된 진정한 예고로 이해하는 반면에, 두 예언에 나타나는 인명(人名)은 후대에 서기관들이 역사적인 성취를 예언과 연결시키기 위해 추가한 것이라고 보고자 한다.[186]

---

186) 예로써 해리슨(R. K. Harrison)은 "이사야 44:28과 45:1의 고레스 언급을 포로기 이후의 필사자가 본래의 본문에 이해를 돕기 위해 추가한 것"으로 보고자 한다. 그는 다음과 같이 말하기도 한다: "그 이름들은 예언의 진정한 의미가 무엇인지를 설명하기 위해 서기관들이 나중에 삽입한 것들일 가능성이 매우 높다." 이에 대해서는 그의 책, *Introduction to the Old Testament* (Grand Rapids: Eerdmans, 1969), 794를 보라. 그러나 묘하게도 해리슨은 열왕기상 13:2에 있는 요시야 왕의 이름 삽입을 진정한 예언으로 본다(754, 757쪽을 보라).

회의주의자들을 향한 경고(45:9-19)

바벨론의 징조 해석자들만이 야웨를 대적하는 자들이 아니다. 확실히 포로민들 중의 일부 역시 그의 지혜를 의심하며(9-11절), 그가 자신을 감추시는 하나님이라고 불평한다(15절). 야웨께서는 이러한 비판자들을 땅에 뒹구는 하찮은 토기 조각에 비교하시면서, 피조된 자가 창조자의 작품 활동을 문제 삼는다는 것은 터무니없는 일일 뿐만 아니라 교만한 일이기까지 하다고 말씀하신다. 그 창조자가 어떤 뚜렷한 의도를 가지고서 세상을 만드신 최고 통치자이신 하나님일 경우에 특히 그렇다(12, 18절). 야웨는 자신이 하고 있는 일을 알고 계신 분이다. 그는 고레스를 일으키실 것이요, 고레스는 그의 백성을 포로로부터 건질 것이요, 그들을 그들의 성읍으로 돌아가게 할 것이다(13절). 그리고 이방인들은 이스라엘의 신민이 될 것이요, 이스라엘에게 조공을 바치면서 야웨가 비길 데 없는 분임을 인정하지 않을 수 없을 것이다(14절). 우상 숭배자들은 수치를 당할 것이지만, 이스라엘은 해방될 것이요, 다시는 부끄러움을 당하지 않을 것이다(16-17절). 어떤 이들의 견해와는 대조적으로 야웨는 자신을 감추시는 하나님이 아니다. 도리어 그는 자신의 계획을 드러내시는 하나님이요, 자기 백성으로부터 충성 서약을 받으실 자격이 있는 분이다(19절).

열방을 향한 호소(45:20-25)

야웨께서는 다시 한 번 우상을 숭배하는 이방 나라들을 마주하신다. 그는 거짓된 신들을 섬기는 것이 무익한 일임을 지적하시며(20절), 열방으로 하여금 그러한 사실을 염두에 둘 것을 촉구하신다. 역사를 주관하는 자는 야웨 한 분뿐이다(21절). 그는 열방을 향하여 믿음을 가지고서 자기에게로 돌아올 것이요, 자신이 제공하는 구원을 받아들일 것을 호소하신다(22절). 이러한 제안에 긍정적인 반응을 보이는 것이 그들에게는 합당한 일이다. 왜냐하면 모든 사람들이 무릎을 꿇고서 야웨의 통치 주권을 인정해야 할 날이 오고 있기 때문이다(23절). 그날에는 하나님의 대적들이 수치를 당할 것이지만, 이스라엘은 그 의로움을 인정받을 것이다(24-25절).

바벨론의 몰락은 이스라엘의 기회임(46:1—48:22)

이 세 개의 장들은 다음과 같은 구조를 드러내고 있다:

A 바벨론의 신들을 조롱함(46:1-2)
B 이스라엘에게 호소함(46:3-13)
A' 바벨론을 조롱함(47:1-15)
B' 이스라엘에게 호소함(48:1-22)

도움을 주지 못하는 신들(46:1-2)

야웨께서는 서두 부분에서 바벨론의 신들인 벨(Bel)과 느보(Nebo)를 조롱하신다. "주"를 뜻하는 "벨"은 바벨론의 수호신인 마르둑의 호칭에 해당하는 것이다. 느보(또는 나부, Nabu)는 보르시파(Borsippa)의 수호신인 마르둑의 아들을 가리킨다. 그는 필사상의 기술과 긴밀하게 관련되어 있으며, 지혜의 신으로 알려져 있다.[187] 이 신들의 우상들은 바벨론이 무너진 결과 짐승에게 실려 잡혀갈 것이다. 그 우상들이 너무 무거운 탓에 그것들을 운반하는 가엾은 짐승들의 힘이 소진될 것이다. 요점은 이렇다: 이 신들은 자기들을 숭배하는 자들을 구해내지 못하며, 자기들 자신이 사로잡혀가는 것조차도 막지 못한다. 따라서 그들은 두려움의 대상이 아니요, 숭배할 가치도 없는 자들이다.

비길 데 없는 이스라엘의 하나님(46:3-13)

사람의 손으로 만든 이방 신들은 움직이지도 못하는 것들로서 짐승들에 실려 사로잡혀 가거나(1-2절) 그들을 숭배하는 자들의 어깨에 실려 가지만(6-7절), 이스라엘의 하나님은 자기 백성을 그들의 역사의 처음부터 인도하신 분이요, 장차 그들을 지켜주겠다고 약속하시는 분이다(3-5절). 그는 범죄하여 포로가 된 자기 백성에게 그러한 사실들을 신중하게 고려할 것을 요청

---

187) Helmer Ringgren, *Religions of the Ancient Near East*, trans. J. Sturdy (Philadelphia: Westminster, 1973), 67.

하신다(8절). 그는 과거에 자신의 비길 데 없음을 입증하신 바가 있다. 그리고 앞으로 다시 한 번 자신의 위대하심을 드러내실 것이다. 그는 고레스를 통하여 자신의 계획을 이루실 것인 바, 고레스는 여기서 동방에서 올 "독수리"로 불린다(9-11절). 이스라엘이 완악하고 불순종하는 모습을 보이기는 하지만, 야웨께서는 새롭고도 흥미로운 미래를 향하여 문을 여실 것이다 (12-13절).

여왕 바벨론이 수치를 당함(47:1-15)

야웨께서는 다시 한 번 바벨론을 조롱하신다. 그는 그 성읍을 교만하고 악한, 그리고 자신이 어떠한 위험으로부터도 안전하다고 믿는 여왕으로 묘사하신다(7-8, 10절). 그러나 재앙이 갑자기 그 성읍을 칠 것이다. 징조 해석과 반대 징조 및 주술 등을 통하여 파멸을 몰아내고자 하는 바벨론의 모든 노력은 실패할 것이다(9, 11-13절). 점술가들과 점성술사들은 야웨의 강렬한 심판 앞에서 아무런 도움도 주지 못할 것이요(14-15절), 바벨론은 수치를 당할 것이다. 야웨께서는 바벨론의 붕괴를 묘사하기 위하여 생생한 은유를 사용하신다(1-5절). 우아하고 방자한 여왕은 자신의 보좌로부터 이끌어 내려져서 티끌 속에 앉아 애곡하게 될 것이다. 그녀는 고통스런 노예 노동의 자리로 떨어질 것이요, 포로로 사로잡혀 갈 것이다. 그녀는 강을 건널 때 치맛자락을 걷어 올림으로써 자신의 부끄러운 부분을 모든 사람들 앞에 드러낼 수밖에 없을 것이다. 이러한 징계는 가혹하기는 하지만 적절한 것이다. 왜냐하면 야웨께서는 자기 백성을 학대한 바벨론의 소행에 앙갚음을 해야 하기 때문이다(3절의 "내가 보복하되"라는 구절을 보라). 야웨께서는 바벨론 사람들을 징계의 도구로 사용하셨지만, 그들은 무자비했고 심지어는 나이 많은 사람들에게 고된 노동을 시키기까지 했다(6절).

이스라엘은 귀를 기울여 들어야 함(48:1-22)

야웨께서는 다시금 포로 된 자기 백성에게 말씀하시며, 그들에게 자기가 말하는 내용에 주의를 기울일 것을 촉구하신다(1-2절). 그는 서두 부분에서 역사적인 교훈을 나열하신다(3-6a절). 이스라엘의 과거에 야웨께서는 어떤 사건들이 발생하기 전에 미리 그것들을 선포하셨고, 그대로 성취되게 하셨다. 야웨께서 이렇게 하신 것은 이스라엘이 얼마나 완악한 태도로 우상을 숭배하는지를 그가 잘 알고 계셨기 때문이다. 그는 이방 신들이 아니라 자신이 자기 백성의 운명을 주관한다는 점을 분명하게 밝힐 필요가 있었다.

같은 이유로 하여 그는 이제 "새로운 일들"을 그것들이 발생하기 전에 미리 선포하신다(6b-7절). 이스라엘의 반역행위 때문에(8절) 야웨는 그들을 엄하게 징계하지 않을 수 없었다(10절). 그러나 그는 그들을 완전히 멸할 수는 없었다. 그렇게 되면 신실하신 하나님으로서의 그의 명성을 문제 삼는 자들이 있을 것이기 때문이다(9절). 야웨께서는 자신의 명예를 위하여 개입하실 것이다(11절). 그는 역사를 주관하는 주로서, 그리고 온 세상을 창조하신 주로서 말씀하시면서(12-13절) 우상 신들이 아니라 바로 자신이 고레스의 출현을 선포하셨음을 강조하신다. 고레스는 바벨론을 공격함으로써 야웨의 계획을 성취할 것이다(14-16a절). 고레스 자신은 심지어 그러한 일에 동의하는 자로 묘사되기까지 한다. 야웨가 자신을 세우시고 초자연적인 힘을 주셨다고 선언함으로써 말이다(16b절). 16b절의 화자(話者)가 누구인지는 밝혀져 있지 않다. 어떤 이들은 그 화자를 예언자나 야웨의 특별한 종으로 이해한다(야웨의 신에 대한 언급을 주목하되, 이를 42:1과 61:1과 비교하라). 그러나 14절은 이곳의 화자가 "야웨께서 선택하신 협력자"로 불리며 바벨론 정복자로 묘사되는 고레스임을 암시한다.

이제는 어조가 더욱 긍정적인 분위기로 바뀐다. 야웨께서 이스라엘의 구속자로, 그리고 주권적인 왕으로 말씀하시면서 자신을 자기 백성의 교사와 도덕적인 인도자로 소개하시기 때문이다(17절). 야웨께서는 항상 이스라엘을 안전과 무수한 후손의 복을 주시기를 원하셨지만, 이스라엘의 죄악과 반역이 그러한 일이 발생하는 것을 막았다(18-19절). 그러나 이제는 하나님의 이상이 실현될 때가 가까이 왔다. 야웨께서는 포로민들에게 바벨론을 떠날 것이요(20절), 하나님의 구원과 섭리를 경축할 것을 촉구하신다(21절). 그의 구원과 섭리는 출애굽 전승을 연상시키는 표상과 더불어 묘사된다(출 17:6; 민 20:11). 48장의 말씀은 악인들이 하나님께서 약속하신 평화를 얻지 못할 것임을 차분하게 상기시키는 것으로 끝을 맺는다(22절).

정당함을 입증받은 종과 회복된 성읍(49:1—54:17)

49-54장의 강조점은 야웨의 특별한 종(49:1-13; 50:4-9; 52:13-53:12)과 시온의 회복 및 갱신(49:14~50:3; 50:10-52:12; 54:1~17) 사이에서 움직인 다. 반대와 고통에도 불구하고 그 종은 범죄한 이스라엘을 하나님께로 돌이키기 위한 자신의 사역을 계속한다. 그의 활동은 예루살렘의 회복과 자기 백성을 향한 하나님의 계약 관계의 갱신을 가능케 한다(55장을 보라).

종이 이스라엘을 집으로 인도함(49:1-13)

고레스가 무대에서 사라지면서 이제는 이른바 첫 번째 종의 노래(42:1-9를 보라)에 소개된 바 있던 야웨의 특별한 종이 중심 무대를 차지한다. 이 두 번째 종의 노래는 그 종이 멀리 떨어져 있는 나라들에게 말하는 것으로 시작한다(1b-2절). 종의 입(그가 선포하는 말씀들을 대표하는)은 날카로운 칼에 비유된다. 이것은 그의 말이 파괴력을 가질 것임을 암시한다. 그러나 종을 정복자로 묘사하지 않는 종의 노래들 전체의 맥락에서 본다면, 그러한 표상은 단순히 그 종이 유능한 하나님의 대변인임을 뜻하는 것일 수도 있다(50:4를 보라). 하나님은 이 "칼"을 적절한 때에 빼내어 사용할 수 있게끔 손에 잡으신다. 종 자신은 적당한 때에 사용하기 위해 준비해 둔 화살통의 날카로운 화살에 비유된다. 화살의 표상은 다시금 강한 소명을 암시하지만, 여기서는 그 종이 하나님의 계획을 성취할 수 있는 충분한 능력을 가지고 있음을 강조하는 것으로 보인다.

이어서 그 종은 하나님께서 주신 자신의 사명을 회상한다(3절). 야웨께서는 자신의 종을 "이스라엘"로 부르시는 바(3절), 이는 이스라엘 민족을 염두에 두고 있는 것으로 보인다. 그러나 문제가 그렇게 간단하지만은 않다. 이 종 "이스라엘"은 포로 된 이스라엘을 구원하고(5-6절), 그들을 위해 새로운 계약을 중재하고(8절), 하나님의 백성을 고국으로 인도하라는(9-13절) 명을 받는다. 앞서 언급한 바와 같이, 그 종은, 어떤 의미에서는 "이스라엘"을 가리키지만, 포로 된 이스라엘과 구별되는 자이기도 하다. 그 종은 확실히 범죄한 나라와 긴밀하게 관련되어 있으면서도 그와 구별되는 "이상적인" 이스라엘을 가리킨다. 그는 자기 백성을 위한 하나님의 이상을 대표하기에 "이스라엘"로 불릴 수 있다. 그는 제멋대로인 포로민들을 하나님께로 돌이킬 것이요, 열방을 위한 하나님의 사자로서의 역할을 성취할 것이다. 항상 하나님은 이스라엘이 자신의 율법에 순종하고 어떠한 사회가 정의로운 사회인지를 세상 나라들에게 보여줌으로써 열방에게 대하여 등불과도 같은 존재가 되기를 기대하신다(신 4:5-8; 사 42:21을 보라). 이로써 하나님은 영광을 받으실 것이다. 이스라엘은 이 사명에 실패하였지만, 그 종은 성공할 것이다(6절을 보라).

그러나 성공을 향한 길이 순탄한 것만은 아니다. 그 종은 자신의 고된 일이 허사가 될 것을 두려워한 나머지 약간의 좌절감을 내비친다(4a절). 이 주제는 세 번째 종의 노래와 특히 네 번째 종의 노래에서 한층 발전된 형태로 나타난다. 이 두 노래에서 우리는 박해와 고통이 그러한 염려를 부추기고 있음을 발견한다. 그러나 눈에 보이는 긍정적인 결과가 없다 할지라도 그 종은 여전히 야웨께서 종국에는 자신의 노력에 대하여 보상을 해주실 것임을 확신하고 있다(4b절).

그 종은 이어서 자신의 청중에게 야웨께로부터 주어진 새롭고 확대된 자신의 소명을 알린다(5-6절). 그 종의 첫 과제는 이스라엘에게 하나님과의 온전한 관계를 회복시켜주는 일이었다. 그러나 그에게 새롭게 주어질 소명은 그것을 훨씬 넘어설 것이다. 그는 또한 "이방의 빛"이 될 것이다. 앞서 언급한 바와 같이 여기서 "빛"은 압제와 속박으로부터의 구원을 상징한다(42:6-7과 51:4-6을 보라). 이러한 과제가 완료되면, 그 종은 한때 통치자들에게 멸시와 천대를 당하겠지만, 금방 하나님으로부터 그 정당함을 인정받을 것이다(7절; 52:13-15를 보라).

이스라엘을 위한 그 종의 사역은 이제 특별한 주목을 받기에 이른다. 하나님께로부터 힘을 부여받은 그 종은 하나님과 이스라엘 사이의 새로운 계약을 중재할 것이요, 하나님의 백성을 그들의 땅으로 인도할 것이다(8절). 그는 그들을 감옥으로부터 이끌어낸 후 집으로 돌아가게 할 것이다(9절). 집으로 가는 길에 하나님께서는 그들에게 음식물과 물을 제공하실 것이요, 모든 장애물을 제거하실 것이다(10-11절). 포로가 된 하나님의 백성은 사방으로부터 집으로 돌아갈 것이요, 이를 목격한 자들은 누구나 자기 백성을 향한 하나님의 자비를 경축할 것이다(12-13절). 종에 대한 이러한 설명을 읽는 자들은 모세를 생각하지 않을 수 없을 것이다. 그 종은 옛날의 모세처럼 자기 백성을 압제로부터 구원하고, 그들과의 계약을 중재하며(이와 관련해서는 출 34:27을 보라), 그들을 고향으로 돌아가게 하는 하나님의 도구이다.[188]

시온의 자녀들이 돌아옴(49:14—50:3)

이제 장면은 고향으로 돌아오는 포로민들로부터 폐허가 된 예루살렘 성읍으로 옮겨간다. 남편에게서 버림받은 여인으로 묘사되는 시온은 야웨께서 자기를 버렸다고 탄식한다(14절). 이에 응답하여 야웨께서는 시온의 불평이 근거 없는 것이라고 주장하신다. 시온을 향한 그의 애착은 자녀를 향한 어머니의 사랑만큼이나 강한 것이다. 어머니와 그의 자녀 사이에는 그들을 묶는 천연의 유대 관계가 있는 까닭에, 어머니는 자기 자녀를 긍휼로써 대한다(15a절). 그러나 설령 어머니가 그러한 유대 관계를 경시하고서 자기 자녀를 무시한다고 할지라도, 시온을 향한 야웨의 애착만큼은 그대로 남아 있을 것이다(15b절). 왜냐하면 시온이 항상 그의 생각 속에 머물러 있기 때문이다(16절).

다시금 집으로 돌아오는 포로민들에게로 장면이 바뀐다. 그들이 고향에 도착하여 다시금 그곳을 채우기 시작하면, 그 성읍을 파괴하고 그 땅을 폐허로 만들었던 대적자들이 사라질 것이다(17절). 고향으로 돌아오는 포로민들은 시온에게 신부의 장식물과도 같은 자긍심의 원천이 될 것이다(18절). 시온이 "자식을 잃었을 때에 낳은 자녀들"은 그 땅이 그들을 다 수용할 수 없을 정도로 많아질 것이다(19-20절). 이 모든 일들은 당혹감을 느낀 시온을 압도할 것이요, 시온은 자신이 그 자녀들을 낳았다는 사실을 기억하지도 못했다고 고백할 것이다(21절). 한때 적대 관계에 있었던 나라들조차도 이제는 적

---

188) 그 종을 제2의 모세로 보는 견해에 대한 상세한 연구를 위해서는 다음을 보라: G. P. Hugenberger, "The Servant of the Lord in the 'Servant Song' of Isaiah: A Second Moses Figure," in Satterthwaite, Hess, and Wenham, *The Lord's Anointed*, 105-40.

극 나서서 시온의 자녀들을 고향으로 데리고 올 것이다(22절). 그리고 왕들과 왕비들이 시온의 자녀들의 보호자가 될 것이요, 시온의 권위에 복종할 것이다(23a절). 시온은 야웨가 참으로 "그가 (너희와 함께) 하실 것이다"는 뜻을 가진 자신의 이름(Yahweh)에 충실한 분이요(출 3:12-15를 보라), 자기를 신뢰하는 자들을 실망시키지 않는 분임을 알게 될 것이다(23b절).[189]

189) 야웨(Yahweh)라는 이름은 "존재하다"(to be)는 뜻을 가진 어근 *hwh*나 *hwy*(= 히브리어 *hyh*)로부터 비롯된 것이다. 이 이름의 형태가 기본형(칼/G형)인지 아니면 사역형(히필/H형)인지는 확실치 않다. 기본형은 하나님의 실존이나 임재를 강조한다("그는 존재한다/존재할 것이다"). 반면에 사역형은 그의 창조적인 힘을 강조한다("그는 (무엇인가를) 존재하게 한다, 그는 창조한다"). 출애굽기 3:12-16은 전자가 옳다는 것을 암시하고 있다. 모세가 하나님께 그의 이름을 묻자, 그는 자신을 "나는 스스로 있는 자다"(더 정확하게는 "나는 존재한다/존재할 것이다"; 기본형, 1인칭; 14절)로 소개하시되, 나중에는 쉽게 발음할 수 있도록 그것을 "야웨"(3인칭; 15-16절)로 바꾸신다(하나님을 "나는 스스로 있는 자"로 칭하기보다는 "그는 존재한다/존재할 것이다"로 칭하는 것이 훨씬 덜 혼란스럽다.) 다른 한편으로, 하나님이 자신을 "그는 존재한다/존재할 것이다"로 칭하기보다는 "나는 스스로 있는 자다"로 칭하는 것이 훨씬 더 자연스럽다. 전후 문맥은 이 이름이 단순히 그의 존재만을 가리키지 않고 도리어 그가 자기 백성과 함께 하시면서 그들에게 힘을 주시고 그들을 구원하시는 모습을 가리키고 있음을 암시한다(12, 15-17절). 나는 하나님께서 모세에게 주시는 14-15절의 말씀을 이렇게 옮기고 싶다: "'스스로 있는 자는 영원히 함께 하여 돕는 자다'로 나를 부르도록 해라. 왜냐하면 '스스로 있는 자'는 영원히 함께 하여 돕는 자이기 때문이다. 너는 이스라엘 자손에게 이렇게 말하도록 해라: '스스로 있는 자요 영원히 함께 하여 돕는 자'가 나를 너희에게 보내셨다 … 이스라엘 자손에게 이렇게 말하도록 해라: '스스로 있는 자요 영원히 함께 하여 돕는 자, 곧 너희 조상의 하나님이신 아브라함의 하나님, 이삭의 하나님, 야곱의 하나님께서 나를 너희에게 보내셨다.' 이는 영원토록 나의 이름이 될 것이다. 나는 대대로 이 이름으로 기억될 것이다."

이러한 해석을 지지하는 견해를 더 상세하게 알기 위해서는 Mettinger, *In Search of God*, 33-36을 보라. 야웨라는 이름은 자기 백성과 함께 하면서 활동하시는 하나님을 강조함과 아울러 자신의 약속들을 지키시는 그의 신실하심을 강조하기도 한다. 하나님은 엘 샷다이의 자격으로 조상들에게 약속하신 바가 있다. 그들의 후손들에게 복을 주시겠다고 말이다. 그런데 이제는 야웨로서 그들의 후손들과 함께 하시고, 그 약속들을 성취하겠다고 말씀하신다. 달리 말해서 야웨의 임재는 계약의 틀 안에서 이해되어야 한다.

포로민들은 시온의 회복에 관한 이러한 선포가 믿기 어려운 메시지임을 깨닫게 될 것이다. 왜냐하면 바벨론 정복자들은 강한 자들이요, 자기들이 포로로 잡은 자들을 싸우지도 않은 채로 포기할 자들이 아니기 때문이다. 그러나 설령 사람들이 일반적으로 승리를 거둔 용사에게서 그가 사로잡은 자들을 빼앗지 못한다 할지라도(24절), 야웨께서는 그 일을 해내실 수 있다. 그는 강대국 바벨론의 노략물(포로가 된 자기 백성)을 그 노략자들의 손으로부터 빼앗으실 것이요(25절), 압제자들을 멸하실 것이다(26a절). 대학살을 목격한 자들은 야웨가 참으로 이스라엘의 구원자이시요, 보호자이시요, 강한 왕이심을 깨닫게 될 것이다(26b절).

어쨌든 바벨론의 군사력이 문제가 되는 것은 아니다. 이스라엘 자손은 자기들의 죄로 인하여 포로가 된 것이지, 바벨론의 강한 군사력으로 인하여 포로가 된 것이 아니다(50:1). 그들을 죄에 근거하여 포로가 되게 하신 그 하나님은 확실히 그들을 포로로부터 구원하실 수 있는 분이기도 하다. 그는 자연계의 다양한 힘들을 조절하시며, 말씀만으로 바다를 마르게 하신다(2-3절).

어떤 이들은 1절의 논리가 다소 수긍하기 어렵다는 점을 발견한다. 겉으로만 본다면, 1절 전반부에 있는 수사학적인 질문들은 야웨가 자기 "아내"(시온)와 이혼하지 않았다거나 자기 자녀들(이스라엘 자손)을 종으로 팔아넘기지 않았다는 암시를 주고 있는 것으로 보인다. 그러나 1절 후반부는 그가 그렇게 하셨다는 암시를 주고 있다. 그는 자기가 이스라엘 자손을 종으로 팔아넘겼지만, 그것이 그들의 죄 때문이지 빚 때문이 아니라고 말씀하신다. 그는 또한 자기가 시온과 이혼했지만, 그것 역시 이스라엘의 죄로 인한 결과임을 분명하게 밝히신다. 요컨대 첫 번째의 수사학적인 질문은 이혼이 전혀 이루어지지 않았음을 암시하기보다는, 고소인이 이혼의 이유를 명확하게 알 수 있도록 증명서를 발급해달라고 요청한다. 그리고 두 번째의 질문은 종으로 팔아넘긴 일이 없었음을 암시하기보다는, 야웨께서 빚 때문에 그들을 종으로 팔아넘긴 것이 아니라 그들의 죄 때문에 그들을 징계하셨다는 점을 분명

그 틀에서 볼 때 그의 능력은 자신의 약속을 지키시는 그의 신실하심의 외적인 표현에 해당한다.

하게 지적하고 있다.

종이 자신의 신뢰를 표현함(50:4-9)

두 번째 종의 노래(49:1-4를 보라)와 마찬가지로 이 세 번째 종의 노래도 야웨를 향한 종의 신앙고백을 포함하고 있다. 이 노래는 다른 노래들과는 달리 그 종이 누구인지를 구체적으로 밝히지 않는다. 그러나 몇몇 단서들은 그가 화자임을 암시하고 있다. 야웨의 대변인으로서의 그의 역할(4절; 49:2를 보라), 고통을 감수하는 모습(6절; 52:13—53:12를 보라), 압제를 이겨내는 모습(7절; 42:4를 보라), 야웨께서 자기를 인정하시리라는 믿음(8-9절; 49:4; 52:13-15; 53:10-12를 보라) 등은 다른 노래들에서도 발견되는 주제들이다. 뿐만 아니라 10절에 의하면 야웨께서는 종의 신앙고백에 응답하려는 듯이 이스라엘에게 "너희 중에 야웨를 경외하며 그의 종의 말에 순종하는 자는 누구냐?"라고 물으신다.

그 종은 신앙고백의 서두 부분에서 주권자이신 야웨께서 자기에게 짓밟힌 자들을 위로할 능력을 주셨음을 분명하게 밝힌다(4a절). 그는 날마다 주어지는 야웨의 가르침들을 따르며, 압제가 이루어질 때 움츠러들지 않는다(4b-5절). 그는 기꺼이 물리적인 폭력과 모욕을 감수한다(6절). 야웨께서 자신의 정당함을 인정하실 것임을 굳게 믿고 있기 때문이다(7-8a절). 그는 자신을 대적하는 자들에게 자기를 고발하라고 요구한다(8b절). 야웨가 자기를 도우시는 분임을 알고 있기 때문이요, 그를 고발하는 자들이 때가 되면 좀에게 먹힌 옷처럼 파멸당할 것임을 알고 있기 때문이다(9절).

야웨께서 시온으로 돌아오심(50:10—52:12)

야웨께서는 종의 신앙고백이 믿을 만한 것임을 확증하려는 듯이 말씀하신다.[190] 그는 먼저 자신을 충실하게 따르는 자들에게 말씀하신다. 그들은 그를

---

190) 10절에서는 야웨가 3인칭으로 언급되어 있는 까닭에, 우리는 그 종이 여기서도 계속 말하고 있다는 결론을 내릴 수도 있다. 그러나 그 종 역시 10절에서 3인칭으로 언급되고 있다. 그리고 11b절은 하나님의 말씀으로 보는 것이 가장 자연스럽다(특히 "너희가 내 손에서 얻을 것이 이것이라"는 표현을 보라). 뿐만 아니라 바로 다음에 이어지는

경외하고 종의 가르침들에 순종하는 자들로 묘사된다(10a절). 이 경건한 개인들이 포로생활이라는 어둠 속에서 살고 있기는 하지만, 그들 역시 종과 마찬가지로 야웨를 향한 그들의 믿음을 간직하지 않으면 안 된다(10b절). 그들의 정당성을 인정받을 때가 올 것이기 때문이다(51:1-8을 보라). 야웨께서는 또한 자신의 종을 맹렬하게 공격하는 행악자들에게도 말씀하신다. 그는 그들에게 그들의 폭력이 그들 자신을 파멸에 빠뜨리는 것이 될 것이요, 그들이 하나님의 진노의 특별한 표적이 될 것임을 경고하신다(11절).

다시금 경건한 자들에게로 말머리를 돌리신 야웨께서는 그들에게 그들의 유업을 생각해볼 것을 요청하신다(51:1-2). 그들의 조상 아브라함과 사라는 자식을 낳지 못했지만, 야웨께서 개입하셔서 그들에게 생산 능력을 부여하심으로써 그들에게 무수한 자손들을 주셨다. 이와 마찬가지 방식으로 메마르고 폐허가 된 시온을 기적적으로 회복하실 것이요, 그 폐허를 에덴과 같은 동산으로 바꾸시고 길거리들과 집들을 기쁨과 노래로 가득 채우실 것이다(3절). 야웨께서는 자신의 정의로운 통치를 멀리 떨어진 지역들로 확대하실 것이요, 자기 백성의 의로움을 인정하실 것이다. 반면에 하나님의 대적들은 사라질 것이다(4-8절).

예언자는 포로 된 백성을 대변하면서, 야웨의 약속이 곧 실현되기를 바라는 기도문으로 응답한다.[191] 하나님의 힘을 상징하는 "야웨의 팔"에 대해 말하면서 그는 야웨께 그가 자기 백성을 이집트로부터 구원하셨을 때 보여주신 힘을 보여 달라고 요청한다(9-10절). 그때에 야웨께서는 바닷물을 말리셨으며, 자기 백성으로 하여금 안전과 자유를 향해 나아가게 하셨다. 이 위대한 행동은 여기서 라합(Rahab) — "교만한 자"라는 뜻을 가진 — 이라 불리는 바다 괴물을 향한 승리로 묘사된다. 성서와 우가릿 신화에서 리워야단

절들(51:1-8)은 확실하게 하나님께서 하신 말씀들이다.

191) 9-11절의 화자가 누구인지는 확실치 않다. 그러나 1-8절과 12-15절이 포로 된 하나님의 백성을 겨냥한 것으로 보아, 9-11절은 하나님을 향한 답변으로 보는 것이 자연스러울 것이다. 포로민들이 11절에서 3인칭으로 언급되고 있다는 점을 고려한다면, 예언자는 여기서 포로 공동체 안에 있는 경건한 남은 자들의 대변인 자격으로 말하고 있다.

(Leviathan)으로 알려져 있는 이 바다 괴물(사 27:1)은 다른 본문들에서 창조 질서를 깨뜨리고자 하는 혼돈의 세력들을 상징한다(욥 26:12; 시 89:10). 여기서는 그 호칭이 바다 괴물보다는 홍해의 물을 가리키겠지만, 실제로는 홍해에서 이스라엘을 대적하는 이집트 군대를 가리킬 것이다(이 호칭을 이집트에 적용하는 사 30:7과 시 87:4를 보라). 그 기도문은 야웨의 긍정적인 반응을 기대하는 중에 갑자기 포로민들이 어떻게 즐겁게 노래하면서 예루살렘으로 들어갈 것인지에 대해서 묘사한다(11절; 35:10을 보라). 그들은 "야웨께 구속 받은 자들"로 불린다. 왜냐하면 그들은 바벨론으로부터 해방되는 제2의 출애굽을 통하여 야웨의 구원 사역을 경험할 것이기 때문이다. "구속 받은"(10b절) 이스라엘 자손이 첫 번째 출애굽 해방에서 그러했던 것과 똑같이 말이다.

이제는 야웨께서 포로 된 백성에게 말씀하신다. 자기 백성을 위로하는 자로서 말하는(40:1; 49:13; 51:3을 보라) 그는 그들의 두려워함을 책망하신다 (12절).[192] 그들은 죽을 인간을 두려워할 이유가 없다. 그 까닭은 그들의 하나님이 온 세상을 창조하신 분으로서(13절), 그들을 압제로부터 충분히 구원하실 수 있는 분이기 때문이다(14절).[193]

야웨께서는 15-16절에서도 말씀을 계속하시지만, 그 말씀을 듣는 자들이 누군지는 확실치 않다.[194] 바로 앞의 절들은 포로민들을 대상으로 하는 말씀들이지만(12-13절의 비판적인 논조를 특히 주목하라), 여기서는 약간의 변화가 있는 것으로 보인다. 여기서 야웨는 자기가 말씀의 수령인을 자신의 대

---

192) 12절 후반부는 의인화된 시온을 겨냥하고 있는 것으로 보인다. 왜냐하면 히브리어 본문의 2인칭 대명사와 동사가 여성 단수로 되어 있기 때문이다. 하나님의 백성과 의인화된 시온은 긴밀하게 관련되어 있다(시온을 하나님의 백성으로 칭하는 16b절을 보라).

193) 13절의 2인칭 동사는 남성 단수로 되어 있다. 이는 포로 된 백성 전체가 한 사람으로 취급되고 있음을 뜻한다.

194) 15-16절은 한 단락으로 여겨지지 않으면 안 된다. 왜냐하면 14-15절(15절 서두를 "왜냐하면"[for]으로 옮긴 NIV의 번역은 잘못된 해석에 해당한다) 사이에 문법적인 단절이 있기 때문이요, 16절은 문법적으로 15절과 관련되어 있기 때문이다.

변인으로, 그리고 자신의 실질적인 도구로 만드셨다고 선언하신다. 이곳의 언어는 49:2와 50:4에 있는 종의 말을 생각나게 한다. 바로 앞의 절들에서 포로민들에게 말씀하신(50:10—51:8도 보라) 야웨께서는 이보다 앞서 말하던 (50:4-9를 보라) 종에게 답변을 주고 계신 듯하다.

16절의 정확한 번역에 대해서는 논란이 많다. NIV는 이 절의 후반부가 하나님을 가리킨다고 보지만, 원문은 이러한 번역을 지지하지 않는다. 히브리어 본문은 이렇게 읽고 있다: "내가 내 말을 네 입에 두고 내 손 그늘로 너를 덮었나니, 이는 내가 하늘을 설치하고(문자적으로는 "하늘을 심고")[195] 땅의 기초를 정하며 시온에게 이르기를 '너는 내 백성이다'라고 말하기 위함이니라." 이 절의 후반부에 있는 세 개의 부정사 연계형은 본절 전반부에 묘사된 하나님의 행동이 가지고 있는 목표를 설명하는 것으로 이해함이 가장 자연스럽다. 세 번째 부정사 연계형의 의미는 매우 분명하다: 야웨께서는 그 종으로 하여금 시온에게 그 성읍을 향한 하나님의 열심을 생각나게 하는 사명을 주셨다. 그렇다면 앞의 두 부정사 연계형은 그 종의 사역과 어떻게 관련되는가? 그 두 부정사 연계형은 야웨가 그 종에게 우주 창조의 사명을 주셨음을 가리키는 것으로 보인다. 아마도 창조의 표상은 여기서 예루살렘이 경험하게 될 변화를 가리키는 은유로 사용되었을 것이다. 이사야 65:17-18에서 예루살렘의 변화는 "새 하늘과 새 땅"의 창조로 묘사되어 있다.

그 다음 메시지는 의인화된 예루살렘을 겨냥하고 있다.[196] 짓밟힌 성읍은 야웨의 진노의 잔을 마신 나머지 잔뜩 취하게 된 한 여인에 비유된다. 그녀

---

195) 어떤 이들은 본문을 "펼치다"로 수정하는 편을 택한다(13절과 10:22; 42:5; 44:24; 45:12 등을 보라).

196) 그 종이 할 일은 예루살렘 성읍을 격려하는 것이기에(16b절), 그는 이곳의 화자일 가능성이 있다. 하나님의 대변인으로서의 사명을 받은(49:4; 50:4를 보라) 그는 짓밟힌 성읍을 향해 희망의 메시지를 전함으로써 자신의 과제를 수행하기 시작한다. 이 경우에 종이 한 말은 51:17-22a; 52:1-3, 7-12 등으로 이해된다. 그는 또한 예루살렘에게 하나님의 말씀을 전하기도 한다(51:22-23; 52:3-6을 보라). 이러한 견해를 뒷받침하는 증거는 야웨께서 그 종에게 성공적으로 그의 직무를 완성할 것을 명하는 52:13—53:12에서도 발견된다.

는 비틀거리면서 길거리를 가다가 인사불성 상태에 **빠진** 채로 길바닥에 넘어진다(17–19절). 그녀의 대적들이 그녀를 조롱하고 그녀의 등을 짓밟지만 (23b절), 그녀의 자녀들은 아무런 도움도 주지 못한다. 그들도 자기들의 어머니와 마찬가지로 하나님의 심판을 받아 쓰러져 있기 때문이다(20절). 그러나 상황이 곧 바뀌게 될 것이다. 예루살렘을 보호하시는 하나님께서 그 잔을 그녀의 손으로부터 제거하실 것이요, 그녀의 대적들로 하여금 그 잔을 마시게 하실 것이다(21–23a절).

이제 시온이 자신을 묶고 있던 사슬을 내던지고 먼지를 털고 일어나서 아름다운 옷을 입을 때가 되었다. 이방 침략자들이 다시는 거룩한 성읍을 더럽히지 못할 것이기 때문이다(52:1–2). 하나님의 백성은 이전에 압제와 수치를 당한 적이 있었다. 처음에는 모세의 시대에 이집트에 의해, 나중에는 이사야의 시대에 앗수르 사람들에 의해, 그리고 마지막으로는 바벨론 사람들에 의해 그런 일을 당했었다(3–4절). 그로 인하여 하나님의 명예가 훼손되었지만 (5절), 야웨께서는 그러한 상황을 변화시킬 것이다(6절). 야웨께서는 자기 백성을 포로상태로부터 구원하심으로써, 그리고 자신의 주권적인 통치를 시온에 이루심으로써 자신의 권능을 열방에 드러내실 것이다(7–10절). 이제는 포로민들이 제의적으로 부정한 바벨론을 떠나 집으로 돌아갈 때가 되었다(11절). 그러나 이스라엘이 이집트를 급하게 **빠져** 나오던 첫 번째 출애굽(출 12:11; 신 16:3을 보라)과는 달리, 이제는 지나치게 서둘거나 염려할 필요가 없다. 야웨께서 자기 백성을 앞뒤에서 이끄실 것이요, 그들을 모든 위험으로부터 막아주실 것이기 때문이다(12절).

가난뱅이에서 부자로: 종의 정당함이 인정받음(52:13—53:12)

종의 노래들 중 가장 유명한 이 네 번째의 노래는 버림받고 고통당하는 종의 모습을 묘사하고 있지만, 종국에 가서는 그의 정당함이 인정받을 것임을 기대하고 있기도 하다. 이 노래는 서두 부분(52:13–15)과 결론 부분(53:11b–12)에 종의 신분상승을 선포하시는 야웨의 말씀을 담고 있다. 그 사이에는 한때 제멋대로였던 이스라엘이 지난날의 불신앙을 인정하고서 종의 노래가 갖는 중요성을 새롭게 발견하였음을 표현하는 내용이 들어 있다(53:1–11a).

앞서 언급한 바와 같이 종의 정체에 대해서는 논란이 매우 많다. 많은 해석자들은 — 기독교인이건 유대인이건 간에 — 그 종을 의인화된 국가 이스라엘과 동일시한다. 그가 두 번째 종의 노래에서 이스라엘로 칭하여지고 있기는 하지만(49:3을 보라), 그 동일한 노래는 그 종이 제2의 모세인 양, 포로 된 백성을 구원하고 하나님과 그의 백성 사이에 새로운 계약을 중재할 것임을 설명하고 있다(49:5-8을 보라). 이 때문에 그 종을 이스라엘 민족과 긴밀하게 관련되어 있으면서도 그와는 구별되는 이상적인 이스라엘과 동일시하는 것이 가장 타당할 것이다.

네 번째 종의 노래 역시 그 종을 이스라엘 민족으로부터 구별한다. 53:1-6에서 화자로 여겨지는 집단(이 절들이 "우리"나 "우리의"라는 대명사를 사용하고 있다는 점을 주목하라)은 8절에서 하나님의 백성과 동일시된다(만일에 8절의 "내 백성"이라는 본문을 그대로 유지하고자 한다면).[197] 이스라엘은 종의 사역의 후원자이지 그 종이 아니다. 뿐만 아니라 만일에 이스라엘이 그 종이라면, 죄로 인하여 포로가 된 민족이 어떻게 이방인들(이 경우에는 1-6절의 화자 집단임이 분명한)을 위하여 억울하게 고통을 당하는 자로 여겨질 수 있겠는가? 이사야서의 이 단락은 이스라엘이 자신의 죄로 인하여 포로생활의 고통을 겪고 있다고 일관되게 말하고 있다(40:2; 42:24-25; 43:24-25; 44:21-22; 48:1-8, 18; 50:1 등을 보라).[198]

어떤 학자들은 그 종을 이른바 제2이사야, 곧 현대 학자들의 합치된 견해에 의하면 고레스의 바벨론 침공과 포로민 해방 직전에 포로민 사이에서 활동하던 자로서 이사야 40-55장을 저술한 것으로 알려진 익명의 예언자와 동일시한다. 성서 안팎에서 증거 자료를 전혀 갖지 못한 이 지극히 사변적인 견해에 의하면, 그 예언자는 자신의 목숨을 걸고 있으며, 포로민들에게 구속

197) 쿰란 사본들 중의 하나는 "그의 백성"이라는 표현을 가지고 있다. 이것은 그 종의 백성이 1-6절의 화자 집단과 동일함을 뜻한다(8절과 5절을 비교하라).

198) 이 점에 대해서는 다음을 보라: Harry M. Orlinsky, *The So-Called "Suffering Servant" in Isaiah 53* (Cincinnati: Hebrew Union College Press, 1964), 8-10. 올린스키는 이사야 53:9b이 "이스라엘 백성을 더 이상 그 종과 동일시하게 못하게 한다"고 주장한다(8).

의 메시지를 선포하기 위하여 박해와 투옥을 감수한다. 이 이론은 확실히 그 주창자들의 창조성을 입증하기는 하지만, 순전히 학문적인 허구에 지나지 않는다. 예수 이전의 어떠한 예언자도 이러한 종의 모습에 부합되지 않는다.

그 종은 두 번째 종의 노래에 묘사되어 있는 계약 중재자로서, 자신의 고난을 통하여 이스라엘을 하나님과 화해시키며, 마지막에는 지상의 어떠한 왕들보다도 높임을 받는다. 예수의 십자가 고난과 부활이 있은 후로 그 종의 정체가 한층 주목을 받게 된다. 에티오피아의 내시가 이사야 53:7-8을 읽으면서 그 예언자가 자신에 대해서 말한 것인지 아니면 다른 누군가에 대해서 말한 것인지를 묻자, 빌립은 "입을 열어 그 본문에서부터 시작하여 예수에 관한 복음을 그에게 가르쳤다"(행 8:35).

이 노래의 시작 부분에서 야웨는 자신의 종에게 관심을 기울이시며, 그가 마침내는 성공을 거두어 큰 영광의 자리에 오를 것임을 선포하신다(52:13).[199] 그 종은 고난받는 동안에 한때 사람으로 여길 수 없을 정도로 일그러지고 상한 모습을 가질 것이다(14절).[200] 그는 자신을 바라보는 자들에게 미움을 받을 것이요, 왕들은 그에게서 아무런 감동도 느끼지 못할 것이다. 그러나 그 종이 나중에는 왕이 앉는 높은 자리에 오를 것이요, 왕들은 놀람 중에 침묵을 지키면서 그 앞에 설 것이다(15절).[201]

---

199) 13절의 첫 행은 문자적으로 볼 때 "보라, 나의 종이 지혜롭게 행할 것이다"로 읽힌다. "지혜롭게 행한다"는 동사는 여기서 "성공을 거둘 것이다"는 뜻을 가지고 있다. 성서의 사상에 비추어볼 때, 지혜는 특징적이게도 성공과 번영을 가능케 한다. 13절의 둘째 행에 있는 비슷한 동사들의 병렬은 종이 영화롭게 된다는 것이 얼마나 확실한 것인지를 강조하는 효과를 갖는다.

200) 본문은 아마도 여기서 예수께서 십자가에 달리시기 직전에 당한 끔찍한 채찍질을 가리킬 것이다.

201) 전통적으로 이곳에 쓰인 히브리어 동사는 "뿜어내다, 뿌리다"는 뜻을 가진 동사의 사역형으로 이해되어 왔으며, "뿌리다"는 표현으로 번역되었다. 이 경우에 이 본문은 그 종을 열방을 "뿌리는"(또는 영적으로 정결케 하는) 제사장으로 묘사한다. 그러나 이러한 해석에는 문제가 있다. 뿌림의 대상이 되는 어떤 물체나 사람이 구체적으로 밝혀지는 다른 모든 경우들에 있어서 그 동사는 전치사와 결합한 채로 나타난다. 그러나 이사야 52:15에서는 그렇지 않다. "그에게"라는 구절을 앞선 행과 연결시키지 않는 한에 있

예언자 이사야는 53:1-11a에서 이상의 메시지를 듣고서 이스라엘 민족을 위하여 말한다. 예언자는 극적인 역할을 떠맡으면서 자신을 그 종의 고난 이후에 속한 자로(그는 그 고난을 이미 이루어진 일로 말함), 그러나 그 종이 완전히 정당함을 인정받고 존귀하게 되는 일 이전에 속한 자로(그는 그러한 일들을 여전히 미래에 속한 것으로 말함) 간주한다.

이 본문에서 이스라엘 백성은 마침내 제 정신을 차린다. 그들은 자기들이 배척하고 또 하나님의 진노를 받은 자로 간주했던 자가 참으로 자기들의 구원자요 왕이 되기로 예정된 자라는 것을 갑자기 깨닫는다. 한 민족으로서의 이스라엘은 아직 이사야가 예언한 종인 예수 그리스도가 자기들의 구원자요 왕이라는 것을 깨닫지 못한다. 그러나 신약성서에 의하면 그러한 깨달음은 어느 날 갑자기 다가올 것이다(롬 11:26-27을 보라). 아마도 우리는 이것을 그들이 마침내 자기들의 구원자를 인정하는 미래의 어느 날에 이루어질 그들의 신앙고백으로 생각할 수 있을 것이다.

1a절은 전통적으로 "우리가 전한 것을 누가 믿었느냐?" 또는 "우리가 전한 메시지를 누가 믿었느냐?"로 번역된다. 마치 말하는 집단이 어느 누구도 자기들이 말해야 하는 것을 믿지 않는다는 것에 대해 탄식하고 있는 것처럼 말이다. 그러나 그것이 이 문맥의 핵심은 아닌 것으로 보인다. 여기서 말하는 집단은 설교자나 전도자의 역할을 자임하지 않는다. 그들은 회개하는 범죄자들이다. 그들은 마침내 빛을 보게 될 것이다. "우리가 전한 것"이라는 구절은 "우리가 선포한 내용"이나 "우리에게 선포된 내용"을 의미할 수 있다. 여기서는 후자의 의미가 더 적절한 듯하다. 그것은 바로 전에 선포된 메시지를 가리킨다고 보는 것이 가장 자연스러울 것이다. 이보다 더 나은 번역은 다음

어서는 말이다. 그럴 경우에는 그 동사를 복수형으로 수정함으로써 열방을 "뿌리는" 행동의 주어로 만들고, 종을 그 뿌림의 대상으로 만들어야 할 것이다. 그러나 그로 인하여 생겨나는 상황, 곧 열방이 그 종에게 "뿌리는" 모습은 앞의 문맥과 어울리지 않는다. 그런가 하면 어떤 이들은 "뛰어오르다, 튀다"는 뜻을 가진 동음이의어 동사 어근을 제시한다. 그들의 주장에 의하면, 그 어근의 사역형은 "뛰게 하다, 놀라게 하다"를 뜻할 수도 있으며, 이 동사의 대구법에 아주 잘 들어맞는다. 종이 영화롭게 되는 일은 열방을 놀라게 할 것이요, 그들의 통치자들을 침묵에 사로잡히게 할 것이다.

과 같다: "우리가 방금 들은 것을 누가 믿겠는가?" 이러한 수사학적인 질문은 하나님의 종이 존귀하게 될 것이라는 소식을 듣고서 그들이 보이는 충격을 표현하고 있는 것에 다름 아니다.

놀라움에 사로잡힌 이스라엘은 바로 이어서 "야웨의 팔이 누구에게 나타났느냐?"는 질문을 던진다(1b절). 이러한 수사학적인 질문을 통하여 그들은 야웨의 팔이 그 종에게 작용하고 있음을 자기들이 깨닫지 못했음을 고백한다. 히브리 성서에서 "야웨의 팔"은 군사력을 뜻하는 은유로 사용된다. 그것은 야웨를 자기 팔을 걷어 부치고서 자기 무기를 들어 올려 자신의 대적들을 짓밟는 전사로 묘사한다(사 51:9-10; 63:5-6을 보라). 이스라엘은 종의 사역 속에서 하나님의 권능이 그렇게 드러나는 것을 깨달은 적이 없었다.

이와는 대조적으로, 그 종은 겉으로 보기에 나무에서 자라는 가는 가지나 마른 땅을 뚫고 나오는 작은 뿌리가 금방 햇빛에 말라버리는 것처럼 하찮은 존재로 묘사된다(2a절). 이 종은 자기 주변에 어떠한 위엄도, 왕적인 권위도 가지고 있지 못하다(2b절). 사실 그는 다른 사람들에게 배척당하며, 극심한 고난을 겪는다. 그는 질병으로 인하여 다른 사람들의 기피 대상이 된다(3절).

이스라엘이 겉으로 드러나는 것이 자기들을 속일 수도 있다는 것을 갑자기 깨닫게 되면서, 놀람은 반성으로 바뀐다. 그들은 그가 어떤 끔찍한 일을 저지른 탓에 하나님의 징계를 받았다고 생각한다(4b절). 그러나 그들의 생각은 단지 부분적으로만 옳은 것이다. 그는 참으로 하나님의 징계를 받았지만, 자기 자신의 죄 때문이 아니었다. 그는 이스라엘의 죄로 인하여 징계를 받은 것이었다. 그 종은 그들의 무거운 죄의 짐을 들어 올려 자신의 어깨에 지고 다녔다(4a절). 그 종은 자신이 행한 어떤 일 때문에가 아니라 그들이 행한 어떤 일 때문에 상처를 받아 망가졌다(5a절). 죄인들인 그들은 하나님의 율법이 제시하는 도덕적인 길로부터 벗어난 양들과도 같았다(6a절). 그들은 쉽게 공격받을 수 있는 처지에 놓여 있었다. 그들의 무거운 죄가 언제라도 그들을 공격하여 그들을 파멸시킬 준비가 되어 있었던 것이다. 그러나 바로 그때 그 종이 급히 들어서서 그러한 공격의 맹렬한 힘을 직접 받아들인다(6b절).[202] 그

---

202) 6b절에 있는 동사 형태는 "공격하게 했다"로 번역하는 것이 가장 적절하다. 이

들은 영적인 질병에 걸려 있었다. 그러나 그 종이 자기들에게 예정된 하나님의 징계를 대신 받음으로 인하여 그들은 이제 치료를 받아 건강을 얻게 된다 (5b절).

이스라엘은 자신의 소명을 이행하지 못했으며, 하나님 앞에서의 자신의 특별한 지위를 훼손시킴으로써 수치를 경험하였다. 그러나 포로 된 백성과는 대조적으로 하나님을 향한 신실함을 지키는 하나님의 특별한 종, 곧 이상적인 "이스라엘"이 이스라엘 백성을 위하여 고난을 당하며, 하나님과의 화해를 가능케 한다. 이스라엘은 여기서 이 고난받는 종의 사역이 그들과 하나님 사이의 새로운 관계를 가능케 했음을 인식하기 시작한다.

이스라엘은 계속해서 그 종의 고난에 대해 생각한다. 이스라엘 백성은 그가 얼마나 조용히 그 거친 고통을 견뎌냈는지를 기억한다. 그는 입을 열어 자신을 방어하려고 하지도 않았다(7a절). 그는 도살장이나 털 깎는 곳으로 끌려가면서도 그러한 사실을 모르는 양과도 같았다(7b절).[203]

그 종이 겪는 재판은 일종의 인민재판에 해당하는 것이었다. 만약에 그러한 것이 있다면 말이다. 그는 부당하게 고발과 정죄를 당하지만, 어느 누구도 그것을 깊이 생각하지 않는다(8a절).[204] 그들은 그를 데리고 가서 죽이며,

---

형태는 다른 곳에서 "말로써 개입하다"(렘 15:11; 36:25) 또는 "군사력으로 개입하다" (사 59:16)는 뜻을 가지고 있지만, 이 둘 중 어느 것도 이곳의 문맥에는 적합하지 않다. 그 형태는 "마주치다, 만나다, 접촉하다"는 동사의 사역형에 해당하는 것으로, 때로는 적대적인 만남이나 공격을 가리킨다. 야웨께서는 이를테면 이스라엘의 죄로 하여금 그를 공격하게 하신 것이다. 그는 그처럼 무거운 죄를 범한 자들이 마땅히 받아야 할 징계를 대신 받게 된 셈이다.

203) 이 은유는 그 종의 조용한 순종을 강조한다. 그것이 꼭 희생제사의 배경을 암시하는 것은 아니다. 양들은 희생제사를 위해서 뿐만 아니라 식량 조달을 위해서도 도살을 당한다. 따라서 "도살"로 번역된 낱말이 반드시 제의적인 희생을 가리킨다고 볼 필요는 없다. 창세기 43:16; 잠언 7:22; 9:2; 예레미야 50:27 등에 있는 이 낱말의 용례를 참고하라. 출애굽기 21:37; 신명기 28:31; 사무엘상 25:11 등에 있는 이와 관련된 동사의 용례 또한 참고하라.

204) 본문을 문자적으로 읽는다면 이렇다: "그리고 그의 세대 중에 누가 염려하겠는 가?" 어떤 이들은 "그의 세대" 앞에 대격 표시가 있는 까닭에 이 구절을 "염려하다"는

그는 아무런 저항도 하지 않은 채로 그러한 일이 벌어지게 내버려둔다. 그 까닭은 그가 하나님을 거역한 이스라엘의 죄악과 그에 수반되는 징계를 대신 받아야 하기 때문이다(8b절).

그러나 그의 죽음에 있어서조차 그가 정당함을 인정받고 존귀하게 될 것이라는 암시가 주어진다. 그를 처형한 자들은 그를 일반 죄수들과 똑같이 매장하려고 하지만, 그는 결국 부자의 무덤에 묻히게 된다(9a절).[205] 그것은 범죄자의 무덤보다 더 적절한 것이다. 왜냐하면 그는 악을 행한 적이 없기 때문이다(9b절). 그는 순전히 하나님의 주권적인 의지에 순종할 뿐이다. 하나님은 그 종으로 하여금 이스라엘을 대신하여 고통을 당하게끔 결정하신 바가 있었다(10a절).

그러나 이처럼 버림받은 듯한 모습이 최종적인 것은 아니다. 하나님께 순종하여 그의 뜻을 이룬 그 종은 마침내 하나님과 화해하게 될 것이다(10b절). 10b절의 두 번째 행은 해석하기가 매우 어려운 부분이다. 문자적으로는 이렇게 읽힌다: "만일에 네가(또는 "그녀가") 그의 생명을 속건제물로 드린다면."

동사의 목적절로 이해하며, 그것이 종의 후손들을 가리킨다고 해석한다. 이 경우에 그 수사학적인 질문은 그에게 후손이 한 명도 없다는 점을 지적한 것이라 할 수 있다. 그러나 전후 문맥을 살필 경우, 이른바 대격 표시가 새로운 주어("그의 세대에 관하여는")를 강조하고 있다고 보는 것이 더 옳을 것이다. 이 경우에 "그의 세대"는 아마도 그 종 자신의 세대를 가리킬 것이요, 그 질문은 그의 세대 사람들 중 어느 누구도 그 종이 당하는 부당한 처벌에 주의를 기울이지 않는다는 점을 지적하는 셈이다.

205) 9a절의 시적인 평행법에는 문제가 있다. 본문을 문자적으로 읽으면 이렇다: "그는 범죄자들과 함께 자신의 무덤을 배정받았으며, 죽을 때에는 부자들과 함께 묻혔다." 이 평행법은 동의적인 평행법인 것으로 보인다(서로 상응하는 "자신의 무덤"과 "죽을 때에"라는 표현을 주목하라). 그러나 "범죄자들"과 "부자들"은 이 문맥에서 거의 조화를 이루지 못한 채로 있다. 왜냐하면 이 두 부류의 사람들은 일반적으로 동일한 종류의 무덤에 묻히지 않기 때문이다. 어떤 이들은 "부자들"로 번역되는 낱말을 "행악자들"로 수정한다. 그런가 하면 또 어떤 이들은 그것을 "폭도"를 뜻하는 아랍어 낱말과 관련시키기도 한다. 그러나 본문의 내용은 동의적인 평행법보다는 반의적인 평행법을 염두에 두고 있을 가능성이 높다. 이렇게 볼 경우, 그 종이 부자의 무덤에 묻혔다는 것은 범죄자의 장례와는 대조적으로 상당히 아이러니컬하면서도 적절한 것이라 할 수 있다. 왜냐하면 그는 나쁜 일을 행한 적이 없기 때문이다.

이곳에 쓰인 동사 형태는 2인칭 남성 단수이거나 3인칭 여성 단수이다. 만일에 전자가 옳다면, 이 구절은 종이나 하나님을 향하여 한 말로 간주되어야만 한다. 그러나 그 종은 이 노래에서 딱 한 번만 말씀을 듣는 자로 소개된다 (52:14a를 보라). 그리고 하나님은 이 노래에서 직접 말씀하시거나 그에 관해 말하여지는 분으로 소개된다. 그는 결코 직접 말씀을 듣는 분으로 나타나지 않는다. 뿐만 아니라 하나님 자신이 속건제를 드린다는 것은 이치에 맞지 않는다. 만일에 그 동사를 3인칭 여성 단수로 이해한다면, 이 행의 마지막에 있는 낱말, 곧 문법적으로 여성 명사인 "생명"이 주어일 가능성이 높다. 이렇게 볼 경우, 우리는 "그의 생명"을 대명사에 준하는 것으로 간주하여 그것을 동사의 주어로 이해할 수도 있을 것이다: "만일에 그가(문자적으로는 "그의 생명이") 속건제를 드린다면." 그러나 그 종이 그러한 제사를 드린다는 표상이 과연 이치에 맞는 것일까? 그 종이 당하는 고난이 그러한 제사에 해당할 수도 있다. 그러나 앞선 문맥은 그의 고난을 이미 이루어진 과거의 일로 간주한다. 반면에 이곳에 쓰이고 있는 동사 형태는 미완료로서, 그 제사가 고난이 끝난 후에 그 종이 드리는 어떤 것이라는 암시를 준다. 아마도 이러한 표상의 배후에서 우리는 모세의 율법을 발견할 수 있을 것이다. 그 율법에 의하면, 치료받은 나환자는 제의적인 정결함을 회복하는 데 필요한 의례의 일부로서 속건제를 드리게끔 되어 있다(레 14장을 보라). 이 노래의 앞부분에서 그 종은 심각한 질병을 앓고 있는 것으로 묘사된다(4a절). 이 질병(이스라엘 백성의 죄를 상징하는 은유)은 그를 하나님께로부터 단절시켰다. 그러나 여기서 우리는 그러한 단절이 최종적인 것이 아님을 알게 된다. 하나님은 기꺼이 그에게서 제사를 받아들이고자 하신다.

일단 보상이 이루어지면, 그는 다시금 야웨의 복을 맛보게 될 것이요, 하나님의 뜻을 성취할 것이다(10c절).[206] 마침내 그 종은 자신이 한 일을 되돌아보게 될 것이요, 자신이 성취한 일들 속에서 커다란 만족감을 느낄 것이다(11a

---

206) 그 종이 많은 후손들을 갖게 되고 원숙한 노년에 이르게 된다는 설명은 문자 그대로 또는 알레고리적인 것으로 이해될 필요가 없다. 이 상투적인 언어는 그 종이 하나님의 은총을 회복하게 될 것임을 강조하고 있다. 무수한 후손들을 갖게 되고 장수하게 된다는 것은 흔히 하나님의 은총의 외적인 표지들로 이해된다. 욥기 42:13-16을 보라.

절).

바로 이 부분에서 하나님은 다시금 그 종이 존귀하게 될 것이요, 자신의 순종으로 인하여 큰 보상을 받게 될 것임을 선포하신다(11b-12절). 죄 없는 그 종은 자신을 반역의 무리들과 동일시하고 그들의 죄를 자신의 어깨에 짊어짐과 아울러 그들을 위하여 자신의 목숨을 희생한 까닭에, 승리를 거둘 것이요, 자신이 한 일에 대하여 하나님께로부터 큰 상급을 받게 될 것이다.

하나님의 종은 많은 사람들을 의롭게 할 것이다(더 정확하게는 "무죄로 석방하다"). 그는 그들의 무죄를 선언할 것이다(11b절을 보라). "의롭게 하다"로 번역된 동사의 정확한 의미에 대해서는 논란이 많다. 다른 곳에서 그 형태는 적어도 법적인 의미에서 "의롭게 만들다" — 달리 말해서 "무죄를 선언하고, 무죄 방면하다" — 는 뜻으로 여섯 번이나 사용되고 있다(출 23:7; 신 25:1; 왕상 8:32=대하 6:23; 잠 17:15; 사 5:23 등을 보라). 그것은 또한 "정의를 베풀다"(왕의 기능에 속함, 삼하 15:4; 시 82:3), "옳음을 인정하다"(욥 27:5), "정당함을 인정하다"(사 50:8), "옳은 길로 인도하다"(가르침과 모범을 통하여, 단 12:3) 등을 뜻하기도 한다. 현재의 문맥에는 이 낱말의 법적인 의미가 가장 잘 들어맞는다. 그 종은 백성의 죄를 기꺼이 짊어질 것이기에 그들을 "무죄로 방면할" 수 있다.

어떤 이들은 이 언어에 대한 이러한 법적인 해석을 반대한다. 그 이유로 그들은 의로운 자가 악한 자를 위해 고난을 당한다거나 악한 자가 무죄한 자로 선포된다는 것이 부당하다는 점을 든다.[207] 그러나 위에서 보는 놀라운 논리 전개는 이 노래의 아이러니컬한 성격에 잘 부합된다. 무죄한 자들이 죄인들을 위하여 죽는다는 것은 불공평한 일인 것으로 보이지만, 모든 사람이 죄를 범하여 양 떼들처럼 길을 잃고서 방황하는 마당에 하나님은 과연 무슨 일을 하셔야겠는가(6절을 보라)? 계약법은 징계를 요구하지만, 이 경우의 징계는 하나님께서 창조하신 모든 것의 파멸을 의미할 것이다. 율법이 요구하는 하나님의 정의가 충족되어야 하기 때문이다. 그는 자신의 정의를 충족시키기 위하여 겉으로 보기에 불공평해 보이는 일을 행하신다. 그는 바른 길에서

---

207) 예로써 다음을 보라: Orlinsky, *The So-Called "Suffering Servant,"* 22.

벗어나지 않은 유일한 자, 곧 죄 없는 자신의 종을 징계하신다. 성서의 계시 전체에 걸쳐서 우리는 육체를 입고 세상에 오신 하나님이 바로 죄 없는 종임을 발견한다. 그는 자신이 창조한 세계에 충실하기 위해 자신을 희생하신다. 만일에 그가 친히 징계를 감수해야만 자신의 정의가 충족될 수 있다고 한다면, 마땅히 그렇게 해야 하는 것이다. 정의의 요구를 충족시키는 사랑이야말로 불의한 행동으로 여겨지는 것이다.

종이 당하는 고난은 하나님의 거룩함과 정의를 충족시키며, 하나님의 죄 용서를 가능하게 만든다. 고난받는 종의 죽음은 새로운 계약의 시작을 향한 길을 열어준다. 최후의 만찬에서 예수께서는 자신이 십자가 위에서 흘릴 피를 상징하는 포도주 잔을 들고서 이렇게 선포하셨다: "이 잔은 내 피로 세우는 새 언약이니 곧 너희를 위하여 붓는 것이라"(눅 22:20). 왜 이 새로운 계약이 중요한가? 그것이 옛 계약의 요구들을 충족시키고 그 옛 계약을 대신하기 때문이다. 옛 계약은 "순종이냐 아니냐"의 양자택일을 요구한다. 그러나 새로운 계약은 성령의 선물을 통하여 순종할 수 있는 능력을 부어준다(렘 31:33; 겔 36:25-27을 보라). 신약성서는 이 새로운 계약이 이스라엘만을 위한 것이 아니요, 한층 포괄적인 의도를 가진 것이라고 우리에게 말한다. 그것은 세상의 모든 나라들을 포함한다. 이사야가 이미 암시한 바와 같이 말이다(49:6을 보라).

시온의 결혼생활이 회복됨(54:1-17)

종의 사역에 초점을 맞춘 예언자는 다시금 의인화된 시온에게로 방향을 돌린다. 왜냐하면 시온이야말로 종의 사역으로 인하여 가장 크게 은혜를 입을 자들 중의 하나이기 때문이다. 시온은 한때 불임(不姙)의 상태에 있었고, 이 때문에 남편에게 버림을 받았다(1a, 4, 6a-7절).[208] 혼자 남은 시온은 수치

---

208) NIV의 4b절은 "과부 시절의 수치"에 대해서 언급한다. 그러나 전후 문맥은 그의 남편인 야웨께서 죽은 것이 아니라 그와 이혼한 것으로 묘사한다. 예언자는 대담하게도 혼합된 은유를 사용하고 있는 것으로 보이지만, "과부 시절"로 번역된 낱말은 사실상 여기서 이혼을 가리키고 있을 가능성이 높다. 이에 대해서는 다음을 보라: S. L. Stassen, "Marriage (and Related) Metaphors in Isaiah 54:1-17," *Journal for Semitics* 6

심과 우울증에 시달렸다(6a절). 그러나 그 모든 것이 일시에 바뀔 예정이다. 시온의 남편, 곧 주권자이신 야웨(5절)께서는 자기가 진노에 사로잡힌 나머지 시온과 이혼했음을 금방 인정하시지만, 이제는 그를 돌이킬 준비가 되어 있다(7-8절). 뿐만 아니라 한때 불임의 상태에 있던 시온이 이제는 무수한 자녀들을 얻게 될 것이요(1b절), 그들은 폐허가 된 그 땅의 모든 성읍들을 가득 채우되, 주변 나라들을 정복하기까지 할 것이다(2-3절). 물론 이러한 표상의 배후에는 포로생활을 하는 하나님의 백성의 현실이 놓여 있다. 그로 인하여 예루살렘은 사람이 살지 않는 폐허가 되고 말았던 것이다. 이 일은 유다의 죄악 때문에 발생한 것이지만, 반역이라는 주제가 이 본문의 핵심은 아니다. 이 본문에서 예언자는 시온을 매우 동정적인 어조로 묘사한다. 그의 고통이 강조되는 바, 그는 남편의 진노에 죄 없이 희생당한 자로 여겨지기까지 한다. 본문의 수사학적인 말투는 그의 심각한 궁핍과 야웨의 긍휼히 여기시는 마음에 초점을 맞추고 있다.

시온을 향한 자신의 새로운 다짐을 강조하기 위하여 야웨께서는 자신의 약속을 노아와 더불어 맺으신 계약에 비교하신다(9절). 홍수 이후에 하나님께서는 다시는 세상을 그러한 방식으로 멸하지 않겠다고 약속하셨다(창 9:9-11, 15). 마찬가지 방식으로 그는 이제 시온에게 그가 결코 다시는 그의 진노의 심판을 겪지 않을 것이라고 약속하신다. 설령 견고함을 상징하는 산들이 무너진다고 해도, 야웨께서 시온과 더불어 맺으실 "평화의 언약"은 흔들림이 없이 견고할 것이다(10절). "평화의 언약"이라는 구절은 민수기 25:12에서도 나타나는 바, 민수기 본문에서 그것은 야웨께서 비느하스에게 주신 약속을 가리킨다(말 2:5도 참조). 그리고 그것은 에스겔 34:25와 37:26에서도 나타나는 바, 에스겔 본문들에서 그것은 하나님께서 회복된 이스라엘과 더불어 맺으실 새로운 계약을 가리키는 데 사용된다. 이 구절은 둘 사이의 평화로운 관계가 시작됨을 나타내는 계약을 가리킨다.

시온의 회복은 영광과 평화의 시대를 열어줄 것이다. 그 성읍이 과거에 끔찍한 고통을 당하기는 했지만, 야웨께서는 귀한 보석들로 그것을 다시 건축

(1994): 65.

하실 것이다(11-12절). 여기에 사용되는 표상, 곧 시온을 머리에서 발끝까지 보석으로 치장한 여인으로 묘사하는 표상은 시온이 겪게 될 번영을 가리킨다. 시온의 자녀들은 야웨의 제자들이 될 것이요(13절), 그 성읍은 결코 적군들의 위협을 받지 않을 것이다(14절). 설령 누군가가 대담하게 시온을 공격한다고 해도, 그들은 패배하고 말 것이다(15절). 왜냐하면 세상의 무기 제조자들을 주관하시는(16절) 야웨께서 자기 백성을 개인적으로 보호하실 것이요, 그들의 의로움을 인정하실 것이기 때문이다(17절).

영원한 계약을 주리라는 약속(55:1-13)

이사야서의 이 단락은 잔치 초청의 양식을 따르는 계약 갱신 요청에서 절정에 도달한다. 야웨께서는 고레스와 자신의 특별한 종의 활동을 통하여 시온을 회복시키리라는 계획을 선언하신 바가 있다. 그는 포로민들의 죄를 물었으며, 그들에게 그 문제를 해결할 것을 촉구하셨다. 이제 그는 자기 백성을 향하여 자기에게 돌아올 것을 감동적인 어조로 간청하신다.

포로민들은 목마르고 굶주리고 돈 한 푼 없는 자들로 묘사된다. 수사학적인 효과를 노리기 위해 모순 어법을 사용하시는 야웨께서는 그들에게 자신이 제공하는 맛있는 음식물과 음료수를 값없이 "사라고" 청하신다(1절). 그들이 만족을 주지 못할 어떤 것을 얻기 위해 힘겹게 고생하여 얻은 약간의 돈을 허비한다는 것은 이치에 닿지 않는 일이다(2절). 새로운 계약 관계에서 비롯되는 물질의 복이야말로 음식물과 음료수의 표상 배후에 놓인 현실에 해당하는 것이다. 다음 구절이 분명하게 보여주듯이 말이다. 만일에 이스라엘 백성이 야웨께로 방향을 돌이킨다면, 그들은 생명을 맛볼 것이다(3a절). 그것은 여기서 물질적인 번영과 국가적인 안전을 가리킨다(신 30:6, 15, 19-20을 보라). 이 생명은 새로운 계약 관계로부터 비롯되는 것이다.

모세 계약과는 대조적으로 이 새로운 계약은 영원한 것이 될 것이다. 그것은 하나님께서 다윗에게 약속으로 주신 계약의 유형을 따르고 있다(3b-5절).[209] 야웨께서는 자기 백성을 다스리기 위하여 다윗을 선택하셨으며, 다윗

---

209) 3절의 마지막 행은 문자적으로 볼 때 "다윗의 충성심을 확실하게 표현한 것이

의 신실한 직무 이행에 응답하여 그와 더불어 무조건적인 계약을 맺으셨다(삼하 7장; 시 89편을 보라). 하나님께서는 다윗에게 영원한 왕조를 약속하셨고, 다윗계의 왕을 자신의 "아들"로 받아들이셨으며, 그의 왕조에게 세계적인 통치를 포함하는 유업을 보증하셨다(시 2:7-9; 72:8-11; 89:25를 보라). 다윗계의 왕은 야웨의 위대하심을 세상 나라들에게 증거해야만 했다(시 18:50; 22:28을 보라). 야웨께서는 전에는 그가 알지 못했던 원방(遠方)이 그의 통치에 굴복할 것임을 그에게 약속하셨다.[210] 이는 회복된 나라가 다윗계의 왕과 동일한 탁월함을 누릴 것임을 암시하는 것으로 보인다.

이러한 약속에 이어서 계약 갱신을 향한 호소가 계속된다(6-7절). 하나님의 백성은 적절하다고 여겨지는 때에, 그리고 그가 자비를 베풀 준비가 되어 있는 때에 그와의 화해를 모색해야 한다. 죄인들은 자기들의 악한 계획들과 길들을 버려야 한다. 왜냐하면 야웨께서 그들의 죄를 기꺼이 용서하실 것이기 때문이다. 이러한 호소에 사용되는 용어들은 모세의 말(신 4:25-31; 30:1-10을 보라)과 솔로몬의 기도(왕상 8:46-53을 보라)를 연상시킨다. 이둘은 똑같이 포로민들이 야웨를 구하고 자기들의 반역행위를 뉘우치기를 기

다"로 읽을 수 있다. 어떤 이들은 "다윗"을 주격 소유격으로 이해함으로써 이것이 앞에 언급된 약속의 기초가 된다고 본다. 우리는 이 구절을 다음과 같이 풀어쓸 수 있다: "그 때 나는 너희에게 무조건적인 계약의 약속을 줄 것이다. 이는 순전히 계약 관계에 충성한 다윗의 신실한 행동 때문이다." 그러나 "다윗"은 목적격 소유격으로 보는 것이 옳을 것이다. 그는 계약의 약속들을 수령하는 자이다(대하 6:42를 보라). "충성심의 표현들"과 바로 앞에 있는 행 사이의 구문론적인 관계는 확실치 않다. 만일에 이 용어가 "계약"과 병렬되어 있는 것이라면, 야웨께서는 다윗 계약에 속한 약속들을 이스라엘 백성 전체에게 확대 적용하심으로써 그것들을 민주화시킨 셈이 된다. 또 다른 견해는 "충성심의 표현들"을 부사적인 대격으로 보아 "믿을 만한 계약의 약속들을 따라"로 번역하고자 한다. 이 경우에 새로운 계약은 다윗에게 주어진 약속들의 확대 내지는 성취라 할 수 있다. 세 번째 견해는 3절의 마지막 행을 비교급으로 본다. 이 경우에 새로운 계약은 다윗 계약을 본뜬 것이 된다.

210) 겉으로만 본다면 5절은 포로민들에게 한 말로 이해될 수도 있다. 그러나 5절에 있는 2인칭 동사들과 대명사들은 히브리어 본문에서 단수 형태로 나온다. 이는 5절이 야웨께서 다윗에게 열방에 대한 통치권을 보증하실 때 주셨던 약속을 그대로 인용한 것임을 암시한다. 포로민들을 대상으로 하는 1-3, 6, 8-9, 12절에서는 복수형이 사용된다.

대한다. 야웨께서 긍휼히 여기는 마음으로 그들을 용서해 주시기를 바라는 마음에서 말이다.

6-7절은 이전에 하나님께서 주신 구원의 약속들(특히 40:1-11을 보라)에 강하게 초점을 맞춘다. 이전의 약속들이 자기 백성을 회복시키기로 하신 하나님의 결정을 강조함으로써 무조건적인 성향을 드러내고 있음에도 불구하고, 조건적인 측면 역시 엄연히 존재한다. 이스라엘 백성은 야웨께로 방향을 돌이키고 그의 자비를 받아들이지 않으면 안 된다.

이스라엘 백성의 책임을 물은 야웨께서는 자신의 약속들이 믿을 만한 것임을 강조하신다(8-11절). 이스라엘은 만일에 자기들이 회개할 경우 자기들의 죄가 용서받을 것이요, 하나님께서 자신의 계약 관계를 갱신하실 것임을 확신할 수 있다.

8-9절은 자주 하나님의 길들이 인간에게는 이해할 수 없는 것임을 뜻하는 것으로 해석된다. 그러나 전후 문맥에 기초하여 본다면 이것은 본문의 핵심이 아니다. 10-11절은 야웨의 길들과 계획들이 반드시 성취됨을 강조하고 있다. 이와는 대조적으로 이스라엘의 길들과 계획들(7절을 보라)은 포기되지는 않는다 할지라도 죽음에 이를 뿐이다(3절이 이를 암시함). 다른 본문들에서는 범죄한 인류의 계획들(또는 "생각들")이 단지 한 호흡에 지나지 않는 것으로 묘사된다. 왜냐하면 그것들은 하나님께서 인정하지 않는 까닭에(잠 19:21) 헛될 뿐이기 때문이다(시 94:11). 인간의 행동들(또는 "길들")은 항상 악하기에 파멸에 이를 뿐이다(잠 1:15-19; 3:31-33; 4:19). 공허한 인간의 계획들이나 길들과는 대조적으로 하나님의 계획들은 반드시 성취되며, 그의 길들은 무엇인가 긍정적인 것을 이루고야 만다.

10-11절에서 그가 주시는 용서의 약속들(7절을 보라)은 비와 눈에 비교된다. 그것은 일단 땅에 떨어지기 시작하면, 갑자기 방향을 바꾸어 왔던 곳으로 돌아가지 않는다. 도리어 그것은 땅을 적시며 농산물의 생장에 도움을 준다. 이와 마찬가지 방식으로 야웨께서 주시는 용서의 약속은 전혀 성취되지 않은 채로 그에게 다시 돌아가는 법이 없다.

야웨께서는 12-13절에서 회복의 약속을 확장시키신다. 만일에 이스라엘이 하나님의 호소에 긍정적인 반응을 보인다면, 그가 약속하신 용서는 구원의 기쁨을 가져다줄 것이다. 자연 만물들이 이스라엘의 포로 해방을 경축할 것이다. 소나무들과 잣나무들이 가시덤불과 찔레나무를 대신할 것이다. 풍성한 생장의 회복에 대한 이러한 묘사는 야웨의 약속의 말씀을 비에 비교하는 10-11절의 논리적인 발전에 해당하는 것이다. 저주받은 상태 — 하나님의 심판에서 비롯된 — 를 상징하는 건조한 광야가 회복의 복을 상징하는 삼림으로 변화될 것이라는 말씀은, 노아 계약의 무지개와 마찬가지로(54:9를 보라), 다시는 자기 백성을 심판하지 않겠다는 야웨의 약속을 끊임없이 상기시켜주는 외적인 표지(또는 "신호")가 될 것이다.

포로기를 넘어서서(이사야 56-66장)

이사야서의 결론부인 이 단원은 앞 장들의 끝부분을 이어받고 있는 바, 예루살렘이 폐허가 되어 있음을 전제하고 있으며(63:18; 64:10-11을 보라), 포로민들의 귀향(56:8; 57:14를 보라)과 유다 성읍들의 재건(58:12; 60:10; 61:4를 보라), 야웨의 시온 복귀(59:20; 62:10-12를 보라) 등을 기대하고 있다. 55장의 훈계조를 이어받아 야웨께서는 귀향하는 포로민들이 율법에 규정된 도덕적이고 윤리적인 표준들을 잘 지키지 않으면 안 된다는 점을 분명하게 밝히신다. 고국으로의 복귀가 회복의 복을 보증하는 것은 아니다. 야웨께서는 경건한 자들과 불경건한 자들을 구별하시며, 새 창조에 맞추어 심판을 통해 계약 공동체를 다시금 정결케 하실 것임을 알리신다.

이방인들을 향한 초청(56:1-8)

야웨께서는 자기 백성에게 정의와 경건한 삶을 장려할 것을 권고하신다. 왜냐하면 약속된 구원이 바로 앞에 다가와 있기 때문이다(1절). 열심히 하나님의 율법을 지키는 자들은 기쁨을 맛볼 것이다(2절). 안식일 준수와 손을 금하여 악을 멀리하는 행동에 대한 언급은 아마도 열 가지 계명들(십계명으로도 알려진)을 간단히 언급하려는 의도에서 비롯된 것이다. 안식일 준수는 하

나님을 향한 방향성을 강하게 가지고 있고 또 하나님의 권위를 인정할 필요
성을 강조하는 십계명의 전반부를 가리킨다. 손을 금하여 악을 멀리하는 행
동은 인간을 향한 방향성을 강하게 가지고 있고 또 이웃의 생명과 재산을 존
중할 필요성을 강조하는 십계명의 후반부를 가리킨다.

야웨께서는 하나님의 율법에 다시금 헌신할 필요성과 그 율법에 담긴 사
회 정의의 기본 원리들을 강조하신 후에, 자신이 계약 공동체의 범위를 확장
시킬 준비가 되어 있음을 선언하신다(3-8절). 그는 한때 예배 공동체로부터
배척당했던 외국인들과 환관들(신 23:1-8을 보라)을 위해 성전의 문을 열어
두신다. 이 후로는 어느 누구도 더 이상 인종의 차이나 신체적인 결함으로
인하여 예배 공동체로부터 배척당하지 않을 것이다. 오로지 중요한 것은 야
웨를 향한 충성심 — 안식일 준수와 계명 순종에 의하여 표현되는 — 일 뿐
이다. 야웨를 사랑하고 그에게 충성하는 자들은 귀향하는 포로민들과 함께
야웨께 희생제사를 드릴 것이다. 재건된 성전은 "만민을 위한 기도의 집"으
로 불릴 것이다(7절). 이처럼 확대된 예배 공동체의 환상은 성전이 열방을 위
한 예배의 중심지가 되기를 간구했던 솔로몬의 소원이 성취될 것임을 의미
한다(왕상 8:41-43을 보라).

본래의 맥락에서 본다면 이 환상은 포로기 이후 시대의 발전된 상황을 기
대한다. 그러나 계시와 역사의 진행 과정에서 그것의 궁극적인 성취는 이방
인들로 하여금 예수 그리스도를 통하여 하나님께로 나아가게 하는 새로운
계약 공동체 안에서 이루어진다(엡 2:11-22와 갈 3:28을 보라). 이 새로운 계
약 공동체는 더 이상 십계명과 안식일 규정에 매이지 않는다(엡 2:15; 골
2:16). 왜냐하면 그리스도께서 이미 율법을 완성하셨기 때문이다(마 5:17).
그리스도께서는 새로운 계약에 관한 예레미야와 에스겔의 예언들(렘 31:33;
겔 36:27을 보라)을 성취하심으로써 새로운 계약 백성을 창조하신다. 그들은
성령의 선물을 통하여 율법의 핵심을 지킬 것이요(마 22:37-40), 율법의 바
깥 껍질(엡 2:15)과 사람을 속박하는 그것의 온갖 명령들로부터 해방될 것이
다. 이 새로운 계약 공동체는 성전으로 희생제물을 가져오기보다는 그들 스
스로가 하나님의 성전이 될 것이요(엡 2:21-22), 조상들이 내팽개친 궁극적
인 희생제사(십자가에 달리신 예수 그리스도를 가리킴: 역자 주)를 경축할

것이다(히 7:27; 9:28). 이 새로운 예배 공동체는 안식일을 준수하기보다는 믿음을 통하여 항구적인 "안식일의 쉼"에 들어갈 것이다(히 4:3, 9를 보라). 그 쉼은 그들을 하나님을 기쁘시게 하려는 그들 자신의 노력들로부터 해방시켜줄 것이요(히 4:10), 그들로 하여금 기꺼이 믿음에 굳게 서게 할 것이다.

탐욕과 우상숭배를 비난함(56:9—57:13a)

야웨께서는 갑자기 말투를 바꾸어 공동체 안의 죄인들을 비난하신다. 여기서 탐욕과 우상숭배를 비난하는 그의 말씀은 거의 포로기 이전과 같은 모습을 보인다. 그러나 전후문맥은 그 말씀이 포로기 이후의 초기 공동체를 겨냥하고 있음을 보여준다. 야웨께서는 귀향하는 포로민들 중의 일부가 조상들의 죄를 반복할 것임을 예견하신다. 자신을 미래로 내던지신 그는 포로기 이전 시대에 그러했던 것과 똑같이 격렬하게 이 미래의 죄인들을 비난하신다.[211]

야웨께서는 비꼬는 투로 들과 숲의 짐승들을 청하여 자신의 진노의 대상들을 집어삼키게 하신다(9절). 그는 이스라엘의 "파수꾼들"을 비난하신다. 이는 아마도 이스라엘의 지도자들을 가리킬 것이다. 그는 또한 그들을 탐욕에 가득 찬 게으른 개들에 비교하며, 마땅히 돌보아야 할 양 떼를 전혀 돌보지 않는 삯군 목자들과 술잔치에 빠져든 술고래들 — 자만심에 사로잡힌 — 에 비교한다(10-12절). 경건한 개인들이 사라지고 없지만, 어느 누구도 이를 눈치채지 못한다(57:1-2). 왜냐하면 하나님의 뜻을 거역한 자들이 너무도 우상숭배에 깊이 빠져든 나머지 그 일을 전혀 개의치 않기 때문이다(3-4절). 그들이 행하는 이방 풍습들은 풍요 제의와 어린이 인신 제사를 포함하고 있다(5절). 야웨께는 이들 우상숭배자들을 심판하는 것 외에 달리 방도가 없다.

---

211) 이 장들을 이른바 제3이사야의 저작으로 돌리는 학자들 중의 일부는 이 절들이 포로기 이전의 분위기를 그대로 반영하고 있음을 인정한다. 예로써 베스터만(Claus Westermann)은 "포로기 이전 시대의 재앙 예언들"이 포로기 이후 시대의 공동체 안에 있는 "범죄자들을 겨냥하여 개정되었다"고 주장한다. 이에 대해서는 그가 쓴 다음의 책을 참조하라: *Isaiah 40-66*, OTL (Philadelphia: Westminster, 1969), 302, 320.

그들의 이방 종교 탐닉은 성욕에 사로잡힌 자들의 모습으로(6-8절), 그리고 어리석게도 파멸을 초래할 뿐인 것들에 집착하는 자들의 모습으로(9-10절) 묘사된다. 야웨께서 과거에는 다소 침묵을 지키셨지만, 이제는 심판을 통하여 개입하시고 자기를 잊어버린 자들을 엄히 징계하실 것이다(11-13a절).

경건한 자들을 인정하심(57:13b-21)

경건한 자들이 그 땅에서 사라지고 있지만(1-2절을 보라), 그들은 마침내 의로움을 인정받을 것이다. 야웨께서는 자신을 따르며 충성하는 자들이 약속의 땅을 상속받을 것이요, 성전 구내에 계신 하나님을 마음껏 만날 수 있을 것이라는 약속을 주신다(13b-14절). 주권자이신 하나님은 영원한 왕으로 높이 앉아 계시지만, 결코 가까이 갈 수 없는 분이 아니다. 그는 짓밟힌 자들을 위로하기 위하여 자신을 낮추셔서 그들과 함께 하신다(15절). 야웨께서는 진노 중에 죄를 벌하시지만, 인간이 본질적으로 허약한 존재임을 아시기에, 자신이 상처를 입힌 자들을 기꺼이 치료하시고, 자기들의 죄에 대하여 탄식하는 자들을 위로하신다(16-18절). 그는 징계 받은 자들에게 평화를 주시지만, 악인들에게는 계속 죄에 머물러 있음으로 해서 하나님과의 화해가 불가능해진다는 것을 경고하기도 하신다(19-21절).

야웨께서 제의보다는 성실함을 원하심(58:1-14)

야웨께서는 앞으로 있을 일들을 계속 예견하시면서, 이전 세대들과 똑같이 신앙적인 위선에 빠져들기 쉬운 포로기 이후 공동체를 마주하신다. 야웨께서는 그러한 위선을 비난하시며, 자기가 공허한 허례허식보다는 순종과 사회 정의를 더 중요하게 생각하고 있음을 분명하게 밝히신다. 탄식 의례와 금식은, 설령 그것들이 하나님을 더 잘 알려는 의도를 분명하게 가지고 있다 할지라도, 악한 삶을 계속 추구하는 한 아무 의미가 없다. 여기에 언급된 사람들은 겉으로 보기에는 매우 경건한 것처럼 보인다(2절). 그러나 다른 사람들을 폭력적으로 대하는 모습은 그들이 위선자들임을 폭로한다(1, 3-4절). 야웨께서는 그들이 압제적인 삶의 방식을 중단하고(5-6절), 공동체 안의 집

없는 자들과 굶주리는 자들을 보살펴주기를 원하신다(7, 9b, 10a절). 그렇게 할 때에야 비로소 그들은 여기서 빛으로 상징되는 하나님의 은총과 보호와 새로운 복 등을 맛보게 될 것이다(8-9a, 10b-11절). 그때에야 비로소 하나님은 그들에게 폐허가 된 그 땅의 성읍들을 재건할 수 있게 하실 것이다(12절).

사회 정의를 장려하는 것에 더하여 야웨께서는 자기 백성에게서 보다 근본적인 것, 곧 안식일 준수를 원하신다(13절). 이 말씀에서 종교적인 의례주의를 비난하신 야웨께서는 단순한 형식주의를 옹호하지 않으신다. 그는 백성의 근원적인 죄를 폭로하신다. 여기에 언급된 집단은 이기주의에 사로잡혀 있다. 그들의 안식일 준수 실패는 보다 큰 문제의 징후에 해당하는 것이다. 그것은 곧 그들이 하나님과 그의 권위를 존중히 여기지 않는다는 점이다. 이처럼 근원적인 이기주의야말로 다른 사람들을 압제하고 괴롭히는 행동의 뿌리가 된다. 야웨께서는 이러한 문제점을 시정하지 않으면 안 된다는 것을 분명하게 밝히신다. 그렇게 할 때에야 비로소 하나님의 백성은 그와의 관계가 만족스러워지는 것을 발견할 것이요(14a절), 약속된 땅의 복을 누릴 것이다(14b절).

죄를 드러내고 고백함(59:1-15a)

예언자는 백성을 대면하고 서서 그들의 죄가 그들을 하나님께로부터 멀리 하였다는 점을 지적한다(2절). 야웨는 그들을 구원하실 수 있는 분이요, 기꺼이 그렇게 하실 분이다(1절). 그러나 그들의 손이 죄 없는 희생자들의 피로 가득 차 있고 그들이 다른 사람들을 속이고 착취하는 데 자기들의 입술을 사용하는 한에 있어서는 그러한 일이 있을 수 없다(4절). 그들은 거미들처럼 간교하여 자기들이 짠 거미줄에 희생자들을 엮어 넣는다. 그들은 또한 독사들과 같아서 독이 묻은 이빨로 사람들을 죽인다(5절). 그들은 다른 사람들을 향하여 악을 도모하되, 그 악을 신속하고도 폭력적인 방식으로 실행에 옮긴다(6-8절).

이처럼 범죄한 사회의 대변인으로서 발언하는 예언자는 야웨 앞에서 백성의 죄를 고백한다. 백성은 자기들의 죄로 인하여 하나님의 구원의 밝은 빛보다는 심판의 어둠을 경험한다(9절). 하나님과 그의 복으로부터 멀어진 그들은 소경들처럼 안전한 것을 찾아 헤매지만, 하나님의 구원은 그들을 피해간다(10-11절). 예언자는 하나님을 거역한 백성의 뻔뻔스러운 행동(12-13절)이 공동체를 파멸에 빠뜨렸으며, 공동체에서 정의와 진리를 빼앗아갔음을 인정한다(14-15a절).

하나님의 개입(59:15b-21)

야웨께서는 그러한 불의를 참지 못하신다(15b절). 크게 실망스럽게도 압제당하는 자들을 위해 개입하는 자가 한 명도 없기에(16a절), 야웨께서 그 문제를 자기 손으로 직접 해결하기로 작정하신다(16b절). 예언자는 그를 전쟁을 준비하는 전사로 묘사한다. 정의를 향한 그의 열정은 갑옷에 비교되며, 무기력한 자를 돕고자 하는 그의 결심은 투구와도 같은 것으로 묘사된다. 그리고 압제당한 자들을 위해 복수하려는 그의 강한 욕망은 전쟁용 겉옷으로 묘사된다(17절). 그는 원근 각처에 있는 원수들을 향하여 자신의 진노를 쏟아 부으실 것이요, 사방에 있는 사람들로 하여금 그의 왕적인 위엄을 인정하게 만드실 것이다(18-19절). 자신의 약속을 지키기 위하여 그는 시온으로 돌아오실 것이다. 거기서는 자신의 죄를 회개하는 자들만이 그의 오심을 경축할 수 있을 것이다(20절). 야웨께서 자기 백성과 더불어 새로운 계약을 맺으실 때에 새로운 시대가 열릴 것이다. 하나님의 신을 통하여 힘을 얻은 그들은 모든 후손들을 위하여 그의 대변인이 될 것이다(21절).

시온의 영광(60:1-22)

자신이 시온으로 돌아올 것임을 선언하신(59:20을 보라) 야웨께서는 이제 의인화된 시온을 향하여 말씀하시며, 장차 있을 시온의 영광을 생생하게 묘사하신다. 시온은 어두운 세상 속에서 횃불처럼 밝게 빛날 것이요(1-2절), 세상의 모든 나라들과 왕들이 시온에게 나아올 것이다(3절). 그리고 시온의 아들들과 딸들로 묘사되는 시온의 포로 된 백성이 돌아올 것이요(4절), 기쁨에 사로잡힌 그들의 어머니로 하여금 자긍심을 가지고서 웃게 할 것이다(5a

절). 열방은 야웨께 드리기 위하여 자기들의 재물을 가져올 것이다(5b-9, 16-17절), 시온의 성벽을 재건할 것이다(10절). 끊임없이 조공이 들어오는 탓에 그것을 받기 위해 그들은 성읍의 문들을 종일토록 열어둘 것이다(11절). 이전에 시온을 압제하고 멸시하던 자들은 그의 발 앞에 엎드릴 것이요 (14-15절), 시온의 하나님의 통치로부터 벗어나려고 노력하는 민족은 모두 망할 것이다(12절). 옛적의 솔로몬과 마찬가지로(왕상 5:6을 보라) 야웨께서는 자신의 성전을 아름답게 꾸미기 위해 무성한 레바논 삼림으로부터 재목을 수입할 것이다(13절). 시온은 결코 다시는 전쟁과 침략의 두려움을 겪지 않을 것이다(18절). 왜냐하면 해와 달을 대신하는 강한 빛에 비교되는 야웨의 임재가 그의 안전과 번영을 보증할 것이기 때문이다(19-20절).[212] 야웨를 충성스럽게 따를 시온의 거주민들은 약속의 땅에 퍼져서 영원히 그곳을 차지할 것이다(21a절). 야웨는 그들을 그 땅에 심으실 것이요, 그들은 기름진 곡물처럼 번성함으로써 야웨께 영광을 돌릴 것이다(21b-22절). 한 거대한 나라가 영원토록 약속의 땅을 차지할 것이라는 이 환상은 하나님께서 아브라함에게 주신 무조건적인 약속 ─ 이스라엘의 죄와 포로생활에도 불구하고 확실하게 성취되는 ─ 을 가리킨다(창 12:2; 13:15-16; 15:5; 17:2, 4-6, 8; 18:18; 22:17을 보라).[213]

이 약속은 "때가 되면," 곧 "적절한 때가 오면"(NET) 이루어질 것이다(22b절). 그때는 언제가 될 것인가? 창세기 18:18-19에 의하면, 하나님께서 아브라함에게 주신 약속의 성취는 일단 아브라함의 자손이 그의 신실한 순종의 모범을 따를 때에 이루어질 것이다. 그렇다면 그 일은 어떻게 이루어질 것인가? 예언자들에 따르면, 이스라엘은 새로운 계약이 일단 성취되면 전심으로 야웨를 따를 것이다. 하나님의 신을 선물로 포함하는 이 계약은 이스라엘을

---

212) 여기에 사용되는 빛의 표상에 대해서는 24:23과 30:26에 대한 이전의 설명을 보라.

213) 아브라함 계약이나 무수한 후손 및 땅의 영원한 소유가 뒤섞인 약속들의 무조건적인 성격에 대해서는 다음을 보라: Robert B. Chisholm Jr., "Evidence from Genesis," in *A Case for Premillennialism*, ed. D. K. Campbell and J. L. Townsend (Chicago: Moody, 1992), 35-54.

충성스럽고 순종하는 백성으로 변화시킬 것이다(사 59:21; 렘 31:31-34; 겔 36:27; 37:26을 보라).

압제당한 자들을 위한 기쁜 소식(61:1-11)

이 본문에서 우리는 몇 개의 목소리를 들을 수 있다. 1-3절에서는 야웨의 신으로 기름부음을 받은 자가 자신에게 주어진 사명을 선포하고, 7-9절에서는 야웨께서 친히 보증의 말씀을 주시며, 10-11절에서는 의인화된 시온이 그에 응답한다. 그리고 3절과 7절 사이의 어느 한 부분에서는 기름부음을 받은 자가 말하기를 멈추고서 야웨께 자리를 양보하지만, 어느 부분에서 그러한 변화가 이루어지는지가 확실치 않다. 3b-5절에 있는 3인칭 동사 형태가 1-3a절과 연결되는 것으로 보아, 6절 서두의 "오직 너희는"이야말로 그러한 변화의 모습을 보여주는 듯하다.

1-3절의 화자가 정확하게 누구인지에 대해서는 논란이 많다. 그러나 관련 증거를 면밀하게 검토해 보면, 이전의 종의 노래들에 묘사된 야웨의 종이 그에 해당함을 알 수 있다. 그 노래들에 묘사되어 있는 종과 마찬가지로 1-3절의 화자는 하나님의 신으로 충만하여 감옥에 갇힌 자들을 자유케 할 것이다(1절을 42:1, 7; 49:9와 비교하라). 그는 희년을 상기시키는 언어(레 25:10을 보라)를 사용하여, 죄수들이 자유케 될 것이요(1b절) 야웨께서 고난받는 자기 백성의 의로움을 인정하심으로써 그들의 슬픔을 기쁨으로 바꾸어주실 것이라고 선언한다(2-3a절).

이러한 구원과 정의의 사명은 뚜렷하게 왕적인 직무를 가리킨다. 그 직무는 화자를 처음 두 개의 종의 노래들에 묘사되어 있는 제왕적인 인물 및 이사야 11장에 묘사된 이상적인 정의의 왕과 연결시키는 역할을 수행한다. 계시와 역사의 진행 과정에서 예수는 이러한 예언들을 성취하신 분으로 나타나신다. 예수께서 대담하게도 자신을 이사야 61:1-2의 화자와 동일시하고 있다는 것은 전혀 놀라운 일이 아니다(눅 4:18-21을 보라).

포로민으로서의 감옥 생활로부터 해방되어 고향으로 돌아가게 된 이스라엘 백성은 오랫동안 폐허로 남아 있던 성읍들을 재건할 것이다(4절). 한때 하나님의 백성에게서 그들의 수확물을 빼앗았던 외국인들(사 62:8을 보라)이 이제는 그들의 양과 들과 포도원을 보살필 것이다(5절). 회복된 공동체는 옛 계약의 이상(출 19:6을 보라)을 설취하기 위하여 야웨의 제사장들로 봉사할 것이요, 열방으로부터 조공을 받을 것이다(6절). 하나님의 복과 기쁨이 불명예와 수치심을 대신할 것이다(7절). 왜냐하면 야웨께서 정의를 이루기 위하여 열심을 내실 것이요, 자기 백성의 의로움을 인정하기로 작정하실 것이기 때문이다(8a절; 1-3절을 보라). 그들을 향한 야웨의 열심은 영원토록 지속될 새로운 계약 관계에서 절정에 도달할 것이다(8b절; 55:3; 59:21을 보라). 세상 나라들은 이 새로운 계약 공동체를 주목할 것이요, 그들이 참으로 하나님의 복을 받을 자들임을 인정할 것이다(9절).

이처럼 강렬한 미래 묘사는 하나님의 복을 받을 자들, 곧 의인화된 시온의 응답을 촉구한다(10-11절; 3절과 62:1을 보라). 시온은 자신의 구원을 기대하면서, 기쁨에 겨워 외치며, 자신을 신랑과 신부의 옷처럼 아름다운 옷을 입은 자로 묘사한다(3, 7절). 시온은 자기 백성의 의로움을 인정하시는 하나님을 송축하며, 하나님의 그러한 행동이 이방 나라들로부터 이끌어낼 찬송을 인하여 기뻐할 것이다. 시온은 자신을 땅에서 솟아나는 나무에 비유한다 (3, 9절을 보라).

시온의 회복을 위한 기다림과 기도(62:1-11)

이어서 새로운 목소리가 나타나, 시온이 구원받을 날이 올 때까지 시온을 위해 기도하겠다는 자신의 결심을 밝힌다(1절). 그 목소리의 주인공이 누구인지는 확실치 않다. 그러나 야웨의 종이나 예언자가 그일 가능성이 매우 높다(61:1-3을 보라). 화자는, 그가 누구이건 간에, 시온이 자신의 의로움을 인정받고 열방이 보는 데서 존귀함을 얻게 되는 때를 기대한다(2a절). 시온은 야웨께로부터 새로운 이름을 받게 될 것이다. 그 이름은 그의 새로운 지위와 영광을 함축적으로 보여줄 것이다(2b절). 또한 시온은 그의 손에 있는 아름다운 왕관과도 같을 것이다(3절). 사실 시온은 다음 문맥에서 네 개의 새로운 이름을 받는다(4, 12절). 그 중 둘이 4절에 나온다. 한때 "버림받은 자"와 "황무지"로 불리던 시온이 이제는 "나의 기쁨이 그녀 안에 있다"는 뜻의 "헵시바"로 불릴 것이요, "결혼한"이라는 뜻의 "뿔라"로 불릴 것이다(4절). 야웨께서는 과거에 시온과 이혼하였지만(54:5-7을 보라), 이제는 그와 다시 결혼할 것이다(5절).[214]

철저하게 중재자의 역할을 수행하던 화자가 이제는 자신이 시온의 성벽에 파수꾼들을 세웠다고 말한다. 그들은 새로운 시대가 동터오는 것을 보기 위해 지평선을 쳐다보는 중에 계속해서 기도하면서 야웨께 그 성읍을 위해 개입하실 것을 요청한다(6-7절). 그들이 어떻게 이처럼 대담하고 끈질길 수 있는가? 야웨께서 시온의 부를 회복시켜 주겠다고 약속하셨기 때문이다. "오른손"과 "강한 팔"로 상징되는 그의 주권적인 힘은 그의 말씀이 반드시 성취될 것임을 보증한다(8-9절). 시온의 거주민들이 수고의 열매를 맛보게 되고, 자기들의 농작물과 포도주를 훔치는 이방 침략자들을 다시는 걱정하지 않아도 되는 날이 올 것이다.

자신의 감정에 압도당한 화자는 정체를 알 수 없는 집단 ― 노동자들의 역할을 수행하는 것으로 여겨지는 ― 에게 하나님의 포로 된 백성이 돌아올 길을 예비하라고 촉구한다(10a절). 그들은 큰길을 건설할 것이요, 멀리 떨어져 있는 나라들에 신호를 보내어 이 놀라운 사건을 위한 무대가 설치되어 있음을 알릴 것이다. 야웨께서는 자신이 시온으로 돌아오실 때 포로민들에게 바벨론에 대한 승리의 전리품들을 안겨주겠다고 말씀하신다(11절; 40:10을 보라). 포로상태로부터 구원받을 자들은 하나님께 따로 구별될 것이요, "거룩한 백성, 곧 야웨께서 구속하신 자"로 불릴 것이다. 그들의 목적지요 새로운 고향인 시온은 두 개의 새로운 이름, 곧 "찾은 바 된 자"와 "더 이상 버림받지 아니할 성읍"이라는 이름을 추가로 받을 것이다(12절).

---

214) 5절의 히브리어 본문은 이렇게 읽는다: "네 아들들이 너와 결혼할 것이다." 그러나 이 은유는 좀 별스러운 데가 있다. "네 아들들"을 "너의 건축자"(시 147:2는 야웨를 예루살렘의 건축자로 칭한다)로 수정한다면 더 나은 평행법이 가능해진다(다음에 이어지는 "네 하나님이 너를 기뻐하시리라"라는 구절을 보라).

진노의 포도주(63:1-6)

이제 승리를 거둔 왕이 시온으로 돌아오는 데 필요한 무대가 설치된다. 갑자기 예언자(또는 아마도 시온의 성벽을 지키는 자들; 62:6을 보라)는 한 왕족이 에돔으로부터 자신만만한 모습으로 행진하는 모습을 보고서, 그에게 자신의 정체를 밝힐 것을 요청한다(1a절). 야웨께서는 단순히 "그는 바로 나다"라고 답변하신 후, 자기가 자신이 선포하신 바를 성취할 수 있음을 자랑하신다(1b절; NET의 "그는 나이니 의로움을 인정하는 자요, 구원을 이룰 수 있는 자이다"라는 번역을 보라). 예언자(또는 파수꾼?)는 이어서 야웨께 왜 그의 옷이 마치 포도즙 틀에서 포도를 밟은 것처럼 붉은지를 묻는다(2절). 야웨께서는 자기가 열방을 짓밟은 탓에 그들의 피가 그의 옷에 튀었다고 설명하신다(3, 6절). 야웨께서 자기 백성을 향한 잔인한 행동들을 복수하실 때가 되자, 어느 누구도 나서서 도와주려 하지 않았다(4-5a절; 59:16을 보라). 비록 수적으로 열세였지만, 야웨께서는 진노에 사로잡힌 나머지 전심으로 자신의 대적들을 물리치셨다(5b절). 34장에서와 마찬가지로 에돔은 하나님의 모든 대적들을 대표하는 민족으로 소개된다. 그들은 그의 진노의 심판을 받아 망할 것이다(오바댜서도 참조하라).

죄를 고백하고서 자비를 구함(63:7—64:12)

하나님의 범죄한 백성을 대표하여 말하는 예언자는 이제 그들을 위하여 긴 기도를 드린다. 그 기도는 서두 부분에서 자기 백성을 향한 하나님의 신실하심을 역사적으로 개관한다(7절). 야웨께서는 이스라엘이 신실함을 보여줄 것이라는 기대 하에 그들을 선택하셨다(8a절). 그는 그들을 압제로부터 구원하심으로써 자신의 사랑과 자비를 보여주셨다(8b-9절). 그는 그들로 하여금 안전하게 바다를 건너게 하셨고, 매우 친밀하고 개인적인 방식으로 그들과 함께 하셨다(11-14절). 하나님께서 자기 백성에게 이처럼 친절을 베푸셨음에도 불구하고 그들은 반역하여 하나님이 방향을 돌이켜 자기들의 대적이 되게 하였다(10절).

NIV와 다른 많은 영어 번역들이 보여주는 바와 같이, 9절은 하나님이 자기 백성의 고난에 동참하시고 그들에게 한 특별한 천사, 곧 "자기 앞의 사자"(문자적으로는 "그의 얼굴의 사자")로 불리는 자를 보내어 그들을 보호하고 인도하게 하셨다. 이러한 본문 읽기는 전통적인 히브리어 본문에 수반되는 소수 견해를 따른 것이다. 만일에 이러한 본문 읽기가 본래적인 것이라면, "천사"는 출애굽기 14:19에 언급된 자를 가리킬 수도 있을 것이다. 그러나 부분적으로 전통적인 히브리어 자음 본문을 따르는 70인역의 또 다른 본문 읽기는 8b-9a절을 이렇게 읽는다: "그는 그들이 당하는 모든 환난 중에 그들의 구원자가 되셨다. 특사나 천사가 아니라 그 자신[문자적으로는 "그의 얼굴"]이 직접 그들을 구원하셨다."[215] 이 경우에 그 본문은 야웨께서 단순히 특사를 보내신 것이 아니라 직접 이스라엘의 경험 속에 개입하셨음을 강조한다. 이는 이스라엘의 광야 여정을 따라다니는 야웨의 임재(문자적으로는 "얼굴")에 관해 말하는 출애굽기 33:14-15를 가리키고 있음이 분명하다(신 4:37도 참조하라).

10-11절은 하나님의 "성령"에 관해 언급한다. "하나님의 신"이 히브리 성서에 자주 언급되기는 하지만, "성령"이라는 표현은 오직 이 본문과 시편 51:11에서만 나온다. 시편 본문의 기자는 하나님께 그의 "성령"을 거두지 말아달라고 간구한다. 이곳 이사야 본문에서는 "성령"이 인격적인 존재로 여겨지고 있으며("근심"할 수 있는 존재로 묘사됨), 야웨의 임재 자체(9절과 시 139:7을 보라) 및 "야웨의 신"(14절을 보라)과 긴밀하게 연결되어 있다

자기 백성을 향한 하나님의 선하심을 인정하고 이스라엘의 죄악성을 고백한 예언자는 야웨께 그의 궁핍한 자녀들에게 관심을 기울여주실 것을 요청한다. 그 까닭은 그가 야웨의 권능과 긍휼을 보기 원하기 때문이다(15-16절). 아이러니컬하게도 예언자는 범죄와 반역에 얼룩진 이스라엘의 상태를 하나님께서 그들의 마음을 완고하게 하신 것으로 돌리고 있다(17a절).[216] 야

---

215) 두 가지의 상이한 본문 읽기에 대해서는 다음을 보라: Whybray, *Isaiah 40-66*, 257. 70인역의 본문 읽기는 케레("그에게")보다는 케티브(히브리어 '로' = "아니다" [not])를 반영하고 있다. 그것은 또한 9절 서두를 8절 결론부분을 연결시키되, 히브리어 '차르'("환난")보다는 '치르'("특사")를 선호한다.

216) 어떤 이들은 17a절에 사용된 동사의 히필 형태를 사역형보다는 허용형으로 이해

웨께서 심판의 행동으로 직접 자기 백성의 마음을 완고하게 만드셨다는 것은 충분히 가능한 일이다. 그가 출애굽의 때에 파라오를 완고하게 만드시고, 또 이스라엘이 약속의 땅을 정복하던 시절에 아모리와 가나안의 왕들을 완고하게 만드신 것처럼 말이다. 그러나 그러한 완고함이 간접적인 것이었다고 보는 것이 더 타당할 것이다. 야웨께서는 일시적으로 포로 된 백성에게 등을 돌리심으로써(64:7을 보라) 그들을 낙심과 비탄에 빠지게 하셨다. 수사학적인 기법으로 쓰이는 탄식의 언어는 종종 직접적인 원인을 무시하면서 완고함과 고난의 원인을 직접 하나님께로 돌리는 결정론적인 견해를 취하고 있는 듯하다(예로써 룻 1:20-21과 시 88편을 보라).[217] 이 완고하게 만드는 일이 직접적인 것으로 여겨지건 아니면 간접적인 것으로 여겨지건 간에 관계없이 그것은 이스라엘의 죄에 대한 하나님의 심판의 한 측면을 반영하고 있다.

예언자는 야웨께 자기 백성을 위하여 개입하실 것을 요청한다(17b-19절). 그는 그들이 참으로 하나님의 백성임을 강조한다("당신의 종들," "당신의 기업", "당신의 백성," "우리는 당신의 것입니다" 등과 같은 표현들을 주목하라). 이러한 방식으로 그는 하나님의 명성이 무너져 내릴 위기에 처해 있음을 암시한다. 사실 무너져 내린 것은 야웨의 성소이다. 이러한 상황은 하나님께서 그의 엄위하신 능력을 새롭게 드러내신다면 쉽게 타개될 수 있는 것이다(64:1). 예언자는 야웨께서 이전에 그러하셨던 것처럼 하늘을 가르시고

한다. 이 경우에 본문은 이렇게 읽을 수 있을 것이다: "어찌하여 우리로 주의 길에서 떠나게 허용하시고 우리의 마음이 완고하게 되는 것을 허용하셔서 주를 경외하지 않게 하십니까?" 첫 번째 행에 사용된 동사는 드문 것으로, 오직 이곳과 욥기 39:16에서만 나타난다. 욥기 본문에서 그것은 "거칠게 다루다"는 뜻을 가지고 있는 것으로 보인다. 두 번째 행에 사용된 동사는 예레미야 50:6에서 허용의 의미를 가지고 있지만, 다른 본문들에서 나타날 경우에는 사역형의 의미를 가지고 있다(사 3:12; 9:16; 30:28을 보라; 창 20:13; 왕하 21:9; 욥 12:24-25; 잠 12:26; 렘 23:13, 32; 호 4:12; 암 2:4; 미 3:5 등도 참조하라).

217) 하나님께서 완고하게 하신다는 주제가 나타나는 히브리 성서의 보다 큰 문맥에서 이사야 63:17을 논의한 것에 대해서는 다음을 보라: Chisholm, "Divine Hardening in the Old Testament," 410-34, 특히 433.

자신의 권능을 크게 드러내시면서 땅으로 내려오시기를 간구한다. "진동하다"로 번역된 히브리어 동사는 오직 이곳과 사사기 5:5에서만 사용된다. 사사기 본문은 이스라엘을 위한 야웨의 개입을 시적인 언어로 묘사하고 있다. 이 두 본문은 똑같이 산들을 동사의 주어로 표현하며, 야웨께서 전사로 나타나신다고 묘사함으로써 그들의 답변을 촉구한다. 여기에서 예언자는 이 옛 시를 축자적으로 언급하고 있는 듯하다. 그는 옛적에 나타난 하나님의 놀라운 능력을 다시금 새롭게 드러내시기를 원하고 있는 것이다. 그러한 능력 과시는 하나님의 명예("이름")를 회복시켜줄 것이요, 원수들에게 그들의 분수를 알게 할 것이다(2절).

예언자는 하나님께서 과거에 자기 백성을 위하여 개입하셨음을 상기시킴으로써 이스라엘 하나님의 유일성을 강조한다. 그는 다른 어떤 신도 자기 백성을 구원하기 위해 그처럼 기꺼이 자신의 능력을 내보인 적이 없다고 주장한다(3-4절). 겸하여 한 가지 중요한 사실이 있다. 범죄한 이스라엘이 느끼는 바와 같이, 하나님은 자신에게 충성하는 자들을 위하여 개입하신다(5a절). 이스라엘은 그를 거역함으로써 그의 보호와 돌보심을 빼앗기고 말았으며, 그의 진노와 징계의 표적이 되고 말았다(5b절).

예언자는 포로 된 하나님의 백성을 대표하여 말하면서 나라 전체가 제의적으로 오염된 자처럼 하나님 앞에서 범죄하였음을 고백한다(6절). 그들이 의로운 행동으로 간주하는 것을 야웨께서는 무가치한 누더기(문자적으로는 월경복)로 여기신다. 범죄한 나라는 생명력과 안정감을 가지고 있지 못하다. 그들은 말라버린 나뭇잎이나 바람에 날리는 겨와도 같다. 하나님의 백성은 하나님이 자기들을 버리시고 벌하셨다고 생각한 탓에 그를 잊어버린 채로 있다(7절).

하나님과 그의 백성 사이의 관계가 벌어졌음에도 불구하고 예언자는 화해를 갈망한다. 그는 야웨께 그가 이스라엘 백성의 아버지시요 창조자이심을 상기시킨다(8절). 그는 야웨께 진노를 푸시고 그들의 죄를 그들에게 돌리지 말아주실 것을 간구한다(9절). 하나님의 긍정적인 답변을 얻기 위해 예언자는 약속의 땅이 처해 있는 비참한 상황을 실감나게 묘사한다(10-11절). 예루살렘을 포함하는 야웨의 성읍들이 폐허로 방치되어 있다. 한때 찬송과 예배의 중심지였던 성전은 불에 타서 깨진 건물 잔해들만 남아 있을 뿐이다. 이러한 상황 묘사는 야웨께로부터 뭔가 답변을 요청하고 있는 것으로 보인다 (12절).

의인과 악인의 대조(65:1—66:24)

야웨께서는 예언자의 기도에 응답하신다. 그는 자기 백성이 자기를 찾거나 기도 중에 자기 이름을 부른 적이 없음에도 불구하고 그들에게 자신을 드러내셨음을 분명하게 밝히신다(1절). 야웨께서는 완악한 자기 백성과 화해하기 위해 각별한 노력을 기울이셨지만(2절), 그들은 계속해서 범죄자의 길을 걸어갔으며, 이방 풍습들과 신앙적인 자만심에 빠져 있었다(3-5절).[218] 이 때문에 야웨께서는 자신의 심판을 고집하실 것이다(6-7절). 조상들에게 임한 심판이 계속하여 그들의 후손들에게 임할 것이다. 앞서 언급한 바와 같이 (56:9—57:13a에 대한 도입부의 해설을 보라), 야웨께서는 귀향하는 포로민들 중의 다수가 조상들의 죄를 되풀이할 것임을 예견하신다. 그는 미래를 내다보시고서는 이 미래의 범죄자들에 대해서 묘사하시며, 자기를 무시한 포로기 이전 세대와 그들을 연결시키신다.

항상 그러하듯이 범죄자들을 향한 야웨의 심판은 의인과 악인을 구별하는 까닭에, 의인과 악인 모두를 한꺼번에 쓸어버리지 않는다. 비록 여러 송이의 포도가 그 안에 나쁜 포도를 포함하고 있다 해도, 포도 수확자는 그 포도송이를 버리기 전에 시간을 들여 좋은 포도를 가려낼 것이다. 이와 마찬가지 방식으로 야웨께서는 범죄한 자기 백성 중에 남아 있는 의로운 자들을 보존하실 것이다(8절). 야웨께서 "나의 종들"로 부르시는 이 남은 자들은 약속의

---

218) 어떤 이들은 1-2절에 있는 히브리어 완료 동사 형태가 과거의 행동들을 가리킨다고 본다. 그러나 그 뒤에 이어지는 문맥은 포로기 이후 시대 초기의 세대가 본문의 주요 관심사임을 분명하게 드러내고 있다. 그 까닭에 완료 형태는 격언적이거나 서술적인 현재 시제(Westermann, *Isaiah 40-66*, 398-99) 내지는 현재 완료로 보는 것이 좋을 것이다. 이로써 본문이 염두에 두고 있는 세대는 그들의 조상들과 연결된다(7절을 보라).

땅을 유업으로 받을 것이요(9절), 그들은 거기서 평화롭게 자기들의 양 떼를 먹일 것이다(10절).[219]

그러나 우상숭배자들은 다가올 시대에 어떠한 자리도 얻지 못할 것이다. 그들은 야웨를 버리고 이방 신들을 선택한 탓에(11절) 칼에 베임을 당할 것이다(12절). 야웨의 종들은 하나님의 복을 누릴 것이지만, 악인들은 굶주릴 것이요 수치를 당할 것이다(13-14절). 야웨의 종들은 새 시대의 개막을 상징하는 새 이름을 얻겠지만, 악인들의 이름은 저주 양식에서 사용될 때에만 기억될 것이다(15절). 다가올 시대에 야웨의 백성은 그에게 충성할 것이요, 그의 이름으로 맹세할 것이다(16a절).

야웨께서는 창조의 언어를 사용하여 자기가 "새 하늘과 새 땅을 창조"하실 것이라고 선포하신다(17a절). 과거의 환난은 모두 잊혀질 것이요(16b, 17b절), 야웨의 백성은 시온의 변화와 회복을 하나님의 은총으로 돌릴 것이다(18-19절).[220] 죽음의 권세가 거의 사라질 것이요(20절), 사람들은 평화와 번영을 맛볼 것이다(22-23절).[221] 하나님은 그들이 자기에게 간구하는 목소리를 발하기도 전에 응답하실 것이다(24절). 그리고 "이빨과 발톱의 통치"로 표현되는 폭력과 적대감 — 동물의 세계를 지배하는 — 이 사라질 것이다(25절).

---

219) 지중해 해안을 따라 서쪽으로 뻗어 있는 사론 평야와 여리고 가까이에 동쪽으로 뻗어 있는 아골 골짜기는 여기서 서쪽으로부터 동쪽에 이르는 그 땅 전체를 대표하는 지명으로 언급된다.

220) 이사야 예언의 맥락에서 볼 경우에 이 구절은 40-66장에 있는 다른 많은 본문들과 마찬가지로 야웨께서 짓밟힌 예루살렘으로 돌아오실 것임을 기대하며, 성읍의 재건과 회복된 계약 공동체의 번영도 기대한다. 예언자는 과장된 어조로 이 사건들을 우주의 새로운 창조와 비교하면서, 장차 이루어질 변화를 강조한다. 계시록 21-22장에서 사도 요한 역시 새로운 창조의 표상을 새 예루살렘이라는 주제와 결합시킴으로써, 하나님의 어린양에 의해 구속함을 입은 자들 — 이스라엘과 교회 모두를 포함하는 — 을 위하여 예비된 영화로운 미래에 대해서 묘사한다(계 21:12-14).

221) 20절의 설명은 죽음의 죽음(death of Death)에 대한 이전의 설명과 크게 다르지 않다. 25:6-8에서 이사야는 죽음의 완전한 붕괴에 대해서 묘사한다. 죽음은 야웨께서 자신의 우주적인 시온 통치를 확립시키실 때 단번에 영원히 집어삼킴을 당할 것이다. 이곳 65:20은 불멸이 아니라 장수를 마음에 그리고 있다.

육식동물과 그들의 먹이가 평화롭게 함께 누워 있는 모습은 이미 이사야 11:6-9에 나온 바가 있다. 그 본문에 의하면 육식동물은 인간 압제자들을 상징하며, 그들의 먹이는 무기력하게 그들에게 희생되는 자들을 상징한다. 이러한 언어는 지극히 은유적인 것이라 할 수 있지만, 인간 사회의 근본적인 변혁 — 정의와 평화가 지배하는 — 을 반영하는 문자 그대로의 변화를 표현하는 것일 수도 있다.

어떤 이들은 "티끌"이 "뱀의 먹이"가 될 것이라는 표현이 창세기 3:14를 가리킨다고 보며, 그것이 사탄에 대한 하나님의 계속적인 심판을 예언하는 것이라고 이해한다. 그러나 이러한 알레고리적인 해석은 문맥에 비추어볼 때 전혀 근거 없는 것이다. 그 표현의 요점은 뱀이 다른 위험한 동물들과 마찬가지로 자기가 한때 두려움에 사로잡히게 했던 것들에게 더 이상 위험을 안겨주지 않을 것이라는 데 있다(25절과 사 11:8에 있는 평행법을 주목하라).

아마도 어떤 이들은 미래에 대한 이처럼 강렬한 환상이 너무도 멋진 것이어서 실현되지 못하는 것으로 여길 수도 있다. 야웨께서는 장차 있을지도 모르는 회의주의자들에게 자기가 주권적인 창조자이시요 온 세계의 통치자임을 상기시키신다(66:1-2a). 그의 성소가 폐허가 된 채로 방치되어 있지만(63:18을 보라), 그렇다고 해서 그가 어떤 제약을 받고 있는 것은 결코 아니다. 왜냐하면 그는 사람의 손으로 만든 집에 거하시는 분이 아니기 때문이다.

야웨께서는 계속해서 의인들과 악인들을 대비시키면서, 자기가 겸손하고 회개하는 자들에게 특별한 은총을 베푸신다는 점을 강조하신다(2b절). 다른 한편으로, 그는 계속해서 악을 행하면서 자신의 화해 노력을 무시하는 우상 숭배자들을 엄하게 벌하실 것이다(3-4절). 3절은 이처럼 위선적인 악인들에 대해서 상세하게 묘사한다.[222] 그들은 희생제사와 향을 바치면서 동시에 폭력

---

222) NIV의 번역은 이 본문에서 일련의 비교들을 찾아볼 수 있음을 전제하고 있다. 그러나 이것은 NIV의 주관적인 해석에 지나지 않는다. 히브리어 본문이 일련의 비교를 염두에 두고 있다는 증거는 어디에서도 찾아볼 수 없기 때문이다. 여기서는 도리어 전통적인 의례 행위들과 이교적인 행동을 결합시키고 있는 악인들의 행동 목록이 본문에 나타나 있다고 보는 것이 옳을 것이다.

적인 범죄를 저지르고 모세의 율법에 규정되어 있는 의례 규정들을 어기는
가 하면 우상숭배에 빠지는 등의 죄를 범한다.[223] 이 악인들은 경건한 자들을
핍박하지만, 야웨께서는 자신을 충성스럽게 따르는 자들에게 자기가 원수들
의 죄악을 벌할 것임을 약속하신다(5-6절).

야웨께서는 다시금 시온의 회복이라는 주제를 다루시면서, 시온을 고통
없이 출산하는 임산부에 비교한다(7절). 이와 마찬가지 방식으로 시온의 포
로 된 자녀들은 갑자기 시온으로 복귀할 것이다(8절). 야웨께서 자신의 약속
을 지키실 것이기 때문이다(9절). 이러한 메시지는 시온을 사랑하면서도 지
난 날에 있었던 시온의 파멸을 슬퍼하는 자들에게 커다란 기쁨을 안겨준다
(10절). 왜냐하면 그들이야말로 시온 회복의 은총을 직접 누릴 자들이기 때
문이다. 시온의 거주민들은 목마른 아기가 젖으로 가득한 엄마의 젖가슴을
열심히 빠는 것처럼 열방의 부를 모을 것이다(11-12a절). 시온의 거주민들은
엄마의 품속에 있는 아이처럼 안전함을 느낄 것이다(12b-13절).

야웨의 종들은 그의 권능이 시온의 회복을 가져올 것임을 알고서는 기쁨
에 사로잡힐 것이다(14a절). 반면에 야웨의 대적들은 그의 진노와 심판의 표
적이 될 것이다(14b-16절). 그는 강한 전사로 나타나실 것이요, 많은 남자들
을 벌하실 것이다. 그들 중의 많은 사람들이 그의 칼에 쓰러질 것이다. 계약
공동체 안에 있는 자들 중에 이방 종교의 풍습에 관여하고 또 금지된 부정한
음식을 먹음으로써 자신을 제의적인 부정함에 빠져들게 하는 자들은 어김없
이 하나님의 진노의 특별한 표적이 될 것이다(17절; 3-5절을 보라). 이 집단
은 완전히 파멸당할 것이다.

하나님의 권능과 영광에 관한 이러한 계시는 전 세계적인 영향력을 가지
고 있다(18절). 하나님의 심판의 먼지가 가라앉고 나면, 하나님의 대적들 중

---

223) 개의 목을 꺾는 행동이 갖는 의미는 확실치 않다. 그것은 아마도 모종의 제의 위
반 행동을 가리킬 것이다. 신명기 21:1-9에 의하면, 어떤 사람이 들에서 살해당한 채로
발견될 경우, 가장 가까이에 있는 성읍이 암송아지의 목을 꺾음으로써 그 살인에 대하여
속죄를 해야만 했다. 이사야 66:3의 첫 번째 행이 폭력적인 범죄 행위를 가리키는 것으
로 보아, 그러한 의도가 배후에 놓여 있다고 볼 수도 있다. 아마도 3절에 묘사된 범죄자
들은 암송아지보다는 개를 가지고서 신명기에 규정된 의례를 행하고자 했을 것이다.

에 소수의 남은 자들이 있을 것이다(16절은 하나님의 대적들 전부가 아니라 그들 중 "많은" 이들이 죽을 것이라고 말한다). 하나님의 권능을 개인적으로 목격한 그들은 그의 위엄을 증거하기 위해, 그리고 포로 된 하나님의 백성 중 남은 자들을 구출하기 위해, 멀리 떨어져 있는 나라들에 파견될 것이다 (19-20절). 포로생활로부터 돌아올 자들 중의 일부는 제사장들과 레위인들로 임명될 것이다(21절).[224]

이사야의 예언은 미래에 대한 환상으로 끝을 맺는다. 야웨께서는 자신을 충성스럽게 따르는 자들에게 약속을 주신다(22절). 새 하늘과 새 땅(65:17을 보라)이 항구적으로 세워지는 것처럼 경건한 자들의 명성과 후손들 역시 오래 갈 것이다. 이방 나라 백성들은 정해진 때(매월, 매주)에 야웨께 예배를 드릴 것이다(23절). 야웨께 계속 충성하고자 하는 마음을 굳게 다지려는 듯한 목적을 이루기 위해, 그들은 하나님의 심판을 받아 망한 패역자들의 시체를 바라볼 것이다(24절; 15-17절을 보라). 패역자들의 매장지는 구더기로 가득 차 있고 시체 태우는 연기가 계속 올라가는 공동묘지로 묘사된다.

이사야 예언의 서두 부분은 "동산"에서 이교 풍습에 관여하는 "패역자들"을 비난하고 있다. 그들은 하나님의 심판의 끌 수 없는 불길 — 시온을 정결케 하는 — 에 의해 망할 것이다(1:27—2:4). 그러나 이사야의 예언은 이제 한 바퀴를 완전히 돌아서 경건한 남은 자들에게 주는 보증의 말씀으로 끝을 맺는다. 전 세계적인 예배의 환상과 하나님을 대적하는 원수들의 붕괴에 대한 생생한 묘사가 그렇다.

---

224) 나는 21절에 있는 "그들 중의 일부"가 귀향하는 포로민들을 가리킨다고 본다. 그들은 20절에서 "너희 형제들"로 불리는 바, 20절은 야웨의 신실한 추종자들, 곧 시온을 사랑하는 자들을 겨냥하는 말씀을 담고 있다(5, 10절). 어떤 이들은 21절이 이방인 사자들을 염두에 두고 있다고 본다. 그렇게 본다면, 이방인들이 제사장 역할을 수행하기 위하여 계약 공동체 안으로 들어오리라는 것은 참으로 놀라운 예언이 아닐 수 없다.

이사야 참고문헌

Commentaries

Blenkinsopp, J. *Isaiah 1–39.* AB. New York: Doubleday, 2000.
Childs, B. S. *Isaiah.* OTL. Louisville: Westminster John Knox, 2001.
Clements, R. E. *Isaiah 1–39.* NCB. Grand Rapids: Eerdmans, 1980.
Gray, G. B. *A Critical and Exegetical Commentary on the Book of Isaiah I–XXVII.* ICC. Edinburgh: T & T Clark, 1912.
Hayes, J. and S. Irvine. *Isaiah the Eighth-Century Prophet: His Times and His Preaching.* Nashville: Abingdon, 1987.
Kaiser, O. *Isaiah 1–12.* OTL. 2d. ed. Philadelphia: Westminster, 1972.
———. *Isaiah 13–39.* OTL. 2d ed. Philadelphia: Westminster, 1974.
Motyer, J. A. *The Prophecy of Isaiah.* Downers Grove, Ill.: InterVarsity, 1993.
North, C. R. *The Second Isaiah.* Oxford: Clarendon, 1964.
Oswalt, J. N. *The Book of Isaiah: Chapters 1–39.* NICOT. Grand Rapids: Eerdmans, 1986.
———. *The Book of Isaiah: Chapters 40–66.* NICOT. Grand Rapids: Eerdmans, 1998.
Seitz, C. R. *Isaiah 1–39.* Interpretation. Louisville: John Knox, 1993.
Watts, J. D. W. *Isaiah 1–33.* WBC. Waco, Tex.: Word, 1985.
———. *Isaiah 34–66.* WBC. Waco, Tex.: Word, 1987.
Westermann, C. *Isaiah 40–66.* OTL. Translated by D. M. G. Stalker. Philadelphia: Westminster, 1969.
Whybray, R. N. *Isaiah 40–66.* NCB. Grand Rapids: Eerdmans, 1981.
Wildberger, H. *Isaiah 1–12.* Translated by T. H. Trapp. Minneapolis: Fortress, 1991.
———. *Isaiah 13–27.* Translated by T. H. Trapp. Minneapolis: Fortress, 1997.
Young, E. J. *The Book of Isaiah.* 3 vols. Grand Rapids: Eerdmans, 1965–72.

Recent Studies

General

Aitken, K. T. "Hearing and Seeing: Metamorphoses of a Motif in Isaiah 1–39." In *Among the*

Prophets: Language, Image and Structure in the Prophetic Writings, edited by P. R. Davies and D. J. A. Clines, 12–41. Sheffield: JSOT, 1993.

Barton, J. "Ethics in the Book of Isaiah." In *Writing and Reading the Scroll of Isaiah: Studies of an Interpretative Tradition,* edited by C. C. Broyles and C. A. Evans, VTSup 70, 67–77. Leiden: Brill, 1997.

———. *Isaiah 1–39.* Old Testament Guides. Sheffield: Sheffield Academic Press, 1995.

Broyles, C. C., and C. A. Evans, eds. *Writing and Reading the Scroll of Isaiah: Studies of an Interpretative Tradition.* 2 vols. Leiden: Brill, 1997.

Brueggemann, W. "Planned People/Planned Book?" In *Writing and Reading the Scroll of Isaiah: Studies of an Interpretative Tradition,* edited by C. C. Broyles and C. A. Evans, VTSup 70, 19–37. Leiden: Brill, 1997.

Carr, D. M. "Reaching for Unity in Isaiah," *JSOT* 57 (1993): 361–80.

———. "Reading Isaiah from Beginning (Isaiah 1) to End (Isaiah 65- 66): Multiple Modern Possibilities." In *New Visions of Isaiah,* edited by R. F. Melugin and M. A. Sweeney, JSOTSup 214, 188–218. Sheffield: Sheffield Academic Press, 1996.

Carroll, R. P. "Blindsight and the Vision Thing: Blindness and Insight in the Book of Isaiah." In *Writing and Reading the Scroll of Isaiah: Studies of an Interpretative Tradition,* edited by C. C. Broyles and C. A. Evans, VTSup 70, 79–93. Leiden: Brill, 1997.

Clements, R. E. "A Light to the Nations: A Central Theme of the Book of Isaiah." In *Forming Prophetic Literature: Essays on Isaiah and the Twelve in Honor of John D. W. Watts,* edited by J. W. Watts and P. R. House, 57–69. Sheffield: JSOT, 1996.

———. "Zion as Symbol and Political Reality: A Central Isaianic Quest." In *Studies in the Book of Isaiah: Festschrift Willem A. M. Beuken,* edited by J. van Ruiten and M. Vervenne, 3–17. Louvain: Peeters, 1997.

Clifford, R. J. "The Unity of the Book of Isaiah and Its Cosmogonic Language." *CBQ* 55 (1993): 1–17.

Coggins, R. J. "New Ways with Old Texts: How Does One Write a Commentary on Isaiah?" *ExpT* 107 (1995–96): 362–67.

Conrad, E. W. "Prophet, Redactor, and Audience: Reforming the Notion of Isaiah's Formation." In *New Visions of Isaiah,* edited by R. F. Melugin and M. A. Sweeney, JSOTSup 214, 306–26. Sheffield: Sheffield Academic Press, 1996.

———. *Reading Isaiah.* Minneapolis: Fortress, 1991.

———. "Reading Isaiah and the Twelve as Prophetic Books." In *Writing and Reading the Scroll of Isaiah: Studies of an Interpretative Tradition,* edited by C. C. Broyles and C. A. Evans, VTSup 70, 3–17. Leiden: Brill, 1997.

Darr, K. P. *Isaiah's Vision and Family of God.* Literary Currents in Biblical Interpretation. Louisville: Westminster John Knox, 1994.

Davies, A. *Double Standards in Isaiah: Re-evaluating Prophetic Ethics and Divine Justice.* Leiden: Brill, 2000.

de Waard, J. *A Handbook on Isaiah.* Winona Lake, Ind.: Eisenbrauns, 1997.

Doorly, W. J. *Isaiah of Jerusalem: An Introduction.* New York: Paulist, 1992.

Gitay, Y. "Back to the Historical Isaiah: Reflections on the Act of Reading." In *Studies in the Book of Isaiah: Festschrift Willem A. M. Beuken,* edited by J. van Ruiten and M. Vervenne, 63–72. Louvain: Peeters, 1997.

———. "Why Metaphors? A Study of the Texture of Isaiah." In *Writing and Reading the Scroll of Isaiah: Studies of an Interpretative Tradition,* edited by C. C. Broyles and C. A. Evans, VTSup 70, 57–65. Leiden: Brill, 1997.

Hill, L. H. "Reading Isaiah as a Theological Unity Based on an Exegetical Investigation of the Exodus Motif." Ph.D. diss., Southwestern Baptist Theological Seminary, 1993.

Holladay, W. L. *Isaiah: Scroll of a Prophetic Heritage.* Grand Rapids: Eerdmans, 1978.

Laato, A. *"About Zion I Will Not Be Silent": The Book of Isaiah as an Ideological Unity.* Stockholm: Almqvist & Wiksell, 1998.

Love, N. P. "The Mountain of the Lord in the Book of Isaiah: Prominent Themes in Contexts Mentioning the Mountain of the Lord and Related Terminology." Ph.D. diss., Trinity Evangelical Divinity School, 1996.

Ma, W. "The Spirit (רוּחַ) of God in the Book of Isaiah and Its Eschatological Significance." Ph.D. diss., Fuller Theological Seminary, 1996.

Melugin, R. F. "The Book of Isaiah and the Construction of Meaning." In *Writing and Reading the Scroll of Isaiah: Studies of an Interpretative Tradition,* edited by C. C. Broyles and C. A. Evans, VTSup 70, 39–55. Leiden: Brill, 1997.

Miscall, P. D. *Isaiah.* Readings: A New Biblical Commentary. Sheffield: JSOT, 1993.

———. "Isaiah: The Labyrinth of Images." *Semeia* 54 (1991): 103–21.

Mosley, H. R. "The Concept of Faith in Isaiah 1–39." Ph.D. diss., New Orleans Baptist Theological Seminary, 1992.

O'Connell, R. H. *Concentricity and Continuity: The Literary Structure of Isaiah.* JSOTSup 188. Sheffield: Sheffield Academic Press, 1994.

O'Kane, M. "Isaiah: A Prophet in the Footsteps of Moses." *JSOT* 69 (1996): 29–51.

———. "Wisdom Influence in First Isaiah." *Proceedings of the Irish Biblical Association* 14 (1991): 64–78.

Oswalt, J. N. "Judgment and Hope: The Full-Orbed Gospel." *Trinity Journal* 17 (1996): 191–202.

———. "The Kerygmatic Structure of the Book of Isaiah." In *"Go to the Land I Will Show You": Studies in Honor of Dwight W. Young,* edited by J. E. Coleson and V. H. Matthews, 143–57. Winona Lake, Ind.: Eisenbrauns, 1996.

Rendtorff, R. "The Book of Isaiah: A Complex Unity. Synchronic and Diachronic Reading." In *New Visions of Isaiah,* edited by R. F. Melugin and M. A. Sweeney, JSOTSup 214, 32–49. Sheffield: Sheffield Academic Press, 1996.

Roberts, J. J. M. "Double Entendre in First Isaiah." *CBQ* 54 (1992): 39–48.

Rooker, M. F. "Dating Isaiah 40–66: What Does the Evidence Say?" *WTJ* 58 (1996): 303–12.

Seitz, C. R. "How Is the Prophet Isaiah Present in the Latter Half of the Book? The Logic of Chapters 40–66 within the Book of Isaiah." *JBL* 115 (1996): 219–40.

———. *Zion's Final Destiny: The Development of the Book of Isaiah.* Minneapolis: Fortress, 1991.

Sheppard, G. T. "The 'Scope' of Isaiah as a Book of Jewish and Christian Scriptures." In *New Visions of Isaiah,* edited by R. F. Melugin and M. A. Sweeney, JSOTSup 214, 257–81. Sheffield: Sheffield Academic Press, 1996.

———. "Two Turbulent Decades of Research on Isaiah." *Toronto Journal of Theology* 9 (1993): 107–10.

Sommer, B. D. "Allusions and Illusions: The Unity of the Book of Isaiah in Light of Deutero-Isaiah's Use of Prophetic Tradition." In *New Visions of Isaiah,* edited by R. F. Melugin and M. A. Sweeney, JSOTSup 214, 156–86. Sheffield: Sheffield Academic Press, 1996.

Sweeney, M. A. "The Book of Isaiah as Prophetic Torah." In *New Visions of Isaiah,* edited by R. F. Melugin and M. A. Sweeney, JSOTSup 214, 50–67. Sheffield: Sheffield Academic Press, 1996.

———. "The Book of Isaiah in Recent Research." *Currents in Research: Biblical Studies* 1 (1993): 141–62.

————. *Isaiah 1–39 with an Introduction to the Prophetic Literature.* FOTL. Grand Rapids: Eerdmans, 1996.

Tate, M. E. "The Book of Isaiah in Recent Research." In *Forming Prophetic Literature: Essays on Isaiah and the Twelve in Honor of John D. W. Watts,* edited by J. W. Watts and P. R. House, 22–56. Sheffield: JSOT, 1996.

Webb, B. G. *The Message of Isaiah: On Eagles' Wings.* The Bible Speaks Today. Leicester, England, and Downers Grove, Ill.: InterVarsity, 1996.

Williamson, H. G. M. *The Book Called Isaiah: Deutero-Isaiah's Role in Composition and Redaction.* Oxford: Clarendon, 1994.

————. "First and Last in Isaiah." In *Of Prophets' Visions and the Wisdom of the Sages: Essays in Honour of R. Norman Whybray on His Seventieth Birthday,* edited by H. A. McKay and D. J. A. Clines, JSOTSup 162, 95–108. Sheffield: JSOT, 1993.

————. "Isaiah and the Wise." In *Wisdom in Ancient Israel: Essays in Honour of J. A. Emerton,* edited by J. Day, 133–41. Cambridge: Cambridge University Press, 1995.

————. "Synchronic and Diachronic in Isaiah Perspective." In *Synchronic or Diachronic? A Debate in Old Testament Exegesis,* edited by J. C. de Moor, 211–26. Leiden: Brill, 1995.

Willis, J. T. "Exclusivistic and Inclusivistic Aspects of the Concept of 'The People of God' in the Book of Isaiah." *Restoration Quarterly* 40 (1998): 3–12.

Wong, G. C. I. "The Nature of Faith in Isaiah of Jerusalem." Ph.D. diss., Cambridge University, 1995.

Wong, Y. C. "A Text-Centered Approach to Old Testament Exegesis and Theology and Its Application to the Book of Isaiah." Ph.D. diss., Trinity Evangelical Divinity School, 1994.

Isaiah 1–12

Bartelt, A. H. *The Book around Immanuel: Style and Structure in Isaiah 2–12.* Winona Lake, Ind.: Eisenbrauns, 1996.

————. "Isaiah 5 and 9: In- or Interdependence." In *Fortunate the Eyes That See: Essays in Honor of David Noel Freedman in Celebration of His Seventieth Birthday,* edited by A. B. Beck et al., 157–74. Grand Rapids: Eerdmans, 1995.

Beale, G. K. "Isaiah vi 9–13: A Retributive Taunt against Idolatry." *VT* 41 (1991): 257–78.

Ben Zvi, E. "Isaiah 1,4–9, Isaiah, and the Events of 701 BCE in Judah: A Question of Premise and Evidence." *SJOT* 1 (1991): 95–111.

Brenneman, J. E. "Canon(s) in Conflict: Negotiating Texts in True and False Prophecy: Isaiah 2:2–4 / Micah 4:1–4 vs. Joel 4:9–12 (Eng. 3:9–12)." Ph.D. diss., Claremont Graduate School, 1994.

Brown, W. P. "The So-Called Refrain in Isaiah 5:25–30 and 9:7–10:4." *CBQ* 52 (1990): 432–43.

Clements, R. E. "The Immanuel Prophecy of Isa. 7:10–17 and Its Messianic Interpretation." In *Die hebräische Bibel und ihre zweifache Nachgeschichte: Fst. R. Rendtorff,* edited by E. Blum et al. 225–40. Neukirchen-Vluyn: Neukirchener Verlag, 1990.

Dearman, J. A. "The Son of Tabeel (Isaiah 7.6)." In *Prophets and Paradigms: Essays in Honor of Gene M. Tucker,* edited by S. B. Reid, 33–47. Sheffield: JSOT, 1996.

Dennison, C. G. "Isaiah's Christmas Children: Shear-jashub." *Kerux* 14, no. 3 (1999): 36–42.

Emerton, J. A. "The Translation of Isaiah 5,1." In *The Scriptures and the Scrolls: Studies in Honour of A. S. van der Woude on the Occasion of His Sixty-fifth Birthday,* edited by F. G. Martínez et al., VTSup 49, 18–30. Leiden: Brill, 1992.

Eshel, H. "Isaiah viii 23: An Historical-Geographical Analogy." *VT* 40 (1990): 104–9.

Eslinger, L. "The Infinite in a Finite Organical Perception (Isaiah vi 1–5)." *VT* 45 (1995): 145–73.

Finley, T. J., and G. A. Payton. "A Discourse Analysis of Isaiah 7–12." *Journal of Translation and Textlinguistics* 6 (1993): 317–35.

Friesen, I. D. "Composition and Continuity in Isaiah 1–12." Ph.D. diss., St. Michael (Toronto), 1990.

Gitay, J. *Isaiah and His Audience: The Structure and Meaning of Isaiah 1–12.* Assen-Maastricht: Van Gorcum, 1991.

Goldingay, J. "The Compound Name in Isaiah 9:5(6)." *CBQ* 61 (1999): 239–44.

———. "Isaiah i 1 and ii 1." *VT* 48 (1998): 326–32.

Gosse, B. "Isaiah 8.23b and the Three Great Parts of the Book of Isaiah." *JSOT* 70 (1996): 57–62.

House, P. R. "Isaiah's Call and Its Context in Isaiah 1–6." *Criswell Theological Review* 6 (1993): 207–22.

Irsigler, H. "Speech Acts and Intention in the 'Song of the Vineyard' Isaiah 5:1–7." *OTE* 10 (1997): 39–68.

Irvine, S. A. *Isaiah, Ahaz, and the Syro-Ephraimitic Crisis.* SBLDS 123. Atlanta: Scholars Press, 1990.

———. "Isaiah's She'ar-Yashub and the Davidic House." *Biblische Zeitschrift* 37 (1993): 78–99.

———. "Problems of Text and Translation in Isaiah 10,13b." In *History and Interpretation: Essays in Honour of John H. Hayes,* edited by M. P. Graham et al., 133–44. Sheffield: JSOT, 1993.

———. "The Isaianic *Denkschrift:* Reconsidering an Old Hypothesis." *ZAW* 104 (1992): 216–31.

Jones, B. C. "Isaiah 8.11 and Isaiah's Vision of Yahweh." In *History and Interpretation: Essays in Honour of John H. Hayes,* edited by M. P. Graham et al., 145–59. Sheffield: JSOT, 1993.

Kamesar, A. "The Virgin of Isaiah 7:14: The Philological Argument from the Second to the Fifth Century." *JTS* 41 (1990): 51–75.

Korpel, M. C. A. "Structural Analysis as a Tool for Redactional Criticism: The Example of Isaiah 5 and 10.1–6." *JSOT* 69 (1996): 53–71.

Landy, F. "Strategies of Concentration and Diffusion in Isaiah 6." *Biblical Interpretation* 7 (1999): 58–86.

Lind, M. "Political Implications of Isaiah 6." In *Writing and Reading the Scroll of Isaiah: Studies of an Interpretative Tradition,* edited by C. C. Broyles and C. A. Evans, VTSup 70, 317–38. Leiden: Brill, 1997.

McLaughlin, J. L. "Their Hearts *Were* Hardened: The Use of Isaiah 6, 9–10 in the Book of Isaiah." *Bib* 75 (1994): 1–25.

Melugin, R. F. "Figurative Speech and the Reading of Isaiah 1 as Scripture." In *New Visions of Isaiah,* edited by R. F. Melugin and M. A. Sweeney, JSOTSup 214, 282–305. Sheffield: Sheffield Academic Press, 1996.

Menzies, G. W. "To What Does Faith Lead? The Two-Stranded Textual Tradition of Isaiah 7.9b." *JSOT* 80 (1998): 111–28.

Ogden, G. "Translating Isaiah 5.1: What Does the Poet Sing?" *BT* 49 (1998): 245–46.

Olivier, H. "God as Friendly Patron: Reflections on Isaiah 5:1–7." In *"Feet on Level Ground": A South African Tribute of Old Testament Essays in Honor of Gerhard Hasel,* edited by K. Van Wyk, 301–28. Berrien Center, Mich.: Hester, 1996.

Olivier, J. P. J. "Rendering ידיד as Benevolent Patron in Isaiah 5:1." *JNSL* 22 (1996): 59–65.

Oswalt, J. N. "The Significance of the 'Almah Prophecy in the Context of Isaiah 7–12." *Criswell Theological Review* 6 (1993): 223–35.

Prinsloo, W. S. "Isaiah 12: One, Two, or Three Songs?" In *Goldene Äpfel in silbernen Schalen,* edited by K.-D. Schunck and M. Augustin, 25–33. Frankfurt am Main: Peter Lang, 1992.

Roberts, J. J. M. "Whose Child Is This? Reflections on the Speaking Voice in Isaiah 9:5." *HTR* 90 (1997): 115–29.

Robinson, G. D. "The Motif of Deafness and Blindness in Isaiah 6:9–10: A Contextual, Literary, and Theological Analysis." *Bulletin of Biblical Research* 8 (1998): 167–86.

Sailhamer, J. H. "Evidence from Isaiah 2." In *A Case for Premillenialism,* edited by D. Campbell and J. Townsend, 79–102. Chicago: Moody, 1992.

Schibler, D. "Messianism and Messianic Prophecy in Isaiah 1–12 and 28–33." In *The Lord's Anointed,* edited by P. E. Satterthwaite, R. S. Hess, and G. J. Wenham, 87–104. Grand Rapids: Baker, 1995.

Schultz, R. "The King in the Book of Isaiah." In *The Lord's Anointed,* edited by P. E. Satterthwaite, R. S. Hess, and G. J. Wenham, 141–65. Grand Rapids: Baker, 1995.

Schwartz, B. J. "Torah from Zion: Isaiah's Temple Vision (Isaiah 2:1–4)." In *Sanctity of Time and Space in Tradition and Modernity,* edited by A. Houtman et al., 11–26. Leiden: Brill, 1998.

Sweeney, M. A. "A Philological and Form-Critical Reevaluation of Isaiah 8:16–9:6." *HAR* 14 (1994): 215–31.

———. "Jesse's New Shoot in Isaiah 11: A Josianic Reading of the Prophet Isaiah." In *A Gift of God in Due Season: Essays on Scripture and Community in Honor of James A. Sanders,* edited by R. D. Weis and D. M. Carr, 103–18. Sheffield: Sheffield Academic Press, 1996.

———. "Sargon's Threat against Jerusalem in Isaiah 10,27–32." *Bib* 75 (1994): 457–70.

Tomasino, A. J. "Isaiah 1,1–2,4 and 63–66, and the Composition of the Isaianic Corpus." *JSOT* 57 (1993): 81–98.

van Wieringen, A. L. H. M. *The Implied Reader in Isaiah 6–12.* Leiden: Brill, 1998.

———. "Isaiah 12,1–6: A Domain and Communication Analysis." In *Studies in the Book of Isaiah: Festschrift Willem A. M. Beuken,* edited by J. van Ruiten and M. Vervenne, 149–72. Louvain: Peeters, 1997.

Wegner, P. D. "A Re-examination of Isaiah ix 1–6." *VT* 42 (1992): 103–12.

———. *An Examination of Kingship and Messianic Expectation in Isaiah 1–35.* Lewiston, N.Y.: Mellen Biblical Press, 1992.

———. "Another Look at Isaiah viii 23b." *VT* 41 (1991): 481–84.

Williamson, H. G. M. "Isaiah 6,13 and 1,29–31." In *Studies in the Book of Isaiah: Festschrift Willem A. M. Beuken,* edited by J. van Ruiten and M. Vervenne, 119–28. Louvain: Peeters, 1997.

———. "Isaiah XI 11–16 and the Redaction of Isaiah I–XII." In *Congress Volume: Paris, 1992,* edited by J. A. Emerton, VTSup 61. Leiden: Brill, 1995.

———. "The Messianic Texts in Isaiah 1–39." In *King and Messiah in Israel and the Ancient Near East,* edited by J. Day, JSOTSup 270, 238–70. Sheffield: Sheffield Academic Press, 1998.

———. "Relocating Isaiah 1:2–9." In *Writing and Reading the Scroll of Isaiah: Studies of an Interpretative Tradition,* edited by C. C. Broyles and C. A. Evans, VTSup 70, 263–77. Leiden: Brill, 1997.

Willis, J. T. "Isaiah 2:2–5 and the Psalms of Zion." In *Writing and Reading the Scroll of Isaiah: Studies of an Interpretative Tradition,* edited by C. C. Broyles and C. A. Evans,

VTSup 70, 295–316. Leiden: Brill, 1997.

Wong, G. C. I. "A Cuckoo in the Textual Nest at Isaiah 7:9b?" *JTS* 47 (1996): 123–24.

———. "Is 'God with Us' in Isaiah viii 8?" *VT* 49 (1999): 426–32.

Isaiah 13–27

Anderson, B. W. "The Slaying of the Fleeing, Twisting Serpent: Isaiah 27:1 in Context." In *Uncovering Ancient Stones: Essays in Memory of H. Neil Richardson*, edited by L. M. Hopfe, 3–15. Winona Lake, Ind.: Eisenbrauns, 1994.

Auret, A. "A Different Background for Isaiah 22:15–25 Presents an Alternative Paradigm: Disposing of Political and Religious Opposition?" *OTE* 6 (1993): 46–56.

Biddle, M. E. "The City of Chaos and the New Jerusalem: Isaiah 24–27 in Context." *Perspectives in Religious Studies* 22 (1995): 5–12.

Boshoff, F. J. "A Survey into the Theological Function of the Oracles against the Nations in the Old Testament with Special Reference to Isaiah 13–23." Ph.D. diss., University of Pretoria, 1992.

Chisholm, R. B., Jr. "The 'Everlasting Covenant' and the 'City of Chaos': Intentional Ambiguity and Irony in Isaiah 24." *Criswell Theological Review* 6 (1993): 237–53.

Day, J. "The Dependence of Isaiah 26:13–17 on Hosea 13:4–14:10 and Its Relevance to Some Theories of the Redaction of the 'Isaiah Apocalypse'." In *Writing and Reading the Scroll of Isaiah: Studies of an Interpretative Tradition*, edited by C. C. Broyles and C. A. Evans, VTSup 70, 357–68. Leiden: Brill, 1997.

Day, J. N. "God and Leviathan in Isaiah 27:1." *BSac* 155 (1998): 423–36.

Doyle, B. "A Literary Analysis of Isaiah 25,10a." In *Studies in the Book of Isaiah: Festschrift Willem A. M. Beuken*, edited by J. van Ruiten and M. Vervenne, 173–93. Louvain: Peeters, 1997.

Ellington, J. "A Swimming Lesson (Isaiah 25.11)." *BT* 47 (1996): 246–47.

Fouts, D. M. "A Suggestion for Isaiah xxvi 16." *VT* 41 (1991): 472–75.

Franke, C. A. "The Function of the Oracles against Babylon in Isaiah 14 and 17." *SBLSP* (1993): 250–59.

———. "Reversals of Fortune in the Ancient Near East: A Study of the Babylon Oracles in the Book of Isaiah." In *New Visions of Isaiah*, JSOTSup 214, edited by R. F. Melugin and M. A. Sweeney, 104–23. Sheffield: Sheffield Academic Press, 1996.

Fry, M. J. "The 'Oracles Concerning Babylon': An Exegetical Study of Isaiah 13:1–14:27." Ph.D. diss., Union Theological Seminary, 1992.

Gallagher, W. R. "On the Identity of Hêlēl Ben Šaḥar of Is. 14:12–15*." *UF* 26 (1994): 131–46.

Geyer, J. B. "The Night of Dumah (Isaiah xxi 11–12)." *VT* 42 (1992): 317–39.

Heater, H. "Do the Prophets Teach that Babylonia Will Be Rebuilt in the *Eschaton?*" *JETS* 41 (1998): 23–43.

Hendrik, J. B., and H. van Grol, eds. *Studies in Isaiah 24–27: The Isaiah Workshop*. Leiden: Brill, 2000.

Holladay, W. L. "Text, Structure, and Irony in the Poem on the Fall of the Tyrant, Isaiah 14." *CBQ* 61 (1999): 633–45.

Irwin, W. H. "The City of Chaos in Isa 24,10 and the Genitive of Result." *Bib* 75 (1994): 401–3.

Israelit-Groll, S. "The Egyptian Background to Isaiah 19.18." In *Boundaries of the Ancient Near Eastern World: A Tribute to Cyrus H. Gordon*, edited by M. Lubetski et al., JSOTSup 273, 300–303. Sheffield: Sheffield Academic Press, 1998.

Itoh, R. "Literary and Linguistic Approach to Isaiah 24–27." Ph.D. diss., Trinity Evangelical

Divinity School, 1995.

Jensen, J. "Helel Ben Shahar (Isaiah 14:12–15) in Bible and Tradition." In *Writing and Reading the Scroll of Isaiah: Studies of an Interpretative Tradition,* edited by C. C. Broyles and C. A. Evans, VTSup 70, 339–56. Leiden: Brill, 1997.

Jones, B. C. *Howling over Moab: Irony and Rhetoric in Isaiah 15–16.* SBLDS 157. Atlanta: Scholars Press, 1996.

Lubetski, M., and M. Gottlieb. "Isaiah 18: The Egyptian Nexus." In *Boundaries of the Ancient Near Eastern World: A Tribute to Cyrus H. Gordon,* edited by M. Lubetski et al., JSOTSup 273, 364–84. Sheffield: Sheffield Academic Press, 1998.

Nakamura, C. L. "Monarch, Mountain, and Meal: The Eschatological Banquet of Isaiah 24:21–23; 25:6–10a." Ph.D. diss., Princeton Theological Seminary, 1992.

Niccacci, A. "Isaiah xviii–xx from an Egyptological Perspective." *VT* 48 (1998): 214–38.

Pagán, S. "Apocalyptic Poetry: Isaiah 24–27." *BT* 43 (1992): 314–25.

Poirier, J. C. "An Illuminating Parallel to Isaiah xiv 12." *VT* 49 (1999): 371–89.

Polaski, D. C. "Destruction, Construction, Argumentation: A Rhetorical Reading of Isaiah 24–27." In *Vision and Persuasion: Rhetorical Dimensions of Apocalyptic Discourse,* edited by G. Carey and L. G. Bloomquist, 19–39. St Louis: Chalice, 1999.

———. "The Politics of Prayer: A New Historicist Reading of Isaiah 26." *Perspectives in Religious Studies* 25 (1998): 357–71.

———. "Reflections on a Mosaic Covenant: The Eternal Covenant (Isaiah 24.5) and Intertextuality." *JSOT* 77 (1998): 55–73.

Sawyer, J. F. A. " 'My Secret Is with Me' (Isaiah 24.16: Some Semantic Links between Isaiah 24–27 and Daniel)." In *Essays in Honour of George Wishart Anderson,* edited by G. Auld, 307–17. Sheffield: JSOT, 1993.

Schoubye, H. "Isaiah's Damascus Oracle: Responding to International Threats." Ph.D. diss., Concordia Seminary, 1996.

Skjoldal, N. O. "The Function of Isaiah 24–27." *JETS* 36 (1993): 163–72.

Smothers, T. G. "Isaiah 15–16." In *Forming Prophetic Literature: Essays on Isaiah and the Twelve in Honor of John D. W. Watts,* edited by J. W. Watts and P. R. House, 70–84. Sheffield: JSOT, 1996.

Uffenheimer, B. "The 'Desert of the Sea' Pronouncement (Isaiah 21:1–10)." In *Pomegranates and Golden Bells: Studies in Biblical, Jewish, and Near Eastern Ritual, Law, and Literature in Honor of Jacob Milgrom,* edited by D. P. Wright et al., 677–88. Winona Lake, Ind.: Eisenbrauns, 1995.

van Grol, H. W. M. "Isaiah 27,10–11: God and His Own People." In *Studies in the Book of Isaiah: Festschrift Willem A. M. Beuken,* edited by J. van Ruiten and M. Vervenne, 195–209. Louvain: Peeters, 1997.

Williamson, H. G. M. "Sound, Sense, and Language in Isaiah 24–27." *JJS* 46 (1995): 1–9.

Willis, J. T. "An Interpretation of Isaiah 22.15–25 and Its Function in the New Testament." In *Early Christian Interpretation of the Scriptures of Israel: Investigations and Proposals,* edited by C. A. Evans and J. A. Sanders, JSNTSup 148, 334–51. Sheffield: Sheffield Academic Press, 1997.

———. "Historical Issues in Isaiah 22,15–25." *Bib* 74 (1993): 60–70.

———. "Textual and Linguistic Issues in Isaiah 22,15–25." *ZAW* 105 (1993): 377–99.

Willis, T. M. "Yahweh's Elders (Isa 24,23): Senior Officials of the Divine Court." *ZAW* 103 (1991): 375–85.

Wodecki, B. "The Religious Universalism of the Pericope Is 25:6–9." In *Goldene Äpfel in silbernen Schalen,* edited by K.-D. Schunck and M. Augustin, 35–47. Frankfurt am Main: Peter Lang, 1992.

Youngblood, R. "The Fall of Lucifer (in More Ways Than One)." *Biblical Research* 14 (1998):

22–31, 47.

Isaiah 28–35

Asen, B. A. "The Garlands of Ephraim: Isaiah 28.1–6 and the *Marzēaḥ*." *JSOT* 71 (1996): 73–87.

Barré, M. L. "Of Lions and Birds: A Note on Isaiah 31.4–5." In *Among the Prophets: Language, Image, and Structure in the Prophetic Writings*, edited by P. R. Davies and D. J. A. Clines, 55–59. Sheffield: JSOT, 1993.

Beuken, W. A. M. "Isa 29,15–24: Perversion Reverted." In *The Scriptures and the Scrolls: Studies in Honour of A. S. van der Woude on the Occasion of His Sixty-fifth Birthday*, edited by F. G. Martínez et al., VTSup 49, 43–64. Leiden: Brill, 1992.

———. "Isaiah 28: Is It Only Schismatics That Drink Heavily? Beyond the Synchronic versus Diachronic Controversy." In *Synchronic or Diachronic? A Debate in Old Testament Exegesis*, edited by J. C. de Moor, 15–38. Leiden: Brill, 1995.

———. "Isaiah 30: A Prophetic Oracle Transmitted in Two Successive Paradigms." In *Writing and Reading the Scroll of Isaiah: Studies of an Interpretative Tradition*, edited by C. C. Broyles and C. A. Evans, VTSup 70, 369–97. Leiden: Brill, 1997.

———. "Isaiah 34: Lament in Isaianic Context." *OTE* 5 (1992): 78–102.

———. "What Does the Vision Hold: Teachers or One Teacher? Punning Repetition in Isaiah 30:20." *Heythrop Journal* 36 (1995): 451–66.

———. "Women and the Spirit, the Ox and the Ass: The First Binders of the Booklet Isaiah 28–32." *ETL* 74 (1998): 5–26.

Dicou, B. "Literary Function and Literary History of Isaiah 34." *Biblische Notizen* 58 (1991): 30–45.

Eidevall, G. "Lions and Birds as Literature: Some Notes on Isaiah 31 and Hosea 11." *SJOT* 7 (1993): 78–87.

Harrelson, W. "Isaiah 35 in Recent Research and Translation." In *Language, Theology, and the Bible: Essays in Honour of James Barr*, edited by S. E. Balentine and J. Barton, 247–60. Oxford: Clarendon, 1994.

Holmyard, H. R., III. "Does Isaiah 33:23 Address Israel or Israel's Enemy?" *BSac* 152 (1995): 273–78.

———. "Mosaic Eschatology in Isaiah, Especially Chapters 1, 28–33." Ph.D. diss., Dallas Theological Seminary, 1992.

Landy, F. "Tracing the Voice of the Other: Isaiah 28 and the Covenant with Death." In *The New Literary Criticism and the Hebrew Bible*, edited by J. C. Exum and D. J. A. Clines, 140–62. Sheffield: JSOT, 1993.

Mathews, C. R. *Defending Zion: Edom's Desolation and Jacob's Restoration (Isaiah 34–35) in Context.* Berlin and New York: de Gruyter, 1995.

Miscall, P. D. *Isaiah 34–35: A Nightmare/A Dream.* JSOTSup 281. Sheffield: Sheffield Academic Press, 1998.

Routledge, R. L. "The Siege and Deliverance of the City of David in Isaiah 29:1–8." *TynB* 43 (1992): 183–90.

Stansell, G. "Isaiah 28–33: Blest Be the Tie that Binds (Isaiah Together)." In *New Visions of Isaiah*, edited by R. F. Melugin and M. A. Sweeney, JSOTSup 214, 68–103. Sheffield: JSOT, 1996.

Weis, R. D. "Angels, Altars, and Angles of Vision: The Case of אֶרְאֶלָּם in Isaiah 33:7." In *Tradition of the Text: Studies Offered to Dominique Barthélemy in Celebration of His Seventieth Birthday*, edited by G. J. Norton and S. Pisano, 285–92. Freiburg: Universitätsverlag, 1991.

Wong, G. C. I. "Faith and Works in Isaiah xxx 15." *VT* 47 (1997): 236–46.
———. "Isaiah's Opposition to Egypt in Isaiah xxxi 1–3." *VT* 46 (1996): 392–401.
———. "On 'Visits' and 'Visions' in Isaiah xxix 6–7." *VT* 45 (1995): 370–76.

Isaiah 36–39

Barré, M. "Restoring the 'Lost' Prayer in the Psalm of Hezekiah (Isaiah 38:16–17b)." *JBL* 114 (1995): 385–99.
Darr, K. P. "No Strength to Deliver: A Contextual Analysis of Hezekiah's Proverb in Isaiah 37.3b." In *New Visions of Isaiah,* edited by R. F. Melugin and M. A. Sweeney, JSOTSup 214, 219–56. Sheffield: Sheffield Academic Press, 1996.
Hoffer, V. "An Exegesis of Isaiah 38:21." *JSOT* 56 (1992): 69–84.
Konkel, A. H. "The Sources of the Story of Hezekiah in the Book of Isaiah." *VT* 43 (1993): 462–82.
Kruger, H. A. J. "Gods', for Argument's Sake: A Few Remarks on the Literature and Theological Intention of Isaiah 36–37." *OTE* 9 (1996): 52–67, 383–99.
Seitz, C. *Zion's Final Destiny: The Development of the Book of Isaiah. A Reassessment of Isaiah 36–39.* Minneapolis: Fortress, 1991.

Isaiah 40–55

Abma, R. "Traveling from Babylon to Zion: Location and Its Function in Isaiah 49–55." *JSOT* 74 (1997): 3–28.
Bailey, D. P. "Concepts of *Stellvertretung* in the Interpretation of Isaiah 53." In *Jesus and the Suffering Servant,* edited by W. H. Bellinger Jr., and W. R. Farmer, 223–50. Harrisburg, Pa.: Trinity Press International, 1998.
———. "The Suffering Servant: Recent Tübingen Scholarship on Isaiah 53." In *Jesus and the Suffering Servant,* edited by W. H. Bellinger Jr., and W. R. Farmer, 251–59. Harrisburg, Pa.: Trinity Press International, 1998.
Balentine, S. E. "Isaiah 45: God's 'I Am,' Israel's 'You Are.'" *Horizons in Biblical Theology* 16 (1994): 103–20.
Baltzer, K. R. "The Polemic against the Gods and Its Relevance for Second Isaiah's Conception of the New Jerusalem." In *Second Temple Studies,* vol. 2: *Temple Community in the Persian Period,* edited by T. Eskenazi and K. H. Richards, JSOTSup 175, 54–59. Sheffield: JSOT, 1994.
Barré, M. "Textual and Rhetorical-Critical Observations on the Last Servant Song (Isaiah 52:13–53:12)." *CBQ* 62 (2000): 1–27.
Barstad, H. M. "Akkadian 'Loanwords' in Isaiah 40–55—And the Question of Babylonian Origin of Deutero-Isaiah." In *Text and Theology: Studies in Honour of Professor Dr. Theol. Magne Sæbø Presented on the Occasion of His Sixty-fifth Birthday,* edited by A. Tångberg, 26–48. Oslo: Verbum, 1994.
———. *The Babylonian Captivity of the Book of Isaiah: 'Exilic' Judah and the Provenance of Isaiah 40–55.* Oslo: Novus forlag, 1997.
———. "The Future of the 'Servant Songs': Some Reflections on the Relationship of Biblical Scholarship to Its Own Tradition." In *Language, Theology, and the Bible: Essays in Honour of James Barr,* edited by S. E. Balentine and J. Barton, 261–70. Oxford: Clarendon, 1994.
Bergey, R. "The Rhetorical Role of Reiteration in the Suffering Servant Poem (Isa 52:13–53:12)," *JETS* 40 (1997): 177–88.
Biddle, M. E. "Lady Sion's Alter Egos: Isaiah 47.1–15 and 57.6–13 as Structural Counterparts." In *New Visions of Isaiah,* edited by R. F. Melugin and M. A. Sweeney, JSOTSup 214, 124–39. Sheffield: Sheffield Academic Press, 1996.

Birch, B. C. *Singing the Lord's Song: A Study of Isaiah 40–55.* Nashville: Abingdon, 1990.

Boer, R. "Deutero-Isaiah: Historical Materialism and Biblical Theology," *Biblical Interpretation* 6 (1998): 181–204.

Boyce, R. N. "Isaiah 55:6–13." *Int* 44 (1990): 56–60.

Brassey, P. D. "Metaphor and the Incomparable God in Isaiah 40–55." Ph.D. diss., Harvard University, 1997.

Brooks, R. "A Christological Suffering Servant? The Jewish Retreat into Historical Criticism." In *Hebrew Bible or Old Testament? Studying the Bible in Judaism and Christianity,* edited by R. Brooks and J. J. Collins, 207–10. Notre Dame, Ind.: University of Notre Dame Press, 1990.

Broyles, C. C. "The Citations of Yahweh in Isaiah 44:26–28." In *Writing and Reading the Scroll of Isaiah: Studies of an Interpretative Tradition,* VTSup 70, edited by C. C. Broyles and C. A. Evans, 399–421. Leiden: Brill, 1997.

Cajot, R. M. "Second Isaiah's Servant of Yahweh Revisited." *Philippinana Sacra* 34 (1999): 201–18.

Car, D. McL. "Isaiah 40:1–11 in the Context of the Macrostructure of Second Isaiah." In *Discourse Analysis of Biblical Literature: What It Is and What It Offers,* edited by W. R. Bodine, 51–74. Atlanta: Scholars Press, 1995.

Carroll, R. P. "Biblical Ideolatry: Ideologiekritik, Biblical Studies, and the Problematics of Ideology." *JNSL* 24 (1998): 101–14.

Ceresko, A. R. "The Rhetorical Strategy of the Fourth Servant Song (Isaiah 52:13–53:12): Poetry and Exodus–New Exodus." *CBQ* 56 (1994): 42–55.

Clements, R. E. "Isaiah 53 and the Restoration of Israel." In *Jesus and the Suffering Servant,* edited by W. H. Bellinger Jr. and W. R. Farmer, 39–54. Harrisburg, Pa.: Trinity Press International, 1998.

———. "'Who Is Blind but My Servant?' (Isaiah 42:19): How Then Shall We Read Isaiah?" In *God in the Fray: A Tribute to Walter Brueggemann,* edited by T. Linafelt and T. K. Beal, 143–56. Minneapolis: Fortress, 1998.

Coggins, R. J. "Do We Still Need Deutero-Isaiah?" *JSOT* 81 (1998): 77–92.

Collins, A. Y. "The Suffering Servant: Isaiah Chapter 53 as a Christian Text." In *Hebrew Bible or Old Testament? Studying the Bible in Judaism and Christianity,* edited by R. Brooks and J. J. Collins, 201–6. Notre Dame, Ind.: University of Notre Dame Press, 1990.

Davidson, R. "The Imagery of Isaiah 40:6–8 in Tradition and Interpretation." In *The Quest for Context and Meaning: Studies in Biblical Intertextuality in Honor of James A. Sanders,* edited by C. A. Evans and S. Talmon, 37–55. Leiden: Brill, 1997.

Davies, P. R. "God of Cyrus, God of Israel: Some Religio-Historical Reflections on Isaiah 40–55." In *Words Remembered, Texts Renewed: Essays in Honour of John F. A. Sawyer,* edited by J. Davies et al., JSOTSup 195, 207–25. Sheffield: Sheffield Academic Press, 1995.

Davis, E. F. "A Strategy of Delayed Comprehension: Isaiah liv 15." *VT* 40 (1990): 217–21.

de Moor, J. C. *The Structure of Classical Hebrew Poetry: Isaiah 40–55.* Leiden: Brill, 1998.

Dempsey, D. A. "A Note on Isaiah xliii 9." *VT* 41 (1991): 212–15.

DeRoche, M. "Isaiah xlv 7 and the Creation of Chaos?" *VT* 42 (1992): 11–21.

Dijkstra, M. "Lawsuit, Debate, and Wisdom Discourse in Second Isaiah." In *Studies in the Book of Isaiah: Festschrift Willem A. M. Beuken,* edited by J. van Ruiten and M. Vervenne, 251–71. Louvain: Peeters, 1997.

———. "YHWH as Israel's gō'el: Second Isaiah's Perspective on Reconciliation and Restitution." *Zeitschrift für die Althebraistik* 5 (1999): 236–57.

Dion, P. E. "The Structure of Isaiah 42.10–17 as Approached through Versification and Distribution of Poetic Devices." *JSOT* 49 (1991): 113–24.

Echigoya, A. "Deutero-Isaiah's Polemics as Communicative Discourse: The Intended Audiences of the Trial and Disputation Speeches." Ph.D. diss., Vanderbilt University, 1994.

Ekblad, E. R., Jr. *Isaiah's Servant Poems According to the Septuagint: An Exegetical and Theological Study.* Louvain: Peeters, 1999.

Ferrie, J. J. "Meteorological Imagery in Isaiah 40 55." Ph.D. diss., Catholic University of America, 1993.

Fokkelman, J. P. "The Cyrus Oracle (Isaiah 44,24–45,7) from the Perspective of Syntax, Versification, and Structure." In *Studies in the Book of Isaiah: Festschrift Willem A. M. Beuken,* edited by J. van Ruiten and M. Vervenne, 303–23. Louvain: Peeters, 1997.

Franke, C. A. "The Function of the Satiric Lament over Babylon in Second Isaiah (xlvii)," *VT* 41 (1991): 408–18.

———. "Is DI 'PC'? Does Israel Have Most-Favored Nation Status? Another Look at 'The Nations' in Deutero-Isaiah." *SBLSP* (1999): 272–91.

———. *Isaiah 46, 47, and 48: A New Literary-Critical Reading.* Winona Lake, Ind.: Eisenbrauns, 1994.

Franzmann, M. "The City as Woman: The Case of Babylon in Isaiah 47." *Australian Biblical Review* 43 (1995): 1–19.

Gaiser, F. J. "'Remember the Former Things of Old': A New Look at Isaiah 46:3–13." In *All Things New: Essays in Honor of Roy A. Harrisville,* edited by A. J. Hultgren et al., 53–63. St. Paul: Word & World, 1993.

Gelston, A. "'Behold the Speaker': A Note on Isaiah xli 27." *VT* 43 (1993): 405–8.

———. "Isaiah 52:13–53:12: An Eclectic Text and a Supplementary Note on the Hebrew Manuscript Kennicott 96." *JSS* 35 (1990): 187–211.

———. "Knowledge, Humiliation, or Suffering: A Lexical, Textual, and Exegetical Problem in Isaiah 53." In *Of Prophets' Visions and the Wisdom of the Sages: Essays in Honour of R. Norman Whybray on His Seventieth Birthday,* edited by H. A. McKay and D. J. A. Clines, JSOTSup 162, 126–41. Sheffield: JSOT, 1993.

———. "Universalism in Second Isaiah." *JTS* 43 (1992): 377–98.

Goldingay, J. "Isaiah 40–55 in the 1990s: Among Other Things, Deconstructing, Mystifying, Intertextual, Socio-critical, and Hearer-Involving." *Biblical Interpretation* 5 (1997): 225–46.

———. "Isaiah 42.18–25." *JSOT* 67 (1995): 43–65.

———. "Isaiah 43,22–28." *ZAW* 110 (1998): 173–91.

———. "What Happens to Ms Babylon in Isaiah 47, Why, and Who Says So?" *TynB* 47 (1996): 215–43.

Grisanti, M. A. "The Relationship of Israel and the Nations in Isaiah 40–55." Ph.D. diss., Dallas Theological Seminary, 1993.

Hamlin, E. J. "Deutero-Isaiah's Picture of Cyrus as a Key to His Understanding of History." *Proceedings Eastern Great Lakes and Midwest Biblical Societies* 14 (1994): 105–11.

———. "Deutero-Isaiah's Reinterpretation of the Exodus in the Babylonian Twilight." *Proceedings Eastern Great Lakes and Midwest Biblical Societies* 11 (1991): 75–80.

———. "Isaiah 47: The End of Empire." *Proceedings Eastern Great Lakes and Midwest Biblical Societies* 16 (1996): 127–39.

Hanson, P. D. "Second Isaiah's Eschatological Understanding of World Events." *Princeton Seminary Bulletin Supplementary Issue* 3 (1994): 17–25.

———. "The World of the Servant of the Lord in Isaiah 40–55." In *Jesus and the Suffering Servant,* edited by W. H. Bellinger Jr., and W. R. Farmer, 9–22. Harrisburg, Pa.: Trinity Press International, 1998.

Helberg, J. L. "The Revelation of the Power of God according to Isaiah 40–55." *OTE* 8 (1995): 262–79.

Heyns, D. "God and History in Deutero-Isaiah: Considering Theology and Time." *OTE* 8 (1995): 340–55.

Holter, K. "A Note on שביה/שבי in Isa 52.2." *ZAW* 104 (1992): 106–7.

———. *Second Isaiah's Idol-Fabrication Passages.* Frankfurt am Main: Lang, 1995.

———. "The Wordplay on אל('God') in Isaiah 45,20–21." *SJOT* 7 (1993): 88–98.

Hudson, M. H. "Creation Theology in Isaiah 40–66: An Expression of Confidence in the Sovereignty of God." Ph.D. diss., Southwestern Baptist Theological Seminary, 1996.

Hugenberger, H. P. "The Servant of the Lord in the 'Servant Songs' of Isaiah: A Second Moses Figure." In *The Lord's Anointed,* edited by P. E. Satterthwaite, R. S. Hess, and G. J. Wenham, 105–40. Grand Rapids: Baker, 1995.

Jacobson, H. "A Note on Isaiah 51:6." *JBL* 114 (1995): 291.

Jeppesen, K. "From 'You, My Servant' to 'The Hand of the Lord Is with My Servants': A Discussion of Is 40–66." *SJOT* 1 (1990): 113–29.

———. "Mother Zion, Father Servant: A Reading of Isaiah 49–55." In *Of Prophets' Visions and the Wisdom of the Sages: Essays in Honour of R. Norman Whybray on His Seventieth Birthday,* edited by H. A. McKay and D. J. A. Clines, JSOTSup 162, 109–25. Sheffield: JSOT, 1993.

Jonston, A. "A Prophetic Vision of an Alternative Community: A Reading of Isaiah 40–55." In *Uncovering Ancient Stones: Essays in Memory of H. Neil Richardson,* edited by L. M. Hopfe, 31–40. Winona Lake, Ind.: Eisenbrauns, 1994.

Kim, H. C. P. "An Intertextual Reading of 'A Crushed Reed' and 'A Dim Wick' in Isaiah 42.3." *JSOT* 83 (1999): 113–24.

Kohn, R. L., and W. H. C. Propp. "The Name of 'Second Isaiah': The Forgotten Theory of Nehemiah Rabban." In *Fortunate the Eyes That See: Essays in Honor of David Noel Freedman in Celebration of His Seventieth Birthday,* edited by A. B. Beck et al., 223–35. Grand Rapids: Eerdmans, 1995.

Koole, J. L. *Isaiah,* pt. 3, vol. 2: *Isaiah 49–55.* Translated by A. P. Runia. Louvain: Peeters, 1998.

Korpel, M. C. A. "The Female Servant of the Lord in Isaiah 54." In *On Reading Prophetic Texts,* edited by B. Becking and M. Dijkstra, 153–67. Leiden: Brill, 1996.

———. "Metaphors in Isaiah lv." *VT* 46 (1996): 43–55.

———. "Soldering in Isaiah 40:19–20 and 1 Kings 6:21." *UF* 23 (1991): 219–22.

Kruger, P. A. "The Slave Status of the Virgin Daughter Babylon in Isaiah 47:2: A Perspective from Anthropology." *JNSL* 23 (1997): 143–52.

Kuntz, J. K. "The Form, Location, and Function of Rhetorical Questions in Deutero-Isaiah." In *Writing and Reading the Scroll of Isaiah: Studies of an Interpretative Tradition,* edited by C. C. Broyles and C. A. Evans, VTSup 70, 121–41. Leiden: Brill, 1997.

Laato, A. "The Composition of Isaiah 40–55." *JBL* 109 (1990): 207–28.

———. *The Servant of YHWH and Cyrus: A Reinterpretation of the Exilic Messianic Programme in Isaiah 40–55.* Stockholm: Almqvist & Wiksell, 1992.

Labahn, A. "The Delay of Salvation within Deutero-Isaiah." *JSOT* 85 (1999): 71–84.

Landy, F. "The Construction of the Subject and the Symbolic Order: A Reading of the Last Three Suffering Servant Songs." In *Among the Prophets: Language, Image, and Structure in the Prophetic Writings,* edited by P. R. Davies and D. J. A. Clines, 60–71. Sheffield: JSOT, 1993.

Leene, H. "History and Eschatology in Deutero-Isaiah." In *Studies in the Book of Isaiah: Festschrift Willem A. M. Beuken,* edited by J. van Ruiten and M. Vervenne, 223–49. Louvain: Peeters, 1997.

Lindblad, U. "A Note on the Nameless Servant in Isaiah xlii 1–4." *VT* 43 (1993): 115–19.

Melugin, R. F. "Israel and the Nations in Isaiah 40–55." In *Problems in Biblical Theology: Essays in Honor of Rolf Knierim,* edited by H. T. C. Sun, 249–64. Grand Rapids: Eerdmans, 1997.

Mettinger, T. N. D. "In Search of the Hidden Structure: YHWH as King in Isaiah 40–55."

In *Writing and Reading the Scroll of Isaiah: Studies of an Interpretative Tradition,* edited by C. C. Broyles and C. A. Evans, VTSup 70, 143–54. Leiden: Brill, 1997.

Olley, J. W. " 'No Peace' in a Book of Consolation: A Framework for the Book of Isaiah." *VT* 49 (1999): 351–70.

Pilkington, C. "The Hidden God in Isaiah 45:15—A Reflection from Holocaust Theology." *SJT* 48 (1993): 285–300.

Prinsloo, W. S. "Isaiah 42.10–12: 'Sing to the Lord a New Song . . .' " In *Studies in the Book of Isaiah: Festschrift Willem A. M. Beuken,* edited by J. van Ruiten and M. Vervenne, 289–301. Louvain: Peeters, 1997.

Reichenbach, B. R. " 'By His Stripes We Are Healed,' " *JETS* 41 (1998): 551–60.

Reventlow, H. G. "Basic Issues in the Interpretation of Isaiah 53." In *Jesus and the Suffering Servant,* edited by W. H. Bellinger Jr., and W. R. Farmer, 23–38. Harrisburg, Pa.: Trinity Press International, 1998.

Rosenbaum, M. *Word-Order Variation in Isaiah 40–55.* Assen: van Gorcum, 1997.

Sapp, D. A. "The LXX, 1QIsa, and MT Versions of Isaiah 53 and the Christian Doctrine of Atonement." In *Jesus and the Suffering Servant,* edited by W. H. Bellinger Jr., and W. R. Farmer, 170–92. Harrisburg, Pa.: Trinity Press International, 1998.

Skjoldal, N. O. "The Election of the People of God: A Rhetorical Analysis of Isaiah 41:1–44:23." Ph.D. diss., Trinity Evangelical Divinity School, 1995.

Sommer, B. D. *A Prophet Reads Scripture: Allusion in Isaiah 40–66.* Stanford, Calif.: Stanford University Press, 1998.

Stassen, S. L. "Marriage (and Related) Metaphors in Isaiah 54:1–17." *Journal for Semitics* 6 (1994): 57–73.

Stern, P. "The 'Blind Servant' Imagery of Deutero-Isaiah and Its Implications." *Bib* 75 (1994): 224–32.

Stone, B. W. "Second Isaiah: Prophet to Patriarchy." *JSOT* 56 (1992): 85–99.

Terlan, A. "The Hunting Imagery in Isaiah li 20a." *VT* 41 (1991): 462–71.

Trudinger, P. "On Not Seeing the 'Tree' Because of the 'Wood': A Note on Isaiah 40:18–20." *Downside Review* 115 (1997): 23–28.

Turner, E. A. "The Foreign Idols of Deutero-Isaiah." *OTE* 9 (1996): 111–28.

van der Kooij, A. " 'The Servant of the Lord': A Particular Group of Jews in Egypt according to the Old Greek of Isaiah. Some Comments on LXX Isa 49,1–6 and Related Passages." In *Studies in the Book of Isaiah: Festschrift Willem A. M. Beuken,* edited by J. van Ruiten and M. Vervenne, 383–96. Louvain: Peeters, 1997.

Van Winkle, D. W. "Proselytes in Isaiah XL–LV: A Study of Isaiah XLIV 1–5." *VT* 47 (1997): 341–59.

Walsh, J. T. "Summons to Judgment: A Close Reading of Isaiah xli 1–20." *VT* 43 (1993): 351–71.

Watts, R. E. "Consolation or Confrontation? Isaiah 40–55 and the Delay of the New Exodus." *TynB* 41 (1990): 31–59.

Willey, P. T. *Remember the Former Things: The Recollection of Previous Texts in Second Isaiah.* SBLDS 161. Atlanta: Scholars Press, 1997.

Zvi Brettler, M. "Incompatible Metaphors for YHWH in Isaiah 40–60." *JSOT* 78 (1998): 97–120.

Isaiah 56–66

Beuken, W. A. M. "Isaiah Chapters lxv–lxvi: Trito-Isaiah and the Closure of the Book of Isaiah." In *Congress Volume Leuven 1989,* edited by J. A. Emerton, VTSup 63, 204–21. Leiden: Brill, 1991.

———. "The Main Theme of Trito-Isaiah: 'The Servants of YHWH.' " *JSNT* 47 (1990): 67–87.

Burghardt, W. J. "Isaiah 60:1–7." *Int* 44 (1990): 396–400.

Clements, R. E. " 'Arise, Shine, for Your Light Has Come': A Basic Theme of the Isaianic Tradition." In *Writing and Reading the Scroll of Isaiah: Studies of an Interpretative Tradition,* edited by C. C. Broyles and C. A. Evans, VTSup 70, 441–54. Leiden: Brill, 1997.

Collins, J. J. "A Herald of Good Tidings: Isaiah 61:1–3 and Its Actualization in the Dead Sea Scrolls." In *A Gift of God in Due Season: Essays on Scripture and Community in Honor of James A. Sanders,* edited by R. D. Weis and D. M. Carr, 225–40. Sheffield: Sheffield Academic Press, 1996.

Dafni, N. "Isaiah 56–66: Prophecy or Apocalypse? The Nature of the Eschatological Beliefs of Isaiah 56–66 and the Investigation of the Problem of Its Unity within the Rest of the Isaianic Corpus." Ph.D. diss., King's College (London), 1997.

de Gruchy, J. W. "A New Heaven and a New Earth: An Exposition of Isaiah 65:17–25." *Journal of Theology for Southern Africa* 105 (1999): 65–74.

de Moor, J. C. "Structure and Redaction: Isaiah 60,1–63,6." In *Studies in the Book of Isaiah: Festschrift Willem A. M. Beuken,* edited by J. van Ruiten and M. Vervenne, 325–46. Louvain: Peeters, 1997.

Emmerson, G. I. *Isaiah 56–66.* Sheffield: JSOT, 1992.

Halpern, B. "The New Names of Isaiah 62:4: Jeremiah's Reception in the Restoration and the Politics of 'Third Isaiah.' " *JBL* 117 (1998): 623–43.

Harrelson, W. "Why, O Lord, Do You Harden Our Heart? A Plea for Help from a Hiding God." In *Shall Not the Lord of All the Earth Do What Is Right? Studies on the Nature of God in Tribute to James L. Crenshaw,* edited by D. Penchansky and P. L. Redditt, 163–74. Winona Lake, Ind.: Eisenbrauns, 2000.

Holladay, W. L. "Was Trito-Isaiah Deutero-Isaiah after All?" In *Writing and Reading the Scroll of Isaiah: Studies of an Interpretative Tradition,* edited by C. C. Broyles and C. A. Evans, VTSup 70, 193–217. Leiden: Brill, 1997.

Hurowitz, V. A. "A Forgotten Meaning of *Nepeš* in Isaiah LVIII 10." *VT* 47 (1997): 43–52.

Japhet, S. "יד ושם (Isa 56:5)—A Different Proposal." *Maarav* 8 (1992): 69–80.

Koole, J. L. *Isaiah III.* Kampen: Kok Pharos, 1997.

Kruger, H. A. J. "Who Comes, Yahweh or Nahar: A Few Remarks on the Translation of Isaiah 59:19c–d and the Theological Meaning of the Passage." *OTE* 10 (1997): 84–91, 268–78.

Oswalt, J. N. "Righteousness in Isaiah: A Study of the Function of Chapters 55–66 in the Present Structure of the Book." In *Writing and Reading the Scroll of Isaiah: Studies of an Interpretative Tradition,* edited by C. C. Broyles and C. A. Evans, VTSup 70, 177–91. Leiden: Brill, 1997.

Polan, G. J. "Still More Signs of Unity in the Book of Isaiah: The Significance of Third Isaiah." *SBLSP* (1997): 224–33.

Sawyer, J. F. A. "Radical Images of Yahweh in Isaiah 63." In *Among the Prophets: Language, Image, and Structure in the Prophetic Writings,* edited by P. R. Davies and D. J. A. Clines, 72–82. Sheffield: JSOT, 1993.

Schramm, B. *The Opponents of Third Isaiah: Reconstructing the Cultic History of the Restoration.* JSOTSup 193. Sheffield: Sheffield Academic Press, 1995.

Smith, P. A. *Rhetoric and Redaction in Trito-Isaiah: The Structure, Growth, and Authorship of Isaiah 56–66.* VTSup 62. Leiden: Brill, 1995.

Song, T. B. H. "The Loftiness of God, the Humility of Man, and Restoration in Isaiah 57:14–21: A Text Linguistic Analysis of their Convergence." Ph.D. diss., Trinity Evangelical Divinity School, 1997.

Sweeney, M. A. "Prophetic Exegesis in Isaiah 65–66." In *Writing and Reading the Scroll of Isaiah: Studies of an Interpretative Tradition,* edited by C. C. Broyles and C. A. Evans, VTSup 70, 455–74. Leiden: Brill, 1997.

van Ruiten, J. "The Intertextual Relationship between Isaiah 65,25 and Isaiah 11,6–9." In *The Scriptures and the Scrolls: Studies in Honour of A. S. van der Woude on the Occasion of His Sixty-fifth Birthday,* edited by F. G. Martínez et al., VTSup 49, 31 42. Leiden: Brill, 1992.

Van Winkle, D. W. "An Inclusive Authoritative Text in Exclusive Communities." In *Writing and Reading the Scroll of Isaiah: Studies of an Interpretative Tradition*, edited by C. C. Broyles and C. A. Evans, VTSup 70, 423–40. Leiden: Brill, 1997.

———. "Isaiah LVI 1–8." *SBLSP* (1997): 234–52.

———. "The Meaning of *yād wāšēm* in Isaiah LVI 5." *VT* 47 (1997): 378–85.

Webster, E. C. "The Rhetoric of Isaiah 63–65." *JSNT* 47 (1990): 89–102.

Wells, R. D., Jr. "'Isaiah' as an Exponent of Torah: Isaiah 56:1–8." In *New Visions of Isaiah,* edited by R. F. Melugin and M. A. Sweeney, JSOTSup 214, 140–55. Sheffield: Sheffield Academic Press, 1996.

Williamson, H. G. M. "Isaiah 63,7–64,11: Exilic Lament or Post-exilic Protest?" *ZAW* 102 (1990): 48–58.

예레미야와 애가

눈물의 선지자(예레미야)

서론

예레미야의 예언 경력은 주전 627년(요시야 통치의 제13년)에 시작되고, 주전 586년의 예루살렘 함락 직후에 종결된다(렘 1:1–3을 보라).[1] 그는 왕실 관리들의 강한 반대를 이겨낸다. 대체적으로 보아 다가올 재앙에 대한 그의 경고는 전혀 주목을 받지 못한다. 결국 그의 메시지와 사역은 그의 예언이 그대로 성취되던 때, 곧 예루살렘이 함락될 때 그 정당성을 인정받는다.

예레미야서는 다양한 문학 장르들을 포함하고 있다. 시 형태의 예언 신탁, 이른바 예레미야의 고백록, 예언자의 사역 중 가장 중요한 전기적인 자료들, 산문체의 예언 설교 등이 그렇다.[2] 이처럼 다양한 문체는 이 책이 어떻게 지금과 같은 형태로 발전하게 되었는지에 관한 몇몇 복잡한 이론들이 생겨나

---

1) 예레미야서의 연대 자료를 보여주는 도표에 대해서는 다음을 보라: Raymond B. Dillard and Tremper Longman III, *An Introduction to the Old Testament* (Grand Rapids: Zondervan, 1994), 302. 「최신구약개론」(크리스챤다이제스트)

2) 예레미야서에 나타나는 다양한 장르들에 대한 논의를 위해서는 다음을 보라: C. Hassell Bullock, *An Introduction to the Old Testament Prophetic Books* (Chicago: Moody, 1986), 204–6.

게 했다. 전통적인 히브리어 (맛소라) 본문을 고대 헬라어 역본(70인역)과 비교해 보면, 이 책이 옛날에는 적어도 두 개의 정경 형태로 존재했음을 알 수 있다. 헬라어 역본이 대략 8분의 1정도 히브리어 본문보다 짧다. 뿐만 아니라 히브리어 본문의 46-51장에 나오는 열방 신탁이 헬라어 역본에서는 25:13에 이어서 나오며, 그 안에 있는 신탁 덩어리들의 배열순서도 서로 조금씩 다르다.[3]

본 주석의 기초로 사용되는 히브리어 본문에서 예레미야서는 다음과 같은 구조를 보인다. 1:1—25:13은 유다의 죄와 다가올 운명에 초점을 맞추고 있다. 다양한 예언 메시지들이 이 단락의 중심을 이루고 있다. 이 책의 두 번째 중심 단락은 26-45장으로 구성되어 있다. 이 단락은 주로 전기적인 자료를 담고 있으며, 유다의 함락을 추적하는 바, 주전 586년에 있었던 바벨론의 예루살렘 정복에서 절정에 도달한다. 이방 나라들에 임할 심판을 선고하는 신탁들이 이 긴 단락의 기본 틀을 이루고 있다. 25:14-38에서는 전 세계적인 심판이라는 주제가 도입되는 반면, 실제적인 심판 신탁은 46-51장에서 나타난다. "예레미야의 말"은 51장에서 끝나지만, 예레미야서는 열왕기하 24-25장에 있는 예루살렘 함락 기사와 평행을 이루는 부록(52장)을 담고 있다. 이 부록은 아마도 예레미야의 사역과 메시지가 역사적으로 완전히 입증되었음을 보여주려는 의도 하에 삽입되었을 것이다.[4]

재앙의 가장자리에서(예레미야 1-25장)

예레미야서의 첫 주요 단락은 유다의 죄와 다가올 운명에 초점을 맞추고 있다. 표제 부분(1-3절)에 이어 예레미야의 예언 소명을 다루는 서론적인 소명 이야기(1:4-19)를 담고 있는 이 단락은 몇몇 확대된 설교 단원들(units)을 포함하고 있다. 그것들은 제각기 예레미야가 야웨의 말씀을 받는 것에 대한 언급으로 시작된다:

---

3) Longman and Dillard, *Introduction*, 291-94; Bullock, *Introduction*, 206-7.

4) J. A. Thompson, *Jeremiah*, NICOT (Grand Rapids: Eerdmans, 1980), 773-74.

2–6장(2:1, "야웨의 말씀이 내게 임하니라")[5]

7–10장(7:1, "야웨께로부터 예레미야에게 말씀이 임하니라")

11–12장(11:1, "야웨께로부터 예레미야에게 임한 말씀이라")

13–17장(13:1; 17:19, "야웨께서 이와 같이 내게 이르시되")[6]

18:1—19:13(18:1, "야웨께로부터 예레미야에게 임한 말씀에")[7]

바로 이 부분에서 예레미야를 3인칭으로 칭하는 이야기가 나오고(19:14—20:6), 이어서 예언자의 이른바 고백록들 중의 하나가 추가된다(20:7–18). 또 다른 긴 설교 단원이 이어지는 바, 이 단원은 "야웨께로부터 예레미야에게 말씀이 임하니라"는 양식을 도입부에 가지고서 나타난다(21:1).[8] 24:1—25:14에서 우리는 특정 시기에 속한 것으로 알려진 두 개의 메시지를 발견한다. 이 둘은 똑같이 유다의 포로라는 주제를 다루고 있다. 본 단락은 이방 나라들을 향한 심판의 말씀(도입부에 "이스라엘의 하나님 야웨께서 이같이 내게 이르시되"라는 구절이 사용됨, 25:15)으로 끝을 맺는다.[9]

예레미야의 소명(1:4-19)

예레미야가 예언자가 될 것이라는 사실에는 조금도 의심이 없었다. 예레

---

5) 1–25장의 후반부 용례들(13:3, 8; 16:1; 18:5; 24:4)에서 이 양식은 중심 설교 단원을 이끄는 데 사용되지 않는다. 2:1의 낱말 선택은 아마도 앞의 소명 기사에 나타나는 양식(1:4, 11, 13을 보라)의 영향을 받았을 것이다. 예레미야서의 첫 번째 주요 설교 단원의 서두에 나타나는 이 양식은 그 단원을 소명 기사와 연결짓는 역할을 수행한다.

6) 도입부가 이러한 방식으로 시작되는 두 단원은 이 단락을 괄호로 묶는 역할을 수행한다. "야웨께서 이와 같이 이르시되"(히브리어로는 '코 아마르 아도나이')라는 구절은 1–25장에서 자주 나타나지만, 이 두 본문과 25:15에서만 "내게"라는 표현이 추가된다.

7) 이러한 도입 양식은 7:1과 11:1에 사용된 것과 동일하다.

8) NIV는 이를 다르게 번역하지만, 히브리어 본문에 있는 양식은 7:1; 11:1; 18:1에서 사용되는 것과 동일하다.

9) 이 양식은 13:1과 17:19에 나오는 양식과 거의 같다. 25:15에서는 "이스라엘의 하나님"이라는 구절이 추가된다. 이는 아마도 이방 나라들을 다스리시는 분이 이스라엘의 하나님이심을 강조하기 위해서일 것이다.

미야가 태어나기 전부터 야웨께서는 그를 열방에게로 보낼 예언자와 대변인으로 선택하셨다(4-5절). 자신이 아직 너무 젊고 경험도 부족하다는 것을 알고 있던 예레미야는 자기가 말을 잘 하지 못한다는 점을 들어 반대 의사를 표시한다(6절). 그러나 야웨께서는 어떠한 변명도 받아들이지 않으신다. 그는 예레미야에게 자신의 말씀을 선포하게 하시고, 그와 함께 있으면서 보호해 주겠다고 약속하신다(7-8절). 하나님의 대변인으로서 예레미야는 신적인 권위를 소유하게 된다. 예언자가 한 국가의 흥망성쇠를 선포하면 하나님의 권능이 그의 메시지를 실제 현실로 만들어주실 것이다(9-10절).

예레미야에게 예언의 말씀이 갖는 힘을 확신시키기 위해 야웨께서는 두 가지의 상징적인 환상을 그에게 보여주신다. 첫 번째 환상에서 예레미야는 "살구나무"(히브리어로 '샤케드') 가지를 본다. 이어서 야웨께서는 예레미야가 주변에서 벌어지는 사건들을 주의 깊게 "바라보는"(히브리어로 '쇼케드') 것을 통하여 자신의 말씀이 성취되는 것을 확신시키고자 하신다(11-12절). 이 환상의 의미는 두 핵심 낱말 사이에 있는 발음의 유사성에서 비롯된다. 예언자는 살구나무를 바라볼 때마다 야웨께서 예언적인 말씀의 성취를 보증하신다는 점을 생각하게 된다.

두 번째 환상에서 예언자는 끓는 가마가 북쪽에서부터 유다 쪽으로 기울어져 있는 것을 본다(13절). 끓는 가마의 내용물은 북쪽 지역의 침략군 형태로 유다에게 임할 재앙을 상징한다(14-15절). 이 재앙은 유다의 우상숭배 때문에 주어지는 것이다(16절). 북쪽에서 올 이 적군은 나중에 바벨론 군대와 북부 지역 연합군임이 드러난다(렘 25:9, 26; 46:20, 24를 보라).[10]

---

10) 과거에는 일부 학자들이 이 북방 침략군을 스키타이족과 동일시했다. 그러나 그 후의 역사 전개 과정을 볼 때 그들은 갈대아 사람들(즉 바벨론 군대)이라고 보는 것이 옳을 것이다(Thompson, *Jeremiah*, 86-87을 보라.) 바벨론은 유다의 동쪽에 자리잡고 있기는 해도, 그들 바로 전의 통치 세력인 앗수르와 마찬가지로(사 14:31을 보라), 북쪽으로부터 팔레스타인을 침공하였다(겔 26:7을 보라). 그 까닭에 바벨론은 당시에 북쪽 지역의 땅으로 알려져 있었다(슥 2:6; 6:8을 보라). 야마우치(Edwin M. Yamauchi)는 스키타이족 용병들이 바벨론 군대에서 복무했을지도 모른다고 추측한다: *Foes from the Northern Frontier* (Grand Rapids: Baker, 1982), 87-99.

예레미야에게 그의 심판 선고가 성취되게끔 개인적으로 노력하겠다고 약속하신 야웨께서는 예언자에게 두려워하지 말고 하나님의 말씀을 선포하라고 장려하신다(17절). 상류층에 속한 자들과 일반 대중의 반대가 불가피하겠지만, 야웨께서는 예레미야에게 그가 그들의 공격으로부터 안전함을 누릴 것임을 보증하신다. 예레미야는 "견고한 성읍, 쇠기둥, 놋성벽"과도 같이 견고하게 설 것이다. 왜냐하면 야웨께서 자기 종과 함께 하실 것이요, 그를 구원하실 것이기 때문이다(18-19절).

야웨께서 불경건한 유다를 징계하심(2:1-6:30)

이 확장된 말씀은 두 개의 주요 부분들로 이루어져 있다(2:1-3:5; 3:6—6:30). 이 둘은 3:6의 연대 표시에 의해 서로 구별된다. 두 번째 부분에서 3:6—4:2가 포로 된 이스라엘에 초점을 맞추고 있다면, 4:3—6:30은 유다와 예루살렘 거주민들을 대상으로 하고 있다.

불경건한 민족이 연인들을 따라감(2:1-3:5). 야웨께서는 결혼 은유를 사용하여 자신이 마치 이스라엘의 남편인 것처럼 말씀하시면서, 신부가 혼인관계의 초기에 자기에게 보여준 헌신적인 사랑을 회상하신다(2:1-3). 이스라엘은 광야 유랑 기간 동안에 야웨를 따랐으며, 특별하고도 독특한 지위를 얻었다. 야웨께서는 그들을 소중히 여기셨다. 마치 야웨를 위해 예비된 수확기의 첫 열매처럼 말이다. 그는 감히 그들을 삼키려고 하는 자들에게 재앙을 내리셨다.

이스라엘의 초기 역사에 대한 이처럼 과장된 설명은 너무도 이상화된 것이어서 우스꽝스러울 정도이다. 오경과 역사서를 빠르게 개관해 보면, 이스라엘이 자주 야웨를 거역하였으며, 자신의 역사 초기에서부터 그와의 계약관계에 충실하지 못했음을 알 수 있다(다른 어떤 본문보다도 출 32장; 민 14장; 25장; 삿 2장 등을 보라. 겔 20:10-21의 요약도 참조하라.) 그러나 시간이 지나면서 초기 시절을 향수어린 눈으로 되돌아보는 경향이 생겨나게 된다. 적어도 상대적인 시각에서 얘기하자면, 이스라엘과 하나님 사이의 관계는 나중보다는 그 시절에 한층 더 친밀하고 생기가 있었던 것으로 보인다. 여기서 야웨는 이처럼 향수에 어린 시각을 수사학적인 목적을 위하여 활용하신

다(이와 동일한 전략은 호 2:14; 13:5에서도 분명하게 드러난다).[11]

머잖아 이스라엘은 야웨를 버리며, 우상숭배에 빠져 든다(4-5절). 그들은 야웨께서 어떻게 그들의 조상들을 이집트에서 구원하셨고 위험한 광야를 거쳐 풍요로운 약속의 땅으로 인도하셨는지를 잊어버렸다(6-7절). 제사장들은 야웨를 무시하였으며, 예언자들은 다른 신들을 섬겼다(8절). 하나님을 거역한 그들의 행동은 이방 나라들 중에서도 유례가 없는 것이었고, 지극히 분별 없는 것이었다(9-12절). 자기들의 영화로운 왕이신 하나님을 무가치한 우상들로 바꾼 것은 정말 도리에 어긋난 행동이었다. 야웨는 신선한 물(그의 부요하고 생명력 넘치는 복을 상징함)을 공급해주는 우물과도 같으신 분이지만, 이스라엘 백성은 우상들을 더 좋아하였다. 그들의 이러한 행동은 여기서 물을 저장할 수 없는 터진 웅덩이에 비교된다(13절).[12]

이스라엘은 야웨 앞에서 특별한 지위를 갖게 된다. 그들은 단순한 종이 아니었다. 그러나 이스라엘 백성은 그들의 특별한 지위에도 불구하고 사로잡혀갔다. 잔혹한 사자의 먹이처럼 말이다. 그리고 그들의 땅은 폐허가 되었다(14-15절). 야웨께서는 여기서 앞선 세기에 있었던 앗수르 군대의 침공, 특히 주전 733년에 있었던 디글랏빌레셀 3세의 침공과 주전 722년에 있었던 살만에셀 5세의 침공 및 주전 701년에 있었던 산헤립의 침공 등에 대해 언급하는 듯하다. 남쪽 지역에서도 위험이 닥쳐왔다. 이집트 군대(여기서는 멤피스[놉을 일컬음: 역자 주]와 다바네스의 성읍들에 의해 대표되는 44:1; 46:14를 보라) 역시 하나님의 백성에게 일격을 날린 것이다(16절).[13] 본문은 주전 609

---

11) 예레미야 7:25-26은 야웨가 달콤한 향수에 젖어 있는 낭만적인 이상주의자가 아님을 분명하게 보여준다. 그는 이스라엘 초기 역사의 "어두운 측면"을 잘 알고 있다.

12) 물웅덩이는 흘러내리는 물을 담아두기 위해 사람의 손으로 만든 저장소를 의미한다. 그것의 안쪽에는 흔히 방수 목적을 위해 석고 반죽이 발라져 있었다. 유다의 산악 지방에서는 물이 새지 않는 석회석 지반이 천연의 방수용 저수 웅덩이로 사용되었으므로 안쪽을 석회 반죽으로 바를 필요가 없었다. 이에 대해서는 다음을 보라: Philip J. King, *Jeremiah: An Archaeological Commentary* (Louisville: Westminster John Knox Press, 1993), 154-57.

13) 16절은 전통적인 히브리어 본문에서 문자적으로 "그들이 네 정수리를 뜯어 먹었다." "뜯어 먹다"(히브리어로는 '라아')라는 동사는 종종 은유적인 의미에서 "벗기다"

년에 이집트 군대가 므깃도에서 요시야를 무찌른 얘기를 언급한다고 볼 수도 있다. 그것은 요시야 왕의 생명을 앗아간 전쟁이었다(왕하 23:29-30; 대하 35:20-24를 보라).

하나님의 백성은 자기들을 덮친 재앙들에 대해서 자기 자신들 외의 다른 누구도 비난할 수가 없었을 것이다(17-19절). 그들은 야웨를 버렸고, 그러한 반역 행위의 결과를 맛보아야만 했다. 이스라엘 백성의 지도자들은 전통적으로 이방 나라들과의 동맹 관계 속에서 안전을 찾고자 했지만, 야웨의 보호 능력에 대한 불신을 밑바닥에 깔고 있던 이러한 전략은 성공을 거두지 못했다.

이스라엘 백성은 오래 전에 자기들을 다스리는 야웨의 권위를 거부하였고, 다른 신들, 특히 가나안의 풍요 신 바알에게 몸을 팔았다(20절). 그들은 순화된 상급 종자로부터 비롯되었음에도 불구하고 야생의 쓴 열매를 맺는 포도나무와도 같았다(21절).[14] 그들의 죄는 비누로도 지울 수 없는 의복 위의 얼룩처럼 분명한 것이었다(22절). 이스라엘 민족은 무모하게 바알을 따르되, 전혀 훈련되지 않은 전형적인 젊은 암낙타(23절)나 광적으로 수컷을 찾아 헤매는 전형적인 암나귀와도 같이 행동했다(24절).[15] 우상에 사로잡힌 그들은 신발이 닳아지고 목이 마를 때까지 그릇된 신들을 찾아다녔다(25절). 이스라엘의 우상숭배는 결국 무익한 것이요, 수치스러운 것임이 백일하게 드러나게 되었다. 특히 이스라엘 공동체의 지도자들이 그러했다(26절).

예레미야는 과거의 죄가 현재까지 계속되고 있다고 말한다. 예레미야와 같은 시대를 살아가던 유다 사람들(28절의 "유다여"와 31절의 "이 세대여")은 이스라엘 집과 마찬가지로 거짓 신들을 숭배했으며, 자기들의 참된 창조

또는 "대패질하다"는 뜻을 가지고서 나타난다. 그러나 여기서는 본문을 수정하여 '라아' 동사의 다른 형태인 "부수다"로("그들이 네 정수리를 부쉈다") 또는 "벗기다"는 뜻의 '아라' 동사로("그들이 네 정수리를 벗겼다")로 읽는 것이 더 낫다.

14) 고대 이스라엘의 포도 재배술에 대한 논의를 위해서는 다음을 보라: Oded Borowski, *Agriculture in Iron Age Israel* (Winona Lake, Ind.: Eisenbrauns, 1987), 102-14.

15) 이 두 동물의 행동에 관한 설명을 위해서는 다음을 보라: William L. Holladay, *Jeremiah 1* (Philadelphia: Fortress, 1986), 100.

자를 배척하였다. 그러나 환난이 밀어닥치자 그들은 야웨께로 방향을 돌이 킨다. 마치 오직 그만이 참으로 자기들을 도우실 수 있는 분임을 직관적으로 알고 있었던 것처럼 말이다(27절). 그러나 야웨께서는 그처럼 편의주의적인 "예배"에 의해 조종되는 분이 아니다. 그는 비꼬는 투로 그들에게 우상들의 도움을 구하라고 부추기신다(28절). 이스라엘 민족의 죄악은 그들이 부정함 에도 불구하고 확실한 것이었다(29절). 야웨께서는 그들의 주의를 끌려고 노 력하셨지만, 그들은 그의 예언자들에게 폭력을 행하였다(30절). 마치 자기들 이 야웨를 위험으로 가득한 "광야"나 어두운 땅과도 같은 분으로 여긴 것처 럼 말이다(31절). 이스라엘 민족이 야웨께 보인 반응은 철저하게 도리에 어 긋나는 것이었다. 젊은 여인은 누구나 자신의 외모에 깊은 관심을 가지고 있 으며, 보석으로 치장하여 자신을 아름답게 보이려는 강한 욕구를 가지고 있 다. 그리고 신부는 결혼 전에 신부복을 입었던 것을 결코 잊지 못한다. 이와 마찬가지로 야웨의 백성은 그에게 온전히 몰두해야만 했다. 그러나 그들은 도리어 그러한 열정을 가지고서 다른 신들을 쫓음으로써 악을 행하는 것이 어떠한 것인지를 보여주는 훌륭한 사례가 되고 말았다(32-33절).

이스라엘 민족은 우상숭배의 죄에 사회적인 불의의 죄를 추가함으로써 자 신의 죄를 한층 발전시켰다(34절). 그들의 우상숭배는 그들이 자기들의 하나 님 야웨를 사랑하지 않았음을 입증하였으며, 가난한 자들에 대한 그들의 압 제는 그들이 이웃 사랑에 실패했음을 보여주었다. 예수께서 한때 설명하신 바와 같이, 하나님과 이웃을 향한 사랑은 율법과 예언의 본질에 속한 것이다 (마 22:37-40을 보라). 그러나 하나님의 백성은 그가 정하신 이러한 기준을 무시하였다. 놀랍게도 그들은 무죄를 주장하는 뻔뻔스런 모습을 보여주었지 만, 하나님의 심판이 그들에게 임할 것이요, 그들의 불신앙을 입증하는 이방 나라들과의 동맹 관계는 무가치한 것임이 드러날 것이다(35-37절).

이스라엘 민족은 야웨의 진노를 알고 있음에도 불구하고 쉽게 화해를 이 룰 수 있다고 생각한다(3:4-5a를 보라). 그러나 야웨께서는 그들에게 율법에 서 발견되는 한 가지의 법적인 원리를 상기시키신다(1a절). 율법에 따르면, 이혼한 여인이 다시 결혼을 하게 되면, 그녀는 나중에 첫 남편에게로 돌아가 지 못한다(신 24:1-4를 보라). 만일에 이 원리를 다시 결혼한 여인에게 적용할 수 있다면, 우상숭배에 빠진 민족에게 그것을 적용하는 것 역시 지극히 당연한 일이 아니겠는가. 왜냐하면 이스라엘 민족은 음행에 빠져 많은 연인들에게 자기 몸을 바쳤기 때문이다(1b-2절). 적절하게도 야웨께서는 이스라엘의 바알 추구가 의도하는 비(rain)를 거두어 가시지만, 이스라엘 민족은 뻔뻔스럽게도 자신의 죄를 인정하기를 거부하며, 심지어는 야웨께 도움을 호소하기까지 한다(3-5a절). 이스라엘은 그를 아버지와 남편으로 칭함으로써 자기들이 오래도록 하나님과 친밀한 관계를 유지했음을 암시한다. 하나님의 진노가 과연 오래도록 지속되겠느냐고 묻는 그들의 질문은 그가 그들을 다루시는 방식이 냉혹하거나 불공평한 것일 수도 있음을 암시한다.[16] 그러나 이스라엘의 지속적인 범죄는 그들의 말이 무의미하고 진실하지 못함을 보여준다(5b절).

제멋대로인 이스라엘에게 집으로 돌아올 것을 촉구함(3:6—4:2). 야웨께서는 이스라엘과 유다를 두 명의 자매에 비교하시면서, 그 둘이 똑같이 간음죄를 범했음을 비난하신다(6-11절). 북왕국 이스라엘은 풍요의 신들을 섬겼었다(6절과 2:20을 보라). 야웨께서는 이스라엘이 회개하고서 자기에게로 돌아올 것을 기대하셨지만, 그들은 그렇게 하기를 거부하면서 계속해서 죄를 범하였다(7a절).[17] 야웨께서는 이스라엘과 "이혼"하지 않을 수 없었고, 그들의

---

16) "내 청년 시절의 친구"(문자적으로는 "내 청년 시절의 동료")로 번역되는 히브리어 표현은 잠언 2:17에서 간음하는 여인의 남편을 가리키는 데 사용된다("젊은 시절의 짝," 문자적으로는 "젊은 시절의 동료").

17) 대부분의 해석자들은 히브리어 '와오마르'를 "그리고 내가 말했다"로 이해함으로써 "그리고 내가 생각했다"(즉 "자신에게 말했다")는 뜻을 가진 것으로 보며, 그 뒤에 나오는 미완료 동사를 서술형으로 보아("그가 돌아올 것이다") 다음과 같은 번역문을 이끌어낸다: "나는 생각했다: '그가 이 모든 일들을 행한 후에 내게로 돌아올 것이다.' 그러나 그는 돌아오지 아니하였다." 이와 마찬가지 방식으로 19b-20절은 대개 다음과 같이 번역된다: "나는 생각했다: '너희가 나를 '나의 아버지'라 부를 것이요, 나를 따르는 길로부터 이탈하지 않을 것이다.' 오 이스라엘 족속이여, 그러나 너희는 남편에게 불성실한 여인처럼 나에게 불성실하게 행하였다." 가능성이 약하기는 하지만, 7절을 이렇게 번역할 수도 있다: "나는 말했다 … '그는 내게로 돌아오지 않으면 안 된다.' 그러나 그는 돌아오지 아니하였다." 이 해석에서 미완료("그는 돌아오지 않으면 안 된다")는 의무의

불성실함에 대한 처벌로 그들을 포로로 사로잡혀 가게 하셨다(8a절). 여기서 말하는 "이혼"은 주전 722년에 이루어졌다. 당시에 앗수르 군대는 이스라엘 백성을 포로로 잡아갔으며, 이스라엘 영토를 앗수르의 한 영지로 만들어버렸다. 이스라엘 남쪽에 있는 "자매"인 유다는 이 모든 일들을 유심히 관찰하였다(7b절). 그들은 북왕국의 경험을 마음에 새기고서 야웨께 충성해야만 했다. 그러나 그들 역시 우상들을 숭배함으로써 영적인 간음에 빠져들었다(8b-9절).[18] 그들은 회개하는 척하지만(요시야의 개혁을 염두에 두고 있을 수도 있음), 그들의 행동은 공허한 것이어서 마음에서 우러난 진실한 변화를 반영하지 못했다(10절). 야웨와 관련되는 한, 유다는 이스라엘보다 더 악했다. 왜냐하면 유다는 이스라엘이 징계받는 것을 목격하는 이점을 안고 있으면서도 계속해서 간음죄를 범했기 때문이다(11절).

이스라엘의 상대적인 순결함으로 인하여 야웨께서는 신실치 못하여 포로가 된 이스라엘에게 회개 촉구의 메시지를 전하신다(12a절). 그는 자기가 자비로운 분임을 상기시킴으로써, 그리고 자기가 영원토록 진노하지 않을 것임을 약속하심으로써 그들을 격려하신다(12b절). 야웨께서 요구하시는 것은 단지 죄를 고백하는 일일 뿐이다(13절). 이스라엘의 남편으로서 그는 포로민들을 구원하시고 남은 자들을 시온에 있는 고향으로 돌아오게 할 준비가 충

뜻을 가진 것으로 이해된다. 이렇게 본다면 19b-20절은 이렇게 번역될 수도 있을 것이다: "나는 말했다: '너희는 나를 "나의 아버지"라 불러야 하고, 나를 따르는 길로부터 이탈해서는 안 된다.' 오 이스라엘 족속이여, 그러나 너희는 남편에게 불성실한 여인처럼 나에게 불성실하게 행하였다." 19b-20절에 대한 이러한 이해를 위해서는 다음을 보라: Thompson, *Jeremiah*, 204, 206-7. (그러나 톰슨은 7절을 이런 식으로 다루지 않는다. 193쪽에서 그는 이를 "나는 그가 내게 돌아올 것이라 생각했지만, 그는 돌아오지 않았다.")

18) 여기에 사용된 결혼 은유의 틀에서 야웨는 두 명의 아내를 거느린 것으로 묘사된다. 이스라엘과 유다라는 두 자매가 그렇다(겔 23장도 보라). 율법은 한 남자가 자매들과 결혼하는 것을 금지하고 있지만(레 18:18), 그러한 풍습이 성서에 알려지지 않은 것은 아니다(야곱의 경우를 참조). 여기서 야웨는 분명한 가르침을 주려는 의도 하에 문맥의 지배를 받는 은유를 사용하신다. 야웨께서 그러한 사례를 사용하신다고 해서 그가 이중 결혼을 용납하시는 것은 아니다.

분히 되어 있다(14절). 그는 자기에게 충성할 새로운 지도자를 이스라엘 민족에게 주실 것이다. 이스라엘 민족은 놀라울 정도의 인구 증가를 맛보게 될 것이다(15-16a절). 야웨의 임재를 상징하는 옛 언약궤에 대한 미련은 완전히 사라질 것이다. 왜냐하면 야웨의 예루살렘 임재가 모든 나라들—한때 그를 거역한 세상 나라들을 포함하는—에게 분명하게 드러날 것이기 때문이다(16b-17절). 르호보암과 여로보암의 시대 이후로 분열된 이스라엘과 유다는 약속의 땅에서 다시 하나가 될 것이다(18절).

야웨께서는 이스라엘을 위해 최선의 것만을 원하신다(19a절). 그는 이스라엘이 자기를 아버지와 같은 보호자로 인정하기를 기대하시며, 자기에게 충성하기를 기대하시지만, 그들은 그를 실망시킨다(19b-20절). 두 가지 은유의 결합(하나님은 아버지이면서 남편임)은 예레미야가 선포하는 메시지의 정서적인 분위기를 고조시키며, 하나님과 더불어 실망과 고통의 감정을 느낄 수 있게 해준다.[19] 사람들은 이스라엘의 고통스런 부르짖음과 구원을 바라는 기도 소리를 산 위에서 들을 수 있을 것이다. 이것은 이스라엘 백성이 죄의 대가를 지불하고 있음을 나타내는 증거가 아닐 수 없다(21절). 이에 응답하여 야웨께서는 제멋대로인 자기 백성에게 돌아올 것을 명하시며, 방랑벽을 고쳐주겠다고 약속하신다(22a절).

여기서 이스라엘 백성은 매우 인상적인 태도로 야웨의 회개 촉구에 응답한다. 그에게 돌아가겠다는 자기들의 생각을 밝힘으로써, 그리고 우상숭배를 버리고(23-24절) 과거의 죄를 고백함으로써(25절) 말이다. 물론 이러한 답변의 말은 포로 된 이스라엘이 실제로 한 것이 아니다. 이것은 포로민들을 대표하여 말하는 예언자가 하나님의 부르심에 대한 적절한 반응이 어떠해야 하는지를 보여주는 모범적인 기도문에 해당하는 것이다. 미래의 회개하는 세대에 의해 그것이 그대로 되풀이되기를 바라는 마음에서 말이다.[20] (호세아는 6:1-3과 14:2-4에서 이와 비슷한 기법을 사용한다).

야웨께서는 이스라엘에게 자신의 선한 충동을 따를 것을 촉구하심으로써

---

19) 이와 관련하여 프레다임의 날카로운 설명을 참조하라: Terence Fretheim, *The Suffering of God* (Philadelphia: Fortress, 1984), 116.

20) Thompson, *Jeremiah*, 209.

이 모범적인 기도문에 응답하신다(4:1a). 그는 이스라엘 민족에게 만일에 그들이 참으로 우상들을 버리고 야웨께 새롭게 충성한다면 그러한 변화의 결과가 전 세계적인 영향을 미칠 것임을 보증하신다(1b-2절). 열방은 순종하는 이스라엘이 야웨의 새로운 복을 누리는 것을 보고서 예루살렘으로 몰려올 것이요(3:16-17을 보라), 유일하신 참 하나님께 예배하는 자들이 될 것이다(4:2b). 열방은 야웨의 이름으로 복을 선포할 것이요, 이스라엘의 하나님을 인하여 자랑할 것이다.[21]

침략자들이 유다를 휩쓸어감(4:3—6:30). 이스라엘과 유다가 마침내 하나가 되기를 원하시는(3:18을 보라) 야웨께서는 이어서 유다와 예루살렘 사람들에게로 방향을 돌이켜, 그들에게 그들의 죄를 회개할 것을 촉구하신다. 그는 농사와 관련된 표상을 사용하시되, 그들에게 파종 준비를 위해 밭을 갈 것을 권면하며(호 10:12를 보라), 갈지 않은 가시밭길에 파종하지 말 것을 경고하신다(3절). 요점은 이렇다: 그들은 야웨와 더불어 새로운 영적인 관계를 맺으려고 노력해야 한다. 자기들의 죄를 진심으로 회개함으로써 말이다(3:10을 보라). 이렇게 할 때야 비로소 회복된 하나님의 복을 누릴 수 있을 것이다.

야웨께서는 또한 할례의 표상을 사용하여 그들에게 그들의 "마음"에 "할례"를 행할 것을 촉구하신다(4a절; 신 10:16; 30:6; 레 26:41 등을 보라). 포피제거는 어떤 사람이 야웨의 계약 공동체의 일원이 되었음을 나타내는 외적인 표지에 해당하는 것이다. 그러나 야웨께서는 이보다 더 심오한 어떤 것을 원하신다. 그는 자기 백성에게서 자기에게 충성하고자 하는 마음과 정신을 원하시는 것이다. 이런 식으로 하여 야웨께 순종하는 그들의 생활양식은 그들을 야웨의 특별한 백성으로 드러나게 할 것이다. 그러나 야웨의 부르심에 제대로 응답하지 않는다면, 그 악한 나라에 하나님의 불같은 진노가 임할 것이다(4b절). 야웨께서는 인상적인 태도로 유다와 예루살렘 사람들에게 북쪽

---

21) NIV는 예레미야 4:2b의 첫 번째 행을 "나라들이 그에 의하여 복을 받을 것이다"로 번역하지만, "축복하다"는 동사의 히트파엘형을 반성적이고 상호적인 것으로 보아 "나라들이 그로 말미암아 서로를 축복할 것이다"로 번역하는 것이 옳다. 이런 식으로 하여 그들은 이스라엘을 모방할 것이요, 이스라엘은 "야웨의 삶을 두고 맹세하건대"라는 맹세 양식을 사용하여 공식적인 메시지를 선포할 것이다(2a절을 보라).

에서부터 오는 침략군을 대비하라고 촉구하신다(5-6절; 1:13-15를 보라). 그는 침략군(바벨론 군대)을 먹이를 찾으려고 나오는 사자에 비유하신다(7절). 임박한 심판으로 인하여 탄식하는 때가 곧 올 것인 바, 그로 인하여 유다의 지도자들은 두려움에 사로잡힐 것이다(8-9절).

예언자는 이러한 심판 선고에 대하여 반응을 보인다(10절). 그는 임박한 재난에 직면해서도 만족해하는 예루살렘의 태도가, 적어도 예레미야의 주장에 의하면, 자기 백성을 철저하게 속이신 야웨 자신에게 있다고 본다.[22] 예레미야는 야웨께서 오해하기 쉬운 희망의 메시지("너희가 평강을 얻을 것이다")를 선포하심으로써 자기 백성을 속였고 그들의 파멸을 재촉하셨다고 믿었다. 이러한 평강 예언은 거짓 예언자들의 특징에 해당하는 것이었다(6:13-14; 8:10-11; 14:13; 23:17을 보라). 예레미야의 주장과는 달리 야웨께서는 예레미야서의 다른 곳에서 이러한 거짓 메시지와의 관련성을 부정하신 것으로 보인다(14:14-15; 23:16, 18, 32를 보라). 이 때문에 어떤 이들은 예레미야가 하나님께서 속임수를 쓰셨다고 오해하는 잘못을 범했다고 주장한다(이와 관련해서는 20:7을 보라).[23] 그러나 예레미야를 반대하고 이러한 거짓 메시지를 설교한 예언자들이야말로 자기도 모르게 하나님의 속임수를 대변하는 자들이 되었을 가능성이 높다. 아합에게 전쟁에서의 승리를 약속하면서 미가야를 적대시했던 아합의 예언자들처럼 말이다(왕상 22장을 보라). 아합의 예언자들처럼 예레미야 시대의 거짓 예언자들은 야웨의 회의에 참여하거나 그로부터 소명을 받은 적이 없었다. 야웨께서는 그들에게 직접 말씀하신 바가 없었던 것이다. 그들이 선포한 평화의 메시지는 그들 자신의 마음으로부터 비

---

22) 히브리어 문장의 구조(부정사 절대형 + 본동사)는 강조의 의미를 갖는다. 여기서 "속이다"는 뜻으로 번역된 동사는 다른 곳에서 절반의 진실과 완벽한 거짓말로 하와를 속이는 뱀에게(창 3:13) 또는 사람들에게 그릇된 확신을 심어주는 왕이나 신에게(왕하 18:29=대하 32:15=사 36:14; 왕하 19:10=사 37:10), 조약의 파트너를 속이는 동맹국에게(욥 7), 사람들에게 거짓된 희망을 안겨주는 거짓 예언자들에게(렘 29:8) 사용되며, 교만함에 이르는 자기기만(렘 37:9; 49:16; 욥 3)을 나타내는 데에도 사용된다.

23) 예로써 다음을 보라: Walter C. Kaiser Jr., *Toward Old Testament Ethics* (Grand Rapids: Zondervan, 1983), 257-58.

롯된 것이었다. 그러나 동시에 야웨께서는 어떤 식으로든 그들의 활동을 부추겼으며, 심판의 한 형태로서 범죄한 백성으로 하여금 그들의 메시지를 믿게 만드셨다.[24]

그들 앞에 놓인 미래는 거의 평화로울 수가 없을 것이다. 파괴적인 폭풍처럼 심판이 그들을 휩쓸어갈 것이다(11-12절). 침략군의 전차들이 신속하게 예루살렘을 향해 진군하여(13절) 회개의 필요성을 절실히 느끼게 만들 것이다(14절). 그 땅의 최북단에 위치한 단의 거주민들과 유다의 바로 북쪽에 있는 에브라임 산지에 사는 사람들은 남쪽에 있는 유다에게 경고의 외침을 발하면서 이 이방 군대의 침략을 선포할 것이다(15-17a절). 유다는 어느 누구에게도 책임을 전가할 수 없다. 왜냐하면 그들의 행동이 그러한 재앙을 초래했기 때문이다(17b-18절).

예레미야는 전쟁의 광경과 전쟁의 소리를 예상하면서 공포에 사로잡힌다(19-21절). 그는 범죄한 자기 시대 사람들의 도덕적인 어리석음을 통탄해 마지않으며(22절), 심판으로 인한 파멸이 창조 세계를 뒤엎는 것이 될 것이라고 설명한다(23-26절). 그 땅은 "혼돈하고 공허"하게 될 것이다. 마치 창세기 1:2에 묘사된 태초의 혼돈으로 되돌아간 것처럼 말이다. 하늘의 빛이 사라지고, 산들이 흔들리며, 사람들과 새들도 없고, 한때 풍요로웠던 땅은 광야로 바뀌고 말 것이다. 이처럼 임박한 파멸은 피할 수 없는 것이다. 왜냐하면 야웨께서 그러한 심판이 임할 것이라고 선언하셨을 뿐만 아니라, 그는 자신의 말씀을 철회하지 않으실 것이기 때문이다(27-28절).[25]

---

24) 이 문제에 대한 보다 상세한 논의를 위해서는 다음을 보라: Robert B. Chisholm Jr., "Does God Deceive?" *BSac* 155 (1998): 18-19; Robert P. Carroll, *Jeremiah*, OTL (Philadelphia: Westminster, 1986), 161-62.

25) 히브리 성서의 많은 본문들이 하나님께서 심판을 선포하신 후에 불쌍히 여기시는 분으로 묘사한다. 사실 요엘 2:13-14와 요나 4:2는 불쌍히 여기시는 그의 능력이 그의 긍휼과 자비에서 비롯되는 근본적인 하나님의 성품에 해당한다고 본다. 그러나 하나님께서 불쌍히 여기기를 거부하시는 경우도 있다(예로써 민 23:19; 삼상 15:29). 그러한 경우, 심판 선고는 바뀔 수 없는 하나님의 결정으로 이해된다. 이에 관한 보다 상세한 논의를 위해서는 다음을 보라: Robert B. Chisholm Jr., "Does God 'Change His Mind?'" *BSac* 152 (1995): 387-99.

이처럼 바뀔 수 없는 선언이 있다는 것은 이 말씀(또는 적어도 그 일부분)이 예레미야의 예언 활동 중 상대적으로 늦은 시기에 속한 것임을 암시한다. 왜냐하면 예언자의 초기 활동 기간에 야웨께서는 유다가 회개할 경우에는 긍휼을 베푸실 것이라는 점을 분명하게 밝히셨기 때문이다(18:1-12; 26:3, 13, 19; 15:6 등을 보라. 15:6에서 하나님은 긍휼을 베푸는 일에 염증을 느끼고 계심을 알리신다). 철회 불가능한 심판의 선고는 4:14와 5:1에 있는 회개 촉구의 메시지와 모순되는 것으로 보일 수도 있지만, 후자는 예루살렘을 대상으로 하고 있는 것이지, 유다 전체를 대상으로 하고 있는 것은 아니다. 확정된 심판이 선포될 즈음은 예루살렘의 운명이 아니라 유다의 운명이 이미 결정된 때임이 분명하다.[26]

이러한 심판 선고는 예레미야가 침략군의 살육을 피하여 시골로 도망하는 모든 성읍 사람들의 모습을 그리는 부분에서 계속된다(29절). 그는 이어서 예루살렘을 향해 방향을 돌리고서는, 왜 예루살렘이 우상숭배를 계속하는지를 묻는다. 그러면서 그는 여기서 예루살렘을 헛되게 연인들을 따라다니는 창기에 비교한다(30절). 예루살렘은 처음으로 산고(産苦)를 경험하는 여인처럼 큰 고통을 당할 것이다(31절).

유다의 파멸이 확실하기는 해도(4:28을 보라), 예루살렘을 위한 희미한 희망의 빛이 없는 것은 아니다(5:1; 4:14를 보라). 약간의 과장법을 사용하신 야웨께서는 예루살렘에서 정직한 사람을 한 사람이라도 발견할 수 있다면 그 성읍을 용서하겠다고 약속하신다. 그러나 이러한 약속의 언어는 희망을 표현한 것이라기보다는 비꼬는 어투를 그대로 반영한 것이다. 그 약속은 역설적으로 예루살렘에 있는 모든 사람들이 부패했음을 뜻하는 것으로 보인다. 참으로 예루살렘 사람들은 야웨의 이름으로 한 맹세를 어겼고 회개하기를 거부하였다. 야웨께서 그들을 징계하셨을 때조차도 그러했다(2-3절). 이처럼 반항적인 태도는 일방 백성뿐만 아니라 지도자들에게서 발견되는 특징이라 할 수 있다(4-5절). 이 때문에 침략군은 희생물을 공격하여 거칠게 다루

---

26) 4:3-4에 있는 회개 촉구의 메시지는 유다와 예루살렘 모두를 겨냥하고 있는 것으로서, 예언자의 활동 초기에 생겨난 것임에 틀림이 없다.

는 사나운 육식동물처럼 거침없이 그들을 공격할 것이다(6절). 예루살렘 사람들이 우상숭배와 이방 종교의 풍요제의에 계속 머물러 있는 한, 야웨께서는 용서를 보류하신 채로 그들을 엄하게 징계하지 않을 수 없다(7-9절). 야웨께서는 자기 포도원의 가지들을 잘라내야만 한다. 왜냐하면 유다가 북왕국의 음란한 발자국을 그대로 따라갔기 때문이다(10-11절).

그럼에도 불구하고 예루살렘 거주민들은 심판이 없을 것이라는 확신을 가지고서 예레미야와 같은 예언자들의 경고를 무시한다. 그들은 그러한 예언자들을 바람주머니 정도로 생각할 뿐이다(12-13절). 예언 메시지의 신용과 완전함을 지키기 위해서라도 야웨께서는 단호하게 행동하지 않을 수 없다. 예레미야의 심판 메시지는 알 수 없는 언어를 사용하는 원방(遠方)의 한 민족을 통하여 구체화될 것이다(14-15절).[27] 침략군이 그 땅을 휩쓸어갈 것이요, 사실상 자기들의 가는 길에 만나는 모든 사람들과 모든 것들을 멸할 것이다(16-17절). 그러나 야웨께서는 남은 자들을 두실 것이다(18절). 이 남은 자들이 왜 야웨께서 그러한 재앙을 그 땅 위에 내리셨는지를 묻는다면, 예레미야는 그들의 죄를 징계하시는 하나님의 뜻으로 인하여 그렇게 된 것이라고 말할 것이다(18-19절). 적절하게도, 그리고 아이러니컬하게도 "이방 신들"을 섬긴 자들은 이제 남의 땅에서 "이방인들"을 섬길 것이다. 이렇듯이 징계는 죄를 그대로 반영하는 것이다.

유다 백성은 영적인 소경이요 귀머거리이다(20-21절). 그들은 마땅히 주권적인 창조자이신 야웨를 두려워해야만 했다. 그는 노호하는 바다의 경계를 정하심으로써 그것이 땅을 침범하지 못하게 하신 분이다(22절). 성서와 고대 근동의 사상계에서 바다는 세계 질서를 파괴하는 위험한 세력으로 간

---

27) 15절은 "이스라엘 족속"을 겨냥하고 있다. 11절에서 이 표현은 남왕국 유다와 구별되는 북왕국 이스라엘을 가리킨다(3:18, 20; 11:10, 17; 13:11을 보라). 그러나 15절에서는 이것이 문제가 된다. 왜냐하면 이스라엘은 이미 오래 전에 침략을 받아 포로로 잡혀갔기 때문이다. 아마도 예레미야는 여기서 이스라엘을 향한 옛 예언을 사용하되, 그것을 유다의 청중들에게 적용했을 것이다. 유다가 이스라엘과 똑같은 죄를 범하고 있음을 지적한(11절; 3:7-10을 보라) 그는 유다가 마치 이스라엘인 것처럼 말함으로써, 유다가 이스라엘과 동일한 운명에 처하게 될 것임을 분명하게 밝힌다.

주된다. 성서에서 그것은 종종 하나님의 백성을 파괴하려고 위협하는 적대 국가들을 상징한다. 22절의 확정적인 선언은 야웨가 적대 세력들로부터 자기 백성을 보호하실 수 있는 분임을 상기시켜주는 역할을 수행한다. 24b절에서 그는 자신이 자연을 주관하시는 자요, 제 때에 비를 내려줌으로써 사람들로 하여금 풍성한 열매를 거둘 수 있게 하는 자임을 그들에게 상기시키신다. 그 뜻은 분명하다: 하나님은 자기 백성을 위험으로부터 건져내시고 그들에게 식량을 공급하시는 분이다.

유다는 마땅히 자기들의 보호자요 공급자이신 하나님을 경외해야만 했다. 그러나 그들은 그가 주신 율법의 근본적인 원리들을 무시함으로써 그를 거역하였다(23-24a절). 그리고 악인들은 하나님께서 세우신 사회 정의의 원리들을 위반하였으며, 약하고 무기력한 자들을 착취함으로써 부를 축적하였다(26-28절). 예언자들과 제사장들은 하나님의 권위를 인정하지 않았는데, 이는 백성들의 동의를 얻은 것이었다(31절). 이 때문에 하나님은 자신의 복을 거두시기로 작정하신다(25절). 그는 짓밟힌 자들의 복수자로서 그 나라 위에 심판을 내리지 않을 수 없다(29절).

이제 안전을 위해 도망할 때가 왔다. 침략군이 이미 북쪽 지평선에 어렴풋이 그 모습을 드러내어 금방 예루살렘을 포위할 것이기 때문이다(6:1-3). 예레미야는 인상적인 방식으로 우리에게 대적의 공격 명령뿐만 아니라(4-5절) 야웨께서 침략군들에게 주는 가르침까지도 듣게 한다(6-7절). 야웨께서는 그들에게 예루살렘을 포위하라고 명하시며, 그 성읍이 그 동안 저지른 악독함으로 인하여 벌을 받지 않으면 안 된다고 설명하신다. 그러나 야웨의 자비와 인내심이 여전히 빛을 발하고 있다. 이는 그가 또 다시 예루살렘에게 회개하여 재앙이 임하지 않게 하라고 촉구하는 데서 금방 확인된다(8절; 4:14; 5:1을 보라).

야웨께서는 다시금 포도원 비유를 사용하시되(5:10을 보라), 포도 수확자들이 포도를 남김없이 줍는 것과 마찬가지로 침략군들이 "이스라엘의 남은 자들을 주울"(여기서 남은 자들은 열두 지파로 구성된 본래의 계약 공동체에 남아 있는 자들 모두와 유다 백성을 가리키는 표현일 것이다) 것이라고 말씀하신다(9절). 예레미야는 유다 백성이 하나님의 말씀 듣기를 거부한다고 불평함으로써 그에 동의한다(10절). 예언자가 자신이 "야웨의 분노로 가득"하고 또 "그것을 참기 어렵다"고 말하자(1a절), 야웨께서는 그것을 백성 위에 "쏟아 부을" 것을 허락하신다(11b-12절). 이 대화의 요점은 이러한 듯하다: 예레미야는 완악하고 죄 많은 유다를 대하면서 하나님의 심판이 불가피함을 점점 더 확신하게 되고, 그들을 향하여 심판을 선포하고픈 욕구에 사로잡힌다. 하나님은 그의 생각에 동의하시고 그에게 자신의 판결 — 하나님의 심판을 현실화시킬 — 을 선고할 것을 요청하신다.

그 심판은 가혹하기는 해도 마땅히 유다 백성에게 실행되어야 하는 것이다. 유다 공동체 전체는 탐욕으로 인하여 부패해 있었다(13a절). 예언자들과 제사장들은 한결같이 백성이 저지른 죄의 심각성을 간과하였으며, 그들에게 평화를 약속함으로써 그들을 그릇된 길로 인도하였다(13b-15절). 그들은 백성에게 하나님의 윤리적인 기준에 집착할 필요가 없다는 인상을 줌으로써 야웨의 뜻을 잘못 해석하였다.

야웨께서는 그들에게 율법에 규정된 도덕적인 길로 행할 것을 촉구함으로써 그들의 주의를 끌기 위해 노력하셨다. 그 길이 그들을 복과 안전으로 인도할 것인데도 그들은 그 길을 따를 것을 거부하였다(16절). 성벽의 파수꾼에 비교되는 야웨의 예언자들은 임박한 심판을 경고하였지만, 백성은 그들의 말에 귀를 기울이지 않았다(17절). 물론 백성은 유사 종교의 모습은 가지고 있었다. 그들은 하나님께 분향과 희생제물을 바쳤다. 그들은 그러한 제의 활동이 자기들을 심판으로부터 건져줄 것이라고 생각했음이 분명하다(20절). 그러나 그러한 희생제사는 하나님께서 우선적으로 원하시는 것이 아니다. 그는 순종을 먼저 원하시는 것이다. 그때에야 비로소 의생제사가 진정한 의미를 갖게 된다(삼상 15:22; 사 1:11-17; 호 6:6; 암 5:21-24; 미 6:6-8을 보라).

야웨께서는 주변 나라들에게 자신의 완악하고 그릇된 길에 빠진 백성을 친히 벌하실 것이라고 선언하신다(18-19절). 그는 그들 앞에 "장애물"을 두심으로써 그들로 하여금 그것에 걸려 넘어지게 하실 것이다(21절). 장애물에 걸려 넘어진다는 표상은 16절에 언급된 "길"의 은유를 그대로 받아들인 것이다. 유다 백성은 복에 이르는 "선한 길"로 가기를 거부하였다. 도리어 그들은 다른 길로 갔다(18:15; 23:12를 보라). 그 길은 온갖 위험으로 가득 차 있는 것으로, 그들을 파멸에 이르게 할 것이다.

이러한 표상 뒤에는 바벨론 군대라는 현실이 놓여 있다. 그들은 북쪽으로부터 그 땅을 침공할 것이다(22절; 1:13-15; 4:6을 보라). 완전 무장한 그들은 대열을 지어 무자비하게 예루살렘으로 행군할 것이다(23절). 유다 백성은 두려움에 사로잡힐 것이요, 도망하지도 못할 것이다(24-25절). 자기들의 파멸이 확실함을 깨달은 그들은 외아들을 잃은 부모와 같은 심정으로 자기들의 운명에 대하여 탄식할 것이다(26절).

예레미야는 용광로의 강한 불에 의하여 불순물이 타버릴 때까지 광석을 제련하는 "금속 시험자"(tester of metals)와도 같다(27절). 금속 시험자로서 그는 백성의 도덕적인 상태가 어떠한지를 살피고, 그들에게 하나님의 말씀을 선포한다. 그 말씀에는 정결케 하는 하나님의 심판을 활성화시킬 재앙 선포가 포함되어 있다. 그러나 유다 백성은 죄로 인하여 굳어져 있는 바, 이는 남들을 비방하는 그들의 행동 방식을 통해 금방 알 수 있다(28a절). 그들은 은에 비교하면 불순물로 여겨질 수밖에 없는 놋이나 철 따위의 하급 금속과도 같다(28b절; 겔 22:18을 보라). 정련하는 불이 그들을 강하게 태워도, 부정함(악인들)은 그대로 남는다(29절). 이로써 야웨께서는 자기 백성이 정결케 될 수 없다는 결론을 내릴 수밖에 없다(30절).

거짓 확신이 완전히 부서짐(7:1—10:25)

야웨께서는 예레미야에게 성전 문 앞에 서서 유다 백성에게 살아남기 위해서 회개할 것을 촉구하도록 명하신다(7:1-3). 야웨께서 경고의 메시지에 약속을 추가하신 것으로 보아, 이 메시지는 예레미야의 활동 초기에 선포된 것임에 틀림이 없다. 하나님께서 유다의 붕괴를 선포하시기 전에 말이다(4:28을 보라).

예레미야의 세대는 자기들에게 심판이 미치지 못할 것이라고 생각했다. 왜냐하면 야웨의 임재 ─ 자기 백성과 함께 하시는 ─ 를 상징하는 야웨의 성전이 그들 중에 있었기 때문이다. 그러나 성전의 존재 자체가 평화와 번영을 보증하는 것은 아니다(4절). 그들은 가난한 자들에 대한 압제와 우상숭배를 포함한 모든 악한 행동을 버릴 때에야 비로소 구원을 얻을 것이다(5-8절). 성전은 도적질과 살인과 간음, 맹세 위반, 이방 신 숭배 등으로 하나님의 법을 위반한 공동체에게 아무런 피난처도 제공하지 못할 것이다(9-11절). 그들의 역사로부터 얻은 짤막한 교훈을 통해서 그것을 입증할 수 있을 것이다(12-15절). 간략하게 그들의 역사로부터 얻는 교훈을 생각해 보면 이 점을 금방 알 수 있다(12-15절). 실로는 한때 하나님께서 언약궤와 관련하여 자신 존재를 드러내신 종교 중심지였다(삼상 1-3장). 그러나 엘리의 가족이 범죄하자 법궤는 블레셋 사람들에게 탈취당했고 야웨께서는 실로를 버리셨다(삼상 4장; 시 78:60을 보라). 이와 마찬가지 방식으로 야웨께서는 예루살렘 성전을 버리실 것이요, 자기 백성을 자기 앞으로부터 쫓아내실 것이다. 오래전에 북왕국 이스라엘(에브라임으로 표기됨)에게 행했던 것과 똑같이 말이다(15절을 보라).

과거에 하나님은 때때로 경건한 지도자가 자기 백성을 위해 간구할 때 그들을 살려주셨다(예로써 출 32:7-14; 암 7:1-6을 보라). 그러나 예레미야 시대의 유다 왕국은 중재가 효력을 발하기에는 너무 늦어버렸다. 야웨께서는 예레미야에게 그 백성을 위해 기도하지 말라고 말씀하신다(16절). 그들은 악한 길을 고침으로써 나라 전체가 회개할 때에만 구원받을 수 있다(3절을 보라). 그런데 실제로는 모든 가족들이 부끄러운 이방 신 숭배에 관여하고 있었다. 그 중에서도 특히 "하늘의 여왕"이 그들의 큰 관심을 끌었다(17-19절).[28] 이처럼 노골적인 우상숭배는 철저한 징계를 불가피하게 만들었다(20절).

---

28) 하늘 여왕의 제의에 대한 상세한 논의를 위해서는 다음을 보라: King, *Jeremiah*, 102-7. "하늘 여왕"이 정확하게 누구를 가리키는지는 확실치 않다. 학자들은 아스타르트(=메소포타미아의 이슈타르)나 아낫 또는 아세라 등이 그에 해당할 것이라고 주장한다. 이와 관련된 다양한 견해들에 대한 논의를 위해서는 다음을 보라: John Day, *Yahweh and the Gods and Goddesses of Canaan* (Sheffield: Sheffield Academic Press, 2000), 144-50. 데이는 "하늘 여왕"이 아마도 서부 셈족의 여신 아스타르트를 가리킬 것이라는 결론을 내린다(150쪽). 비록 그가 다음과 같은 점을 인정하고 있기는 하지만 말이다: "여기서 우리가 말하는 여신은 … 단순한 아스타르트가 아니라 그에 상응하는 메소포타미아의 이슈타르와 혼합된 형태의 아스타르트일 가능성이 높다."

유다 백성은 우상숭배에도 불구하고 야웨께 계속해서 희생제사를 드렸다. 순전히 "자기들의 모든 추한 행동들을 가리기" 위해서였다(21절). 어쨌든 그들은 종교적인 의례가 아니라 순종이 하나님의 주요 관심사라는 것을 제대로 깨닫지 못했다(6:20을 보라). 야웨께서는 자신의 강조점을 밝히기 위하여 다시금 그들의 역사로부터 배울 수 있는 교훈을 전달하신다(22–26절; 12–15절을 보라). 민족 역사의 맨 처음 순간부터 야웨의 첫 관심사는 희생제사가 아니라 순종이었다.[29] 그런데도 유다 백성은 하나님의 명령을 무시하였고, 야웨께서 보내신 예언자들이 그들의 죄를 고발할 때에도 그들의 말에 귀를 기울이지 않았다. 야웨께서는 예레미야에게 그를 다른 예언자들과 똑같이 대할 것이라고 경고하신다(27절). 그 까닭에 예레미야는 그들의 죄를 책망하는 한편으로(28절), 그들에게 심판을 준비하라고 말해야만 했다(29절).

야웨께서는 백성을 향한 자신의 비난을 뒷받침하기 위해 다시금 그들의 우상숭배에 초점을 맞추신다(30절; 6, 18절을 보라). 유다 백성은 뻔뻔스럽게도 야웨의 성전 안에 우상들을 세웠다. 이러한 행동은 므낫세 왕의 시대에

---

29) 히브리 성서의 22절은 문자적으로 볼 때 이렇게 읽힌다: "나는 너희 조상과 말하지 않았으며 … 번제나 희생제사와 관련된 문제들에 대하여 그들에게 명하지 않았다." 이러한 내용은 문제를 불러일으킨다. 왜냐하면 오경은 이스라엘이 이 시기에 하나님께 희생제사를 드렸다고 묘사하고 있기 때문이다. 예레미야는 어쩌면 또 다른 전승에 관해 말하고 있는지도 모른다. 그러나 다른 한편으로 볼 경우 22절의 내용은 그 나름의 효과를 얻기 위해 과장한 것일 수도 있다. 모세가 이스라엘에게 희생제사와 제물에 관한 무수한 율법을 주었음에도 불구하고, 제사 제도 자체는 이스라엘 백성의 가나안 정착 전까지는 충분하게 발전된 내용을 가지고 있지 못했을 것이다. 희생제사는 비록 중요한 의미를 가지고 있기는 하지만 결코 하나님과 그의 백성 사이에 있는 관계의 본질이 될 수 없다. 순종을 통하여 표현되는 충성이야말로 항상 최고의 우선순위에 해당하는 것이다. 희생제사는 하나님께 헌신하고 그의 도덕적인 의지에 순종하는 자가 드릴 때에만 의미를 갖는다. 우리는 이 구절을 이렇게 풀어서 읽을 수도 있다: "나는 너희 조상과 말하지 않았으며, 그들에게 … 번제나 희생제사와 관련된 문제들만을 명한 것이 아니다." 아모스 5:25도 이와 비슷한 교훈을 주는 것으로 보인다. 이 본문에 대한 필자의 설명과 그곳에 인용된 자료들을 보라. 이와 비슷한 방식으로 호세아 6:6은 "나는 인애를 원하고 제사를 원하지 않는다." 이 구절은 6b절이 보여주듯이 참으로 "나는 제사보다 인애를 더 원한다"는 메시지로 이해된다.

시작되었다(왕하 21:3-7을 보라). 요시야가 성전을 정화하기는 했지만(왕하 23:4-6), 그가 죽은 후에 또 다시 우상들이 등장하였다(겔 8:3-16을 보라). 유다 백성은 하나님의 율법을 위반하면서(레 18:21; 20:2-5; 신 12:31; 18:10 을 보라) 예루살렘 남서쪽 바깥에 있는 힌놈의 골짜기에서 자녀들을 희생제 물로 바치기도 했다(31절; 19:5; 32:35를 보라).[30] 야웨께서는 확실히 그들에 게 그렇게 할 것을 명하신 적이 없었다. 사실 그러한 제사를 요구한다는 생 각 자체가 그의 마음속에 한 번도 들어온 적이 없었다.[31]

야웨께서는 이처럼 잔혹한 죄를 범한 자들을 엄하게 벌하실 것이다. 임박 한 침공의 결과 힌놈의 골짜기는 "살육의 골짜기"로 개명될 것이다. 왜냐하 면 그곳은 하나님의 심판에 희생될 자들의 공동묘지로 변할 것이기 때문이 다(32절). 죽은 자들을 매장할 공간이 없게 되면 시체들이 땅 위에 쌓아올려 질 것이요, 새들과 들짐승들에게 먹힐 것이다(33절). 폐허가 된 땅을 배경으 로 하여(34절) 무덤들이 더럽혀질 것이요(8:1), 한때 죽은 자들이 죽기 전에 섬겼던 하늘의 발광체들 아래 그들의 뼈들이 노출될 것이다(2절).[32] 그러는 동안에 살아남은 자들은 포로기의 비참한 삶을 견디지 못하여 차라리 죽기 를 희망할 것이다(3절).

---

30) 어린이를 제물로 바치는 유다 지역의 풍습에 대해서는 다음을 보라: King, *Jeremiah*, 136-39; Jack R. Lundbom, *Jeremiah 1-20*, AB (New York: Doubleday, 1999), 496-97. 어린이 제사를 드린 곳은 도벳으로 알려져 있기도 하다(왕 하 23:10; 사 30:33; 렘 19:6, 11-14를 보라).

31) 이 본문을 읽는 오늘날의 독자들은 31절에 묘사된 원시적인 풍습을 독선적인 태 도로 정죄하려는 유혹을 받을 수도 있을 것이다. 그러나 룬트봄이 지적한 바와 같이, "1990년대의 서구 세계는 그보다 나은 것이 거의 없었다"(ibid., 503). 룬트봄은 어린이 를 상대로 하는 오늘날의 범죄행위들을 정죄하면서 "아직 태어나지 않은 태아를 향한 무 정하고 불경하고 비도덕적인 불의와 관련하여 많은 사람들이 보이는 완악한 태도"를 비 난한다. 이어서 그는 누구나 마음속에 생각하는 다음의 질문을 던진다: "오늘날의 부모 들은 자기들이 낳은 아이들을 옛날 부모들보다 더 잘 양육하여 세상으로 내보낸다고 할 수 있을까?"

32) 고대 근동 세계에서 무덤을 더럽히는 풍습에 대해서는 아모스 2:1-3에 대한 필자 의 설명을 보라.

유다의 계속적인 범죄는 분별없는 짓이요 비정상적인 것이었다(4-5절). 야웨께서는 인내심을 가지고서 그들이 회개하고서 자기에게 돌아오기를 기다리셨다. 그러나 그들은 완고하게 자기들의 잘못을 인정하지 않으려고 했으며, 그들 자신의 욕망을 따라 행동하기를 고집하였다(6절). 철새 떼들은 하나님께서 세우신 자연 질서를 따라 언제 다른 곳으로 옮겨가야 하는지를 본능적으로 알아챈다. 그런데도 하나님의 백성은 그가 율법을 통하여 세우신 도덕 질서를 무시한다(7절).[33] 물론 유다 백성은 율법을 가지고 있다는 사실을 자랑하였으며, 그것이 자기들을 지혜롭게 하였다고 주장하였다(8a절). 그러나 사람들을 가르쳐야 할 책임을 지고 있는 탐욕스런 제사장들과 예언자들(10b절)이 율법을 잘못 다루고(8b절), 자기들이 속한 공동체의 죄악을 묵과하는 상황 속에서 과연 율법이 무슨 선한 일을 할 수 있겠는가(11a절)? 자기들을 지혜롭다 여기는 이들 선생들은 어리석은 자들처럼 수치를 당하게 될 것이다. 왜냐하면 그들이 파렴치하게도 야웨의 도덕적인 기준들을 무시하고 백성들에게 그들이 듣고 싶어하는 것들만을 들려주었기 때문이다(9, 11b-12절). 그들의 아내들을 포함하는 그들의 모든 재산이 그들에게서 사라질 것이다(10a, 13절).

이어서 우리는 하나님께서 선포하신 침략을 기다리는 백성들의 목소리를 듣는다. 그들의 그릇된 확신은 그들이 임박한 심판을 갑자기 깨달을 때 산산조각 날 것이다(14-15절). 침략자들은 남쪽으로 이동하여 순식간에 그 땅 전체를 휩쓸어갈 것이다. 마치 독사의 치명적인 독이 그러하듯이 말이다(16-17절). 예레미야는 자기들의 보호자가 되시는 하나님이 여전히 예루살렘에 거주하시는지를 묻는 백성들의 목소리를 들으면서 느끼는 자신의 슬픔을 표현한다(18-19a절). 이어서 야웨께서는 왜 유다 백성이 우상숭배를 통하여 자기를 분노하게 하는지를 직접 물으신다(19b절). 요점은 이렇다: 야웨께서는 예루살렘의 보호자로서의 역할을 수행하기보다는 그들의 심판자로 서 계신다. 백성들은 자기들이 구원받을 때가 지났다고 불평함으로써 부지중에 그러한

---

33) 다양한 떼들의 이동 유형들과 습관들에 대한 훌륭한 논의를 위해서는 ibid., 510-13을 보라.

사실에 대해서 증거하고 있다(20절). 구원의 지체됨은 그가 선포하신 말씀 이상으로 분명하게 이루어진다.

예레미야는 자신의 동족이 하나님의 심판을 받아 망하게 될 것이라는 생각에 큰 슬픔을 느낀다(21절). 그는 희망을 가지고서 "길르앗에는 유향이 있지 아니한가? 그곳에는 의사가 있지 아니한가?"라고 묻는다(22절). 요단강 동편에 자리한 길르앗은 유향으로 유명한 바, 그곳의 유향은 의학적인 목적으로 사용될 수도 있었다(창 37:25; 렘 46:11을 보라).[34] 물론 이곳에 쓰인 언어는 은유적인 것이다. 유다의 "질병"은 본질적으로 영적인 것이었다(19절과 9:2b를 보라). 자기 백성의 임박한 파멸에 대한 예레미야의 슬픔은 억제하기 어려운 것이었다. 그는 누군가가 자기에게 한없는 눈물을 공급해 주기를 간절히 바란다(9:1). 그러나 그의 슬픔이 영적인 통찰력을 가리는 것은 아니다. 그는 심판이 마땅한 것임을 알고 있었다. 사실 그는 자신이 더불어 살고 있는 범죄한 공동체를 떠나 광야로 피신하기를 원했다(2절).

야웨께서는 심판의 타당성을 의심하는 자들이 있을 것을 염려하여 이 범죄한 공동체가 왜 징계를 받아야 하는지를 뒷받침할 수 있는 더 많은 증거를 제공하신다. 유다 백성은 서로를 헐뜯고 속였다(3, 8절). 형제들과 친구들은 서로를 믿지 못했다(4-5절). 야웨께서는 그들이 자신의 권위를 인정하지 않은 까닭에(6절; 3b절을 보라) 심판을 통하여 그 땅을 정결케 하지 않을 수 없었다(7, 9절). 심판이 이렇듯이 마땅한 것임에도 불구하고, 그러한 사실이 예레미야의 마음을 편하게 만든 것은 아니다. 그는 그 재앙이 펼쳐지는 것을 자기 눈으로 직접 목격해야만 했기 때문이다. 그는 심판으로 인하여 초래될 파멸을 생각하면서 다시 한 번 자신의 슬픔을 표현한다(10절).

야웨께서는 그가 예전에 던진 질문들에 답하려는 듯이(7, 9절) 그 땅을 폐허로 만들려는 자신의 계획을 공적으로 선포하신다(11절). 왜 그러한 일이 필요한지를 묻는 예레미야의 질문에 답하면서(12절) 야웨는 자신의 율법을 어기고 다른 신들을 섬긴 백성들의 행동을 비난하신다(13-14절). 이 때문에 재난과 추방이 그들에게 닥칠 것이요(15-16절), 대대적인 통곡이 그 땅을 휩

---

34) King, *Jeremiah*, 153-54.

쓸 것이다(17-19절). 통곡하는 자들은 자기들의 집에 죽음이 침투해 들어온 것에 대하여 탄식할 것이다(20-21절). 반면에 들판은 유다 사람들의 시체로 어질러져 있을 것이다(22절).

인간의 지혜와 힘과 재물은 다가올 심판의 참화로부터 어느 누구도 건져 내지 못할 것이다. 이 때문에 지혜롭고 강하고 부요한 자들은 자기들에게 있는 것들을 자랑해서는 안 된다(23절). 오직 신실하신 하나님이요 온 세상의 의로운 심판관이신 야웨를 이해하고 알고 있는 자들만이 정당하게 자신에게 있는 것들을 자랑할 수 있다. 왜냐하면 하나님은 이러한 사람들에게만 은총을 베푸시기 때문이다(24절). 이 문맥에서 야웨를 "이해"하고 "안다"는 것은 단순히 지적인 정보를 가리키지만은 않는다. 여기서 "알다"로 번역된 동사(히브리어로 '야다')는 계약의 맥락에서 하나님을 "주님으로 인정(또는 인식)"하는 것을 뜻한다. 이러한 주님 인식은 야웨의 명령들에 순종하는 태도를 통하여 구체적으로 입증된다(13절; 호 2:20; 렘 22:16 등을 참조하라).

이스라엘이 가지고 있는 하나님의 계약 공동체라는 특별한 지위 — 남자들에게 행하는 할례가 구체적으로 상징하는 — 가 그들을 심판으로부터 건져낼 수 있는 것은 아니다(25-26절). 다른 민족들 역시 할례 의식을 행하지만, 하나님의 심판은 여전히 그들에게 임할 것이다.[35] 할례가 하나님의 백성에게 대하여 특별한 의미를 갖는 것이기는 해도, 야웨의 눈으로 볼 때 그들은 도덕적으로나 윤리적으로 그들 주변의 이방인들과 전혀 다를 바가 없다. 유다를 포함하는 이 모든 민족들은 참으로 "마음의 할례를 받지 못한" 자들이다. 왜냐하면 그들의 태도와 생각이 하나님과 그의 도덕적인 기준들을 거역하고 있기 때문이다(렘 4:4를 보라).

이 단락의 앞부분에서 언급된 바와 같이, 유다가 안고 있는 문제점들 중의 하나는 그들의 우상숭배이다(7:18; 8:19; 9:14를 보라). 야웨께서는 마침내 이 문제를 다루고자 하신다. 그는 자기 백성에게 이방 나라들의 풍습을 따르지 말 것을 경고하신다. 이방 나라들은 다양한 징조들을 크게 중시하였으며, 생

---

35) 26절에 언급된 민족들의 할례 풍습에 대한 성서 안팎의 증거들을 위해서는 Lundbom, *Jeremiah 1-20*, 573-74를 보라.

명력 없는 우상들, 곧 나무와 금속을 소재로 하여 사람의 손으로 만든 우상들을 숭배하였다.[36] 예레미야는 야웨가 유일하신 분이요 비할 데 없는 분임을 확언함으로써 반응을 보인다(6절). 오직 그만이 예배를 받을 자격을 가지고 있다. 왜냐하면 오직 그만이 세상 모든 나라들을 다스리시는 왕이시기 때문이다(7절). 불행하게도 열방의 자칭 지혜로운 자들은 이 점을 잘 알지 못한 채로 나무로 만든 우상들의 안내를 받고자 한다(8절). 이방의 우상들은 매우 인상적인 외양을 가지고 있다. 그것들은 귀금속으로 만들어져 있고 아름다운 옷을 입고 있다. 그러나 "참 신"이신 야웨는 영원토록 살아계신 분이요, 열방을 심판하실 권세와 힘을 가지고 있다(9-10절). 창조의 권능을 갖지 못한 이방 종교의 신들은 땅에서 망할 것이다(11절). 이와는 대조적으로 야웨는 온 세상을 창조하신 분이요, 자연계의 강한 힘들을 조절하시는 분이요, 자연계를 심판의 도구들로 사용하실 수도 있는 분이다. 우상들을 만들어 숭배하는 자들은 언젠가 수치를 당하게 될 것이다(12-13절). 그들의 이른바 신들이 심판의 날에 무가치한 존재들임이 입증될 것이기 때문이다(14-15절). 만물의 창조자이신 이스라엘의 하나님만이 주권적인 왕으로 굳게 서 계신다(16절).

유다의 임박한 파멸이라는 주제로 되돌아온 예언자는 자기 동족에게 포로로 잡혀가게 될 것을 준비하라고 촉구한다. 왜냐하면 야웨께서 그들을 그 땅으로부터 "내던질" 것이라고 선언하셨기 때문이다(17-18절). 백성들을 대표하여 말하는 예언자는 "치료할 수 없는" 상처로 인하여 나라 전체가 고통을

---

36) 10:1에서 야웨는 "이스라엘 집"을 향하여 말씀하신다. 예레미야서에서 이 구절은 보통 유다로부터 구별되는 북왕국 이스라엘의 포로민들을 가리킨다(예로써 3:18, 20; 5:11; 11:10, 17; 13:11을 보라). 10:1-5에서 야웨는 북왕국 포로민들을 향하여 말씀하고 계신 것일 수도 있다. 만일에 그렇다면, 그 메시지는 금방 북왕국의 뒤를 따라 포로로 사로잡혀갈 유다에게도 똑같이 적용되는 것이다(9:16을 보라). 이와 비슷한 기법은 5:15에서도 사용되고 있음이 분명하다(이 구절에 대한 앞의 설명을 보라). 그러나 "이스라엘/이스라엘의 집"이라는 표현은 이 특별한 말씀 단락(7-10장)에서 계약 공동체 전체를 가리키되 그 중에서도 특히 유다에 초점을 맞추고 있는 것으로 보인다(7:12; 9:26; 10:16을 보라).

당할 것임을 예견하면서, 자녀들을 잃을 것이라는 사실로 인하여 탄식하며, 지도자들의 실패에 대하여 슬퍼하고, 북쪽의 침략군이 다가옴으로써 그 땅이 폐허가 될 것이라는 메시지를 선포한다(19-22절). 여전히 국가를 대표하는 자로서의 자격을 가지고서 그는 야웨의 주권적인 판결권을 인정하면서도, 그의 진노가 과도하게 되지 않기를 간구한다. 그렇지 않을 경우 유다 나라는 완전히 사라질 것이다(23-24절). 그는 이어서 하나님께 그의 진노를 침략군에게도 쏟아 붓기를 간구한다. 일단 그들이 하나님께서 세우신 임무를 완성하게 된다면 말이다. 왜냐하면 그들이 비록 하나님의 도구로 쓰이기는 해도 그들 역시 하나님을 자기들의 주권적인 왕으로 인정하지 않기 때문이다(25절; 2-5절을 보라).

하나님과 그의 예언자를 향한 음모(11:1—12:17)

야웨께서는 예레미야에게 유다 백성을 계약 규정들과 대면시킬 것을 명하신다(11:1-2). 야웨께서는 그들의 조상들을 이집트의 속박으로부터 구원하실 때 그들과 더불어 계약을 맺으셨다. 만일에 그들이 그의 계명들에 순종한다면, 그는 그들의 하나님이 되실 것이요, 조상들에게 주겠다고 약속하신 땅을 그들에게 주실 것이다(4-5절; 창 15:18-21; 26:3; 28:13; 35:12를 보라). 그러나 불순종은 계약의 저주 내지는 심판 위협의 현실화를 초래할 것이다(3절). 이스라엘 백성은 약속의 땅에 정착한 후에 그의 계명들을 무시하였다. 그가 계속해서 경고하시고 회개를 촉구하셨는데도 말이다. 이 때문에 그는 예고된 심판을 그들에게 내리셨다(6-8절). 그러나 예레미야 시대의 사람들은 과거로부터 아무런 교훈도 받으려 하지 않았다. 그들은 계속해서 죄를 고집했으며, 다른 신들을 좇았다. 북왕국의 발자취를 따라서 말이다(9-10절). 재앙이 곧 유다를 덮칠 것이다. 유다 백성이 섬긴 많은 이방 신들은 열성적으로 자기들을 믿는 자들을 하나님의 심판으로부터 구해내지 못할 것이다(11-13절).

뿐만 아니라 예레미야는 그 백성을 위해 중재기도를 하느라고 고생할 필요가 없다(14a절). 중재기도는 예언자가 해야 할 대표적인 일들 중의 하나이지만, 이 경우에는 오로지 대대적인 회개만이 임박한 재앙을 피하게 할 수 있다(7:3, 16을 보라). 유다 백성의 회개는 금방 시기를 놓치게 될 것이요, 야웨께서는 그들의 도움 호소에 귀를 기울이지 않을 것이다. 일단 심판이 그들에게 임한 후에는 말이다(14b절; 11절을 보라). 야웨께서는 한때 자기 백성을 그의 "사랑하는 자"와 좋은 열매 맺는 감람나무로 칭하셨지만, 그들의 죄는 그들의 예배 노력을 무효로 만들었으며, 그들의 우상숭배는 야웨의 진노를 초래하였다(15-17절).

예레미야는 야웨의 대변인이면서 동시에 유다 나라의 도덕적인 양심을 대표하는 자였기에 악을 행하는 자들의 표적이 된다. 예언자는 도살장으로 끌려가는 양처럼 순전한 모습을 보이지만, 야웨께서는 그의 고향 아나돗의 주민들이 그를 죽이려고 모의하고 있다는 사실을 그에게 알리신다(18-19, 21절). 예레미야는 세상의 정의로운 왕이신 야웨께 친히 개입하셔서 그에게 헌신한 자신의 의로움을 변호해 달라고 간구한다(20절). 야웨께서는 그의 요청에 응답하셔서, 자기가 그 성읍의 젊은이들과 자녀들을 완전히 멸함으로써 그 악한 자들을 벌하겠다고 약속하신다(22-23절). 이 심판은 가혹한 것으로 여겨질 수도 있다. 그러나 이것은 히브리 성서에서 자녀들이 부모의 죄가 초래할 결과들을 경험하는 많은 사례들 중의 하나에 해당하는 것이다. 공동체 연대라는 원리는 이스라엘인의 사유의 본질에 속한 것이다. 고대 이스라엘 사람들은 개개인의 행동이 그들의 사회적인 맥락 안에 있는 타인들에게 현저한 영향을 미친다는 것을 알고 있었다. 또한 그들은 한 개인의 사회적인 맥락이 그 개인에게 긍정적이거나 부정적인 영향을 미친다는 것도 알고 있었다.[37]

예레미야는 자신의 기도에 대한 야웨의 응답에 충분히 만족하지 않는다. 그는 야웨께서 과거에는 자신을 공정하게 대하셨다는 것을 인정하지만(12:1a), 겉으로 보기에 악인들이 형통함을 누리는 모습을 보고서 여전히 고통스러워한다(1b절). 야웨께서는 외견상 그들에게 복을 주신 것으로 보인다.

---

37) 공동체 연대라는 신학적인 원리에 대한 논의를 위해서는 다음을 보라: Joel S. Kaminsky, *Corporate Responsibility in the Hebrew Bible* (Sheffield: Sheffield Academic Press, 1995).

그들의 충성 주장이 진실하지 않음에도 불구하고 말이다(2절). 자신의 동기가 순수하다고 주장하는 예레미야는 야웨께 이 행악자들을 멸하심으로써 그 땅이 그들이 범한 죄의 결과들로부터 자유롭게 되고 하나님에 관한 그들의 잘못된 생각들이 교정되게 해달라고 간구한다(3-4절). 야웨께서는 부드러운 책망으로 응답하신다. 만일에 예레미야가 아나돗에서 발생한 일로 인하여 낙심에 빠졌다면, 어떻게 그의 사역에 대한 반대가 강화되었음에도 그가 살아남을 수 있겠는가(5절)? 사실 그의 친형제들조차도 그를 해하려는 모의에 가담하였다. 그 까닭에 그는 그들의 빌붙는 속임수에 맞서서 자신을 지키지 않으면 안 되었다(6절).

예레미야는 자신의 가족으로부터 소외된 유일한 자가 아니었다.[38] 야웨 역시 대적으로 간주되신다. 그를 대적하는 무리들은 원수를 향하여 으르렁거리는 사자와 희생물 주위를 맴도는 맹금(猛禽)에 비유된다(8a, 9a절). 이로 인하여 야웨께서는 그들을 버리실 것이다(7, 8b절).[39] 아이러니컬하게도 그는 "맹금들"과 "들짐승들"(바벨론 군대를 가리키는 은유임)에게 자기 백성을 공격하여 집어삼킬 것을 명하신다(9b절). 이방 통치자들(아이러니컬하게도 여기서는 "목자들"로 불림, 6:3을 보라)이 포도원들과 밭들을 폐허로 만들 것이요, 그 땅을 황무지로 만들 것이다(11-13절). 이러한 표상은 목자들(바벨론의 관리들)이 양 떼(바벨론 군대)를 풀어 길 위에 있는 모든 것을 먹어치우게

---

38) 예레미야의 경험과 야웨께서 처한 상황은 "집"이라는 낱말의 반복을 통하여 서로 연결된다. 예레미야 "자신의 집"(문자적으로는 "네 아버지의 집")은 예언자를 해하려는 모의를 꾸몄다(6절). 야웨께서는 자기 백성 — 여기서는 그의 "집"으로 불리는 — 을 버리실 것이다. 그들이 그를 배척했기 때문이다(7절).

39) 8b절에 있는 야웨의 말씀("그리하여 내가 그를 미워하였다")은 놀라운 것이지만, 그것은 그의 백성이 사자처럼 자기를 향하여 으르렁거릴 때 그가 느끼시는 격앙된 감정을 가리키지 않는다(8a절). 어떤 이들은 이곳의 감정적인 요소를 경시하고서는 그것이 "거부"의 뜻을 담고 있다고 보기를 좋아한다(창 29:31, 33을 보라. 여기서 그 용어는 라헬에 비하여 "덜 사랑받는" 레아를 가리킬 때 사용된다. 30절을 보라. NIV의 "사랑받지 못하는"(not loved)이라는 번역은 본문의 언어를 한층 부드럽게 표현한 것이다. 문자적으로는 31절과 33절을 똑같이 "미워하다"는 뜻으로 읽어야 한다.) 이 경우에 그 용어는 하나님이 자기 백성을 대적하시고서 그들을 파멸시키실 것이라는 사실을 가리킨다.

하는 모습을 가리키고 있음이 분명하다.

주변 나라들은 야웨의 백성에게 있는 약점을 공격할 것이요, 그들의 땅을 장악할 것이다. 그러나 야웨께서는 이러한 적대감을 징계하지 않은 채로 내버려두지 않으실 것이다. 그는 유다 백성을 포로상황으로부터 건져내시는 중에 열방을 그들의 땅으로부터 "뽑아버리실" 것이다(14절). 그러나 그는 긍휼을 베푸셔서 마침내는 열방을 그들의 땅으로 회복시키실 것이요, 그들에게 자기를 섬기는 자들이 될 기회를 주실 것이다(15-16절). 그렇게 하기를 거부하는 나라들은 지상에서 완전히 사라질 것이다(17절).

중재기도의 중단(13:1—17:27)

야웨께서는 예레미야에게 베로 만든 띠를 사서 허리에 띠라고 명하신다(13:1-2). 예언자가 그대로 하자 야웨께서는 그에게 그 띠를 묻은 다음, 수년 후에 그것을 다시 파내라고 말씀하신다(3-6절). 예레미야가 그 띠를 회수했을 때 그것은 오랫동안 비바람에 노출된 탓에 썩어서 쓸 수 없는 것이 되고 말았다(7절). 이러한 실물 교육의 말하고자 하는 요점은 무엇인가? 그 띠는 하나님의 백성을 상징한다. 사람이 띠를 허리에 감는 것처럼 야웨께서도 계약을 통하여 자신을 자기 백성에게 묶으셨다. 그는 그들이 자기 이름을 영화롭게 할 것을 기대하셨다. 매력적인 띠가 소유자의 관심을 끄는 것처럼 말이다(11절). 그러나 반항적인 그의 백성은 우상들에게로 방향을 돌이키고 말았다(10a절). 이 때문에 야웨께서는 그들의 교만을 "썩게" 하실 것이요(8-9절), 그들을 무익한 자들로 버리실 것이다. 예레미야의 띠가 비바람에 시달린 탓에 쓸모없는 것으로 변해버린 것처럼 말이다(10b절).

야웨께서는 또한 예레미야에게 그 백성을 향하여 한 가지의 비유를 전하라고 명하신다. 그는 백성에게 "모든 가죽부대가 포도주로 가득 찰 것이다"는 말을 전해야만 했다(12a절). 자기가 너무도 당연한 말을 한 것을 가지고서 그들이 자기를 비난하자(12b절), 그는 야웨께서 그 땅을 "술 취함"으로 가득 채우실 것이라는 메시지를 선포한다. 이것은 폭력적이고 무자비한 심판이 그 땅을 휩쓸 것이요, 백성들을 술 취한 자들처럼 비틀거리게 할 것임을 나타내는 은유이다(13-14절).

이처럼 급박한 상황은 유다 백성에게서 신속하고도 확고한 응답을 요청한다. 예레미야는 그들에게 교만을 버리고 야웨의 경고에 귀를 기울일 것을 촉구한다(15절). 그들은 너무 늦기 전에, 곧 심판의 어둠이 그 땅을 뒤덮는 바람에 예언자가 교만한 민족의 파멸을 슬퍼하는 일이 있기 전에 먼저 마땅히 야웨를 영화롭게 해야만 했다(16-17절).[40] 왕과 왕후는 솔선하여 겸손함을 보여야만 했다. 그렇지 않을 경우 그들은 탁월한 왕족의 자리를 빼앗길 것이기 때문이다(18절).[41] 북쪽의 침략군은 최남단 국경지역으로부터 유다를 휩쓸어 갈 것이요("네겝의 성읍들"이라는 표현을 주목하라), 의지할 데 없는 양 떼인 양 유다 백성을 포로로 사로잡아갈 것이다(19-20절).[42]

---

40) NIV의 "영광을 돌리다"는 번역(16절)은 여기서 찬양이나 예배 자체를 가리키지 않는다. 도리어 그것은 여기서 겸손함과 회개 및 순종 등을 통하여 그를 존중히 여기는 태도를 가리킨다(말 2:2를 보라).

41) "내려오라"는 명령은 이중적인 의미를 가진 경우에 해당한다. 겉으로 보기에 그것은 겸손한 모습으로 회개할 것을 촉구하는 의미를 가지고 있다(16절을 보라). 그러나 그러한 회개 촉구의 메시지를 거절할 경우에, 그것은 왕과 왕후의 파멸을 매우 수사학적인 용어로 선포하는 아이러니컬한 메시지로 바뀌고 만다. 아마도 우리는 이 구절을 다음과 같이 풀어쓸 수 있을 것이다: "어떤 형태로든 너희는 너희의 보좌로부터 내려와야만 한다. 너희는 하나님 앞에서 겸손한 자세로 그렇게 해야 한다. 그렇지 않을 경우 너희는 대적들 앞에서 낮추어질 것이요, 너희의 왕족 지위를 빼앗길 것이다." 여기서 왕과 왕후가 누구를 가리키는지는 확실치 않다. 어떤 이들은 그들이 야호야김과 그의 어머니 스비다를 가리킨다고 본다(왕하 23:36). 그런가 하면 또 어떤 이들은 그들이 여호야긴과 그의 어머니 느후스다를 가리킨다고 본다(왕하 24:8).

42) 20절에서 말씀을 듣는 자들이 누구인지는 확실치 않다. 히브리어 자음 본문에서 "들어올리다"와 "보다"는 동사는 여성 단수로 되어 있는 반면에, 소수 의견에 속한 전통적인 본문 읽기는 이 두 동사를 남성 복수형으로 표현하고 있다. 그리고 "눈들"에 부가된 2인칭 대명사는 남성 복수형인 반면에, 20b절의 2인칭 대명사들은 여성 단수로 되어 있다. 어떤 이들은 여성 형태들에 근거하여 의인화된 예루살렘이 20절의 말씀을 들을 자라고 본다(21-27절, 특히 27절을 보라). 그러나 말씀을 들어야 할 자들에게 양 떼가 맡겨져 있다는 사실은 그 말씀이 18절에 언급된 왕실 지도자들을 겨냥한 것임을 암시한다. 이렇게 본다면, 여성 단수 형태들은 왕후를 대상으로 한 것이요, 복수 형태들은 왕과 왕후 모두를 포함할 것이다. 문체상의 불일치에도 불구하고 이처럼 다양한 변화는 왕과 왕후를 향한 격정적인 메시지에서 충분히 예견될 수 있는 것이라 할 수 있다. 그러한 메시

메시지가 전개됨에 따라서 왕후를 가리키는 것으로 보이는 말씀 수령자(18절)는 의인화된 예루살렘으로 바뀐다(27절). 이방인 군대가 침략한 결과 예루살렘은 자신이 저지른 많은 범죄들로 인하여 공포와 수치를 경험할 것이다(21–22절). 유다 백성은 자기들의 죄악에 깊이 물들어 있어서, 표범이나 에티오피아 사람의 피부처럼 바뀔 수가 없다(23절).[43] 야웨께서는 예루살렘의 우상숭배로 인하여(25절) 그들을 바람에 흩으실 것이다(24절). 예루살렘은 영적인 간음을 행한 탓에 간음자가 받는 것과 동일하게 수치스러운 형벌을 받게 될 것이다(26–27절; 겔 16:37; 호 2:3을 보라).

야웨께서 계약의 저주를 통하여 위협하신 바와 같이(신 28:22–24를 보라), 가뭄이 유다 땅을 뒤덮음으로써 대대적인 애곡이 터지게 할 것이다(14:1–2). 비가 오지 않음으로 인하여 물웅덩이가 비게 되고 땅은 갈라지게 될 것이다(3–4절). 초목이 메마름으로 인하여 들짐승들조차 굶주리게 될 것이다(5–6절).

백성을 대변하여 말하는 예레미야는 유다 나라의 죄를 고백하면서 야웨 부재의 현실을 인하여 탄식하며, 그의 개입을 간구한다(7–9절). 그러나 야웨께서는 예레미야의 간구를 무시하시며, 그에게 그들을 위해 기도하지 말라고 말씀하신다(10–11절; 7:16; 11:14를 보라). 그는 그들의 종교적인 의례들을 용납하지 않으실 것이다. 이미 그들을 멸하기로 작정하셨기 때문이다(12절).

그러나 예레미야는 쉽게 포기하지 않는다. 그는 거짓 예언자들이 평화를 약속함으로써 백성을 잘못 인도하고 있다는 점을 지적한다(13절). 야웨께서

지에서는 관심의 초점을 어느 한 쪽에서 양쪽으로, 그리고 그 반대의 방향으로 옮길 수도 있는 것이다.

43) 23절에서 2인칭 형태들은 여성 단수(21–22절)에서 남성 복수로 바뀐다. 이는 말씀을 들어야 할 대상이 의인화된 예루살렘으로부터 그 성읍 안에 살고 있는 사람들에게로 옮겨가고 있음을 암시한다. 25–27절에서 의인화된 성읍을 향한 메시지가 다시금 선포되면서 여성 단수 형태들이 또 다시 사용된다(24절의 히브리어 본문은 문자적으로 볼 때 "내가 너희를 흩을 것이다"[NIV를 보라]로 읽히기보다는 "내가 그들을 흩을 것이다"로 읽히는 바, 여기서 말하는 그들은 예루살렘 사람들을 가리킨다).

는 이 예언자들을 비난하시면서 그들이 자신으로부터 메시지를 받은 것이
아님을 지적하신다(14절). 이 거짓 예언자들이 백성들에게 칼과 기근이 그
땅에 임하지 않을 것이라고 말한 까닭에, 그들과 그들의 가족들은 칼과 기근
에 망할 것이다(15-16절). 그러나 거짓 예언자들의 죄가 백성들의 죄를 면제
해 준다고 보기는 어렵다. 백성들 역시 스스로의 힘으로 진실을 오류로부터
분간할 수 있기 때문이다. 중재기도를 해줄 수 있는 때는 이미 지나가버렸
다. 예레미야는 백성을 위하여 기도하기보다는 그들의 비극적인 파멸에 대
하여 탄식해야만 하는 상황에 놓이게 된다(17-18절).

그러나 예레미야는 자신의 중재자 역할을 계속한다. 한 번 더 그는 야웨께
호소하면서 유다 민족의 죄를 고백하며, 계약의 약속들을 지키시는 하나님
의 신실하심에 대한 자신의 믿음을 고백한다(19-22절). 한 번 더 야웨께서는
예언자의 기도를 받아들이지 않겠다고 거절하신다. 그는 모세나 사무엘조차
도 자기를 설득하여 긍휼을 베풀게 할 수 없다고 설명하신다(15:1). 이 말씀
은 놀라운 것이다. 왜냐하면 이 옛 예언자들은 똑같이 야웨께 중재기도를 함
으로써 성공한 것으로 유명한 사람들이기 때문이다. 금송아지 사건이 있은
후에 모세는 하나님의 명성과 약속에 호소함으로써 이스라엘 자손을 멸하려
는 계획이 취소되게 만든다(출 32:7-14를 보라). 이스라엘을 위한 사무엘의
중재기도는 이스라엘 민족이 블레셋으로부터 벗어나게 하는 데 결정적인 역
할을 수행한다(삼상 7:1-14를 보라). 하나님께서 왕을 요구하는 이스라엘 백
성을 꾸짖으신 후에, 사무엘은 그들을 위하여 중재하겠다고 약속한 바가 있
다(삼상 12:23을 보라).

만일에 유다 백성이 필사적인 태도로 무엇을 해야 하는지에 관하여 예레
미야의 조언을 구했다면, 그는 파멸이 불가피할 것이요 도망이 불가능하다
는 것을 신랄하게 비꼬는 투로 그들에게 말한다(2절). 칼을 휘두르는 침략군
의 공격에 이어 야생 개들과 새들 및 들짐승들이 죽은 자들의 시체를 먹어치
울 것이다(3절). 이러한 재앙이 임하는 까닭은 유다 백성이 수년 전에 사악한
왕 므낫세에 의해 시작된 죄에 깊이 빠져 있기 때문이다(4절).

겉으로 보기에 4절은 다가올 심판이 순전히 주전 696-642년 동안에 유다
를 다스린 므낫세의 죄에 대한 하나님의 반응에 해당하는 듯한 인상을 준다.

이 왕의 통치는 대대적인 우상숭배와 사회적인 불의에 의해 크게 훼손되었다(왕하 21:1-16; 23:26; 24:3-4를 보라). 그러나 예레미야의 예언은 예언자가 살던 시대의 사람들이 그들 자신의 죄로 인하여 징계를 받는다는 점을 분명하게 밝히고 있다(예로써 14:20을 보라). 그렇다면 4절은 어떻게 이해해야 하고, 또 그것을 어떻게 예레미야의 주장과 일치시킬 것인가? 므낫세는 예레미야의 시대에 한 나무의 씨앗을 심어 그것이 유해한 나무로 완전하게 자라게 하였다. 예레미야 시대의 사람들은 그의 죄를 영속화시켰다. 야웨께서는 이 므낫세의 세대를 심판하심으로써 이 사악한 왕의 죄를 계속해서 벌하실 것이다. 4절은 이렇듯이 고대 이스라엘 사람들의 사고방식 속에 자리잡은 세대 초월적인 죄와 심판이라는 개념에 대해서 증거하고 있다.

야웨의 예루살렘 징계는 지극히 가혹한 것이 될 것이다(5절). 야웨께서 긍휼히 여기는 마음으로 그들에게 보낸 재앙을 끊임없이 누그러뜨림에도 불구하고, 유다 백성은 계속해서 그를 배척한다.[44] 이제는 심판이 더 이상 연기될 수 없을 것이다(6절). 키질하는 과정에서 곡물로부터 겨를 제거하는 농부처럼 야웨께서는 전쟁을 통하여 완악한 자기 백성을 정결케 하실 것이다(7절). 아내들은 남편을 잃을 것이요, 자녀들은 어머니를 빼앗길 것이다(8-9a절). 피난민들은 칼에 쓰러질 것이다(9b절).

죽어가는 어머니들에 대한 야웨의 말씀으로 인하여 예레미야는 자기 어머니가 자기를 낳았다는 사실에 대하여 탄식한다(10절). 파멸을 선포하는 하나님의 예언자로서 그는 백성의 강한 적대감에 직면하게 된다(10절). 애석하게도 예언자를 향한 야웨의 반응은 앞뒤가 뒤바뀐 것처럼 보이는 탓에 그 의미가 확실치 않다. 13-14절에서 야웨는 유다의 범죄한 백성들에게 말씀하고 계심이 분명하다. 그러나 11절의 말씀을 들어야 할 자가 누구인지는 확실치 않다. 11절의 핵심은 문자적으로 "내가 진실로 선을 위해 너에게 … [45] 내가

---

44) 히브리어 본문에서 6절의 마지막 진술은 문자적으로 볼 때 "나는 뜻을 돌이키기에 지쳤다"로 읽힌다.
45) 이 동사의 의미가 불확실하기에 번역에서는 생략 부호로 처리하였다. 여러 가지 가능성들에 대한 논의를 위해서는 *HALOT* 1652-53, 1658을 보라.

진실로 재앙과 환난의 때에 너를 원수와 대면하게 할 것이다"[46]로 읽힌다. 11절의 의미가 불확실하기 때문에, 12절에 있는 잠언류 속담의 요점 역시 불확실하다. 이 절들이 본문 안에서 어떠한 역할을 수행하는지에 대해서 해석자들 사이에 의견이 갈라선다는 것은 납득할 만한 일이다. 어떤 이들은 야웨께서 유다 백성을 향하여 심판을 선고하기 전에 예레미야를 격려하고자 하신다고 본다. 또 어떤 이들은 이 절들이 예언자가 아니라 유다 백성을 겨냥한 것이라고 주장한다. 이렇게 본다면, 야웨께서는 예레미야의 불평을 무시하고서 계속해서 심판을 선고하신 셈이 된다.

15-18절에서 예레미야는 10절에서 시작한 불평을 계속 이어간다. 그는 야웨의 보호 및 대적들에 대한 하나님의 보복을 간구한다(15a절). 그는 자기가 하나님의 말씀을 충실하게 설교함으로 인하여 어떠한 고통을 당했는지를 야웨께 아뢴다(15b-16절). 그는 하나님의 계획에 자신을 바치는 과정에서 일상적인 삶의 기쁨을 포기했다(17절). 그는 자신의 신실함에도 불구하고 견디기 어려운 고통을 당한다(18a절). 거의 쓰러질 지경에 이르자 그는 야웨를 믿을 수 없다고 말한다(18b절). 야웨께서는 부드럽게 예레미야를 책망하시면서, 그가 회개할 필요가 있으며 더 이상 그처럼 모욕적인 말을 해서는 안 된다는 점을 지적하신다(19절). 만일에 그가 회개한다면, 그는 계속해서 야웨의 대변인 역할을 수행할 수 있다. 그는 범죄한 유다 나라의 사고방식을 그대로 모방해서는 안 된다. 야웨께서는 마치 예레미야에게 힘을 주려는 듯이 폭력적인 원수들에게서 그를 보호해주실 것임을 약속하신다(20-21절).

야웨께서 주신 약속의 말씀에도 불구하고 예레미야의 삶은 조금도 나아지지 않는다. 야웨께서는 그를 위한 실물 교육을 더 준비하신다. 그는 예레미야에게 결혼하여 자녀를 가지는 일을 금하신다(16:1-2). 결국 야웨께서는 다가올 심판에 비추어볼 때 가정을 갖는다는 것이 적절치 못한 행동임을 알리신 셈이다. 그 심판으로 인하여 그 땅의 모든 가정들이 파괴될 것이기 때문

---

46) 여기에 사용된 문법 구조의 또 다른 사례('파가'의 히필형에 전치사 '베'가 붙고 그 앞에 대격 '에트'가 추가된 형태)를 위해서는 이사야 53:6을 보라. Holladay, *Jeremiah 1*, 453도 보라.

이다(3-4절). 더 나아가서 예레미야는 장례식이나 죽은 자를 위한 애곡 의식에 참여하는 일까지 금지당한다(5절). 이것 역시 다가올 심판의 전조가 되는 것이다. 그 심판은 대대적인 파괴와 죽음을 초래할 것이요, 그로 인하여 사람들은 죽은 자를 장사지낼 기회를 갖지 못할 것이다. 죽은 자들을 위해 애곡하거나 살아남은 자들을 위로하는 일을 할 수 없음은 물론이다(6-7절). 야웨께서는 또한 예언자에게 잔치들을 멀리할 것을 명하신다. 왜냐하면 결혼식 축제를 포함하는 모든 잔치들이 순식간에 끝장날 것이기 때문이다(8-9절).

유다 백성이 왜 야웨께서 자기들을 심판하려 하시는지를 알고자 원한다면, 예레미야는 그들이 우상을 숭배하던 조상들의 죄를 능가했으며, 완악하게 그의 계명들에 불순종했다는 사실을 지적해야만 한다(10-12절). 이 때문에 야웨께서는 그들을 포로로 사로잡혀가게 하실 것이요, 사로잡혀간 그곳에서 그들은 실컷 이방 신들을 섬길 수 있을 것이다(13절). 그렇게 함으로써 그들의 행동은 아이러니컬하게도 조상들의 행동을 그대로 따라한 것이 될 것이다(11절을 보라). 이러한 심판 선고를 계속하기 전에(16-18절을 보라) 야웨께서는 심판의 날을 넘어서서 자기 백성을 바벨론 포로로부터 구원하고 또 그들을 고국으로 돌아가게 할 때를 내다보신다(14-15절). 그러나 그 사이에 침략군들이 그 땅을 휩쓸어갈 것이다. 어부가 그물로 물고기를 모으는 것처럼 원수들이 자기들에게 희생될 자들을 대량으로 모을 것이다. 침략군들은 사냥꾼들과 마찬가지로 무자비하게 희생물들을 추격할 것이다(16절). 우상을 숭배하는 야웨의 백성은 두 배로 죄의 대가를 지불하게 될 것이다(17-18절; 이곳의 언어는 과장법을 사용하고 있는 바, 이는 완전한 대가 지불을 의미한다). 18절에 묘사되어 있는 장면과는 대조적으로 예레미야는 이방인들이 야웨께 나아와서 자기들이 저지른 우상숭배의 죄를 고백할 때를 기대한다(19-20절). 그날에는 야웨께서 열방을 가르치실 것이다(21절). 그들은 예언자가 그러했던 것처럼 그의 강력한 보호의 임재를 알게 될 것이다(19a절).

예레미야는 잠시 먼 미래를 내다본 다음에 다시금 현재의 상황으로 돌아온다(16:14-16을 보라). 현재의 상황은 우상숭배에 빠진 유다 백성의 범죄로 얼룩져 있다(17:1-2). 그들의 우상숭배 행위는 국가의 번영을 보증받기 위한 목적을 가지고 있지만, 야웨께서는 그들의 부를 침략군에게 넘기실 것이다(3-4절).

다가올 심판 앞에서 과연 누가 파멸과 죽음을 피할 기회를 얻을 수 있겠는가? 이 물음은 유다에 남아있으면서 예레미야의 파멸 예언에 귀를 기울이던 소수의 신실한 자들을 괴롭혔음에 틀림이 없다. 여기서 야웨께서는 자기를 신뢰하는 자들은 결코 흔들릴 수 없다는 사실을 남은 자들에게 상기시킴으로써 그들을 격려하신다. 인간의 힘을 의지하고 야웨를 무시하는 자들은 파멸의 운명에 처해지겠지만(5-6절), 야웨를 충성스럽게 따르는 자들은 충분한 물을 공급받은 탓에 항상 풍성한 열매를 맺는 나무와도 같다(7-8절; 시 1편을 보라). 이 말씀은 격려의 의미를 가지고 있음과 동시에, 예레미야에게 야웨를 향한 믿음을 계속 유지하되 도덕적으로 오염된 유다 백성의 길(15:19b를 보라)을 따르지 말 것을 촉구하기도 한다(9절). 이 죄인들은 야웨의 예리한 시선을 피하지 못할 것이다. 그는 사람들의 마음과 행동을 아시고 그에 맞추어 그들을 심판하신다(10절). 유다의 많은 사람들이 압제적인 수단을 통하여 재물을 축적하였지만, 야웨의 정의로운 심판은 그들의 부가 사라지게 할 것이다(11절; 이 절이 주제의 측면에서 어떻게 3절과 연결되는지를 주목하라).

이에 응답하여 예레미야는 자기 백성의 유일한 희망이신 야웨를 찬미하며, 야웨를 배척한 자들이 참으로 파멸의 운명에 처해 있다는 사실을 인정한다(12-13절). 그는 신체 치료의 은유를 사용하여 야웨께 자기를 원수들의 위협으로부터 건져주실 것을 간구한다. 그들은 예레미야를 조롱하면서 그의 예언적인 권위를 의심하였던 것이다(14-15절). 예레미야는 자신의 소명을 충실하게 이행한다(16절). 그는 자신의 의로움을 입증받을 필요가 있었다. 그 까닭에 그는 야웨께서 자기가 예언한 심판을 그대로 이루어 달라고 기도한다(17-18절).

야웨께서는 예레미야에게 왕의 문을 포함한 예루살렘의 모든 성문으로 갈 것을 명하신다(19절). 사람들이 왕래하는 그곳에서 예레미야는 그들에게 조상들이 그러했던 것처럼 옛 안식일 법을 어겨서는 안 된다는 경고의 메시지를 전해야 했다(20-23절). 만일에 유다 백성이 예레미야의 경고에 대하여 궁정적인 반응을 보이면서 안식일을 성실하게 지킨다면, 야웨께서는 그 성읍을 안전하게 하실 것이요, 성전에 제물을 가져오는 자들의 예배를 받아주실 것이다(24-26절). 그러나 만일에 그들이 계속해서 안식일을 위반한다면 불이 그 성읍을 삼킬 것이다(27절).

안식일 예배에 대한 이러한 강조는 범죄한 유다가 직면하던 보다 근본적인 문제들, 곧 우상숭배와 사회적인 불의의 문제들을 간과하는 것처럼 보일 수도 있다. 안식일 위반은 확실히 중대한 범죄행위이지만(출 20:8; 민 15:32-36을 보라), 사람들은 마음을 변화시키지 않은 채로 겉으로 보기에만 안식일을 쉽게 지킬 수도 있었을 것이다. 그러나 외견상 단순해 보이는 이러한 안식일 강조는 사실 매우 중요한 의미를 가지고 있다. 안식일 준수의 실패는 깊이 뿌리박은 그들의 탐욕과 야웨 경외 결여를 단적으로 보여주는 것이 아닐 수 없다(암 8:4-6을 보라).[47] 하나의 증상으로서 그것은 그 기초를 이루는 원인들이 제거되지 않는 한 사라지지 않을 것이다. 야웨께서는 이 세대가 결코 안식일 법과 같이 외견상 독자적인 것으로 보이는 계명을 결코 지키지 못한다는 것을 알고 계신다. 그들의 마음이 올바르고 그를 향한 그들의 헌신이 새로워지지 않는 한에 있어서는 말이다. 따라서 안식일을 지킨다는 것은 전적인 마음의 변화에 대한 환유법에 해당하는 것이다.

토기장이로부터 배우는 교훈(18:1—19:13)

야웨께서는 예레미야를 토기장이의 집으로 보내어 실물 교육을 시키신다(18:1-2). 토기장이는 특별한 도안에 따라 그릇을 만들다가 진흙이 마음대로 잘 빚어지지 않으면 그것으로 다른 유형의 그릇을 만든다(3-4절). 토기장이가 잘 빚어지지 않는 진흙을 위해 임시방편으로 새로운 도안을 준비하는 것과 마찬가지로, 야웨께서도 필요하다면 이스라엘을 위한 자신의 계획을 수정하실 것이다(5-6절). 만일에 야웨께서 어떤 한 민족을 멸하고자 하나 그

---

47) 이와 관련하여 룬트봄(Lundbom, *Jeremiah 1-20*, 810)의 다음과 같은 주장을 주목하라: "그것[안식일 위반]은 탐욕에 뿌리박은 악이다. 아모스 8:4-6에 의하면 그것은 사회적인 불의에 수반되는 것이요, 공동체의 행복을 깨뜨리는 것이다."

나라가 임박한 파멸을 경고하는 메시지를 듣고서 회개한다면, 그는 계획된 심판을 철회하실 것이다(7-8절). 다른 한편으로 만일에 야웨께서 어떤 한 민족을 안전하게 지키고자 하나 그 나라가 그에게 불순종한다면, 그는 자신의 계획을 바꾸어 그 반역하는 나라에게 복을 주지 않으실 것이다(9-10절). 달리 말해서, 하나님의 심판 선고와 복이, 마치 그가 장차 발생할 일을 절대적인 것으로 선포하신 것처럼, 반드시 고정된 것은 아니라는 얘기다.[48] 하나님은 계획을 세우시고 자신의 의도를 선포하시지만, 열방이 자신의 경고와 도덕적인 기준들에 어떠한 반응을 보이느냐는 것이 실제 발생할 일을 결정할 수 있으며, 종종 그러하다. 토기장이와 진흙의 표상이 사용되고 있기는 하지만, 여기에는 숙명론적인 결정론이 자리할 공간이 없다. 왜냐하면 "진흙"은 자신의 뜻을 행사하는 것으로 묘사되지만, 그에 따라 "토기장이"이신 하나님의 반응이 결정되기 때문이다.

예레미야가 속한 세대의 경우, 야웨께서는 심판을 보내려는 계획을 세우신다(11a절). 그들이 마땅히 보여야 할 반응은 회개이지만(11b절), 야웨께서는 그러한 일이 이루어지리라는 것에 대해서 회의적인 반응을 보이시며, 그들이 계속해서 죄를 범할 것임을 예견하신다(12절).[49] 야웨를 버리고서 우상을 선택하려는 유다의 결정(15a절)은 세상 나라들 중에서 유례가 없는 것이다. 다른 나라들은 자기들의 신들에게 끝까지 충성하는 모습을 보인다(13절; 2:10-12를 보라). 유다의 우상숭배는 전적으로 불합리한 것이요, 레바논의 눈이 마르는 것과도 같이 믿을 수 없는 것이다(14절). 유다 백성은 야웨를 버리고 다른 길로 간 탓에 자기들의 행동이 초래할 가혹한 결과들을 맛볼 것이

---

48) 예언의 우발성에 관한 유용한 연구를 위해서는 다음을 보라: R. L. Pratt Jr., "Historical Contingencies and Biblical Predictions," in *The Way of Wisdom: Essays in Honor of Bruce K. Waltke*, ed. J. I. Packer and S. K. Soderlund (Grand Rapids: Zondervan, 2000), 180-203.

49) 15:1-5의 말씀과는 대립되는 것으로 보이는 야웨의 심판 철회는 18:1-10에 기록되어 있는 이야기가 예언자의 예언활동 초기, 곧 야웨께서 예루살렘의 함락을 선포하시기 전에 이루어진 것임을 암시한다(여호야김 통치의 초기에 속한 26장을 보라). 4:28에 대한 필자의 설명을 보라.

다(15-17절).

예레미야는 유다 백성에 대한 야웨의 평가를 확정하려는 듯이 그들이 어떻게 그를 배척했으며 그의 메시지에 귀를 기울이지 않았는지를 설명한다(18절). 그는 백성을 위해 기꺼이 중재할 뜻을 가지고 있었지만, 그들은 그의 선을 악으로 갚는다(20절). 그는 정의로운 재판관이신 하나님께 호소하면서(19절), 자신의 원수들에게 저주를 선포하는 한편으로, 그들의 악에 상응하는 벌을 내리실 것을 야웨께 간구한다(21-23절). 이 저주는 가혹한 것이요 복수심에서 비롯된 것처럼 보일 수도 있지만, 수적으로 열세일 뿐만 아니라 하나님의 개입이 없이는 무력하기 짝이 없는 자들을 구원함으로써 정의를 세우기 원하는 참된 호소로 이해되어야 한다. 하나님의 정의를 위한 이러한 호소는, 현 시대에는 금지되어 있기는 해도(예로써 눅 6:28; 롬 12:14를 보라), 구약 시대에는 완전히 합법적인 것이었다. 왜냐하면 그러한 기도에 대한 하나님의 긍정적인 응답은 주변의 관찰자들에게 상당한 영향을 주기 때문이다(시 58:10-11을 보라).[50]

예레미야를 위한 또 다른 실물 교육이 준비되어 있다. 야웨께서는 예레미야에게 토기장이로부터 진흙으로 만든 항아리를 구입한 다음에 일부 민간 지도자들과 제사장들을 데리고서 예루살렘 남서쪽의 힌놈의 아들 골짜기에 있는 질그릇 문으로 갈 것을 지시하신다(19:1-2). 예언자는 야웨께서 사람들의 우상숭배 행위 — 자녀들을 도벳에서 바알 신에게 제물로 바치는 것을 포함하는 — 탓에 예루살렘에 재앙을 내리실 것임을 선포해야 한다(3-5절; 7:31을 보라). 다가올 침략의 여파로 인하여 도벳/힌놈의 골짜기는 "살육의 골짜기"로 개칭될 것이다. 왜냐하면 그곳이 하나님의 심판을 받아 희생될 자들의 공동묘지로 바뀔 것이기 때문이다(6-8절; 7:32를 보라). 예루살렘의 함락에 앞서 이루어질 포위 기간 동안에 굶주림을 견디지 못한 부모들이 실제로 자기 자녀들을 먹을 것이요, 식인행위가 널리 퍼지게 될 것이다(9절; 신

---

50) 재앙 기원("저주")에 관한 보다 상세한 논의를 위해서는 다음을 보라: Robert B. Chisholm Jr., "A Theology of the Psalms," in *A Biblical Theology of the Old Testament*, ed. R. B. Zuck (Chicago: Moody, 1991), 282-83.

28:53-57; 애 2:20; 4:10을 보라). 예레미야는 이러한 메시지를 선포한 후에 진흙으로 만든 항아리를 깨뜨려야 하는 바, 이는 야웨께서 유다 나라를 그들의 우상숭배로 인하여 산산이 "깨뜨리는" 방식이 어떠할지를 상징적으로 보여준다(10-13절).

충돌과 불평(19:14—20:18)

도벳에서 자신의 의무를 이행한 후에 예레미야는 성전 뜰로 가서 임박한 재앙을 반복해서 선포한다(14-15절). 성전의 총감독인 제사장 바스훌은 예레미야의 설교를 듣고서 그를 체포하여 때리고 감옥에 가두어버린다(20:1-2). 이튿날 바스훌이 자기를 풀어주자 예레미야는 제사장을 비난하면서 빈정대는 투로 그를 마골밋사빕으로 칭하는 바, 이는 "사방의 두려움"을 뜻한다(3절). 이것은 적절한 이름이 아닐 수 없다. 왜냐하면 끔찍한 두려움이 곧 바스훌과 그의 친구들을 사로잡을 것이기 때문이다(4-6절). 그는 자기 친구들이 칼에 쓰러지는 모습과 바벨론 군대가 유다 백성과 그들의 부를 약탈하는 모습을 두려움에 사로잡힌 채로 바라볼 것이다. 바스훌은 바벨론에 포로로 잡혀가 죽을 것이다.

예레미야의 수치스러운 경험은 그를 철저하게 뒤흔들어 야웨께 부르짖게 만든다. 그의 기도(7-20절)는 묘하게도 불평과 찬미, 그리고 절망과 확신을 결합된 채로 가지고 있다. 이 모든 요소들이 어떻게 한 개의 짧은 기도에서 공존할 수 있는지를 이해한다는 것은 쉬운 일이 아니다. 그러나 이처럼 명백한 불일치는 당시에 예레미야가 느끼고 있던 감정적인 혼란 상태가 어떠한지를 분명하게 보여준다. 그의 일부는 하나님께 덤비면서 불평하고 싶어하지만, 그의 다른 일부는 하나님이 자신의 보호자이심을 확신하고 싶어한다.[51]

---

51) 7-20절에 있는 급속한 분위기 변화와 주제상의 불일치로 인하여 많은 이들은 이 기도가 한 번의 기회에 드려진 연속적인 기도가 아니라 여러 개의 개별적인 기도들이 결합된 것이라는 결론을 내린다. 예로써 다음과 같은 학자들이 그렇다: William McKane, *Jeremiah*, 2vols., ICC (Edinburgh: T. & T. Clark, 1986, 1996), 1:468; Holladay, *Jeremiah 1*, 548.

예레미야는 야웨께서 자기를 속이고 괴롭힌다고 비난하기 시작한다(7a절). 그는 충성스럽게 하나님의 말씀을 설교했지만, 자신에게 돌아온 것이라고는 멸시와 수치뿐이었다(7b-8절). 그는 자신의 사역을 포기하리라고 생각하지만, 하나님의 말씀은 그의 안에서 밖으로 분출되기를 원하는 불과도 같다(9절). 하나님이 예레미야를 속였다는 비난은 어떻게 이해되어야 하는가? 아마도 그는 하나님이 자신의 사역을 실제보다 더 매력적인 것으로 만들어주실 것이라고 믿었을 것이다. 아니면 하나님이 자기가 직면할 저항에 대하여 적절한 경고를 주시는 데 실패하셨다고 믿었을 것이다. 그러나 그의 비난은 이보다 훨씬 더 심각한 것이었을 수도 있다. 예레미야는 자신이 직면한 저항으로 인하여 자신이 거짓 예언자라는 두려움에 사로잡혔을지도 모른다. 마치 하나님께서 속이신 열왕기상 22장의 예언자들처럼 말이다. 그의 원수들은 그를 크게 의심하였으며, 그의 메시지들이 실패함으로써 그를 제거할 수 있기를 간절히 고대하였다(10절을 보라). 물론 예레미야의 비난이 전혀 근거 없는 것은 아니다. 이는 하나님이 결코 예언자를 속이는 분이 아니라는 이유에서가 아니라(왕상 22장; 렘 4:10을 보라), 예레미야의 메시지가 계약에 충실한 것이라는 이유에서이다. 예레미야의 죄악 고발은 하나님의 율법에 포함되어 있는 도덕적이고 윤리적인 계명들과 맥을 같이 한다. 그리고 임박한 파멸에 대한 그의 경고는 죄에 대한 처벌을 규정하는 계약의 원리와 일치한다.[52]

비록 원수들의 압박을 받기는 해도 예레미야는 갑작스럽게 생겨나는 확신을 경험한다. 그는 야웨가 자신의 보호자요 복수자임을 믿는다(11-12절). 그의 원수들은 비틀거려 넘어질 것이다. 왜냐하면 인간의 마음과 생각을 감찰하시는 야웨께서 정의롭게 행하실 것이요, 자신의 신실한 예언자가 의로운 자임을 인정하실 것이기 때문이다. 기쁨에 사로잡힌 예언자는 다른 사람들에게 야웨를 찬미할 것을 요청한다. 이는 그가 고통당하는 자기 백성을 사악한 원수들로부터 구원하시기 때문이다(13절).

그러나 예레미야는 산을 오르던 때와 똑같이 빠른 속도로 산을 내려간다.

---

52) Chisholm, "Does God Deceive?" 17-18.

예레미야는 자기 생일을 저주하고 아들이 태어났다는 소식을 자기 아버지에게 전하던 자에게 격한 저주를 퍼부음으로써 급격한 감정 변화를 보인다(14-16절). 예언자는 출생 소식을 전하던 자가 어머니의 태중에 있는 자기를 죽였더라면 자신의 삶을 특징지우는 고통과 슬픔을 피할 수 있었을 것이라고 생각한다(17-18절).

예레미야를 대적하는 왕들과 예언자들(21:1—23:40)

바벨론 군대가 예루살렘을 공격하던 주전 588년에 시드기야 왕이 야웨의 뜻을 묻기 위해 예레미야에게 두 명을 특사를 보낸다(21:1-2a). 왕은 야웨께서 과거에 그러했던 것처럼 기적적인 방법으로 예루살렘을 구원해 주시기를 희망한다(2b절). 그는 야웨께서 예루살렘을 앗수르 왕 산헤립에게서 구원하셨던 주전 701년의 사건을 염두에 두고 있음에 틀림이 없다(사 37:36-37을 보라).

그러나 구원의 때는 이미 지나가 버렸다. 야웨께서는 자신이 친히 바벨론 군대로 하여금 예루살렘을 침공하게 했으며 그 성벽 안에 있는 모든 살아있는 것들 — 동물들까지도 포함하여 — 을 치게 하였음을 선포하신다(3-6절). 야웨께서는 시드기야와 그의 신하들을 느부갓네살에게 넘기실 것이요, 그는 그들을 무자비하게 쓰러뜨릴 것이다(7절). 예루살렘이 2년 후에 함락되자, 느부갓네살은 정말로 시드기야의 목숨을 살려주지만, 왕의 눈을 파고 그를 사로잡아가기 전에 먼저 그의 아들들을 처형한다(렘 52:10-11을 보라). 그러나 야웨께서는 예루살렘 사람들에게 약간의 위로를 제공하신다(8절). 성읍 안에 남아있는 자는 누구든지 굶주림이나 질병으로 죽거나 칼에 맞아 죽을 것이지만, 바벨론에 항복하려는 의사를 가진 자는 누구든지 곧 성읍을 덮칠 파멸을 피할 수 있을 것이다(9-10절).

첫 눈에 보기에 11-14절은 3절에서 시작된 메시지를 뒤잇고 있는 것으로 보이지만, 실제로는 그렇지 않다는 것이 금방 드러난다. 사회 정의를 세우라는 요청(11a절)은 예레미야 활동의 초기에 비롯된 것이다. 11절 후반부가 왕가(王家)에 임할 조건부 심판을 선고하는 반면, 전반부에서는 파멸이 불가피한 것으로 나타난다. 전통적인 장 구분에도 불구하고 11-14절은 다음에 이어지는 내용의 도입부를 이루고 있을 가능성이 매우 높다.[53] 왕가를 향한 이러한 일반적인 호소는 22:1-9에서 계속되는 것으로, 다음에 이어질 일련의 메시지들에 어울리는 도입부 역할을 수행하고 있다. 그 일련의 메시지들은 제각기 여호아하스(살룸, 22:10-12), 여호야김(엘리아김, 22:13-19), 여호야긴(고니야, 22:24-30) 등의 왕들을 겨냥하고 있다. 결론부에 해당하는 23:1-8은 유다의 왕들 전체를 겨냥하고 있으며("목자들"이라는 은유를 사용함), 정의를 세울 이상적인 다윗계 통치자의 등장을 기대하고 있다.[54]

도입부인 21:11-14는 유다 왕가를 향한 예레미야의 메시지를 요약하고 있다. 야웨께서는 자기가 세운 예언자를 통하여 왕과 그의 관리들에게 그 땅에 사회 정의를 세우고 압제당하는 자들의 재판을 변호할 것을 촉구하신다(11-12a절). 그렇지 않을 경우 하나님의 불같은 심판이 압제적인 정책을 펼치는 그들에게 임할 것이다(12b절). 예루살렘 거민이 안전함을 느끼고 있음에도 불구하고 야웨께서는 그 성읍을 공격하고 그곳 거민들의 악행을 벌하기로 작정하신다(13-14절).

야웨께서는 왕과 그의 관리들의 책임을 묻기 위해 예레미야를 왕궁으로 보내신다(22:1-2). 그는 이 지도자들에게 공동체 안의 약한 자들과 무력한 자들의 권리를 과감하게 변호함으로써 그 땅에 사회 정의를 증진시킬 것을 명하신다(3절). 이 명령에 그들이 얼마나 즐거운 마음으로 순종하느냐는 것이 그들의 운명을 결정할 것이다. 순종은 다윗 왕조를 안전하게 만들 것이지만, 불순종은 다윗 왕조를 파멸에 빠뜨릴 것이다(4-5절). 왕궁은 부분적으로 길르앗과 레바논의 삼림에서 베어낸 나무들로 만들어진 인상적인 구조물로 되어 있다(6a절). 그러나 그 영화로움이 그것을 안전하게 만드는 것은 아니다. 만일에 그 안에 살고 있는 왕이 하나님께서 세우신 지도자로서의 의무를 이행하지 못한다면, 왕궁은 불에 타고 말 것이다(6b-7절). 왜 야웨께서 자기 자신의 성읍을 멸하셨는지를 구경꾼들이 물을 경우, 그 대답은 간단명료할

---

53) Thompson, *Jeremiah*, 466, 470, 473.

54) 유다의 마지막 왕 시드기야를 향한 구체적인 메시지는 없지만, 톰슨이 지적한 바와 같이, 이상적인 왕에 관한 23:5-6의 예언은 시드기야의 이름을 이용함으로써 이상적인 왕과 시드기야 사이의 대조를 암시하고 있다: ibid., 486, 490-91.

것이다: 그곳 거민들이 그의 계약을 위반하였고 다른 신들을 섬겼기 때문이다(8-9절).

일련의 구체적인 메시지들은 여호아하스 왕(살룸으로 알려지기도 함, 10-12절을 보라)의 운명에 대해서 탄식하라는 명령과 더불어 시작된다. 주전 609년에 유다 백성은 요시야 왕의 비극적인 죽음을 슬퍼하였다(왕하 23:29-30을 보라). 그러나 예레미야는 그들에게 도리어 요시야 왕의 아들이요 계승자인 여호아하스의 운명에 대하여 탄식하라고 명한다. 그는 단지 3개월밖에 통치하지 못했고, 그 후에는 이집트의 파라오 느고(Necho)에게 포로로 사로잡혀갔다(왕하 23:31-34를 보라). 이 불행한 왕은 포로생활을 하던 중에 죽었고, 다시는 자신의 조국을 눈으로 보지 못했다.

이어서 여호야김(엘리아김으로도 알려짐, 왕하 23:34를 보라)을 향한 심판 신탁이 나온다. 그는 여호아하스의 배다른 형제요 왕위 계승자로서, 주전 608-598년 사이에 나라를 다스렸던 왕이다(왕하 23:36을 보라). 여호야김은 호화로운 왕궁을 지으면서 동족들 중의 일부를 강제노역에 종으로 동원하였다(13-14, 17절). 그는 아버지 요시야의 모범을 따르는 데 실패하고 만다. 아름다운 왕궁을 가지고 있다는 것이 왕권의 본질은 아니다(15a절). 왕이 우선적으로 해야 할 일은 약하고 무력한 자들의 재판을 변호함으로써 사회 정의를 증진시키는 데 있다(16절). 이것은 그때나 지금이나 동일한 것이다. 요시야는 이를 제대로 행함으로써 하나님께 복을 받았다(15b절). 그의 순종은 그가 참으로 야웨를 "알았음"을 잘 보여준다. 여기서 "알다"는 용어는 "머리로 인식하는" 것을 뜻하지 않는다. 그것은 누군가의 "권위를 인정한다"는 의미에서 사용되고 있다.[55] 하나님을 "안다"는 것은 단순히 지적인 승인이나 충성 선언만을 포함하지 않는다. 여기에 사용된 의미에서의 하나님을 안다는 것은 그의 권위를 인정하고 순종함으로써 그것을 입증하는 행동을 뜻한다. 요시야는 이를 가장 잘 보여준 왕이었다. 그는 자신에 하나님께 속해 있음을 인식하였으며, 왕으로서의 자신의 역할이 사회 정의에 관한 하나님의 뜻을

---

55) 이 용어는 사무엘상 2:12; 이사야 11:2; 호세아 4:1, 6에서도 이러한 의미를 가지고서 나타난다. 이 관용어는 요한일서 2:3-4; 4:8에서도 나타난다.

실행하는 데 있음을 알고 있었다. 그는 가난하고 궁핍한 자들의 재판을 변호함으로써 자신이 하나님의 권위를 인정하고 있음을 입증하였다.

여호야김은 자기 아버지와는 대조적으로 자신의 동족을 압제하였기 때문에(17절) 가혹한 벌을 받게 될 것이다(18-19절). 사람들은 그의 죽음을 슬퍼하지 않을 것이요, 그의 시체는 정당하게 묻히지 못할 것이다(렘 36:30을 보라). 참으로 그는 죽은 나귀처럼 성문 밖으로 끌려갈 것이다. 여호야김이 실제로 그처럼 수치스런 죽음을 당했는지를 나타내는 증거는 없다. 열왕기하 24:6은 단순히 그가 "조상들과 함께 갔다"라고만 진술하지만, 역대하 36:6은 느부갓네살이 그를 바벨론으로 끌고 가기 위해 어떻게 그를 사슬로 결박하였는지에 대해서 말하고 있다. 겉으로 나타난 증거가 예언의 성취를 확증하지는 못하지만, 그 증거가 예언의 성취를 배제하는 것도 아니다.[56] 그러나 18-19절에 있는 비난의 언어는 과장된 것일 수도 있고, 아니면 다른 요인들이 결과적으로 하나님으로 하여금 예언을 취소하거나 그 성취의 구체적인 내용을 변형시키게끔 이끌었을 수도 있다.[57]

---

56) 예레미야 22:19와 열왕기하 24:6의 조화를 도모함으로써 예레미야 22:19가 문자적으로 성취되었다고 보려는 견해에 대해서는 다음을 보라: Charles L. Feinberg, "Jeremiah," in *The Expositor's Bible Commentary*, vol. 6. ed. F. E. Gaebelein (Grand Rapdis: Zondervans, 1986), 514-15. 그는 아합이 비극적이고 수치스런 죽음을 맞이한 후에(왕상 22:34-38) 열왕기하 24:6이 여호야김에 관해 진술하는 것과 마찬가지로 그가 "조상들과 함께 갔다"는 진술(40절)이 나타난다는 점을 지적한다. 그러나 열왕기상 22:37은 여호야김이 매장되지 못할 것이라고 말하는 예레미야 22:19와는 대조적으로 아합이 장사지낸 바 되었다고 말한다. 파인버그처럼 두 본문을 조화시키려는 시도를 비판하는 견해로는 Carroll, *Jeremiah*, 432-34를 보라.

57) 예언자들의 심판 신탁에 나타나는 상투적이고도 과장된 언어의 사용에 대해서는 이사야 13-14장에 대한 필자의 논의를 참조하라. 예레미야 22:19를 이러한 방식으로 설명하려는 노력에 대해서는 다음을 보라: Carroll, *Jeremiah*, 432. 암묵적으로 조건이 붙은 예언의 우발성에 대해서는 예레미야 26:17-19에 대한 필자의 논의(미 3:12와 관련하여)와 요엘 2:18-27; 요나 3:9-10; 학개 2:6-9, 20-23 등에 대한 필자의 관찰을 참조하라. 이와 관련하여 열왕기상 21:19를 22:37-38(나봇이 사마리아에서가 아니라 이스르엘에서 처형되었다고 봄)과 비교하고 또 열왕기하 22:20을 23:29-30(전쟁터에서 죽는 것은 과연 "평화롭게" 매장되는 것으로 볼 수 있는가?)과 비교하는 것도 나름대로 의미

그 다음 왕을 비난하기 전에 야웨께서는 의인화된 예루살렘을 향하여 그에게 곧 닥칠 비극에 관해 말씀하신다.[58] 이 말씀은 왕들에 관한 메시지들의 흐름을 방해하는 것으로 보일 수도 있지만, 현재 위치하고 있는 자리는 적절한 것이다. 왜냐하면 예루살렘의 함락과 다윗 왕조의 붕괴는 동전의 앞뒷면과도 같은 것이기 때문이다. "목자들"(지도자들, 특히 왕족을 가리킴)이 휩쓸려 갈 것이라는 예언 역시 이 말씀을 그 주제와 관련하여 전후 문맥과 연결시키는 역할을 수행한다.

야웨께서는 예루살렘에게 산당으로 올라가서 통곡하라고 명하신다. 그의 동맹국들이 전쟁에서 패하였기 때문이라는 것이다(20절). 야웨께서는 예루살렘에게 심판이 다가올 것임을 경고하셨지만, 확신에 찬 그 성읍은 그 경고를 귀담아 듣지 않고 계속해서 죄를 범하였다(21절). 다가올 심판은 강한 바람처럼 그 성읍의 지도자들(여기서는 "목자들"에 비교됨)과 그 동맹국들을 휩쓸어갈 것이요, 그 성읍으로 하여금 수치를 당하게 하실 것이다(22절). 레바논을 교만한 예루살렘을 상징하는 것으로 사용하신 야웨께서는 그 성읍에 닥칠 심판의 날을 고통스런 출산 경험에 비교하신다(23절).

이어서 야웨께서는 여호야김의 아들이요 계승자로서 주전 597년에 느부갓네살에게 포로로 잡혀가기 전에 3개월 밖에 통치하지 못한 여호야긴(고니야로 알려지기도 함)에게로 방향을 돌리신다(왕하 24:8-16을 보라). 야웨께서는 냉혹한 비난의 메시지를 통하여 여호야긴을 거부하시면서 그와 그의 어머니가 포로로 잡혀갈 것이라고 선언하신다(24-26절). 여호야긴은 거기서 자신의 고국을 바라보지도 못한 채로 죽을 것이다(27절). 뿐만 아니라 그의 왕조도 곧 끝장날 것이다(28-30절). 그는 사실상 자녀를 전혀 얻지 못한 채로 죽을 것이다. 그가 실제로는 일곱 명의 아들들을 두었으나(대상 3:17-18), 그의 후손들 중 어느 누구도 그의 왕위를 계승하지 못할 것이다.[59] 여호야긴

가 있을 것이다.

58) 히브리어 본문은 20-23절에서 2인칭 여성 단수 대명사와 동사를 사용함으로써, 말씀을 들어야 할 자를 분명하게 예루살렘으로 암시하고 있다. 예루살렘은 예언 문헌에서 자주 여인으로 의인화되어 나타나기 때문이다.

59) 여호야긴의 계승자인 시드기야는 요시야의 아들이요 여호야긴의 삼촌이다. 열왕

은 야웨께서 자기 손에서 빼버릴 인장 반지에 비유된다. 이는 그가 더 이상 하나님을 대표하는 자로서의 역할을 수행하지 못할 것임을 상징한다. 외견 상 맹세를 통하여 마무리되는 것으로 보이는(24절) 이 신탁은 다윗 왕조의 미래가 위기에 처할 것이라고 보지만, 여호야긴의 손자인 스룹바벨에 관한 메시지는 저주를 뒤집어엎는다(학 2:20-23을 보라). 야웨께서는 스룹바벨에 게 그를 자신의 인장 반지로 삼으실 것이요, 다윗 왕조의 신적인 권위를 회 복시키겠다고 약속하신다.

이렇듯이 몇몇 왕들을 구체적으로 비난하신 야웨께서는 하나님의 양 떼 (백성을 상징함)를 제대로 돌보지 않음으로써 파멸에 빠뜨린 "목자들"(유다 의 왕들을 상징함)를 향하여 "화"를 선포하신다(23:1-2). 그러나 자기 백성의 참된 목자이신 야웨께서는 언젠가 자기 양 떼의 남은 자들을 포로생활로부 터 자유케 하실 것이다. 이전에 이스라엘을 이집트의 속박으로부터 건져주 신 것처럼 말이다(3, 7-8절). 그는 자기 백성 위에 그들을 보호할 유능한 목 자들을 세우실 것이다(4절; 미 5:5를 보라). 다윗의 후손 중 한 명이 이러한 목자 조직의 우두머리가 될 것인 바, 그는 여기서 "의로운 가지"로 불린다(5a 절). 본문의 표상은 이 왕을 다윗 가문의 나무에서 자라나오는 가지로 묘사 한다. 이를 수식하는 형용사는 "의로운"으로 번역되는 것으로서, 그 왕을 정 의롭고 공정한 자로 묘사하는 것일 수도 있다(5b절을 보라). 비록 페니키아 와 우가릿의 친족 언어 용례가 그것이 이 왕을 "자격 있는, 적법한" 자로 묘 사하는 것일 수도 있음을 암시하고 있지만 말이다.[60] 이 지혜로운 통치자는 정의를 증진시킬 것이요(5b절; 사 11:1-5를 보라), 그 땅을 안전하게 만들 것 이다(6a절). 백성들은 그를 일컬어 "야웨는 우리의 의[이시다]"[61]로 칭할 것이

기하 24:17을 보라.

60) 친족 언어들로부터 비롯되는 증거에 대해서는 다음을 보라: Holladay, *Jeremiah 1*, 618; McKane, *Jeremiah*, 1:561; J. Hoftijzer and K. Jongeling, *Dictionary of the North-West Semitic Inscriptions*, 2 vols. (Leiden: Brill, 1995), 2:962.

61) 이 이름을 달리 번역할 수 있는 또 다른 가능성은 그것을 연결 동사 없이 번역하 는 것이다: "야웨 우리의 의." 이 이름은 이 왕을 통하여 야웨께서 정의와 평화를 그 땅 에 세우실 것이라는 사실을 강조하고 있다(특히 5b절을 보라).

다. 그 까닭은 그가 정의를 이룰 야웨의 도구가 될 것이기 때문이다.

5-6절은 유다의 마지막 왕 시드기야의 이름에 대한 말놀이를 포함하고 있다. "의로운"이라는 형용사(히브리어로 '차띠크'는 시드기야의 이름(히브리어 '치드키야후'는 "나의 의는 야웨이시다"를 뜻함)과 동일한 어근으로부터 생겨난 것이다. 그 왕에게 주어진 6절의 이름(히브리어 '아도나이 치드케누'는 "야웨는 우리의 의이시다"를 뜻함)은 시드기야의 이름에 대한 교묘한 말놀이임에 분명하다. 시드기야의 성격에 비추어볼 때 그의 이름은 그에게 걸맞지 않는 것이다(34:8-22를 보라). 왜냐하면 그는 왕위에 앉을 자격이 없는 자요, 야웨께로부터 버림받은 자이기 때문이다. 그러나 다윗계의 이상적인 왕은 유능한 통치자이다. 야웨께서는 그를 통하여 자기 백성 중에 정의를 세우실 것이다.

유다의 민간 지도자들만이 범죄자들인 것은 아니다. 유다의 종교 지도자들, 특히 다수의 예언자들 역시 부패한 자들이다. 예레미야는 제사장들과 예언자들의 죄악으로 인하여 크게 혼란을 느낀다. 그들의 죄악이야말로 기근과 가뭄 형태로 주어지는 하나님의 심판을 이끌어 들인 장본인이다(9-11절). 이 거짓 예언자들은 재앙을 향해 나아가고 있다(12절). 하나님의 눈으로 볼 때 그들은 사람들에게 바알을 숭배하도록 자극한 이스라엘의 초기 예언자들처럼 마음에 들지 않는 자들이다(13-14절). 하나님은 예루살렘과 그곳의 지도자들을 바라보시면서 또 다른 소돔과 고모라를 목격하신다(사 1:10을 보라). 이로 인하여 그는 가혹한 심판이 그 땅에 임할 것임을 선포하지 않을 수 없다(15절).

야웨께서는 유다 백성에게 거짓 예언자들의 말을 귀담아 듣지 말 것을 경고하신다. 그들은 사람들에게 재앙으로부터 건짐받을 것임을 보증한다(16-17절). 그러나 이 예언자들은 하나님의 회의에 참여한 적이 없는 자들이요, 예레미야와는 달리 하나님의 소명을 받은 적이 없는 자들이다(18, 21절). 사람들에게 확신을 심어주는 그들의 메시지와는 대조적으로 야웨께서는 사람들에게 곧 진노의 심판을 쏟아 부으실 것이다(19-20절). 만일에 그들이 참으로 야웨의 대변인들이라면, 그들은 백성의 죄를 있는 그대로 드러냈을 것이다. 왜냐하면 그들은 너무도 확실하게 야웨의 계약을 위반했기 때문이다(22

절). 유다 백성은 마치 야웨가 한 장소에 제한되어 있다고 믿는 것처럼 행동한다. "가까이 계신 하나님"이라는 표현은 그가 예루살렘 성전 안에 거주하고 계신다는 점을 언급하고 있는 듯하다. 그들이 생각하기에 그는 자신의 조그마한 세계 밖에서 무슨 일이 벌어지고 있는지를 전혀 알지 못하는 근시안적인 신이다(23절). 물론 이러한 개념은 잘못된 것이다. 야웨는 온 세상의 통치자로서, 그 안에서 발생하는 모든 일들을 훤히 알고 있다. 사람들은 자기들의 죄악을 포함하여(22절) 그 어느 것도 그에게서 숨기지 못한다(24절; 시 11:4-5를 보라).

겉으로 보기에 거짓 예언자들은 신적인 권위를 가지고 있는 것으로 보인다. 그들은 야웨의 이름으로 예언하며, 예언적인 환상을 받았다고 주장한다(25절). 그러나 그들의 예언은 사실상 예언자들 자신의 미혹된 마음으로부터 비롯된 것이요, 야웨의 뜻을 잘못 대변하고 있는 것이다(26-27절). 거짓 예언자들에게 있는 평화와 안전의 꿈은 참 예언과 나란히 놓일 때 공허한 거짓말임이 탄로날 것이다. 마치 쭉정이가 알곡과 비교될 때 금방 식별되는 것처럼 말이다(28절). 예레미야처럼 야웨께서 세우신 참 예언자들의 메시지는 죄를 고발하고 심판을 선포한다는 점에서 힘을 가지고 있다(29절). 그들의 메시지 자체는 파괴적인 불이나 강한 망치의 타격과도 같은 것이다. 야웨께서는 세 번에 걸쳐 거짓 예언자들을 향한 자신의 적대감을 엄숙하게 표현하신다. 그들은 거짓말로 백성을 잘못 인도한 자들이기 때문이다(30-32절).

만일에 제사장들과 예언자들을 포함한 유다 백성이 예레미야에게 "야웨의 신탁은 무엇이냐?"고 묻는다면, 그는 빈정대는 투로 "너희가 바로 짐이다!"라고 답변해야 한다(33절, NET).[62] 이곳의 히브리어 본문은 말놀이를 포함하고 있다. "신탁"과 "짐"으로 번역된 낱말은 동음이의어이다(히브리어로 '맛사'). 유다 백성이 야웨께로부터 받은 가장 최근의 '맛사'(신탁)에 관하여 묻는다면, 예레미야는 그들에게 그들 자신이 바로 '맛사'(짐)라고 말해야 한다.

---

62) 전통적인 히브리어 본문은 잘못된 낱말 구분으로 인하여 훼손되어 있다. 70인역의 지시를 따를 경우, 우리는 이 본문을 "너희가 바로 짐이다!"로 재구성할 수 있다. 이에 대해서는 다음을 보라: McKane, *Jeremiah*, 1:599; Holladay, *Jeremiah 1*, 647.

적어도 야웨가 관련되어 있는 한에 있어서는 말이다. 그들의 범죄 행동은 버리고 싶은 무거운 짐과도 같은 것이다(34절; 39절을 보라). 야웨께서는 자기에게서 메시지를 받지 않았는데도 감히 자기 이름으로 말하는 자들 모두를 벌하실 것이다(35-38절). 그는 그들을 자기 앞에서 쫓아내어 포로가 되게 하실 것이요, 그들로 하여금 오래도록 수치를 느끼게 하실 것이다(39-40절).

무화과나무를 사용한 실물 교육(24:1-10)

느부갓네살이 여호야긴 왕과 다른 뛰어난 유다 시민들을 바벨론으로 사로잡아간(왕하 24:10-17을 보라) 주전 597년 이후의 어느 시점에 야웨께서는 예레미야에게 교훈을 주기 위하여 무화과 두 광주리를 사용하신다(24:1). 한 광주리는 제 철에 난 맛있는 첫 무화과 ─ 6월에 익는 ─ 를 담고 있다.[63] 다른 광주리는 썩어서 먹을 수 없는 무화과를 담고 있다(2-3절). 좋은 무화과는 최근에 포로로 잡혀간 자들을 상징한다(4-5절). 사람들이 좋은 무화과로 인하여 즐거워하는 것처럼 야웨께서도 이 포로민들에게 은총을 베푸실 것이다. 마침내 그들을 회개하는 예배 공동체로 변화시키고 또 그들에게 그 땅을 돌려줌으로써 말이다(6-7절). 이 예언은 문자 그대로 여호야긴(22:24-30을 보라)이나 그와 함께 있는 포로민들에게 적용된다고 보기 어렵다. 도리어 그것은 그들의 후손을 가리키고 있음에 틀림이 없다. 이와 관련하여 예레미야가 이들 포로민들에게 보낸 편지(29:1-23에 기록되어 있는)는 70년이 지나기 전까지는 그 예언이 성취되지 않을 것임을 분명하게 밝히고 있다(29:10과 25:11-12를 보라). 썩은 무화과는 시드기야 왕과 유다 땅에 남은 다른 사람들을 상징한다. 사람들이 썩은 무화과를 던져버리는 것처럼 야웨께서도 그 땅에 남아 있는 자들을 배척하실 것이다(8절). 그는 그 땅을 황무지로 만드실 것이요, 유다를 주변 나라 사람들의 눈에 지겨운 사람들로 보이게 할 것이다(9-10절).

평생 동안 지속될 포로생활(25:1-14)

---

63) Borowski, *Agriculture in Iron Age Israel*, 115.

여호야김 제4년째 되던 해(주전 605년)에 야웨께서는 바벨론 포로생활이 곧 다가올 것임을 공식적으로 선포하신다(25:1). 지난 23년 동안 예레미야는 유다 백성의 죄악을 고발하였다. 그러나 그들은 그의 메시지를 무시하였다(2-3절). 예레미야나 그와 같은 다른 예언자들은 유다 백성에게 회개할 것을 촉구하였으며, 우상숭배의 결과에 관해 경고하였으나 아무 소용이 없었다(4-7절). 이 때문에 야웨께서는 새롭게 바벨론의 왕이 된 느부갓네살을 심판의 도구로 소환하신다(8-9a절). 바벨론 군대는 그 땅을 폐허로 만들 것이요, 기쁨의 소리와 일상생활을 끊어버릴 것이다(9b-10절).[64] 포로가 된 사람들은 유다 땅이 황무지로 변한 상태에서 70년 동안 어쩔 수 없이 바벨론을 섬겨야 할 것이다(11절).

"70"이라는 숫자는 너무 문자적으로 받아들일 필요가 없을 것이다. 느부갓네살이 주전 605년에 유다를 침공하였고 597년에 다시 침공하였지만(왕하 24:1-2, 10-16; 대하 36:6-7; 단 1:1-2를 보라), 본문은 유다의 종살이 기간을 주전 586년의 예루살렘 함락으로부터 시작되는 것이 지극히 자연스러운 그 땅의 폐허 기간과 긴밀하게 관련시킨다(25:9-11과 24:8-10을 비교하라).[65] 이렇게 본다면, 종살이 기간은 70년이 아니라 47년 내지는 48년이 된다. 29장에서 70년 기간이 다시금 언급된다(10절을 보라). 그런데 이번에는 여호야긴이 포로로 잡혀간 597년 이후의 어느 시점에 포로민들에게 보내어진 편지에 그것이 언급되어 있다(2절을 보라). 만일에 이곳에 언급된 "70년"이 597년에 시작되는 것이라면, 종살이 기간은 사실상 70년이 아니라 58-59년 길이가 된다. 어떠한 경우에든 문제의 기간은 70년 동안 지속되지 않는다.[66] 이 때문에 이 숫자는 하나님의 심판을 완전하게 충족시키는 오랜 기간

---

64) 9b절의 "영원한 폐허"라는 표현은 과장된 것임이 분명하다. 왜냐하면 야웨께서는 언젠가 그 땅을 회복시켜주겠다고 약속하셨기 때문이다.

65) 역대하 36장도 이러한 견해를 지지한다. 왜냐하면 역대하 36:21에 언급된 70년의 폐허 기간은 바로 앞의 17-20절에 언급된 586년의 사건들로부터 시작되는 것이 지극히 자연스럽기 때문이다. 뿐만 아니라 역대기 본문은 그 사건들을 예레미야의 70년 포로생활 예언과 직접 관련시키고 있다.

66) 어떤 이들은 포로 기간을 605년부터 계산한다. 그렇게 볼 경우에 포로생활은 66-

을 나타내는 상투적인 관용어구로 보는 것이 더 좋을 것이다. 7이라는 상징적인 숫자의 배수인 그것은 완전함을 암시한다. 그것은 또한 인간의 평균 수명을 가리키기도 하기 때문에(시 90:10; 사 23:15를 보라), 포로생활이 바벨론에 포로로 잡혀간 자들의 여생을 넘어서는 기간 동안 지속될 것임을 암시한다.[67]

바벨론이 오랫동안 하나님의 백성을 지배하겠지만, 야웨께서는 마침내 형세를 역전시키실 것이다(12-14절). 예레미야의 예언을 성취하기 위하여(50-51장을 보라) 야웨께서는 바벨론의 교만함과 과도한 잔인성을 벌하실 것이다. 이 예언은 페르시아의 통치자인 고레스가 바벨론을 함락시킴으로써 신바벨론 제국을 끝장낸 주전 539년에 성취된다.

열방을 향한 하나님의 심판(25:15-38)

마침내 바벨론이 무너질 것이라는 메시지(12-14절)는 다음 예언으로 넘어가는 전환점 역할을 수행한다. 그 다음 예언에서 야웨는 열방을 향한 심판을

67년 동안 계속된 셈이 된다. 그러나 이 견해는 25:11에 언급된 유다의 폐허 기간(586년에 시작됨)과 유다의 바벨론 종살이 기간(605년에 시작됨)을 구별하지 않으면 안 된다. 이 견해를 지지하는 자들은 29:10의 70년을 605년에 시작되는 바벨론의 통치 기간으로 이해한다("바벨론에서 칠십 년이 차면"이라는 진술을 주목하라). 이 견해에 의하면 "70"이라는 숫자는 상당히 문자적인 것이다. 여전히 대략적인 숫자이긴 하지만 말이다. 어떤 이들은 이러한 해석의 근거를 다니엘 9:2에서 찾는다. 그들은 다니엘이 자기가 포로로 잡혀간 605년을 70년 기간의 시작으로 이해하였다고 추론한다. 그 기간의 만료가 가까워오자, 다니엘은 하나님의 개입을 간구했을 것이라는 얘기다. 그러나 다니엘의 기도에는 70이라는 숫자에 대한 문자적인 해석을 요청하는 내용이 전혀 없다.

67) Holladay, *Jeremiah 1*, 669. 경쟁적인 견해들에 대한 균형 잡힌 논의를 위해서는 Carroll, *Jeremiah*, 493-96을 보라. 70이라는 숫자를 관용적인 표현으로 해석하는 견해를 지지하는 증거는 앗수르 왕 에살핫돈의 한 비문에서 찾아볼 수 있다. 이 비문은 바벨론이 70년 동안 황무하게 될 것임을 밝히는 마르둑의 칙령에 관해서 말하고 있다: H. W. F. Saggs, *The Greatness That Was Babylon* (New York: New American Library, 1962), 133; Georges Roux, *Ancient Iraq* (Middlesex, England: Penguin Books, 1966), 294.

시작하실 것임을 밝히신다. 야웨께서는 심판을 독한 포도주를 담은 잔에 비교하시면서, 열방으로 하여금 그 잔을 마시게 할 것이라고 선언하신다(15절). 하나님의 진노로 인하여 그들은 술에 취한 것인 양 비틀거릴 것이다(16절). 이 심판의 범위는 긴 민족 목록이 보여주듯이 사실상 전 세계에 걸쳐 있다(17-26절, 특히 26절을 보라). 그것은 남쪽의 이집트와 동쪽의 우스, 서쪽의 블레셋, 동쪽의 요단 동편 나라들, 북쪽의 두로와 시돈, 아라비아의 부족들, 멀리 떨어진 엘람과 메디아의 왕들(바벨론의 동쪽에 위치한), 북쪽의 모든 왕들을 포함할 것이다. 그 심판은 바벨론을 칭하는 비밀스런 이름인 "세삭" 왕에서 절정에 도달한다.[68] 열방 중에서 어느 나라도 심판으로부터 면제되지 않을 것이다(27-28절). 결국 하나님의 특별한 도시인 예루살렘조차도 재앙을 경험해야만 한다면, 이방 나라들은 얼마나 더 큰 고통을 당하겠는가(29절)?

심판은 끔찍한 것이 될 것이다. 하늘 보좌에 주권자로 앉아 계신 야웨께서는 사자처럼 포효하실 것이요, 포도를 밟으면서 포도 수확을 경축하는 자들처럼 소리치실 것이다(30절). 하나님의 심판이 때때로 포도를 밟는 것에 비유되기 때문에(사 63:3; 욜 3:13을 보라), 이 은유는 섬뜩한 의미를 가지고 있다. 야웨께서 자신의 강한 칼로 인류에게 심판을 행하시면, 파멸이 이 나라에서 저 나라로 옮겨갈 것이요(31-32절), 그 길은 매장되지 못한 시체더미로 가득하게 될 것이다(33절). 야웨께서는 열방의 지도자들을 목자들에 비교하시면서, 그들이 죽음을 맛보게 될 것이라고 선언하신다(34-35절). 그는 초장을 황무지로 만드실 것이요, 미친 듯이 날뛰는 사자처럼 양 떼(인류를 상징함)를 공격하실 것이다(36-38절).

---

68) 여기에 사용된 기법은 "치환 기법"(atbash)으로 불린다. 이는 알파벳을 거꾸로 읽을 때 어떤 이름의 각 철자들이 그에 상응하는 철자들로 대체되게끔 하는 기법을 일컫는다. 히브리어에서 "바벨"이라는 이름은 '베트-베트-라메드' 자음들로 이루어져 있다. '베트'는 히브리어 알파벳의 두 번째 철자이고, '라메드'는 열두 번째 철자이다. "세삭"이라는 비밀스런 이름은 '쉰-쉰-카프' 자음들로 이루어져 있다. '쉰'은 알파벳의 스물한 번째 철자이고, '카프'는 열한 번째 철자이다. 알파벳을 거꾸로 읽을 경우, '쉰'은 두 번째 철자가 되고 '카프'는 열두 번째 철자가 된다.

폭풍우 속의 예언자(예레미야 26-45장)

예레미야서의 이 두 번째 단락은 두 개의 문학 단위들로 나눌 수 있다. 그 둘은 똑같이 여호야김 왕의 통치시기로 추정되는 자료들을 기본 틀로 가지고 있다.[69] 첫 번째 문학 단위는 유다 나라가 예루살렘 성전에서 선포된 예언 메시지를 어떻게 무시하였는지를 설명하는 26장에서 시작되며, 하나님께 충성하는 레갑 족속 — 불성실한 유다 나라와는 대조를 이루는 — 을 격려하는 메시지를 담고 있는 35장에서 끝을 맺는다. 마찬가지 방식으로 두 번째 문학 단위는 유다 나라가 예루살렘 성전에서 선포된 예언 메시지를 어떻게 무시하였는지를 설명하는 36장(26장처럼 여호야김 시대로 추정됨)에서 시작되며, 하나님께 충성하는 바룩을 격려하는 메시지를 담고 있는 45장(35장처럼 여호야김 시대로 추정됨)에서 끝을 맺는다.

첫 번째 문학 단위(26-35장)의 틀 속에서 본다면, 시드기야 왕의 시대로 추정되는 27-29장은 예레미야와 지배 계층 사이의 갈등에 초점을 맞추고 있다. 30-33장이 포로 된 백성의 궁극적인 회복을 내다보고 있다면, 시드기야의 시대로 추정되는 34장은 유다 나라의 불성실함을 강조한다. 그리고 두 번째 문학 단위(36-45장)의 틀 속에서 본다면, 시드기야의 시대로 추정되는 37-39장은 예레미야와 지배 계층 사이의 갈등에 초점을 맞추고 있다. 40-44장이 심판의 결과에 대해 서술하면서 계약 공동체 안에서 불순종이 계속되었다는 점을 분명하게 밝힌다. 이 때문에 30-33장이 기대하는 회복은 당장 이루어지지 않을 것이다.

예레미야의 생명이 위협을 받음(26:1-24)

주전 608-598년 사이에 유다 나라를 다스린 여호야김 시대 초기에 야웨께서는 예레미야에게 예루살렘 성전에서 예배를 드리러 온 사람들을 만나라고 명하신다(26:1-2). 만일에 그 사람들이 계속해서 죄를 범하고 야웨의 예언을

---

69) 26-45장의 구조 분석을 위해서는 다음을 보라: Gary E. Yates, "The People Have Not Obeyed: A Literary and Rhetorical Study of Jeremiah 26-45" (Ph. D. diss., Dallas Theological Seminary, 1998).

귀담아 듣지 않는다면, 예루살렘은 침략을 당할 것이요, 야웨께서는 성전을 버리실 것이다. 이전에 실로 성소를 버리셨던 것처럼 말이다(4-6절; 7:14를 보라). 야웨께서는 이 경고를 듣고서 사람들이 정신을 차려 회개하게 될 것을 기대하신다. 만일에 그들이 그렇게 한다면, 그는 이미 예고된 재앙을 보내지 않겠다고 약속하신다(3절; 18:7-8을 보라).[70]

예레미야의 메시지는 그것을 듣는 자들에게 바라던 효과를 내지 못한다. 사실 예언자들과 제사장들 및 "모든 백성"은 그를 공격한다. 그들이 관련되는 한, 예언자는 죽어 마땅한 자이다. 왜냐하면 그는 성전과 성읍이 파괴될 것이라고 예언했기 때문이다(7-9절). 그들이 특히 자랑하는 시온 신학은 예루살렘이 야웨의 거주지인 까닭에 심판을 받지 않을 것이라고 가르친다(7:4를 보라).

그 소식을 전해들은 왕실 관리들은 그 문제를 조사하기 위해 성전으로 올라간다(10절). 제사장들과 예언자들은 예레미야를 정식으로 고발하고서는 그를 처형할 것을 요구한다(11절). 예레미야는 자신을 변호하면서 야웨께서 자기를 보내어 임박한 심판에 관해 유다 나라에게 경고의 메시지를 전달하라고 명하셨다는 사실을 지적한다(12절). 다시금 그는 백성에게 회개할 것을 촉구하며, 만일에 그들이 그렇게 한다면 야웨께서 심판을 철회하실 것임을 약속한다(13절; 3절을 보라). 그는 또한 관리들에게, 만일에 그들이 자기를 죽인다면, 하나님께서 무죄한 피를 흘린 것에 대하여 그들의 책임을 물으실 것이라는 사실을 알린다(14-15절).

예레미야의 자기변호를 들은 관리들과 변덕스런 군중들은 그가 야웨의 말씀을 전한 까닭에 처형당해서는 안 된다는 점을 확신하게 된다(16절). 장로들 중의 일부는 앞으로 나아가 백성에게 말한다(17절). 그들은 군중들에게 한 세기 전의 히스기야 시대에 있었던 일을 상기시킨다. 당시에 예언자 미가는 예루살렘이 파괴될 것임을 외견상 무조건적인 의미를 갖는 것으로 보이는 언어로 선포한 적이 있다(18절; 미 3:12를 보라). 히스기야와 유다 백성은

---

70) 예언 문학에서 하나님이 사용하시는 "혹시"에 대한 논의를 위해서는 다음을 보라: Fretheim, *The Suffering of God*, 45-47.

그를 죽이지 않고 도리어 회개하였으며, 야웨께 사전에 예고된 심판을 철회해 달라고 간구하였다(19a절). 미가의 예어운 결국 조건적인 것임이 은연중에 밝혀진다. 마찬가지 방식으로 유다 백성은 은연중에 조건적인 모습을 보이는 예레미야의 심판 예언에 제대로 응답하지 않으면 안 된다(3-6, 13절을 보라). 만일에 그들이 그를 해친다면, 그로 인하여 유다 나라는 "무서운 재앙"을 맛보게 될 것이다(19b절).

미가의 메시지에 대한 히스기야의 반응은 예레미야와 같은 시대 예언자인 스마야의 아들 우리야에 대한 여호야김의 태도와 뚜렷한 대조를 이룬다. 예레미야와 마찬가지로 그는 유다와 예루살렘에 곧 심판이 임할 것임을 경고했다(20절). 여호야김 왕과 그의 신하들은 우리야를 죽이려고 했다. 그러자 그는 이집트로 도망하고 만다(21절). 의심할 여지 없이 여호야김은 신하들 중의 일부를 이집트로 보내어 거기서 우리야를 인도받는다(22절). 우리야는 유다로 돌아온 직후 왕의 명령에 의해 처형당하고 공동묘지에 묻힌다(23절). 장로들의 말은 우리야의 비극적인 죽음에 관한 이 짤막한 설명의 삽입과 조화를 이루어 예레미야와 관련된 이야기의 긴장감을 고조시킨다. 관리들이 예레미야의 무죄를 선언했음에도 불구하고(16절), 독자들은 그들이 마음을 바꿀지도 모른다는 것을 염려한다. 아니면 왕 자신이 그들의 결정을 번복시킬지도 모른다는 것을 염려한다.

긴장감은 사반의 아들 아히감이 개입하여 예레미야를 처형 위험으로부터 구출해냈다고 보고하는 24절에서 해소된다. 우리는 아히감에 관해 아는 것이 거의 없다. 그와 그의 가족이 예레미야의 후원자들에 속해 있다는 점은 분명하지만 말이다. 아히감의 아버지 사반은 요시야 왕의 서기관으로 재직하였으며, 아히감 자신은 당시에 왕실에 속한 사람이었다(왕하 22:3-14를 보라). 그의 형제 그마랴는 여호야김에게 예레미야의 예언 두루마리를 파기하지 말 것을 조언하며(렘 36:25), 그의 아들 그달랴는 바벨론이 예레미야를 감옥에서 이끌어낸 후에 그를 보호해 준다(렘 39:14를 보라).

바벨론의 승리는 필연적임(27:1-22)

시드기야 제4년(주전 594년 또는 593년; 28:1을 보라)에 야웨께서는 예레미야에게 주변 나라들을 위한 메시지를 전달하신다(27:1).[71] 예레미야는 그 나라들이 어떻게 정복되어 바벨론 왕을 섬기게 될 것인지를 상징하는 의미로 그의 목에 나무로 만든 멍에를 맨다(2절). 이어서 예언자는 에돔과 모압, 암몬, 두로, 시돈 등지의 왕들에게 메시지를 보내면서(3절), 땅과 그 안에 있는 모든 것을 창조하신 이스라엘의 하나님 야웨께서 그들의 나라들을 그가 자신의 "종"으로 부르는 바벨론의 느부갓네살에게 넘겨주기로 작정하셨다는 사실을 통보한다(4-6절). 이 나라들은 느부갓네살과 그의 왕조를 일정한 기간 동안 섬길 것이지만, 바벨론 제국 역시 다른 나라들에게 정복당할 것이다(7절). 이 예언의 첫 번째 부분은 느부갓네살이 이 서쪽 나라들을 정복한 지 얼마 안 되어서 성취된다. 그리고 이 예언의 두 번째 부분은 고레스가 인솔하는 메대와 페르시아 연합군이 바벨론을 정복함으로써 신바벨론 제국을 끝장낸 주전 539년에 성취된다.[72]

---

71) 히브리어 본문은 이 메시지를 여호야김의 시대(주전 608-598년)에 속한 것으로 잘못 표기하고 있다. 그러나 일부 중세 히브리어 사본들과 시리아역 및 아랍어역 등은 이를 "시드기야"로 바르게 읽는다. 3절과 12절은 그 메시지가 주어지던 때에 시드기야가 왕으로 있었음을 분명하게 밝히고 있으며, 20절은 여호야김의 계승자인 여호야긴의 사로잡힘을 이미 발생한 일로 묘사하고 있다.

72) 7절은 이 나라들이 바벨론 제국이 멸망할 때까지 느부갓네살과 그의 아들 및 손자 등을 섬길 것이라는 인상을 준다. 그러나 바벨론 제국의 실제 역사는 그렇게 진행되지 않는다. 느부갓네살은 43년 동안 통치하였으며(주전 605-562년), 그의 뒤를 이어 에윌므로닥이 왕위에 올라 잠시 동안 나라를 통치한다(561-560년). 에윌므로닥을 이어 느부갓네살의 사위인 네리글리살(559-556년)이 왕위를 계승하며, 그 후에는 네리글리살의 아들이요 느부갓네살의 손자인 라바쉬마르둑(556년)이 왕위를 계승한다. 당시에 왕족의 일원이 아닌 나보니두스가 암살단에 가입하여 라바쉬마르둑을 죽이고 왕위를 탈취하여 555-539년 동안 통치한다. 바벨론 제국이 망하던 때에는 나보니두스와 그의 아들 벨사살이 나라를 통치하였다. (이 시기를 간략하게 개관하기 위해서는 다음을 보라: Bill T. Arnold, "Babylonians," in Peoples of the Old Testament World, ed. A. J. Hoerth, G. L. Mattingly, and E. M. Yamauchi [Grand Rapids: Baker, 1994], 64-66.) 느부갓네살과 그의 아들 및 손자 등에 대한 7절의 언급은 단순히 그가 세운 제국을 가리키는 상투적인 표현일 수도 있다: Carroll, Jeremiah, 527-28; Thompson, Jeremiah, 533.

느부갓네살에게 저항하는 나라는 한결같이 군사적인 침략의 고통을 겪게 될 것이다(8절). 주변 나라들의 왕들은 바벨론 왕을 피할 수 있다고 예언하는 자들의 말에 귀를 기울여서는 안 된다(9절). 그러한 희망의 메시지는 거짓된 것이요, 단지 심각한 반발에 부닥칠 뿐이다(10절). 자발적으로 바벨론에 항복한 자들은 민족의 정체성을 유지할 수 있을 것이요, 자기들의 땅에 계속 머무를 수 있을 것이다(11절).

이와 동일한 메시지는 시드기야와 유다 백성에게도 적용된다. 유다는 전쟁으로 황폐하게 되는 일을 피하기 위해서는 기꺼이 바벨론에 항복하지 않으면 안 된다(12-13절). 시드기야와 유다 백성은, 유다가 바벨론을 섬기지 않을 것이요 597년에 성전으로부터 빼앗긴 물품들이 곧 돌아올 것이라고 약속하는 거짓 예언자들의 말들에 귀를 기울여서는 안 된다(14-16절). 그들이 마땅히 취해야 할 올바른 행동은 바벨론에 항복하는 것이다. 왜냐하면 오직 그렇게 할 때만이 예루살렘은 재앙과 파멸을 피할 수 있기 때문이다(17절). 이미 빼앗긴 성전 물품들에 깊은 관심을 가지고 있는 거짓 예언자들(16절을 보라)은 아직 성전과 왕궁에 남아 있는 물품들이 바벨론으로 옮겨가지 않게 해달라고 야웨께 기도해야 한다(18절). 야웨께서는 남아 있는 물품들이 바벨론으로 옮겨가게 될 것이라고 이미 선포하신 바가 있음에도 불구하고(19-22절), 만일에 유다 나라가 바벨론에 항복하고 거짓 예언자들이 국가의 운명을 받아들이고서는 하나님의 은총을 간구한다면, 그러한 계획을 바꾸실 수도 있다.

대결하는 예언자들(28:1-17)

같은 해 하반기에 궁중 예언자인 하나냐가 성전에서 공개적으로 예레미야와 대면한다(28:1). 야웨의 대변인임을 자임하는 하나냐는 야웨께서 유다를 바벨론의 통치로부터 구원하실 것이요, 597년에 빼앗긴 성전 물품들을 곧 회복시켜 주실 것이라고 예언한다(2-3절). 하나냐에 따르면, 야웨께서는 또한 여호야긴 왕을 포로상태로부터 되돌리실 것이요, 바벨론에 사로잡혀간 다른 사람들도 되돌리실 것이다(4절).

예레미야는 빈정대는 투로 하나냐의 말이 성취되지 않게 해달라고 기도한다(5-6절). 어쨌든 야웨께서 성전 물품들과 포로 된 백성을 회복시키신다면 그것은 경이로운 일이 될 것이다. 그러나 하나냐의 예언은 액면 그대로 받아들일 수 없다. 전통적으로 예언자들은 범죄한 백성에게 임박한 심판을 경고하는 하나님의 사자들이었다(7-8절). 하나냐처럼 평화의 메시지를 선포하는 예언자들은 누구든지 그의 말이 성취될 때에만 비로소 야웨의 대변인으로 인정받을 수 있다(9절).

이러한 도전에 대한 응답으로 하나냐는 예레미야가 목에 차고 있던 상징적인 멍에를 벗겨낸다(27:2를 보라). 이어서 그는 그것을 깨뜨리고서는 2년 안에 야웨께서 느부갓네살이 유다를 포함하는 모든 나라들의 목에 씌운 멍에를 깨뜨리실 것이라고 선언한다(10-11a절). 예레미야는 야웨께서 주신 예언의 말씀이 응하는 것을 기꺼이 기다리겠다는 태도로 그곳을 떠난다(11b절).

이 일이 있는 직후에 야웨께서는 예레미야에게 하나냐를 위한 메시지를 주신다(12절). 하나냐는 유다가 바벨론 제국으로부터 구원받을 것임을 상징하는 뜻으로 예레미야가 자기 목에 씌운 상징적인 멍에를 깨뜨린 바 있다. 그러나 유다는 구원받지 못할 것이다. 도리어 야웨께서는 모든 나라들의 목에 쇠 멍에를 씌우실 것이다. 느부갓네살이 유다를 포함하는 서쪽 나라들을 정복하는 일은 이전에 예고된 것보다 한층 강하게 이루어질 것이다. 들짐승들까지도 그에게 복종할 것이다(13-14절).

예레미야는 야웨께로부터 소명도 받지 않은 채로 유다 백성을 자신의 예언으로 잘못 인도한 하나냐를 거짓 예언자로 정죄한다(15절). 야웨께서는 하나냐를 반역자로 간주하시며, 자신이 이 거짓 예언자의 생명을 취하심으로써 그를 벌하겠다고 말씀하신다(16절). 히브리어 본문은 "보내다"는 동사를 포함하는 말놀이를 통하여 징계의 적절성을 강조한다. 15절에서 예레미야는 야웨께서 하나냐를 "보내지" 않으셨다고 말한다. 16절에서 야웨는 하나냐의 생명을 취함으로써 이 거짓 예언자를 "보내겠다"고 선언하신다. 대략 2개월 후에 야웨의 말씀은 그대로 성취된다(17절; 1절을 보라).

포로민들에게 보내는 편지(29:1-32)

여호야긴이 597년에 사로잡혀간 지 얼마 안 되어서 예레미야는 바벨론에 사로잡혀간 사람들에게 편지를 보낸다(29:1-3). 야웨의 예언적인 대변인 자격으로 말하는 예레미야는 포로민들에게 바벨론에 정착하여 자녀들을 낳고 그들이 지은 새 집의 행복을 위하여 기도하라고 촉구한다(4-7절). 그들은 금방 포로상태로부터 풀려날 것이라고 약속하는 예언자들과 점술가들의 말에 귀를 기울여서는 안 된다(8-9절). 야웨의 계획에 맞추어 그들은 남은 생애 기간 동안 바벨론에 머물러야 한다(10a절).[73) 정해진 기간이 지나면 야웨께서는 자신의 약속을 이루기 위하여 포로민들을 유다로 돌이키실 것이다(10b절). 바벨론 포로는 자기 백성을 위한 하나님의 계획이 잠시 연기된 것에 지나지 않는다. 그는 그들을 위한 빛나는 미래를 계획하고 계신다(11절). 언젠가는 그들이 진지하게 야웨의 은총을 구하는 때가 올 것이요(12-13절), 야웨께서는 그들을 고국으로 돌이키심으로써 그들의 기도에 응답하실 것이다(14절). 그러나 그때가 벌써 온 것은 아니다.

특히 두 사람, 곧 마아세야의 아들 시드기야(시드기야 왕과 혼동해서는 안 됨)와 골라야의 아들 아합이 포로민들에게 거짓된 희망을 불어넣는다(21절). 어떤 이들은 그들을 예언자들로 간주하지만(15절), 그들의 메시지는 그들의 행동과 마찬가지로 진실성이 결여되어 있다(21, 23절). 예루살렘은 구원받지 못할 것이요, 포로민들은 금방 고국으로 되돌아가지 못할 것이다. 그 반대로 야웨께서는 유다에 남아 있는 자들을 멸하실 것이요, 그들을 열방 중에 조롱거리로 만드실 것이다(16-18절). 이는 그들이 참 예언자들의 진정한 메시지를 무시했기 때문이다(19a절). 포로민들은 거짓 예언자들의 거짓말을 신뢰하고 예레미야의 말을 무시함으로써 동일한 잘못을 되풀이해서는 안 된다(19b절). 시드기야와 아합은 곧 느부갓네살에게 처형당할 것이다. 아마도 그들의 활동이 바벨론 당국에 의해 반역을 획책하는 것으로 여겨질 것이기 때문이다(20-21절). 이 두 거짓 예언자들의 처형이 포로민들의 마음에 생생한 인상을 남긴 탓에 그들은 두 사람의 이름을 저주 양식에 활용할 것이다(22-23

---

73) "70년"이라는 용어의 관용적인 용법에 대해서는 예레미야 25:11에 대한 필자의 논의를 보라.

절).

포로민들에게 보내는 예레미야의 편지가 도착하자 바벨론에 살고 있던 또 다른 거짓 예언자인 느헬람 사람 스마야가 그 내용에 반대 의사를 표시한다 (28절; 5-10절을 참조하라). 그는 예루살렘에 있는 제사장들과 성전 감독자 인 스바냐에게 편지를 보내어 스마야 자신이 "미친 자"요 거짓 예언자로 간 주한 예레미야를 체포하라고 말한다(24-27절). 스바냐가 스마야의 고발 내 용을 예레미야에게 통보하자, 야웨께서는 예레미야에게 스마야 개인을 향한 메시지를 주신다(29-31a절). 예레미야는 포로민들에게 야웨께서 스마야가 거짓말한 것에 대하여 그를 벌하실 것이라는 사실을 알린다(31b절). 그의 후 손이 끊어질 것이요, 포로민들이 유다로 되돌아오는 날을 보지 못한 채로 죽 을 것이다(32절).

장차 있을 행복한 날들(30:1—31:40)

포로민들에게 보내는 예레미야의 편지에서 야웨는 정해진 때가 되면 자기 백성을 포로상태로부터 구원하실 것이요, 그들의 가는 길에 "복된 일들"을 보여주실 것이다(29:10-15, 32를 보라). 30-31장에서 야웨는 이러한 회복의 주제를 한층 구체적으로 발전시키신다.

다가올 심판은 강한 자들까지도 마비시킬 정도로 끔찍한 사건이 되겠지만 (30:4-7a), 하나님의 계약 공동체를 완전히 멸하지는 않을 것이다(7b절). 적 절한 때가 되면 야웨께서는 자기 백성을 이방 압제자들의 속박에서 건져주 실 것이요(8절), 그들을 고국으로 돌아오게 하시며(1-3절), 다윗 왕조를 회복 시켜주실 것이다(9절).[74] 포로민들은 두려워하거나 절망해서는 안 된다. 야웨 께서 그들을 구원하실 것이요(10a절), 다시금 그들로 하여금 고국에서 안전 을 누리게 하실 것이기 때문이다(10b절). 야웨께서 한때 자기 백성을 징계하 지 않을 수 없었지만, 그는 여전히 그들을 감찰하고 계시며, 종국에는 그들

---

74) 9절은 유다 백성이 "그들의 왕 다윗"을 섬길 것이라고 말하는 바, 여기서 그는 과 거의 뛰어난 조상의 정신과 권세로 나라를 다스릴 미래의 이상적인 다윗계 왕을 가리킨 다. 호세아 3:5에 대한 필자의 설명을 보라.

의 압제자들을 벌하실 것이다(11절).

이어서 야웨께서는 의인화된 시온(즉, 예루살렘)에게로 방향을 돌이켜 그를 위로하신다(17b절).[75] 시온은 한때 자신의 동맹국이었던 자들에 의해 상처를 입고 버림받은 상태에 있었다(12-14a절). 야웨께서는 그들의 죄로 인하여 그 성읍을 엄하게 벌하셨던 것이다(14b-15절). 그러나 언젠가는 운명의 전환이 이루어질 것이다. 시온을 침략하여 약탈했던 자들이 이제는 패배할 것이요(16절), 시온은 회복을 경험할 것이다(17절). 자비로우신 하나님께서는 국가의 독립을 상징하는 왕궁을 포함하여 그 성읍 전체가 재건되게 하실 것이다(18절). 사람들은 그 성읍의 원기 회복을 경축할 것이요, 그 땅 인구가 크게 증가함으로써 그 공동체로 하여금 열방 중에 새롭게 존경을 받게 할 것이다(19-20a절). 그리고 이방 통치자들이 더 이상 그들을 괴롭히지 않을 것이다(20b절). 도리어 그들 중 한 사람인 다윗의 후손(9절과 23:5-6; 33:15-16을 보라)이 그들을 인도할 것이요, 야웨와의 친밀한 관계를 즐길 것이다(21절). 야웨께서는 자기 백성과의 관계를 새롭게 확립하실 것이요, 옛 계약의 이상을 성취하실 것이다(22절; 24:7과 출 6:7; 레 26:12를 보라). 참으로 심판이 오기는 하겠지만, 그것은 공동체를 오염시킨 악한 사람들을 제거함으로써 공동체를 정결하게 만들어줄 것이다(23-24절). 정결케 함을 목적으로 하는 이 심판은 하나님께서 자기 백성과 화해하시는 밝은 미래를 향하여 문을 활짝 열어줄 것이다(31:1).

유다와 예루살렘만이 유일하게 야웨의 구원을 받는 것은 아니다. 야웨께서는 자신의 영원한 사랑과 신실하심을 나타내는 표시로 북왕국의 포로민들 역시 그들의 땅에 회복시키실 것이요, 그들로 하여금 하나님의 구원을 경축하게 하실 것이다(2-4절). 그들은 다시금 농작물을 재배할 수 있을 것이요, 수고의 열매를 맛볼 수 있을 것이다(5절). 다윗 왕조의 시절에서처럼 그들은 예루살렘을 자기들의 예배 중심지로 바라볼 것이다(6절). 이 예언을 들은 자들은 이 영화로운 날을 기대하면서 야웨를 찬양해야 하며, 예언자가 본 환상

---

75) 12-17절의 히브리어 본문은 전체적으로 2인칭 여성 단수 대명사를 사용한다. 이는 의인화된 시온이 여인으로 묘사되고 있음을 암시한다.

이 곧 성취되게 해달라고 기도해야 한다(7절).

이스라엘의 포로 귀향은 모든 사람들이 바라볼 장관이 될 것이다. 이스라엘 백성은 북쪽의 사로잡힌 땅에서 무리지어 되돌아올 것이다(8a절). 그들의 행렬은 정상적으로 여행할 수 없는 자들까지도 포함할 것이다. 이를테면 맹인과 다리 저는 사람과 잉태한 여인 등이 그렇다(8b절). 그들은 기쁨의 눈물을 흘리는 중에 야웨께서 아버지로서 준비한 식량과 그의 보호하심을 맛볼 것이다(9절). 그 메시지는 열방 중에 크고도 분명하게 선포되어야 한다. 자기 백성을 사로잡혀 가게 한 그 하나님이 그들을 강한 포획자들로부터 구원하실 것이요, 목자처럼 그들을 고향으로 인도하실 것이라는 메시지 말이다 (10-11절). 야웨의 농산물 축복 회복을 경축하기 위하여 그들은 시온으로 순례여행을 떠날 것이요, 거기서 노인들까지도 기쁨으로 노래하며 춤을 출 것이다(12-14절).

이처럼 터져 나오는 기쁨은 이스라엘이 과거에 겪은 고통과 뚜렷한 대조를 이룰 것이다. 북왕국의 사로잡힘은 위로할 길 없는 슬픔으로 이어졌었다. 15절은 이를 묘사하기 위해 생생한 은유를 사용한다. 사람들은 예루살렘에서 북쪽으로 8km 떨어진 베냐민 지파의 성읍 라마로부터 심한 통곡 소리를 듣는다. 그것은 남의 나라에 포로로 잡혀간 자녀들로 인하여 우는 라헬의 통곡 소리이다. 베냐민과 요셉의 어머니 라헬은 여기서 이스라엘 땅을 가리키는 은유로 사용된다. 그 까닭은 그녀가 이스라엘의 가장 유명한 두 지파 에브라임과 므낫세의 할머니이기 때문이다. 라마는 라헬이 베냐민 지파의 영토에 묻힌 까닭에 언급된 것으로 보인다(삼상 10:2를 보라).[76] 그러나 다른 견

---

76) 후대의 전승은 라헬의 무덤이 베들레헴 가까이에 있다고 보는 오류를 범하고 있다. 이는 아마도 창세기 35:19-20과 48:7을 잘못 읽은 탓에 생겨난 오류일 것이다. 이 두 본문은 라헬이 베냐민으로부터 에브랏 ― 나중에 베들레헴으로 이해되는 ― 으로 가는 길가에 묻혔다고 말한다. 어떤 이들은 여기에 언급된 에브랏이 틀림없이 베냐민 영토 안에 있다고 주장한다: P. Kyle McCarter Jr., *1 Samuel*, AB (New York: Doubleday, 1980), 181. 라헬이 베들레헴 근처에 묻혔다고 보는 전승은 마태에게 영향을 주어, 예레미야 31:15를 헤롯이 베들레헴의 남자 아이들을 죽인 사건과 관련시키게 만들었을 수도 있다(마 2:16-18을 보라). 마태에 따르면, 예레미야의 말은 헤롯이 이처럼 잔혹한 일을 행할 때 "성취"된다. 문자적이고 역사적인 맥락에서 볼 때, 예레미야의

해에 의하면, 라마에 대한 언급은 예레미야 시대에 그곳이 바벨론 군대가 유다 백성을 포로로 잡아가기 전에 한군데 모아 놓은 포로 집결지였다는 사실을 반영하고 있는 것으로 보인다(렘 40:1을 보라). 따라서 "라마"라는 이름 자체만으로도 예레미야 시대 사람들에게 대해서는 포로로 사로잡혀감을 뜻했을 것이다.

그러나 이 이야기는 눈물과 슬픔으로 끝나지 않는다. "라헬의" 심한 통곡은 그 대가를 지불받을 것이요, 그녀의 자녀들은 포로로부터 귀향할 것이다(16-17절). 시편 기자들은 탄식을 하나님으로 하여금 자기들을 고통으로부터 구원하시게끔 이끄는 것으로 활용한다. 그들이 부르는 감사의 노래들은 그러한 기도들이 종종 하나님의 개입을 이끌어내는 촉매제가 된다는 사실을 입증하고 있다. 예레미야 본문의 경우도 마찬가지이다. 라헬의 자녀들의 귀향이 "일"(work)로 불리는 그녀의 탄식에 대한 보상 내지는 "대가 지불"로 묘사되고 있기 때문이다. 포로생활을 하는 이들(여기서는 "에브라임"으로 불림)은 자기들이 죄에 대하여 징계를 받는다는 것을 인식하고서는 자기들의 죄를 회개한다(18-19절). 에브라임을 아들처럼 사랑하시는 야웨께서는 긍휼로 응답하시며(20절), 포로민들에게 지체하지 말고 고국으로 돌아오라고 청하신다(21-22a절).

이스라엘의 귀향과 관련하여 야웨께서는 "내가 세상에 새 일을 창조할 것

진술은 헤롯의 행동을 가리키지 않고 있음이 분명하다. 그것은 예언이라기보다는 한 세기 정도 전에 발생한 사건을 뒤돌아보고 있는 것이다. 더 나아가서 예레미야 31:16-17은 라헬의 자녀들이 그녀에게로 돌아오는 모습을 그리고 있다. 마태는 예레미야의 예언이 헤롯의 시대에 문자 그대로 성취되었다고 보지는 않는다. 도리어 그는 과거를 회상하면서 이스라엘이 포로가 된 주전 8세기의 사건과 예수의 탄생 직후에 있었던 헤롯의 영아 살해 사이에서 일종의 유비를 이끌어내고 있다. 이스라엘 백성을 포로로 잡아간 앗수르의 정복정책과 마찬가지로 헤롯의 잔혹한 행동은 하나님의 계약 백성에게 극심한 고통을 안겨주었다. 이 점에서 그것은 옛 앗수르 제국이 세워 놓은 압제와 잔인함의 유형을 그대로 "성취한" 셈이 된다. 그것은 마치 역사가 헤롯의 행동을 통하여 반복되는 듯한 느낌을 주며, 이스라엘이 당한 고통에 대한 예레미야의 설명은 시간과 공간을 달리하여 다시금 성취된 것으로 보인다. 우리는 마태가 이처럼 예레미야의 진술을 사용한 방식을 일컬어 "회상 모형론"(retrospective typology)이라 부를 수 있을 것이다.

이다"고 말씀하신다(22b절). 애석하게도 우리는 이 "새 일"이 무엇인지를 알 수 있는 상황에 놓여 있지 않다. 그것이 비밀스런 방식으로 묘사되어 있기 때문이다("여자가 남자를 둘러싸리라"). 해석자들은 이 수수께끼를 풀어보려고 백방으로 노력하였지만, 그것의 의미는 여전히 이해되지 못한 채로 있다. 어떤 이들은 이 은유에 나오는 여자를 처녀 이스라엘로(21절과 4절을 보라), 그리고 남자는 야웨로(3절의 연애 표상을 주목하라) 이해한다. 이렇게 본다면, 그 여자는 열정적으로 남자를 껴안음으로써 친밀한 관계를 회복하는 것으로 간주된다. 아마도 이 표상의 배후에는 이스라엘 백성이 시온에서 새롭게 야웨를 예배할 것이라는 현실이 감추어져 있을 것이다(6, 12절을 보라). 또 어떤 이들은 이 진술 안에 있는 동사를 "보호하다"는 의미로 이해한다. 이렇게 본다면, 이 진술은 한 여자가 남자를 해악으로부터 지켜주는 색다른 모습을 묘사하고 있는 것으로 간주된다. 야웨의 자기 백성 회복은 여자가 남자를 위험으로부터 보호해주는 것과도 같이 새롭고 색다른 일이 될 것이다.[77]

23절은 다시금 유다에게로 초점을 옮긴다. 유다의 포로민들은 바벨론으로부터 돌아올 경우에 "거룩한 산" 시온에서 복을 선포할 것이다. 그들은 고향 땅에 정착할 것이요, 정상적인 삶을 다시 시작할 것이다(24절). 하나님의 복에 의해 새 힘을 얻은 그들은 쉼과 평안을 누릴 것이다(25-26절).[78]

이스라엘과 유다는 똑같이 고국으로 돌아올 것이다(27절). 과거에는 야웨께서 그들의 파멸을 조심스럽게 진두 지휘하셨지만, 이제는 그들을 회복시키실 것이다(28절). 한때 포로민들은 속담을 사용하여 자기들이 조상의 죄로 인하여 불공평하게 고통을 당하고 있다고 불평한 적이 있었다(29절; 애 5:7; 겔 18:2를 보라). 자녀들이 조상의 죄로 인하여 고통을 당하는 것이 사실이기

---

77) 이 구절에 대한 보다 별스럽고도 익살스러운 해석들 중의 하나는 제롬(Jerome)의 풍유적인 해석이다. 그는 그것이 처녀 마리아의 태중에 들어있는 예수의 모습을 나타낸다고 본다.

78) NIV는 26절을 마치 예레미야가 말하는 것처럼 번역한다. 이렇게 이해한다면 예언자는 앞의 예언 환상을 받을 때의 황홀경이나 꿈에서 깨어난 상태에 있었던 것이 된다. 그러나 26절은 포로민들 중의 한 사람이 앞선 절들에 묘사된 상황 속에서 자신이 얼마나 안전함을 느끼고 있는지를 설명하고 있는 것으로 보는 것이 더 타당해 보인다.

는 하지만(렘 11:22-23에 대한 설명을 보라), 자기들이 처한 상황에 대한 포로민들의 판단은 잘못된 것이었다. 포로로 잡혀간 자들은 조상의 죄를 넘어서는 그들 자신의 죄로 인하여 벌을 받은 것이다(렘 3:25; 16:10-13; 32:18-19를 보라). 일단 그들이 이 점을 인식하고서 회개함으로써(렘 31:18-19를 보라) 하나님의 새로운 은총을 경험하게 되면, 더 이상 이 속담을 인용하지 않을 것이다. 도리어 그들은 하나님이 각 개인을 공정하게 심판하신다는 점을 인정할 것이다(30절).[79]

30절을 29절과 관련시켜 이해하는 방법에는 크게 두 가지 견해가 있다. 그 첫 번째 견해는 30절이 하나님의 정책이 실제로 변화했음을 보여주고 있다고 본다. 과거에는 하나님이 참으로 조상들의 죄로 인하여 자녀들을 심판하셨지만(29절이 암시하는 바와 같이), 앞으로는 개별적인 기준에 의거하여 엄격하게 징계하실 것이다. 본서가 선호하는 두 번째 견해는 본문이 30절 서두에서 생략어법을 사용하고 있는 까닭에 "도리어 [그들은 말할 것이다] … "로 풀어써야 한다고 본다. 이렇게 볼 경우에는 하나님의 행동에 관한 사람들의 생각이 바뀌는 셈이 된다. 과거에 그들은 그가 불공평하다고 불평하는 잘못을 범하였다. 그러나 앞으로 그들은 하나님의 정의가 개별적인 차원에서 공평하게 집행된다는 것을 인식할 것이다.

다가올 새 시대는 이스라엘 및 유다와 더불어 맺는 새 계약의 출범을 특징으로 가질 것이다(31절). 그것은 옛 계약, 곧 모세 법전과는 다를 것이다. 그 규정들에 있어서가 아니라 그 효과 면에 있어서 말이다. 모세의 율법은 야웨께 충성할 것을 요구하는 바, 이는 율법 규정들에 대한 순종을 통하여 입증된다. 그러나 그것은 본질적으로 사람들로 하여금 순종하게 할 만한 힘을 가지고 있지 못하다. 하나님의 사랑과 보살핌에도 불구하고 이스라엘 백성은 그 계약을 위반하였다(32절). 새 계약은 다른 방식으로 운영될 것이다. 그것은 사람들에게 본질적으로 동일한 내용들을 요구하지만, 이번에는 하나님의 법이 돌판에 새겨지는 것이 아니라 하나님의 백성의 마음과 정신 위에 새겨

---

79) 이러한 견해를 옹호하는 입장에 대해서는 다음을 보라: Kaminsky, *Corporate Responsibility in the Hebrew Bible*, 141-54, 특히 147-48.

질 것이다(33절). 이 은유의 핵심은 이스라엘 백성이 하나님의 계명들에 순종할 수 있는 본질적인 능력과 욕구를 갖게 될 것이라는 데 있다. 이제는 더이상 "야웨를 알라"고 훈계할 필요가 없다. 왜냐하면 사람들이 죄의 용서를 경험하면서 자동적으로 그를 "알게" 될 것이기 때문이다(34절). "안다"는 개념은 여기서 "인정과 순종"이라는 계약의 맥락에서 사용되고 있다(렘 22:16에 대한 필자의 설명을 보라). 예언자 에스겔은 이러한 내적인 갱신을 성령의 선물 — 사람들을 죄에서 정결케 하고 그들로 하여금 야웨께 순종하도록 초자연적인 방식으로 그들을 변화시키는 — 과 관련시킨다(겔 36:24-27).

야웨께서는 확신을 심어주는 말씀으로 이 새로운 계약의 약속을 마무리하신다. 그는 이스라엘 자손(여기서는 이스라엘과 유다 모두를 염두에 두고 있는 듯함; 31절을 보라)을 향한 자신의 헌신적인 태도가 자기가 세워 놓은 자연계의 순환과도 같이 항구적인 것임을 분명하게 밝히신다(35-36절). 이 점을 강조하기 위하여, 그는 만일에 자기가 자기 백성을 배척한다면 그것은 마치 인간이 하늘이나 지하계의 범위를 측정할 수 있는 것이나 마찬가지라고 말한다(37절). 예루살렘 재건을 특징으로 갖는 회복은 참으로 이루어질 것인 바, 예루살렘 전체는 거룩한 성읍으로 구별될 것이다(38-40절).

이러한 새로운 계약의 약속은 어떠한 방식(들)으로 이루어질 것인가? 예레미야는 이 약속이 순전히 이스라엘과 유다를 위한 것임을 암시하는 것으로보이지만, 신약성서는 새로운 계약이 이미 교회를 통하여 성취되었음을 분명하게 밝히고 있다(눅 22:20; 고전 11:25; 고후 3:6; 히 8:13; 9:15; 12:24 등을 보라). 예수께서는 자신을 속죄의 희생제물로 바침으로써 이 새로운 계약의 공동체를 시작되게 하셨다. 그런데 그 공동체는 율법에 순종하되, 상황과시간의 제약을 받는 모세 법전의 세부적인 내용들을 지킴으로써가 아니라예수께서 규정하신 율법의 본질(마 22:36-40을 보라)을 행함으로써 율법을성취한다(마 5:17-20을 보라). 그렇다면 우리는 하나님이 이스라엘과 더불어새로운 계약을 맺을 것임을 예견하는 히브리 예언자들과 이 계약을 교회와연결시키는 신약성서 사이에 있는 갈등을 어떻게 화해시킬 수 있을까? 어떤이들은 두 개의 계약, 곧 이스라엘을 위한 계약과 교회를 위한 계약이 있다고 봄으로써 이 문제를 해결하려고 노력한다. 그러나 신약성서는 분명하게 교회와 더불어 맺은 현재의 계약을 구약성서에 있는 약속의 성취로 본다(히 8장을 보라). 또 어떤 이들은 교회가 새 이스라엘이 되어 구약성서의 약속들을 물려받았다는 식으로 구약성서의 언어를 재해석한다. 그러나 이스라엘 민족과 하나님의 미래 프로그램 안에 있는 교회를 분명하게 구별하는 로마서 11장은 이러한 견해를 지지하지 않는다. 현재 우리가 가지고 있는 모든 증거를 공정하게 다룰 수 있는 더 나은 설명이 있다. 예언자들이 예고한 바와 같이 새로운 계약은 이스라엘 민족의 미래 구원과 관련된 채로 성취될 것이다. 참으로 로마서 11:26-27은 이러한 사건을 예견하고 있다. 그러나 예언자들의 강조점은 그 범위가 한정되어 있다. 역사와 계시의 발전 과정에서 우리는 이 새로운 계약이 한층 폭넓게 적용되고 있음을 발견한다. 이스라엘 민족의 회복에 앞서 하나님께서는 그리스도를 따르는 자들 — 성령의 은사를 통하여 변화되는 — 과 더불어 이 새로운 계약을 맺으신다.

새로운 계약에 관한 예언의 이러한 이중적인 성취를 더 잘 이해할 수 있게 하는 한 개의 예를 들어보도록 하자. 예레미야와 에스겔의 시각에서 역사를 바라볼 경우 우리는 어두운 터널 속에 있는 것이나 마찬가지 상태에 있다. 그들과 더불어 터널의 끝에 있는 빛을 바라본다면, 하나님이 이스라엘 민족과 더불어 새로운 계약을 맺고 계심을 알 수 있다. 이어서 우리는 터널을 지나 빛 속으로 들어가게 된다. 우리는 이전에 멀리서 보았던 것과 동일한 장면 — 하나님이 이스라엘 민족과 더불어 계약을 맺는 — 이 우리 앞에 있음을 발견한다. 그러나 이제는 터널을 지나 빛 속으로 들어선 까닭에, 우리의 단편적인 시야가 크게 넓어진다. 우리의 곁에는 터널 안에서는 볼 수 없는 또 다른 장면이 있다. 하나님이 유대인들과 이방인들로 구성된 현 시대의 교회와 더불어 이 동일한 계약을 맺으시는 장면이 그렇다. 예언자들이 틀린 것은 아니다. 그들은 단순히 이스라엘 민족에 초점을 맞춘 "터널의 시각"을 가지고 있었을 뿐이다.

그러나 이스라엘 민족을 통한 예언의 성취에 관해서는 또 다른 중요한 문제점이 있다. 주전 6세기에 일부가 바벨론 포로로부터 돌아온 유다의 포로민들(유다 지파와 베냐민 지파 및 레위 지파 등을 포함하는)과는 달리, 이스라엘의 포로민들은 결코 고국으로 돌아오지 않았다. 그들은 자기들만의 구별되는 민족성을 상실하였으며, 다른 민족들과 동화되고 말았다. 이것은 이스라엘과 유다가 장차 합쳐질 것이요, 하나님께서 이 둘과 더불어 새로운 계약을 맺으실 것이라는 예언이 문자적으로 성취될 수 없음을 의미한다. 그러면서도 이것은 하나님의 약속이 실패했음을 뜻하지는 않는다. 야웨께서 유대 민족과 더불어 계약을 맺으실 때 그 예언은 본질적으로 성취된 것이라 할 수 있을 것이다(롬 11:25-32와 사 11:13-14에 대한 필자의 논의를 보라).

예레미야가 약간의 부동산을 매입함(32:1—33:26)

주전 587년에 바벨론 군대가 예루살렘을 포위할 때 예레미야는 체포되어 왕궁에 있는 시위대의 뜰에 갇혀 있었다. 이는 곧 예루살렘에 임할 심판에 대한 그의 예언이 시드기야 왕을 화나게 했기 때문이다(32:1-5). 그러나 30-31장이 보여주는 바와 같이, 예레미야의 메시지가 순전히 파멸과 어둠으로 가득 차 있는 것은 아니다. 그는 야웨께서 언젠가 포로민들을 고국으로 돌이키실 것이요 그들과 더불어 새로운 계약을 맺으실 것임을 예언하기도 했다. 예레미야의 메시지가 갖는 이러한 긍정적인 측면을 강조하기 위하여 야웨께서는 그에게 사촌 하나멜로부터 약간의 땅을 매입하라고 지시하신다. 하나멜은 고향 아나돗 가까이에 있는 밭을 예언자에게 제공한다(6-7절). 예레미야는 순종하는 마음으로 법적인 증인들 앞에서 그 계약을 성사시키며, 자신의 친구 바룩에게 매매증서를 진흙 항아리에 넣어 오래도록 보존할 것을 지시한다(8-14절). 예레미야의 토지 매입은 유다 백성이 곧 바벨론으로 사로잡혀갈 것이라는 그의 예언에 비추어볼 때 어느 정도 이해가 되는 것으로 보인다. 그러나 그러한 행동은 상징적인 의미를 가지고 있다. 그것은 유다 백성이 고국으로 되돌아와서 다시금 재산 거래가 이루어질 때를 예견하고 있다(15절).

처음에는 그것이 예언자 자신에게 이해하기 힘들었다. 자신이 해야 할 일을 바룩에게 맡긴 후에 그는 야웨께 기도하면서(16절) 자신이 느꼈던 당혹감을 표현한다. 그의 기도는 야웨가 전능하신 창조주이시요 온 세상의 정의로운 통치자임을 선포하는 찬양의 노래로 시작한다(17-19절). 그는 이스라엘의 초기 역사에 나타난 야웨의 위대한 행동들을 자세하게 이야기하면서도,

하나님의 백성이 범죄하여 심판을 자초했다는 점을 인정한다(20-23절). 야웨께서 선포하신 대로 바벨론 군대는 예루살렘을 포위한 후 곧 그 성읍을 정복한다(24절), 그렇다면 야웨께서는 왜 예언자에게 땅을 사라고 명하셨을까? 마치 보통 때처럼 일상적인 삶이 진행될 것처럼 말이다(25절).

야웨께서는 예레미야에게 응답하시는 중에 그가 이미 기도에서 분명하게 밝힌 사실, 곧 야웨가 인류에 대한 주권적인 통치자이시요, 자신이 원하는 것은 무슨 일이건 하실 수 있는 분이라는 사실을 그에게 상기시키신다(26-27절; 17절을 보라). 예레미야에게 주신 그의 가르침은 갑작스런 계획 변경에 초점을 맞추고 있지 않다. 바벨론 군대는 참으로 예루살렘을 파괴할 것이다(28절). 완악한 그 성읍 거주민들은 칼과 기근과 전염병에 죽을 것이다. 이는 그들이 우상들과 이교 풍습들을 따름으로써 하나님의 진노를 불러일으켰기 때문이다(29-36절). 그러나 죽음과 파멸이 이야기의 끝은 아닐 것이다. 야웨께서는 포로민들을 고국으로 돌아오게 하실 것이요, 그들과의 관계를 회복하실 것이다(37-38절). 그는 그들을 순종하는 백성으로 바꾸실 것이요(39절), 그들과 더불어 영원한 계약을 맺으실 것이요(40절), 자신의 복을 그들에게 회복시켜주실 것이다(41절). 그리고 번영이 재앙을 대신할 것이다(42절). 그때가 되면 사람들은 다시금 땅을 사거나 교환하게 될 것이다(43-44절). 예레미야의 상징적인 행동은 이러한 운명 전환을 예고한다.

예레미야는 여전히 시위대 뜰에 갇혀 있는 동안에 야웨께로부터 두 번째 메시지를 받는다(33:1). 온 세계의 창조자로서 말씀하시는 야웨께서는 예레미야에게 자기를 향하여 기도하라고 명하신다(2-3a절). 그는 장차 닥칠 일에 관한 추가 정보를 그에게 주겠다고 약속하신다(3b절). 바벨론을 징계의 도구로 사용하신 야웨께서는 예루살렘을 시체들로 가득 채우실 것이다(4-5절). 그러나 이 이야기는 행복한 결말을 보게 될 것이다. 야웨께서는 언젠가 그 성읍을 안전하게 지키실 것이요, 유다와 이스라엘의 포로민들을 고국으로 돌아오게 하실 것이요, 자기 백성을 용서하실 것이다(6-8절). 열방은 예루살렘의 회복에 관한 소식을 듣고서 하나님을 찬양할 것이다(9절). 예루살렘과 유다의 공허하고 황량한 거리들은 사람들이 야웨의 신실하심과 사랑을 찬양하면서 내는 축하와 기쁨의 소리들로 가득 찰 것이다(10-11절). 양 떼들은 다시금 목자들의 세심한 보살핌 아래 유다의 땅을 돌아다니면서 풀을 뜯을 것이다(12-13절).

야웨께서는 또한 자기 백성을 위한 목자를 준비하실 것이다. 그는 다윗 계열의 한 왕을 세우실 것인 바, 그는 그 땅에 정의를 증진시키고 적대 세력들로부터 그것을 지켜낼 것이다(14-16a절; 23:5-6을 보라). 예루살렘은 새롭게 얻은 안전을 잘 압축하고 있는 새로운 이름을 받을 것이다(16b절).[80] 야웨께서는 다윗의 보좌를 세우실 것이요, 레위인들이 다시금 그 앞에서 봉사할 것임을 약속하신다(17-18절). 야웨께서는 다윗(삼하 7:16)과 레위인들에게 무조건적인 약속을 주신 적이 있는 바, 그들을 향한 하나님의 열심은 낮과 밤의 자연스러운 순환과도 같이 확실할 것이다(19-22절). 바벨론의 그림자가 그 땅에 짙게 드리워지면 질수록, 많은 사람들이 야웨께서 자신의 옛 계약 백성을 버리셨다고 탄식할 것이다(23-24절). 하나님의 징계가 필요하기는 하지만, 그것이 하나님께서 족장들 및 다윗과 더불어 맺으신 계약을 부정하는 것은 아니다. 그의 약속들은 그가 창조 세계 안에 새겨 놓으신 자연 법칙과도 같이 확실하다. 다윗의 아들들 중 한 사람이 참으로 아브라함과 이삭과 야곱의 후손들을 통치할 것이다(25-26절).

21-22절에 언급된 레위인들과의 계약은 확실치 않다. 그 계약은 레위가 야웨 앞에서 봉사할 것이요, 무수한 후손들을 갖게 될 것임을 보증하는 것으로 보인다. 그러한 계약은 오경에 기록되어 있지 않다. 이것은 야웨께서 레위인들, 그 중에서도 특히 아론을 선택하여 제사장 역할을 수행하면서 그를 섬기도록 한 것을 가리킬 수도 있다(민 3:12를 보라). 말라기 2:4-5와 느헤미야 13:29에도 언급되어 있는 레위인들과의 공식적인 계약은 이 경우에 맺어진 것임에 틀림이 없다.[81] 그러나 말라기 2:4-5이 염두에 두고 있는 계약은 하나님의 복이 어느 정도 그에게 충성하느냐에 따라 결정되는 쌍무계약의

---

80) 23:6에 의하면 이 이상적인 왕에게 앞서 말한 이름("야웨 우리의 의")이 주어질 것이다. 여기서 예루살렘 역시 동일한 이름을 받을 것이다.

81) 민수기 18:19는 야웨와 레위인들 사이에 맺어진 "소금 계약"에 대해서 언급한다. 그러나 이것은 제사장들의 사역 전체를 가리키는 것이 아니라 제사장들에게 할당된 희생제물의 몫을 가리킨다.

성격을 갖는다. 반면에 예레미야 33:21-22에 기록되어 있는 레위 계약은 무조건적인 약속의 성격을 갖는 것으로 보인다. 야웨께서는 비느하스 및 그의 후손들과 더불어 무조건적인 계약을 맺으신 것이다(민 25:12-13을 보라). 이 약속은 나중에 레위의 가족 전체를 포함하는 것으로 확대되었을 수도 있지만, 실제로 그러했을 것으로 보이지는 않는다.

시드기야의 선택(34:1-7)

588년에 있었던 바벨론의 유다 침략 기간 동안에 예레미야는 시드기야 왕을 만나 그가 선택해야 할 일에 대해서 언급한다(1-2a절). 바벨론 군대는 이미 유다 나라의 대부분을 정복한 상태였다. 단지 예루살렘과 라기스와 아세가만 아직 정복되지 않은 채로 있었다(6-7절). 만일에 왕이 바벨론 군대에 맞서고자 한다면, 예루살렘은 느부갓네살의 손에 함락될 것이요, 시드기야는 바벨론 왕의 진노에 직면해야만 할 것이다(2b-3절). 그러나 달리 택할 길이 있다. 만일에 시드기야가 느부갓네살에게 항복한다면, 그의 생명이 보존될 것이다. 사실 그는 예루살렘에 남아 동족의 존경을 받으면서 살 수 있을 것이다(4-5절).

겉으로 보기에 2-5절은 시드기야의 운명에 관해 모순된 예언들을 포함하고 있는 것으로 보인다. 2-3절에 따르면, 예루살렘이 함락되고 시드기야는 포로로 사로잡힐 것이다. 그러나 4-5절은 어떠한 조건도 내걸지 않은 채로 왕이 목숨을 보존할 것이요, 고국에 남아 있을 것이라고 말한다.[82] 이러한 긴장을 해결하는 가장 좋은 길은 본문이 시드기야가 직면하고 있는 양자택일의 상황을 반영하는 두 가지의 조건적인 예언을 병렬시키고 있다고 이해하는 것이다.[83] 예레미야와 시드기야의 만남을 다루는 38:17-18의 기사가 이러한 해석을 뒷받침한다. 이 본문에 의하면 예언자는 시드기야에게 만일에 그가 항복한다면 그와 왕족 및 예루살렘 등이 보존될 것이라고 약속한다.[84]

---

82) Carroll, *Jeremiah*, 642.

83) 이에 대해서는 다음을 보라: William L. Holladay, *Jeremiah 2*, Hermeneia (Minneapolis: Fortress, 1989), 233.

84) Carroll, *Jeremiah*, 642.

시드기야의 불의(34:8-22)

바벨론 군대가 예루살렘을 위협하자 시드기야와 그의 왕실 관리들 및 예루살렘의 상류층은 왕의 칙령에 따라 자기들의 종들을 해방시킨다(8-10절). 모세의 율법은 히브리 종들을 6년마다 자유케 해야 한다고 규정한다(신 15:12를 보라). 그러나 과거에 예루살렘 사람들은 이 명령을 무시했다(12-14절). 그런데 이제는 바벨론 군대의 압박을 받은 그들이 회개할 필요성을 느끼고서, 종들에게 자비를 베푸는 것이야말로 자기들이 변했음을 하나님께 보여주는 좋은 방법임을 분명하게 인식한다(15절). 그들은 심지어 야웨 앞에서 계약을 맺음으로써 그러한 절차를 엄숙하게 진행시키기까지 했다. 송아지를 둘로 쪼개어 정렬시킨 다음에 자기 저주의 한 의식으로 그 쪼갠 사이를 지나간 것이다(18-19절). 이렇게 함으로써 그들은 만일에 자기들이 종들에게 한 약속을 철회한다면 하나님께서 자기들을 엄하게 심판하셔도 된다는 것(그들을 송아지처럼 쪼개도 된다는 뜻)을 분명하게 보여주었다. 그런데 불행하게도 그들의 회개는 일시적인 것이었다. 그들은 계약을 깨뜨렸으며, 종들을 다시 끌어왔던 것이다(11, 16절). 이 때문에 야웨께서는 그들을 엄하게 벌하실 것이다. 그들은 종들을 자유케 하는 일에 실패하였다. 그 까닭에 야웨께서는 칼과 기근과 전염병을 자유롭게 풀어놓아 노예 소유자들을 치게 하실 것이다(17절). 그들의 계약 의식에서 쪼개어진 송아지처럼 그들의 시체는 밖에 버려져서 새들과 들짐승들의 먹이가 되고 말 것이다(19-20절). 바벨론 군대는 잠시 예루살렘을 떠나가기는 했지만(아마도 사람들은 이것을 보고서 위협이 지나갔다고 생각하고서는 과거의 죄악스런 삶으로 돌아가고자 했을 것이다) 완전 무장한 채로 다시 와서 그 성읍을 정복할 것이다(21-22절).

충성하는 삶의 모델(35:1-19)

여호야김의 통치시기에 야웨께서는 예레미야에게 유목 생활을 하는 레갑 족속을 방문하라고 지시하신다(1-2절). 그는 그들을 성전으로 초청하여 약간의 포도주를 제공한다. 예언자는 하나님께 지시받은 대로 행하지만, 그가 레갑 족속 앞에 포도주를 놓자 그들은 마시기를 거부하면서, 자기들의 조상

요나답이 포도주 마시는 일을 멀리하라고 명하였다고 설명한다(3-6절). 요
나답은 또한 그들에게 유목적인 생활양식을 견지할 것을 명하기도 했다(7
절). 레갑 족속은 2백 년 이상이나 요나답의 가르침에 순종하는 삶을 살았
다.[85] 그들 중 어느 누구도 포도주를 마시지 않았다. 그들은 바벨론 군대의 침
략으로 인하여 예루살렘 성벽 안에서 보호 지역을 찾아야 할 때까지도 유목
적인 생활양식을 유지하고 있었다(8-11절). 이처럼 전통을 고수하는 레갑 족
속의 모습은 하나의 실물 교육에 해당하는 것이면서 동시에 유다와 예루살
렘 사람들을 고발하는 것이나 다름이 없다(12-13절). 요나답의 지시를 충실
하게 따르던 레갑 족속과는 대조적으로 하나님의 백성은 그의 명령들에 불
순종하였으며, 예언자들의 경고를 무시하였다(14-16절). 이 때문에 야웨께
서는 자기 백성에게 재앙을 내리실 것이다(17절). 그러나 레갑 족속은 순전
함과 신실함을 지킨 까닭에 야웨의 종들이 될 것이다(18-19절). 본문이 여기
서 어떠한 종류의 봉사를 염두에 두고 있는 것인지 아니면 그 예언이 어떻게
성취될 것인지는 확실치 않다.

예언의 말씀을 불사름(36:1-32)

주전 605년(여호야김 왕의 제4년)에 야웨께서는 예레미야에게 그가 받은
모든 예언의 말씀들을 기록하라고 지시하신다(36:1-2). 야웨께서는 그 심판
메시지들을 사람들에게 읽혀주면(6절) 그것의 축적된 힘이 그들을 회개케 함
으로써 그로 하여금 그들의 죄를 용서하게끔 할 수 있게 되기를 기대하셨다
(3절과 26:3을 보라). 예레미야는 바룩을 불러서 자신이 구술한 예언 메시지
들을 기록하게 하였다(4절). 예레미야는 성전으로부터 추방당한 상태였기 때
문에 바룩에게 그곳으로 가서 예언 두루마리를 사람들에게 읽혀주어 그들의
회개를 촉구하라고 지시한다(5-7절). 바룩은 그가 말한 대로 하되, 야웨 앞
에서 금식하기 위해 성전에 모인 사람들에게 그 두루마리를 읽어준다(8-10
절). 바룩은 왕실 관리들 앞에 소환되어 그 두루마리를 읽으라는 명령을 받

---

85) 요나답은 주전 9세기에 살았던 사람이다. 열왕기하 10:15-23은 그가 주전 841-
814년 사이에 이스라엘을 다스린 예후와 같은 시대 사람이라고 말한다.

는다(11-15절). 관리들은 그 예언 메시지들을 듣고 나서 바룩에게 그 내용을 왕에게 보고할 것을 지시한다(16절). 그러나 그들은 바룩을 체포하기보다는 그와 예레미야에게 숨을 것을 조언한다(17-19절). 왕은 그동안에 이루어진 일들에 관한 보고를 받고서 그 두루마리를 자신의 면전에서 읽으라고 명한다(20-21절). 여후디라는 이름의 관리가 화로 앞에 앉아 있던 왕에게 그것을 가지고 간다(그때는 겨울철임). 두루마리를 읽어나가자 왕은 한 번에 서너 페이지씩 잘라내어 화로 속에 그것들을 던져버린다(22-23절). 관리들 중의 일부는 그에게 예언의 말씀을 태우지 말 것을 촉구하지만, 그는 그들의 충고를 무시하며, 심지어는 신하들에게 바룩과 예레미야를 체포할 것을 명한다. 그런데 두 사람은 이미 몸을 숨긴 뒤였다(25-26절).[86]

두루마리는 사라졌지만, 왕의 교만한 행동은 하나님의 말씀을 침묵시키지 못한다. 야웨께서는 예레미야에게 예언 메시지의 또 다른 사본을 만들라고 명하신다(27-28절). 예언자는 바룩의 도움에 힘입어 그 명령에 순종한다(32절). 야웨께서는 또한 예언자에게 왕을 위한 메시지를 전달하신다. 여호야김은 첫 번째 두루마리를 불로 태운 왕이다. 이는 그가 그 안에 담긴 심판 메시지에 반대했기 때문이다(29절). 그러나 심판은 결국 이루어질 것이요, 특히 가혹한 방식으로 여호야김을 칠 것이다. 여호야김 왕조는 끝장날 것이다(30a절). 왕 자신은 죽임을 당할 것이요, 그의 시체는 제대로 매장되지 못할 것이다(30b절).[87] 그의 가족과 왕실 역시 심판을 받을 것이요, 하나님은 예루살렘과 유다에 재앙을 내리실 것이다(31절).

감옥에 갇힌 예레미야(37:1—38:28)

---

86) 26절의 히브리어 본문은 "야웨께서 그들을 숨기셨다"고 진술한다. 그러나 70인역은 야웨에 대하여 언급하지 않은 채로 단순히 "그들이 숨었다"라고만 진술한다. 70인역의 본문 전승은 어쩌면 우연히 하나님의 이름을 생략했을 수도 있다. 그러나 더 정확하게는 그 이름이 히브리어 본문 전승 안에 삽입되었을 가능성이 더 높을 것이다. 본문상의 문제점들에 대한 논의를 위해서는 다음을 보라: McKane, *Jeremiah*, 2:909.

87) 이와 비슷한 예언은 22:18-19에서도 발견된다. 예언의 성취에 관한 논의를 위해서는 이 본문에 대한 필자의 설명을 보라.

시드기야의 통치기간에 속한 주전 588년에 왕은 한 명의 사자와 제사장을 예레미야에게 보내어, 왕 자신과 나라를 위하여 기도해줄 것을 요청한다 (37:1-3). 왕으로서는 필사적인 움직임을 보인 셈이다. 왜냐하면 그는 이전에 예레미야의 예언을 무시했기 때문이다. 왕이 기도 요청을 할 당시에 예레미야는 아직 감옥에 갇히지 않았었고, 바벨론 군대는 자기 나라를 침공해온 이집트 군대와 맞서기 위해 예루살렘을 떠난 상태에 있었다(4-5절). 그러나 바벨론 군대의 철수는 단지 일시적인 것일 뿐이었다. 야웨께서는 왕의 기도 요청에 대하여 심판 메시지로 응답하신다(6-10절). 이집트 군대는 바벨론 군대 앞에서 퇴각할 것이요, 바벨론 군대는 예루살렘으로 돌아와 그 성읍을 점령할 것이다. 시드기야와 그의 왕실은 희망을 가져서는 안 된다. 왜냐하면 바벨론의 승리가 너무도 확실할 것이기 때문이다.

왕의 요청에 대한 예레미야의 반응은 왕실 관리들의 분노를 초래했음이 분명하다. 그 까닭은 그 직후에 그가 왕실 관리들과의 갈등에 빠지게 되었기 때문이다. 바벨론 군대의 철수 기간 동안에 예레미야는 모종의 거래를 하기 위하여 베냐민 지파를 향하여 여행을 떠나기로 작정한다. 그가 예루살렘을 떠나려 하자 시위대 장관은 모반죄로 그를 고발하여 체포한다(11-13절). 무죄 탄원을 했음에도 불구하고 예레미야는 폭행을 당한 후에 감옥에 갇히는데, 그곳에서 그는 오랜 시간을 보낸다(14-16절).

시드기야는 마지막으로 예레미야를 소환하여 하나님의 계시를 받았는지를 그에게 묻는다(17a절). 긍정적인 답변을 한 예레미야는 왕에게 그가 바벨론 군대에 넘겨질 것이라고 말한다(17b절). 예언자는 또한 그의 학대에 대하여 이의를 제기하면서 감옥으로 되돌려 보내지 말 것을 요청한다(18-20절). 왕은 그가 시위대 뜰에 머물 수 있도록 허락한다. 예언자는 거기서 날마다 음식물을 공급 받는다(21절; 32:2를 보라).

38장과 37장의 정확한 연대기적인 관계는 확실하지 않다. 어떤 이들은 이 두 본문이 동일한 사건들을 가리킨다고 보지만, 양자 사이에는 뚜렷한 차이들이 있다. 그러한 차이들은 두 개의 상이한 이야기들이 연루되어 있다는 암시를 준다.[88] 38장의 서두에서 예레미야는 밖으로 나가 사람들 사이에서 설교하는 모습을 보인다(참조. 37:4). 그러나 만일에 38장이 연대기적인 측면에

서 37장을 그대로 이어받고 있다면, 예레미야는 시위대 뜰에 갇혀 있는 동안
에 사람들에게 간접적으로 설교(아마도 바룩을 통하여)했을 가능성이 더 높
다(이와 관련하여 32장을 보라).[89]

예루살렘의 임박한 파멸을 선포하는 예레미야의 인기 없는 메시지는 일부
왕실 고위 관리들의 분노를 산다(38:1-3). 그들은 그의 말을 시드기야에게
그대로 보고한다. 그들은 왕에게 예언자를 모반자로 처형할 것을 조언한다(4
절). 시드기야는 그들에게 자기들이 옳다고 판단하는 바를 따라 예레미야를
처벌하라고 허락한다(5절). 그들은 예레미야를 굶겨 죽이려는 의도 하에 진
흙 구덩이 아래로 던져 넣는다(6절; 9절을 보라). 바로 이때 전혀 생각지 못한
인물이 전면에 나서게 된다. 왕궁에 봉사하는 구스인(에티오피아인) 에벳멜
렉이 예레미야를 위해 중재 역할을 자임한 것이다. 그는 예레미야의 대적들
이 저지른 잘못을 비난하면서 왕에게 예레미야를 구덩이로부터 건져내줄 것
을 요청한다(7-9절). "왕의 종"이라는 뜻의 이름을 가진 이 관리는 시드기야
를 움직일 수 있는 막후 세력을 거느리고 있었음에 틀림이 없다. 왜냐하면
결국에는 우유부단한 왕이 예레미야를 풀어주도록 명했기 때문이다(10절).
에벳멜렉은 30명의 도움을 받아 예레미야를 진흙 구덩이로부터 건져낸다
(11-13절). 본문은 여기서 왜 에벳멜렉이 예레미야를 위해 중재 역할을 수행
했는지에 대해서 아무런 설명도 하지 않는다. 그러나 우리는 39:18에서 그에
게 있는 야웨 신앙이 그러한 행동을 가능케 했다는 점을 발견하게 된다.

시드기야는 은밀한 만남을 갖기 위해 예레미야를 소환한다(14절; 27b절을
보라). 예레미야는 시드기야가 자기를 죽일지도 모른다는 두려움 때문에 왕

---

88) 두 이야기 사이의 차이점 요약에 대해서는 다음을 보라: Carroll, *Jeremiah*, 679.

89) 맥케인(McKane, Jeremiah, 2:962-63)은 이러한 접근법에 반대한다. 그는 다음
과 같이 기록하고 있다: "만일에 예레미야가 왕궁 뜰에 갇혀 있는 동안에 '모든 백성'에
게 자신의 예언 메시지를 전달할 수 있는 자유를 가지고 있었다면, 그를 감금한 것은 그
목적한 바를 이루지 못했음이 분명하다. 그는 어떠한 제약으로부터도 자유로웠을 것이
다. 더 나아가서 만일에 그가 '모든 백성'에게 말한 것이 옳다면, 이는 그가 어떠한 종류
의 제약도 받지 않았음을 암시할 뿐만 아니라, 그가 왕궁 뜰에 갇혀 있었다는 것과 상충
되기도 한다고 볼 수 있다."

에게 진실을 말하기를 주저한다(15절). 그러나 왕은 예레미야를 죽이거나 그의 생명을 찾는 자들에게 그를 넘겨주지 않겠다고 맹세한다(16절). 시드기야가 진심을 말한 것에 만족한 예레미야는 왕에게 두 가지 가능성을 제시한다. 만일에 그가 즉시 바벨론 군대에 항복한다면, 그와 그의 가족은 목숨을 건질 것이요, 예루살렘은 파괴되지 않을 것이다(17절). 그러나 만일에 그가 끝까지 저항하고자 한다면, 예루살렘은 불에 탈 것이요, 시드기야는 포로로 사로잡힐 것이다(18절). 시드기야는 자기가 항복했을 경우에 바벨론 군대가 이미 항복을 선언한 친(親) 바벨론적인 유대인들에게 자기를 넘겨줄지도 모른다는 것을 두려워한다(19절). 예레미야는 바벨론 군대가 그렇게 하지 않을 것임을 그에게 보증한다(20a절). 그는 시드기야에게 야웨의 뜻에 순종하여 항복할 것을 촉구한다. 왜냐하면 그렇게 해야만 그가 목숨을 건질 수 있기 때문이다(20b절). 만일에 그가 야웨의 명령을 무시한다면, 그와 예루살렘은 똑같이 재앙을 만나게 될 것이다(21-23절).

시드기야는 예레미야를 시위대 뜰로 되돌려 보내기 전에, 왕실 관리들에게 둘 사이의 대화에 관해 아무 말도 하지 말 것을 그에게 경고한다(24절). 만일에 관리들이 두 사람의 만남을 눈치채고서 예레미야에게 어떤 일이 있었는지를 말하라고 요구한다면, 예레미야는 그들에게 거짓말을 하되, 왕에게 자기를 다시 감옥으로 돌려보내지 말 것을 간청했다고 말해야만 한다(25-26절; 37:15-20을 보라). 왕이 염려한 대로 관리들은 정말로 그 만남을 눈치채지만, 그들이 예언자에게 질문을 던지자 그는 왕이 지시한 대로 거짓말을 한다(27절). 예레미야는 예루살렘이 바벨론 군대에 함락될 때까지 왕궁 시위대 뜰에 갇혀 지낸다(28절).

예언이 성취됨(39:1-10)

예언을 통한 예레미야의 경고는 금방 성취된다. 주전 588년 1월에 느부갓네살이 예루살렘을 포위한 것이다. 바벨론 군대는 586년 7월에 그 성의 방어망을 돌파한다(39:1-2).[90] 바벨론 관리들이 그 성읍을 장악하자(3절), 시드기

---

90) 이 사건들의 연대 추정에 대해서는 다음을 보라: Edwin R. Thiele, *The*

야와 그의 병사들은 야반도주를 시도하지만(4절), 바벨론 군대에 사로잡혀 느부갓네살 사령부로 압송된다(5절). 예레미야가 경고한 바와 같이, 바벨론 왕은 반역자들을 무자비하게 다룬다. 그는 시드기야 왕이 보는 앞에서 그의 아들들을 죽이며, 유다의 귀족들을 처형하고, 왕을 청동 사슬로 결박하여 바벨론으로 끌고 가기 전에 그의 두 눈을 빼버린다(6-7절). 그 사이에 바벨론 군대는 예루살렘을 불사르고(8절), 그 거주민 대부분을 포로로 잡아간다(9절). 그들은 유다 백성 중 가장 가난한 자들만을 남겨두고서는, 그들에게 밭과 포도원을 제공한다(10절).

예레미야와 에벳멜렉의 의로움이 입증됨(39:11—40:6)

바벨론의 침략으로 인하여 예레미야가 옳았음이 입증된다. 예레미야가 야웨의 명령을 따라 바벨론 군대에 항복할 것을 권유한 까닭에, 느부갓네살은 예언자를 왕궁 시위대 뜰에서 풀어줄 것을 명한다. 느부갓네살 시위대의 사령관인 느부사라단은 예레미야를 그달랴의 보호 아래 두며, 그를 그 땅에 머물 수 있게 한다(11-14절).

풀려나기 전에 예언자는 죽음의 위기에 처한 자신을 말기아의 구덩이에서 구해준 에티오피아 환관 에벳멜렉과 관련된 메시지를 야웨께로부터 받는다(15-18절; 38:7-13을 보라). 야웨께서는 에벳멜렉에게 그의 신실함이 보상을 받을 것임을 약속하신다. 바벨론 군대는 예루살렘을 정복했을 때 그의 생명을 지켜준다.

40장은 예레미야가 어떻게 포로로 사로잡혀가지 않게 되었는지에 대한 설명으로 시작된다. 이 이야기를 39:11-14와 어떻게 조화시켜야 하는지에 대해서는 확실하게 밝혀진 바가 없다.[91] 후자는 느부사라단과 다른 바벨론 관

Mysterious Numbers of the Hebrew Kings, rev. ed. (Grand Rapids: Zondervan, 1983), 190. 예루살렘은 사실상 586년 8월에 이르러서야 비로소 불에 탄다(렘 52:12-13을 보라).

91) 두 본문을 조화시키려고 한 시도에 대해서는 다음을 보라: Holladay, *Jeremiah* 2, 293. 그는 왕궁 뜰로부터 풀려나 그달랴의 보호 아래 들어가게 된 예레미야가 우연히 다시 체포되어 라마로 압송되었지만, 거기서 느부갓네살이 그를 구원하여 그달랴에게로

307 예레미야와 애가 307

리들이 어떻게 예레미야를 왕궁 뜰로부터 풀어주고 그를 그달랴의 보호 아래 두었는지에 대해서 말하고 있다. 그러나 40:1-6에 따르면, 예레미야는 다른 포로들과 함께 라마로 끌려갔고, 바벨론으로 압송될 준비가 되어 있었다 (1절). 느부사라단은 예레미야에게 다가가 유다 파멸의 근본적인 이유에 관한 날카로운 신학적 통찰을 제시한 후에 그를 풀어준다(2-3절). 느부사라단은 예레미야에게 그의 바벨론 방문을 환영하지만 그 땅에 계속 머물 수 있는 선택권을 주겠다고 말한다(4절). 예레미야가 자기 백성과 함께 있고 싶다는 것을 안 느부사라단은 그에게 음식물을 제공한 후 그에게 신임 유다 총독인 그달랴와 함께 거할 것을 충고한다(5-6절).

그달랴의 암살(40:7—41:18)

바벨론 군대는 그달랴를 유다 총독으로 임명하여 그 땅에 남아 있게 된 가난한 사람들을 책임지게 한다(7절). 일부 관리들과 유다군의 일부 병사들은 사로잡힘을 면한다. 그들은 그달랴의 부임 소식을 듣고서 미스바에서 그에게 나아간다(8절). 그달랴는 그들에게 맞서지 않겠다고 맹세하여 약속하며, 그들에게 바벨론의 권위를 받아들일 것을 촉구한다(9절). 그는 그들에게 여러 성읍들에 정착하여 농부로서 살 수 있게끔 조치한다(10절). 요단 동편으로 도망하였던 유대 피난민들도 그 땅으로 돌아와 농업활동을 재개한다(11-12절).

그 땅에 평화가 되찾아왔음에도 불구하고 서서히 문제가 생겨나기 시작한다. 그달랴와 계약을 맺은 군인들 중 한 명인 가레아의 아들 요하난은 그달랴를 찾아가서, 자기들 중 한 명인 느다냐의 아들 이스마엘이 암몬 족속의 왕 바알리스의 사주를 받아 그를 죽이려 한다는 정보를 제공한다(13-14절).[92] 바알리스는 반(反) 바벨론 정서를 분명하게 가지고 있었기 때문에 친

보냈다고 본다.

92) 주전 600년경으로 추정되는 암몬의 한 인장 날인이 이 왕에 대해서 언급한다: Randall W. Younker, "Ammonites," in *Peoples in the Old Testament World*, ed. A. J. Hoerth, G. L. Mattingly, and E. M. Yamauchi (Grand Rapids: Baker, 1994), 313-14.

(親) 바벨론적인 경향을 갖는 총독이 자기 나라 곁에 있는 것을 두려워한다. 그는 그달랴를 모반자로 간주한 것임에 틀림이 없는 열광적인 이스마엘이 기꺼이 자기와 함께 할 수 있는 사람임을 발견한다. 불행하게도 그달랴는 요하난의 보고를 믿지 않으려 하며, 이스마엘을 죽이라는 그의 제안을 거절한다(15-16절).

그 바로 직후인 8월에 이스마엘은 열 명의 심복들로 구성된 암살단을 조직한다. 그들은 평화를 가장한 채로 그달랴를 찾아간다. 그러다가 그달랴가 자기들을 환영하자 그들은 칼들을 꺼내어 그를 죽이고, 이어서 거기에 있던 다른 유다 사람들과 그곳에 주둔하고 있던 바벨론 병사들도 죽인다(41:1-3). 피에 굶주린 이스마엘의 행동은 이것으로 끝나지 않는다. 상황을 잘 모르는 80명의 조문객들이 두 달 전에 이미 불에 타버린(렘 52:12-13) 성전의 파괴를 슬퍼하는 한편으로 성전터에서 희생제사를 드리기 위해 북쪽으로부터 예루살렘으로 온다(4-5절).[93] 그들의 슬픔을 함께 나누는 것처럼 가장한 이스마엘은 그달랴를 만나고자 하는 것으로 위장한 채로 그들을 미스바로 초청한다(6절). 그들이 성읍 안으로 들어오자 이스마엘과 그의 부하들은 북쪽에서 찾아온 방문객 70명을 죽이고 그들을 구덩이에 던져버린다(7, 9절). 그러나 조문객들 중 10명은 밭에 감추어놓은 약간의 음식물을 이스마엘에게 제공하겠다고 약속함으로써 목숨을 건지는 데 성공한다(8절). 이스마엘이 이들 예배객들을 죽인 동기는 확실치 않다. 다양한 견해들이 제시되었지만, 가장 유력한 설명에 의하면 그는 그저 쉽게 만족감을 느끼지 못하는 폭력적 성향을 가지고 있는 잔혹한 사람일 뿐이다.[94]

이스마엘은 시드기야의 딸들을 포함한 미스바의 사람들을 포로로 잡아 암몬으로 떠난다(10절).[95] 그러나 가레아의 아들 요하난과 그의 부하들은 이스

---

93) 머리를 밀고 옷을 찢고 몸을 상하게 하는 일(4절을 보라)은 애곡을 표현하는 몸짓들에 해당한다. 예레미야 16:6; 47:5; 48:37 등을 보라.

94) 이스마엘에게 있었을 법한 동기들에 대한 논의를 위해서는 다음을 보라: Holladay, *Jeremiah 2*, 297; McKane, *Jeremiah*, 2:1027-28. 캐롤(Carroll, *Jeremiah*, 711)은 이스마엘을 "정신 질환을 가진 강도"라 부른다.

95) 예레미야 38:22-23에 기록되어 있는 예언에 따르면, 시드기야 왕궁의 여인들은

마엘의 소행에 관한 얘기를 듣고서 그들을 추격한 끝에 기브온에서 그들을 따라잡는다(11-12절). 자신이 수적으로 불리함을 깨달은 이스마엘은 포로들을 풀어주고서는 암몬으로 도망한다(13-15절). 바벨론 군대가 그달랴의 암살 사건이 발생한 것에 대한 책임을 물을 것을 두려워한 요하난과 그의 부하들은 자기들이 구출한 사람들과 함께 남쪽에 있는 이집트로 방향을 돌린다(16-18절).

하나님의 말씀을 무시함(42:1—43:7)

바로 이 부분에서 예레미야가 이야기의 중심부에 다시 등장한다. 그는 이스마엘이 미스바에서 사로잡은 자들 중에 섞여 있었음이 분명하다(40:6을 보라). 요하난은 동료 병사들과 자기들이 구출한 사람들을 모두 이끌고서 예레미야를 찾아가며, 그에게 야웨께서 지시하실 말씀을 구하기 위한 기도를 해달라고 요청한다(42:1-3). 예레미야가 그렇게 하겠다고 약속하자, 그들은 야웨의 가르침에 순종하겠다고 맹세하여 약속한다(4-6절). 열흘 후에 예레미야는 자신의 기도에 대한 응답을 받고서, 야웨의 말씀을 들려주기 위해 사람들을 소집한다(7-8절). 야웨께서는 그들에게 그 땅에 머물 것을 촉구하시면서 그들에게 복을 주시고 그들을 보호해 주겠다고 약속하신다(9-12절). 그는 또한 만일에 그들이 자기 명령에 순종하기를 거부한다면 친히 그들을 벌하실 것이라고 경고하기도 하신다. 만일에 그들이 이집트로 가기를 고집한다면, 그들은 최근에 예루살렘이 그러했던 것처럼 야웨의 진노의 심판을 맛보게 될 것이다(13-18절). 예레미야는 이러한 하나님의 명령이 과연 그들에게 충격으로 전해질 것인지를 의심한다. 야웨의 인도하심을 간구하였음에도 불구하고 그들의 마음은 사실 이집트로 가려는 의도를 분명하게 가지고 있었다. 그들은 단지 하나님께서 자기들의 계획을 승인해 주시기를 기대했을 뿐이다. 이 때문에 예언자는 다시금 그들에게 불순종의 결과가 어떠할지에 대해서 경고를 한다(19-22절).

바벨론에 사로잡히게 될 것이다. 그러나 "왕의 딸들"에 대한 41:10의 언급은 그들 중 일부가 그러한 운명을 피하였음을 분명하게 보여준다.

예레미야가 염려한 바와 같이 그 사람들은 야웨의 메시지를 받아들이지 않는다. 요하난을 포함한 그들 중 일부는 예레미야를 거짓말쟁이로 부르면서, 그가 바룩과 공모하여 자기들을 바벨론에 넘겨주려 했다고 비난한다 (43:1-3). 요하난의 인도함을 받은 그 사람들은 뻔뻔스럽게도 야웨의 명령에 불순종한다. 예레미야를 강제로 자기들과 함께 가게 한 그들은 이집트로 가서 나일 삼각주의 동쪽에 위치한 다바네스에 정착한다(4-7절).

이집트의 포로민들을 비난함(43:8—44:30)

예레미야가 이집트에 도착하자 야웨께서는 그에게 또 다른 상징적 행동을 취할 것을 명하신다. 그것은 그의 예언 사역에 있어서 대단히 중요한 의미를 갖는 것이었다. 예언자는 몇 개의 큰 돌들을 취하되, 그것들을 파라오가 다바네스를 방문할 때 머무는 왕궁의 입구에 진흙으로 감춘다(8-9절). 예레미야는 이어서, 하나님의 심판의 도구가 되었기에 하나님의 "종"으로 칭함 받는 느부갓네살이 이집트를 침공하여 그 돌들 위에 자신의 왕좌를 펼칠 것이라고 선언한다(10절). 느부갓네살과 그의 군대는 자기들의 길을 막는 자들을 남김없이 죽일 것이요, 이집트의 신전들을 불태울 것이다. 그 중에는 태양신 레의 신전도 포함될 것이다(11-13절). 이 예언의 요점은 분명하다: 유대인 피난민들은 이집트로 도망함으로써 느부갓네살의 진노를 피하고자 한다. 그러나 이집트는 피난처 구실을 제대로 하지 못할 것이다. 왜냐하면 바벨론 군대가 국경 지역을 침범하여 죽음과 파멸을 그들에게 안겨줄 것이기 때문이다. 이 예언은 느부갓네살이 주전 568-567년에 이집트를 침공하던 때에 적어도 부분적으로는 성취된다.[96]

이집트로 간 포로민들에게 문제가 닥칠 것이다. 유다 백성은 우상숭배를 고집하면서 야웨께서 보내신 예언자들의 경고를 무시하였기에 심판을 자초하였었다(44:1-6). 이집트에 있는 포로민들 역시 이방 신들을 섬김으로써 조

---

96) 이 사건에 대한 단편적인 보고에 대해서는 다음을 보라: James Pritchard, *Ancient Near Eastern Texts Relating to the Old Testament* (Princeton: Princeton University Press, 1969), 308.

상들의 발자취를 따른 까닭에 하나님의 계약 공동체로부터 끊어질 것이다 (7-10절). 칼과 기근이 사실상 이집트에 있는 포로 공동체를 휩쓸어버림으로써 그들을 열방 중에 웃음거리가 되게 할 것이다(11-14절). 단지 소수의 피난민들만이 유다로 되돌아갈 것이다.

이집트의 포로민들은 예레미야의 경고를 무시한다(15-16절). 그들은 "하늘의 여왕"을 섬기고자 한다(17-19절; 7:18을 보라).[97] 그들은 예루살렘이 파괴되기 전에 이 여신을 숭배했으며 그 결과 번성했다는 점을 지적한다. 자기들이 그 여신에 대한 숭배를 중단하자 재앙이 찾아왔다는 것이다. 죄의 포로가 된 그들의 눈은 자기들이 야웨를 버리고 또 그의 계명들에 불순종한 까닭에 심판이 임했다는 것을 보지 못한다(20-23절). 도리어 그들은 자기들의 불행을 이방 나라의 풍요의 여신에게 돌리면서, 자기들이 그 여신을 거역한 탓에 재앙을 만난 것이라고 말한다. 그리하여 그들은 다시금 새롭게 이 여신을 섬기기로 결심한다(24-25절). 그러나 하늘의 여왕에 대한 그들의 집착은 파멸을 불러일으킬 것이다. 야웨의 파괴적인 심판이 그들 위에 임할 것이요, 그로 인하여 그들은 너무 늦기는 했지만 야웨의 말씀이 분명하게 성취된다는 사실을 인정하지 않을 수 없을 것이다(26-28절). 이러한 심판 선고가 성취될 것임을 보증하는 의미에서 야웨께서는 포로민들에게 임박한 파멸에 관한 한 징조를 알려 주신다(29절). 그 징조에 의하면, 이집트의 왕 호브라가 자신의 대적들에게 넘겨질 것이다. 유다의 마지막 왕 시드기야가 느부갓네살에게 넘겨진 것처럼 말이다(30절). 이 징조는 군대장관 아마시스가 호브라의 왕권을 탈취한 주전 570년에 성취된다.

바룩을 위한 약속(45:1-5)

예레미야서의 두 번째 주요 단락(26-45장)의 두 번째 세부 단원(36-45장)은 맨 처음 시작하던 때와 마찬가지로 여호야김 제4년에 속한 것으로 여겨지는 한 사건을 통하여 마무리된다(1절; 36:1을 보라). 바룩은 예레미야의 신실한 조력자로 봉사하면서 예언자와 함께 고통을 당한다(2-3절). 바룩의 탄식

---

97) "하늘의 여왕"이 누구인지에 대해서는 예레미야 7:18에 대한 필자의 설명을 보라.

에 응답하신 야웨께서는 임박한 심판의 현실과 그 땅을 뒤덮을 재앙을 받아
들일 것을 촉구하신다(4-5a절). 그러나 야웨께서는 또한 바룩에게 그의 목숨
이 보존될 것임을 보증하신다(5b절). 우상숭배에 빠진 탓에 하나님의 계속적
인 심판을 맛보게 될(44장) 이집트의 포로민들과는 대조적으로 바룩은 심판
으로부터 살아남을 것이다. 이는 그가 진정한 남은 자들, 곧 신실한 마음으
로 야웨를 따르는 자들을 대표하기 때문이다.

야웨께서 열방을 심판하심(예레미야 46-51장)

이 장들은 다양한 나라들을 향한 아홉 개의 심판 신탁들을 포함하고 있다
(46:1). 이 심판 메시지들은 히브리어 본문에서 다음과 같은 순서로 배열되어
있다:[98]

이집트 심판(46:2-28)
블레셋 심판(47:1-7)
모압 심판(48:1-47)
암몬 심판(49:1-6)
에돔 심판(49:7-22)
다메섹 심판(49:23-27)
게달과 하솔 심판(49:28-33)
엘람 심판(49:34-39)
바벨론 심판(50:1—51:64)

이러한 배열은 대체적으로 보아 남서쪽으로부터 먼 동쪽으로 옮겨가는 양
상을 보인다. 우리는 남서쪽의 이집트에서 출발하여 서쪽의 블레셋을 거친
다음, 사해를 건너 모압으로 옮겨간다. 이어서 우리는 북쪽의 암몬으로 갔다
가 다시 남쪽의 에돔으로 내려오며, 북동쪽의 다메섹을 거쳐 시리아 사막의

---

98) 앞서 언급한 바와 같이, 이러한 배열은 고대 헬라어 역본과 차이를 보이고 있다:
Bullock, *Introduction*, 207.

게달과 하솔로 옮겨간다. 거기서 우리는 멀리 바벨론 동쪽에 있는 엘람으로 가며, 바벨론에서 여정을 마무리한다.

이집트를 향한 심판(46:2-28)

주전 605년에 파라오 느고는 바벨론 군대와 싸우기 위해 자신의 군대를 이끌고서 북쪽으로 이동한다. 느부갓네살은 오늘날의 북부 시리아에 해당하는 유프라테스 강변의 갈그미스(Carchemish)에서 이집트 군대를 격퇴한다. 이 전쟁을 전후한 시기에 야웨께서는 이집트를 조롱하는 메시지를 전달하신다(2절). 이집트 군대는 전쟁을 충분히 준비한 것으로 보이지만, 결국에는 두려움에 사로잡힌 나머지 퇴각하며 수치를 당할 것이다(3-6절). 이집트는 자기가 세상을 정복할 것이라고 자랑하지만, 야웨께서 그를 대적하여 넘어지게 하실 것이다(7-11절). 이집트 군대가 패배하는 날은 야웨께서 "복수하시는 날"로 불릴 것이다. 이러한 언어는 정형화된 것이요, 상투적인 것이지만(사 34:8; 61:3; 63:4), 그것은 야웨께서 4년 전에 요시야 왕을 죽인 이집트 군대의 소행에 보복하려는 것으로 여겨지는 듯하다(왕하 23:29-30을 보라). 이집트 군대는 이 당혹스런 패배를 극복하려고 애쓰겠지만, 그들이 당할 수치는 열방 중에 널리 퍼질 것이다(11-12절).

설상가상으로 느부갓네살은 마침내 유리한 고지를 점령하고서 이집트를 침공할 것이다(13-14절; 43:11-13을 보라).[99] 이집트의 신들은 자기들의 땅을 지켜내지 못할 것이다(15절). NIV는 15a절의 전통적인 본문을 따라서 이렇게 번역한다: "너희 전사들이 쓰러짐은 어찜이뇨? 그들이 서지 못하리라." 그러나 70인역을 따라 "아피스(Apis)가 왜 도망하였느뇨? 너희 황소는 지상에 온전히 서지 못하리라."[100] 멤피스에서 숭배되는 황소 신 아피스는 프타(Ptah) 신의 화신으로 간주된다.[101] 이집트 땅을 방비해야 할 군대는 파라오에

---

99) 이집트 침공은 주전 568-567년에 가서야 이루어진다.

100) Thompson, *Jeremiah*, 690-92.

101) George Steindorff and Keith C. Seele, *When Egypt Ruled the East*, rev. ed. (Chicago: University of Chicago Press, 1957), 140-41.

대한 신뢰를 잃을 것이요, 모두 다 자기들의 집으로 돌아가고 말 것이다(16-17절). 이집트를 조롱하신 야웨께서는 다볼산이나 갈멜산과도 같은 이가 그 땅을 침공할 것이요, 이집트 거주민들로 하여금 포로로 잡혀갈 준비를 하게 할 것이라고 선언하신다(18-19절). 이곳에 사용된 산의 표상은 탁월함을 암시하는 것으로서, 느부갓네살을 상징하고 있다.

야웨께서는 이집트의 운명을 묘사하기 위해 일련의 추가적인 표상들을 사용하신다. 바벨론 군대는 윙윙거리면서 암송아지를 괴롭히는 쇠파리 떼와도 같을 것이다(20절). 이집트의 용병들은 바벨론 군대의 맹공격에 속수무책으로 당하면서 공포에 사로잡힌 나머지 달아날 것이지만 결국에는 살진 송아지들처럼 살육당할 것이다(21절). 이집트는 침략군들 앞에서 뱀처럼 도망할 것이요, 바벨론 침략군이 메뚜기 떼처럼 그 땅을 휩쓸어가고 삼림 속의 벌목꾼들처럼 그 땅을 유린할 때에 뱀처럼 쉿 소리를 내면서 자기들의 불만을 드러낼 수밖에 없을 것이다(22-23절). 야웨께서는 이집트인들과 그들의 신 아몬(Amon) 및 그들의 통치자들 모두를 바벨론 군대에 넘길 것이다(24-26a절). 그러나 이집트의 패배는 일시적인 것이 될 것이다. 마침내 이집트는 이전처럼 사람이 사는 곳으로 바뀔 것이다(26b절).

이집트를 향한 이 신탁은 하나님의 백성을 위로하는 메시지에서 절정에 달한다. 그는 포로 된 자기 백성에게 두려워하지 말라고 말씀하신다. 왜냐하면 그가 그들과 함께 하실 것이요, 언젠가는 이스라엘을 압제로부터 구원하시고 그들을 자기들의 땅에서 안전하게 살게 하실 것이기 때문이다(27-28a절). 야웨께서는 자기 백성을 훈련시켜야 하겠지만, 결코 그들을 완전히 멸하지는 않으실 것이다(28b절).

블레셋을 향한 심판(47:1-7)

이집트가 블레셋의 가사를 공격하기 얼마 전에 야웨께서는 블레셋의 파멸을 선고하신다(47:1). 공격의 정확한 날짜는 알려져 있지 않다. 그것이 주전 610-601년 사이의 어느 한 시점에 이루어졌으리라고 보는 결론이 타당해 보이기는 하지만 말이다.[102] 그러나 묘하게도 이 신탁은 이집트보다는 바벨론의 블레셋 공격을 가리키는 것으로 보인다. "물이 북쪽에서 일어난다"는 표상은 지극히 자연스럽게 이집트가 아니라 바벨론을 가리킨다. 확실히 이집트의 가사 공격은 순전히 뒤이어 나타날 더 심한 재앙의 전조에 지나지 않는 것으로, 블레셋의 궁극적인 파멸에 대해서 예언할 수 있는 이상적인 기회를 제공한다. 다른 한편으로, "파라오가 가사를 공격하기 전에"라는 진술은 고대 헬라어 역본에서는 발견되지 않는 바, 이는 그것이 후대에 예언의 역사적인 근거를 잘못 해석한 결과로서 생겨난 것일 수도 있음을 암시한다.

침략군의 전차들이 다가오면 블레셋 군대는 공포에 사로잡힐 것이다. 아버지들은 자기들의 자녀를 전혀 도와주지 못할 것이다(3절). 야웨께서는 블레셋을 폐허로 만드실 것이요, 그들과 마찬가지로 북쪽 해안가에 살고 있는 페니키아인들도 동맹국들의 도움을 받지 못하게 하실 것이다(4절). 의인화된 성읍들인 가사와 아스글론은 자기들의 파멸을 슬퍼하는 자들로 묘사된다(5절). 극적인 효과를 얻기 위함인지, 야웨의 칼은 칼집으로 들어가야 하는 것으로 설명된다(6절). 그러나 이에 대한 반응은 그렇게 될 수 없다는 쪽으로 정리된다. 왜냐하면 그것은 공격하고 파괴하라는 야웨의 명령을 실행에 옮겨야 하기 때문이다(7절; 합 3:9를 보라).

모압을 향한 심판(48:1-47)

다음에 이어지는 신탁은 모압의 파멸을 선고한다. 야웨께서는 느보와 기럇하임에 임할 "재앙"을 선포하시며, 그들의 임박한 파멸을 알리신다(1-2절).[103] 그는 인상적인 방식으로 모압의 패배를 특징짓는 대대적인 고난과 탄식에 대해서 묘사한다(3-4절). 모압의 피난민들은 목숨을 건지기 위하여 도망치지 않을 수 없을 것이다(5-6절). 반면에 그 땅의 지도자들은 모압의 신 그모스와 함께 포로로 사로잡혀갈 것이다(7절). 이러한 언어는 그모스의 우상들이 자기들의 성소로부터 옮겨갈 것임을 암시하는 것으로 보인다. 침략

---

102) 이와 관련된 다양한 견해들에 대해서는 다음을 보라: Holladay, *Jeremiah 2*, 336-37.

103) 이 두 성읍은 르우벤 지파에 속해 있다(민 32:3, 38; 수 13:19를 보라). 그러나 모압 석비에 의하면 모압 왕 메사는 주전 9세기에 이 두 성읍을 점령한다: Pritchard, *Ancient Near Eastern Texts*, 320-21.

군은 그 땅을 휩쓸 것이요, 모든 성읍들을 낱낱이 파괴할 것이다(8-9절).[104] 이를 바라보는 자는 그러한 메시지에 공감하면서 모압의 피를 흘리는 야웨의 일에 게으름을 피우는 병사에게 저주를 선포한다(10절).

모압은 국가가 된 이후로 상대적으로 안전을 누리면서 점차 만족감을 느끼게 되었지만(11절), 이 모든 상황이 금방 바뀔 것이다. 모압은 비어 있는 포도주 항아리처럼 깨뜨려질 것이다(12절). 그모스가 자기 백성을 구원하지 못한다는 사실이 백일하에 드러나면, 모압 사람들은 그 신을 부끄러워할 것이다. 이스라엘 백성이 여로보암 1세가 송아지 우상을 세운 벧엘을 부끄러워한 것처럼 말이다(13절; 왕상 12:28-31을 보라). 앗수르 군대는 주전 8세기에 북왕국을 공격할 때 이 우상을 가져가버린 바가 있다(호 10:5-6을 보라). 야웨께서는 모압의 전사들을 조롱하신다. 그들은 곧 죽임을 당할 것이다(14-16절). 구경꾼들은 모압의 파멸을 슬퍼할 것이다. 모압의 또 다른 유명한 성읍인 디본의 거주민들이 그러하듯이 말이다(17-18절). 하나님의 심판이 모압의 성읍들을 휩쓸어가면, 피난민들은 목숨을 건지기 위하여 도망할 것이다(19-25절).

모압의 심판은 지극히 마땅한 것이다. 왜냐하면 이스라엘이 재앙을 당하는 날에 모압 사람들이 그들을 조롱함으로써 야웨를 무시했기 때문이다(26-28절). 교만한 모압 사람들은 부끄러움을 당할 것이요, 우스꽝스러운 동정의 대상이 될 것이다. 그 까닭은 한때 부요했던 그들의 과수원들과 밭들이 텅 비게 될 것이기 때문이다(29-33절). 모압 사람들의 절망스런 부르짖음이 나라 전체에 널리 울려 퍼질 것이요, 사람들은 애곡 의식을 행하는 표로 자기들의 머리를 밀고 피부를 벨 것이다(34-38절). 그들은 한때 하나님의 백성을 조롱하였으나 이제는 그들 자신이 주변 나라들에게 조롱과 멸시를 당할 것

---

104) NIV의 9a절 번역("모압에 소금을 뿌려")은 흔히 "꽃, 화초"를 뜻하는 히브리어 '치츠'가 "소금"을 뜻하는 것으로 추정되는 우가릿어와 관련되어 있다고 본다. 그렇게 본다면, 모압의 대적이 모압의 밭에 소금을 뿌리고 있다는 얘기가 된다(참조. 삿 9:45). 그러나 이보다는 70인역을 따라 히브리어 본문을 "이정표, 기념비"를 뜻하는 '치윤'으로 수정하는 것이 더 나을 것이다. 이러한 맥락에서 본다면 그것은 은유적인 시각에서 "묘비"를 가리킬 것이다(왕하 23:17을 보라).

이다(39절). 침략군은 강한 독수리처럼 그 땅을 덮칠 것이요, 이로써 모압의 전사들은 두려움에 사로잡힐 것이다(40-41절). 모압은 야웨를 "무시"한 까닭에 하나님의 피할 수 없는 심판에 휩쓸릴 것이다. 그 심판은 여기서 두려움과 함정과 올무에 비교된다(42-44절; 사 24:17-18을 보라). 하나님의 강력한 심판의 불로 인하여 모압은 죽음과 파멸과 사로잡힘의 벌을 받을 것이다(45-46절). 그러나 종국에는 야웨께서 모압의 운명을 회복시킬 날이 언젠가는 오고 말 것이다(47절).[105] 모압의 패배와 파멸에 관한 이상의 예언은 주전 582년에 성취되었을 것이다. 요세푸스에 의하면, 느부갓네살과 그의 바벨론 군대는 그 해에 모압을 정복하였다.[106]

암몬을 향한 심판(49:1-6)

모압의 북쪽 인접국인 암몬 역시 하나님의 심판을 받을 것이다. 암몬 사람들은 과거에 이스라엘의 갓 지파에 속한 땅을 취한 적이 있었지만(1절), 이제는 야웨께서 친히 암몬의 성읍 랍바를 공격하실 것이요, 그곳을 폐허로 만드실 것이다(2a절). 헤스본 역시 무너질 것이요, 암몬 사람들의 국가 신인 밀곰은 그 땅의 지도자들과 함께 사로잡혀 갈 것이다(3절).[107] 자만심에 가득 찬 암몬 사람들은 공포에 사로잡힐 것이요, 목숨을 건지기 위하여 도망할 것이다(4-5절). 반면에 하나님의 백성은 암몬 사람들이 자기들에게서 빼앗아간 땅을 회복할 것이다(2b절). 그러나 모압의 경우와 마찬가지로 야웨께서는 언젠가 암몬의 운명을 회복시켜주실 것이다(6절; 48:47을 보라). 암몬의 패망에 관한 이상의 예언은 주전 582년에 성취되었을 것이다.[108]

---

105) 시혼으로부터 불이 나온다는 설명은 민수기 21:27-30에 기록되어 있는 옛 시를 언급하고 있다. 이 시는 아모리 왕 시혼이 어떻게 모압을 정복하였는지를 상기시키고 있다. 이는 옛 역사가 다시금 되풀이될 것임을 뜻한다.

106) Gerald L .Mattingly, "Moabites," in *Peoples of the Old Testament World*, ed. A. J. Hoerth, G. L. Mattingly, and E. M. Yamauchi (Grand Rapids: Baker, 1994), 328.

107) 히브리어 본문에서 밀곰(Milkom)이라는 이름은 "그들의 왕"에 해당하는 모음으로 표기된다.

108) Younker, "Ammonites," in *Peoples of the Old Testament World*, 314.

에돔을 향한 심판(49:7-22)

하나님의 심판은 또한 에돔을 덮칠 것이다. 재앙이 그들의 땅을 휩쓸게 되면 에돔 사람들이 자랑하는 지혜가 그들을 버릴 것이다(7-8절). 야웨께서 보내신 침략군은 에돔을 약탈할 것이요, 감추어진 보물을 포함한 에돔의 모든 부를 강탈할 것이다(9-10절; 옵 5-6을 보라). 일반적으로 도둑들은 자기들의 원하는 것들을 취하며, 쓸모없는 물품들은 남겨 둔다. 그리고 포도를 거두는 자들은 보통 약간의 열매를 남겨 둔다. 그러나 에돔의 침략군은 어떠한 물품도 놓치지 않을 것이요, 그 어떤 것도 남기지 않을 것이다. 에돔 사람들 전부가 사라질 것이다. 야웨께서 재앙을 피하여 살아남은 일부 고아들과 과부들에게는 자비를 베풀어 피난처를 제공하시겠지만 말이다(11절).

에돔이 하나님의 진노의 표적이라는 것은 전혀 놀라운 일이 아니다. 만일에 하나님의 심판을 에돔보다 죄질이 가벼운 나라들에게까지 확대시킨다면, 에돔은 확실히 자신의 죄로 인하여 벌을 받을 것이다(12절; 옵 10-14를 보라). 야웨께서는 에돔의 성읍들을 폐허로 만들고 에돔을 열방 중에 조롱거리가 되게 하겠다고 맹세하신다(13절). 야웨께서는 한 군대를 소환하여 교만한 에돔을 치게 하실 것이다. 그런데도 그들은 재앙이 자기들을 피해갈 것이라고 생각할 것이다(14-16절; 옵 1-4를 보라). 그러나 에돔은 수치를 당할 것이요, 소돔과 고모라라는 옛 성읍들과 마찬가지의 운명을 겪을 것이다(17-18절). 야웨께서는 자기 자신을 포효하며 굶주린 사자에 비교하고 에돔 사람들을 무력한 양 떼에 비교하시면서, 어떠한 목자도 맞서 싸우지 못할 것임을 자랑하신다(19절). 그는 양 떼를 끌고 갈 것이요, 목장을 폐허로 만드실 것이다(20절). 야웨께서는 독수리처럼 에돔을 덮칠 것이요, 에돔의 전사들로 하여금 두려움에 떨게 하실 것이다(22절; 48:40을 보라).

말라기의 시대(대략 주전 450년경)에 에돔은 예레미야가 생각할 만큼은 아니지만 지독한 패배를 경험한다(말 1:1-4를 보라).[109] 에돔의 심판에 관한 예언자의 묘사는 어느 정도 상투적이고 과장된 점을 가지고 있는 것으로 보인다.

---

109) Kenneth G. Hoglund, "Edomites," in *Peoples of the Old Testament World*, 342-43.

다메섹을 향한 심판(49:23-27)

다음에 이어지는 신탁은 다메섹에 관한 것이다. 다메섹은 이미 예레미야의 시대가 이르기 오래 전인 주전 732년에 앗수르의 한 지방으로 전락하였다. 앗수르의 붕괴가 다메섹을 어느 정도까지 이민족의 통치로부터 자유케 했는지는 확실치 않다. 그러나 예레미야는 아람 사람들이 다가올 심판을 피하지 못할 것임을 분명하게 밝힌다. 아람의 병사들이 전쟁터에서 넘어지고 (25-26절) 다메섹의 성벽이 불에 타게 되면(27절; 암 1:4를 보라), 그 성읍은 두려움에 사로잡힐 것이다(23-24절).

게달과 하솔을 향한 심판(49:28-33)

하나님의 심판은 게달과 하솔이 대표하는 시리아 사막의 아랍 족속들을 덮칠 것이다. 하나님의 심판의 도구인 느부갓네살이 그들을 공격할 것이요, 그들의 부를 빼앗아갈 것이다(28-29, 32a절). 아랍 족속은 목숨을 건지기 위하여 도망할 것이요, 한때 자기들의 집으로 불렸던 지역들을 버리고서 사방으로 흩어질 것이다(30-31, 32b-33절). 이 예언의 배후에는 주전 599-598년에 있었던 느부갓네살의 아랍 침공이 놓여 있을 것이다.[110]

엘람을 향한 심판(49:34-39)

심지어는 가장 멀리 떨어진 지역들까지도 야웨의 통치 하에 있다. 시드기야의 통치 초기(주전 597년에 시작되는)에 야웨께서는 바벨론의 동쪽에 자리한 엘람에 재앙을 내리실 것임을 선포하신다(34-38절). 그러나 엘람 사람들이 산산이 흩어지기는 해도, 야웨께서는 언젠가 그들의 운명을 회복시키겠다고 약속하신다(39절; 48:47; 49:6을 보라). 이 신탁은 야웨의 주권을 보여줌과 아울러 바벨론 통치의 범위를 강조하려는 의도 하에 포함된 것으로 보인다.[111] 확실히 유다는 이처럼 강하고 신적인 힘을 부여받은 나라에 저항할 수 없을 것이다.

---

110) Thompson, *Jeremiah*, 726.

111) Ibid., 728.

바벨론을 향한 심판(50:1—51:64)

강대국 바벨론은 여러 나라들에 대한 야웨의 심판의 도구로 일할 것이다. 그러나 종국에는 야웨께서 교만한 바벨론 사람들에게로 방향을 돌이켜 그들의 죄악을 처벌하실 것이다. 가장 긴 이 마지막의 열방 신탁에서 예언자는 바벨론의 파멸을 생생한 어조로 묘사한다. 시드기야 제4년(주전 594-593년)에 예레미야는 시드기야의 핵심 관리들 중 한 명인 스라야 — 왕의 바벨론 방문을 수행한 — 에게 신탁 메시지의 사본을 보낸다. 예언자는 스라야에게 바벨론에 도착하면 그 신탁을 공개적으로 낭독하라고 지시한다. 이어서 그는 그것을 돌에 매달아 유프라테스 강에 던져서 하나의 실물 교육으로 삼으라고 말한다. 그 돌이 강바닥으로 가라앉는 것과 똑같이 바벨론도 무너져서 다시는 일어서지 못할 것이다(51:59-64).

이 신탁은 열방을 향한 공적인 선포로 시작된다(1-2a절). 북쪽에서 오는 침략군이 바벨론을 정복하여 황폐하게 만들 것이다(2b-3절). 바벨론의 수호신 벨(=마르둑)을 비롯한 여러 우상 신들은 그 성읍을 지켜주지 못할 것이다. 이 예언은 바벨론이 고레스가 이끄는 페르시아 군대에 주전 539년에 함락될 것임을 내다보고 있다. 페르시아는 바벨론 동쪽에 위치하고 있기는 해도, "북쪽에서 오는 나라"로 불릴 수 있다. 왜냐하면 고레스의 정복은 바벨론의 북쪽 지역들을 포함하기 때문이요, 그의 침략 경로는 북쪽으로부터 비롯되기 때문이다(사 41:25를 보라).

예언이 암시하는 바와는 대조적으로 고레스는 실제로 바벨론을 파멸시킨 것이 아니었다. 사실 그의 바벨론 정복은 군사 원정으로부터 시작되기는 했어도 상대적으로 평화로운 것이었으며, 일부 바벨론 종교 관리들의 환영을 받기까지 했다. 그렇다면 바벨론의 폭력적인 붕괴에 대한 예언자의 묘사는 어떻게 설명해야 할까(특히 50:39-40과 51:37을 보라)? 그 언어는 의심할 여지 없이 정형화되고 과장된 것이다. 극적인 효과를 노리기 위하여 예언자들은 때때로 그처럼 정형화된 언어를 사용하여 특정 성읍이나 국가에 대한 하나님의 심판을 묘사한다.[112] 예레미야의 예언(사 13-14장도 마찬가지임)에서

---

112) 이사야 13:17-22; 14:22-23; 34:11-15; 스바냐 2:13-15 등을 보라. 고대 근동

이러한 문체의 사용은 바벨론 제국이 무너져 영원히 사라질 것이라는 점을 잘 설명해주고 있다. 고레스의 바벨론 정복은 그 신탁에 묘사되 바와 같은 잔혹성과 파괴성을 동반하지는 않았다 할지라도 결국 바벨론 제국을 끝장내었으며, 그럼으로써 본질적으로 예레미야의 예언을 성취한 셈이 되었다.

포로민들은 목자를 잃은 양같이 이방 압제자들 앞에서 무기력한 채로 있을 것이다(6-7a절). 바벨론 군대는 하나님의 백성이 야웨께 대하여 범죄하였다는 점을 지적함으로써 포로민들을 가혹하게 다룬 것을 정당화할 것이다(7b절). 그러나 야웨께서는 바벨론 군대의 죄악스런 행동에 진노하실 것이요(11a, 14b절), 자기 백성을 위해 보복하실 것이다(15b절을 보라). 그는 강한 북방 동맹국을 사용하여 바벨론에 치명적이고도 수치스러운 패배를 안겨주실 것이다(9-15, 17-18절). 바벨론의 붕괴는 포로민들의 해방을 뜻할 것이다(8, 16절). 야웨께서는 목자와도 같이 흩어진 자기 양 떼를 모으실 것이요(17a절), 그들을 목장으로 돌아오게 하실 것이다. 거기서 그들은 풍부한 양식을 즐길 것이요(19절), 다시금 시온에서 그를 예배할 것이다(4-5a절). 그는 그들의 죄를 용서하심으로써(20절), 그들로 하여금 그와 더불어 맺은 옛 계약 관계를 새롭게 시작할 수 있게 하실 것이다(5b절).

바벨론을 향한 야웨의 비난은 계속된다. 그는 침략군에게 바벨론을 공격하여 그 거주민들을 죽일 것을 촉구하신다(21-23절).[113] 그는 바벨론을 정복할 자들에게 그 성읍의 곡물창고들을 약탈하고 그곳 사람들을 죽임으로써 자신의 심판을 실행할 것을 명하신다(24-30절). 야웨께서는 바벨론의 교만한 태도가 대놓고 자기에게 맞서는 것이요(24b, 29b절), 처벌받아 마땅한 것이라고 여기신다(31-32절). 더 나아가서 그는 그들이 포로 된 자기 백성을

의 문헌들 역시 극적인 효과를 노리기 위하여 이처럼 정형화된 언어를 사용한다. 히터(Homer Heater Jr.)는 이러한 표상을 일컬어 "파괴적인 언어"라고 부른다. 이와 관련된 성서 본문들과 주제들, 그리고 "파괴적인 언어"를 사용하는 고대 근동의 표본 자료들에 대한 유용한 연구를 위해서는 그의 다음 논문을 보라: "Do the Prophets Teach That Babylonia Will Be Rebuilt in the *Eschaton?*" *JNET* 41 (1998): 31-36.

113) 므라다임과 브곳(21절을 보라)은 바벨론 영토 안에 있는 지역들을 일컫는다: Thompson, *Jeremiah*, 741.

가혹하게 다룬 것에 대해서 반드시 보복하실 것이다(28절을 보라). 설령 압제적인 바벨론 사람들이 포로민들을 꽉 붙들고 있다 할지라도(33절), 자기 백성의 구속자이신 만군의 야웨(NIV, "전능하신 야웨")께서 "그들 때문에 싸우실" 것이요, 그들의 의로움을 인정하실 것이다(34절).[114] 야웨께서는 침략군의 칼과 자연 재해 모두를 사용하여 바벨론의 제도화된 권력을 무너뜨리시고, 그들의 왕국을 사람이 살지 않는 폐허로 만드실 것이다(35-40절). 야웨께서는 바벨론을 향한 자신의 계획을 집행하실 것이요, 어느 누구도 그의 권세에 대항하지 못할 것이다(44-45절). 온 세상은 바벨론이 무너지는 소리에 전율할 것이다(46절).

바벨론의 붕괴에 대한 묘사는 51장에서도 계속된다. 마치 야웨의 진노가 어느 정도이고 바벨론의 임박한 파멸이 어느 정도인지를 강조하려는 것처럼 말이다. 그가 바벨론 사람들에게 너무도 진노하신 까닭에 그의 복수욕은 쉽게 충족되지 않을 것이다. 반복적인 문체와 긴 예언이 이 점을 잘 반영하고 있다.

하나님의 복수의 도구로 활동하는 이방 침략군은 바벨론의 젊은이들을 무자비하게 죽일 것이다(51:1-5). 예언자는 미래의 포로민 세대를 향하여 말하면서, 그들에게 파멸당할 성읍을 피해 도망할 것을 촉구한다. 왜냐하면 야웨께서 그들의 죄를 그 성읍에 갚으실 것이기 때문이다(6절). 야웨께서는 바벨론을 심판의 도구로 사용하셨지만, 이제는 적절한 때가 되면 바벨론 자신이 하나님의 진노를 맛보게 될 것이다(7-8절). 포로민들은 파멸당할 바벨론에 대한 모든 감정을 버릴 것이요, 시온으로 돌아와 자기들을 위해 행동하신 하나님을 송축할 것이다(9-10절).

야웨께서는 메대 사람들을 사용하여 바벨론 군대에게 보복하시되, 그들이 자신의 성전에 행한 일에 대하여 보복하실 것이다(11-12절; 사 13:17을 보라). 침략군들은 바벨론의 굉장한 부를 강탈할 것이다(13-14절). 비길 데 없

---

114) "전능하신 야웨"(전통적으로는 "만군의 야웨")라는 하나님의 호칭은 특히 여기에서 적절한 의미를 갖는다. 왜냐하면 그것은 종종 야웨를 자기 군대를 전쟁터로 이끄시는 강한 전사-왕으로 묘사하기 때문이다(사 1:9, 24; 2:12를 보라).

는 우주의 주권적인 창조자 앞에서 바벨론의 생명 없는 우상 신들은 무기력한 모습을 보일 것이다(15–19절). 바벨론은 한때 세상을 심판할 하나님의 철퇴였지만, 이제는 그가 바벨론 군대가 예루살렘을 다룬 방식에 대해서 보복하실 것이다(20–24절). 바벨론은 한때 거대한 산처럼 열방 위에 군림하였으나, 이제는 황량한 흙무더기로 바뀔 것이요, 심판의 연기에 삼킴을 당할 것이다(27–33절). 바벨론 사람들은 폭력을 경험하게 될 것이다. 느부갓네살이 예루살렘 사람들에게 폭력을 행사한 것처럼 말이다(34–35절). 야웨의 보복은 바벨론을 들짐승들에게 짓밟히는 한 무더기의 폐허로 만들 것이다(36–37절).[115] 바벨론 사람들은 한때 사자처럼 용감하게 포효하였지만, 이제는 심판에 압도당할 것이요, 희생제물의 양처럼 살육당할 것이다(38–40절). 북방 침략군을 상징하는 거친 바다가 바벨론을 덮칠 것이다(42절). 한때 바벨론과 거래하기 위해 몰려오던 열방은 이제 버려진 성읍의 폐허를 두려움에 사로잡힌 눈으로 바라볼 것이다(41, 43–44절).[116]

예언자는 자신을 미래로 투사하여 다시금 포로민들의 미래 세대를 향해 말하면서(6절을 보라), 망설일 시간이 거의 없다는 것을 강조한다(45절). 바벨론 사람들이 하나님의 백성에게 저지른 행동으로 인하여 바벨론의 붕괴는 피할 수 없는 일이 될 것이다(46–49절). 포로민들은 심판이 임하기 전에 그 성읍을 떠날 것이요, 눈을 들어 자기들의 고국을 바라볼 것이다(50절). 바벨론은 야웨의 성전을 더럽히고 그의 계약 백성에게 수치를 안겨주었지만(51절), 이제는 보복의 때가 다가오고 있다. 강한 바벨론의 요새들이 무너질 것이요, 그의 백성은 아무 말도 못한 채로 침묵을 지킬 것이다(52–58절).

후기(예레미야 52장)

예레미야의 예언은 열방을 향한 신탁으로 끝을 맺는다(51:64b). 그러나 예레미야서는 예루살렘의 함락에 관한 열왕기하 24–25장과 평행을 이루는 후

115) 여기에서 상투적이고 과장된 파괴적인 언어를 사용한 것에 대해서는 바벨론의 붕괴를 비슷한 용어들로 설명하는 이사야 13–14장에 대한 필자의 논의를 참고하라.
116) 세삭(41절)은 바벨론의 암호 이름을 일컫는다(25:26을 보라).

기(52장)로 끝을 맺는다. 이 후기는 아마도 예레미야의 사역과 메시지가 역사에 의해 완전히 검증되었음을 보여주기 위해 삽입되었을 것이다.

이 장은 시드기야의 통치에 대한 부정적인 평가와 더불어 시작되며, 이 왕이 바벨론에 반기를 들었다고 설명한다(52:1-3). 이러한 저항의 행동은 주전 588년에 있었던 바벨론 군대의 예루살렘 포위를 초래한다(4-5절). 그들의 포위 공격은 586년 7월까지 계속된다. 그때에 바벨론 군대는 마침내 예루살렘의 저지선을 돌파하고서 그 성읍을 공격한다(6-7a절). 그들은 도망하는 시드기야를 사로잡고, 그의 아들들과 관리들을 죽이며, 시드기야의 두 눈을 뽑은 후 그를 바벨론으로 끌고간다(7b-11절). 586년 8월에 바벨론 군대는 성전과 다른 건축물들을 불태우며, 성벽을 무너뜨리고, 상류층 인사들을 포로로 잡아가며, 빈천한 사람들만을 그 땅에 남겨둔다(12-16절). 29절에 의하면, 이때에 29,832명이 포로로 잡혀간다.[117] 바벨론 군대는 성전을 파괴하기 전에 놋과 금과 은으로 만든 각종 물품들을 취하여 바벨론으로 옮긴다(17-23절). 바벨론 군대의 사령관은 대제사장 스라야와 다른 종교 지도자들 및 민간 지도자들을 느부갓네살에게 데려간다. 느부갓네살은 그들 모두를 처형하라고 명한다(24-27절). 예레미야서는 느부갓네살의 계승자인 에윌므로닥이 주전 562-561년에 어떻게 포로생활을 하던 여호야긴 왕을 감옥에서 풀어주어 그에게 자비를 베풀었는지를 설명함으로써 보다 긍정적인 어조로 끝을 맺는다 (31-34절).

---

117) 28-30절은 주전 586년에 있었던 포로 이송에 더하여 두 차례에 걸쳐 이루어지는 다른 포로 이송에 대해서 언급한다. 느부갓네살 제7년(주전 598-597년)에 그는 3,023명을 포로로 잡아갔으며, 제23년(582-581년)에는 또 745명을 포로로 잡아갔다. 세 차례에 걸친 포로 이송은 전부 4,600명에 달했다. 열왕기하 24:14, 16은 첫 번째 포로 이송에서 이보다 훨씬 많은 사람들이 잡혀갔다고 본다. 코건과 타드몰에 의하면, 열왕기하 24장은 예루살렘 포로민들의 숫자를 가리키고, 예레미야 52장은 지방의 포로민들 숫자를 가리킬 수도 있다: M. Cogan and H. Tadmor, *II Kings*, AB (New York: Doubleday, 1988), 312.

시온을 위한 눈물(예레미야 애가)

서론

예레미야 애가는 주전 586년에 예루살렘이 바벨론 군대에 망한 후 기록되었다. 저자(여기서는 "시인"으로 부르기로 함)는 예루살렘 거주민들이 겪은 극심한 고통에 대해서 묘사하면서 하나님의 가혹한 심판을 인하여 탄식한다. 그러나 모든 것이 다 사라진 것은 아니다. 시인은 비극에서 비롯된 두려움을 넘어서 야웨의 영원한 신실하심에 대한 확신을 표현하며, 하나님께 자기 백성을 위하여 보복하실 것을 간구하고, 계약 공동체의 회복을 위해 기도한다.

이 책의 저자가 누구인지는 알 수 없다. 그러나 전통적으로 사람들은 예레미야를 저자로 생각해 왔다. 이러한 전통은 고대 헬라어 역본(70인역)에 잘 반영되어 있다. 70인역은 예레미야를 저자로 인정하는 표제를 포함하고 있다. 70인역에 보면 애가는 예레미야서와 외경 바룩서 다음에 나온다. 예레미야 저작권을 인정하는 이러한 전통은 영역본들에도 잘 반영되어 있다. 영역본들에 의하면 애가는 예레미야서 바로 다음에 나온다. 어떤 이들은 예레미야를 이 책과 관련시키는 바, 이는 충분히 이해할 만한 일이다. 그는 예루살렘의 파멸을 직접 경험하였고 자기 백성을 위해 울려는 마음을 표현한 바가 있기 때문이다(렘 9:1을 보라). 역대하 35:25는 예언자가 애가를 만들었다는 정보를 우리에게 제공한다(여기서는 요시야 왕을 위한 것임). 그러나 히브리 성서는 예레미야 저작권을 뒷받침하지 않는다. 전통적인 히브리어 정경 배열에서 애가는 정경의 세 번째 부분인 성문서에 포함되어 있다. 그곳에서 애가는 룻기, 아가서, 전도서, 에스더 등과 더불어 "두루마리들"이라는 표제 하에 한 덩어리로 분류되어 있다.

이 책은 다섯 개의 시들로 이루어져 있는 바, 처음의 네 시들은 각 연이 히브리어 알파벳 순서로 시작되는 알파벳 시 형식으로 되어 있다. 처음의 두 시들은 22개의 연/절들을 가지고 있으며, 각 절들은 세 개의 시행(詩行)들로 이루어져 있다. 두 번째 시에서 '아인'과 '페'로 시작되는 연은 순서가 바꾸어져 있다. 그리고 세 번째 시는 66절로 되어 있으며, 22개의 연들로 이루어져 있다. 각 연은 세 개의 절들/시행들을 가지고 있는 바, 그 세 개의 절들은 제각기 알파벳의 동일한 철자로 시작한다. 이를테면 처음 세 절들은 모두 똑같이 '알'으로 시작하고, 4–6절은 '베트'로 시작하는 등의 형식으로 되어 있다는 얘기다. 두 번째 시의 경우와 마찬가지로 '아인'과 '페'의 순서가 바뀐 채로 나타난다. 네 번째 시는 22개의 연들/절들을 가지고 있는 바, 각 연들은 두 개의 시행들로 이루어져 있다. 두 번째 및 세 번째 시에서와 마찬가지로 '아인'과 '페'의 순서가 바뀐 채로 나타난다. 다섯 번째 시는 알파벳 시가 아니지만, 앞의 시들과 균형을 맞추기 위하여 22개의 절들로 이루어져 있으며, 각 절은 한 개의 시행만을 가지고 있다. 이 책의 균형 잡힌 알파벳 시 구조는 이 책에 실린 노래들이 완전하다는 느낌을 주며, 기억과 암송을 용이하게 하고 있기도 하다.

버림받은 성읍(애가 1장)

시인은 예루살렘을 위하여 탄식하면서, 이 버림받은 성읍을 외로운 과부에 비교하며, 아울러 한때 유명했으나 강제 노동을 하는 자로 전락한 공주에 비교하기도 한다(1절). 예루살렘은 연인들에게 버림받고 친구들에게서 배신당한 탓에 눈물로 밤을 지새우는 한 여인과도 같다(2절). "연인들"과 "친구들"에 대한 언급은 유다의 이방 동맹국들을 상기시켜준다. 이를 야웨께서는 영적인 간음으로 간주하신다.[118] 유다는 어려운 시기를 경험하는 바, 그러한 경험은 바벨론 포로에서 절정에 달한다(3절). 시인은 의인화라는 문학적인 기법을 사용하여 예루살렘에 이르는 길들이 애곡하는 것으로 묘사한다. 이는 어느 누구도 종교적인 축제들을 지키기 위해 그 길들로 여행하지 않는 현실 때문에 비롯된 것이다(4a절). 종교적인 순례자들의 도착으로 북적거리던 성문들은 황량한 채로 버려져 있으며, 한때 절기들에서 중요한 역할을 수행

---

118) 앞절과 예레미야 3:1에 있는 "열방들"에 대한 언급을 주목하라. NIV는 예레미야 3:1에서 "친구들"에 해당하는 히브리어 낱말을 "연인들"로 번역한다.

했던 제사장들과 젊은 여인들은 슬픔에 잠겨 있다(4b절).[119] 예루살렘의 반역 행위로 인하여 야웨께서는 그 성읍을 원수들에게 넘기셨고 그 자녀들은 포로로 잡혀가게 하셨다(5절). 한때 그 성읍의 자랑거리였던 지도자들은 자기들을 추격하는 자들 앞에서 목숨을 건지기 위하여 사슴들처럼 도망한다(6절). 시온은 과거의 영화로움과는 대조적으로 이제 원수들의 조롱을 감수해야만 한다(7절). 죄의 결과로서 시온은 수치를 당할 수밖에 없다. 성 관계가 문란한 여인이 악행에 대한 처벌로 벌거벗은 몸을 사람들 앞에 드러내는 것처럼 말이다(8-9절).[120] 시온의 보물은 약탈당했으며, 성전은 침략자들에 의해 더럽혀졌다. 반면에 시온의 굶주리는 생존자들은 자기들이 가지고 있던 귀중품들을 소량의 음식물들과 교환하지 않으면 안 되었다(10-11절).

12절부터는 의인화된 시온이 직접 말하기 시작한다. 그녀는 지나가는 사람들에게 자신의 처절한 불행을 주목하라고 말한다(12a절). 그녀는 자신의 고통을 하나님의 진노의 심판에 돌린다(12b절). 그녀는 그 심판을 자신의 뼈를 파고드는 불과 자신을 걸려들게 하는 올무에 비교한다(13절). 그녀는 자신의 범죄와 반역이 하나님의 진노를 불러일으켰다는 것을 알고서(14a절), 자신의 수치스러운 패배에 대하여 탄식한다(14b절). 그러한 패배를 그녀는 술틀에 넣어져서 짓밟힌 것에 비교한다(15b절). 그녀는 또한 자신이 버림받은 것에 대하여(16a절), 그리고 젊은이들을 잃은 것에 대하여(15a, 16b절) 탄식한다. 그녀는 도움을 요청하는 손길을 펼치지만, 어느 누구도 그녀를 위로

---

119) 젊은 여인들은 그러한 축제들에서 춤을 추었음이 분명하다(삿 21:19-21; 렘 31:13): Delbert R. Hillers, *Lamentations*, AB (Garden City, NY.: Doubleday, 1972), 20.

120) 이러한 은유적인 언어는 또한 그녀를 월경하는(따라서 제의적으로 부정한) 여인으로 묘사하는 것일 수도 있다. 8절에서 "부정한"으로 번역되는 히브리어 낱말('니다')은 히브리 성서에서 오직 이곳에서만 나타난다. 어떤 이들은 그것이 문자적으로 "머리를 흔드는 행동"을 의미한다고 본다. 조롱과 멸시의 행동이라는 얘기다(*HALOT* 696을 보라). 그러나 다른 이들은 이 용어를 '닛다'로 수정하고자 한다. '닛다'는 여인의 월경을 가리키며, 범위를 넓히면 제의적인 부정함을 가리킨다(*HALOT* 673을 보라). NIV의 번역은 후자의 해석을 반영하고 있다.

하지 못한다. 왜냐하면 야웨께서 그녀가 자신의 죄로 인하여 벌을 받았다는
사실을 공포하셨기 때문이다(17절). 시온은 자신을 벌하신 야웨의 행동이 정
당하다는 것을 인정한다(18a절; 20b절을 보라). 그녀는 한 번 더 자신의 곤경
에 주목할 것을 요청하면서(18b절), 자신이 사방에서 목격하는 굶주림과 죽
음에 대하여 탄식한다(19–20절). 어느 누구도 그녀를 돕지 못한다. 반면에
그녀의 원수들은 하나님께서 그녀를 다룬 방식에 대해서 기뻐한다(21a절).
그녀는 고통과 아픔 속에서 하나님께 자신의 원수들에게 보복해주실 것을
호소한다. 그녀는 그에게 자신의 원수들에게 심판을 내리실 것을 간구한다.
그가 결국에는 그렇게 하겠다고 선포하신 것처럼 말이다(21b절). 그녀는 하
나님께서 자신의 원수들이 범한 죄에 대하여 그들을 벌해달라고 기도한다.
그가 그녀 자신의 죄악을 심판하신 것처럼 말이다(22절).

야웨께서 나의 원수가 되심(애가 2장)

시인은 다시 한 번 시온이 처한 현실에 대하여 탄식한다. 그 성읍은 한 때
야웨의 "발등상"이었다. 성전은 그가 거주하시는 곳이었다(1절; 사 60:13; 시
132:7; 99:5[참조. 2절]; 대상 28:2를 보라). 그러나 야웨의 진노와 불같은 심판
은 그 성읍을 파멸에 빠뜨렸으며, 민족의 지도자들에게 수치를 당하게 하셨
다(2–3절). 시인은 "이스라엘의 모든 뿔"을 자르시는 야웨의 모습에 대해서
묘사한다. 그는 여기서 짐승의 뿔에 관한 표상을 사용하여 유다 나라의 힘을
상징적으로 보여준다. 그 힘은 아마도 전사들과 지도자들을 통하여 구체화
된 것을 가리킬 것이다. 야웨께서는 침략군을 상대로 하여 자신의 군사력을
상징하는 오른팔을 들어 올리지 않으셨다(3a절).[121] 도리어 그는 자기 백성을

---

121) 힐러스(Hillers, *Lamentations*, 36)는 이스라엘이 "그가 자신의 오른손을 거두
어 들이셨다"는 진술의 주어에 해당한다고 주장한다. 그러나 전후 문맥의 다른 곳에 보
면 야웨께서 3인칭 남성 단수 동사 형태의 주어로 나타남을 알 수 있다. 반면에 이스라
엘/유다/시온은 여성으로 묘사된다. 더 나아가서 3절에 묘사된 "그의 오른팔"이 야웨의
권능을 가리키는 것으로 이해한다면, 우리는 여기서 그것이 야웨를 분명하게 주어로 묘
사하는 4절의 "그의 오른팔" 용례와 훌륭한 대조를 이루고 있음을 알 수 있다.

치셨으며, 자신의 오른팔을 사용하여 그들에게 화살을 날리셨다(4절). 야웨는 이스라엘의 보호자가 되기보다는 그들의 원수가 되심으로써, 유다 나라와 그곳의 요새들을 삼키셨으며(5a절; 참조. 2절), 대대적인 탄식과 애곡을 그들에게 더하셨다(5b절). 그는 심지어 자신의 성소까지도 파괴하셨으며, 원수로 하여금 그것을 더럽히게 하셨다(6-7절). 예루살렘은 폐허가 되었고, 그곳의 지도자들은 포로로 잡혀가거나 침묵을 강요당한 채로 있다(8-9절). 장로들로부터 젊은 여인들에 이르기까지 모든 사람들이 예루살렘의 파멸을 애곡한다(10절).

시인은 눈물로 가득한 자신의 두 눈 앞에 전개되고 있는 장면으로 인하여 슬픔의 감정에 사로잡힌다. 굶주리는 아이들이 먹을 것과 마실 것을 간절히 찾다가 어머니의 품속에서 죽어간다(11-12절; 19절을 보라). 예루살렘의 불행은 비할 데가 없는 것이다(13절). 거짓 예언자들은 구원을 약속했지만, 유다 나라의 죄를 폭로하는 데에는 실패했다(14절). 그들의 환상들과 신탁들은 잘못된 것임이 드러났다. 야웨께서 이사야 시대 이후로 거의 10년 간격으로 자신의 예언자들을 통하여 선포한 심판의 경고들이 철저하게 이루어지게 하셨기 때문이다(17절). 원수들이 그 성읍을 유린하였으며, 조롱과 멸시의 말을 던지면서 자기들의 승리를 자랑하였다(15-16절). 시인은 의인화된 딸 시온의 "성벽"을 향하여 예루살렘의 길거리에서 목격하는 참상들에 대하여 탄식하면서 야웨 앞에 자신의 마음을 쏟아 부을 것을 촉구한다(18-19절).

이에 의인화된 시온이 답변한다. 그녀는 야웨께서 어느 누구도 그처럼 거칠게 다루지 않으셨다고 항변한다(20a절). 굶주림에 미칠 지경이 된 어머니들이 자신의 자녀들을 잡아먹으며(20b절), 제사장들과 예언자들은 야웨의 성전 안에 죽은 채로 엎드러져 있다(20b절). 길거리에는 칼에 죽은 젊은이들과 노인들의 시체들이 어지럽게 널려져 있다(21a절). 분노에 사로잡힌 야웨께서 친히 시온의 백성들을 죽이셨으며(21b절), 종교 축제들에 드리는 동물 제사를 피할 길이 없는 끔찍한 대학살로 대체하셨다(22절).

두려움에 대해서 생각함(애가 3장)

이 긴 장에서 시인은 자신이 경험한 것들에 대해서 비통한 마음으로 탄식하며(1-20절), 야웨의 계약적인 사랑에 대한 자신의 지속적인 믿음을 고백하고(21-26절), 징계의 성격을 갖는 하나님의 심판이 적절한 것임을 인정한다(27-39절). 아울러 그는 자기 시대 사람들에게 죄를 고백할 것을 촉구하며(40-47절), 탄식을 재개하면서(48-54절) 그에 근거하여 원수들에 대한 하나님의 보복을 간구한다(55-66절). 시인은 자기 백성과 폐허가 된 그들의 성읍을 위해 말하면서, 하나님의 진노를 경험한 계약 공동체 안의 생존자들의 입장을 대변한다. 동시에 그는 이 남은 자들을 위해 그들에게 발생한 일들에 대한 적절한 응답이 무엇인지를 가르쳐준다. 절망에 사로잡힌 채로 희망을 포기해야 할 이유들이야 많지만, 시인은 연기 나는 폐허 속에서 신실하신 하나님을 본다. 그는 회개가 미래를 향한 문임을 지적한다. 그 미래는 하나님의 백성이 그 정당함을 인정받고 그들의 교만한 원수들이 보복당하는 일을 포함할 것이다.

시인은 어떻게 하나님이 무자비한 방법으로 자신을 공격하고서 빛으로부터 어둠으로 내몰았는지에 대한 생생한 묘사와 더불어 시작한다(1-3절). 다양한 은유들이 빠른 속도로 이어진다. 그것들은 제각기 하나님의 심판이 가져다주는 두려움을 점점 더 강화시키는 역할을 수행한다. 야웨께서는 그의 피부를 주름지게 하시고, 그의 뼈를 깨뜨리셨으며, 고난으로 그를 에워싸셨다. 그는 또한 그를 어두운 감옥에 던져 넣으시고 거기서 쇠사슬로 그를 압박하셨으며, 도움을 호소하는 그의 부르짖음을 외면하셨다(4-8절). 야웨께서는 그의 길에 장애물을 두셨으며, 사나운 사자나 곰처럼 그를 난도질하셨고, 그의 심장을 겨냥하여 화살을 쏘셨다(9-13절). 아울러 그는 그를 모든 사람들에게 웃음거리가 되게 하셨다(14절). 이러한 심판이 불충분하다고 여긴 야웨께서는 그에게 쓴 풀을 먹게 하셨고, 그의 얼굴을 자갈바닥에 내던지셨으며, 그를 발로 짓밟으셨다(15-16절). 그는 평화와 번영을 빼앗긴 채로 자신의 고통에 대해서 생각하지 않을 수 없었다(17-20절).

좌절과 고통에 짓눌리던 시인은 그럼에도 불구하고 자신의 환경을 넘어서서 새로운 희망을 얻기에 이른다(21절). 계약 공동체는 끔찍한 고통을 겪기는 했지만, 진멸되지는 않는다. 야웨께서는 남은 자들을 두심으로써 자기가 여전히 자기 백성에게 애착을 가지고 있으며, 그들이 아무런 자격도 가지고 있지 않지만 그들에게 긍휼을 베푸실 수 있음을 보여주신다(22절). 시인은 온통 두려움에 사로잡혀 있음에도 불구하고 하나님의 변함없는 신실하심을 확신하며, 야웨를 향한 자신의 충성심을 분명하게 밝힌다. 아울러 그는 구원을 가능케 하는 그의 개입을 기대한다(23-25절). 그는 겸손하게 침묵을 지키면서 하나님의 징계와 고난에 순복하는 태도에 무엇인가 치료하는 힘이 있다는 것을 인정한다(26-30절).

하나님은 자기 백성을 징계하시지만, 그들을 영원히 버리지는 않으신다(31절). 그의 사랑은 그로 하여금 다시금 긍휼을 베풀도록 만든다(32절). 그는 인간이 고통당하는 모습을 보면서 가학적인 즐거움을 누리는 분이 아니다. 그 반대로 그는 징계와 심판을 오직 마지막 수단으로만 사용하신다(33절). 인간이 자신의 죄로 인하여 고통을 당하면, 그것은 하나님이 불공평해서가 아니다(34-36절). 그 반대로 하나님은 복과 심판을 공평하게 나누어줌으로써 모든 사람들에게 그가 받아 마땅한 것을 누리게끔 하시는 정의로운 왕이시다(37-39절). 재앙이 죄인들에게 임한다면, 그것은 야웨 자신이 그렇게 하는 것이야말로 죄악에 대한 적절한 징계라고 선언하셨기 때문이다.

하나님의 불의가 아니라 인간의 죄가 유다 나라를 덮친 재앙의 근본적인 이유라는 것을 분명하게 밝힌 시인은 살아남은 자들에게 하나님을 향하여 부르짖을 것을 촉구한다(40-41절). 그들은 하나님께 버림받았다는 느낌과 원수들에 의해 당하는 수치에 대하여 탄식하기에 앞서 먼저 자기들의 죄를 고백해야만 한다(42-47절). 자기 시대 사람들에게 하나님께 드려야 할 이상적인 기도를 제시한 시인은 자신이 직접 탄식하는 모습을 보인다. 그는 동족의 파멸에 대하여 생각하면서 많은 눈물을 흘린다(48, 51절). 구원을 가능케 하는 야웨의 개입만이 그에게 평안을 안겨줄 수 있다(49-50절). 그의 원수들이 그의 생명을 찾으면서 그를 덮치려고 위협하지만(52-54절), 그는 구원과 정당성 입증을 얻어내기 위해 야웨께로 방향을 돌이킨다(55절). 야웨께서는 "두려워하지 말라"는 약속의 말씀을 통하여 참으로 평안이 그에게 찾아올 것임을 보증하심으로써 그의 도움 호소에 응답하신다(56-58절). 야웨께서 원수들의 무자비한 의중을 알고 계신다는 것을 확신한 시인은 야웨께 정의 실현을 호소하면서 그에게 원수들을 멸하실 것을 간구한다(64-66절).

겉으로 보기에 52-66절의 시간적인 선후관계는 다소 혼란스러운 것으로 보인다. 한편으로 시인은 원수들의 공격에 대해서 말하며, 하나님의 개입을 간구한다(59-66절). 다른 한편으로 그는 하나님이 이미 자신을 구원하셨다는 투로 말한다(55-58절). 그러나 이러한 혼란스러움은 겉으로 보기에만 그럴 뿐이다. 시인은 여전히 원수들의 위협에 직면해 있다. 그들은 아직 굴복되지 않은 채로 있다. 그럼에도 불구하고 시인은 야웨께 기도하여 구원 신탁을 받는다. 이에 시인은 하나님의 구원 성취를 위해 간구함과 동시에 그것이 이미 이루어진 것처럼 말하고 있는 것이다.

이 절들은 시편에서 흔히 발견되는 인과관계, 곧 기도와 하나님의 응답이라는 요소를 반영하고 있다. 시인은 생명을 위협하는 위기에 직면하자 하나님의 도우심을 호소한다(예로써 시 12:1-4를 보라). 하나님께서는 보증 신탁을 통하여 그를 위해 직접 개입하겠다고 약속하신다(5절). 이것은 이어서 하나님의 약속이 이루어지기를 간구하면서 기다리는 시인의 확신에 찬 응답을 이끌어낸다(6-8절).[122]

하나님께서 진노를 쏟아 부으심(애가 4장)

시인은 예루살렘의 붕괴에 대한 탄식을 재개한다. 그는 은유적인 언어를 사용하여 금이 빛을 잃고 보석이 길거리에 흩어진 사실을 슬퍼한다(1절). 2절에서 그는 1절의 이러한 상징이 예루살렘의 젊은이들을 염두에 둔 것임을

---

122) 이와 동일한 인과관계는 시편 3편에서도 발견된다. 이 시를 보면, 시인의 탄식(1절)에 이어 하나님의 보호 능력에 대한 확신 진술 — 시인이 받은 구원 신탁(4절)에 기초한 — 이 나타남을 알 수 있다(2-3, 5-6절). 바로 이어 하나님의 개입(즉, 하나님의 약속 이행)에 대한 간구가 나타나며, 또 다른 신뢰고백이 뒤이어 나타난다(7-8절). 시편 6편을 보면, 탄식(1-7절)에 이어 구원 신탁에 기초한 신뢰 진술(8-9절)과 결론적인 저주 기도가 나타난다(10절). 시편의 구원 신탁에 대한 논의를 위해서는 다음을 보라: Raymond J. Tournay, *Seeing and Hearing God with the Psalms*, trans. J. E. Crowley (Sheffield: JSOT, 1991), 160-98.

밝힌다. 그들은 한때 귀하게 여김을 받고 존중히 여김을 받았으나, 이제는 평범하고 일반적인 자들로 간주된다. 기근이 그 성읍을 덮치고, 그와 더불어 굶주림으로 인한 고통스런 죽음이 서서히 밀려온다. 굶주림으로 인하여 미칠 지경에 이른 부모들은 절망에 빠진 나머지 아무리 형편없는 음식물이라도 먹으며, 자녀들을 굶주림에 방치한다(3절). 그들은 자신의 알을 쉽게 발로 밟을 수 있는 모래 속에 파묻기에 잔인한 동물로 알려진 타조에 비교된다(욥 39:13-18을 보라).

젖먹이들은 탈수증에 빠지며, 자녀들은 음식물을 구걸하지만, 어느 누구도 응답하지 않는다(4절). 한때 호화스런 삶을 살았던 사람들이 이제는 궁핍에 시달리며, 집 없는 자로 살아간다(5절). 그런가 하면 한때 건강했던 귀족들이 이제는 영양실조로 죽어간다(7-8절). 시인이 보기에 예루살렘의 운명은 소돔의 운명보다 더 심각한 것이다. 왜냐하면 그 옛 성읍은 순식간에 멸망당했고, 그곳 사람들은 서서히 다가오는 고통스런 죽음을 견뎌낼 필요가 없었기 때문이다(6절). 그는 칼에 죽은 자들이 굶주려 죽는 자들보다 더 낫다고 생각한다(9절). 칼에 희생된 자들은 빨리 죽지만, 굶주림에 시달리는 생존자들은 끔찍한 식인풍습에 의존할 수밖에 없다(10절).

야웨께서는 예루살렘에 자신의 진노를 충분하게 쏟아 부으신다(11절). 이방인들이 그 성읍을 난공불락의 요새로 간주했음에도 불구하고, 그곳 거주민들의 죄로 인하여 그 성읍은 무너지고 만다(12-13절).[123] 종교 지도자들은 타락해 있었고, 성읍을 압제당한 자들의 피로 얼룩지게 만든 사회적인 불의를 너무도 쉽게 용납하였다. 그런데 이제는 그 동일한 지도자들이 피를 뒤집어쓴 채로 있고, 그로 인하여 그들을 보는 사람들의 기피 대상이 된다(14절). 그들의 옷을 뒤덮고 있는 피는 그들에게 희생당한 자들의 것일까? 아니면 그것은 바벨론 군대가 그 성읍을 침공할 때 칼에 죽은 자들이 흘린 피일까? 아마도 둘 다 조금씩은 해당될 것이다. 어쨌든 그들은 피로 얼룩진 옷으로 인하여 더럽혀진 탓에 부랑자들처럼 이방 나라들을 떠돌아다닐 수밖에 없다(15

---

123) 주전 701년에 산헤립이 예루살렘 밖에서 패배하자, 그 사건에 관한 소문을 들은 이방인들은 그 성읍을 난공불락의 요새라고 생각했음에 틀림이 없다.

절). 결국 야웨께서 친히 그들을 흩으시고 그들에게서 보호와 보살핌의 손길을 거두어버리신 셈이다(16절). 사람들은 바벨론 군대가 쳐들어왔을 때 어느 누구도 도움을 주지 않은 것에 대해서 큰 충격을 받는다(17-18절). 침략군은 먹이를 덮치는 독수리들처럼 강하고 인상적인 약탈자들임이 밝혀진다(19절). 사람들이 보호해줄 것을 기대했던 유다 왕(시드기야를 염두에 둔 듯함)조차도 사로잡혀간다(20절).

시인은 갑자기 유다의 남동쪽 이웃인 에돔에게로 시선을 돌린다. 에돔 사람들은 유다의 멸망을 즐겼으며, 유다의 약점을 이용하여 이득을 취했다. 시인은 조롱하는 투로 그들에게 그들이 원하는 대로 마음껏 즐거워하라고 독려하지만, 그들 역시 금방 하나님의 심판의 잔을 마시지 않으면 안 된다는 경고의 메시지를 전달한다(21절). 시온은 안식을 찾을 것이요, 포로 된 그의 백성은 돌아올 것이다. 그러나 에돔은 자신의 죄로 인하여 계속해서 고통을 당할 것이다(22절).

회복을 위한 간구(애가 5장)

시인은 자신의 마지막 기도에서 살아남은 동족들을 위해 말하면서, 야웨께 그들의 수치스런 상황을 주의 깊게 살펴봐줄 것을 간구한다(1절). 그의 설명에 의하면, 이방인들이 그들의 땅을 점령하여 그들을 고아나 과부처럼 무력한 자들로 만들어 버렸다(2-3절). 그들은 마실 물과 불을 피울 나무와 같은 가장 기본적인 생활필수품을 얻기 위해서조차 다른 사람들에게 의존해야만 한다(4절). 그들은 심하게 얻어맞은 나머지 기진맥진한 상태에 있으나 평안을 얻을 길이 없다(5절).

6-7절에서 시인은 현재의 상황을 설명하기 위해 과거를 돌이켜본다. 유다는 한때 경제적인 이유들로 하여 이집트나 앗수르와 같은 이방 강대국과 조약을 체결한 적이 있었다(6절). 이러한 동맹관계는 야웨께서 금하신 것이었다. 그는 자기 백성이 생활필수품을 위하여 오로지 자기만을 의지하기를 기대하셨다. 하나님의 심판이 유다에 임하자, 시인의 세대에 속한 자들은 조상들의 죄의 결과를 맛보지 않을 수 없었다(7절). 이러한 진술은 그들이 마치

자기들이 불공평하게 벌을 받은 것처럼 느꼈음을 뜻하는 것으로 간주해서는 안 된다. 이 시의 후반부에서 그들은 자기들 역시 죄를 범하였음을 고백한다 (16절). 이상의 진술들은 서로 모순되어 보이는 듯하지만, 둘 다 옳은 것으로 보인다. 카민스키(Kaminsky)가 주장한 바와 같이, "앞선 세대의 죄가 자기들 스스로 죄를 범한 세대 위에 영향을 주었다."[124]

8절에서 시인은 다시금 공동체가 견뎌내야 하는 고통에 대해서 묘사한다. 그들은 다른 사람들에게 "종노릇하는 자들"(바벨론의 하급 관리들을 가리키는 듯함)에게 종속되어 있다. 그들은 식량을 구하기 위해 그야말로 목숨을 걸어야 한다. 그들은 영양실조로 인하여 각종 질병에 시달린다(9-10절). 설상가상으로 끔찍한 장면들에 대한 생각이 여전히 생생하게 그들의 마음을 지배하고 있다. 젊은 처녀들을 포함하는 여인들이 잔혹하게 겁탈당하였고(11절), 젊은 남자들이 공개적으로 수치를 당하였으며, 흔히 여자들이나 죄수들에게 예정된 천한 일들을 해야만 했다(12-13절; 삿 16:21; 사 47:2를 보라). 흔히 성문 앞에 모이던 공동체의 지도자들이 사라지고 없으며, 축제를 즐기는 소리도 마찬가지로 사라져버렸다(14-15절). 그들은 자기들의 죄로 인하여 한때 즐겁게 누리던 영광과 명성 — 여기서는 면류관에 비교됨 — 을 빼앗기고 말았다(16절). 폐허가 된 시온에 거친 들짐승들이 가득한 모습에 그들은 절망감을 느낄 수밖에 없다(17-18절).

그러나 희망이 사라진 것은 아니다. 성전이 파괴되었다고 해서 하나님의 보좌까지 무너진 것은 아니다. 시온의 파멸에도 불구하고 야웨께서는 여전히 영원한 왕으로 세상을 다스리신다(19절). 시인은 왜 하나님께서 계속해서 자기 백성을 버리시는지를 묻는다(20절). 그는 야웨께 자기 백성을 회복시켜 달라고 기도한다. 왜냐하면 그는 진정한 화해가 이루어지려면 반드시 하나

---

124) Kaminsky, *Corporate Responsibility in the Hebrew Bible*, 44-45, n. 35.

125) 22절의 구문론에 대한 상세한 분석을 위해서는 다음을 보라: Hillers, *Lamentations*, 100-101. 힐러스는 22절의 서두에 있는 히브리어 구문 '키 임'이 둘 사이의 대조관계를 표현하고 있다고 본다. 그는 그것을 "그러나 그 대신에"로 번역한다 (96). 또 다른 견해에 의하면, 이 구문은 예외를 뜻하는 " … 하지 않는 한"(unless)으로

님이 주도권을 쥐셔야 한다는 것을 잘 알고 있기 때문이다(21절). 시인이 계약의 갱신을 갈망하고 있음에도 불구하고, 그가 바라는 화해는 하나님께서 진노하신 나머지 자기 백성을 버리신 현재의 상황과 극명한 대조를 이룬다(22절).[125]

번역할 수도 있다. 이렇게 볼 경우에, 시인은 화해를 이루기에는 너무 늦은 것일 수도 있다는 점을 인정함으로써 자신의 기도를 현실에 맞게끔 부드럽게 고친 것이 된다. 힐러스의 책을 보라.

예레미야와 애가 참고문헌

Commentaries

Brueggemann, W. *A Commentary on Jeremiah: Exile and Homecoming.* Grand Rapids: Eerdmans, 1998.

Carroll, R. P. *The Book of Jeremiah.* OTL. Philadelphia: Westminster, 1986.

Clements, R. E. *Jeremiah.* Interpretation. Atlanta: John Knox, 1988.

Craigie, P. C., P. H. Kelley, and J. F. Drinkard Jr. *Jeremiah 1–25.* WBC. Dallas: Word, 1991.

Holladay, W. L. *Jeremiah.* Hermeneia. 2 vols. Minneapolis: Fortress, 1986, 1989.

Huey, F. B., Jr. *Jeremiah, Lamentations.* NAC. Nashville: Broadman & Holman, 1993.

Jones, D. R. *Jeremiah.* NCB. Grand Rapids: Eerdmans, 1992.

Keown, G. L., P. J. Scalise, and T. G. Smothers. *Jeremiah 26–52.* WBC. Dallas: Word, 1995.

Lundbom, J. R. *Jeremiah 1–20.* AB. New York: Doubleday, 1999.

McKane, W. *A Critical and Exegetical Commentary on Jeremiah.* ICC. 2 vols. Edinburgh: T. & T. Clark, 1986, 1996.

Thompson, J. A. *The Book of Jeremiah.* NICOT. Grand Rapids: Eerdmans, 1979.

Recent Studies

General

Anderson, J. S. "The Metonymical Curse as Propaganda in the Book of Jeremiah." *Bulletin of Biblical Research* 8 (1998): 1–13.

Applegate, J. "The Fate of Zedekiah: Redactional Debate in the Book of Jeremiah." *VT* 48 (1998): 137–60, 301–8.

————. "'Peace, Peace, When There Is No Peace': Redactional Integration of Prophecy of Peace into the Judgement of Jeremiah." In *The Book of Jeremiah and Its Reception,* edited by A. H. W. Curtis and T. Römer, 51–90. Louvain: Peeters, 1997.

Bauer, A. *Gender in the Book of Jeremiah: A Feminist-Literary Reading.* New York: Lang, 1999.

Carroll, R. P. "Inscribing the Covenant: Writing and the Written in Jeremiah." In *Understanding Poets and Prophets: Essays in Honour of George Wishart Anderson,* edited by A. G. Auld, JSOTSup 152, 61–74. Sheffield: JSOT 1993.

————. "Intertextuality and the Book of Jeremiah: Animadversions on Text and Theory." In *The New Literary Criticism and the Hebrew Bible,* edited by J. C. Exum and D. J. A. Clines, JSOTSup 143, 55–78. Sheffield: JSOT, 1993.

————. "Jeremiah, Intertextuality, and Ideologiekritik." *JNSL* 22 (1996): 15–34.

————. "Surplus Meaning and the Conflict of Interpretations: A Dodecade of Jeremiah Studies (1984–95)." *Currents in Research: Biblical Studies* 4 (1996): 115–59.

————. "Synchronic Deconstructions of Jeremiah: Diachrony to the Rescue? Reflections on Some Reading Strategies for Understanding Certain Problems in the Book of Jeremiah." In *Synchronic or Diachronic? A Debate in Old Testament Exegesis,* edited by J. C. de Moor, 39–51. Leiden: Brill, 1995.

Curtis, A. H. W. and T. Römer, eds. *The Book of Jeremiah and Its Reception.* Louvain: Peeters, 1997.

Delamarter, S. "Thus Far the Words of Jeremiah." *BRev* 15, no. 5 (1999): 34–55.

Diamond, A. R. P. "Portraying Prophecy: Of Doublets, Variants, and Analogies in the Narrative Representation of Jeremiah's Oracles—Reconstructing the Hermeneutics of Prophecy." *JSOT* 57 (1993): 99–119.

Domeris, W. R. "Jeremiah and the Religion of Canaan." *OTE* 7 (1994): 7–20.

Gosse, B. "The Masoretic Redaction of Jeremiah: An Explanation." *JSOT* 77 (1998): 75–80.

Hoffman, Y. "Eschatology in the Book of Jeremiah." In *Eschatology in the Bible and in Jewish and Christian Tradition,* edited by H. G. Reventlow, JSOTSup 243, 75–97. Sheffield: Sheffield Academic Press, 1997.

House, P. R. "Plot, Prophecy, and Jeremiah." *JETS* 36 (1993): 297–306.

Jeremias, J. "The Hosea Tradition and the Book of Jeremiah." *OTE* 7 (1994): 21–39.

King, P. J. *Jeremiah: An Archaeological Companion.* Louisville: Westminster John Knox, 1993.

le Roux, J. H. "In Search of Carroll's Jeremiah (Or: Good Old Jerry, Did He Really Live? Question Irrelevant)." *OTE* 7 (1994): 60–90.

Lundbom, J. R. *The Early Career of the Prophet Jeremiah.* Lewiston, N.Y.: Mellen, 1993.

McConville, J. G. "Jeremiah: Prophet and Book." *TynB* 42 (1991): 80–95.

————. *Judgment and Promise: An Interpretation of the Book of Jeremiah.* Winona Lake, Ind.: Eisenbrauns, 1993.

McKane, W. "Jeremiah and the Wise." In *Wisdom in Ancient Israel: Essays in Honour of J. A. Emerton,* edited by J. Day, 142–51. Cambridge: Cambridge University Press, 1995.

Mulzac, K. D. "The Remnant and the New Covenant in the Book of Jeremiah." *AUSS* 35 (1997): 239–48.

————. "The Remnant Motif in the Context of Judgement and Salvation in the Book of Jeremiah." Ph.D. diss., Andrews University, 1995.

Parunak, H. van Dyke. "Some Discourse Functions of Prophetic Quotation Formulas in Jeremiah." In *Biblical Hebrew and Discourse Linguistics,* edited by R. D. Bergen, 489–519. Winona Lake, Ind.: Eisenbrauns, 1994.

Roberts, J. J. M. "The Motif of the Weeping God in Jeremiah and Its Background in the Lament Tradition of the Ancient Near East." *OTE* 5 (1992): 361–74.

Römer, T. C. "How Did Jeremiah Become a Convert to Deuteronomistic Ideology?" In *Those Elusive Deuteronomists: The Phenomenon of Pan-Deuteronomism,* edited by L. S. Schearing and S. L. McKenzie, JSOTSup 268, 189–99. Sheffield: Sheffield Academic Press, 1999.

Roshwalb, E. H. "Build Up and Climax in Jeremiah's Vision and Laments." In *Boundaries of the Ancient Near Eastern World: A Tribute to Cyrus H. Gordon,* edited by M. Lubetski et al., JSOTSup 173, 111–35. Sheffield: Sheffield Academic Press, 1998.

Sommer, B. D. "New Light on the Composition of Jeremiah." *GBQ* 61 (1999): 646–66.

Steiner, R. C. "The Two Sons of Neriah and the Two Editions of Jeremiah in the Light of Two *Atbash* Code-Words for Babylon." *VT* 46 (1996): 74–84.

Stipp, H.-J. "Linguistic Peculiarities of the Masoretic Edition of the Book of Jeremiah: An Updated Index," *JNSL* 23 (1997):181–202.

———. "The Prophetic Messenger Formulas in Jeremiah According to the Masoretic and Alexandrian Texts." *Textus* 18 (1995): 63–85.

———. "Zedekiah in the Book of Jeremiah: On the Formation of a Biblical Character." *CBQ* 58 (1996): 627–48.

Stulman, L. "Insiders and Outsiders in the Book of Jeremiah: Shifts in Symbolic Arrangements." *JSOT* 66 (1995): 65–85.

———. *Order amid Chaos: Jeremiah as Symbolic Tapestry.* Sheffield: Sheffield Academic Press, 1998.

Thompson, H. O. *The Book of Jeremiah: An Annotated Bibliography.* London: Scarecrow, 1996.

Tov, E. "The Book of Jeremiah: A Work in Progress." *BRev* 16, no. 3 (2000): 32–38, 45.

White, R. E. *The Indomitable Prophet: A Biographical Commentary on Jeremiah. The Man, the Time, the Book, the Tasks.* Grand Rapids: Eerdmans, 1992.

Wilcox, B. K. "Rejection of the Word of Yahweh and Judgment in the Book of Jeremiah." Ph.D. diss., New Orleans Baptist Theological Seminary, 1990.

Williams, M. J. "An Investigation of the Legitimacy of Source Distinctions for the Prose Material in Jeremiah." *JBL* 112 (1993): 193–210.

Wilson, R. R. "Historicizing the Prophets: History and Literature in the Book of Jeremiah." In *On the Way to Nineveh: Studies in Honor of George M. Landes,* edited by S. L. Cook and S. C. Winter, 136–54. Atlanta: Scholars Press, 1999.

Youngblood, R. "The Character of Jeremiah." *Criswell Theological Review* 5 (1990–91): 171–82.

Zipor, M. A. " 'Scenes from a Marriage'—According to Jeremiah." *JSOT* 65 (1995): 83–91.

Jeremiah 1–25

Applegate, J. "Jeremiah and the Seventy Years in the Hebrew Bible: Inner-Biblical Reflections on the Prophet and His Prophecy." In *The Book of Jeremiah and Its Reception,* edited by A. H. W. Curtis and T. Römer, 91–110. Louvain: Peeters, 1997.

Becking, B. "Does Jeremiah x 3 Refer to a Canaanite Deity Called Hubal?" *VT* 43 (1993): 555–57.

Biddle, M. E. *Polyphony and Symphony in Prophetic Literature: Rereading Jeremiah 7–20.* Macon, Ga.: Mercer, 1996.

———. *A Redaction History of Jeremiah 2:1–4:2.* Zürich: Theologischer Verlag, 1990.

Bozak, B. A. "Heeding the Received Text: Jer 2,20a, a Case in Point." *Bib* 77 (1996): 524–37.

Christensen, D. L. "In Quest of the Autograph of the Book of Jeremiah: A Study of Jeremiah 25 in Relation to Jeremiah 46–51." *JETS* 33 (1990): 145–53.

Clements, R. E. "Jeremiah 1–25 and the Deuteronomistic History." In *Understanding Poets and Prophets: Essays in Honour of George Wishart Anderson,* edited by A. G. Auld, JSOTSup 152, 93–113. Sheffield: JSOT 1993.

Curtis, A. H. W. "Terror on Every Side!" In *The Book of Jeremiah and Its Reception,* edited by A. H. W. Curtis and T. Römer, 111–18. Louvain: Peeters, 1997.

Diamond, A. R. P., and K. M. O'Connor. "Unfaithful Passions: Coding Women, Coding Men in Jeremiah 2–3 (4:2)." *Biblical Interpretation* 4 (1996): 288–310.

Dubbink, J. "Jeremiah: Hero of Faith or Defeatist? Concerning the Place and Function of Jeremiah 20.14–18." *JSOT* 86 (1999): 67–84.

———. "Listen before You Speak: The Prophet as Spokesman and First Recipient of the Word of YHWH." In *The Rediscovery of the Hebrew Bible*, edited by J. W. Dyk, 69–83. Maastricht, the Netherlands: Shaker, 1999.

Gitay, Y. "The Projection of the Prophet: A Rhetorical Presentation of the Prophet Jeremiah (according to Jer 1:1–19)." In *Prophecy and the Prophets: The Diversity of Contemporary Issues in Scholarship*, edited by Y. Gitay, 41–55. Atlanta: Scholars Press, 1997.

Gladson, J. A. "Jeremiah 17:19–27: A Rewriting of the Sinaitic Code?" *CBQ* 62 (2000): 33–40.

Hayes, K. M. "Jeremiah iv 23: *tōhû* without *bōhû*." *VT* 47 (1997): 247–49.

Hess, R. S. "Hiphil Forms of *qwr* in Jeremiah vi 7." *VT* 41 (1991): 347–50.

Hoffman, Y. "'Isn't the Bride too Beautiful?': The Case of Jeremiah 6.16–21." *JSOT* 64 (1994): 103–20.

Kessler, M. "Jeremiah 25,1–29, Text and Context: A Synchronic Study." *ZAW* 109 (1997): 44–70.

Kruger, H. A. J. "Ideology and Natural Disaster: A Context for Jeremiah 10:1–16." *OTE* 6 (1993): 367–83.

Kruger, P. A. "The Psychology of Shame in Jeremiah 2:36–37." *JNSL* 22 (1996): 79–88.

Lenchak, T. A. "Puzzling Passages: Jeremiah 20:14." *TBT* 37 (1999): 317.

Lundbom, J. R. "Jeremiah 15,15–21 and the Call of Jeremiah." *SJOT* 9 (1995): 143–55.

———. "Rhetorical Structures in Jeremiah 1." *ZAW* 103 (1991): 193–210.

Noegel, S. B. "*Atbash* in Jeremiah and Its Literary Significance." *The Jewish Bible Quarterly* 24 (1996): 160–66, 247–50.

O'Connor, K. M. "The Tears of God and Divine Character in Jeremiah 2–9." In *God in the Fray: A Tribute to Walter Brueggemann*, edited by T. Linafelt and T. K. Beal, 172–85. Minneapolis: Fortress, 1998.

Olson, D. C. "Jeremiah 4:5–31 and Apocalyptic Myth." *JSOT* 73 (1997): 81–107.

Olyan, S. M. "'To Uproot and to Pull Down, to Build and to Plant': Jer 1:10 and Its Earliest Interpreters." In *Hesed ve-emet: Studies in Honor of Ernest S. Frerichs*, edited by J. Magness and S. Gitan, 63–72. Atlanta: Scholars Press, 1998.

Rudman, D. "Creation and Fall in Jeremiah x 12–16." *VT* 48 (1998): 63–73.

Scheffler, E. "The Holistic Historical Background against Which Jeremiah 7:1–5 Makes Sense." *OTE* 7 (1994): 381–95.

Shields, M. E. "Circumcision of the Prostitute: Gender, Sexuality, and the Call to Repentance in Jeremiah 3:1–4:4." *Biblical Interpretation* 3 (1995): 61–74.

———. "Circumscribing the Prostitute: The Rhetorics of Intertextuality, Metaphor, and Gender in Jeremiah 3:1–4:4." Ph.D. diss., Emory University, 1996.

Smit, J. H. "War-Related Terminology and Imagery in Jeremiah 15:10–21." *OTE* 11 (1998): 105–14.

Smith, M. S. *The Laments of Jeremiah and Their Contexts: A Literary and Redactional Study of Jeremiah 11–20*. Atlanta: Scholars Press, 1990.

Snyman, S. D. "Divine and Human Violence and Destruction in Jeremiah 20:7–13." *Acta Theologica* 19 (1999): 99–112.

———. "A Note on *pth* and *ykl* in Jeremiah XX 7–13." *VT* 48 (1998): 559–63.

———. "The Portrayal of Yahweh in Jeremiah 20:7–13." *Hervormd Teologiese Studies* 55 (1999): 176–82.

Steiner, R. C. "A Colloquialism in Jer. 5:13: From the Ancestor of Mishnaic Hebrew." *JSS* 37 (1992): 11–26.

———. "Incomplete Circumcision in Egypt and Edom: Jeremiah (9:24–25) in Light of Josephus and Jonckheere." *JBL* 119 (1999): 497–505.

Swart, I. "'Because Every Time I Speak, I Must Shout It Out, I Cry—"Violence and Oppression!"': The Polyvalent Meaning of חמס ושד in Jeremiah 20:8," *OTE* 7 (1994): 193–204.

Thelle, R. "דרש את־יהוה: The Prophetic Act of Consulting YHWH in Jeremiah 21,2 and 37,7." *SJOT* 12 (1998): 249–56.

van der Wal, A. J. O. "Jeremiah ii 31: A Proposal." *VT* 41 (1991): 360–63.

Wessels, W. J. "The Fallibility and Future of Leadership according to Jeremiah 23:1–4." *OTE* 6 (1993): 330–8.

Youngblood, R. "The Call of Jeremiah." *Criswell Theological Review* 5 (1990–91): 99–108.

Jeremiah 26–45

Becking, B. "Baalis, the King of the Ammonites: An Epigraphical Note on Jeremiah 40:14." *JSS* 38 (1993): 15–24.

———. "Jeremiah's Book of Consolation: A Textual Comparison. Notes on the Masoretic Text and the Old Greek Version of Jeremiah xxx–xxxi." *VT* 44 (1994): 145–69.

———. "Text-Internal and Text-External Chronology in Jeremiah 31:31–34." *Svensk Exegetisk Årsbok* 61 (1996): 33–51.

———. "The Times They Are A-Changing: An Interpretation of Jeremiah 30,12–17." *SJOT* 12 (1998): 3–25.

Berlyn, P. J. "Baruch Ben-Neriah: The Man Who Was Not a Prophet." *The Jewish Bible Quarterly* 25 (1997): 150–61.

Boyle, B. "Narrative as Ideology: Synchronic (Narrative Critical) and Diachronic Readings of Jeremiah 37–38." *Pacifica* 12 (1999): 293–312.

Bozak, B. A. *Life "Anew": A Literary-Theological Study of Jer. 30–31.* Rome: Pontifical Institute, 1991.

Brueggemann, W. "A 'Characteristic' Reflection on What Comes Next (Jeremiah 32.16–44)." In *Prophets and Paradigms: Essays in Honor of Gene M. Tucker,* edited by S. B. Reid, JSOTSup 229, 16–32. Sheffield: Sheffield Academic Press, 1996.

———. "The 'Baruch Connection': Reflections on Jer 43:1–7." *JBL* 113 (1994): 405–20.

Chavel, S. "'Let My People Go!': Emancipation, Revelation, and Scribal Activity in Jeremiah 34,8–14." *JSOT* 76 (1997): 71–95.

Cox, D. E. "The Book of Jeremiah: Jeremiah 30:5–31:22 and the Jeremiah Tradition." Ph.D. diss., St. Andrews University, 1993.

Dearman, J. A. "My Servants the Scribes: Composition and Context in Jeremiah 36." *JBL* 109 (1990): 403–21.

Heyns, D. "History and Narrative in Jeremiah 32." *OTE* 7 (1994): 261–76.

Hoffman, Y. "Aetiology, Redaction, and Historicity in Jeremiah xxxvi." *VT* 46 (1996): 179–89.

Huffmon, H. B. "The Impossible: God's Words of Assurance in Jer. 31:35–37." In *On the Way to Nineveh: Studies in Honor of George M. Landes,* edited by S. L. Cook and S. C. Winter, 172–86. Atlanta: Scholars Press, 1999.

Kessler, M. "The Judgment-Promise Dialectic in Jeremiah 26–36." *Amsterdamse Cahiers* 16 (1997): 60–72.

Knights, C. H. "Jeremiah 35 in the Book of Jeremiah." *ExpT* 109 (1997–98): 207–8.

———. "The Rechabites of Jeremiah 35: Forerunners of the Essenes?" *Journal for the Study of the Pseudepigrapha* 10 (1992): 81–87.

———. "'Standing Before Me for Ever': Jeremiah 35:19." *ExpT* 108 (1996–97): 40–42.

———. "The Structure of Jeremiah 35." *ExpT* 106 (1994–95): 142–44.

Leene, H. "Jeremiah 31,23–26 and the Redaction of the Book of Comfort." *ZAW* 104 (1992): 348–64.

Lust, J. "The Diverse Text Forms of Jeremiah and History Writing with Jer. 33 as a Test Case." *JNSL* 20 (1994): 31–48.

McKane, W. "Jeremiah 30,1–3, Especially 'Israel.'" In *The Scriptures and the Scrolls: Studies in Honour of A. S. van der Woude on the Occasion of His Sixty-fifth Birthday,* edited by F. G. Martínez and C. J. Labuschagne, VTSup 49, 65–73. Leiden: Brill, 1992.

Pettigrew, L. D. "The New Covenant." *The Master's Seminary Journal* 10 (1999): 251–70.

Renkema, J. "A Note on Jeremiah xxviii 5." *VT* 47 (1997): 253–55.

Sawyer, D. F. "Gender-Play and Sacred Text: A Scene from Jeremiah." *JSOT* 83 (1999): 99–111.

Schart, A. "Combining Prophetic Oracles in Mari Letters and Jeremiah 36." *JANES* 23 (1995): 75–93.

Sharp, C. J. "'Take Another Scroll and Write': A study of the LXX and the MT of Jeremiah's Oracles against Egypt and Babylon." *VT* 47 (1997): 487–516.

Shead, A. G. "Jeremiah 32 in Its Hebrew and Greek Recensions." *TynB* 50 (1999): 318–20.

Smelik, K. A. "Letters to the Exiles: Jeremiah in Context." *SJOT* 10 (1996): 282–95.

Sweeney, M. A. "Jeremiah 30–31 and King Josiah's Program of National Restoration and Religious Reform." *ZAW* 108 (1996): 569–83.

van der Kooij, A. "Jeremiah 27:5–15: How Do MT and LXX Relate to Each Other?" *JNSL* 20 (1994): 59–78.

van der Wal, A. J. O. "Themes from Exodus in Jeremiah 30–31." In *Studies in the Book of Exodus,* edited by M. Vervenne, 559–66. Louvain: Peeters, 1996.

van Heerden, W. "Preliminary Thoughts on Creativity and Biblical Interpretation with Reference to Jeremiah 30:12–17." *OTE* 6 (1993): 339–50.

Weaver, J. D. "Making Yahweh's Rule Visible." In *Peace and Justice Shall Embrace—Power and Theopolitics in the Bible: Essays in Honor of Millard Lind,* edited by T. Grimsrud and L. L. Johns, 34–48. Telford, Pa.: Pandora, 1999.

Yates, G. E. "'The People Have Not Obeyed': A Literary and Rhetorical Study of Jeremiah 26–45." Ph.D. diss., Dallas Theological Seminary, 1998.

Jeremiah 46–52

Bellis, A. O. *The Structure and Composition of Jeremiah 50:2–51:58.* Lewiston, N.Y.: Mellen, 1995.

Gershenson, D. E. "A Greek Myth in Jeremiah." *ZAW* 108 (1996): 192–200.

Jackson, J. J. "Jeremiah 46: Two Oracles on Egypt." *Horizons in Biblical Theology* 15 (1993): 136–44.

McKane, W. "Jeremiah's Instructions to Seraiah (Jeremiah 51:59–64)." In *Pomegranates and Golden Bells: Studies in Biblical, Jewish, and Near Eastern Ritual, Law, and Literature in Honor of Jacob Milgrom,* edited by D. P. Wright et al., 697–706. Winona Lake, Ind.: Eisenbrauns, 1995.

Reimer, D. J. *The Oracles against Babylon in Jeremiah 50–51: A Horror among the Nations.* San Francisco: Mellen Research University Press, 1993.

Watts, J. W. "Text and Redaction in Jeremiah's Oracles against the Nations." *CBQ* 54 (1992): 432–47.

Bibliography (Lamentations)

Commentaries

Hillers, D. R. *Lamentations.* AB. Garden City, N.Y.: Doubleday, 1972.

Huey, F. B., Jr. *Jeremiah, Lamentations.* NAC. Nashville: Broadman Holman, 1993.

Provan, I. *Lamentations*. NCB. Grand Rapids: Eerdmans, 1991.
Renkema, J. *Lamentations*. Translated by B. Doyle. Louvain: Peeters, 1998.

Recent Studies

Dobbs-Allsopp, F. W. "Tragedy, Tradition, and Theology in the Book of Lamentations." *JSOT* 74 (1997): 29–60.

Fretz, M. J. H. "Lamentations and Literary Ethics: A New Perspective on Biblical Interpretation." Ph.D. diss., University of Michigan, 1993.

Gous, I. G. P. "Exiles and the Dynamics of Experiences of Loss: The Reaction of Lamentations 2 on the Loss of Land." *OTE* 6 (1993): 351–63.

———. "Mind over Matter: Lamentations 4 in the Light of the Cognitive Sciences." *SJOT* 19 (1996): 69–87.

Guest, D. "Hiding behind the Naked Women in Lamentations: A Recriminative Response." *Biblical Interpretation* 7 (1999): 413–48.

Heater, H., Jr. "Structure and Meaning in Lamentations." *BSac* 149 (1992): 304–15.

Helberg, J. L. "Land in the Book of Lamentations." *ZAW* 102 (1990): 372–85.

Hunter, J. *Faces of a Lamenting City: The Development and Coherence of the Book of Lamentations*. Frankfurt am Main: Lang, 1996.

Joyce, P. "Lamentations and the Grief Process: A Psychological Reading." *Biblical Interpretation* 1 (1993): 304–20.

Krašovec, J. "The Source of Hope in the Book of Lamentations." *VT* 42 (1992): 223–33.

Miller, C. W. "Poetry and Personae: The Use and Functions of the Changing Speaking Voices in the Book of Lamentations." Ph.D. diss., Iliff School of Theology, 1996.

Neusner, J. *Israel after Calamity: The Book of Lamentations*. Valley Forge, Pa.: Trinity Press International, 1995.

Provan, I. "Feasts, Booths, and Gardens (Thr 2,6a)." *ZAW* 102 (1990): 254–55.

———. "Past, Present, and Future in Lamentations iii 52–66: The Case for a Precative Perfect Re-examined." *VT* 41 (1991): 164–75.

———. "Reading Texts against an Historical Background: The Case of Lamentations 1." *SJOT* 1 (1990): 130–43.

Renkema, J. "The Meaning of the Parallel Acrostics in Lamentations." *VT* 45 (1995): 379–83.

Reyburn, A. D. *A Handbook on Lamentations*. New York: United Bible Societies, 1992.

Saebø, M. "Who Is 'the Man' in Lamentations 3? A Fresh Approach to the Interpretation of the Book of Lamentations." In *Understanding Poets and Prophets: Essays in Honour of George Wishart Anderson*, edited by A. G. Auld, JSOTSup 152, 294–306. Sheffield: JSOT, 1993.

Salters, R. B. "Searching for Pattern in Lamentations." *OTE* 11 (1998): 93–104.

———. "Using Rashi, Ibn Ezra, and Joseph Kara on Lamentations." *JNSL* 25 (1999): 201–13.

Westermann, C. *Lamentations: Issues and Interpretation*. Translated by C. Muenchow. Minneapolis: Fortress, 1994.

에스겔

서론

에스겔은 유다의 여호야긴 왕이 주전 597년에 사로잡혀간 지 4년 정도 후인 593년 7월에 예언 소명을 받는다(1:2를 보라).[1] 그의 예언 사역은 적어도 주전 571년에 이르기까지 계속된다(29:17을 보라). 만일에 1:1의 "제30년"이라는 구절이 에스겔의 나이를 가리킨다면, 그는 623년에 태어난 셈이 된다.[2] 에스겔은 597년에 메소포타미아로 사로잡혀 갔음이 분명하다(40:1의 "우리가 사로잡힌 지"라는 표현을 주목하라). 그곳에 끌려간 그는 동료 포로민 공동체와 더불어 니푸르(Nippur)의 성읍 근처에서 살았다.[3] 에스겔은 제사장 가문 출신이었다(1:3). 그러나 그가 포로로 잡혀가기 전에 실제로 예루살렘 성전에서 봉사했는지는 확실치 않다. 그의 제사장적인 배경은 그가 성전과 희생제사 제도에 깊은 관심을 가지고 있다는 사실을 잘 설명해 준다.

에스겔서는 크게 세 주요 부분으로 나눌 수 있다. 1-24장은 임박한 예루살

---

1) Moshe Greenberg, *Ezekiel 1–20*, AB (Garden City, N.Y.: Doubleday, 1983), 8-10.

2) 그러나 이 연대 표기의 의미는 확실치 않다: Leslie C. Allen, *Ezekiel 1–19*, WBC (Dallas: Word, 1994), 20-21.

3) Greenberg, *Ezekiel 1–20*, 40.

렘의 파괴에 초점을 맞추고 있다. 반면에 25-32장은 일부 주변 나라들에 대한 심판 신탁들을 포함하고 있다. 예언의 분위기는 하나님과 이스라엘의 화해 및 포로민들의 귀환을 기대하는 33-48장에서 바뀐다.

죄와 심판(에스겔 1-24장)

하나님께서 에스겔을 부르심(1:1—3:27)

에스겔서의 첫 세 장들은 에스겔의 예언 소명을 기록하고 있다. 그는 처음에 야웨의 왕적인 영화로움에 관한 굉장한 환상을 보는 바(1장), 이는 그의 공식적인 서명의 전주곡에 해당하는 것이다(2-3장).

에스겔이 하나님의 영광을 봄(1:1-28)

에스겔의 소명 환상은 주전 593년 7월에 그발 강가에서 이루어진다(1-3절). 이 정교한 환상은 북쪽으로부터 오는 폭풍과 더불어 시작되는 바, 그 폭풍에는 큰 구름과 타오르는 불이 수반되고 그로부터 매우 밝은 광채가 나온다(4절). 히브리 성서의 신현에 뿌리를 둔 이러한 표상은 하나님의 출현을 암시한다.[4] 불 속에서 나오는 네 "생물들"은 제각기 인간의 형상을 가지고 있으며, 네 개의 얼굴(인간, 사자, 황소, 독수리)과 네 개의 날개, 송아지 같은 발, 날개 아래에 있는 사람의 손 등을 가지고 있다(5-8,10절). 이들은 제각기 위로 펼쳐진 두 개의 날개와 몸을 덮고 있는 다른 두 개의 날개를 가지고 있다(11절). 그 생물들은 방향을 바꾸지 않은 채로 일제히 똑바로 앞을 향해 나아간다(9, 12절).[5] 그들은 불처럼 밝게 빛나며, 번개처럼 빨리 앞뒤로 움직인다(13-14절).

---

4) Jeffrey J. Niehaus, *God at Sinai: Covenant and Theophany in the Bible and Ancient Near East* (Grand Rapids: Zondervan, 1995), 255-56. 북쪽에서 오는 폭풍의 기상학적인 배경에 대해서는 다음을 보라: Greenberg, *Ezekiel 1-20*, 42-43.

5) Greenberg, *Ezekiel 1-20*, 45.

이 생물들에 관한 묘사가 현대 독자들에게 별스럽게 보일 수도 있지만, 그들의 외양은 에스겔과 그의 시대 사람들에게 친숙해 보였을 것이다. 고대 근동의 조각은 이와 매우 유사한 반인반수 생물들 — 보좌나 하늘을 떠받치는 역할을 수행하는 — 을 포함하고 있다.[6] 에스겔의 환상은 전형적인 상황화의 예에 해당하는 것이다. 하나님은 신적인 자기 계시를 자기 백성이 살고 있는 문화적인 상황에 적합하게끔 표현하신 것이다.

에스겔은 좀 더 자세하게 들여다본 결과 각 생물들의 옆에 바퀴가 있음을 발견한다(15절). 네 개의 바퀴들은 모두가 다 번쩍였으며, 높이 솟은 외륜(外輪)들을 가지고 있었다(16, 18절). 16b절의 "바퀴가 서로 가로지르다"는 구절은 많은 해석자들을 당혹스럽게 만들었다. 어떤 이들은 그것이 중심이 같은 외륜을 가리킨다고 보는가 하면, 또 다른 이들은 "두 개의 바퀴가 직각으로 교차하는 공 모양의 구조물"을 가리킨다고 본다.[7] 바퀴들이 회전하지 않은 채로도 방향을 바꿀 수 있다는 것(17절)은 후자의 가능성을 선호하는 것으로 보인다. 바퀴들은 생물들과 함께 움직였으며, 그 생물들은 자기들을 활성화시킨 "영"의 지시를 따랐다(19-21절; 12절도 보라).

이를 좀 더 상세하게 살펴보면, 그 생물들과 바퀴들은 하나님의 전차로서 기능하고 있음을 금방 알 수 있다. 그 생물들은 절반의 날개들로 빛나고 투명한 덮개 모양의 것을 떠받치고 있었다(22절). 그들은 나머지 날개들을 사용하여 앞으로 나아갔다(23절). 날개들이 움직이는 소리는 파도 소리나 군대가 움직이는 소리 또는 하나님의 소리와도 같이 귀를 먹먹하게 하는 것이었다(24절). 예언자는 덮개 모양의 것 위에서 나는 목소리를 듣는다(25절). 위를 쳐다본 그는 보석 같은 보좌와 그 위에 한 사람이 앉아 있는 모습을 본다(26절). 그의 허리 위는 새빨갛게 달아오른 금속과도 같았고, 허리 아래는 불과도 같았다(27a절). 그의 주변에는 밝은 빛이 있었는데, 그것은 폭풍 구름을 배경으로 하고 있는 무지개처럼 인상적인 모습을 가지고 있었다(27b-28a

---

6) Allen, *Ezekiel 1-19*, 26-31. 비성서 병행 자료들 전반에 대한 논의를 위해서는 다음을 보라: D. N. Freedman and M. O'Connor, ‏כרוב‎, " *TDOT* 7:314-18.

7) Allen, *Ezekiel 1-19*, 33-34.

절). 자신이 하나님의 영광을 보고 있음을 깨달은 예언자는 땅에 엎드린다 (28b절).

하나님께서 에스겔을 예언자로 부르심(2:1—3:27)

야웨께서는 에스겔을 "인자"로 칭하신다. 이 표현은 단순히 "인간"을 가리키는 관용어이다. 이 호칭은 그를 그가 목격하고 있는 초자연적인 생물들로부터 구별한다. 야웨께서 에스겔에게 일어설 것을 명하자, 그는 계속 얼굴을 땅에 댄 채로 있고자 하였으나 한 "영"이 그에게 힘을 주어 그를 일으켜 세운다(2:1-2).[8] 어떤 이들은 이 "영"을 힘이나 용기를 주는 비인격적인 "영"으로 본다.[9] 그런가 하면 다른 이들은 그것을 생물들에게 힘을 주는 영과 동일시한다.[10] 그러나 생물들에게 힘을 주는 영은 특별하게 "그 영"('하루아흐'; 1:12, 20a를 보라)이나 "생물들의 영"(1:20b-21; 10:17도 보라)으로 불린다. 그것은 야웨의 개인적인 영을 가리킬 수도 있지만, 정관사가 없다는 것은 그럴 가능성을 배제한다. 에스겔서의 다른 곳에서 야웨의 영은 "야웨의 영"(11:5; 37:1)으로, 또는 "하나님의 영"(11:24)이나 "나의(야웨의) 영"(36:27; 37:14; 39:29) 등으로 불린다. 2:2의 용어는 하나님께서 보내신 바람을 가리킬 가능성이 높다. 그것은 그에게서 비롯되는 힘찬 생명의 숨과 긴밀하게 관련되어 있다. 히브리어 낱말 '루아흐'는 종종 에스겔서에서 바람을 가리킨다 (1:4; 5:10, 12; 12:4; 13:11, 13; 17:10, 21; 19:12; 27:26; 37:9 등을 보라). 에스겔 37:5-10에서는 "숨"(히브리어로 '루아흐')이 "네 바람들"(히브리어로 '루호트')에게서 비롯되며, 야웨의 영 또는 생명을 주는 숨과 관련되어 있다(14절). 이 숨 또는 바람은 마른 뼈들 안으로 들어가서 그 뼈들을 소생시킨다(5절). 이와 마찬가지 방식으로 이 바람/생명을 주는 숨은 온 몸이 거의 마비된 것이나 다름이 없는 에스겔 안으로 들어가서(2:2; 3:24) 그에게 움직일 수 있

---

8) NIV는 "그 영"으로 번역하지만, 히브리어 본문은 정관사 없이 단순히 '루아흐'라는 낱말만을 가지고 있을 뿐이다('[한] 영").

9) 이를테면 Greenberg, *Ezekiel 1-20*, 62가 그렇다.

10) 이를테면 Allen, *Ezekiel 1-19*, 38이 그렇다.

는 힘을 준다. 더 나아가서 이 구절은 "영"이 예언자의 신체적인 움직임과 관련된 유일한 본문이 아니다. 몇몇 본문들에서 그것은 그를 어느 한 곳에서 다른 곳으로 운반하는 역할을 수행하기도 한다(3:12, 14; 8:3; 11:1, 24; 43:5).

바로 이 부분에서 야웨께서는 에스겔에게 예언자로서의 공식적인 소명을 주신다. 야웨께서는 반항적이고 완고한 백성이 에스겔의 말에 귀를 기울일 것임을 보증하지 못하지만, 그들은 긍정적인 반응을 보이건 그렇지 않건 간에 한 예언자가 자기들 중에 있었음을 알게 될 것이다(3-5절). 저항이 격렬하겠지만, 에스겔은 야웨의 말씀을 용감하게 선포해야만 했다(6-8a절).

야웨께서는 그의 소명을 생생하게 상기시키기 위해 자신의 새 예언자에게 재앙과 파멸의 메시지를 담은 두루마리를 먹으라고 명하신다(2:8b-3:2). 놀랍게도 예언자가 그 두루마리를 먹자 그것이 그의 입에서 달게 느껴진다. 그 내용과는 무관하게 말이다(3:3). 이 환상의 요점은 두 가지인 듯하다: 하나님의 말씀은 위험한 예언 사역 중에도 예언자를 지켜줄 것이요, 그의 사역은 심판을 선포하는 것이지만 아이러니컬하게도 그에게 만족감을 안겨줄 것이다. 왜냐하면 그는 하나님의 대변인으로 일할 것이기 때문이다. 그 일은 기쁨을 가져다주는 것이다(렘 15:16을 보라).

야웨께서는 에스겔에게 그의 사역이 어려운 것임을 분명하게 밝히신다. 사람들은 그 과제가 단순할 것이라고 생각할 것이다. 야웨께서 에스겔을 다른 언어를 말하는 이방인들에게가 아니라 자기 백성에게 보내실 것이기 때문이다(4-6a절). 그러나 하나님의 말씀에 긍정적인 반응을 보일 이교도들과는 대조적으로 이스라엘은 완고하기 짝이 없다(6b-7절). 그들에게 용감하게 맞서기 위해서는 특별한 인내심과 결의가 필요하다. 야웨께서는 그처럼 적대적인 민족을 마주하는 데 필요한 용기와 결단력을 에스겔에게 주실 것이다(8-9절). 그들이 듣건 안 듣건 관계없이 에스겔은 자신의 사역에 순종하지 않으면 안 된다(10-11절).

바로 이 순간에 에스겔은 강한 바람이 자기를 들어 올리는 것을 느끼며, 야웨의 생기 있는 전차가 움직이는 소리를 듣는다(12-13절).[11] 하나님께로부

---

11) NIV는 12, 14절에서 히브리어 '루아흐'를 "그 영"으로 번역한다. 그러나 그것은

터 힘을 얻은 예언자는 자신이 그발 강가의 텔아비브에 있는 포로민들 중에 있음을 발견한다(14-15a절).[12] 자신이 본 것과 들은 것으로 인하여 감정의 급격한 변화를 겪은 그는 그들 중에 앉아 있으면서 1주일 동안 침묵을 지킨다 (15b절).

1주일 동안 멍한 상태로 침묵을 지킨 후에 에스겔은 야웨께로부터 메시지를 받는다(16-17절). 야웨께서는 에스겔의 직무가 죄인들에게 불순종의 결과가 어떠한지를 경고하는 데 있다고 설명하신다. 만일에 야웨께서 어떤 악인이 벌을 받을 것임을 선포하셨다면, 에스겔은 그 죄인에게 경고하여 그를 회개시키는 데 최선을 다해야 한다. 만일에 예언자가 그렇게 하지 않는다면, 야웨께서는 그 죄인의 죽음에 대하여 그에게 책임을 물으실 것이다(18절). 다른 한편으로 만일에 에스겔이 그 사람에게 경고하였다면, 그는 회개하지 않은 죄인의 죽음에 대하여 책임을 지지 않을 것이다(19절). 마찬가지 방식으로, 만일에 한 의인이 악한 길로 빗나갔을 때 에스겔은 그에게 그러한 탈

강한 하나님의 바람을 가리킬 가능성이 더 높다. 2:2에 대한 필자의 앞선 설명과 다음의 자료들을 보라: Greenberg, *Ezekiel 1-20*, 70; Paul Joyce, *Divine Initiative and Human Response in Ezekiel* (Sheffield: JSOT, 1989), 110, 161, n. 11.

12) 14절은 전통적으로 에스겔이 "비통함"과 "분노"를 느꼈음을 뜻하는 것으로 이해된다. 만일 이러한 해석이 옳다면, 그러한 감정은 범죄한 이스라엘을 향한 하나님의 심정을 반영하거나 아니면 그처럼 어려운 과제를 수행해야 하는 데서 오는 예언자 자신의 감정을 반영하는 것일 수 있다. 이에 대해서는 다음을 보라: Greenberg, *Ezekiel 1-20*, 71; Daniel I. Block, *The Book of Ezekiel Chapters 1-24*, NICOT (Grand Rapids: Eerdmans, 1997), 136-37. 이 본문에 대한 다른 해석을 위해서는 Allen, *Ezekiel 1-19*, 13을 보라. 알렌은 '마르'("비통함")가 본문 안으로 잘못 들어온 난외주일 수도 있다고 보며, 흔히 "분노"로 번역되는 '헤마흐'가 여기서는 열정이나 열망을 가리킨다고 본다. 아마도 '마르'라는 낱말은 "강화된" 또는 "힘을 얻은"이라는 의미로 이해되어야 할 것이다. 셈족 언어에서 어근 *mrr*은 "강한"이라는 의미를 가질 수도 있기 때문이다: Cyrus Gordon, *Ugaritic Textbook* (Rome: Pontifical Biblical Institute, 1965), 438-39. 깁슨은 우가릿어 *mr*("강하게 되다, 튼튼하게 되다, 복을 받은")을 다루면서 이 낱말의 의미가 에스겔 3:14의 히브리어 '마르'에도 적용된다고 본다: J. C. L. Gibson, *Canaanite Myths and Legends*, 2d ed. (Edinburgh: T. & T. Clark, 1978), 152.

선의 결과가 어떠할 것인지를 경고해야만 한다. 만일에 그가 그렇게 하지 않는다면, 그는 그 사람의 죽음에 대해서 책임을 지게 될 것이다(20절). 다른 한편으로 만일에 그 사람이 하나님께로 돌아선다면, 에스겔은 그 죄인과 자신 모두를 구하는 셈이 될 것이다(21절).

이어서 야웨께서는 에스겔에게 유프라테스 평원으로 가서 또 다른 메시지를 받으라고 명하신다(22절). 그는 거기에 도착하여 다시금 야웨의 영광을 목격하고서 땅에 엎드린다(23절). 그러자 또 다시 강한 힘(바람 또는 생기를 주는 숨; 2:2를 보라)이 그를 일으켜 세운다(24a절). 야웨께서는 그에게 자기 집 안으로 들어가라고 명하신다(24b절). 거기서 그는 사람들에게 결박당할 것이요, 사람들 중에 나가지 못하게 될 것이다(25절). 야웨께서는 에스겔의 혀를 마비시키실 것이요, 그 결과 그는 범죄한 백성을 책망하지 못할 것이다(26절). 그러나 하나님께서는 자신이 정하신 적당한 때가 되면, 예언자의 혀를 풀어줄 것이요, 그를 통하여 말씀하실 것이다(27절). 에스겔을 결박할 자들이 누구인지는 확실치 않다. 어떤 이들은 그의 원수들이 그렇게 할 것이라고 보지만, 그럴 것 같지는 않다. 왜냐하면 그 일이 있기 전에 에스겔은 사람들에게 설교함으로써 그들과 소원해진 결과 그들이 자기를 가택 연금시킬 정도의 시간을 거의 갖지 못했기 때문이다. 이 절들은 도리어 하나님께서 예언자의 소명을 받는 기간을 마무리하기 위해 정하신 침묵 기간을 가리킬 가능성이 더 높다. 이렇게 본다면, 예언자가 결박당한 것은 그 자신이 다른 사람들에게 그렇게 하도록 시킨 상징적인 행동으로 이해된다.[13]

실물 교육(4:1—5:17)

에스겔의 사역은 예언자가 수행해야 할 두 개의 실물 교육과 더불어 시작된다. 그 첫 번째는 예루살렘의 포위에 관하여 묘사하며(4장), 두 번째는 하나님의 백성의 파멸과 사로잡힘에 초점을 맞추고 있다(5장).

---

13) John B. Taylor, *Ezekiel*, TOTC (Downers Grove, Ill.: InterVarsity, 1969), 72-73.

예루살렘의 포위(4:1-17)

야웨께서는 에스겔에게 벽돌 위에 예루살렘의 지도를 그리라고 명하신다 (1절). 예언자는 이어서 모형 공성퇴(성벽을 부수는 무기를 가리킴: 역자 주)를 만들고 그것을 벽돌 주위에 세워야 한다(2절). 다음에 그는 철판을 가져다가 그것을 자신과 벽돌 사이에 철벽으로 세우고, 벽돌 쪽을 바라보아야 한다 (3절). 이상의 물품들과 행동들은 이스라엘에게 하나의 "표징"이 될 것이다. 그가 사용한 철판은 하나님과 그의 백성 사이에 있는 장애물을 상징한다. 그리고 예언자가 벽돌 쪽을 주시하는 것은 예루살렘을 심판하기로 한 야웨의 결정을 가리킨다(7절을 보라).

실물 교육은 이것으로 끝나지 않는다. 에스겔은 자신의 왼쪽으로 누워야 한다. 그의 왼쪽 몸이 그의 몸무게 전체를 짊어지듯이, 이스라엘 백성은 그들의 죄로 인하여 짓눌림을 당할 것이다(4절). 에스겔은 390일 동안이나 이러한 행동을 취해야 한다. 이는 이스라엘 백성이 죄로 인하여 짓눌림을 당한 기간이 390년임을 뜻한다(5절). 예언의 정확한 날짜(1:2를 보라)인 주전 593년에서 390년을 되돌아가 보면 다윗 통치 시기인 주전 983년이 나온다. 어떻게 해서 이 시기가 죄를 범한 기간의 시작인지는 확실치 않다. 이러한 숫자에 당혹감을 느꼈음이 분명한 70인역은 "390"이라는 숫자 대신에 "190"이라는 숫자를 사용한다. 이 숫자는 분명하게 주전 722년의 이스라엘 멸망으로부터 시작하여 주전 538년의 포로 귀향에 이르기까지의 184년 기간(어림잡아 190년)을 가리키는 것으로 이해된다. 이렇게 본다면, NIV에서 "죄"로 번역된 히브리어 '아본'은 그 낱말의 또 다른 의미인 "징계"로 번역되어야 할 것이다.

이어서 예언자는 오른쪽으로 누울 것이요, 그러한 상징적인 행동을 통하여 "유다 족속의 죄악을 담당"해야 한다(6절). 그는 40일 동안 이러한 행동을 취해야 한다. 아마도 40년은 유다가 범죄한 기간에 상응할 것이다. 하나님께서 염두에 두신 정확한 기간을 이해한다는 것 역시 어려운 일이다. 주전 593년에서 40년을 되돌아가 보면 주전 633년이 나온다. 그러나 이 연대가 죄를 범한 기간의 시작인지는 확실치 않다. 왜냐하면 유다는 종종 이 전부터 야웨께서 범죄하였기 때문이다. 이 때문에 어떤 이들은 40년이 앞을 바라보는 기간이요, 유다가 포로로 잡혀가는 시점에 상응하는 징계의 기간을 가리킨다고 본다. 예루살렘이 무너진 586년을 기산점으로 삼아 앞으로 40년을 나아가다 보면 정확하게 포로 귀향 8년 전인 546년이 나온다. 바벨론 포로생활이 실제로는 48년 동안(586–538년) 지속된 까닭에, 우리는 50이라는 숫자를 기대할 수도 있겠지만, 40년이라는 숫자가 사용된 것은 그것이 이스라엘의 광야 유랑 기간과 관련될 뿐만 아니라(암 2:10을 보라), 관용적으로 한 세대를 가리키는 데 사용되었기 때문일 것이다(겔 29:11–12를 보라).

에스겔은 옆쪽으로 누운 채로 예루살렘의 포위를 상징하는 소형 모델을 바라보되, 팔을 걷어 올리고서 그 성읍을 향하여 예언해야 한다(7절). 걷어 올린 팔은 야웨께서 전사로서 다가오셔서 그 성읍을 심판하실 것임을 상징한다. 에스겔의 표징 행위를 용이하게 하기 위하여 야웨께서는 친히 예언자를 줄로 묶어서 그가 다른 쪽으로 굴러가지 않도록 막아주신다(8절). 우리는 예언자가 430일 동안 내내 옆쪽으로 누운 채로 지냈다고 생각해서는 안 된다. 그는 날마다 일정 시간 동안 하나님께서 명하신 의식을 행했음이 분명하다.

에스겔은 왼쪽으로 눕는 390일 기간 동안 하나님께서 정하신 조리법을 따라 떡을 만들어야 한다. 그는 날마다 정해진 시간에 8온스(ounce)의 떡을 먹고 2/3 쿼트(quart)의 물을 마셔야 한다(9–11절). 이처럼 불충분한 식사는 예루살렘이 감당해야 할 포위 상황, 곧 음식물과 물이 부족한 상황을 상징한다(16–17절). 야웨께서는 에스겔에게 인분으로 피운 불로 떡을 구우라고 지시하신다(12절). 이것은 사람을 제의적으로 부정하게 만드는 것이기에(신 23:13–14를 보라), 이 실물 교육은 어떻게 이스라엘 백성이 포로생활 중에 제의적으로 부정한 음식물을 먹을 수밖에 없는지를 상징한다(13절).

이제까지 에스겔은 야웨의 어려운 지시 사항들에 이의를 제기하지 않았지만, 더러운 떡을 먹으라는 명령은 터무니없고 부당한 것으로 비쳐졌을 것이다. 그는 어려서부터 엄격하게 제의적으로 정결한 음식물을 먹어 왔다고 설명함으로써 야웨의 명령에 문제를 제기한다(14절). 야웨께서는 자신의 가르침을 수정하여 그에게 쇠똥으로 떡을 구울 수 있게 하신다. 그렇게 하는 것이 제의적으로 덜 부담스러운 것임에 분명하기 때문이다.

파멸과 사로잡힘(5:1-17)

에스겔의 다음 표징 행동은 그의 머리털과 수염을 밀고서 그것을 똑같은 무게의 세 덩어리로 나눌 것을 그에게 요청한다(5:1). 에스겔은 첫 번째 상징 행동(4장을 보라)을 마친 후에 한 무더기의 머리털을 성읍 안에서 불태워야 하고, 두 번째 무더기는 칼로 쳐야 하며, 세 번째 무더기는 바람에 흩날려야 한다(2절). 이러한 행동들은 예루살렘 사람들에게 어떠한 일이 발생할지를 예고한다. 1/3은 성읍 안에서 전염병과 기근에 죽을 것이요, 또 다른 1/3은 성벽 바깥에서 칼에 죽을 것이다. 그리고 마지막 1/3은 포로로 잡혀가서 계속 고통을 당할 것이다(12절). 불(2절)은 기근과 전염병을 상징하는 데 사용된다(12절). 왜냐하면 굶주림과 질병은 열을 동반하기 때문이다(애 5:10을 보라). 심판이 철저하게 이루어질 것이기에 지극히 소수의 사람들만이 심판을 피할 수 있을 것이다. 이 점을 분명하게 보여주기 위해 에스겔은 세 번째 무더기에서 머리카락 몇 터럭을 취하여 자신의 옷 속에 넣어둔다. 마치 소수의 사람들만이 심판을 피할 것임을 상징하는 것처럼 말이다(3절). 그러나 그 후 그는 그 터럭 중 일부를 취하여 불 속에 던져야 한다. 이는 심판을 피하여 살아남은 포로민들조차도 완전히 안전하지만은 않을 것임을 상징한다(4절).

하나님의 심판은 왜 그처럼 가혹한 것일까? 야웨의 시각에서 본다면, 예루살렘은 열방 중의 중심부에 있는 성읍으로서 특별한 지위를 누리고 있었다(5절). 그런데도 유다 백성은 계약관계에서 비롯된 그의 요구 사항들을 거역하였으며, 주변의 이방 나라들보다 더 낮은 수준으로 도덕적인 수위가 떨어지고 말았다(6-7절). 이러한 죄는 22장에 상세하게 나열되어 있다. 야웨께서는 여기서 그들의 우상숭배에 초점을 맞추고 있다(9a, 11절). 예루살렘의 죄가 주변 나라들의 죄를 능가하기 때문에, 야웨께서는 열방이 보는 앞에서 공개적으로 그를 수치스럽게 하실 것이다(8절). 야웨께서는 전례 없는 심판을 그에게 내리실 것이요(9b절), 열방으로 하여금 그를 조롱하게 하실 것이다(14-15절). 그는 예루살렘에 기근을 내리심으로써 굶주리는 거주민들로 하여금 육식 풍습에 의존하게 만드실 것이다(10, 16절). 자기들의 자연 거주지에서 먹이를 발견치 못한 짐승들은 예루살렘으로 쳐들어와 어린 자녀들을 잡아먹을 것이다(17절). 이 장에 개관된 심판은 레위기 26장(10절과 레 26:22를 비

교하고, 12절과 레 26:33을, 14절과 레 26:31을, 그리고 마지막으로 17절과
레 26:22을 비교하라)에 있는 계약의 저주들을 연상시킨다.[14] 일단 저주가 성
취되면 계약의 주인이신 야웨의 진노가 가라앉을 것이다(13절).

심판 예언(6:1—7:27)

6-7장은 4-5장의 실물 교육이 전달하고 있는 메시지를 되풀이하는 두 개
의 심판 예언들을 포함하고 있다. 이 둘은 제각기 "야웨의 말씀이 내게 임하
여 가라사대"라는 공식적인 진술과 더불어 시작된다. 첫 번째 예언(6장)의 핵
심은 하나님의 심판이 그 땅의 우상숭배 중심지들에 임할 것이라는 점이다.
두 번째 예언(7장)은 야웨의 날에 수반될 전쟁의 참화에 대해서 묘사한다.

산당들을 깨뜨림(6:1-14)

유다 백성은 그 땅 전역에 이방 신들을 위한 예배 중심지들을 세운다. 여
기서 야웨께서는 자기가 "산당들," 곧 희생제사용 제단들을 포함하는 고대
(高臺, elevated platform)들을 파괴하겠다고 선언하신다(6:1-3). 그는 그 제
단들을 산산이 깨뜨리실 것이요, 그곳을 우상숭배자들의 시체들로 어지럽히
실 것이다(4-6, 13절). 유다 백성은 그가 야웨(NIV, "Lord")라는 사실을 인정
하지 않을 수 없을 것이다(7절; 10, 13-14절도 보라). 그 심판이 파괴적이긴
하지만(11-14절), 야웨께서는 남은 자들을 보존하실 것이다. 열방 중에 흩어
진 그들은 정신을 차리고서 야웨를 기억할 것이요, 이전에 범한 죄들을 깊이
뉘우칠 것이다(9절). 그들은 또한 야웨가 자기 백성의 죄를 보고서 한가롭게
위협만 하는 분이 아니라는 사실을 인정하지 않을 수 없을 것이다(10절).

"너희가/그들이 나를 야웨인 줄 알리라"는 표현은 에스겔서에 자주 나오
는 바, 이는 그것이 예언자의 메시지에서 특히 중요한 주제임을 의미한다.[15]

---

14) 레위기 26장과 에스겔 4-6장 사이에 있는 동사적이고 주제적인 병행 자료들을 보
여주는 도표를 위해서는 다음을 보라: Allen, *Ezekiel 1-19*, 94.

15) 6장의 용례들 외에도 7:4, 27; 11:10, 12; 12:15-16, 20; 13:14, 21, 23; 14:8;
15:7; 16:62; 20:38, 42, 44; 22:16; 24:27; 25:5, 7, 11, 17; 26:6; 28:22-23, 26; 29:9,
21; 30:8, 19, 25-26; 32:15; 33:29; 34:27; 35:4, 9, 15; 36:11, 38; 37:6, 13; 38:23;

야웨를 알게 된다는 것의 의미는 대체 무엇일까? 야웨라는 이름("그는 존재
한다" 또는 "그는 존재할 것이다"를 뜻함)은 본래 그가 구원자와 보호자로서
자기 백성과 함께 하실 것이라는 사실을 강조하는 이름이다(출 3:12-15를 보
라). 출애굽기에서 "너희가 나를 야웨인 줄 알리라"는 표현은 자기 백성을 향
한 야웨의 열심(6:7; 29:46) 및 구원과 보호를 가능케 하는 그의 주권적인 힘
(7:17; 10:2; 16:12)을 강조하는 문맥들에서 사용된다. 나머지 용례들(에스겔
밖의) 역시 이와 동일한 주제를 강조한다(신 29:6; 왕상 20:13, 28; 사 49:23;
욜 3:17 등을 보라). 에스겔의 시대에 유다 백성은 야웨가 누구인지를 잊어버
렸고 그에게 등을 돌리고 말았다. 야웨께서 그들을 압제로부터 구원하셨고
그들과 더불어 계약을 맺으셨다는 사실에도 불구하고, 그들은 다른 신들에
게로 돌아섰는 바, 이는 아마도 그 다른 신들이 자기들에게 여러 가지 유익
들을 준다고 그들이 믿었기 때문이었을 것이다. 그들은 오직 야웨만이 독점
적인 예배를 받기에 합당하신 분이라는 점을 기억해야만 했다. 왜냐하면 오
직 야웨만이 그들의 온갖 필요를 충족시킬 수 있는 주권적인 힘을 가지고 있
기 때문이다. 심판을 통하여, 그리고 궁극적으로는 구원을 통하여, 하나님의
백성은 야웨가 계약의 주인이시요, 자기들의 운명을 좌지우지하시는 분이라
는 사실을 알게 될 것이다.[16] 그들은 모세의 하나님이 여전히 살아계시며, 순
종에 대한 대가로 복을 약속하시는 분이지만, 동시에 자신의 권위를 인정하
지 않는 자들에게는 계약의 저주들이 임하게 하시는 분임을 인정하지 않을
수 없을 것이다.

파괴적인 야웨의 날(7:1-27)

야웨께서는 의인화된 이스라엘 땅을 향하여 "끝"이 왔고 심판이 임박했음
을 선포하신다(7:1-3a, 5-7). 그는 공평하게 정확한 심판을 실행하실 것이

39:6, 28 등을 보라.

16) 흔히 심판이야말로 그러한 깨달음을 촉진시키는 것이지만, 야웨의 자기 백성 구
원 역시 하나님의 백성으로 하여금 그가 야웨이심을 깨닫게 한다. 16:62; 20:38, 42, 44;
28:26; 29:21; 34:27; 36:11, 38; 37:6, 13; 39:28 등을 보라.

요, 조금도 자비를 베풀지 않으실 것이다(3b-4a, 8-9a절). 심판의 결과로 인하여 유다 백성은 야웨의 권위와 능력을 인정하지 않을 수 없을 것이다(4b, 9b절; 6:7-14를 보라).[17] 야웨께서는 나무의 은유를 사용하여 유다 백성의 불의와 교만이 심판의 재앙으로 귀결될 것이라고 설명하신다(10-11절).[18] 땅을 사거나 파는 일상적인 활동이 항구적으로 중단될 것이다(12-13절). 파수꾼이 나팔을 불어 임박한 전쟁을 알린다 할지라도, 그 어떠한 것도 그 전쟁을 막지 못할 것이다(14절). 성읍 밖에 있는 자들은 칼에 죽을 것이요, 기근과 전염병은 성벽 안에 있는 자들을 죽일 것이다(15절). 생존자들은 누구나 산으로 도망할 것이요, 비둘기처럼 자기들의 운명에 대하여 슬퍼할 것이다(16절). 두려움이 유다 백성을 사로잡을 것이요, 그들은 베옷을 입고서 자기들의 파멸을 슬퍼하는 일 외에는 다른 어떠한 일도 할 수 없을 것이다(17-18절).

"야웨의 진노의 날"에는 그들이 우상을 만드는 데 사용한 금은 장신구는 아무 쓸모가 없을 것이다(19-20절). 그들은 한때 자기들이 소중하게 여겼던 재물을 피가 묻어 부정한 생리대(이는 '니다'라는 용어의 더 정확한 의미에 해당함; NIV는 "부정한 것"으로 번역함)처럼 여길 것이다. 야웨께서는 그들의 재물을 이방 침략자들에게 넘겨주실 것이요, 그들은 야웨의 성전을 더럽히기까지 할 것이다(21-22절). 유다 백성이 살인으로 그 땅을 더럽혔기에,

---

17) "이스라엘 땅"을 겨냥하고 있는(2절) 3-4a, 6b, 8-9a절에서 2인칭 대명사는 여성 단수로 되어 있지만('아다마'["땅"]는 히브리어에서 여성 명사이다), 4b, 9b절은 2인칭 남성 복수 형태를 사용함으로써 유다 백성이 본문의 말씀을 들어야 할 자들임을 암시한다.

18) 10절의 전통적인 히브리어 본문은 "몽둥이가 꽃이 피며"라고 읽지만, 이는 불합리한 것이다. 만일에 본문을 그대로 둔다고 한다면, '마테'라는 용어는 나무의 줄기나 가지를 가리키는 것으로 이해되어야 한다(겔 19:11-14에 있는 이 낱말의 용례를 보라). 그러나 많은 학자들은 히브리어 '마테'("몽둥이")를 9:9에도 나오는 '무테'("구부림, [율법의] 왜곡, 불의")로 모음을 바꾸는 것을 선호한다. 이처럼 수정된 형태야말로 시적인 평행법에 잘 어울린다(다음 행의 "교만"과 11a절의 "폭력"을 주목하라). 10절을 "몽둥이"로 읽으려는 견해는 "몽둥이"를 심판의 은유로 사용하는 11절의 영향으로 인하여 생겨났을 것이다.

이제는 야웨께서 그들을 이방인들에게 넘기심으로써 그들이 가난한 자들과 궁핍한 자들에게 마음껏 휘두르던 폭력과 동일한 종류의 폭력에 시달리게 하실 것이다(23-24절). 심판이 가까워옴에 따라 그들은 필사적으로 필연적인 그 심판을 피하려고 노력할 것이다(25절). 그러나 예언자들은 그들을 격려하는 환상을 전혀 보지 못할 것이요, 제사장들은 도덕적인 지도자 역할을 전혀 수행하지 못할 것이다. 그리고 민간 지도자들은 어떠한 책략도 세우지 못할 것이다(26절). 일종의 숙명론이 왕으로부터 일반 백성에 이르기까지 모든 사람들에게 덮칠 것이다(27a절). 야웨께서는 그들이 받아 마땅한 것들을 그들에게 주실 것이요, 그럼으로써 다시금 계약의 주인으로서의 자신의 최고 주권과 권능을 입증하실 것이다(27b절).

야웨께서 성읍을 떠나심(8:1—11:25)

에스겔은 주전 592년 9월에 자기 집에서 "유다 장로들" 앞에 앉아 있을 때 야웨께로부터 하나의 환상을 받는다. 여기서 말하는 "유다 장로들"은 아마도 포로민들 중에서 지도권 행사를 자임하던 자들을 가리킬 것이다.[19] 환상 속에서 예루살렘으로 옮겨진 그는 성전 안에서 우상숭배가 행해지고 있는 것을 보며(8장), 이어서 하나님의 영광이 성전과 성읍으로부터 떠나는 것을 목격한다(9-11장).

성전 안에서 행해지는 우상숭배(8:1-18)

에스겔은 다시금 맨 처음의 환상에서 만났던 불같은 인물의 형상을 본다(8:1-2; 1:26-27을 보라). 1:28에 따르면, 이 인물은 야웨의 영광을 드러내는 자였다(8:4도 보라). 그는 에스겔의 머리채를 잡자, 바람(2:2; 3:12, 14를 보라)이 예언자를 예루살렘으로 데려간다(3a절). 성전 안뜰의 북쪽 문에서 그는 "질투를 일어나게 하는 우상"이라 불리는 한 형상을 본다(3b, 5절). "우상"(히브리어로는 '세멜')으로 번역된 용어는 역대하 33:7, 15에서도 나온다. 역대

---

19) 8:1의 "여섯째 해"는 여호야긴이 포로가 된 지 여섯 번째 해를 가리킨다. 1:2를 보라.

하 본문에서 그것은 므낫세가 성전 안에 세운 우상을 가리킨다. 아마도 그것은 열왕기하 21:7의 아로새긴 아세라 목상을 가리킬 것이다. 역대하 33:15에 따르면, 요시야는 이 신상을 성전으로부터 제거하여 성읍 밖으로 던져버린다. 그러나 주전 592년에 이르러서는 그것이 다시 성전 구내에서 발견된 것으로 보인다.

야웨께서는 에스겔에게 거기서 진행되던 "가증한 일들"을 바라보라고 지시하시며, 이 우상숭배 행동 때문에 자신의 성소를 떠날 수밖에 없다는 점을 알리신다(6절). 이어서 야웨께서는 에스겔을 입구 쪽으로 이끄신다. 거기에는 그들이 담벼락에 뚫어놓은 구멍이 있었다(7절). 에스겔이 야웨의 지시를 따라 그 담벼락을 헐었더니 한 개의 문이 보였다. 이에 그는 안뜰로 들어갔다(8–9절). 그는 사방 벽에 "각양 곤충과 가증한 짐승과 이스라엘 족속의 모든 우상"이 그려진 것을 본다(10절). 이스라엘의 70장로들은 그 우상들이 대표하는 거짓 신들에게 향을 바친다(11절). 이 지도자들은 야웨께서 이미 그 땅을 버리셨다고 믿은 까닭에 그가 자기들의 행동을 보지 못하셨을 것이라고 확신한다(12절).

그러나 에스겔은 아직 최악의 상황을 보지 못한 채로 있다(13, 15절). 야웨께서는 그를 성전 뜰의 북쪽 문으로 데리고 가신다. 거기서 그는 여인들이 메소포타미아의 신 탐무스를 위하여 애곡하는 모습을 본다. 본래 그 신을 숭배하던 자들은 그가 지하계로 추방당한 것에 대해 애곡하는 풍습을 가지고 있었다(14절).[20] 안뜰로 옮겨간 에스겔은 25명의 남자들이 얼굴을 동쪽으로 향하여 태양에게 경배하는 모습을 본다(16절; 참조. 왕하 23:5). 태양 숭배는 고대 근동 지역에 널리 퍼져 있었고, 가나안에 깊이 뿌리내리고 있었다.[21] 이

20) Helmer Ringgren, *Religions of the Ancient Near East*, trans. J. Sturdy (Philadelphia: Westminster, 1973), 64–66; Greenberg, *Ezekiel 1–20*, 171; Block, *Ezekiel Chapters 1–24*, 294–96.

21) Ringgren, *Religions of the Ancient Near East*, 57–59; John Day, *Yahweh and the Gods and Goddesses of Canaan* (Sheffield: Sheffield Academic Press, 2000), 152–54. 어떤 이들은 이 시기의 이교적인 사고방식 안에서는 야웨가 사실상 태양과 동일시되었다고 주장한다. 이 견해의 요약과 그에 대한 반론을 위해서는 Day, 156–61을 보라.

스라엘 사람들은 태양을 야웨의 천상(天上) 회합으로 여겨지던 "하늘의 만군" 중의 하나라고 생각했다(신 4:19; 17:3; 왕하 23:5 등을 왕상 22:19와 비교하라). 이것은 어떻게 해서 이 사람들이 야웨의 성전 안에서 태양을 숭배할 수 있었는지를 설명하는 것일 수도 있다. 데이(Day)는 다음과 같이 설명한다: "태양은 이처럼 하늘의 만군 중의 일부요, 야웨께 종속된 것으로 간주되었다. 사람들은 야웨의 성전 안에서 행해지던 태양 숭배가 그것에 참여하던 자들에 의해 이를테면 '전체의 일부'로 여겨졌을 것이라고 주장할 수도 있다. 마치 천주교인들이 마리아 숭앙(숭배가 아님)이 그리스도 경배와 양립할 수 없는 것은 아니라고 보는 것처럼 말이다."[22]

우상숭배가 유다의 유일한 죄인 것은 아니다. 폭력과 사회적인 불의 역시 그 땅을 가득 채우고 있었다(17절). 사람들은 우상들을 숭배함으로써 십계명의 첫 번째 계명과 두 번째 계명(출 20:3-5)을 위반하였으며, 신명기 6:5의 명령에 담긴 야웨 사랑의 기본 정신을 어겼다. 그들은 가난한 자들을 압제함으로써 이웃을 자기 자신처럼 사랑하라는 레위기 19:18의 계명을 위반하였다. 예수의 가르침에 따르면, 모세 율법의 본질은 이러한 두 개의 계명으로 요약될 수 있다(마 22:36-40). 유다 백성은 이렇듯이 계약의 가장 기본적인 차원을 위반한 것이다. 심판이 불가피한 것은 바로 이 때문이다(18절).

해석자들은 유다 백성이 "나뭇가지를 그 코에 두었다"는 표현(17b절)에서 당혹감을 느낀다. 어떤 이들은 메소포타미아 지역의 조각품 증거에 기초하여 그러한 행동이 이방 신 숭배와 관련된 의례에 해당할 것이라고 보지만, 그 행동의 의미는 여전히 확실치 않다.[23]

하나님의 영광이 떠남(9:1—11:25)

---

22) Day, *Yahweh and the Gods and Goddesses of Canaan*, 158.

23) 이와 관련된 증거에 대한 논의를 위해서는 다음을 보라: Allen, *Ezekiel 1-19*, 145-46; Block, *Ezekiel Chapters 1-24*, 299; Greenberg, *Ezekiel 1-20*, 173. 그린버그는 이 행동이 17절의 이방 신 숭배와 관련된다는 것을 의심한다. 왜냐하면 이 절의 전반부는 우상숭배가 아니라 사회적인 불의를 다루고 있기 때문이다.

야웨께서는 "성읍을 관할하는 자들"을 소환하신다. 그들은 제각기 자기 손에 무기를 가지고 있다(9:1). 2절에서 그들은 단순히 "여섯 사람"으로 불리며, 베옷을 입고 먹통을 찬 또 다른 사람이 그들을 수행한다(개역은 이 사람을 여섯 사람들 중의 한 명으로 봄: 역자 주). 그가 입은 베옷은 제사장 역할을 암시할 것이다(레 6:10; 16:4를 보라). 그러나 베옷은 환상 문헌에서 천사들이 입는 옷이기도 하다(단 10:5; 12:6-7을 보라). 어쨌든 그의 주요 과제는 서기관의 역할을 수행하는 데 있는 것으로 보인다. "성읍을 관할하는 자들"은 하나님의 예루살렘 심판을 감독하는 데 책임을 지고 있는 하늘의 군사 요원일 가능성이 높다. 1절에서 그들을 가리키는 데 사용되는 이 구절은 다른 곳에서 주어진 과제를 감독할 책임을 지고 있는 자들을 가리키는 데 사용된다(민 3:2; 대하 24:11; 사 60:17; 겔 44:11 등을 보라).

그들이 놋 제단 앞에 서 있을 때(2b절; 왕상 8:64; 왕하 16:14를 보라), 야웨의 영광이 그의 보좌로부터 위로 올라가서 성전 문지방으로 이동한다(3a절). 일부 해석자들에 따르면, 3절은 야웨의 영광이 지성소를 떠나는 모습을 그리고 있다. 이렇게 본다면, 그룹들은 성전 안에 있는 장식용 물품들을 뜻하며, 야웨의 행동은 그가 언제든지 성전을 떠날 준비가 되어 있음을 보여준다. 그가 그렇게 하겠다고 이미 말씀하신 것처럼 말이다(8:6을 보라). 그러나 이 견해에는 문제가 있다. 3a절은 문자적으로 볼 경우에 "이스라엘 하나님의 영광이 그룹으로부터 위로 올라가서"로 읽힌다. 여기서 "그룹"이 단수 형태로 나온다는 것에 문제가 있다. 왜냐하면 그룹은 지성소에서 둘이 있는 것으로 이해되기 때문이다.[24)

그것은 1장에 묘사된 전차 보좌를 염두에 두고 있을 가능성이 높다. 10장에서 그 보좌를 떠받치고 있고 또 그 보좌를 운반하는 생물들은 그룹들로 불린다(특히 10:15, 20은 그 생물들을 그룹들과 동일시함). 10:4는 9:3과 마찬가지로 야웨의 영광이 "그룹"으로부터 위로 올라가서 성전 문지방으로 옮겨갔

---

24) 알렌(Allen, *Ezekiel 1-19*, 122, 147-48)은 단수 형태를 "그룹들의 구조물"로 번역하며, 그것이 "단일한 포괄적인 실재"를 가리킨다고 본다. 이를테면 "단일 구조물을 형성"하고 있는 "성전 그룹들"을 가리킨다는 얘기다.

다고 말한다. 물론 9:3의 그룹을 10장의 생물들/그룹들과 동일시한다는 것에
는 문제가 있다. 이는 후자가 네 구성원들로 되어 있기 때문이다. 그러나
10:2, 7을 꼼꼼하게 읽어보면, 이 문제를 해결할 수 있는 길이 열린다. 10:2에
서 야웨께서는 베옷을 입은 서기관에게 "그룹"(NIV는 복수형으로 번역하나
실제로는 단수임)의 밑으로 가서 그룹들(복수형) 중에 있는 숯불을 가져오라
고 명하신다. 7절에서는 "그룹"(NIV가 번역하는 것처럼 "그룹들 중의 하나"
가 아님)이 자신의 손을 내밀어 그룹들(복수형) 중에 있는 불을 취하여 서기
관에게 그것을 준다. 이 두 본문은 똑같이 보좌 아래의 중앙 부분에 또 다른
그룹이 있음을 암시하는 것으로 보인다. 바퀴 부근의 네 그룹들 이외에 말이
다(10:9를 보라). 아마도 시편 18:10(삼하 22:11도 보라)이 이러한 묘사에 영
향을 주었을 것이다. 왜냐하면 이 본문은 야웨를 "그룹"(NIV는 두 본문 모두
"그룹들"로 번역하나 사실은 단수형임)을 타시는 분으로 묘사하고 있기 때문
이다. 여기서 그 그룹은 새와 같은 모습을 가진 것으로 여겨지고 있으며, 바
람과 동일시되고 있다(나란히 있는 행의 "바람 날개"라는 표현을 주목하
라).[25] 요컨대 야웨의 영광은 전차의 네 바퀴들 가까이에 있는 네 생물들/그
룹들에 의해 옮겨진다. 전차 바로 밑에는 또 다른 그룹이 있다(9:3; 10:2, 7에
서는 "그 그룹"으로 불림). 9:3에서 그룹들 위의 보좌 위에 자리하고 있는(참
조. 1:26-27; 10:1) 야웨의 영광은 중앙의 그룹 바로 위에 있는 자리에서 성
전 문지방으로 이동한다. 분명히 자신의 보좌로 되돌아간 야웨의 영광은
10:4에서 이와 동일한 움직임을 보이고 있다.

성전 문지방의 자기 자리에서 야웨께서는 서기관에게 성읍을 두루 돌아다
니면서 성읍 안에서 행해지는 우상숭배 행위들에 대하여 탄식하는 자들의
이마 위에 특별한 표시를 하라고 명하신다(3b-4절). "표시"로 번역된 히브리
어 낱말 '타우'는 히브리어 알파벳의 마지막 철자로서, 에스겔의 시대에는
"X"나 십자가의 모양을 가지고 있었다. 야웨께서는 다른 여섯 명에게 그 서
기관을 따라 성읍 가운데를 다니면서 나이나 성별에 관계없이 이마에 표시

---

25) 에스겔 10:2에서와 마찬가지로 숯불은 시편 18:8/사무엘하 22:9에서 하나님의 현
현과 관련되어 있다.

를 갖지 않은 자들을 무자비하게 죽이라고 말씀하신다(5-6a절). 그들은 야웨의 명을 따라 성전 앞에 있는 장로들과 그 안에서 예배드리는 자들을 죽이기 시작한다(6b-7a절). 성전을 시체들로 어지럽힘으로써 그들은 그것을 부정하게 만들며, 예배드리기에 부적합한 곳으로 만든다. 그들은 거기서 이동하여 성읍 안으로 들어가서 그곳 거주민들을 죽이는 일을 계속한다(7b절).

이러한 살육의 모습은 에스겔이 견디기 어려운 것이었다. 그는 야웨 앞에 엎드려 과연 그가 유다 백성 전부를 멸하려 하시는지를 묻는다(8절). 야웨께서는 예언자에게 유다 백성 스스로가 그 땅을 무죄한 자들의 피로 가득 채웠기 때문에 심판이 마땅하다는 사실을 상기시킴으로써 자신의 행동을 변호하신다(9-10절). 야웨께서 말씀하기를 마치자, 그 서기관이 돌아와서 자기가 야웨의 명령을 그대로 실행하였음을 보고한다(11절). 에스겔과 야웨 사이의 대화가 이처럼 중단된 것은 예언자에게 야웨께서 전에 서기관에게 주신 명령을 생각나게 했을 것이다. 그는 모든 의로운 자들에게 표시를 함으로써 그들이 살아남을 수 있게 해야 했다. 무자비하고 가혹한 심판은 차별성을 가지고 있는 것이기도 했다. 남은 자들은 목숨을 보존할 것이다.

바로 이때에 에스겔은 맨 처음 환상에서 보았던 보석 보좌를 목격한다(10:1; 참조. 1:26). 전과 마찬가지로 그것은 그룹들로 불리는 생물들이 바치고 있는 투명한 대(참조. 1:22) 위에 앉아 있다(15, 20절은 1장의 "생물들"을 이 그룹들과 동일시하고 있다). 프리드만과 오코너에 따르면, "그룹"(복수형은 "그룹들")은 "새들과 두 발 동물 및 네 발 짐승 등을 닮은 혼성 피조물 계층"을 가리키는 전문 용어이다.[26]

야웨께서는 베옷을 입은 자(9장에 언급된 서기관)에게 바퀴들 사이에 있는 "그 그룹"(9:3에 대한 필자의 설명을 보라) 아래의 한 곳으로 가라고 명하신다. 거기서 그는 숯불을 발견하고서, 그것을 성읍 위에 뿌린다. 이는 심판을 상징하는 것이다(2절; 창 19:24; 시 11:6; 140:10을 보라).

그룹들이 성전의 남쪽 지역에 서 있자, 야웨의 영화로운 임재를 상징하는 구름이 성전 안뜰을 가득 채운다. 솔로몬이 성전을 봉헌하던 때와 똑같이 말

---

26) Freedman and O'Connor, כְּרוּב, " *TDOT* 7:318.

이다(3절; 왕상 8:10-11을 보라). 니하우스가 지적한 바와 같이, 이 장면은 "슬픈 아이러니"를 담고 있다. 솔로몬의 시대에 야웨께서는 자기 백성에게 복을 주기 위하여 자신의 임재를 드러내셨지만, 이제는 자신의 임재를 거두어 가실 것이요, 심판의 저주를 따라 그들을 버리실 것이다.[27]

다시금 야웨의 영광이 "그 그룹" 바로 위에 있는 전차 보좌로부터 위로 올라 성전 문지방으로 옮겨간다(4a절; 9:3을 보라). 이에 그의 영광의 광채가 성소를 가득 채운다(4b절; 1:27-28을 보라). 이와 동시에 그룹들이 날개를 치면서 하나님의 힘 있는 목소리처럼 큰 소리를 만들어낸다(5절; 1:24를 보라). 베옷을 입은 자는 야웨의 명령에 순종하여(2절을 보라) 전차 밑으로 가서 바퀴 곁에 선다(6절). 전차 바로 아래 있는 "그 그룹"(9:3; 10:2, 4를 보라)은 그에게 숯불 일부를 준다(7-8절).

에스겔은 다시금 바퀴들의 외양과 움직임에 대해서 묘사하며(9-11절; 1:16-18을 보라), 그룹들이 어떻게 생겼는지에 대해서 말해준다(12, 14, 21-22절; 1:5-14를 보라). 그룹들에 대한 이러한 묘사는 이전 것보다 더 상세하지 않으나, 새로운 정보 하나를 제공하고 있다. 우리는 이제 그룹들이 바퀴들과 마찬가지로 눈들로 가득 차 있음을 알게 된 것이다. 14절의 설명 역시 한 가지 점에서 이전 것과 다르다. 1:10에 따르면, 그룹들은 사람, 사자, 소, 독수리 등의 얼굴들을 가지고 있었지만, 10:4에서는 그룹, 사람, 사자, 독수리 등의 얼굴들을 가지고 있다.[28] 일부 주석가들은 필사상의 오류가 발생했거나 아니면 그룹이 전형적으로 황소의 얼굴을 가지고 있다고 본다. 그러나 "황소"('쇼르')와 "그룹"('케룹')을 뜻하는 히브리어 낱말들이 어떻게 혼동될 수 있는지가 어려운 문제이며, 그룹의 얼굴이 전형적으로 황소의 얼굴을 가지고 있다는 증거도 없다. 그 반대로 성서의 증거는 그룹의 얼굴이 혼성임을

---

27) Niehaus, *God at Sinai*, 275.

28) 70인역에는 생략되어 있는 14절은 몇 가지 본문상의 문제점들을 안고 있다. 관련 쟁점들에 대한 치밀한 논의를 위해서는 Allen, *Ezekiel 1-19*, 125-26을 보라. 알렌은 그것이 본문상의 문제일 뿐만 아니라 편집상의 문제이기도 하다고 본다. 그 복잡한 문제는 10:22이 그룹들의 얼굴들이 1장에 묘사된 생물들의 얼굴들과 같은 외양을 가지고 있다는 사실에 의해 생겨난 것이다.

암시하고 있다.

갑자기 그룹들이 일어서서 위로 올라간다. 전에 그러했던 것처럼 전차의 바퀴들이 그들과 함께 움직인다(16–17절). 그러자 야웨의 영광이 성전 문지방을 떠나 그룹들 위에 새롭게 자리를 잡는다(18절). 그룹들은 성전의 동문 가까이에 있는 지면으로 되돌아오고 있음이 분명하다. 왜냐하면 19절에서 그들이 다시금 지면으로부터 위로 올라가고 있는 것으로 묘사되고 있기 때문이다.

바람이 다시금 에스겔을 끌어 올려 그를 성전 동문 쪽으로 데리고 간다(11:1a절; 3:12, 14; 8:3을 보라). 거기서 그는 전에 성전 안뜰에서 보았던 25명의 태양 숭배자들을 본다(1b절; 참조. 8:16). 야웨께서는 그들의 악한 생각을 비난하신다(2절). 자신의 판단을 입증하기 위하여 야웨께서는 3절에서 그들의 말을 직접 인용하신다. 그러나 안타깝게도 그들이 한 말의 정확한 의미는 확실치 않다. 어떤 이들은 그 말의 전반부를 수사학적인 질문으로 번역함으로써, 그들이 성읍 안에서 안전함을 느끼면서 원수의 위협으로부터 구원받을 것임을 기대한다고 본다. 그러나 히브리어 본문에는 그것을 질문으로 보게 할 만한 증거가 전혀 없다. 그것은 오히려 "지금은 집을 지을 때가 아니다"는 서술형 진술로 보는 것이 더 나을 것이다. 이는 성읍의 방어망을 강화하는 일이야말로 당시로서는 가장 적절한 방책임을 암시할 것이다. 또 다른 견해에 의하면, 그들의 말은 그들이 포로로 잡혀간 자들의 집을 이미 취하였기 때문에, 그리고 그들이 다른 사람들의 집을 빼앗았기 때문에 집을 지을 필요가 없음을 암시한다(6절을 보라).[29]

3b절에 있는 은유적인 진술은 그들 자신의 주요 견해를 표현하고 있는 것으로 보인다. 그들은 자기들이 가마솥 속의 고기나 다름이 없지만, 부스러기 조각들은 이미 사로잡혀갔다고 생각한다(참조. 15절). 그들은 자기들이 특별한 존재인 것처럼 말하지만, 야웨께서는 그들의 악한 생각을 알고 있으며(4–5절), 그들의 살인 행동도 잘 알고 있다(6절). 야웨가 관련되는 한, 그들에게 희생당한 자들의 시체들은 가마솥(예루살렘) 속의 고기를 뜻한다. 그는 살인

---

29) Greenberg, *Ezekiel 1–20*, 187; Allen, *Ezekiel 1–19*, 160.

자들을 그 성읍으로부터 쫓아내실 것이요, 그들은 거기서 원수들의 칼에 죽임을 당할 것이다(7-10절). 하나님은 그들을 특별한 자들로 간주하지 않으신다. 그들 자신의 용어를 빌리면, 이제 그들은 "가마솥"(예루살렘) 속의 "고기"(특별한 집단)가 되지 못할 것이다(11a절). 그들은 야웨의 율법을 어겼기에, 값비싼 대가를 치를 것이다(11b-12절).

에스겔이 예언적인 황홀경에 사로잡혀 있는 동안에 앞서 언급된 25명의 사람들 중 한 명이요 유다 백성의 지도자이던 브나야의 아들 블라댜가 죽는다(13a절).[30] 블라댜가 우상숭배자였음에도 불구하고 그의 죽음은 예언자에게 부정적인 영향을 끼친다. 에스겔은 야웨께 과연 "이스라엘의 남은 자"를 멸절하려고 하시는지를 묻는다(13b절; 9:8을 보라). 블라댜의 이름은 "야웨께서 구원하신다"는 뜻을 가지고 있기에, 에스겔은 그의 죽음을 아이러니컬한 것으로, 그리고 좋지 않은 징조로 받아들인다.[31]

야웨께서는 에스겔의 탄식에 위로의 말로 답변하신다. 그는 포로 공동체가 유다 나라의 미래의 희망이 될 것이라고 말씀하신다. 예루살렘에 남은 자들은 포로민들이 아니라 자기들이 약속의 땅의 상속자라고 생각하면서 포로민들을 구박한다(14-15절). 그들은 자기들이 성전 가까이에 있기에 포로민들보다 유리한 자리에 있다고 생각하고 있음에 틀림이 없다. 야웨께서는 참으로 포로민들을 열방 중에 흩으셨다. 그러나 그는 그들을 버리지 않으셨다(16a절). 그는 그들이 살고 있는 이방 나라에서조차 그들에게 "성소"가 되실 것이다(16b절). 이러한 은유는 하나님께 나아가기 위해서 반드시 예루살렘에

---

30) 아마도 에스겔은 이를 환상 중에 보았을 것이다. 13절의 "내가 예언할 때에"라는 구절이 있다고 해서 에스겔이 자신의 환상을 공식적으로 포로민들에게 설명하고 있다고 볼 필요는 없다. 그는 그 환상이 끝날 때까지는 그 일을 하지 않는다(24-25절을 보라). "예언"은 여기서 예언적인 황홀경에 사로잡혀 있는 상태를 가리킨다(삼상 10:11; 19:20을 보라). *HALOT*, 2:659는 이 히브리어 용어가 "말하는 것만을 뜻하지는 않는다"는 점을 지적한다. 왜냐하면 에스겔서에 있는 몇몇 구절들이 예언을 공식적인 설교와 구별하는 "예언하여 말하다"는 표현을 가지고 있기 때문이다(21:9, 28; 30:2; 34:2; 36:1, 3, 6; 37:4, 9, 12; 38:14; 39:1 등을 보라).

31) Allen, *Ezekiel 1-19*, 163.

있어야 할 필요가 없다는 것을 의미한다. 하나님은 성전에 갇혀 계신 분이 아니요, 자기가 원하는 누구에게든 자신을 드러내실 수 있는 분이다. 그들이 어디에 살고 있든지 간에 말이다.

더 나아가서 야웨께서는 언젠가 포로민들을 약속의 땅으로 돌아오게 하실 것이다(17절). 그들은 그 땅으로부터 온갖 우상들을 제거할 것이요, 야웨께서는 그들의 마음과 영을 변화시킴으로써 그들로 하여금 변함없는 열심으로 자기에게 충성하게 하실 것이다(18-19절). "마음"은 여기서 의지의 자리를 가리킨다. 현재 그들은 "돌 같은 마음," 곧 죽은 마음을 가지고 있다(참조. 삼상 25:37). 이 표상은 그들이 완고하고 둔감한 자들임을 암시한다. 그러나 야웨께서는 그들에게 "살처럼 부드러운 마음," 곧 살아서 움직이는 마음을 주실 것이다. 이 표상은 민감성과 생명을 상징한다. 야웨의 백성은 내적인 성품이 바뀜으로써 그의 계명들에 순종할 것이요, "그들은 내 백성이 되고 나는 그들의 하나님이 되리라"는 진술(20절; 참조. 출 6:7)에 표현되어 있는 옛 계약의 이상을 맛볼 것이다. 이와는 대조적으로 그 땅에 살고 있는 우상숭배자들은 자기들이 받아 마땅한 심판을 맛보게 될 것이다(21절).

야웨께서는 자신의 성소를 떠나(8:6) 포로민들에게 성소가 될 것이라고 선언하신다(11:16). 야웨의 영광은 이미 성전 문지방을 떠나 성전 동쪽 문으로 이동하였다(10:18-19). 이제 그 동일한 영광이 예루살렘을 떠나 성읍 동편에 있는 감람산 위에 머무른다(22-23절). 이 본문은 야웨께서 그 지역을 떠나신다고 말하지 않는다. 16절에 비추어볼 때, 그리고 야웨께서 포로민들과 함께 예루살렘으로 돌아오신다고 묘사하는 이사야의 예언(사 40:1-11)에 비추어볼 때 사람들이 그렇게 생각할 수도 있겠지만 말이다. 바로 이 부분에서 에스겔의 환상이 끝나고, 바람이 그를 신속하게 바벨론으로 데리고 간다. 거기서 그는 포로민들에게 자기가 본 모든 것을 말해준다(24-25절).

예루살렘의 함락을 직접 실행해 보임(12:1-20)

야웨께서는 에스겔에게 그의 동료 포로민들이 진리를 보고 듣기를 거부한 완악한 백성이라는 점을 상기시키신다(1-2절; 2:5-8; 3:4-9를 보라). 그들에게 예언 메시지를 납득시키기 위해서는 생생한 실물 교육이 필요했다. 그들은 예루살렘이 구원받을 것이요, 자기들은 금방 고국으로 돌아갈 수 있을 것이라고 생각했다. 이처럼 잘못된 생각은 교정되어야만 했다. 야웨께서는 에스겔에게 포로민처럼 짐을 싸들고서 집 밖으로 나가라고 명하신다. 저녁에 그는 자신의 짐을 전부 챙겨서 마치 포로로 잡혀가는 것처럼 밖으로 나가야 했다(3-4절). 사람들이 보는 앞에서 그는 성벽(진흙 성벽을 염두에 둔 듯함)에 구멍을 뚫은 다음 손에 짐을 들고서 그 구멍을 통해 밖으로 빠져나가야만 했다(5-6절). 에스겔은 지시받은 대로 행한다(7절).

사람들이 에스겔에게 그러한 행동의 의미에 관해 물을 것을 아신 야웨께서는 예언자에게 그 의미를 설명해 주신다(8-9절). 에스겔의 행동은 예루살렘에서 그대로 이루어질 일을 그대로 보여주는 하나의 "표징" 내지는 실물 교육이었다(10-11절; 6b절을 보라). 유다 백성은 포로로 잡혀갈 것이요, 열방 중에 흩어질 것이다(11b, 15절). 오로지 남은 자들만이 목숨을 건질 것이다(16절). 예루살렘의 왕(시드기야 왕을 가리키는 듯함)은 바벨론의 포위공격 때에 성읍 밖으로 몰래 빠져나가고자 할 것이다(왕하 25:4를 보라). 그렇게 하면서 그는 얼굴을 가릴 것이다. 아마도 자신을 숨기거나 자신의 슬픔과 수치심을 표현하기 위해서일 것이다(12절; 참조. 삼하 19:4). 그러나 야웨께서는 그를 붙잡아 바벨론에 포로로 잡혀가게 하실 것이다(13a절; 왕하 25:5a, 7을 보라). 그 왕은 시력을 잃게 될 것이요(왕하 25:7을 보라), 포로생활 중에 죽을 것이다. 반면에 그의 신하들과 군대들은 추적당하여 죽을 것이다(13b-14절; 왕하 25:5b를 보라).

또 다른 실물 교육이 그들에게 주어진다. 에스겔은 떨면서 음식물을 먹어야만 한다. 마치 무엇인가를 두려워하는 듯한 모습으로 말이다(17-18절). 이와 마찬가지로 예루살렘에 남아 있던 자들은 두려움에 사로잡힌 채로 음식물을 먹을 것이요, 자기들의 땅이 깨끗하게 털려 폐허가 될 것임을 알게 될 것이다(19-20절).

예언과 예언자들에 관한 메시지(12:21—14:11)

이스라엘 안에서는 사람들의 냉소주의를 반영하는 대중적인 속담이 퍼지고 있다: "세월이 흘러가면서 모든 환상[예언적인 환상들과 메시지들을 가리킴]은 사라진다"(21-22절). 이 속담은 예언 일반을 가리킬 것이다. 거짓 예언자들의 희망에 찬 메시지들과 예레미야나 에스겔 같은 예언자들이 선포한 심판의 메시지들을 포함하여 말이다. 그러나 이어지는 문맥은 그것이 후자만을 가리키고 있음을 암시한다.[32] 유다 백성은 거짓 예언자들의 메시지를 진리로 받아들이면서도(13장), 하나님께서 세우신 참 예언자들은 적대시했다. 야웨께서는 그 속담이 더 이상 통용되지 못하게 하실 것이다. 머잖아 참 예언, 곧 심판의 경고가 그대로 이루어질 것이요, 거짓 예언자들의 실체가 백일하에 드러날 것이다(23-24절). 많은 사람들은 파멸 예언이 먼 장래에 적용될 것이라고 생각한다(26-27절). 그러나 야웨께서는 자신의 계획을 선언하시고서, 그것이 지체 없이 이루어지게 하실 것이다(25, 28절).

야웨께서는 자기 마음대로 지어낸 메시지를 선포하는 거짓 예언자들을 위한 메시지를 에스겔에게 주신다(13:1-2). 그들의 파멸은 너무도 확실한 것이다(그들에게 선포된 "화"를 주목하라). 왜냐하면 이 어리석은 거짓 예언자들은 야웨께서 자신의 말씀을 그들에게 계시한 적이 없는데도 뻔뻔스럽게 야웨를 위하여 말하고 있기 때문이다(3, 6-7절). "아!"(때때로 "화가 있으리라!"로 번역됨)는 장례식 때 들을 수 있는 탄식의 외침이다(왕상 13:30; 렘 22:18-19; 암 5:16을 보라). 그것을 여기서 사용함으로써 야웨는 거짓 예언자들의 장례식이 임박했음을 암시하신다. 그들은 성읍의 폐허를 떠돌아다니는 추한 동물들과도 같이 당시의 상황을 자기들에게 유리하게 이용한다(4절). 그들은 성읍에 닥칠 재앙을 해결할 참된 해결책을 제공하지 못한다(5절). 왜냐하면 그들은 평화를 약속함으로써(10a절), 그리고 사람들을 죄에 직면하지 못하게 함으로써 당시의 상황을 호도하고 있기 때문이다. 그들은 마치 형편 없는 담벼락을 쌓고서 그 위에 회칠을 하는 자들과도 같다(10b절). 야웨께서는 이러한 예언자들을 적대하실 것이요, 그들을 계약 공동체로부터 배척하실 것이다(8-9절). 하나님께서 내리실 심판의 비는 그들의 회칠을 벗겨버릴

---

32) Greenberg, *Ezekiel 1-20*, 230.

것이요, 그의 강한 진노의 바람은 그들의 담벼락을 날려버릴 것이다. 그 담벼락은 붕괴될 것이요, 그것을 세운 자들을 죽게 만들 것이다(11-16절).

유다 백성 중에는 생계를 위해 예언하는 여인들도 있다(19절). 그들은 집에서 만든 부적을 손목에 매고 자기 머리에 맞는 너울을 쓴다(18절). 그들은 또한 평화를 약속하며, 그렇게 함으로써 회개한 자들을 낙담시키고, 죄인들로 하여금 계속해서 그들의 악한 길에 행하도록 장려한다(22절). 야웨께서는 이러한 예언자들을 대적하시며, 그들이 확실하게 파멸할 것임을 선언하신다 (17-18절; 18절의 "화가 있으리라!"를 주목하라). 야웨께서는 자기 백성을 이러한 점쟁이들의 마법으로부터 자기 백성을 해방시키실 것이다(20-21, 23절).

어떤 예언자들은 우상숭배자들과 서로를 돕고 지내지만, 에스겔은 그러한 반역의 무리들과 어떠한 관계도 맺어서는 안 된다. 14:1에서 예언자는 어떻게 포로 공동체 안에 있던 일부 "이스라엘 장로들"이 자기를 방문했는지를 설명한다. 그들은 어떤 계획이나 계책에 대한 하나님의 인도하심 내지는 보증의 말씀을 얻고자 했을 것이다. 그러나 야웨께서는 에스겔에게 그 사람들이 순수하게 하나님을 섬기는 자들이 아니라는 사실을 밝히신다. 그들은 사실상 혼합주의자들이다. 야웨를 섬기려고 노력하면서도 우상 신들을 섬기는 자들인 것이다(2-3절). 야웨께서는 그처럼 타협적인 태도를 참지 못하신다. 그는 에스겔에게 우상숭배의 결과에 대해서 그들에게 경고하고 또 그들에게 회개를 촉구할 것을 명하신다(4-6절).[33] 그러한 우상숭배자들은 자기들이 원하는 신탁을 받지 못할 것이다. 도리어 야웨께로부터 가혹한 심판의 형태로 주어지는 "응답"을 받을 것이다(7-8절).

9절은 야웨께서 거짓 예언자에게 그러한 우상숭배자들과 협력하게끔 부추기신 다음에 그의 불순종에 대하여 심판을 내리시는 상황을 묘사하고 있는 것으로 보인다. 그렇다면 왜 하나님께서는 누군가를 범죄하게 만들고 그 사

---

33) 그린버그(Greenberg, *Ezekiel 1-20*, 250)는 그것이 결국 죽음을 염두에 둔 메시지라고 주장한다. 아마도 "응답"은 예언자의 심판 선고 및 그 후에 있을 하나님의 말씀의 성취를 가리킬 것이다.

람에게 그의 잘못에 대한 책임을 물으시는 것일까? 우리는 이것을 어떻게 이해해야 할 것인가? 9절에 있는 동사 형태('피에티')는 흔히 현재 완료로 번역된다: "내가 유혹을 받게 하였대또는 "속였다"]." 이렇게 본다면, 야웨께서는 자신이 9절 전반부에 언급된 속임수의 배후에 있다고 말씀하시는 것으로 보인다. 만일에 우리가 하나님의 속임수에 관해 묘사하는 다른 본문들로부터 교훈을 얻고자 한다면, 이 거짓 예언자의 속임수는 근원적인 죄에 대한 하나님의 심판의 형태로 나타난다고 볼 수 있다. 그는 자기에게 오는 우상숭배자들과 마찬가지로 타협적인 정신을 가진 사람이다. 그는 야웨께서 에스겔에게 명하신 것처럼(4-6절) 그들의 우상숭배를 비난하기보다는, 어떤 이유에서건 기꺼이 그들에게 신탁 메시지를 전달하고자 한다(이것은 그 예언자가 우상숭배자들을 제대로 인식하고 있음을 전제한다). 이렇게 본다면, 야웨께서는 그 거짓 예언자에게 신탁 메시지를 주심으로서 그를 속이실 것이요, 그러한 메시지를 전한 것에 대하여 그를 심판하실 것이다. 만일에 이러한 판단이 옳다면, 여기에 언급된 하나님의 속임수는 다른 본문들의 경우와 마찬가지로 근원적인 죄에 대한 하나님의 심판의 성격을 갖는 것으로 이해된다. 만일에 어떤 예언자가 타협적인 정신을 가지고서 혼합주의의 벼랑 너머를 살짝 들여다보기 원한다면, 야웨께서는 그를 꾀어 그 쪽으로 많이 기울어지게 하실 것이요, 우상숭배에 빠진 나머지 사람들과 함께 그를 그 벼랑 너머로 밀쳐버릴 것이다.[34]

그러나 이것만이 이 절에 대한 유일한 해석인 것은 아니다. 알렌은 4b절과 7b-8절 사이의 문법적인 평행관계에 기초하여 9절을 미래 시제로 번역한다: "내가 그[거짓 예언자]를 꼬임 받게 할 것이다."[35] 이렇게 본다면, 야웨께서는 그 예언자를 속이고 있는 것이 아니다. 도리어 그는 심판을 통하여 그 예언

---

34) 그린버그(Greenberg, *Ezekiel 1-20*, 254)는 이 구절을 이렇게 해석하는 것으로 보인다. 그는 다음과 같이 쓰고 있다: "이 본문은 사람들의 물음에 대해 답변하는 예언자의 오류가 하나님의 잘못된 안내에서 비롯된 것이라고 본다. 예언자들을 포함한 이스라엘 백성의 둔감함은 비난할 만한 것이다. 따라서 하나님은 영감의 근원을 오염시킴으로써 그것을 벌하시고, 질문자와 응답자를 똑같이 파멸로 이끄신다."

35) Allen, *Ezekiel 1-19*, 187, 193, 207-8.

자가 스스로 속임당하고 있음을 보여주고 계신다. 그러나 아마도 9절은 이렇게 번역하는 것이 더 나을 것이다: "내가 그 예언자를 속일 것이다." 이렇게 본다면, 9a절에 있는 속임수는 9절 후반부에 있는 하나님의 속임수와 구별된다. 만일에 어떤 예언자가 우상숭배자들과 타협하려는 유혹을 느낀다면, 야웨께서는 그에게 내릴 심판의 한 방편으로 그를 속이실 것이다. "속이다" (NIV에서는 "속임당하다"로 번역됨)는 동사의 반복은 징계가 적절한 것임을 강조하는 효과를 갖는다. 그러한 우상숭배자들과 그에 협력하는 예언자들이 하나님께 징계를 받는다면, 유다 백성은 그것을 알아채고서는 자기들의 죄를 물리치고서 야웨께로 돌아설 것이다(10-11절).

예루살렘의 파멸이 확실함(14:12-23)

야웨의 다음 메시지는 임박한 심판의 불가피성을 강조한다. 일단 야웨께서 불성실한 나라를 그 죄악으로 인하여 벌하고자 결정하시면, 어느 누구도 그가 자신의 계획을 실행에 옮기는 것을 막지 못한다(12-20절). 경건한 사람들이 그 땅에 있다고 해도 야웨께서는 그들 때문에 범죄한 나라를 살려 두지는 않을 것이다. 그는 경건한 개인들의 생명은 지켜주시지만, 경건한 자들의 자녀들을 포함한 다른 모든 사람들은 죽을 것이다.

이 점을 보다 생생하게 전달하기 위하여 야웨께서는 노아와 다니엘 및 욥 등의 세 사람을 예로 드신다(14, 20절). 노아와 욥은 먼 과거에 속한 비이스라엘인이기 때문에 어떤 이들은 다니엘에 대한 언급에 문제가 있다고 본다. 왜냐하면 다니엘은 주전 605년에 포로로 잡혀온 데다가 에스겔이 예언활동을 하던 당시에 여전히 젊은 축에 속했기 때문이다. 자신의 생애가 끝날 무렵에 그는 경건한 자들의 모범이 되었다. 그러나 그가 이처럼 이른 시기에 명성을 얻었다는 것은 의심스러운 일이 아닐 수 없다. 다니엘에 대한 언급은 포로기 이후 시대에 서기관에 의해 추가된 것일 수도 있다. 묵시문학에 속한 수산나 이야기에서 다니엘은 잘못 고발된 여주인공을 죽음으로부터 구원할 만큼의 통찰을 가진 지혜로운 재판관으로 나타난다.

또 다른 견해는 여기에 언급된 다니엘이 유대인 포로민들 중의 한 사람인

다니엘을 가리키지 않고 도리어 가나안의 전설에 나오는 다니엘을 가리킨다
고 본다.[36] 후자(때때로 다넬로 발음되기도 함)는 우가릿의 아캇(Aqhat) 전설
에서 중심인물로 나온다. 이 전설은 그를 과부들과 고아들의 필요를 채워주
는 정의로운 통치자로 묘사한다.[37] 에스겔 28:3은 바로 이 사람을 가리킬 수
도 있다. 이 본문은 두로의 통치자가 그를 알고 있음을 전제하고 있는 것으
로 보인다.[38] 이러한 견해는 에스겔 14:14, 20에 언급된 세 사람 모두를 비이
스라엘인으로 보는 이점을 안고 있다. 그러나 노아나 욥과는 달리 이 다니엘
은 성서의 다른 본문들에서는 전혀 언급되지 않는다. 비록 다니엘이 신구약
중간시대 문헌인 희년서(4:20)에서 에녹의 삼촌과 장인으로 언급되고 있기는
하지만 말이다.[39] 희년서의 다니엘이 가나안 전설의 다니엘과 어떠한 관계를
가지고 있는지는 확실치 않다. 에스겔 14:14, 20의 다니엘을 가나안의 다니
엘과 동일시하는 견해에 반대하는 주된 논지는 후자가 아캇의 전설에서 다
신교적인 바알 숭배자로 묘사되고 있다는 점에 있다.[40]

물론 12-20절에 요약되어 있는 원리는 예루살렘에 적용된다(21절). 야웨
께서는 예루살렘을 향한 네 가지 심판의 도구들을 풀어놓으셨다. 칼(참조. 17
절)과 기근(참조. 13절)과 들짐승(참조. 15절)과 전염병(참조. 19절) 등이 그렇
다. 사람들이 기대할지도 모르는 것과는 달리, 예루살렘 거주민들 중의 일부
는 살아남을 것이다(22a절; 16, 18, 20절과는 대조적임). 그러나 이러한 메시

---

36) Walther Zimmerli, *Ezekiel 1*, trans. R. E. Clements, Hermeneia
(Philadelphia: Fortress, 1979), 314-15.

37) Gibson, *Canaanite Myths and Legends*, 103-22.

38) 우리는 에스겔 14:14, 20; 28:3에 나오는 이 이름이 히브리어 본문에서 포로기의
역사적인 다니엘의 이름과는 약간 다르게 발음되고 있다는 점을 주목해야 한다.

39) James Charlesworth, ed., *The Old Testament Pseudepigrapha*, 2 vols.
(Garden City, N.Y.: Doubleday, 1983-85), 2:62.

40) 테일러(Taylor)가 주장한 바와 같이, "지금은 사라지고 없는 옛 히브리 전승들은
우가릿의 다니엘과 동일한 이름과 동일한 성격을 가진 한 인물에 관한 자료를 포함"시켰
을 수도 있다. 에스겔의 다니엘을 우가릿의 다니엘과 동일시하는 견해에 반대하고서 전
통적인 견해를 고수하는 입장에 대해서는 다음을 보라: Block, *Ezekiel Chapters 1-24*,
448-49.

지는 맨 처음에 그러했던 것처럼 그렇게 긍정적이지만은 않다. 이 생존자들이 포로 공동체 안에 도착하고, 포로민들이 그들의 범죄행동을 목격한다면, 그들은 하나님의 예루살렘 심판이 정당한 것이었음을 확신하게 될 것이요, 어느 정도 위로를 얻게 될 것이다(22b-23절).

미래에 관한 비유들: 쓸모없는 가지들(15:1-8)

앞의 메시지(예루살렘의 함락이 불가피하다는)를 납득시키기 위해 야웨께서는 예언자에게 한 가지의 비유를 베풀어 주신다. 그는 포도나무가 숲속의 다른 나무들보다 열등하다는 점을 지적하신다(15:1-2). 보다 큰 나무들의 목재는 유용한 목적에 쓰일 수 있지만, 포도나무의 가지들은 그렇지 못하다(3절). 후자는 단지 불을 피우는 데에만 쓸모가 있을 뿐이다. 더 나아가서 일단 그것들이 불에 타서 숯이 되면, 전보다 더 쓸모없는 것들이 되고 만다94-5절). 하나님의 눈으로 볼 때 불성실한 예루살렘 사람들은 포도나무 가지들처럼 쓸모없는 자들이 되고 말았기에, 그는 그들을 버리시고 그들을 심판의 불로 태우실 것이다(6절). 일부가 첫 번째 심판의 물결에서 살아남겠지만, 야웨께서는 그들마저도 화염 속으로 던지실 그들의 땅을 폐허로 만드실 것이다(7-8절).

불성실한 아내(16:1-63)

다음에 이어지는 비유는 예루살렘을 인상적인 방식으로 자신의 죄와 직면하게 만든다(16:1-2). 그 비유는 예루살렘의 역사를 수치스러운 출생으로부터 시작하여 다시 이야기한다. 의인화된 성읍은 가나안 사람들의 땅에서 아모리 사람 아버지와 헷 족속 어머니 사이에 태어났다(3절). 이 비유는 예루살렘이 다윗에게 정복되기 전에 가나안 토착민들의 통제 하에 있었다는 사실을 반영하고 있다(수 10:5; 15:63; 삿 1:21; 삼하 5:6을 보라). 나중에 예루살렘이 갖게 된 우상숭배의 경향(15-22절)은 그의 이교적인 출생에 뿌리를 둔 것이다. 처음부터 예루살렘은 상대적으로 덜 중요한 성읍이었다. 야웨께서는 그녀를 부모에 의해 쓸모없는 존재로 여겨진 까닭에 즉시 밭에 내던져지고 버림받게 된 아기에 비교하신다(4-5절). 그런데 그때 야웨께서 지나가다가 핏덩이 속에서 그녀가 꿈틀거리는 모습을 보고서 그녀를 불쌍히 여기신다. 그는 그녀가 아름다운 젊은 여인으로 성장할 때까지 그녀를 양육하시지만, 그녀는 벌거벗은 탓에 옷이 필요하였다(6-7절). 이상의 비유 내용은 예루살렘이 이스라엘 이전 시대에 유명하게 된 내력을 가리키고 있음이 분명하다. 일단 예루살렘이 성장하자 야웨께서는 다시 그 곁을 지나가신다. 그는 그녀가 결혼할 때가 된 것을 아시고서, 그녀를 아내로 취하시며, 그녀와 더불어 결혼 계약을 맺으신다(8절). 그는 그녀를 깨끗하게 씻고 아름다운 옷과 장신구를 준 다음, 그녀에게 좋은 음식물을 제공하신다(9-13절). 그녀의 이름은 주변 나라들 사이에 퍼져간다(14절). 이상의 알레고리는 다윗-솔로몬 시대를 가리킨다. 당시에 예루살렘은 통일 왕국의 수도요, 야웨의 성전이 세워질 자리가 되었다.

그러나 여기서 그 이야기는 비극적인 결말로 방향을 선회한다. 예루살렘은 지나가는 모든 남자들에게 시시덕거리기 시작하더니 결국에는 창기가 되고 만다(15절). 그녀는 자신의 부정한 행동을 위해 특별한 집을 만든다(16절). 그녀는 하나님께서 주신 장신구를 사용하여 우상들을 만들며, 하나님께서 주신 음식물을 그 우상들에게 향내 나는 제물로 바친다(17-19절). 더욱이 그녀는 야웨를 위하여 낳은 자녀들을 취하여 우상들에게 제물로 바친다(20-21절). 이 모든 일들을 행하는 중에 그녀는 야웨께서 어떻게 자기 목숨을 건져주셨는지를 잊어버린다(22절). 이러한 일로 충분하지 않았음인지 그녀는 주변 나라들에게로 방향을 돌려, 그들에게 자기 몸을 허락한다(23-26절). 야웨께서는 그녀의 영토 일부를 블레셋 족속에게 넘겨주심으로써 그녀를 징계하시지만(27절), 그녀를 설득하여 창기 노릇을 중단하게끔 단념시키지는 못하신다. 이는 그녀가 앗수르 사람들과 바벨론 사람들에게 자기 몸을 허락했기 때문이다(28-29절). 그녀는 창기보다 더 악한 상태에 있었다. 그 까닭은 그녀가 자기 몸을 연인들에게 마음껏 바쳤기 때문이다(30-31절). 사실 그녀는 자기 남편을 걷어차고서는 자기 고객들과 성관계를 가졌다(32-34절). 이상의 비유는 솔로몬 시대 이후로 에스겔의 시대에 이르기까지의 예루살렘 역사를 추적하고 있다. 그것은 예루살렘의 우상숭배와 그녀의 왕들이 주변 나라들과 더불어 맺은 동맹관계들에 초점을 맞추고 있다. 그 동맹관계들은 종종 유다의 이익을 보호하려는 목적을 가지고 있었지만, 그녀를 보호하고 지킬 수 있는 야웨의 능력에 대한 유다 나라의 불신앙을 나타내는 것이기도 했다. 그 동맹관계들은 그녀의 부를 빼앗고 그녀를 자기 자신만의 유익을 추구하는 이방 강대국들에 더욱더 의존하게 만듦으로써 필연적으로 유다 나라를 허약하게 만들고 말았다.

이제 예루살렘의 결산일이 다가왔다. 야웨께서는 과거에 그녀를 징계하셨지만(27절), 이제는 더 강력한 조치가 필요하다. 야웨께서는 연인들이 보는 앞에서 그녀를 수치스럽게 만드실 것이다(35-37절). 그녀는 대중 앞에서 벌거벗겨질 것인 바, 이는 간음에 적합한 징벌이 아닐 수 없다. 그녀는 자기 자녀들의 피를 흘린 까닭에(20-21절), 살인자로 처벌을 받을 것이다(38절). 아이러니컬하게도 야웨께서는 그녀의 연인들을 그녀의 처벌자들로 임명하실 것이다. 그들은 그녀의 성소들을 유린할 것이요, 그녀의 옷과 장식품을 벗기고 그녀를 돌로 칠 것이며, 그녀를 칼로 난도질할 것이다(39-40절). 이로써 그녀의 창기 노릇은 끝장나게 될 것이요, 야웨의 질투와 진노가 그칠 것이다(41-42절). 이러한 징계는 거칠기는 하지만 공정한 것이다(43a절).

간음하는 예루살렘의 파멸에 대해서 생각하는 자들은 "그 어머니에 그 딸"이라는 속담을 인용할 것이다(43b-44절). 그녀는 야웨께서 자기 목숨을 건져 주셨음에도 불구하고 헷 족속에 속한 어머니의 이교적이고 우상숭배적인 풍습들로 방향을 돌이켰던 것이다(45절; 3절을 보라).[41] 에스겔 시대의 이교화된 예루살렘은 다윗 시대의 예루살렘보다는 이스라엘 이전 시대의 예루살렘을 훨씬 더 많이 닮은 것으로 보인다.

야웨께서는 또한 예루살렘에게 그녀의 부도덕함을 닮은 사마리아와 소돔이라는 두 자매가 있는 것으로 묘사하신다(45-46절). 예루살렘은 두 자매의 부도덕한 행동을 모방하더니 그들을 금방 능가하고 만다(47-48절). 소돔과

---

41) 45절은 헷 족속에 속한 예루살렘의 어머니가 남편(3절과 45절에서 아모리 사람과 동일시됨)과 자녀들을 멸시했다고 말한다. 이 진술의 배후에 놓인 현실이 무엇인지는 확실치 않다. 이 진술은 단순히 극적인 효과를 노리기 위해 만들어진 것일 수도 있다.

그녀의 딸들은 교만하고 자기만족적이었으며, 가난한 자들에게 무관심했다 (49절).[42] 그녀의 가증한 행동으로 인하여 야웨께서는 그녀를 멸하기로 작정하셨다(50절). 50절의 "가증한 일"로 번역된 낱말은 그녀의 성적인 방종을 가리킬 가능성이 매우 높다. 이 낱말은 모든 종류의 왜곡된 성적인 행동들을 나열하는 본문의 마지막인 레위기 18:26-27, 29에서도 사용된다. 이 본문은 특히 동성애적인 행동을 염두에 두고 있는 것으로 보인다(레 18:22와 20:13에 있는 이 낱말의 용례를 주목하라). 예루살렘의 북쪽 자매인 사마리아는 예루살렘이 행한 것의 "절반도 행하지 않았다"(51a절). 사실 예루살렘은 너무도 많은 죄를 범하여서 소돔과 사마리아가 상대적으로 "의롭게 여겨질" 정도였다(51b-52절). 만일에 하나님께서 예루살렘의 운명을 회복시키고자 하신다면, 소돔과 사마리의 운명도 회복시키는 것이 공평할 것이다(53절). 예루살렘은 두 자매들이 회복되는 것을 보고서 그것을 가능케 한 정의의 원리를 이해하고서는, 자기가 얼마나 많은 죄를 범하였는지를 깨달을 것이요, 자신의 과거의 죄들에 대하여 부끄러움과 불명예스러움을 느낄 것이다(54-55절). 예루살렘은 자신이 도덕적으로 소돔보다 낫다고 생각한 까닭에 소돔의 이름을 입에 담지도 않았었다(56절). 그러나 이제는 도덕적인 행동의 모범이 못 되는 에돔 족속과 블레셋 족속이 동일하게 교만한 눈으로 예루살렘을 멸시할 것이다(57-58절).

이상의 예언은 결론 부분에서 좋은 쪽으로 방향을 돌린다. 야웨께서는 예루살렘이 받아 마땅한 벌을 내리지 않을 수 없다. 이는 그녀가 그와 더불어 맺은 계약을 어겼기 때문이다(59절; 8절을 보라). 그러나 야웨께서는 그녀가 어렸을 때 그녀에게 준 약속을 기억하실 것이요, 새롭고도 항구적인 계약을 그녀와 더불어 맺으실 것이다(60절). 이전의 약속이 사마리아와 소돔에 대한 통치권을 포함하지는 않았지만, 야웨께서는 이 성읍들을 그녀에게 신하들("딸들")로 주실 것이다(61절). 야웨께서 그녀와 더불어 맺으신 계약을 새롭

---

42) 소돔의 "딸들"(49절)은 주변에 있는 성읍들인 고모라와 아드마, 스보임 등과 평지의 다른 성읍들을 가리킨다. 창세기 19:24-25를 창세기 14:8 및 호세아 11:8과 비교하라.

게 하실 때, 그녀는 그를 자기 백성과 함께 하셔서 그들을 구원하시고 보호하시고 축복하시는 야웨로 인식할 것이다(62절; 6장에 대한 필자의 설명을 보라). 야웨께서는 그녀의 죄를 용서하실 것이지만, 그녀는 과거의 행동들을 너무도 부끄러워한 나머지 아무 말도 못할 것이다(63절).

우리는 사마리아와 소돔의 회복에 대한 16장의 언급을 어떻게 해석할 것인가? 예루살렘이 바벨론 포로 이후에 회복될 때 이 예언은 성취되지 않는다. 더 나아가서 북왕국 포로민들의 소멸과 소돔의 완전한 파멸은 이 두 성읍들이 종말의 때에 이전의 상태를 실제로 회복할 것(55절이 묘사하는 바와 같이)이라고 보는 지나친 문자적인 해석을 배제한다. 우리로서는 이 예언의 본질적인 성취를 찾는 것이 더 나을 것이다. 이 예언의 핵심은 무수한 죄를 범했음에도 불구하고 예루살렘을 기꺼이 회복시키려는 하나님의 의도가 다른 범죄한 나라들에게 희망을 준다는 데에 있을 것이다. 뻔뻔스러운 방식으로 그의 도덕적인 기준들을 위반한 나라들이라 할지라도 말이다.

독수리들과 포도나무(17:1-24)

이어서 에스겔은 커다란 독수리가 레바논을 덮치고서는 백향목의 가장 높은 가지를 부러뜨리는 모습을 본다(1-3절). 그는 그것을 "상인들의 땅"으로 가지고 가서, "상인들의 성읍"에 그것을 놓아둔다(4절). 독수리로 변한 이 원예가는 이어서 이스라엘 땅으로부터 약간의 씨를 취하여 그것을 물이 풍부한 비옥한 땅에 심는다. 거기서 그것은 건강한 포도나무로 자라 가지가 뻗고 잎이 무성해진다. 그 가지들은 계속 자라서 독수리가 있는 곳에까지 미친다(5-6절). 그러나 그때에 또 다른 독수리가 나타나자, 그 포도나무의 가지들이 그 독수리의 방향으로 방향을 돌린다(7-8절). 야웨께서는 일련의 수사학적인 질문들을 던짐으로써 그 포도나무가 뿌리째 뽑힐 것이요, 그 열매는 부서질 것임을 분명하게 밝히신다. 그것을 다른 곳에 옮겨 심는다고 해도 그것은 뜨거운 동풍에 말라버릴 것이다(9-10절).

11-21절은 이 비유의 의미를 설명해 주고 있다. 첫 번째 독수리는 "레바논"(여기서는 예루살렘을 가리킴)을 휩쓸고 여호야긴과 귀족들(=백향목 가

지)을 사로잡아간(상인들의 땅/성읍으로) 바벨론 왕 느부갓네살을 가리킨다(11-12절; 3-4절을 보라). 느부갓네살은 약화된 나라(=포도나무)를 다스리는 시드기야와 조약을 체결한다(13-14절; 5-6절을 보라). 그러나 그때 시드기야는 도움을 얻기 위해 이집트 쪽으로 방향을 돌리며, 파라오(호브라)에게 충성하기로 마음을 바꾼다(15a절; 참조. 7-8절). 그런데 결국 이 정책은 시드기야와 예루살렘에게 치명적인 것임이 밝혀진다(15b-21절; 참조. 9-10절). 전에 시드기야는 느부갓네살에게 충성을 맹세하면서 야웨의 이름을 그 조약의 보증인으로 끌어들인 바가 있었다(대하 36:13을 보라). 따라서 시드기야가 느부갓네살에게 한 맹세를 깨뜨리는 것은 사실상 야웨와 더불어 맺은 계약을 깨뜨린 것이나 다름이 없었다. 야웨께서는 그의 불성실함에 대하여 그를 엄하게 처벌하실 것이다(19-20절).[43]

이 비유는 어두침침한 분위기로 끝을 맺는 것으로 보인다. 그러나 또 다른 비유가 이 예언을 행복한 결말로 이끈다. 야웨께서는 3-4절의 표상을 그대로 채용하되, 자신이 직접 백향목의 가장 높은 가지를 취하여 상인들의 땅이 아니라 높은 산에 그것을 심으실 것이라고 선언하신다. 여기서 높은 산은 이스라엘 땅을 상징한다(22-23a절). 그것은 큰 백향목으로 자랄 것이요, 새들에게 피난처를 제공할 것이다(23b절). 그때에 숲속의 모든 나무들은 야웨께서 높은 나무를 낮추시고 낮은 나무를 높이시는 분임을 깨닫게 될 것이다. 그는 푸른 나무를 말리시고, 마른 나무를 무성하게 하신다(24절).

이 비유에 대해서는 아무런 설명도 제공되지 않는다. 그러나 그 의미는 분명해 보인다. 궁극적으로 이스라엘 백성을 다스리는 자는 느부갓네살이 아니라 야웨이시다. 포로로 잡혀간 백향목 가지인 여호야긴(3-4, 12절을 보라)과는 대조적으로, 야웨께서는 이상적인 다윗계의 통치자를 세우실 것이다. 그의 나라는 많은 나라들(새들이 이를 상징함)을 포함할 것이다. 그 나라들

---

43) 19절의 이 맹세와 계약에 대한 설명을 위해서는 Allen, *Ezekiel 1-19*, 259를 보라. 알렌은 19절의 맹세와 계약을 16절과 18절의 맹세 및 조약/계약과 동일시해야 한다고 설득력 있게 주장한다: Zimmerli, *Ezekiel 1*, 365; Block, *Ezekiel Chapters 1-24*, 547.

의 백성은 그의 신민(臣民)들로서 보호를 받게 될 것이다. 열방의 왕들(하나님의 강한 백향목으로 인하여 작게 보이는 들의 나무들이 이를 상징함)은 온 세상을 다스리시는 야웨의 통치권과 나라들을 세우시고 무너뜨리시는 그의 권능을 인정할 것이다.

각 개인이 책임을 짐(18:1-32)

포로민들은 자기들이 조상들의 죄 때문에 불공평하게 고통을 당하고 있음을 암시하는 대중적인 속담을 즐겨 인용한다(18:1-2; 렘 31:29를 보라).[44] 야웨께서는 각 개인으로 자기 죄에 대하여 책임을 지게 할 것임을 지적하심으로써 이 속담에 이의를 제기하신다(3-4절). 야웨께서는 가설적인 상황들을 다루는 일련의 사례 연구들을 통하여 그 점을 분명하게 밝히신다. 야웨의 율법에 순종하는 한 의로운 사람이 있다고 가정해 보자(5절). 그는 우상을 숭배하지 않으며, 성적인 범죄를 저지르지도 않고, 속이거나 훔치는 일도 하지 않는다. 도리어 그는 자신의 빚을 갚으며, 가난한 자들에게 너그럽고, 자신이 하는 모든 일에 공평하려고 노력한다(6-8절). 그러한 사람은 살 것이다(9절). 그러나 그에게 살인하고 우상을 숭배하고 간음을 행하고 가난한 자들을 압제하고 강도질하는 아들이 있다고 가정해 보자(10-13a절). 이 사람은 자신의 죄로 인하여 죽을 것이다(13b절). 그렇다면 이제 죄로 가득한 아버지의 생활방식을 거부하고서 경건한 할아버지의 모범을 따르는 아들이 이 죄인에게 있다고 가정해 보자(14-17a절). 그 손자는 아버지의 죄 때문에 벌을 받지는 않을 것이다. 도리어 그는 야웨께 순종한 까닭에 살 것이다(17b절). 이러한 사례들은 야웨께서 사람들을 그들 각각의 도덕적인 품성에 기초하여 다루시지 그들의 아버지나 아들의 도덕적인 품성에 기초하여 다루시지 않는다는 점을 분명하게 보여준다(18-20절).

그러나 악인들에게 아무런 희망도 없는 것은 아니다. 만일에 악인이 자신의 죄를 거부하고서 야웨께로 돌아선다면, 야웨께서는 그의 목숨을 지켜주

---

44) 이 속담을 인용하는 집단은 포로 공동체이다: Joyce, *Divine Initiative and Human Response in Ezekiel*, 43, 55-56.

실 것이다(21-22절).[45] 야웨께서는 악인의 죽음을 기뻐하지 않으신다. 그는 그들이 회개할 때 기뻐하시며, 그들을 용서하실 수 있다(23절). 다른 한편으로 의인은 자신의 의로운 생활방식을 지속하지 않으면 안 된다. 만일에 그가 하나님께로부터 돌아서서 악인으로 변한다면, 그는 죽을 것이다(24절).

포로민들은 어떤 그림에 들어맞을까? 그들은 야웨가 불공평하다고 비난하지만, 사실은 그들 자신이 불의(不義)한 죄를 범한 자들이다(25, 29절). 앞의 사례들이 보여준 바와 같이, 야웨께서는 뚜렷한 원리를 따라 행동하신다: 의인들은 살며, 악인들은 죽는다(26-28절). 이스라엘 백성은 회개할 필요가 있는 악한 아들에 해당한다(30절). 그들은 단순히 조상들에게 임한 하나님의 심판에 의해 희생된 자들이 아니다. 그들 역시 죄인들이요, 자기들의 행동에 대하여 개인적으로 책임을 져야 할 필요가 있는 자들이다. 은혜로우신 하나님께서는 그들을 조상들과 함께 쓸어버리는 분이 아니다. 그는 그들에게 자기들의 악을 회개할 기회를 주시며, 의로운 일을 행할 기회도 주신다. 그들은 죄로부터 돌아서서 변화된 태도를 보일 필요가 있다(31절). 야웨께서는 그들이 죽는 것을 원치 않으신다. 그는 그들이 회개함으로써 살아남는 것을 원하신다(32절).

우리는 이처럼 개인적인 책임을 강조하는 구절을 공동 책임의 원리를 보여주는 많은 본문들과 어떻게 화해시켜야 할까? 야웨께서는 자기 원수들에게 그들의 죄가 그들의 평생에 가족들 전체에게 부정적인 영향을 미친다고 경고하신다(출 20:5; 34:7; 민 14:18). 다단과 아비람과 아간의 무죄한 자녀들은 범죄한 부모들과 함께 죽었다(민 16:27, 32; 수 7:24). 그리고 다윗은 야웨의 승인을 받아 기브온 족속으로 하여금 사울의 일곱 아들들을 처형하게 한다. 그들은 자기들의 조상이 기브온 족속에게 저지른 죄 때문에 죽은 것이다(삼하 21:1-9, 14). 야웨께서는 또한 다윗이 우리아에게 범한 죄로 인하여 그

---

45) 이와 관련하여 침멀리는 다음과 같이 말한다: "절망스럽게도 저울의 눈금이 과거에 저지른 죄의 무게에 따라 움직인다는 숙명론은 생명을 향해 열린 문으로 들어설 것을 촉구하는 메시지에 의해 깨뜨려진다. 지루하기 짝이 없는 '의로운 보상의 교리'는 이처럼 생명을 약속하는 하나님의 예상치 못한 자유에 의해 깨뜨려진다. 그 약속은 모든 죄인들과 완악한 자들의 경험 속으로 뚫고 들어온다."

의 네 아들들의 생명을 취하신다(삼하 12:5-6, 10; 참조. 12:14-15; 13:28-
29; 18:15; 왕상 2:25). 어떤 이들은 고대 이스라엘에 두 가지의 경쟁적인 견
해들(개인 책임과 공동 책임)이 공존하고 있었다고 본다. 반면에 다른 이들
은 에스겔 18장이 초기의 공동체 개념을 배격하고서 그것을 새로운 하나님
의 정책으로 대체한 것이라고 본다.

바람직한 해결책은 이 두 원리 사이의 조화를 이루는 것이다. 둘 다 진리
를 담고 있다. 둘 중 어느 것도 다른 하나를 취소시킬 정도로 보편적인 가치
를 가지고 있는 것은 아니다. 자녀들은 부모의 죄의 영향을 맛보게 마련이
다. 하나님은 부모의 죄로 인하여 자녀들을 벌하실 때도 있는데, 그때는 그
러한 처벌이 적합하다고 여겨질 때이다. 종종 에스겔 시대의 포로 세대의 경
우와 마찬가지로 자녀들에게 야웨께 순종하거나 불순종할 기회가 주어지기
도 한다. 그러한 경우에 그들은 하나님이 부모의 행동에 기초해서가 아니라
그들 자신의 행동에 기초하여 자기들을 판단하실 것임을 확신한다. 이와 관
련하여 카민스키는 다음과 같은 결론을 내린다: "에스겔 18장은 개별적인 징
벌이라는 개념을 내세우고 있기는 하지만, 그렇다고 해서 그것이 과거의 공
동체적인 관심사로부터 보다 새로운 개인주의적인 관심사로 옮겨간 것을 보
여주는 것은 아니다. 에스겔 18장에서 발견되는 하나님의 징벌에 관한 신학
은 하나님이 항상 어떻게 행동하시는지에 관한 체계적인 교리 진술이 아니
기 때문에, 우리는 그것이 공동체적인 경향이 더 강한 옛 하나님의 징벌 교
리를 전적으로 배제하는 것은 아니라고 보아야 한다. 오히려 우리는 그것이
옛 생각들에 이의를 제기함과 아울러 그것들에 새로운 내용을 보태주려는
새로운 환상을 제공하고 있다고 보아야 한다. 궁극적으로 이 두 개념은 대립
적인 양상을 보이기보다는 상호 보충적인 기능을 수행하고 있다."[46]

이스라엘의 지도자들을 위한 애가(19:1-14)

---

46) Joel Kaminsky, *Corporate Responsibility in the Hebrew Bible* (Sheffield:
Sheffield Academic Press, 1995), 177-78; Joyce, *Divine Initiative and Human
Response in Ezekiel*, 79-87.

야웨께서는 에스겔에게 이스라엘의 지도자들(즉, 왕들)을 위해 부를 애가를 지어주신다(19:1). 그 애가는 두 개의 비유를 포함하고 있다. 첫 번째 비유는 거대한 암사자를 애가의 제목에 언급된 지도자들 중의 한 명일 메시지 수령인의 "어머니"로 묘사한다(2절).[47] 가장 유력한 메시지 수령인은 에스겔이 예언하던 당시의 유다 왕 시드기야이다.[48] 암사자의 정체는 확실치 않다. 그러나 10-14절에 사용된 표상은 그 암사자가 다윗 왕조를 대표하고 있음을 암시한다(아래의 논의를 보라).[49]

그 큰 암사자는 새끼들을 거느리고 있는 바, 그 중 한 마리가 강한 사자로 자라나더니 열방 중에 이름을 얻게 되지만, 나중에 함정에 빠져 이집트로 끌려간다(3-4절). 이 사자는 요시야를 계승한 여호아하스 왕을 가리킨다. 그는 파라오 느고가 자기를 사로잡아 포로로 끌고 가기 전에 3개월 밖에 나라를 통치하지 못했다(왕하 23:31-33).

암사자는 실망한 나머지 새끼들 중에 또 한 마리를 취하여 그를 강하게 키운다(5절). 그는 악독한 사자여서 사람들을 두려움에 사로잡히게 만든다(6-7절). 그러나 여러 나라들이 그를 공격하여 함정에 빠뜨린 후에 바벨론 왕에게 끌고 간다. 그러자 바벨론 왕은 그를 감옥에 가두고 두려움을 불러일으키는 그의 으르렁거리는 소리가 다시는 들리지 않게 한다(8-9절). 이 사자의 정체에 대해서는 논란이 많다. 가장 유력한 후보는 여호아하스의 왕위 계승자인 여호야김이다.[50] 그의 통치(주전 608-598년)는 사회적인 불의와 압제적인 정책을 특징으로 가지고 있었다(렘 22:13-17을 보라). 그의 그러한 통치는 에스겔 19:6-7의 으르렁거리는 악독한 사자의 표상에 잘 들어맞는다. 예레미야는 그가 수치스럽게 죽을 것이요 수치스럽게 매장될 것이라는 메시지로 그를 위협하지만(렘 22:18-19; 36:30), 열왕기하 24:6은 그가 "조상들과

---

47) "어머니"를 수식하는 2인칭 대명사(2, 10절을 보라)는 히브리어 본문에서 남성 단수로 되어 있다. 이는 지도자 집단 전체가 아니라 한 개인이 애가를 들어야 할 자임을 암시한다.

48) 시드기야는 12:10, 12; 21:25에서 "지도자"(히브리어로 '나시')로 불린다.

49) Zimmerli, *Ezekiel 1*, 393-94.

50) Block, *Ezekiel Chapters 1-24*, 604-7.

함께 잤다"고 말하며, 역대하 36:6은 느부갓네살이 어떻게 그를 사슬로 결박하여 바벨론으로 끌고 갔는지에 대해서 말한다(겔 19:9를 보라). 어떤 이들은 바벨론에 포로가 되어 사로잡혀가기 전에 3개월밖에 통치하지 못한 여호야긴(왕하 24:8-15)이 여기에 언급된 사자라고 보지만, 그의 짧은 통치는 6-7절의 표상에 어울리지도 않을 뿐더러, 여호야김의 잔인한 통치에도 적합하지 않다.

다른 이들은 두 번째 사자를 시드기야로 본다. 본문이 이미 발생한 사건(여호야김이나 여호야긴의 죽음 같은)에 대해서 묘사하고 있는 것으로 보이지만 말이다. 만일에 이 애가가 앞뒤의 다른 본문들과 마찬가지로 주전 592-91년으로 추정되는 것이라면, 시드기야가 바벨론에 포로로 잡혀가는 일은 여전히 미래에 있을 일로 간주된다(8:1; 20:1을 보라).[51] 그러나 알렌이 지적한 바와 같이, 애가 장르에서는 여전히 미래에 속한 사건들이 과거에 일어난 것들로 묘사될 수도 있다.[52] 여호야김과 마찬가지로 시드기야 역시 사회적인 불의의 죄를 범한 왕이다(렘 34:8-16을 보라).

두 번째 비유에서 메시지 수령인의 어머니는 물을 충분히 공급받은 풍성한 포도나무에 비교된다(10절). 그 가지들은 매우 강한 까닭에 통치자의 통치 지팡이로 사용되기에 적합하다(11a절). 이 표상은 그 포도나무가 왕권의 근원임을 암시하며, 그 근원적인 현실로 다윗 왕조를 가리키고 있다. 그 포도나무는 점점 자라서 많은 가지들을 갖게 된다(11b절). 이것은 다윗 왕조의 탁월성 및 왕가의 규모를 암시하는 것으로 보인다. 그러나 그 나무는 갑자기 뿌리뽑혀서 바벨론 군대를 상징하는 동풍에 말라버린다(12절; 17:10을 보라). 그 나무는 뜨거운 광야(여호야긴이 이미 포로생활을 하고 있는 바벨론을 상징함)에 옮겨 심어지지만(13절), 불이 나와서 그 열매와 강한 가지들을

---

51) 2절의 암사자를 요시야의 아내요 여호아하스(3-4절의 사자)의 어머니인 하무탈(Hamutal)로 보는 자들은 두 번째 사자를 시드기야로 보는 견해를 지지한다. 왜냐하면 그는 여호아하스의 친형제인 반면에(왕하 23:31; 24:18을 보라), 여호야김은 단지 배다른 형제에 지나지 않기 때문이다(왕하 23:36). 여호야긴은 여호야김의 아들이다(왕하 24:6).

52) Allen, *Ezekiel 1-19*, 288.

태우고 만다(14절). 이러한 언어는 다윗 왕조의 붕괴를 교묘하게 잘 묘사하고 있으며, 시드기야의 파멸을 예견하고 있다.

과거와 현재, 그리고 미래(20:1-44)

주전 591년 8월에 포로 공동체의 지도자들 중 일부가 야웨의 뜻을 묻기 위해 에스겔을 찾아온다. 아마도 자기들이 곧 고국으로 돌아갈 수 있을 것인지를 알고 싶어서였을 것이다(1절).[53] 그러나 야웨께서는 그들과 함께 하기를 거절하신다(2-3절). 도리어 그는 에스겔에게 죄악으로 가득 찬 그들의 역사와 유산을 그들에게 알게 하라고 말씀하신다(4절). 야웨께서는 이스라엘을 자신의 계약 백성으로 선택하셨을 때, 그들을 이집트의 압제로부터 구원하고 또 그들에게 풍요로운 땅을 주거지로 주겠다고 약속하셨다(5-6절). 그는 또한 그들의 충성을 요구하셨으며, 그들에게 이집트의 우상들을 버리라고 명하셨다(7절). 그러나 그들은 그렇게 하기를 거부하였다(8절). (오경은 이집트에서 있었던 이스라엘 백성의 우상숭배에 대하여 전혀 언급하지 않는다. 그러나 여호수아 24:14는 그러한 행동들에 대해서 언급하고 있는 것으로 보인다). 이에 야웨께서는 그들에게 진노하시고 그들을 심판하고자 했지만, 자신의 명성을 위하여 그들을 구원하기로 작정하셨다(8b-9절).

야웨께서는 그들을 광야로 인도하신 후에 거기서 그들에게 율법을 주셨다(10-11절). 그 율법은 안식일 규정을 포함하고 있는 바, 이 규정은 그가 그들을 자신의 특별한 계약 백성으로 선택하셨음을 나타내는 증거("표징")에 해당하는 것이었다(12절; 출 31:13을 보라). 그러나 광야에 있는 동안에 이스라엘 백성은 그의 율법을 어겼으며, 안식일을 욕되게 하였다(13a절). 다시금 야웨께서는 그들을 멸하고자 하는 욕구에 사로잡혔지만, 자신의 명성을 위하여 자비로써 자신의 심판을 진정시키셨다(13b-14절). 성인들은 약속의 땅으로 들어가지 못했지만, 야웨께서는 이스라엘 공동체를 완전히 멸하지는 않으셨다(15-17절). 그는 새로운 세대에게 자신의 이상에 따라 살 수 있는 기회를 제공하셨다. 그는 그들에게 부모 세대의 우상들을 버리고 자신의 법에

53) Leslie C. Allen, *Ezekiel 20-48*, WBC (Dallas: Word, 1990), 9.

순종하며 안식일을 지킬 것을 촉구하셨다(18-20절). 그러나 그들의 자녀들은 광야에서 그에게 반역함으로써 그의 진노를 불러일으켰다(21절). 다시금 야웨께서는 자신의 명성을 위하여 심판을 보류하셨지만(22절), 그들을 열방 중에 흩으실 것임을 광야에서 맹세하셨다(23-24절).

오경은 이러한 삽화적인 사건을 전혀 알지 못하는 것으로 보인다. 그러나 23-24절에 반영되어 있는 전승은 시편 106:26-27의 기초를 이루고 있는 것으로 보인다. 아마도 23-24절을 오경 자료와 조화시키는 가장 좋은 방법은 23-24절의 맹세를 조건적인 것으로 이해하고, 또 포로가 될 것이라는 심판의 위협을 레위기 26:33과 신명기 28:36-37에 있는 계약의 저주들과 연결시키는 일일 것이다.[54] 그러나 24절은 23절에 있는 위협이 미래의 실패가 아니라 광야에서 있었던 과거의 행동들에 기초하고 있음을 가리키고 있는 것으로 보인다.

야웨께서는 이 불순종하는 세대가 장차 포로로 잡혀갈 것이라는 메시지를 선포함과 아울러, 그들에게 악한 법들을 주셨으며, 어린이 희생제사를 통하여 그들을 더럽히셨다(25-26절). NIV의 번역은 이 절들의 주요 동사들을 "내가 … 에게 그들을 넘겼고"와 "내가 그들을 더럽혀지게 하였다"로 번역함으로써 이 절들로부터 비롯되는 충격을 완화시키고 있다. 히브리어 본문은 제각기 단순히 "내가 그들에게 주었다"와 "내가 그들을 더럽혔다"로 읽힌다. 이 본문은 하나님께서 어린이 희생제사라는 가증스러운 행동을 포함하는 이스라엘의 도덕적인 실패에 대하여 직접적인 책임을 지고 있음을 말하는 것으로 보인다.

이 본문은 정확하게 무엇을 말하고 있으며 무엇을 암시하고 있는 것일까? 이 물음에 답하면서 어떤 이들은 하나님의 완전한 도덕적인 의지와 그가 허용하는 의지 사이를 구별한다. 그의 율법에 분명하게 진술되어 있는 완전한 그의 의지는 이스라엘이 오직 그만을 예배하고 그의 계명들을 지키며 어린이 희생제사를 포함하는 이방 세계의 각종 종교 풍습들을 배척하는 데 있다. 그러나 자기 백성이 자기에게 불순종하자 그는 그들을 그들 자신의 범죄 욕

---

54) 조건적인 맹세의 사례들에는 신명기 28:9; 예레미야 22:5가 있다.

구에 넘겨주셨으며, 그들에게 이방 풍습들과 의례들을 따르게 허용하셨다(이 주제에 대해서는 롬 1장을 참조하라). 이 견해에 따르면 25-26절은 하나님의 허용하는 의지를 가리키는 바, 그것은 궁극적으로 자기 백성에게 제정신이 들게 하려는 의도를 가지고 있다(26b절을 보라). 이 경우에 본문은 이스라엘로 하여금 자신의 범죄 성향을 따르도록 허용하게 하려는 목적과 그 과정을 하나님이 주관하고 계심을 강조하기 위해 결정론적인 언어를 사용한다. 참으로 히브리 성서의 관용구는 때때로 단순히 그가 허용할 뿐이거나 대리인들을 통하여 중재된 행동들이 하나님께로부터 직접 비롯된 것으로 생각한다(예로써 삼하 12:8을 보라). NIV의 번역은 본문에 대한 이러한 해석을 반영하고 있는 것으로 보인다.

그러나 또 다른 해석의 가능성이 있다. 사람들은 본문의 언어를 순수하게 받아들임과 아울러 그것이 위에서 개관한 하나님의 허용하는 의지보다는 하나님의 직접적인 심판을 묘사하고 있다고 이해할 수도 있다. 히브리 성서는 때때로 하나님이 죄인으로 하여금 더 많은 죄를 범하게 함으로써 죄를 벌하시는 분이라고 말한다. 예로써 그가 파라오의 마음을 완악하게 하신 결과 그 완고한 왕은 이스라엘을 속박으로부터 해방시키라는 하나님의 명령에 불순종한다.[55] 범죄한 이스라엘이 자신의 진노를 촉발하자 야웨께서는 다윗으로 하여금 범죄케 함으로써 이스라엘 민족을 벌하신다(삼하 24:1, 10을 보라).[56] 이렇듯이 에스겔 20:25-26에 개관되어 있는 이스라엘의 이교주의는 이전의 죄를 징계하기 위해 하나님께서 보내신 것이라 할 수 있다.

이스라엘 백성의 죄에도 불구하고 야웨께서는 그들로 하여금 약속의 땅으로 들어가게 하셨다. 그런데 거기서 그들은 신속하게도 이교 제의에 빠져들기 시작했다(27-29절). 현재의 세대 역시 그러한 죄를 계속했고, 그 결과 야

55) 이 문제에 대한 논의를 위해서는 다음을 보라: Robert B. Chisholm Jr., "Divine Hardening in the Old Testament," *BSac* 153 (1996): 410-34.

56) 이 본문에 대한 보다 완전한 논의를 위해서는 다음을 보라: Robert B. Chisholm Jr., "Does God Deceive?" *BSac* 155 (1998): 21-22. 야웨께서 이전의 죄를 심판하기 위해 개인으로 하여금 어리석게 행동하게 하고 심지어는 죄를 범하게 하는 다른 경우들에 대해서는 사무엘상 2:25; 사무엘하 17:14; 열왕기상 12:15; 역대하 25:20 등을 보라.

웨께 물을 수 있는 권리를 빼앗기고 말았다(30-31절). 바로 여기서 우리는 야웨께서 맨 처음에 장로들에게 보인 반응의 이유를 알 수 있다(1-3절을 보라).

그러나 야웨께서는 그들의 미래와 관련하여, 그들을 어둠 속에 내버려두지 않으신다(32a절). 포로생활은 사실상 그러한 우상숭배를 용이하게 할 수도 있는 것이다. 그런데도 야웨께서는 그런 일이 일어나지 않게 하실 것이다(32b절). 야웨께서는 출애굽의 표상을 사용하여, 자기가 포로생활을 하는 자기 백성을 모아서 광야로 인도할 것이요, 거기서 그들을 정결케 하는 심판을 내리실 것이라고 선언하신다(33-38절). 목자가 자신의 지팡이 아래로 통과하는 양 떼의 수를 세는 것처럼(레 27:32를 보라) 야웨께서도 고국으로 돌아올 자들의 수를 세실 것이요, 이와 아울러 그 땅으로 들어가지 못할 악인들을 가려내실 것이다.

이스라엘이 우상숭배를 계속하지만, 야웨께서는 그들이 더 이상 자신의 거룩한 이름을 더럽히지 못하게 하기 위해 유다 나라를 정결케 하기로 작정하신다(39절). 언젠가 유다 백성은 그의 거룩한 산에서 야웨께 거룩한 희생제사를 드릴 것이다(40절). 그는 그들을 열방 중에서 불러 모으실 것이요, 자신의 거룩함을 그들에게 드러내실 것이다(41절). 그 무렵에 그들은 울면서 자기들이 과거에 저지른 죄를 깊이 뉘우칠 것이요, 야웨가 자기 백성을 용서하시는 신실하신 하나님임을 인정할 것이다(42-44절).

불과 칼(20:45—21:32)

다시금 비유를 사용하신 야웨께서는 에스겔에게 "남쪽을 향하여 설교하고 남쪽의 숲을 향해 예언하라"고 말씀하신다(45-46절). 야웨께서는 숲속에 불을 지르심으로써 푸른 나무들과 마른 나무들 모두를 태우고 모든 구경꾼들의 얼굴을 그슬리게 하실 것이다(47-48절). 유다 백성이 자신의 메시지들을 단순한 비유들로 매도한 것에 대해 에스겔이 불평하자(47-48절), 야웨께서는 그 비유의 의미를 그에게 설명해 주신다. 남쪽 숲은 이스라엘(즉, 유다) 땅을 상징한다. 특히 예루살렘과 그곳의 성전을 상징한다(21:1-2). 왜 야웨께서 마치 자신과 에스겔이 유다의 북쪽에 있는 것처럼 말씀하시는지는 확실치 않다(바벨론은 유다의 동쪽에 있음). 그런데 21장의 후반부에서 바벨론 왕은 팔레스타인을 북쪽으로부터 침략해오는 것으로 묘사된다(20-22절). 아마도 야웨께서는 여기서 바벨론 군대의 침략을 예고하시면서 바벨론 왕의 시각을 취하셨을 것이다.[57] 환상 중에 나오는 불은 야웨의 칼을 상징한다. 그 칼은 북쪽에서부터 남쪽으로 의로운 자들(비유에 나오는 푸른 나무들)과 악한 자들(마른 나무들)을 포함하는 모두를 자를 것이다(3-5절).[58] 에스겔은 다른 곳에서도 하나님을 무차별하게 심판하시는 분으로 묘사할 뿐만 아니라(9:4-6; 18:1-20; 시 1:6; 11:5를 보라), 때로는 남은 자들이 있을 것임을 약속하는 까닭에(3:21; 6:8; 12:16), 본문의 이러한 선포는 놀라운 것이다. 아마도 야웨께서는 여기서 과장법을 사용하셨을 것이다. 예루살렘 안에 있는 거짓된 낙관주의를 완전히 끝장내겠다는 의도를 과장되게 표현하셨을 것이라는 얘기다.[59]

에스겔은 사람들 앞에서 탄식하라는 지시를 받는다(6절). 그들이 그에게 그 이유를 물으면, 그는 앞의 예언에 묘사되어 있는 임박한 살육에 대하여 탄식하는 것이라고 답변해야 한다(7절). 야웨의 칼은 살육 작업을 준비하려는 듯이 날카롭고 빛이 나는 모습을 가지고 있다(8-11절). 그것은 유다 백성과 이스라엘의 지도자들을 죽일 것이다(12-17절).

사람들은 야웨께서 휘두르시는 그 칼(3-5, 9-17절을 보라)이 바벨론 왕 느부갓네살이라는 것을 금방 알 수 있을 것이다(18-19a절). 그는 북쪽으로부터 유다 땅으로 다가오는 중에 두 가지의 선택에 직면하게 될 것이다(19b절). 그는 왼쪽으로 방향을 돌려 요단강 동쪽에 위치한 암몬을 공격할 수도 있고, 아니면 오른쪽으로 방향을 돌려 유다와 수도 예루살렘을 공격할 수도 있다(20절). 그는 어느 쪽을 공격할 것인지를 결정하기 전에 징조를 구할 것이다.

---

57) Zimmerli, *Ezekiel 1*, 423-24.

58) 에스겔서의 다른 곳에서 칼로 이룰 행동을 묘사할 때 나오는 "자르다"라는 표현은 사람과 짐승 모두를 살육하는 행동을 가리킨다(14:17, 21; 25:13; 29:8; 35:7-8).

59) Allen, *Ezekiel 20-48*, 25-26; Block, *Ezekiel 1-24*, 669-70; Zimmerli, *Ezekiel 1*, 424-25.

왜냐하면 그는 그러한 방법을 통하여 신들의 뜻을 결정하고 미래를 알 수 있다고 믿었기 때문이다(21a절).[60] 그는 다양한 방법들을 동원할 것이다. 이에는 화살통에서 표시를 한 화살을 꺼내거나 자신의 개인적인 우상으로부터 신탁을 구하는 방법, 또는 희생 동물의 간을 살피는 방법 등이 포함된다(21b절).[61] 그가 구하는 표징은 예루살렘을 가리킬 것이요, 느부갓네살은 예루살렘을 포위할 것이다(22절). 유다 백성은 그 소식을 들을 때 자기들이 바벨론 왕에게 충성을 맹세한 바가 있기 때문에 그 징조가 잘못된 것이라고 생각할 것이다(23a절; 참조. 17:13). 그러나 바벨론 왕은 반론을 제기하면서, 그들이 자기와 더불어 맺은 조약을 위반하였기 때문에 포로로 잡혀가지 않을 수 없다고 본다(23b절; 참조. 17:18). 물론 더 깊은 차원에서 본다면 그들은 하나님과 더불어 맺은 계약을 위반하였고, 그 때문에 징계를 받을 수밖에 없다(24절). 그들의 악한 지도자(시드기야를 가리킬 것임)는 그들을 악한 길로 인도하였지만, 이제는 수치를 당할 것이요 폐위될 것이다. 이는 그의 왕관/면류관이 제거될 것임을 상징한다(25-26절).

27절은 흔히 예루살렘이 완전히 폐허가 될 것임을 의미하는 것으로 이해된다. 하나님께서 선택하신 한 개인이 도착하여 그것을 회복할 때까지는 말이다. 그러나 이러한 해석에는 문제가 있다. 27절의 첫 번째 진술은 문자적으로 볼 때 "내가 그것을 폐허로, 폐허로, 폐허로 만들 것이다"로 읽힌다. "만들다"는 동사 뒤에 나오는 대명사는 히브리어 본문에서 여성 단수로 나타난다. 가장 가까이에 있는 선행사는 26절의 왕관/면류관이다. 따라서 이 진술

---

60) 메소포타미아의 점술에 대한 유용한 논의를 위해서는, 그리고 징조 읽기의 이론과 실제에 관한 에 관한 연구를 위해서는 다음을 보라: Robert R. Wilson, *Prophecy and Society in Ancient Israel* (Philadelphia: Fortress, 1980), 90-110(이 책은 우리말로도 번역됨. 『고대 이스라엘의 예언과 사회』, 최종진 역 [서울: 예찬사, 1991]). 다음 책도 보라: A. Leo Oppenheim, *Ancient Mesopotamia*, rev. ed. (Chicago: University of Chicago Press, 1977), 206-27.

61) "우상"으로 번역된 낱말은 점술에 사용되는 가신상(家神像, household gods; 창 31:19; 삼상 19:13, 16을 보라)을 가리킨다. 야웨께서는 가신상의 사용을 금하신다(삼상 15:23; 왕하 23:24; 호 3:4를 보라).

62) 히브리어 본문에서는 두 낱말 다 여성 단수로 되어 있다.

은 왕관/면류관[62]이 발에 짓밟힐 것임을 묘사하고 있는 것으로 보인다(26b절을 보라). 27절의 후반부는 특히 해석하기가 어렵다. 문자적으로 볼 때 그것은 "이것도 다시 있지[63] 못한다. 심판[또는 "법적인 요구"]을 담당한 자가 오면 내가 그것을 둘/줄 것이다"[64]로 읽힌다. 이처럼 어렵고 독특한 구문은 확정적인 해석을 할 수 없게 만든다. 아마도 이 진술의 후반부는 느부갓네살을 가리킬 것이다(23:24는 문자적으로 볼 때 "그들이 너에게 와서 … 그리고 내가 그들 앞에 재판을 둘/줄 것이요, 그들은 그들의 판결대로 너를 재판할 것이다"로 읽힌다).[65]

---

63) 이 동사는 남성 단수로 되어 있어서 여성 단수 형태로 나오는 앞의 "이것"과 일치하지 않는다.

64) "둘/줄 것이다"라는 동사의 뒤에 나오는 대명사는 남성 단수로 되어 있는 까닭에 앞의 명사 "심판, 법적인 요구"를 가리키고 있음이 분명하다.

65) 많은 학자들이 에스겔 21:27b가 창세기 49:10b를 언급한다고 본다. 그런데 이 창세기 본문은 전통적으로 "그것(10a절에 언급된 통치자의 지팡이)의 주인인 그가 올 때까지"로 번역되며, 비밀스럽기는 하지만 초기의 메시야 예언에 해당하는 것으로 이해된다. 그러나 동사를 매개로 하는 두 본문 사이의 관련성은 기껏해야 느슨하게 인정될 뿐이다. 에스겔 21:27b(히브리어 본문으로는 32b절)는 '아드-보 아쉐르-로 하미슈파트'("심판의 주인인 그가 올 때까지")로 읽히지만, 창세기 49:10b는 '아드 키-보 쉴로'로 읽히는 바, 이는 비밀스런 낱말인 '쉴로'를 어떻게 해석하느냐에 따라 매우 다양하게 해석되어 왔다. 이 두 본문이 공유하고 있는 유일한 낱말은 전치사 '아드'(" … 까지")와 동사 '보'이다. 이 동사는 에스겔 21:27에서 부정사 형태로 나오며, 창세기 49:10에서는 미완료 형태로 나온다. 어떤 이들은 '쉴로'를 '쉘로'로 수정한다('[그것의 주인]인 자'). '쉘로'는 관계 대명사 '쉐'를 '로'(전치사 '레'와 3인칭 남성 단수 대명 접미사로 이루어진)와 결합시킨 형태를 일컫는다. 이렇게 본다면, 그 형태는 에스겔 21:27에 나오는 '아쉐르로'라는 구절과 비슷해질 것이다. 이 본문에 나오는 '아쉐르 로'는 더 흔하게 쓰이는 관계 대명사('쉐'보다는 '아쉐르'가 더 흔하게 쓰인다는 뜻임: 역자 주) 뒤에 '로'가 나오는 형태로 되어 있다. 그러나 평행 구조에 비추어볼 때, 더 가능성이 높아 보이는 창세기 49:10의 본문 읽기는 '샤이 로'("공물이 그에게 [올 때까지]")일 것이다. 이렇게 본다면, 그 표현은 명사 '샤이'("선물, 예물")와 '로'를 결합시킨 형태로 되어 있는 셈이다: Gordon Wenham, *Genesis 16–50*, WBC (Dallas: Word, 1994), 478. 에스겔 21:27과 창세기 49:10에 포함되어 있는 문법적이고 사전적인 문제점들로 인하여, 이 두 본문을 연결시키려는 시도는 순전히 추측의 성격을 갖는 것이라 할 수 있다.

야웨께서 느부갓네살을 암몬 대신에 예루살렘으로 인도하시고서는(20-22절), 바벨론 군대로 하여금 그 성읍을 노략하게 하시자, 암몬 자손은 예루살렘의 파멸을 기뻐하면서 하나님의 백성을 조롱했을 것이다(25:3, 6을 보라). 그러나 야웨께서는 그들의 조롱에 대하여 칼로써 응답하실 것이다. 예루살렘을 향하여 휘둘러진 칼이 암몬 자손을 칠 것이라는 얘기다. 암몬 사람들의 예언과 징조가 그 반대의 결과를 암시하고 있음에도 불구하고 말이다(28-29절).

그러나 야웨께서는 갑자기 그 칼을 칼집에 꽂으라고 명하신다(30a절). 이어서 야웨께서는 그 칼을 향하여 심판의 예언을 선포하신다.[66] 야웨께서는 그 칼이 본래 속한 땅에서 그 칼을 심판하실 것이다(30b절). 그는 그것을 향하여 자신의 진노를 쏟으실 것이요, 그것을 잔인한 파괴자들에게 넘기실 것이다(31-32절). 여기에 언급된 칼은 바벨론 왕의 칼을 가리키고 있음에 틀림이 없다(19-20절). 그것이 한때는 유다와 암몬을 심판하시는 야웨의 손에 의해 휘둘려졌지만, 이제는 야웨의 원수가 될 것이다.[67]

이 본문이 바벨론의 붕괴에 관해 에스겔이 예언하는 유일한 곳인 까닭에, 그리고 이 신탁의 서두 부문에서 그 칼이 암몬에게 속해 있다고 말하기 때문에, 어떤 이들은 28b-32절의 칼이 암몬 족속의 칼이라고 해석한다.[68] 그렇게 본다면, 28-29절은 유다를 향한 암몬 족속의 적대감을 표현한 것이라고 볼 수 있다. 이어서 야웨께서는 그들에게 그들이 세운 계획을 포기하라고 명하시며(30a절), 그들을 징계하겠다고 선언하신다(30b-32절). 그러나 9-10절과 28절 사이의 밀접한 언어학적인 관련성은 두 본문이 동일한 칼에 대해서 언급하고 있음을 암시한다. 20절은 이 칼을 바벨론 왕의 칼과 동일시한다. 반면에 3-5절은 야웨께서 그 칼을 휘두르신다는 점을 암시한다.

---

66) 30b-32절(29a절도 보라)에 있는 2인칭 동사 형태들과 대명사들은 히브리어 본문에서 여성 단수로 되어 있는 바, 이는 본문의 예언이 의인화 된 칼(히브리어로 여성 명사임)을 겨냥한 것임을 암시한다.

67) Allen, *Ezekiel 20-48*, 28; Block, *Ezekiel Chapters 1-24*, 695-96; Zimmerli, *Ezekiel 1*, 448-49.

피에 젖은 예루살렘(22:1-31)

에스겔의 다음 메시지는 예루살렘의 우상숭배와 살인행위를 비난하며, 그
성읍이 심판을 받아 곧 수치를 당할 것이라고 선언한다(22:1-5). 지도자들
(왕들; 19장을 보라)은 무죄한 피를 흘렸으며, 약한 자들을 압제하였고, 안식
일을 포함하여 하나님께서 거룩하게 여긴 것들을 더럽혔다(6-8절). 그들은
정의와 도덕성을 옹호하기보다는 불의와 우상숭배와 온갖 종류의 성범죄와
뇌물 수수와 압제적인 경제 활동 등을 용납하였다(9-12a절). 그들이 야웨를
무시하였지만, 그는 그들의 죄를 무시하지 않을 것이다(12b-14절). 그는 그
들을 열방 중에 흩으심으로써 그들의 불경건한 행동을 끝장내실 것이다(15-
16절).

유다 백성의 도덕적인 상태를 보여주기 위하여 야웨께서는 야금술과 관련
된 은유를 사용하신다. 그는 그들을 은을 제련한 다음에 용광로에 남아 있는
불순물이나 찌꺼기에 비유하신다(17-18절). 그들은 자기들의 뻔뻔스러운 죄
로 인하여 그의 눈에 무가치한 자들로 여겨진다. 이 은유는 야웨께서 임박한
심판에 관해 말씀하시는 19-22절에서 방향을 바꾼다. 야웨께서는 찌꺼기를
제거하기 위해 용광로 안에 넣은 원석(原石)에 그들을 비유하신다. 강한 진
노의 불길을 그들에게 쏟아 부으심으로 그들을 녹이시는 하나님의 모습은
그 성읍에 임할 가혹한 심판을 잘 보여준다.

또 다른 은유들이 계속 이어진다. 그들의 땅은 범죄한 백성으로 인하여 오
염된 까닭에, 기근으로 메말라버린 땅처럼 도덕적으로 비생산적이고 쓸모없
는 땅이 되고 말았다(23-24절). 유다의 지도자들(왕들)은 자신의 먹이를 잡
아먹는 사자들처럼 약한 자들을 탈취했다(25절).[69] 제사장들은 제의적으로 정

---

68) 예로써 Taylor, *Ezekiel*, 165.

69) 히브리어 본문은 25절에서 "그녀의 예언자들"이라고 읽지만, 70인역은 "그녀의
지도자들"이라고 읽는다. 후자가 더 나아 보인다. 왜냐하면 나중에 예언자들이 따로 언
급되기 때문이다(28절). 26-29절은 네 개의 집단에 대해서 언급한다: 제사장들, 관리
들, 예언자들, 땅의 백성. 예언자들만을 두 번 언급한다는 것은 어색해 보인다. 다른
집단들은 어느 하나도 두 번 언급되지 않기 때문이다. 지도자들/왕들에 대한 25절의 언
급은 앞선 예언의 강조점에 비추어볼 때 매우 적절한 것으로 보인다(6절을 보라).

결한(거룩한) 것과 부정한 것 사이를 구별하지 않았으며, 안식일을 지키지도 않았다(26절). 굶주린 늑대에 비유되는 관리들은 자기들의 호주머니를 채우기 위해 폭력과 불의를 일삼았다(27절). 예언자들은 이러한 악한 행동들을 덮어주었으며, 야웨로부터 비롯되지 않은 환상들과 징조들을 통하여 범죄자들에게 거짓된 희망을 안겨주었다(28절). 지도자들만이 범죄자인 것은 아니었다. 그 땅의 일반 백성 역시 부정직하였으며, 약한 자들을 착취하였다(29절). 유다 공동체는 시급히 수리해야 할 무너진 담벼락과도 같았다. 이 표상은 불길한 느낌을 준다. 왜냐하면 그것은 예루살렘의 담벼락들에 어떠한 일이 금방 생겨날지를 예고하고 있기 때문이다. 야웨께서는 담벼락의 벌어진 틈새를 막고 정의와 거룩함을 장려함으로써 그 담벼락을 다시 건축할 자를 찾으시지만, 어느 누구도 앞장서지 않는다(30절). 그 까닭에 그는 그들을 벌하지 않을 수 없다. 그가 자신의 진노를 그들 위에 쏟아 부으시면, 그들은 당연히 받아야 할 벌을 받게 될 것이다(31절).

두 자매의 비유(23:1-49)

야웨께서는 자기 백성이 어떻게 자기를 버렸는지를 보여주기 위해 또 다른 긴 비유를 사용하신다. 그것은 곧 오홀라와 오홀리바라 이름하는 두 자매의 이야기이다(2, 4절). 이 두 이름은 히브리어 낱말 '오헬'("장막")로부터 생겨난 것이지만, 그 의미는 중요하지도 않고 상징적이지도 않은 것으로 보인다.[70] 이 비유에서 오홀라는 북왕국 이스라엘을 대표하는 사마리아를 상징한다. 그리고 오홀리바는 남왕국 유다를 대표하는 예루살렘을 상징한다.

여기에 사용되고 있는 결혼 은유의 기본 틀에서 볼 경우, 야웨께서는 이스라엘과 유다라는 두 자매를 아내로 거느리고 있는 것으로 묘사된다(렘 3:6-11을 보라). 본문은 그들과 야위 사이의 결혼을 구체적으로 언급하고 있지는 않지만, 이미 그 점을 전제하고 있는 것으로 보인다. 5절의 "(그녀가 여전히)

---

70) 오홀라는 "그녀의 장막"을 뜻할 것이며, 오홀리바는 "나의 장막이 그녀 안에 있다"를 뜻할 것이다. 후자는 야웨의 "장막"(즉, 성전)이 예루살렘이 있다는 사실을 언급하는 것일 수도 있다.

나에게 속하였을 때"라는 표현은 문자적으로 볼 때 '[그녀가 여전히] 내 아래 있을 때"로 번역된다. 민수기 5:19-20, 29에서는 "자기 남편 아래에 있는"이 라는 표현이 남편의 권위에 복종하는 아내를 묘사하는 데 사용된다. 25절은 오홀리바의 죄가 야웨의 질투심을 불러일으켰음을 암시하고 있다. 이는 그 가 그녀의 남편으로 묘사되고 있음을 의미한다. 율법은 자매들과 결혼하는 것을 금지하고 있지만(레 18:18), 그러한 결혼이 성서 안에 알려지지 않은 것 은 아니다(참조. 야곱). 여기서 야웨께서는 설명을 돕기 위하여 상황의 지배 를 받는 은유를 사용하신다. 야웨께서 이러한 사례를 사용하신다고 해서 중 복 결혼을 용서해 주시는 것은 아니다.

그 자매들은 이집트 땅에서 젊은 소녀들로 장성하자 창기들이 되어 기꺼 이 자기들의 가슴을 연인들에게 제공한다(3절). 이 표상의 배후에는 이스라 엘이 이집트 체류 기간에 우상을 숭배했던 현실이 놓여 있다(20:7-9; 수 24:14를 보라). 오홀라는 창기 노릇을 계속하면서 자신을 앗수르 병사들에게 제공했다(5-8절). 이것은 이스라엘이 앗수르와 기꺼이 동맹관계를 맺은 현 실을 가리킨다. 야웨께서는 결국 오홀라를 연인들 중 하나인 앗수르에 넘겨 주셨다. 앗수르는 공개적으로 그녀를 수치스럽게 하였으며, 그녀의 자녀들 을 빼앗은 다음에 그녀를 처형하였다(9-10절). 본문은 여기서 주전 722년에 있었던 사마리아의 함락과 북왕국의 사로잡힘을 가리키고 있다.

오홀리바는 이 모든 일을 보지만, 자기 동생보다 더 심한 색정증(色情症) 증세를 보였다(11절). 그녀는 자신을 앗수르 사람들과 바벨론 사람들(갈대아 사람들)에게 제공하였다(12-17a절). 그녀는 싫증을 느낀 나머지 바벨론 사람 들에게서 방향을 돌리지만, 젊었을 때와 동일한 열정과 욕망을 가지고서 창 기 노릇을 계속한다(17b, 19-21절). 이 비유의 배후에는 유다가 앗수르, 바벨 론, 이집트 등과 더불어 일련의 동맹관계들을 맺은 현실이 가로놓여 있다. 야웨께서는 혐오감을 느끼고서 오홀리바에게서 떠나시며(18절), 그녀가 차 버린 바벨론 사람들에게 그녀를 넘기겠다고 선언하신다(22절). 그들은 이제 그녀를 증오할 것이요, 그들 자신의 정의 왜곡 수법으로 그녀를 다룰 것이다 (23-24, 28-30절). 하나님의 진노와 질투를 대변하는 자들로서 그들은 그녀 의 수족을 절단할 것이요, 그녀의 자녀들을 빼앗을 것이요, 그녀를 공개적으로 수치스럽게 함으로써 그녀의 음행이 순식간에 끝장나게 할 것이다(25-27절).[71] 야웨께서는 유다를 패망시킬 심판을 독한 술에 비교하시면서, 오홀라가 마신 동일한 잔을 오홀리바도 마실 것이라고 선언하신다. 왜냐하면 그녀역시 자기 동생과 마찬가지로 창기 노릇을 하기 위해 자기 남편을 버렸기 때문이다(31-35절).

야웨께서는 이어서 에스겔에게 자신을 위해 증언하라고 지시하신다(36절). 그는 다시금 자신의 입장을 진술하신다. 그 강조점은 1-35절에서 주로비난의 대상이 된 이방 나라들과의 동맹관계를 떠나, 우상숭배와 그에 수반되는 두려움 및 어린이 희생제사로 옮겨간다. 두 자매는 똑같이 자녀들을 희생제물로 바침으로써 우상들을 숭배하였다(37절). 인신제사를 드린 바로 그날에 그들은 대담하게도 야웨의 성전에 들어가 그곳을 더럽혔다(38-39절). 다시금 이방 나라들과의 동맹관계라는 주제가 그 추한 머리를 쳐든다. 두 자매는 멀리 있는 남자들을 끌어들인다(40a절). 야웨께서는 오홀리바가 연인의도착에 앞서 그를 유혹하기 위해 치장하는 모습을 보여주심으로써, 갑자기오홀리바에 초점을 맞추신다(40b-41절).[72] 남자들이 그 자매들에게 몰려들며, 그들과 동침한다(42-44절). 그러나 에스겔 같은 의로운 자들은 그들의죄를 인식하고서 그들에게 정의로운 심판을 선고한다(45절). 야웨께서는 배신당한 남편으로서 군중을 끌어들여 그들을 처형하시고, 그들의 자녀들을죽이며, 그들의 집들을 불사르실 것이다(46-47절). 그는 이처럼 과격한 방식을 통해서만 그들의 창기 노릇을 끝장낼 수 있을 것이다(48-49절).

가마솥을 준비함(24:1-14)

---

71) 코와 귀를 잘라내는 형벌은 이집트 사람들과 히타이트 사람들에게서도 발견된다: Zimmerli, *Ezekiel 1*, 489.

72) "네가 목욕하며"로 시작하는 40b절 본문은 동사와 대명사의 단수 형태를 사용하는 바, 이는 본문의 말씀이 오홀리바를 대상으로 한 것임을 암시한다. 42a절에 있는 "그녀"를 또한 주목하라. 42b절의 복수형 사용은 오홀라가 다시금 무대에 등장하였음을 암시한다. "그들의 머리"라는 표현을 주목하라. (NIV의 "그 여인과 그녀의 동생의 팔"이라는 구절은 히브리어 본문을 문자적으로 이해할 때 "그들의 팔"로 읽힌다.)

주전 588년 1월 15일에 야웨께서는 에스겔에게 그날을 조심스럽게 표기하라고 말씀하신다. 왜냐하면 바로 그날에 바벨론의 예루살렘 포위가 시작될 것이기 때문이다(24:1-2). 이어서 야웨께서는 에스겔에게 유다 백성에게 전해야 할 또 다른 비유를 주신다(3a절). 그는 예언자에게 가마솥을 걸고, 그 안에 물을 부은 다음, 그 안을 뼈에 붙은 가장 좋은 고깃덩이들로 가득 채우라고 명하신다(3b-4절). 이어서 에스겔은 그 솥 아래에 강한 불을 피워 물을 끓임으로써 고기를 삶아야 한다(5절). 이러한 요리 이야기는 야웨께서 장차 피에 젖은 예루살렘에게 하실 일을 보여주는 실물 교육에 해당하는 것이다. 그가 보기에 예루살렘은 벗기기 어려운 찌꺼기들로 뒤덮인 가마솥과도 같은 상태에 있다(6a절). 그 안에 있는 고기는 결국 한 조각씩 꺼내어질 것이다(6b절). 이것은 예루살렘의 거주민들이 포로로 잡혀갈 것임을 분명하게 보여준다. 그 성읍의 압제적인 지도자들이 공공연하게 무죄한 피를 흘렸기에, 야웨께서는 그들의 죄의 증거가 덮이지 않게 하셨다(7-8절). 예루살렘은 살인 행동 때문에 파멸의 운명을 맛보게 될 것이다(9a절). 야웨께서는 가마솥 밑에 뜨거운 불을 피우실 것이다. 에스겔이 가마솥 밑에 불을 피워 뼈가 탈 때까지 철저하게 고기를 굽는 모습을 통하여 그는 장차 예루살렘에게 닥칠 일을 미리 보여주고 계신다(9b-10절). 여기에 묘사된 행동은 6b절에 묘사된 행동보다 먼저 이루어지는 것으로 보인다. 고기(예루살렘 사람들)가 꺼내어지기(포로로 잡혀감을 의미함, 6b절) 전에 먼저 불에 태워져야 하기 때문이다(포위기간 동안에 성읍 거주민들이 당할 고통을 묘사함, 9-10절). 일단 고기를 다 꺼내고 나면 에스겔은 그 솥을 직접 숯 위에 놓고서, 그동안 제거하려고 애썼으나 완고하게 남아 있던 찌꺼기들을 녹여 없애야 한다(11-12절). 이러한 상징적인 행동은 예루살렘을 향한 하나님의 무자비한 심판의 마지막 단계를 미리 보여주는 것이다(13-14절).

죽은 아내를 위하여 울지 말라(24:15-27)

그 다음의 실물 교육은 에스겔이 실행에 옮기기 가장 어려운 것이 될 것이다. 야웨께서는 순식간에 에스겔의 아내의 생명을 취하겠다고 선언하신다

(15-16a절). 그러나 예언자는 그녀의 죽음을 보통의 방식으로 애곡해서는 안 되고 그녀를 위하여 눈물을 흘려서도 안 된다(16b절). 그는 숨을 죽이고서 슬퍼해야 하지만, 애곡하는 자들의 통상적인 관행을 따라서는 안 된다(17절). 정말로 밤중에 에스겔의 아내가 죽고, 이튿날 아침에 그의 이상하고도 냉정한 반응을 목격한 사람들은 그것이 자기들과 모종의 관계를 가지고 있음을 제대로 인식한다(18-19절). 예언자는 자기 행동의 의미를 그들에게 설명한다. 에스겔의 아내가 예언자의 "눈"에 "기쁨"이 되었던 것처럼(16절), 예루살렘 성전은 하나님의 백성의 "기쁨"이었고, 그들의 애정의 대상이었다. 그러나 야웨께서는 에스겔의 아내의 생명을 취하신 것처럼, 심판을 통하여 자신의 성전을 더럽히실 것이요, 예루살렘 자녀들의 생명을 취하되, 그들 중 일부가 포로로 잡혀가게 하실 것이다(20-21절). 에스겔이 아내의 죽음을 통상적인 방법으로 애곡하지 못하는 것과 마찬가지로, 포로민들 역시 예루살렘 함락의 소식에 충격을 받은 나머지 멍하니 앉아 침묵을 지킬 것이요, 통상적인 애곡 의식을 행하지 못할 것이다(22-27절).

유다의 주변 나라들에 임할 재앙(에스겔 25-32장)

에스겔서의 다음 주요 단락은 주변 나라들에 대한 심판 신탁들을 포함하고 있다. 일곱 나라들이 선발되는 바, 그 명단은 동쪽으로부터 시작하여(암몬, 모압, 에돔) 서쪽(블레셋)과 북쪽(두로와 시돈)으로 옮겨가며, 마지막에는 남쪽에서 끝을 맺는다(이집트). 세 개의 신탁이 두로를 겨냥하고 있으며, 일곱 개의 신탁이 이집트를 겨냥하고 있다. 이집트를 겨냥한 일곱 신탁들은 제각기 "야웨의 말씀이 내게 임하여 이르시되"라는 양식으로 시작된다. 일곱 부분으로 된 구조는 완전성과 궁극성을 암시한다. 이 단락은 다음과 같이 개관할 수 있다:

1. 암몬에 임할 심판(25:1-7)
2. 모압에 임할 심판(25:8-11)

3. 에돔에 임할 심판(25:12-14)

4. 블레셋에 임할 심판(25:15-17)

5. 두로에 임할 심판(26:1—28:19)

   a. 두로의 붕괴(26:1-21)

   b. 두로를 위한 애곡(27:1-36)

   c. 두로의 왕을 조롱함(28:1-19)

6. 시돈에 임할 심판(28:20-26)

7. 이집트에 임할 심판(29:1—32:32)

   a. 야웨께서 파라오를 대적하심(29:1-16)

   b. 느부갓네살의 약탈(29:17-21)

   c. 이집트를 위하여 애곡함(30:1-19)

   d. 파라오의 팔을 부러뜨림(30:20-26)

   e. 백향목이 무너짐(31:1-18)

   f. 파라오를 위하여 애곡함(32:1-16)

   g. 이집트 군대의 붕괴(32:17-32)

처음 여섯 나라들을 향한 신탁들은 그들에게 임할 심판이 하나님의 백성을 그들이 학대하고 그들의 멸망을 즐거워한 것 때문임을 분명하게 밝히고 있다. 이렇듯이 이 신탁들의 주요 역할은 포로민들에게 또는 적어도 경건한 남은 자들에게 그들이 원수 갚음을 받을 것이요, 고국 땅으로 돌아가게 될 것임을 확신시키는 데 있는 것으로 보인다. 그러나 이집트를 향한 신탁들은 다른 목적을 가진 것으로 보인다. 유다는 바벨론 군대에 맞서 이집트에게 도움을 호소한 까닭에(17:15; 29:16을 보라), 이집트 붕괴의 소식(렘 37:5-7을 보라)은 당장 예루살렘에게는 아무런 희망도 없을 것이라는 에스겔의 메시지를 확증하는 효과를 갖는다.[73]

이 신탁들 중의 일부는 주전 587-585년에 속한 것으로 추정되며, 그 중 하

---

73) 25-28장과 대조되는 이집트 신탁의 목적에 대해서는 Allen, *Ezekiel 1-19*, xxix-xxxi를 보라.

나(29:1-17)는 571년에 선포된 것이다. 연대를 알 수 없는 신탁들 중 적어도 하나는 예루살렘 함락 이후의 것이다(25:3을 보라).

동쪽 나라들과 서쪽 나라들에 임할 심판(25:1-17)

암몬 족속은 예루살렘의 함락과 유다 백성의 사로잡힘에 대하여 즐거워한다(25:1-3). 야웨께서는 광야 민족을 가리키는 듯한 "동방 사람"을 보내어 그들의 교만함을 징계할 것임을 선언하신다(4a절).[74] 이 유목민 침략자들은 암몬 족속의 열매와 양 떼를 취할 것이요, 암몬의 수도인 랍바를 초장으로 만들어버릴 것이다(4b-5절). 유다가 무너지자 암몬 족속이 즐거움에 사로잡힌 나머지 손뼉을 친 까닭에, 야웨께서는 그들을 향하여 심판의 손을 펼치실 것이다(6-7절).

모압 족속 역시 유다의 붕괴를 즐거워한 까닭에, 야웨께서는 광야 민족으로 하여금 국경선을 가로질러 오게 하실 것이다(8-11절). 에돔 족속은 매우 적대적인 태도로 유다를 대한 까닭에(욥 1-14절을 보라), 야웨께서는 에돔을 멸하실 것이다(12-13절). 이 경우에 그는 자기 백성 이스라엘을 복수의 도구로 사용하실 것이다(14절; 욥 15-21절을 보라). 블레셋 족속 역시 유다에게 적대적이었으므로 야웨께서는 그들을 향하여 "크게 원수를 갚으실 것"이다(15-17절).

두로에 임할 심판: 두로의 붕괴(26:1-21)

두로는 유다의 멸망이 자기들에게 유익이 되는 까닭에 그 소식을 듣고서 즐거워한다(1-2절). 지중해 해안 지역이 위치한 탓에 두로는 폭넓은 해양 무역에 종사함으로써 번성하는 도시를 이룰 수 있었다. 예루살렘이 붕괴가 이미 충분한 경제력을 가지고 있던 두로에게 도움을 주었을 것 같지는 않다.

---

74) "동방 사람"이라는 구절은 문자적으로 볼 때 "동방의 아들들"을 가리키는 바, 이는 창세기 29:1; 사사기 6:3, 33; 7:12; 8:10; 열왕기상 4:30; 욥기 1:3; 이사야 11:14; 예레미야 49:28 등에서도 나온다.

비록 그것이 남쪽에서 오는 대상로(隊商路)를 열어주기는 했겠지만 말이다.[75] 아마도 2절의 표상은 정치적인 시각에서 이해되어야 할 것이다. 유다가 사라지자 두로는 서쪽 팔레스타인 국가들의 지도자로서 보다 두드러진 역할을 수행할 수 있었을 것이다.[76] 야웨께서는 다른 생각들을 가지고 계셨다. 바다의 파도가 해변가에 부딪치는 것처럼(두로에서 흔히 볼 수 있는 표상임), 야웨께서는 이방 나라들의 파도를 두로에 보내실 것이다(3절). 그들은 두로의 방어선을 깨뜨릴 것이요, 야웨께서는 두로의 성벽을 완전히 무너뜨림으로써 맨 바위가 되게 하실 것이다(4절). 어부들은 그곳을 그물 말리는 곳으로 사용할 것이다(5a절). 두로는 약탈당할 것이요, 변경의 정착지들(문자적으로는 "딸들")은 칼에 유린당할 것이다(5b-6절).

7-14절은 두로의 멸망에 관한 예언이 어떻게 성취되었는지를 보다 상세하게 설명하고 있는 것으로 보인다. 바벨론 왕 느부갓네살은 거대한 군대를 이끌고서 북쪽으로부터 그곳을 공격할 것이다(7절). 그는 "왕들 중의 왕"으로 불린다. 그 까닭은 그가 많은 나라들로 구성된 거대한 제국을 통치하고 있었기 때문이다.[77] 이것은 왜 3절이 "많은 나라들"이 파도처럼 두로를 향하여 몰려올 것이라고 말하는지를 잘 설명해줄 것이다. 바벨론 군대는 다양한 지역의 군대들을 소집하였으며, 많은 다른 민족 집단들과 나라들의 병사들로 구성되어 있었다.[78] 느부갓네살은 두로의 변방 정착지들을 폐허로 만들 것이요, 그 성읍을 포위할 것이다(8절; 참조. 6절). 그의 군대는 마침내 두로의 성벽을 깨뜨릴 것이요, 성읍 안으로 몰려 들어가서 그의 백성을 칼로 살육할 것이다(9-11절). 바벨론 군대는 두로의 재물을 약탈할 것이요, 성벽을 깨뜨리고 파괴의 잔해들을 바다에 던져버릴 것이다(12절; 참조. 4, 5b절). 야웨께서는 두로의 절기들을 끝장내실 것이요, 맨 바위가 된 그를 어부들의 그물

75) Daniel I. Block, *The Book of Ezekiel Chapters 25-48*, NICOT (Grand Rapids: Eerdmans, 1998), 36.

76) Allen, *Ezekiel 20-48*, 75.

77) 3절과 7절 사이에 있는 명백한 문학적인 관련성에 대해서는 Block, *Ezekiel Chapters 25-48*, 39를 보라.

78) 이사야 8:9와 17:12-14 역시 비슷한 언어로 앗수르 군대에 대해서 묘사한다.

말리는 곳으로 만드실 것이다(13-14a절; 참조. 5a절). 두로는 결코 재건되지 못할 것이다(14b절).

두로의 파멸에 관한 이 예언은 언제 어떻게 성취되었을까? 느부갓네살은 주전 585년에 두로를 향해 진격하였으며, 그 성읍을 13년 동안 포위 공격하였다. 바벨론 군대는 그 성읍을 완전한 폐허로 만들지는 않는다(주전 571년으로 추정되는 겔 29:17-18을 보라). 비록 남아 있는 증거에 의하면 두로는 바벨론 정권에 종속되지만 말이다.[79] 두로가 이처럼 폐허가 되지 않았다면, 실패한 것처럼 보이는 이 예언은 어떻게 설명할 것인가?

어떤 이들은 알렉산더 대왕이 두로를 제거함으로써 에스겔이 묘사한 바와 거의 똑같게 만든 주전 332년에 이 예언이 성취되었다고 주장한다. 이 견해를 주장하는 자들은 파도처럼 몰려온 "많은 나라들"과 느부갓네살의 군대를 구별한다(7-11절). 그들은 또한 7-11절의 단수 "그"(즉, 느부갓네살)로부터 12절의 "그들"("많은 나라들"로 여겨짐)로 인칭 변화가 이루어진 것에 주목한다. 이 견해에 따르면, 곧 이루어질 사건, 곧 바벨론의 두로 포위는 보다 먼 미래의 사건(두로의 최종적인 파멸)과 결합되어 있다. 가까운 미래와 먼 미래의 이러한 결합은 히브리 예언의 한 특징을 이룬다(왕상 14:14-16을 보라). 그러나 3절의 "많은 나라들"과 느부갓네살의 군대 사이를 구별하는 것은 지나친 해석이라는 느낌을 준다. 느부갓네살이 "왕들 중의 왕"으로 칭하여지고(7절) 그의 군대가 다인종 성격을 갖는다는 점을 염두에 둔다면 말이다. 7-11절의 주요 관심사는 느부갓네살에게 있고, 이 구절들에 묘사되어 있는 행동은 군대의 행동에 해당하는 것이다. 12절에 있는 복수형의 주어는 당연히 집합명사인 7절의 "군대"(히브리어로는 '암')로 이해된다. 그리고 7절의 군대는 3절에 언급된 "많은 나라들"로 이루어져 있을 수 있다(5절의 "나라들"에 대한 언급도 보라).

블록은 학자들이 예언의 실패라는 문제를 다루는 다양한 방식들을 개관한

---

79) Allen, *Ezekiel 20-48*, 109; Walther Zimmerli, *Ezekiel 2*, trans. J. D. Martin, Hermeneia (Philadelphia: Fortress, 1983), 23; William A. Ward, "Phoenicians," in *Peoples of the Old Testament World*, ed. A. J. Hoerth, G. L. Mattingly, and E. M. Yamauchi (Grand Rapids: Baker, 1994), 191.

다. 그는 예언서의 다른 많은 예언들과 마찬가지로 이 예언이 암묵적으로 조건적인 것이요, 두로의 바벨론 "굴복"은 하나님의 의지와 계획을 감수하는 것을 뜻하며, 그로 인하여 야웨께서는 "그 성읍을 향하여 선포하신 위협들을 보류하고 그 신탁의 실제적인 성취를 알렉산더 대왕의 때까지 250년 동안 지연시키셨다"는 매우 그럴듯한 가정을 한다.[80]

두로는 지중해 주변의 너무도 많은 나라들과 교역한 까닭에, 그의 몰락은 해안 지역의 당혹감을 불러일으켰을 것이다(15-16절; 사 23장을 보라). 두로의 교역 대상 국가들은 그의 파멸을 인하여 애가를 부를 것이다(17-18절). 그러한 애곡은 적절한 것이 될 것이다. 왜냐하면 두로는 죽은 것이나 마찬가지일 것이기 때문이다. 두로는 황량하게 되고 바다 물결에 뒤덮인 까닭에 어느 누구도 되돌아올 수 없는 땅, 곧 죽은 자들의 땅인 지하계로 내려갈 각오를 해야 할 것이다(19-21절).

두로를 위해 부를 애가(27:1-36)

에스겔이 두로를 위해 지어 부를 애가는 조롱조의 심판 신탁과도 같이 들린다. 그 애가는 두로의 탁월함과 부를 회상한다(27:1-4). 두로의 교역국들이 부를 애가가 암시하는 바와 같이 모든 종류의 상품들과 부가 사방으로부터 두로로 흘러들어갔다(5-24절). 두로는 자신의 물품들을 지중해 세계 전역으로 운반하는 인상적인 교역선들(문자적으로는 "다시스의 배들") 중의 하나에 비유된다(25절). 그러나 동풍(바벨론을 상징하는 듯함)이 그 배를 난파시키는 바람에 그 모든 부가 바다 밑바닥으로 가라앉고 만다(26-27절). 해안 지역에 있는 두로의 교역국들은 두로의 몰락을 크게 슬퍼하면서, 한때 많은 나라들을 부요하게 했던 자가 이제는 상인들의 조롱을 받게 되었음을 지적

---

80) Block, *Ezekiel Chapters 25-48*, 147-49. 이와 평행되는 본문은 예루살렘의 파멸을 예언하는 미가 3:12에서 찾아볼 수도 있다. 이 예언은 히스기야의 회개로 인하여 미가의 시대에 성취되지 못했지만(렘 26:17-19를 보라), 예루살렘의 파멸은 주전 586년에 현실화되었다. 당시에는 미가의 예언을 부추긴 도덕적인 상황이 나중 세대에 이르러 한층 악화되었고, 하나님의 심판을 막을 만한 히스기야와 같은 사람이 전혀 없었다.

할 것이다(28-36절).

두로의 왕을 조롱함(28:1-19)

에스겔은 또한 당시에 두로를 통치하던 엣바알을 조롱한다. 엣바알은 망상에 사로잡힌 나머지 자신의 화려함을 자랑하였으며, 자신이 초자연적인 지혜를 가지고 있는 "신"이라고 생각했다(28:1-2a).[81] "나는 신이다"라는 그의 진술에서 "신"으로 번역되는 히브리어 낱말은 가나안 최고신의 이름인 '엘' (El)이다. 본문은 특별히 이 신을 염두에 두고 있는 것으로 보인다. 왜냐하면 그 통치자는 "바다 한가운데" 있는 보좌에 앉아 있는 자로, 그리고 굉장한 지혜를 가진 자로 묘사되고 있기 때문이다. 우가릿 문헌에서 엘은 "강들의 근원에, 두 대양의 원천 한가운데에" 거주하며, 지혜로운 자로 묘사된다.[82] 통치자(여기서 그는 두로 자체를 대표함)의 지혜는 무역활동을 통하여 거대한 부를 축적할 수 있는 그의 능력에 잘 나타나 있다(4-5절). 그는 다니엘(아니면 전설적인 인물인 다넬)의 지혜에 필적하거나 그것을 능가할 수 있다고 생각했음에 틀림이 없다.[83] 크게 성공을 거두었음에도 불구하고 그는 단순한 인간일 뿐이지 신이 아니다(2b절). 그의 교만함 때문에 야웨께서는 무자비한 침략군(바벨론 군대)을 심판의 도구로 사용하여 그를 죽이실 것이다(6-8절). 두로의 통치자는 자신을 처형하는 자가 보는 데서 수치를 당할 것이기에, 자신이 죽을 수밖에 없는 인간임을 매우 잘 알게 될 것이다(9-10절).

엣바알을 향한 또 다른 조롱조의 애가가 이어진다. 이 애가에서 에스겔은

---

81) 초자연적인 지혜를 가지고 있다는 것은 신적인 존재의 주요 특징들 중의 하나로 간주되었다. 예로써 창세기 3:5-6, 22에 의하면, "선악을 아는" 것은 신적인 지혜를 가리키며, 잠언 30:3에서는 "지혜"가 "거룩한 자들의(즉, 거룩한 자들에게 속한) 지식"으로 규정된다(NIV가 존경의 복수형으로 이해하는 "거룩한 자들"은 천상회의의 구성원들을 가리킨다. 시 89:7을 보라).

82) 이와 관련된 우가릿 본문들에 대해서는 다음을 보라: Gibson, *Canaanite Myths and Legends*, 54, 59-60; Day, *Yahweh and the Gods*, 27.

83) 다니엘의 정체와 관련된 논란에 대해서는 14:14, 20에 대한 필자의 설명을 보라.

두로 왕이 그 탁월함을 잃고서 수치를 당하게 될 것이라고 묘사한다. 그는 한때 완전함과 지혜와 아름다움의 모델이었던 자에 비교된다(11-13절). 그는 하나님의 산에 거주하고 있었지만(14절), 자신의 영향력을 확대하기 위하여 폭력을 사용하였으며, 그때문에 하나님 앞으로부터 추방당하였다(15-16절; 암 1:9를 보라). 그의 지나친 교만이 그의 수치스러운 몰락을 초래한 셈이다(17-19절).

이 본문은 두로의 상업적인 제국(13, 16a, 18-19절)을 창세기 2-3장의 흔적들과 고대 근동 신화들을 포함하는 성서 밖의 전승에 대한 언급(12b-15, 16b-17절)과 결합시키고 있다. 13절은 왕이 "하나님의 동산 에덴"에 있었다고 말한다. 이는 확실히 창세기 2-3장을 상기시킨다. 만일에 우리가 14절의 전통적인 본문을 따른다면("너는 기름 부음을 받고 지키는 그룹이다"), 그 왕은 그룹에 비유되고 있는 것으로 보인다. 창세기 3:24는 지키는 그룹들(복수형)이 에덴 동산 입구에 서 있다고 말하지만, 에스겔 28장에서 보는 것처럼 교만한 그룹이 그 탁월함으로부터 떨어진 것에 대해서는 아무것도 알지 못한다.[84] 이 경우에 우리는 에스겔이 지키는 그룹에 관한 성서 밖의 에덴 전승에 의존하고 있다고 가정하지 않으면 안 된다. 그는 그 그룹을 두로 왕에 대한 은유로 사용한다.

그러나 14절에 대한 전통적인 해석에는 문제가 있다. 14절은 독립적인 인칭 대명사의 2인칭 여성 단수 형태인 히브리어 '아트'로 시작한다. 28장 전체에서 두로 왕은 2인칭 남성 단수 형태로 칭하여진다.[85] '아트'는 여기서 남성 대명사의 드문 형태를 가리킬 수도 있다.[86] 아니면 남성 대명사의 잘못 표

---

84) 기독교 전승은 에덴의 뱀을 사탄과 동일시하지만, 그 뱀은 창세기 3장에 있는 동물 나라의 한 구성원으로 묘사되지 그룹으로 묘사되지는 않는다. 사탄이 에스겔 28장의 표상 배후에 있다고 보는 견해에 대한 비판을 위해서는 다음을 보라: Block, *Ezekiel Chapters 25-48*, 118-19.

85) 특히 독립적인 인칭 대명사의 2인칭 남성 단수 형태인 '아타'가 12절과 15절에 사용되고 있음을 주목하라.

86) 다른 두 본문이 '아트'를 분명하게 남성으로 사용한다. 신명기 5:24와 민수기 11:15를 보라. 아울러 *GKC* 106, para. 32h를 보라.

기된 형태로서 마땅히 '아타'로 모음 표기를 바꾸어야 하는 것일 수도 있다.[87] 그러나 어떤 이들은 70인역을 따라 '아트'를 전치사 '에트'("함께")로 읽기를 선호한다.[88] 이 경우에 우리는 14절을 "내가 기름 부음을 받아 지키는 그룹과 함께 너를 거기에 두었다"로 번역할 수 있다.[89] 이렇게 본다면, 두로의 왕은 그룹이 아니라 첫 인간에 비유된다. 그리고 15-16절은 첫 인간의 창조와 범죄로 인한 타락, 에덴 추방 등과 관련될 것이다. 더 나아가서 12절은 욥기 15:7-8에 반영된 전승, 곧 첫 인간이 특히 지혜로웠다고 보는 전승과 잘 들어맞는다.[90]

그러나 창세기 2-3장과의 유사성에도 불구하고 양자 사이에는 차이점들도 있다. 창세기 2-3장은 아담이 보석들로 치장했다고 묘사하지 않으며, 첫 인간이 거주 공간으로 주어진 하나님의 산에 대해서도 알지 못한다(14, 16-

---

87) 사무엘상 24:19; 느헤미야 9:6; 욥기 1:10; 시편 6:3; 전도서 7:22 등을 보라.

88) 예로써 다음의 책들을 보라: Allen, *Ezekiel 20-48*, 91; Zimmerli, *Ezekiel 2*, 85; Day, *Yahweh and the Gods*, 176. 전치사 '에트'는 출애굽기 31:6에서 동사 '나탄'과 병렬되어 있다.

89) 본문을 이렇게 수정하려면 "내가 너를 두었다"를 뜻하는 동사 앞에 붙은 접속사를 제거해야만 한다(70인역이 그러하듯이). 현재의 본문은 "너는 기름 부음 받은 지키는 그룹이요, 나는 너를 네가 있는 하나님의 거룩한 산 위에, 곧 네가 왕래하던 불타는 돌들 사이에 두었다"로 읽힌다. 알렌(*Ezekiel 20-48*, 91)이 지적하는 바와 같이, 14b절에 있는 동사들은 제각기 해당 절의 마지막에 위치해 있다. 만일에 우리가 "그리고 내가 너를 두었다"로부터 접속사를 제거한다면, 14a절에서와 똑같은 구문론적인 표현(동사가 마지막에 오는)을 얻게 된다. 이로부터 생겨난 구문을 잘 이해하기 위한 목적에서 아마도 접속사를 대명사로 오인한 후의 어느 한 시점에 접속사가 새롭게 추가되었을 것이다. 더 나아가서 만일에 우리가 앞서 제안한 14절의 수정 본문을 받아들인다면, 우리는 70인역을 따라서 16절의 난해한 구절인 '와압베드카'("그리고 내가 너를 내쫓았다"; 이 형태에 대해서는 *GKC* 186, para. 68k를 보라)를 '와입바드카'("그리고 [지키는 그룹이] 너를 내쫓았다")로 수정하지 않으면 안 된다. 이에 대해서는 Allen, 91과 Zimmerli, *Ezekiel 2*, 86을 보라. 우리는 히브리어 본문을 그대로 따라서 "지키는 그룹"으로 읽어야 할 것이다. 이 표현은 접미사가 붙은 동사 다음에 오는 것이 옳기 때문이다. 접미사와 동격인 호격으로 말이다. 반면에 수정된 본문 읽기는 지키는 그룹을 "내쫓다"는 동사의 주어로 이해한다.

90) Day, *Yahweh and the Gods*, 177-78; Allen, *Ezekiel 20-48*, 94.

17절). 이러한 요소들의 의미를 제대로 이해하기 위해서는 고대 근동의 신화론을 연구하지 않으면 안 된다. 신바벨론 제국의 한 신화는 왕의 신체적인 아름다움을 나타내는 표상과 놀라울 정도로 유사한 내용을 담고 있다.[91] 하나님의 산에 대한 언급과 관련하여, 우리는 앞의 애가에서 이미 언급된 것으로 보이는(2절을 보라) 가나안의 최고신 엘이 "강들의 근원"에 살고 있었다는 점을 상기할 필요가 있다. 성서의 에덴이 과연 산 위에 있는 것인지 분명하지는 않지만, 그것은 네 강의 근원이며, 아르메니아의 산악 지대에 자리잡고 있는 것으로 보인다(창 2:10-14를 보라). 더 나아가서 우리는 엘의 산이 성서의 에덴과 마찬가지로, 적어도 어떤 전승들에서는, 유프라테스 강의 근원에 자리잡고 있다는 증거를 가지고 있다.[92]

요컨대 에스겔 28:12-17은 성서 밖의 전승 — 두로에 널리 알려져 있는 듯한 — 에 의존하고 있는 것으로 보인다. 그 전승에서는 첫 인간 또는 지키는 그룹이 주도적인 역할을 수행한다. 이 전승은 창세기 2-3장과 유사하기는 하지만, 몇몇 세부적인 내용들에 있어서는 성서의 기사와 차이를 보인다. 그것은 또한 메소포타미아와 가나안의 신화적인 요소들을 반영하고 있는 것으로 보인다. 인간/그룹은 하나님(아마도 가나안의 엘)의 산에 위치한 에덴 동산에 거주하였으며, 하나님께서는 그를 아름다움과 명성으로 빛나게 해주셨다. 그러나 이 인간/그룹은 범죄하여 산으로부터 쫓겨나고 말았다. 이러한 성서 밖의 신화론적인 자료의 사용은 이사야 14:12-15에 그 선례가 있다. 이 본문에서 이사야는 바벨론 왕을 조롱하면서, 왕 자신의 종교적인 맥락에 속한 표상을 사용한다.

시돈에 임할 심판(28:20-26)

시돈은 지중해 해안의 두로 북쪽에 위치한 페니키아의 도시 국가였다. 앞의 신탁들에 언급된 나라들과 마찬가지로 시돈 역시 하나님의 계약 백성을 향하여 적대감을 드러내었음이 분명하다(24절). 이 때문에 시돈은 심판을 면

---

91) Block, *Ezekiel 25-48*, 119.
92) Day, *Yahweh and the Gods*, 28-32.

치 못할 것이다(20-22절). 야웨께서는 전염병과 침략군의 칼을 심판의 도구로 사용하실 것이다(23절). 이처럼 시돈과 같은 적대 국가들이 제거되고 나면, 포로 된 야웨의 백성이 고국으로 돌아오게 될 것이다(25-26절). 그는 그들을 안전하게 그들의 땅에 재정착시키신 후에 그들의 주변 나라들을 심판하실 것이다. 그때가 되면 모든 관찰자들은 야웨가 최고의 왕이심을 인식하게 될 것이요("내 거룩함을 직접 나타내 보이겠다," 25절), 그의 백성은 그가 야웨이시요, 자기들의 하나님이시요, 자기들을 구원하시고 보호하시는 분임을 깨닫게 될 것이다. 왜냐하면 그는 그들과 함께 하겠다고 한 자신의 약속에 충실하신 분이기 때문이다.

이집트에 임할 심판(29:1-16)

주전 587년에 야웨께서는 에스겔에게 이집트의 붕괴에 관한 예언을 선포하라고 지시하신다(29:1-2). 야웨께서는 이집트의 강들에 숨어 있는 "거대한 괴물"에 비교되는 파라오(그의 이름은 호브라[Hophra]임)를 대적하실 것이다(3a절). "괴물"로 번역되는 히브리어 낱말('탄닌')[93]은 종종 뱀(출 7:9-10; 신 32:33; 시 91:13)이나 바다에 사는 거대한 생물(창 1:21; 시 148:7)을 가리킨다. 몇몇 본문들에서 그것은 신화적인 요소들을 가지고서 나타나며, 혼돈의 바다 또는 머리가 여러 개인 뱀 모양의 바다 생물 리워야단과 관련되거나 동일시된다(욥 7:12; 시 74:13; 사 27:1; 51:9; 렘 51:34[?]).[94] 이 생물이 이집트의 배경을 가지고 있는데다가 비늘에 대한 언급이 있는 것 때문에(4절), 대부분의 학자들은 에스겔 29:3의 표상 배후에 있는 생물을 악어와 동일시한다.[95]

---

93) 히브리어 본문은 사실 '탄님'이라는 낱말을 사용하고 있다. 이 낱말은 흔히 '자칼들'을 뜻하지만, 여기서는 그렇게 볼 수 없다(32:2를 보라). 이 형태는 "뱀, 바다 괴물"을 뜻하는 낱말 '탄닌'의 또 다른 발음 내지는 본문 표기상의 오류에 해당하는 것이다: Zimmerli, *Ezekiel 2*, 106.

94) 우가릿 신화에서 이 용어는 머리가 여럿인 바다 생물, 곧 바다의 신 얌(Yam)과 관련되거나 동일시되는 생물을 가리키는 데 사용된다: Gibson, *Canaanite Myths and Legends*, 50.

95) Zimmerli, *Ezekiel 2*, 111. 그 생물의 "발"에 대한 32:2b절의 언급을 주목하라.

알렌은 한 걸음 더 나아가, "이 특이한 악어는 실제의 악어보다 더 크며, 신화적인 의미를 많이 가지고 있다"고 본다.[96] 메팅거(Mettinger)는 이집트의 악어가 혼돈의 세력을 상징한다고 본다.[97]

파라오는 자신을 나일의 주인으로 본다. 그런데 나일의 범람은 이집트의 농사에 필수 불가결한 것이었다(3b절).[98] 이집트의 신학에서 파라오는 나일을 통제하는 자로 나타난다.[99] 그러나 야웨께서는 그 괴물의 턱을 갈고리로 꿰어서 물에서 끄집어낼 것이요, 그를 메마른 광야에 두실 것이다. 그러면 그 괴물은 거기서 죽을 것이요, 맹수들의 밥이 될 것이다(4-5절). 파라오가 죽은 결과 이집트인들은 야웨의 주권을 인정하게 될 것이다(6a절).

파라오는 바벨론의 위협에 맞서 유다를 도와주겠다고 약속하였지만, 결국에는 쉽게 부러지고 그를 의지하는 자에게 상처를 입히는 갈대 지팡이와 같음이 드러나게 된다(6b-7절; 렘 37:5-7을 보라). 야웨께서는 이집트를 무너지게 하실 것이요, 유다 백성에게 오직 그만이 최고의 왕이심을 입증하실 것이다(8-9a절). 파라오의 교만을 벌하기 위하여 야웨께서는 이집트를 북쪽에서 남쪽에 이르기까지 온통 황량한 황무지로 바꾸어버릴 것이다(9b-10절). 이집트인들은 포로로 잡혀갈 것이요, 이집트의 성읍들은 40년 동안 폐허로 버려져 있을 것이다(11-12절). 이 기간이 끝나면 야웨께서는 이집트의 포로민들을 그들의 땅으로 돌아가게 하실 것이지만, 이집트는 작은 나라가 될 것이요, 다시는 열방 중에서 탁월한 지위를 누리지 못할 것이다(13-15절). 야웨의 백성은 이 모든 것들을 목격하고서 자기들이 야웨보다는 이집트를 신

---

96) Allen, *Ezekiel 20-48*, 105. 이 생물을 신화적인 바다의 용이라고 보는 데이 (Day, *Yahweh and the Gods*, 103)는 한 걸음 더 나아가 다음과 같이 말하기도 한다; "어떤 이들이 주장하듯이 이 생물이 악어임을 나타낸다고 볼 만한 근거는 전혀 없다."

97) T. N. D. Mettinger, *In Search of God*, trans. F. Cryer (Philadelphia: Fortress, 1988), 195-98. 여기서 그는 욥기 40-41장에 묘사되어 있는 베헤못 (Behemoth)과 리워야단에 대해서 논하고 있다.

98) John D. Currid, *Ancient Egypt and the Old Testament* (Grand Rapids: Baker, 1997), 240-42.

99) Ibid., 243-44.

뢰한 죄를 범하였음을 인식하게 될 것이다(16절).

이집트가 에스겔의 시대에 그처럼 파괴적인 재난을 겪었다거나 그 백성이 40년 동안 포로생활을 했음을 나타내는 역사적인 증거는 없다. 주전 525년에 페르시아는 이집트를 정복하여 한 지방으로 축소시키고 만다.[100] 사람들은 에스겔 29:1-16이 정형화되고 과장된 파멸 언어를 사용하여 그때를 기다리고 있다고 생각할 수도 있을 것이다. 그러나 그 다음에 이어지는 세 개의 신탁들은 이와 다른 내용을 암시하고 있다. 이 세 신탁들은 한결같이 느부갓네살을 이집트를 향한 하나님의 심판의 도구로 본다(29:19; 30:10, 24-25). 그리고 세 번째 신탁은 이집트인들의 사로잡힘을 느부갓네살의 침공과 관련시킨다(30:26; 참조. 29:12). 느부갓네살은 주전 568-567년에 이집트를 침공하였다. 그러나 이 전쟁에 대하여 상세하게 알려진 바는 거의 없다.[101] 아마도 이 침공은 앞에 있는 예언의 본질적인 성취를 뜻할 것이다. 만일에 우리가 정형화된 파멸 언어의 존재를 받아들인다면 말이다. 그러나 우리는 그 언어를 지나치게 과장된 것으로 간주해야 할 것이다. 왜냐하면 호브라의 계승자인 아마시스(Amasis)는 주전 570년에 시작된 통치기간 동안 평화와 번영을 누렸기 때문이다.[102] 이보다 더 그럴듯한 반대는 그 예언이 암묵적으로 조건적인 성격을 가지고 있다는 점이다. 틀림없이 하나님께서는 역사의 전개 과정과 주변 상황으로 인하여 어느 정도 자신의 계획을 수정하심으로써, 이집트로 하여금 예언자가 생각한 만큼의 고통을 당하지 않게 하셨을 것이다.

느부갓네살의 이집트 노략(29:17-21)

느부갓네살은 두로를 포위 공격할 때 기진맥진한 자신의 병사들이 기대한

---

100) 캄비세스(Cambyses)의 이집트 침공을 상세하게 알려면 다음을 보라: Edwin Yamauchi, *Persia and the Bible* (Grand Rapids: Baker, 1996), 95-124.

101) 이 사건에 대한 단편적인 보고를 위해서는 다음을 보라: James Pritchard, *Ancient Near Eastern Texts Relating to the Old Testament* (Princeton: Princeton University Press, 1969), 308.

102) Yamauchi, *Persia and the Bible*, 101.

만큼의 전리품을 얻지 못했다(18절; 26장에 대한 필자의 설명을 보라). 주전 571년에 주어진 이 예언에서 야웨께서는 이집트를 수고의 대가로 느부갓네살에게 넘겨줄 것이라고 선언하신 바가 있다. 왜냐하면 결국 바벨론 왕이 그의 심판의 도구로 봉사했기 때문이다(19-20절). 느부갓네살은 이집트를 노략할 것이요, 그곳의 부를 자신의 군대에 넘겨줄 것이다. 이집트가 노략당하는 동안 야웨께서는 자기 백성을 소생시키실 것이다(21절).[103]

이집트를 위한 탄식(30:1-19)

불길한 구름과 번쩍이는 칼을 동반한 야웨의 심판의 "날"이 가까워온 탓에 이제 탄식할 때가 되었다(30:1-4a). 그 칼은 이집트 사람들과 주변 나라들 및 이집트와 동맹관계를 맺은 이방 민족들을 죽일 것이다(4b-6절).[104] "동맹한 땅의 백성"은 이집트와 동맹관계를 맺은 정체불명의 민족을 가리킬 것이다. 비록 많은 학자들이 여기서 이집트에 살고 있는 유대인 용병들에 대한 언급을 발견할 수 있다고 보고 있기는 하지만 말이다.[105] 이 나라들은 모두 폐허로 변할 것이요, 그 결과 하나님의 진노에 희생된 자들로 하여금 야웨의 주권을 인정하지 않을 수 없게 만들 것이다(7-8절). 심판의 날이 가까워옴에 따라 야웨께서는 친히 임박한 침략의 소식을 듣는 모든 지역들에 두려움을 퍼뜨리기 시작하실 것이다(9절). 느부갓네살은 자신의 강한 군대와 더불어 도착할 것이요, 그 땅을 폐허로 만들 것이다(10-11절). 야웨께서는 "나일의 모든 강들을 마르게" 하실 것인 바, 이는 이집트의 경제를 파멸에 빠뜨릴 것이다(12절). 성읍들이 하나씩 둘씩 침략군에게 무너짐에 따라, 우상들과 신상들

---

103) 이 예언의 분명한 실패에 관해서는 앞의 29:1-16에 있는 신탁에 관한 필자의 설명을 보라.

104) NIV의 "아라비아"는 5절에 있는 '콜-하에렙'이라는 히브리어 구문을 잘못 번역한 결과 생겨난 것 듯하다. 예레미야 25:20과 50:37에서 NIV는 이 동일한 표현을 "모든 이방 민족/이방인들"로 번역한다. 이 구절은 본문에 언급된 외국인 용병들 — 열방의 군대에서 복무하던 — 을 가리킬 수도 있다: Zimmerli, *Ezekiel 2*, 129-30.

105) Ibid., 130; Block, *Ezekiel Chapters 25-48*, 159-60.

이 대표하는 이집트의 신들은 최고의 주권자이신 야웨에 비해 약하고 한없이 열등한 자들임이 판명될 것이다(13-20절). 13절에서 "우상들"과 "신상들"을 묘사하는 데 사용되는 용어들은 강한 경멸의 의미를 포함하고 있다. 이 중 첫 번째 용어는 에스겔서에서 이방의 우상들을 가리키는 데 39회 사용되고 있다. 그 용례들 중의 많은 경우가 이 우상들이 그 숭배자들을 부정하게 만드는 효과에 초점을 맞추고 있다.[106] 그리고 두 번째 용어는 문자적으로 볼 때 "약하고 무가치한 것들"이라는 의미를 가지고 있다.[107]

파라오의 팔을 꺾으심(30:20-26)

예루살렘을 바벨론의 위협으로부터 건지려던 파라오 호브라의 시도가 실패로 끝난 후인 주전 587년 4월에 야웨께서는 패배당한 이집트의 왕을 조롱하신다(20절). 그는 "파라오의 팔을 꺾었고" 왕의 상한 팔이 아직 치료되지 않았음을 자랑하신다. 사실 왕의 팔은 너무도 약하여 칼을 잡을 힘조차도 없다(21절). 물론 이러한 언어는 은유적인 것이다. 파라오의 "팔"은 그의 군사력을 상징한다. 야웨께서 파라오를 완전히 끝장내신 것은 아니다. 그는 왕의 다른 "팔"을 꺾음으로써 그를 완전히 무기력하게 만들고자 하신다(22절). 야웨께서는 바벨론 왕을 부추겨서 이집트를 정복하고 이집트 사람들을 포로로 잡아가게 하실 것이다(23-26절).[108]

백향목이 쓰러짐(31:1-18)

---

106) H. D. Preuss, גִּלּוּלִים, " *TDOT* 3:2-3. 이 용어의 유래에 대해서는 논란이 많지만, 어떤 이들은 이 낱말이 적어도 본래는 "똥 덩이"를 뜻했다고 주장한다.

107) 이것은 에스겔서에 유일하게 나오는 경우이므로, 어떤 이들은 이를 에스겔서의 다른 곳에서도 나오는 용어인 '엘림'("통치자들")으로 읽기를 선호한다(17:13; 31:11; 32:21; 34:17을 보라). 이러한 본문 읽기는 70인역의 기초를 이루고 있는 것으로 보인다. 다음 행이 "지도자"에 대해 언급하고 있다는 점을 주목하라.

108) 성취되어야 할 예언의 실패에 관해서는 29장에 대한 필자의 설명을 보라.

두 달 후인 주전 587년 6월에 야웨께서는 다시금 이집트 왕을 비난하신다 (31:1). 파라오는 자신의 영화로움을 자랑하지만(2절), 교만한 통치자들에게 어떠한 일이 발생하는지를 역사로부터 배워야 할 필요가 있다. 한때 앗수르는 물을 충분히 공급받은 탓에 다른 나무들에 비해 우뚝 솟은 멋있는 백향목과도 같았다(3-5절).[109] 이러한 표상은 거대한 앗수르 제국과 이 나라가 정복한 나라들로부터 끌어 모은 조공으로 끌어 모은 부를 가리킨다. 이 백향목은 큰 가지들을 가지고 있었으며, 모든 나라들이 그 그늘 아래에 거주하였다(6절). 숲속의 다른 어떤 나무도 그 아름다움을 당해낼 수 없었다(7-9절). 그러나 그 백향목이 교만하게 되었으므로, 야웨께서는 그것을 "열방의 통치자"에게 넘겨주실 것이다(11절). 여기서 그 통치자는 주전 612년에 니느웨를 함락시킨 바벨론 왕 나보폴라살을 가리킬 것이다. 그가 그 거대한 백향목을 쓰러뜨렸는 바, 어느 누구도 그 영화로움에 필적하지 못할 것이다(12-14절). 백향목이 쓰러져서 죽은 자들의 땅으로 내려간 탓에 일부 지역 사람들이 그를 위해 탄식하였으며, 또 다른 이들은 두려움에 사로잡혔다(15-17절). 이 백향목보다 먼저 지하계로 내려간 큰 나무들 — 역사적으로 볼 때 앗수르보다 먼저 있었던 강대국들을 가리키는 듯함 — 은 앗수르가 자기들과 동일한 운명을 겪게 되었음을 알고서는 위로를 받는다(16b절), 이와 마찬가지 방식으로 파라오 역시 자신의 몰락을 경험하게 될 것이다(18절).

파라오를 위해 애곡함(32:1-16)

주전 585년에 야웨께서는 에스겔에게 파라오와 그의 땅을 위한 애가를 가

---

109) 필자는 3a절을 이렇게 번역한다: "보라! 앗수르는 레바논의 백향목이다." 이렇게 본다면 3-17절은 앗수르에 관해 묘사하는 본문이 된다: Block, *Ezekiel Chapters 25-48*, 185. 어떤 이들은 3a절의 '아슈르' ("앗수르")를 '테아슈르' ("삼나무")로 수정함으로써 이를 "백향목"과 잘 어울리는 대구로 만든다(사 41:19; 60:13을 보라). 그들은 또한 3a절을 "보라! 삼나무로다! 레바논의 백향목이로다!"로 읽는다. 이렇게 본다면, 3-18절은 전체적으로 이집트를 가리키는 것이 된다. 이러한 견해에 대해서는 다음을 보라: Zimmerli, *Ezekiel 2*, 141-53; Allen, *Ezekiel 20-48*, 121-27.

르쳐주신다(32:1-2a, 16). 파라오는 힘센 사자 내지는 바다에 거주하던 거대한 괴물과도 같은 자였다(2b절).[110] 그러나 야웨께서는 그를 두려워하지 않으신다. 그는 "사람들의 큰 무리"(바벨론 군대를 가리킴; 11-12절을 보라)를 징병하실 것이요, 파라오를 그물로 사냥하실 것이다(3절). 야웨께서는 바다 괴물을 땅에 던지실 것이요, 거기서 그 괴물은 여러 맹수들에게 잡아먹힐 것이다(4-5절). 그 생물의 피는 이집트 전역으로 흐를 것이요, 그 살은 계곡들과 골짜기들에 흩어질 것이다(6절). 심판의 어둠이 우주를 삼킬 것이요, 왕들은 파라오의 몰락 소식을 듣는 중에 두려움에 사로잡힐 것이다(7-10절). 야웨께서는 바벨론 군대를 심판의 도구로 사용하여 이집트 땅을 폐허로 만드실 것이다(11-15절).

이집트 군대의 괴멸(32:17-32)

주전 585년에 주어진 이 일곱 번째의 마지막 이집트 심판 신탁에서 예언자는 이집트와 동맹 국가들의 임박한 폭력적인 죽음에 대비하여 애곡할 것을 지시받는다(17-21절). 파라오와 그의 군대가 무덤으로 내려간 것처럼(28, 31-32절), 패배한 나라들의 다른 쓰러진 전사들 역시 그곳으로 내려가 그들을 만날 것이다. 이집트 사람들은 세상을 두려움에 사로잡히게 했던 앗수르 사람들과 엘람 사람들 및 메섹과 두발의 군대를 만날 것이다(22-28절). 에돔 사람들과 시돈 사람들 역시 그곳에 있을 것이다(29-30절). 앗수르 제국은 주전 612-609년 사이에 망했다. 이에 앞서 앗수르 왕 앗수르바니팔(주전 668-627년)의 통치기간 동안에 앗수르 군대는 엘람을 유린하였다.[111] 메섹과 두발(38:2를 보라)은 아나톨리아(오늘날의 터키) 지역에 자리 잡고 있었다. 이 두 이름은 앗수르 문헌에서 무슈쿠(Mushku)와 타발(Tabal)로 나타난다.[112] 에돔

---

110) 후자의 표상에 대해서는 29:3에 대한 필자의 설명을 보라.

111) George Roux, *Ancient Iraq* (Middlesex, England: Penguin Books, 1966), 300-04.

112) Edwin M. Yamauchi, *Foes from the Northern Frontiers* (Grand Rapids: Baker, 1982), 24-27.

과 시돈의 몰락은 외견상 29-30절에 전제되어 있는 것으로 보이지만, 에스
겔서의 다른 곳에서는 미래에 있을 일로 여겨진다(25:12-14; 28:20-26을 보
라). 예언자는 이집트가 죽은 자들의 땅에 도착할 무렵에는 이미 그 나라들
이 그가 예언한 운명을 만났다고 생각하고 있음이 분명하다. 이러한 시나리
오는 충분히 이해가 된다. 왜냐하면 바벨론 군대는 이집트로 가는 길에 이
지역들을 통과했기 때문이다.

이스라엘의 회복(에스겔 33-48장)

에스겔서의 이 마지막 단락은 계약 공동체를 위해 하나님이 세우신 이상
의 실현을 예고하고 있다. 소명의 갱신(33장)에 이어 예언자는 야웨께서 자
기 양 떼를 치시고 그들을 인도할 새로운 다윗을 세우실 때를 마음에 그린다
(34장). 대적(大敵)들을 패퇴시킨 후 야웨께서는 자기 백성 이스라엘을 정결
케 하고 변화시킴으로써 과거의 번성함을 회복시키실 것이다(35-36장). 야
웨께서는 계약 공동체를 죽은 자들의 땅에서 돌아오게 하실 것이요, 새로운
다윗의 지도 아래 통일된 민족을 창조하실 것이다(37장). 야웨께서는 적대
국가들의 마지막 남은 위협을 제거하실 것이다(38-39장). 이어서 그는 예루
살렘에 순수한 예배를 다시 제정하실 것이요, 다시금 자기 백성 중에 거하실
것이다(40-48장).

에스겔의 새로운 소명(33:1-20)

야웨께서는 에스겔에게 이스라엘의 "파수꾼"이 되어야 할 그의 소명을 상
기시키신다(33:7; 참조. 3:17-21). 야웨께서는 원수의 침략을 신호로 알리는
파수꾼의 유비를 사용하심으로써 그 신호를 무시하는 자들이 그들 자신의
죽음에 대하여 책임을 져야 한다고 설명하신다(1-5절). 그러나 만일에 파수
꾼이 죄인들에게 임박한 파멸을 경고하지 않는다면, 그 파수꾼은 죄인들의
죽음에 책임을 져야 한다. 설령 그 죄인이 자신의 죄 때문에 마땅히 받아야

할 벌을 받는다 할지라도 말이다(6절). 이와 마찬가지 방식으로 에스겔은 악인들에게 다가올 심판을 경고해야 한다(7-9절).

야웨께서는 또한 에스겔에게 하나님의 성품에 대한 유다 백성의 잘못된 생각들을 지적할 것을 명하신다. 예언자의 동료 포로민들은 자기들이 스스로 범한 죄로 인하여 짓눌려 죽어가고 있다고 느꼈으며, 자기들의 미래를 비관하였다(10절). 야웨께서는 그들에게 자기가 악인들의 죽음을 기뻐하지 않고 도리어 죄인들이 회개하여 생명을 건지는 것을 원한다는 점을 상기시키신다(11절; 18:23을 보라). 야웨께서는 각 개인으로 하여금 자신의 행동에 대하여 책임을 지게 하신다(12-13절; 18:24를 보라). 다른 한편으로 하나님의 경고 메시지에 응답하는 자는 누구나 심판을 피하여 살아남을 것이다(14-16절; 18:21-22를 보라). 포로민들은 하나님이 불의하다고 항변하지만, 정말로 불의한 자들은 그들 자신이다(17-20절; 18:25-29를 보라). 그는 그들을 다룸에 있어서 정말 공정하신 분이다. 그들의 운명은 그들 자신의 손에 달려 있다. 만일에 그들이 계속 죄를 범한다면, 그들은 죽을 것이다. 그러나 만일에 그들이 하나님께로 돌아선다면, 그들은 살아남을 것이다.

예언자의 의로움이 입증됨(33:21-33)

주전 585년에 예루살렘으로부터 도착한 한 피난민이 예루살렘 함락의 소식을 전한다(21절). 그런데 예루살렘의 함락은 주전 586년 여름보다 수 개월 전에 발생한 사건이었다. 그가 도착하기 전의 저녁에 야웨께서는 전에 수 년 동안 예언자에게 가한 제약을 풀어주신다(22절; 3:26-27을 보라). 이에 앞서 에스겔은 야웨의 허락을 받고서만 말할 수 있을 뿐이었다.

에스겔은 또한 야웨께로부터 그때를 위한 메시지를 받는다. 이스라엘의 폐허 중에 남아 있던 자들은 약속의 땅이 자기들에게 속해 있다고 믿었다(23-24절). 결국 아브라함은 아이를 갖기도 전에 땅에 대한 권리를 하나님께로부터 받았다(창 15장을 보라). 아브라함과 비교해볼 때, 그 땅에 남아 있던 자들은 다수를 차지하고 있었기에 자기들이 그 땅을 소유하고 있다고 생각했을 것이다. 그러나 야웨께서는 그들의 잘못된 생각을 교정하신다. 그 땅에 남아 있던 자들은 하나님의 제의 규정들(고기를 피째 먹는 일은 레위기 법전을 위반하는 것임; 레 19:26을 보라)을 어겼다. 그들은 우상을 숭배하고 살인과 간음을 행함으로써 십계명을 위반하였다(25-26절). 야웨께서는 그러한 죄인들이 그 땅을 소유하도록 허락하지 않으실 것이다. 그 반대로 야웨께서는 그들을 죽이실 것이요, 그 땅을 황무하게 만들어버릴 것이다(27-29절).

에스겔의 동료 포로민들에 관해서라면, 그들은 예언자가 말해야 했던 것들에 관해 관심을 기울이는 것처럼 보인다. 그러나 그의 메시지에 대한 그들의 관심은 피상적인 것이었다(30-31절). 그들은 예언자가 즐거운 노래를 부르고 있다고 생각했다. 그러나 그들은 그의 말을 내면화시킴으로써 자기들의 잘못된 태도와 행동을 고치려고 하지 않았다(32절). 그러나 에스겔의 예언이 성취되면, 그들은 단순히 노래 부르는 자가 아니라 야웨의 참 예언자가 자기들 중에 있었음을 인정하지 않을 수 없을 것이다(33절).

목자가 양 떼를 모음(34:1-31)

야웨께서는 계약 공동체의 지도자들이 자기들의 책임을 다하지 못한 것을 비난하신다. 그는 그들을 목자들에 비유하고 자기 백성을 양 떼에 비유함으로써, 지도자들이 양 떼의 행복보다는 자신의 이익을 추구했음을 비난하신다(1-2절). 그들은 우유와 털을 양 떼로부터 취하였고, 일부 양들을 죽여 그 고기를 먹기까지 했다(3절). 그들은 상처 입은 양을 돌보거나 길 잃은 양을 찾아 나서지 않았다(4절). 양들은 뿔뿔이 흩어져서 들짐승들의 밥이 되었다(5-6절). 이 때문에 야웨께서는 목자들을 벌하실 것이요, 그들의 지위를 박탈하시고, 자기 양 떼를 그들의 압제적인 손길로부터 건지실 것이다(7-10절). 야웨께서는 사방에 흩어진 자기 양 떼를 찾아 열방 중에서 다시 모으실 것이다(11-12절). 그는 그들을 이스라엘 땅으로 돌아오게 하실 것이요, 그들을 비옥한 초장으로 인도하실 것이다(13-14절).

목자 은유의 배후에는 야웨께서 세우신 왕들의 현실이 놓여 있다. 평소의 좋은 왕들과 마찬가지로 야웨께서는 자기 땅에서 정의를 장려하실 것이다. 그는 길 잃고 상처 입은 양들(압제당하고 가난한 자들을 상징함)에게 특별한 관심을 베푸실 것이다. 그러나 그는 "살진 것들과 강한 것들"(가난한 자들을 압제하는 자들을 상징함)을 멸하실 것이다(15-16절). 17-21절의 확장된 은유가 분명하게 보여주듯이, 양 떼 중의 일부는 자기들이 필요로 하는 것(초장의 가장 좋은 지역)을 찾아 먹되, 다른 양들이 풀을 먹을 수 없게끔 초장의 나머지 지역들을 짓밟았다. 그들은 자기들이 필요로 하는 물만 마시고는, 나머지 물을 흙탕물로 만들어버림으로써 다른 양들이 물을 마실 수 없게 만들었다. 이처럼 잘 먹고 잘 마신 양들은 점점 커지고 강하게 되었으며, 영양 부족 상태에 빠진 양들을 내쫓았다. 그러나 하나님의 목자는 약한 자들을 구할 것이요(22절), 그들을 자신의 특별한 종 다윗의 손길에 맡길 것이다(23-24절; 37:24-25를 보라). 다른 예언서들에서 보듯이 미래의 이상적인 다윗계 왕은 여기서 다윗 자신의 두 번째 도래로 묘사된다(사 11:1; 렘 30:9; 호 3:5; 미 5:2 등에 대한 필자의 설명을 보라). "지도자"라는 용어의 사용(24절)은 이 통치자가 메시야적인 왕에게 종속됨을 뜻하지 않으며, 그러한 언급이 문자 그대로 부활한 다윗이 메시야의 권위 아래 부통치자 자격으로 다스리는 것을 뜻하는 것도 아니다. 37:22-25에서 이 "다윗"은 "왕"과 "지도자"로 불린다. "지도자"라는 용어는 아마도 여기서 초기 신탁들에서 비난의 대상이 된 다윗 왕조의 "지도자들"(즉, 왕들)과 쉽게 대조하려는 의도를 가지고 있을 것이다(7:27; 12:10, 12; 19:1; 21:25; 22:6, 25 등을 보라).[113] 메시야이신 예수는 이 예언들이 기대하던 분이요, 그 예언들을 성취하실 분이다.

야웨께서는 다시 모은 양 떼와 함께 "평화의 계약"을 맺으심으로써 그들의 안전을 보증하실 것이다(25a절; 민 25:12; 사 54:10; 겔 37:26 등을 보라). 야웨께서 위험스러운 맹수들을 제거하실 것이기에 그 양 떼는 안전을 누릴 것이다(25b절). 야웨께서는 제 때에 비를 내려주실 것이요, 그럼으로써 과실나무가 번성하게 하시고 농작물이 잘 자라게 하실 것이다(26-27a절). 그의 백

---

113) 블록은 에스겔이 "이스라엘 군주들의 역할을 낮게 평가"하기 위해 이 초기 본문들에서 이 용어를 사용했을 것이라고 본다: Daniel I. Block, "Bringing Back David: Ezekiel's Messianic Hope," in *The Lord's Anointed*, ed. P. E. Satterthwaite, R. S. Hess, and G. J. Wenham (Grand Rapids: Baker, 1995), 175.

성은 그를 야웨로, 자기들의 구원자와 보호자로 인정할 것이다(27b-31절).

옛 빚들을 갚음(35:1—36:15)

이제 에돔을 겨냥하고 있는 심판 메시지가 나타남으로써, 앞 예언에 나오는 "들짐승들"(5, 8, 25, 28절)이 유다의 붕괴에서 이득을 얻으려는 주변 적대국들을 상징하고 있음을 보여준다(35:1-2). 에돔 사람들이 하나님의 백성을 향하여 강한 적대감을 보인 탓에, 야웨께서는 에돔을 침략군의 칼에 넘기실 것이요, 에돔의 성읍들을 폐허로 만드실 것이다(3-9절). 에돔 사람들은 이스라엘과 유다의 영토를 취할 것이라는 희망에 부풀어 있었다. 그 땅이 야웨께 속해 있음에도 불구하고 말이다(10절). 야웨께서는 과거에 자기 백성을 다루었던 것과 똑같은 방식으로 그들을 다루실 것이요, 자신의 진노와 증오심을 그들에게 쏟아 부으실 것이다(11절). 에돔 족속은 하나님의 백성의 몰락을 즐거워하였으며, 야웨 자신을 멸시하였지만, 야웨께서는 그들의 땅을 황무지로 바꾸어버림으로써 그들의 기쁨을 슬픔으로 바꾸실 것이다(12-15절).

다른 나라들도 이스라엘의 산들을 소유하려는 탐욕에 사로잡혀 있었다(36:1-2). 그들은 자기들의 무기력한 희생물들을 노략하면서 조롱하였다(3-5절). 야웨께서는 자신의 계약 백성을 무자비하게 다룬 것에 대하여 주변 나라들을 보복하실 것이다(6-7절). 그리고 이스라엘의 산들은 다시금 번성할 것이다. 왜냐하면 야웨께서 포로 된 자기 백성을 그들의 땅으로 돌이키실 것이기 때문이다. 그들은 거기서 수가 불어날 것이요, 자기들의 성읍들을 다시 세워 물질적인 번영을 누리고, 국가적인 안전을 맛볼 것이다(8-15절).

도덕적인 정화(36:16-38)

범죄한 이스라엘은 하나님을 당혹케 하는 자들이었다. 그들은 우상숭배와 살인 행동으로 약속의 땅을 더럽혔다. 그는 그들의 죄가 얼마나 역겨운 것인지를 강조하기 위해 그것을 월경 중에 있는 여인의 옷에 비교하신다(16-18절). 이 때문에 그는 그들을 열방 중에 흩으셨다(19절). 그런데 그들이 자기들의 땅에서 쫓겨난 일은 하나님께 불명예스러운 일이었다. 왜냐하면 열방은 하나님이 자기 백성을 원수들에게서 지킬 힘을 가지고 있지 못했기에 그들이 자기들의 땅을 잃었다고 생각했기 때문이다(20절). 따라서 자신의 명성을 위하여 야웨께서는 자신의 주권적인 힘을 과시하는 한편으로, 열방 중에서 자신의 명성을 회복하기로 작정하셨다(21-23절). 그는 자기 백성을 그들의 땅으로 돌이키시고 파괴된 것들을 재건하심으로써 이를 이루실 것이다(24, 36절).

그러나 단순히 범죄한 백성을 그 땅으로 돌아오게 하는 것만으로 충분하지는 않을 것이다. 그들은 하나님께 순종할 새로운 공동체로 정결케 되고 변화되어야만 했다. 야웨께서는 제의적인 정결함의 표상을 사용하여 그들의 도덕적인 부정함과 우상숭배를 제거할 것을 약속하신다(25절). 그는 그들의 마음과 영을 변화시킴으로써 그들로 하여금 온전히 자신에게 충성하게 만드실 것이다(26절; 11:19; 18:31을 보라). "마음"은 여기서 의지의 자리를 가리킨다. 현재로서는 그들은 "돌 같이 굳은 마음," 곧 죽은 마음을 가지고 있을 뿐이다(참조. 삼상 25:37). 이러한 표상은 그들이 완고하고 반항적인 태도를 가지고 있음을 암시한다. 그러나 야웨께서는 그들에게 "살처럼 부드러운 마음," 곧 살아있고 고동치는 심장을 주실 것인 바, 이 표상은 순종하는 삶을 상징한다. 그는 또한 자신의 영을 그들 중에 두실 것이요, 그럼으로써 그들로 하여금 자신의 계명들에 순종하게 하실 것이다(27절). 이로써 옛 계약의 이상, 곧 "너는 내 백성이 되고 나는 너희의 하나님이 될 것이다"(28절; 참조. 출 6:7)는 진술에 표현되어 있는 이상이 그대로 이루어질 것이다. 순종적인 태도로 변화된 공동체는 곧 하나님의 부요한 물질적인 복을 맛볼 것이요(29-30절), 자기들이 과거에 저지른 죄들을 뉘우칠 것이요(31-32절), 그 땅에 다시 정착하여 에덴 동산처럼 번성하게 될 것이다(33-35절). 야웨의 명성은 그의 백성이 수가 불어나 그 땅을 가득 채움에 따라 회복될 것이다(36-38절).

이스라엘이 소생하여 통일됨(37:1-28)

가장 널리 알려진 듯한 자신의 환상에서 에스겔은 메마른 뼈들이 널려 있는 계곡으로 인도함을 받는다(37:1-3). 야웨의 명령에 에스겔은 그 뼈들에게 야웨의 말씀을 들으라고 명한다(4절). 야웨께서는 자기가 그 뼈들 안에 생명을 불어넣고 힘줄을 붙인 다음에 그것들을 살로 덮을 것임을 선언하신다(5-6절). 에스겔이 야웨의 명령을 그대로 실행하자, 힘줄과 살이 생겨나면서 그 뼈들이 다시 붙기 시작한다(7a절). 그러나 그 뼈들은 그 안에 아직 생명을 가지고 있지 않다(7b절). 야웨께서 생명을 주는 자신의 숨에게 그 뼈들 안으로 들어가라고 명하시자, 갑자기 큰 군대가 일어나 선다(8-10절).

　야웨께서는 이 환상의 의미를 11-14절에서 설명하신다. 그 뼈들은 "이스라엘 온 집"을 상징한다. 그들은 국가로서 회복되리라는 희망을 완전히 포기한 상태에 있었다. 그들은 포로로 잡혀간 외국 땅에 묻혀 있는 것이나 다름이 없었다. 그러나 야웨께서는 그들의 무덤을 여시고 그들을 고국으로 되돌아오게 하실 것이다. 그의 영은 그 뼈들에게 숨을 불어넣어 한 민족을 만드실 것이요, 그 결과 그들은 다시금 소생하게 될 것이다.

　야웨께서는 이어서 에스겔에게 실물 교육을 실시할 것을 명하신다. 그는 막대기 하나에 "유다와 그 짝 이스라엘 자손"이라고 써야만 한다(15-16a절). 그리고 또 다른 막대기에는 "요셉에게 속한 막대기, 곧 에브라임의 막대기와 그 짝 이스라엘 온 족속"이라고 써야만 한다(16b절). 요셉(에브라임은 요셉의 아들들 중 한 명임)은 북왕국을 상징한다. 에스겔은 이어서 그 두 막대기를 자기 손에서 합쳐서 하나가 되게 해야 한다(17절). 이 행동은 야웨께서 포로 된 자기 백성을 위해 하실 일을 상징한다. 그는 이스라엘과 유다의 포로민들을 고국으로 돌아오게 하실 것이요, 그들을 다시금 한 나라로 통합시켜 한 왕 다윗의 통치를 받게 하실 것이다(18-22, 24a, 25절; 34:23-24에 대한 필자의 설명을 보라). 그들은 우상을 버릴 것이요, 야웨께 순종할 것이다. 그리고 야웨께서는 그들을 과거의 죄로부터 정결케 하실 것이다(23, 24b절). 야웨께서는 그들과 더불어 영원한 "평화의 계약"을 맺으실 것이요, 자기 백성 중에 그들의 하나님으로 거하실 것이다(26-28절; 34:25를 보라). 이스라엘의 재통합에 관한 이 예언은 에스겔의 시대나 포로기 이후 시대에 이루어지지 않는다. 그 본질적인 성취는 유다 백성이 하나님과 화해하는 때에 이루어질 것이다(롬 11:25-31을 보라; 사 11:12-14와 렘 31:31-40에 대한 필자의 설명도 보라).

에스겔에 예언한 "평화의 계약"은 예레미야가 예언한 "새로운 계약"과 같은 것이다(렘 31:31-37을 보라). 이 계약은 포로민들의 고국 복귀와 관련될 것이요(렘 31:23-30; 겔 37:1-23), 죄 용서와 영적인 정결함 및 옛 계약의 이상의 성취 등과 관련될 것이다(렘 31:33-34; 겔 36:25; 37:23, 27). 이전의 (모세) 계약은 순종을 요구했지만, 순종할 힘을 주지는 않았다(렘 31:32). 그러나 이 새로운 평화의 계약은 하나님의 백성에게 그의 요구들에 순종할 힘을 줄 것이다(렘 31:33-34). 왜냐하면 그것은 내주(內住)하는 성령의 선물을 동반하기 때문이다(겔 36:27). 그 성령은 그들의 의지를 변화시킬 것이요, 새로운 욕구를 그들에게 주고, 순종한 능력을 그들에게 줄 것이다(렘 31:33; 겔 36:26-27).

이전의 (모세) 계약이 피의 제사와 더불어 시작된 것과 마찬가지로(출 24:4-8), 새 계약은 이상적인 제사, 곧 예수께서 흘리신 피에 의해 확립된다(눅 22:20; 고전 11:25). 오늘날에는 교회가 하나님의 새로운 계약 공동체로서, 성령의 선물을 통하여 이 계약을 실제로 경험한다(고후 3:6; 갈 4:24-31; 히 8:6-13; 9:15; 10:13-18, 29; 12:22-24; 13:20을 보라). 민족으로서의 이스라엘은 비록 지금으로서는 하나님과 소원한 관계 속에 있지만, 언젠가는 하나님과 화해할 것이요, 새 계약을 실제로 경험하게 될 것이다(롬 11:25-27).

겉으로 볼 때 새 계약의 현재적인 성취에 대한 신약성서의 언급에는 문제가 있다. 왜냐하면 예레미야와 에스겔은 이 계약이 이방인과 더불어 맺은 것이 아니라 이스라엘과 더불어 맺은 것이라고 말하기 때문이다. 어떤 이들은 교회가 새로운 "이스라엘"이라고 주장한다. 이 새 이스라엘을 통하여 구약의 약속이 성취된다는 것이다. 다른 이들은 이스라엘과 교회가 서로 뚜렷하게 구별된다고 주장하면서, 신약성서에 언급된 새 계약이 구약에 약속된 것과 다르다고 주장한다. 보다 더 나은 해결책은 "이미/아직 아니" 모델을 제안하는 것이다. 이 모델은 그 약속들이 현재로서는 교회 안에서 성취되고, 미래에 있어서는 이스라엘 민족을 위해 성취될 것이라고 본다. 오직 이 중재적인 견해만이 히브리 예언자들과 신약성서 모두의 언어를 충족시킬 수 있다. 히브리 예언자들이 단지 이스라엘만을 계약의 수령인으로 언급한다고 해서,

다른 이들은 수령인이 될 수 없다는 것을 뜻하는 것은 아니다. 신약성서가 교회를 통한 현재적인 성취에 초점을 맞추고 있다고 해서, 그것이 이스라엘을 위한 미래적인 성취를 배제하는 것은 아니다.

예언자들은 터널을 통해 보는 사람들과도 같다. 터널의 끝에 있는 빛을 통하여 그들은 하나님이 친히 이스라엘과 화해하실 것임을 본다. 그러나 우리는 터널 끝을 향해 가다가 바울 및 히브리서의 저자와 함께 밖을 내다보면, 주변 세계를 볼 수 있는 시야를 확보하게 되고, 하나님의 새 계약이 예언자들의 "터널 시각"에는 보이지 않는 다른 사람들을 포함하고 있음을 발견하게된다. 이와 아울러, 터널을 벗어난 밝은 세계 안에 주변적인 참여자들이 있다고 해서, 예언자들이 본 바로 그 자리에서 이스라엘이 예언자들의 메시지를 따라 이 새 계약의 참여자가 될 때를 기다리면서 계속해서 우리 앞에 똑바로 서 있으리라는 사실이 흐려지지는 않는다.

마지막 전투(38:1—39:29)

앞의 신탁들은 재통합된 이스라엘이 번영과 안정을 누릴 때를 기대하고 있다. 38장은 이러한 시나리오를 전제하되, 이스라엘이 포로로부터 회복될 것이요(38:8; 36:8-12, 34-35를 보라), 하나님의 보호와 돌보심 아래 평안히 살 것이라고 묘사한다(38:11, 14; 34:27을 보라). 그러나 적대 국가들의 연합은 이스라엘의 안전 의식을 이스라엘의 무기력함으로 오해하고서(성벽 없는 성읍들에 대한 11절의 언급을 보라) 이스라엘 땅을 침공하여 하나님의 백성을 멸하고자 한다.

적대 국가들의 지도자는 "마곡 땅에 있는 로스와 메섹과 두발 왕 곧 곡" (38:2)으로 불린다. 이 이름들을 오늘날의 러시아 지명들과 일치시키려는 시도들은 시대착오적인 것이다. 아마도 곡은 주전 7세기의 앗수르 문헌들에 언급된 구구(Gugu)와 동일할 것이다. 이 구구는 역사가들에게 서부 아나톨리아(오늘날의 터키)의 리디아 왕 가이게스(Gyges)로 알려져 있다. 메섹은 중앙 아나톨리아에 위치한 무슈쿠(Mushku)라는 옛 지역을 가리킨다. 반면에 두발은 동부 아나톨리아에 있는 옛 지역 타발(Tabal)을 가리킨다. 이 지역들의 거주민들은 앗수르 비문들에서 앗수르의 제국주의 정책에 반발하는 자들로 묘사된다.[114] 마곡, 메섹, 두발 등의 이름들(6절의 고멜과 도갈마도 마찬가지임)은 창세기 10:2-3에서 야벳의 후손들로 나타난다. 어떤 번역본들은 38:2에 있는 '로쉬'라는 히브리어 낱말을 고유명사로 이해하고서, "로쉬와 메섹과 두발의 왕"으로 번역한다(개역이나 표준새번역도 "로스"로 번역함: 역자 주). 그러나 이 낱말은 "지도자"와 평행을 이룬다고 보는 것이 훨씬 더 타당할 것이다.[115] 곡은 멀리 동쪽에 있는 페르시아와 멀리 남쪽에 있는 구스(에티오피아)와 붓(리비아), 그리고 멀리 북쪽에 있는 고멜과 벤-도갈마(개역이나 표준새번역은 "도갈마 족속"으로 번역함: 역자 주) 등을 포함하는 국가연합의 우두머리이다(5-6절).[116] 블록이 주목한 바와 같이, 일곱 나라들(메섹, 두발, 페르시아, 구스, 붓, 고멜, 벤-도갈마)의 등장은 "전체성"과 "완전성"을 암시한다.[117]

이 군대는 이스라엘 땅을 향해 진격하면서, 그 땅을 노략하고 약탈하려는 기대감에 부풀어 있다(7-15절). 그들은 자기들의 공격이 야웨께서 사주하신 것임을 거의 알지 못한다. 야웨께서는 그 사건을 오래 전에 예언하셨고, 이 군대의 무리를 괴멸시킴으로써 주변 세계와 자기 백성에게 자신의 주권적인 힘을 나타내 보이려고 했던 것이다(16-17, 23절; 39:1-2, 7-8).[118] 야웨께서는 침략군들의 행로를 막으시고(2-3절), 초자연적인 방식으로 그들을 멸하실 것이다(18-22절; 39:3-6). 그 전쟁의 결과 이스라엘 백성은 원수의 무기들을

---

114) Yamauchi, *Foes from the Northern Frontiers*, 19-27.

115) Block, *Ezekiel Chapters 25-48*, 434-35; Zimmerli, *Ezekiel 2*, 305.

116) 블록(Block, ibid., 439-40)은 전통적으로 "페르시아"로 번역되는 히브리어 '파라스'가 서쪽의 동맹국인 이집트를 가리킨다고 보거나(27:10을 보라; 이 본문에서 그것은 리디아 및 붓과 관련되어 있다) 남부(상부) 이집트를 칭하는 파트로스의 다른 철자에 해당한다고 보는 견해를 선호한다.

117) Ibid., 441.

118) 히브리 성서에서는 38장에 언급된 나라들의 이스라엘 침공을 예고하는 다른 예언이 발견되지 않는다. 17절은 어떻게 야웨께서 적대국들의 마지막 동맹관계를 깨뜨리실 것인지에 관한 초기의 보다 일반적인 예언을 가리키고 있음에 틀림이 없다. 예로써 이사야 13:1-16; 14:26; 24:1-23; 34:1-17; 63:1-6 등을 보라.

모아 땔감으로 사용할 것이다(9-10절). 많은 시체들이 맹수들의 밥이 될 것이요(5, 17-20절), 그 나머지는 7개월 동안이나 함께 매장될 것이다(11-16절). 야웨께서 이렇듯이 신적인 힘을 드러내신 결과 그의 명성은 완전히 그 순전함을 인정받게 될 것이다(21-22절). 열방은 이스라엘의 사로잡힘이 하나님의 약함 때문이 아니라 그들 자신의 죄 때문에 이루어진 것임을 깨닫게 될 것이다(23-24절; 36:20-21을 보라).

38:1—39:24에서 예언자는 이스라엘이 포로로부터 고국으로 돌아온 이후에 이루어질 마무리 전쟁에 대하여 묘사한다. 이 신탁의 결론 부분(25-29절)에서 그 시각은 포로기 시대로 되돌아간다(25절의 "이제"를 주목하라).[119] 야웨께서는 자기 백성을 포로로부터 돌이키시고, 그들에게 긍휼을 베푸시며 자신의 영을 그들에게 부어주실 것임을 약속하신다. 그들은 이전의 범죄하던 생활방식을 포기할 것이요, 그가 자기들의 주권자요 왕이심을 인정할 것이다.

이 예언은 어떻게 성취될 것인가? 이 예언에 대한 후대의 유일한 언급은 그 전쟁을 천년기의 마지막 때에 속한 것으로 간주한다(계 20:7-10을 보라). 이것은 그 땅이 사람들로 북적이게 되고 그들이 평화를 누리는 중에 이 침략이 이루어질 것임을 암시하는 에스겔 38장의 설명과 일치한다(38:8, 11, 14). 야웨께서는 그들의 죄를 용서하실 것이요, 그들은 그 땅에 다시 거주하게 될 것이다(38:8을 36:33과 비교하라). 어떤 이들은 계시록 20:7이 곡과 마곡을 에스겔 38-39장에 언급된 특수 지역들보다는 모든 나라들과 연결시키고 있다는 반대 의견을 제시한다. 그러나 요한의 언어는, 압축되어 있기는 해도, 멀리 떨어진 나라들의 연합에 관해 묘사하는 에스겔 38:2-6과 일치한다. 더 나아가서 두 본문(참조. 계 20:9b; 겔 39:6)은 원수가 하늘로부터 내리는 불에 망할 것이라고 설명한다.[120] 에스겔의 예언에 언급된 먼 나라들은 이미 사라

---

119) Block, *Ezekiel Chapters 25-48*, 485. 그는 이전의 신탁이 "여러 해가 지난 다음"(38:8)과 "때가 되면"(38:16)에 초점을 맞추고 있다는 점을 주목한다.

120) 학자들은 에스겔 38-39장에 있는 사건들의 연대를 다양한 방법으로 추론하였다. 많은 학자들이 이 사건들을 천년왕국에 앞서는 7년 "환난"의 직전, 도중, 마지막 등에 속한 것으로 본다: Harold W. Hoehner, "The Progression of Events in Ezekiel

지고 없는 까닭에, 곡과 그의 무리는 하나님께서 마지막의 우주적인 전쟁에
서 패배시킬 적대국들의 원형에 해당한다고 보는 것이 옳을 것이다.[121] 달리
말해서 이 전쟁에 관한 에스겔의 묘사가 주전 6세기의 청중들이 속한 상황에
맞게끔 서술되어 있다는 얘기다. 이스라엘 주변 세계에 위치한 이 신비로운
먼 나라들은 그들의 "외래성" 때문에 원형적인 것으로 간주되었던 것이다.[122]

야웨께서 순전한 예배를 회복시키심(40:1—48:35)

주전 573년에 에스겔의 영은 이스라엘 땅으로 옮겨지며, 그는 높은 산의
유리한 지점에서 하나님과 그의 백성 사이의 화해에 관해 묘사하는 일련의
환상들을 본다(40:1-2). 에스겔은 성전 언덕을 바라보면서, 그에게 그 환상
들의 내용을 기록하도록 지시하는 천사 측량인을 본다(3-4절). 에스겔은 재
건된 성전 건물의 구조와 치수들을 생생하고도 꼼꼼하게 기록한다(40:4—
42:20). 그는 백성이 성전을 야웨께서 상세하게 지시하신 대로 재건할 수 있
도록 성전 설계를 기록으로 남긴다(43:10-11). 그 기록은 너무도 정확해서
오늘날의 독자들까지도 성전 구조물의 청사진과 밑그림을 그릴 수 있을 정
도이다.[123] 슈미트(John Schmitt)는 성전 건물과 내실(內室)들의 정교한 소형
모델을 만든 바가 있다.[124]

재건될 성전에 관한 에스겔의 구두(口頭) 청사진은 야웨께서 자신의 집으

38-39," in *Integrity of Heart, Skillfulness of Hands*, ed. C. H. Dyer and R. B.
Zuck (Grand Rapids: Baker, 1994), 82-92. 다양한 견해들을 잘 개관하고 비판한 자료
를 위해서는 다음을 보라: Ralph H. Alexander, "Ezekiel," in *The Expositor's Bible
Commentary*, ed. F. Gaebelein (Grand Rapids: Zondervan, 1986), 6:937-40.

121) 예언 문학의 원형적인 언어에 대한 간략한 논의를 위해서는 다음을 보라:
Robert B. Chisholm Jr., *From Exegesis to Exposition* (Grand Rapids: Baker, 1998),
173-74.

122) Block, *Ezekiel Chapters 25-48*, 436.

123) 예로써 ibid., 508-9, 520, 541, 550, 565, 572-73 등과 Alexander, "Ezekiel,"
961, 965, 972 등을 보라.

124) John W. Schmitt and J. Carl Laney, *Messiah's Coming Temple: Ezekiel's
Prophetic Vision of the Future Temple* (Grand Rapids: Kregel, 1997), 77-103,

로 돌아오시는 놀라운 모습에서 절정에 도달한다. 수년 전에 에스겔은 야웨께서 성전을 떠나시는 모습을 목격한 적이 있다(10장을 보라). 그러나 이제 그는 야웨의 영광이 앞서 그가 떠났던 동쪽으로부터 돌아오는 모습을 본다(43:1-3; 10:19; 11:23을 보라). 하나님의 영광이 성전으로 들어가 성전을 가득 채운다(4-5절; 44:4도 보라). 이에 야웨께서는 자기가 성전 안에 보좌를 세우시고 거기서 정결케 된 자기 백성 중에 영원토록 거주하시겠다고 선언하신다(6-9절). 성전 언덕의 꼭대기 전역은 거룩한 곳으로 간주될 것이다(12절).

에스겔은 이어서 성전 규칙들과 직무에 관한 상세한 가르침들을 제공한다. 그는 제단의 모양에 대해서 묘사하며(13-17절), 7일 동안 그 위에 바쳐야 할 희생제물들에 대한 가르침들을 제공한다(18-27절). 번제와 속죄제를 포함하는 제단 봉헌식 이후에야 비로소 그 제단은 정기적인 번제와 화목제를 드리는 데 사용될 수 있다. 성전 바깥뜰의 동문(東門)은 야웨께서 그곳을 통하여 들어오신 것을 기념하기 위하여 야웨의 귀환 이후로 영원히 닫혀질 것이다(44:1-2). 오직 "지도자"만이 "야웨 앞에서" 먹을 때 출입문 안쪽에 앉을 수 있을 것이다(3절).

3절과 그 뒤에 이어지는 44장의 몇몇 다른 본문들에 나타나는 "지도자"는 누구를 가리키는가?[125] 가장 그럴 듯한 설명은 이 "지도자"가 34:23-24; 37:24-25에 예언된 새로운 다윗을 가리킬 것이라는 점이다. 이 두 본문에서 "왕"과 "지도자"로 칭하여지고 있는 이 이상적인 다윗계의 통치자는 에스겔서의 앞에서 언급된 바 있는 에스겔 시대의 다윗계 "왕들"과 대조를 이룬다. 그러나 어떤 학자들은 44-48장의 "지도자"를 이전에 언급된 다윗계 왕과 구별하는 견해를 선호한다. 왜냐하면 나중의 장들에 묘사된 인물이야말로 왕이 아닌 예배 인도자의 역할을 수행하는 것으로 보이기 때문이다(특히

187.

125) 45:7-9, 16-17, 22; 46:2, 4, 8, 10, 12, 16-18; 48:21-22 등을 보라. 이 문제에 관한 상세한 논의를 위해서는 다음을 보라: Jon Douglas Levenson, *Theology of the Program of Restoration of Ezekiel 40-48* (Missoula, Mont.: Scholars Press, 1976), 57-73.

45:17, 22; 46:4, 10을 보라). 그러나 이 "지도자"는 정의를 장려하는 자로 묘사되기도 하는 바, 이는 왕의 역할에 해당하는 것이다(45:7-12; 46:18).[126] 또한 가지 중요한 것은 다윗과 솔로몬 모두가 중요한 경우들에 있어서 예배 인도자의 역할을 수행하고 있다는 점이다. 이를테면 법궤의 예루살렘 귀환(삼하 6장)이나 성전 봉헌(왕상 8장) 같은 경우가 그렇다. 이 두 경우에 왕은 직접 야웨 앞에 희생제사를 드린다.

야웨께서는 에스겔에게 성전 예배와 관련된 몇 가지 규칙들을 가르쳐주신다(44:5). 그 규칙들은 무엇보다도 이방인들의 성전 출입을 금지한다(6-9절). 이사야는 이방인들이 야웨를 충성스럽게 따르는 자들이 되어 새 성전에서 예배를 드릴 날을 기대한다(사 55:6-8). 에스겔은 그러한 개종에 관해 말하지 않는다. "마음과 몸에 할례를 받지 않은" 이방인들에 대한 언급은 그가 야웨께 헌신하지 않고 도리어 그들 나름의 이교 풍습에 집착하는 자들을 염두에 두고 있음을 암시한다.

두 번째 규칙은 레위인들과 관련된 것이다. 그들이 과거에 불성실한 모습을 보인 까닭에, 그들의 새로운 직무에는 제약이 주어질 것이다. 그들은 성전 문들에서 봉사할 수 있고 희생제물도 잡을 수 있지만, 거룩한 물품이나 예물을 직접 다루지는 못한다(10-14절). 오직 야웨를 향한 신실함을 계속 지키는 사독 자손들만이 성소 안으로 들어갈 수 있다(15-16절). 이 사독 계열 제사장들에게는 그들이 직무 수행 중에 지켜야 할 아주 특별한 규례들이 주어진다(17-31절).

세 번째 규칙은 거룩한 날들과 절기들을 지킬 때 드려야 할 제물들을 다룬다(45:13—46:24). 앞서 언급한 바와 같이 지도자야말로 백성들의 예배를 인도하는 주도적 역할을 수행한다. 그는 "백성을 위해 속죄할" 다양한 제물들을 준비하며(45:17), 유월절에는 자신과 백성을 위한 속죄제를 드리며(45:22), 안식일을 준수하고(46:2, 4), 정해진 절기에 백성과 함께 예배를 드린다(46:10, 12).

---

126) 이와 관련해서는 다음을 보라: Moshe Weinfeld, *Social Justice in Ancient Israel and in the Ancient Near East* (Minneapolis: Fortress, 1995), 55-56.

야웨께서는 또한 어떻게 성전 건물 주변의 땅을 분배할 것인지에 관해 상세하게 규정하신다(45:1-7; 48:9-22). 사독 계열 제사장들은 성전 부근의 땅을 분배받으며, 레위인들과 "지도자"는 제각기 남쪽과 동쪽/서쪽에 인접한 땅을 분배받는다.[127] "이스라엘 온 족속"에게 할당된 성읍(45:6)은 남쪽으로 레위인들의 땅과 경계를 이루고 있다. 이 지역 안에는 집들과 초장들이 포함되어 있다. 그 성읍 자체는 정사각형으로 되어 있고, 사방 벽들은 제각기 이스라엘 열두 지파들을 따라 이름 지어진 세 개의 문들을 가지고 있다(48:30-35). 그 성읍의 이름은 "야웨께서 거기 계시다"는 뜻을 가지고 있다.

에스겔이 본 환상의 또 다른 특징은 한 강이 성전에서 흘러나와 동쪽의 사해로 흘러들어간다는 점이다(47:1-12). 그 강이 발원하는 부분에서는 겨우 발목에 찰 정도밖에 안 되지만, 마침내는 깊은 강으로 변한다. 과실나무들이 그 강변에서 줄지어 자라는 바, 그 강은 사해로 흘러들어가면서 그 소금물을 단물로 바꾼다. 그 바다는 모든 종류의 물고기들로 가득 차 있으며, 해변가로 그물을 던지는 어부들의 마음을 끈다. 이 환상은 강들이 성전으로부터 동쪽과 서쪽으로 흘러간다고 묘사하는 스가랴의 환상(슥 14:8을 보라)과 약간 다르다. 두 환상은 똑같이 하나님의 성전을 생명과 새로운 복 — 그로부터 비롯되는 물이 상징하는 — 의 근원으로 묘사한다.

에스겔의 예언은 또한 그 땅의 경계들과 지파별로 분배된 몫에 대해서 묘사하기도 한다(47:13—48:29).[128] 회복된 이스라엘의 영토는 멀리 북쪽의 르보 하맛으로부터 멀리 남쪽의 가데스에 이르기까지 확장된다. 북쪽으로부터 남쪽에 이르기까지의 지파들은 다음 순서로 배열되어 있다: 단, 아셀, 납달리, 므낫세, 에브라임, 르우벤, 유다, 베냐민, 시므온, 잇사갈, 스불론, 갓. 성전과 성읍 및 제사장들과 레위인들과 지도자에게 배정된 땅들은 모두 유다와 베냐민 사이에 위치해 있다.

새로운 성전과 회복된 국가에 관한 에스겔의 환상은 포로기 이후 시대에

---

127) 땅 분배와 관련된 도표를 위해서는 다음을 보라: Block, *Ezekiel Chapters 25-48*, 733.

128) 경계들과 지파별로 분배된 몫을 지도로 표기한 자료를 위해서는 ibid., 711을 보라.

성취되지 않는다. 그렇다면 우리는 그 환상이 언제 성취된 것으로 보아야 할까? 학자들은 이 물음에 다양한 방식으로 답변한다. 다양한 해석들의 한쪽 끝에는 그 환상을 순전히 상징적인 것으로, 그리고 신약 시대의 교회에서 성취된 것으로 보는 자들이 있다. 반대쪽 끝에는 그 환상이 묘사된 바 그대로 천년왕국 시대에 이루어질 것이라고 주장하는 과도한 문자주의자들이 있다. 그 물음에 답하기 위해서는 먼저 에스겔의 환상이 주전 6세기 청중들이 속한 상황에 맞게끔 서술되어 있다는 점을 인식하지 않으면 안 된다. 그는 하나님과 그의 백성 사이의 화해를 이 청중들이 이해할 수 있는 언어로 묘사하고 있다.[129] 그들은 자연스럽게 그러한 화해가 성전 재건과 희생제사 제도의 재확립, 다윗 왕조의 갱신, 포로 된 열두 지파의 귀향과 재통합 등을 포함한다고 이해할 것이다. 그 환상의 성취가 이처럼 문화적으로 조건지워진 경계들을 초월하기 때문에, 우리는 그것을 어느 정도 이상화된 것으로 보아야 할 것이요, 그 많은 특징들의 정확한 성취보다는 본질적인 성취를 찾아보아야 할 것이다.

그 환상은 이스라엘 민족의 회복을 기대하는 바, 그것은 바울이 예견한 사건이기도 하다(롬 11:25-32). 그러나 북쪽 지파들은 결코 그 땅으로 돌아오지 못하며, 주변 문화권에 동화된 채로 사라져버린다. 국가적인 회복에 관한 에스겔의 환상은 유다와 베냐민과 레위의 후손인 유대 민족을 통하여 성취될 것이다(사 11:13-14; 렘 31:31-37; 겔 37:15-28에 대한 필자의 설명을 보라).

그 환상이 그토록 자질구레한 것들까지 꼼꼼하게 포함하고 있다는 것은 여기에 묘사된 성전이 미래의 예루살렘에서 문자 그대로 이루어질 것임을 암시하는 것으로 보인다(사 2:2-4; 학 2:9를 보라).[130] 그러나 예수 그리스도의 최종 희생제사는 레위 계열의 제사 제도를 쓸모없는 것으로 만들어버린

---

129) Mark F. Rooker, "Evidence from Ezekiel," in *A Case for Premillennialism*, ed. D. K. Campbell and J. L. Townsend (Chicago: Moody, 1992), 133.

130) Ibid., 128-31.

다(히 9:1—10:18을 보라). 속죄제 같은 것들을 포함하는 그 제도로 돌아간다
는 것은 현저한 퇴보가 되고 말 것이다.[131] 에스겔의 청중은 희생제사 제도 없
이 회복된 계약 공동체에 대해서 생각한다는 것은 있을 수 없는 일이라고 여
길 것이다.[132] 이 환상의 성취는 문화적인 정황을 초월하기 때문에, 우리는 미
래의 이스라엘이 새로운 성전에서 자기들을 구원할 자의 구속 사역을 경축
할 때 그것이 본질적으로 성취될 것으로 기대할 수 있다.[133]

　　다윗계 왕 또는 "지도자"에 대한 에스겔의 묘사 역시 어느 정도 청중이 처
해 있는 상황에 맞게끔 서술되어 있다. 그 왕은 예배 공동체를 인도하며, 자
신을 위해 희생제사를 드리기까지 해야 한다. 에스겔은 또한 왕위 계승의 확
립을 기대하는 것으로 보인다(45:8; 46:16—18을 보라). 에스겔의 청중은 이러
한 묘사가 매우 자연스럽다는 것을 발견할 것이다. 그러나 그 환상을 성취하
신 예수는 그러한 제사를 드릴 필요가 없을 것이요, 왕조를 건설할 필요도
없을 것이다. 그 반대로 그는 자기 나라를 영원토록 다스리실 것이다.

---

131) 어떤 학자들은 희생제사 제도가 그리스도의 사역을 기념하는 희생제사들과 함께
천년왕국 시대에 다시 제정될 것이라고 주장한다. 이 견해를 이치에 맞게끔 잘 변호하는
입장을 보려면 Alexander, "Ezekiel," 946—52를 보라.

132) H. A. Ironside, *Expository Notes on Ezekiel the Prophet* (New York:
Loizeaux, 1949), 305.

133) Rooker, "Evidence from Ezekiel," 131—34.

에스겔 참고문헌

Commentaries

Alexander, R. H. "Ezekiel." In *The Expositor's Bible Commentary*, edited by F. E. Gaebelein, 12 vols., 6:737–996. Grand Rapids: Zondervan, 1978–92.

Allen, L. C. *Ezekiel 1–19*. WBC. Dallas: Word, 1994.

———. *Ezekiel 20–48*. WBC. Dallas: Word, 1990.

Blenkinsopp, J. *Ezekiel*. Interpretation. Louisville: John Knox, 1990.

Block, D. I. *The Book of Ezekiel Chapters 1–24*. NICOT. Grand Rapids: Eerdmans, 1997.

———. *The Book of Ezekiel Chapters 25–48*. NICOT. Grand Rapids: Eerdmans, 1998.

Cooper, L. E., Sr. *Ezekiel*. NAC. Nashville: Broadman & Holman, 1994.

Eichrodt, W. *Ezekiel*. OTL. Translated by C. Quin. Philadelphia: Westminster, 1970.

Greenberg, M. *Ezekiel 1–20*. AB. Garden City, N.Y.: Doubleday, 1983.

———. *Ezekiel 21–37*. AB. New York: Doubleday, 1997.

Hals, R. M. *Ezekiel*. FOTL. Grand Rapids: Eerdmans, 1989.

Zimmerli, W. *Ezekiel 1*. Hermeneia. Translated by R. E. Clements. Philadelphia: Fortress, 1979.

———. *Ezekiel 2*. Hermeneia. Translated by J. D. Martin. Philadelphia: Fortress, 1983.

Recent Studies

General

Allen, L. C. "Some Types of Textual Adaptation in Ezekiel." *ETL* 71 (1995): 5–29.

Boadt, L. E. "Mythological Themes and the Unity of Ezekiel." In *Literary Structure and Rhetorical Strategies in the Hebrew Bible*, edited by L. J. de Regt et al., 211–31. Assen: Van Gorcum, 1996.

———. "A New Look at the Book of Ezekiel." *TBT* 37 (1999): 4–9.

Burke, D. L. "Style and Rhetoric in Ezekiel: A Syntactical Approach." Ph.D. diss., Annenberg Research Institute, 1992.

Clements, R. E. *Ezekiel*. Louisville: Westminster John Knox, 1996.

Cook, S. L. "Apocalypticism and Prophecy in Post-exilic Israel: The Social Setting of the Apocalyptic Sections of Joel, Ezekiel, and I-Zechariah." Ph.D. diss., Yale University, 1992.

Darr, K. P. "Ezekiel among the Critics." *Currents in Research: Biblical Studies* 2 (1994): 9–24.

———. "Ezekiel's Justifications of God: Teaching Troubling Texts." *JSOT* 55 (1992): 97–117.

Duguid, I. M. *Ezekiel and the Leaders of Israel*. VTSup 56. Leiden: Brill, 1994.

Galambush, J. *Jerusalem in the Book of Ezekiel: The City as Yahweh's Wife*. SBLDS 130. Atlanta: Scholars Press, 1992.

Greenberg, M. "Notes on the Influence of Tradition on Ezekiel." *JANES* 22 (1995): 29–37.

Halperin, D. J. *Seeking Ezekiel: Text and Psychology*. University Park, Pa.: Pennsylvania State University Press, 1993.

Hamilton, P. C. "Theological Implications of the Divine Title Adonai Yehovah in Ezekiel." Ph.D. diss., Southwestern Baptist Theological Seminary, 1990.

Joyce, P. M. "King and Messiah in Ezekiel." In *King and Messiah in Israel and the Ancient Near East*, edited by J. Day, JSOTSup 270, 323–37. Sheffield: Sheffield Academic Press, 1998.

———. "Synchronic and Diachronic Perspectives on Ezekiel." In *Synchronic or Diachronic? A Debate in Old Testament Exegesis*, edited by J. C. de Moor, 115–28. Leiden: Brill, 1995.

Kingsley, P. "Ezekiel by the Grand Canal: Between Jewish and Babylonian Traditions," *Journal of the Royal Asiatic Society*, 3d ser., no. 2 (1992): 339–46.

Kutsko, J. F. *Between Heaven and Earth: Divine Presence and Absence in the Book of Ezekiel*. Winona Lake, Ind.: Eisenbrauns, 2000.

Levitt Kohn, R. "A New Heart and a New Soul: Ezekiel, the Exile, and the Torah." Ph.D. diss., University of California, San Diego, 1997.

Lust, J. "Exile and Diaspora: Gathering from Dispersion in Ezekiel." In *Lectures et Relectures de la Bible: Festschrift P.-A. Bogaert*, edited by J.-M. Auwers and A. Wénin, 99–122. Louvain: Peeters, 1999.

McKeating, H. *Ezekiel*. Old Testament Guides. Sheffield: JSOT, 1993.

———. "Ezekiel the 'Prophet Like Moses'?" *JSOT* 61 (1994): 97–109.

Odendaal, M. "Exile in Ezekiel: Evaluating a Sociological Model." *NGTT* 40 (1999): 133–39.

Patton, C. L. "Pan-Deuteronomism and the Book of Ezekiel." In *Those Elusive Deuteronomists: The Phenomenon of Pan-Deuteronomism*, edited by L. S. Schearing and S. L. McKenzie, JSOTSup 268, 200–215. Sheffield: Sheffield Academic Press, 1999.

Renz, T. "The Use of the Zion Tradition in the Book of Ezekiel." In *Zion, City of Our God*, edited by R. S. Hess and G. J. Wenham, 77–103. Grand Rapids: Eerdmans, 1999.

Rooker, M. F. *Biblical Hebrew in Transition: The Language of the Book of Ezekiel*. JSOTSup 90. Sheffield: JSOT, 1990.

———. "The Use of the Old Testament in the Book of Ezekiel." *Faith and Mission* 15 (1998): 45–52.

Sloan, I. B. "Ezekiel and the Covenant of Friendship." *BTB* 22 (1992): 149–54.

Uffenheimer, B. "Theodicy and Ethics in the Prophecy of Ezekiel." In *Justice and Righteousness: Biblical Themes and Their Influence*, edited by H. G. Reventlow and Y. Hoffman, JSOTSup 137, 200–227. Sheffield: JSOT, 1992.

Vawter, B., and L. J. Hoppe. *A New Heart: A Commentary on the Book of Ezekiel*. Grand Rapids: Eerdmans, 1991.

Witherup, R. D. "Apocalyptic Imagery in the Book of Ezekiel." *TBT* 37 (1999): 10–17.

Ezekiel 1–24

Allen, L. C. "The Structure and Intention of Ezekiel i." *VT* 43 (1993): 145–61.

———. "The Structuring of Ezekiel's Revisionist History Lesson (Ezekiel 20:3–31)." *CBQ* 54 (1992): 448–62.

Beenjes, P. C. "What a Lioness Was Your Mother: Reflections on Ezekiel 19." In *On Reading Prophetic Texts*, edited by B. Becking and M. Dijkstra, 21–35. Leiden: Brill, 1996.

Block, D. I. "Ezekiel's Boiling Cauldron: A Form-Critical Solution to Ezekiel xxiv 1–14." *VT* 41 (1991): 12–37.

Braulik, G. "Ezekiel and Deuteronomy—'Clan Liability' in Ezekiel 18:20 and Deuteronomy 24:16 in Consideration of Jeremiah 31:29–30 and 2 Kings 14:6." *NGTT* 40 (1999): 270–92.

Brown, N. R. "The Daughters of Your People: Female Prophets in Ezekiel 13:17–23." *JBL* 118 (1999): 417–33.

Christman, A. G. R. "Ezekiel's Vision of the Chariot in Early Christian Exegesis." Ph.D. diss., University of Virginia, 1995.

Dempsey, C. J. "The Whore of Ezekiel 16: The Impact and Ramifications of Gender-Specific Metaphors in Light of Biblical Law and Divine Judgement." In *Gender and Law in the Hebrew Bible and the Ancient Near East*, JSOTSup 262, 57–78. Sheffield: Sheffield Academic Press, 1998.

Dijkstra, M. "Goddesses, Gods, Men, and Women in Ezekiel 8." In *On Reading Prophetic Texts*, edited by B. Becking and M. Dijkstra, 83–114. Leiden: Brill, 1996.

Eslinger, L. "Ezekiel 20 and the Metaphor of Historical Teleology: Concepts of Biblical History." *JSOT* 81 (1998): 93–125.

Franke, C. "Divine Pardon in Ezekiel." *TBT* 37 (1999): 24–28.

Fredericks, D. C. "Diglossia, Revelation, and Ezekiel's Inaugural Rite." *JETS* 41 (1998): 189–99.

Gravett, S. "That All Women May Take Warning: Reading the Sexual Ethnic Violence in Ezekiel 16 and 23." Ph.D. diss., Duke University, 1996.

Gross, C. D. "Ezekiel and Solomon's Temple." *BT* 50 (1999): 207–14.

Harland, P. J. "What Kind of 'Violence' in Ezekiel 22?" *ExpT* 108 (1996–97): 111–14.

Joyce, P. M. "Dislocation and Adaptation in the Exilic Age and After." In *After Exile: Essays in Honour of Rex Mason*, edited by J. Barton and D. J. Reimer, 45–58. Macon, Ga.: Mercer, 1996.

Korpel, M. C. A. "Avian Spirits in Ugarit and in Ezekiel 13." In *Ugarit, Religion, and Culture*, edited by N. Wyatt et al., 99–113. Münster, Germany: Ugarit-Verlag, 1996.

Lenchak, T. A. "Puzzling Passages: Ezekiel 4:4–5." *TBT* 37 (1999): 387.

Lust, J. "Ezekiel Salutes Isaiah: Ezekiel 20,32–44." In *Studies in the Book of Isaiah: Festschrift Willem A. M. Beuken*, edited by J. van Ruiten and M. Vervenne, 367–82. Louvain: Peeters, 1997.

Lutzky, H. C. "On 'the Image of Jealousy' (Ezekiel viii 3, 5)." *VT* 46 (1996): 121–25.

Matties, G. H. *Ezekiel 18 and the Rhetoric of Moral Discourse*. SBLDS 126. Atlanta: Scholars Press, 1990.

McBride, G. J. "The Nature of God's Judgment against Israel in Ezekiel 1–24." Ph.D. diss., New Orleans Baptist Theological Seminary, 1995.

Miller, J. E. "The Thirtieth Year of Ezekiel 1:1." *RB* 99 (1992): 499–503.

Odell M. S. "The Inversion of Shame and Forgiveness in Ezekiel 16.59–63." *JSOT* 56 (1992): 101–12.

———. "The Particle and the Prophet: Observations on Ezekiel ii 6." *VT* 48 (1998): 425–32.

———. "You Are What You Eat: Ezekiel and the Scroll." *JBL* 117 (1998): 229–48.

Patton, C. "'I Myself Gave Them Laws That Were Not Good': Ezekiel 20 and the Exodus Traditions." *JSOT* 69 (1996): 73–90.

Pope, M. H. "Mixed Marriage Metaphor in Ezekiel 16." In *Fortunate the Eyes That See: Essays in Honor of David Noel Freedman in Celebration of His Seventieth Birthday*, edited by A. B. Beck et al., 384–99. Grand Rapids: Eerdmans, 1995.

Swanepoel, M. G. "Ezekiel 16: Abandoned Child, Bride Adorned, or Unfaithful Wife?" In *Among the Prophets: Language, Image, and Structure in the Prophetic Writings*, edited by P. R. Davies and D. J. A. Clines, 84–104. Sheffield: JSOT, 1993.

van der Horst, P. W. "I Gave Them Laws That Were Not Good: Ezekiel 20:25 in Ancient Judaism and Early Christianity." In *Sacred History and Sacred Texts in Early Judaism: A Symposium in Honour of A. S. van der Woude*, edited by J. N. Bremmer and F. G. Martínez, 94–118. Kampen: Kok Pharos, 1992.

van Dijk-Hemmes, F. "The Metaphorization of Woman in Prophetic Speech: An Analysis of Ezekiel xxiii." *VT* 43 (1993): 162–70.

Ezekiel 25–32

Barr, J. "'Thou Art the Cherub': Ezekiel 28.14 and the Post-Ezekiel Understanding of Genesis 2." In *Priests, Prophets, and Scribes: Essays on the Formation and Heritage of Second Temple Judaism in Honour of Joseph Blenkinsopp*, edited by E. Ulrich et al., JSOTSup 149, 213–23. Sheffield: JSOT, 1992.

Geyer, J. B. "Ezekiel 27 and the Cosmic Ship." In *Among the Prophets: Language, Image, and Structure in the Prophetic Writings*, edited by P. R. Davies and D. J. A. Clines, 105–26. Sheffield: JSOT, 1993.

Jeppesen, K. "You Are a Cherub, but Not God!" *SJOT* 1 (1991): 83–94.

Lewis, T. J. "*CT* 13.33–34 and Ezekiel 32: Lion-Dragon Myths." *JAOS* 116 (1996): 28–47.

Miller, J. E. "The Maelaek of Tyre (Ezekiel 28,11–19)." *ZAW* 105 (1993): 497–501.

Noort, E. "Gan-Eden in the Context of the Mythology of the Hebrew Bible." In *Paradise Interpreted: Representations of Paradise in Judaism and Christianity*, edited by G. Luttikhuizen, 21–36. Leiden: Brill, 1999.

Porter, J. R. "Ezekiel xxx 16—A Suggestion." *VT* 47 (1997): 128.

Strong, J. T. "Ezekiel's Oracles against the Nations within the Context of His Message." Ph.D. diss., Union Theological Seminary, 1993.

———. "Ezekiel's Use of the Recognition Formula in His Oracles against the Nations." *Perspectives in Religious Studies* 22 (1995): 115–33.

Ezekiel 33–48

Allen, L. C. "Structure, Tradition, and Redaction in Ezekiel's Death Valley Vision." In *Among the Prophets: Language, Image, and Structure in the Prophetic Writings*, edited by P. R. Davies and D. J. A. Clines, 127–42. Sheffield: JSOT, 1993.

Block, D. I. "Bringing Back David: Ezekiel's Messianic Hope." In *The Lord's Anointed*, edited by P. E. Satterthwaite, R. S. Hess, and G. J. Wenham, 167–88. Grand Rapids: Baker, 1995.

———. "Gog in Prophetic Tradition: A New Look at Ezekiel xxxviii 17." *VT* 42 (1992): 154–72.

Cook, S. L. "Innerbiblical Interpretation in Ezekiel 44 and the History of Israel's Priesthood." *JBL* 114 (1995): 193–208.

Dijkstra, M. "The Altar of Ezekiel: Fact or Fiction?" *VT* 42 (1992): 22–36.

Engelhard, D. H. "Ezekiel 47:13–48:29 as Royal Grant." In *"Go to the Land I Will Show You": Studies in Honor of Dwight W. Young*, edited by J. E. Coleson and V. H. Matthews, 45–56. Winona Lake, Ind.: Eisenbrauns, 1996.

Fikes, B. A. "A Theological Analysis of the Shepherd-King Motif in Ezekiel 34." Ph.D. diss., Southwestern Baptist Theological Seminary, 1995.

Hullinger, J. M. "The Problem of Animal Sacrifices in Ezekiel 40–48." *BSac* 152 (1995): 279–89.

———. "A Proposed Solution to the Problem of Animal Sacrifices in Ezekiel 40–48." Ph.D. diss., Dallas Theological Seminary, 1993.

Irwin, B. P. "Molek Imagery and the Slaughter of Gog in Ezekiel 38 and 39." *JSOT* 65 (1995): 93–112.

Kasher, R. "Anthropomorphism, Holiness, and Cult: A New Look at Ezekiel 40–48." *ZAW* 110 (1998): 192–208.

Odell, M. S. "The City of Hamonah in Ezekiel 39:11–16: The Tumultuous City of Jerusalem." *CBQ* 56 (1994): 479–89.

Polan, G. J. "Ezekiel's Covenant of Peace." *TBT* 37 (1999): 18–23.

Seitz, C. R. "Ezekiel 37:1–14." *Int* 46 (1992): 53–56.

Sharon, D. M. "A Biblical Parallel to a Sumerian Temple Hymn? Ezekiel 40–48 and Gudea." *JANES* 24 (1997): 99–109.

Stevenson, K. R. *Vision of Transformation: The Territorial Rhetoric of Ezekiel 40–48.* SBLDS 154. Atlanta: Scholars Press, 1996.

Tanner, J. P. "Rethinking Ezekiel's Invasion by Gog." *JETS* 39 (1996): 29–46.

Tuell, S. S. "Ezekiel 40–42 as Verbal Icon." *CBQ* 58 (1996): 649–64.

———. *The Law of the Temple in Ezekiel 40–48.* HSM 49. Atlanta: Scholars Press, 1992.

다니엘

서론

연대, 저자, 그리고 문학 장르

다니엘서는 영어성서에서 에스겔과 호세아 사이에 나타나며, 소예언서로 분류된다. 그러나 세 부분(율법서와 예언서 및 성문서)으로 나누어진 히브리 성서에서 다니엘서는 성문서에 나타난다. 그렇다 할지라도, 신약성서(마 24:15)와 유대 역사가 요세푸스는 다니엘을 "예언자"로 칭한다. 다니엘서의 고대 헬라어 역본들은 히브리 본문에 나오지 않는 자료들을 추가로 가지고 있다. 아사랴의 기도와 세 젊은이의 노래가 3장에 포함되어 있고, 수산나와 벨과 용의 이야기들이 다니엘서에 부록으로 추가되어 있다. 천주교회는 이 추가 자료들을 정경으로 받아들이지만, 개신교는 그것들을 외경으로 간주한다.

다니엘서의 내적인 증거(단 8:1; 9:2, 22; 10:2)와 신약성서의 진술들(예로써 마 24:15)에 비추어볼 때, 이 책의 저작권은 전통적으로 주전 7—6세기를 살았던 다니엘에게 속한 것으로 알려져 있다. 전통적인 학자들 역시 1-6장에 있는 설화들을 역사적으로 정확한 전기 자료들로 이해하며, 이 책의 예언들이 진정한 것이라고 추정한다. 고등비평이 생겨나면서 많은 학자들은 전

통적인 견해를 거부하였다.[1] 대부분의 현대 학자들은 1-6장을 주전 3세기의
것으로 추정하며, 이 설화들의 본질적인 역사성을 인정하지 않으려 한다.[2]
그들은 7-12장에 있는 예언 자료들을 주전 2세기 속한 것으로 추정한다. 대
부분의 비평가들은 "성취된" 예언들을 차후에 사실에 기초하여 만들어진 것
들로 간주하고, "성취되지 않은" 예언들을 진정한 것들로 간주한다. 그것들
이 부정확한 예언들임에도 불구하고 말이다. 콜린스는 다니엘서를 "역사적
인 묵시록"으로 칭하며, 그것이 "역사적인 사실에 기초하여 만들어낸 예언이
요, 우주적인 차원과 정치적인 강조점에 기초한 종말론을 특징으로 가지고
있다"고 주장한다.[3] 콜린스에 따르면, 역사적인 묵시록들의 다른 사례들에는
희년서, 제4에스라, 제2바룩, 제1에녹서에 있는 꿈들에 관한 책과 주간 묵시
록 등이 있다.[4]

　다니엘의 예언들은 참으로 묵시문학의 많은 특징들을 가지고 있다. 이를
테면 역사적인 압제의 상황에서 비롯되는 장기적인 종말론적 환상, 천사들
을 통한 계시, 생소한데다가 대단히 상징적이기까지 한 많은 표상들, 결정론
적인 역사관 등이 그렇다.[5] 많은 묵시작품들은 익명으로 되어 있으며, 사실
에 기초하여 만들어진 "예언"을 활용한다.[6] 후자의 기법은 저자의 저술 작업
이 이루어질 때 이미 발생한 사건들을 기록하기 위해 예고(예언) 문체를 사
용한다. 대부분의 복음주의자들은 다니엘서가 묵시 장르의 많은 특징을 드

---

　1) 사실상 철학자 포르피리오스(Porphyry, 주후 233-304년)는 현대 고등비평의 많
은 주장들을 이미 예견한 바가 있다: Edward J. Young, *The Prophecy of Daniel*
(Grand Rapids: Eerdmans, 1949), 317-20. 고등비평의 주요 견해 개관을 위해서는 다
음을 보라: Raymond B. Dillard and Tremper Longman III, *An Introduction to the
Old Testament* (Grand Rapids: Zondervan, 1994), 332.

　2) 예로써 콜린스는 1-6장의 문학 장르를 "궁정 전설"로 간주한다: John J. Collins,
Daniel with an Introduction to Apocalyptic Literature, FOTL (Grand Rapids:
Eerdmans, 1984), 42.

　3) Ibid., 33.

　4) Ibid., 6-14.

　5) Longman and Dillard, *Introduction*, 342-44.

　6) Ibid., 344.

러내고 있음을 인정하면서도, 이 책이 익명의 작품이 아니요, 그 예언들은
진정한 것들이라고 주장한다. 이와 관련하여 그 논쟁은 11장에 초점을 맞추
어져 있다(아래의 11장에 대한 논의를 보라).

　현대 비평가들은 또한 언어학적인 자료들에 기초하여 다니엘서의 후기 연
대를 주장한다. 예로써 드라이버(Driver)는 다음과 같이 진술한다: "다니엘서
에 나오는 페르시아어 낱말들은 이 책이 페르시아 제국이 이미 확립된 후의
어느 한 시점에 기록되었음을 전제한다. 그리고 이 책에 있는 헬라어 낱말들
은 요구하고(demand), 히브리어 낱말은 지원하며(support), 아람어는 허용한
다(permit). 알렉산더 대왕이 팔레스타인 지역을 정복한(주전 332년) 후에 이
책이 기록되었다는 것을 말이다."[7]

　복음주의자들은 이러한 결론에 이의를 제기한다. 예로써 아처(Archer)는
다니엘서에 외래어인 헬라어 낱말이 세 개밖에 없으며, 그 셋은 모두가 다
악기들을 가리키는 전문 용어들에 해당한다고 주장한다. 그는 앗수르와 바
벨론이 고레스 및 이오니아와 접촉하였음을 보여주며, 문제되는 악기들이
메소포타미아 지역에서 상대적으로 이른 시기에 알려졌을 수도 있다고 본
다.[8] 외래어인 페르시아어 낱말들은 열다섯 개가 있는 바, 이 모두는 페르시
아 정부를 위해 일하던 다니엘에게 알려졌을 수도 있는 통치 용어들 내지는
행정 용어들에 해당한다.[9] 아처는 또한 언어학적인 자료에 근거하여, 다니엘
서의 아람어와 히브리어가 주전 3—2세기에 생겨난 본문들의 해당 언어들과
크게 차이를 보이기 때문에, 그보다 더 이른 시기로 추정될 수밖에 없다는
결론을 내린다.[10]

---

7) S. R. Driver, *An Introduction to the Literature of the Old Testament*, 8th
ed. (Edinburgh: T. & T. Clark, 1909), 508.

8) Gleason L. Archer Jr., "Daniel," in *The Expositor's Bible Commentary*, ed. F.
E. Gaebelein, vol. 7 (Grand Rapids: Zondervan, 1985), 20-21.

9) Ibid., 21-22.

10) Ibid., 23-24. 다니엘서의 아람어가 갖는 언어학적인 특징들에 관한 최근의 연구
를 위해서는 다음을 보라: Zdravko Stefanovic, *The Aramaic of Daniel in the Light
of Old Aramaic* (Sheffield: Sheffield Academic Press, 1992).

역사적인 문제들

다니엘서는 많은 학자들로 하여금 그 역사성을 의문시하거나 부정하게 하는 몇몇 역사적인 문제점들을 안고 있다.

1. 다니엘 1:1은 바벨론이 주전 605년에 유다를 침공했다고 말하지만, 이를 입증할 수 있는 성서 밖의 증거는 전혀 없다. 그러나 바벨론 연대기는 느부갓네살이 갈그미스에서 승리를 거둔 후 그 해 여름에 이집트를 공격했다고 진술하며, 그가 "핫티(Hatti) 전역"을 정복했다고 주장한다. 불럭은 다음과 같이 추론한다: "이렇듯이 바벨론 군대의 유다 산지 약탈은 다니엘과 귀족들 중의 일부를 포로로 잡아가는 것으로 귀결되었은 바, 이 모든 일들은 그들이 이집트로 가던 도중에 또는 주전 605년 8월 초에 이집트 원정을 다녀온 직후에 이루어졌을 것이다."[11]

2. 일부 비평가들에 따르면, 느부갓네살의 정신이상에 관한 설명(4장)은 전설에 해당하는 것이다. 예로써 콜린스는 다음과 같이 진술한다: "이 이야기의 전설적인 성격은 기적적인 일들이 자주 발생한다는 점에 의해 확인된다. 이를테면 꿈, 하늘에서 들리는 소리, 왕의 기적적인 변형 등이 그렇다."[12] 콜린스에 의하면, 이 전승의 또 다른 형태는 "나보니두스의 기도"에서도 나타난다. 이 기도의 단편들은 쿰란의 네 번째 동굴에서 발견된 바가 있다.[13] 이 기도에서 바벨론 왕 나보니두스는 자신이 데마(Tema)의 성읍에서 7년 동안 궤양으로 얼마나 큰 고통을 겪었는지를 말한다. 이어서 이름 없는 한 유대인 무당이 그를 치료한 후에 그에게 참된 하나님을 찬양하고 우상숭배를 멀리할 것을 촉구한다. 콜린스는 다니엘 4장의 이야기와 나보니두스의 기도가 "몇 가지 기본적인 특징들을 공유"하고 있다는 점을 지적한다. 그에는 "바벨

---

11) C. Hassell Bullock, *An Introduction to the Old Testament Prophetic Books* (Chicago: Moody, 1986), 282,

12) Collins, *Daniel with an Introduction*, 62.

13) 이 본문의 번역을 위해서는 다음을 보라: G. Vermes, *The Dead Sea Scrolls in English*, 3d. ed. (London: Penguin, 1987), 274; Michael A. Kinbb, *The Qumran Community* (Camgbridge: Cambridge University Press, 1987), 203-6.

론 왕의 수치와 회복, 7년 기간, 한 유대인 포로의 중재 역할, 왕의 꿈" 등이 포함된다. 콜린스는 이 두 본문이 공히 "궁극적으로는, 하란 비문들에 기록된 바와 같이, 나보니두스가 바벨론을 떠나 데마의 광야 오아시스 지역에서 10년 동안 생활한 이야기에 기초하고 있다"고 주장한다.[14]

그러나 이 두 본문 사이에 있는 많은 세부적인 차이들은 이러한 주장을 있을 법하지 않다는 것을 보여준다.[15] 사실 구체적으로 유일하게 평행을 이루는 요소는 이 두 본문이 똑같이 7년 동안 지속된 질병에 관해 언급하고 있다는 점이다. 그러나 셈족 문헌에서 7이라는 숫자가 상징적인 의미로 자주 사용된다는 점을 고려할 때 이러한 평행 요소는 사소한 것이라고 할 수 있다.[16]

3. 다니엘 5장은 벨사살을 느부갓네살의 아들로 부른다. 실제로는 그가 나보니두스의 아들이었는데도 말이다. 나보니두스는 갈대아인들의 왕족 출신이 아니라 바벨론의 귀족들에 의해 왕이 된 사람이다.[17] 그러나 나보니두스는 느부갓네살의 딸들 중 한 명과 결혼함으로써 벨사살을 그 위대한 왕의 손자로 만들었을 수도 있다("아버지"나 "아들"이라는 낱말은 제각기 할아버지나 손자에게도 사용할 수 있다). 또 다른 가능성은 "아버지"나 "아들"이라는 낱말이 살만에셀 3세의 검은 오벨리스크(Black Obelisk) 비문에서처럼 비유적으로 사용되었을 수도 있다는 점이다. 이 비문은 예후를 "오므리의 아들"로 칭하고 있다. 예후가 오므리 가문을 완전히 쓸어버리고서 자신의 왕조를 수립했음에도 불구하고 말이다.[18]

---

14) Collins, *Daniel with an Introduction*, 62.

15) Archer, "Daniel," 15.

16) 이 두 문헌 사이의 유사성과 차이점에 대한 최근의 연구를 위해서는 다음을 보라: Matthias Henze, *The Madness of King Nebuchadnezzar* (Leiden: Brill, 1999), 63-73.

17) H. W. F. Saggs, *The Greatness That Was Babylon* (New York: New American Library, 1962), 150; William W. Hallo and William K. Simpson, *The Ancient Near East: A History* (New York: Harcourt Brace Jovanovich, 1971), 147.

18) Archer, "Daniel," 16; Joyce G. Baldwin, *Daniel* (Leicester, England: InverVarsity, 1978), 22-23.

4. 비평가들은 크세르크세스의 아들인 메대 왕 다리오에 대한 언급을 부정 확하고 혼란스러운 것으로 간주한다(사 5:31; 9:1을 보라). 콜린스는 다음과 같이 말한다: "메대 사람 다리오와 같은 인물은 역사에 알려진 바가 없다. 그를 바벨론을 정복한 고레스의 군대장관 고브리야스(Gobryas=Ugbaru)와 동 일시하려는 많은 시도가 있었지만, 어느 누구도 왜 그가 메대 사람 다리오로 불려야 하는지를 설명해 줄 만한 만족스런 이론을 제시하지 못했다. 다리오 라는 이름이 페르시아의 다리오 1세(522-486년)와 혼동되었다고 보는 견해 가 그래도 가장 그럴 듯해 보인다. 다리오는 바벨론의 왕위 요구자들에 의해 발생한 두 차례의 반란을 평정해야만 했는데, 그의 이러한 활동은 나중에 본 래의 바벨론 정복과 혼동되었을 것이다. 다니엘 9:1은 다리오를 아하수에로 (크세르크세스)의 아들로 칭하고 있다. 사실 크세르크세스 1세는 다리오의 아들이었다."[19]

그러나 9:1에 사용된 언어("왕으로 세움을 입던")는 메대 사람 다리오가 누군가에 의해 부통치자로 임명되었음을 암시한다. 어떤 이들은 그를 고레 스 치하에서 바벨론 총독으로 활동했던 구바루(Gubaru; 바벨론 정복에 관여 했다가 바벨론이 함락된 지 3주 후에 죽은 군대장관 욱바루와는 구별되어야 한다) 또는 고레스 자신과 동일시하기도 한다.[20]

문학 구조

다니엘서는 두 개의 병렬 구조로 이루어져 있다. 문학 장르의 측면에서 본 다면 6장과 7장 사이에 뚜렷한 단절이 있음을 금방 알 수 있다. 1-6장은 바 벨론에서 포로생활을 하던 다니엘과 친구들의 경험을 상세하게 이야기하는 설화들을 포함하고 있다. 반면에 7-12장은 다니엘의 예언적인 환상들을 담 고 있다. 그런데 1:1—2:4a와 8-12장은 히브리어로 기록되어 있고, 2:4b— 7:28은 아람어로 기록되어 있다. 이러한 변화가 생겨난 분명한 이유에 대해

---

19) Collins, *Daniel with an Introduction*, 69.

20) 이러한 주장들을 요약한 내용에 대해서는 다음을 보라: Archer, "Daniel," 16-19; Baldwin, *Daniel*, 23-28; Bullock, *Old Testament Prophetic Books*, 284-85.

서는 알 길이 없다. 어떤 이들은 아람어 부분이 이방인 통치자들과 나라들에게 더 부합된다고 보지만 말이다. 아람어 부분은 그것을 전후 문맥으로부터 구별 짓는 대칭 구조를 보이고 있다. 2장과 7장은 연속되는 네 개의 세계 제국들에 관한 예언들을 담고 있다. 그 제국들 중 마지막 나라는 하나님의 나라에 의해 대체된다. 3장과 6장은 기적적인 구원에 관한 이야기들을 말하고 있으며, 4장과 5장은 교만한 바벨론 통치자들에 대한 하나님의 통치 주권에 초점을 맞추고 있다.

하나님께서 자신의 힘을 바벨론에서 드러내심(다니엘 1-6장)

포로로 잡혀간 다니엘(1:1-21)

주전 605년에 느부갓네살은 갈그미스에서 이집트 군대를 물리친 후에 이집트를 향하여 남쪽으로 행군한다. 이집트 원정 중에 그는 예루살렘을 포위하여 성전 보물들 일부를 취한 후에, 유다의 몇몇 귀족들을 바벨론으로 사로잡아 간다(1:1-2). 바벨론 왕은 유다의 최고 젊은이들을 취하여 자신의 왕실 관리로 복무하게 한다(3-4a절). 그는 왕궁의 우두머리인 아스부나스에게 그 젊은이들을 훈련시키고, 그들에게 날마다 왕의 식탁에 제공되는 최상의 음식물과 포도주를 공급하라고 지시한다(4b-5절). 그들 중 네 명의 이름이 소개된다: 다니엘, 하나냐, 미사엘, 아사랴(6절). 이들 네 명은 새로운 바벨론식 이름을 부여받는다. 다니엘(히브리어 이름은 "나의 심판관은 하나님이시다"는 뜻을 가짐)은 벨드사살로 개칭되며, 하나냐("야웨는 은혜로우시다")는 사드락으로 바뀐다. 그리고 미사엘("그 하나님은 누구신가?")은 메삭이라는 이름을 받고, 아사랴("야웨께서 도우셨다")는 아벳느고라는 새 이름을 받는다(7절). 아벳느고("느고의 종"을 뜻함)를 제외한 나머지 바벨론식 이름들의 의미는 확실치 않다. 그러나 이러한 개명은 그 젊은이들이 그들을 사로잡은 자들에 의해 바벨론의 신하들로 여겨졌음을 의미한다.

이름이 고쳐졌어도 이 젊은이들은 외국 땅에서 제의적인 정결함을 유지하기로 결심한다. 다니엘은 왕의 음식물과 포도주를 먹지 않게 해달라고 요청한다(8절). 왜 다니엘이 왕의 음식물과 포도주를 제의적으로 부정한 것으로 보았는지는 확실치 않다. 다양한 이유들이 제시되었다.[21] 왕의 음식물이 모세 율법의 기준들에 부합된다고 보기는 어려울 것이다. 그것은 또한 그 전에 이방 신전에서 바벨론의 신들에게 바쳐졌을 수도 있다.

하나님은 아스부나스로 하여금 다니엘에게 호감을 갖도록 이끄신다. 그 관리는 그들 젊은이들이 제대로 먹지 못하여 건강을 잃게 되면 자신이 그들의 안녕을 소홀히 한 것으로 인하여 심한 문책을 당할 수도 있다는 것을 두려워한다(9-10절). 그러나 다니엘은 그 관리가 자기들을 감독하도록 맡긴 자를 설득하여 열흘간의 시험 기간을 갖게 해달라고 청한다(11-14절). 이 기간 동안에 그 젊은이들은 오로지 채소만을 먹고 물만을 마시고자 한다. 열흘이 지난 후 그들은 식사를 부실하게 했는데도 다른 사람들보다 더 건강한 모습을 보인다. 이에 그 감독자는 그들에게 왕의 음식물을 먹도록 강요하지 않는다(15-16절).

하나님은 그들에게 특별한 지혜를 주심으로서 그들의 헌신에 대하여 보상을 해주시며, 다니엘에게는 환상과 꿈을 해석할 수 있는 능력을 주신다(17절). 그들의 훈련 기간이 끝나자, 왕은 그들을 면접하고서 그들이 다른 모든 사람들보다 뛰어남을 확인한다(18-19절). 그들은 왕실에 배정되고, 왕의 모든 지혜로운 점술가들을 빠른 속도로 능가한다(20절). 다니엘은 왕궁에서 고정된 지위를 얻게 되고, 60년 이상의 기간 동안 바벨론 왕들을 섬긴다(21절).

다니엘이 왕의 꿈을 해석함(2:1-49)

2장에 기록된 사건은 느부갓네살의 통치 제2년 기간 동안에 발생한 것이다. 그런데 연대에 대한 언급은 한 가지 문제를 제기한다. 왜냐하면 앞장은 다니엘이 느부갓네살의 왕실에 소개된 일과 그가 왕을 섬기는 관리로 임명

---

21) John E. Goldingay, *Daniel*, WBC (Dallas: Word, 1989), 18-19.

된 일 사이에 3년의 시험 기간이 지났다는 것을 암시하고 있기 때문이다(1:5, 18). 2장에 기록된 사건은 이 3년 기간 동안에 발생한 것일 수도 있지만, 그럴 가능성은 희박한 듯하다. 왜냐하면 2장은 1:18-20의 사건들을 전제하고 있는 것으로 보이며, 다니엘과 그의 친구들이 정식으로 왕의 자문단에 속하게 되었다고 묘사하고 있기 때문이다. 이 문제는 왕의 즉위년에 대한 바벨론 사람들의 계산법을 올바로 이해할 때 해결될 수 있다. 바벨론 체계에서 왕의 즉위년은 그의 첫 통치년으로 간주되지 않는다. 도리어 그가 완전히 왕위에 오른 첫 번째 해가 그의 첫 통치년으로 여겨진다. 따라서 왕의 두 번째 공식적인 통치년은 사실상 그가 왕위에 오른 지 3년째 되는 해이다.[22]

느부갓네살은 자기를 크게 번민케 하는 꿈을 꾼다(2:1). 그는 자기 나라의 지혜자들을 불러 모아 그것을 해석하라고 명한다(2-3절). 그러나 거기에는 함정이 있었다. 느부갓네살은 그들의 능력을 의심했음에 틀림이 없다. 그 까닭에 그는 그들에게 꿈의 내용을 밝힘과 동시에 그것을 해석할 것을 요구한다(4-9절). 그러자 그 지혜자들은 사람으로서는 그러한 일을 할 수 없다는 점을 지적함으로써 왕에게 항변한다(10절). 오로지 신들만이 왕이 꾼 꿈의 내용을 밝힐 수 있다는 것이다(11절). 그들의 반응에 분노한 왕은 다니엘과 그의 친구들을 포함한 모든 지혜자들을 처형할 것을 명한다(12-13절). 이 소식을 들은 다니엘은 일시적인 처형 유보를 요청한다(14-16절). 그와 그의 친구들은 하나님의 자비를 간구하고, 밤중에 하나님께서는 왕의 꿈을 다니엘에게 알려주신다(18-19절). 다니엘은 하나님을 찬미하면서, 그분이야말로 모든 지혜의 근원임을 인정하고, 그의 예리한 눈 앞에서는 만물이 벌거벗은 것처럼 드러난다고 말한다(20-23절). 이어서 그는 왕에게 가서 하나님이 그 꿈을 자기에게 말씀해 주셨음을 밝힌다(24-30절).

꿈 속에서 왕은 머리가 금이요, 가슴과 팔은 은이요, 배와 넓적다리는 놋이요, 종아리는 쇠인 거대한 신상을 보았다. 그 발은 쇠와 진흙의 혼합물로 되어 있었다(31-33절). 그는 또한 하나님께서 예비하신 것이 분명한 한 바위가 그 신상의 발을 깨뜨림으로써 그 신상 전체를 부수는 것을 보았다(34-35a

---

22) Young, *Prophecy of Daniel*, 55-56.

절). 그 부서진 잔해는 바람에 날려가 버리고, 그 바위는 온 세상을 가득 채우
는 거대한 산으로 바뀐다(35b절).

다니엘은 왕을 위하여 그 꿈을 해석한다(36절). 금으로 된 머리는 느부갓네
살을 상징한다. 야웨께서는 그에게 광범한 지역을 다스리게 하신다(37-38
절). 그 신상의 몸에서 은과 놋과 쇠로 된 부분들은 그 후에 이어질 나라들을
대표한다(39-40절). 네 번째의 하급 재질(쇠)은 나중에 모든 다른 것들보다
강하게 될 것이요, 전임자들을 능가할 것이다. 그러나 그 나라는 결국 둘로
나누어질 것이다(41절). 쇠와 진흙이 혼합되어 있다는 것은 이렇게 나누어진
나라가 비록 강하기는 해도 쉽게 무너질 수도 있는 것임을 암시한다(42-43
절). 그리고 꿈 속에 나오는 바위는 세상의 모든 나라들을 무너뜨릴 나라, 곧
파괴될 수 없는 영원한 나라를 상징한다(44-45a절).

그 신상을 구성하는 상이한 금속들이 이렇듯이 연대순으로 이어지는 네
개의 나라들을 대표하지만, 그 한 개의 신상은 다양한 성격을 가진 이 나라
들이 사실상 하나의 실체, 곧 하나님을 대적하는 세계 제국을 이루고 있음을
암시한다. 이것은 왜 그 신상 전체가 바위에 의해 발에 가해진 단 한 번의 타
격에 깨뜨려지는 것으로 묘사되는지(34-35, 44b절), 그리고 왜 이 사건이
"이 여러 왕들의 시대," 곧 그 환상이 상징하는 네 나라 왕들의 시대에 발생
한 것으로 여겨지는지 설명해 준다(44a절). 머리에서 발로 옮겨가면서 금속
의 가치가 점차 감소하는 것(금-은-놋-쇠-쇠와 진흙의 혼합물)은 아이러니
컬하게도 제국의 붕괴를 가리킨다. 쇠가 힘을 상징하는 반면에(40절), 금속
가치의 점차적인 감소는 그 세계 제국의 본질적인 힘이 점차 줄어들 것임을
의미한다. 그 신상의 발이 쇠와 진흙의 혼합으로 이루어져 있다는 것은 그것
이 본질적으로 허약한 것임을 암시한다.

다니엘의 능력에 감동한 느부갓네살은 그를 존중히 여기면서 다니엘의 하
나님을 찬미한다(45b-47절). 왕은 다니엘을 바벨론 총독으로 임명하며, 그에
게 많은 선물들을 준다(48a절). 그는 다니엘로 하여금 모든 지혜자들을 총괄
하게 하며, 다니엘의 요청에 따라 다니엘의 세 친구들을 주요 행정직에 임명
한다(48b-49절).

느부갓네살의 뒤를 이어 나타나는 세 나라들의 정체에 대해서는 학자들

간에 합의된 의견이 없다.[23] 다니엘서에서 특히 네 명의 개인들이 왕으로 불려지는 것으로 보아, 네 개의 연속적인 나라들은 느부갓네살(3:1), 벨사살(5:1), 메대 사람 다리오(6:6), 고레스(10:1) 등의 나라들을 가리킬 수도 있다.[24] 두 번째 나라(은이 상징하는)는 느부갓네살보다 "못한" 것으로 여겨진다(2:39). 이것은 바벨론의 느부갓네살 계승자들, 특히 나보니두스와 벨사살을 염두에 두고 있는 것으로 보인다. 그러나 이러한 구도를 따르게 되면, 고레스의 나라가 어떻게 하나님의 나라에 의해 대체되는지를 설명하기가 어려워진다. 나중에 주어지는 환상들은, 실제 역사와 부합되는 것들로서, 하나님의 나라가 아니라 알렉산더의 헬라 제국이 페르시아 제국을 곧바로 계승한 나라임을 밝히고 있다(7-8장).

이 때문에 많은 이들은 은으로 된 가슴과 팔을 메대로, 놋으로 된 배와 넓적다리를 페르시아로, 그리고 쇠로 된 종아리를 알렉산더 대왕의 헬라 제국으로 간주한다. 이 견해에 따르면, 쇠와 진흙으로 된 발은 알렉산더의 나라가 그의 사후(死後)에 나누어질 것임을 상징한다. 두 재료의 혼합은 시리아의 셀레우코스 왕조와 이집트의 프톨레마이오스 왕조 사이에 이루어진 혼합 결혼을 암시한다. 이 견해는 매력적이다. 왜냐하면 나중에 주어진 환상들이 알렉산더의 계승자들(특히 셀레우코스 가문과 안티오쿠스 4세[에피파네스]) 및 그들과 유대 민족 사이의 관계에 초점을 맞추고 있기 때문이다(8장과 11장을 보라).

그러나 메대와 페르시아 사이를 구별하는 견해에는 문제가 있다. 그 까닭은 고레스가 두 나라를 다스렸기 때문이다. 다니엘서 본문은 "메대와 페르시아"라는 표현을 통하여 두 나라를 하나의 통합된 실체로 인식하고 있다(5:28; 6:8, 12, 15를 보라). 이 견해의 추종자들은 메대 사람 다리오의 통치(또는 그의 "나라")가 페르시아 사람 고레스의 통치와 구별되어 보이는 듯하다는 점을 지적함으로써 그러한 문제 제기에 답한다(6:28). 그러나 왜 그들의

---

23) 본문 해석의 오랜 역사가 진행되는 동안에 이루어진 무수한 제안들을 개관하기 위해서는 ibid., 73-75를 보라.

24) Goldingay, *Daniel*, 51, 174.

통치가 겹칠 수 없는지, 그리고 다리오가 고레스에게 종속되는지를 입증할 만한 증거는 어디에도 없다. 5:28에 따르면, 벨사살의 나라는 메대와 페르시아에게로 넘어간다. 그리고 9:1은 다리오가 "갈대아 나라의 왕으로 세움을 입었다"고 말한다. 이는 그가 더 높은 권세자에 의해 임명받았음을 암시한다. 더 나아가서 8장에서 두 개의 뿔을 가진 숫양은 메대와 페르시아를 상징한다(20절을 보라). 이는 이 두 집단이 인종적인 다양성을 가지고 있으면서도 근본적으로는 하나임을 반영하고 있다.[25]

은으로 된 팔과 가슴은 바벨론을 밀어낸 메대-페르시아 제국을 상징할 가능성이 매우 높다. 이렇게 본다면, 놋으로 된 배와 넓적다리는 알렉산더 치하의 헬라 제국을 대표하고, 쇠로 된 종아리는 그 후에 생겨날 제국을 상징할 것이다. 7장의 환상이 이러한 견해를 뒷받침한다. 만일에 우리가 2장과 7장(다니엘서의 아람어 부분을 둘러싸고 있는 형태를 취함)에 묘사된 네 연속적인 나라들 사이에 상관관계가 있다고 가정한다면, 2장의 놋으로 된 배와 넓적다리는 7장의 표범에 상응한다(7:6을 보라).[26] 후자는 네 개의 머리를 가지고 있는 바, 그 네 머리는 알렉산더 대왕의 제국으로부터 생겨난 네 개의 나라들을 상징할 가능성이 매우 높은 편이다(8:21-22를 보라). 그의 제국은 그가 죽은 후에 네 장군들에 의해 분열되고 말았기 때문이다. 8장과 11장에서는 셀레우코스 왕조가 특별한 주목을 받고 있는 것으로 보아, 2장과 7장의 배후에는 셀레우코스 왕조가 있는 것으로 보인다. 그러나 나중에 주어지는 환상들은 실제 역사와 부합되는 것들로서, 셀레우코스 왕조가 알렉산더에게서 비롯되었다고 묘사한다(7:6; 8:21-25를 보라). 이 때문에 많은 이들은 네 번째 나라를 알렉산더 제국의 분명한 계승자로 본다. 그 나라는 아마도 로마 제국과(이나; and/or) 종말의 세계 제국을 가리킬 것이다.

만일에 느부갓네살의 꿈에 나타나는 두 번째 나라가 메대-페르시아 제국이라고 한다면, 그것은 어떠한 점에서 바벨론 제국보다 못한 것으로 여겨질 수 있을까(2:39를 보라)? 결국 고레스는 바벨론을 정복한다. 더 나아가서 페

---

25) Young, *Prophecy of Daniel*, 285-86.

26) 골딩게이(Goldingay, *Daniel*, 174)는 2장과 7장을 이러한 방식으로 상호 관련시키는 데 선뜻 동의하지 않는다.

르시아 제국은 느부갓네살의 왕조보다 훨씬 더 오래 지속되며, 더 넓은 지역에 걸쳐서 확장된다. 아마도 메대-페르시아 제국의 인종적인 다양성은 이 나라의 본질적인 약점에 해당한다고 볼 수 있을 것이다. 그러나 이보다 더 그럴듯한 견해는 그러한 진술이 단순히 올바른 궁중 예절을 반영하고 있으며, 느부갓네살에 대한 존경심에서 추가되었으리라는 점이다. 이와 관련하여 다니엘이 금으로 된 머리를 왕의 나라가 아니라 왕 자신으로 봄과 아울러, 느부갓네살을 "왕들 중의 왕"으로 칭하고 있다는 점은 주목할 만한 일이 아닐 수 없다(37절).

풀무불에 던져진 다니엘의 친구들(3:1-30)

1장에서 하나님은 자신의 신실한 성도들에게 복을 줄 힘이 자신에게 있음을 입증하신다. 그들이 먼 땅에 포로가 되었을 때조차도 말이다. 2장에서 그는 왕의 꿈을 포함하는 모든 것들을 알 수 있는 능력이 자신에게 있음을 입증하신다. 아이러니컬하게도 왕의 꿈은 느부갓네살이 시작한 이방인 세계의 파멸과 하나님 나라의 도래를 기대한다. 3장에서 하나님은 자신의 신실한 성도들을 보호해줄 수 있는 힘이 자신에게 있음을 입증하신다. 그들이 강한 왕의 분노의 표적이 된다 할지라도 말이다.

느부갓네살은 거대한 금신상을 세운다(3:1). 본문은 그 신상의 정체에 대해서 아무런 정보도 제공하지 않지만, 그 신상이 느부갓네살의 신들을 숭배하는 것과 관련되어 있는 것으로 보아(12, 14절), 아마도 그것은 왕의 이름을 담고 있는 신, 곧 나부(Nabu)를 가리킬 것이다. 느부갓네살은 자신의 모든 행정 관리들을 소환하여 그 신상 앞에 절할 것을 명한다(2-5절). 그렇게 하는 것을 거부하는 자는 불타는 풀무불에 태워질 것이다(6절). 다니엘의 세 친구들이 왕의 명령에 복종하기를 거부하자, 왕의 관리들 중 일부가 그들을 느부갓네살에게 고발한다(7-12절). 그 소식에 왕은 분노하여 그 세 사람을 부른 다음에 그들에게 자기 명령에 복종할 또 한 번의 기회를 준다(13-15a절). 그는 계속 불복종하면 죽음에 이를 것임을 그들에게 경고하며, 어떠한 신도 그들을 건져내지 못할 것이라고 큰소리친다(15b절).

그 세 사람은 왕 앞에 서서 자기들의 하나님이 자기들을 불에서 건져내실 수 있다고 왕에게 말한다(16-17절). 설령 그가 그렇게 하지 않으신다고 해도 그들은 왕의 신들을 섬기지 않을 것이요, 금신상 앞에 절하지 않을 것임을 분명하게 밝힌다(18절). 17절은 문자적으로 볼 때 다음과 같이 읽힌다: "왕이여, 만일에 우리가 섬기는 하나님이 존재하신다면, 그는 우리를 맹렬히 타는 풀무불 가운데에서 능히 건져내실 것이요, 왕의 손에서도 건져내실 것입니다." 첫 눈에 보기에 이 진술은 하나님의 존재를 의심하는 것처럼 보이지만, 그들이 기꺼이 왕에게 불복종하여 풀부물에 던져지겠다고 말하는 것은 그렇지 않음을 암시한다. 이 진술은 순전히 수사학적인 것으로서, 비꼬는 투로 왕의 뒤틀린 시각을 그대로 보여주고 있는 듯하다. 이전에 그는 다니엘의 하나님이 "모든 신들 중의 신"(2:47)임을 인정한 바가 있었지만, 이제는 마치 이 주권적인 하나님이 더 이상 존재하지 않는 것처럼 말한다(3:15를 보라).

분노에 사로잡힌 느부갓네살은 풀무불을 최고 온도로 가열할 것을 명하고는("일곱 배"라는 표현의 의미인듯 함), 호위병들에게 세 사람을 묶어 그 불 속에 던져 넣으라고 지시한다(19-21절). 그 불길이 너무도 뜨거운 탓에 처형인들 자신도 세 사람을 풀무불에 던지는 중에 풀무불의 열기에 타죽고 만다(22-23절). 그러나 세 사람은 전혀 불에 타지 않는다. 사실 왕은 놀랍게도 그들이 묶이지 않은 채로 네 번째 인물과 함께 거니는 모습을 본다(24-25절). 이 네 번째 인물과 관련하여 왕은 "그 넷째의 모양은 신들의 아들과 같도다"라고 말한다. 28절에서 느부갓네살은 자신이 그 인물을 하나님의 "천사"(문자적으로는 "사자")로 알고 있음을 밝힌다. 이 천사와 "신들의 아들"의 이러한 동일시는 히브리 성서에서 꾸준히 하나님의 천상회의 구성원들을 가리키는 "하나님/신들의 아들"이라는 히브리어 표현(창 6:2, 4; 욥 1:6; 2:1; 38:7; 시 29:1; 89:6을 보라. 아울러 사해사본의 신 32:8도 보라)의 용례와 일치한다.[27] 하나님의 "천사"에 대한 또 다른 언급은 다니엘 6:22에 나타난다. 이 본

---

27) '브네 엘림'("신들의 아들들" 또는 "엘의 아들들")이라는 표현은 주전 800년경의 것으로 추정되는 한 비문에 있는 아지타왓다 왕의 저주문 종결부에 나타난다: James Pritchard, *Ancient Near Eastern Texts Relating to the Old Testament* (Princeton: Princeton University Press, 1969), 499-500. 이 구절은 바알샤멤, 엘, 태양신 등과 관련된 만신전(pantheon)을 가리킨다.

문에 의하면, 다니엘은 다리오 왕에게 하나님께서 "그의 천사"를 보내어 사자들의 입을 막았다고 말한다.

느부갓네살은 사드락과 메삭과 아벳느고에게 풀무불 속에서 나오라고 명한다(26절). 그들은 전혀 다치지 않은 채로, 심지어는 불에 탄 옷 냄새도 없이 그 속에서 나온다(27절). 왕은 그들의 하나님이 충성스럽고도 용감하게 자기를 섬기는 자들을 구원하시는 분이라고 찬미한다(28절). 그는 그들의 하나님께 함부로 말하는 자는 누구든지 처형을 받을 것이라는 칙령을 발표하고, 이어서 그 세 사람의 지위를 높여준다(29-30절).

하나님께서 느부갓네살을 비천하게 만드심(4:1-37)

3장에서 하나님은 자기를 섬기는 자들을 왕의 풀무불로부터 구원하심으로써 자신의 우월함을 느부갓네살에게 입증하신다. 4장에서 그는 한층 놀랍고도 직접적인 방식으로 그 교만한 왕을 낮추심으로써 느부갓네살에 대한 자신의 통치 주권을 드러내신다. 4장은 왕의 삶을 변화시킨 경험에 관해 말하는 전기적인 자료를 기본 틀로 가지고 있다(1-18, 34-37절). 이 틀 속에는 왕이 받는 심판과 그 후의 회복에 관한 3인칭 시각의 이야기가 들어 있다(19-33절).

4장은 느부갓네살이 온 나라 사람들에게 말하는 것으로 시작된다(4:1). 그는 지극히 높으신 하나님의 위대한 행동들에 대해서 말하겠다는 의도를 밝힌다. 그는 그 하나님의 위대하심과 우주적인 주권을 최근에 깨달았다고 말한다(2-3절). 그는 자신을 두려움에 사로잡히게 했던 꿈을 꾼 때를 회상한다(4-5절). 그의 지혜자들이 그 꿈의 의미를 해석하지 못한 까닭에 왕은 다니엘(바벨론 왕실에서는 바벨론식 이름인 벨드사살로 알려진)에게 해석을 구한다. 이는 그가 다니엘이야말로 "거룩한 신들의 영"을 가진 자임을 알고 있기 때문이다(6-8, 18절). 왕은 꿈 속에서 새들과 들짐승들에게 은신처를 제공하는 거대한 나무를 보며(9-12절), 하늘의 사자는 그 나무를 자르고 그 그루터기와 뿌리를 쇠와 놋줄로 묶으라고 명한다(13-15a절). 그 사자가 명한 나머지 내용은 그 그루터기가 한 사람을 상징한다는 점을 암시하고 있다. 그 사자는 그 그루터기가 대표하는 사람이 바깥에서 들짐승들과 함께 살 것이요, 일곱 "때"에 걸쳐서 짐승처럼 행동할 것이라고 선포한다(15b-16절).[28] 이 이야기는 지극히 높으신 하나님이 인간 나라들과 통치자들을 다스리시는 분임을 널리 알리고 있는 것으로 보인다(17절).

이 꿈으로 인하여 다니엘은 번민하지만, 느부갓네살은 그 의미를 솔직하게 말하라고 그를 격려한다(18-19a절). 다니엘은 그 꿈이 원수들에게 속한 것이라면 왕에게 말할 수 있겠는데 그렇지 않다고 말한다(19b절). 그가 꿈에서 본 나무는 권세와 영광으로 가득 찬 왕의 위세를 상징한다(20-22절). 그러나 왕은 비천하게 될 것이다. 일곱 "때" 동안 그는 인간 공동체로부터 벗어나 살 것이요, 짐승처럼 행동할 것이다(23-25a절). 그러나 그루터기와 뿌리를 남겨두었다는 것은 미래에 대한 희망을 암시한다. 징계의 때가 끝난 후 만일에 왕이 지극히 높으신 하나님의 주권을 인정한다면, 그는 왕위를 회복할 수 있을 것이다(25b-26절). 다니엘은 그 꿈에 암시된 징계가 회개를 통하여 철회될 수도 있으리라는 희망을 가지고 있다. 그는 느부갓네살이 방해받지 않은 채로 계속 성공하기를 바라는 마음에서 그에게 자기 죄를 회개하고 정의를 도모할 것을 촉구한다(27절).

1년 후 왕이 자신의 성공과 영화로움에 대하여 생각할 즈음에 하늘로부터 들리는 한 목소리가, 그 꿈이 곧 실현될 것이라고 선언한다(28-32절). 갑자기 광기에 사로잡힌 그는 일곱 "때" 동안 인간 공동체로부터 벗어나 들짐승의 모습을 한 채로 살아간다(33절). 그 기간이 끝나자 야웨께서는 그의 광기를 제거하시고 이전의 왕권을 회복시켜 주신다(34a, 36절). 왕은 세상을 공평하게 다스리시고 교만한 자를 낮추시는 지극히 높으신 분의 주권을 인정한다(34b-35, 37절).

어떤 이들은 이 기사가 왕이 어떻게 하여 짐승처럼 되었는지에 관한 별스러운 이야기를 담고 있다 하여, 그것을 단순히 전설에 지나지 않는 것으로 평가절하하려는 유혹을 느낀다. 그러나 왕이 경험하는 상황은 의학계에서 황소증후군(자신을 황소라고 생각하는 정신질환의 일종: 역자 주)으로 알려

---

28) 많은 학자들은 "일곱 때'라는 표현이 7년을 가리킨다고 보지만, 확실치는 않다.

져 있다. 그것은 짐승의 사고방식을 가지고서 짐승처럼 행동하는 정신질환을 가리킨다. 해리슨은 이러한 사례를 1946년에 영국의 한 연구소에서 목격한 바가 있다. 문제가 된 환자는 반사회적인 정서를 갖게 되면서, 낮에는 풀을 뜯어먹으면서 연구소의 마당을 돌아다녔다. 춥고 비가 오는 겨울철에도 그는 가벼운 옷을 입고 다니지만, 결코 병에 걸리지는 않았다. 그의 머리카락은 자라났고 손톱은 거칠고 두꺼워졌다. 해리슨은 이렇게 관찰하고 있다: "정기적인 보살핌이 없었다면, 그는 다니엘 3:33에 언급된 자들과 똑같은 심리 상태를 드러냈을 것이다." 이어서 그는 이렇게 말한다: "다니엘 4장의 저자는 드물기는 하지만 입증이 가능한 정신적 고통을 정확하게 묘사하고 있음이 분명한 것으로 보인다."[29)]

바벨론의 끝이 가까워옴(5:1-31)

5장에서 하나님은 놀랍고도 초자연적인 방식으로 바벨론의 파멸을 선포하심으로써 다시금 왕들과 나라들에 대한 자신의 통치권을 분명하게 보여주신다. 이곳에 기록된 이야기는 고레스가 바벨론을 정복한 해인 주전 539년에 발생한 것이다. 이 무렵에는 느부갓네살이 죽고 벨사살이 바벨론을 다스리고 있었다. 나보니두스가 바벨론의 실제 왕이었지만, 그는 수년 동안 데마에 머물러 있으면서 아들 벨사살에게 바벨론을 넘겨준 상태였다. 29절은 벨사살이 제2인자로서 다니엘에게 제공할 수 있는 최고의 지위, 곧 "셋째 통치자"의 자리에 앉혔다고 말함으로써 당시의 상황에 대한 암시를 준다(7, 16절을 보라).

벨사살은 자신의 귀족들을 위하여 큰 잔치를 연다(5:1). 그는 느부갓네살이 예루살렘 성전으로부터 가져온 금잔과 은잔을 잔칫자리에 가져오라고 명한 다음, 손님들과 함께 그것들로 술을 마신다(2-3절). 그들은 그 거룩한 잔들로 술을 마시면서 자기들의 신들을 찬미한다(4절). 이러한 신성모독 행위를 하나님은 눈여겨보신다. 갑자기 사람의 손가락이 공중에 나타나 왕궁 벽

---

29) R. K. Harrison, *Introduction to the Old Testament* (Grand Rapids: Eerdmans, 1969), 1116-17.(「구약 서론」: 크리스챤다이제스트)

에 메시지를 기록한다(5절). 이에 왕의 얼굴은 공포로 인하여 백지장같이 하얗게 변하며, 그는 두려움에 사로잡힌 나머지 거의 쓰러질 지경에 이른다(6절). 그는 자신의 지혜자들을 불러 그 메시지를 해석하는 자에게 "나라의 셋째 통치자" 자리를 주겠다고 제안한다(7절). 왕이 크게 실망스럽게도 지혜자들 중 어느 누구도 그렇게 하지 못한다(8-9절). 그런데 황태후가 당시에 80대의 노령인 다니엘을 기억하고서, 왕에게 그를 불러올 것을 청한다(10-12절). 왕은 다니엘에게 만일 그가 그 메시지를 해석할 수 있다면 그에게 많은 선물들과 나라의 셋째 통치자 자리를 주겠다고 제안한다(13-16절). 다니엘은 왕의 선물들을 거부하면서도, 그 메시지를 해석하는 데 동의한다(17절). 그러나 그는 먼저 느부갓네살 왕의 비천해진 경험을 상기시키면서 그가 나중에 어떻게 지극히 높으신 하나님의 주권을 인정했는지를 설명한다(18-21절). 느부갓네살과는 달리 벨사살은 교만한 사람이었다. 그는 거룩한 잔들을 더럽힘으로써 하나님을 거역했고, 유일한 참 하나님을 영화롭게 하기를 거부했다(22-23절). 이 때문에 벽에 기록된 메시지가 선언하고 있는 바와 같이 그의 나라는 곧 붕괴될 것이다(24절).

그 메시지 자체는 '메네 메네 데겔 우바르신'으로 간결하게 되어 있다(25절). 외관상 이 구절은 문자적으로 볼 때 "한 미나, 한 미나, 하나 반 세겔"이라는 뜻을 가지고 있다. 이러한 측량 단위들은 저울에 놓여지는 화폐의 무게를 나타낸다. 이 낱말들 자체는 이중적인 의미를 가지고 있다. '메네'라는 용어는 "셈하다"는 뜻을 가진 동사 '메나'와 비슷하게 들린다. 하나님은 벨사살의 통치 연대를 셈하시고서 그 왕의 때가 끝났음을 밝히신다(26절). '데겔'이라는 낱말은 "무게를 재다"는 뜻을 가진 동사 '테칼'과 비슷하게 들린다. 벨사살은 하나님의 저울에 무게가 재어진 결과 부족함이 발견된다(27절). '우바르신'(접속사 "그리고"와 "반 세겔"을 뜻하는 '페레스'의 복수형이 결합한 형태임)이라는 용어는 "둘로 쪼개다"는 뜻을 가진 동사 '페라스'와 비슷하게 들린다. 벨사살의 나라는 쪼개어져서 메대와 페르시아로 넘어갈 것이다(28절). 다니엘이 반대했음에도 불구하고 왕은 자신의 약속을 지키기 위하여(16-17절을 보라) 그에게 자주색 옷을 입히고 금사슬을 목에 걸어준 다음에 공식적으로 그를 나라의 셋째 통치자로 승진시킨다(29절). 그러나 왕의 선물들은 그에게 있어서 무의미한 것이었다. 그날 밤에 바벨론은 함락되고, 왕은 죽으며, 메대 사람 다리오가 왕위를 물려받는다(30-31절).[30]

사자굴 속의 다니엘(6:1-28)

3장에서처럼 야웨께서는 신실하게 자기를 따르는 자들을 보호하는 능력을 다시금 분명하게 입증하신다. 다리오는 다니엘에게 재능이 있는 것을 알고서 자신의 통치기간 동안에 그를 중요한 행정 요직에 임명한다(6:1-2). 다니엘이 너무도 뛰어난 까닭에 다리오는 그를 총리의 자리에 앉히려는 계획을 세운다(3절). 그러자 다른 행정 관리들이 질투심에 사로잡힌 나머지 다니엘을 파멸시키기로 모의한다(4-9절). 다니엘이 충성스럽게도 날마다 자신의 하나님께 기도한다는 것을 알고 있는 그들은 왕을 설득하여 한 달 동안 왕 이외의 다른 어떤 신이나 인간에게도 기도하는 것을 금하는 칙령을 공포할 것을 왕에게 제안한다. 그 칙령을 어기는 자들은 사자굴 속에 던져지는 벌을 받아야 한다는 제재 규정이 그 안에 포함된다. 허영심이 강한 왕은 그 칙령을 누구도 바꿀 수 없는 왕의 법으로 제정한다. 원수들이 의심한 대로, 그 법은 다니엘이 하루에 세 차례씩 하나님께 기도하는 것을 막지 못한다(10절). 다니엘이 자기 방에서 기도하는 것을 눈여겨본 원수들은 다리오에게 그 법이 바꿀 수 없는 것임을 상기시킨 다음, 왕을 거역한 다니엘의 불순종 행동에 대해서 보고한다(11-12절). 자신이 제정한 법의 허점을 찾으려고 했으나 성과를 거두지 못한 다리오는 다니엘을 사자굴 속에 던져 넣지 않을 수 없었다(13-16a절). 그렇게 하면서 그는 다니엘의 하나님께 자신의 신실한 종을 구원해 달라고 간구한다(16b절). 이 이야기의 화자는 장차 어떠한 일이 발생할지를 우리에게 말하지 않음으로써 긴장감을 조성한다. 도리어 그는 사자굴이 왕 자신의 인장 반지에 의해 봉하여졌고(17절), 고민에 빠진 왕이 그날 밤 왕궁에서 불면의 밤을 보냈다고 말한다(18절).

아침에 왕은 급히 사자굴 앞으로 달려가서 다니엘을 부르면서, 그의 하나

---

30) 메대 사람 다리오의 정체를 확인하는 역사적인 문제에 대해서는 도입부에 있는 필자의 설명을 보라.

님이 그를 짐승들에게서 건져주셨는지를 묻는다(19-20절). 왕이나 우리에게
퍽이나 놀랍게도, 다니엘은 하나님의 천사가 사자들의 입을 막아버리시고
무죄한 다니엘을 보호해 주셨다고 답변한다(21-22절). 다니엘이 살아 있다
는 사실에 놀란 왕은 그를 풀어줄 것을 명한다. 그는 또한 다니엘의 원수들
과 그들의 아내들 및 자녀들을 사자굴 속에 던져 넣으라고 지시한다. 그러자
사자들은 그들의 몸이 바닥에 떨어지기도 전에 산 채로 그들을 잡아먹어 버
린다(23-24절). 악을 행한 자들의 아내들 및 자녀들까지 처형한 것은 불공평
하고 잔인하게 보일 수도 있지만, 그것은 성서 세계에 널리 통용되던 연대
책임의 원리를 반영하는 것이나 다름이 없다.[31] 그들의 운명은 다리오와 그
의 선임자인 고레스의 시대에 형통함을 누렸던 다니엘의 운명과 뚜렷한 대
조를 이룬다(28절).

다시금 하나님의 자기 계시는 이방 왕의 찬미를 불러일으킨다. 다리오는
나라 안의 모든 사람들에게 다니엘의 하나님을 경배하라는 칙령을 내린다.
그 까닭은 그가 온 세상의 영원한 주권자요 왕이기 때문이다. 그는 자신을
신실하게 따르는 자들을 해악으로부터 구원하실 능력을 가지신 분이다(25-
27절). 2-6장에서 계속 이어지는 찬양은 주목할 만한 요소들 중 하나이다. 2
장에서는 다니엘이 하나님을 모든 지혜의 근원으로 찬미한다(2:20-23). 그의
해석 능력은 느부갓네살로 하여금 다니엘을 존중하게 만들고 다니엘의 하나
님을 "신들 중의 신이요 왕들 중의 왕"으로 찬미하게 만든다(2:47). 3장에서
느부갓네살은 다니엘의 친구들이 풀무불 속에서 건짐 받는 것을 목격하고서
그들의 하나님을 찬미하며, 그를 모독하는 행동을 하지 말 것을 명한다
(3:28-29). 수치를 당한 후에 그로부터 회복된 느부갓네살은 자기 나라 전역
에 다니엘의 하나님을 찬미할 것을 공식적으로 선포하며, 그의 하나님을 "지
극히 높으신 하나님"과 "하늘의 왕"으로 칭한다(4:1-3, 34-37). 5장은 파멸
이 예정된 벨사살의 찬미를 전혀 기록하고 있지 않다. 그는 다니엘에게 힘을
주신 하나님보다는 다니엘의 능력에 깊이 빠져든 것으로 보인다. 메대 사람

---

31) 호세아 4:4-5와 아모스 7:17에 대한 필자의 설명을 보라. 아울러 카민스키의 중
요한 다음 연구도 보라: Joel S. Kaminsky, *Corporate Responsibility in the Hebrew
Bible* (Sheffield: Sheffield Academic Press, 1995).

다리오는 느부갓네살처럼 자기 나라 전역에 다니엘의 하나님을 찬미할 것을 공식적으로 선포한다(6:25-27). 그는 "살아 계신 하나님"을 찬미하며, 자기 백성에게 다니엘의 하나님을 "두려워하고 경외할" 것을 명함으로써 느부갓네살보다 한 걸음 더 나아간다.

하나님께서 미래를 위한 자신의 계획을 드러내심(다니엘 7-12장)

하나님께서 자기 나라를 견고하게 세우심(7:1-28)

7장에 기록되어 있는 환상은 벨사살의 첫 번째 통치년 기간에 발생한 것이다(7:1). 벨사살이 나보니두스 아래 통치했기 때문에, 이것은 그가 부통치자로 임명된 해를 가리키고 있음에 틀림이 없다. 한 바벨론 본문은 주전 556-539년 사이에 나라를 다스린 나보니두스가 3년째 되던 해(대략 553년)에 벨사살을 부통치자로 임명했음을 암시한다.

다니엘은 하늘의 네 바람들이 바다를 요동시키는 것을 보며, 그 바다로부터 차례대로 네 거대한 짐승들이 나타남을 본다(2-3절). 그 첫 번째 짐승은 사자를 닮았으면서도 독수리의 날개를 가지고 있기도 하다. 그 날개가 뽑히더니 그것은 사람처럼 똑바로 서며, 인간의 마음을 받는다(4절). 두 번째 짐승은 곰과 같이 생겼다(5절). 그것은 "몸 한쪽을 들어 올린다." 아마도 이것은 그것이 공격하기 위해 몸을 웅크리거나 뒷발로 선 상태를 의미할 것이다. 그것은 또한 "잇 사이에 갈빗대 세 개를 물고" 있다. 마치 방금 짐승의 고기를 먹은 것처럼 말이다.[32] 그러나 이러한 모습이 갖는 의미는 다소 불확실하다. 이는 그 짐승이 끔찍할 정도로 일그러져 있음을 의미할 수도 있다.[33] 어쨌

---

32) 또 다른 견해는 "갈빗대"로 번역된 이 용어가 보통 엄니나 송곳니를 가리킨다고 본다. 이렇게 본다면, 이러한 묘사는 단순히 그 짐승이 먹이를 죽이거나 잡아먹을 수 있는 힘을 가지고 있음을 강조하는 것이라 할 수 있다.

33) 이와 관련하여 포터는 다니엘 7장과 8장에 묘사된 짐승들과 메소포타미아의 점술 문헌들에 언급된 일그러진 인간과 짐승의 출생 사이에 평행 요소가 있다고 본다. 이 문

든 곰처럼 생긴 이 짐승은 일어서서 고기를 많이 먹으라는 지시를 받는다. 세 번째 짐승 역시 네 개의 날개와 네 개의 머리를 가지고 있기는 하지만, 표범과 같이 생겼다(6절). 네 번째 짐승은 다니엘이 알고 있는 어떤 짐승도 닮지 않은 것으로서, 넷 중에 가장 무섭고 강한 짐승이다(7절). 그것은 쇠로 된 이빨을 가지고 있으며, 자신의 희생물들 중에서 남은 모든 것들을 발로 짓밟아버린다. 그것은 또한 열 개의 뿔을 가지고 있지만, 한 작은 뿔이 자라나서 다른 뿔들 중 셋을 뽑아버린다(8a절). 이 작은 뿔은 인간의 눈을 가지고 있으며, 거만한 자세로 말을 한다(8b절).

그러다가 장면이 갑자기 바뀐다. 여러 개의 왕좌들이 놓이고 "옛적부터 계신 이"가 그 중 하나 위에 앉아 있다(9a절). 그의 옷과 머리털은 완전히 흰색이다. 그의 왕좌는 바퀴들을 가지고 있으며, 타오르는 불로 이루어져 있다. 그 불은 그에게서 강처럼 흘러나온다(9b-10a절). 셀 수 없이 많은 수행원들이 그의 주변에 서 있으며, 나머지 왕궁 관리들은 자리에 앉아 있고, 두루마리들이 펼쳐진 채로 있다(10b절). 앞서 말한 작은 뿔이 교만한 말을 쏟아내는 중에, 그 짐승이 죽임을 당하여 불 속에 내던져진다(11절). 다른 짐승들은 이미 그들의 권세를 빼앗긴 채로 있다(12절). 다니엘이 계속 보았더니, "인자 같은 이"가 하늘의 구름을 타고 와서 옛적부터 계신 이에게 나아간다. 옛적부터 계신 이는 그에게 온 세상을 다스릴 영원한 제왕의 권세를 주신다(13-14절).

자신이 본 것으로 인하여 번민에 빠진 다니엘은 곁에 서 있는 이들 중의 하나에게 그 모든 것이 무엇을 뜻하는지를 묻는다(15-16절). 해석자는 네 짐승이 지상에 생겨날 네 왕들을 상징하며, "지극히 높으신 분의 성도들[문자적으로는 "거룩한 이들"]"에게 선물로 주어진 하나님의 영원한 나라가 이 지상의 나라들을 폐할 것이라고 설명한다(17-18절).[34] 다니엘은 네 번째 짐승

헌들 중의 하나는 오른쪽 어깨나 왼쪽 어깨가 들려진 불구 상태에 대해서 묘사하고 있다. 다니엘 7:5의 곰처럼 생긴 짐승은 "몸 한쪽을 들어 올린" 것으로 묘사된다. 점술 문헌들 중의 하나는 다니엘의 환상에 나오는 곰 같은 짐승의 갈빗대처럼 허파가 입에 물린 채로 있는 불구 상태에 관해서 말한다: Paul A, Porter, *Metaphors and Monsters: A Literary-Critical Study of Daniel 7 and 8* (Lund: CWK Gleerup, 1983), 17.

과 그의 뿔들에 관하여 더 상세한 것들을 알고 싶어한다(19a절). 여기서 다니엘은 자신이 본 것에 관하여 한층 상세한 정보들을 제공한다. 그는 그 짐승이 놋으로 된 발톱을 가지고 있으며(19b절), 옛적부터 계신 이가 하나님의 거룩한 자들의 승리를 선포할 때까지는 작은 뿔이 그들에게 맞서 전쟁을 성공적으로 치를 것이라고 말한다(23절). 열 개의 뿔들은 이 나라로부터 생겨날 열 명의 왕들을 상징한다. 그런데 또 다른 한 명의 왕이 나타나 이 열 통치자들 중 셋을 굴복시킬 것이다(24절). 그는 하나님에 맞서 전쟁을 벌일 것이요, "한 때와 두 때와 반 때"의 기간(3년 반을 가리키는 듯함) 동안 그의 거룩한 이들을 괴롭힐 것이다(25절).[35] 그러다가 하늘의 법정이 그의 파멸을 선포할 것이요, 지상의 나라들은 "지극히 높으신 분의 거룩한 백성"에게 넘겨질 것인 바, 그들은 그 나라들을 영원히 다스릴 것이다(26-27절). 다니엘은 이 경험에 크게 놀라지만, 그 일을 그냥 자신의 마음에 간직한다(28절).

이 환상에 대한 해석자의 설명이 그 일반적인 의미를 밝혀주었지만, 여전히 다음과 같은 많은 질문들이 답변되지 않은 채로 있다:

1. 왜 짐승들이 바다로부터 나오는 것으로 묘사되는 것일까? 이 물음은 보다 근본적인 의문을 제기한다: 이 환상에 나타나는 표상은 어떠한 배경을 가지고 있는 것일까? 이 환상에 나타나는 많은 표상들은 옛 서부 셈족의 신화들과 성서의 옛 상징주의에 뿌리를 두고 있다. 신화의 세계에서 바다의 신은 바알의 통치에 대적한다. 반면에 히브리 성서에서 바다는 하나님의 창조 질서와 계약 공동체를 무너뜨리려고 애쓰는 혼돈의 세력을 상징한다. 따라서

---

34) "받다"는 뜻으로 번역된 동사는 2:6에서 수고에 대한 선물을 받는 행동을 묘사하는 데 사용되며, 5:31에서는 메대 사람 다리오가 바벨론 제국을 받는 것을 묘사하는 데 사용된다.

35) 4:16, 23, 25, 32에서는 "일곱 때"라는 구절이 나타나는 바, 이 구절이 7년을 가리키는지는 확실치 않다. 다니엘 12:7에서는 이와 똑같은 히브리어 표현("한 때와 두 때와 반 때")이 1,290일이나 1,335일의 기간을 가리키는 데 사용된다(11-12절). 다니엘 7장에 묘사된 작은 뿔의 압제적인 통치를 예견하는 듯한 계시록 11:2-3과 13:5은 "한 때와 두 때와 반 때"라는 표현을 42개월/1,260일(30일을 기준으로 하는 태음월을 염두에 둔 듯함), 곧 3년 반으로 해석하는 것으로 보인다.

다니엘의 환상에서 이 파괴적이고 괴물 같은 나라들이 바다로부터 나온다는 것은 전혀 놀라운 일이 아니다.[36] 신화적인 문헌들과 연결되는 다른 요소들도 있다. 데이가 지적한 바와 같이, 옛적부터 계신 이는 "세월들의 아버지"로 불리면서 회색 머리털을 가진 "가나안의 최고신 엘"을 생각나게 한다.[37] 신화들의 세계에서 바알 신은 자신의 통치권을 엘로부터 받는다. 마치 다니엘의 환상에서 인자 같은 이가 자신의 통치권을 옛적부터 계신 이로부터 받는 것처럼 말이다. 더 나아가서 데이가 지적한 바와 같이, "인자 같은 이는 하늘의 구름을 타고 온다. 바알의 별칭이 '구름을 타는 자'인 것처럼 말이다."[38] 9-10절에 묘사되어 있는 장면 역시 신화의 세계 또는 열왕기상 22:19-22에서 보는 신들의 회합을 생각나게 한다.

2. 네 나라들의 분명한 정체는 과연 무엇일까? 2장에서처럼 이곳에 묘사되어 있는 네 나라들의 정체에 관해서는 합의된 바가 없다. 그 나라들이 2장의 나라들과 일치한다고 가정한다면, 사자는 이 환상을 볼 당시에 아직 세력을 떨치고 있던 바벨론 제국을 대표할 것이다. 사자의 이미지는 힘과 잔혹성을 의미한다. 반면에 독수리의 날개는 빠른 속도를 암시한다. 아마도 날개가 뽑히고 사자의 모습이 사람으로 바뀐다는 것은 느부갓네살이 짐승 같은 처지에서 정상적인 상태로 회복된다는 것을 뜻할 것이다(4장을 보라).

2장에서처럼 어떤 이들은 두 번째 나라를 메대로, 세 번째 나라를 페르시아로, 그리고 네 번째 나라를 그리스로 이해한다. 그러나 메대와 페르시아를 구분하는 견해에는 문제가 있다. 왜냐하면 본문이 "메대와 페르시아"를 하나의 실체로 보고 있기 때문이요(5:28; 6:8, 12, 15를 보라), 일치 속의 다양성을 뜻하는 두 뿔 가진 숫양은 메대와 페르시아를 상징하기 때문이다. 만일에 곰처럼 생긴 짐승이 메대-페르시아 제국을 상징한다면, 그 입에 있는 갈빗대는 아마도 식후의 남은 음식물에 해당하는 것으로서, 집어삼킴을 당한 나라

---

36) John J. Collins, *Daniel, First Maccabees, Second Maccabees* (Wilmington, Del.: Michael Glazier, 1981), 72-76.

37) John Day, *Yahweh and the Gods and Goddesses of Canaan* (Sheffield: Sheffield Academic Press, 2000), 106.

38) Ibid.

들을 상징할 것이다. 주전 546-525년 사이에 정복된 루디아와 바벨론 및 이집트 등이 그에 해당할 것이다. 세 번째 짐승은 날개 달린 표범으로서 알렉산더 대왕에 잘 들어맞는 상징이다. 그는 신속한 정복으로 유명한 왕이다. 네 개의 머리는 아마도 알렉산더가 죽은 후에 그의 나라로부터 생겨난 네 개의 나라들을 가리킬 것이다(8:21을 보라).[39] 만일에 그리스가 세 번째 제국이라고 한다면, 네 번째 나라는 그 계승자인 로마 제국 아니면 마지막 때의 강대국을 가리킬 것이다(그러나 열 개의 뿔들과 작은 뿔에 관한 아래의 논의를 보라).

3. 열 개의 뿔들과 그 사이에서 생겨난 한 개의 작은 뿔은 구체적으로 누구를 가리키는가? 알렉산더의 그리스 제국을 세 번째 짐승으로 보는 일부 학자들을 포함하여 많은 이들이 열 개의 뿔들을 시리아 지역의 알렉산더 후계자들(셀레우코스 가문으로 알려진)로 이해한다. 셀레우코스 가문은 다니엘의 나중 환상들에서 중요한 역할을 수행하며(11장의 "북방 왕"에 대한 언급들을 보라), 특히 유대인들에게 적대적인 모습을 보인다. 이 왕조의 한 특별한 구성원인 안티오쿠스 4세(에피파네스)는 주전 175-163년에 통치한 자로서, 특별한 주목을 받으며, 하나님과 그의 백성에 맞서는 가장 큰 적으로 묘사된다(8:9-14, 23-25; 11:21-39를 보라). 8:9-10에서 그는 너무도 강해서 하늘의 만군 중 일부를 내던질 수도 있는 한 개의 작은 뿔로 묘사된다. 어떤 이들은 이 표상을 7장의 것과 관련시키면서, 이 두 본문에 있는 그 작은 뿔이 안티오쿠스 4세를 가리킨다고 주장한다.

7:8, 20에 있는 열 뿔들의 경우, 처음 일곱 뿔들은 안티오쿠스 4세의 전임자들로 볼 수 있다:

셀레우코스 I 니카토르(주전 312-280년)
안티오쿠스 I 소테르(280-262)

---

39) 페르시아 제국을 세 번째 짐승으로 보는 자들은 때때로 네 개의 머리를 11:2에 언급된 페르시아의 네 통치자들과 동일시한다: Andre Lacocque, *The Book of Daniel*, trans. D. Pellauer (Atlanta: John Knox, 1979), 140.

안티오쿠스 II 테오스(262-246)
셀레우코스 II 칼리니쿠스(246-226)
셀레우코스 III 케라우누스(226-223)
안티오쿠스 III 대왕(223-187)
셀레우코스 IV 필로파토르(187-175)

이들 중에서 제거된 뿔들은 데메트리우스 1세(셀레우코스 4세의 장남)와 안티오쿠스(셀레우코스 4세의 막내 아들) 및 헬리오도루스 등을 가리킬 수도 있다. 이 세 사람은 모두 왕권에 대한 열망을 가지고 있었으나 안티오쿠스 4세에 의해 제거당한다.[40]

이 환상의 세부적인 내용 일부는 안티오쿠스 4세가 작은 뿔에 해당하는 자라는 견해에 잘 들어맞는다. 안티오쿠스는 하나님의 백성을 향하여 전쟁을 벌이며, 그들을 괴롭힌다(21-22, 25a절). 그는 그들에게 이제껏 간직해온 전통들과 종교적인 관습들을 포기하게 함으로써 "정해진 때"와 유대인들의 "법"을 바꾸어버릴 것이다(25b절; 제1마카베오 1:44-49). 주전 167년에 그는 예루살렘 성전을 더럽힌다(제1마카베오 1:54-55; 단 8:11-14를 보라). 성전은 3년 10일 동안 제의적으로 부정한 상태에 있게 되며(제1마카베오 1:54를 4:52와 비교하라), 그 후에는 그들과 싸워 승리를 거둔 유다 마카베오가 성전을 제의적으로 정결케 하여 재봉헌한다. 이 사건은 오늘날에 이르기까지 하누카("봉헌"이라는 뜻을 가짐)로 지켜진다.[41]

그러나 이러한 해석의 경향에는 몇 가지 문제점들이 있다: (1) 이 환상은

---

40) 이러한 접근 방식에 대한 논의를 위해서는 다음을 보라: Goldingay, Daniel, 179-80; George Wesley Buchanan, *The Book of Daniel* (Lewiston, N.Y.: Mellen Biblical Press, 1999), 173. 어떤 이들은 제거된 뿔들 중의 하나를 안티오쿠스 4세가 전쟁에서 패퇴시킨 이집트의 프톨레마이오스 6세와 동일시한다.

41) 7:25b에 따르면, 작은 뿔은 "한 때와 두 때와 반 때"의 기간 동안 거룩한 자들을 압제할 것이다. 여기서 말하는 기간은 3년 반의 기간을 암시한다. 만일에 안티오쿠스가 본문의 인물을 가리킨다면, 이 숫자는 성전이 오염된 시기에만 한정되지 않고, 도리어 절정에 달한 이 신성모독 행위에 이르기까지의 몇 개월을 포함할 것이다.

네 번째 짐승의 열 뿔을 잇따른 통치자들이 아니라 동시대에 속한 통치자들로 보는 듯하다(2) 7장의 작은 뿔과 8장의 작은 뿔 사이에는 중요한 차이점들이 존재한다.[42] 7장의 작은 뿔은 네 번째 짐승과 관련되는 바, 이 네 번째 짐승은 처음 세 짐승들과는 달리 어떤 특정 짐승에 비교되지 않는다. 그것은 열 뿔들 사이에서 자라나 나머지 셋을 대신한다. 그러나 8장의 작은 뿔은 염소로부터 자라난다.[43] (3) 하나님의 영원한 나라가 어떻게 해서 안티오쿠스 4세와 관련하여 마카베오 형제들에 의해 시작되는지를 설명한다는 것은 쉬운 일이 아니다.

이러한 이유들로 하여 많은 이들이 열 개의 뿔들을 후대의 나라, 곧 로마제국이나 마지막 때의 강대국 — 일부 학자들은 이를 로마 제국의 연장선상에 있는 나라 내지는 그 경쟁국으로 보기도 함 — 과 동일시하고자 한다.[44] 이러한 견해를 내세우는 자들은 대개 7장의 작은 뿔을 적그리스도로 알려진 인물과 동일시한다(요일 2:18을 보라). 바울은 이 사람을 "불법의 사람"으로 칭하며(살후 2:3-9), 계시록 13장은 그를 다니엘 7장의 작은 뿔처럼 하나님과 그의 백성을 대적하는 짐승으로 묘사한다.[45] 안티오쿠스 4세와 적그리스도 사이의 유사성은 본질상 모형론적인 것으로 이해된다.[46]

4. 옛적부터 계신 이는 누구이며, 왜 그는 흰 옷을 입고 흰 머리칼을 가진

42) Young, *Prophecy of Daniel*, 275-79.

43) 골딩게이(Goldingay, *Daniel*, 174)는 이러한 차이점들을 잘 알고 있지만, "작은 뿔에 대한 그러한 묘사들이 양립될 수 없는 것"이라고 생각하지는 않는다. 그는 이렇게 말한다: "그것들은 상이한 왕들을 뜻할 수도 있다. 그러나 같은 책에서 그 둘이 병렬되어 있다는 점을 고려할 때 이러한 해석은 자연스럽지 못하다." 골딩게이는 안티오쿠스 4세가 7장과 8장의 배후에 있는 실제 인물이라고 주장한다. 그는 "상이한 표상들과 내용들이 서로를 보충한다"고 주장한다.

44) 계시록 17:12-14에서 열 개의 뿔들은 그리스도를 대적할 미래의 왕들과 동일시된다. 이 뿔들은 "바벨론"(즉, 로마)이라 불리는 여인이 타고 있는 일곱 머리 짐승에게서 자라난다.

45) 다니엘 7장의 표상은 짐승에 대한 요한의 묘사에 영향을 주었다. 그것은 바다로부터 나온 것으로서, 표범과 곰과 사자와 같이 생겼다.

46) Archer, "Daniel," 99.

것으로 묘사되는가(9절)? 옛적부터 계신 이는 지극히 높으신 하나님인 바, 그는 여기서 온 세상의 왕으로서 자신의 부통치자에게 권세를 주시고 작은 뿔에 대하여 심판을 선고하시는 분으로 묘사된다(13-14, 21-22절). 눈처럼 흰 그의 옷은 아마도 그의 심판의 순수함을 가리킬 것이다. 그의 직함과 흰 머리칼은 그가 나이든 자요, 놀랍도록 지혜로운 자임을 암시한다.

5. "인자 같은 이"는 누구인가?[47] 사람처럼 보이는 이 인물의 외모는 이 환상에 앞부분에서 묘사되고 있는 동물처럼 보이는 짐승들과 뚜렷한 대조를 이룬다. 그가 구름을 타고 오는 모습 역시 바다로부터 나오는 앞의 짐승들과 대조를 이룬다. 어떤 이들은 이 인물을 나중의 환상에서 "큰 군주"로 묘사되는 천사 미가엘(12:1; 10:13, 21도 보라)과 동일시한다.[48] 이 견해를 지지하는 자들은 이 인물이 인자와 "같다"는 점을 지적함으로써 그가 인간의 외모를 가지고 있기는 해도 본질적으로는 인간이 아님을 암시한다. 다니엘서의 다른 본문들에서 천사들은 사람들로 불리며(9:21; 10:5; 12:6-7), 사람처럼 보이는 것으로 묘사된다(8:15; 10:16, 18).[49] 그러나 다니엘서는 확실히 미가엘을 하나님의 백성을 변호하는 자로서 중요한 역할을 수행하고 있다고 보지만(12:1), 그를 온 세상의 영원한 왕으로 묘사하지는 않는다(참조. 7:14).

다른 이들은 "인자 같은 이"를 대표자 자격이나 공동체 인격의 차원에서 해석하며, 그것이 27절에 언급된 "지극히 높으신 이의 거룩한 백성"을 가리킨다고 본다. 13-14절과 26-27절 사이의 평행 관계가 이 점을 뒷받침한다. 왜냐하면 "인자 같은 이"와 "지극히 높으신 이의 거룩한 백성"은 똑같이 영원한 나라를 선물로 받기 때문이다.[50] 그러나 "인자 같은 이"라는 구절은 한

---

47) 이 인물의 정체에 관한 철저한 연구를 위해서는 다음을 보라: Maurice Casey, *Son of Man: The Interpretation and Influence of Daniel 7* (London: SPCK, 1979).

48) 이 견해를 지지하는 자들 역시 "지극히 높으신 이의 성도들"(18, 21-22, 25, 27절을 보라)을 천사들로 본다.

49) 그러나 이에 상응하는 히브리어 표현 "인자"가 다니엘 8:17에서 사용된다는 점을 주목하라.

50) 27b절에 있는 단수형 대명사들은 지극히 높으신 분을 가리키기보다는 27a절에

개인을 염두에 둔 것으로 보는 것이 더 자연스럽기 때문에, 그것은 나라를 넘겨받은 백성의 통치자를 가리킬 가능성이 더 높은 편이다. 그 백성은 제왕적인 대표자(14절)를 통하여 왕권을 넘겨받을 것이다(22, 27절). "같은"이라는 표현의 사용(13절)은 그 인물이 사람처럼 생겼을 뿐이지 사람은 아님을 암시할 수도 있겠지만, 우리는 직유법이 때때로 그 은유의 배후에 놓인 현실을 가리킨다는 점을 주목할 필요가 있다.[51] 이 경우에 흔히 "같이, 처럼"으로 번역되는 전치사 '케'는 "모든 점에서 같은" 또는 "모든 면에서 같은"이라는 뜻을 가지고 있다.[52]

만일에 우리가 이 환상에 나오는 작은 뿔을 안티오쿠스 에피파네스(위의 설명을 보라)로 이해한다면, "인자 같은 이"는 주전 168-164년에 안티오쿠스를 상대로 한 유대인들의 반란을 주도한 유다 마카베오로 볼 수도 있을 것이다(작은 뿔의 정체에 관한 앞의 논의를 보라).[53] 그러나 유다가 영원한 나라를 시작한 사람은 아니다(7:14). 결국 예수께서는 "인자"이신 자기가 다니엘 7:13에 묘사된 인물처럼 권세와 큰 영광을 가지고서 "하늘 구름을 타고" 올

언급된 "백성"을 가리킨다고 보는 것이 타당할 것이다(13-14절과의 비교가 이러한 판단을 뒷받침한다). "백성"은 집합 명사이기 때문에, 이를 가리키는 대명사들은 의미상으로는 복수형이지만 문법적으로 볼 때에는 단수일 수도 있다. 혼란을 피하기 위하여 우리는 27b절을 이렇게 번역할 수 있을 것이다: "그들의(즉, 바로 전에 언급된 백성) 나라는 영원한 나라가 될 것이요, 모든 통치자들은 그들[즉, 백성]을 섬기고 그들에게 순종할 것이다." Young, *Prophecy of Daniel*, 162를 보라.

51) E. W. Bullinger, *Figures of Speech Used in the Bible* (reprint, Grand Rapids: Baker, 1968), 728-29.

52) 이에 관해서는 다음을 보라: Bruce K. Waltke and M. O'Connor, *An Introduction to Biblical Hebrew Syntax* (Winona Lake, Ind.: Eisenbrauns, 1990), 203. 예로써 요엘 1:15은 야웨의 날이 "전능자에게로서 멸망 같이[모든 점에서 똑같이] 임할" 것이라고 말한다. 이는 야웨의 날이 하나님께서 보내실 멸망과 똑같을 것임을 의미한다. 다니엘 1:7-8 역시 보라. 이 본문에 나오는 "이방인에게 파괴됨 같이"(문자적으로는 '[모든 점에서] 이방인에게 파괴된 것과 똑같은")이나 "에워싸인 성읍 같이"('[모든 점에서] 에워싸인 성읍과 똑같이")라는 표현들은 유다가 이방인 침략자들에 의해 파괴될 것이요, 예루살렘이 포위될 것이라는 사실을 가리키고 있다.

53) Buchanan, *The Book of Daniel*, 231.

것이라고 선언하심으로써 그 직함을 자신에게 사용하신다(마 24:30; 마 26:64; 막 13:26; 14:62; 눅 21:27을 보라).

6. 지극히 높으신 이의 거룩한 자들은 누구인가? 어떤 이들은 이 집단을 천사들의 회합과 동일시하고, 또 어떤 이들은 그것을 하나님의 계약 백성과 동일시한다(NIV의 "성도들"이라는 번역을 주목하라). 다니엘서의 아람어 부분과 히브리어 부분은 똑같이 천사들을 "거룩한 자들"로 칭하며(4:13, 17, 23; 8:13). "거룩한 자들"이라는 표현은 히브리 성서의 다른 곳에서도 천사들을 가리키는 데 사용된다(신 33:3; 욥 5:1; 15:15; 시 89:5, 7; 잠 30:3; 슥 14:5를 보라). 그러나 이 구절은 하나님의 백성을 가리킬 수도 있다(시 34:9를 보라).

7장의 증거는 분명치 않다. 인간 통치자를 상징하는 작은 뿔은 거룩한 자들을 상대로 하여 전쟁을 벌이며 그들을 괴롭힌다(7:21, 25). 작은 뿔이 인간을 가리키는 까닭에, 그에게 희생당하는 자들 역시 인간이라고 생각하는 것은 자연스러운 일이다. 그러나 8:9-10에서 작은 뿔(안티오쿠스를 상징함)은 하늘의 만군(천사들을 상징함) 중의 일부를 땅에 던지고 그들을 짓밟는 자로 묘사된다.

7:18에 따르면, 거룩한 자들은 27절의 "거룩한 백성"처럼 나라를 넘겨받는다. 이것은 그 백성과 거룩한 자들이 동일한 자들임을 암시할 수도 있다. 그러나 27절의 "거룩한 백성"이라는 구절(8:24의 이와 똑같은 히브리어 표현을 보라)은 "백성"이 거룩한 자들과 다른 자들임을 암시하는 것으로 보인다. 거룩한 자들(천사들로 이해되는)은 하나님의 백성을 보호하는 자들로, 그리고 그 나라의 공동 상속자들로 간주될 수도 있다(미가엘에 대한 10:21과 12:1의 묘사를 보라). 그러나 "백성"과 "거룩한 자들"은 27절에서 병렬되어 있음으로 하여 "거룩한 자들인 백성"을 뜻할 것이다.[54]

---

54) "백성"이 다음에 이어지는 복수형 명사와 병렬되어 나타나는 또 다른 사례는 다음의 본문들 속에서 찾아볼 수 있다: 출애굽기 1:9(문자적으로는 "이스라엘 자손의 백성"= "백성 곧 이스라엘 자손"); 시편 95:10(문자적으로는 "마음이 미혹된 자들의 백성"="마음이 미혹된 백성"); 예레미야 31:2(문자적으로는 "칼에서 벗어난 자들의 백성"="칼에서 벗어난 백성"); 다니엘 11:15(문자적으로는 "그의 선택된 자들의 백성"="그의 선택된 백

뿔 가진 염소의 환상(8:1-27)

2년 후인 벨사살 제3년(대략 주전 551년; 7:1을 보라)에 다니엘은 또 다른 환상을 받는다. 이 환상에서 그는 자신이 페르시아의 주요 지방 도시인 엘람 지역의 수산 성(느 1:1; 에 1:2를 보라)에 있는 것을 본다(8:1-2). 이 환상은 "종말의 때"에 관한 것이요(17b절), "종말의 정해진 때"에 관한 것이요(19b 절), "먼 미래"에 관한 것이다(26b절). 천사 가브리엘은 다니엘을 위해 이 환상을 해석해준다. 그로 인하여 다니엘은 크게 번민한다(15-19, 26-27절).

다니엘은 한 마리의 숫양이 수산 부근의 운하에 해당하는 을래 강변에 서 있는 것을 본다(3a절). 그 숫양은 두 개의 긴 뿔을 가지고 있는 바, 그 중 하나가 다른 하나보다 더 길다. 비록 그것이 나중에 생겨나기는 했지만 말이다(3b절). 그 숫양은 서쪽과 북쪽과 남쪽으로 들이받으면서 자신을 대적하는 모든 이들을 무찌른다(4절). 20절에서 알 수 있듯이, 이 숫양은 메대-페르시아 제국을 상징한다. 긴 뿔은 페르시아를 대표한다. 페르시아 제국은 메대보다 더 늦게 주목을 받지만 결국에는 둘 중에 더 강한 힘을 갖게 된 나라이다.

다니엘은 그 숫양의 의미에 대해서 깊이 생각하던 중에 서쪽으로부터 와서 온 땅을 가로지르는 한 마리의 염소 — 큰 뿔을 가진 — 를 발견한다(5절). 그 염소는 숫양을 공격하여 두 뿔을 부수고 그 숫양을 발로 짓밟는다(6-7절). 그 염소는 매우 강하게 되지만, 그 힘이 절정에 달할 때에 그 큰 뿔이 꺾인다(8절). 그런데 그 자리에서 네 개의 뿔들이 자란다(8b절). 21절은 그 염소가 그리스를 상징하고, 큰 뿔은 그 왕, 곧 일찍 죽은 대정복자 알렉산더를 가리킨다고 설명한다. 그의 나라는 마침내 그의 장군들 사이에 분할되는 바, 큰 뿔의 자리에 생겨나는 네 개의 뿔들이 이를 상징한다(22절). 카산더(Cassander)가 마케도니아를 다스리고, 리시마쿠스(Lysimachus)는 트라케와 소아시아를 지배한다. 그리고 셀레우코스(Seleucos)는 시리아를 관할하고, 프톨레마이오스(Ptolemy)는 이집트를 관할한다.[55] 이러한 지리적 다양성은

성"); 다니엘 11:32(문자적으로는 "자기의 하나님을 아는 자들의 백성"="자기의 하나님을 아는 백성").

55) 이 시기의 간략한 역사 개관을 위해서는 다음을 보라: Harold W. Hoehner,

왜 네 개의 뿔들이 하늘의 네 바람을 향해 자라는 것으로 묘사되는지를 잘 설명해 준다(8b절).

그 염소의 네 뿔들 중 하나로부터 한 개의 작은 뿔이 생겨난다. 처음에는 작지만, 점차 남쪽과 동쪽을 향해 자라다가, "영화로운 (땅)"으로 불리는 팔레스타인을 위협하기까지 한다(9절). "영화로운 땅"이라는 용어는 나중에 팔레스타인(11:16, 41)과 예루살렘의 성전 언덕(11:45)을 가리키는 데 사용된다.[56] 이 강한 뿔은 하늘의 별들 중의 일부를 끌어내리며, 그것들을 발로 짓밟는다. 그는 자신을 "큰 군주"(천사 미가엘을 가리키는 듯함, 12:1을 보라)로 간주한다(10-11a절). 그는 "2,300 주야"의 기간 동안 성전을 더럽힌다(11b-14절).[57] 우리는 23-25절에서 이 뿔이 특히 악한 왕을 상징한다는 것을 확인할 수 있다. 그는 하나님의 백성을 상대로 하여 전쟁을 선언하지만, 초자연적인 방식에 의해 파멸당하고 말 것이다(25b절).

8장에 묘사된 작은 뿔은 주전 175-163년 동안 셀레우코스 왕조를 다스린 안티오쿠스 4세(에피파네스)를 가리킨다. 이 환상은 그의 남방(이집트; 제1마카베오 1:16-19를 보라) 정복과 팔레스타인 정복(제1마카베오 1:20-28), 성전 오염(제1마카베오 1:44-49; 54-99), 백성을 향한 잔인한 행동(제1마카베오 1:60) 등에 대해서 언급한다. 그의 하나님 공격은 하나님의 법에 불순종하기를 장려하고, 거룩한 제단 위에 돼지를 희생제물로 바치며, 하나님의 법을 필사한 자료들을 불태우고, 그 필사본을 소장하고 있는 자들을 처형하는 등의 형태로 이루어진다. 10-11a절의 언어는 과장되기는 했어도 그의 오만함을 정확하게 잘 반영하고 있다. 제2마카베오 9:10은 그를 "하늘의 별들을

"History and Chronology of the New Testament," in *Foundations for Biblical Interpretation*, ed. D. S. Dockery, K. A. Mathews, and R. B. Sloan (Nashville: Broadman & Holman, 1994), 458-59.

56) 에스겔 20:6, 15에서는 약속의 땅(이스라엘)이 "모든 땅 중의 아름다운 곳"이라 불린다.

57) 이것은 2,300 날들(저녁과 아침으로 구성되는) 또는 1,150 날들을 가리킬 수도 있다. 이와 관련된 다양한 견해들에 대한 논의를 위해서는 다음을 보라; Young, *Prophecy of Daniel*, 173-75.

만질 수 있다고 생각"하는 자로 묘사하며, 그를 새긴 동전들은 그의 머리 위에 별을 새긴 형태로 되어 있다.[58] 다니엘 8:25b에 예언된 바와 같이, 안티오쿠스는 인간이 아닌 다른 대리인에 의해 파멸을 경험하게 될 것이다. 제1마카베오 6:1-16에 따르면, 그는 자신의 군대에 대한 마카베오 형제의 승리 소식을 듣고서 슬픔에 사로잡힌 나머지 죽는다. 제2마카베오 9장에 있는 또 다른 전승은 왕의 파멸에 대하여 한층 상세하고 윤색된 이야기를 제공한다. 5-6절에 의하면, 야웨께서 "눈에 보이지 않는 불치의 질병으로 그를 치신다." 이로 인하여 그는 극심한 복통을 겪는다. 그 후 그는 전차에서 떨어져 크게 상처를 입는다(7-8절). 그 상처가 벌레에 감염되는 바람에, 그의 몸은 썩기 시작한다. 그 악취가 너무도 독하여 어느 누구도 그의 곁으로 가려고 하지를 않는다(9-11절). 그는 자신의 죄를 고백하지만, 하나님께 버림받아 비탄에 잠긴 채로 죽음을 맞이한다(12-29절).

다니엘의 기도가 응답됨(9:1-27)

몇 년 후, 곧 메대 사람 다리오 통치의 첫 해(주전 539-538년)에 다니엘은 예루살렘이 70년 동안 황무지로 버려져 있을 것이라는 예레미야의 예언을 읽거나 적어도 그에 관해 묵상하고 있었다(9:1-2). 예레미야서의 두 본문이 그러한 예언에 관해 진술하고 있다. 25:11-12(주전 605년으로 추정되는 메시지에 속해 있음)에 의하면, 야웨께서는 나라 전체가 황무하게 될 것이요, 70년 동안 바벨론 왕을 섬길 것이라는 메시지를 선포하신다. 29:10(주전 597년 직후의 어느 한 시점으로 추정되는 편지의 내용임)에서 야웨께서는 "바벨론을 위한 70년이 완전히 끝났을 때" 자기 백성을 고국으로 돌아가게 하겠다고 약속하신다. 만일에 이 기간의 기산점이 다니엘의 사로잡힌 연대인 주전 605년이라고 한다면, 대략 66년의 세월이 지나감으로써 예언된 기간이 거의 끝나가는 셈이 된다. 그러나 그 기간의 기산점을 주전 597년이나 586년으로 본다면, "70"이라는 숫자는 은유적인 것일 가능성이 높다. 한 사람의 일평생을

---

58) Goldingay, *Daniel*, 210.

암시하는 셈이다.[59] 어느 쪽으로 해석하건 다니엘의 시각에서 볼 경우에 그 기간은 곧 끝나간다.

야웨께서 정해진 징계의 기간이 끝난 후에 자기 백성을 돌이키겠다는 계획을 밝히셨음을 알고 있는 다니엘은 야웨의 약속하신 개입을 위하여 기도하기로 결심한다(3절). 이것은 그가 예언된 기간이 고정된 것으로 보지 않았을 수도 있음을 암시한다. 하나님은 이 기간이 지나간 후에 포로생활을 끝내기로 작정하시지만, 다니엘의 행동은 그가 회개를 약속 성취의 전제 조건으로 이해하지 않았을 수도 있음을 암시한다. 다니엘은 야웨를 자신의 순종하는 백성을 위해 계약을 지키시는 신실하신 하나님으로 칭한다(4절). 물론 하나님의 백성은 순종하는 모습을 보이지 못했다. 그 까닭에 다니엘은 포로 된 백성을 위하여 말하면서 그들의 공동체적인 죄를 고백하고 그들이 야웨의 종인 예언자들을 거역했음을 인정한다(5-6절).

의로우신 재판관 앞에서 포로 공동체 전체는 수치심과 죄로 가득 차 있었다(7-11a절). 모세의 율법에 위협된 정확한 심판이 그들 위에 임하여 예루살렘을 폐허로 만들어버린 것이다(11b-14절). 야웨께 과거에 그가 이스라엘 백성을 이집트로부터 구원하셨다는 사실을 상기시킴으로써 다니엘은 그에게 예루살렘에 자비를 베푸시고 그들을 파멸시킨 죄를 용서해주실 것을 간구한다(15-19a절). 어쨌든 예루살렘은 야웨의 성읍이요, 포로 된 백성은 야웨 자신의 이름으로 일컫는 성읍이기 때문이다(19b절).

다니엘이 기도하기 시작하자, 야웨께서는 그의 기도에 응답하기로 작정하신다. 이는 그가 "크게 은총을 입은 자"였기 때문이다(23절). 결국은 가브리엘이 무대에 등장하여 다니엘로 하여금 예루살렘을 위한 하나님의 계획을

---

59) 이 문제에 대한 논의를 위해서는 예레미야 25:11에 대한 필자의 설명을 보라.

60) 24절에서 복수형으로 나타나는 히브리어 낱말 '샤부아'는 문자적으로 볼 때 "일곱 기간"을 의미한다. 다른 곳에서는 그것이 1주일(7일 기간)을 가리키는 데 사용된다(창 29:27-28[참조. 삿 14:12]; 출 34:22; 레 12:5; 민 28:26; 신 16:9-10, 16; 대하 8:13; 렘 5:24; 단 10:2-3을 보라). 이곳 다니엘 9:24-27에서는 그것이 흔히 일곱 "주간"의 해(years), 곧 7년 기간을 가리키는 것으로 이해된다. 그렇다면 "70주간"은 490년을 가리킬 것이다. 그러나 아래의 논의를 보라.

통찰할 수 있게 한다(20-22절).

이 계획의 세부적인 내용을 논하기 전에 먼저 24-27절에 대하여 각주를 단 번역을 제시하고자 한다:

24절 네 백성과 네 거룩한 성을 위하여 70 "주간"(weeks)[60]을 기한으로 정하였나니, 이는 허물을 끝장내며[61] 죄를 종료하며[62] 죄악을 용서하며 영원한[63] 의를 드러내며 예언자의 환상을 봉인하며[64] 또 지극히 거룩한 것[65]에 기름을 부으려는 목적에서이다. 25절 그러므로 너는 깨달아 알도록 하여라. 예루살렘을 중건하라는 칙령[66]이 떨어진 때로부터 기름 부음을 받은 자, 곧 한 통치자가 일어나기까지 7 "주간"이 지날 것이다. 그리고 62 "주간"[67] [의 기간 동안에] 성이 중건되어 광장과 거리가

---

61) 히브리어 자음 본문(케티브)은 "제한하다, 보류하다"는 뜻을 가진 동사(kala')를 가지고 있다. 그러나 위의 번역은 서기관들의 난외주 읽기(케레)를 따라 "끝내다"는 뜻을 가진 동사(kalah의 피엘형)를 취하였다.

62) 히브리어 자음 본문(케티브)은 "봉인하다"는 뜻을 가진 동사('카탐')를 가지고 있다. 그러나 위의 번역은 서기관들의 난외주 읽기(케레)를 따라 "종료하다"는 뜻을 가진 동사('타맘'의 히필형)를 취하였다. 케티브 읽기는 아마도 이 절의 나중에 나오는 "봉인하다"는 동사의 영향을 받았을 것이다.

63) 강조를 위하여 복수형을 사용하였을 것이다.

64) 본문을 문자 그대로 읽으면 "환상과 예언"이 된다. 그러나 이 구절은 두 번째 낱말이 첫 번째 낱말을 설명해주는 중언법(重言法)에 해당하는 것이라 할 수 있다.

65) 이 구절이 누구를 가리키는지는 확실치 않지만, 다른 곳에서는 사람을 가리키기보다는 항상 거룩한 곳들, 거룩한 물건들, 거룩한 제물들을 가리키는 데 사용된다.

66) 문자적으로는 "말씀"이다. 여기서는 성읍 재건을 선포하거나 허용하는 공식 칙령을 가리킨다.

67) 본문을 문자 그대로 읽으면 "7주간과 62주간"이 된다. 어떤 이들은 이 숫자들을 결합시켜 본문이 "기름 부음 받은 자, 곧 한 통치자가 [도착할] 때까지 69주간 [의 기간이 있을 것이다]"의 의미를 갖는 것으로 이해한다. 그러나 이것은 69라는 숫자를 색다른 방식으로 표현한 것일 수도 있다. 다른 곳에서는 60 단위의 숫자들을 표현할 때 "60"을 다른 수와 결합시켜 사용한다. 예로써 62는 문자 그대로 "둘과 육십"(단 5:31) 또는 "육십과 둘"(단 9:25-26)로 표기되며, 65는 "육십과 다섯"(사 7:8)으로, 66은 "육십과 여섯"(창 46:26; 레 12:5)으로, 그리고 68은 "육십과 여덟"(대상 16:38)로 표기된다. 그러나 다

세워질 것이지만, 힘든 기간이 될 것이다. 26절 그리고 62 "주간"[의 기간]이 지난 후에 기름 부음을 받은 자가 끊어져 없어질 것이며,[68] 장차 올 그 통치자의 백성이 와서 그 성읍과 성소를 무너뜨릴 것이니, 그 마지막은 홍수에 휩쓸림 같을 것이다. 전쟁이 끝날 때까지 황폐할 것이 작정되었느니라. 27절 그는 장차 많은 사람들과 더불어 한 "주간"[의 기간] 동안에 계약을 확실히 맺을 것이다. 그는 그 "주간"의 중간에 제사와 예물을 금지할 것이다. 그리고 황무케 하는[69] 가증한 것이 날개[70]를 의지하여 서되, 이미 정한 종말이 황무케 하는 것을 집어삼킬 때까지 그러할 것이다.

니엘 9:27에 대한 서기관들의 전통적인 본문 읽기는 "7주간"과 "62주간"을 분명하게 구별한다. 후자는 시간을 나타내는 부사절로서, 다음 절을 이끄는 역할을 수행한다. "62주간"("7주간과 62주간"이 아닌)에 대한 26절의 언급은 62주간을 7주간과는 구별되는 것으로 이해해야 함을 보여준다. 이 견해를 지지하는 입장에 대해서는 다음을 보라: Thomas E. McComiskey, "The Seventy 'Weeks' of Daniel against the Background of Ancient Near Eastern Literature," *WTJ* 47 (1985): 19-25. 맥코미스키는 여기서 히브리 성서의 전통적인 본문 읽기를 뒷받침하는 강한 문법적인 증거를 나열하고 있다.

68) 히브리어 본문을 문자 그대로 읽는다면 "그에게 아무것도 없을 것이다"라는 표현이 된다. 이는 "그가 아무것도 갖지 못할 것이다"를 뜻한다. 어떤 이들은 본문을 수정하되, "사악함"을 뜻하는 명사를 추가한다. 이렇게 본다면 본문은 "그가 사악함을 가지고 있지 않다 하더라도"로 읽힐 것이다.

69) 11:31과 12:11을 비교해 보면, '쉬쿠침'("가능스런 것들")이라는 낱말이 바로 이어 나타나는 용어, 곧 "황무케 하는"(분사의 단수형)과 병렬되어 있음을 알 수 있다. 이 낱말의 복수형은 다음에 이어지는 분사의 단수형과 일치시키기 위해서라도 단수형으로 읽어야 할 것이다(단수형 '쉬쿠츠'는 11:31과 12:11에서도 나타남). 마지막 철자 '멤'은 중복오사(重複誤寫) 내지는 전접어(前接語)에 해당할 것이다.

70) 이 낱말이 정확하게 무엇을 가리키는지는 확실치 않다. 현재의 본문에서 이 용어는 다음에 이어지는 낱말과 병렬됨으로써 "가증한 것들의 날개"라는 표현을 만들어낸다. 그러나 이것이 무엇을 뜻하는지는 분명치 않다. 어떤 이들은 이 용어가 "성전의 옆면"(마 4:5를 보라)을 뜻한다고 보지만, 이것이 어떻게 희생제사와 관련되는지는 확실치 않다. 다른 이들은 그것이 뿔처럼 생긴 제단의 돌출부를 가리킨다고 본다.

25절의 구문을 위에 언급한 방식대로 이해한다는 것은 70 "주간"(또는 "일곱들"; sevens)이 세 개의 구별되는 기간, 곧 7주간과 62주간 및 마지막 1주간 등으로 나누어짐을 의미한다. 처음 7주간은 예루살렘을 재건하라는 칙령과 더불어 시작되며, 기름 부음을 받은 통치자가 도착함으로써 끝난다. 그의 할 일은 그 칙령을 그대로 실행하는 데 있는 것으로 보인다. 이어지는 62주간 동안에 그 성읍이 재건되고, 그 후에는 기름 부음을 받은 자(통치자로 칭하여지지 않음)가 끊어진다. 예루살렘은 장차 올 한 통치자의 백성(또는 군대)에 의하여 파괴될 것이다. 전쟁이 끝까지 지속될 것이요, 그때가 되면 정체를 알 수 없는 한 개인(아마도 장차 올 통치자)이 한 주간 동안 많은 사람들과 함께 계약을 맺을 것이지만, 그 이후로는 그 자신이 파멸되기 전에 성전을 더럽힐 것이다.

예루살렘을 재건하라는 칙령은 언제 선포되는가?[71] 대부분의 학자들은 이 칙령을 페르시아의 한 통치자에 의해 선포된 왕실 포고령과 동일시하고자 한다. 이에 해당하는 것에는 네 가지가 있다. 고레스의 칙령(주전 538년), 다리오의 칙령(519년 또는 518년), 에스라에게 내린 아닥사스다의 칙령(458년 또는 457년), 느헤미야에게 내린 아닥사스다의 칙령(444년) 등이 그렇다. 고레스의 칙령(대하 36:22-23; 스 1:1-4; 6:3-5)과 다리오의 칙령(스 6:1-12)은 성읍 자체의 재건이 아니라 성전 재건과 관련되어 있다. 이와 마찬가지로 에스라에게 내린 아닥사스다의 칙령(스 7:11-26) 역시 성읍의 재건에 관해서 전혀 언급하지 않는다. 느헤미야 2:1-9는 아닥사스다가 성읍 재건의 권한을 부여하면서 느헤미야에게 준 편지들에 대해서 언급한다. 어떤 이들은 이 연대(444년)을 출발점으로 활용하여 성읍 재건 칙령과 "기름부음 받은 자," 곧 메시야이신 예수의 승리의 입성 사이에 69주간(또는 483년)의 기간이 있다고 계산한다. 그 기간이 끝난 후에 그는 "끊어진다."[72] 그러나 위에서 다니엘

---

71) 아래의 논의에서 70 "주간" 예언에 대한 모든 해석을 다 개관할 수는 없는 노릇이다. 최근에 거론되는 주요 견해들을 편리하게 개관하기 위해서는 다음을 보라: Stephen R. Miller, *Daniel*, NAC (Nashville: Broadman & Holman, 1994), 252-57.

72) 이 견해에 대한 상세한 설명을 위해서는 다음을 보라: Harold W. Hoehner, "Daniel's Seventy Weeks and New Testament Chronology," in *Vital Old*

9:25에 대한 구문론적인 분석에 근거하여 제시한 견해가 옳다면, 방금 이 견해는 유지되기 어렵다. 왜냐하면 이 견해에 따를 경우 25절의 "기름 부음 받은 자"는 396년경에 출현해야 하기 때문이다(7주간이 49년에 해당한다는 계산법에 기초해서 본다면).

예루살렘이 황무하게 될 것이라는 예레미야의 예언을 다니엘이 알고 있었다는 점을 고려한다면, 가브리엘이 언급하는 칙령 역시 예레미야의 예언 안에서 발견된다고 보아야 옳을 것이다. 우리는 그러한 예언적인 칙령을 예레미야 30:18에서 찾아볼 수 있다. 이 구절은 주전 597-586년 사이의 어느 한 시점에 속한 것으로 추정되며(29:1-2를 보라), 주제의 측면에서 볼 경우에 29장에 기록된 메시지와 연결된다. 만일에 우리가 첫 번째 기간인 7주간을 49년에 해당하는 것이라고 본다면, 기름 부음 받은 통치자는 주전 548년에서 539년 사이의 어느 한 시점에 올 것으로 기대될 수 있을 것이다. 다니엘이 이 기도를 드릴 때 섬기던 페르시아의 통치자인 고레스가 제국 건설의 노력에 힘을 얻기 시작한 것은 바로 이 시기였다. 이사야 45:1에서 고레스는 사실 예루살렘의 재건을 공포한 자로 묘사된 직후에 하나님의 "기름 부음 받은 자"로 불린다(44:28).[73] 우리는 다니엘 9:25에 언급된 "기름 부음 받은 자"(이 구절은 그를 "통치자"로 부르기도 함)가 그와 동일한 인물일 필요가 없다는 점을 주목해야 한다. 많은 사람들이 주장하는 것처럼 26b절에 언급된 "통치자"가 25절의 "통치자"와 다른 인물일 수 있다면, 25절의 "기름 부음 받은 자"는 26절의 "기름 부음 받은 자"와 동일한 인물일 필요가 없는 것이다.

만일에 70주간 전체가 597-586년의 어느 한 시점에서 시작하여 548-539년 사이의 어느 한 시점에서 끝난다고 한다면, 두 번째 기간인 62주간은 언제 끝나는가? 문자적인 계산법(1주간=7년)을 따른다면, 그 기간은 434년이 될 것이다. 고레스의 시대로부터 계산할 경우, 주전 114-105년 사이의 어느 한 시점에 도달하게 된다. 피어스(Pierce)는 이러한 계산법을 사용하여, 26-

---

Testament Issues, ed. R. B. Zuck (Grand Rapids: Kregel, 1996), 171-86.

73) 여기에 제시된 견해(성읍 재건 칙령이 예레미야 29장의 맥락에서 발견되며 고레스야말로 다니엘 9:25의 기름 부음 받은 자라고 보는)를 옹호하는 입장에 대해서는 다음을 보라: McComiskey, "The Seventy 'Weeks' of Daniel," 25-29.

27절에 예언된 사건들이 하스모네 가문의 통치자들인 아리스토불루스 1세 (Aristobulus I)와 알렉산더 얀나이우스(Alexander Jannaeus)의 시대에 성취되었다는 결론을 내린다.[74] 그러나 이 역사적인 인물들은 다니엘서의 다른 곳에서 아무런 역할도 수행하지 않기 때문에, 그의 제안은 그럴듯해 보이지 않는다.

대부분의 학자들은 62주간을 그렇게 문자적인 방식으로 계산하지 않는다. 도리어 그들은 26-27절에 묘사된 사건들을 안티오쿠스 4세(에피파네스)의 공포 정치와 관련시킨다. 어떤 이들은 26절의 "기름 부음 받은 자"를 주전 171년에 죽은 대제사장 오니아스 3세(Onias III, 단 11:22에 언급된 것으로 보임)로 이해한다(제2마카베오 4:33-36). 26-27절에 개괄되어 있는 시나리오는 171-164년의 사건들과 잘 들어맞는다. 특히 이 시기의 후반기, 곧 안티오쿠스(26절의 "통치자")가 예루살렘을 짓밟고 헬라화 된 유대인들과 더불어 계약을 맺었을 뿐만 아니라 그 성읍을 불태우고 성전을 오염시켰던 때와 잘 들어맞는다(제1마카베오 1:30-61). 이러한 견해는 본문을 안티오쿠스 4세와 관련된 다른 인접 본문들(특히 8:9-14; 11:31-32를 보라)과 관련시킨다는 점에서 매력적이다. 안티오쿠스는 "황무케 하는 가증한 것"(이교 제단; 제1마카베오 1:54, 59)을 성전 안에 세웠다(11:31). 이 구절은 안티오쿠스가 섬기던 신 바알 샤멤(또는 제우스)의 이름을 빗댄 것일 수도 있다.[75]

예수께서 다니엘의 예언한 가증한 것이 장차 성취될 것이라고 말씀하신 까닭에(마 24:15), 많은 이들이 다니엘 9:27에 묘사된 적대적인 통치자를 적그리스도로 보는 견해를 선호한다. 이 견해에 따른다면, 예수는 흔히 "기름 부음을 받았으나" 곧 "끊어질 자"로 이해되며, 로마 사람들은 예루살렘을 파괴할 미래의 통치자의 "백성"으로 이해된다(26절). 이 견해를 주장하는 자들은 주후 1세기의 사건들(26절)과 마지막 70번째 주간의 사건들(27절) 사이의 간격에 주목하지 않을 수 없다. 맥코미스키는 26절과 27절이 똑같이 "기름

74) Ronald W. Pierce, "Spiritual Failure, Postponement, and Daniel 9," *TJ* 10 (1989): 211-22.

75) Day, *Yahweh and the Gods*, 83-84.

부음을 받았으나" 곧 "끊어질 자"요, 동시에 "장차 올 통치자"이기도 한 적그리스도의 몰락에 대해서 예언하는 것이라고 봄으로써 이 문제를 피한다. 그는 이 구절을 7:26 및 11:45와 관련시킨다. 그는 이 두 본문이 적그리스도의 몰락에 관해 예언하고 있다고 본다.[76]

아마도 안티오쿠스 4세와 적그리스도를 가지고서 논란을 벌이는 것은 이러한 해석상의 문제를 해결하는 데 필요한 방법이 아니다. 만일에 8장의 작은 뿔(안티오쿠스)이 적그리스도(7장의 작은 뿔)의 전조가 되는 것이라면, 두 인물은 9:26-27에서 한 명으로 결합될 수도 있으며, 이 구절은 이중 성취를 목적으로 하고 있는 것일 수도 있다.[77] 이러한 의미에서 본다면, 26-27절은 안티오쿠스의 잔혹성과 파멸(8장과 11장에 묘사되기도 함)에 대해서 묘사할 뿐만 아니라 안티오쿠스와 같은 적그리스도(7장에 묘사되기도 함)의 죄악과 파멸에 대해서도 묘사하고 있는 것으로 볼 수 있다. 다니엘이 예언한 바 미래의 가증한 것에 대한 예수의 언급은 그 예언의 미래 성취를 요청하는 것이지만, 그것이 초기의 부분적인 성취를 배제하는 것도 아니다. 참으로 대부분의 학자들은 다니엘 11:31이 안티오쿠스 4세 시대의 황무케 하는 가증한 것(참조. 27절)에 대해서 묘사하고 있다는 데 동의한다. 이렇게 본다면, 다니엘 본문에 대한 예수의 언급은 모형론적인 사유를 밑바닥에 깔고 있다. 안티오쿠스는 적그리스도의 전조가 되는 인물이며, 171-164년의 상황 및 그의 잔혹함과 신성모독은 그러한 행동이 되풀이되는 박해 시기의 전조를 이룬다.

다니엘이 예언한 사건들은 70주간의 구도에 어떻게 들어맞는 것일까? 여기서 분명한 것은, 만일에 우리가 (a) 9:25의 문법을 7주간과 또 다른 62주간을 구별하는 것으로 이해하고, (b) 24절의 칙령을 그 성읍이 재건될 것이라는 예레미야의 예언으로 받아들이는 한편으로, (c) 페르시아 사람 고레스를 7주간의 마지막 때에 올 "기름 부음 받은 자"와 동일시한다면, 70주간은 문자 그대로 490년을 가리킬 수가 없다는 점이다. 고레스는 그 칙령이 선포된 지 49

---

76) McComisk3y, "The Seventy 'Weeks' of Daniel," 29-35.

77) 어떤 이들은 안티오쿠스와 적그리스도가 11장에서도 밀접하게 관련되어 있다고 주장한다. 아래의 논의를 보라.

년 정도 지난 후에 나타났으며, 70번째 주간이 7년 동안 계속된다는 암시가 본문에 있기는 해도,[78] 434년의 기간(중간 기간에 해당하는 62주간)은 1주간을 7년으로 환산하는 연대기적인 구조에 잘 들어맞지 않기 때문이다. 고레스에서 안티오쿠스에 이르기까지의 기간(대략 539년부터 주전 171년까지)은 434년이 못 된다. 반면에 고레스에서 그리스도 또는 적그리스도(26절에 있는 "기름 부음 받은 자"의 정체에 의존할 경우)에 이르기까지의 기간은 이보다 더 길다.

이 때문에 70주간이라는 호칭은 상징적인 의미에서 볼 필요가 있다. 맥코미스키가 지적한 바와 같이, "주간"이라는 용어는 단순히 일곱이라는 한 단위를 의미한다. 그것이 꼭 7년이라는 한 "주간"을 가리킬 필요가 없는 것이다.[79] 일곱(또는 "주간")의 70단위라는 표상은 달력과 관련된 것이겠지만, 7이나 70이 완전성을 상징한다는 것을 인정하지 않으면 안 된다. 7이라는 숫자와 7의 복수가 되는 숫자의 상징적인 사용은 고대 근동 세계에서 흔히 발견되는 현상들 중의 하나이다.[80] 첫 번째 기간(칙령으로부터 고레스에 이르기까지)을 가리키는 데 7주간 개념을 사용한다는 것은 그것이 완전한 기간임을 암시한다. 그러나 이것은 하나님께서 세우신 계획의 시작일 뿐이다. 왜냐하면 완전한 계획은 70주간을 포함하기 때문이다. 맥코미스키는 이를 다음과 같이 설명한다:

> 7주간은 충분한 시간 단위를 나타내는 것으로 이해될 수 있을 것이다. 그러나 그것은 완전한 것이 아니다. 후자는 7의 10배인 70이라는 숫자 개념에 의해서 표현된다. 이는 곧 7이라는 숫자가 충분한 기간을 표현한다는 점에서 전체 구조의 첫 번째 기간 — 이스라엘의 바벨론 포로생활

---

78) 다니엘 9:27은 "한 주간의 중간"에 가증한 것이 세워질 것이라고 말하지만, 다니엘 12:7, 11은 신성모독 행위가 "한 때와 두 때와 반 때"의 기간 동안, 즉 1,290일 내지는 대략 3년 반의 기간 동안 계속될 것이라고 말한다.

79) Ibid., 40-41.

80) Ibid., 37-40.

기간 — 에 적용된 것일 수도 있음을 뜻한다. 7이라는 숫자는 그 기간의 완전성을 의미한다. 그것은 예루살렘을 폐허로 남겨둔 포로생활 기간이 끝나고 그 백성이 돌아올 것임을 암시한다. 그러나 다니엘은 7이라는 숫자가 예루살렘의 황무함의 완전한 끝이 아님을 뜻한다는 것을 그 환상으로부터 배운다. 예루살렘의 황무함은 70[주간]이 완전히 끝나고 최고의 파괴자가 멸망당할 때 비로소 중단될 것이다.[81]

하나님의 계획이 70번째 주간에 가서야 마침내 완성된다는 것은 지극히 당연한 일이다. 그 중간에 있는 62주간은 고레스로부터 이 마지막 주간의 시초에 이르기까지의 긴 기간을 가리킨다. 비록 이 62주간이 첫 번째 기간인 7주간과 균형을 이루고 있지 않다 해도, 그것은 수학적인 정확성을 필요로 하는 자들에게나 문제가 될 뿐이다. 그러나 그러한 정확성은 묵시문학 장르에는 낯선 것이다. 제1에녹서(1 Enoch)에 있는 신구약 중간기의 주간 묵시록(Apocalypse of Weeks)은 역사를 연속적인 주간들로 구분하는 바, 그 주간들은 희년서(Book of Jubilees)가 제공하는 연대 결정 방식으로 계산할 경우 그 길이가 일정하지 않다.[82]

다니엘의 마지막 환상(10:1—12:13)

이 마지막 환상은 "페르시아 왕 고레스 제3년"(10:1)에 속한 것으로 간주된다. 이것은 아마도 고레스가 바벨론을 정복한 지 3년째 되는 해를 가리킬 것이다(주전 536년 또는 535년).

다니엘이 천사의 방문을 받음(10:1-11:1)

다니엘의 환상은 다가올 전쟁과 관련되어 있는 바, 이로 인하여 다니엘은 3주간 동안 슬픔에 사로잡힌다. 첫 번째 달(니산월, 오늘날의 3-4월)의 24일에 그는 티그리스 강가에 서 있다가 밝게 빛나는 모습으로 크게 말하는 한

---

81) Ibid., 41.
82) Ibid., 43-44.

"사람"을 본다(4-6절). 이 천사와도 같은 인물에 관한 환상으로 인하여 다니엘은 완전히 무기력하게 되어 깊은 잠에 빠지고 만다(7-9절). 천사는 다니엘에게 자기가 그에게 전할 메시지를 가지고 왔다고 말하면서, 두려워할 필요가 없다는 말로 그를 안심시킨다(10-12절). 그 천사는 다니엘이 기도하자마자 보냄을 받았음에도 불구하고 다니엘에게 오는 중에 방해 세력을 만나는 통에 21일 — 다니엘이 슬퍼하던 기간과 완전히 똑같은(13절; 3절을 보라) — 이나 지체되었다고 말한다. 여기서 "페르시아 왕국의 군주"로 불리는 강력한 대적이 그의 길을 막았던 것이다. 그때 "가장 높은 군주들 중의 하나"인 미가엘이 나서서 사명을 완수할 수 있도록 그를 도와준다. 우리는 왜 이 "군주"가 다니엘에게 보냄 받은 그 천사를 방해했는지를 잘 알지 못한다. 그러나 그는 아마도 페르시아 제국의 멸망을 선포하는 메시지가 선포되지 못하게 하기 위해 그를 막고자 했을 것이다(11:2-3을 보라).[83] 이 "군주"는 그를 대적하는 천사의 무리에 속해 있었을 것이다. "군주"라는 용어(히브리어로 '싸르')가 때때로 다니엘서에서 인간 통치자들을 가리키지만(9:6, 8; 11:5를 보라), 그것은 때때로 천사들의 무리를 가리키는 데에도 사용된다(10:13, 21; 12:1). 천사의 무리에 속한 "군주" 미가엘이 여기서 페르시아의 "군주"를 대적하는 것으로 보아, 후자 역시 천사의 무리에 속한 자일 가능성이 높다.[84]

이 신비로우면서도 계몽적인 본문은 하나님의 천상회합 안에 분열과 갈등이 있음을 암시한다. 하나님은 열방에 대한 재판권을 천상회합의 구성원들에게 주셨지만, 이 대리자들 중의 일부가 자기들의 지위를 남용하여 하나님을 대적하였다. 신명기 32:8의 원래 본문은 다음과 같이 읽힌다: "지극히 높으신 자가 민족들에게 기업을 주실 때에, 인종을 나누실 때에 하나님의 아들

---

83) Goldingay, *Daniel*, 292.

84) David E. Stevens, "Daniel 10 and the Notion of Territorial Spirits," *BSac* 157 (2000): 411-18. 13b절은 페르시아의 인간 통치자들을 가리키지만, 이 경우에는 "왕"으로 번역되는 다른 용어를 사용한다. 사실 13b절에서는 복수형이 사용되는 바(NIV와는 달리), 우리는 이것을 "나는 페르시아 왕들 가까이에 있었다"로 번역할 수 있다. 여기서 복수형이 사용된 이유는 확실치 않다. 아마도 고레스와 그의 아들 캄비세스를 염두에 두었기 때문일 것이다: Stevens, 425.

들[85]의 수효대로 백성들의 경계를 정하셨도다." 그러나 시편 82편에서 하나님은 이 "신들"이 지상에 정의를 증진시키지 못했다고 비난하신다. 신약성서는 사탄의 권세 아래 있는 이 반항적인 천사들이 하나님의 지상 사역을 대적할 뿐만 아니라(엡 6:12) 하나님께 충성을 다하는 천사들과 함께 싸운다(계 12:7)는 점을 분명하게 밝힌다.

천사가 다니엘에게 보냄 받은 것은 다니엘이 이전에 보았던 환상의 의미 — 특히 이스라엘과 관련된(14절) — 를 그에게 설명하기 위해서이다(1절을 보라). 그러나 다니엘은 여전히 천사의 모습에 압도당한 나머지 얼굴을 땅에 댄 채로 말을 하지 못한다(15절). 천사가 다니엘의 입술을 만져주어 말할 수 있게 해주지만, 다니엘은 단지 자신이 얼마나 큰 두려움에 사로잡혔는지를 묘사할 수 있을 뿐이다(16-17절). 천사가 힘을 넣어주자 그때서야 비로소 다니엘은 천사가 말해야 하는 것을 들을 준비가 된다(18-19절). 천사는 다니엘에게 장차 있을 일을 알리는 것이 자기가 할 일임을 다시금 분명하게 밝힌다(21절). 그는 또한 자기가 페르시아와 그리스 왕국들에 대한 재판권을 위임받은 천사들과 영적인 전쟁을 벌이기 위해 곧 되돌아가야 한다는 점을 지적한다. 이 전쟁은 당시에 3년 동안이나 계속되고 있었다(10:20; 11:1).

북방 왕들과 남방 왕들이 충돌함(11:2-45)

천사는 다니엘에게 장차 있을 사건들을 개괄적으로 설명해준다. 그는 페르시아에 앞으로 세 명의 왕이 추가로 나타날 것이요, 뒤이어 나타날 네 번째 왕의 부가 전임자들의 부를 능가할 것이라고 설명한다(2절). 이 네 번째 왕 역시 그리스인들을 상대로 하여 전쟁을 벌일 것이다. 이 네 페르시아 통치자들의 정체는 확실치 않다. 알렉산더 대왕(3-4절을 보라)이 페르시아 왕

---

85) 히브리어 본문은 "이스라엘의 아들들"로 읽지만, 이는 쿰란 사본에서 입증된 "하나님의 아들들"이라는 구절을 잘못 해석한 것이다. 70인역은 "하나님의 천사들"로 번역함으로써 그 구절이 하나님의 천상회합을 가리키고 있음을 올바르게 해석하고 있다: Michael S. Heiser, "Deuteronomy 32:8 and the Sons of God," *BSac* 158 (2001): 52-74; Robert B. Chisholm Jr., *From Exegesis to Exposition* (Grand Rapids: Baker, 1998), 26-27.

국을 끝장내기 전에 고레스의 뒤를 이어 12명의 왕들이 연달아 왕위에 오른다. 따라서 네 명의 왕들에 대한 언급은 전체 명단에서 선택된 것임을 의미한다. 크세르크세스 1세(주전 486-465년)가 아마도 그 네 번째 왕에 해당할 것이다. 그는 부자였으며, 그리스인들과 전쟁을 벌였다. 만일에 크세르크세스가 네 번째 왕이라면, 처음 세 왕은 그의 전임자들인 캄비세스(530-522년), 스메르디스(522년), 다리오 1세(522-486년) 등을 가리킬 것이다. 스메르디스는 너무도 미약한 왕이었기 때문에, 캄비세스와 다리오 1세, 크세르크세스 1세가 첫 세 왕이고 아르타크세르크세스 1세(465-424년)가 네 번째 왕일 수도 있다. 그러나 어느 견해에 따른다 할지라도 네 번째 페르시아 왕과 3절에 언급된 알렉산더(336-323년) 사이에는 상당한 시간 간격이 있기 때문에, 어떤 이들은 네 번째 왕을 다리오 3세(336-330년)와 동일시하는 견해를 선호한다.

3절은 알렉산더의 위대함에 대해서 묘사하지만, 4절은 그의 나라가 마침내 분열될 것이라는 데 초점을 맞추고 있다. 알렉산더는 페르시아를 정복했으나 적법한 왕위 상속자를 남겨두지 못한 채로 갑자기 일찍 죽고 만다. 그의 제국은 후손들에게 그대로 전해지지 못하고 그의 휘하 장군들 사이에 분할되고 만다(8:22를 보라). 카산더(Cassander)는 마케도니아를 통치하고, 리시마쿠스(Lysimachus)는 트라케와 소아시아를, 셀레우코스(Seleucos)는 시리아를, 그리고 프톨레마이오스(Ptolemy)는 이집트와 남부 팔레스타인을 통치한다.

이 나라들 중의 둘, 곧 시리아와 이집트가 11장의 나머지 부분에서 중요한 역할을 수행한다. 11장 나머지 부분은 북방 왕들(시리아의 셀레우코스 가문 통치자들)이 어떻게 남방 왕들(이집트의 프톨레마이오스 가문 통치자들)과 충돌했는지를 설명하고 있다.[86] "북방 왕"과 "남방 왕"이라는 호칭들은 제각기 셀레우코스 가문의 통치자들과 프톨레마이오스 가문의 통치자들을 포괄적으로 지칭하는 것들이다. 아래의 도표는 이 절들에 언급된 통치자들을 구체적으로 보여준다:

---

86) 근동 역사와 관련된 다니엘 11장을 유용하게 연구한 책으로는 다음을 보라: Walter K. Price, *In the Final Days* (Chicago: Moody, 1977).

관련 본문	남방 왕	북방 왕
5절	프톨레마이오스 1세(주전 322-285년)	셀레우코스 1세(주전 312-280년)[87]
6절	프톨레마이오스 2세(285-246년)	안티오쿠스 2세(262-246년)
7-9절	프톨레마이오스 3세(246-221년)	셀레우코스 2세(246-226년)
10절		셀레우코스 3세(226-223년)
		안티오쿠스 3세(223-187년)[88]
11-19절		안티오쿠스 3세
(11-12절)	프톨레마이오스 4세(221-203년)	
(14-17절)	프톨레마이오스 5세(203-180년)	
20절		셀레우코스 4세(187-175년)[89]
21-35절		안티오쿠스 4세(175-163년)[90]
(25절)	프톨레마이오스 6세(180-145년)	
36-45절		???
(40절)	???	

프톨레마이오스 1세는 강한 왕이었지만, 결국에는 셀레우코스 1세가 자신의 잃은 땅에 대한 주장을 내세우더니 프톨레마이오스의 권세를 능가하였다 (5절). 셀레우코스 1세는 압박을 받아 이집트로 도망한 후 프톨레마이오스의

---

87) 북방 왕은 여기서 구체적으로 확인이 되지 않으나, 6절이 그의 정체를 분명하게 밝혀주고 있다.

88) 둘 중 누구도 10절에서 "북방 왕"으로 불리지 않지만, 둘이 9절에 묘사된 북방 왕의 아들들임은 분명하다.

89) 그는 여기서 "북방 왕"으로 불리지 않으나 앞 절들에 묘사된 북방 왕의 계승자로 언급된다.

90) 안티오쿠스 4세는 27절에 언급된 두 왕들 중의 한 명을 가리킨다. 그러나 이 부분은 사실 결코 그를 "북방 왕"으로 칭하지 않는다. NIV의 28절에 있는 "북방 왕"이라는 표현은 해석적인 추가에 해당하는 것이다. 히브리어 본문은 이 구절을 가지고 있지 않다. 26a절에 묘사되어 있는 통치자는 안티오쿠스가 아니라 프톨레마이오스를 가리킨다. 더 나아가서 "왕"이라는 낱말이 그곳의 히브리어 본문에서는 나타나지 않는다(NIV와는 달리).

군대장관으로 봉사한 적이 있던 인물이었다. 몇 년 후인 250년경에 프톨레마이오스 3세와 안티오쿠스 2세는 동맹을 맺는다(6절). 이 조약관계를 공고히 하기 위하여 프톨레마이오스는 안티오쿠스에게 자신의 딸 베르니체를 아내로 제공한다. 안티오쿠스는 자신의 아내 라오디체와 이혼하고서 베르니체를 아내로 맞이하며, 라오디체를 통하여 낳은 두 아들을 유산 상속으로부터 배제한다. 오래지 않아서 안티오쿠스는 라오디체에게 돌아오지만, 그녀는 그와 베르니체와 베르니체가 안티오쿠스에게 낳은 자녀들을 모두 죽인다.

베르니체의 동생인 프톨레마이오스 3세는 246년에 이집트의 통치자가 된다(7a절). 그는 시리아를 공격하여 상당량의 노략물을 가지고 간다(7b-8절). 셀레우코스 2세는 이집트에게 보복하려고 노력하나, 프톨레마이오스를 상대로 한 전쟁에서 성공을 거두지 못한다(9절). 그의 아들들인 셀레우코스 3세와 안티오쿠스 3세 역시 이집트를 향한 적개심을 새롭게 불태우지만(10절), 프톨레마이오스 4세는 큰 군대를 일으켜 217년에 안티오쿠스의 군대를 라피아에서 격퇴한다(11-12절).

202년에 안티오쿠스 3세는 팔레스타인을 공격하는 바, 이집트는 당시에 국내 분쟁으로 인하여 약화된 탓에 그에게 효과적으로 대응할 만한 위치에 있지 못했다(13-14a절). 일부 유대인들이 안티오쿠스에 저항하려고 애쓰지만 실패하고 만다(14b절).[91] 안티오쿠스의 군대는 이집트 사람들을 격퇴한다. 이집트 군대는 시돈으로 물러갔다가 거기서 항복하고 만다(15절). 이로써 안티오쿠스는 팔레스타인을 수중에 넣는다(16절). 그는 이집트와 조약을 맺고서 자기 딸 클레오파트라를 프톨레마이오스 5세와 결혼시키게 한다. 그 일로 인하여 그는 자신이 이집트의 통치자를 장악할 수 있게 되기를 기대한다(17a절). 그러나 그의 계획은 실패하고 만다. 그 까닭은 클레오파트라가 자기 아버지 편을 들지 않고 남편 편을 들었기 때문이다(17b절).

안티오쿠스 3세는 자기 세력을 한층 확대시키려는 의도로 서쪽으로 방향을 돌려 그리스를 침공한다. 그러나 로마 군대가 그를 격퇴하여 퇴각하지 않

---

91) 골딩게이는 이 본문이 친이집트적인 토비아드 가문을 염두에 두고 있다고 본다: Goldingay, *Daniel*, 297.

을 수 없게 만든다(18절). 그는 로마의 신하가 되는 바람에, 조공을 바치지 않을 수 없게 된다. 그는 엘리마이스(Elymais)의 성전을 약탈하려고 하지만, 성난 그 성읍의 일부 거주민들에게 암살당한다(19절). 그 뒤로 셀레우코스 4세가 안티오쿠스를 승계하여 왕위에 오른 다음, 로마가 요구하는 조공을 바치기 위해 재원 마련에 힘쓴다. 그는 헬리오도루스(Heliodorus)라는 이름의 징세 관리를 예루살렘으로 보내어 성전을 약탈하게 한다. 결국에는 이 헬리오도루스가 셀레우코스를 암살한다(20절).

175년에 셀레우코스 4세의 형제인 안티오쿠스 4세가 권좌에 오른다. 로마의 정치범인 셀레우코스의 아들 데메트리우스(Demitrius)가 합법적인 왕위 계승자였음에도 불구하고 말이다(21절). 본문은 안티오쿠스를 "비열한 사람"으로 규정하는 바, 이는 고대 역사가들에 의해 뒷받침되고 검증된 평가이다.[92] 그는 자신을 '테오스 에피파네스'("현시된 신")로 칭한다. 그의 대적들이 그를 '에피마네스'("미친 사람")로 칭하고 있음에도 불구하고 말이다. 그는 팔레스타인을 통치하면서 "동맹한 군주"로 언급된 자로 보이는(22절) 대제사장 오니아스 3세로부터 권력을 빼앗는다. 그는 오니아스의 형제인 야손(Jason)과 거래를 한다. 야손은 대제사장직을 얻는 대가로 안티오쿠스의 이익을 증진시키는 일에 동의한다. 그에는 유대인들에게 헬라 문화를 강요하는 일이 포함된다(23-24절; 제2마카베오 4:7-20을 보라).

안티오쿠스는 이집트에 원정하여 프톨레마이오스 6세의 군대를 격퇴한다(25-26절; 제1마카베오 1:17-19를 보라). 이집트 사람들은 프톨레마이오스의 형제를 왕위 계승자로 옹립하고서는 안티오쿠스에게 프톨레마이오스 6세와 공모하여 그의 왕권을 되찾아주도록 촉구한다(27절). 전쟁에서 승리한 안티오쿠스는 고국으로 향하는 길에 예루살렘에 들러 성전을 약탈하고 그곳 사람들을 공포에 떨게 만든다(28절; 제1마카베오 1:20-28을 보라). 얼마 안되어서 그는 다시금 이집트를 침공하지만, 이번에는 로마의 지원을 받은 이집트 군대가 그를 격퇴시킨다(29-30a절). 자신의 실패에 당혹감을 느낀 그는 예루살렘 성전의 제단을 더럽히고 그곳 사람들에게 잔혹한 일을 저지름으로

---

92) Price, *In the Final Days*, 56-72.

써 예루살렘에 화풀이를 한다(30b-31절; 8:9-14, 23-25; 제1마카 1:54-60을 보라). 일부 유대인들이 안티오쿠스를 지지하기는 하지만, 다른 이들은 그에게 저항한다(32절). 일부 경건한 지도자들 — 여기서는 "지혜로운" 자들로 불리는 — 이 안티오쿠스에게 항거할 것을 많은 사람들에게 촉구한다(33a절). 그들은 아마도 게릴라군을 조직한 제사장 마타티아스(Mattathias)와 그의 아들들(마카베오 형제들로 알려진)을 가리킬 것이다(제1마카베오 2:1-28). 그들은 잠시 동안 좌절을 경험하지만(33b절), 결국에는 승리를 거둔다. 그 승리에서 그들은 로마와의 동맹 관계로부터 "약간의 도움"을 받은 바가 있다(제1마카베오 8장을 보라). 비록 그들의 조직 안에 약간의 협잡꾼들이 끼어들기는 했지만 말이다(34절).[93] 지도자들("지혜로운 자들") 중의 일부는 순교를 당하기까지 한다(35a절; 제1마카 9:14-27을 보라). 그러나 외견상 비극적으로 보이는 그들의 죽음은 신앙의 눈을 통하여 "마지막 때까지" 그들을 정결케 하는 것으로 비쳐진다. 그 마지막 때가 되면 그들의 의로움이 인정받을 것이요, 그에 상응하는 상급을 받을 것이다(35b절; 40절과 12:2-3을 보라).[94]

마카베오 혁명의 초기를 요약하고 있는 32-35절은 안티오쿠스 4세가 죽은 이후의 몇 년을 우리에게 설명해준다. 그러나 36-39절은 31-32절에서 시작된 그의 신성모독 행동에 대한 묘사를 이어받는다. 그는 자기 앞서 통치했던

---

93) Buchanan, *The Book of Daniel*, 354-59.

94) 전치사 '아드'를 "… 까지"로 번역할 경우, 그것은 앞 절들에 묘사되어 있는 마카베오 혁명 기간의 사건들이 "마지막 때"에 있을 사건들과 시대적으로 뚜렷하게 구분되는 듯한 느낌을 준다. 이렇게 본다면, 11:36-12:4에 예언된 사건들은 안티오쿠스와 마카베오 형제의 시대보다 더 나중에 속한 것이어야 마땅할 것이다. 그러나 8:17은 안티오쿠스의 활동이 "마지막 때"로 알려진 기간에 포함됨을 암시한다. 따라서 11:35에 있는 "마지막 때까지"라는 구절은 "마지막 때가 완료될 때까지" 또는 "마지막 때의 기간 동안에"라는 의미로 이해하는 것이 더 나을 듯하다. 전치사 '아드'는 성서 아람어에서 "마지막까지, 동안에"라는 뜻을 가지고 있으며(*BDB* 1105; 참조. 단 6:7, 12; 7:12, 25), 성서 히브리어에서도 이따금씩 그러한 의미를 가지고서 나타난다(*BDB* 724, 2b). 이렇게 본다면, 다니엘서에 언급된 "마지막 때"는 안티오쿠스의 활동뿐만 아니라(8:17, 19; 11:40) 마지막의 종말론적인 사건들 — 마카베오 가문에 속한 순교자들의 부활을 포함하는 — 까지도 포함할 것이다(11:35; 12:4, 9-10).

아버지와 마찬가지로(16절을 보라) 자신이 원하는 대로 행한다(36a절). 그는 자신이 신이라고 주장하며, 자신을 이방 신들 위에 있는 자로 높이고, 유일하신 참 하나님을 모독하기까지 한다(36b-37절). "여자들이 사모하는 자"라는 표현(37절)에는 비밀스러운 요소가 있다. 그것이 여자들에게 특히 매력적인 한 신을 가리키고 있음은 분명하다. 아마도 탐무스(Tammuz) 신이 그에 해당할 것이다(겔 8:14를 보라). 안티오쿠스는 요새화된 성읍들을 공격하기 시작하면서 한 특정 신에게 자신의 특별한 공경심을 표현한다(38-39절; 24절을 보라). 이 "요새를 지키는 신"은 아마도 제우스일 것이다. 안티오쿠스는 그를 셀레우코스 가문의 수호신으로 삼는다.[95]

어떤 이들은 36-39절이 안티오쿠스 4세가 아니라 적그리스도(7장의 작은 뿔과 동일시되는)에 대해서 묘사하고 있다고 주장한다. 그의 교만한 신성모독 행동에 대한 36절의 묘사는 7:25의 작은 뿔에 대한 묘사와 평행을 이룬다. 어떤 이들은 또한 안티오쿠스가 자신을 모든 신들 위에 있는 존재로 과장하지 않았다고 주장한다.[96] 그러나 우리는 여기에 약간의 과장이 있음을 인정하지 않으면 안 된다.[97] 제2마카베오 9:8은 안티오쿠스가 "자신이 바다의 파도를 명할 수 있고" 또 "높은 산들을 저울에 달 수 있다"고 생각했다고 진술한다. 마치 자신이 최고의 창조자요 온 세상의 왕인 것처럼 말이다.

아마도 이러한 해석상의 문제를 해결할 수 있는 최선의 길은 안티오쿠스와 적그리스도를 가지고서 논란을 벌이는 데 있지 않다. 안티오쿠스는 적그리스도의 전형에 해당하는 인물이라고 볼 수 있을 것이다. 그가 세운 가증한 제단(11:31; 제1마카베오 1:54, 59를 보라)이 장차 성전을 더럽힐 행동의 전조를 이루고 있는 것처럼 말이다(마 24:15).[98] 하나님을 멸시하는 그의 행동은

---

95) Goldingay, *Daniel*, 304-5; Lacocque, *The Book of Daniel*, 231-32. 제우스는 아마도 시리아의 바알 샤멤 신과 동일시되었을 것이다: Day, *Yahweh and the Gods*, 83-85.

96) 예로써 Archer, "Daniel," 144.

97) 이와 비슷한 과장법은 다니엘 14:12-15에서도 발견된다. 이 본문은 바벨론의 교만한 왕을 신들 위로 올라가서 최고신의 자리를 빼앗으려는 작은 신으로 묘사한다.

98) 다니엘 9:26-27절에 대한 필자의 설명을 보라.

바울이 묘사하는 불법자의 태도를 미리 보여주는 것이나 다름이 없다(살후 2:3-9를 보라).

이 이야기는 40-45절에서 계속되는 것으로 보인다. 이 본문은 어떻게 북방 왕이 남방 왕을 다시금 남방 왕을 격퇴시키고, 팔레스타인을 침공하고, 이집트를 정복하고, 파멸당하기 전에 지중해와 사해 사이에 자신의 장막을 세울 것인지에 대해서 말하고 있다. 그러나 이 절들은 안티오쿠스 4세의 마지막 시기에 발생한 사건들과 일치하지 않는다. 성전을 더럽힌 다음에 그는 남방 왕과 또 다시 전쟁을 벌이지 않았으며, 팔레스타인에서 죽지도 않았기 때문이다. 그렇다면 분명하게 드러나 보이는 이러한 예언의 실패는 어떻게 설명해야 할 것인가?

대부분의 현대 학자들은 다니엘 11장이 주전 165년에 기록되었다고 주장한다. 2-39절은 "사실 후 예언"(예언 문체로 기록되어 있으나 실제로는 예언하는 사건들보다 나중에 기록되었다는 뜻)으로 여겨지고 있는 반면에, 40-45절은 성취되지는 않았으나 진정한 예언을 포함하고 있다. 예로써 콜린스는 11장에 관하여 다음과 같이 말한다:

> 본문의 주요 관심사는 안티오쿠스 4세(에피파네스)이다. 11장의 절반 이상이 그의 통치에 할애되고 있다. 앞선 헬레니즘 역사 개관은 추정되는 다니엘의 시대와 다니엘서의 실제 기록 사이의 간격을 이어주고 있다. 그것은 예언의 형태로 제시되고 있으며, 비밀스런 예언의 문체를 따르고 있다. 이렇게 하여 그것은 역사의 진행과정이 미리 결정된다는 암시를 준다. 그것은 또한 본문의 결론에 해당하는 진정한 예언을 믿을 수 있는 것으로 만들어준다. 만일에 "예언들"이 오늘에 이르기까지 정확한 것으로 알려져 있다면, 그것들은 미래에도 똑같이 믿을 수 있는 것이라 할 수 있다. 사실 왕의 죽음에 관한 결론부의 예언은 성취되지 않았기에, 다니엘 11장은 언제 이 책이 편집되었는지를 분명하게 알려주는 단서를 제공하고 있다.[99]

---

99) John J. Collins, *The Apocalyptic Imagination* (New York: Crossroad, 1987), 88.

대부분의 복음주의자들은 이러한 의견일치에 반대하며, 11장을 다니엘의 시대에 선포된 진정한 예언으로 간주한다. 그들은 대체적으로 본문의 지시 대상이 36절("왕"에 대한 언급)이나 40절("마지막 때"에 대한 언급)에서 안티오쿠스 4세로부터 적그리스도로 바뀐다고 주장한다. 이렇게 본다면, 후자는 역사적이고 모형론적인 전임자에 의해 표현된 모든 적대감을 노골적으로 드러낼 안티오쿠스와 같은 인물로 묘사되고 있는 셈이다. 그는 8장의 작은 뿔과는 구별되는 7장의 작은 뿔과 동일시된다. 이러한 견해를 지지하는 자들은 (a) 장차 안티오쿠스 시대와 똑같이 황무케 하는 가증한 것이 나타날 것임을 예견한 예수의 진술(마 24:15를 단 11:31과 비교하라), (b) 하나님을 대적하는 불법자가 올 것을 예견한 바울의 진술(살후 2:3-9), (c) 적그리스도가 올 것이라고 말하면서(요일 2:18) 바다로부터 올라올 종말의 세계 통치자에 대해서 생각하는 사도 요한의 진술(계 13:1-10) 등을 그 증거로 든다. 이 견해를 옹호하는 자들은 또한 11:40-45에 묘사된 사건들이 "마지막 때"에 발생하고 부활의 때에 정점에 달할 것이라는 점을 지적한다(12:1-4를 보라).

비평가들은 다니엘 11장에 대한 이러한 해석을 반대한다. 예로써 콜린스는 다음과 같이 말한다:

> 결론부의 절들이 먼 종말의 때에 올 적그리스도를 가리키고 있다는 보수적인 주장은 옳지 않다. 본문은 어디에서도 지시 대상이 바뀌었다는 암시를 주지 않는다. 저자는 두 차례에 걸친 안티오쿠스의 이집트 원정과 예루살렘 성전을 더럽힌 일, 아크라(Akra)를 요새화한 일 등은 알고 있지만, 성전의 재봉헌이나 주전 164년의 늦은 시기에 있었던 왕의 실제적인 죽음 등은 알지 못한 채로 있다.[100]

이러한 반대에 대한 답변으로 보수적인 학자들은 다음과 같은 몇 가지 의견들을 순서대로 제시한다:

1. 지시 대상의 변화는 11장에서 일관성 있게 암시되어 있지 않다. 지시 대상의 변화는 다음의 절들에서 발견된다:

---

100) Collins, *Daniel with an Introduction*, 101.

5-6절: 남방 왕은 5절에서 프톨레마이오스 1세이고, 6절에서는 프톨레마이오스 2세이다. 그러나 이러한 변화는 전혀 암시되어 있지 않다. 5절의 강력한 왕은 셀레우코스 1세이고, 6절의 북방 왕은 안티오쿠스 2세이지만, 역시 변화에 대한 어떠한 암시도 없다.

6절과 7-9절: 남방 왕은 7-9절에서 프톨레마이오스 3세이고, 11-12절에서는 프톨레마이오스 4세이며, 14-17절에서는 프톨레마이오스 5세이지만, 지시 대상의 변화에 대한 암시는 전혀 없다. 그리고 북방 왕은 7-9절에서 셀레우코스 2세이고, 11-19절에서는 안티오쿠스 3세이지만, 10절에 셀레우코스 2세의 아들들이 언급되고 있음에도 불구하고 문자적인 시각에서 볼 경우 11-19절의 북방 왕이 셀레우코스 2세인지 아니면 그의 아들들 중의 하나인지는 확실치 않다.

19-20절: 본문은 20절의 통치자(셀레우코스 4세)가 11-19절에 있는 북방 왕(안티오쿠스 3세)의 계승자임을 분명하게 밝히고 있다.

20-21절: 본문은 21-35절의 통치자(안티오쿠스 4세)가 셀레우코스 4세(20절)의 계승자임을 분명하게 밝히고 있다.

14-17절과 25절: 남방 왕은 17절에서 프톨레마이오스 5세이고, 25절에서는 프톨레마이오스 6세이지만, 지시 대상의 변화에 대한 암시는 전혀 없다.

2. "왕"에 대한 36절의 언급은 안티오쿠스 4세로부터 또 다른 통치자에게로 지시 대상이 바뀌고 있음을 가리킬 수도 있다. 아니면 적어도 그러한 언급이 모형론적인 것이기에 안티오쿠스를 넘어서는 것임을 암시할 수도 있다. 안티오쿠스는 북방 왕국을 장악한 왕이요(21절), 27절에 언급된 "두 왕들" 중의 한 명이지만, 21-35절에서 결코 구체적으로 "왕"이나 "북방 왕"으로 불리는 법이 없다. 앞서 설명한 바와 같이, 28절에 대한 NIV의 "북방 왕"이라는 번역은 어디까지나 해석의 산물일 뿐이다. 히브리어 본문은 그러한 구절을 가지고 있지 않다. 26a절에 묘사된 통치자는 안티오쿠스가 아니라 프톨레마이오스이다. 더 나아가서 "왕"이라는 낱말은 이곳의 히브리어 본문에서 나타나지 않는다(NIV와는 달리). 36절("자기 마음대로 행하며"라는 표현을 주목하라)과 메대-페르시아 제국(8:4), 알렉산더 대왕(11:3), 안티오쿠스 3세(11:16) 등에 대한 초기의 묘사들 사이에 있는 긴밀한 문학적 유대관계는

36-39절의 왕이 이들 이전 왕들의 교만과 권세를 상징적으로 보여줄 뿐만 아니라 역사적인 인물인 안티오쿠스 4세를 넘어서고 있음을 암시할 수도 있다. 만일에 그렇다면, "왕"이라는 칭호(다니엘 11장에서는 오직 이곳에서만 나옴)는 매우 적절한 것이다.

어떤 이들은 40절이 북방 왕들과 남방 왕들이 36-39절의 "왕"을 공격한 것에 대해서 묘사하고 있다고 주장한다. 만일에 이러한 주장이 옳다면, 그 "왕"은 안티오쿠스와 동일시될 수 없다. 왜냐하면 후자는 북방 왕국의 찬탈자로 여겨지고 있기 때문이다. 그러나 40절은 남방 왕과 북방 왕(36-39절의 "왕") 사이의 갈등을 묘사하고 있을 가능성이 높은 편이다. 이것은 11장의 앞부분에서 이미 형성된 갈등의 양상과 일치하는 것으로 보인다. 아울러 그것은 침략자가 팔레스타인을 거쳐 이집트에 이르기까지 휩쓸고 지나갈 것이라고 묘사하는 40b-43절의 설명과도 일치하는 것으로 보인다.

3. "마지막 때"에 대한 40절의 언급(35절과 12:4, 9도 보라)은 안티오쿠스 4세의 시대로부터 정점에 달하는 시기로 옮겨가고 있음을 나타내는 것일 수도 있다. 그러나 이러한 주장은 겉으로 드러나는 것처럼 그렇게 설득력 있는 것이 아니다. 왜냐하면 "마지막 때"라는 구절이 8:17에서는 안티오쿠스의 활동과 관련하여 사용되고 있기 때문이다(19절도 보라). 이 때문에 이 구절은 사실상 40-45절이 안티오쿠스를 가리킨다는 견해에 더 부합된다(아래의 추가적인 논의를 보라).

4. 11장의 목적은 다양한 왕들의 활동을 완전히 소개하는 데 있지 않다. 도리어 그것은 북방 왕들의 강화되는 힘과 그로 인하여 점점 증가하는 하나님의 백성에 대한 압제를 추적하고 있다. 5-12절에서는 남방 왕이 무대의 중심을 이루고 있지만, 13절부터는 상황이 바뀌어 북방 왕이 무대의 중심을 이룬다. 안티오쿠스 4세가 특히 주목을 끌고 있다. 이는 그가 성전을 더럽혔기 때문이다. 그는 하나님의 백성을 멸시하는 행동으로 인하여 모형론적인 사례의 가장 적절한 후보자로 간주된다. 여기서는 그의 파멸에 대해서 묘사할 필요가 없다. 왜냐하면 (a) 그의 죽음이 이미 선포되었기 때문이요(8:25), (b) 그의 압제 프로그램의 궁극적인 실패가 그가 대표하는 자의 파멸에 이미 함축되어 있기 때문이다(11:45).

5. 모형론적인 모형 찾기는 성서 안의 다른 곳에서도 발견된다. 예로써 몇 몇 예언자들은 이스라엘의 포로 귀향이 제2의 출애굽에 해당한다고 말한다. 이사야는 야웨의 종을 압제로부터의 귀환을 이끄는 제2의 모세로 묘사한다. 어떤 예언자들은 장차 올 메시야적인 왕을 "다윗"이라 칭한다. 이는 그가 자신의 뛰어난 조상(다윗을 일컬음: 역자 주)의 열심과 권세로 나라를 다스릴 것이기 때문이다. 이러한 모형론적인 모형 찾기는 때때로 예언자들의 환상에서 평행을 이루면서도 서로 구별되게 나타나는 사건들의 혼합으로 귀결된다. 예로써 많은 예언자들은 하나님 나라의 도래에 앞서, 특정 나라들의 범죄 행위에 대한 하나님의 심판이 마지막의 우주적인 심판의 틀 안에서 이루어질 것이라고 말한다(사 13-27장을 보라). 예수께서는 감람산 설교에서 이러한 기법을 친히 사용하신다. 그 설교에서 그는 주후 70년에 있을 예루살렘의 파괴와 정점에 해당하는 마지막 사건들에 관한 장면들을 하나의 환상으로 결합시키신다(마 24장과 눅 21장을 보라).

위에서 개관한 두 가지 방법론은 똑같이 36-45절(또는 적어도 40-45절)이 앞선 것들과 더불어 시간적인 순서를 따라 기록되어 있다고 이해한다. 그러나 꼭 그래야 할 필요가 있을까? 이 절들은 앞의 절들에 개관된 것들에 이어서 시간 순서를 따라 덧붙여진 것들이라기보다는 초기의 사건들을 그대로 되풀이하는 것들일 수도 있지 않은가? 뷰캐넌(Buchanan)은 40-45절이 사실상 안티오쿠스 3세를 가리킨다고 주장한다. 물론 그의 활동은 11-19절에 요약되어 있다. 그는 다니엘서의 최종 편집자가 안티오쿠스 3세의 공적에 대한 두 개의 보충 자료들을 가지고 있었다는 이론을 내세운다. 이 이론에 의하면, 그 최종 편집자는 두 자료를 하나의 복합적인 이야기로 결합시키기보다는 단순히 그 둘 중의 하나(40-45절)를 11장에 부록 형식으로 포함시켰을 것이다. 후대의 해석자들이 이를 인식하는 데 실패함으로써 우리가 오늘날 보는 것과도 같은 해석상의 혼란을 초래된 것이다.[101]

그러나 뷰캐넌의 주장에는 몇 가지 문제점들이 있다. 40절은 북방 왕과

---

101) Buchanan, *Book of Daniel*, 363-67, 420-23. 이러한 주장을 설득력 있게 만들기 위해 그는 45절이 안티오쿠스 3세의 최후를 가리키기보다는 그의 영향력과 권세의 감퇴를 가리킨다고 주장한다.

36-39절에 묘사된 통치자를 관련시키고 있는 것으로 보인다. "그와 전쟁을 벌일 것이다"는 진술에 있는 대명사 "그"는 지극히 당연하게도 36-39절에 묘사된 왕을 가리킨다(뷰캐넌은 이 왕이 안티오쿠스 4세를 가리킨다는 데 동의한다). 더 나아가서 "마지막 때"에 대한 40절의 언급은 그의 주장과 배치된다. 왜냐하면 이 구절은 8:17에서 안티오쿠스 4세의 활동에 적용되고 있기 때문이다.

이보다 더 그럴듯한 제안은 36-45절이 안티오쿠스 4세의 행동을 그대로 되풀이하고 있다는 것이다. 그 까닭은 "마지막 때"에 대한 40절의 언급이, 앞서 설명한 바와 같이, 8:17에 있는 안티오쿠스의 공포 정치와 연결되기 때문이다.[102] 이 견해에 따르면, 36-39절은 그의 교만한 태도와 군사주의를 요약하고 있다(24, 31-32절을 보라). 24절과 마찬가지로 이 절들은 그를 "산성들"을 공격하는 자로 묘사한다. 40-43절은 이집트에 대한 그의 승리들과 그의 팔레스타인 통치(21-26절)를 다시금 되풀이하고 있다. 그의 군대에 대한 40절의 묘사는 제1마카베오 1:17의 그것과 거의 똑같다: "그는 대군을 거느리고 병거, 코끼리, 기병, 큰 함대를 앞세워 이집트로 쳐들어가서." 44절은 아마도 안티오쿠스의 두 번째 이집트 원정의 여파로 인하여 발생한 사건을 가리킬 것이다(29절을 보라). 안티오쿠스의 죽음에 관한 소문이 예루살렘에 이르자, 메넬라우스(Menelaus)에게 대제사장직을 빼앗긴 야손은 자신의 지위를 되찾기 위해 반란을 일으킨다. 반란의 소식을 들은 안티오쿠스는 예루살렘으로 진격한다.

제2마카베오 5:11은 이렇게 진술한다: "이러한 이야기가 안티오쿠스 왕의 귀에 들어가자 왕은 유다인들이 반란을 일으켰다고 생각하여 크게 격분하였다. 그는 이집트를 떠나 예루살렘을 맹렬히 공격하여 점령해 버렸다." 안티오쿠스가 자신의 군대에게 예루살렘 사람들을 살육하라고 지시한 후로 잔혹한 행동들이 이어진다(제2마카베오 5:12-14). 45a절이 팔레스타인에서 이루어진 안티오쿠스의 압제적인 행동에 대해서 묘사하고 있는 반면에, 45b절은

---

102) 반스는 40-45절이 안티오쿠스 4세의 행동을 그대로 되풀이하고 있다고 주장한다: Albert Barnes, *Daniel*, ed. R. Frew, 2vols. (reprint, Grand Rapids: Baker, 1979), 2:246-47.

그 결과로서 이루어질 그의 파멸을 내다보고 있다. 그렇다면 안티오쿠스가 팔레스타인에서 죽지 않았다는 사실은 어떻게 되는가? 사실 그것은 어떤 이들이 생각하는 것처럼 문제가 거의 안 될 수도 있다. 이 절들은 안티오쿠스의 간결한 이력 사항을 소개하고 있다. 45절은 그가 팔레스타인에서 죽을 것임을 의미하거나 함축하는 것으로 볼 필요가 없다. 그것은 단순히 그가 종국에는 실패할 것임을 분명히 밝히고 있을 뿐이다. 그가 예루살렘과 유다를 향한 별도의 계획을 가지고 있었지만 말이다.[103)]

마지막의 사건들(12:1-13)

하나님의 백성이 거의 절망적인 상황에 처해 있을 때 이스라엘의 수호천사인 미가엘이 개입하여 그들을 구원할 것이다(12:1). 11:36-45가 적그리스도를 가리키고 있다고 보는 자들은 이 절이 계시록에 묘사된 환난 기간을 가리키는 것으로 이해한다. 그런데 그 기간 동안에 미가엘은 중요한 역할을 수행한다(계 12:7을 보라). 그러나 만일에 앞의 절들이 안티오쿠스를 가리키고 있다면, 12:1은 주전 167-164년에 예루살렘이 경험한 환난을 가리킬 가능성이 높다. 안티오쿠스의 압제는 성전 제사를 더럽히고 대대적인 살육을 자행한 까닭에 하나님의 백성이 그때까지 경험한 것들 중에 가장 악독한 박해에 해당하는 것으로 간주될 수도 있었을 것이다(제1마카베오 1:20-62; 제2마카베오 5장을 보라).

미가엘의 개입에 관한 언급이 반드시 종말의 사건을 가리킬 필요는 없다.

---

103) 이러한 진술이 안티오쿠스가 팔레스타인에서 죽을 것임을 밝히려는 의도를 가지고 있다 할지라도, 그가 실제로는 다른 곳에서 죽었다는 사실이 어떤 이들의 생각처럼 문제가 되는 것은 아니다. 때때로 예언은 본질적인 차원에서는 성취되지만 사람들이 기대하는 것처럼 꼼꼼하게 성취되는 것은 아니다. 예로써 열왕기상 21:19에서 엘리야는 아합에게 이렇게 예언한다: "개들이 나봇의 피를 핥은 곳에서 개들이 네 피 곧 네 몸의 피도 핥으리라." 이 예언은 나중에 그대로 성취된다(왕상 22:38). 비록 개들이 아합의 피를 나봇이 처형된 이스르엘(왕상 21:1-14를 보라)에서가 아니라 사마리아에서 핥기는 했지만 말이다. 아이러니컬하게도 개정 작업을 거친 듯한 예언은 예후가 아합의 아들 여호람을 죽이고서 그의 시체를 나봇에게 속한 밭에 던짐으로써 훨씬 더 문자적인 측면에서 성취되는 것으로 보인다(왕하 9:24-26).

유대 전승에 따르면, 천사의 개입은 마카베오 형제의 독립 전쟁에 초점을 맞
추고 있다. 제2마카베오 10:29-30에 의하면, "빛나는 모습으로 말을 타고 있
는 다섯 남자들"이 하늘로부터 전쟁터로 내려와 초자연적인 방식으로 유다
마카베오를 죽음으로부터 보호한다. 그들은 "적군에게 활을 쏘고 벼락을 내
리쳤다. 그래서 적군들은 눈이 어두워져서 큰 혼란에 빠지고 지리멸렬하게
되었다." 리시아스(Lysias)와 싸우기 전에 유다는 야웨께 "훌륭한 천사를 보
내셔서 이스라엘을 구원해 주시기를" 간구한다(제2마카 11:6). 그의 군대가
전쟁 준비를 마치자, "말을 탄 기사가 흰옷을 입고 황금무기를 휘두르면서
나타난다"(8절). 이 환상이 그 사람들의 사기를 높여주자, 그들은 용감무쌍하
게 전쟁터로 나아가 적군을 무찌른다(9-12절). 리시아스는 "히브리인들이
능력 있는 하느님께서 편들어 주시기 때문에 무적의 민족이라는 것을 깨닫게
된다"(13절). 니가노르(Nicanor)와 더불어 전쟁을 벌이기 전에 유다는 야웨께
"훌륭한 천사"를 보내어 적군을 삼키게 하시되, 그가 히스기야의 시대에 산헤
립의 군대에게 하셨던 것과 같게 해달라고 간구한다(제2마카베오 15:22-23).
그 사람들은 전쟁을 벌이면서 기도한 결과 놀라운 승리를 거두었고, "하나님께
서 이렇게 능력을 나타내 주시는 것을 크게 기뻐하였다"(26-27절).

미가엘의 승리는 죽은 자들의 부활에서 절정에 달할 것이다. 어떤 이들은
영원한 생명으로 부활할 것이요, 다른 이들은 영원한 부끄러움으로 부활할
것이다(2절). 그때가 되면 많은 사람들이 순교한 "지혜로운 자들"(11:33-35
를 보라)은 그 의로움을 인정받을 것이요, 존중히 여김을 받을 것이다(3절).
어떤 이들은 이곳의 부활을 은유적인 것으로 이해하면서, 그것이 민족의 명
운이 소생하게 될 것임을 가리킨다고 본다(사 26:19와 겔 37:1-14를 보라).
그러나 악을 행하는 자들 역시 죽은 자들로부터 부활할 것이라는 설명이나
순교자들의 실제적인 죽음을 염두에 두고 있는 11:33-35과의 문학적인 관련
성은 죽은 자들의 실제적인 부활이 이 본문의 주요 관심사임을 암시한다. 다
니엘의 예언은 마카베오의 시대를 넘어서서 죽은 자들의 미래 부활을 향해
나아간다. 이는 불경건한 안티오쿠스에 맞서 자기들의 목숨을 내놓은 자들
이 헛되이 죽지 않는다는 것을 분명하게 밝히기 위한 목적을 가지고 있다.
그들의 의로움을 인정하는 일이 곧 이루어질 것이다.

11:36-45가 적그리스도를 가리키고 있다고 보는 자들은 부활에 대한 언급
이 자기들의 견해를 뒷받침한다고 생각할 수도 있다. 왜냐하면 마카베오 형
제의 승리와 관련해서는 어떠한 부활도 이루어지지 않기 때문이다. 그러나
이에 대한 응답으로 우리는 단지 역사 안에서 분리되어 있는 사건들의 결합
이야말로 예언의 특징이라는 점을 지적할 필요가 있을 뿐이다. 참으로 그들
자신도 그러한 결합이 11:35와 11:36 사이에서 이루어지고 있다고 본다.

천사는 다니엘에게 그 환상을 담고 있는 두루마리를 말아서 잘 간직하라
고 지시한다(4a절). 이전에 안티오쿠스의 활동에 관한 환상을 받은 후 그러했
던 것처럼 말이다(8:26을 보라). 하나님의 계시를 이처럼 간직함으로 인하여
많은 사람들이 하나님의 말씀을 찾아 헤맬 것이다(4b절).[104] 그러나 그 환상이
완전히 끝난 것은 아니다. 다니엘은 두 명의 천사들을 더 본다. 그 중 하나는
강변(티그리스; 10:4를 보라)에 서 있고, 다른 하나는 그 반대편에 서 있다(5
절). 그들 중 한 명이 세마포 옷을 입은 천사(다니엘과 더불어 말하고 있는 천
사; 10:5를 보라)에게 어느 정도의 시간이 흘러야 그가 예언한 사건들이 성취
되는지를 묻는다(6절). 이 질문은 8:13의 천사가 물은 것과 비슷하다. 그리고
그에 대한 답변(7a절, "한 때와 두 때와 반 때")은 작은 뿔이 같은 기간 동안,
곧 3년 반 동안 하나님의 백성을 압제할 것이라고 말하는 7:25를 생각나게
한다. 하나님의 백성은 압제로 인하여 흩어질 것이지만, 약속된 구원이 그때
이루어질 것이다(7b절).

다니엘은 그 메시지의 분명한 의미를 묻는다(8절). 천사는 다니엘에게 그
의 갈 길을 계속 가라고 말하면서, 그가 언젠가는 야웨를 경건하게 따른 것
에 대하여 보상을 받을 것이라고 약속한다(9, 13절). 다가올 시련은 경건한
자들을 정결케 만들 것이요, 그들은 악한 자들과는 대조적으로 그 사건들이
하나님의 계획에 얼마나 잘 들어맞는지를 깨닫게 될 것이다(10절). 일단 가
증한 제단이 세워지게 되면 1,290일의 기간이 지날 것이요, 그 뒤에 또 다른
45일의 기간이 이어질 것이다(11-12절). 이 숫자들 중의 첫 번째 것은 확실
히 박해 기간을 가리킨다. 반면에 그 후에 추가되는 45일 기간은 완전한 회

---

104) Goldingay, *Daniel*, 309.

복과 정화가 이루어지는 데 필요한 기간을 가리킨다. 1,290일이라는 숫자는 아마도 "한 때와 두 때와 반 때," 곧 3년 반 기간에 상응할 것이다. 태음력(42개월 동안 한 달을 30일로 계산하는)을 사용할 경우, 3년 반은 1,260일이 될 것이다(계 11:2-3과 13:5를 보라). 그러나 여기서의 숫자는 달력을 태양년에 맞추기 위해 윤달을 포함시킨 결과 생겨난 것일 수도 있다.[105]

만일에 본문이 안티오쿠스의 압제를 염두에 두고 있는 것이라면, 이 기간은 안티오쿠스가 성전의 희생제사를 금한 때, 곧 그가 성전을 더럽힌 주전 167년 이전의 어느 한 시점에 시작된 것이라 할 수 있다. 제1마카베오에 따르면, 성전은 3년 10일 동안 제의적으로 부정한 상태에 남아 있다(제1마카베오 1:54를 4:52와 비교하라). 그 후에야 비로소 승리를 거둔 유다 마카베오가 성전을 제의적으로 정결케 하고 그것을 재봉헌한다. 그 기간은 1,290일이 아니라 1,090일(윤달을 포함시킨다면 1,120일)이 되지만, 문제의 기간은 아마도 성전의 희생제사를 금한 칙령과 가증한 제단을 세우는 일(둘 다 11절에 언급됨) 사이의 기간을 포함하고 있을 것이다. 여기에 제시된 숫자들이 8:14에서 성전 재봉헌 이전에 경과할 기간으로 언급되는 2,300주야(1,150일?)와 어떻게 관련되는지는 확실치 않다.

적그리스도를 11:36-45의 압제적인 왕과 동일시하는 자들은 이 마지막 환상이 환난 기간을 가리킨다는 견해를 선호한다. 만일에 7장의 작은 뿔이 적그리스도라면, "한 때와 두 때와 반 때"에 대한 7:25와 12:7의 언급은 이러한 견해를 어느 정도 뒷받침할 것이다. 그러나 계시록 11:2-3과 13:5에서 바다에서 나온 짐승이 예루살렘을 장악한 기간은 1,290일이 아니라 42개월/1,260일 동안 지속된다. 우리가 다니엘 12장을 어떻게 해석하건 간에 분명한 것은 매우 강렬한 상태로 3년 반 동안 지속될 안티오쿠스의 압제가 환난당하는 동안에 적그리스도에 의해 이루어질 박해의 기간과 비슷할 것임을 암시하고 있다는 점이다. 만일에 7장의 작은 뿔이 적그리스도라고 한다면, 두 압제 기간 사이의 이러한 모형론적인 관계는 이미 다니엘서에서 분명하게 드러난 셈이 된다.

---

105) Ibid., 309-10.

다니엘 참고문헌

Commentaries

Archer, G. L. "Daniel." In *The Expositor's Bible Commentary,* edited by F. E. Gaebelein, 12 vols., 7:1–157. Grand Rapids: Zondervan, 1978–92.

Baldwin, J. G. *Daniel.* TOTC. Leicester, England: InterVarsity, 1978.

Buchanan, G. W. *The Book of Daniel.* Mellen Biblical Commentary. Lewiston, N.Y.: Mellen Biblical Press, 1999.

Collins, J. J. *Daniel.* Hermeneia. Minneapolis: Fortress, 1993.

Goldingay, J. E. *Daniel.* WBC. Dallas: Word, 1989.

Hartman, L. F., and A. A. Di Lella, *The Book of Daniel.* AB. New York: Doubleday, 1978.

Lacocque, A. *The Book of Daniel.* Translated by D. Pellauer. Atlanta: John Knox, 1979.

Miller, S. R. *Daniel.* NAC. Nashville: Broadman & Holman, 1994.

Montgomery, J. A. *A Critical and Exegetical Commentary on the Book of Daniel.* ICC. Edinburgh: T. & T. Clark, 1927.

Porteous, N. W. *Daniel.* OTL. Rev. ed. Philadelphia: Westminster, 1979.

Walvoord, J. F. *Daniel: The Key to Prophetic Revelation.* Chicago: Moody, 1971.

Young, E. J. *The Prophecy of Daniel.* Grand Rapids: Eerdmans, 1949.

Recent Studies

General

Aaron, C. L., Jr. "Loosening a Knot: Theological Development in the Book of Daniel." Ph.D. diss., Union Theological Seminary (Va.), 1996.

Baldwin, D. D. "Free Will and Conditionality in Daniel." In *To Understand the Scriptures: Essays in Honor of William H. Shea,* edited by D. Merling, 163–72. Berrien Springs, Mich.: Institute of Archaeology/Siegfried H. Horn Archaeological Museum Andrews University, 1997.

Choi, J. J. "The Aramaic of Daniel: Its Date, Place of Composition, and Linguistic Comparison with Extra-biblical Texts." Ph.D. diss., Trinity Evangelical Divinity School, 1994.

Cryer, F. H. "The Problem of Dating Biblical Hebrew and the Hebrew of Daniel." In *In the Last Days: On Jewish and Christian Apocalyptic and Its Period,* edited by K. Jeppesen et al., 185–98. Århus, Denmark: Århus University Press, 1994.

David, P. S. "The Composition and Structure of the Book of Daniel: A Synchronic and Diachronic Reading." Ph.D. diss., Louvain, 1991.

Helberg, J. L. "The Determination of History according to the Book of Daniel: Against the Background of Deterministic Apocalyptic." *ZAW* 107 (1995): 273–87.

Lucas, E. C. "Daniel: Resolving the Enigma." *VT* 50 (2000): 66–80.

———. "The Source of Daniel's Animal Imagery." *TynB* 41 (1990): 161–85.

Mastin, B. A. "Wisdom and Daniel." In *Wisdom in Ancient Israel: Essays in Honour of J. A. Emerton,* edited by J. Day et al., 161–69. Cambridge: Cambridge University Press, 1995.

Meadowcroft, T. J. *Aramaic Daniel and Greek Daniel: A Literary Comparison.* JSOTSup 198. Sheffield: Sheffield Academic Press, 1995.

Miller, J. E. "The Redaction of Daniel." *JSOT* 52 (1991): 115–24.

Patterson, R. D. "Holding on to Daniel's Court Tales." *JETS* 36 (1993): 445–54.

Péter-Contesse, R., and J. Ellington. *A Handbook on the Book of Daniel.* New York: United Bible Societies, 1994.

Pfandl, G. "The Later Days and the Time of the End in the Book of Daniel." Ph.D. diss., Andrews University, 1990.

Stefanovic, Z. *The Aramaic of Daniel in the Light of Old Aramaic.* JSOTSup 129. Sheffield: JSOT, 1992.

Thompson, H. O. *The Book of Daniel: An Annotated Bibliography.* New York: Garland, 1993.

van der Woude, A. S., ed. *The Book of Daniel in the Light of New Findings.* Louvain: Peeters, 1993.

Vermes, G. "Josephus' Treatment of the Book of Daniel." *JJS* 42 (1991): 149–66.

Woodard, B. L., Jr. "Literary Strategies and Authorship in the Book of Daniel." *JETS* 37 (1994): 39–53.

Daniel 1–6

Armistead, D. B. "The Images of Daniel 2 and 7: A Literary Approach." *Stulos Theological Journal* 6 (1998): 63–66.

Arnold, B. T. "Wordplay and Narrative Techniques in Daniel 5 and 6." *JBL* 112 (1993): 479–85.

Avalos, H. I. "The Comedic Function of the Enumerations of Officials and Instruments in Daniel 3." *CBQ* 53 (1991): 580–88.

Brewer, D. I. "*Mene Mene Teqel Uparsin:* Daniel 5:25 in Cuneiform." *TynB* 42 (1991): 310–16.

Colless, B. E. "Cyrus the Persian as Darius the Mede in the Book of Daniel." *JSOT* 56 (1992): 113–26.

Coxon, P. W. "Another Look at Nebuchadnezzar's Madness." In *The Book of Daniel in the Light of New Findings,* edited by A. S. van der Woude, 211–22. Louvain: Peeters, 1993.

———. "Nebuchadnezzar's Hermeneutical Dilemma." *JSOT* 66 (1995): 87–97.

Dyer, C. H. "The Musical Instruments in Daniel 3." *BSac* 147 (1990): 426–36.

Ferguson, P. "Nebuchadnezzar, Gilgamesh, and the 'Babylonian Job.'" *JETS* 37 (1994): 321–31.

Fröhlich, I. "Daniel 2 and Deutero-Isaiah." In *The Book of Daniel in the Light of New Findings,* edited by A. S. van der Woude, 266–70. Louvain: Peeters, 1993.

Henze, M. *The Madness of King Nebuchadnezzar: The Ancient Near Eastern Origins and Early History of Interpretation of Daniel 4.* Leiden: Brill, 1999.

Hilton, M. "Babel Reversed—Daniel Chapter 5." *JSOT* 66 (1995): 99–112.

Holm, T. L. "A Biblical Story-Collection: Daniel 1–6." Ph.D. diss., Johns Hopkins University, 1997.

Kruschwitz, R. B., and P. L. Redditt, "Nebuchadnezzar as the Head of Gold: Politics and History in the Theology of the Book of Daniel." *Perspectives in Religious Studies* 24 (1997): 399–416.

Lawson, J. N. " 'The God Who Reveals Secrets': The Mesopotamian Background to Daniel 2:47." *JSOT* 74 (1997): 61–76.

Lust, J. "The Septuagint Version of Daniel 4–5." In *The Book of Daniel in the Light of New Findings*, edited by A. S. van der Woude, 39–53. Louvain: Peeters, 1993.

Mitchell, T. C. "And the Band Played On . . . but with What Did They Play On?" *BRev* 15, no. 6 (1999): 32–39.

Paul, S. M. "Decoding a 'Joint' Expression in Daniel 5:6, 16." *JANES* 22 (1995): 121–27.

Pfandl, G. "Interpretation of the Kingdom of God in Daniel 2:44." *AUSS* 35 (1997): 249–68.

Prinsloo, G. T. M. "Two Poems in a Sea of Prose: The Content and Context of Daniel 2.20–23 and 6.27–28." *JSOT* 59 (1993): 93–108.

Soesilo, D. "Why Did Daniel Reject the King's Delicacies? (Daniel 1.8)." *BT* 45 (1994): 441–44.

van der Toorn, K. "In the Lions' Den: The Babylonian Background of a Biblical Motif." *CBQ* 60 (1998): 626–40.

van Deventer, H. J. M. " 'We Did Not Hear the Bagpipe': A Note on Daniel 3." *OTE* 11 (1998): 340–49.

———. "Would the Actually 'Powerful' Please Stand? The Role of the Queen (Mother) in Daniel 5." *Scriptura* 70 (1999): 241–51.

Wenthe, D. O. "The Old Greek Translation of Daniel 1–6." Ph.D. diss., University of Notre Dame, 1991.

Wills, L. M. *The Jew in the Court of the Foreign King: Ancient Jewish Court Legends*. Minneapolis: Fortress, 1990.

Wolters, A. "The Riddle of the Scales in Daniel 5." *HUCA* 62 (1991): 155–77.

———. "Untying the King's Knots: Physiology and Wordplay in Daniel 5." *JBL* 110 (1991): 117–22.

Daniel 7–12

Adler, W. "The Apocalyptic Survey of History Adapted by Christians: Daniel's Prophecy of 70 Weeks." In *The Jewish Apocalyptic Heritage in Early Christianity*, edited by J. C. VanderKam and W. Adler, 201–38. Minneapolis: Fortress, 1996.

Anderson, L. O. "The Michael Figure in the Book of Daniel." Ph.D. diss., Andrews University, 1996.

Avalos, H. "Daniel 9:24–25 and Mesopotamian Temple Rededications." *JBL* 117 (1998): 507–11.

Collins, J. J. "Stirring up the Great Sea: The Religio-Historical Background of Daniel 7." In *The Book of Daniel in the Light of New Findings*, edited by A. S. van der Woude, 121–36. Louvain: Peeters, 1993.

David, P. "Daniel 11,1: A Late Gloss?" In *The Book of Daniel in the Light of New Findings*, edited by A. S. van der Woude, 505–14. Louvain: Peeters, 1993.

Dequeker, L. "King Darius and the Prophecy of Seventy Weeks: Daniel 9." In *The Book of Daniel in the Light of New Findings*, edited by A. S. van der Woude, 187–210. Louvain: Peeters, 1993.

Dimant, D. "The Seventy Weeks Chronology (Dan 9,24–27) in the Light of New Qumranic Texts." In *The Book of Daniel in the Light of New Findings*, edited by A. S. van der

Woude, 57–76. Louvain: Peeters, 1993.

Farris, M. H. "The Formative Interpretations of the Seventy Weeks of Daniel." Ph.D. diss., University of Toronto, 1990.

Gardner, A. E. "The Great Sea of Dan. vii 2." *VT* 49 (1999): 412–15.

———. "The Way to Eternal Life in Dan 12:1e–2 or How to Reverse the Death Curse of Genesis 3." *Australian Biblical Review* 40 (1992): 1–19.

Grabbe, L. L. "The Seventy-Week Prophecy (Daniel 9:24–27) in Early Jewish Interpretation." In *The Quest for Context and Meaning: Studies in Biblical Intertextuality in Honor of James A. Sanders,* edited by C. A. Evans and S. Talmon, 594–611. Leiden: Brill, 1997.

Gulley, N. R. "Why the Danielic Little Horn is Not Antiochus IV Epiphanes." In *To Understand the Scriptures: Essays in Honor of William H. Shea,* edited by D. Merling, 191–97. Berrien Springs, Mich.: Institute of Archaeology/Siegfried H. Horn Archaeological Museum Andrews University, 1997.

Kalafian, M. *The Prophecy of the Seventy Weeks of Daniel: A Critical Review of the Prophecy as Viewed by Three Major Theological Interpretations and the Impact of the Book of Daniel on Christology.* Lanham, Md.: University Press of America, 1991.

Kaltner, J. "Is Daniel Also among the Prophets? The Rhetoric of Daniel 10–12." In *Vision and Persuasion: Rhetorical Dimensions of Apocalyptic Discourse,* edited by G. Carey and L. G. Bloomquist, 41–59. St Louis: Chalice, 1999.

Laato, A. "The Seventy Yearweeks in the Book of Daniel." *ZAW* 102 (1990): 212–25.

Lurie, D. H. "A New Interpretation of Daniel's 'Sevens' and the Chronology of the Seventy 'Sevens.'" *JETS* 33 (1990): 303–9.

Otzen, B. "Michael and Gabriel: Angelological Problems in the Book of Daniel." In *The Book of Daniel in the Light of New Findings,* edited by A. S. van der Woude, 114–24. Louvain: Peeters, 1993.

Owusu-Antwi, B. "An Investigation of the Chronology of Daniel 9:24–27." Ph.D. diss., Andrews University, 1993.

Patterson, R. D. "The Key Role of Daniel 7." *Grace Theological Journal* 12 (1991): 245–61.

Ray, P. J., Jr. "The *Abomination of Desolation* in Daniel 9:27 and Related Texts: Theology of Retributive Judgment." In *To Understand the Scriptures: Essays in Honor of William H. Shea,* edited by D. Merling, 205–13. Berrien Springs, Mich.: Institute of Archaeology/ Siegfried H. Horn Archaeological Museum Andrews University, 1997.

Redditt, P. L. "Calculating the 'Times': Daniel 12:5–13." *Perspectives in Religious Studies* 25 (1998): 373–79.

———. "Daniel 11 and the Sociohistorical Setting of the Book of Daniel." *CBQ* 60 (1998): 463–74.

Stele, A. A. "Resurrection in Daniel 12 and Its Contribution to the Theology of the Book of Daniel." Ph.D. diss., Andrews University, 1996.

van der Woude, A. S. "Prophetic Prediction, Political Prognostication, and Firm Belief: Reflections on Daniel 11:40–12:3." In *The Quest for Context and Meaning: Studies in Biblical Intertextuality in Honor of James A. Sanders,* edited by C. A. Evans and S. Talmon, 63–73. Leiden: Brill, 1997.

van Henten, J. W. "Antiochus IV as a Typhonic Figure in Daniel 7." In *The Book of Daniel in the Light of New Findings,* edited by A. S. van der Woude, 223–43. Louvain: Peeters, 1993.

Waterhouse, S. D. "Why Was Darius the Mede Expunged from History?" In *To Understand the Scriptures: Essays in Honor of William H. Shea,* edited by D. Merling, 173–89. Berrien Springs, Mich.: Institute of Archaeology/Siegfried H. Horn Archaeological

Museum, Andrews University, 1997.
Wilson, G. H. "The Prayer of Daniel 9: Reflection on Jeremiah 29." *JSOT* 48 (1990): 91–99.

소예언서

서론

"소예언서"는 영어성경의 마지막 12권을 가리키는 데 사용되는 호칭이다. 크게 세 부분(율법서와 예언서와 성문서)으로 나누어져 있는 히브리 성서의 경우, 이 예언서들은 예언서 부분에서 발견되며, 한데 묶어서 "열둘" (Twelve)로 알려져 있다.

이 책들은 대략 300년의 기간에 걸쳐서 제각기 다른 시기에 만들어졌다. 호세아와 아모스와 미가는 주전 8세기에 활동하였고, 나훔과 스바냐와 하박국은 주전 7세기 — 아마도 7세기 말경 — 에 그들의 메시지를 선포하였다. 학개와 스가랴와 말라기는 포로기 이후 시대의 책들임이 분명하다. 학개와 스가랴의 사역은 구체적으로 주전 6세기로 확정되어 있다. 반면에 말라기는 주전 5세기 중반 정도로 늦은 시기에 활동한 것으로 보인다.

요엘과 오바댜의 기원 연대에 대해서는 학자들 사이에 논란이 많다. 어떤 이들은 이 책들을 소예언서 중에서도 이른 시기에 생겨난 것으로 간주하여, 그 연대를 주전 9세기로 추정하지만, 내부적인 증거는 이 두 책이 한참 후에 생겨났음을 암시한다. 요엘은 아마도 포로기 이후 시대 초기, 곧 주전 6세기 후반경에 생겨났을 것이다. 반면에 오바댜는 포로기(주전 6세기) 때에 기록되었을 것이다. 주전 5세기 중반경의 늦은 시기에 생겨났을 수도 있겠지만 말이다. 열두 예언서의 배열이 어느 정도 연대 순서를 따르고 있는 것으로 보이기에, 어떤 이들은 요엘과 오바댜가 열두 권 중 앞쪽에 배치되어 있다는 것을 이른 연대의 증거로 간주한다. 그러나 이 두 권의 책이 그렇게 배치된 것은 연대기적인 요인들 때문이 아니라, 주제에 있어서 두 책이 아모스서와 비슷하기 때문에 그러했을 것이다. 요엘 4:16은 아모스 1:2와 매우 유사하며, 에돔을 비난하는 오바댜는 아모스 9:12를 잘 반영하고 있다.[1]

요나서는 소예언서 중에서 독특한 책이다. 이 책은 주로 설교보다는 전기적인 자료들로 이루어져 있다. 그것은 예언자의 이야기를 말하고 있다. 반면에 소예언서의 나머지 책들은 대부분이 예언자들이 이스라엘과 유다를 향해 선포한 메시지들로 이루어져 있다. 요나의 사역이 주전 8세기에 속한 것으로 정확하게 추정되고 있기는 하지만, 요나서가 실제로 기록된 때가 언제인지는 확실치 않다.

제멋대로인 아내를 회복시킴(호세아)

서론

호세아는 주전 8세기에 예언한 사람이다. 책의 표제(1:1을 가리킴: 역자주)에 따르면, 그의 활동은 여로보암 2세가 이스라엘을 통치하고(그는 주전 793-753년 기간에 통치함) 웃시야가 유다의 왕으로 있던(주전 792-740년) 시기에 시작된다. 그의 예언 사역은 유다의 왕들인 요담(주전 750-731년)과 아하스(주전 735-715년)의 통치시기를 거치는 동안 계속되며, 히스기야 통치시기(주전 715-686년)의 어느 한 시점에 마무리된다. 그런데 기이하게도 호세아서의 표제는 여로보암의 뒤를 이은 여섯 명의 이스라엘 왕들에 대해서 전혀 언급하지 않는다. 그 이유는 확실치 않다. 그들의 이름이 생략된 것은 이 책의 최종 편집자가 그들을 중요하지 않은 인물들로 간주했음을 암시

---

1) Hans W. Wolff, *Joel and Amos*, Hermeneia, trans. W. Janzen et al. (Philadelphia: Fortress, 1977), 3-4; Wolff, *Obadiah and Jonah*, trans. M. Kohl (Minneapolis: Augsburg, 1986), 17.

할 수도 있다.

　호세아서는 복잡하게 정리된 구조를 가지고 있지 않다. 그것은 일련의 설교들을 탄탄한 구조 속에 정리한 수집물이라기보다는 그 설교들을 느슨하게 모아놓은 책인 것으로 보인다. 1장과 3장은 고멜을 다루는 호세아의 행동에 대해서 묘사하는 바, 이는 이스라엘을 위한 하나님의 사랑(2장)을 보여주는 하나의 실물 교육에 해당하는 것이다. 4-14장은 예언자의 오랜 활동 기간의 서로 다른 시기에 생겨난 듯한 설교들을 모아 놓은 것이다. 그것들을 하나로 묶어주는 구조가 없기는 하지만, 약간의 느슨한 구조 양식은 찾아볼 수 있다. 4장과 5장은 똑같이 "들으라"는 말로 시작된다. 이는 이 두 장이 평행되는 설교들을 포함하고 있음을 암시한다. 4장이 이스라엘 전체를 대상으로 하는 설교를 담고 있다면(4:1을 보라), 5장은 제사장들과 "이스라엘의 집"(NIV는 "이스라엘 백성")과 왕실 권력층 등을 대상으로 하는 설교를 담고 있다. 6:1-3의 회개 촉구(1절의 "오라, 우리가 야웨께로 돌아가자"는 메시지를 주목하라)는 이 단락을 긍정적인 어조로 끝맺는 듯하다. 야웨께로 "돌아갈" 것을 촉구하는 14:1의 예언 메시지는 이러한 회개 촉구에 상응하는 것으로 보이며, 이 책의 낙관적인 결론을 암시하고 있다. 야웨께로 "돌아가자"고 청하는 이러한 권고들은 호세아서의 서론 부분을 끝맺음하는 3:5의 예언("이스라엘 자손이 돌아와서 야웨를 구할 것이요")을 반영하고 있다.

호세아의 가정사(1:1—2:1)

　호세아의 사역이 막 시작하는 시기에 야웨께서는 그에게 조금 특이한 가르침을 주신다. 그는 예언자에게 "음란한 여자를 맞이하여 음란한 자식들을 낳으라"고 명하신다(2절). 그들은 야웨께 불성실한 이스라엘의 모습을 보여주는 하나의 실물 교육에 해당할 것이다. 호세아는 속을 뒤틀리게 만드는 이 현실 드라마에서 야웨의 역할을 맡는다. 반면에 그의 아내는 음란한 이스라엘의 역할을 맡는다. 이 시기에 태어난 자녀들은 자기 백성을 배척하시는 하나님을 상징하는 이름들을 받는다.

　호세아는 야웨의 명령에 순종하여 고멜이라는 이름을 가진 여인과 결혼한다(3절). 호세아는 왜 고멜을 선택했을까? 그녀는 이미 몸가짐이 나쁜 여인으로 알려져 있었을까? 그녀는 창기였을까? 어떤 이들은 그렇게 생각하지만, 본문은 이러한 물음들에 대해서 아무런 답변도 하지 않는다. 2절의 "음란한 여인"이라는 구절은 고멜이 호세아와 결혼하던 당시의 상태를 묘사하고 있다기보다는 고멜이 어떠한 사람 — 불성실한 아내 — 이 될 것인지를 예견하는 것일 가능성이 더 높다. 이러한 상징은 그 구절을 이렇게 이해할 것을 요구한다. 고멜이 나중에 남편 호세아에게 불성실하게 행동한 것은 이스라엘이 자기의 "남편"이신 야웨께 헌신하지 못한 것을 가리키는 실물 교육에 해당한다. 호세아의 아내가 그를 속이고 결혼 서약을 어긴 것처럼, 이스라엘 역시 야웨와 더불어 맺은 계약을 깨뜨렸고 영적인 간음을 행한 것이다(2:2; 4:12; 5:4를 보라). 물론 "음란한 아내"라는 구절이 반드시 호세아가 결혼하던 무렵에 이미 고멜이 성적인 활동을 하고 있었음을 의미할 필요는 없다지만, 그가 야웨께서 말씀하신 목적이 이루어질 것임을 보증하기 위해 그러한 여인을 선택했을 가능성도 매우 높은 편이다. 어떤 이들은 고멜이 결혼 무렵에는 순전했음에 틀림이 없다고 주장한다. 그 상징이 제대로 적용되기 위해서는 그럴 수밖에 없다는 것이다. 사실 이스라엘은 야웨와 더불어 계약을 맺을 당시에는 "순전"했었다(이와 관련하여 2:15를 보라). 그러나 상징적인 은유가 반드시 "완전히 실제 현실과 일치"해야 하는 것은 아니다. 결혼 무렵의 상태가 어떠했건 간에, 고멜이 나중에 남편에게 불성실하게 행동한 것만으로도 하나님께서 의도하신 상징을 충족시키는 데 충분하다.

　"음란한 자식들"은 누구를 가리키며(2절), 그들은 어떠한 점에서 그렇게 규정되고 있는가? 만일에 고멜이 결혼 무렵에 창기였다고 한다면, 그들은 그녀가 결혼과 더불어 데리고 온 불법적인 자녀들일 수도 있다. 본문의 내용은 이를 암시하는 것일 수도 있다. 왜냐하면 "자식들"은 "아내"와 똑같이 "취하다"(take)는 동사의 목적어로 나타나기 때문이다. 이 동사는 여기서 "얻다"(acquire)는 뜻을 가지고 있는 것으로 보인다. 그러나 여기서 말하는 자식들은 다음 문맥에서 언급되는 세 자녀들일 가능성이 더 높다. 만일에 그렇다면, 2절의 언어는 에둘러 하는 표현이요("갖다"[have]라는 동사가 표현되어 있지 않지만 전제되어 있음),[2)] 예견적(豫見的)인 표현법(미래 일을 현재나 과

거의 것으로 표현하는 방식을 일컬음: 역자 주)임에 틀림이 없다(호세아가 고멜을 통하여 자녀들을 얻을 것임을 예견하고 있음).

그들은 어떠한 의미에서 "음란한 자식들"인가? "음란한"이라는 수식어는 자녀들 자신이 아니라 그들의 어머니에게 더 잘 들어맞는 것이다. 이 표현 전체는 "음란한 (어머니에게서 태어난) 자식들"로 풀어 써야 한다.[3] 이것은 그들이 호세아의 자녀들이 아님을 뜻하는 것일까? 첫 번째 자식인 이스르엘의 경우, 본문은 구체적으로 고멜이 "그에게[즉, 호세아에게] 아들을 낳아주었다"라고 말하지만(3절), 로루하마(6절)나 로암미(8절)의 경우에는 호세아를 이들의 아버지로 밝히지 않는다. 이 때문에 어떤 이들은 이 두 자녀가 다른 남자들에게서 얻은 자들이라고 주장한다. 이러한 견해를 뒷받침하는 증거는 2:4-5와 5:7에서도 발견된다. 2:4-5는 "부끄러운 일을 행하던" 중에 불법적인 자녀들을 임신했다고 말하며, 5:7은 이스라엘이 불법적인 자녀들을 낳았다는 비난을 듣는다.

이러한 견해를 강력히 주장할 수도 있겠지만, 그렇게 설득력이 있는 것은 아니다. 호세아 1:6, 8이 호세아에 대해 언급하지 않고 있다는 점이 그가 두 번째 자녀와 세 번째 자녀의 아버지라는 사실을 배제하는 것은 아니다. 창세기 29:32-35는 레아의 자녀 출산에 관해 알리는 중에 야곱의 이름을 생략한다. 그 까닭은 전후 문맥을 볼 때 야곱이 그들의 아버지라는 사실이 너무도 분명하기 때문이다. 우리는 3절이 호세아 1장에서 그러한 문맥상의 명료성을 분명하게 보여주고 있다고 주장할 수 있다. 2:5의 진술은 NIV에서 잘못 번역되어 있다. 히브리어 본문은 사실 "그들을 임신했던 자는 부끄러운 일을 행하였나니"라고 읽힌다. 이것은 그녀가 부끄러운(음란한) 행동을 통하여 그들을 낳았다는 것을 뜻하지 않는다. 그들은 당연히 합법적인 자녀들이었겠지만, 그들의 어머니의 부끄러운 행동이 그들의 합법성을 의심하게 만들었

---

2) 사람들은 누구나 본문이 "너 자신을 위하여 음란한 아내를 취하여(take) 음란한 자녀들을 가지라(have)"고 말할 것을 기대할 것이다. 예레미야 29:6은 문자적으로 보면 "아내를 맞이하여(take) 자녀를 낳으며[문자적으로는 "태어나게 하며"]"로 읽힌다.

3) 이와 비슷한 표현법은 창세기 44:20에서도 발견된다. 여기서 "노년의 아들"은 "출산 당시에 노년이었던 아버지에게서 낳은 아들"임을 뜻한다.

을 것이다.

본문의 모호성을 존중하는 것이 현재로서는 가장 타당할 것이다. 첫 번째 자녀는 호세아의 아들이지만, 다음에 이어지는 고멜의 행동은 두 번째와 세 번째 자녀들에게 어두운 그림자를 드리운다. 2:4-5의 상황을 은유적으로 적용할 경우, 이러한 불확실성은 아버지(여기서는 야웨)로 하여금 자기 자녀들의 합법성을 인정하지 않게 만들어버린다.

호세아는 야웨의 지시를 따라 자신과 고멜의 사이에 태어난 아들에게 이스르엘이라는 이름을 준다(3-4절). 이 이름은 이스라엘의 왕조가 붕괴될 것임을 나타내는 징조에 해당한다. 그 왕조는 폭력을 통하여 끝장날 것이다. 수십 년 전에 이스르엘에서의 폭력적인 쿠데타를 통하여 권력을 쟁취했던 때처럼 말이다. 주전 841년에 예후는 야웨와 예언자들의 부추김을 받아 주전 885년부터 이스라엘을 다스렸던 오므리 왕조를 뒤엎어버린다. 예후는 아합 왕의 후계자인 요람을 죽이고, 태후인 이세벨도 죽이며, 아합의 후손들을 쓸어버린다(왕상 19:17-18; 왕하 9-10장을 보라). 예후는 요람을 이스르엘 성벽 밖에서 그의 심장에 화살을 쏘아 죽이고 만다. 그는 이스르엘로 쳐들어가서, 왕궁 시종들에게 이세벨을 창밖의 길거리 아래로 던지라고 명하는 바, 그녀의 몸은 길바닥에 내던져져서 말에게 밟히고 개에게 먹힌다. 그는 이어서 사마리아의 왕실 관리들에게 편지를 보내어, 그들에게 아합의 아들들을 처형하고 그들의 머리를 이스르엘로 보내라고 명한다. 그 명령이 그대로 이행되자, 그는 광주리에 담긴 채로 도착한 그 머리들을 이스르엘의 성문 앞에 두 무더기로 쌓아둔다.

누구나 금방 알 수 있듯이, 예후의 혁명은 폭력적인 유혈 사태였다. 그런데 이제는 아이러니컬하게도 이스르엘의 거리를 더럽힌 폭력과 유혈 참사가 되풀이될 것이다. 이번에는 예후 왕조가 그 희생물이 될 것이다. 호세아의 이 예언은 살룸이 예후의 뒤를 이어 왕위에 오른 그의 네 번째 후손 스가랴를 죽인 주전 752년에 성취된다(왕하 15:10).

호세아 1:4는 종종 예후 왕조가 이스라엘에서 행한 유혈 참사와 폭력으로 인하여 벌을 받을 것임을 뜻하는 것으로 해석된다. 물론 이러한 해석에는 문제가 있다. 왜냐하면 야웨께서 친히 예후에게 아합의 집을 쓸어버리라고 하시면서(왕하 9:6-10) 그 일을 행한 것에 대하여 그를 칭찬하셨기 때문이다 (왕하 10:30).

여기서 우리는 호세아 1:4의 히브리어 원문을 좀 더 주의 깊게 읽을 필요가 있다. 히브리어 본문에서 문제가 되는 진술은 문자적으로 볼 때 "내가 이스르엘의 피를 예후의 집에 갚으며(더 정확하게는 "방문하다"는 뜻임: 역자 주)"로 읽힌다. 이 진술은 무엇을 의미하는가? 히브리 성서에서 우리는 "허물[또는 죄]를 [특정 인물이나 장소]에 갚는다"는 표현을 여러 차례 마주친다.[4] 이 표현이 사용될 때 그것은 "[특정 인물이나 장소]의 허물을 벌한다"는 뜻을 가지고 있다. 호세아 1:4는 "갚다"는 동사의 목적어가 "허물"이 아니라 "피"라는 점에서 그러한 표현들과 차이를 보인다. 네 개의 다른 본문들에서는 "허물"(또는 "죄") 이외의 한 용어가 심판(즉, 적대적인 방문)을 염두에 두고 있는 문맥에서 "갚다"는 동사의 목적어로 나타난다.[5] 예레미야 15:3은 (문자적으로 볼 때) 다음과 같이 읽힌다: "네 가지를 그들[1-2절에서 비난의 대상이 되고 있는 범죄한 백성]에게 벌로 내리리니." 이 경우에 동사의 목적어는 하나님의 심판의 도구("네 가지" 심판의 도구를 의미함: 역자 주)를 가리킨다. 예레미야 51:27은 다음과 같이 읽는다: "사령관을 그[바벨론]에게 벌로 내리시고." 여기서도 동사의 목적어는 하나님의 심판의 도구를 가리킨다. 그리고 호세아 2:13(히브리어 본문에서는 15절)은 다음과 같이 읽는다: "바알을 섬긴 시일을 내가 그[제멋대로인 이스라엘]에게 벌로 내리리라." 여기에서도 이스라엘의 불성실함을 가리키는 "바알을 섬긴 시일"이 벌의 이유로 나타난다. 본문은 여기서 그 배후에 있는 허물을 염두에 두고 있으므로, 우리는 이 구절을 "내가 바알을 섬긴 시일을 따라 그에게 벌을 주리라"로 번역할 수

---

4) 히브리 성서에서 이 표현이 사용될 때, "허물"(또는 "죄")을 뜻하는 다양한 용어들 중의 하나가 "갚다"는 동사의 직접 목적어로 나타날 수 있다. 그 중에서도 '아본'이라는 용어가 가장 자주 사용된다.

5) 본문이 염두에 두고 있는 문장 구조는 "갚다"는 동사를 포함하고 있는 바, 이 동사는 직접 목적어와 '알'("위에")로 시작되는 전치사 구를 동반하여 가지고 있다. 바로 이어서 논의할 다섯 사례들 중 네 경우에 전치사 구는 직접 목적어 바로 앞에 나온다. 호세아 1:4는 유일한 예외에 속한다.

있을 것이다. 마지막으로 호세아 4:9는 다음과 같이 읽는다: "내가 그들의 행실[범죄 행동]을 그들에게 벌로 내리며." 다음 행이 분명하게 보여주듯이("그의 행위대로"라는 표현을 가진 호 12:2도 마찬가지임), "그들의 행실"은 심판의 이유를 가리킨다. 본문이 허물을 염두에 두고 있으므로, 우리는 이 구절을 "내가 그들의 행실에 대하여 그들을 벌하며"로 번역할 수 있을 것이다.

호세아 1:4는 어떻게 이해해야 하는가? "피"는 단순히 심판의 도구일 뿐인가, 아니면 다가올 심판의 근원적인 이유를 암시하는 것일까? 사람에 따라서는 후자를 강하게 주장할 수도 있다. 위에 소개한 다섯 본문들에서 "벌하다"는 표현의 기본 개념은 '[다시] 나타나게 하다'(심판 받는 자가 경험하도록)를 뜻한다.[6] 두 개의 본문(호 2:13; 4:9)에서 심판의 이유로 다시 나타나게 하는 것은 이전의 범죄 행위이다. 그러나 예레미야의 두 본문에서는 심판의 도구가 다시 나타나게 하는 것이다. 따라서 어떤 이들은 "이스르엘의 피"가 심판의 도구로 예후 왕조의 경험 안에 다시 나타날 것이라고 주장할 수도 있다. 맥코미스키는 이렇게 설명한다: "만일에 우리가 호세아 1:4를 이런 식으로 이해한다면, 그것은 이스르엘에서 흘린 피가 예후의 왕조 안에 다시 나타나서 그를 괴롭히다가 마침내는 끝장낼 것이라고 진술하고 있는 것이 된다."[7] 이 경우에 본문은 상당한 아이러니를 표현하고 있다고 볼 수 있다. 왜냐하면 예후 왕조는 처음에 시작하던 것과 똑같은 방식으로 망할 것이기 때문이다. 이는 예후 왕조가 그토록 폭력적인 방식으로 대체한 이전 왕조와 마찬가지로 범죄하고 더럽혀진 왕조가 되었음을 암시한다.

그러나 대부분의 학자들은 이스르엘의 "피"를 "피 흘린 죄"라는 의미를 가진 것으로 이해하며, 그것이야말로 하나님께서 예후 왕조를 심판하는 근본

---

6) 이에 대해서는 다음을 보라: Thomas McComiskey, "Hosea," in *The Minor Prophtes: An Exegetical and Expositional Commentary*, ed. T. McComiskey (Grand Rapids: Baker, 1992), 20-21.

7) Ibid., 21. "피"라는 용어가 악행("피를 흘린 죄")을 암시할 수도 있겠지만, 그것이 꼭 그러한 의미를 갖는다고 볼 필요는 없다. 아마도 여기서 그것은 단순히 "대량 학살"을 뜻할 것이다: Douglas Stuart, *Hosea-Micah*, WBC (Waco, Tex.: Word, 1987), 29; McComiskey, "Hosea," 21-22.

적인 이유에 해당한다고 본다. 결국 이와 비슷한 문법적인 구조를 가진 호세아서의 다른 두 본문도 이렇게 이해되는 바, 실제로 "피"는 종종 히브리 성서에서 범죄 행동으로 간주된다. 만일에 우리가 호세아 1:4를 이런 식으로 해석하고자 한다면, 열왕기상하에 있는 내용과의 충돌이 불가피하다. 앞서 설명한 바와 같이, 열왕기의 내용은 예후의 유혈 혁명을 야웨 자신의 승인과 칭찬을 받은 것으로 묘사한다. 이 때문에 어떤 이들은 호세아 1:4가 예후의 혁명을 부정적인 시각에서 해석하는 또 다른 견해를 반영하고 있다고 주장한다.[8] 앤더슨과 프리드만은 호세아가 예후의 혁명을 "이중적인 시각"에서 보고 있다고 주장한다. 마치 예언자들이 앗수르와 바벨론을 야웨의 심판의 도구로 보면서도 곧바로 방향을 바꾸어 이 잔인한 나라들의 지나친 행동들과 교만한 태도를 정죄하는 것처럼 말이다.[9]

이스르엘이라는 이름은 또한 이스르엘 골짜기에서 참담하게 무너질 이스라엘 군대의 파멸(5절)을 암시하는 전조 역할을 수행하는 듯하다. 이 예언은 앗수르 왕 디글랏빌레셀 3세가 아람-이스라엘 동맹군을 괴멸시킨 주전 733년에 그대로 성취된다. 그는 다메섹의 왕 르신을 죽이고서는 시리아를 앗수르의 속국으로 만들어버리고 말았다(왕하 16:9를 보라). 이스라엘에서는 왕 호세아(Hoshea; 예언자 호세아와 히브리어 철자가 같으나 영어 성경에서는 두 사람을 구별하기 위하여 예언자 호세아는 Hosea로, 그리고 이스라엘의 마지막 왕 호세아는 Hoshea로 표기함: 역자 주)가 베가 왕을 죽이고서 앗수르의 꼭두각시 왕이 된다(왕하 15:29-30을 보라). 이로써 이스라엘의 영토가 크게 줄어들게 된다. 북왕국의 북쪽 지역이 앗수르에 복속되었기 때문이

---

8) 예로써 다음의 학자들이 그렇다: James L. Mays, *Hosea*, OTL (Philadelphia: Westminster, 1969), 27-28; William R. Harper, *A Criticl and Exegetical Commentary on Amos and Hosea*, ICC (Edinburgh: T. & T. Clark, 1905), 211.

9) Francis I. Andersen and David Noel Freedman, *Hosea*, AB (Garden City, N.Y.: Doubleday, 1980), 178-80. 이들은 또한 예후의 유다 왕가(王家) 공격이 지나친 행동으로 간주되었을지도 모를 가능성을 제기하기도 한다. 이와 관련해서는 다음을 보라: Robert B. Chisholm Jr., *Interpreting the Minor Prophets* (Grand Rapids: Zondervan, 1990), 24.

다.[10] 아마도 이 원정 기간 동안 이스르엘 골짜기에서 군사 행동이 이루어졌을 것이다.[11]

야웨께서는 호세아에게 고멜의 두 번째 자식을 로루하마("긍휼히 여김을 받지 못한 자"를 뜻함)로 지으라 명하신다(6절). 이 이름은 야웨께서 이스라엘을 버리실 것임을 암시한다. 이는 다음 장에서 한층 생생한 모습으로 상세하게 설명된다(2:2-13을 보라).

야웨께서는 북왕국으로부터 자신의 긍휼을 거두실 것임에도 불구하고, 계속해서 자신의 은총을 유다에게 베푸실 것이다(7절). 그는 친히 개입하여 무기나 전차를 사용하지 않고서 초자연적인 방식으로 유다를 대적들로부터 구원하실 것이다. 유다의 보존에 대한 이러한 약속은 주전 701년에 있었던 예루살렘의 기적적인 구원을 예견하는 것이다. 유다에 대한 이러한 언급이 여기서 갑자기 끼어들어온 것으로 보이기에, 어떤 이들은 그것을 후대의 편집적인 추가로 간주한다.[12]

그러나 이 진술은 10-11절에서 이루어지는 분위기 역전을 수사학적인 차원에서 주제의 전환을 통하여 예비함으로써, 2-3장의 중심 주제를 위한 무대를 마련한 것일 수도 있다. 북왕국의 미래는 그들이 그것을 인정하고 싶어하건 그렇지 않건 간에 유다의 운명과 뒤엉켜 있다. 언젠가는 이 두 나라가 다윗계의 왕에 의하여(3:5) 하나로 통합될 것이다(1:11). 이 때문에 유다의 보존에 대한 언급은 여기서 그 나름대로 의미가 있는 것이다.

하나님의 지시에 따라 고멜의 세 번째 자식은 로암미("내 백성이 아니다"는 뜻)라는 이름을 갖게 된다(8-9절). 로루하마와 마찬가지로 이 아이의 이

---

10) 앗수르의 서방 침략(주전 734-732년)에 대한 보다 상세한 설명을 위해서는 다음을 보라: W. T. Pitard, *Ancient Damascus* (Winona Lake, Ind.: Eisenbrauns, 1987), 186-89; B. Otzen, "Israel under the Assyrians," in *Power and Propaganda*, ed. M. T. Larsen (Copenhagen: Akademisk Forlag, 1979), 251-61.

11) Yohanan Aharoni, *The Land of the Bible: A Historical Geography*, trans. and ed. by A. F. Rainey, rev. ed. (Philadelphia: Westminster, 1979), 372-74.

12) 예로써 다음의 책들을 보라: G. I. Davies, *Hosea*, NCB (Grand Rapids: Eerdmans, 1992), 47; Harper, *Amos and Hosea*, 213.

름 역시 야웨께서 이스라엘을 버리실 것임을 암시한다. 야웨께서는 계약의 이상(출 6:7; 레 26:12를 보라)을 비극적인 방식으로 뒤엎으심으로써 이스라엘과의 관계를 끊으시고 더 이상 "그들의 하나님"이 되지 않으실 것이다.[13]

야웨께서 이스라엘을 배척하실 것이지만, 이러한 분리가 최종적인 것은 아닐 것이다. 마침내 야웨께서는 자신의 은총을 회복시키실 것이요, 이스라엘은 하나님께서 아브라함에게 약속하신 대로 큰 나라가 될 것이다(10a절; 창 22:17; 32:12를 보라). 한때 "내 백성이 아니다"라고 불리던 자들이 "살아계신 하나님의 자녀"라는 새로운 이름을 갖게 될 것이다(10b절). 자기 백성의 대적들을 무찌르시고 그들에게 땅을 주시는 하나님의 자녀가 될 것이라는 애기다(수 3:10을 보라).

이스라엘과 유다는 한 지도자, 곧 다윗계의 왕(호 3:5를 보라)의 영도 하에 통합될 것이다(11a절). 이스르엘이라는 이름은 이제 지리적인 위치와 관련된 부정적인 의미를 갖는 대신에, "하나님께서 심으신다"는 뜻을 가진 이름으로서 새로운 의미를 갖게 될 것이다(11b절). 통합된 이스라엘과 유다는 그 땅에 뿌리를 내리고 싹을 틔울 것이다. 야웨께서 그들을 그들의 땅에 다시 심으시고 자신의 복을 새롭게 주실 것이기 때문이다(2:14-23, 특히 23절을 보라. 이 구절에서 "심는다"로 번역된 동사 '자라'는 이스르엘이라는 이름 안에 나오는 동사와 동일한 것이다).[14] 하나님이 한때 이스라엘을 버리셨지만, 이 새로

---

13) 9절 마지막 행의 히브리어 본문은 "나는 너희를 위하지 않을 것이다"로 읽는다. 아마도 여기서 필사상의 오류가 발생하여, "하나님을 위한"이라는 구절이 실수로 생략되었을 것이다. 본문은 "나는 너희에게 대하여 하나님이 되지 않을 것이다"로 고쳐서 읽어야 할 것이다. 이것은 곧 "나는 너희 하나님이 되지 않을 것이다"를 뜻한다. 이와 똑같거나 비슷한 문장 구조(호 1:9에서처럼 동사가 부정문으로 나타나지는 않지만)를 확인하기 위해서는 예레미야 11:4; 24:7; 30:22; 32:38; 에스겔 11:20; 14:11; 34:24; 36:28; 37:23; 스가랴 8:8 등을 보라. 어떤 이들은 히브리어 본문을 그대로 두고서, 출애굽기 3:14에 근거하여 "그리고 나는 너희에게 대하여 스스로 있는 자가 되지 않을 것이다"로 번역하기도 한다: Mays, *Hosea*, 22, 29.

14) NIV는 11절을 "그 땅으로부터 빠져나올 것이다"로 번역한다. 마치 이 본문이 포로 귀향을 묘사하는 것처럼 말이다. 2:15이 이스라엘의 "출애굽"을 가리키고 있다는 점을 주목하라. 어떤 이들은 1:11의 "그 땅"이 이집트를 가리킨다고 본다. 그 이유는 그곳

운 나라의 시민들은 그의 백성이 될 것이요, 그의 사랑을 다시금 경험하게 될 것이다(2:1).

수사학적인 효과를 얻기 위해서 호세아는 장차 얻게 될 자녀들의 이름 중 일부를 그대로 소개한다(2:1). 그들은 자기들의 "형제들"과 "자매들"(미래의 회복될 계약 공동체의 남은 자들)을 제각기 "내 백성"(히브리어로 '암미')과 "긍휼히 여김을 받은 자"(히브리어로 '루하마')로 부르게 될 것이다. 이 이름들은 호세아의 자녀들에게 주어진 이름들의 의미를 완전히 뒤바꾼 것들로서, 하나님께서 자기 백성과 더불어 새로운 관계를 맺으실 것임을 상징한다.

철저한 징계는 철저한 변화를 가져옴(2:2-23)

야웨께서는 2절의 이 자녀들에게 계속해서 말씀하신다. 앞 절에서 그들은 자기들의 형제들과 자녀들에게 말을 하라는 지시를 받지만, 여기서는 자기들의 "어머니"를 책망하라는 지시를 받는다. 야웨의 "아내"이기도 한 이 "어머니"는 이스라엘 땅을 의인화한 것이다(1:2를 보라). 그녀는 장차 태어날 이 자녀들의 어머니로 간주될 수 있다. 왜냐하면 그들은 그녀의 토양으로부터 생겨날 것이기 때문이다(1:11을 보라).

야웨께서는 미래의 자녀들에게 자신을 위하여 그들의 어머니를 정식으로 고발하는 인상적인 역할을 수행하라고 지시하신다(2a절). "책망하다"라는 동사는 여기서 단순히 교정의 목적을 가진 낱말이 아니라, 범죄한 자를 향한 공식적이고 법적인 고발을 가리킨다(호 4:1에서는 이와 관련된 명사가 "고소"라는 뜻으로 번역됨). 그 고발은 둘 사이의 관계가 이미 끝난 것처럼 들리는 놀라운 진술("그녀는 내 아내가 아니요, 나는 그녀의 남편이 아니다")과 더불어 시작된다. 그러나 이어지는 문맥은 그것이 정말로 그런 것이 아님을

이 이스라엘이 포로생활을 하던 장소를 상징하기 때문이라는 것이다(8:13; 9:3, 6; 11:5을 보라). 그러나 "그 땅"은 이스라엘 땅(1:2; 2:18, 23; 4:1, 3에서처럼)이나 지표면(2:21-22와 6:3에서처럼; NIV는 6:3에서 이 구절을 "땅"으로 번역함)을 가리킬 가능성이 더 높다. 통합된 이스라엘과 유다의 백성은 땅에서 솟아나 그 땅을 가득 채우는 식물들로 간주된다.

분명하게 밝혀준다. 음란한 이스라엘을 향한 권면이 곧바로 이어지고(2b절), 이에 덧붙여서 계속적인 불순종이 가져다줄 결과에 대한 엄한 경고가 나타나며(3-4절), 야웨께서 제멋대로인 아내를 다시 얻기 위해 세운 징계 조치들에 대한 묘사가 이어진다(5-13절). 야웨께서 자기 아내를 교화시키겠다는 의도를 분명하게 밝히신 까닭에, 2a절의 진술은 충격 효과를 노리기 위해 과장된 것으로 간주해야만 한다.

이스라엘은 자신의 음란한 행위들로부터 방향을 돌이키지 않으면 안 된다. 문자적으로 볼 때 "그녀에게 자신의 얼굴에서 음란을 제하게 하고, 그 유방 사이에서 음행을 제하게 하라"로 읽히는 2b절은 그녀가 연인들을 유혹하기 위해 사용하는 화장품과 장신구를 가리킬 것이다.[15] 만일에 이스라엘이 자신의 행위들을 바꾸지 않는다면, 야웨께서는 그들을 엄하게 벌할 것이라고 위협하신다(3절). 그는 그녀의 옷을 벗겨 가져가시고 그녀의 벌거벗은 몸을 드러내심으로써 그녀를 수치스럽게 만드실 것이다. 이러한 처벌은 성적인 범죄 행위에 적합한 것이요, 때로는 간부(姦婦) 처벌의 예비 단계에 속한 것이기도 하다(겔 16:36-40을 보라). 야웨께서는 또한 그녀의 풍요로움을 빼앗아 그녀를 메마른 광야처럼 만들겠다고 위협하신다. 이러한 표상의 배후에는 아내로서 갖는 권리들과 함께 적법한 자녀들을 가질 가능성까지도 빼앗겠다는 의도가 감추어져 있다. 풍요로운 땅이 광야로 바뀔 것이라는 이미지는 특히 이 경우에 적합한 것이다. 왜냐하면 의인화된 땅은 여기서 야웨의 아내에게 주어진 역할에 해당하기 때문이다(1:2를 보라). 마지막으로 야웨께서는 그녀의 자녀들에게서 자신의 사랑을 거두어 가실 것이다. 그 까닭은 그녀의 음란한 행동이 그들의 적법성에 의심의 그늘이 드리워지게 하였기 때문이다(4-5a절). 여기에 언급된 "자녀들"은 1-2절에 언급된 미래의 자녀들이 아니라 호세아의 현 세대를 가리킨다(1:9에 언급된 집단과 동일함).

이처럼 엄한 징계의 위협에도 불구하고 야웨께서는 자신의 음란한 아내를 포기하지 않으신다. 사실 그는 그녀를 돌이키는 데 필요한 분명한 해결책을 가지고 있다. 그녀가 자기에게 음식물과 의복을 준 자들로 간주하는 연인들

---

15) Stuart, *Hosea-Micah*, 47; Andersen and Freedman, *Hosea*, 224-25.

에게 사로잡혀 있는 까닭에(5b절), 야웨께서는 무엇인가 강렬한 조치를 취하지 않을 수 없다. 그는 "그녀의 길을 막고 그녀를 담에 가두어둠으로써" 그녀로 하여금 연인들에게 가지 못하게 하실 것이다(6절). 그들을 찾으려고 애쓰다가 좌절감을 느낀 그녀는 정신을 차리고서 자기 남편에게로 돌아갈 것이다(7절).

이제 야웨께서 이스라엘의 배은망덕함과 우상숭배를 고발하심으로써 현실이 은유를 밀치고 들어선다. 이스라엘은 야웨를 복과 큰 부의 근원으로 인정하지 않는다(8a절). 도리어 그는 가나안의 폭풍우 신이요 풍요의 신인 바알을 계속해서 숭배한다. 바알이야말로 번영의 근원이라고 생각하기 때문이다(8b절).

이 때문에 야웨께서는 이스라엘의 농작물과 가축 떼를 가져가버릴 것이다(9a절). 다시금 여인으로 묘사되는 이스라엘은 양털과 삼을 빼앗긴 탓에 입을 의복이 없어 벌거벗은 채로 무기력한 연인들 앞에서 행할 수밖에 없을 것이다(9b-10절). 이교에 오염된 종교적인 경축 행사들(13절을 보라)이 끝장날 것이요(11절), 한때 바알이 준 복으로 여겨지던 포도원과 무화과 과수원은 들짐승들이 떼지어 거주하는 수풀로 바뀔 것이다(12절). 이러한 심판은 그들이 저지른 죄악에 잘 들어맞는 것이 될 것이다. 이스라엘은 그동안 풍성한 농산물과 수확물과 가축떼를 확보하기 위해 바알을 숭배해 왔다. 그들에게 잊혀진 바 된 야웨께서는 적절하게도 그러한 풍요로움을 그들에게서 빼앗을 것이다(13절).

음란한 아내에게서 연인들과 복을 떼어내는 것은 그녀를 되찾기 위해 야웨께서 세우신 전략의 초기 단계에 지나지 않는다. 그녀를 절망의 상황으로 몰고 간 후(7b절) 그는 그녀를 외딴곳으로 이끌고 가서 그녀와 더불어 낭만적인 시간을 가질 것이다(14절).

야웨께서 이스라엘을 광야로 인도하실 것이라는 언급은 그 나라의 사로잡힘을 예견하는 것이지만, 그것은 동시에 이스라엘 역사의 초기, 곧 광야 유랑 시기로 되돌아가는 것이기도 하다. 오경 전승은 이 사건을 부정적인 시각에서 서술하지만(겔 20:10-21도 보라), 후기 전승은 때때로 그것을 이스라엘 역사의 순전한 시대로 이상화시키면서, 당시에는 이스라엘이 새 신부처럼

야웨께 자신의 사랑을 고백하고 그 대가로 그의 보살핌을 받았다고 설명한
다(호 13:5; 렘 2:2-3을 보라). 여기서 야웨께서는 수사학적인 목적을 이루기
위해 이러한 과거 동경의 시각을 사용하신다. "광야"는 확실히 긍정적인 의
미를 가지고 있다. 왜냐하면 그것은 야웨와 그의 아내 사이에 새로운 사랑이
시작되는 곳이기 때문이다.

이러한 표상은 상당히 과감한 것이다. 야웨께서는 유혹하는 듯한 낭만적
인 태도로 자기 아내에게 말한다. 그녀의 관심을 되찾기 위한 목적에서 말이
다. "꾀다"(allure)로 번역된 동사는 다른 본문의 경우 낭만적인 상황에서 사
용된다. 이를테면 한 남자가 젊은 여자를 유혹하거나(출 22:16) 한 젊은 여자
가 자기 연인을 유혹하여 비밀을 털어놓게 만드는 모습(삿 14:15; 16:5)을 묘
사하는 데 사용된다는 얘기다. "다정하게 말하다"(문자적으로는 "마음을 향
해 말하다")는 표현 역시 낭만적인 의미를 가지고 있는 것일 수 있다(창
34:3; 삿 19:3을 보라).

일단 둘 사이의 관계가 회복되면, 야웨께서는 이스라엘의 농사를 다시금
번성하게 하실 것이요("포도원"이 이를 상징함), 그들을 자기들의 땅으로 돌
아오게 하실 것이다(15절). 이스라엘의 가나안 정복 때와 마찬가지로 그 땅
의 출입문은 아골 골짜기가 될 것이다(수 7장을 보라). 초기 전승의 경우 이
골짜기는 "괴로움"(아골이라는 이름의 뜻임)의 자리였다. 그 까닭은 이스라
엘이 여리고의 귀중품들 중 일부를 훔침으로써 야웨께 범죄한 아간을 처형
한 곳이 바로 그곳이기 때문이다. 이스라엘은 아간의 시체 위에 돌무더기를
쌓아놓고서는, 그 이름을 아골 골짜기라 불렀다. 그 이름은 하나님 앞에서
저지른 범죄가 어떻게 이스라엘의 미래를 위기에 빠뜨리는지를 생각나게 하
는 것으로 영원히 남을 것이다(수 7:26). 그러나 미래에는 이 모든 것이 바뀔
것이다. "괴로움"의 골짜기가 이제는 "희망의 문"으로 바뀔 것이다. 왜냐하
면 회복된 이스라엘이 야웨의 사랑 노래에 호의적인 반응을 보일 것이기 때
문이다.[16]

---

16) 히브리어 동사 '아나'는 보통 "대답하다, 답변하다"는 뜻을 가지고 있다. 15절에
서 NIV는 이 동사를 "노래하다"로 번역함으로써 그것을 확실히 동음이의어로 이해한다
(그러나 *HALOT* 854는 호 2:15를 이러한 동사 어근의 목록에 포함시키지 않음).

이스라엘은 다시금 야웨를 자신의 남편으로 인정할 것이다(16절). 그녀는 그를 "내 주인"(히브리어로 '바알리')이 아니라 "내 남편"(히브리어로 '잇 쉬')으로 칭할 것이다. 왜냐하면 "내 주인"이라는 호칭은, 비록 고대 이스라엘의 족장 사회에서 흔히 남편을 칭하는 데 사용되고 있기는 해도,[17] 여기서는 부정적인 의미를 가지고 있기 때문이다. 이스라엘의 이전 연인은 가나안의 바알 신(히브리어로 "주인"을 뜻하는 '바알')이었던 까닭에, 야웨를 "나의 주인"으로 부른다는 것은 서로에게 쓰라린 기억을 되살려내는 것일 수도 있었다. 이것은 야웨께서 이스라엘의 음란한 과거에 속한 모든 흔적을 지우기로 작정하셨음을 의미한다(17절).

야웨께서는 또한 이스라엘의 안전을 회복시키실 것이다(18절). 그는 이스라엘과 들짐승들 사이에 협상이 맺어지게 함으로써 후자가 더 이상 이스라엘의 포도원과 나무들을 삼키지 못하게 하실 것이다(12절을 보라). 침략군들 역시 되돌아갈 것이다. 이러한 약속은 문자적으로 볼 때 다음과 같이 읽힌다: "내가 이 땅에서 활과 칼과 전쟁을 꺾어버리겠다." 이 약속은 이전의 심판 예언을 상기시키며("내가 이스라엘의 활을 꺾으리라," 1:5를 보라), 그렇게 함으로써 이스라엘의 상황이 역전될 것이라는 사실에 초점을 맞춘다. 야웨께서는 한때 이스라엘의 군사력을 흩어버리셨지만, 앞으로는 장래의 침략군을 파멸시킬 것이다.

19-20절에서 야웨께서는 이스라엘과 더불어 새롭게 맺은 관계를 약혼과 관련된 용어들로 표현하신다. 마치 과거가 존재하지 않았던 것처럼 말이다. 자기가 사랑하던 자를 찾아 나선(14절) 그는 이제 결혼할 준비가 되어 있다. 고대 이스라엘에서 약혼은 결혼을 향한 법적인 구속력을 가지고 있어서(신 22:23-24를 보라), 미래의 남편은 미래의 아내를 얻기 위해 대가를 지불해야만 했다(삼하 3:14를 보라). 약혼 선물로 야웨께서는 여기서 자신의 보살핌과 긍휼, 영원한 헌신 등을 제공하신다.[18] 자신의 충성을 제공한 대가로 그는 이

---

17) 사무엘하 11:26은 '이쉬'("남편")나 '바알'("주인")이라는 용어들이 한 여자의 남편을 가리킬 때에는 동의어로 바꾸어 쓸 수 있음을 보여준다. 이 구절은 문자적으로 볼 때 다음과 같이 읽힌다: "우리아의 아내는 그 남편('이쉬') 우리아가 죽었음을 듣고 자기 남편('바알')을 위하여 애곡하니라." 신명기 24:3-4도 보라.

스라엘의 헌신을 요구하신다. "인정하다"(acknowledge)로 번역된 동사(히브리어로 '야다' ; "알다"는 뜻)는 여기서 "야웨로 인정하다(또는 "인식하다")"는 계약 관계의 차원에서 사용되고 있다. 이처럼 야웨를 주님으로 인정하기 위해서는 야웨의 계명들에 순종함으로써 구체적으로 입증되는 신실함이 요청된다. 호세아 4:1-6에 의하면, 그러한 인식의 부재는 모세의 율법에 있는 계약 규정들을 지키는 데 실패한 것을 의미한다.

야웨와 그의 아내 사이의 화해는 농업 번성의 회복을 특징으로 가질 것이다. 다가올 심판은 이스라엘에게서 주요 생필품들을 빼앗아가겠지만(8-9절을 보라), 야웨께서는 그것들을 회복시켜주실 것이다(21-22절). 야웨께서는 의인법적인 표현을 통하여 이러한 복의 회복을 생생하게 묘사하신다. 이스르엘(여기서는 이스라엘을 칭하는 이름으로 사용되고 있음이 분명함; 23절에서 야웨는 "내가 그를 심을 것이다"라고 말씀하심)은 농작물들에게 말하는 자로 묘사된다. 그 농작물들에게 그 모습을 드러낼 것을 요청하는 듯이 말이다. 그러면 그 농작물들은 자기들이 자라나야 할 땅을 향해 말할 것이다. 이어서 땅은 생명을 주는 비의 근원인 하늘을 향하여 말할 것이요, 하늘은 야웨께 말할 것이다. 야웨께서는 하늘에 응답하실 것인 바, 이는 그가 비를 명하여 땅에 내리게 하심으로써 농작물들이 다시금 자라게 하고 이스르엘에게 생필품들을 제공하실 것임을 의미한다.

농업과 관련된 표상은 23에서도 계속 나타나지만, 다소 변형된 형태로 나타난다. 야웨께서는 이스르엘이라는 이름("하나님께서 심으신다"는 뜻을 가짐)을 사용하여 자기가 이스르엘(대명사 "그녀"의 선행사임이 분명함)을 그 땅에 "심으실" 것임을 선언하신다. 이는 그녀가 뿌리를 내린 후 자녀들을 생산할 것임을 의미한다(1:11을 보라).[19] 1:11—2:1에서처럼 야웨는 고멜의 자

---

18) "의"와 "정의"로 번역되는 낱말들은 여기서 야웨께서 이스라엘을 대적들로부터 보호하시고 구원하심으로써 그들의 주장을 변호하실 것임을 의미한다.

19) 앤더슨과 프리드만(Andersen and Freedman, *Hosea*, 288)은 "그녀를 심는다"는 표현이 여기서는 "그녀에게 정액을 주입하다"는 뜻을 가지고 있으며, 이 구절이 19-20절에서 예견되고 있는 결혼의 절정에 해당한다고 주장한다. 민수기 5:28은 심는 것과 관련된 표상을 정액 주입에 응용하고 있다. 그 본문은 문자적으로 볼 때 다음과 같이 읽힌

녀들의 이름들에 덧붙여진 부정적인 상징을 뒤집으신다. 머잖은 장래에 이 스르엘은 이스라엘의 군사력 붕괴의 자리가 될 것이지만(1:5), 이 이름은 또 한 심판을 넘어서는 회복의 날, 곧 하나님께서 이스라엘을 다시 심으실 때를 예견하는 것이기도 하다(1:11을 보라). 로루하마("긍휼이 여김을 받지 못한 자")와 로암미("내 백성이 아니다")는 야웨께서 자기 백성을 잠시 동안 버리 셨음을 생각나게 하겠지만(1:6, 9를 보라), 하나님께서 자신의 사랑을 회복하 시고서 다시금 이스라엘을 자기 백성으로 칭하시는 날이 올 것이다(2:1을 보 라). 여기서 호세아 세대의 범죄한 자녀들(1:9에서 대화의 대상이 되고 2:4에 서는 비난의 표적이 되는)이 미래의 축복받은 자녀들(1:10에서 언급 대상이 되고 2:1-2에서는 대화의 대상이 되는)이 되면서 일종의 변형이 이루어진다.

아내를 되찾아옴(3:1-5)

이 자서전적인 자료에서 호세아는 어떻게 야웨께서 자기에게 제멋대로인 아내 고멜을 되찾아오라고 지시했는지를 밝힌다. 고멜과의 관계를 새롭게 함으로써, 그리고 그녀와 다시 사랑에 빠짐으로써 호세아는 우상숭배하는 이스라엘을 위한 하나님의 사랑을 보여줄 살아있는 실물 교육이 될 것이다(1 절). 어떤 학자들은 여기서 염두에 두고 있는 여인이 고멜이 아니라고 주장 하지만, 본문의 흐름에 유추해볼 때 호세아가 새 아내를 구했다기보다는 제 멋대로인 아내를 되찾아왔다고 보는 것이 옳다.[20]

다: "그녀에게 씨가 뿌려질 것이다"(개역은 "그녀는 임신할 것이다"로 번역함: 역자 주). 여기서 여자는 씨(=정액)를 뿌리는 밭으로 간주된다. 그러나 이러한 표상이 호세아 2:23 에 감추어져 있다고 보기는 어려울 것이다. 왜냐하면 이 본문에서 이스라엘(=이스르엘) 은 밭이 아니라 밭에 뿌려진 씨앗이기 때문이다("그 땅에"라는 표현을 주목하라). 이와 비슷한 문장 구조는 호세아 10:12에서도 발견된다. 이 본문에 의하면 야웨께서는 이스 라엘 백성에게 "자신을 위하예[참조. 23절의 "나를 위하여"] 의를 심을" 것을 촉구하신 다. 이 경우에 "의"는 2:23의 이스르엘처럼 밭에 뿌려진 씨앗에 상응하는 것이다.

20) Harper, *Amos and Hosea*, 216-17. 3:1의 히브리어 본문은 이 문제와 관련하여 NIV가 분명하게 이해하는 것처럼 그렇게 명료하지가 않다. 히브리어 본문을 문자적으 로 번역하면 이렇다: "너는 또 가서 친구의 사랑을 받아 음녀가 된 한 여자(a woman)를

호세아와 고멜의 관계는 이혼에 의하여 깨뜨려진다.[21] 2절은 그녀가 다른 누군가의 소유가 되었음을 분명히 밝히고 있다. 왜냐하면 호세아가 그녀를 되찾기 위하여 일정한 대가를 지불해야 하기 때문이다. 만일에 그가 여전히 그녀와 결혼한 상태에 있어서 그녀를 소유하고 있다면, 그렇게 할 필요가 없을 것이다. 본문은 그녀를 새롭게 소유하게 된 자의 정체를 밝히지 않는다. 일단 호세아에 의해 이혼당한 고멜은 생계유지를 위해 자신의 불법적인 연인들 중의 한 명에게 의탁했을지도 모른다. 그러나 그녀는 친정집으로 방향을 돌이켰을 수도 있다(레 22:13; 삿 19:2를 보라).

NIV의 번역에서 보듯이 1절은 고멜의 소유자가 그녀의 연인들 중 한 명임을 암시하고 있는 것으로 보인다("타인의 사랑을 받아"라는 구절을 보라). 그러나 이러한 해석은 의심스러운 것이다. 히브리어 본문을 문자적으로 읽는다면 이렇다: "친구의 사랑을 받은 한 여인." "친구"라는 히브리어 낱말은 호세아 아닌 다른 사람을 가리킬 수도 있지만, 호세아를 가리킨다고 보는 것이 가장 타당할 것이다. 예레미야 3:20에서 그 낱말은 신실치 못한 여자의 남편을 가리키는 데 사용된다. NASB는 호세아 3:2에 대한 이러한 해석을 반영하고 있다: "자기 남편의 사랑을 받은 한 여인을 사랑하라."

만일에 호세아가 이미 고멜과 이혼한 상태라면, 어떻게 그녀가 합법적으로 여기서 "음녀"라고 불릴 수 있겠는가(1절)? 이곳에 사용된 언어가 기술적으로 부정확한 것일 수도 있겠지만, 그것을 그처럼 지나치게 전문적인 용법에 맞출 필요는 없다. 그것은 고멜을 호세아의 시각에서 규정짓는 것으로서, 그녀가 과거에 그에게 어떤 일을 행했는지를 반영하고 있다. 만일에 호세아가 고멜과 이혼했다면, 그를 고멜의 "친구"[즉, 남편]로 칭한다는 것 역시 문제가 있을 것이다. 그러나 다시금 이곳의 언어를 그렇게 전문적인 용법에 맞

사랑하라." 본문이 단순히 "한 여자"라고만 말하고 있기에, 어떤 이들은 이 표현이 고멜 이외의 다른 여자를 가리킨다고 주장한다. 그러나 "여자"라는 낱말은 고립된 채로 언급되지 않는다. 도리어 그것은 "친구의 사랑을 받은"(호세아를 가리키는 듯함; 2절에 대한 필자의 설명을 보라)이라는 수식어를 가지고서 나타나며, "음녀"와 동격으로 나타난다.

21) 2:2-4의 위협이 야웨에 의해 언급된 것임에도 불구하고, 그것은 호세아의 경험을 반영하고 있는 것으로 보인다.

출 필요는 없다. 그 용어는 여기서 "이전 남편"을 가리킬 수도 있다.

호세아는 일단 고멜을 되사기 위해 정해진 대가를 지불한 다음에(2절), 그녀에게 분명한 지침들을 전달한다(3절).[22] 그녀는 호세아가 자기에게 결혼하도록 하기 위해 "많은 날들"을 기다려야 한다.[23] 이 약혼 기간 동안에 그녀는 다른 음란한 관계를 일체 중단해야 하며, 다른 누구와 결혼하는 것도 금해야 한다.[24] 그녀가 인내심을 가지고서 이 연단 기간을 끝까지 잘 지키는 동안에, 호세아는 직접 그녀를 돌보게 될 것이다.[25]

---

22) 만일에 호세아가 고멜을 그녀의 아버지에게서 되샀다고 한다면, 은과 보리는 약혼 예물에 대항하는 것이다.

23) 고멜을 향한 호세아의 첫 진술은 히브리어 본문에서 문자적으로 다음과 같이 읽힌다: "당신은 많은 날들을 나와 함께 살도록[또는 '앉도록] 하시구려." 이곳에 사용된 관용어구("앉다"는 뜻을 가진 히브리어 '야샵'에 전치사 '레' ["위하여"]가 병렬되어 있는 형태)는 출애굽기 24:14; 사사기 16:9; 예레미야 3:2에서처럼 "기다리다"는 뜻을 가지고 있다: Andersen and Freedman, *Hosea*, 301(이들이 인용하는 이 관용어구의 다섯 사례들 중 네 개가 부적절하기는 하지만).

24) 히브리어 본문을 문자적으로 읽으면 이렇다: "너는 음행하지 말며 한 남자를 위하지 말라." "한 남자를 위한다"는 관용어구(동사 '하야' ["있다"]와 '레이쉬' ["한 남자를 위하여"]가 병렬되어 있는 형태로 되어 있음)는 "결혼하다"는 뜻을 가지고 있다(레 22:12; 민 30:7; 신 21:15를 보라).

25) 3절의 마지막 구절은 특히 문제를 안고 있다. 그것을 문자적으로 읽으면 이렇다: "나도 네게 그리하리라." 종종 "또한"으로 번역되는 부사 '감'은 앞의 내용과 대칭을 이루는 무엇인가가 있음을 암시한다(Andersen and Freedman, *Hosea*, 304-5를 보라). 여기서 이 부사는 다음에 이어지는 내용을 강조하거나("그리고 뿐만 아니라") 수사학적인 절정을 이끄는("그리고 확실히") 역할을 수행한다. 그리고 영어의 be 동사에 해당하는 동사 '하야'를 앞 행으로부터 보충할 수도 있다(이 마지막 구절에 그것이 생략되었다는 전제 하에). 보통 이로부터 생겨나는 병렬 문장 '하야 엘' (" … 쪽을 향해 있다")은 " … 에 맞서 있다" 또는 " … 에게 가다"("말씀"이 주어일 경우)라는 뜻을 가지고 있지만, 여기서는 이 둘 중 어느 것도 문맥에 적합하지 않다. 에스겔 45:16에서 이러한 병렬 문장은 " … 에 대하여 책임을 지다, … 에게 의무를 지다"는 뜻을 가지고 있다. 이는 유다 백성이 성전 예물을 드려야 할 의무를 지고 있음을 뜻한다. 이에 대해서는 Leslie C. Allen, *Ezekiel 20-48*, WBC (Dallas: Word Books, 1990), 240, 247과 이곳에 인용된 자료들을 보라.

물론 고멜을 다루는 호세아의 태도는 이스라엘을 되사기 위해 야웨께서 선언하신 전략을 반영하고 있으며(2:14-15를 보라), 이스라엘의 포로 경험을 예견하고 있다(4절). 포로생활을 하는 이스라엘은 "많은 날들" 동안 국가적인 독립("왕"과 "지도자"에 의해 상징되는)을 빼앗길 것이요, 공인된 예배 중심지에서 하나님께 희생제사를 드릴 수 있는 기회를 얻지 못할 것이다. 그러나 이러한 경험은 실제보다 나쁘지는 않을 것이다. 왜냐하면 이스라엘은 가나안 땅의 이교적인 영향으로부터 자유로울 것이기 때문이다. 이에는 바알 숭배에서 사용되는 금지된 "거룩한 돌들"이나(호 10:1; 레 26:1; 신 16:22; 왕하 3:2; 10:26-27; 17:10; 미 5:13 등을 보라) 공인되지 않은 점술 도구들, 이를테면 "에봇"이나 "우상"과 같은 것들이 포함된다. "에봇"이라는 용어는 때때로 제사장들이 착용하는 의복이나 물건을 가리키지만, 다른 경우에는 야웨께로부터 직접 계시를 받기 위해 사용하는 물건을 가리키기도 한다(삼상 23:9-10; 37:7-8을 보라). 사사기 8:27에서 보듯이 이러한 물건들은 쉽게 남용될 수 있다. 사사기 본문이 언급하는 것은 금으로 된 에봇으로서, 결국에는 우상숭배에 사용되었던 것이다. "우상"이라는 용어는 점술에 사용되는(겔 21:21) 가신상(家神像, household gods)을 가리킨다(창 31:19; 삼상 19:13, 16을 보라). 야웨께서는 이러한 것들의 사용을 금하신다(삼상 15:23; 왕하 23:24를 보라). 에봇과 우상은 사사기 17-18장에서 함께 언급되는 바, 그곳에서 이 둘은 미가의 가정 성소에 비치된 물건들의 목록에 포함되어 있다(17:5; 18:14를 보라). 결국 단 지파는 그것들을 훔쳐서 공인되지 않은 예배 중심지의 일부로 만든다(삿 18:17-18, 20).

우상숭배의 마법으로부터 풀려난 이스라엘 자손은 정신을 차리게 될 것이다(2:7을 보라). 그들은 야웨의 은총을 구할 것이요, 다윗계의 왕을 하나님께서 선택하신 통치자로 인정할 것이다(5절). 야웨의 징계를 경험한 그들은 그의 권세에 대한 건전한 두려움을 드러낼 것이요, 그의 새로운 복들을 즐길 것이다.

"그들의 왕 다윗"에 대한 언급은 지나치게 문자적인 방식으로 이해되어서는 안 된다. 예언자들은 이상적인 다윗계의 미래 통치자를 다윗의 재림으로 간주하며(사 11:1-10; 미 5:2를 보라), 심지어는 그를 때때로 "다윗"으로 칭하기도 한다(렘 30:9; 겔 34:23-24; 37:24-25를 보라). 이 "다윗"은 메시야적인 왕에게 부여된 기능들과 다르지 않은 제왕적인 기능들을 수행할 것이다. 다른 본문들은 이 "다윗"이 사실상 다윗의 후손임을 분명하게 밝힌다. 그는 자기 조상의 심령과 능력을 가지고서 올 것이다. 마치 세례 요한이 엘리야의 심령과 능력을 가지고서 올 것이요, 그럼으로써 말라기 4:5의 예언을 성취하는 것처럼 말이다(마 11:10-14; 17:11-12; 막 1:2-4; 눅 1:17, 76; 7:27을 보라).

깨뜨려진 계약(4:1-19)

예언자는 이스라엘 자손을 불러 자기들을 향한 야웨의 정식 고발을 들으라고 말한다(1a절). 이스라엘은 신실치 못한 자로서, 더 이상 야웨께 헌신하지 않으며 더 이상 그의 권세를 인정하지도 않는다(1b절). "하나님을 안다"는 구절은 여기서 야웨께서 이스라엘과 더불어 맺으신 계약 관계의 맥락 안에서 그의 권세를 올바로 인식하는 것을 가리킨다. 그러한 인식은 순종을 통하여 입증된다(렘 22:16을 보라).

그러나 이스라엘은 자신이 야웨의 권세를 인정하지 않았음을 드러내 보이고 있다. 왜냐하면 그들은 그의 계약의 핵심인 십계명을 포함하는 계약법을 노골적으로 위반했기 때문이다. 2절은 특히 십계명의 다섯 가지 계명들을 위반한 일에 대해서 언급한다(출 20:1-17; 신 5:6-21을 보라). "저주"는 여기서 음란한 언어를 가리킨다기보다는 맹세와 저주의 남용을 가리킨다. 저주는 신의 이름으로 하는 공식적인 것으로서, 어떤 사람이 다른 사람에게 재앙을 비는 것을 뜻한다(욥 31:29-30을 보라). 그러한 저주는 저주의 당사자가 정당한 명분을 가지고 있을 경우에만 허용되지만(예로써 민 5:19-23; 삿 9:20, 56-57을 보라), 야웨의 이름을 빙자한 불법적인 저주는 세 번째 계명을 위반한 것이 된다(출 20:7을 보라).

사람들이 저주와 폭력적인 행동으로 계약을 깨뜨린 탓에, 야웨께서는 그 땅을 엄하게 벌하실 것이다(3절).[26] 탄식하고 쇠약해지는 그 땅의 모습은 그

---

26) 3절의 히브리어 미완료 동사 형태는 미래로 번역하는 가장 타당할 것이다. 왜냐하

땅의 농작물을 파괴하고 야생 동물들을 죽게 하는 기근이 임할 것임을 의미한다. 그러한 기근은 모세 율법의 "저주" 목록에 있는 다양한 심판 형태들 중의 하나이다(레 26:19; 신 28:23-24를 보라). 동료 이스라엘 백성을 죽인 자(2절의 "살인"과 "피흘림"을 주목하라)는 당연히 자기 땅이 죽는 것을 목격하게 될 것이다. 다른 사람을 저주하는 자는 하나님의 "저주"를 경험하게 될 것이다.

하나님의 심판은 가혹할 것이다. 그러나 이스라엘 백성에게는 하나님이 불의하다고 불평할 권리가 없다(4a절).[27] 하나님이 관련되는 한, 이러한 모반자들은 감히 하나님께서 임명하신 민간 지도자들 중의 하나인 제사장을 정식으로 고발하는 자들처럼 철면피한 사람들이다(4b절). 율법에 따르면 이처럼 제사장적인 권위에 도전하는 행동은 중죄에 해당한다(신 17:12를 보라).

제사장들은 마땅히 존경을 받아야 할 사람들이다. 그러나 그들이 만일에 자기들의 직위를 남용하고 하나님께서 부여하신 책임을 소홀히 여긴다면, 그들 역시 하나님의 징벌로부터 자유롭지 못할 것이다. 사실 하나님은 4-6절에서 제사장들에게 말씀하시면서(특히 6절을 보라), 그들이 율법을 무시했음을 비난하신다.[28] 그들이 올바른 영적 지도력을 제공하는 데 실패한 것은 부분적으로 이스라엘 백성이 야웨의 권위를 인정하는 데 실패한 것에 책임이 있다. 대부분의 예언자들뿐만 아니라 제사장들조차도 일반 백성보다 나

면 3절은 그 땅에 임할 심판에 대해서 묘사하고 있기 때문이다. 호세아 2:9-12를 보라.

27) 4a절의 히브리어 본문을 문자적으로 읽으면 이렇다: "어떤 사람이든지 고발하게 하지 말라! 어떤 사람이든지 고소하게 하지 말라!" NIV는 이것이 서로 간에 고발과 고소를 일삼는 모습을 가리킨다고 본다. 그렇게 본다면, 4a절의 핵심은 이스라엘 백성에게 서로를 법정으로 끌고 갈 권리가 없다는 데 있다. 왜냐하면 모든 사람들이 똑같이 죄를 범했기 때문이다. 그러나 이 구절이 하나님을 향한 맞고소를 염두에 두고 있다고 보는 것이 더 타당할 것이다. 그는 정당하게 그들을 고발하셨지만(1절), 그들은 그가 선포하신 징계가 불공평하다고 주장할 만한 정당한 명분이나 권리를 전혀 가지고 있지 못하다.

28) 4-6절의 히브리어 본문을 보면, 야웨께서는 제사장들에게 말씀하시면서 2인칭 남성 단수 대명사와 동사를 사용하신다. 여기에 사용된 단수형은 특정 집단을 가리키거나(제사장직을 하나의 제도 내지는 집단으로 간주함; 7-9절을 보라) 대표성을 가진 자를 가리킬 것이다(어떤 전형적인 제사장이 해당 집단 전체를 대표하는 자로 언급됨).

을 게 없었다. 제사장들은 그들의 높은 지위와 큰 책임으로 인하여 야웨의 진노의 특별한 목표물이 될 것이다(많이 맡은 자에게는 많은 것이 요구된다.) 그들의 지도를 받던 일반 백성이 하나님의 권위를 인정하지 않은 것으로 인하여 파멸당할 것이기에, 야웨께서는 제사장들의 어머니들을 멸하실 것이다(5b-6a절). 제사장들 자신이 하나님의 권위를 배척한 까닭에, 야웨께서도 그들을 배척하실 것이다(6b절). 제사장들이 하나님의 율법을 무시한 까닭에, 야웨께서도 그들의 자녀들을 무시하실 것이요(6c절), 그들의 제사장직을 더 이상 수행하지 못하게 하실 것이다.[29] 현대 서구인들의 사고방식에 비추어볼 때, 제사장들의 어머니들과 자녀들이 그들의 죄에 대하여 벌을 받게 될 것이라는 점은 불공평하게 보일 것이다. 그러나 공동체적인 죄와 징계라는 개념은 고대 이스라엘에서 일상적인 것이었고, 히브리 성서에도 자주 반영되어 있다. 그들은 제사장들과 생물학적인 유대관계를 가지고 있는 탓에, 그들의 죄를 공유한 것이나 다름이 없고, 따라서 처벌을 받게 될 것이다.[30]

범죄한 백성과 제사장들을 향한 야웨의 심판은 가혹하지만 정의롭고 적절한 것이 될 것이다(7-11a절). 그들은 모두 범죄 행동들에 대하여 책임을 져야 할 것이다(9절). 제사장들은 백성의 죄를 먹으면서 살고 있었다(8절). 이는 그들이 백성에게 위선적인 희생제물을 많이 드리라고 장려하고 있었다는 점에서 그렇다(호 6:6; 8:11-13을 보라). 제사장들은 그 희생제물의 일부를 취했다. 적절하게도 제사장들과 백성은 식량을 빼앗기게 될 것이다(10a절). 8절과 10절은 똑같이 히브리어 동사 '아칼' ("먹이다, 먹다")을 사용하고 있다. 이 낱말의 반복 사용은 범죄와 징계 사이의 상관관계에 관심을 끌게 만들며,

---

29) 동사의 반복적인 사용은 징계의 적절성을 강조하는 효과를 갖는다: Patrick D. Miller Jr., *Sin and Judgment in the Prophets* (Chico. Calif.: Scholars Press, 1982), 12-14.

30) 옛 저주들은 종종 세대를 초월하여 적용되기도 한다. 히브리 성서 안에 있는 하나님의 심판처럼 말이다. 5b절에 대한 설명으로는 Andersen and Freedman, *Hosea*, 352를 보라. 히브리 성서에 있는 죄의 연대 책임에 대한 보다 일반적인 연구를 위해서는 다음을 보라: Joel S. Kaminsky, *Corporate Responsibility in the Hebrew Bible* (Sheffield: Sheffield Academic Press, 1995).

후자가 적절한 것임을 암시한다.[31] 일반 백성은 제사장들의 분명한 승인을 받고서 하나님의 율법의 경계선들을 침범했다(2b절을 보라). 그들은 풍성한 수확을 확보하고 인구 증가를 이루기 위해 "거룩한" 창기 제도를 포함하는 이방종교의 풍요 제의에 관심을 기울이기도 했다(10절). 당연히 그 땅은 그들이 먹을 만큼 충분한 농작물을 생산해내지 못할 것이요, 일반 백성의 숫자 역시 늘어나지 못할 것이다. 본문은 다시금 특정 낱말을 반복하는 기법을 사용함으로써 시적인 정의 개념을 암시하고자 한다. 2절은 일반 백성이 어떻게 "모든 경계를 깨뜨렸는지"를 설명하기 위해 히브리어 동사 '파라츠'("깨뜨리다")를 사용한다(본문을 문자적으로 읽는다면 "그들은 깨뜨렸다"로 번역할 수 있다). 10절은 그들이 인구 증가에 실패했음을 설명할 때 이 동일한 동사를 사용한다(NIV는 "늘어나지 못했다"로 번역하지만, 본문을 문자적으로 읽는다면 "그리고 그들은 깨뜨리지 않았다"로 번역할 수 있다).

이스라엘이 관여하던 이방종교의 풍요 제의는 11-14절에서 매우 상세하게 설명되고 있다. 풍요의 신 바알과 아세라 여신의 은총을 얻기 위해 가나안 족속은 "거룩한" 창기 제도에 관여하였다. 이 제도는 "거룩한" 창기들과의 성관계를 포함하는 것이었다. 이 의례 행동은 독한 술을 마시고 점술을 통하여 이방 신들에게 묻고 희생제사를 드리는 등의 행동들을 포함하였다. 이스라엘 백성은 자기들의 딸들에게 성소들을 방문할 것을 장려하였다. 바알과 아세라의 제사장들과 제의적인 성관계를 맺음으로써 그 신들이 그들에게 많은 자녀들을 주었으면 하는 희망을 가지고서 말이다. 그러나 그들의 조상들 역시 동일한 죄를 범하였다. 왜냐하면 그들 역시 성소들을 방문하여 그들 자신의 생명력을 증대시키기 위해 거기에서 여사제들과 성관계를 가졌기 때문이다.

북왕국이 이렇게 타락한 탓에 이웃해 있던 남왕국 유다 역시 이스라엘의 죄로 인하여 오염되었을 가능성이 상존하고 있었다. 예언자는 유다에게 이스라엘의 사례를 따라가지 말 것을 경고하기 위해 잠시 이스라엘을 향한 자신의 비난을 중단한다(15a절). 유다 백성은 이스라엘의 부정한 예배 중심지

---

31) Miller, *Sin and Judgment*, 14-15.

들을 멀리하여야 한다(15b절).[32] 이스라엘이 요단강을 건넌 후에 야웨와 더불어 새롭게 계약을 맺렸던 곳인 길갈(수 5:1-9를 보라)이 이스라엘 역사에서 볼 때에는 중요한 의미를 갖는 곳이었지만, 이제는 종교적인 위선을 특징으로 갖는 곳으로 변하고 말았다(호 9:15; 12:11; 암 4:4; 5:5를 보라). 한때 "하나님의 집"으로 불렸던 벧엘(창 28:17을 보라)이 죄와 우상숭배로 오염된 탓에 예언자는 그것을 새로운 이름, 곧 벧-아웬("사악함의 집")으로 부른다. 이것이 벧엘을 경멸하는 이름이라는 사실은 10:5에서 금방 확인할 수 있다. 이 본문은 여로보암 1세가 그곳에 송아지 우상을 세운 것에 대해서 설명하고 있다(왕상 12:28-33을 보라).

이스라엘이 파멸을 당할 것이기에 유다는 마땅히 이스라엘을 피해야 한다. 그들의 지속적인 우상숭배는 하나님의 심판이라는 강한 바람을 활성화시킬 것인 바, 그 바람은 그들을 휩쓸어 포로로 사로잡혀가게 할 것이다(16-19절). 다시금 예언자는 징계가 마땅함을 강조하기 위해 특정 낱말 반복 기법을 사용한다. 19절에서 "바람"으로 번역된 히브리어 명사는 12절에도 나온다. 그런데 12절에서 이 명사는 이스라엘을 비뚤어진 길로 인도한 "창기의 영"을 가리킨다(5:4도 보라). 이스라엘 자신의 불성실한 "영"(히브리어로 '루아흐')은 그들을 하나님께로부터 멀어지게 했다. 반면에 하나님께서 보내신 "바람"('루아흐')은 이스라엘이 시작한 일을 끝장내실 것이다. 그들을 순식간에 파멸시킴으로써 말이다.

덤벼들 준비가 된 사자(5:1-15)

---

[32] 어떤 이들은 유다를 향한 이러한 권고가 호세아의 본래 메시지에 속하지 않을 것이라고 생각한다. 그러나 이스라엘의 남쪽 이웃을 향한 그러한 호소는 수사학적으로 볼 때 매우 효과적인 것이다. 유다에게 이스라엘을 멀리 하라고 경고함으로써 예언자는 이스라엘의 죄가 어느 정도인지, 그리고 다가올 심판의 크기가 어느 정도인지를 강조한다. 또한 우리는 호세아의 메시지가 이스라엘에만 국한된다고 가정해서도 안 된다. 오랜 사역 기간 동안에 그는 유다에서도 활동했으며, 나중에는 이스라엘을 향해 선포한 자신의 초기 메시지들을 남왕국의 청중들에게 맞게끔 변형시켰을 수도 있다.

야웨께서는 온 이스라엘을 상대로 하여 말씀하신다. 제사장들과 왕족들이
따로 언급되고 있기는 하지만 말이다. 이 종교 지도자들과 민간 지도자들은
일반 백성에게 미스바와 다볼에서 위선적인 우상숭배에 관여하도록 장려함
으로써 그들을 잘못된 길로 인도하였다(1절). 여기서 미스바의 정확한 위치
는 확실하게 알려져 있지 않다. 길르앗의 미스바 아니면 베냐민의 미스바를
염두에 둔 표현일 것이다. 다볼은 갈릴리 바다 남서쪽의 북왕국에 위치한 산
을 가리킨다. 여기에 언급된 이름들은 아마도 그 땅 전역에 흩어져 있는 다
양한 종교 중심지들을 대표하는 것들로 선택되었을 것이다. 1절 본문이 길르
앗의 미스바를 염두에 두고 있는 것이라면, 이곳의 이름 쌍은 제각기 요단강
동쪽과 서쪽의 제의 장소들을 가리킬 것이다. 그러나 1절 본문이 베냐민의
미스바를 염두에 두고 있는 것이라면, 이곳의 이름 쌍은 남쪽으로부터 북쪽
에 이르는 제의 장소들을 가리킬 것이다.[33)

이스라엘을 이처럼 빗나가게 한 일은 야웨께서 자기 백성을 교정하려고
애쓰심에도 불구하고 이루어졌다(2절). NIV는 대부분의 주석가들과 마찬가
지로 2절 후반부가 이스라엘의 죄에 대한 하나님의 미래 응답에 대해서 묘사
하고 있다고 본다. 그러나 히브리어 본문을 문자적으로 읽는다면 이렇다:
"내가 그들을 다 벌[했다? 한다? 할 것이다?]" 이 진술은 동사 없는 문장으로
되어 있다. 따라서 그것은 문맥의 필요에 따라 과거나 현재 또는 미래로 번
역될 수 있다. 많은 해석자들이 설명하는 바와 같이, "벌하다"로 번역되는 낱
말은 종종 히브리 성서에서 아버지가 자녀들에게 내리는 가르침과 훈계를
가리킴으로써 긍정적인 의미를 가지고서 나타난다. 이 때문에 많은 학자들
은 이 용어가 하나님께서 이스라엘에 내리려고 하시는 가혹한 심판을 묘사

---

33) 2절은 이 목록에 세 번째 이름을 추가하고 있는지도 모른다. NIV는 첫 번째 행을
"반역자들이 살육죄에 깊이 빠졌다"로 번역하지만, 어떤 이들은 이 본문을 수정하여 "그
들이 싯딤에 구덩이를 깊이 팠다"로 읽는다. 싯딤은 요단 동편에 위치한 성읍이다(민
25:1). 은유적인 표현인 "구덩이"에 대한 언급은 1절의 "올무"나 "그물"과 잘 어울리는
평행구절이라 할 수 있다: Stuart, *Hosea-Micah*, 88; Hans W. Wolff, *Hosea*, trans.
G. Stansell, Hermeneia (Philadelphia: Fortress, 1974), 94. 그러나 앤더슨과 프리드만
은 이러한 수정에 반대한다: Andersen and Freedman, *Hosea*, 386-88.

하기에는 너무 부드러운 것 같다고 생각한다(8-14절을 보라). 따라서 이 진술은 이스라엘을 벌하려고 애쓰시던 야웨의 과거 노력을 가리킬 가능성이 더 높은 것으로 보인다. 양보의 성격을 갖는 것으로 여겨질 수 있는 이 구절은 "설령 내가 그들을 다 벌한다고 할지라도"로 번역하는 것이 가장 타당할 것이다. 그것은 너무 늦기 전에 이스라엘을 교정하려고 하는 야웨의 노력을 가리킨다(암 4:6-12를 보라). 불행하게도 그의 노력은 성공을 거두지 못한다.

이스라엘은 자신의 죄를 하나님께로부터 감출 수 없다(3a절). 그를 섬기려는 그들의 위선적인 노력들에도 불구하고 그들의 죄는 너무도 분명하다. 그들은 영적인 간음을 행한 탓에 "더럽혀지고" 말았다(3b절). 여기서 "더럽혀지다"는 낱말은 민수기 5:20, 27-28에서 간음하는 여인을 가리키는 데 사용된다. 그들은 심지어 "사생아"를 낳기까지 한다(7a절). 이곳에 쓰인 언어는 순전히 은유적인 것으로서, 한 여인이 남편에게 불성실한 모습을 보일 때 흔히 발생하는 일을 묘사하는 것일 수도 있다. 그러나 이스라엘이 이방종교의 풍요 제의에 참여한 것을 가리키는 것일 수도 있다(4:13-15를 보라). 그들은 그러한 풍요 제의에 참여한 결과 그처럼 많은 사생아들을 낳았을 것이다. 이스라엘은 뻔뻔스러운 태도로 그 모든 일을 행했다. 그들은 자기들의 교만을 숨기지 못한다. 그것이 그들의 의도에 반하여 "증거"하고 있기 때문이다. 그리고 모든 교만이 항상 그러하듯이(잠 16:18을 보라) 그것은 그들을 "걸려" 넘어지게 한다(5절). 그들은 거짓된 신들에게 사로잡힌 채로 있어서, 야웨의 권위를 인정하지 않으며, 회개할 수 있는 지점을 이미 넘어서버린 상태에 있다(4절). 이 때문에 야웨께서는 그들을 피하셨으며(6b절), 곧 그들을 멸하실 것이다(7b절). NIV는 7절의 마지막 행을 "그러므로 새 달(New Moon) 축제가 그들과 그 기업을 함께 삼킬 것이다"로 번역한다. 그러나 이 진술은 "그러므로 그[야웨]가 새 달 축제[의 때에] 그들과 그들의 기업을 삼키실 것이다"로 번역하는 것이 더 낫다.[34] 본문은 아이러니로 가득 차 있다. 새 달 축제는 이스라엘이 자기들 중에 계시면서 자기들을 보호하시는 하나님의 행동을 경축

---

34) Davies, *Hosea*, 145.

하는 절기를 가리키지만(민 10:10을 보라), 그것은 금방 심판의 날로 바뀌고 말 것이다.

아이러니는 8절에서도 계속 나타난다. 새 달 축제가 다가왔음을 알리는 나팔 소리가 울려 퍼지겠지만(민 10:10을 보라), 하나님의 임박한 심판은 곧 다른 나팔 소리가 울려 퍼지게 할 것이다. 새롭게 울려 퍼질 나팔 소리는 축제가 아니라 임박한 전쟁을 알릴 것이다. 이 경고 나팔은 기브아와 라마에서 들릴 것이다. 이 두 지역은 예루살렘 북쪽으로 몇 km 떨어진 베냐민 지파에 위치해 있다. 그 나팔 소리는 이스라엘의 남쪽 국경선 부근에 위치한 벧아웬(=벧엘; 4:15를 보라)에서도 들릴 것이다.[35] 이곳에 언급된 세 성읍들 중에서 예루살렘에 가장 가까운 성읍인 기브아가 가장 먼저 언급되고 셋 중에서 예루살렘으로부터 가장 멀리 떨어진 벧엘이 맨 나중에 언급된 까닭에, 어떤 이들은 침략군이 남쪽으로부터 이스라엘로 나아올 것이라고 본다. 그러나 본문이 행군 순서에 대해서 언급하고 있다고 볼 필요는 없다. 호세아는 침략군이 에브라임을 거쳐 북쪽으로 휩쓸어간(9절) 후에 유다의 국경선 지역까지 위협할 것이라고 묘사하는 것으로 보인다. 그러나 결국 유다는 야웨의 경고를 무시하고서(4:15를 보라) 이스라엘의 사례를 그대로 따라간다(5:5를 보라). 야웨의 심판은 북왕국과 남왕국 모두에게 임할 것이다.

에브라임이 황무하게 되고(9절) 유다가 하나님의 진노의 물결에 휩쓸림으로써(10b절) 하나님의 말씀이 성취될 것이다. 유다에는 사회적인 불의가 만연해 있다(10a절). 야웨께서는 유다의 지도자들을 지계석(地界石, boundary stones)을 옮기는 자들에 비교함으로써 그들의 도적질과 불의를 고발하신다.

---

35) 8절의 마지막 행(NIV에서 "베냐민아, 앞장서도록 해라"로 번역됨)을 문자적으로 읽으면 이렇다: "베냐민아, 네 뒤를 쫓는다." 이 수수께끼 같은 진술의 의미는 확실치 않다. 사사기 5:14에서도 이와 똑같은 표현이 나타나며, 에브라임이 시스라의 가나안 군대에 맞서 바락을 위해 싸우기 위하여 어떻게 베냐민을 따라 다볼에까지 이르렀는지를 묘사하고 있다. 아마도 호세아 5:8에서 이 진술은 그 다음에 이어지는 내용에 맞추어 해석되어야 할 것이다. 유다 지역에 서 있는 자의 시각에서 기록하고 있는 예언자는 에브라임이 베냐민의 뒤에 있다고 생각한다. 그는 베냐민에게 침략군이 에브라임 쪽으로부터 다가오고 있음을 경고하고 있는 셈이다.

지계석은 토지의 경계선을 법적으로 나타내는 표지이다. 누구든 그것들을 옮김으로써 경계선을 애매하게 만들고 그럼으로써 이웃에게서 땅의 일부를 훔칠 수도 있다. 율법은 그러한 행동을 공공연하게 비난한다(신 19:14; 27:17 을 보라).

사실 하나님께서는 이미 에브라임과 유다를 심판하기 시작하셨다. 이 두 나라는 똑같이 심각한 질병에 걸린 한 사람에 비교된다(11, 13a절). 그는 옷을 먹는 좀과도 같이(욥 13:28; 사 50:9; 51:8) 이스라엘 전체를 먹어치우실 것이다. 진행성 관절 질환(잠 12:4; 14:30; 합 3:16을 보라)과도 같이 그는 유다에게서 힘을 조용히 빼앗아갈 것이다.

이스라엘은 자신의 절망적인 상황을 알아채고서 앗수르와 동맹관계를 맺는다. 그것이 자기 나라의 안정을 회복시킬 것이라고 생각하고서 말이다(13b 절). 이것은 주전 752-742년에 이스라엘을 통치한 므낫세의 친앗수르 정책 내지는 주전 732-722년에 앗수르의 허수아비 왕으로 이스라엘을 다스린 호세아의 친앗수르 정책을 가리킬 것이다. 그러나 앗수르는 이스라엘의 질병을 고치지 못한다. 야웨께서 강한 사자처럼 이스라엘과 유다를 향해 덤벼들 것이요, 그들을 갈가리 찢어서 잡아먹을 것이다(4절). 그는 자신의 잠자리로 돌아가서 그 둘이 그들의 죄를 회개할 때까지는 돌아오지 않을 것이다(15 절). 이 예언은 주전 722년에 있을 이스라엘의 파멸과 주전 701년에 있을 앗수르의 침략을 예고하는 것이다.

회개를 촉구함(6:1-3)

여기서 정체를 알 수 없는 누군가(아마도 백성을 대표하는 예언자)가 계약 공동체를 향해 회개할 것을 촉구하면서 갑작스럽게 분위기가 바뀐다. 야웨께서 이어지는 예언에서 이스라엘과 유다의 위선을 비난하신 탓에(4절), 어떤 이들은 1-3절을 액면 그대로 받아들이면 안 된다고 주장한다. 어떤 이들은 그것이 진지한 회개 촉구라기보다는 하나님의 은총을 끌어들이기 위해 위장된 노력에 해당한다고 본다. 이렇게 본다면 야웨께서 자기 백성을 회복시키실 것이라고 보는 메시지("이틀 후에 … 셋째 날에," 2절)는 일반 백성의 무지함을 나타내는 증거로 볼 수 있다. 그들은 자기들의 죄를 너무도 가볍게 여긴 까닭에, 자기들이 하나님께서 원하시는 방향으로 움직이는 시늉만 해도 그가 속히 자기들을 회복시키실 것이라고 생각한다.[36] 그리하여 마침내 하나님이 4절에서 그들의 얄팍한 노력을 책망하고 계신다는 것이다(8:2도 보라).

그러나 1-3절에 대한 이처럼 냉소적인 해석은 배격되어야 마땅하다. 여기서 말하고 있는 자는 호세아 시대의 범죄한 백성이 아니다. 본문은 하나님의 가혹한 심판을 겪게 될 미래 세대의 시각을 담고 있다(1절을 5:14와 비교하라). 예언자는 이 기도문을 일단 심판이 임한 후의 미래 세대를 위한 하나의 모델로 포함시키고 있다. 하나님께서 백성이 회개하면서 자기를 찾을 때까지는 자신의 은총을 돌이키지 않으실 것임(5:15를 보라)을 알고 있는 화자는 그들에게 야웨께로 돌아서서 그의 치료를 받을 것을 촉구한다. 과거에는 그들이 야웨를 "알기"를 거부하였고, 그에게 돌아가지도 못했으나(5:4를 보라), 화자는 야웨를 향한 새로운 헌신이 하나님의 복을 회복시켜줄 것임을 확신하고 있다. 여기에 표현된 화자의 확신 — 뻔뻔스러움이 아님 — 은 하나님의 자비에 뿌리박고 있는 것이다. 그는 어두운 심판의 밤을 순식간에 구원의 빛으로 바꾸시는 분이다(시 30:5를 보라). 화자의 확신은 또한 야웨께서 모세를 통하여 주신 옛 계약의 약속에 뿌리박고 있는 것이다(신 30:1-10을 보라). 4절의 책망은 이 예언에 대한 야웨의 답변으로 볼 필요가 없다. 그것은 도리어 1-3절의 짤막한 막간 삽입에 이어 4-5장의 비난을 재개하는 것으로 해석하는 것이 더 나을 것이다. 이와 비슷한 관점의 변화, 곧 심판으로부터 구원을 거쳐 다시 심판으로 돌아오는 경우는 1:9 — 2:2와 11:7-12에서도 발견된다.

충성심이 없음(6:4-11a)

야웨께서는 격분한 어조로 다음과 같은 수사학적인 질문을 던지신다: "에

---

36) 예로써 다음을 보라: Harper, *Amos and Hosea*, 281-83.

브라임아, 내가 네게 어떻게 하랴? 유다야, 내가 네게 어떻게 하랴?"(4a절).
야웨께서는 자기 백성의 헌신을 요구하시지만, 그들이 보여줄 충성심은 아
침 안개나 풀잎의 이슬처럼 금방 없어져버린다(4b절). "사랑"으로 번역된 히
브리어 낱말은 야웨를 향한 충성 내지는 헌신을 가리킨다. 그것은 야웨의 주
권적인 권위를 인정하는 것에 기초하고 있으며, 그의 계약법에 순종함으로
써 입증된다. 하나님은 무엇보다도 그러한 충성심을 요구하신다. 희생제사
보다도 더 말이다(6절은 이 동일한 히브리어 낱말을 "자비"로 번역함).[37]

그러나 이스라엘 백성은 계약을 깨뜨림으로써(7절), 하나님의 가혹한 심판
을 자초한다(5절). 그는 처음에는 예언자들을 통하여 심판을 선고하시지만,
나중에는 자신의 위협을 현실화시키신다. 그는 예언자들을 자기 백성을 베
어 넘길 칼로 활용하신다. 그 징계는 적절한 것이다. 왜냐하면 제사장들을
포함하는 이스라엘 백성은 피 흘리는 죄를 범함으로써 십계명의 여섯 번째
계명을 위반했기 때문이다(8-9절; 출 20:13을 보라). 아이러니컬하게도 그러
한 범죄는 여호수아에 의해 도피성으로 지정된 라못 길르앗[38]과 세겜과 같은
성읍들에서 발생한다. 부지중에 다른 사람을 죽인 자는 피에 굶주린 복수자
를 피하여 도피성에서 피난처를 구할 수 있었다(수 20:1-2, 7-8을 보라).

NIV의 번역에서 보듯이 7절은 범죄한 이스라엘과 에덴 동산의 금지된 열
매를 먹음으로써 하나님께 불순종한 아담을 비교하고 있다. 그러나 이 본문
이 그러한 비교를 염두에 두고 있을 가능성은 아주 희박한 편이다. 다음 행
에 있는 "거기에서"라는 부사가 선행사를 전제하고 있는 것으로 보아, 아담

---

37) 6절의 첫 행은 하나님께서 충성심을 선호하신 나머지 희생제사를 배척하심을 뜻
하는 것으로 해석될 수도 있다. 그러나 여기서 저자는 과장된 진술 기법을 사용하고 있
다. 두 번째 행이 이 점을 분명하게 보여준다. 이 두 번째 행은 "번제보다 하나님을 아는
것을 더 원하노라"로 번역되어야 마땅하다. 희생제사는 이스라엘과 하나님 사이의 관계
에서 그 나름의 역할을 수행하지만, 순종하는 백성이 드렸을 때에만 그러하다. 하나님은
순종을 더 중요하게 여기신다.

38) 길르앗(8절을 보라)은 한 성읍을 일컫는 이름이 아니라 한 지역을 일컫는 이름이
다. 8절이 구체적으로 길르앗을 "성읍"으로 칭하고 있는 것을 보면, 본문은 요단강 동편
에 위치한 라못 길르앗이라는 성읍을 염두에 두고 있는 것으로 보인다.

은 여기서 지명, 곧 요단강 가까이에 위치한 한 성읍을 가리키고 있다고 볼 필요가 있다(수 3:16을 보라).[39] 다음 절에서도 지명들이 나타난다.

이스라엘은 살인만으로 충분하지 않아서인지 하나님을 향한 반역 행위를 "끔찍한(또는 "가증한") 일"로 불리는 더 나쁜 죄로 마무리한다(10절).[40] 이 표현은 십계명의 두 번째 계명을 위반하는 우상숭배를 가리킨다(10절; 출 20:4를 보라). 바로 앞의 절들이 우상숭배에 관해 구체적으로 언급하고 있지는 않지만, "창기"의 은유는 확실히 그러한 쪽을 겨냥하고 있는 것으로 보인다(4:10-18을 보라). 이스라엘을 "더럽혀졌다"(이에 해당하는 히브리어 낱말은 5:3의 "더럽혀졌다"와 동일한 것임. 5:3에서 그것은 이스라엘을 음란한 여인으로 묘사하는 듯함)고 묘사하는 것과 마찬가지로 말이다.

앞서 설명한 바와 같이, 유다는 에브라임의 도덕적인 발자취를 그대로 따른다(5:5, 10; 6:4를 보라). 그 결과 그들 역시 하나님의 심판을 받게 될 것이다(11a절; 5:14를 보라). 그 심판은 여기서 추수에 비교된다. 왜냐하면 하나님의 심판은 수확처럼 특정 시기에 정해서 하는 것이요, 이스라엘 백성을 낫으로 베어 타작하기 위해 운반하는 일을 포함할 것이기 때문이다(렘 51:33; 욜 3:13을 보라).[41]

안팎의 소용돌이(6:11b—7:16)

하나님은 기꺼이 자기 백성을 회복시키고 치료하고자 하시지만, 이스라엘

---

39) "아담처럼"이 아니라 "아담에서"로 본문을 읽기 위해서는 히브리어 전치사 '케'("처럼")를 '베'("에서")로 약간 수정하지 않으면 안 된다. 두 철자 '카프'와 '베트'는 쉽게 혼동될 수 있다: Ellis Brotzman, *Old Testament Textual Criticism* (Grand Rapids: Baker, 1994), 109; P. Kyle McCarter, *Textual Criticism* (Philadelphia: Fortress, 1986), 44.

40) 이와 관련된 히브리어 낱말이 예레미야 29:17에서는 썩어서 먹을 수 없는 무화과 열매를 가리키는 데 사용된다.

41) 고대 이스라엘에서의 수확과 타작 관습에 대해서는 다음을 보라: Oded Borowski, *Agriculture in Iron Age Israel* (Winina Lake, Ind.: Eisenbrauns, 1987), 57-65.

의 죄악이 화해를 막는다(6:11b—7:2). 여기서는 또 다른 십계명 위반인 도적질(출 20:15를 보라)이 강조된다. 왕실조차도 죄와 속임수를 장려한다(3절). 머리끝에서 발끝까지 나라 전체가 하나님과 그의 도덕적인 기준들에 비추어 볼 때 불성실하기 짝이 없는 "간음자들"로 가득 차 있다(4a절). 예언자는 범죄 열망을 빵 굽는 이가 손대지 않은 채로 뜨겁게 달구어놓은 화덕 속의 불에 비교한다(4b절).

주전 752-732년 이후로 이스라엘의 네 왕들이 암살을 당한다(왕하 15장). 이러한 정치적인 소용돌이는 공모자들과 암살자들이 대개 어떤 식으로 어떻게 왕을 죽이려는 계획을 실행에 옮기는지에 대해서 묘사하는 5-7절의 배경을 이루고 있다. 축제의 때에 그들은 왕이 술에 취할 때까지 기다렸다가 신속하게 그를 쳐 죽인다. 예언자는 4절의 표상을 사용하여 그들을 밤새 타오르다가 정해진 때에 맹렬하게 불꽃을 피워 올리는 화덕 속의 불에 비유한다. 이와 마찬가지 방식으로 공모자들은 음모를 꾸민 후 적절한 기회가 올 때까지 인내심을 가지고서 기다리다가, 그때가 되면 살인 계획을 실행에 옮긴다.

이스라엘의 정치적인 불안정 상태는 이스라엘을 취약하게 만들지만, 어느 누구도 국가의 안전을 위하여 야웨를 찾지 않는다(7b, 10절). 도리어 이스라엘은 당시의 강대국인 이집트 및 앗수르와 동맹관계를 맺는다(11b절). 빵 굽는 자들이 밀가루를 기름과 혼합시키는 것처럼, 이스라엘 역시 이방인들과 뒤섞이지만(8a절), 이러한 전략은 성과를 거두지 못할 것이다. 이스라엘은 파멸에 처하게 될 것이다. 뒤집지 않고 구운 탓에 한 쪽이 숯처럼 익어서 버려야만 하는 빵과도 같이 말이다(8b절). 이스라엘의 이방 주인들은 나라의 부를 무너뜨리는 무거운 조공을 요구한다(9a절). 이스라엘은 자기가 점점 더 늙어가고 있다는 것을 인식하지 못한다. 머리털이 희어지는 것 같은 나이 먹음의 증거가 너무도 점진적으로 나타나기 때문이다(9b절). 이러한 강대국들을 통하여 안전을 추구하려는 이스라엘의 노력은 잘못된 것으로서, 반드시 실패하고 말 것이다. 이스라엘은 비둘기처럼 지혜가 없어서(11a절), 야웨께서 쳐놓으신 심판의 그물에 쉽게 걸려들 것이다(12절).

야웨께서는 기꺼이 자기 백성을 구원코자 하시지만, 그들은 그를 "떠나" 그릇된 길로 가며, 그의 권위에 "저항한다"(13절). 그들의 반역 행위는 아마도 그들의 우상숭배에서 가장 확실하게 드러날 것이다. 그들은 곡식과 포도주를 얻기 위해 야웨를 찾기보다는 바알 숭배의 이교 제의에 참여한다. NIV는 14절을 "그들은 곡식과 새 포도주를 위하여 모인다"로 번역하지만, 전통적인 히브리어 본문은 여기서 다소 훼손되어 있다. 일부 중세 히브리어 사본들과 70인역은 이 절의 원문을 간직하고 있다. 그것을 읽으면 이렇다: "그들은 곡식과 새 포도주를 위해 자기들의 몸을 상하게 한다."[42] 자기 몸을 상하게 하는 행동은 기근 시에 풍요의 신 바알을 숭배하는 자들이 행하던 관습을 일컫는다(왕상 18:28을 보라). 가나안 사람들의 믿음에 따르면, 기근은 바알이 일시적으로 자신의 대적(大敵)인 죽음의 신 모트(Mot)에게 굴복하여 투옥당할 때 발생하는 것이다. 바알이 살아 있는 자들의 땅으로 쉽게 돌아오도록 하기 위하여 그를 숭배하는 자들은 그의 죽음을 애곡하면서 자기들의 몸에 상처를 입힌다.[43] 우가릿 신화에 의하면, 엘 신은 자기 머리에 먼지를 뿌리고 베옷을 입고 머리털을 밀고 몸에 상처를 입힘으로써 바알의 죽음을 슬퍼한다.[44] 호세아 7:14는 이스라엘 사람들이 그러한 애곡 의식에 참여하고 있음을 묘사하고 있다. 그들은 슬픔 중에 울부짖으면서 자기들의 몸에 상처를 입힌다. 바알을 부활시킴으로써 그로 하여금 야웨께서 심판을 통하여 빼앗아가 버린 농작물을 되살려내게 하기 위해서이다(2:9를 보라).

과거에 야웨께서는 자기 백성을 "연습"시키셨고 "힘있게" 하셨다(15a절). 이곳에 쓰인 언어는 야웨께서 이스라엘에게 전쟁에 승리할 수 있는 힘을 주신다고 설명한다(왕하 14:25-28을 보라). 에스겔 30:24-25에서 "팔을 강하게 하다"라는 표현(NIV의 "강하게 하다"는 번역을 문자적으로 읽을 경우)은 야웨께서 어떻게 바벨론 왕을 군사적으로 강하게 하셔서 그로 하여금 이집트

---

42) 여기에 포함되어 있는 본문비평적인 문제들에 대한 논의를 위해서는 다음을 보라: Chisholm, *From Exegesis to Exposition*, 21-22.

43) 신명기 14:1; 예레미야 16:6; 47:5에 의하면, 자기 몸을 상하게 하는 일은 죽은 자를 위한 애곡과 관련되어 있다.

44) J. C. L. Gibson, *Canaanite Myths and Legends*, 2d ed. (Edinburgh: T. & T. Clark, 1978), 73.

왕을 격퇴하게 하셨는지를 묘사하고 있다. 이스라엘은 야웨의 선한 의도를 적대감으로 갚는다(15b절). 예언자는 또 다른 군사적인 은유를 사용하여 불성실하고 도덕적으로 믿을 수 없는 이스라엘을 전쟁이 한창일 때 제 기능을 하지 못하는 "속이는 활"에 비유한다(16a절; 시 78:57을 보라). 이스라엘의 오만함은 파멸과 수치를 가져다줄 것이다. 그들의 지도자들은 칼에 죽을 것이요, 그들이 도움을 바라는 나라들 중의 하나인 이집트(11절)는 그들의 파멸을 조롱할 것이다(16b절).

심은 대로 거둠(8:1-14)

야웨께서는 정체 불명의 파수꾼(아마도 호세아)에게 말씀하시면서, 이스라엘에 경고의 나팔을 불라고 명하신다(1a절; 5:8을 보라). 강한 독수리(앗수르 군대를 상징함)가 이스라엘을 덮쳐서 그 강한 발톱으로 채가려고 이스라엘 위를 맴돈다(1b절; 신 28:49는 이 표상의 문학적인 배경을 제공할 것이다). 이스라엘은 야웨께 충성했다고 주장하지만, 사실은 그의 법을 어김으로써 야웨께서 자기들에게 원수를 보내게끔 하였다(1b-3절).

이스라엘은 여러 가지 방식으로 야웨의 권위를 무시하였다. 그들은 야웨의 인도하심을 구하지 않은 채로 계속해서 왕을 세웠다(4a절). 더 나쁜 것은 그들이 사마리아의 송아지 우상을 포함하는 각종 우상들을 섬겼다는 점이다(4b-6절). 히브리 성서에는 사마리아의 송아지 우상에 대한 더 이상의 언급이 없다. 이 때문에 "사마리아"는 아마도 여기서 북왕국 전체를 가리킬 것이다(왕상 13:32를 보라). 그리고 문제가 되는 송아지 우상은 여로보암 1세가 벧엘에 세운 것일 가능성이 높다(호 10:5를 보라). 야웨께서는 이 우상을 특히 불쾌하게 생각하여, 그것을 파괴하겠다고 경고하신다. 이스라엘이 "선한 것"을 버렸기에(3절), 이제는 그가 당연하게도 그들이 사랑하던 송아지 우상을 버리실 것이다(5절). NIV는 5a절의 첫 번째 행을 "사마리아여, 네 송아지 우상을 버릴지니라"로 번역한다. 그러나 히브리어 본문은 사실 3인칭 동사 형태를 사용하여 "사마리아여, 그가 네 송아지 우상을 버리셨느니라(이 동사는 3절의 "버렸다"로 번역된 동사와 동일함)"로 읽는다.[45]

이스라엘은 마땅히 받아야 할 것을 받게 될 것이다(7a절). 이스라엘은 우상숭배를 통하여 "바람"을 심었다. 바람은 여기서 실체나 가치가 없는 것을 상징한다. 그들은 "광풍"을 거둘 것이다. 광풍은 여기서 파괴적인 하나님의 심판을 상징한다(시 83:15; 사 29:6을 보라). 야웨께서는 심고 거두는 표상을 사용하여 이스라엘이 우상에게로 방향을 돌이켰을 때 이미 파멸의 씨앗을 심었음을 분명하게 밝히신다.

농사와 관련된 표상은 7절 후반부에까지 이어진다. 우상숭배를 통해 번영을 누리려는 이스라엘의 노력은 열매를 거두지 못한다. 그들은 알곡이 없는, 따라서 밀가루를 만들어낼 수 없는 곡식 줄기에 비교된다. 설령 이스라엘의 노력이 약간의 "알곡"(번영)을 얻는다 해도, 이방 나라들이 그것을 삼킬 것이다. 이것 역시 적절한 것이요, 아이러니컬한 것이다. 왜냐하면 이스라엘은 그 나라들과의 동맹관계를 통하여 안전을 얻으려고 하기 때문이다(8절). 그들은 기꺼이 앗수르와 이집트에 굴복하지만, 그러한 노력은 도리어 반대의 결과를 얻게 될 것이다(9-10절).

우상을 숭배하고 강대국과 동맹관계를 맺고 있음에도 불구하고 이스라엘은 여전히 뻔뻔스러운 태도로 야웨께 희생제사를 드린다(11a절). 그러나 이스라엘이 야웨의 법을 무시한 까닭에(12절), 그는 그들의 "예배"를 죄악으로 가득 찬 위선으로 간주하시며(11b절), 그들의 제물을 받지 않으신다(13a절). 이스라엘이 자기들을 "지으신 분," 곧 그들을 이집트의 속박으로부터 구원하여 한 민족으로 만드신 분을 잊어버렸기에, 야웨께서는 그들을 다시 속박당하게 만드실 것이다(13b-14a절). 그들은 "이집트로 돌아갈" 것이다. 물론 이집트가 아니라 앗수르가 포로 된 이스라엘이 가게 될 목적지이다. 그러나 "이집트"는 여기서 이스라엘의 구원 역사가 뒤집어질 것임을 암시하는 속박

---

45) 어떤 이들은 이 동사 형태를 명령형으로 수정한다. 왜냐하면 하나님께서 직접 말씀하시는 부분에서 하나님을 3인칭으로 칭한다는 것이 어색하기 때문이다. 그러나 이러한 인칭상의 불일치는 호세아서에 있는 다른 하나님의 말씀에서도 발견된다(1:7; 4:10-12; 8:13을 보라). "버리다"는 포함하는 말놀이의 의미에 대해서는 다음을 보라: Miller, *Sin and Judgment in the Prophets*, 17-18.

의 상징으로 사용된다.

이스라엘을 향한 하나님의 심판은 유다에게까지 흘러넘칠 것이다. 유다가 자기들을 침략군으로부터 안전하게 지키기 위해 "견고한 성읍들을 많이" 쌓았음에도 불구하고, 야웨께서는 그들 위에 심판의 불을 보내실 것이다(14b절). 호세아 5:14에서와 마찬가지로 13b-14절의 예언은 주전 722년에 있을 이스라엘의 파멸과 사로잡힘을 예고함과 동시에, 산헤립이 유다의 46개의 "강한 성읍들"과 "성벽 가진 요새들"을 정복한 앗수르의 유다 침공(주전 701년)을 예고하고 있다.[46]

자녀들을 위한 울음(9:1-17)

이스라엘은 풍성한 수확을 기대하면서 기뻐해서는 안 된다(1a절). 이스라엘은 양식을 위하여 바알을 찾은 까닭에 곡식과 포도주를 빼앗길 것이다(1b-2절). 이스라엘의 바알 숭배는 창기의 행동에 비교된다. 그들은 "음행의 값," 곧 바알이 제공할 수 있다고 잘못 생각하고 있는 농업의 번영을 얻기 위해 자신을 바알에게 바친다(2:5를 보라). 그러나 타작마당과 포도주 틀이 텅 비게 될 것이요, 이스라엘은 포로로 잡혀가게 될 것이다(3절). 여기서 예언자는 이집트(이스라엘이 한때 종살이를 했던 곳)와 앗수르(장차 사로잡혀 가게 될 곳)를 똑같이 언급함으로써 상징과 현실을 뒤섞고 있다. 이스라엘은 이방 땅에 갇힌 채로 절기 때마다 "부정한" 음식을 먹어야 할 것이요(겔 4:13을 보라), 하나님께 받아들여질 만한 제사를 드리지 못할 것이요, 아니면 자기들의 종교 절기들을 지키지 못할 것이다(4-5절). 사람들은 이방 땅에서 죽을 것이요, 그들이 이스라엘에 남겨둔 재물들은 고향 집의 폐허와 함께 찔레와 가시덤불에 뒤덮인 채로 버려질 것이다(6절). 예언자는 수사학적인 재능을 가지고서 이집트의 유명한 매장지인 성읍 멤피스가 포로민들의 공동묘지가 될 것임을 경고한다.

---

46) 산헤립의 과도한 선전용 침략 진술에 대해서는 다음을 보라: James Pritchard, *Ancient Near Eastern Texts Relating to the Old Testament* (Princeton: Princeton University Press, 1969), 287-88.

이스라엘의 무수한 죄는 마땅한 벌을 받게 되어 있다(7a, 9b절). 하나님을 향한 이스라엘의 적대감은 아마도 그들이 야웨의 예언자들을 배척한 데서 가장 분명하게 드러날 것이다(7b-8절). 예언자들은 하나님께서 사람들에게 임박한 파멸을 경고하도록 보내신 이스라엘의 파수꾼들이다. 그러나 사람들은 그들을 제정신이 아닌 바보들로 간주하고서는 그들을 폭력으로 위협한다. 야웨께서는 그러한 적대감이 초기 세대에 의해 기브아에서 저질러진 무서운 죄에 비교될 만하다고 보신다(9a절). 예언자는 여기서 사사기 19장에 기록되어 있는 사건을 언급하고 있다. 사사기 19장은 베냐민 지파가 밤을 보내기 위해 자기들의 성읍을 찾아온 한 레위인에게 어떠한 폭력을 행했는지를 기록하고 있다. 그들은 불만족스럽지만 그의 무기력한 첩을 데려다가 밤새도록 윤간한다.

야웨께서는 이스라엘이 항상 반항적인 태도를 보였다고 여기지 않으신다. 사실 그들과의 관계 초기에 그는 큰 기쁨을 가지고서 그들을 보살폈다. 마치 광야에서 포도를 발견하거나 무화과나무에서 이른 열매를 발견한 자처럼 말이다(10a절). 후자는 흔히 지극히 맛있는 것으로 여겨진다(사 28:4; 렘 24:2; 미 7:1을 보라). 그러나 이스라엘에 대한 야웨의 판단은 금방 변한다. 왜냐하면 그들이 바알 브올에서 다른 신들을 섬기고 또 이방 여인들과 함께 풍요 제의에 참여했기 때문이다(민 25:1-5).

호세아의 세대는 이러한 죄를 그대로 되풀이한다. 바알이 무수한 자녀들을 낳게 할 것이라는 희망을 가지고서 말이다. 야웨께서는 그들을 엄하게, 그러나 적절하게 심판하실 것이다. 그는 임신한 이스라엘 여인들을 유산시킬 것이요(14절), 가까스로 태어난 아이들은 무조건 무자비한 침략자들에게 넘기실 것이다(12-13, 16절). 불성실한 아내와 이혼하기로 작정한 남편과도 같이 그는 자기 백성을 자기 집으로부터 추방하실 것이요, 그들을 열방 중에서 헤매게 하실 것이다(15, 17절).

이스라엘을 향한 이러한 비난은 아이러니와 문학적인 암시라는 문학 기교들을 효율적으로 사용한다. 11-16절에 주로 나오는 "에브라임"이라는 이름은 특별한 이유로 하여 선택된 것이다. 흔히 "두 배의 열매"를 뜻하는 것으로 여겨지는(창 41:52를 보라) 이 이름은 풍요와 풍성함이라는 개념들을 함축하고 있다. 아이러니컬하게도 "두 배의 열매"를 맺는 자인 에브라임은 결국 메마른 뿌리가 되어 아무런 열매도 맺지 못할 것이다(16a절). 포로가 될 것이라는 위협과 관련하여 언급되는 길갈 역시 아이러니컬한 점을 가지고 있다. 길갈은 이스라엘이 여호수아의 인도 아래 요단강을 건넌 후에 맨 처음 진을 친 곳이다(수 4장을 보라). 길갈 자체는 이스라엘의 약속의 땅 소유를 상징하는 것이었다. 그런데 이제는 거기서 행해진 죄악들로 인하여 이스라엘이 그 땅으로부터 추방당할 수밖에 없다. 하나님께서 가나안 사람들을 추방하실 때 사용되던 것과 똑같은 동사(히브리어로 '가라쉬,' = "쫓아내다" ; 예로써 신 33:27을 보라)가 여기서는 야웨께서 어떻게 자기 백성을 자기 집으로부터 "쫓아내실" 것인지를 설명하는 데 사용된다(15절). 이 동사는 또한 창세기 4:14에서 하나님 앞에서 추방당하는 가인의 모습을 가리키는 데도 사용된다. 여기서 우리는 유비(analogy)가 사용되고 있음을 알 수 있다. 왜냐하면 예언자들을 향한 이스라엘의 적대감은 동생 아벨을 향한 가인의 증오심에 비교될 만하기 때문이다. 가인처럼 이스라엘은 떠돌이 생활을 하는 신세가 될 것이다. 호세아 9:17에서 "떠도는 자"로 번역된 낱말(히브리어 동사 '나다드' ["방랑하다"]에서 파생한 명사)은 창세기 4:12, 14에서 가인의 운명을 묘사하는 데 사용되기도 한다.

죄의 멍에와 심판(10:1-15)

예언자는 향수에 젖은 채로 이스라엘이 약속의 땅에서 포도나무 가지처럼 퍼져나가면서 번성했던 모습을 생각한다(1a절; 시 80:8-11; 겔 19:10-11을 보라). 그러나 예언자가 다시금 배은망덕하고 위선적인 이스라엘이 결국 어떻게 하여 우상숭배에 빠지게 되었는지를 생각하게 되자 금방 실제 현실이 눈앞에 전개된다(1b절). 여기에 언급된 제단들은 이스라엘 종교를 특징짓는 공허한 형식주의를 상징한다(8:11을 보라). 반면에 거룩한 돌들은 그들의 이교적인 우상숭배를 상징한다(3:4를 보라). 야웨를 섬기려는 그들의 공허하고 불성실한 노력은 그들을 위선의 죄를 범한 자들로 만든다(2a절). 이 때문에 야웨께서는 그들이 세운 제단들과 거룩한 돌들 모두를 멸하실 것이다(2b절).

다가올 심판은 왕이 상징하는 국가적인 독립을 이스라엘에게서 빼앗아갈 것이다. 사람들은 왕의 힘으로도 어떻게 할 수 없는 파괴적인 재앙을 겪은 후에야 비로소 자기들이 야웨를 경외하지 못했다는 것을 깨닫게 될 것이다(3절).

야웨를 향한 이스라엘의 관계를 특징짓는 속임수(1-2절) 역시 사람들 사이의 관계에 깊이 퍼져 있었다(4절). 그들은 약속들을 깨뜨렸으며, 자기들이 맹세한 것들을 무시하였다. 이러한 행동은 필연적으로 무수한 소송으로 이어지는 바, 예언자는 그러한 소송들을 밭이랑에 돋아난 독초들에 비교한다.

야웨의 심판은 이교적인 이스라엘의 심장부를 강타할 것이다. 사람들이 특히 "벧아웬(=벧엘)의 송아지 우상"에게 온통 빠져 있지만, 앗수르 군대는 그것을 사로잡아갈 것이요, 수치를 당한 백성과 제사장들에게 그것의 떠나감을 인하여 애곡하게 하실 것이다(5-6절). "우상을 숭배하는 제사장들"로 번역된 드문 용어는 다른 곳에서 바알의 제사장들을 가리키는 데 사용된다(왕하 23:5; 습 1:4를 보라). 사마리아의 왕은 포로가 되어 급류에 떠내려가는 나무토막처럼 "떠내려갈" 것이다(7절; 15절도 보라). 이교 성소들은 파괴되어 가시와 찔레로 뒤덮일 것이다(8a절). 사람들은 자기들의 주변 세계가 송두리째 무너지는 것을 보면서, 산들과 언덕들을 향하여 자기들에게 무너져 내려서 자기들이 당하는 불행을 끝장내게 해달라고 간구할 것이다(8b절).

이스라엘은 기브아에서 레위인의 첩에게 끔찍한 범죄를 저지른 이후로(9:9; 삿 19장을 보라) 수 세기 동안 계속해서 죄를 범하였다(9절). 야웨께서는 징계의 때가 다가왔다고 선포하신다(10절). 농업 분야의 표상들을 빌려온 야웨께서는 이스라엘을 곡식을 밟기 위해 길들인 암소에 비교하신다(11절). 곡식을 밟는 일은 상대적으로 쉬운 일이다. 왜냐하면 곡식을 밟는 짐승은 타작마당에서 나는 음식물들 중의 일부를 먹을 수 있기 때문이다(신 25:4를 보라). 그러나 이스라엘의 쉬운 날들이 이제는 끝날 것이다. 야웨께서는 에브라임과 유다에게 멍에를 씌우실 것이요, 그들에게 힘든 쟁기질을 시키실 것이다.

예언자는 12-13a절에서 쟁기질의 표상을 확장시킨다. 그는 사람들에게 도덕적이고 윤리적인 영역에서 쟁기질을 하고 씨를 뿌릴 것을 촉구한다. 그는 그들에게 정의를 심으라고 말한다. 만일에 그들이 긍정적인 반응을 보인다면, 야웨께서는 구원[47]의 단비를 내리실 것이다. 그 결과 그들은 "무한한 사랑"을 수확하게 될 것이다. 물론 잠재적인 번영에 대한 이러한 환상은 실제 현실과 큰 대조를 이룬다. 사람들은 사실 악독함을 심어 악과 속임수의 열매를 거둔다.

이스라엘은 자기들의 안전을 위하여 야웨께 의지하기보다는 자신의 군사력을 더 신뢰한다(13b절). 이 때문에 야웨께서는 그들의 군대를 멸하실 것이요, 침략군으로 하여금 그 땅을 휩쓸게 하실 것이다(14-15절). 이스라엘의 요새화된 성읍들은 폐허가 될 것이요, 사람들은 잔학 행위의 희생물이 될 것이다. 그리고 벧엘(송아지 우상이 설치된)이 함락될 것이요, 이스라엘 왕은 제거될 것이다.

예언자는 다가올 재난을 살만의 무자비한 벧아벨 정복에 비교한다. 그 정복은 호세아의 청중들이 잘 알고 있음에 틀림이 없는 사건을 일컫는다(14절). 불행하게도 현대 학자들은 성서나 비성서 문헌에서 이 사건에 대한 어떠한 다른 언급도 발견하지 못했다. 살만의 정체와 벧아벨의 정확한 위치는 확실치 않다.[48]

하나님의 큰 긍휼(11:1-11)

야웨께서는 다시금 그리워하는 마음으로 이스라엘의 초기 역사를 회상하신다(1절; 9:10과 10:을 보라). 이스라엘은 하나님의 "아들"이었다. 부성애적인 사랑의 특별한 대상이었던 것이다. 야웨께서 보이신 최고의 사랑은 출애굽 사건이었다. 그때 그는 자기 "아들"을 이집트의 속박으로부터 불러내신 후 그와 더불어 계약 관계를 맺으셨다.[49] 그러나 이스라엘은 야웨께서 자기

---

47) NIV는 이 히브리어 낱말을 "의"로 번역하지만, 그 낱말은 여기서 하나님의 구원을 가리키는 것으로 보인다. 호세아 2:19를 보라.

48) 이에 대한 학자들의 다양한 견해들을 위해서는 다음을 보라: Wolff, *Hosea*, 188; Davies, *Hosea*, 248-49.

49) 이 구절을 모형론적인 시각에서 그리스도에게 적용하는 마태복음의 신학적인 의

들을 보호하시고 보살펴주셨음에도 불구하고 우상들, 특히 바알들에게로 방향을 돌이키고 말았다(2-4절).[50)]

이스라엘의 반역은 심판을 불가피하게 만든다. 그들은 앗수르에게 정복당할 것이요, 포로로 잡혀갈 것이다(다시금 이집트로 돌아가는 것으로 상징됨, 5절; 8:13; 9:3을 보라). 호세아는 여기서 이 심판이 적절한 것임을 강조하기 위하여 말놀이를 사용한다. 이스라엘은 "회개"(히브리어로 '슈브'; return= "방향을 돌이키다")하기를 거부한 탓에 종의 신분으로 "되돌아갈"(return, 히브리어로 '슈브') 것이다. 원수들의 칼이 이스라엘의 성읍들을 내리칠 것이요, 그들의 자랑스런 계획들이 순식간에 무산되게 할 것이요, 그들을 심판 앞에서 무기력하게 만들 것이다(6-7절).[51)]

도에 대해서는 "하나의 모형으로서의 임마누엘"이라는 항목 하에 이사야 7:14에 대해 해설한 필자의 설명을 보라.

50) 2a절의 번역과 해석은 특히 문제점을 안고 있다. 히브리어 본문을 문자적으로 읽으면 이렇다; "그들이 그들을 부르면 부를수록 그들은 그들 앞을 떠났다." 많은 이들은 "부르다"라는 동사의 복수 주어를 예언자들로 이해한다. 야웨께서 그들을 통하여 이스라엘에게 신실하게 행할 것을 촉구했다는 것이다. 앤더슨과 프리드만(Hosea, 577-78)은 바알 브올 사건에 대해서 언급한다(호 9:10. 이 경우에 "부르다"라는 동사의 주어는 이스라엘 자손을 풍요 제의에 초청한 이방 여인들을 가리킬 수도 있을 것이다(민 25:2의 경우 NIV는 "부르다"로 번역된 호 11:2의 히브리어 동사와 똑같은 낱말을 "청하다"로 번역함.) 그들은 호세아 12:2a의 두 번째 행을 "그들이 내 앞을 떠났다"로 바꾸어 읽는다. 마지막에 나오는 '헤-멤'의 결합 형태를 다음 행과 이어지는 독립적인 3인칭 남성 복수 대명사로 봄으로써 말이다. 70인역은 이러한 본문 수정을 지지한다. NIV는 70인역을 따라 이 행의 서두를 "내가 불렀다"로 번역하고, 이 행의 마지막을 "내 앞을"로 번역한다.

51) 7b절의 번역과 해석은 문제점을 안고 있다. 현재의 히브리어 본문은 번역하기가 까다롭지만, 문자적으로 읽는다면 "그리고 그들은 위에 계신 그를 부르지만, 그는 그들을 더불어 일으키지 않으신다"가 된다. NIV는 히브리어 '알'("위에")이 "지극히 높으신 분"이라는 하나님의 이름이 줄어든 형태라고 본다. 이렇게 본다면, 이스라엘이 필사적으로 야웨께 부르짖지만 그가 그들의 도움 호소를 무시하실 뿐이라는 내용이 된다. 다른 이들은 '알'("위에")을 '바알'(Baal)로 수정하는 견해를 선호한다. 이렇게 본다면, 그들이 바알에게 부르짖음에도 불구하고 그가 그들을 하나님의 심판으로부터 건져내지 못한다는 내용이 된다: Wolff, Hosea, 192; Mays, Hosea, 150, 156.

갑자기 야웨께서는 심경의 변화를 일으켜 자신의 심판을 자비로 누그러뜨리고자 하신다(8절). 그는 수사학적인 질문들을 사용하여 결코 자기 백성을 소돔과 고모라와 함께 파괴되어버린 아드마와 스보임에게 한 것처럼 완전히 멸하지는 않을 것임을 분명하게 밝히신다(신 29:23; 창 10:19; 14:2, 8도 보라). 그 악한 성읍들은 하나님의 심판을 받아 "뒤엎어졌다"(창 19:25를 보라; NIV는 이 동사를 "뒤집어엎다"로 번역한다). 그러나 이스라엘의 경우에는, 감정의 자리로 알려진 야웨의 "마음"이 "뒤집어질"(NIV는 창 19:25에서 "뒤집어엎다"로 번역된 똑같은 동사를 "바뀔"로 번역함) 것이요, 그의 긍휼이 그의 진노를 대신할 것이다. 야웨께서는 맹목적인 진노로 에브라임을 공격하지는 않으실 것이요, 그들을 멸하지는 않으실 것이다(9절). 사람들은 때때로 분노로 가득 찬 나머지 복수를 꾀할 때 자신의 복수에 어떤 제한을 두거나 자비를 베푸는 일을 하지 못한다. 그러나 "거룩하신 분"이신 야웨는 하나님이지 사람이 아니다.[52] 그는 자비를 베풀 수 있는 능력을 가지신 분이요, 자신의 감정을 완전한 균형 속에 잡아두실 수 있는 분이다.

일부 신학자들은 하나님이 감정을 가지고 있지 않다고 주장한다. 물론 그러한 주장을 내세우기 위해서는, 감정적인 요소들을 하나님께로 돌리는 많은 성서 본문들을 신인동감적(神人同感的)인 것으로 무시하지 않으면 안 된다. 호세아 11:9는 하나님의 성품에 대한 이러한 견해가 잘못된 것이요, 비성서적인 것임을 분명하게 보여준다. 하나님은 자신의 형상을 따라 만드신 인간처럼 폭넓은 감정 표현을 하시는 분이다. 그러나 하나님은 인간과는 달리 자신의 감정을 완전한 균형 속에 잡아두실 수 있는 분이다. 하나님과 사람의 차이는 하나님에게는 감정이 없다는 주장에 있는 것이 아니라 하나님께서 자신의 감정들을 통제할 수 있고 또 그 감정들을 적절하게 표현하실 수 있다는 데 있다.

야웨께서는 자기 백성을 지켜주실 것임을 선언하신 후에 그들이 금방 자기를 따르기를 기대하신다(10-11절). 이전에 야웨께서는 자신에 대하여 자

---

52) "거룩하신 분"이라는 호칭은 여기서 하나님을 초월적이고 절대적으로 유일하신 분으로 묘사한다.

기 백성을 갈가리 찢을 힘센 사자로 묘사하신 바가 있다(5:14를 보라). 그런
데 여기서는 사자 이미지를 전혀 다른 방식으로 사용하신다. 야웨께서 자기
백성을 부르시는 사자처럼 포효하실 날이 올 것이다. 그들은 진정으로 야웨
를 두려워하는 중에("떨면서"라는 표현을 주목하라) 그의 부르심에 응답할
것이요, 약속의 땅으로 돌아올 것이다. 야웨께서는 그들이 그곳에 다시 정착
할 수 있게 하실 것이다. 이전에 야웨께서는 이스라엘을 사냥꾼의 올무에 빠
지는 비둘기처럼 어리석고 쉽게 속는 자로 묘사하신 바가 있다(7:11을 보라).
그러나 여기서 그는 비둘기 이미지를 전혀 다르게 사용하신다. 그는 장차 고
국으로 돌아올 이스라엘을 빠른 속도로 날아오는 비둘기에 비유하신다.

과거로부터 배우는 교훈들(11:12-12:14)

이렇듯이 잠시 동안 미래의 세계로 떠나가신 야웨께서는 다시금 냉혹하고
힘든 현재로 돌아오신다. 하나님의 신실하심에도 불구하고 이스라엘과 유다
는 똑같이 자기들의 왕을 거역하는 바, 그 왕은 여기서 "거룩하신 분"으로 불
린다. 이 호칭은 그가 그들의 왕으로서 갖는 주권적인 지위와 그의 도덕적인
권위를 강조하는 것이다(11:12).[53] 사람들은 거짓으로 가득 찬, 그리고 공허
하고 자기 파괴적인 생활방식을 추구한다. 예언자는 그것을 바람을 먹는 것
에 비유한다. 바람을 먹는 것은 결국 사람을 굶어죽게 만드는 것이다(12:1a).
사회적인 불의("거짓과 폭력"이라는 표현을 주목하라)는 그 땅을 괴롭히고,
그 지도자들은 하나님을 찾음으로써 안전을 얻으려고 하기보다는 강대국과
의 동맹관계 안에서 안전을 찾으려고 한다(1b절). 야웨께서는 그러한 죄를
처벌하지 않은 채로 그냥 두지 않으신다. 그는 자기 백성을 정식으로 고발하
신다. 그는 그들의 죄악을 적발하신 후에 그들의 범죄 행동을 벌하실 것이다
(2절).

그 절차는 역사로부터 얻는 교훈과 더불어 시작된다(3-5절). 속이기를 좋

---

53) 히브리어 본문에서 "거룩하신 분"으로 번역된 형태가 여기서는 야웨의 주권을 강
조하기 위해 복수형을 사용하고 있다. 히브리어는 때때로 복수형을 사용하여 그 명사 안
에 내재되어 있는 어떤 품질 내지는 특성의 등급이나 중요성을 나타낸다.

아하는 하나님의 백성(11:12—12:1을 보라)은 그들의 조상인 야곱과도 같다.[54] 야곱의 탐욕스럽고 속이기 좋아하는 성품은 태중에 있을 때부터 분명하게 드러난다. 세상에 태어날 때에 그는 형 에서의 발뒤꿈치를 잡는다. 아마도 에서가 장남이 되지 못하게 하려는 의도에서였을 것이다(창 25:26을 보라). 이러한 행동은 에서와의 갈등을 예고하는 것이다. 야곱은 형과의 갈등 속에서 안전과 번영을 누리기 위해 속임수를 사용한다. 몇 년 동안 외삼촌 라반과의 갈등관계 속에 있던 그는 마침내 자신의 교활한 책략이 아니라 하나님의 초자연적인 복을 통해서만 자신이 성공할 수 있다는 것을 깨닫기 시작한다(창 31:42를 보라). 성난 에서를 곧 만날 예정이던 야곱의 내적인 갈등은 하나님의 천사와 씨름하는 모습에서 절정에 도달한다(창 32:22-32).[55] 그 갈등은 야곱이 하나님의 이전 약속을 따라 하나님의 복을 요구하여 받음으로써 마무리된다(창 28:13-15를 보라). 자기 생애의 초기에 야곱은 하나님과 흥정을 했지만(창 28:20-22를 보라), 나중에는 자기가 하나님의 도우심에 의존할 수밖에 없는 존재임을 깨닫게 된다(창 32:26).

속이기 좋아하는 야곱의 후손들은 그의 사례에서 교훈을 얻어야 했다. 예언자는 그들에게 회개하고 사회 정의를 장려하며 안전과 번영을 위해 하나님을 신뢰할 것을 촉구한다(6절). 그러기 위해서는 급진적인 방향 전환이 필요하다. 왜냐하면 그 땅의 경제 활동은 부패해 있었고, 왕실 관리들은 그들의 재산을 자랑하고 있었기 때문이다(7-8절).[56] 만일에 변화가 곧 이루어지지 않는다면 야웨께서는 이스라엘 백성을 그 땅으로부터 옮기실 것이요, 그

---

54) 호세아 11:12에서 "속임수"로 번역된 것과 똑같은 히브리어 낱말이 창세기 27:35에서 자기 아버지를 속이는 야곱의 행동을 묘사하는 데 사용된다.

55) 창세기 기사에 따르면, 야곱은 하나님 자신과 씨름한다. 호세아는 이와는 달리 좀 덜 신인동형론적인 전승을 반영하고 있는 것으로 보인다. 이 전승에 의하면 야곱은 하나님께서 보내신 천사와 씨름한다. 아마도 하나님을 "천사"로 칭하는 야곱의 말(창 48:15-16)은 호세아에 표현되어 있는 전승에 영향을 주었을 것이다.

56) 이 시기의 사회경제적인 배경에 대한 연구를 위해서는 다음을 보라: John A. Dearman, *Property Rights in the Eighth-Century Prophets*, SBLDS 106 (Atlanta: Scholars Press, 1988).

들로 하여금 광야에서 살게 하실 것이다. 마치 그들을 이집트에서 이끌어낸 후에 그러하셨던 것처럼 말이다(9절). 이스라엘은 그 전에 1주일 동안 잠정적인 피난처에서 생활하는 중에 초막절을 지킴으로써 이 과거의 경험을 기념하였었다(레 23:33-43). 그런데 아이러니컬하게도 광야 유랑이 다시금 포로생활로 현실화되면서 이제는 그러한 경축 행동이 가혹한 현실로 바뀔 것이다. 야웨께서는 과거에 예언자들을 보내어 자기 백성을 경고하게 하셨지만(10절), 그들은 계속해서 죄를 범하였으며, 길갈 같은 곳의 위선적인 예배에 참여하였다(11a절). 다가올 심판은 당연히 그러한 성소들에 있는 제단들을 "돌무더기"로 만들어버릴 것이다(11b절). 히브리어 본문은 이 구절을 한층 인상적인 방식으로 진술하고 있다. "돌무더기"로 번역된 낱말(히브리어로 '갈림')이 길갈(두 낱말이 똑같이 "g"와 "l" 소리를 가지고 있다는 점을 주목하라)과 비슷하게 발음되기 때문이다.

역사로부터 배우는 교훈들은 이 외에도 많다. 이스라엘의 운명은 야웨의 손에 놓여 있다. 만일에 이스라엘이 포로로 잡혀가지 않을 것이라고 생각했다면, 그들은 자기들의 조상 야곱의 경험을 눈여겨보아야만 했다. 그는 에서를 속인 후에 약속의 땅을 떠나야만 했으며, 외삼촌의 집으로 여행해야만 했다. 거기서 그는 아내를 얻기 위해 오랫동안 중노동에 시달려야 했다(12절). 나중에 야곱과 그의 가족이 기근으로 인하여 이집트로 떠난 후, 야웨께서는 예언자를 통하여 자기 백성을 속박으로부터 구원하셨다(13절). 이스라엘은 예언자들을 무시하였지만, 사실 그들은 예언자들이 종종 자기 백성을 위한 하나님의 계획을 성취하는 도구들이었음을 깨달아야만 했다(10절과 9:8을 보라). 이스라엘은 하나님의 섭리와 주권으로부터 피하지 못한다. 그들은 폭력적인 언행을 통하여 그를 진노케 한 까닭에, 이제는 죄의 결과를 맛보게 될 것이다(14절).

죽음을 청함(13:1-16)

북왕국의 가장 뛰어난 지파인 에브라임이 이스라엘에서 지도권을 행사하고 크게 존중히 여김을 받던 때가 있었다. 이스라엘의 첫 번째 왕인 여로보암 1세는 에브라임 출신이었다(왕상 11:26; 12:25를 보라). 그런데 그때 에브라임은 바알 숭배로 돌아섰으며, 그로 인하여 "죽음"을 맞이하고 말았다(1절; 개역은 "망하다"는 동사로 번역함: 역자 주). 이 진술은 대단히 아이러니컬하다. 왜냐하면 바알 숭배는 생명과 풍요를 증진시키려는 목적을 가지고 있었기 때문이다. 이교 신화에서 바알의 주적은 죽음의 신 모트이다. 에브라임은 생명을 얻기 위하여 바알을 숭배하지만, 도리어 죽음을 얻는다.

이스라엘 백성이 계속해서 죄를 범하면서 우상을 만들어 숭배하는 바람에 상황은 점차 악화되어 간다(2절). 거짓된 신들을 향한 그들의 헌신은 공경의 표시로 송아지 우상에게 입 맞추는 행동에 가장 잘 반영되어 있다(왕상 19:18을 보라). 하나님의 형상을 따라 창조된 인간이 자기들의 손으로 만든 송아지 우상에게 입 맞추는 우스꽝스러운 장면을 상상해 보라.

2b절이 인신 제사에 대해서 언급하고 있다고 보는 NIV의 번역에는 문제가 있다. 히브리어 본문을 문자적으로 읽으면 이렇다: "희생제물을 드리는 사람들이 송아지들에게 입을 맞춘다." 어떤 이들은 "사람들"을 "제물로 드리다"는 동사의 목적어로 보아 "사람들을 제물로 드리는 자들이 송아지들에게 입을 맞춘다"로 번역한다. 이 견해에 따르면, 이스라엘 자손은 바알 숭배와 관련하여 인신 제사를 드린다. 이스라엘 자손이 몰렉 신에게 어린이들을 제물로 잡아 바친 것은 분명하다(레 18:21; 20:2-5; 왕하 23:10을 보라). 그것은 어느 정도 바알 숭배와 관련되어 있는 관습이다(렘 32:35).

그러나 호세아 13:2이 이 가증스런 관습을 염두에 두고 있는 것 같지는 않다. "사람들"로 번역된 히브리어 낱말이 어린이들보다는 어른들을 가리킨다고 보아야 옳을 것이기 때문이다. "희생제물을 드리는 사람들"(sacrificers of men)이라는 구문은 일종의 관용어구라 할 수 있다. 따라서 여기서 말하는 "사람들"을 희생제물을 드리는 자들을 포함하는 포괄적인 범주를 구성하는 것으로 이해된다. "사람들 중의 가난한 자들"(the poor among men) 또는 "가난한 자들"(men who are poor)을 뜻하는 "가난한 사람들"(poor of men)과도 같은 표현이 그에 해당한다(사 29:19를 보라). 예언자는 이러한 구문을 사용함으로써 송아지 우상에 입을 맞추는 사람들의 어리석음에 주의를 환기시키고자 했을 것이다.

이스라엘은 우상숭배로 인하여 곧 역사의 무대로부터 사라질 것이다(3절). 예언자는 이를 묘사하기 위하여 네 가지의 은유를 사용한다. 햇빛에 사라지는 아침 안개, 금방 증발하는 새벽이슬, 바람에 흩날리는 쭉정이, 창문을 통하여 빠져나가는 연기 등이 그렇다. 이 은유들은 이스라엘이 얼마나 빠른 속도로 사라지는지를 묘사하는 것에 더하여 우상숭배에 빠진 이스라엘이 안정된 삶을 가능케 하는 영적인 실체를 가지고 있지 못함을 암시하기도 한다.

야웨께서는 자신의 행동들에 대해서 변명하신다. 그는 자기 백성을 이집트의 속박으로부터 구원하셨으며, 자신이야말로 그들의 예배를 받아 마땅한 유일하신 하나님임을 분명하게 보여주셨다(4절). 그는 자기 백성이 광야에서 유랑할 때 그들을 보살펴 주셨고, 배불리 먹을 수 있는 땅에 정착하도록 도와주셨다(5-6a절).[57] 야웨께서 친절을 베풀어주셨음에도 불구하고 이스라엘은 교만해져서 야웨를 "잊어버린다"(6b절).

야웨께서는 자기 백성의 이러한 배은망덕함을 관용하지 않으실 것이다. 야웨께서는 거친 들짐승과도 같이 그들을 공격하실 것이요, 그들을 갈가리 찢으실 것이다(7-8절; 5:14를 보라). 이스라엘을 도울 수 있는 유일한 자가 그들의 대적이 되었고, 그들의 왕을 포함한 어느 누구도 하나님의 심판을 막지 못했다(9-10a절). 결국 야웨께서는 맨 처음에 마지못해 이스라엘에게 왕을 주셨고, 자신이 허락하셨던 것을 다시 빼앗고 말았다(10b-11절).

11절이 어떤 구체적인 역사적 사건을 가리키는지 아니면 하나님과 이스라엘 사이의 관계에 관한 포괄적인 진술인지는 확실치 않다. NIV의 번역에서 보듯이, 11절은 특정 왕인 사울(삼상 8-31장) 또는 여로보암 1세(왕상 12-14장을 보라)를 가리킬 것이다. 그러나 여기에 사용된 히브리어 동사 형태들은 일반적인 현재로 쉽게 번역될 수 있는 것들이다: "내가 분노하므로 네게 왕을 주고 진노하므로 폐하노라." 이렇게 본다면, 11절은 하나님께서 그동안

---

57) 6절은 이스라엘이 약속의 땅에 들어간 것에 대해서 구체적으로 언급하지 않는다. 그러나 야웨께서 자기 백성을 먹이셨다는 진술은 야웨께서 이스라엘을 약속의 땅에 정착케 하신 정복 이후 시대의 상황을 언급하는 것으로 보인다: Wolff, *Hosea*, 226; Mays, *Hosea*, 175; Davies, *Hosea*, 290.

북왕국을 어떻게 다루어 오셨는지의 전 과정을 요약하는 구절이라 할 수 있다. 불순종하는 왕이 계속해서 등장하였다가 사라졌다.[58] 이러한 유형은 현재의 왕에게서도 그대로 되풀이될 것이다(10절을 보라). 이스라엘을 향한 야웨의 비난은 막연하거나 근거 없는 것이 아니다. 이스라엘의 죄악은 하나님의 문서철을 통하여 충분히 입증할 수 있는 것이다. 그 문서철은 적절한 때에 언제든지 증거로 제출될 수 있다(12절).

하나님의 심판의 초기 단계는 이미 분명하게 시작되었는 바, 그것은 한층 가혹한 심판이 뒤이을 것임을 암시한다. 야웨께서는 이를 자녀 출산에 뒤따르는 진통에 비유하신다(13a절). 이어서 그는 이 은유를 확장하여 이스라엘을 출생의 때가 이르렀는데도 어머니의 태에서 나오지 못하는 아기에 비유하신다(13b절). 물론 그러한 지연(遲延)은 치명적인 것일 수 있다. 이 은유는 이스라엘이 지혜와 영적인 분별력을 가지고 있지 못함을 분명하게 보여준다. 하나님의 심판이 이미 자기들에게 임했는데도 그들은 "벽에 쓰인 글씨"를 알아보지 못한다.

야웨께서는 이스라엘의 죄와 불감증을 드러내신 후에, 의인화된 죽음에게 이스라엘을 향한 심판의 도구가 될 것을 요청한다(14절). NIV의 번역이 보여주듯이, 14절 전반부는 구원의 약속인 것처럼 보인다. 그러한 번역이 가능하기는 하지만, 전후 문맥에 비추어볼 때에는 그럴 가능성이 매우 희박한 편이다. 왜냐하면 바로 다음에 이어지는 절들이 거칠고 무자비한 심판에 대해서 묘사하고 있기 때문이다. 호세아가 때때로 갑작스럽게 분위기를 바꾼다는 것은 사실이다(1:10-11; 2:2; 6:1, 4; 11:8, 12를 보라). 그러나 그러한 분위기 전환은 14절의 문맥에 적합하지 않다. 이 예언은 14장 서두의 회개 촉구 메시지가 나타날 때까지는 더 좋은 쪽을 겨냥하고 있다. 이 때문에 14a절의 두 진술은 부정적인 답변을 기대하면서 던지는 수사학적인 질문들로 번역하는 것이 옳다: "내가 그들을 무덤의 권세에서 속량하랴? 내가 그들을 사망에서 구속하랴?"[59] 이 두 질문에 뒤이어 나타나는 또 다른 두 질문은 죽음을 향하

---

58) 11절에 대한 이러한 해석을 위해서는 다음을 보라: Wolff, *Hosea*, 221; Davies, *Hosea*, 293.

59) Wolff, *Hosea*, 221; Stuart, *Hosea-Jonah*, 207. 정반대의 견해(14절을 구원 약

여 하나님의 심판의 도구로 파괴적인 일을 할 것을 요청하는 것이 된다.

바울은 호세아 13:14b를 고린도전서 15:55에서 활용한다. 죽음이 부활의 때에 "승리에게 삼킴을 당할" 것이라고 서술한(54절) 그는 이어서 죽음을 향하여 도전적인 질문을 던진다. 그 질문들은 다음과 같이 풀어쓸 수 있다: "사망아, 너의 승리가 이제 어디 있느냐? 사망아, 너의 쏘는 것이 이제 어디 있느냐?" 바울이 사용한 이 질문들은 그가 "최후의 적"이라 부르는(26절) 죽음의 패배를 가리킨다. 바울은 의도적으로 아이러니컬한 느낌이 들게끔 질문을 변형시켰을 것이다. 그의 호세아 본문 사용이 후대의 해석 전승을 반영하는 것일 수도 있겠지만 말이다. 후자의 경우가 옳다면, 바울의 해석은 본래의 문맥 안에 있는 호세아 13:14b의 의미를 반영한 것이 아니라, 전승 과정 속에서 새롭게 해석된 성서의 말씀들을 사용한 것이 된다.

하나님께서는 심판을 내리는 것에 대하여 마음 약한 모습을 보이지는 않을 것이다. NIV는 14절의 마지막 행을 이렇게 번역한다: "이제 내게 더 이상 긍휼은 없다." 본문을 문자적으로 읽으면 이렇다: "긍휼이 내 눈 앞에서 숨을 것이다." 이것은 하나님께서 자기 백성을 향하여 심판을 실행하시면서 긍휼을 나타내지 않으실 것임을 의미하고 있음이 분명하다. 이 진술은 야웨께서 "긍휼"을 일깨우시고 자기 백성을 완전히 멸하지 않겠다고 말씀하시는 호세아 11:8과 모순되지 않는 것으로 보인다. 이 본문들에서 "긍휼"로 번역된 낱말은 그 형태가 조금씩 다르기는 해도 동일한 히브리어 동사('나함')에서 파생한 것이다. 다른 문맥들의 경우, 이 동사는 "마음이 움직여 불쌍히 여기다, 긍휼을 베풀다"는 뜻으로 사용된다(삿 2:18; 21:6, 15; 시 90:13을 보라). 이처럼 미묘한 의미가 호세아 11:8에 사용된 명사의 배후에 놓여 있는 것으로 보인다. 그러나 훨씬 더 많은 경우들에 있어서 이 동사는 "후회하다, 뉘우치다, 마음을 바꾸다" 등의 개념을 담고 있다. 이처럼 미묘한 의미는 13:14의 배후에 놓여 있는 것일 수 있다. 이렇게 본다면, 야웨께서는 이미 선포된 심판에 대하여 "마음 약한" 모습을 보이지 않으실 것임을 밝히고 있는 것이 된다. 그러나 이처럼 심판을 내리겠다고 결정했다고 해서 그것이 약간의 긍휼을 베

속으로 보는)에 대해서는 다음을 보라: McComiskey, "Hosea," 223-24.

푸는 것을 배제하는 것은 아니다. 하나님께서는 자기 백성을 징계하리라는 결심과 관련하여 자기 생각을 바꾸지는 않으실 것이다. 그러나 11:8-9에 따르면, 그는 이 심판을 자비로써 부드럽게 만드실 것이요, 그것이 적정선을 넘어가지 못하게 하실 것이다.

하나님의 긍휼에 의해 진정되기는 했어도 그 심판은 여전히 가혹할 것이다(15-16절). 예언자는 이 심판을 광야에서 불어와서 모든 물의 근원 — 지하를 흐르는 물까지도 — 을 말리는 뜨거운 동풍에 비유한다.[60] 침략군들이 이스라엘의 창고들을 약탈할 것이요, 심하게는 아이들과 임산부까지도 살육할 것이다. 이러한 경고는, 읽고 생각하기에는 고통스러운 것이긴 하지만, 아이들이 때때로 부모의 죄로 인하여 고통을 겪게 될 것임을 냉정하게 생각나게 할 것이다. 흔히 우리는 올바르게도 대대적인 유아 살육을 철저한 살인 행위로 간주한다. 설령 그것이 전쟁의 상황 속에서 이루어진다고 할지라도 말이다. 그러나 이 본문이 분명하게 보여주듯이, 하나님께서는 때때로 반항적인 범죄자들을 향한 심판의 증거로 유아들을 죽이기도 하신다(16a절을 주목하라). 이러한 사법적인 살인은 유아들을 포함할 때조차도 온 우주의 도덕적인 권위를 대표하시는 하나님의 시각에서는 정당한 것이 된다.

마지막 회개 촉구(14:1-9)

유아들이 땅바닥에 내던져지고 임산부들의 배가 갈라지는 섬뜩한 모습은 이제 뒷전으로 사라지고 마지막 회개 촉구의 메시지가 전면에 드러난다(1절). 예언자는 범죄한 이스라엘에게 야웨께로 돌아설 것을 촉구한다. 그는 심지어 그들에게 죄를 고백할 때 사용할 모범적인 기도문을 제공하기까지 한다(2-3절). 만일에 사람들이 용서를 구하여 얻는다면, 그들은 올바르고 순수한 마음으로 하나님을 찬미할 수 있을 것이다. 그들은 또한 강대국과의 동맹관계와 거짓 신들을 거부하고서 야웨를 자기들의 유일한 도움의 근원으로

---

60) 이 동풍의 특징과 효력에 대해서는 다음을 보라: Luis I. J. Stadelmann, *The Hebrew Conception of the World* (Rome: Pontifical Biblical Institute, 1970), 102-7.

인정할 필요가 있다.

바로 이 지점에서 야웨께서 나타나 제멋대로인 자기 백성을 회복시키겠다고 약속하신다. 만일에 그들이 회개한다면 말이다. 그는 자신의 진노를 돌이키고서 그들에게 자신의 사랑을 펼치겠다고 약속하신다(4절). 자신을 이슬에 비교하신 야웨께서는 이스라엘의 생명력을 소생시키겠다고 약속하신다(5-7절). 이스라엘은 "백합화 같이 필" 것이요(아 2:2를 보라), 레바논의 거대한 백향목들 중 하나처럼 깊이 뿌리가 박힐 것이다. 이러한 은유는 이스라엘이 매력과 안정을 되찾을 것임을 암시한다. 몇몇 식물학적인 은유들이 뒤이어 나타난다. 이스라엘은 감람나무처럼 울창하게 될 것이요, 백향목처럼 향기로워질 것이요, 포도나무처럼 풍성한 열매를 맺게 될 것이다. 이처럼 힘찬 식물의 생명은 회복될 하나님의 복을 상징한다.

이스라엘에게 자신이 생명력의 근원임을 상기시킨 야웨께서는 그들의 기도에 응답하시고서 그들을 "보살필"(히브리어로 '슈르') 것을 약속하신다(8절). 이 약속은 13:7에 묘사되어 있는 위협과 뚜렷한 대조를 이룬다. 13:7에 의하면 야웨께서는 위험스런 표범처럼 길가에 숨어서(히브리어로 '슈르') 자기 백성을 덮칠 수도 있음을 경고하신다. 이처럼 동일한 히브리어 동사를 두 본문이 똑같이 사용하고 있다는 것(약간의 의미 차이가 있기는 하지만)은 양자의 차이에 주의를 기울이게 만든다. 범죄한 이스라엘은 하나님을 "숨어 계시는" 표범과도 같으신 하나님으로 만나게 될 것이다. 그러나 회개하는 이스라엘은 그를 "돌보시는" 보호자로 만나게 될 것이다.

예언자는 격언적인 진술로 자신의 메시지를 마무리한다(9절). 그는 지혜로운 자들이 세 가지 원리들을 깨닫게 될 것임을 지적한다: (1) 야웨의 "길들"(그의 계명들을 가리킴)은 올바르다; (2) 경건한 자들은 기꺼이 그 길들로 "다닌다"(순종한다는 뜻); (3) 범죄자들은 그 길들이 자기들을 걸려 넘어지게 하여 파멸에 빠뜨릴 것임을 발견한다.

야웨의 날이 다가온다! (요엘)

서론

이 책의 표제는 예언 활동의 역사적인 배경을 언급하지 않은 채로 단순히 예언자만을 소개하고 있을 뿐이다. 이 책이 주전 8세기에 활동한 호세아와 아모스의 중간에 위치해 있다는 것으로 인하여 어떤 이들은 요엘의 사역이 이와 동일한 시기 — 아마도 조금 더 이른 시기 — 에 이루어졌음에 틀림이 없다고 추측한다. 그러나 이러한 주장이 확정적인 것은 아니다. 왜냐하면 요엘서의 위치는 요엘 3장과 아모스 1장 사이의 문학적인 평행관계에 기인한 것이지 연대기적인 고려에 기인한 것이 아니기 때문이다.[61] 이 책의 내적인 증거는 그것이 포로기 이후 시대 초기에 기록되었음을 암시한다. 3:2-3에서 야웨께서는 자기 백성을 사방에 흩어버리고 그들의 땅을 나누며 그 자녀들을 종으로 팔아넘긴 열방의 소행을 벌할 것이라고 선언하신다. 이곳에 나오는 히브리어 동사 형태들은 이미 발생한 사건들을 아주 자연스럽게 묘사하는 이야기체의 성격을 가지고 있다.[62] 몇몇 본문들이 이미 건축되어 있는 성전을 언급하는 것으로 보아(1:14, 16; 2:17을 보라), 요엘은 제2성전이 건축된 주전 515년 이후에 본서에 기록된 예언 메시지를 선포했음에 틀림이 없다. 다른 내적인 일부 특징들, 이를테면 헬라 사람들과의 노예무역에 대해 언급하는 내용(3:6) 또는 유다를 다스리는 왕에 대한 언급이 전혀 없다는 사실 역시 포로기 이후 연대와 잘 맞아떨어진다.

요엘서는 두 개의 중요한 단락들로 나누어진다. 그 전환점은 2:18에서 발견된다. 이 책의 전반부에서 예언자는 사람들에게 최근에 발생한 메뚜기 떼 침범의 파괴적인 결과들에 대해서 애곡할 것을 촉구하며(1:2-20), 더 많은 "메뚜기 떼"가 올 것임을 경고함과 아울러(2:1-11), 공동체를 향하여 회개를 촉구한다(2:12-17). 이 책의 후반부는 야웨께서 자기 백성을 긍휼히 여기실

---

61) Wolff, *Joel and Amos*, 3-4.

62) 초기 연대를 주장하는 자들은 때때로 역대하 21:16-17이 요엘 3:2-3의 배경을 제공한다고 생각한다. 그러나 역대기 본문에 묘사되어 있는 왕족의 사로잡힘은 요엘서의 묘사를 거의 충족시키지 못한다. 초기 연대를 주장하는 자들은 또한 요엘 3:2-3의 동사 형태들이 미래 완료형에 해당한다고 설명하지만, 이러한 설명은 너무 편향적인 것이다.

것임을 강조하면서(2:18), 예고된 이방 군대의 침략을 철회하고 농산물 수확을 회복시키며 수치를 당한 자기 백성의 의로움을 인정하겠다는 야웨의 약속에 대해서 기록한다(2:19-3:21).[63]

전례 없는 재앙(1:1-20)

예언자는 이스라엘 백성과 그들의 지도자들("장로들"로 호칭됨)에게 주의를 기울일 것을 촉구한다. 왜냐하면 그 땅이 다가올 세대들에게 이야깃거리가 될 전례 없는 재앙을 만났기 때문이다(2-3절). 메뚜기 떼가 물결처럼 그 땅을 휩쓸 것이요, 초목을 완전히 먹어치울 것이다(4절).[64]

4절은 메뚜기 떼를 가리키는 네 개의 상이한 히브리어 낱말들을 사용한다. 이 낱말들은 같은 뜻을 가진 것들일 것이다. 비록 어떤 이들이 상이한 종을 가리키거나 메뚜기의 신체 발육 기간 중의 상이한 단계들을 반영하고 있다고 보기는 하지만 말이다. 4절의 반복 구조("남긴 것을 … 먹고"라는 일정 패턴을 주목하라) 속에 나타나는 다양한 용어들은 파괴적인 메뚜기 떼의 파상적인 공격을 묘사하는 것으로 보인다. 한 번 공격할 때마다 그것들은 점점 농산물의 양을 없애나가다가 마침내는 다 먹어치워 버렸다.

---

63) NIV는 2:18-19a를 미래 시제로 번역한다. 마치 이 구절들이 앞의 회개 촉구에 대하여 긍정적인 응답을 이끌어내려는 진술들을 포함하고 있는 것처럼 말이다. 그러나 히브리어 본문에 나오는 동사 형태들은 아주 자연스럽게 이야기체의 성격을 갖는 것으로, 그리고 야웨께서 자기 백성이 예언자의 훈계에 대하여 긍정적인 반응을 보인 것에 대하여 요엘의 날에 어떻게 그들에게 긍휼을 베푸실 것인지에 대해서 보고하는 것으로 이해된다.

64) 메뚜기 떼의 공격에 대한 목격자의 진술들에 대해서는 다음을 보라: S. R. Driver, *Joel and Amos*, 2d. ed. (Cambridge: Cambridge University Press, 1915), 40, 89-93; George A. Smith, *The Book of the Twelve Prophets*, rev. ed., 2 vols. (New York: Harper & Brothers, n.d.), 2:391-95; John D. Whiting, "Jerusalem's Locust Plague," *National Geographic* 28, December 1915, 511-50. 메뚜기 떼의 특징에 대한 유용한 개관 자료를 위해서는 다음을 보라: Raymond B. Dillard, "Joel," in *The Minor Prophtes: An Exegetical & Expositional Commentary*, ed. T. E. McComiskey, vol. 1 (Grand Rapids: Baker, 1992), 255-56.

예언자는 풍자적이면서도 효과적인 수사학적 묘미를 가미하여 술꾼들에게 포도주가 다 떨어졌으니 울면서 통곡하라고 말한다(5절). 무수한 군대가 잡아 찢는데 도가 튼 사자처럼 몰려와서 포도나무들을 삼켰고, 무화과나무의 껍질까지 다 벗겨서 그 모든 가지를 하얗게 만들어버렸다(6-7절).

요엘은 이어서 의인화된 땅[65]을 향하여 젊은 신부가 남편의 죽음을 애곡하는 것처럼 애곡하라고 말한다(8절).[66] 특히 제사장들은 그 땅의 농작물이 다 파괴됨으로써 더 이상 밀가루와 기름을 포함하는 소제를 드릴 수 없고 또 포도주를 포함하는 전제(奠祭)도 드릴 수 없는 현실로 인하여 탄식해야만 한다(9-10, 13절; 민 28:5, 7을 보라). 곡물과 열매의 파괴는 특히 농부들에게 치명적인 것이다. 그들 역시 제사장들과 더불어 그 재앙에 대하여 탄식할 것을 요청받는다(11-12절). 파괴된 물품들의 긴 목록은 약탈의 폐해가 어느 정도인지를 알게 한다. 여덟 가지 물품들이 구체적으로 나열되고 있는 바, 이는 메뚜기 떼가 철저하게 그것들을 쓸어가 버렸음을 암시한다. 일곱 겹으로 된 목록은 완전성을 상징하지만, 여덟 번째 물품을 추가함으로써 예언자는 메뚜기 떼에 의한 전면적이고 완전한 파멸을 강조한다.[67]

이러한 재앙의 범위는 단순한 슬픔 이상의 것을 요구한다. 요엘은 제사장들에게 "거룩한 모임"을 소집하되, 사람들로 하여금 야웨의 자비를 구하기 위하여 금식하면서 그에게 부르짖게 하라고 지시한다(14절). 금식은 종종 회개와 관련된다(삼상 7:6; 느 9:1-2; 욘 3:5를 보라). 이러한 비탄과 회개의 응답은 꼭 필요한 것이다. 그 까닭은 메뚜기 떼가 임박한 하나님의 심판을 예

---

65) "애곡하다"로 번역된 동사는 히브리어 본문에서 여성 단수로 나타난다. 이는 본문이 의인화된 땅을 염두에 두고 있음을 암시한다(2:18을 보라).

66) "처녀"로 번역된 낱말은 여기서 젊은 남자와 약혼한 여자를 가리킬 것이다. 그런데 불행하게도 그 남자가 결혼식을 올리기도 전에 죽어버리고 말았다는 것이다. 신명기 22:23-24는 약혼한 여자를 "처녀"로, 그리고 한 남자의 "아내"로 칭한다.

67) 여덟 가지 물품들은 밀, 보리, 포도나무, 무화과나무, 석류나무, 대추나무, 사과나무, 밭의 모든 나무 등을 포함한다. 11b절에 있는 "밭의 소산"이라는 구절은 별도의 물품으로 취급되지 않는다. 왜냐하면 그것은 앞 구절에 언급된 밀과 보리를 가리키기 때문이다.

고하는 것이기 때문이다(15절). 이집트에서 발생한 메뚜기 재앙이 그러했듯이 말이다(출 10-11장을 보라). 신명기의 "저주들" 역시 메뚜기의 공격이 하나님의 심판을 동반할 것임을 경고한다(신 28:38-42를 보라).

"야웨의 날"이 곧 올 것이다(15a절). 히브리 성서에 자주 나오는 이 표현은 야웨께서 세계 역사에 개입하여 자신의 원수들을 심판하시는 날을 가리킨다. 이 구절은 다양한 사건들에 적용된다. 여기서 그것은 요엘 시대의 사람들에게 임할 심판의 날을 가리킨다.[68] 이 "날"은 전능자(히브리어로 '샷다이')에게서 비롯된 파멸(히브리어로 '쇼드')을 가져다줄 것이다(15b절). 이러한 핵심 용어들 사이에 있는 소리의 유사성은 상황의 절박성을 강조하는 효과를 가지며, 하나님을 재판관으로 묘사하는 데 기여한다. 샷다이라는 이름은 하나님을 보호하실 수도 있고 심판하실 수도 있는 주권적인 왕으로 묘사한다.[69]

예언자는 애가를 부르면서 메뚜기 떼의 침범으로 인한 폐허에 대해서 묘사하며, 야웨께 도움을 호소한다(16-20절). 그는 텅 빈 창고들과 굶주리는 가축 떼에 초점을 맞추되, 불의 이미지를 사용하여 메뚜기 떼의 공격에 뒤이은 기근과 그로 인한 굶주림을 묘사한다.

진군하는 군대(2:1-11)

야웨께서는 파수꾼의 역할을 자임하되, 나팔에게 시온에서 경고의 소리를 발하라고 명하신다. 전쟁의 날이 가까웠기 때문이라는 것이다(1절). 야웨의 "날"(1:15를 보라)은 임박한 파멸과 파괴의 어둔 구름을 동반하고서 다가온다(2a절). 전에는 메뚜기 떼가 그 땅을 침범했는데, 이제는 훨씬 두려운 군대가 그 땅으로 다가온다. 야웨께서 친히 그 땅을 향하여 강한 군대를 이끌고 오신다(2b, 11절). 그 군대는 끌 수 없는 불처럼 자신이 가는 길에 있는 모든

---

68) 이 개념에 대한 보다 상세한 논의를 위해서는 이사야 13:6에 대한 필자의 설명을 보라.

69) 하나님의 이 이름에 대한 보다 상세한 논의를 위해서는 이사야 13:6에 대한 필자의 설명을 보라.

초목을 삼키며, 자기들의 뒤를 폐허로 만들어버린다(3절). 말 같은 모양으로
전차 같은 소리를 내는 이 군대는 빠른 속도로 움직이며, 자신이 가는 길에
있는 민족들을 공포에 사로잡히게 만든다(4-6절). 그 군대의 각 분대들은 정
확한 속도로 전진한다. 어떠한 방어벽도 그들을 막지 못한다(7-9절). 이 두
려운 군대는 우주 전체를 깜짝 놀라게 만들기까지 하되, 땅이 흔들리게 하고
별들을 어두워지게 만든다(10절).

　여기에 묘사된 군대는 어떠한 "종류"의 것인가? 어떤 이들은 이 본문이 이
전에 이루어진 것보다 훨씬 더 파괴적인 또 다른 메뚜기 떼의 공격에 대해서
묘사하고 있다고 주장한다. 본문의 몇 가지 특징들은 이러한 해석을 뒷받침
하는 것으로 보인다. 침략자들은 하늘을 어둡게 만들고 초목을 삼킨다. 메뚜
기 떼가 그러하듯이 말이다. 그들은 인간 군대에 비교되는 바, 이는 그들이
인간이 아님을 암시한다(4-5, 7절을 보라). 그들은 건물 안으로 침투하되 누
군가를 죽이는 것으로 묘사되지는 않는다. 20절에 따르면, 이 군대는 결국
바다로 내몰려 몰살당한다. 메뚜기 떼의 공격에 대한 팔레스타인 지역의 목
격담들은 때때로 메뚜기 떼가 바람에 의해 지중해로 내몰리는 모습에 대해
서 묘사한다.[70]

　다른 이들은 "메뚜기 떼와도 같은" 이 침략자가 사실상 인간 군대를 가리
킨다고 주장한다. 야웨의 날에 대해서 묘사하는 다른 본문들은 실질적인 인
간 군대가 하나님의 심판의 도구로 사용된다고 말한다(예로써 사 13장을 보
라). 그 침략자는 북쪽으로부터 올 것으로 얘기되지만(20절을 보라), 메뚜기
떼는 보통 남쪽이나 남동쪽으로부터 팔레스타인 지역을 침범한다. 북쪽으로
부터 오는 메뚜기 떼의 공격이 이루어진다고 해도, "북쪽" 군대에 대한 묘사
는 인간 군대를 가리킬 가능성이 훨씬 높아 보인다. 왜냐하면 침략자들은 종
종 그 방향으로부터 팔레스타인 땅에 들어오기 때문이다(사 14:31; 렘 6:1,
22; 겔 26:7; 38:15를 보라). 본문에 있는 다른 요소들(하늘을 어둡게 하는 일,
농작물을 삼키는 일, 군대를 메뚜기 떼로 묘사하는 것 등)은 상투적인 심판
언어로 이해될 수 있다.[71] 4-5, 7절의 비교 표현들은 침략자를 인간 군대로

---

70) Driver, *Joel and Amos*, 62-63; Smith, *Twelve Prophets*, 2:411.

보는 견해를 배제하는 것으로 보일 것이다. 그러나 히브리어에서 직유법은 때때로 은유의 배후에 있는 현실을 가리킨다.[72] 본문과 같은 경우에는 보통 "처럼, 같이"로 번역되는 히브리어 전치사 '케'가 "모든 면에서 같은" 또는 "모든 점에서 같은"이라는 뜻을 전달한다.[73] 예로써 요엘 1:15에서 야웨의 날은 "멸망 같이[모든 면에서 같은] 전능자에게서 올 것"으로 얘기된다. 이는 야웨의 날이 하나님께서 보내실 파멸의 한 사례에 해당할 것임을 의미한다.[74]

세 번째 견해는 2:1–11의 언어가 계시록 9:2–11에 묘사된 생물과 비슷한, "메뚜기 같은 묵시적(apocalyptic) 피조물"에 대해서 묘사하고 있다고 본다.[75] 이 경우에 그 표상은 아마도 임박한 심판의 두려운 현실을 강조하려는 충격 요법으로 사용되었을 것이다.

긴급한 경고! 회개하라!(2:12–17)

서서히 자신을 드러내는 이 두려운 군대의 모습은 긴급한 응답을 요청한다. 야웨께서는 자기 백성을 향하여 말씀하시되, 자기에게로 "돌아와서" "금식하고 울며 애통"함으로써 겸손한 모습을 보일 것을 촉구하신다(12절). 예언자는 그들의 회개가 진정한 것이어야 하고 겉으로 드러내는 것이 아니라 내면의 변화를 드러내는 것이어야 한다고 설명함으로써 야웨의 권면을 뒷받

---

71) 예로써 이사야 1:7; 5:30; 13:10; 예레미야 51:27 등을 보라. 군대를 메뚜기 떼에 비유하는 고대 근동 문헌들에 대해서는 다음을 보라: J. A. Thompson, "Joel's Locusts in the Light of Near Eastern Parallels," *JANES* 14 (1955): 52–55.

72) E. W. Bullinger, *Figures of Speech Used in the Bible* (reprint, Grand Rapids: Baker, 1968), 728–29.

73) Bruce K. Waltke and M. O'Connor, *An Introduction to Biblical Hebrew Syntax* (Winona Lake, Ind.: Eisenbrauns, 1990), 203.

74) 이사야 1:7–8에서 "이방인들에게 삼켜졌을 때처럼"(문자적으로는 "[모든 면에서] 이방인들에게 삼켜졌을 때와 같이")이라는 표현이나 "[모든 면에서] 에워싸인 성읍 같이"라는 표현은 유다가 이방인 침략군에게 짓밟힐 것이요, 예루살렘이 포위당할 것이라는 사실을 지적하는 것에 다름 아니다.

75) Wolff, *Joel and Amos*, 42.

침한다(13a절). 그는 그들을 격려하면서, 죄인들을 참으시고 그들에게 자신의 사랑을 펼치시며 심판을 보내신 것에 대해서 마음아파하시는 하나님의 "은혜로우시고 자비로우신" 성품을 그들에게 상기시킨다(13b절). 하나님의 성품에 대한 이러한 묘사는 출애굽기 34:6-7에 뿌리박고 있는 것이다. 이 출애굽기 본문은 하나님을 이스라엘의 금송아지 범죄에 이은 심판에 대해서 마음아파하시던(출 32:14를 보라) 그의 모습과 비슷하게 묘사한다.

어떤 이들은 하나님이 심판에 대해서 "마음아파하신다"는 성서의 언급들이 신인동형론적인 것일 뿐이라고 무시하면서, 불변하시는 하나님은 일단 자신의 계획을 선언하신 후로는 결코 자기 마음을 바꾸시지 않는다고 주장한다. 하나님께서 일단 공식적으로 무조건적인 의미를 갖는 칙령을 선포하신 다음에는 정해진 행동 방침을 바꾸지 않으신다는 얘기는 맞는 것이다(민 23:19; 삼상 15:29; 시 110:4를 보라). 그러나 그는 종종 단순히 경고의 메시지만 발하셨거나 자신의 계획에 대해서 조건적인 진술을 한 경우에는 "자기 마음을 바꾸시는" 분으로 묘사된다.[76] 요엘 2:13이 "자기 마음을 바꾸실" 수 있는 하나님의 능력을 그의 근본적인 속성들 중의 하나로 소개하기 때문에, 우리는 이러한 특징을 신인동형론적인 것으로 깎아내릴 필요가 없다. 라이스(Richard Rice)는 이를 다음과 같이 진술한다: "이같은 표현 양식들은 마음을 바꾸는 것이 하나님 편의 예외적인 행동이 아님을 분명하게 보여준다. 하나님께 어울리지 않는 어떤 것이 아님은 더 말할 것도 없다. 그 반대로 징계에 대하여 마음아파한다는 것은 하나님 특유의 성품에 해당하는 것이다. 그렇게 하는 것은 그의 본성 자체에 속한 것이다. 따라서 하나님은 그가 하나님이라는 사실에도 불구하고 마음을 바꾸시는 분이 아니다. 그는 하나님이기 때문에 마음을 바꾸시는 분이다."[77]

그러나 요엘은 여기서 하나님의 은혜에 기댄다거나, 회개가 하나님의 마

---

76) 예레미야 18:7-10에 대한 필자의 설명과 다음 글을 보라: Robert B. Chisholm Jr., "Does God Change His Mind?" *BSac* 152 (1995): 387-99. 이 논문의 축약본은 다음에 실려 있다: *Kindred Spirit* 22, no. 2 (summer 1998): 4-5.

77) Richard Rice, "Biblical Support for a New Perspective," in *The Openness of God*, ed. C. Pinnock et al. (Downers Grove, Ill.: InverVarsity, 1994), 31.

음을 바꾸게 할 것임을 보증하고 싶은 마음이 없다. 야웨의 회개 촉구는 확실히 정말 그렇게 되는 것이 마땅한 것처럼 보이게 만든다(12절을 보라). 그러나 그러한 권면은 아무런 약속도 부가하고 있지 않은 탓에, 꼭 그렇게 될 것이라고 확신할 수는 없는 노릇이다. 이 때문에 요엘은 구원과 새로운 복의 가능성을 제시하기 전에 "누가 알겠느냐?"고 묻는다(14절). 하나님께서는 다가올 파멸에 관한 환상을 요엘에게 보여주셨지만, 그러한 심판이 이전에 이미 선포되었는지는 확실치 않다. 요엘은 야웨의 인도하심을 따라서 사람들에게 회개할 것을 촉구한다. 예고된 심판이 조건적인 것이어서 철회될 수도 있는 것이라는 희망을 가지고서 말이다.[78]

요엘은 야웨께서 주신 권면의 후반부(12b절을 보라)를 그대로 받아들여, 사람들에게 공식적인 모임을 열고 거기서 금식하면서 하나님의 구원을 위해 기도할 것을 촉구한다(15-17절). 어느 누구도 예외일 수 없다. 젖을 먹는 아이도, 새로 결혼한 부부조차도 예외일 수 없다. 하나님의 자비를 구하는 기도에서 그들은 하나님께 자신의 명예에 관심을 가져달라고 호소해야 한다. 만일에 그가 자기 백성을 벌하시고서는 다시금 그들을 "멸시 대상"이 되게 한다면, 열방이 하나님에 관하여 잘못된 인상을 갖게 될 것인 바, 이에는 그가 자기 백성에게 무관심하다거나 그들을 도울 능력이 없다는 등의 편견이 포함될 것이다. 이러한 유형의 기도는 하나님을 조종하려는 시도처럼 보일 수도 있겠지만, 그러한 주장들은 히브리 성서의 탄식 기도에서 흔히 발견된다(시 42:3; 79:10; 출 32:12; 시 74:11도 보라).

---

78) 다윗 왕은 무조건적인 것으로 보이지만 공식적으로 그런 것은 아닌 나단의 심판 예언에 대하여 이와 비슷한 반응을 보인 바가 있다(삼하 12:22). 이 경우에 다윗의 탄식은 아무런 효과도 얻지 못한다. 왜냐하면 그 예언이 예고된 심판을 무조건적인 것으로 만드는 공식 칙령의 성격을 가지고 있는 것으로 밝혀졌기 때문이다. 니느웨 왕도 니느웨에 심판이 임할 것이라는 요나의 예언(욘 3:4)에 대하여 이와 비슷한 반응을 보인다(욘 3:9). 이 경우에 요나의 예언은 외견상 무조건적인 느낌을 주지만 결국에는 조건적인 것임이 밝혀진다. 그 까닭에 하나님은 니느웨의 회개에 대한 응답으로 심판을 철회하신다(욘 3:10). 이에 요나는 화를 내면서 그러한 응답이 하나님 특유의 성품에 해당하는 것이라고 불평한다(욘 4:2).

자비와 약속(2:18-27)

이스라엘 백성은 예언자의 경고에 긍정적인 반응을 보였음에 틀림이 없다. 왜냐하면 18절이 자기 땅에 대한 하나님의 애착("열심")이 다시금 불붙은 탓에 그가 자기 백성을 긍휼히 여기실 것이라고 말하고 있기 때문이다.[79] 야웨께서는 대적에서 보호자로 자신의 신분을 바꾸실 것이요, 자신이 불러 모았던 군대를 바다로 내모실 것이다(20절). 그는 또한 메뚜기 떼가 먹어 치운 농작물들을 회복시켜주겠다고 약속하신다(19a, 21-22, 24-26a절). 기근과 굶주림 대신에 그는 적절한 때에 비를 보내주실 것이다(23절).[80] 그의 백성은 그를 유일하신 참 하나님으로 인정할 것이요, 그는 결코 다시는 그들을 그처럼 수치스런 심판에 내맡기지 않으실 것이다(19b, 26b-27절).

하나님의 백성은 나중에 여러 차례 수치를 당함으로써 이 약속을 공허한 것처럼 들리게 만든다. 그러나 하나님의 심판 경고가 종종 조건적인 것으로서 회개에 의하여 철회될 수도 있는 것처럼, 번영에 대한 그의 약속들도 종종 그 약속을 받는 자들이 하나님께 어느 정도 충성하느냐에 그 성취 여부가 달려 있다(렘 18:7-10을 보라). 여기에 주어진 약속은 명백하게 조건적인 것임을 암시하고 있으면서도 자기 백성을 향한 하나님의 열심을 진솔하게 잘

---

79) 앞서 언급한 바와 같이, 히브리어 본문에 있는 동사 형태들은 당연히 이야기체에 속한 것임이 분명하다(NIV와는 달리).

80) "의로운 가을비"(NIV)로 번역되는 히브리어 구절의 의미는 확실치 않다. '모레'라는 낱말이 "교사"를 가리킬 수도 있기 때문에, 어떤 이들은 그것이 "의의 교사"로 불리는 종말론적인 인물을 가리킨다고 본다. 이 기발한 해석은 문맥에 의해서도, 그리고 히브리 성서의 다른 본문들에 있는 용례들에 의해서도 지지를 받지 못한다. 다른 이들은 "비"(다음 행을 보라)에 대한 언급이 "의로운 교사"를 가리킨다고 본다. 하나님의 복의 회복이 경건한 행동을 통하여 얻는 중요한 교훈을 분명하게 보여준다는 점에서 그렇다는 것이다. 그러나 '모레'는 여기서 "이른 비"를 가리킬 가능성이 훨씬 더 높다. 23절의 뒷부분과 시편 84:6이 보여주듯이 말이다. 이렇게 본다면, "의로운"이라는 표현은 "올바른 것에 부합되는"이라는 뜻을 가진 것으로 이해된다. 여기서 말하는 올바른 것은 회개를 통하여 복의 회복이 가능케 된다는 계약의 원리와 부합되는 것을 일컫는다: Leslie C. Allen, *Joel, Obadiah, Jonah, and Micah*, NICOT (Grand Rapids: Eerdmans, 1976), 93-94.

진술하고 있다. 만일에 그들이 그를 향한 새로운 헌신에 정진한다면, 그는 자신의 복을 계속 그들에게 내려주실 것이다. 알렌은 이를 다음과 같이 설명한다: "여기에서 우리는 하나님의 소원을 읽을 수 있다. 그는 이스라엘 백성이 자기들의 의무를 충분히 유념하기를 암묵적으로 바라신다."[81]

성령을 부어주심(2:28-32)

야웨께서는 임박한 미래를 넘어서서 움직이시며, 19-27절에 묘사된 복이 회복된 후의 어느 시점에 자신의 영을 계약 공동체 위에 부어주겠다고 선언하신다(28-29절). 28절의 "모든 민족"(문자적으로는 "모든 육체")에 대한 언급은 하나님의 영을 부어주는 일이 전세계적인 차원에서 이루어질 것임을 암시할 것이다. 그러나 바로 다음에 이어지는 진술은 계약 공동체 안에 있는 모든 계층의 사람들, 곧 나이와 성별과 사회적인 지위 등과 무관한 모든 사람들을 염두에 두고 있음이 분명하다(겔 39:29; 슥 12:10을 보라). 과거에는 하나님의 영이 선택된 소수, 주로 예언자들에게만 주어졌다. 그러나 하나님께서 앞으로 그의 영을 부어주시는 일은 새로운 시대의 개막을 알리는 표지가 될 것이요, 모세의 소원을 성취하는 일이 될 것이다. 모세는 언젠가 여호수아에게 "야웨께서 그의 영을 그의 모든 백성에게 주사 다 예언자가 되게 하시기를 원하노라"고 말한 적이 있었던 것이다(민 11:29).

이처럼 성령을 부어주시는 것과 관련하여 하늘(별들이 어두워짐)과 땅(피, 불, 연기 등은 모두 전쟁의 표지에 해당함)의 다양한 징조들은 야웨께서 심판하실 날이 가까워오고 있음을 나타낼 것이다(30-31절). 그러나 하나님의 심판이 가져다줄 파멸은 무차별적인 것이 아니다. 예루살렘 거주민들 중 진정한 믿음으로 야웨를 바라보는 자들은 누구나 구원을 받을 것이다(32절). 이처럼 야웨를 충성스럽게 따르는 자들이야말로 28-29절에 묘사되어 있는 성령을 받게 될 것이다.

사도 베드로에 따르면, 성령을 부어줄 것이라는 예언은 적어도 부분적으

---

81) Ibid., 96. 알렌은 이와 적절하게 평행을 이루는 구절을 신명기 5:29에서 찾는다.

로는 오순절 때에 성취된다. 그때에 야웨의 영은 대단히 많은 유대인들에게 임하였으며, 초자연적인 방식으로 그들이 다른 언어로 말하는 것을 가능케 했다(행 2:1-21).[82] 물론 많은 학자들은 요엘 2:30-32에 묘사되어 있는 사건들이 오순절 때 이루어지지 않았다는 점을 금방 지적한다. 그렇다면 베드로가 잘못한 것이었을까? 그는 순전히 스스로 도취되어 그렇게 말한 것일까? 베드로는 성령을 부어주신 일이 예언 성취의 시초에 해당함을 제대로 보았다. 그는 사람들에게 회개를 촉구하면서, 그렇게 되면 약속이 완전히 성취될 수 있을 것이요(행 2:33, 38-39), 예수의 재림에서 절정에 달할 "새롭게 되는 날"이 올 것이라고 말한다(3:19-21을 보라). 그러나 유대인 지도자들은 하나님의 제안을 거부한다(행 4장). 결국 베드로는 유대인들의 불신앙이 예수의 재림을 지연시킬 것이요, 이방인들 역시 성령의 선물을 받게 될 것임을 깨닫게 된다(행 10:44-48을 보라).

후대의 이러한 사건 전개 과정에 비추어볼 때, 우리는 요엘이 선포한 예언의 성취가 연기되었다고 말할 수 있을 것이다(예언의 비디오테이프가 이를테면 "정지" 상태에 머물러 있다는 얘기다). 그러나 예수께서 오늘날 자신의 영을 모든 새로운 신자들에게 주시는 까닭에, 요엘 2:28-29는 이 시대에 점차적으로 성취되어가고 있다고 말하는 것이 더 나을 것이다. 그러면서 30-32절은 이 시대의 마지막 때에 가능케 될 성취를 기다리고 있다는 것이다(이렇게 본다면, 예언의 비디오테이프는 여전히 앞을 향해 움직이고 있지만 "느린 동작"으로 움직이고 있는 셈이다). 요엘은 영을 부어주시는 일이 유대인들에게 한정된다고 생각했지만, 계시와 역사가 진행되는 과정에서 우리는 이방인들 역시 그에 포함된다는 것을 발견하게 된다. 왜냐하면 그들 역시 새로운 계약 공동체 안으로 편입되기 때문이다.[83]

---

82) 베드로가 이 사건을 단순히 요엘에 의해 예언된 것과 "비슷하다"고 말하지 않는다는 점을 주목하라. 도리어 그는 이렇게 말한다: "이[오순절에 영을 부어주신 일]는 곧 선지자 요엘을 통하여 말씀하신 것이니"(행 2:16).

83) 새로운 계약의 약속들이 현 시대와 다가올 시대에 어떻게 이루어지는지에 관한 보다 충분한 논의를 위해서는 예레미야 31:31-34에 대한 필자의 설명을 보라.

원금 회수의 시기(3:1-21)

야웨의 날은 유다와 예루살렘의 운명을 회복시켜주겠지만, 하나님의 백성을 사로잡혀가게 하고 열방에 흩어지게 한 자들에게는 심판의 때가 될 것이다(1-3절). 이 심판은 다른 곳에서는 알려져 있지 않은 "여호사밧 골짜기"[84]에서 이루어질 것이다(12절도 보라). 이 이름은 아마도 상징적인 의미를 갖는 것으로 선택되었을 것이다. 왜냐하면 이 이름의 뜻, 곧 "야웨께서 판결하신다"는 뜻이야말로 그곳에서 이루어질 일을 함축하고 있기 때문이다. 만일에 1절의 시간 언급이 암시하는 바와 같이 이 심판이 2:28-32에 묘사되어 있는 마지막 사건들과 관련하여 이루어진다면, 심판은 문자적인 것이 될 수 없다. 왜냐하면 그때쯤이면 유다의 사로잡힘에 책임을 지고 있는 민족들이 이미 역사의 무대에서 사라지고 없을 것이기 때문이다. 그것은 문자적인 심판의 날에 대해서 묘사하기보다는 그 예언이 역사의 과정을 거치면서 점차적으로 성취되어갈 것이라고 묘사하고 있다고 보는 것이 더 타당할 것이다. 이 나라들과 민족들이 역사의 무대에서 사라진 후에 말이다.[85] 이렇게 본다면, 우리는 1절의 언어("때가 되어 그 날이 오면")가 매우 일반적인 방식으로 요엘의 시대 다음의 모든 시대를 가리킨다고 이해하지 않으면 안 된다. 2:28에 나타나는 "그 후에"라는 표현 역시 그 점을 암시하고 있다. 이것은 3장에 있는 요엘의 미래 환상이 2:28-32와 마찬가지로 수 세기 동안에 실제로 이루어진 사건들을 포함하고 있음을 의미한다. 그 환상의 일부는 이미 성취되었지만, 그것의 다른 측면들은 완전한 성취를 기다리고 있다.[86]

예루살렘이 주전 586년에 바벨론에게 함락된 결과 페니키아와 블레셋을

---

84) 이 골짜기의 위치를 확인하려는 노력들을 개관하기 위해서는 다음을 보라: Dillard, "Joel," 300-301.

85) 이것은 요엘의 세대가 그 예언을 이런 식으로 이해했을 것임을 뜻하지 않는다. 그들은 아마도 3장에 주어진 묘사에 기초하여 하나님이 유다를 잔혹하게 다룬 민족들을 심판하시는 한 사건만을 기대했을 것이다.

86) 하나의 범례로 열왕기상 14:10-16에 있는 예언을 보라. 이 예언은 대략 2백년의 기간 동안 점진적으로 이루어졌다(왕상 14:17-18; 15:25-30; 왕하 17:7-23을 보라).

포함하는 주변 민족들 중의 일부가 그 상황을 이용하여 유다의 부를 약탈하였으며, 피난민들을 종으로 팔아넘겼다(4-6절).[87] 그러나 야웨께서는 이처럼 탐욕스런 이방인들에게로 눈을 돌리실 것이다. 유다 백성은 언젠가는 페니키아인들과 블레셋 족속의 후손들을 종으로 팔아넘길 것이다(7-8절). 만일에 위에서 암시된 바와 같이 2-3절에 예언된 심판을 역사의 과정 속에서 점진적으로 성취되어가는 것으로 이해할 수 있다면, 이 예언은 알렉산더 대왕의 정복과 더불어 주전 4세기에 성취되었을 것이다.[88]

요엘은 이제 다가올 열방 심판을 인상적인 필체로 묘사한다. 그는 열방과 야웨를 불러 전쟁터에서 만나게 한다(9-11절). 이어서 야웨께서는 열방에게 여호사밧 골짜기에 모여 심판을 받으라고 말씀하신다(12절). 야웨께서는 열방을 잘 익은 곡식과 포도주 틀의 포도에 비유하시면서, 자신의 전사들에게 "낫을 휘두르고" "포도를 밟으라"고 명하신다(13절). 예언자는 이 장면을 열방이 "판결 골짜기" 안으로 몰려 들어가는 모습으로 묘사한다(14절). 해와 달과 별들이 어두워지며(15절; 2:31을 보라), 야웨께서 포효하는 사자처럼 예루살렘으로부터 나오시니 우주 전체가 그 앞에서 흔들린다(16a절). 그러나 그의 백성은 두려워할 필요가 없다. 왜냐하면 그가 그들을 그들의 대적들로부터 보호하러 오시기 때문이다(16b절; 2:32를 보라). 열방은 3장 서두에서 유다의 사로잡힘과 수치에 대하여 책임을 져야 할 자들과 동일시되지만(2-3절을 보라), 심판의 우주적인 차원 및 2:30-32와의 주제 관련성은 요엘의 환상이 페니키아인들과 블레셋 족속 및 다른 고대 민족들에 대한 하나님의 역사적인 심판을 넘어서서 열방에 대한 마지막 심판을 묘사하는 것일 수도 있음을 암시한다.[89]

하나님의 개입은 그의 백성에게 그가 예루살렘을 구별하셨고 그곳을 자신

---

87) 6절에 언급되어 있는 "헬라 족속"은 사실 소아시아 해안 지역을 따라 거주하던 이오니아인들을 가리킨다. 그들은 주전 6세기 동안에 페니키아의 성읍들과 교역관계를 맺고 있었다. 이에 대해서는 에스겔 27:13, 19와 다음의 책을 보라: Arvid S. Kapelrud, *Joel Studies* (Uppsala: A. B. Lundequistska Bokhandeln, 1948), 154.

88) Allen, *Joel, Obadiah, Jonah, and Micah*, 114.

89) 이와 동일한 기법에 대해서는 이사야 13-14, 24-27, 34장을 보라.

의 특별한 거주지로 만드셨음을 생생하게 보여줄 것이다(17a절). 이방인들이 다시는 그 성읍을 침략하지 못할 것이요(17b절), 유다는 다시금 농업의 번성 함을 누릴 것이다(18절). 이처럼 상투적이고 과장된 미래 환상은 포도주와 우유가 산 중턱을 따라 흘러내릴 것이요, 강들이 계절을 따라 물을 흘릴 것 이요, 생명과 풍요를 상징하는 샘이 성전으로부터 흘러나와 "아카시아 골짜 기" — 그 정확한 위치를 알 길이 없는 — 로 흘러갈 것이라고 묘사한다(이와 비슷한 환상을 위해서는 겔 47:1-12와 슥 14:8을 보라.) 아카시아는 일반적 으로 메마른 지역에서 자라나므로 이 환상은 건조한 지역이 변화될 것임을 의미한다.

이와는 대조적으로 전통적으로 하나님의 백성을 대적하던 국가들인 이집 트와 에돔은 계속해서 폐허로 남을 것이다. 그 까닭은 이 두 나라가 이스라 엘을 압제하고 괴롭혔기 때문이다(19절). 본문은 여기서 주전 586년에 유다 가 바벨론의 침공을 받은 직후에 에돔이 악독한 모습을 보인 것(오바댜서를 보라)에 대해서, 그리고 그 일이 이루어지기 얼마 전에 있었던 파라오 느고 의 유다 침공(왕하 23:29-35를 보라)에 대해서 언급한다. 예루살렘과 유다는 사람들이 거주하는 곳으로 바뀔 것이요(21b절), 야웨께서 주신 안전을 누릴 것이다(21b절). 그러나 이집트와 에돔은 죄악의 대가를 지불하게 될 것이다 (21a절). 21a절에 대한 NIV의 번역은 마치 야웨께서 유다와 예루살렘의 죄를 용서하실 것이라고 선포하시는 것처럼 들리게 만든다. 그러나 "그들의 피 흘 림 당한 것"은 유다를 향한 이집트와 에돔의 죄를 가리킬 가능성이 더 높다 (19절). 21a절은 다음과 같이 번역하는 것이 더 나을 것이다: "내가 그들[하나 님의 백성]의 피 흘림 당한 것을 갚아주지 않은 채로 그냥 둘 것 같은가? 나 는 그것을 갚아주지 않은 채로 두지 않을 것이다."[90]

예언의 이러한 측면은 에돔의 최후 붕괴와 이집트의 권세 및 영향력 감소 를 가리킬 것이다. 만일에 19절에 묘사되어 있는 상황이 전후 문맥에 묘사되 어 있는 유다의 궁극적인 회복과 시기적으로 겹치는 것이라고 본다면, 그 성

---

90) 이러한 제안을 지지하면서 이와는 약간 다르게 번역하는 견해에 대해서는 다음을 보라: Allen, *Joel, Obadiah, Jonah, and Micah*, 117.

취는 문자적인 것으로 볼 것이 아니라 본질적으로 이집트와 에돔을 하나의 범례로 보는 시각에서 이해되어야만 한다.[91] 이렇게 본다면, 본문은 이 미래 시대의 지정학적 현실을 문자적으로 묘사하기보다는 회복된 미래의 이스라엘이 세계 무대에서 주류를 형성할 것이요, 잠재적인 적대 국가들의 위협으로부터 안전할 것이라는 점을 분명하게 밝히고 있는 셈이다.[92]

포효하는 사자(아모스)

서론

이 책의 표제는 아모스가 유다를 다스리던 웃시야와 이스라엘을 다스리던 여로보암 2세의 시대에 예언자로 활동했다고 진술한다. 웃시야는 아버지 아마샤와의 오랜 공동 섭정 이후 주전 767-740년 사이에 유다를 다스렸다. 반면에 잠시 동안 공동 섭정 과정을 거친 여로보암 2세는 주전 782-753년에 독립적인 통치자로 이스라엘을 다스렸다. 이로써 우리는 아모스의 사역이 주전 767-753년 사이에 이루어졌음을 알 수 있다. 표제 역시 아모스가 특별히 잘 알려진 지진 2년 전에 예언활동을 시작했다는 정보를 제공하고 있다. 이 폭넓은 기간에 하솔(Hazor) 지역에 지진이 발생했음을 나타내는 고고학적인 증거가 발견되기도 했다. 비록 그 정확한 연대를 추정한다는 것이 불가능하기는 하지만 말이다.[93]

아모스서는 잘 정리되지 않은 구조를 드러내고 있다. 표제와 야웨를 재판관으로 묘사하는 도입부에 이어(1:1-2) 일련의 심판 신탁들이 나타난다

---

91) 다른 예언자들이 이집트의 종말론적인 상황을 다르게 묘사하고 있음을 주목하라. 이사야 19:19-25는 이집트 사람들을 완전한 야웨 숭배자들로 묘사한다. 반면에 스가랴 14:18-19는 하나님의 복이 이집트에도 미치지만, 그들이 과연 야웨를 섬기느냐 그렇지 않느냐에 따라 그것이 결정된다고 본다.

92) 이사야 11:13-14와 아모스 9:12에 대한 필자의 설명을 보라.

93) Philip J. King, *Amos, Hosea, Micah-An Archaeological Commentary* (Philadelphia: Westminster, 1988), 21.

(1:3—2:16). 이 신탁들은 제각기 '[특정 도시나 국가]의 서너 가지 죄로 인하여 내가 나의 진노를 돌이키지 아니하리니"라는 구절로 시작한다. 이 목록은 북왕국 이스라엘에서 정점에 달한다. 예언자는 이어서 세 개의 심판 메시지들을 이스라엘에게 선포한다. 그 메시지들은 제각기 "이 말씀을 들으라"는 소환령으로 시작한다(3:1-15; 4:1-13; 5:1-17). 두 개의 재앙 신탁이 이 메시지들에 힘을 더해준다(5:18-27; 6:1-14). 일련의 환상들이 그 뒤를 잇는다(7:1-9; 8:1-3). 그리고 세 번째와 네 번째 환상 사이에 벧엘의 제사장 아마샤와 아모스의 만남에 관한 전기적인 자료가 삽입되어 있다(7:10-17). 첫 번째와 두 번째 및 네 번째 환상은 "주 야웨께서 내게 보이신 것이 이러하니라"는 구절로 시작한다. 반면에 세 번째 환상은 단순히 "그가 내게 이와 같이 보이셨느니라"는 말로 시작한다. 이 책의 마지막 부분은 한 개의 심판 메시지(8:4-14), 또 다른 환상(단순히 "내가 보니"라는 말로 시작함)과 그에 부가된 심판 메시지(9:1-10), 다가올 심판 이후의 시대, 곧 하나님께서 자신의 계약백성의 명성과 번영을 회복시키실 때에 관한 묘사 등을 포함하고 있다.

나쁜 징조(1:1-2)

이 책의 표제는 아모스가 언제 예언했는지를 우리에게 알려줄 뿐만 아니라, 그의 사역의 정당한 근거를 제시하고 있기도 하다. 아모스는 직접적인 예언자가 아니었다. 그는 베들레헴에서 남쪽으로 8km 정도 떨어진 유다 왕국의 드고아에 살던 목자요 포도원지기였다(7:14를 보라). 그런데 야웨께서 그를 부르셔서 북왕국으로 여행할 것을 명하셨고, 그곳에서 임박한 심판으로 이스라엘에게 경고하라고 말씀하셨다(7:15를 보라). 아모스의 직업과 고향을 소개하는 표제는 그의 사역이 믿을 만한 것임을 분명하게 보여준다. 대체 누가 자신의 직장을 떠나 적대 지역으로 여행하고, 또 인기 없는 메시지로 그곳 권세자들을 자극하는 일을 하겠는가(7:10-17을 보라)? 그것은 하나님의 부르심을 받지 않고서는 불가능한 일이다.

지진에 대한 언급 역시 아모스의 메시지가 참된 것임을 입증하고 있다. 당시의 문화권에서 지진이라는 것은 단순한 자연 현상으로 간주되지 않고 도리어 심판의 징조로 받아들여졌을 것이다. 아모스는 야웨께서 땅을 뒤흔드실 것이라는 경고의 메시지를 선포한 바가 있다(8:8; 9:1, 5를 보라; 4:12-13도 보라). 그가 메시지를 선포한 지 2년이 지난 후에 일어난 지진은 야웨께서 아모스의 예언을 현실화시키실 것임을 나타내는 것이라 할 수 있다.

도입부에 속한 2절은 야웨를 포효하는 사자로 묘사함으로써 이 점을 더욱 강화시킨다(3:8을 보라). 예루살렘 성전으로부터 나오는 야웨의 강한 포효 소리는 땅을 흔들 뿐만 아니라 초장에서 자라는 초목과 삼림 지역을 시들게 만든다(갈멜산처럼). 이러한 기근 이미지는 하나님의 심판에 의해 초래된 저주받은 상황을 암시한다(신 28:23-24를 보라).

이스라엘의 목에 올가미를 씌움(1:3-2:16)

북왕국 백성은 야웨의 날이 곧 올 것임을 기대한다(암 5:18을 보라). 그들은 그날이 야웨께서 주변 나라들을 무찌르심으로써 이스라엘을 위한 새로운 번영의 시대가 열리게끔 하실 영화로운 날이 될 것으로 기대한다. 이 시기의 이스라엘 왕이었던 여로보암 2세는 참으로 이스라엘의 운명을 소생시켰으며, 야웨의 승인을 받아 이와 관련하여 큰 성공을 거두었다(왕하 14:25-28을 보라). 언뜻 보기에는 아모스의 심판 신탁들이 이스라엘의 낙관주의를 반영하는 것처럼 보인다. 그는 야웨께서 주변 나라들을 심판하기 위해 오신다고 선언하였다. 심판의 메시지는 완전한 이방인들(아람, 블레셋, 페니키아)로부터 시작하여, 먼 친족 나라들(에돔, 암몬, 모압)[94]로 옮겨가며, 이스라엘 바로 남쪽의 형제 나라인 유다에서 끝을 맺는다. 일곱 번째 나라인 유다는 목록의 마지막에 자리함으로써 그 목록을 완성하고 있는 것으로 보인다. 이스라엘은 유다가 심판을 받는다는 소식을 듣고서 기뻐했음에 틀림이 없다. 왜냐하면 두 나라는 이 일이 있기 직전에 군사적인 적대관계 속에 들어갔었고(왕하 13:12; 14:8-14를 보라), 유다는 이제 웃시야 왕 아래에서 서서히 힘을 과시하고 있었기 때문이다(대하 26장).

---

94) 에돔은 에서의 후손을 가리키고(창 36장을 보라), 암몬과 모압은 롯의 후손을 가리킨다(창 19:30-38).

그러나 겉으로 드러난 것만이 전부가 아니었다. 여로보암은 조상들의 죄중에 거하던 악한 왕이었다(왕하 14:23-24). 야웨께서 그를 사용하여 고통당하는 자기 백성을 약간 위로하셨지만, 이스라엘의 새로운 힘은 일시적인 것이었다. 갑자기 아모스는 이스라엘을 추가함으로써 심판 신탁의 목록을 일곱에서 여덟으로 늘린다. 이스라엘 백성의 생각과는 달리 다가오는 야웨의 날은 이스라엘에게 대하여 빛의 때가 아니라 어둠의 때가 될 것이다. 이스라엘은 주변 나라들에 대한 야웨의 심판으로 이득을 보기보다는 그 자신이 야웨의 진노의 중심 표적이 될 것이다.

이상의 신탁 메시지들을 주의 깊게 읽어보면, 예언자가 처음부터 이를 암시하고 있었음을 알 수 있다. 각 신탁은 "[특정 도시나 국가]의 서너 가지 죄로 인하여 내가 나의 진노를 돌이키지 아니하리니"라는 구절로 시작한다.[95] "서너 가지"라는 숫자 양식을 사용하는 격언 진술들(잠 30:15-16, 18-19, 21-23, 29-31을 보라)과의 구조적인 유사성에 기초하여 볼 때, 사람들은 각 신탁에서 네 가지의 구체적인 죄들의 목록을 찾을 수 있으리라고 기대한다. 그러나 처음 일곱 신탁들에서는 결코 그런 일이 일어나지 않는다. 예언자는 한두 개의 죄목을 설명한 후에 그 목록을 마무리하고서 심판을 선고하며, 이

---

95) 도입부의 이 양식을 문자적으로 읽으면 이렇다: "[특정 도시나 국가]의 서너 가지 죄로 인하여 내가 그것을[또는 "그를"] 돌이키지 아니하리니." "돌이키다"라는 동사의 대명사 목적어가 무엇을 가리키는지는 확실치 않다. NIV는 그것이 하나님의 진노를 가리킨다고 본다(사 5:25; 9:12, 17, 21; 10:4를 보라). "진노를 돌이키다"는 표현은 다른 곳에서도 나타난다(스 10:14; 욥 9:13; 시 78:38; 85:3; 잠 24:18; 29:8을 보라). 여기에 "진노"가 특별하게 언급되어 있는 것은 아니지만 말이다. 본문에 나오는 대명사는 뒤이어 나오는 심판 선고를 가리킬 수도 있고, 아니면 그곳에 선포된 징계를 가리킬 수도 있다(다음을 보라: Shalom M. Paul, *Amos*, Hermeneia [Minneapolis: Fortress, 1991], 46-47.) 이 경우에 그 양식은 예언자에 의해 선포된 심판을 철회될 수 없는 무조건적인 메시지로 규정하고 있는 셈이 된다. 다른 견해를 내세우는 자들은 본문의 대명사가 본문 안에 언급되어 있는 도시나 국가를 가리킨다고 본다: "내가 그를 돌이키지 않을 것이다." (다음을 보라: Michael L. Barré, "The Meaning of l' sybnw in Amos 1:3-2:6," *JBL* 105 [1986]: 622.) 이 경우에 야웨께서는 해당 도시/국가와 조약 관계를 재개하지 않을 것임을 선언하신 셈이 된다.

어서 다음 나라로 옮겨간다. 마치 하나님의 진정한 진노의 표적이 다른 어딘
가에 있는 것처럼 말이다. 이러한 문체상의 특징은 이스라엘에게 대하여 불
길한 징조가 되지 않는다. 유다의 죄 목록이 중간에 끊어질 때까지는 말이
다. 이것은 또 다른 나라 — 나중에 이스라엘로 드러남 — 가 이어질 것임을
암시한다.

심판 신탁들은 아래와 같이 정리될 수 있다:

1. 다메섹을 향한 신탁(아람, 1:3-5)
   a. 도입 양식(1:3a)
   b. 죄의 목록(1:3b; 한 가지 죄가 소개됨)
   "이는 그들이 철 타작기로 타작하듯 길르앗을 압박하였음이라"
   c. 심판 선고(1:4-5)

2. 가사를 향한 신탁(블레셋, 1:6-8)
   a. 도입 양식(1:6a)
   b. 죄의 목록(1:6b; 한 가지 죄가 소개됨)
   "이는 그들이 모든 사로잡은 자를 끌어 에돔에 넘겼음이라"[96]
   c. 심판 선고(1:7-8)

3. 두로를 향한 신탁(페니키아, 1:9-10)
   a. 도입 양식(1:9a)
   b. 죄의 목록(1:9b; 두 가지 죄가 소개됨)
   (1) "이는 그들이 그 형제의 계약을 기억하지 아니하고
   (2) 모든 사로잡은 자를 에돔에 넘겼음이라"

---

96) NIV는 "그리고 그들을 에돔에 팔아넘겼다"로 번역한다. 그러나 이 행은 부정사
연계형과 더불어 시작되는 바, 이 부정사 연계형은 그것이 앞의 주절에 종속되는 목적절
임을 나타낸다. 두 가지 행동(유괴와 노예 무역)이 묘사되고 있기에 여기에 두 가지 죄가
소개되고 있는 것으로 볼 수도 있지만, 문법적인 구조는 두 가지의 서로 관련된 행동들
로 이루어진 한 가지 범죄가 다루어지고 있음을 암시한다.

    c. 심판 선고(1:10)

4. 에돔을 향한 신탁(1:11-12)
    a. 도입 양식(1:11a)
    b. 죄의 목록(1:11b; 두 가지 죄가 강조됨)[97]
      (1) "이는 그가 칼로 그의 형제를 쫓아가며 그의 동맹국들을
         소탕하며[98]
      (2) 이는 그가 항상 맹렬히 화를 내며 분을 끝없이 품었음이라"
    c. 심판 선고(1:12)

5. 암몬을 향한 신탁(1:13-15)
    a. 도입 양식(1:13a)
    b. 죄의 목록(1:13b; 한 가지 죄가 소개됨)
     "이는 그들이 자기 지경을 넓히고자 하여
       길르앗의 아이 밴 여인의 배를 갈랐음이니라"[99]
    c. 심판 선고(1:14-15)

6. 모압을 향한 신탁(2:1-3)
    a. 도입 양식(2:1a)
    b. 죄의 목록(2:1b; 한 가지 죄가 소개됨)
     "이는 그가 에돔 왕의 뼈를 불살라 재를 만들었음이라"
    c. 심판 선고(2:2-3)

---

97) 오직 두 가지의 죄만이 소개되고 있으나, 동의적인 평행법을 통한 반복은 에돔의
죄를 강조하는 효과를 갖는다.

98) NIV는 "모든 긍휼을 버렸다"로 번역하지만, 본문은 이전 동맹국들을 향한 에돔의
적대감에 대한 이차적인 언급으로 해석하는 것이 더 나을 것이다.

99) 두 가지의 행동(전쟁 시의 잔혹함과 영토 확장주의)이 묘사되고 있기에 여기에 두
가지 죄가 소개되고 있는 것으로 볼 수도 있지만, 문법적인 구조는 두 가지의 서로 관련
된 행동들로 이루어진 한 가지 범죄가 다루어지고 있음을 암시한다.

7. 유다를 향한 신탁(2:4-5)

   a. 도입 양식(2:4a)

   b. 죄의 목록(2:4b; 두 가지 죄가 강조됨)[100]

     (1) "이는 그들이 여호와의 율법을 멸시하며 그 율례를
       지키지 아니하고

     (2) 이는 그들이 그의 조상들이 따라가던 거짓 것에
       미혹되었음이라"

   c. 심판 선고(2:5)

8. 이스라엘을 향한 신탁(2:6-16)

   a. 도입 양식(2:6a)

   b. 죄의 목록과 하나님의 친절한 행동들을 상기시키는 내용
     (2:6b-12; 네 가지 죄가 강조됨)[101]

     (1) "이는 그들이 은을 받고 의인을 팔며
       신 한 켤레를 받고 가난한 자를 팔며
       힘없는 자의 머리를 티끌 먼지 속에 발로 밟고[102]
       연약한 자의 길을 굽게 하며

     (2) 아버지와 아들이 한 젊은 여인에게 다녀서
       내 거룩한 이름을 더럽히며[103]

     (3) 모든 제단 옆에서 전당 잡은 옷 위에 누우며

---

100) 오직 두 가지의 죄만이 소개되고 있으나, 동의적인 평행법을 통한 반복은 유다의
죄를 강조하는 효과를 갖는다.

101) 6b-8, 12절 전반에 걸쳐 사용되는 동의적인 평행법은 이스라엘의 죄를 강조하
는 효과를 갖는다.

102) NIV는 "발로 밟고"로 번역하지만, 히브리어 형태는 사실 동사의 주어를 밝히는
명사적인 분사로 되어 있다("그들이 팔고").

103) 두 가지의 행동(동일한 소녀를 사용하고 야웨의 이름을 더럽힘)이 묘사되고 있기
에 여기에 두 가지 죄가 소개되고 있는 것으로 볼 수도 있지만, 문법적인 구조는 두 가지
의 서로 관련된 행동들로 이루어진 한 가지 범죄가 다루어지고 있음을 암시한다.

그들의 신전에서 벌금으로 얻은 포도주를 마심이니라[104]

(4) 그러나 너희가 나실 사람으로 포도주를 마시게 하며

또 선지자에게 명령하여 예언하지 말라 하였느니라"[105]

c. 심판 선고(2:13-16)

이 신탁들은 열방을 그와의 계약관계를 위반한 야웨의 신하들로 간주한다. 도입 양식에서 "죄"로 번역된 명사는 권세를 가진 자에게 "반역하는 행동"을 가리킨다(왕상 12:19; 왕하 1:1; 3:5, 7; 8:22에 있는 그 용례를 보라). 이 명사의 용례는 본문에 언급된 도시들/국가들이 왕이신 하나님의 계약 규정들을 위반한 반항적인 신하들로 간주되고 있음을 암시한다. 이 점은 유다와 이스라엘의 경우에 금방 분명하게 드러난다. 두 나라는 모세의 율법을 위반했던 것이다. 그렇다면 주변 나라들은 이스라엘의 하나님과 맺은 어떠한 계약을 위반한 것일까? 어떤 이들은 주변 나라들이 이스라엘을 공격함으로써 야웨를 거역했다고 본다. 그러나 이스라엘을 향해 저지른 악독한 행위들은 다메섹과 암몬의 신탁에만 언급될 뿐이다(1:3, 13). 모압 왕은 이스라엘이 아니라 에돔을 향하여 저지른 범죄로 인하여 비난을 받는다(2:1을 보라). 어쩌면 창세기 9:5-7에 기록되어 있는 노아 계약이야말로 야웨께서 주변 나라들을 비난하는 내용의 배경을 이루고 있을 가능성이 높다. 노아에게 주신 계명(인류 전체에게 확대 적용되는)에서 야웨께서는 살인을 금지하신다. 그 까닭은 살인이 주제넘게도 인간 안에 있는 하나님의 형상을 공격하는 행동을 뜻하기 때문이다. 아모스 1-2장에서 비난의 대상이 되는 나라들은 주변 나라들을 상대로 하여 영토 확장 전쟁을 벌이는 과정에서 악독한 짓을 저질렀기에 적어도 원칙적으로는 이 계명을 위반한 것이라 할 수 있다.[106]

---

104) 다시금 두 가지의 행동(눕고 마시는)이 묘사되고 있으나, 본문은 맹세와 벌금의 법을 위반한 한 가지 범죄를 염두에 두고 있다.

105) 또 다시 두 가지의 행동(나실인에게 포도주를 마시게 하고 예언자들의 예언을 금하는)이 묘사되고 있으나, 본문은 한 가지 범죄, 곧 종교 지도자들을 경시하는 태도를 염두에 두고 있다.

106) 이사야 24:5에 대한 필자의 설명도 보라. 이 본문은 노아 계약 위반의 책임을 져

다메섹을 향한 신탁(1:3-5)

첫 번째 신탁은 이스라엘의 북동쪽 지역에 거주하던 아람 족속의 수도인 다메섹을 비난한다. 야웨께서는 아람 족속이 요단 동편에 위치한 길르앗을 향해 저지른 악독한 행동들로 인하여 그들을 심판하실 것이다. 여기서 그는 주전 9세기 중반경에 이루어진 아람의 길르앗 침략을 언급하고 있는 것으로 보인다(왕하 10:32-33을 보라). 야웨께서는 아람 족속의 행동을 "철 타작기로" 타작하는 것에 비유하신다.[107] 이러한 표상은 타작마당에서 비롯된 것이다. 타작마당에서는 탈곡하기 위해 밑바닥에 날카로운 못을 박은 나무 판자로 곡물을 친다.[108]

4-5절에 언급되어 있는 몇 개의 고유명사들에 대해서는 설명이 필요하다. 하사엘은 주전 9세기 중반 대부분의 기간 동안 다메섹을 통치한 왕이다. 반면에 이곳에 언급되어 있는 벤하닷은 아마도 그의 아들이거나 계승자일 것이다(왕하 13:3, 22-25).[109] "악의 골짜기"를 뜻하는 "아웬 골짜기"는 아마도 레바논에 있는 비카(Biq' ah) 골짜기를 조롱하는 이름일 것이다. 반면에 "벤에덴"은 아마도 다메섹으로부터 북북동쪽으로 300여 km 떨어진 곳의 유프라테스 강변에 위치한 아람의 한 도시 국가 비트 아디니(Bit Adini)를 가리킬 것이다.[110] 이러한 지명들은 아람 나라의 남쪽 국경선과 북쪽 국경선을 표시하는 곳들이다. 마지막으로 정확한 위치를 알 길이 없는 기르(Kir)는 아람 족속의 본고장이었다(암 9:7을 보라).[111] 아람 족속은 전쟁에서 패한 결과 기르

야 할 거룩한 나라들에게 주는 메시지를 담고 있다.

107) 다른 본문들은 군사적인 정복을 타작하는 행동에 비교한다. 열왕기하 13:7; 이사야 41:15; 미가 4:13; 하박국 3:12 등을 보라.

108) Borowski, *Agriculture in Iron Age Israel*, 64-65.

109) 이 두 왕들에 대한 상세한 연구를 위해서는 다음을 보라: Pitard, *Ancient Damascus*, 145-75.

110) Paul, *Amos*, 52-54; Francis I. Anderson and David N. Freedman, *Amos*, AB (New York: Doubleday, 1989), 255-56. 어떤 이들은 "쾌락의 집"을 뜻할 수도 있는 벤에덴을 아람 왕의 궁전을 조롱하는 투로 부른 이름으로 이해하고자 한다.

111) 기르는 메소포타미아 지역에 위치하고 있음이 분명하다. 이사야 22:6은 기르를

(Kir)로 다시 잡혀갈 것이다. 이 예언은 앗수르 왕 디글랏빌레셀 3세가 다메섹을 정복한 주전 732년에 성취된다(왕하 16:9).

블레셋을 향한 신탁(1:6-8)

야웨께서는 또한 이스라엘 남서쪽의 지중해 해안 지역에 거주하는 블레셋 족속을 심판하실 것이다. 블레셋의 다섯 도시들 중 넷이 이곳에 언급되어 있다(특이하게도 가드가 언급되지 않지만 6:2를 보라). 블레셋 족속은 주변 마을들(유다 안에 있는 공동체를 가리키는 듯함; 대하 21:16-17; 28:18을 보라)을 습격하여 사람들을 납치하였으며, 그들을 에돔 족속에게 종으로 팔아넘겼다. 이 때문에 하나님의 불 심판이 블레셋 지역을 휩쓸어갈 것이요, 그 불길이 지나가는 곳마다 철저하게 파괴될 것이다. 이 예언은 유다 왕 웃시야와 히스기야가 블레셋을 침공하고 또 일련의 앗수르 정복자들이 이 성읍들을 정복하던 주전 8세기 후반기에 성취된다(대하 26:6-7; 왕하 18:8을 보라).[112] 디글랏빌레셀 3세(주전 745-727년에 통치함)는 아스글론과 가사를 자신의 신하들 중에 포함시킨다. 반면에 사르곤 2세는 주전 712년에 아스돗을 정복한 후 그곳을 앗수르의 한 지방으로 만들어버리고 말았다. 주전 701년에는 산헤립이 불충한 아스글론 왕을 사로잡아간 후 에그론을 향한 원정에 성공한다.

두로를 향한 신탁(1:9-10)

하나님의 심판은 또한 이스라엘 북쪽의 지중해 해안 지역에 위치한 두로라는 도시 국가에도 임할 것이다. 블레셋과 마찬가지로 두로 역시 주변 마을 사람들을 납치하였으며, 그 사람들을 에돔에 종으로 팔아넘겼다. 두로의 죄

바벨론 동쪽에 위치한 엘람과 더불어 언급한다: Paul, *Amos*, 55; Anderson and Freedman, *Amos*, 257.

112) 앗수르가 서쪽 지역에서 거둔 승리들에 대해서는 다음을 보라: Pritchard, *Ancient Near Eastern Texts*, 282-88; King, *Amos, Hosea, Micah-An Archaeological Commentary*, 52-54.

는 더 비난할 만하다. 왜냐하면 그것은 조약 위반을 포함하고 있기 때문이다. "형제의 계약"은 두로와 정체를 알 수 없는 주변의 한 나라 사이에 맺어진 동등 조약을 가리킨다. 고대 근동에서 이웃한 왕들은 때때로 무역과 국가적인 안전을 얻기 위하여 그러한 조약들을 세우곤 했다. 성서의 사례들은 두로의 히람과 솔로몬 사이의 조약(왕상 9:13)이나 다메섹의 벤하닷과 아합 사이의 조약(왕하 20:32-33)을 포함하고 있다. 그러한 조약들은 평화로운 관계를 특징으로 갖는다.[113] 이 예언이 언제 어떻게 성취되었는지는 확실치 않다. 많은 왕들이 두로를 공격하고 포위했음에도 불구하고 그 성읍은 주전 332년에 알렉산더 대왕이 정복할 때까지는 사실상 파괴되지 않은 채로 있었다.

에돔을 향한 신탁(1:11-12)

야웨께서는 이어서 이미 앞의 두 신탁에서 비난받은 노예 무역에 연루되어 있는 에돔으로 관심을 돌리신다. 두로와 마찬가지로 에돔 역시 무자비하게 이전의 조약 상대자를 향하여 분노를 퍼부음으로써 형제의 계약을 위반하였다. 에돔 족속의 조상인 에서가 야곱의 형제인 까닭에, 어떤 이들은 "그의 형제"가 이스라엘이나 유다를 가리킨다고 본다. 그러나 "형제"라는 용어는 여기서 "조약 상대자"라는 관용적인 의미로 사용되고 있을 가능성이 더 높은 편이다(9절에서처럼). 이와 평행을 이루는 행(NIV에서는 "모든 긍휼을 버렸다"로 번역됨) 역시 이러한 해석을 뒷받침한다. NIV에서 "긍휼"로 번역된 히브리어는 여기서 에돔의 "동맹국들"을 가리킨다고 보는 것이 더 나을 것이다.[114] 두로의 경우와 마찬가지로 이 예언이 언제 어떻게 성취되었는지에

---

113) 예로써 이집트의 왕 라메세스 2세와 히타이트의 왕 하투실리스 사이에 맺어진 동등 조약을 보라: Pritchard, *Ancient Near Eastern Texts*, 199.

114) Michael Fishbane, "The Treaty Background of Amos 1, 11 and Related Matters," *JBL* 89 (1970): 313-18; "Additional Remarks on *rhmyw* (Amos 1:11)," *JBL* 91 (1972): 391-93; Michael L. Barr "Amos 1:11 Reconsidered," *CBQ* 47 (1985): 420-27. 앤더슨과 프리드만(*Amos*, 266-67)은 "동맹국들"로 번역하면서도, 이것이 이스라엘/유다를 가리킴과 동시에 "친족관계와 계약 연합"을 반영하는 이중적인 의미를 가지고 있다고 본다. 또 다른 견해를 제시하는 폴(Paul, *Amos*, 43, 64-65)은 이 용어가

관한 상세한 내용은 아직 알 수 없으나, 에돔은 말라기의 시대에 아마도 바벨론에 의해 폐허로 변하였을 것이다(말 1:3을 보라).[115]

암몬을 향한 신탁(1:13-15)

암몬 역시 야웨의 도덕적인 기준을 위반하였기에 그의 엄한 심판을 받게 될 것이다. 암몬 족속은 국경지역을 길르앗(암몬 바로 북쪽에 위치한)으로 넓히기 위해 길르앗 주민들(아마도 이스라엘 자손)을 상대로 대량학살을 자행했다. 그들은 임산부의 배를 가르기까지 했다. 이러한 군사적 잔혹성은 히브리 성서의 다른 곳들(왕하 8:11-12; 15:16; 호 13:16을 보라)과 고대 근동 문헌에서도 언급된다.[116] 암몬의 수도인 랍바는 하나님의 진노의 태풍이 그 나라의 요새들을 휘몰아칠 때 불에 탈 것이다. 암몬의 왕과 그의 왕실은 포로로 잡혀갈 것이다. 이 예언의 성취 역시 그 상세한 내용을 알 길이 없지만, 바벨론 군대가 주전 6세기에 암몬을 정복한 것은 확실하다.[117]

모압을 향한 신탁(2:1-3)

모압은 심판 신탁 시리즈의 다음 순번에 속한다. 모압 족속은 에돔의 왕실 무덤을 더럽히는 죄를 범하였다. 그들은 죽은 에돔 왕들 중 한 명의 뼈를 취하여 불살라 재로 만들었다. 오늘날의 독자들은 그러한 행동의 의미를 정확하게 파악하기 어렵겠지만, 고대 팔레스타인에서는 그것이 강한 적대감을

젊은 여자들(그는 이 형태를 삿 5:30에서 발견되는 용어와 관련시킨다)을 가리킨다고 보아 그것을 "여자들"로 번역한다.

115) Kenneth G. Hoglund, "Edomites," in *Peoples of the Old Testament*, ed. A. J. Hoerth, G. L. Mattingly, and E. M. Yamauchi (Grand Rapids: Baker, 1994), 342.

116) Mordechai Cogan, "'Ripping Open Pregnant Women' in Light of an Assyrian Analogue," *JAOS* 103 (1983): 755-57.

117) Randall W. Younker, "Ammonites," in Hoerth, Mattingly, and Yamauchi, *Peoples of the Old Testament*, 314.

나타내는 극단적인 방법으로 이해되었을 것이다(왕하 23:15-16을 보라). 무덤에 제대로 묻힌다는 것은 당시의 문화권에서 매우 중요한 의미를 갖는 것으로 간주되었다. 그 까닭에 무덤들은 그 위에 기록된 저주들에 의해 보호를 받았다.[118] 이처럼 악독한 행동은 모압 족속에게 있는 증오심과 잔인성을 잘 보여주고 있다. 야웨께서는 모압을 황무하게 만드실 것이요, 그 지도자들을 멸하실 것이다. 에돔과 모압을 향한 예언의 경우와 마찬가지로 모압을 향한 신탁의 성취 역시 그 상세한 내용을 알 길이 없다. 그러나 모압은 주전 6세기에 바벨론 군대에 함락당했다.[119]

유다를 향한 신탁(2:4-5)

예언자는 이스라엘의 이웃을 따라 남쪽으로 방향을 돌리면서 점점 자신의 고국을 향해 가까이 나아간다. 그는 유다의 임박한 심판을 선고한다. 이방 나라들이 하나님과의 계약 관계를 위반한 것처럼 유다도 하나님께서 시내산에서 자기 백성과 더불어 맺으신 모세 계약을 위반하였다. 아모스가 구체적으로 어떤 위반 행위를 염두에 두고 있는지는 확실치 않다. 4b절의 히브리어 본문을 문자적으로 읽으면 이렇다: "그의 조상들이 따라가던 거짓 것들이 그들을 미혹하였다." 대부분의 학자들은 이 "거짓 것들"을 거짓 신들이나 우상들로 이해한다. 이 히브리어 낱말이 히브리 성서의 다른 곳에서는 우상들이나 신들을 가리키지 않지만, "따라가다"는 표현은 몇몇 본문들에서 우상숭배를 가리키는 데 사용된다(예로써 신 6:14; 8:19; 13:3; 28:14; 삿 2:12를 보라). "거짓 것들"이 더 일반적으로는 거짓 예언들을 가리키기 때문에 다른 이들은 "거짓 것들"을 거짓 예언자들의 미혹하는 말들과 동일시하고자 한다.[120]

---

118) 위반자들에게 임할 저주를 포함하는 그러한 무덤 비문들의 사례에 대해서는 다음을 보라: Pritchard, *Ancient Near Eastern Texts*, 661-62.

119) Gerald L. Mattingly, "Moabites," in Hoerth, Mattingly, and Yamauchi, *Peoples of the Old Testament*, 328.

120) Andersen and Freedman, *Amos*, 301-6.

이스라엘을 향한 신탁(2:6-16)

심판 메시지는 이스라엘에 이르러 절정에 달한다. 당시에는 왕실 군사 관료들이 이스라엘을 다스렸다. 이 관료 집단이 늘어나면서, 그들은 점점 더 많은 땅을 갖게 되었고, 점차 경제와 법 체계까지 장악하기에 이르렀다. 그들은 다양한 행정 차원에서 뇌물과 다른 부정직한 행동들을 요청하였다. 중앙 행정부 밖의 일반 백성은 과도한 징세, 징병, 지나친 이율, 다른 압제적인 수단 등에 의하여 점점 토지 소유권을 박탈당하면서, 부동산과 생존 수단과 시민권 등을 잃게 되었다.

아모스는 이처럼 압제적인 행동들을 비난하였다. 그에는 채무자들을 종으로 팔고 가난한 자들의 소송 청구권을 인정하지 않는 등의 행동이 포함되었다(6b-7a절). 압제자들은 가난한 자들의 의복을 채무의 담보물로 취하였으며, 사람들에게서 포도주와 같은 형태로 세금을 걷어 들였다(8절).[121] 사실상 이러한 물품들을 가난한 자들에게서 강탈한 그들은 뻔뻔스럽게도 그것들을 희생제물을 드릴 때 함께 가지고 왔다. 8절이 "그들의 하나님"(즉, 야웨)을 가리키는지 아니면 "그들의 신들"(즉, 이방 신들)을 가리키는지는 확실치 않다. 만일에 전자가 옳다면, 본문은 위선이라는 죄를 염두에 두고 있는 것이 된다. 그리고 만일 후자가 옳다면, 본문은 그들이야말로 사회적인 불의와 우상숭배의 죄를 조성한 자들임을 암시하고 있는 것이 된다.

7b절이 어떻게 해서 예언자의 고발에 잘 맞아들어 가는지는 확실치 않다. 히브리어 본문을 문자적으로 읽으면 이렇다: "어떤 사람과 그의 아버지가 한 젊은 여인에게 가서 내 거룩한 이름을 더럽힌다." 대부분의 학자들은 이 진술을 아버지와 아들이 동일한 여자와 성관계 맺는 것을 가리키는 것으로 이해한다. 그리고 그 여자는 흔히 노예 아니면 압제당하는 극빈 계층의 일원

---

121) 이 구절들의 사회경제적인 배경에 대해서는 다음을 보라: Dearman, *Property Rights*, 19-25. 그러한 행동들은 열왕기하 4:1-7에서도 언급된다. 불법적인 의복 탈취에 대해 언급하는 성서 밖의 자료들에 대해서는 다음을 보라: Pritchard, *Ancient Near Eastern Texts*, 568; Simon B. Parker, *Stories in Scripture and Inscriptions* (New York: Oxford University Press, 1997), 15-18.

또는 제의 창기 등으로 이해된다. 그러나 " … 에게 가서"라는 히브리어 표현
(히브리어로는 '할라크 엘' 로서, '보 엘'[" … 에게로 오다"]이라는 관용구와
대조를 이룸)은 결코 히브리 성서의 다른 곳에서 성관계를 가리키는 데 사용
되지 않는다. 이 구절은 이방 종교의 '마르제아흐' 잔치를 가리킬 가능성이
더 높다. 이 제도는 아모스 6:4-7(렘 16:5-9도 보라)에서 언급되며, 고대 문
헌의 다른 곳에서도 언급된다.[122] '마르제아흐' 잔치는 일종의 종교적인 사교
클럽임이 분명하다. 그곳에서 부자 손님들은 아마도 죽은 자들을 위한 애곡
의식과 관련하여 과도하게 먹고 마시는 잔치를 가졌을 것이다. 바스타드
(Barstad)에 따르면, 이곳에 언급된 "젊은 여인"은 그러한 잔치의 여주인을
가리킨다.[123] 이 견해에 의한다면, 7b절은 성적인 난잡함을 가리킨다기보다
는 그러한 잔치에 참여하는 아버지와 아들을 가리킨다. 그들이 그러한 자리
에 참여했다는 것은 가난한 자들을 희생시키면서 즐기는 그들의 생활양식이
어떠한지를 잘 설명해주고 있으며, 그들이 쉽게 이교 풍습에 동화되었음을
분명하게 보여준다.

야웨께서는 자신의 고발을 마무리하기에 앞서 이스라엘의 과거를 다시 들
려주신다. 자기가 어떻게 그들을 이집트로부터 건져주었고, 광야를 지나는
동안에 어떻게 그들을 지켜주었는지, 그리고 어떻게 강한 아모리 군대를 괴
멸시킴으로써 이스라엘로 하여금 약속의 땅에 들어가게 했는지를 상기시키
면서 말이다(9-10절). 그는 또한 예언자들을 세우시고, 그들을 통하여 자신
의 뜻을 이스라엘에 드러내셨다. 그가 세우신 나실인들의 종교적인 서원(민
6:2-21을 보라)은 야웨를 향한 헌신의 모델이 되어 주었다(11절). 그러나 이
스라엘은 배은망덕한 모습을 보인다. 이스라엘 백성은 예언자들을 침묵시키
고자 애쓰며, 나실인들에게 포도주를 마심으로써 금욕의 맹세를 어기라고
부추긴다(12절). 범죄한 나라는 야웨께 무거운 짐이 되고 말았다. 그는 그들
의 무거운 죄의 짐 아래에서 신음하시는 분으로 묘사된다. 마치 수레가 무거

---

122) King, *Amos, Hosea, Micah*, 137-61. 킹은 여기서 아모스 6:4-7의 배경에 대
해서 논한다. 그러나 그는 아모스 2:7b를 이러한 배경 속에서 해석하지 않는다.

123) Hans M. Barstad, *The Religious Polemics of Amos* (Leiden: Brill, 1984),
33-36.

운 곡물 짐으로 눌려서 삐걱거리는 소리를 내는 것처럼 말이다(13절).[124]

이 모든 이유들로 인하여 하나님의 심판이 이스라엘에 임할 것이다. 야웨께서는 자신의 개입을 정식으로 선포하는 대신에 곧바로 심판의 결과들에 대한 묘사로 옮겨가신다. 14-16절은 일곱 개의 진술들을 포함하고 있는 바, 이들은 하나님의 심판이 철저하고 완전할 것임을 암시한다. 재빠른 보병이나 궁수들, 마병들을 포함하는 이스라엘 군대는 완전히 무너질 것이다.

난도질당한 양들과 깨뜨려진 제단들(3:1-15)

하나님께서 이집트의 속박으로부터 건져주신 이스라엘 백성은 세상 모든 나라들 중에서 특별한 지위를 부여받은 민족이었다. 야웨께서는 그들을 자신의 특별한 계약 백성으로 선택하셨다(1-2a절).[125] 그는 그들이 사회 정의를 특징으로 갖는 모범적인 공동체가 되기를 기대했다. 하나님의 계명들에 순종함으로써 그들은 열방 중에서 야웨와 그의 법을 위대하게 만들어야만 했다(신 4:5-8을 보라). 그러나 하나님의 백성은 실패했다. 그 까닭에 야웨께서는 그들의 죄를 심판하실 것이다(2b절). 많이 맡겨진 자에게서는 많은 것이 요구되기 때문이다.

다가올 심판에 대하여 묘사하기에 앞서 아모스는 먼저 자신의 메시지와 하나님의 예언적인 대변인으로서의 역할이 정당한 것임을 밝히고자 한다.

---

124) 13절의 의미는 대단히 이해하기가 어렵다. 나는 동사의 히필형이 자동사로 되어 있으며, 그 어근이 "신음하다"는 뜻을 가진 아랍어 동의어와 관련되어 있다고 보고 싶다. 이렇게 본다면 "곡물로 가득 찬 수레가 신음하듯이 나도 너희 아래에 짓눌려 신음한다"로 번역할 수 있을 것이다. 그러나 많은 주석가들은 이 진술을 이스라엘의 죄에 대한 설명으로 보기보다는 심판 선고로 이해한다(이러한 견해를 개관하기 위해서는 다음을 보라: Paul, *Amos*, 94). NIV("수레가 흙을 누름 같이 내가 너희를 누를 것이다")는 13절에 대한 이러한 이해를 그대로 반영하고 있다.

125) 히브리어 본문을 문자적으로 읽으면 이렇다: "오직 너희만을 내가 알았나니." 이것은 확실히 하나님이 오직 이스라엘만을 알고 있었음을 뜻하지 않는다. "알다"라는 동사는 여기서 "특별한 방식으로 인정하다"는 뜻을 가지고서 사용된다. 환유법으로 친다면 "선택하다"는 개념을 나타낸다고 볼 수 있다(NIV를 보라).

그는 원인과 결과의 원리를 분명히 세우는 일련의 수사학적인 질문들을 던진다. 3-5절의 질문들은 "아니, 당연히 그렇지 않다!"는 답변을 기대한다. 6a절의 질문은 "그래, 당연히 그렇다!"는 답변을 기대한다. 6b절의 질문(질문 목록의 일곱 번째 것)은 재앙이 성읍을 덮칠 때에도 원인-결과 원리가 그대로 적용된다는 점을 분명히 밝히고 있다. 재앙이 어떤 성읍에 임한다면 그 배후에는 원인자이신 야웨가 계신다. 이것은 아마도 아모스가 예언한 임박한 재앙을 가리킬 것이다. 비록 그것이 이미 그들에게 임한 심판을 가리키기도 하겠지만 말이다(4:6-11을 보라. 특히 모든 성읍에 임할 기근에 대한 6절의 언급을 보라.) 확실히 그 백성은 다가오는 야웨의 날을 근본적으로 잘못 이해한 까닭에(5:18-20을 보라) 자기들이 심판을 면할 것이라고 생각했다(9:10을 보라). 그러나 고대 이스라엘의 신정 공동체적인 틀에서 본다면, 죄의 결과로 인하여 재앙이 임할 것이요, 만일에 재앙이 임한다면 누구든 야웨께서 그렇게 하셨음을 확신할 수 있을 것이다.[126]

3-6절의 표상들은 신중하게 선택된 것들이다. 이 단락은 두 사람이 함께 걷는 모습과 더불어 시작한다. 그러나 이 평화로운 모습은 갑자기 사자들이 포효하고 새들이 덫에 걸리며 재앙이 성읍을 덮치는 모습으로 대체된다. 그러나 불길한 심판을 선포하시는 하나님께서는 자비로운 분이기도 하시며, 대체적으로 파멸을 내리기 전에 먼저 자신의 계획을 밝히신다. 그는 아모스와 같은 예언적인 종들을 통하여 그렇게 하신다(7절). 여기서 포효하는 사자로 묘사되는(8절; 1:2를 보라) 하나님께서 임박한 심판을 선포하시면, 그에 대한 올바른 반응은 두려움이다. 그 두려움은 본문의 흐름 속에서 본다면 회개를 의미한다. 예언자의 경우를 본다면, 그는 야웨께서 말씀하신 바를 선포하지 않을 수 없다(8절).

---

126) 6절은 하나님의 범인과율(pancausality)을 가르치는 것으로 이해되어서는 안 된다. 린트스트룀은 다음과 같이 말한다: "아모스 3,6b 본문의 의도는 청중들에게 야웨의 행동과 북왕국에 임할 재앙 사이의 관계를 인식시키는 데 있다 … 본문에는 예언자가 모든 재앙을 야웨께서 주도하신 것으로 보게 하려는 의도를 가지고 있음을 암시하는 내용이 전혀 없다." 이에 대해서는 그의 다음 책을 보라: Fredrik Lindström, *God and the Origin of Evil* (Lund: CWK Gleerup, 1983), 237.

자신이 하나님의 강제에 떠밀려 말하고 있음을 분명하게 밝힌 아모스는 야웨의 말씀을 선포할 준비가 되어 있다. 야웨께서는 조롱하는 투로 블레셋 족속(블레셋의 주요 도시들 중의 하나인 아스돗에 대한 언급을 보라)과 이집트 사람들을 사마리아 산지에 불러 모아 하나님의 백성 중에 있는 사회적인 불의를 목격하게 하신다(9절). 이 두 집단을 향해 초청장을 전달한 것은 적절한 것이다. 왜냐하면 그 둘은 전통적으로 하나님의 백성을 압제한 자들이기 때문이다. 그들은 확실히 이스라엘 공동체를 특징짓는 잔혹성을 즐거운 마음으로 바라볼 것이다. 이러한 초청은 통렬한 것이다. 그 까닭은 그것은 이스라엘 백성이 이 혐오스런 이방인들과 똑같은 도덕적인 품성을 가지고 있음을 암시하고 있기 때문이다(그것은 임신 중절을 반대하는 자들이 히틀러와 나치 일당을 초청하여 미국의 임신 중절 "병원들"에서 벌어지는 살인 행동을 바라보게 하는 것과도 같은 것이다. 이러한 수사학적인 기법은 그 "병원들"이 아우슈비츠의 가마솥과도 같은 것임을 강하게 암시한다.)

야웨께서는 부요한 압제자들의 탐욕을 비난하신다. 그들은 가난한 자들을 희생시켜 부를 축적한 자들이다(10절). 따라서 당연히 원수들이 그 땅을 덮칠 것이요, 그러한 부를 모두 가져가버릴 것이다(11절). 압제자들은 강탈당한다는 것이 어떤 느낌을 주는지를 직접 체험하게 될 것이다. 하나님의 심판은 사자가 양을 갈가리 찢어발기는 것에 비교될 만큼 파괴적인 것이다. 그런 일이 벌어지면, 목자는 사라진 양이 도적질당한 것이 아니라 정말로 죽은 것임을 고용주에게 입증하기 위해 뼈나 귀 조각을 건져내려고 애쓸 것이다(출 22:13을 보라). 하나님의 심판이 임한 결과 이스라엘은 그러한 짐승과 같이 될 것이다.[127]

블레셋 족속과 이집트 사람들에게 다시 말씀하시는 야웨는 그들에게 자기 백성을 대적하는 증인이 되어 달라고 청하신다(13절). 잔혹한 일에 전문

---

127) 히브리어 본문을 보면 이러한 아이러니가 특히 분명하게 드러난다. "건져내다"로 번역되는 동사는 종종 "구원하다"는 긍정적인 의미를 가지고 있지만, 여기서는 단순히 "구조하다"는 의미로만 쓰인다. 이스라엘은 다가올 심판으로부터 "구원받는" 것이 아니다. 단지 찢겨지고 조각난 남은 자만이 "구조될" 것이다.

가들인 그들은 확실히 이스라엘 사람들에게 불의가 있음을 알고 있다. 야웨께서는 그들을 증인의 자리에 놓으심으로써 그들이 도덕적으로 이스라엘보다 우위에 있음을 암시하신다.

야웨의 심판은 "벧엘의 제단들"을 겨냥할 것이다. 그 결과 그곳의 "뿔들"이 "꺾일" 것이다(14절). 이스라엘 백성은 벧엘이 아주 중요한 역할을 수행한 자기들의 종교적인 전승과 자기들의 종교적인 의례들이 심판으로부터 자기들을 지켜줄 것이라고 생각했다. 그러나 이처럼 놀라운 선언은 전혀 다른 결과를 암시한다. 벧엘은 자신의 영화로운 과거(창 28장을 보라)에도 불구하고 위선적인 종교 형식주의의 중심지였다(4:4를 보라). 그 까닭에 그곳은 다가올 심판에서 폐허가 될 것이다(5:5-6을 보라). 제단의 "뿔들"은 네 모퉁이에 튀어나오게끔 덧붙여진 것들이었다.[128] 도피처를 구하는 피난민들은 제단의 뿔들을 붙잡음으로써 정의와 안전을 부여받을 수 있었다(출 21:14; 왕상 1:50-51; 2:28을 보라). 야웨께서는 제단의 뿔들이 꺾일 것이라고 말씀하심으로써 이스라엘이 다가올 심판 앞에서 도피처를 전혀 구하지 못할 것임을 분명하게 밝히신다.

야웨께서는 또한 이스라엘의 부유층이 소유하고 있는 값비싼 집들을 파괴하실 것이다. 그들은 가난한 자들을 희생시켜 그 집들을 짓고 치장하였었다(15절). 이 집들은 상아 벽널을 가지고 있었고, 상아 세공을 포함하는 가구로 장식되어 있었다.[129] 부자들 중의 일부는 겨울 별장과 여름 별장을 가지고 있었다. 그것들은 고대 근동에서는 왕들에게만 한정된 사치품이었다.[130] 어떤 왕들은 두 개의 왕궁조차도 가지고 있지 못했다. 주전 8세기의 것으로 추정되는 서부 셈족의 한 비문에 의하면, 사말의 왕 바라캅은 자신의 전임자들이 한 개의 왕궁만을 가지고 있었다고 말한다. 그 왕궁은 겨울 별장과 여름 별장으로 동시에 사용되어야 했다.[131]

---

128) 그러한 제단의 모습을 위해서는 다음을 보라: King, *Amos, Hosea, Micah*, 103.

129) Ibid., 139를 보라.

130) Ibid., 64-65를 보라.

131) Pritchard, *Ancient Near Eastern Texts*, 501.

계속해서 죄를 범함(4:1-13)

부자들을 향한 언어 공격을 계속하는 예언자는 사마리아에 거주하는 부요한 관리들의 부인들에게로 방향을 돌린다. 그는 조롱하는 투로 그들을 "바산의 암소들"로 부른다. 요단 동편의 바산 지역에서 사육되는 가축 떼처럼(신 32:14; 시 22:12; 겔 39:18을 보라) 이 여인들은 남편들에 의해 호의호식하는 삶을 살고 있었다. 남편들은 그 땅의 가난한 자들을 착취함으로써 탐욕스런 아내들의 욕구를 충족시켜 주었다(1절). 물론 이러한 은유는 아이러니로 가득 차 있다.

왜냐하면 그것은 이 "바산의 암소들"이 살육으로 살쪄 있음을 뜻하기 때문이다. 예언자는 이와는 다른 은유를 사용하여 마치 물고기가 그릇에 담아져서 시장으로 보내지는 것처럼 이 여인들이 포로로 잡혀갈 때에 대해서 묘사한다(2-3절). 2b절의 정확한 의미가 확실치는 않지만, 폴은 다음과 같은 번역을 강력히 주장한다: "너희는 광주리에 담겨 옮겨질 것이다. 그리고 너희 중에 마지막 남은 자들조차도 어부의 그릇에 담겨 옮겨질 것이다."[132]

이처럼 조롱하는 어투는 야웨께서 범죄한 이스라엘에게 벧엘과 길갈로 가서 죄를 저지르라고 지시하는 데서 한층 강화된다(4a절). 물론 야웨께서는 자기 백성이 범죄하는 것을 원치 않으신다. 그러나 그는 여기서 통렬한 풍자를 사용하여 자신의 뜻을 밝히신다. 이스라엘 백성은 벧엘이나 길갈 같은 전통적인 예배 중심지들을 방문하여 하나님께 제사 드리기를 좋아하였다(4b-5절). 그들은 이러한 종류의 종교적인 의례가 하나님의 은총을 촉발할 것이요, 그의 복을 보증해줄 것이라고 생각했다. 그러나 야웨께서는 그러한 행동들을 "죄"로 규정하고서는, 그들의 종교가 공허하고 위선적일 뿐임을 분명하게 밝히신다. 그들이 자기들의 불의한 사회경제적인 행동들을 버리지 않는 한, 야웨께서는 자기를 섬기려는 그들의 노력을 거부하실 것이다(5:21-24를 보라).

야웨께서는 이어서 이스라엘의 주의를 끌려는 자신의 노력이 실패했음을

---

132) Paul, *Amos*, 128-35.

회상하신다(6-11절). 모세의 율법은 계속적인 불순종이 기근과 굶주림과 수확 실패와 메뚜기 떼와 전염병과 군사적인 패배 등의 형태로 나타나는 심판을 가져다줄 것이라고 경고한 바가 있다(레 26장과 신 28장을 보라). 야웨께서는 이 모든 심판들을 그 땅 위에 내리셨다. 그러나 그 백성은 회개하기를 거부하였다.

이제 이스라엘의 하나님과 그의 범죄한 백성이 직접 만나야 할 때가 되었다(12절). 그는 심판을 통하여 자신이 직접 개입할 것임을 선언하신 후에 이스라엘에게 "네 하나님 만나기를 준비하라"고 명하신다. 예언자는 이어서 이스라엘이 만나기로 약속한 이 하나님에 대해서 묘사한다(13절). 그는 산들과 바람을 창조하신 분이다. 아마도 산들은 유형적이거나 안정적인 것을 대표할 것이다. 반면에 바람은 무형적이거나 일시적인 것을 대표할 것이다. 이둘은 똑같이 현실 전체를 대표하는 것들이다.[133] 이 주권적인 창조주는 심판관으로 세상 역사에 개입하신다. 그는 심판의 때에 오시기 전에 자신의 계획을 예언자들을 통하여 드러내신다.[134] 그 후 그는 폭풍을 타고 내려오실 것이요, "땅의 높은 곳을" "밟으시면서" 밝은 새벽을 불길한 어둠으로 바꾸신다.[135] 이 표상은 폭풍우를 동반한 바람을 상징하는 것으로서, 하나님의 임재를 가리는 역할을 수행하며(시 18:9, 11을 보라), 산꼭대기를 따라 움직인다. 예언자는 심판관이신 하나님의 이름("전능하신 하나님"; 문자적으로는 "만군의 하나님 야웨")을 밝힘으로써 그에 관한 묘사를 마무리한다. "만군의(또

---

133) Ibid., 154.

134) "그는 자기 생각을 사람에게 드러내신다"는 진술은 아마도 자신의 계획을 드러내시는 하나님의 계시를 가리킬 것이다. 그것은 초기 예언에 분명하게 언급된 주제이다(3:7을 보라). 그러나 어떤 이들은 대명사 "그의"가 "사람"을 가리킨다고 이해한다. 이렇게 본다면, 그 진술은 사람의 생각을 읽으시는 하나님의 능력을 언급하고 있는 것이 된다.

135) 히브리어 본문의 의미는 확실치 않다. 그것을 문자적으로 읽으면 이렇다: "그는 새벽도 어둠도 만드신다." 또 다른 견해는 본문을 이렇게 읽는다: "그는 새벽과 어둠을 만드신다." 이렇게 본다면, 13절의 이 진술은 야웨야말로 생명/복(새벽에 의하여 상징되는)의 근원이요, 죽음/심판(어둠에 의해 상징되는)의 근원이심을 상기시켜 주는 역할을 수행한다.

는 군대들의) 하나님"이라는 호칭은 특이 이곳 문맥에 잘 들어맞는다. 왜냐하면 그것은 야웨를 자신의 군대를 전쟁터로 이끄시는 강한 전사로 묘사하고 있기 때문이다.

어떤 학자들은 하나님께서 "내가 이와 같이 네게 행하리니"라고 말씀하시기는 해도(12절), 앞으로 무슨 일을 할 것인지에 대해서 구체적으로 묘사하지 않으신다는 사실에 당혹감을 느낀다. 이 진술은 3:11-15에 예언된 심판을 회상하는 것일 수도 있다. 아니면 다음 예언에 묘사되어 있는 황무함을 예견하는 것일 수도 있다. 그러나 야웨께서 수사학적인 효과를 노리기 위하여 그 진술을 마무리하지 않은 채로 두셨을 가능성도 있다. 청중으로 하여금 두려운 마음으로 심판이 어떤 결과를 초래할 것인지를 생각할 수 있도록 말이다.[136]

죽음이 바로 앞에 와 있음(5:1-17)

하나님의 심판이 가져다줄 파괴적인 결과들을 예견하는 예언자는 이스라엘을 위해 애가를 짓는다. 이 애가에서 그는 이스라엘을 엎드러져서 다시는 일어나지 못할 무기력한 젊은 여인에 비교한다(1-2절). 이 비극적인 이미지는 완전한 여인이 되려는 시기에 자기 생명을 갑자기 빼앗기는 한 여인에 대해서 묘사하고 있다. 이 이미지의 배후에는 90% 비율의 사상자를 내게 될 참담한 군사적 패배의 현실이 가로놓여 있다(3절).

임박한 파멸 앞에서도 하나님의 자비는 분명하게 그 모습을 드러낸다. 심판을 위해 오시기 전에 야웨께서는 이스라엘에게 회개할 것을 요청하신다(4-6절). 그는 자기 백성에게 자기를 찾음으로써 살 것을 촉구하신다. 그렇게 하는데 실패한다면 하나님의 불 같은 심판이 그 땅 위에 임하는 것을 피

---

136) 이와 관련해서는 ibid., 149-50을 보라. 앤더슨과 프리드만(*Amos*, 450-52)은 1인칭 동사 형태를 과거완료 형태로 이해하고서, 다음과 같이 번역한다: "그러므로 이스라엘아, 내가 이와 같이 네게 행하였다. 내가 이것을 행할 것이기 때문에[또는 그렇게 하는 한], [그리고 너희가 내게로 돌아오지 않았기 때문에] 너희 하나님 만날 준비를 하여라." 이 경우에 그 동사는 4:6-11에 묘사되어 있는 심판을 가리킨다.

하지 못할 것이다.

이스라엘 백성은 "나를 찾으라"는 하나님의 말씀을 듣지만 그 땅의 잘 알려진 성소들, 이를테면 벧엘이나 길갈 또는 브엘세바 같은 곳들 중의 한 성소로 방향을 돌린다. "하나님의 집"을 뜻하는 벧엘은 하나님을 만날 것으로 기대되는 필연적인 장소이다. 바로 이곳에서 하나님은 자신을 이스라엘 민족의 조상인 야곱에게 드러내셨고(창 28장을 보라), 그 조상의 이름을 이스라엘로 정식으로 바꾸어 주셨던 것이다(창 35장을 보라). 이스라엘이 여호수아 시대에 요단강을 건넌 후 처음으로 진을 친 곳인 길갈(수 4:19-24를 보라)은 이스라엘 자손의 새로운 세대가 할례 의식을 행한 곳이요, 하나님께 헌신을 다짐한 곳이다(수 5장을 보라). 유다 지역의 먼 남쪽에 위치한 브엘세바도 종교적으로 중요한 의미를 갖는 곳이었다. 왜냐하면 바로 이곳에서 아브라함이 하나님을 섬겼고(창 21:33을 보라), 하나님께서 이삭(창 26:23-25)과 야곱(창 46:1-4)에게 자신을 드러내시고서는 자신의 약속을 그들에게 다시 말씀하셨기 때문이다.

그러나 하나님은 이스라엘의 종교적인 의례들에 관심이 없다(4:4-5를 보라). 사실 이스라엘 백성이 회개하지 않는다면, 이 유명한 성읍들도 그 땅의 나머지 지역들과 마찬가지로 하나님의 심판을 겪게 될 것이다. 아이러니컬하게도 이스라엘의 그 땅 소유를 상징하는 길갈의 거주민들조차도 포로로 잡혀가게 될 것이다. 히브리어 본문은 '하길갈 갈로 이글레'로 읽는다: "길갈이 반드시 사로잡혀갈 것이다." "반드시 사로잡혀갈 것이다"('갈로 이글레')라는 진술은 길갈이라는 이름과 비슷하게 들린다. "g"소리와 "l" 소리의 반복은 이 진술에 관심을 갖게 만든다. 벧엘조차도 하나님의 심판을 피하지 못할 것이다. 아이러니컬하게도 "하나님의 집"은 이제 "폐허가 되고" 말 것이다.

야웨께서 원하시는 것은 종교적인 의례가 아니라 진정한 회개이다. 그것은 "선"을 구하고 사랑하며 "악"을 버리는 행동을 수반한다(14-15절). 4-5절을 14-15절과 서로 연결시켜 보면, 야웨를 구하는 것이 무엇보다도 그의 도덕적인 의지를 따르는 것임을 금방 알 수 있다. 더 구체적으로 표현하자면, 야웨를 구하는 것은 그 땅에 사회경제적이고 법적인 정의를 다시 세우는 것을 의미한다. 부요한 왕실 관리들은 농부들에게서 지나치게 무거운 세금을 걷었다(11a절). 재판관들은 호의적인 결정을 내리는 조건으로 뇌물을 받았으며(12절), 정의를 왜곡시켜 희생당하는 자들에게 대하여 그것을 혐오스럽고 쓴 것으로 만들어버렸다(7절). 감히 공평함을 대변하려고 애쓰는 자들은 누구나 멸시를 받았다(10절). 상황이 이토록 악화되었기에 생각 있는 사람이라면 누구나 다른 길을 찾아 침묵을 지킬 수밖에 없었다(13절). 물론 야웨와 그의 예언자 아모스를 제외하고 말이다.

아모스는 찬양 서술 문체를 사용하여, 다시금 범죄한 이스라엘에게 자기들이 자연계의 순환을 다스리시는 최고의 왕과 더불어 약속한 것이 있음을 상기시킨다(8절). 묘성과 삼성이라는 두 별은 계절의 변화와 관련되어 있다.[137] 8절은 이렇듯이 하나님을 계절을 확립시키시고 낮과 밤의 순환을 조정하시며 적절한 시기에 비를 내리시는 분으로 묘사한다. 확실히 이 최고의 왕은 교만한 죄인들을 멸하시고 그들이 창조한 불의한 사회를 뒤집을 권세와 힘을 소유하고 있다(9절). 이 최고의 심판관은 가난한 자들을 희생시킨 대가로 얻은 "돌로 지은 저택들"과 "화려한 포도원들"을 부자들에게서 빼앗겠다고 위협하신다(11b절). 그는 그 땅을 지나다니시면서 그 가는 길에 죽음과 슬픔을 안겨주실 것이다(16-17절).

이스라엘의 유일한 희망은 야웨의 회개 촉구에 귀를 기울이는 것이다. 만일에 이스라엘 백성이 회개한다면, 그들은 하나님의 자비를 맛볼 수 있을 것이다(15b절). 그러나 야웨의 호소(4-5절)에도 불구하고 하나님의 은혜는 15절에서 보듯이 보증으로서가 아니라 하나의 가능성으로만 남아 있을 뿐이다(15b절의 "혹시"라는 표현을 주목하라). 이스라엘은 너무도 깊이 죄에 빠진 까닭에, 조금이라도 더 지체한다면 하나님께서 조금 열어 놓으신 문이 결국은 닫혀버릴 것이다.

어떤 학자들은 8-9절이 7장과 10장의 고발과 비판에 잘 어울리지 않으며 그 흐름을 방해한다고 보아, 8-9절이 처음부터 이 문맥에 들어 있지 않았을 것이라고 주장한다. 그러나 이 주장은 주요 논점을 교묘하게 피해가고 있다.

---

137) Paul, *Amos*, 168.

왜냐하면 누군가는(그들이 보기에는 후대의 편집자) 하나님에 대한 이러한 찬양 서술이 이곳에 잘 어울린다고 판단했음이 분명하기 때문이다. 사실 이 절들의 어색함 자체가 사람들의 관심을 끌고 있으며, 그 안에 담긴 내용을 강조하는 효과를 갖는다. 더 나아가서 몇몇 학자들이 주장한 것처럼, 이 말씀은 8-9절을 중심축으로 하는 교차대구법 형태로 배열되어 있다.

우리는 5장의 이러한 구조를 다음과 같이 정리할 수 있다:

A 이스라엘의 파멸은 애가를 지어 부를 만한 것이다(1-3절).
  B 심판이 임박했으므로 이스라엘 백성은 회개해야 한다(4-6절).
    C 그리고 그들은 불의한 죄를 범하였다(7절).
      D 그들은 심판관이신 하나님을 만날 것이다(8-9절).
    C 이스라엘 백성은 불의한 죄를 범했으며, 심판이 임박해 있다
      (10-13절).
  B' 그 까닭에 그들은 회개해야 한다(14-15절).
A' 하나님의 심판은 대대적인 탄식을 초래할 것이다(16-17절).

이러한 대칭 구조는 두 번째 부분을 다소 반복적인 것으로 만들지만, B와 A' 요소는 제각기 B와 A의 요소들을 한층 명료하게 만들어준다. C 부분은 C에 언급된 불의(7절을 보라)를 한층 상세하게 설명해준다(19-13절을 보라). 반면에 B' 부분(14-15절)은 야웨를 구한다는 것이 무엇을 뜻하는지를 더욱 명료하게 만들어준다(4-6절의 B 부분은 단지 야웨를 구하는 것과 반대되는 것만을 보여준다). A' 요소는 예언자의 탄식(A 부분에 있는 1절을 보라)을 공동체의 구성원 전체에 확대시킨다(16-17절). 우리는 이러한 내용의 내적인 논리를 다음과 같이 정리할 수 있다:

A 죽음이 아주 가까이에 있다(1-3절)!
  B 너희는 회개할 필요가 있다(4-6절).
    C 그 까닭은 너희가 하나님 앞에 죄를 범하여 파멸을
      당할 것이기 때문이다(7절).

     D 그는 전능하신 최고의 재판관이시다(8–9절)!

     C 너희는 그 앞에서 죄를 범하여 파멸을 당할 것이다(10–13절).

    B' 그러므로 너희는 회개할 필요가 있다(14–15절)!

 A' 그렇지 않을 경우 죽음이 아주 가까이에 와 있을 것이다(16–17절).

이스라엘의 장례식(5:18-27)

16–17절은 대대적인 슬픔과 탄식에 대해서 묘사한다. 다음에 이어지는 두 개의 메시지(5:18; 6:1을 보라)가 매우 적절하게도 "화 있을진저!"라는 낱말과 더불어 시작한다. 이 용어는 고대 이스라엘에서 장례식 때 외치는 탄식의 소리를 나타내는 데 사용된다(왕상 13:30; 렘 22:18-19를 보라). 사실 이 낱말의 또 다른 형태는 16절에 나온다. NIV는 그것을 "고통의 외침"으로 번역한다. 아모스의 청중이 이 말을 들었을 때, 그들의 마음속에는 죽음의 이미지가 떠올랐음에 틀림이 없다. 예언자는 자신의 메시지 서두에 이 낱말을 사용함으로써 반역하는 민족의 장례식이 임박했음을 암시하고 있다.

앞서 언급한 바와 같이, 아모스 시대의 이스라엘은 야웨의 날이 오기를 고대하고 있었다. 그들은 그날이 야웨께서 주변 나라들을 물리치실 영화로운 날일 것이라고 기대했다. 그리하여 마침내 이스라엘을 위한 새로운 번영의 시대가 열리리라는 것이다. 참으로 이 시기의 이스라엘 왕이었던 여로보암 2세는 이스라엘의 운명을 소생시키기 시작했으며, 야웨의 승인을 받아 그와 관련된 놀라운 성공을 거두었다(왕하 14:25-28을 보라). 그러나 아모스가 분명히 밝힌 바와 같이, 하나님의 새로운 복이 임할 이 시대는 금방 지나가버릴 것이다. "야웨의 날"이 오고 있지만, 이스라엘에게 있어서 그날은 구원의 밝은 날이 아니라 피할 수 없는 파멸의 어두운 날이 될 것이다(18, 20절). 이 점을 분명하게 보여주기 위하여 예언자는 이스라엘을 위험스런 사자에게서 벗어났으나 똑같이 위험스런 곰을 만날 수밖에 없었던 한 남자에 비유한다. 그는 곰을 피하여 한 집안으로 뛰어들어가 한숨 돌리려고 벽에 기대지만, 뱀에게 물리고 만다(19절). 이와 마찬가지로 이스라엘도 심판의 날을 피하지 못할 것이다.

야웨께서는 초기의 예언 메시지에서 도입된 주제들을 발전시켜 위선적인 이스라엘의 종교적인 형식주의와 무의미한 의례들을 강한 어조("내가 미워하노라, 내가 멸시하노라"라는 표현을 주목하라)로 비판한다(21-23절; 4:4-5; 5:5를 보라). 앞의 예언에서 아모스는 이스라엘 백성이 정의를 대변하는 자들을 미워하는 것을 비난하면서, 그들에게 도리어 자기들의 악한 길들을 "미워할" 것을 촉구한 바가 있다(5:10, 15을 보라). 이제 야웨께서는 자기가 그들의 종교적인 형식주의를 미워하신다고 선언하신다(5:21). "미워하다"는 동사의 반복은 그들의 죄와 그에 대한 하나님의 응답이 일치하고 있다는 데 관심을 기울이게 만든다. 그들은 사회 정의를 미워한다. 마찬가지로 하나님도 그들의 위선적인 종교 — 윤리적인 삶을 잘못 대신하고 있는 — 를 미워하신다. 하나님은 이스라엘의 제사를 원치 않으신다. 도리어 그는 그들이 온 땅에 정의를 세우고 증진시키기를 원하신다(24절; 5:15를 보라). 그냥 시늉하는 것만으로는 안 된다. 정의가 그 땅의 영원한 특징이 되게 하지 않으면 안 된다. 뜨거운 날씨에는 말라버리는 건천과는 달리 강물이 계속해서 흐르는 것처럼 말이다.

야웨께서는 그들의 희생제사가 얼마나 비효율적이었는지를 입증하기 위해 역사로부터 배우는 교훈을 활용하신다(25절). 그는 광야유랑 시절을 생각하시면서 다음과 같이 물으신다: "이스라엘 족속아, 너희가 사십 년 동안 광야에서 희생과 소제물을 내게 드렸느냐?" 이 질문은 부정적인 답변을 기대하고 있는 것으로 보인다. 이스라엘이 이 기간 동안에 하나님께 희생제사를 드렸음을 오경이 분명하게 밝히고 있는 까닭에, 이 질문은 한 가지 문제를 제기한다. 어쩌면 그 질문은 과장법을 사용함으로써 그 나름의 효과를 얻으려고 한 것인지도 모른다. 모세가 이스라엘에게 희생제사와 제물에 관한 무수한 법들을 주었음에도 불구하고, 희생제사 제도 자체는 이스라엘 백성이 가나안 땅에 정착할 때까지는 충분히 완성되지 못했을 것이다. 희생제사는 중요하기는 하지만 결코 하나님과 그의 백성 사이에 있는 관계의 본질을 구성하지 않는다. 순종을 통해 표현되는 충성이야말로 항상 최고의 우선순위를 가지고 있는 것이다. 희생제사는 하나님께 헌신하고 그의 도덕적인 의지에 순종하는 자에 의해 드려질 때에만 의미가 있다.[138] 우리는 이 질문을 다음과 같이 풀어쓸 수 있다: "너희는 내게 희생과 소제물만을 드렸느냐?" 이 질문은 "아니다, 나는 그것들 외에도 더 근본적인 것, 곧 순종을 요구하노라"라는 답을 함축하고 있다.

또 다른 가능성은 25절의 질문을 다음 절에 종속되는 것으로 보아 다음과 같이 번역하는 것이다: "이스라엘 족속아, 언제 너희가 사십 년 동안 광야에서 희생과 소제물을 내게 드린 적이 있느냐? 너희가 너희 왕 식굿과 기윤과 너희 우상들 … 을 들고 갔었느냐?"[139] 이렇게 본다면, 본문의 요점은 다음과 같이 풀어쓸 수 있다: "너희는 희생제사가 너희 역사의 처음부터 시작된 것이기에 그것이 중요하다고 생각한다. 그런데 너희가 당시에 희생제사를 드릴 때 지금 그러는 것처럼 우상들도 숭배하였더냐? 그렇지 않다! 그것이 너희와 나 사이에 있는 관계의 근본적인 일부를 구성하고 있기는 해도, 너희의 희생제사는 너희의 우상숭배 때문에 너희에게 아무런 도움도 주지 못할 것이다."

물론 모든 학자들이 26절이 과거를 돌이켜보고 있다고 생각하지는 않는다. 많은 학자들은 그것을 27절과 결합시키고서는, 그것을 예언적인 본문으로 이해한다. 이렇게 본다면, 26절은 다음과 같이 번역할 수도 있을 것이다: "너희가 너희 왕 식굿과 기윤과 너희 우상들 … 을 들 것이요, 나는 너희를 포로로 잡혀가게 할 것이다." 이스라엘의 우상들은 그들을 하나님의 심판으로부터 건져내지 못할 것이다. 그러나 이스라엘 백성이 포로로 잡혀갈 때조차도 이 거짓 신들을 향한 그들의 열심에는 흔들림이 없을 것이다.

우리가 26절을 과거 지향적인 것으로 보든 아니면 미래 지향적인 것으로 보든 관계없이 분명한 것은 이스라엘의 예배가 위선적인 형식주의를 특징으

---

138) 예레미야 7:21-23은 이 본문과 같은 의견을 제시한다. 다음의 설명들도 보라: Paul, *Amos*, 193-94; Jeffrey Niehaus, "Amos," in *The Minor Prophets: An Exegetical and Expositional Commentary*, ed. T. E. McComiskey, vol. 1 (Grand Rapids: Baker, 1992), 433; Yehezkel Kaufmann, *The Religion of Israel*, trans. M. Greenberg (Chicago: University of Chicago Press, 1960), 365; Roland de Vaux, *Ancient Israel*, 2 vols. (New York: McGraw-Hill, 1965), 2:428.

139) Thomas J. Finley, *Joel, Amos, Obadiah* (Chicago: Moody, 1990), 253-54.

로 가지고 있을 뿐만 아니라 우상숭배적이기까지 하다는 점이다. 26절은 두 신들을 언급하고 있다. 식굿과 기윤이 그렇다. 식굿은 우가릿에서 발견된 신들의 목록에서 닌우르타(Ninurta)와 동일시되고 있는 메소포타미아의 한 신이다. 그리고 기윤은 토성과 관련된 또 다른 메소포타미아의 신이다.[140] 이 이름들의 모음을 바르게 발음한다면 제각기 삭굿(Sakkuth)과 가야마누 (Kayyamanu)이다. 이 두 이름은 히브리어 본문에서 "i-u" 모음 유형을 따르고 있다. 이는 아마도 '쉬쿠츠'("가증스런 것")와 '길룰'("우상")의 모음 유형을 모방하려는 의도에서 비롯되었을 것이다.[141]

국외 추방과 패배(6:1-14)

유다와 예루살렘의 부요한 왕실 관리들을 상대로 하는 또 다른 "화" 신탁이 뒤이어 나타난다(1절). 아모스의 사역과 메시지가 북왕국에 초점을 맞추고 있는 까닭에(6, 14절을 보라), "시온"(예루살렘)에 대한 1절의 언급은 후대에 예언자의 메시지를 남왕국 청중들에게 맞게끔 각색한 결과일 가능성이 있다. 그러나 다가올 심판은 유다를 포함할 것이다(2:4-5를 보라). 따라서 시온에 대한 언급은 당연히 본래적인 것이다.[142]

자기만족에 빠진 이들 지도자들은 안전함을 느끼고 있기에 다가오는 심판은 안중에도 없다(2-3절). 2절은 이 지도자들이 자기 백성들에게 말한 내용의 인용 부분을 포함하는 것일 수도 있다(1b절).[143] 이렇게 본다면, 2절에 있는 수사학적인 질문들은 다음과 같은 것들로 이해될 수 있다: "그들[갈레, 하맛, 가드]이 이 나라들[유다와 이스라엘]보다 더 나으냐? 그렇지 않다! 그들의 영토가 너희의 영토보다 더 넓으냐? 그렇지 않다!" 유다와 이스라엘의 지도

---

140) Paul, *Amos*, 194-97.

141) Ibid., 196; Andersen and Freedman, *Amos*, 533.

142) Ibid., 199-200; Andersen and Freedman, *Amos*, 553-59.

143) 다음의 주석이 이러한 견해를 지지한다: David A. Hubbard, *Joel and Amos*, TOTC (Downers Grove, Ill.: InterVarsity, 1989), 190-91.

144) 갈레와 하맛은 이스라엘의 북북동쪽으로 멀리 떨어져 있는 시리아 지역의 나라들을 가리킨다. 반면에 가드는 블레셋에 속한 나라이다.

자들이 관계되는 한, 이 다른 나라들은 더 하급에 속한 나라들을 일컫는다.[144] 그러나 2절이 그 지도자들의 말임을 나타내는 도입부의 진술이 전혀 없는 까닭에, 많은 학자들은 2절을 예언자가 지도자들에게 하는 조롱의 말로 이해한다. 결국 예언자는 1절과 3절에서 직접 말하는 자로 나타나는 셈이다. 이렇게 본다면, 2절의 수사학적인 질문들은 다음과 같이 이해될 수 있다: "너희[유다와 이스라엘]가 이 나라들[갈레, 하맛, 가드]보다 더 나으냐? 그렇지 않다! 너희는 그들과 마찬가지로 정복당할 것이다! 그들의 영토가 너희 영토보다 더 넓으냐? 그렇지 않다! 그와 마찬가지 방식으로 너희 영토가 줄어들 것이다."[145] 그러나 이러한 해석은 이 다른 나라들이 이미 정복되었음을 전제하고 있는 것으로 보인다. 아마도 예언자는 주전 9세기의 살만에셀 3세 때 있었던 앗수르의 원정을 염두에 두었을 것이다.[146] 이 나라들은 또한 더 나중인 주전 8세기의 디글랏빌레셀 3세에게 정복당했을 것이다. 아모스의 예언 활동이 끝난 후에 말이다. 이 때문에 많은 학자들은 2절이 후대에 지금의 본문에 추가된 것이라고 본다.

이스라엘의 부요한 행정 관리들은 다가오는 재앙을 무시하고서, "온갖 사치를 부리면서 지내기"를 좋아한다(4-6절).[147] 그들은 상아 침대에서 빈둥거리며, 고기를 먹으면서 음악을 듣고, 보통은 희생제사에 쓰이는 큰 그릇에 포도주를 담아 마신다. 여기에 묘사되어 있는 축제들은 아마도 이방의 종교적인 잔치들을 가리킬 것이다.[148]

그 잔치들은 머잖아 갑자기 끝날 것이다(7절). 적군(앗수르 군대)이 그 땅을 침공하여 이 유명한 시민들을 사로잡아갈 것이기 때문이다. 아모스는 하

---

145) Finley, *Joel, Amos, Obadiah*, 263.

146) Paul, *Amos*, 203.

147) "요셉의 환난"이라는 구절(6절)은 이스라엘에 임할 심판을 가리키거나 관리들의 불의한 행동에 의해 초래된 이스라엘의 사회 분열을 가리킬 것이다.

148) '미르자흐'("잔치하다")라는 히브리어 낱말(7절)의 용례는 이 잔치들이 '마르제아흐' 제도와 관련되어있을 것이라는 암시를 준다(암 2:7에 대한 필자의 설명을 보라). 보다 상세한 논의를 위해서는 다음을 보라: Barstad, *Religious Polemics of Amos*, 127-42; King, *Amos, Hosea, Micah*, 137-61.

나님의 심판이 적절한 것임을 강조하기 위해 일종의 말놀이 기법을 사용한다. 부요한 관리들은 자기들을 탁월한(히브리어로 '레쉬트,' 1절) 민족의 통치자들로 간주하면서, 최고의(다시 히브리어로 '레쉬트', 6절) 화장품을 사용한다. 그들의 태도는 "최고에게는 최고의 것만을"이라는 원리를 따르고 있는 것으로 보인다. 그 까닭에 야웨께서는 당연하게도 그들에게 특별한 자리를 마련하여, 그들로 하여금 포로민들의 가장 선두에서 사로잡혀가게 하실 것이다. 그들이 가장 선두(히브리어로 '로쉬,' 7a절; 이 낱말은 '레쉬트'["최초의, 최고의"]와 동일한 어근으로부터 비롯된 것임)에 서서 사로잡혀가야 한다는 것은 정말 적절한 일이다. 왜냐하면 그들이 하나님께 순종하지 못한 것이야말로 이스라엘의 멸망에 가장 크게 기여한 원인으로 작용했기 때문이다. 예언자는 또한 시적인 재능을 가미하여 그들의 "빈둥거림"(히브리어로는 '세루힘,' 7b절)이 "끝날"(히브리어로는 '사르,' 7b절) 것이라고 선언한다. 이 말놀이(두 낱말이 똑같이 "s-r"로 이어지는 음을 가지고 있음)는 7b절의 이 진술에 관심을 갖게 만들며, 시적인 정의라는 주제를 세우는 데 기여한다.[149]

야웨께서는 엄숙한 맹세 양식을 사용하여 이스라엘의 교만함을 비난하시며, 사마리아를 대적에게 넘기겠다고 선언하신다(8절). 하나님께서 선포하신 파괴적인 심판은 대대적인 죽음과 파멸을 가져다줄 것이다(9-11절). 소수의 생존자들은 죽은 자들을 장사지내려고 할 때 야웨의 이름을 부르지 않으려고 조심할 것이다. 그것이 또 다른 하나님의 진노를 촉발할까 두려워서 말이다.

야웨께서는 이스라엘의 정의 왜곡을 드러내심으로써 다시금 문제의 근원을 파헤치고자 하신다(12절). 12절의 첫 번째 부분은 아마도 다음과 같이 번역되어야 할 것이다: "말들이 바위 위에서 달리느냐? 사람들이 소를 가지고서 바위를 쟁기질하느냐?"[150] 이 두 질문은 익살스러우면서도 별스러운 이미

---

149) Miller, *Sin and Judgment*, 23.

150) 히브리어 본문을 문자적으로 읽으면 이렇다: "말들이 바위 위에서 달리느냐? 아니면 사람들이 소를 가지고서 쟁기질을 하느냐?" 첫 번째 질문은 "물론 그렇지 않다"는 답을 기대한다. 반면에 두 번째 질문은 긍정적인 답변을 기대하는 것으로 보인다: "그렇다. 사람들은 흔히 소를 가지고서 쟁기질을 한다." 시적인 평행법이나 2절 후반부가 똑

지들을 보여주며, "물론 아니다!"라는 답변을 기대한다. 두 질문에 포함되어 있는 행동들은 누가 보아도 불합리한 것이다. 그런데도 이스라엘은 정의를 왜곡시킴으로써 법적인 영역에서 이와 똑같이 불합리한 일을 저질렀다. 왕궁은 강한 자들이 약한 자들을 착취하는 곳이 되고 말았다.

이스라엘 공동체가 분열의 위기를 겪고 있음에도 불구하고, 이스라엘은 최근에 있었던 여로보암 2세 치하의 군사적인 승리들에 도취되어 있다(왕하 14:25, 28을 보라). 그들은 자기들이 카르나임(Karnaim)을 정복했다고 자랑한다. 카르나임이라는 이름은 "두 개의 뿔을 가진" 또는 "두 개의 뿔"이라는 뜻을 가지고 있다(개역은 "뿔들"로 번역함: 역자 주). 야생 소의 뿔은 종종 힘의 상징으로 사용되기 때문에(신 33:17을 보라), 이스라엘 백성은 이 승리가 자기들의 군사력을 특히 잘 보여주었다고 생각했음에 틀림이 없다. 그러나 야웨께서는 그 이름들의 의미를 가지고서 장난을 치실 수도 있다. 그는 그들이 또한 로 데바르("무"[nothingness]를 뜻하는 이름임)에서의 승리를 기뻐했음을 지적하신다. 야웨가 관련되는 한, 이 모든 자랑은 공허한 자랑에 지나지 않는다. 왜냐하면 이스라엘은 오래도록 중요한 의미를 갖는 일을 도무지 성취한 바가 없기 때문이다. 원수의 침략군이 북쪽으로부터(하맛 어귀) 남쪽에 이르기까지(아라바 골짜기) 그 땅 전체를 순식간에 휩쓸 것이요, 이스라엘의 군사적인 업적을 빠른 속도로 없애버릴 것이다(이와 관련하여 왕하 14:25를 보라).

하나님의 인내심이 바닥남(7:1—8:3)

아모스는 이어서 자신이 야웨께로부터 받은 일련의 네 가지 환상에 대해

같이 불합리한 두 번째 질문을 필요로 하고 있다는 것은 분명하다. 이 때문에 많은 학자들은 히브리어 본문을 다시 분할하여 '바베카림'("[사람들이] 소를 가지고서 [쟁기질을 하느냐?]")을 '바바카르 얌'("[사람들이] 소를 가지고서 바다를 [쟁기질하느냐?]")으로 수정한다. 또 다른 견해는 "바위"라는 낱말이 두 번째 행에 암시되어 있다고 본다: "말들이 바위 위에서 달리느냐? 사람들이 소를 가지고서 [바위를] 쟁기질하느냐?" NIV의 번역은 이러한 해석을 밑바닥에 깔고 있다.

서 기록한다. 아모스와 제사장 아마샤의 적대적인 만남에 관한 이야기는 세 번째 환상과 네 번째 환상 사이에 삽입되어 있다. 첫 번째 환상과 두 번째 환상의 구조는 비슷하다:

> 환상에 관한 묘사(7:1, 4)
> 아모스의 답변(7:2, 5)
> 야웨의 반대 답변(7:3, 6)

이 두 환상은 영화의 장면들과도 같다. 그 땅의 파멸을 두려움에 사로잡힌 어조로 상세하게 묘사하고 있기 때문이다. 첫 번째 환상에 의하면, 메뚜기 떼가 그 땅의 농작물을 다 삼킬 것이요, 사람들에게서 식량을 빼앗아감으로써 그들을 굶주림으로 죽게 만들 것이다. 두 번째 환상에서는 불이 그 땅에 있는 모든 것들을 삼킬 것이다. 이 두 환상은 심판의 무시무시한 결과들에 초점을 맞추고 있는 까닭에 이스라엘 백성과 자연스럽게 공감하는 예언자에게서 감정적인 반응을 이끌어낸다. 그는 야웨께 부르짖으면서 그에게 심판을 보내지 말아달라고 간구한다. 첫 번째 환상이 지난 후에, 그는 야웨의 "용서"를 구한다. 이는 그가 하나님의 징계가 당연한 것으로 알고 있음을 암시한다. 그러나 두 번째 환상 이후에 그는 단순히 "그치소서"라고 외칠 뿐이다. 두 환상의 경우 하나님께서는 마음이 약해지셔서("뜻을 돌이키시고") 심판을 유예하겠다고 선언하신다. 이로써 하나님의 인내심과 자비가 분명하게 드러난다.

세 번째 환상은 앞의 두 환상과 몇 가지 점에서 차이를 보인다(7-9절). 하나님은 아모스에게 또 다른 심판의 영상물 자료를 보여주기보다는 그에게 상징적인 의미를 갖는 한 장면 ― 정물화나 스냅 사진과 비슷한 ― 을 보여주신다. 하나님은 이번에는 대화를 주도하시면서, 자기가 더 이상 심판을 유예할 수 없다는 점을 분명하게 밝히신다. 심판의 필연성을 확신한 아모스는 아무런 반대도 하지 않는다.

이 환상에 대한 전통적인 이해는 야웨께서 다림줄에 맞추어 세워진 벽(이스라엘을 상징함) 곁에 서 계시다고 본다. 그는 자기 손에 다림줄(이스라엘이 하나님의 도덕적인 기준들을 상징하는 듯함)을 가지고 계신다. 이는 그 벽이 이제 기울어져서 금방 무너질 것임을 암시한다(이스라엘이 하나님의 기준에 미치지 못함을 상징함). 하나님은 아모스의 관심이 심판의 결과보다는 심판의 이유에 초점을 맞추게 함으로써 아모스에게 심판의 필연성을 깨닫게 하신다.

그러나 많은 현대 학자들은 이러한 해석을 거부한다. "다림줄"로 번역된 히브리어 낱말의 의미는 확실치 않다. 전통적으로 그것은 "납"을 뜻하는 것으로 간주되었다. 이는 본문이 납으로 만든 추가 달려 있는 다림줄을 염두에 두고 있음을 암시한다. 그러나 최근의 연구는 이 낱말이 납이 아니라 주석을 가리킨다고 보는 듯하다.[151] 이렇게 본다면 본문은 다음과 같이 읽어야 할 것이다: (7) "또 내게 보이신 것이 이러하다: 야웨께서는 주석으로 만든 담 위 [또는 "곁"]에 서 계셨는데, 손에는 주석이 있었다. 야웨께서 내게 말씀하셨다: '아모스야, 네가 무엇을 보느냐?' 나는 대답하였다: "주석입니다." 그러자 주께서 말씀하셨다: "내가 주석을 내 백성 이스라엘 가운데 둘 것이요, 다시는 그들을 용서하지 않을 것이다."

그러나 이 환상에서 주석의 상징적인 의미는 무엇인가? 불행하게도 학자들은 설득력 있는 설명을 아직껏 제시하지 못하고 있다. 다양한 의견 진술이 이루어지긴 했지만 말이다. 금속으로 만들어진 담(쇠나 청동으로 만들어진)은 때때로 고대 근동 문헌과 히브리 성서(렘 1:18; 겔 4:3을 보라)에서 힘을 상징하기 때문에, 담벼락이 주석으로 만들어졌다는 것은 그 담이 외부의 타격에 대하여 허약함을 상징할 것이다.[152] 그렇다면 야웨의 손에 들린 주석은 대체 어떠한 의미를 가지고 있으며, 주석을 이스라엘 백성 가운데 둔다는 것의 의미는 또 무엇일까? 어떤 이들은 주석이 청동을 만드는 데 사용된다는 점을 들어 그 주석이 무기를 상징하는 것이라고 본다. 그러나 확실히 야웨께서는 청동 무기를 한층 직접적인 방식으로 사용하실 수 있었을 것이다. 또

---

151) 히브리 성서에서 오직 이곳에만 나오는 이 낱말은 흔히 외래어인 아카드어 '아나쿠'("주석")를 가리키는 것으로 이해된다.

152) Paul, *Amos*, 235.

다른 가능성은 네 번째 환상에서처럼 본문에 일종의 말놀이가 포함되어 있다고 보는 것이다(아래의 8:1-3을 보라). 성서 이후 시대의 히브리어에는 "슬픔"을 뜻하는 동음이의어가 있다. 아마도 8b절은 이러한 동음이의어를 사용하고 있을 것이다. 이렇게 본다면, 주석(이 히브리어 낱말은 '아낙' 으로 발음됨)으로 만든 담과 야웨의 손에 있는 주석('아낙')은 야웨께서 이스라엘 백성 중에 "슬픔(역시 '아낙' 으로 발음됨)을 두실 불길한 날의 전조가 되는 셈이다.[153]

이 환상의 상징적인 의미를 둘러싼 불확실성에도 불구하고, 그 세부적인 내용이 임박한 심판을 가리킨다는 점은 분명하다. 야웨께서는 그 땅의 부패한 종교 중심지들을 파괴하실 것이요, 여로보암 왕의 왕조(또는 "집")를 직접 공격하실 것이다. 이 예언은 여로보암이 죽은 직후 그의 아들 스가랴가 암살당한 주전 752년에 그대로 성취되었다(왕하 15:8-12를 보라).

아모스는 이스라엘을 불쌍히 여기는 마음을 가지고 있었고 또 처음에는 하나님의 이스라엘 심판 계획에 반대하였지만, 결국에는 하나님의 결정에 동의하지 않을 수 없게 된다. 아마도 그의 개인적인 경험이 심판이 불가피함을 확신하게 했을 것이다. 세 번째 환상에 이어지는 전기적인 자료는 아모스가 어떻게 북왕국의 왕실 권력 구조와 대면하게 되었는지를 잘 보여준다(10-17절). 아모스는 벧엘에 있는 왕실 성소의 제사장 아마샤와의 만남을 통하여 이스라엘의 지도자들이 얼마나 타락했는지를 직접 목격한다.[154]

아모스의 메시지에 당혹감을 느꼈음이 분명한 아마샤는 여로보암에게 아모스가 백성을 선동하여 왕에게 모반할 것을 부추긴다고 비난하는 편지를 보낸다(10절). 그는 아모스의 메시지를 최대한으로 압축하여 보고한다. 아모스가 여로보암은 칼에 죽을 것이요, 이스라엘은 포로로 잡혀갈 것이라고 예

---

153) Andersen and Freedman, *Amos*, 759. 이들은 사실상 7-8절에 세 개의 동음이의어가 있다고 본다. 이들은 또 다른 성서 이후 시대의 히브리어 어근에 근거하여 그 담을 "회반죽을 바른" 담으로 이해한다.

154) 10-17절에서 아모스가 3인칭으로 언급되는 것으로 보아(5:1; 7:1-8; 8:1-3; 9:1과는 대조적으로), 아모스의 제자들 중 한 명이었을 이 책의 최종 편집자가 이 전기적인 자료를 삽입하였을 수도 있다.

언했다는 것이다(11절). 이 비난의 두 번째 부분은 확실히 정확한 것이다
(5:5, 27; 6:7을 보라). 그러나 그 첫 번째 부분은 예언자의 메시지를 잘못 전
달한 것이다. 7:9에 따르면, 야웨께서 친히 여로보암의 왕조를 공격할 것이
다. 그런데도 아마샤는 하나님의 권세에 대한 아모스의 언급을 생략한 채로,
아모스가 왕이 칼에 죽을 것이라고 말했다는 주장만 내세운 것이다. 이처럼
교묘한 방식으로 아모스의 메시지를 손질한 아마샤는 아모스를 왕의 적대자
로 만들어버린다.

  아마샤는 이어서 아모스에게로 방향을 돌려 그에게 유다로 돌아가서 거기
서 생계를 유지하라고 요구한다(12절). 이로써 그는 아모스의 동기가 주로
돈을 목적으로 하는 것이었다는 암시를 주고자 한다. 그는 아모스에게 벧엘
이 왕의 성소임을 상기시킴으로써 아모스에게 왕의 권위를 존중하고 공식적
인 국가 종교를 합법적인 것으로 인정할 것을 요구한다. 아모스의 답변은 신
속하고 적극적인 것이다. 그는 자기가 예언자 가문에 태어난 것도 아니고 훈
련에 의해 예언자가 된 것도 아니라는 점을 지적한다(14절).[155] 하나님께서 이
스라엘을 위해 예언직을 수행하라고 부르자 그는 자신의 목자직을 버린다(15
절).

  이스라엘을 겨냥한 예언직을 중단하라는 아마샤의 요구에 대하여 아모스
는 아마샤를 향한 예언을 선포한다(16-17절). 그는 아마샤가 요약한 자신의
메시지를 활용하되(11b절을 보라), 그 메시지의 후반부를 손대지 않은 채로
그대로 두지만(17b절을 11b절과 비교하라), 그 메시지의 전반부(여로보암에
게 해당되는)는 제거하고 아마샤를 향한 심판 선포로 그것을 대체한다. 하나
님의 심판은 아마샤와 그의 가장 가까운 가족 구성원들을 칠 것이다. 이스라

---

155) 14절에 있는 아모스의 진술은 다음과 같이 번역될 수 있을 것이다: "나는 예언자
가 아니었으며 예언자의 아들도 아니었다." 이렇게 본다면, 그는 자신이 예언자로 태어
나거나 훈련을 통하여 예언자가 된 것도 아니라 특별한 소명을 받아 예언자가 되었다는
점을 강조한 것이 된다. 그러나 또 다른 가능성은 이 진술을 현재 시제로 번역하는 것이
다: "나는 예언자가 아니며 예언자의 아들도 아니다." 이렇게 본다면, 그는 직업적인 예
언자라는 것을 부인한다. 자신이 하나님의 명령에 따라 특별한 예언직을 수행하고 있음
에도 불구하고 말이다.

엘에게 광범위한 심판이 임하는 중에 아마샤의 아내는 살아 남아 창기가 될 것이다. 그의 아들들과 딸들은 여로보암의 왕조와 마찬가지로(9절을 보라) 칼에 죽을 것이요, 제사장 가문의 대도 끊길 것이다. 아마샤는 자신의 재산을 모두 잃을 것이요, "이방"(문자적으로는 "더러운") 땅에 포로로 잡혀가 죽을 것이다. 이 징계는 정한 것을 부정한 것으로부터 조심스럽게 구별하고 또 자신을 제의적으로 부정한 것으로부터 지켜야 하는 제사장들의 현실에 비추어볼 때 아이러니컬한 것이 아닐 수 없다(레 10:10을 보라).

현대 독자들은 왜 아마샤의 가족이 그의 죄 때문에 고통을 당해야 하는지를 의아스럽게 생각할 수도 있을 것이다. 그러나 공동체적인 유대관계의 원리는 이스라엘 사람들의 본질적인 사고방식에 속한 것이다. 오늘날의 서구 사람들은 개인주의를 강조하는 경향을 가지고 있지만, 고대 이스라엘 사람들은 개개인의 행동이 사회적인 맥락에서 다른 사람들에게 큰 영향을 미칠 뿐만 아니라, 각 개인의 사회적인 맥락이 그 개인에게 부정적인 영향을 미칠 수도 있고 긍정적인 영향을 미칠 수도 있다는 것을 매우 잘 알고 있었다.[156]

전기적인 자료는 심판의 필연성을 뒷받침할 만한 실체적인 증거를 제공한다. 그것은 왜 하나님이 더 이상 심판을 철회하실 수 없는지를 설명하며(첫 세 환상들의 요점에 해당함), 네 번째 환상의 굳건한 토대를 놓는다. 세 번째 환상에서처럼(7:7-9를 보라) 야웨는 아모스에게 하나의 정물화를 보여주신다(8:1). 다시금 하나님께서 그 대화를 주도하시며, 그 상징의 의미를 설명하시고, 자신이 더 이상 심판을 유보할 수 없음을 분명하게 밝히신다(2절). 이 환상에서 아모스는 익은 과일을 담은 광주리를 본다. 그러한 과일(무화과와 석류를 포함하는)은 농사철의 마지막, 곧 8월과 9월에 수확하는 것이다.[157]

---

156) 이 원리는 여호수아 7장에 잘 드러나 있다. 이 본문에 의하면 하나님은 이스라엘이 범죄하였다고 비난하신다(11절). 한 사람(아간)이 실제 범죄자였음에도 불구하고 말이다. 아간의 가축들과 자녀들까지도 그와 함께 처형당한다. 공동체적인 유대관계라는 신학적인 원리에 대한 논의를 위해서는 다음을 보라: Kaminsky, *Corporate Responsibility in the Hebrew Bible*.

157) Borowski, *Agriculture in Iron Age Israel*, 31, 38, 115. 여름 과일을 수확하는 달은 게제르(Gezer) 달력의 마지막 목록에 나타난다: Pritchard, *Ancient Near Eastern Texts*, 320.

"익은 과일"로 번역된 낱말(히브리어로는 '카이츠')은 히브리어 '케츠'("끝")와 소리가 비슷하기 때문에 여기서 이스라엘의 운명을 예고하는 데 사용될 수 있다. 야웨의 질문에 대하여 아모스가 익은 과일('카이츠')을 담은 광주리를 본다고 답변하자, 야웨께서는 "내 백성 이스라엘의 끝[히브리어로 '케츠']이 이르렀다"고 말씀하신다(2절). 세 번째 환상에서처럼 야웨는 이스라엘을 더 이상 용서하지 않을 것이라고 선언하신다. 이어서 그는 심판의 결과를 묘사하신다. 그에 따르면, 노래하는 자들이 땅에 널려 있는 시체들에 대하여 애곡할 것이다(3절).

하나님의 침묵(8:4-14)

예언자는 이어서 가난한 자들을 압제하는 자들을 향하여 예언한다(4절). 그는 그들을 성급하게 종교적인 성일(聖日)들이 빨리 끝나서 부정직한 장사를 재개할 수 있기를 갈망하는 탐욕스런 상인들로 묘사한다(5-6절). 그들이 즐겨 사용하는 속임수는 "됫박의 치수를 줄이고 가격을 부풀리는"(문자적으로는 "에바를 작게 하고 세겔을 크게 하는") 것이다. 곡식을 측량할 때 그들은 표준적인 에바(건량[乾量]의 단위)보다 더 작은 에바를 사용함으로써 고객이 본래 사고자 했던 것보다 덜 받게 만든다. 이와 아울러 그들은 구매가를 산정할 때 표준적인 세겔추보다 더 무거운 것을 사용함으로써 고객이 지불해야 하는 금액보다 더 많은 돈을 지불하게 만든다. 게다가 이 상인들은 조작된 저울을 사용하며, 자기들이 팔고자 하는 곡식에 약간의 겨를 섞어 판다. 그들의 양심은 이렇듯이 사람들에게 물건을 사고 팔 때조차도 마비된 상태에 있었다.

야웨께서는 그러한 행동을 모른 체하지 않으신다(7절). 그는 그들의 압제적이고 부정직한 행동을 간과하지 않을 것임을 엄숙하게 맹세하신다. 그는 "야곱의 자랑"을 걸고서 맹세하신다. 어떤 이들(예로써 NIV는 "자랑"의 첫 철자를 대문자로 표기함[Pride])이 이 구절을 하나님의 호칭으로 이해하기도 하지만, 그것은 야웨께서 그의 법을 무시하는 이스라엘의 교만한 태도를 가리킨다고 보는 것이 더 타당할 것이다. 아모스 6:8에서 "야곱의 자랑"은 이스라엘의 자기 과신을 가리킨다. 그런가 하면 호세아 5:5와 7:10은 "이스라엘의 자랑"을 비난한다. 대체적으로 사람들은 누군가의 이름 내지는 불변하거나 항구적인 어떤 것을 걸고 맹세를 하기 때문에, 이 진술은 이스라엘의 도덕적인 품성에 대한 야웨의 평가를 조롱하는 투로 표현한 것이다. 그가 관련되는 한, 그들의 교만은 항구적으로 그들의 삶에 새겨진 것이나 다름이 없다.

야웨께서는 그 땅에 심판을 보내실 것이다. 심판관이신 하나님께서 임하시면 땅이 흔들릴 것이요(8절; 1:1을 보라), 하늘이 어두워질 것이다. 이는 죽음과 파멸이 닥쳐올 것임을 암시한다(9절). 독자(獨子)들의 죽음으로 인하여 종교적인 축제들은 비통한 탄식으로 대체될 것이다(10절). 설상가상으로 이스라엘이 무시했던(2:12; 7:10-17을 보라) 야웨의 예언의 말씀은 중단되고 말 것이다(11-14절). 예언자는 하나님의 침묵을 기근에 비교하면서, 우상숭배에 빠진 백성이 양식이나 물을 찾듯이 필사적으로 하나님의 말씀을 찾아 헤매는 모습을 그린다. 그러나 그들의 노력은 무익하게 될 것이요, 그 나라의 가장 강한 자들조차도 굶주림과 목마름으로 쓰러져 죽을 것이다.[158]

피할 수 없는 심판(9:1-10)

다시금 아모스는 야웨께서 보여주신 환상을 본다(1절; 7:7을 보라). 이 환상에서 그는 "제단" 곁에 서 계신다. 이는 아마도 벧엘에 있는 왕의 성소를 가리킬 것이다(7:13을 보라). 그것은 이스라엘의 공허한 의식주의를 대표하는 것이다(3:14). 야웨께서는 그 성소 전체가 무너지게 하여 그 안에서 경배하는 자들을 죽이라고 명하신다. 만일에 도망가려고 하는 자가 있다고 한다면, 야웨께서는 그들을 칼로 치실 것이다. 하나님의 범죄한 백성은 다가올 심판을 피하지 못할 것이다. 왜냐하면 하나님의 통치가 온 세상에 미치기 때문이다(2-3절). 설령 그들이 스올 ― 고대 이스라엘 사람들의 생각에 죽은 자들이 머무는 것으로 알려진 지하계의 땅 ― 의 깊은 곳으로 파고 들어간다

---

158) 14절이 이스라엘의 우상숭배에 대해서 언급하고 있기는 하지만, 그들이 섬기는 신들의 정체는 확실치 않다: Barstad, *Religious Polemics*, 143-201.

고 해도, 하나님의 손이 그들을 거기서 끄집어낼 것이다. 설령 그들이 하늘로 올라가거나 산꼭대기에 숨는다 해도, 하나님은 그들을 찾아내실 것이다. 설령 그들이 바다의 밑바닥으로 헤엄쳐 내려간다 해도, 하나님은 바다 독사로 하여금 치명적인 독을 품은 독니로 그들을 물게 하실 것이다.[159] 이스라엘은 포로로 잡혀갈 것이요, 잡혀간 그곳에서조차 그들은 계속해서 하나님의 징계를 받게 될 것이다(4절).

바로 이 부분에서 아모스는 찬양 서술체를 사용하여 이스라엘이 의지하지 않으면 안 되는 심판관에 대해서 묘사한다(5-6절; 4:13; 5:8-9를 보라). 예언자는 하나님을 강한 전사-왕으로 묘사하는 "전능하신 야웨"(문자적으로는 "만군의 야웨")라는 호칭을 사용한다. 야웨는 심판하러 오실 때 지표면을 진동시킬 우주적인 혼란을 초래할 수 있는 분으로 자신을 드러내신다(5절; 8:8을 보라). 그의 궁전은 땅을 포함하며, 그는 자연계의 순환을 조종하신다(6절).

야웨께서는 이스라엘을 향하여 직접 말씀하시면서, 다시금 자기 백성을 심판할 것이라는 자신의 계획을 분명하게 밝히신다(7-10절). 이스라엘은 자기들이 하나님 앞에서 특권적인 지위를 가지고 있기 때문에(3:2를 보라), 자기들이 심판을 피해갈 것이요, 영광이 자기들을 기다리고 있다고 생각했다(10b절; 5:18을 보라). 야웨께서는 놀라운 수사학적인 질문을 통하여 그러한 교만을 물리치신다. 그 질문은 이스라엘 자손이 멀리 떨어져 있는 아프리카의 구스인들보다 나을 게 하나도 없다고 본다(7a절). 야웨는 이스라엘을 포함하는 모든 나라들의 역사를 주관하시는 분이다(7b절). 그는 이스라엘을 자신의 계약 백성으로 삼으셨지만, 그들의 특권적인 지위는 그의 주권적인 선택의 결과였지, 그들이 자기들에게 있다고 생각하는 본질적인 우월성 때문이 아니었다. 사실 그들에게 있는 특별한 이점들은 그들에게 더 많은 책임을 요

---

159) 이 생물이 "뱀"으로 불리고 있는 탓에 어떤 이들은 그것을 뱀 모양의 바다 괴물 리워야단 — 우가릿 신화와 성서의 시에서 혼돈을 상징하는(욥 26:13; 사 27:1을 보라) — 과 동일시한다. 그러나 히브리어 관사는 뱀 전체를 가리킬 수도 있다(5:19를 보라. 그리고 NIV의 "뱀"이라는 번역을 주목하라).

구하였고, 하나님 보시기에 그들을 더 비난할 만한 자들로 만들었다. 바로 이 때문에 그는 이스라엘의 죄를 벌하실 것이다(8-10절). 그러나 야웨의 심판은 항상 분별력을 가지고 있다. 죄인들을 멸망하겠지만, 야웨께서는 남은 자들을 보존하실 것이다. 하나님의 구별하는 심판은 곡식을 겨와 돌로부터 분리시키는 데 사용되는 체(siege)에 비유된다.[160]

앞에 있는 밝은 날(9:11-15)

아모스의 메시지는 긍정적인 어조로 끝을 맺는다. 예언자는 마지막 부분에서 다가올 심판 너머에 있는 영화로운 시대에 대해서 묘사한다. 그것이 이제까지의 예언에 꾸준히 반영되고 있는 부정적인 어조와 너무도 다른 탓에, 많은 학자들은 이 단락의 본래성을 인정하지 않고, 도리어 그것이 아모스서를 행복한 결말로 끝내기 원하던 후대의 편집자에 의해 추가된 것이라고 본다. 그러나 만일에 후대의 편집자가 그러한 추가를 적절한 것으로 간주할 수 있었다면, 왜 구원의 메시지가 아모스의 생각과 그렇게 정반대되는 내용을 가지게 된 것일까? 어쨌든 모세는 이스라엘이 사로잡혀간 곳으로부터 돌아올 것임을 기대했었고(신 30:1-10), 다윗과 아브라함에게 주어진 하나님의 약속들(11절과 15절에 언급됨)은 이스라엘의 회복을 필연적인 것으로 만들었다.[161] 8세기의 다른 예언자들(이사야, 호세아, 미가)은 심판의 메시지를 이스라엘의 영화로운 미래에 관한 환상들과 결합시켰다. 그렇다면 왜 아모스라고 그렇게 못하겠는가?[162]

다가올 황금시대에 관한 이 환상은 두 개의 장면을 가지고 있다. 11-12절은 다윗 왕조가 소생하여 주변 나라들을 정복하게 될 때를 묘사한다. 13-15

---

160) 여기에 사용된 체의 유형에 대해서는 다음을 보라: Borowski, *Agriculture in Iron Age Israel*, 66-67; Paul, *Amos*, 286.

161) 물론 비평가들은 대체적으로 신명기의 모세 저작권을 인정하지 않으며, 신명기 30장을 아모스의 시대보다 더 뒤진 것으로 간주한다.

162) 아모스 9:11-15의 진정성을 옹호하는 견해는 다음과 같다: Paul, *Amos*, 288-90; John H. Hayes, *Amos* (Nashville: Abingdon, 1988), 223-28; Gerhard F. Hasel, *Understanding the Book of Amos* (Grand Rapids: Baker, 1991), 116-20.

절은 사로잡혀간 이스라엘이 자기들의 땅으로 되돌아와 번영과 안전을 누리
게 될 때를 그린다.

아모스의 시대에 다윗 왕조 — 여기서는 폐허가 된 은신처에 비교되는 —
는 어려운 시절을 보내고 있었고, 다윗-솔로몬 시대의 영화로움을 더 이상
누리지 못했다. 북쪽 지파들은 대략 170년 전에 다윗 가문으로부터 떨어져
나왔다. 그때 이후로 북왕국(이스라엘)과 남왕국(유다)은 똑같이 주변 나라
백성들과 더 멀리 떨어진 강대국들을 상대로 하여 독립을 지키기 위해 많은
노력을 기울였다. 그들 중 어느 한 쪽이 인정하건 그렇지 않건 간에, 통일된
나라는 적대적인 세계 안에서 더 강하고 안전한 나라로 우뚝 설 수 있었을
것이다. 그러한 통일과 안전은 야웨께서 나라의 재통합을 수반할 다윗 왕조
를 소생시키실 때 가능하게 될 것이다(사 9:1-7; 11:10-14; 호 1:11; 3:5를 보
라). 야웨께서는 에돔과 다른 나라들을 다윗의 통치에 복종하게 하셨지만(삼
하 8:1-14; 10:1-19; 왕상 11:15를 보라), 통일 왕국이 둘로 나누어지자 결국
그들은 다시금 독립을 얻게 된다(예로써 왕하 8:20-22를 보라). 그러나 소생
된 다윗 왕조는 그 나라들을 전부 정복할 것이요, 다윗 제국을 재건할 것이
다.[163] 소생된 다윗 제국이 주변의 전통적인 대적들을 정복할 것이라고 묘사

163) 사도행전 15:16-17에서 야고보는 하나님이 항상 이방인들을 구원하려는 생각을
가지고 있다는 자신의 주장을 뒷받침하기 위하여 이 본문의 다른 형태를 사용한다. 아모
스 9:12a의 히브리어 본문을 읽으면 다음과 같다: "그리하여 그들은 에돔의 남은 자와
내 이름으로 일컫는 만국을 기업으로 얻게 될 것이다." 고대 헬라어 역본인 70인역은 이
구절을 "소유하다"(히브리어로는 '야라쉬')를 "구하다"(히브리어로는 '다라쉬')로 잘못
읽고 있으며, "에돔"을 "인류"(히브리어로는 '아담')로 잘못 이해하고 있다. 또한 70인역
은 "인류의 남은 자와 만국"을 동사의 목적어로 보기보다는 주어로 본다. 그 결과 생겨
나는 "그리하여 인류의 남은 자와 내 이름으로 일컫는 만국이 구할 것이다"라는 구절은
목적어를 필요로 하게 된다. 후대의 헬라어 역본들은 목적어("나를" 또는 "야웨를")를 보
충한다. 야고보의 인용문은 이 이차적인 본문 읽기의 후자를 따르며, 군국주의적인 성격
을 갖는 본문을 하나님을 구하는 이방인들에 관한 예언으로 바꾼다. 본래의 문맥에서 본
다면, 이 구절은 다윗 제국주의의 새로운 시대를 기대하고 있다. 물론 이스라엘의 관점
에서 본다면, 열방은 다윗 왕에게 예속되는 것을 긍정적인 시각에서 보아야만 할 것이다
(시 2편을 보라).

하는 이사야 11:12-14에서와 마찬가지로, 우리는 이 예언의 문자적인 성취가 아니라 본질적인 성취를 기대해야 한다.[164]

예언자의 결론적인 환상에 있는 두 번째 장면은 이스라엘이 야웨의 복을 누리게 될 것이라고 묘사한다. 하나님의 백성은 고국으로 돌아와 한때 폐허가 되었던 성읍들을 재건하게 되면, 곡식을 심어 풍성한 수확을 거둘 것이다. 야웨께서는 상당한 과장법을 사용하여 곡식들이 풍성하게 되어서 쟁기질하는 자들(보통 10-11월에 일함)이 도착할 때까지도 수확하는 자들(4-5월에 일함)이 곡식을 수확할 때를 묘사하신다. 파종기(11-12월)가 이를 때까지 여전히 포도 수확(보통은 8-9월)이 진행 중일 것이다. 포도주가 너무 많아서 그릇을 다 채우고도 모자라 산허리로 흘러내릴 것이다. 11-14절에서 곡식 재배와 관련된 표상들을 사용하신 야웨께서는 자기 자신의 것을 심겠다고 선언하심으로써 이 장면을 마무리하신다. 그는 "이스라엘"을 그들의 땅에 심으실 것이요, 다시는 "뽑히지" 않게 하실 것이다(호 2:23을 보라).

복수는 나의 것이다(오바댜)

서론

오바댜서의 표제는 역사적인 배경에 관한 아무런 정보도 제공하지 않은 채로 저자의 이름을 밝히고 있다. 이 책이 아모스서(주전 8세기에 활동함) 다음에 있고 요나서(동일한 기간에 생존했던 예언자임) 바로 앞에 있는 것 때문에, 어떤 이들은 오바댜의 예언을 포로기 이전 시대로 추정하며, 주전 9세기의 요람 왕 시대에 에돔이 유다에게 반기를 든 후에 이 책이 씌어졌을 것이라고 본다(왕하 8:20-22; 대하 21:8-10을 보라). 그러나 이 시기의 사건들은 오바댜 10-14절에 기록되어 있는 유다의 파멸에 대한 그림과 거의 일치하지 않는다. 블레셋 족속과 아랍 족속이 요람의 시대에 유다를 침공하여 왕궁을 약탈하기는 했지만, 역대하 21:16-17의 내용은 에돔의 관여에 대해서

---

164) 이사야 11:12-14에 대한 필자의 설명을 보라.

전혀 언급하지 않으며, 유다가 오바댜서에 기록된 정도로 폐허가 되었다고 보지도 않는다.

오바댜는 주전 586년에 예루살렘이 바벨론 군대에 의해 함락되고 다수의 인구가 포로로 잡혀간 지 얼마 안 되어서 이 책에 기록된 예언 메시지를 선포했을 가능성이 아주 높다. 오바댜서와 마찬가지로 이 시기로 추정되는 다른 본문들 역시 에돔이 유다 멸망에 관여한 것을 비난하고 있다(시 137:7; 애 4:21-22; 겔 25:12-14; 35:1-15를 보라). 사실 오바댜는 에돔의 멸망을 예언한 예레미야 예언자의 영향을 받았을 수도 있다(옵 1-4절을 렘 49:14-16과 비교하라; 옵 5-6절을 렘 49:9-10과 비교하라; 옵 8절을 렘 49:7과 비교하라; 옵 16절을 렘 49:12와 비교하라).[165]

이 짧은 예언은 에돔의 교만과 유다 학대에 대한 통렬한 비판을 담고 있다. 1-9절에서 야웨께서는 에돔의 교만을 비난하시며, 에돔의 임박한 파멸을 선고하신다. 그리고 10-14절에서는 에돔을 향한 공식적인 고발의 메시지를 전달하신다. 유다가 고통당하던 날에 에돔 족속은 유다의 대적들과 동맹 관계를 맺었으며, 자기들에게 유리한 방향으로 유다의 약점을 이용하였다. 15-21절에서 야웨께서는 "야웨의 날"을 에돔 심판의 배경으로 설정하신다. 하나님께서 열방을 심판하신 결과 예루살렘은 원기를 회복할 것이요, 에돔은 폐허가 될 것이다. 하나님의 백성은 자기들의 땅을 다시 차지할 것이요, 에돔의 영토까지도 소유하게 될 것이다.

교만으로 인하여 파멸당함(1-14절)

환상을 통하여 예언의 말씀이 오바댜에게 임했음을 알리는 표제에 이어, 도입부의 양식은 하나님이 에돔을 향하여 말씀하실 것이 있음을 분명하게 밝힌다(1a절; 개역개정판에는 1절이 표제밖에 번역되어 있지 않음: 역자 주). 이 하나님의 말씀은 야웨께서 에돔에게 직접 말씀하시는 2절에서 시작한다.

---

165) 오바댜가 예레미야보다 더 먼저 활동했다고 보는 이들은 정반대로 예레미야가 오바댜의 영향을 받았을 것이라고 주장한다. 오바댜와 예레미야 49장 사이의 유사성과 차이점에 대한 유용한 논의를 위해서는 다음을 보라: Stuart, *Hosea-Jonah*, 414-16.

그러나 이에 앞서 정체를 알 길이 없는 한 집단(아마도 예언자와 그가 대표하는 포로민을 가리킬 것이다)이 자기들 역시 야웨께로부터 한 가지 "소식"을 들었다고 선포한다(1b절). 이 진술 다음에는, 주변 나라들을 향하여 에돔에 맞서 싸울 것을 알리는 특사에 관한 보고가 이어진다. 그 집단이 들은 "소식"은 그 특사가 주변 나라들에게 전한 것일 수도 있다. 그렇게 본다면, 1b절은 괄호 안에 들어가야 할 성격의 본문이라 할 수 있다(NIV의 본문 서술 방식을 보라). 또 다른 가능성은 그 집단이 들은 "소식"이 2절에서 시작하는 것과 동일할 수도 있다는 점이다. 이렇게 본다면, 우리는 1b절을 다음과 같이 번역할 수 있다: "우리는 야웨께로부터 소식을 들었다. 그리고 한 특사가 주변 나라들로 파견되어 이렇게 말했다: '일어나서 에돔에 맞서 싸우자.'" 어느 경우에든, 에돔을 향한 메시지의 전달은 그 특사의 사명과 동시에 발생한 것이다. 야웨께서는 에돔의 임박한 파멸을 선포하시면서, 자신의 심판의 도구들을 소환하여 그들에게 그들 자신이 해야 할 일을 수행하도록 명하신 것이다.

에돔은 난공불락의 바위 산지(山地)에 거하고 있었던 까닭에 자기들이 쉽게 무너질 수 없다는 것을 확신하고 있다. 그것을 예언자는 높은 절벽 위에 위치한 탓에 도무지 접근할 수 없는 독수리의 둥지에 비유한다.[166] 그러나 에돔의 확신은 자기 기만임이 밝혀질 것이다. 왜냐하면 야웨께서 에돔 족속을 그들의 높은 "둥지"에서 끌어내려 열방 중에서 수치를 당하게 하실 것이기 때문이다(2-4절). 침략자들이 에돔을 약탈할 것이요, 감추어진 보물을 포함한 그곳의 모든 재물을 도적질할 것이다(5-6절). 도적들은 대체적으로 자기들이 원하는 것을 취하되, 원치 않는 것들은 그냥 뒤에 남겨둔다. 포도 수확자들도 보통은 포도송이 일부를 그냥 두거나 떨어뜨려 놓는다. 그러나 에돔을 침략할 자들은 아무것도 놓치지 않을 것이요, 어느 하나도 남겨두지 않을 것이다. 에돔은 철저하게 약탈당할 것이다. 에돔과 동맹한 나라들조차도 그를 배신함으로써 그를 혼내주고 그에게 모욕을 줄 것이다. 에돔의 지혜로운 자들은 그러한 모반 행위를 사전에 알아채지 못할 것이다. 설령 그들이 그것

---

166) 에돔의 지리적인 위치에 관한 설명을 위해서는 다음을 보라: Aharoni, *Land of the Bible*, 40.

을 알아챘다고 해도 그때는 이미 너무 늦을 것이다(7-8절). 그때쯤에는 에돔의 전사들이 두려움에 사로잡힐 것이요, 야웨의 심판 앞에 엎드러질 것이다(9절).

에돔에게 심판이 임하는 이유는 그들이 유다 백성을 다룬 방식 때문이다(10-14절). 바벨론 군대가 쳐들어와 예루살렘을 약탈할 때, 에돔 족속은 유다의 패배를 고소하다는 투로 바라보면서, 약탈에 참여하였다. 설상가상으로 그들은 유다의 피난민들을 사냥하여 바벨론 군대에 팔아넘겼다. 예언자는 극적인 효과를 노리기 위해 12-14절에서 일련의 부정 명령들을 사용한다. 마치 자신이 실제로 예루살렘의 붕괴와 그 결과를 직접 목격한 것처럼 말이다. 그는 에돔의 행동을 목격한 까닭에 항의하는 태도로 부르짖으며, 그들에게 그러한 적대 행위를 중단할 것을 촉구한다. 에돔 족속이 야곱의 형에서의 후손이요, 따라서 유다 백성의 먼 사촌이 된다는 것 때문에 에돔의 행동은 특히 경멸할 만한 것이었다. 그러나 하나님의 심판은 적절한 것이다. 에돔은 마땅히 받아야 할 벌을 받게 될 것이다(15b절). 에돔 족속은 유다의 피난민들을 "죽인"(15b절을 보라; 개역에는 이 낱말이 번역되어 있지 않음: 역자 주) 것과 마찬가지로 그들 자신 역시 "죽임을 당할" 것이요(9절), "파멸 당할" 것이다(10절).[167]

복수와 상황 반전(15-21절)

하나님의 심판은 에돔에 국한되지 않을 것이다. 에돔은 자신이 저지른 악행에 상응하는 정도로 확실히 벌을 받을 것이다. 그러나 야웨의 심판의 "날"은 열방을 포함하기도 할 것이다(15절). 이 심판은 사람을 취하게 하는 포도주에 비유된다. 그 포도주를 마신 열방은 계속해서 그 술을 마시지 않을 수가 없다(16절). 사람을 취하게 하는 술이 결국에는 그것을 마시는 자를 어지럽게 하여 비틀거리게 만드는 것처럼, 하나님의 심판도 공포에 사로잡힌 열방으로 하여금 혼란 중에 비틀거리게 할 것이다.

---

167) NIV의 "파멸당하다"(10절)라는 번역은 9절과 14절의 "죽이다"와 동일한 히브리어 단어를 번역한 것이다.

16a절이 누구를 대상으로 하신 말씀인지는 확실치 않다. 겉으로 보기에는 에돔을 향한 말씀인 것처럼 보인다. 그 까닭은 에돔이야말로 15b절과 오바댜서 전체에서 하나님의 말씀을 듣는 자로 나타나기 때문이다. 그러나 에돔을 향한 말씀이 나올 경우에는 히브리어 본문에서 2인칭 단수가 사용된다. 그런데 16a절에서 "너희가 마셨다"는 동사는 히브리어 본문에서 복수형으로 되어 있다. 이는 에돔이 더 이상 이 말씀을 듣는 자가 아님을 암시한다. 적어도 에돔 혼자서 듣는 말씀은 아니다. 아마도 에돔과 15a절에 언급된 열방이 이 말씀을 듣는 자들일 것이다. 그러나 열방은 16b절에서 3인칭으로 칭해지기 때문에, 그들이 여기서 말씀을 듣는 자들로 나타날 가능성은 희박해 보인다. 또 다른 가능성은 히브리어 동사 형태('쉐티템')의 마지막 철자 '멤'을 전접사(前接詞; 자체의 악센트가 없어서 바로 앞말의 일부처럼 발음되는 경우를 일컬음: 역자 주)로 보아, 그 형태를 에돔을 향해 말하는 단수 동사('샤티타')로 다시 발음하는 것이다. 이렇게 본다면, 16a절은 에돔이 예루살렘의 패배를 하나님의 "거룩한 산"인 시온산에서 경축하던 때를 가리킬 것이다. 그리고 16b절은 에돔이 한때 승리주를 마신 것처럼 열방(에돔을 포함하는)이 어느 날엔가는 심판의 잔을 마실 것이라는 아이러니컬한 사실을 지적한 말씀이 될 것이다. 그러나 이러한 해석에는 문제가 있다. 왜냐하면 그것은 술 마시는 것과 관련된 은유를 동일한 절 안에서 달리 해석하게끔 강요하기 때문이다(경축의 의미와 심판의 의미). 또 다른 가능성은 사로잡혀간 유다 백성이 그 말씀을 듣는 자들로 나타나는 경우이다. 이렇게 본다면, 하나님의 백성이 하나님의 심판을 상징하는 독한 포도주를 마시지 않을 수 없었던 것처럼, 유다를 수치스럽게 만든 자들을 포함하는 열방도 동일한 포도주를 마시지 않을 수 없을 것이라는 얘기가 된다. 돌고 돌아서 결국은 자신에게로 돌아온다는 얘기다. 그러나 하나님의 백성은 결코 이 예언의 다른 곳에서 말씀을 듣는 자들로 언급되지 않는다. 따라서 이러한 제안에는 문제가 있다.[168]

---

168) 또 다른 유일한 2인칭 남성 복수형은 1절에 나온다. 1절에서 열방은 "일어나서" 에돔을 공격할 준비를 하라는 지시를 받는다. 앞서 설명한 바와 같이, 16절이 열방을 향한 말씀이라는 견해에는 문제가 있다.

열방은 심판을 받아 엎드러지지만, 하나님의 백성은 원기를 회복할 것이다. 야웨께서는 시온산을 자신의 거룩한 산으로 회복시키실 것이요, 통일된 이스라엘(여기서는 "야곱 족속"으로 불림)은 다시금 자신의 땅을 소유하게 될 것이다(17절). 이스라엘 자손("야곱의 족속"이라는 구절이 암시하듯이 북왕국 사람들을 포함함)은 에돔 족속을 진멸할 것이요, 생존자를 한 명도 남겨두지 않을 것이다(18절). 그 심판은 적절한 것이다. 왜냐하면 에돔 족속은 예루살렘 함락 시에 유다의 생존자들을 학대하였기 때문이다(14절). 귀향하는 포로민들은 이스라엘과 유다 지역뿐만 아니라 블레셋과 에돔의 영토를 포함하는 주변 여러 지역에 다시 거주하게 될 것이다(19-20절).[169] 여기서 "구원자들"로 불리는 유다의 통치자들은 시온산에서 이 나라를 다스릴 것이다(21절).

오바댜의 예언은 과연 성취되었는가? 말라기의 시대(대략 주전 450년경)에 에돔은 파괴적인 패배를 경험한다(말 1:1-4를 보라). 비록 오바댜가 생각하는 것만큼 대대적이지는 않았지만 말이다.[170] 에돔 심판에 관한 오바댜의 묘사는 아마도 어느 정도 상투적인 것이요 과장된 것이라 할 수 있다. 그러나 그 예언의 우주적인 차원은 역사의 발전 과정을 뛰어넘으며, 온 세상에 대한 종말의 심판을 겨냥하고 있다. 이처럼 거대한 종말론의 맥락에서 볼 때 에돔은 하나님을 대적하는 모든 무리들의 원형에 해당하는 나라라 할 수 있다. 그들은 마침내 그의 진노의 심판에 의해 진멸당하고 만다(사 34장과 63:1-6도 보라).

제멋대로인 예언자가 배우는 교훈(요나)

169) 19-20절에 소개된 지명들 중의 일부는 설명을 필요로 한다. 길르앗이 요단강 동쪽에 위치한 지역인 반면에, 사렙다는 시돈 남쪽의 지중해 해안 지역에 위치한 지역이다. 사렙다의 정확한 위치는 확인할 길이 없다. 스페인, 사르디스(소아시아에 위치한), 사파르다(이스라엘 포로민들 중 일부가 살았을지도 모르는 메디아의 한 지역; 왕하 17:6을 보라) 등이 후보지로 거론된다.

170) Hoglund, "Edomites," in *Peoples of the Old Testament World*, 342-43.

서론

다른 예언서들과는 구별되게 요나서는 예언적인 전기의 성격을 가지고 있다. 그것은 가드헤벨 출신의 이스라엘 예언자인 요나의 이야기를 담고 있다. 그의 고향 가드헤벨은 스불론 지파의 경계선 지역에 있는 북왕국의 한 성읍을 일컫는다(수 19:13을 보라). 요나는 히브리 성서에서 다른 한 본문에서 언급된다. 열왕기하 14:25에 따르면, 그는 주전 793-753년에 통치한 왕 여로보암 2세의 군사적인 성공을 예언한 바가 있다.

전통적으로 요나서는 예언자의 생애에 있었던 한 사건에 대한 역사적인 설명으로 이해되어 왔다. 대부분의 현대 학자들은 이러한 개념을 거부하며, 이 책을 전설적이거나 풍유적인 또는 비유적인 것으로 이해한다. 그들은 이 책에 있는 다양한 요소들이 너무도 공상적이어서 허구로 볼 수밖에 없다고 주장한다. 예로써 요나는 거대한 바다 생물의 뱃속에서 3일 동안이나 목숨을 부지하며, 그 물고기의 뱃속에서 기도를 드리기까지 한다(아름다운 히브리 시로써).[171]

그가 실제보다 훨씬 큰 성읍으로 묘사되는 것으로 보이는(욘 3:3을 보라) 니느웨에서 설교하자, 니느웨 사람들은 대대적인 회개 운동을 전개한다. 뿐만 아니라 세속 역사는 앗수르 사람들 사이에 있었던 그러한 영적인 부흥에 대해서 어떠한 증거도 제공하지 않는다. 이러한 회개 운동이 벌어진 지 몇

---

171) 요나서의 역사성을 변호하는 자들은 바다 생물에게 삼킴당했으나 살아남은 사람들의 다른 예를 찾으려고 노력하였다. 그러나 적어도 그러한 평행 자료들 중의 일부는 "물고기 이야기들"임이 밝혀졌다: Uriel Simon, *Jonah*, trans. L. J. Schramm, JPSBC (Philadelphia: Jewish Publication Society, 1999), xvi; R. K. Harrison, *Introduction to the Old Testament* (Grand Rapids: Eerdmans, 1969), 907-8. 해리슨은 "이 모든 것들을 엉뚱한 것으로 몰아부쳐서는 안 된다"고 말하면서도, 요나가 "충분한 의식을 가지고 있으며, 정신적으로나 정서적으로 일관성을 가지고 있고, 거대한 물고기가 내뱉기 전에 참회시를 짓고 자기 하나님께 예배를 드릴 수도 있었다"는 점을 지적한다. 그는 추가로 다음과 같이 말한다: "이것은 오늘날의 요나에 해당하는 사람들이 겪는 것과 전혀 다른 경험이며, 그 자체로서 이 예언에 대한 문자적인 해석을 받아들이는 데 주요 장애물로 작용한다"(908).

십 년도 안 되어서 그들은 다시금 전례 없이 잔인한 제국을 건설한다.[172]

요나서가 허구라는 현대 학자들의 일치된 견해에도 불구하고, 많은 복음주의자들은 기본적으로 전제되는 철학적인 기준들에 근거하여 요나서의 역사성을 계속해서 변호하면서, 역사성과 성서의 영감성 및 초자연주의 등이 그러한 견해를 요청한다고 주장한다.[173] 요나서의 역사성을 변호하는 자들은 그 안에 있는 공상적인 요소들을 하나님의 개입으로 여길 수 있다고 주장한다. 참으로 예언자들(예로써 모세, 엘리야, 엘리사, 발람 등)에 관한 다른 이야기들 역시 약간의 별스런 사건들을 기록하고 있다.[174] 그들은 또한 예수께서 물고기 뱃속에서 겪은 요나의 시련에 관해 말씀하시면서 니느웨 사람들의 회개를 자기 시대의 믿음 없는 세대와 비교하실 때 요나서의 진정성을 인정하셨음을 지적한다(마 12:39; 42; 눅 11:29-32를 보라).[175]

---

172) 요나서의 역사성에 반하는 사례들을 철저하게 분석한 자료를 위해서는 다음을 보라: Terence E. Fretheim, *The Message of Jonah* (Minneapolis: Augsburg, 1977), 61-72; Allen, *Joel, Obadiah, Jonah, and Micah*, 175-81.

173) 특히 다음의 학자들이 그렇다: Stuart, *Hosea-Jonah*, 440-42; Chisholm, *Interpreting the Minor Prophets*, 119-21; C. Hassell Bullock, *An Introduction to the Old Testament Prophetic Books* (Chicago: Moody, 1986), 44-48. 알렉산더는 이 책이 역사적인 설화의 양식에 잘 들어맞는다는 점을 입증하고자 노력한다. 이 책이 분명하게 문학적이고 교훈적인 요소들도 가지고 있다는 점을 인정하면서도 말이다: T. D. Alexander, "Jonah and Genre," *TynB* 36 (1985): 35-59. 복음주의 시각의 좀 더 애매한 접근 방식에 대해서는 다음을 보라: Raymond B. Dillard and Tremper Longman III, *An Introduction to the Old Testament* (Grand Rapids: Zondervan, 1994), 392-93.

174) 이러한 경향의 주장에 대하여 프레타임은 "하나님이 하실 수 있었던 것"과 "그가 실제로 행하신 일"을 구별하지 않으면 안 된다고 말한다. 그는 요나서의 공상적인 요소들(예로써 니느웨 사람들의 회개)이 일관성 있게 하나님의 개입으로 인한 것으로 여겨지지 않는다는 점을 지적한다(Fretheim, *Jonah*, 63). 알렌은 다음과 같이 주장한다: "기적들은, 성서의 기적들을 출애굽 사건 또는 바알 숭배를 추방하는 데 관여한 예언자들의 사역이나 권력 정치에의 세속적인 관여, 기독교의 시작 등과 같은 역사의 중요한 순간들에 집중되게 하는 어떤 특별한 문학 유형에 속한 것이 아니다(Allen, *Joel, Obadiah, Jonah, and Micah*, 176, n. 5).

175) 이에 대한 응답으로 알렌은 예수의 이 이야기 사용이 "유대인들의 대중적인 이

이 책의 역사성에 관한 논쟁은 의심의 여지 없이 앞으로도 계속될 것이다. 왜냐하면 어떤 사람들에게 있어서 그것은 역사적인 기독교에 헌신할 것인지 그렇지 않은지를 입증할 정통 신앙의 리트머스 시험지와도 같은 것이기 때문이다. 확실히 그러한 태도는 문학적인 "흙무더기"로부터 철학적인 "산"을 만드는 것과도 같다(침소봉대한다는 뜻임: 역자 주). 출애굽 사건이나 예수의 부활과는 달리 요나서의 역사성은 구속사와 성서 신앙의 핵심이 아니다.[176] 불행하게도 요나서의 역사성에 관한 논쟁은 종종 해석자들을 그 신학적인 메시지로부터 벗어나게 만든다. 메시지 자체는 사람들이 그 책의 문학 장르를 어떻게 이해하느냐에 의해 영향을 받지 않기 때문이다. 요나서를 역사적인 설화로 규정하든 전설이나 비유로 규정하든, 아니면 역사 소설과 비슷한 어떤 것으로 규정하든 관계없이 그 주제는 명확하게 드러나 보인다. 요나서는 이스라엘의 하나님이 세상 나라들을 주관하시는 분임을 전제하고 있다. 또한 요나서는 그가 자비롭고 은혜로운 분이요, 회개할 기회를 주지도 않은 채로 사람들을 멸하는 것을 원치 않으시는 분임을 강조한다. 더 중요한 것은, 하나님의 세계를 계속 존속시키려면 하나님의 정의가 그의 자비와 잘 조화를 이루도록 하지 않으면 안 된다는 사실을 요나서가 지적하고 있다는 점이다.[177] 요나서는 범죄한 이스라엘 — 불순종하는 예언자에 의해 대표되는 — 을 논박하는 성격의 책일 수도 있다. 요나는 자신이 하나님에 관해 모든 것을 알고 있음에도 불구하고, 정의 개념에 사로잡힌 나머지 하나님의 명령

해"를 반영하고 있다고 말한다. 그는 예수의 요나 언급을 오늘날의 설교자들이 "맥베스 부인이나 올리버 트위스트를 언급하면서 회중에게" 도전적인 메시지를 던지는 것과 비교한다: Allen, *Joel, Obadiah, Jonah, and Micah*, 180; Fretheim, *Jonah*, 62-63. 그러나 요나는 실제로 생존했던 인물이기 때문에, 학교 교사가 워싱턴의 이야기로부터 비롯된 전설적인 이야기를 사용함으로써 학생들로 하여금 미국의 존경받는 창립자의 모범을 따르도록 하는 것에 비교하는 것이 차라리 더 적절한 유비가 될 것이다.

176) 성서의 역사성과 신앙 사이의 관계에 대한 유용한 연구를 위해서는 다음을 보라: V. Philips Long, *The Art of Biblical History* (Grand Rapids: Zondervan, 1994), 특히 88-119.

177) 이 주제에 관한 훌륭한 논의를 위해서는 다음을 보라: Simon, *Jonah*, xii-xiii.

을 실행에 옮김으로써 하나님의 프로그램에 참여하는 것을 꺼려한다. 하나님의 계시된 뜻에 즉각적이고도 적절하게 반응할 뿐만 아니라 그 앞에서 진정한 두려움을 느끼는 이방인들과는 대조적으로 말이다.[178]

요나서는 1-2장이 3-4장과 평행을 이루는 대칭 구조를 드러내고 있다.[179] 제1부의 몇몇 요소들은 그에 상응하는 요소들을 제2부에 가지고 있다. 다음과 같이 이야기의 구조를 개관해 보면 그 점을 알 수 있다:

제1부(1-2장)
A 야웨께서 요나를 부르심(1:1-2)
B 요나가 그의 부르심을 거부함(1:3)
C 주권자이신 야웨께서 자신의 권능을 드러내심(1:4)
D 선원들이 야웨께 복종함으로써 재앙을 피함(1:5-16)
E 야웨께서 물고기를 사용하여 요나를 구하게 하심(1:17)
F 요나가 기도하면서 생명을 구원하신 야웨께 감사드림(2:1-9)
G 물고기가 요나를 토해냄(2:10)

제2부(3-4장)
A' 야웨께서 요나를 부르심(3:1-2)
B' 요나가 그의 부르심을 받아들임(3:3)

---

178) 이와 비슷하게 이방인을 사용한 대조법에 대해서는 열왕기하 5장을 보라. 이 본문에 의하면, 이방인 장관 나아만이 이스라엘의 하나님께 믿음으로 응답한다. 반면에 게하시(범죄한 이스라엘을 대표하는?)는 자신의 불순종으로 인하여 벌을 받는다. 이와 마찬가지로 모압 여인 룻은 사사 시대의 어두운 도덕적 배경에 비추어볼 때 밝은 빛처럼 그 모습을 드러낸다. 이스라엘 사람으로 태어나지 않았음에도 불구하고 그녀는 말보다는 행동에 의해 이스라엘의 하나님을 따르는 진정한 신앙인이 된다. 반항적이고 이교화된 이스라엘과는 대조적으로 말이다.

179) Phyllis Trible, *Rhetorical Criticism: Context, Method, and the Book of Jonah* (Philadelphia: Fortress, 1994), 109-17; Fretheim, *Jonah*, 55; Simon, *Jonah*, xxiv-xxv.

C′ 주권자이신 야웨께서 자신의 계획을 드러내심(3:4)
D′ 니느웨 사람들이 야웨께 복종함으로써 재앙을 피함(3:5-10)
E′ 요나가 기도하면서 니느웨를 구원하신 야웨께 불평함(4:1-3)
F′ 야웨께서 식물과 벌레를 사용하여 요나에게 교훈을 주심(4:4-11)

1장과 3장 사이의 대칭관계는 금방 눈에 띈다. 이 두 장은 하나님의 부르심에 대한 요나의 반응과 더불어 시작하며, 이어서 하나님의 자기 계시에 대한 이방인들의 행동에 초점을 맞춘다. 2장과 4장 사이의 구조적인 평행관계는 그렇게 선명하지 않지만, 두 장은 똑같이 요나의 기도를 소개하고 있으며, 야웨의 개입에 대한 예언자의 반응에 초점을 맞추고 있다. 요나가 자기를 구원하신 야웨께 감사를 드리는 2장과 니느웨 사람들을 하나님께서 구원하신 일에 대하여 요나가 불평하는 4장 사이에는 날카로운 대조가 있다. 많은 학자들은 요나 2:2-9에 있는 감사의 노래를 요나서에 나중에 추가된 것으로 본다. 그 근거로 그들은 요나서의 시적인 문체가 후대의 것이라는 점을 들며, 이 노래에 묘사되는 요나의 모습이 그의 성격에 대한 저자의 설명과 어울리지 않는다는 점을 든다. 그러나 앞의 개관에서 보았듯이, 2장은 요나서의 구조에서 적지 않은 비중을 차지하며, 4:2-3에 있는 요나의 불평하는 기도를 돋보이게 하는 역할을 수행한다.[180]

도망하는 예언자(1:1-16)

야웨께서는 요나에게 니느웨를 향하여 그 성읍의 악한 행동들 때문에 곧 심판이 임할 것이라는 경고의 메시지를 전하라고 명하신다(2절). 요나는 이 명령을 받아들이지 않고서 정반대 쪽으로 방향을 돌려, 멀리 떨어져 있는 항구 도시 다시스를 향해 떠나는 배를 탄다(3절). 불순종하는 요나의 뻔뻔스러움을 강조하기 위해 저자는 요나가 "야웨께로부터" 도망했다는 것을 두 번에

---

180) 그 노래가 요나서의 주제 전개와 요나의 성격 규정에 어떻게 기여하는지에 대한 충분한 논의를 위해서는 아래의 주석을 보라.

걸쳐서 언급하며, 그가 "다시스로" 방향을 돌렸다는 것을 세 번이나 얘기한다(참조. 히브리어 본문; NIV는 이 셋 중 둘만을 번역함). 저자는 여기서 요나가 야웨께로부터 도망하는 이유를 밝히지 않는다. 그는 나중까지, 곧 야웨께서 요나에게 스스로 도망하게 된 동기를 설명하게 하시는 때까지 이 정보를 감추어둔다(4:2를 보라).

다시스의 정확한 위치는 확실치 않지만, 지중해 해안의 어딘가에 자리잡고 있던 성읍임이 분명하다. 다시스는 창세기 10:5에서 "바닷가 백성들"로 불리는 자들의 조상인 야완의 아들들 중 한 명의 이름을 따라 지어진 것이다. 다시스는 멀리 떨어진 해안 지역에 위치한 곳으로(시 72:10; 사 23:6, 10; 66:19를 보라), 은과 철과 주석과 납 등을 생산하고 교역하는 성읍으로 알려져 있었다(렘 10:9; 겔 27:12; 38:13을 보라). "다시스의 모든 배"(사 2:16; 23:1; 겔 27:25를 보라)는 지중해 전역의 항구들로 여행할 수 있는 거대한 무역선들이었다. 학자들은 소아시아의 다소(Tarsus)가 그 가능한 후보지일 것이라고 보지만, 앗수르의 비문에 나타난 설명에 기초하여 볼 때, 다시스는 다소로부터 멀리 떨어진 성읍으로서, 키프로스와 이오니아인들의 땅 서쪽 어딘가에 위치한 도시였을 가능성이 더 높은 편이다. 아마도 다시스는 스페인 남서쪽의 고대 타르테수스(Tartessus)에 위치한 페니키아의 한 식민지였을 것이다.[181]

야웨께서는 요나가 자신의 사명을 그렇게 쉽게 회피한 것을 그냥 두지 않으신다. 그는 강한 바람을 바다에 "보내심으로써"(문자적으로는 "내던지심으로써") 배를 산산조각 낼 정도의 위협적인 폭풍우가 일게 하신다(4절). 폭풍우의 강력함을 강조하기 위하여 저자는 의인화의 기법을 사용하며, 배가 실제로 자신이 깨뜨려질 것이라고 생각했다는 투로 묘사한다. NIV는 4절의 마지막 구절을 "배가 깨질 지경에 이르렀다"고 번역한다. 그러나 히브리어 본문을 문자적으로 읽으면 이렇다: "배는 [자신이] 깨뜨렸다고 생각했다." 공

---

181) 앗수르의 증거에 대한 분석을 포함하는 다시스의 위치에 관한 논의를 위해서는 다음을 보라: Hans W. Wolff, *Obadiah and Jonah*, trans. M. Kohl (Minneapolis: Augsburg, 1986), 100-101.

포에 사로잡힌 선원들은 자기들의 신들에게 기도하기 시작하며, 무거운 짐들을 바다로 내던진다(5a절). 그러나 선원들이 필사적으로 자신들과 배를 구하려고 애쓰는데도, 요나는 배 밑층으로 내려가 잠에 빠진다(5b절).[182] 요나의 다시스 여행이 폭풍우에 의해 중단되자 그의 잠 역시 선장에 의해 방해를 받는다(6절). 선장은 그에게 "일어나서 네 하나님께 구하라"(문자적으로는 "일어나서 네 하나님께 부르짖으라"고 재촉한다. 선장의 말이 묘하게도 요나에게는 친숙한 말로 들렸음에 틀림이 없다. 왜냐하면 그의 말은 생각지도 않게 야웨의 명령을 그대로 모방하고 있기 때문이다. 요나에게 주어진 하나님의 명령을 문자적으로 읽으면 이렇다: "일어나라! 니느웨로 가서 … 외쳐라"(2절을 보라).

선원들은 자기들에게 임한 재앙에 책임을 진 사람이 누군지를 알아보기 위해 "주사위를 던진다"(7절). 그들은 그처럼 강한 폭풍우는 죄인을 향한 신의 진노의 한 표현이라고 생각한다. 그런데 그들의 이러한 판단은 정말로 올바른 것이었다. 다시금 본문은 아이러니로 가득 차게 된다. 요나는 이방인들에게 그들의 "악독함"(히브리어로는 '라아' ; 여기서는 도덕적인 의미로 쓰임)을 드러내기 위해 니느웨로 보냄을 받았다. 그런데 요나는 자신의 책임을 회피한 결과 자신과 이방인 선원들에게 재앙(히브리어로는 '라아' ; 여기서는 죄로부터 비롯되는 징계를 뜻하는 비도덕적 의미로 쓰임)을 불러일으키고 말았다. 이방인들의 세계에서 인간의 악을 제거하는 데 도움을 주기 위해 선택된 자가 이제는 그 동일한 세계에 하나님의 징벌이 임하게 하는 촉매제가 되고만 것이다.

여기에 사용된 주사위 던짐의 정확한 방식에 대해서는 알 길이 없다. 아마도 선원들은 제비를 뽑거나 주사위를 굴리는 것과 비슷한 어떤 일을 했을 것

---

182) 히브리어 본문은 동사보다 요나의 이름을 앞세우는 등위절을 사용함으로써 (NIV, "그러나 요나는 밑으로 내려갔다") 살아나려고 몸부림치는 선원들과 게으르기 짝이 없는 요나 사이의 대조를 강조한다. 완료 동사형의 사용만 보아가지고서는 요나가 선원들의 필사적인 행동에 앞서 밑층으로 내려갔는지 아니면 그들의 행동이 똑같이 시작되었는지를 알 길이 없다. 이 점에 대한 논의를 위해서는 다음을 보라: Simon, *Jonah*, 7.

이다. 그러한 행동은 현대인들이 보기에 어떤 사건의 결과를 결정하는 방법치고는 정말 이상하고 부정확한 방법으로 여겨지겠지만, 당시의 문화권에서는 어떤 한 신이 결정적으로 중요한 정보를 드러낼 수 있는 유력한 수단으로 간주되었다(잠 16:33; 삼상 14:41-42를 보라).

너무도 확실하게 "주사위는 요나에게 떨어졌다." 요나는 자신의 정체와 직업에 관해 질문을 던지는 선원들에게 답하면서, 자기가 야웨께로부터 도망치고 있다는 것을 설명한다(8-10절). 여기서 우리는 몇 가지의 아이러니를 놓쳐서는 안 된다. 신학적으로 훌륭한 의미를 갖는 신앙고백을 통하여 요나는 자기가 "바다와 육지를 지으신 하늘의 하나님 야웨"를 "경외하는"(NIV는 이 히브리어 낱말을 "섬기는"으로 번역함)자라고 주장한다(9절). 그러나 만일에 그러한 주장이 옳다고 한다면, 그가 왜 이 하나님을 피하여 도망한 것일까? 만일에 야웨가 하늘의 유리한 시각에서 모든 것을 바라보고 계실 뿐만 아니라 자신이 창조한 바다까지도 주관하시는 분이라고 한다면, 예언자는 어떻게 도망하는 일이 가능하다고 생각할 수 있었을까? 그의 행동에 비추어 볼 때 그의 말은 공허하게 들릴 수밖에 없다.

어떻게 해야 할지 몰라 당혹감에 사로잡힌 선원들은 요나의 조언을 구한다(11절). 그는 그들에게 자기를 바다에 던지라고 말한다(12절). 처음에는 그것이 숭고한 반응인 것처럼 보이지만, 좀 더 깊이 생각해보면 그렇지 않다. 요나가 보여야 할 올바른 반응은 그 자리에서 회개하고 니느웨로 가기로 동의하는 일이었을 것이다.

그러나 선장의 권면(6절을 보라)에도 불구하고 요나는 결코 그 자리에서 기도하지 않는다. 적어도 우리가 아는 한에 있어서는 그렇다. 선원들을 향한 그의 가르침은 야웨께 순종하지 않으려는 그의 완고한 태도를 드러내고 있다.[183] 그것은 마치 요나가 다음과 같이 말하는 것처럼 보인다: "좋습니다! 만일에 그가 나를 다시스로 가지 않게 하신다면, 나는 지금 바로 바다에 빠져 죽겠습니다! 나는 니느웨로 가는 것을 원치 않습니다!"[184]

---

183) 이와 관련하여, 다음의 통찰력 있는 설명들을 보라: Trible, *Rhetorical Criticism*, 147; Wolff, *Obadiah and Jonah*, 118.

선원들은 그처럼 절망적인 조치에 의존하는 것을 꺼린다. 도리어 그들은 노를 저어 해안 지역으로 가려고 애쓰지만, 폭풍우는 점차 거세져 간다(13절). 마침내 그들은 포기하고서 요나의 하나님께 기도한다. 그 기도에서 그의 주권적인 힘을 인정하고서 그에게 자기들이 하고자 하는 일에 대하여 책임을 묻지 말아달라고 간구한다(14절). 요나의 몸이 바다에 닿자 폭풍우가 그치고(15절), 선원들은 두려움에 사로잡힌 나머지 희생제사를 드리고 하나님께 서원을 드린다(16절).

이 이야기에서 선원들은 요나를 돋보이게 하는 역할을 수행한다. 설교를 하기는 해도 기도는 하지 않는 요나와는 대조적으로, 선원들은 하나님께 기도를 드린다. 하나님을 두려워한다고 말은 하면서도 자신의 주장에 걸맞는 방식으로 행동하지 않는 요나와는 대조적으로, 요나의 하나님을 거의 알지 못하던 선원들은 진정한 두려움 속에서 그에게 응답한다.

물고기 뱃속에서 기도함(1:17—2:10)

요나는 죽음을 통하여 자신의 사명으로부터 피할 수 있으리라고 생각했을 것이다. 그러나 다시금 야웨께서는 그의 전략을 좌절시키신다. 그는 커다란 물고기를 준비하신다. 그 물고기는 요나를 삼킨 후 그를 3일 동안 자기 뱃속에 넣어 둔다(1:17). 그러다가 그를 마른 땅으로 토해낸다(2:10). 고대 근동 문헌에 보면, 죽은 자들의 땅인 지하계로 여행하기 위해서는 3일이 소요된다.[185] 본문은 아마도 그 물고기가 요나에게 지하계로부터 복귀할 수 있도록 허락한 것처럼 묘사하려고 했을 것이다. 그는 바로 전에 자신의 허락에 의하여 그 지하계로 내려간 바가 있었다(2:2, 6을 보라). 또 다른 견해에 의하면, 3

---

184) 사람들은 왜 요나가 단순하게 자신을 바다에 던지지 않았는지를 의아스럽게 생각할 수도 있을 것이다. 그러나 시몬이 지적한 바와 같이(Simon, *Jonah*, 13), 히브리 성서에는 "수동적인 자살"의 다른 사례들이 있다(삿 9:54; 삼상 31:4-5). 사울의 행동은 자기 손으로 직접 죽는 것보다는 "도움 받은 자살"로 죽는 것이 덜 비난할 만한 일로 간주되었을 것이라는 암시를 준다.

185) George M. Landes, "The 'Three Days and Three Nights' Motif in Jonah 2:1," *JBL* 86 (1967): 246-50.

일 기간에 대한 언급은 단순히 그 배가 바다로 얼마나 멀리 여행하였는지를 보여주려는 것에 지나지 않는다. 그 물고기가 요나를 첫 출발지점으로 되돌려 보내는 데 3일이 걸렸다는 얘기다.[186] 물론 그 물고기는 니느웨 여행을 용이하게 만들기 위해 요나를 가나안 북쪽의 지중해 해안 지역 한 지점에 내려 놓았을 수도 있다. 이렇게 본다면, 3일 기간에 대한 언급은 그 물고기가 요나를 삼킨 지점으로부터 그 예언자를 토해낸 지점까지 이동하는 데 걸린 시간을 가리키는 셈이다.

물고기의 뱃속에서 요나는 야웨께 기도한다(2:1). 그 기도는 감사의 노래 형식으로 되어 있으며, 표준적인 용어들과 숙어들을 사용하고 있다. 요나는 절망적이던 궁핍의 시절, 구원을 간구하는 기도, 야웨의 구원 개입 등을 회상한다(2-7절). 자신을 이방인 우상숭배자들과 대조한(8절) 그는 하나님께 공개적으로 감사를 드리고 자신이 야웨의 도움을 구할 때 했던 서원을 이행하겠다고 약속한다(9절). 그는 이 노래를 다음과 같은 선언으로 마무리한다: "구원은 야웨께로부터 옵니다." 요나의 기도는 놀라운 점을 가지고 있다. 우리는 예언자가 자신의 죄를 고백하는 참회의 시를 기대하지만, 아주 놀랍게도 그는 자신의 불순종을 인정하지 않는다. 그는 단순히 자신의 구원을 경축하고, 이방인들에 대한 자신의 우월함을 자랑하며, 하나님께 몇 가지의 약속을 할 뿐이다.

이 시가 문맥과 일치하지 않아 보인다는 것 때문에 많은 학자들은 그 진정성을 의심한다. 그러나 이 기도는 실제로 요나 이야기에 담긴 아이러니와 요나에 대한 저자의 성격묘사에 기여하고 있다. 사람들은 물고기에 삼킴당한 경험을 잔혹한 형태의 고문으로, 그리고 죽음의 전주곡으로 간주할 수도 있을 것이다. 그러나 요나는 아마도 예언자와 이스라엘 사람으로서 갖는 자신의 특권적인 지위로 인하여 자기가 구원을 받았다고 생각한 듯하다. 뿐만 아

---

186) 13절은 이러한 견해에 불리하게 작용하는 것으로 보인다. 왜냐하면 그것은 선원들이 마른 땅으로 노를 저어가는 일이 불가능하다고 생각했음을 보여주고 있기 때문이다. 이는 배가 육지 가까이에 있었음을 암시한다. 그러나 그들이 설령 섬이나 해안 지역 가까이에 있었다고 해도 그곳이 꼭 가나안 땅의 출발 지점이었다고 볼 필요는 없다.

니라 그는 앞서 회개 대신에 도움받은 자살을 선택하기로 결정했음에도 불구하고, 자신이 살아있다는 것에 대하여 크게 행복함을 느낀다. 죽음의 공포에 직면한 적이 있었던 그는 하나님의 자비로운 구원에 대하여 크게 감사를 드린다. 사람들은 죽음과의 한판 승부가 그에게 니느웨 사람들의 곤경에 대하여 약간의 동정심을 느끼게 함과 아울러, 하나님께서 그에게 주신 사명에 크게 감사하게 만들 것으로 기대할 것이다. 그러나 그가 이방인들에게 보인 경멸감은 그가 이 이야기의 마지막 장면에서 보이게 될 태도를 미리 보여주는 역할을 수행한다.

니느웨 사람들이 회개함(3:1-10)

요나의 물고기 뱃속 시련을 통하여 야웨께서는 그의 관심을 끄는 데 성공하신 바가 있다. 야웨께서 요나에게 니느웨로 가라고 다시 명하시자, 이번에는 그가 순종한다(1-3a절). 저자는 그곳에서 무슨 일이 벌어졌는지를 말하기 전에, 잠시 멈추어 서서 니느웨가 얼마나 "큰 성읍"인지를 우리에게 상기시킨다. 그는 그것을 문자적으로 다음과 같이 묘사한다: "니느웨는 사흘 동안 여행할 만큼 하나님 앞에 큰 성읍이더라." "큰"이라는 형용사는 그 성읍의 규모를 가리키며, "하나님 앞에"라는 표현은 아마도 "하나님의 기준에 의해서 볼 때도"라는 뜻을 가지고 있을 것이다.[187] "사흘 동안 여행할 만큼"이라는 구절은 종종 그 성읍의 직경, 곧 그 성읍을 가로지는 데 소요되는 기간을 가리키는 것으로 이해된다. 이것은 그 성읍의 직경이 80km 정도 됨을 의미할 것이다.[188] 니느웨가 옛 기준들에 비추어볼 때 크기는 하지만, 이 정도의 크기

---

187) 히브리 성서에서 "큰 성읍"이나 "큰 성읍들"을 묘사하는 다른 표현들은 눈에 보이는 실제 크기를 가리킨다(창 10:12; 민 13:28; 신 1:28; 6:10; 9:1; 수 10:2; 14:12; 왕상 4:13; 렘 22:8을 보라). "하나님 앞에"라는 표현이 갖는 의미에 대해서는 다음을 보라: Allen, *Joel, Obadiah, Jonah, and Micah*, 221; Wolff, *Obadiah and Jonah*, 148. 어떤 이들은 "하나님 앞에 큰 성읍"이라는 표현이 그 성읍이 하나님 보시기에 중요한 성읍임을 뜻한다고 본다: Stuart, *Hosea-Jonah*, 487; T. Desmond Alexander, "Jonah," in *Obadiah, Jonah, Micah*, by David W. Baker, T. Desmond Alexander, and Bruce K. Waltke (Downers Grove, Ill.: InterVarsity, 1988), 119.

가 되는 성읍은 어디에도 없다.[188] 이 때문에 어떤 학자들은 니느웨의 크기에 대한 이처럼 과장된 묘사야말로 요나서의 허구성을 뒷받침한다고 주장한다. 그러나 다른 이들은 그러한 수치가 니느웨 자체의 크기를 가리키기보다는 니느웨를 포함하는 행정 구역 전체를 가리킨다고 본다. 이렇게 본다면, 본문은 "니느웨보다 더 큰" 어떤 것을 염두에 두고 있다는 얘기가 된다.[190] 스튜어트는 그 표현을 "삼일 동안 방문해야 할 정도의 성읍"(a three-day visit city)으로 번역함으로써, 그것이 니느웨가 행정 중심지로서 갖는 중요성을 가리킨다고 이해하거나, 성읍 전체 사람들로 하여금 그 메시지를 확실히 듣게 하려면 니느웨 같이 큰 성읍의 경우에는 3일간의 설교 여행이 필요하다는 사실을 가리킨다고 이해한다.[191] 마커스는 그 표현이 니느웨의 크기를 가리키는 것이 아니라 요나가 그곳에 이르기 위해 여행해야 하는 거리를 가리킨다고 본다. 그는 그것을 문자적으로 이해해서는 안 되고, 도리어 오랜 여행을 나타내는 관용구로 이해해야 한다고 주장한다. 왜냐하면 요나가 지중해 해안으로부터 니느웨로 여행하려면 3일 이상의 기간이 소요되기 때문이다.[192]

요나의 메시지는 단순하다: 40일이 지나면 니느웨가 하나님의 심판을 받아 망할 것이다(4절).[193] 이 메시지는 무조건적인 것처럼 들린다. 그러나 "40

---

188) Allen, *Joel, Obadiah, Jonah, and Micah*, 221.

189) Ibid. 산헤립의 통치(주전 705-681년) 이전에 그 성읍의 둘레는 5km가 채 못 되었다. 그러나 산헤립은 그 성읍의 둘레를 12km 정도로 확장하였다.

190) Alexander, "Jonah," 57-58.

191) Stuart, *Hosea-Jonah*, 487-88.

192) David Marcus, "Nineveh's 'Three Days' Walk(Jonah 3:3): Another Interpretation," in *On the Way to Nineveh: Studies in Honor of George M. Landes*, ed. S. L. Cook and S. C. Winter (Atlanta: Scholars Press, 1999), 42-53. 이 견해에 의하면, 4절은 요나가 단 하루만의 여행 끝에 니느웨에 도착했음을 가리킨다. 물론 여기서 하루는 짧은 시간을 가리키는 관용어이다. 마커스에 따르면, 이 구절은 요나가 "전속력으로" 여행하여 니느웨에 도착했음을 뜻한다(47).

193) 4a절을 문자적으로 읽으면 이렇다: "요나가 그 성읍에 들어가서 하루 동안 다니며." 만일에 이 구절이 그 성읍/구역의 직경을 염두에 둔 것이라면, 이는 요나가 그 직경의 1/3만을 걸어 다녔음을 뜻한다.

일"이라는 숫자에 대한 언급은 니느웨에게 회개하여 살아남을 수 있는 창문
이 열려 있음을 암시할 것이다.[194] 그 경고를 마음에 새긴 니느웨 사람들은 베
옷을 입고 성읍 전체에 금식을 선포함으로써 자기들의 슬픔을 표현한다(5
절). 그 소식이 왕에게 미치자, 그는 자신의 왕복을 베옷으로 바꾸어 입고서,
성내의 모든 사람들과 짐승들에게 금식하고 베옷을 입고 하나님께 부르짖고
무엇보다도 자기들의 악한 행동을 버리라고 선포한다(6-8절). 그는 심판 선
고가 무조건적인 것인지 아닌지를 확신할 수 없었음에도 불구하고, 하나님
이 니느웨에 자비를 베푸셔서 심판을 철회하실지도 모른다고 추론한다(9
절).[195] 하나님께서는 니느웨의 진실한 반응을 보시고서, 긍휼을 베푸셔서 이
미 선고된 심판을 철회하신다(10절).

불평하는 예언자(4:1-11)

하나님께서 니느웨를 살려두기로 결정하시자 요나는 염증을 느끼면서 화
를 낸다(1절). 확실히 그는 니느웨 사람들을 미워했으며, 그들이 하나님의 자
비가 아니라 신속한 정의의 심판을 받아 마땅하다고 믿었다. 요나는 니느웨
사람들에게 하나님이 그들의 도덕적인 악(히브리어로는 '라아')을 심판하실
것이라는 경고의 메시지를 전하라는 사명을 받고 파견된 예언자이다. 그의
사명은 성공을 거두었다. 니느웨 사람들이 변화를 보인 까닭에 하나님께서
재앙(히브리어로는 '라아')을 내리지 않기로 작정하셨던 것이다. 그러나 요
나는 하나님의 자비(그는 죽음으로부터 건짐받았을 때 이와 똑같은 자비를
경험한 바가 있다)를 경축하기보다는 불쾌한 감정에 사로잡힌 채로 화를 낸
다. "요나가 크게 불쾌함을 느꼈다"로 번역되는 구절은 문자적으로 볼 때

---

194) 많은 심판 선고들에 함축되어 있는 조건적인 성격에 대해서는 예레미야 26:18과
미가 3:12에 대한 필자의 설명과 다음의 자료를 보라: Chisholm, "Does God Change
His Mind?" 389-91.

195) 왕이 "누가 알겠느냐?"고 수사학적인 질문을 던지고 있다는 점을 주목하라. 누
군가가 심판 선고에 대하여 이러한 반응을 보이는 다른 사례들로 사무엘하 12:22와 요
엘 2:14가 있다. 앞의 본문에서 심판 선고는 바꿀 수 없는 칙령임이 드러나지만, 뒤의 본
문에서는 심판 위협이 조건적인 것이어서 피할 수도 있는 것임이 밝혀지게 된다.

"요나가 큰 불쾌함을 불쾌해했다"로 읽힌다. 아이러니컬하게도 히브리어 낱말 '라아'(여기서는 "불쾌함"으로 번역됨)는 요나의 감정적인 상태를 묘사하는 데 사용된다. 이 이야기의 서두에서 그것은 악한 니느웨 사람들을 특징짓는 용어로 나타난다. 그리고 이야기의 마지막 부분에서 그것은 한 가지 이상의 다양한 방식으로 요나에게 적용된다. 이에 대해서는 아래에서 살필 것이다(6절 이하를 보라).

여기서 우리는 왜 요나가 처음에 하나님의 명령을 거부하고서 다시스를 향하여 도망했는지를 알 수 있다(2절). 그는 하나님이 자신의 사랑과 긍휼 때문에 니느웨 사람들이 회개하기만 한다면 그들에게까지 자신의 자비를 확대시킬 분이라는 것을 알고 있었다. 요나는 그처럼 악한 성읍의 도덕적인 교화에 참여할 마음이 전혀 없었다. 그래서 그는 그곳으로 가서 설교하기를 거부했던 것이다.

하나님의 긍휼하심에 대한 요나의 성격묘사는 독특한 것이 아니다. 이와 동일한 묘사는 요엘 2:13에도 나온다. 그것은 출애굽기 34:6-7에 뿌리박고 있는 것이다. 이 출애굽기 본문은 이스라엘의 금송아지 범죄에 이은 하나님의 심판 철회를 이와 비슷한 언어로 묘사하고 있다(출 32:14를 보라). 어떤 이들은 하나님의 심판 "철회"에 대한 성서의 언급들을 신인동형론적인 것으로 몰아부친다. 불변하시는 하나님은 일단 자신의 의도를 밝히신 후에는 결코 자기 마음을 바꾸시지 않는다고 주장하면서 말이다. 그러나 요나 4:2과 요엘 2:13은 하나님의 "뜻을 돌이키심"이 그의 근본적인 성품들 중의 하나임을 밝히고 있다. 그것은 그의 긍휼에서 비롯되는 것으로서, 그의 사랑을 분명하게 드러내고 있다.[196]

요나의 이중적인 기준은 섬뜩한 것이다. 그는 하나님이 자비로운 분이라는 것을 알고 있다. 왜냐하면 그는 범죄한 이스라엘과 자신처럼 불순종한 예언자에게도 그의 긍휼을 확대 적용하셨기 때문이다. 그러나 니느웨의 경우,

---

196) 이에 대한 보다 상세한 논의를 위해서는 요엘 2:13에 대한 필자의 설명과 다음 자료를 보라: Chisholm, "Does God Change His Mind?" 387-99. 이 논문의 요약판은 다음 잡지에 실려 있다: *Kindred Spirit* 22 (summer 1998): 4-5.

요나는 하나님을 하나님 되게 하는 일을 꺼려한다. 그는 이방인인 니느웨 사람들이 하나님의 자비를 받을 자격이 없다고 생각한다. 설령 그들이 자기들의 죄를 회개한다고 할지라도 말이다. 하나님이 범죄한 이스라엘을 용서하시는 것은 좋은 일이지만, 그가 범죄한 이방인들을 용서하신다는 것은 있을 수 없는 일이라는 얘기다.

요나는 니느웨가 살아남았다는 사실을 알고서 살아가느니 차라리 죽는 게 낫겠다고 생각한다. 그리하여 그는 하나님께 자기 생명을 가져가달라고 요청한다(3절). 야웨께서는 요나에게 그가 그처럼 화를 내는 것이 온당한 일인지를 묻는 수사학적인 질문을 통하여 응답하신다(4절).[197] 예언자는 야웨의 질문에 답변하지도 않은 채로 니느웨 동편으로 나가서 초막을 만든 다음, 어떤 일이 벌어질지를 기다려 보기로 한다(5절). 아마도 그는 하나님께서 결국에는 니느웨를 심판하기로 결정하시거나 니느웨가 다시 범죄의 길로 방향을 돌이킴으로써 하나님의 진노를 촉발하기를 희망했을 것이다. 아니면 요나는 자신의 성냄으로 인하여 하나님이 정신을 차리고서는 올바른 일을 하실지도 모른다고 생각했을 것이다.

요나는 하나님의 주요 관심사가 새로운 강조점을 가지고 있다는 것을 거의 깨닫지 못한 채로 있다. 니느웨를 설득하여 그 악한 길에서 돌이키도록 하는 데 성공하신 야웨께서는 이제 자기 입으로 죽기를 원한다면서 화를 내고 불평하는 예언자에게 방향을 돌리신다. 그는 요나를 그의 잘못된 사고방식으로부터 건져내기 위해 그에게 실물 교육을 실시하기로 결정하신다. 야웨께서는 요나의 초막 위로 갑자기 커다란 식물이 자라게 하심으로써, 그로 하여금 "그의 괴로움을 덜어줄"(문자적으로는 "그를 그의 괴로움으로부터

---

197) 히브리어 본문에서 야웨의 질문을 문자적으로 읽으면 이렇다: "너에게 있어서 화를 내는 것이 잘 하는 일이냐?" "잘하는 일"이라는 표현은 보통 '[네가 화내는 것이] 올바른 일이냐?'라는 의미에서 이해된다. 이렇게 본다면, 야웨는 요나의 성냄의 도덕적인 적합성을 물으신 것이 된다. 그러나 그 표현은 성냄의 정도나 강렬함을 나타내는 것일 수도 있다. 이렇게 본다면, 그것은 "네가 그토록 화를 많이 낸단 말이냐?"로 번역할 수도 있을 것이다: Simon, *Jonah*, 38. 이렇게 본다면, 야웨의 질문은 요나가 화를 많이 낸 것에 대한 그의 놀라움 내지는 진노를 표현한 것으로 보인다.

건져줄") 새로운 그늘을 갖게 하신다(6절). 그러나 여기에는 눈으로 보이는 것 이상의 의미가 감추어져 있다. "괴로움"으로 번역된 히브리어 낱말은 '라야' 인 바, 이 낱말은 앞서 니느웨 사람들의 "악"(1:2; 3:8을 보라)과 니느웨를 살려두기로 한 하나님의 결정에 반발하는 요나의 불쾌함(4:1을 보라)을 묘사하는 데 사용된 낱말과 똑같은 것이다. 겉으로 본다면, 이 용어는 6절에서 요나의 신체적인 "괴로움"을 가리키는 것으로 보인다. 그러나 만일에 하나님이 오로지 요나의 신체적인 괴로움에만 관심을 가지고 있었다면, 그는 그 식물을 그토록 빨리 멸하지 않으셨을 것이다(7절을 보라). 하나님은 그보다 더 중요한 이유가 있어서 그 식물을 제공하셨다가 다시 금방 치워버리신 것이다. 그는 요나를 신체적인 괴로움 이상의 어떤 것, 곧 요나의 도덕적으로 잘못된 태도로부터 건져내기 위해 그것을 하나의 실물 교육으로 활용하신 것이다. '라야' 라는 낱말은 여기서 이중적인 의미를 가지고 있다. 표면적인 차원에서 본다면, 그것은 요나의 신체적인 괴로움을 가리킨다. 그러나 심층적인 차원에서 본다면, 그것은 하나님의 자비하심에 대한 그의 불쾌함(4:1을 보라)에 잘 표현되어 있는 그의 "악한" 사고방식을 가리킨다.

묘하게도 바로 전에 죽기를 간청하던 요나는 그 식물이 제공한 여분의 그늘을 크게 기뻐한다(6b절). 뜨거운 열기는 그가 앞서 바다에서 경험한 것과 마찬가지로 그를 거의 죽을 지경에 이르게 한다. 죽음을 정면에서 목도한 예언자는 그 식물의 도움으로 구원함을 얻자 크게 기뻐한다. 사람들은 이로 인하여 그가 왜 하나님께서 니느웨 사람들을 기꺼이 구원코자 하셨는지에 대한 통찰을 얻을지도 모른다고 기대할 것이다.

하나님께서 한 마리의 벌레를 준비하셔서 그 식물을 죽게 함으로써 요나에게서 여분의 그늘을 제거하시자, 예언자는 다시금 죽기를 간청한다(8절). 여기서 우리는 그 식물의 사라짐에 대한 그의 분노가 그를 그 지경에 이르게 했음을 알 수 있다(9절). 하나님은 그에게 그 식물에 대하여 그가 그처럼 화를 내는 것이 온당한 일인지를 물으신다. 요나는 이번에는 하나님의 질문에 답변을 한다. 그는 죽기를 희망하는 그 순간까지도 자신의 성냄이 합당하다고 분명하게 말한 것이다. 요나는 이렇게 답변함으로써 결국에는 하나님의 계략에 빠져든다. 하나님은 작은 것으로부터 더 큰 것으로 범위를 넓혀나가는 방식의 주장을 사용하시되, 요나가 자신이 직접 심거나 가꾸지 않은 식물의 사라짐에 대하여 연민을 느꼈음을 지적하신다(10절). 요나가 자신의 이익 때문에 그처럼 단순한 식물에 대해서 애착을 갖는다면, 하나님께서는 과연 사람들과 짐승들로 가득 찬 큰 성읍을 잃어버릴 것이라는 생각에 얼마나 큰 연민의 감정을 느끼시겠는가(11절).

자신의 주장을 공식화하면서 하나님은 니느웨에 "좌우를 구별"할 줄 모르는 사람들이 12만 명이나 있다는 점을 지적하신다. 어떤 이들은 이것이 도덕적인 분별력을 아직 갖지 못한 아이들을 가리킨다고 본다.[198] 그러나 여기에 사용된 히브리어 낱말('아담')은 지극히 당연히 그 성읍의 인구 전체를 가리킨다. 특히 그것이 "짐승(들)"이라는 용어(NIV에서는 "가축"으로 번역됨)와 결합되어 있기에 그렇다.[199] 그들이 "좌우를 구별"할 줄 모른다는 것은 그들의 도덕적인 무지를 가리키고 있음에 틀림이 없다. 니느웨 사람들은 자기들의 악한 행동들에 대하여 책임을 져야 하고 또 그로 인하여 하나님의 심판을 받아야 하지만(1:2를 보라), 그럼에도 불구하고 그들은 하나님의 도덕적인 의지에 관한 특별한 신적인 계시를 이점으로 가지고 있지 못했다. 도덕적이고 윤리적인 측면을 두고 말한다면, 그들은 아이들과도 같은 상태에 있었던 것이다.[200] 그들의 상대적인 무지가 그들의 행동을 죄 없는 것으로 만들어주는 것은 아닐지라도, 하나님으로 하여금 기꺼이 그들에게 기회의 창문을 열어두게 하시고 또 그들이 회개할 때에는 자비를 베풀게도 한다.

요나서는 요나가 야웨의 마지막 주장에 어떠한 반응을 보였는지를 우리에게 말해주지 않은 채로 갑자기 끝을 맺는다. 이것은 적절한 것이다. 요나가 달리 무슨 말을 할 수 있겠는가? 그의 지나친 정의 개념 집착이 잘못된 것임이 밝혀졌고, 야웨께서는 자비를 베푸는 일을 뒷받침할 수 있는 완벽한 사례를 제공하셨으니 말이다.

---

198) 예로써 ibid., 47을 보라.

199) 레위기 27:28; 시편 36:6; 예레미야 32:43; 36:29; 에스겔 14:13, 17, 19; 25:13; 29:8; 36:11; 스바냐 1:3; 스가랴 2:4 등을 보라.

200) Allen, *Joel, Obadiah, Jonah, and Micah*, 234-35.

죄를 벌하시고 약속을 성취하심(미가)

서론

이사야의 동시대 사람인 미가는 유다 왕 요담(주전 750-731년)과 아하스 (735-715년)와 히스기야(715-686년)의 시대인 주전 8세기 후반기에 예언활동을 하였다. 그는 예루살렘 남서쪽에 위치한 모레셋(아마도 1:14에 언급된 모레셋-가드와 동일한 지역일 것이다)이라는 마을 출신이다. 이 외에는 예언자의 배경에 대하여 우리에게 알려진 것이 전혀 없다.

미가서는 전체를 아우를 수 있는 핵심 구조를 가지고 있지 않다. 도리어 미가서는 느슨하게 배열된 예언 수집록에 해당하는 것으로 보인다. 이 책은 세 개의 중심 부분들로 나뉜다. 1-3장과 4-5장 및 6-7장이 그렇다. 처음 세 개의 장은 유다의 죄와 임박한 파멸에 초점을 맞추고 있다. 첫 예언(1:2-16)은 임박한 미래를 내다보고 있으며, 사마리아의 함락과 유다 침공을 예견한다. 그 다음 예언(2:1-11)은 현재에 초점을 맞추며, 거짓 예언자들을 포함하는 유다 지도자들의 죄악을 비난한다. 예언의 분위기는 2장의 마지막 부분 (12-13절)에서 갑자기 바뀐다. 여기서 예언자는 다가올 심판을 뛰어넘어 더 먼 미래를 내다보면서 이스라엘이 사로잡힘으로부터 구원받을 것이라고 말한다. 3장에서 미가는 짤막한 삽입 본문 직전의 내용을 계속 이어간다. 그는 현재로 되돌아와서 다시금 유다의 지도자들과 거짓 예언자들의 죄를 폭로한다(1-11절). 3장은 예루살렘이 폐허가 될 것임을 선포함으로써 끝을 맺는다 (12절). 1장에 묘사되어 있는 유다 침공은 여기서 절정에 도달한다.

4장 서두에는 또 다른 주제상의 변화가 있다. 예언자는 여기서 다가올 심판을 뛰어넘어 야웨께서 예루살렘에서 통치하시고 전 세계에 걸친 평화의 나라를 세우실 때를 내다본다(4:1-5). 4장의 나머지 부분과 5장은 이러한 환상이 어떻게 성취될 것인지에 대해서 묘사한다. 예루살렘과 다윗 왕조는 임박한 미래에 수치를 당하게 될 것이다. 그리고 야웨께서는 유다 백성의 그릇된 안전 의식의 근거가 되는 것들을 치워버리실 것이다. 그러나 야웨께서는 나중에 새로운 다윗을 일으켜서 자기 백성을 영화로운 새 시대로 인도하실 것이다.

이 책의 마지막 부분은 심판 예언(6:1-16)과 유다의 서글픈 도덕적 상황에 대한 예언자의 탄식(7:1-7)을 담고 있다. 그러나 예언자가 시온이 회복되고 하나님의 사로잡힌 백성이 고국으로 돌아올 뿐만 아니라 야웨께서 자기 백성에게 자비를 베풀어 족장들에게 주신 약속을 성취하실 때에 대해 묘사하면서 슬픔이 기쁨으로 바뀐다(7:8-20).

야웨께서 전쟁을 준비하심(1:2-16)

예언자는 열방을 향해 주의를 기울일 것을 요청하며, 야웨께서 그들에게 불리한 증언을 할 준비가 되어 있다고 선언한다(2절). 그러나 묘하게도 그 다음에 이어지는 메시지는 열방을 비난하지도 않고, 그들이 받을 벌에 대해서 묘사하지도 않는다. 도리어 그것은 이스라엘과 유다에 초점을 맞춘다. 그렇다면 미가는 왜 이런 식으로 자신의 예언을 시작한 것일까? 그것은 청중의 관심을 끌기 위한 수사학적인 기법일 가능성이 매우 높다. 그는 마치 이스라엘과 유다의 대적들을 향한 심판 예언이 곧 이어질 것처럼 느껴지게 만든다. 그러한 메시지는 확실히 이스라엘과 유다의 환영을 받을 것이다. 그러나 그들의 관심을 확보한 그는 이어서 곧바로 그들에게로 방향을 돌린다. 그렇다, 하나님은 열방을 곧 심판하실 것이지만, 계약 공동체라고 예외일 수는 없다. 사실 계약 공동체야말로 하나님의 심판의 주요 표적이다.

예언자는 주권적인 심판관의 무대 도착에 관해 묘사한다(3-4절). 야웨께서는 자신의 하늘 처소로부터 내려와 산들의 꼭대기를 따라 걸으실 것이요, 그 산들은 그의 발 아래에서 무너져 내릴 것이다. 산들은 불 앞의 밀초처럼 녹을 것이요, 바위들은 산비탈을 따라 물처럼 빠른 속도로 미끄러져 내려갈 것이다. 바로 이 지점에서 예언자는 갑자기 방향을 바꾼다. 계약의 주이신 야웨를 향한 이스라엘의 범죄야말로 야웨의 심판을 자초하는 것이다(5절). 그들의 반역은 북왕국의 수도로서 우상숭배에 빠진 사마리아와 유다의 수도인 예루살렘이 잘 보여준다.

예언자는 먼저 사마리아에 임할 하나님의 심판에 대해서 묘사한다(6-7

절). 야웨께서는 그 성읍을 돌무더기와 포도원을 심을 곳으로 바꾸어버릴 것이다. 그곳의 돌들은 골짜기 아래로 굴러 떨어질 것이요, 그럼으로써 그 성읍의 기초가 모습을 드러낼 것이요, 그곳의 우상들은 산산조각 난 채로 불에 탈 것이다.[201] 예언자는 여기서 우상들을 창기의 삯에 비교한다. 왜냐하면 그것들은 사마리아 신전으로 예배하러 온 우상숭배자들이 그 신전에 바친 금속으로 만든 것들이기 때문이다. 그러나 이 우상들은 녹아서 "창기의 삯"으로 사용될 것이다. 이 진술의 정확한 의미는 확실치 않다. 아마도 그것은 대적의 병사들이 그 금속을 사용하여 창기들을 고용하거나 그들이 자기들의 신들에게 그 금속을 헌납했음을 뜻할 것이다.

사마리아의 함락에 대하여 묘사한 예언자는 즉시 예루살렘으로 방향을 돌린다. 그는 장차 일어날 일에 대하여 슬퍼한다. 왜냐하면 그는 사마리아의 도덕적인 타락이 유다를 감염시켰을 뿐만 아니라 예루살렘에까지 미쳤음을 알게 되었기 때문이다(8-9절). 그러나 예루살렘의 다가올 황무함(3:12를 보라)을 선포하기 전에 그는 적군의 유다 변방 침공에 대해서 묘사한다(10-15절). 예언자는 "그것을 가드에 알리지 말라"(10a절)는 말과 함께 유다 침공에 관한 묘사를 시작한다. 다윗은 블레셋 군대의 손에 쓰러진 요나단과 사울의 비극적인 죽음에 대해서 탄식할 때 이와 동일한 낱말들을 사용한다(삼하 1:20을 보라). 당시에 가드는 블레셋의 주요 도시들 중의 하나였다. 다윗은 이스라엘의 비극에 관한 소식이 적군의 영토에까지 공개되는 것을 원치 않았다. 미가의 시대에 가드는 유다의 수중에 있었을지도 모르지만(대하 26:6을 보라), 그다지 중요한 것은 아니다. 미가는 유다의 파멸이 공표되어서는 안 된다는 점을 강조하기 위하여 전통적인 속담을 사용한다. 유다의 수치는 주변 나라들이 유다를 혼내 주고 모욕까지 하지 않더라도 충분히 기분 나쁜 일일 것이다.

침략군들은 유다의 성읍들을 하나씩하나씩 정복해갈 것이다. 마침내 수도인 예루살렘의 성문에 설 때까지 말이다. 예언자는 수사학적인 효과를 얻기

---

201) 사마리아는 골짜기 위로 900m 이상 높이에 있는 산 위에 자리잡고 있다: King, *Amos, Hosea, Micah—An Archaeological Commentary*, 36.

위하여 자신의 설명에 말놀이와 아이러니를 사용한다. 그는 벧오브라("티끌의 집"을 뜻하는 것으로 이해될 수 있음)의 사람들에게 슬픔의 표시로 티끌 속에서 구를 것을 촉구한다(10b절; 렘 25:34를 보라). 사빌("아름다운"이라는 뜻을 가지고 있음)의 여인들은 벗은 몸을 드러냄으로써 수치를 당할 것이요, 사나안(히브리어 동사 "나가다"와 비슷하게 들림)의 여인들은 자기들의 성읍에 갇혀 "나오지" 못할 것이다(11a절).[202] 벤에셀("이웃한 집"을 뜻함)이 할 수 있는 일이라고는 그저 바라보면서 우는 일밖에 없을 것이다(11b절). 마롯(히브리어 '마라'["쓴"]와 비슷하게 들림)의 기대는 성취되지 못할 것이요(12절), 라기스 주민은 전쟁을 준비하면서 전차들에 "군마"("군마"로 번역된 히브리어 명사는 라기스라는 이름과 음이 비슷함)를 매어야 할 것이다(13절).[203] 라기스는 모레셋 가드의 주민에게 작별인사를 할 것이다. 결혼하는 딸에게 "이별의 선물"을 주는 아버지처럼 말이다(14a절). 모레셋이라는 이름은 "약혼한"이라는 뜻의 히브리어 낱말과 비슷하게 들리는 까닭에, 집을 떠날 준비가 되어 있는 딸로 그 성읍을 묘사하는 것을 용이하게 만든다. 악십이라는 성읍은 유다의 왕들을 "속이는"("속이는"을 뜻하는 낱말은 악십이라는 이름과 비슷하게 들림) 자들임이 드러날 것이다(14b절). 마레사는 정복자(이 히브리어 낱말은 마레사라는 이름과 비슷하게 들림)의 침략을 받을 것이다. 그 결과 유다의 상류층 인사들을 가리키는 듯한 "이스라엘의 영광"이 안전을 위하여 아둘람으로 피신할 수밖에 없을 것이다. 마치 다윗이 옛날에 그러했던 것처럼 말이다(15절).[204] 예언자는 이 다가올 비극에 비추어 마레사 주민에게 사로

---

202) 히브리어 본문의 여성 단수는 "사빌 주민"과 "사아난 주민"을 대상으로 하여 사용된 것이다. 이곳의 단수형은 집단을 지칭하는 것임에 틀림이 없다. 아니면 한 전형적인 여인을 그 성읍의 대표자로 간주하여 그녀에게 말하는 방식을 취하고 있는 것일 수도 있다.

203) 다시금 여성 단수형이 사용되는 바, 이는 집단 전체나 대표적인 한 인물을 가리키는 것으로서, "마롯 주민"과 "라기스 주민"을 가리킬 것이다.

204) NIV는 "이스라엘의 영광"이 한 개인 — 아마도 왕 — 을 가리킨다고 본다. 그러나 이 구절은 왕을 포함하는 지도자들 전체를 가리킬 가능성이 더 높다. 이사야 5:13의 NIV 번역인 "상류층 인사들"은 문자적으로 볼 때 "그의 영광"을 뜻한다.

잡혀갈 자기들의 자녀들을 위해 탄식할 것을 촉구한다(16절).[205]

유다의 지도자들을 비난함(2:1—3:12)

예언자는 죽음과 탄식의 언어를 사용함으로써, 유다의 범죄한 지도자들을 위한 장례식을 미리 행동으로 보여준다. "화 있을진저"라는 간투사는 장례식 때에 들리는 탄식의 부르짖음을 가리킨다(왕상 13:30; 렘 22:18-19; 암 5:16을 보라). 이 낱말을 사용함으로써 예언자는 그들이 곧 죽을 것임을 암시한다. 그들은 "침상에서 악을 꾀하고" 아침이 올 때까지 자기들의 계획을 실행에 옮기는 자들로 규정된다(2:1). 그는 그들이 사람들에게서 땅과 집들을 훔치고 있음을 비난한다. 앞서 설명한 바와 같이(사 1:16-17에 대한 필자의 설명을 보라), 유다 안에는 거대하고 압제적인 왕실 군사 관료층이 형성되어 있었다. 그것은 규모와 힘이 점점 늘어나자 일반 백성을 착취하기 시작하며, 압제적인 조치를 연거푸 취함으로써 그들을 그들의 땅으로부터 쫓아낸다.[206]

야웨께서는 그들이 불의한 행동을 하면서 살아가는 것을 그냥 두지 않으신다. 악을 행하는 자들이 악한 계획을 꾸미는 동안에(1절을 보라), 야웨께서는 그 자신의 계획을 세우실 것이요, 그들 위에 재앙을 내리실 것이다(3절). 그들은 훔친 땅을 잃을 것이요(4절), 장차 있을 땅의 분배에서 배제될 것이다(5절).

말놀이는 예언자의 메시지를 더욱 돋보이게 한다. "계획"이라는 낱말의 반복은 야웨의 응답이 적절한 것임을 강조하는 효과를 갖는다. 그들의 악한 행

---

205) 16절에 있는 2인칭 동사들과 대명사들은 여성 단수형으로 되어 있다. 16절은 젊은 여인으로 의인화된 시온을 대상으로 하는 말씀일 수도 있지만(13절을 보라), 마레사 주민을 대상으로 하는 말씀일 가능성이 더 높은 편이다. 15절의 히브리어 본문을 문자적으로 읽으면 이렇다: "마레사 주민[여성 단수형]아, 내가 장차 정복자를 너에게[다시금 여성 단수형] 보낼 것이다." 15절은 성읍 전체를 대표하는 전형적인 여성 주민을 대상으로 하는 말씀이다. 이 말씀은 당연히 16절까지 이어진다고 보아야 할 것이다. 이와 동일한 문체는 11-13절에서도 사용된다(위의 설명을 보라).

206) 이 시기의 사회경제적인 배경에 대한 연구를 위해서는 다음을 보라: Dearman, *Property Rights in the Eighth Century Prophets.*

동을 묘사하는 데 사용되는 낱말(1절, 히브리어로는 '라')은 3절에서 야웨께서 계획하신 "재앙" 및 죄인들을 덮칠 "재앙"을 가리키는 데 사용되는 낱말 '라아'와 거의 같다. 약한 자들의 집을 "빼앗는"(히브리어로는 '나사'; 문자적으로는 "들어 올리다") 자들(2절)은 사람들이 "조롱할"(히브리어로는 '나사 마샬'; 문자적으로는 "조롱을 들어 올리다") 때 멸시의 대상이 될 것이다 (4절). 압제자들이 이제는 압제에 희생되는 운명의 반전이 이루어질 것이다. 압제자의 위치에서 희생자의 처지로 전락한 이들은 "우리가 완전히 망하게 되었구나"(4절, 히브리어로는 '샤도드 네샷두누')라고 탄식할 것이다. 그들의 이러한 말들조차도 그들의 죄에 대해서 증거할 것이다. 왜냐하면 그들의 말은 "밭들"(2절, 히브리어로 '사도트')이라는 낱말과 비슷하게 들리며, 그들이 탄식해마지 않는 땅이 불의한 방법으로 취한 것임을 우리에게 상기시켜 주기 때문이다.[207]

이 행악자들은 자기들의 범죄 행동을 드러낸 예언자들을 배척한다. 그들은 번영("포도주와 독주"가 상징하는; 11절을 보라)에 대한 약속을 듣고 싶어한다. 그들은 야웨의 예언자들에게 강렬한 심판의 수사학을 중단하라고 말한다. 왜냐하면 그들은 야웨께서 자기 백성을 수치스럽게 하지 않을 것이라고 확신하고 있기 때문이다(6-7a절). 그들의 잘못된 추론에 대한 반응으로, 야웨께서는 동족을 원수들처럼 취급하고 그들의 재산을 훔치는 자들이 아니라(8-9절) 오로지 자기에게 순종하는 자들에게만 상을 줄 것임을 그들에게 상기시키신다(7b절). 그들의 죄는 그 땅 위에 재앙을 불러일으킬 것이다(10절).

유다의 지도자들을 향한 심판 예언을 마무리하기 전에 미가는 의로운 자들을 격려하기 위해 잠시 멈춘다(12-13절; 7절을 보라). 사로잡혀갈 때가 가까워오고 있음에도 불구하고(1:16; 2:10을 보라), 야웨께서는 장차 언젠가는 포로생활을 하는 남은 자들을 양 떼처럼 불러 모아 포로생활을 하는 곳으로부터 인도해내실 것이다(4:6; 7:14-15를 보라).

---

207) 이 구절에 대한 유용한 연구를 위해서는 다음을 보라: Miller, *Sin and Judgment in the Prophets*, 29-31.

긍정적인 의미를 가진 것으로 이해되는 이 신탁이 전후 문맥에 부드럽게 연결되지 않기 때문에 어떤 이들은 그것이 거짓 예언자들의 말을 포함하고 있다고 본다(11절에 언급된 것처럼). 그런가 하면 다른 이들은 그것이 주전 701년에 있었던 앗수르의 예루살렘 포위공격을 묘사하고 있다고 주장한다. 이렇게 본다면, 그것은 유다의 남은 자들이 예루살렘으로 몰려 들어갈 것이요, 야웨께서 성벽 바깥의 적군을 공격하실 때 구원을 받게 될 것임을 가리키는 것이다.[208] 미가가 4:11-13에서 이 사건을 언급하고 있는 것으로 보아, 2:12-13에 대한 이러한 해석은 충분히 가능한 일이다. 그러나 그렇게 본다면, 야웨께서 예루살렘으로부터 "올라가신다"는 구절이 이상하게 되어버린다.[209] 뿐만 아니라 2:12-13의 신탁은 예루살렘의 파멸을 예고하는 보다 큰 예언의 한 부분을 구성하고 있다(3:12를 보라). 나중에 3:12에 대한 논의에서 보게 되겠지만, 이 심판은 히스기야가 회개함으로써 철회된다. 바로 그 시점에서 미가의 미래 환상이 이사야의 경우와 마찬가지로 변하게 된다. 그는 예루살렘이 앗수르 군대에게가 아니라 바벨론 군대에게 함락될 것이라고 예언했던 것이다(4:10; 사 39:6-7을 보라). 2:12-13이 주전 701년의 사건들을 예언하고 있다고 주장하는 견해는 미가의 메시지에 있는 이러한 변화를 간과하고 있는 셈이다.

3장에서 예언자는 유다의 지도자들을 향한 비난을 계속한다. 그는 그들의 잔인한 압제 행동을 식인풍습에 비교하며(3:1-3), 그들의 운명이 뒤바뀔 때가 올 것이라고 경고한다(4절; 2:3-5를 보라). 그때가 오면, 압제자들은 야웨께 부르짖어 도움을 구하겠지만, 그들의 기도는 전혀 응답받지 못할 것이다.

많은 예언자들 또한 하나님의 대변인으로서의 지위에 충실하지 못한 채로 백성을 잘못 인도한다(5절). 이 탐욕스런 예언자들은 예언 메시지를 전하는 대가로 음식물을 받을 경우에는 고객들에게 평화를 약속하지만, 적절한 대가를 받지 못하면, 재앙을 예언한다. 따라서 당연히 야웨께서 진정한 예언적인 계시의 수단들을 그들에게서 차단시킬 때가 오고야 말 것이다. 거짓 예언

---

208) 예로써 다음을 보라: Allen, *Joel, Obadiah, Jonah, and Micah*, 301-3.

209) Delbert R. Hillers, *Micah*, Hermeneia (Philadelphia: Fortress, 1984), 39.

자들이 사용하는 온갖 수단들 — 환상들(적법한)과 징조 해석(야웨께로부터
계시를 받는 합법적인 수단이 아닌)을 포함하는 — 이 정보 제공의 역할을
중단할 것이다. 그 결과 그들은 침묵을 지킬 것이요, 수치를 당할 것이다(6-7
절).

미가는 자신의 사역이 진정한 것임을 변호하기 위해 여기서 잠시 멈춘다(8
절). 그는 진정한 예언의 근원인 야웨의 영을 소유한 자이다. 그는 정의의 편
에 서서 활동하며, 이스라엘의 죄를 과감하게 폭로한다. 이와는 대조적으로
유다의 지도자들은 정의를 왜곡시키고(9-10절), 제사장들과 예언자들은 물
질적인 이득에만 관심을 기울이면서(11a절) 심판이 나라 전체에 임할 것이라
는 사실을 인정하지 않는다(11b절).

바로 이 때문에 예루살렘은 함락될 것이다(12절). 침략자들은 유다의 변방
을 폐허로 만든 다음에, 시온을 사마리아처럼 돌무더기로 만들 것이다. 성전
도 파괴될 것이다. 예루살렘의 파멸에 관한 이러한 예언은 적어도 미가의 시
대에는 그대로 이루어지지 않는다. 우리는 예레미야가 왜, 자기보다 먼저 활
동한 미가와 마찬가지로, 예레미야 26장에서 예루살렘과 성전이 파괴될 것
이라고 예언했는지를 금방 알 수 있다(렘 26:6을 보라). 몇몇 지도자들은 예
레미야를 처형할 것을 요구했지만, 장로들 중의 일부는 그들에게 역사적인
교훈을 제시한 바가 있다. 그들은 미가의 예루살렘 함락 예언을 회상하면서,
히스기야가 회개하였을 때 심판이 철회되었다는 점을 지적한다(렘 26:17-19
를 보라). 이것은 미가의 예언이 겉으로 보기에는 무조건적인 것처럼 보이지
만 암묵적으로 조건적인 것임을 분명하게 보여준다.[210] 히스기야의 회개로 인
하여 미리 예고된 심판이 연기된 것이다.[211]

행복한 앞날(4:1—5:15)

다시금 미가의 말투가 갑자기 바뀐다. 그는 여기서 임박한 심판을 넘어서

210) Chisholm, "Does God 'Change His Mind'?" 391, 397. 예레미야 26:19에 대
한 필자의 설명도 보라.

211) 미가의 예루살렘 파멸 환상은 주전 586년에 현실화된다.

서 정의와 세계적인 평화를 특징으로 갖는 새 시대를 내다본다. 이사야 2:2-
4과 거의 같은 본문에서 미가는 예루살렘 성전 터가 세계의 중심점이 될 때
를 마음에 그린다(4:1-3).[212] 열방은 야웨의 법을 배우고 또 그의 지혜롭고 공
정한 심판에 굴복하기 위해 예루살렘으로 몰려갈 것이다. 열방이 더 평화롭
고 가치 있는 일들에 에너지를 결집시키게 되면 전쟁이 중단될 것이다. 그때
가 되면 모든 사람들이 침략자들에 대하여 염려할 필요 없이 자신의 농작물
을 재배할 것이다(4절).[213] 이 흥미로운 미래 환상은 하나님의 백성을 위하여
말하는 예언자로 하여금 야웨를 향한 자신의 충성심을 선언하게 한다(5절).

예루살렘의 궁극적인 운명에 관해 묘사한 미가는 이어서 이 새로운 시대
가 어떻게 올 것인지에 관해 설명한다(6-8절). 야웨께서는 포로민들을 불러
모아 강한 나라로 만드실 것이다. 야웨께서 자기 백성에 대한 통치권을 확립
하시면 시온에 왕정이 회복될 것이다. 예루살렘은 "양 떼의 망대"로 불릴 것
이다. 왜냐하면 야웨께서 자신의 보좌에서 자기 백성을 바라보시면서 지켜
주실 것이기 때문이다.

9-10절에서 예언자는 자신의 시대로 좀 더 가까이 나아간다(1절의 "끝날
에 이르러서는"과 6절의 "그 날에는"이라는 표현과 대조를 이루는 9절의 "이
제"를 주목하라). 의인화된 시온을 향해 말하면서 그는 시온을 해산하는 여
인으로 묘사한다. 시온의 고통은 왕을 잃게 되고 포로로 잡혀갈 것이라는 생
각 때문에 초래된 것이다. 그러나 이러한 이중적인 재앙은 즉시 이루어지지
않는다. 미가는 구체적으로 바벨론을 사로잡혀갈 곳으로 언급한다. 이사야
와 마찬가지로 그는 야웨께서 앗수르의 위협으로부터 예루살렘을 구원하실
것임을 예견하면서도(11-13절), 결국에는 포로로 잡혀가게 되는 일이 이루
어질 것임을 알고 있다(사 39:6-7을 보라). 미가가 선포한 메시지의 이러한
개정판은 히스기야가 회개한 이후에 주어진 것이다(3:12에 대한 필자의 설명
을 보라).

---

212) 미가가 이사야의 영향을 받았는지 아니면 그 반대인지는 확실치 않다. 아마도 이
둘은 잘 알려지지 않은 공통 자료에 의존했을 것이다.

213) 4절은 미가에게만 있는 것이다.

5장에서 예언자는 4:6-10의 주요 주제들을 정반대의 순서로 되풀이하면서 확대시킨다. 이로 인하여 본문은 가운데 부분을 중심으로 하는 대칭 구조를 보인다:

A 야웨께서 남은 자들을 강하게 하심(4:6-7a)

  B 통치권이 회복됨(4:7b-8)

    C 시온과 그의 왕이 수치를 당함(4:9-10)

      D 시온이 현재의 위기로부터 구원받음(4:11-13)

    C' 시온과 그의 왕이 수치를 당함(5:1)

  B' 통치권이 회복됨(5:2-6)

A' 야웨께서 남은 자들을 강하게 하심(5:7-9)

예언자는 4:9-10의 주제를 이어받아 포위당한 시온에 대해서 묘사한다 (5:1). 이 포위공격은 4:11에서 언급되지 않은 것이다. 시온은 결국 그 포위공격으로부터 구원받게 될 것이지만 말이다. 포위공격에 이어 시온의 왕이 수치를 당하는 일이 벌어질 것이다. 이 주제는 4:9에서도 언급된 것이다. 4:9에서 왕정의 소멸은 시온의 사로잡힘과 관련된다(4:10을 보라). 유다의 대적은 지팡이로 시온의 왕을 치는 자들로 묘사된다. 지팡이는 흔히 통치권을 상징하는 것이지만(시 2:9를 보라), 여기서는 수치 당함을 상징하는 것으로 사용된다.

그러나 모든 것이 다 사라지는 것은 아니다. 통치권이 시온에게로 돌아올 것이기 때문이다. 이 예언의 첫 번째 부분에서 예언자는 야웨께서 시온에서 통치하실 것이라고 말하지만(4:7b를 보라), 여기서는 야웨께서 인간 왕을 통하여 통치하실 것임이 분명하다. 그 인간 왕은 또 다른 다윗으로, 아니면 다시 올 다윗 자신으로 묘사된다(2-6절). 이 왕은 기이한 방식으로 다윗의 고향인 베들레헴 에브라다로부터 올 자로 소개된다.[214] 2절의 마지막 진술은 다가오는 왕을 "아득한 옛날, 옛 시대에 기원을 둔" 자로 묘사한다. 이 진술의

---

214) 에브라다는 베들레헴의 또 다른 이름임이 분명하다. 창세기 35:19; 48:7; 룻기

시간 언급은 아주 오랜 과거를 가리킨다. "아득한 옛날"이라는 표현은 다른 본문들의 경우 옛 시대 전반을 가리키며(사 45:21; 46:10; 합 1:12), 더 구체적으로는 다윗 시대를 포함하는(느 12:46) 이스라엘의 초기 역사를 가리킨다(시 74:12; 77:11). "옛 시대"(문자적으로는 "옛날")라는 구절 역시 다른 본문들의 경우 다윗 시대를 포함하는(암 9:11) 이스라엘의 초기 역사를 가리킨다(사 63:9, 11; 미 7:14; 말 3:4). NIV에서 "기원"으로 번역된 히브리어 낱말은 문자적으로 볼 때 "나가다"는 뜻을 가지고 있다. 이 용어는 여기서 다가오는 왕의 혈통을 가리킬 수도 있다. 이렇게 본다면, 그것은 그를 다윗에게까지 이어지는 오랜 왕의 가문에 속한 자로 묘사하는 셈이다(렘 23:5; 33:15를 보라).

또 다른 견해는 이 낱말이 다가오는 왕의 외모를 가리킨다고 본다.[215] 이렇게 본다면, 왕은 다시 출현할 과거의 실제 인물, 다시 올 다윗으로 묘사되고 있는 셈이다. 다른 예언자들이 미래의 이상적인 왕을 "다윗"으로 칭하는 것으로 보아, 이러한 해석은 여기서 충분히 가능성이 있어 보인다(렘 30:9; 겔 34:23-24; 37:24-25; 호 3:5). 그러나 이런 식으로 이해한다고 해도, 그 언어 자체가 원형적인 것이어서 지나치게 문자주의적인 방식으로 이해되어서는 안 된다. 이 "다윗"은 메시야적인 왕에게 맡겨진 역할들과는 구별되는 왕의 기능들을 수행한다. 그는 사실상 조상의 심령과 능력으로 오는 다윗의 후손이다. 세례 요한이 엘리야의 심령과 능력으로 옴으로써 말라기 4:5의 예언을 성취한 것처럼 말이다(마 11:10-14; 17:11-12; 막 1:2-4; 눅 1:17, 76; 7:27을 보라).

4:10에서 예언자는 시온을 출산의 고통을 겪는 여인으로 묘사한 바가 있다. 그는 5:3에서 이러한 표상을 그대로 받아들여 그녀가 마침내 아이를 낳게 될 때를 예고한다. 이 표상의 배후에는 하나님의 계약 백성이 이전에 버려졌던 땅으로 돌아오게 될 현실이 놓여 있다. 그때가 되면, 다가오는 왕의 "형제들," 곧 그의 동료 유대인들이 이스라엘 백성과 합하여 통일된 나라를

4:11을 보라.

215) 이와 관련된 용어는 시편 65:8과 호세아 6:3에서 "외모"라는 뜻을 가지고 있다.

이루게 될 것이다.

야웨의 권능에 힘입은 왕은 목자처럼 자기 백성을 보살필 것이요, 그들을 위해 안전하고 평화로운 환경을 만들어줄 것이다(4-5a절).[216] 다른 경쟁적인 지도자들의 지원을 받은 그는 앗수르와 같이 공격적이고 제국주의적인 세력들을 물리치고 정복할 것이다(5b-6절). "일곱 목자와 여덟 군왕"에 대한 언급은 완전함을 상징하기 위하여 일곱/여덟이라는 숫자를 사용한다. 왕은 자신에게서 부여받은 권세로써 이스라엘의 적군들을 물리치고 그들을 다스릴 이상적인 동료 집단의 도움을 받을 것이다.

이스라엘 제국에 관한 미가의 환상은 그의 시대에 성취되지 않는다. 그러는 중에 앗수르는 오랫동안 국제무대에서 사라진다. 오직 과도하게 문자적인 해석을 추구하는 자만이 소생된 앗수르 제국이 메시야 시대에 다시 출현할 것이라고 주장할 것이다. 앗수르는 여기서 하나의 원형에 해당하는 것이다. 미가는 주전 8세기의 이스라엘 회중에게 대단히 고무적이고 의미 있는 것으로 여겨질 만한 용어들을 사용하여, 하나님의 백성에게, 그들 자신의 시대와는 달리, 그들이 더 이상 강하고 적대적인 나라들의 위협을 받지 않게 될 때가 올 것임을 보증한다. 다시 말해서, 이스라엘의 미래에 관한 미가의 환상은 그의 동시대 사람들이 충분히 이해할 수 있는 언어로 정리되어 있다는 얘기다. 그 환상의 핵심은 새 시대가 하나님의 백성을 위한 평화와 안전의 시대가 될 것이라는 점이다. 그때가 되면 하나님의 이상적인 왕은 당시 세계의 사자 같은 "앗수르 사람들"이 무기력한 양 떼를 괴롭히는 것을 막을 것이다.

5:7-9에서 예언자는 다시금 4:6-7의 남은 자 주제로 돌아간다. 그는 외견상 모순되어 보이는 두 가지 표상을 사용하여 남은 자에 대해서 묘사한다. 첫 번째 표상에서 그는 남은 자를 풀 위의 이슬과 비에 비유한다. 반면에 두번째 표상에서는 남은 자를 약한 자들을 짓밟고 난도질하는 강한 사자에 비유한다. 두 번째 표상은 9절이 분명하게 보여주듯이 군사주의적인 것이다. 그렇다면 이슬과 비에 비유하는 것의 핵심은 무엇인가? 7절의 마지막 진술

---

216) 5:4의 목자 주제가 어떻게 4:8의 표상과 일치하는지를 주목하라.

이 이 은유를 해석하는 열쇠에 해당한다. 그 핵심은 이슬과 비가 인간의 통제권 밖에 있다는 점이다. 이와 마찬가지 방식으로 숲의 짐승들은 강한 사자에게 맞서지 못한다(8b절). 이 두 가지 은유의 핵심은 남은 자가 대적들조차도 그의 힘에 맞서지 못할 강한 나라가 될 것이라는 데 있는 듯하다.[217]

메시야의 시대가 오면 야웨께서는 잘못 인도함을 받은 백성이 이제껏 신뢰해 왔던 모든 잘못된 안전의 근거들을 제거하실 것이다. 그것에는 전차들과 요새화된 성읍들 및 우상들이 포함된다(10-14절). 고대 근동 세계에서 병사들은 전쟁을 벌일 때 말이 이끄는 전차들을 사용하지만, 야웨께서는 자기 백성이 현대화된 군대보다는 자신의 초자연적인 보호의 힘을 신뢰할 것을 기대하신다(신 20:1-4). 이방인들은 점술을 신들의 의도를 알 수 있는 방법으로 사용하지만, 야웨께서는 그것을 금하시며(신 18:10-12), 자신의 뜻과 의도를 예언자들을 통하여 드러내신다. 이스라엘은 마침내 진정한 안전이 야웨께 있다는 것을 깨닫게 될 것이다. 왜냐하면 그야말로 모든 나라들을 다스리시는 분이기 때문이다(15절).

야웨께서 구하시는 것(6:1-16)

야웨께서는 법정 언어를 사용하여 자기 백성을 정식으로 대면하시되, 그들에게 그들을 향한 자신의 고발에 맞서 그들 자신을 변호하라고 촉구하신다(1절). 그는 태초부터 주변에 있었던 의인화된 산들에게 증인 역할을 수행하라고 명하신다. 그들이야말로 하나님과 그의 백성 사이의 관계를 정확하게 증언할 수 있기 때문이다(2절). 그가 자기들을 잘못 인도하였다는 역(逆)고소에 대하여, 야웨께서는 자기 백성에게 자기가 그들을 이집트의 속박으로부터 구원하였으며, 그들에게 지도자들을 주었고, 그들을 모압 왕 발락의 적대감으로부터 보호하였고(민 22-24장을 보라), 그들을 약속의 땅으로 인도하였다(3-5절)는 점을 상기시키신다.[218] 3절에서 야웨는 "내가 무슨 일로

---

217) 이슬은 사무엘하 17:12에서 군사적인 은유로 사용되기도 한다.

218) 싯딤은 이스라엘 자손이 요단강을 건너기 전에 진을 친 곳이다. 반면에 길갈은 그들이 요단강을 건넌 후에 처음으로 진을 친 곳이다. 여호수아 2:1; 3:1; 4:19 —5:10을

너를 괴롭게 하였느냐?"라고 물으신다. 물론 그는 그런 일을 하신 적이 없다. 그 반대로 그는 그들을 고통스러운 종살이로부터 구원하여 주셨다. 4절에서 야웨는 "내가 너를 이집트에서 인도하여 내었다"고 선언하신다. "괴롭게 하다"로 번역된 히브리어 낱말과 "인도하여 내다"로 번역된 히브리어 낱말 사이에 있는 발음의 유사성은 그들의 거짓된 고발과 실제 현실 사이의 대조 내지는, 알렌이 말하는 바와 같이, "거친 이론"과 "소박한 사실" 사이의 대조에 관심을 기울이게 만든다.[219]

미가가 이제 끼어든다. 예배자의 역할을 수행하면서 그는 다음과 같은 질문을 던진다: "내가 무엇을 가지고 야웨 앞에 나아가며 높으신 하나님께 경배할까?"(6a절). 그의 많은 동료 이스라엘 자손은 그것이 희생제사를 가리킨다고 생각할 것이다. 확실히 야웨께서는 자기에게 경배하는 자들에게서 번제를 기대하실 것이다(6b절). 사람들이 천천의 숫양이나 자신의 맏아들을 드린다면 그가 얼마나 기뻐하실지를 상상해 보라(7절). 그러나 미가는 이러한 견해를 배격하며, 백성에게 하나님이 이미 자신의 원하는 우선순위가 무엇인지를 계시하셨음을 상기시킨다(8절). 다른 무엇보다도 하나님은 자기 백성이 적극적으로 정의를 장려하고, 다른 사람들의 유익을 위해 열정적으로 헌신하며, 자기 삶의 모든 영역에 있는 야웨의 기준들에 겸손하게(또는 "조심스럽게") 굴복하는 태도를 원하신다. 이것이야말로 "선한" 것이요, 야웨께서 근본적으로 자기 백성에게서 원하시는 것이다. NIV에서 "자비"로 번역된 히브리어 낱말은 "충성, 신실, 헌신, 열심" 등의 포괄적인 의미를 가지고 있다. 그것은 이 구절의 핵심을 이루는 낱말이다. 왜냐하면 다른 사람을 위한 그러한 헌신이야말로 그가 하나님의 권위에 복종하고 있음을 나타내는 증거가 되고, 정의로운 공동체를 세울 수 있는 기초가 되기 때문이다. 헌신을 "사랑"한다는 것은 헌신에 대한 열정을 암시한다. "헌신을 사랑"하는 자들은 다른 이들의 선을 적극적으로 도모한다.[220] 신약성서의 경우, 예수께서는 친히 그

보라.

219) Allen, *Joel, Obadiah, Jonah, and Micah*, 366.

220) 미가의 진술에 있는 "충성" 개념의 중요성에 관한 유익한 논의를 위해서는 다음

러한 헌신적인 사랑의 표본과 기준이 되신다.

미가의 예언은 그 앞에 있는 야웨의 말씀 및 그 뒤에 이어지는 심판 메시지와 어떠한 관계를 가지고 있는 것일까? 사람들은 야웨께서 자기들을 불공평하게 대했다고 생각했음이 분명하다. 그들이 무수한 희생제물을 가져왔지만 야웨께서는 그것에 만족하지 않으신 것으로 보인다. 아마도 어떤 이들은 야웨께서 더 많은 희생제물로 자기들을 힘들게 하기 원하신다고 생각했을 것이다. 미가는 하나님의 우선순위가 정의와 충성과 순종에 있지 희생제물에 있지 않다는 점을 분명하게 보여줌으로써 그러한 식의 사고방식을 배격한다. 미가는 이스라엘에게 이처럼 근본적인 진리를 일깨움으로써 그 다음에 이어지는 심판 예언(9-16절)의 정당성을 확보한다. 이 심판 예언에 의하면, 야웨께서는 자기 백성의 불의함을 고발하시며, 자신이 우선순위로 생각하는 것들을 무시한 자들에게 심판이 임할 것임을 선언하신다.

이 심판 예언은 유다를 "불의한 재물"을 감추어두고 있는 "악인의 집"으로 규정한다(10a절). 하나님의 법을 어긴 상인들(레 19:35-36; 신 25:13-16을 보라)은 수익을 높이기 위해 부정직한 수단을 사용하며(10b-11절), 부요한 압제자들은 출세하기 위해 폭력과 속임수에 의존한다(12절). 이전 시대의 이스라엘 왕 오므리나 아합처럼 그들은 권력을 남용한다(16a절).[221] 하나님의 심판은 적절할 것이다. 침략군이 그 땅을 휩쓸어갈 것이요, 이 탐욕스런 죄인들의 농작물들을 빼앗을 것이요(14-15절), 주변 나라들 중에 멸시의 대상이 되게 할 것이다(16b절).

예언자의 탄식(7:1-7)

유다의 도덕적인 상황을 개관한 미가는 탄식에 빠져든다. 그는 자신을 포

을 보라: Katharine D. Sakenfeld, *Faithfulness in Action: Loyalty in Biblical Perspective* (Philadelphia: Fortress, 1985), 101-4.

221) 오므리는 북왕국을 주전 885-874년에 다스렸고, 아합은 주전 874-853년에 다스렸다. 나봇을 죽인 아합의 행동(왕상 21장을 보라)은 그의 태도가 어떠했는지를 표본적으로 보여준다.

도송이나 맛있는 무화과나무 열매라도 발견했으면 하는 기대감을 가지고서 포도원이나 과수원을 거니는 자에 비유한다. 그러나 수확하는 자들이 이미 지나가 버린 까닭에, 어떤 열매도 발견할 수가 없다(1절). 이와 마찬가지로 경건한 자들이 폭력적이고 부정직한 자들에 의해 짓밟힌 그 땅에서 사라져 버리고 말았다(2-3절). 어떠한 "열매"도 발견될 수가 없다. "가시와 찔레"만 남아 있을 뿐이다(4a절). 하나님의 심판은 피할 수 없는 것이다. 공포에 사로 잡힌 성벽의 파수꾼들은 심판이 도래했음을 곧 알릴 것이다(4b절). 그리고 이웃들과 친구들, 심지어는 가족까지도 믿을 수 없을 정도로 상황이 악화될 것이다(5-6절). 그러나 예언자는 희망을 잃지 않는다. 그는 계속해서 하나님 께 기도하며, 살아남은 소수의 경건한 자들을 변호하시는 하나님을 기다릴 것이다(7절).

확신을 가지고서 미래를 내다봄(7:8-20)

미가서는 의인화된 시온과 그의 나라가 확신을 가지고서 미래를 내다볼 것이라고 말함으로써 긍정적인 분위기로 끝을 맺는다. 그리고 연이어 나타 나는 구원 신탁들은 그들의 기대감이 성취될 것임을 확인시켜준다. 이 단락 의 구조를 개관하면 다음과 같다:

확신: 시온은 야웨께서 자신의 정당함을 인정해주실 것을 믿는다
    (8-10절).
구원 신탁: 정당함을 인정받는 때가 정말로 올 것이다(11-13절).
기도: 야웨께서 다시금 자기 백성을 먹이시기를 원합니다(14절).
구원 신탁: 야웨께서 다시금 자신의 권능을 나타내실 것이다(15절).
확신: 유다 나라는 야웨께서 자신의 정당함을 인정해주실 것을 믿는다
    (16-17절).
찬송: 유다 나라는 하나님의 자비로우심과 신실하심을 찬미한다
    (18-20절).

8-10절은 화자(話者)가 시온임을 구체적으로 밝히지 않고 있으나, 몇몇 문맥상의 단서들은 시온이 본문에서 화자로 나타나고 있음을 암시한다. 8-10절의 화자를 상대로 하는 10b-11절은 히브리어 본문에서 여성 단수 대명사를 사용한다("네 하나님"과 "네 성벽"을 보라). 물론 시온은 대체적으로 예언 문헌에서 여인으로 묘사된다(미 1:13; 4:10을 보라). "성벽"에 대한 11절의 언급은 이 본문이 특정 성읍을 염두에 두고 있음을 암시한다. 그리고 8절에 언급된 수치는 4:9-10에 묘사되어 있는 시온의 곤경과 그 주제가 일치한다. 자신의 원수들을 상대로 하여 말하는 시온은 자신이 죄로 인하여 고통당했음을 인정하면서도, 야웨께서 자신의 소송을 받아들이시고 자신의 정당함을 인정하실 것이라고 확신한다. 11-13절의 신탁은 그의 성벽이 재건되고, 사로잡혀간 백성이 남쪽과 북쪽으로부터 되돌아오며, 열방이 그들의 행동으로 인하여 벌을 받을 것임을 보증한다.

그리고 나서 유다 나라를 위한 기도가 드려진다(14절). 기도드리는 주체가 누구인지는 알 길이 없지만, 이어지는 문맥은 여기서 유다 나라가 야웨께 기도하고 있음을 암시한다(17, 19-20절에 있는 "우리의" 또는 "우리를"이라는 1인칭 복수 대명사를 주목하라. 이 구절들의 화자는 유다 나라이다). 유다 나라는 야웨께 옛날에 그러했던 것처럼 자기 백성을 "먹여주실" 것을 간구한다. 이스라엘은 고립된 채로 공격당하기 쉬운 상태에 있으면서도, 비옥한 초장 — 요단 동편의 바산과 길르앗이 상징하는 — 에서 풀을 뜯어먹을 것을 갈망한다. 바산과 길르앗은 비옥한 목축지로 알려져 있다(민 32:1-4; 신 32:14; 렘 50:19를 보라). 15절의 신탁은 야웨께서 모세의 시대에 그러하셨던 것처럼 강하고 기적적인 방식으로 자기 백성을 위해 개입할 것임을 유다 나라에게 보증한다.

이러한 보증의 말씀을 들은 유다 나라는 한때 교만했던 이방 민족들이 침묵을 지키고서는 야웨의 백성 앞에 엎드러질 수밖에 없는 때가 올 것임을 기대한다(16-17절). 유다 나라는 야웨의 비길 데 없는 자비에 대하여 놀랄 것이다. 그는 그들의 죄를 기꺼이 용서하실 것이요, 그 결과 그들은 더 이상 그와 그의 백성 사이의 관계에 걸림돌이 되지 않을 것이다(18절). 예언자는 여기서 야웨의 용서를 묘사하기 위해 두 가지 은유를 사용한다(19절). 첫 번째 은유에서 야웨는 그들의 죄를 짓밟는 분으로 묘사된다. 마치 적군을 짓밟는 것처럼 말이다. 두 번째 은유에서 그는 그들의 죄를 깊은 바다에 던지신다. 그것을 다시는 찾을 수 없게끔 말이다. 무엇이 야웨로 하여금 자기 백성에게 이러한 자비를 베풀게 하는 것일까? 그 대답은 20절에서 찾을 수 있다. 야웨께서는 아브라함과 야곱을 위하여 유다 나라를 용서하실 것이다. 그는 족장들에게 그들의 후손을 증가시키고, 그들에게 약속의 땅을 주며, 그들을 하나님의 복의 모범으로 만들겠다고 약속하신 바가 있다(창 12:2-3; 22:15-18; 28:13-15; 35:11-12를 보라). 이 약속들을 이루기 위하여 하나님은 아브라함의 후손들에게 계속해서 자비를 베풀지 않으면 안 된다. 그들이 마침내 야웨께 순종하는 지점에 이를 때까지 말이다(창 18:18-19a를 보라). 그때에야 비로소 약속들이 완전히 성취될 것이다(창 18:19b).

니느웨의 멸망(나훔)

서론

나훔은 이집트 도시 테베의 멸망(주전 663년)과 니느웨의 함락(주전 612년) 사이의 어느 시점에 예언자로 부름을 받았다. 그는 테베의 멸망을 역사적인 사건으로 언급하며(3:8-10을 보라), 니느웨의 함락을 여전히 앞으로 있을 일로 언급한다.[222] 니느웨의 함락은 왜 나훔과 유다 백성에게 그토록 중요한 의미를 갖는 것일까? 주전 8세기 중반 이후로 앗수르는 "제1의 공적(公敵)"이었다. 앗수르가 팔레스타인 지역으로 영토를 확장하자, 어리석은 왕 아하스 치하의 유다는 처음에는 이스라엘과 아람에 맞서 앗수르와 동맹관계를 맺었

---

222) 여러 가지 이유들로 하여 로버츠는 주전 640-630년 사이의 어느 한 시점을 선호한다: J. J. M. Roberts, *Nahum, Habakkuk, and Zephaniah*, OTL (Louisville: Westminster John Knox, 1991), 38-39. 반면에 패터슨은 주전 660년과 654년 사이의 어느 한 시점을 선호한다: Richard D. Patterson, *Nahum, Habakkuk, Zephaniah* (Chicago: Moody, 1991), 5-7.

다(사 7장을 보라). 히스기야 왕이 앗수르에 반기를 들자, 산헤립은 유다를 침공하여 유다 변방을 폐허로 만들지만, 야웨의 개입으로 인하여 예루살렘 성벽 밖에서 본국으로 다시 돌아간다(사 36-37장과 왕상 18-19장을 보라). 패배를 당했지만 그는 많은 유다 백성을 포로로 잡아간다. 결국 앗수르는 돌아와서 유다를 속국들 중의 하나로 만든다. 그들은 악한 왕 므낫세를 포로로 사로잡아가기까지 한다(대하 33:11을 보라). 주전 681-669년에 통치한 앗수르를 통치한 에살핫돈 왕의 비문들 중 하나는 "유다 왕 므낫세"를 앗수르의 신하들 중 하나로 언급한다.[223] 간단히 말해서, 유다에게 있어서 앗수르 제국의 주요 도시들 중 하나인 니느웨의 함락은 앗수르의 압제적인 손길로부터 자유를 얻게 될 것임을 의미한다. 유다는 더 이상 너무 많은 요구를 하는 무자비한 이방인 독재자에게 조공을 바치는 수치스럽고 경제적으로도 큰 손실이 따르는 일을 할 필요가 없을 것이다.

나훔서의 도입부는 하나님의 현현을 찬양 문체로 묘사하며(2-6절), 이어서 심판 예언을 덧붙인다(7-11절). "야웨께서 이같이 말씀하시기를"이라는 말로 시작하는 예언의 중심부는 다음과 같은 대칭 구조를 보인다:[224]

  A 앗수르 왕이 조롱당함/ 유다에게는 경축할 것을 촉구함(1:12-15)
    B 인상적인 경고의 외침(2:1-10)
      C 조롱(2:11-12)
        D 심판 선고(2:13)
          E 재앙 신탁(3:1-4)
        D' 심판 선고(3:5-7)
      C' 조롱(3:8-13)
    B' 인상적인 경고의 외침(3:14-17)
  A' 앗수르 왕은 조롱당하고 다른 이들은 경축함(3:18-19)

---

223) Pritchard, *Ancient Near Eastern Texts*, 291.

224) 나훔서의 구조에 대한 세밀한 분석—여기에 개관된 공식적인 단락들의 대칭 구조를 포함하여—을 위해서는 다음을 보라: G. H. Johnston, "A Rhetorical Analysis of the Book of Nahum," Ph. D. diss., Dallas Theological Seminary, 1992, 46-214.

예언자는 경고의 외침 부분(B/B')에서 니느웨 성벽 위에 있는 파수꾼의 역할을 수행한다. 그는 니느웨에게 공격에 대비할 것을 촉구하며, 그 성읍의 멸망에 대해서 묘사한다. 조롱 부분(C/C')은 수사학적인 질문들로 시작하며, 니느웨의 교만을 폭로한다. 심판 선고 부분(D/D')은 "전능하신 야웨의 말씀에 내가 네 대적이 되어"라는 구절로 시작한다.

전사이신 하나님께서 나타나심(1:2-11)

나훔이 선포한 예언의 중심 주제는 처음부터 분명하게 드러난다. 나훔은 야웨가 자신의 대적들을 향하여 타오르는 분노를 터뜨리시는 복수의 하나님임을 분명하게 밝힌다(2절). NIV는 첫 번째 진술을 이렇게 번역한다: "야웨는 질투하시며 보복하시는 하나님이시다." "질투하는"으로 번역된 히브리어 낱말이 때로는 질투를 가리키지만, 하나님께서 복수하려는 목적으로 분노하는 전사로 나타나시는 이곳의 문맥에서는 도리어 하나님을 "열정적인" 또는 "열심으로 가득한" 분으로 묘사하고 있다고 보아야 옳을 것이다.[225]

나훔은 3a절에서 전통적인 신앙고백문을 손질하여 사용한다. 그는 야웨를 "노하기를 더디하시며 권능이 크신" 분으로 묘사하며, 야웨께서 "죄인들을 결코 벌하지 않은 채로 내버려두지 않으신다"고 설명한다. "노하기를 더디한다"는 구절이 하나님께 대하여 사용되는 다른 본문들에서는 이 구절에 이어서 "사랑이 많으신"이라는 표현이 나타난다(출 34:6; 민 14:18; 느 9:17; 시 86:15; 103:8; 145:8; 욜 2:13; 욘 4:2를 보라). "죄인들을 결코 벌하지 않은 채로 내버려두지 않으신다"는 진술은 출애굽기 34:7과 민수기 14:18에서도 나타난다. 이 두 본문에서는 그것이 기꺼이 용서하시는 하나님의 모습에 대한 언급에 이어서 나타난다. 나훔은 "사랑이 많으신"을 "권능이 크신"으로 바꾸고 하나님의 용서하시는 성품에 대해서 전혀 언급하지 않음으로써 전통적인 신앙고백 양식을 변형시킨다. 하나님께서는 과거에 한때 니느웨를 참으셨지

---

225) 이사야 42:13; 59:17; 에스겔 36:5-6; 38:19; 스바냐 1:18; 3:8 등을 보라. 특히 마지막 본문인 스바냐 3:8에서는 이와 긴밀하게 관련되어 있는 한 낱말(동일한 어근에서 비롯된)이 전사이신 하나님의 "열심"을 가리키는 데 사용된다.

만, 이제는 그의 사랑과 기꺼이 용서하고자 하는 마음이 고갈되어버렸다. 니느웨는 그의 무한한 권능과 정의를 맛보게 될 것이다. 그가 심판의 구름을 타고서 내려오실 때 말이다(3b절).[226]

야웨께서는 무대에 등장하시면서 큰 소리 또는 전쟁의 함성을 발하신다. 그런데 그 소리는 바다와 강을 마르게 하며, 바산이나 갈멜 같이 비옥한 지역들을 시들게 한다(4절). NIV에서 "꾸짖다"(rebuke)로 번역된 히브리어 동사는 때때로 책망이나 꾸짖음을 의미하지만(창 37:10; 룻 2:16; 슥 3:2를 보라), 이곳과 같이 군사주의적인 문맥에서는 적군을 두려움에 사로잡히게 만드는 전쟁의 함성을 가리킬 가능성이 더 높다.[227] 흔히 안전함을 상징하는 산들과 땅의 모든 거주민들은 야웨 앞에서 떨 것이다. 왜냐하면 그들은 그의 진노의 공격 앞에서는 그 어떤 것도 버티지 못한다는 것을 알고 있기 때문이다(5-6절).

2-6절의 신현 환상은 확실히 두려움을 불러일으킨다. 그러나 그것은 단지 하나님의 성품의 한쪽 측면만을 반영하고 있을 뿐이다. 진노하는 전사-심판관은 자기 백성을 보호하시는 분이기도 하다(7절). 나훔의 메시지는 하나님의 니느웨 심판에 초점을 맞추고 있지만, 그 반대되는 메시지도 있다. 니느웨 심판은 유다에게 있어서 구원과 자유를 의미한다(12-13, 15절을 보라). 야웨는 선하신 분이요, "환난 날의 피난처"이시요, "자기를 신뢰하는 자들을 돌보시는" 분이다.[228] 그렇다면 니느웨의 함락은 왜 나훔과 유다 백성에게 그

226) 이곳에 사용되고 있는 나훔의 수사학적인 기법에 대한 유용한 설명을 위해서는 다음을 보라: Roberts, *Nahum, Habakkuk, and Zephaniah*, 50.

227) A. Caquot, "עָגַר," *TDOT* 3:53을 보라. 그리고 시편 68:30; 106:9에 있는 이 동사의 용례나 욥기 26:11; 시편 9:5; 76:6; 104:7; 이사야 50:2; 51:20; 66:15 등에 있는 이와 관련된 명사의 용례를 주목하라. 전사의 강한 전쟁의 함성은 고대 근동 문헌에서 보편적으로 나타나는 주제이다. 예로써 다음을 보라: Chisholm, *Interpreting the Minor Prophets*, 169-70.

228) 전통적인 절 구분 방식은 8절의 첫 번째 행이 다음에 이어지는 내용과 연결되어 있다고 본다. 그러나 시적인 구조에 비추어볼 때, 그것은 도리어 앞에 나오는 내용에 속해 있고, "환난 날"이라는 구절에 상응한다고 보는 것이 더 타당할 것이다. 이렇게 본다면, 7-8절은 다음과 같이 번역할 수 있을 것이다: "야웨는 선하시며 환난 날의 피난처이

토록 중요한 의미를 갖는가? 야웨는 자신을 충성스럽게 따르는 자들을 "아
신다." 이는 그가 그들의 충성심을 아시고서 그에 대하여 그들에게 상급을
주신다는 것을 의미한다.

이렇듯이 하나님에 대한 묘사의 균형을 잡은 예언자는 하나님의 심판이라
는 주제로 되돌아온다. 야웨께서는 심판관으로 오실 때 자신의 대적들을 멸
하시며, 그들을 어둠(여기서는 죽음을 상징함, 8b절; 욥 18:18을 보라) 속으
로 쫓아내신다.[229] "추격하다"로 번역된 히브리어 동사는 야웨의 멸절시키는
행동을 강조한다. 그것은 강한 행동을 나타내며, 꾸준히 추격할 것이라는 의
미를 전달한다. 야웨의 대적들을 향하여 직접 말하는 예언자는 야웨께서 그
들의 노력을 좌절시키실 것이요, 신속하게 그들을 멸하실 것임을 그들에게
분명하게 밝힌다(9-10절).[230]

11절에서 예언자가 의인화된 니느웨를 향하여 말함으로써 심판 선고의
대상이 보다 구체적으로 드러난다. 니느웨가 실제로 언급되어 있지 않음에
도 불구하고(NIV의 "니느웨여"는 해석 과정에서 추가된 것임), 예언자는 2인
칭 여성 단수 형태를 사용하는 바, 이는 그 성읍을 향하여 하는 말로 이해하

시다. 그는 자기를 신뢰하는 자들을 돌보시되, 넘치는 홍수가 지나갈 때 그리하신다."
이 두 행의 강조점은 동일하다: 환난이 닥쳐오겠지만, 야웨께서 자기 백성을 위험으로부
터 지켜주신다.

229) NIV는 8절의 두 번째 행을 이렇게 번역한다: "그는 니느웨를 끝장내실 것이다."
그러나 "니느웨"는 본문에 구체적으로 언급되어 있지 않다. 히브리어 본문을 그대로 읽
으면 이렇다: "그는 그의 자리를 끝장내실 것이다." "그의"(her)라는 대명사의 선행사가
없기 때문에, 여기서는 70인역을 따라 "그에게 맞서 일어서는 자들"로 번역하는 것이 더
나을 것이다. 이러한 본문 읽기는 전통적인 히브리어 본문을 약간만 손질할 것을 요구하
는 바, 이는 첫 번째 행의 "그의 대적들"과 더 나은 평행관계를 이룬다는 이점을 가지고
있다. 8절 서두의 '와우'가 이러한 제안에 불리하게 작용하는 것으로 보이지만, 그것은
중복 어구의 성격을 갖는 것으로 쉽게 설명될 수 있다. 7절 마지막 형태에 있는 '와우'를
주목하라.

230) "그들이 꾀한다"로 번역된 동사 형태(9a절)는 사실 히브리어 본문에서 2인칭 복
수형으로 되어 있다. 8b절에 언급된 대적들이 그 가장 유력한 심판 선고의 대상일 것이
다.

는 것이 가장 적합할 것이다(2:1-10을 보라). 야웨께서는 여기서 앗수르 왕을 그 성읍으로부터 "나오는" 자로, 그리고 "야웨께 악을 꾀하는" 자로 칭하신다.

유다를 위한 위로(1:12-15)

나훔이 선포하는 예언의 중심부는 야웨께서 유다(1:12-13)와 앗수르 왕(1:14)과 다시금 유다(1:15)를 향하여 일련의 메시지들을 전하는 것으로 시작한다. 그는 12-13절에서 의인화된 유다를 향하여 말씀하시는 중에 히브리어의 2인칭 여성 단수 대명사 형태들을 사용하신다. 여기서 유다가 구체적으로 언급되어 있지는 않으나(NIV의 "유다야"[12절]는 해석 과정에서 추가된 것임), 15절은 유다가 예언 선포의 대상임을 분명하게 밝히고 있다. 유다는 15절에서 그 이름이 구체적으로 언급되며, 그 메시지에서 히브리어의 2인칭 여성 단수 동사와 대명사 형태가 다섯 번 사용된다. 14절은 야웨의 백성이 아니라 야웨의 대적에게 주는 메시지임이 분명하다. 비록 NIV가 그 선포 대상을 니느웨로 이해하고 있기는 하지만, 여기서는 앗수르 왕이 선포 대상이라고 보는 것이 더 나을 것이다. 나훔서의 다른 곳에서 니느웨를 선포 대상으로 삼는 경우에는 히브리어 본문에서 2인칭 여성 단수 동사와 대명사의 형태들이 사용된다(1:11; 2:13; 3:5-8, 11-17을 보라). 그러나 14절은 히브리어의 2인칭 남성 단수 동사와 대명사의 형태들을 사용하고 있다. 3:18-19는 앗수르 왕을 구체적으로 언급하며, 남성 단수 형태들을 사용하고 있다. 이것은 1:14에서도 그 왕이 메시지를 직접 듣는 자임을 암시한다. 1:14에 있는 심판 예언의 내용 역시 이러한 해석을 뒷받침한다(아래의 설명을 보라).

야웨께서는 과거에 유다를 벌하셨지만, 이제는 고통의 때가 끝날 것이요, 그들을 압제적인 앗수르의 손길에서 건져주실 것을 보증하신다(12-13절). 앗수르 왕에게로 방향을 돌이킨 야웨께서는 그의 왕조를 멸하고, 왕의 신전에 있는 우상들을 파괴하고, 왕실 무덤을 더럽히겠다고 선언하신다(14절).[231]

---

231) 14절 마지막 행을 히브리어 본문으로 읽으면 이렇다: "내가 네 무덤을 설치하겠다[준비하겠다]." 그러나 본문을 약간 수정하면 "내가 네 무덤을 폐허로 만들겠다"로 읽

무덤을 더럽힌다는 것은 강한 적대감을 표현하는 것이다(왕하 23:15-16; 암 2:1-3에 대한 필자의 설명을 보라). 죽을 때 제대로 매장된다는 것은 당시의 문화권에서 매우 중요한 의미를 갖는 것으로 여겨졌다. 그리고 무덤들은 그 위에 새겨진 저주들에 의하여 보호를 받는 것으로 이해되었다.[232] 앗수르 왕의 무덤을 깨뜨림으로써 야웨는 그것을 보호할 책임을 지고 있는 왕과 신들 모두를 향한 자신의 강한 경멸감을 드러내실 것이다.

다시 유다를 향하여 방향을 돌리신 야웨께서는 유다에게 산들을 바라보라고 말씀하신다. 한 명의 사자가 그곳에서 오기 때문이다. 그는 앗수르의 함락이라는 좋은 소식을 가지고 온다(15절). 앗수르가 다시는 유다 땅을 침략하지 못할 것이다. 그 백성은 자유롭게 자신의 절기들을 지킬 것이요, 구원을 간구하는 기도를 드릴 때 야웨께 했던 맹세들을 지킬 것이다.

침략당하는 니느웨(2:1—3:19)

성벽 위의 파수꾼 역할을 수행하는 예언자는 적군이 다가오고 있다고 선포하며, 니느웨 성읍에게 경계하면서 전쟁 준비를 하라고 재촉한다(2:1). 니느웨의 붕괴에 대하여 묘사하기에 앞서(3-10절) 그는 1:12-15의 주제를 다시금 되풀이한다. 니느웨의 함락은 이스라엘에게 새로운 시대가 열릴 것임을 의미한다. 그들의 영광이 회복될 것이기 때문이다(2절).

니느웨의 함락에 대한 나훔의 설명은 마치 자신이 그 사건의 목격자인 양 서술되어 있다(3-10절). 사람들은 병사들의 방패들과 창들을 보며, 거리들과 광장들로 바삐 돌아다니는 전차들을 본다. 앗수르 군대는 성벽을 지키기 위해 달려들지만, 적군은 성읍 안으로 침략해 들어와 니느웨의 보물들을 약탈한다. 그리고 니느웨 사람들은 두려움에 사로잡힌다. 니느웨의 파멸에 관한 나훔의 환상은 주전 612년에 성취된다. 그때에 바벨론과 메대의 연합군은 두 달 동안의 포위공격 끝에 니느웨를 정복하는 데 성공한다.[233] 한 바벨론 자료

을 수 있다.

232) 무덤 파괴자들에게 임할 저주들을 포함하는 무덤 비문들의 사례들을 알아보려면 다음을 보라: Pritchard, *Ancient Near Eastern Texts*, 661-662.

는 니느웨의 함락을 다음과 같이 묘사한다: "[그] 성읍은 사로잡혔고, 그[바벨론 왕 나보폴라살]는 그곳의 모든 백성에게 큰 패배를 안겨주었다 … 셀 수 없이 많은 그 성읍의 죄수들을 그들은 끌고갔다. 그들은 그 성읍을 폐허와 돌무더기로 만들고 말았다."[234]

니느웨의 함락을 미리 살펴본 나훔은 "이제 사자의 굴이 어디에 있느냐?"(11절)는 수사학적인 질문을 던진다. 강한 앗수르 군대는 오랜 세월 동안 양 떼 안에 있는 사자와도 같아서 자기들이 원하는 것은 무엇이든지 추적하여 잡아먹었다(12절). 그러나 이제는 그 "사자굴"이 텅 비게 될 것이다. 전능하신 야웨(13절; 히브리어로는 "만군의 야웨")께서 니느웨의 "젊은 사자들"을 멸하실 것이기 때문이다.

나훔은 "피의 성, 거짓이 가득하고 포악이 가득하며 탈취가 떠나지 않는 성읍"을 향하여 재앙 신탁을 선포한다(3:1). "재앙"의 외침은 니느웨의 장례식이 가까웠음을 암시한다. 반면에 니느웨에 관한 그 다음의 묘사는 주변 나라 사람들을 향한 그곳 사람들의 범죄에 대해서 언급한다. 다시금 예언자는 그 성읍이 침략당할 것이라고 말한다(2–3절). 채찍 소리가 들리고, 전차가 이리저리 돌아다니며, 기병들이 서로 충돌하고, 칼들이 번쩍이고, 창들이 번개처럼 빛나며, 니느웨의 시체들은 높이 쌓이고, 공포에 사로잡힌 생존자들은 안전을 위해 도망치다가 그 시체들 위에 넘어진다. 이러한 장면은 희생당한 자들을 향한 동정심을 불러일으키겠지만, 예언자는 니느웨의 운명이 너무도 당연한 것임을 상기시킨다. 이는 그들이 다른 나라 사람들을 노예로 부렸기 때문이다(4절).

야웨께서는 다시금 직접 말씀하시면서, 니느웨를 향하여 "내가 네게 말하노니"라고 선언하신다(5절; 2:13을 보라). 니느웨를 창녀로 묘사한(4절) 그는 그녀의 벌거벗은 몸을 드러냄으로써 공개적으로 그녀를 수치스럽게 만들고 오물을 그녀에게 내던지겠다고 선언하신다(5–6절). 구경꾼들은 두려움에 사

---

233) George Roux, *Ancient Iraq* (Middlesex, England: Penguin Books, 1966), 341–42.

234) Pritchard, *Ancient Near Eastern Texts*, 304–5.

로잡힌 나머지 그녀에게서 도망할 것이요, 그녀를 폐허가 된 그대로 버려둔 채로 떠날 것이다. 어느 누구도 그녀의 운명을 애곡해주지 못할 것이다(7절).

니느웨는 자신을 무적의 존재라고 생각했다. 그러나 예언자는 그가 스스로를 속이고 있음을 보여주기 위해 앗수르 자신의 역사로부터 한 가지 교훈을 이끌어낸다. 테베라는 도시 역시 난공불락의 요새로 여겨졌을 것이다. 그러나 주전 663년에 앗수르 군대는 이 이집트 요새를 정복하였고, 그곳 사람들을 포로로 잡아갔다(8-10절).[235] 만일에 그러한 일이 테베에 일어날 수 있었다면, 그것은 니느웨에도 똑같이 일어날 수 있는 일이요, 또 실제로 그렇게 될 것이다. 두려움과 혼란에 빠진 니느웨는 술에 취한 사람처럼 비틀거릴 것이요, 피난처를 찾아 도망할 것이다(11절). 그의 요새들은 적군이 쉽게 공략할 수 있는 것들이나 마찬가지이다(12절). 왜냐하면 니느웨를 방비할 수 있는 자들이 침략군 앞에서 무기력한 여인들과도 같이 될 것이기 때문이다(13절).

나훔은 니느웨에게 포위공격에 대비하여 방어벽을 강화하라고 촉구함으로써 다시금 파수꾼의 역할을 수행한다(14절). 그러나 니느웨의 노력은 물거품이 되고 말 것이다. 그 까닭은 적군이 메뚜기 떼처럼 그 성읍을 휩쓸고 지나갈 것이요, 그 결과 그 성읍은 불과 칼에 망할 것이기 때문이다(15a절). 예언자는 조롱하는 투로 니느웨 백성에게 메뚜기 떼처럼 번식하라고 재촉한다(15b절). 그는 그 성읍의 무수한 상인들을 그 땅을 벌거벗기고서는 도망갈 메뚜기 떼에 비유한다(16절). 이와 마찬가지로 그 상인들은 니느웨의 황금시대에 이미 이득을 본 탓에, 그 성읍이 붕괴되기 전에 그곳을 도망할 것이다. 나훔은 또한 그 성읍의 무수한 호위병들과 관리들을 추운 날에 담벼락 뒤에 숨어 있다가 태양이 떠오를 때 도망가는 메뚜기 떼에 비유한다(17절). 이와 마찬가지로 그 성읍 안에서 한때 안전함을 느꼈던 니느웨의 지도자들도 사라져버릴 것이다.

---

235) 앗수르의 테베 정복에 관한 설명을 위해서는 다음을 보라: Daniel D. Luckenbill, *Ancient Records of Assyria and Babylonia*, 2 vols. (Chicago: University of Chicago Press, 1926-27), 2:351, par. 906.

나훔은 다시 한 번 앗수르 왕을 향해 말함으로써 자신의 예언을 마무리한다(18-19절; 참조. 1:14). 니느웨의 함락을 예고한 그는 그 성읍의 지도자들을 일은 하지 않고 잠만 자는 목자들로, 그리고 성읍 백성을 대표하는 양 떼들이 산 위에 흩어져서 맹수들에게 잡아먹힐 위험에 처해 있는데도 그대로 방치하는 목자들로 비유한다. 예언자는 왕을 치명적인 상처를 입은 자로 묘사한다. 왕이 죽었다는 소식을 들은 자는 누구나 그의 죽음을 경축할 것이다. 왜냐하면 모든 이들이 그의 잔인함에 희생된 자들이기 때문이다.

미래의 파노라마(하박국)

서론

하박국은 주전 7세기 후반에 예언자로 부름받은 자이다. 그가 소명을 받은 시점을 정확하게 지적할 수는 없겠지만 말이다. 한편으로 보면 하박국은 바벨론 제국이 융성하게 될 것임을 선언한다. 마치 그것이 놀라운 일인 것처럼 말이다(1:5-6). 이것은 바벨론 군대가 갈그미스(Carchemish) 전투에서 이집트 군대를 패퇴시키고서는 유다를 공격한 주전 605년 이전 시기를 전제하는 것으로 보인다(단 1:1-2를 보라). 다른 한편으로 하박국의 예언은 바벨론 군대가 이미 제국주의적인 강대국으로 이름을 날리고 있음을 전제하고 있는 것으로 보인다(1:6-11, 15-17; 2:5-17을 보라). 이것은 갈그미스 전투 이후에 일어난 사건들을 전제하고 있는 것으로 보인다. 왜냐하면 이 시기 이후에야 비로소 바벨론 군대가 당시 세계를 지배하는 강대국이 되었기 때문이다. 바벨론 군대에 관한 묘사는 순전히 그들이 장차 어떻게 될 것인지를 예견하는 차원에서 주어진 것일 수도 있다. 그러나 가장 자연스러운 본문 읽기는 바벨론 군대가 이미 명성을 세운 다음이었음을 전제하는 것이다. 아마도 이 문제를 풀 수 있는 가장 좋은 방법은 하박국서를 서로 다른 시기들에 선포된 메시지들을 수집한 책으로 이해하는 데 있을 것이다.[236] 예로써 1:5-11의 예

---

236) Roberts, *Nahum, Habakkuk, and Zephaniah*, 82-84. 로버츠는 "일부 신탁

언은 바벨론이 융성하게 될 것이라는 야웨의 본래적인 선언 — 주전 605년 이전의 어느 시기에 선포된 — 과 605년 이후의 바벨론 제국주의에 대한 후대의 묘사를 결합시키고 있다. 하박국이 유다 땅을 황폐케 할 바벨론 군대의 임박한 침공을 예고한 것으로 보아(3:16-19를 보라), 이 책의 최종 형태는 느부갓네살의 두 번째 유다 침공(주전 597년, 왕하 24:10-17) 직전 또는 예루살렘을 파괴하고 약탈한 세 번째의 가장 파괴적인 침공(588-586년, 왕하 25장) 직전에 이루어졌음에 틀림이 없다.

이 책은 대화 양식을 드러내고 있는 바, 이를 개관하면 다음과 같다:

표제(1:1)

하박국의 탄식(1:2-4): 불의한 자들이 얼마나
　　오랫동안 승리를 거두어야 합니까?

야웨의 답변(1:5-11): 정의가 곧 이루어질 것이다!

하박국의 반응(1:12-2:1): 이것을 정의라고 하실 것입니까?

야웨의 답변(2:2-20): 때가 되면 정의가 꼭 승리를 거두게 될 것이다.

하박국의 반응(3:1-19): "내가 들었으므로 … 내가 기뻐하리로다!"

3장의 기도는 세 부분으로 이루어져 있다: (1) 야웨께 그의 강한 역사적인 행동들을 새롭게 보여주시고 그의 진노를 자비로 완화시켜 달라는 간구(1-2절); (2) 야웨께서 강한 전사로 오셔서 자신의 대적들을 멸하시는 신현에 관한 보고(3-15절); (3) 예언자가 다가올 어려운 시기에 자기를 지켜주실 하나님의 능력을 믿노라고 선언하는 신앙고백의 노래(16-19절). 신현에 관한 보고는 예언자가 야웨에 관하여 들은 것들을 상세하게 묘사하고 있다.[237] 그것

메시지들은 주전 605년에 속한 것으로, 그리고 다른 신탁들은 주전 597년에 속한 것으로 추정된다"고 주장한다. 그는 이 책의 최종 형태가 "주전 597년 이후의 시각"을 반영하고 있다고 본다.

237) 2절에서 그는 "내가 들었다"고 선언한다. 3-15절에서 그는 자신이 들은 것들에 대해서 보고하며, 16절에서는 그 보고를 함께 나눈 다음에 다시금 "내가 들었다"고 진술한다.

은 어떤 특정 사건에 대해서 묘사하지 않고, 도리어 야웨께서 이스라엘의 초기 역사에 개입하신 다양한 사건들을 시적인 합성 사진 형태로 제시하고 있다. 어떤 이들은 3-15절이 엄밀하게 말해서 미래 환상에 속한 것이라고 주장한다. 그러나 이 절들에 사용된 히브리어 동사 형태들은 대부분이 완료된 행동을 가리키고 있다. 이는 그것이 역사적인 보고에 해당한다는 주장을 선호하게 만든다.[238] 물론 예언자가 야웨께 그의 행동들을 "새롭게" 보여달라고 청하는 것으로 보아(2b절), 신현 보고를 다가올 심판을 미리 보여주거나 그것을 예언하는 것으로 볼 수도 있다. 역사는 자신을 되풀이할 것이다.

3장이 음악적인 지시사항들을 가지고 있고 또 고풍스런 시문체를 드러내고 있는 까닭에, 어떤 이들은 3장이 하박국의 본래적인 예언에 속하지 않은 것이라고 주장한다. 3장이 쿰란에서 발견된 하박국 주석에 없다는 것도 이러한 결론을 뒷받침하는 것으로 보인다. 그러나 3장은 1-2장의 대화를 완결 짓고 있으며, 이 책 서두에 제기된 문제를 해결하고 있다. 하나님의 보호와 돌보심을 확신하는 예언자가 하나님의 정의가 이루어질 것임을 기대하는 중에 불평이 확신으로 바뀐다. 음악적인 지시사항들은 나중에 추가된 것일 수도 있다. 그러나 3장의 시문체는 단순하게 예언자가 초기의 시 전승들을 사용했음을 암시할 수도 있다. 쿰란 주석에 3장이 없는 것은 쿰란 공동체의 분파적인 관심사로 인하여 그것이 배제된 것일 수도 있다. 더 나아가서 3장은 주후 2세기의 무라바트 문서와 나할 헤버에서 발견된 헬라어 소예언서 두루마리 — 주후 1세기의 것으로 추정되는 — 에서도 똑같이 발견된다.[239]

정의가 왜곡됨(1:2-4)

하박국은 자기가 살고 있는 공동체가 불의로 인하여 쪼개져 있다는 것에 대하여 탄식한다. 그는 여섯 개의 다른 용어들을 사용하여 이 상황을 묘사한다: "폭력," "불의," "거짓," "파괴," "다툼," "갈등." 그는 율법을 "마비"된 것

---

238) NIV가 3-15절을 번역하면서 어떻게 일관되게 영어의 과거 시제를 사용하는지를 주목하라.

239) Robert D. Haak, *Habakkuk* (Leiden: Brill, 1992), 3, 5.

으로 묘사한다. "마비된"으로 번역된 용어는 다른 곳에서 무감각하게 된 마음이나 손을 가리키는 데 사용된다(창 45:26; 시 77:2를 보라). 그런 일이 일어나게 되면, 질병 걸린 신체의 기관들은 정상적인 역할을 할 수가 없다. 계약 공동체의 사회경제적인 삶을 다스리기 위해 하나님께서 세워주신 율법 역시 이와 마찬가지로 무시당함으로써 무기력한 것이 되고 말았다. 예언자는 또한 정의가 "왜곡되었다"고 묘사한다. 이 용어는 하나님의 정의로운 기준들이 악한 자들에 의해 "구부러지거나" "뒤틀리게" 되었음을 가리킨다.

어떤 이들은 여기에 묘사되어 있는 "악인들"을 앗수르 사람들이나 바벨론 사람들과 같은 이방인 세력과 동일시한다. 그러나 앗수르 사람들은 이 책의 어디에서도 언급되지 않으며, 바벨론 사람들은 5-11절에서 이러한 문제점을 해결하기 위해 하나님이 선택한 수단으로 묘사되고 있다. "율법"이 마비되었다는 설명은 예언자가 동족을 착취하고 억압하는 유다 나라 안의 불의한 자들을 염두에 두고 있을 가능성이 더 높음을 암시한다. 하박국과 같은 시대의 사람인 예레미야 역시 당시의 유다를 특징짓는 불의를 폭로하고 그 불의에 대해서 탄식한다(렘 7:3-6; 9:1-6; 12:1-4; 15:10; 20:7-8; 22:3, 13-17을 보라).

하박국은 매우 용감하게 하나님께 당시 상황에 직접 개입하실 것을 촉구하며, 야웨께서 자신의 기도와 유다의 무너지는 사회 조직에 대하여 전혀 관심을 기울이지 않으신 것 같다고 불평한다. 야웨께서 때때로 악을 행하는 자들이 공동체를 짓밟을 때에도 침묵을 지키시기는 하지만, 그 침묵은 결코 그가 당시 유다 안에서 일어나고 있는 일들을 모르고 있거나 정의를 전혀 보살피지 않는 분임을 뜻하지는 않는다. 결국 그는 하박국이 나중에 깨닫게 된 것처럼 그의 기도에 응답하시고 당시 상황에 직접 개입하실 것이다.

하나님의 해결책(1:5-11)

하박국은 야웨께서 자기로 하여금 불의를 "보게" 하셨다고 불평한다(3절). 그러나 야웨께서는 갑자기 그에게 여러 나라들을 "보라"고 말씀하신다. 그 까닭은 자기가 전혀 예상치 못한 놀라운 어떤 일을 행할 것이기 때문이라는 것이다(5절). 그는 정의를 세우기 위한 수단으로 바벨론 사람들을 세우실 것이다(6a절). 앞서 설명한 바와 같이, 바벨론이 융성하게 될 것이라는 이 첫 선포는 바로 이어서 바벨론의 전쟁 도구들에 대한 묘사로 가득 채워진다(6b-11절). 바벨론 사람들은 세계 정복의 야망을 가지고 있다. 그들은 다른 나라 사람들의 마음속에 두려움을 안겨준다. 왜냐하면 그들은 오로지 자기들 자신의 법만을 따르기 때문이다. 그들은 빠른 속도로 움직이며 독수리처럼 먹이를 향해 내리 덮친다. 그들은 자기들에게 맞서고자 하는 자들을 비웃는다. 이처럼 불법적이고 폭력적인 군대는 유다 나라 안에서 동족을 폭력적인 방식으로 압제하고 하나님의 율법을 무시하는 자들을 향한 하나님의 심판을 집행하는 적절한 도구가 아닐 수 없다.

하박국의 반응(1:12—2:1)

하박국은 더 이상 하나님이 활동하지 않는 분이라고 비난할 수가 없다. 그러나 하나님의 해결책은 예언자가 생각하던 것이 아니었음이 분명하다. 그는 야웨의 계획에 완전하게 만족하지 않는다. 그러나 그는 자신의 반대 의사를 밝히기에 앞서 야웨를 옛날부터 이스라엘 역사 안에서 활동적으로 일해 오신 분으로 묘사한다(12절). NIV에서 "영원 전부터"라고 번역하는 히브리어 구절은 "옛날부터"로 번역하는 것이 더 나을 것이다. 그것은 다른 곳에서 일반적으로 오래된 것을 가리키며(사 45:21; 46:10), 보다 구체적으로는 다윗 시대를 포함하는(미 5:2; 느 12:46) 이스라엘의 초기 역사를 가리킨다(시 74:12; 77:11). 하박국은 철학적인 의미에서의 하나님의 영원성보다는 일찍부터 이스라엘 민족의 삶에 관여하시는 야웨의 활동에 더 많은 관심을 가지고 있다.[240] 예언자는 또한 온 세상의 도덕적인 권위를 대표하시는 야웨의 주

---

240) 다음에 이어지는 행 역시 하나님의 역사 초월성을 확언하는 것일 수 있다. 전통적인 히브리어 본문은 "우리는 죽지 않을 것입니다"(NIV를 보라)로 번역되지만, 옛 서기관 전승은 히브리어 원문을 "당신(하나님을 가리킴)은 죽지 않으실 것입니다"로 읽을 것을 제안한다. 어떤 이들은 죽음 개념을 어떤 식으로든 하나님과 관련짓지 않기 위해 후자의 본문을 수정했을 것이라는 이론을 제시한다: Roberts, *Nahum, Habakkuk, and Zephaniah*, 100-101. 전통적인 본문 읽기("우리는 죽지 않을 것입니다")를 옹호하는 견해에 대해서는 다음을 보라: Haak, *Habakkuk*, 48-49.

권적인 지위를 인식하고 있는 까닭에 하나님을 "거룩하신 분"으로 칭하며, 그가 자기 백성을 보호하시는 분임을 뜻하는 차원에서 그를 "반석"으로 칭하기도 한다(사 17:10; 26:4; 30:29; 44:8을 보라).

하박국은 자신의 신학적인 신조를 분명하게 알고 있다: 야웨는 정의로운 통치자시요, 자기 백성을 보호하시는 분이요, 악과 불의를 참지 못하시는 분이다(13a절). 그러나 바로 이 동일한 신조로 인하여 예언자는 계속해서 문제를 제기하게 된다. 만일에 하나님이 정말로 정의로운 왕이시라면, 그가 어떻게 바벨론과 같은 나라를 그토록 높이실 수 있는가? 그렇다. 바벨론은 유다 나라의 악한 압제자들에게 폭력을 쏟아 붓겠지만, 그 과정에서 삼킴당할 무죄한 사람들은 어떻게 될 것인가(13b절)? 실제적인 측면에서 말하자면, 무죄한 자들의 눈으로 볼 때 어떻게 바벨론의 침략이 자기들이 동족에게서 당하는 압제보다 더 나을 수 있는가? 참으로 하나님께서는 바벨론 사람들로 하여금 제국을 건설하게 하심으로써 인간 생명의 가치를 거의 존중하지 않으시는 것처럼 보인다. 바벨론 사람들은 그물을 사용하여 바다에서 물고기를 자기 마음대로 건져 올리는 어부들과도 같다(14-15절). 다시 말해서, 하나님의 계획에서 열방은 전혀 중요하지 않은 것처럼 여겨지고 있다는 얘기다. 그들은 단순히 바벨론 사람들의 욕망을 충족시키기 위해서만 존재하는 것처럼 보인다. 설상가상으로 이방인인 바벨론 사람들은 자기들을 하나님의 도구로 인식하지도 못하고 있다. 도리어 그들은 그물에 의하여 상징되는 그들 자신의 힘을 믿는다(16-17절). 예언자는 마지막 항변을 제출한 후에 하나님의 답변을 간절히 기다린다. 언제라도 반격할 마음의 준비를 한 채로 말이다(2:1).

확신을 심어주는 말씀(2:2-20)

야웨께서는 하박국에게 하나님의 정의가 마침내 승리할 것임을 확실하게 약속하심으로써 그의 문제 제기에 답변하신다. 야웨께서는 이 메시지가 매우 중요하다고 여긴 까닭에 하박국에게 그것을 판에 기록하라고 지시하신다(2-3절). 예언이 성취되기에 앞서, 하나님의 약속에 대한 이 공식적인 기록은 경건한 남은 자들에게 그들이 종국에는 그들 자신의 의로움을 인정받을 것임을 확신시키는 역할을 수행할 것이다. 그것이 성취되고 나면, 그것은 하나님의 신실하심에 대한 합법적인 증거가 됨과 동시에, 그것을 거부한 자들의 유죄를 인정하는 증거가 되기도 할 것이다.[241]

그 메시지 자체는 악인들의 운명과 경건한 자들의 운명을 대비시키는 격언체의 진술과 더불어 시작한다(4절). 4절은 특별한 해석상의 문제점을 안고 있어서인지 그동안 다양한 방식으로 해석되어 왔다. NIV는 첫 행을 "보라, 그는 교만하며 그의 욕망은 올바르지 못하다"로 번역한다.[242] 이렇게 본다면, 이 진술은 정체가 불분명한 누군가의 교만과 잘못된 동기들에 대하여 해설하는 것이라 할 수 있다. 그러나 "보라, 올바르지 못한 욕망을 품는 자는 쇠약해진다"로 번역하는 것이 더 나을 것이다. 이 번역은 동사 '우펠라'를 '울레파'("쇠약해지다"를 뜻하는)로 수정할 것을 요청하며(이 경우에 전통적인 히브리어 본문은 두 개의 철자 '페'와 '라메드'가 우연히 서로 바꾸어진 결

---

241) 3a절은 다음과 같이 번역하는 것이 가장 타당할 것이다: "이 묵시는 정해진 때, 곧 종말의 때에 증거가 될 것이다. 종말의 때가 온다는 것은 거짓말이 아니다." 이 본문은 전통적으로 이렇게 번역되어 왔다: "이 묵시는 정한 때가 있나니, 종말을 향해 신속히 달려갈 것이요[문자적으로는 "헐떡거리며 달려갈 것이요"], 결코 거짓되지 아니할 것이다." 이 본문 읽기는 '야페아흐'를 '푸아흐'("숨을 쉬다, 내뿜다)라는 어근에 접두 자음이 붙은 히필형 동사로 추정한다. 그러나 이러한 해석은 정확하지 않다. 그것은 사실 "증거"를 뜻하는 명사로서, 우가릿 문서에서도 나타난다. 우가릿 문서에서 가장 확실하게 입증되는 본문들은 법적인 계약들에 대한 증인들의 이름을 소개할 때 이 단어를 사용한다. 그것은 잠언의 몇몇 구절들에서도 나타난다. 잠언에서 그것은 '에드'("증거")라는 명사와 나란히 나타난다(6:19; 12:17; 14:5, 25; 19:5, 9). (이 본문들에서 맛소라 전승은 그 형태를 분명히 동사로 이해하고 있다. 왜냐하면 그것이 어간에 '히렉-요드' 모음을 가지고서 나타나기 때문이다.) 이 낱말을 명사로 보는 견해야말로 하박국 2:3a에 매우 잘 어울린다. 이 본문에서 그것은 증거의 기능을 갖는 환상을 가리킬 것이다. 만일에 '야페아흐'에 대한 이러한 해석이 옳다면, 대구 관계에 있는 다음 행의 '오드'("여전히")라는 단어는 원래의 낱말인 '에드'("증거")를 후대에 잘못 해석한 결과로서 생겨난 것일 수도 있다. 사실 '에드'는 앞서 소개한 잠언 본문들에서 '야페아흐'와 하나의 낱말 쌍을 이루고 있다. 본문상의 문제점에 대한 보다 충분한 논의를 위해서는 다음을 보라: Haak, *Habakkuk*, 55-57; Roberts, *Nahum, Habakkuk, and Zephaniah*, 105-6.

242) 이 견해는 "교만하다"로 번역되는 히브리어 동사 형태 '우펠라'를 후대의 히브리어와 아랍어에서 발견되는 어근("어리석은, 미련한")에서 비롯된 것으로 본다.

과 생겨난 것인 셈이다),[243] "그의 욕망이 올바르지 못한"을 "쇠약해지다"(죽음을 완곡하게 표현한 것인 듯함)라는 동사의 실질적인 주어로 이해한다. 이것은 두 번째 행과 훨씬 대조되는 평행구를 만들어낸다:

보라, 올바르지 못한 욕망을 품는 자는 쇠약해지나,
경건한 자는 그의 순전함으로 말미암아 산다.

4b절을 문자적으로 읽으면 이렇다: "그리고 경건한 [자]는 그의 순전함으로 말미암아 산다." "그의"라는 대명사의 선행사가 무엇인가에 대해서는 논란이 많다. 이 대명사는 예언 자체를 가리킬 수도 있다(2-3절을 보라). 이렇게 본다면, 그 구절은 "그것의 확실성"으로 번역할 수도 있다.[244] 또 다른 견해는 그 대명사가 하나님을 가리킨다고 본다. 이렇게 본다면, 그 구절은 "그의 신실하심"으로 번역될 수도 있을 것이다.[245] 그러나 가장 가까이에 있으면서 가장 유력한 선행사는 이 구절 바로 앞에 언급된 "경건한 [자]"이다. 이렇게 본다면, 4b절은 경건한 자가 자신의 올바른 품성으로 인하여 다가오는 시련을 거쳐 살아남을 것임을 강조하는 셈이 된다.

4b절에 있는 각 용어들에 대해서는 약간의 설명이 필요하다. "경건한 [자]"(히브리어로는 '차띠크')로 번역되는 낱말은 여기서 집합 명사로 사용되는 것으로서, 이 문맥에서는 아마도 죄가 없는데도 압제를 당하는 경건한 자를 가리킬 것이다. 이와 동일한 히브리어 낱말은 1:4에서 죄가 없는데도 압제에 희생당하는 자들을 가리키는 데 사용되며, 1:13에서는 바벨론 사람들에게 삼킴을 당하는 무죄자들을 가리키는 데 사용된다.[246] "살다"(히브리어로는 '하

---

243) 동사 어근 '알라프'는 이사야 51:20에서 푸알 형태(여기서 제안하는 형태)로 나타나며, 아모스 8:13과 요나 4:8에서는 히트파엘 형태로 나타난다.

244) Haak, *Habakkuk*, 59; Roberts, *Nahum, Habakkuk, and Zephaniah*, 111-12.

245) 이와 관련하여 70인역이 이 구절을 '피스테오스 무,' 곧 "나의[하나님을 가리킴] 신실함"으로 읽고 있다는 점을 주목하라.

246) 이사야 3:10; 57:1; 호세아 14:9; 말라기 3:18 등에 있는 이 낱말의 다른 용례들도 보라.

야' 동사에서 파생한 '이흐예')라는 동사는 여기서 "신체가 생명을 유지하는" 가장 기본적인 의미로 사용된다. 전후 문맥에 비추어 본다면, 이것은 그 땅의 식량을 완전히 쓸어가 버릴 임박한 침략을 무사히 넘기고서 보존되거나 살아남을 것임을 가리킨다(3:17을 보라). "순전함"으로 번역된 낱말은 히브리어 명사 '에무나'를 가리킨다. 전통적으로 이 낱말의 신약성서 용례에 기초하여 여기서 그것을 "믿음"으로 번역하지만, 이 낱말은 차라리 "순전함"이나 "신실함" 또는 "충성" 등으로 번역하는 것이 더 나을 것이다. 이 낱말의 일차적인 의미는 "확고함, 한결같음"을 가리킨다(출 17:12를 보라). 인간의 품성과 행동을 가리키는 경우에 그것은 확실성(잠 12:17, 22; 사 59:4; 렘 5:3; 9:3)과 순전함(왕하 12:15; 22:7; 렘 5:1을 보라)을 가리킨다. 그것은 어디에서도 "믿음"이나 "신앙" 자체를 가리키는 데 사용되지 않는다. 하박국 2:4의 문맥에서 볼 때, 그 낱말은 아마도 압제당하는 자의 준법성을 가리킬 것이다. 그는 남을 속이고 폭력을 행하는 자들의 사례를 따라 하나님의 율법을 위반하고자 하는 태도를 거부하는 자이다. 야웨의 진술은 그처럼 무죄한 자들이 심판의 목표물이 되지 않을 것임을 하박국에게 확실하게 보증하는 말씀이라 할 수 있다.

하박국 2:4b는 예언서에서 가장 널리 알려진 본문들 중의 하나이다. 이는 의심할 여지 없이 그것이 신약성서에서 세 번씩이나 인용되기 때문이다. 로마서 1:17에서 바울은 "하나님께로부터 비롯된 의"가 "믿음으로 말미암아" 온다는 자신의 주장을 뒷받침하기 위해 이 본문을 인용한다. 갈라디아서 3:11에서 그는 하나님 앞에서 의롭게 되는 것은 모세의 율법에 의해서가 아니라 믿음에 의해서라는 것을 입증하기 위해 하박국 2:4b를 인용한다. 이 두 경우에 바울은 "믿음"이라는 낱말에 "그의"라는 대명사를 포함시키지 않는다. 아마도 더 중요한 것은, 그가 히브리 성서의 다른 용례들에서는 입증된 바가 없는 히브리어 낱말 '에무나'의 다른 의미를 자신의 두 본문에 부여하고 있다는 점일 것이다. 앞서 설명한 바와 같이, 히브리 성서에서 이 낱말은 바울이 언급한 바와 같은 "믿음"을 가리키기보다는 어떤 개인의 품성과 생활 태도를 가리킨다. 그러나 의로운 생활태도가, 구약 시대에서도, 흔들림이 없이 하나님께 헌신하는 삶과 자기를 신실하게 따르는 자들에게 상을 주시고

그를 지켜주겠다는 하나님의 약속을 믿는 삶에 기초하고 있다고 주장할 수
도 있다. 달리 말해서 믿음과 신실함이 동전의 앞뒷면과도 같은 것이라는 얘
기다. 아마도 이 두 개념 사이의 이처럼 밀접한 관계가 바울의 사유의 기초
를 이루고 있을 것이다. 그의 하박국 2:4b 사용이 단순히 그 본문에 대한 자
기 시대의 해석적인 전통을 반영하는 것일 수도 있겠지만 말이다.[247] 하박국
2:4는 또한 히브리서 10:38에서도 인용되고 있다. "의로운 자"의 앞에 "나의"
라는 대명사를 덧붙이는 대신 "믿음" 앞에 "그의"라는 대명사를 생략하는 다
른 본문 형태에서 인용되고 있기는 하지만 말이다.[248] 히브리서의 저자는 하
박국 2:4를 그 본래적인 의미를 반영하는 방식으로 사용한다. 그는 독자들에
게 시련을 당할지라도 신실함을 지킬 것을 촉구한다. 왜냐하면 하나님께서
마침내는 그들의 인내에 상을 주실 것이기 때문이다. 이와 마찬가지 방식으
로 야웨께서는 하박국에게 한결같은 경건함이 무죄한 자로 하여금 앞에 놓
인 시련의 때를 잘 이겨내게 할 것이라는 점을 상기시키신다.

불경건한 자에 관한 4a절의 진술은 매우 포괄적인 것이다. 그것은 악인들
에게 흔히 닥치는 일에 대해서 묘사하고 있다. 그것은 유다 나라 안의 악인
들과 잔인한 바벨론 사람들을 포함하는 것만으로도 충분히 포괄적이다. 그
러나 5절에서는 그 주요 지시 대상이 바벨론 사람들임이 분명하다. 이는 그
것이 전 세계에 걸친 정복에 대해서 언급하고 있기 때문이다(1:6을 보라). 야
웨께서는 바벨론 사람들을 교만과 탐욕에 취해 있는 자들로 규정하신다. 점
점 더 많은 포도주를 원하는 술꾼들처럼 바벨론 사람들의 군사적인 성공은
그들로 하여금 그들의 제국을 점점 더 많은 나라들을 포함하는 것으로 확장
시키려는 욕구에 사로잡히게 만든다. 점점 더 많은 시체를 요구하는 무덤과
도 같이 바벨론 사람들은 점점 더 많은 희생자들을 요구한다.[249] 간단히 말해

---

247) 바울이 하박국 2:4b를 로마서 1:17에 사용한 것에 대한 유용한 논의를 위해서는
다음을 보라: Douglas Moo, *Romans 1–8* (Chicago: Moody, 1991), 71–73.

248) 히브리서 10:37–38은 사실 하박국 2:3b–4를 본질적으로 70인역의 본문 형태로
인용하고 있지만, 4절에 있는 두 행의 순서를 바꾸어 인용하고 있다.

249) 죽음을 물릴 줄 모르는 식욕을 가진 자로 의인화하는 방식에 대해서는 이사야
25:8에 대한 필자의 설명을 보라.

서 야웨께서는 바벨론 사람들의 탐욕과 교만에 대한 하박국의 평가에 동의하신다(1:14-17을 보라). 그는 그들의 행동을 용서하거나 무시하지 않으실 것이다. 사실 그는 일단 바벨론 사람들을 사용하여 자신의 계획을 성취하신 다음, 그들을 엄하게 심판하실 것이다.

바벨론 사람들은 자기들의 파멸을 맛볼 것이요, 그들이 심판을 받은 결과 그들에게 희생당한 자들 모두가 자기들을 압제한 그들을 통렬한 장례식 노래로 조롱할 것이다(6a절). 다섯 연으로 된 이 노래는 다음과 같이 정리될 수 있을 것이다: 6b-8절, 9-11절, 12-14절, 15-17절, 18-20절. 처음 네 연은 모두가 똑같이 "화 있을진저!"라는 표현으로 시작한다(6b, 9, 12, 15절). 앞서 설명한 바와 같이, 이 낱말은 장례식 때에 들을 수 있는 애곡의 외침에 해당하는 것이다(왕상 13:30; 예레미야 22:18-19; 이사야 1:4; 아모스 5:16을 보라). 하박국 2:6 이하에 이 낱말이 나타난다는 것은 바벨론이 죽음 직전의 상황에 처해 있음을 의미한다. 이 낱말은 또한 마지막 연에서도 발견된다(19절). 이 마지막 연은 우상들과 우상숭배자들을 비난하는 수사학적인 질문과 더불어 시작한다(18절). 이러한 구조상의 다양성은 아마도 이 노래의 종결 부분을 암시하는 방식들 중의 하나일 것이다.

바벨론 사람들은 도적질과 살인으로 제국을 건설한다(6, 9a, 10절). 그들이 지나간 자리에는 피와 폐허가 된 성읍들만이 남아 있을 뿐이다(8, 12, 17b절). 교만에 사로잡힌 그들은 레바논의 거대한 삼림을 침공하기까지 하며, 그 나무들과 짐승들을 공격한다(17a절; 사 14:8을 보라).[250] 높은 곳에 둥지를 트는 독수리처럼, 그들은 자기들이 안전하다고 생각하지만(9b절), 결국에는 응보의 날이 오고야 말 것이다. 바벨론 제국은 튼튼한 집처럼 보이지만, 그 집의 돌들과 나무들(다른 이들에게서 취한 부를 상징함)은 그들의 범죄에 대해서 증거한다(11절). 바벨론에 희생당한 자들은 무자비한 채권자들처럼 일어나 보상을 요구할 것이요, 바벨론 사람들이 다른 사람들을 대하던 방식으로 그들을 다룰 것이다(7절).[251] 바벨론이 아니라 전능하신 야웨(문자적으로

---

250) 느부갓네살은 건축 공사를 위해 레바논의 목재를 운송하였다: Roux, *Ancient Iraq*, 345-46, 359-60.

251) NIV가 "채무자들"로 번역한 히브리어 낱말(7절)은 "채권자들"을 가리키는 것으

는 "만군의 야웨")야말로 온 세상을 다스리시는 분이다. 그는 바벨론과 같은
나라들의 제국주의적인 노력들을 좌절시키신다(13-14절). 그는 바벨론이 다
른 이들을 괴롭힌 것과 똑같이 그들을 괴롭히실 것이다. 바벨론은 다른 이들
에게 강제로 독한 술을 마시게 하되, 그들이 술에 취하여 분별력을 상실한
나머지 벗은 몸을 드러내는 것을 조롱하면서 즐기는 자로 묘사된다(15절).
이러한 모습의 배후에는 죄수들의 벌거벗은 몸을 드러냄으로써 그들을 공개
적으로 수치스럽게 만드는 관습이 가로놓여 있을 것이다.[252] 그러나 이제는
바벨론이 수치를 당할 차례이다(16절). 야웨의 오른손 — 그의 힘을 상징하
는 — 이 취하게 하는 잔을 바벨론에게 넘길 것이다. 바벨론은 술에 취하여
분별력을 잃은 나머지 자신의 벌거벗은 몸을 드러낼 때까지 술을 마셔야만
할 것이다. 16절의 언어는 대부분의 번역본들이 나타내는 것보다 훨씬 더 사
실적이다. 두 번째 행을 문자적으로 읽으면 이렇다: "너도 마시고 너의 할례
받지 아니한 것을 드러내라!"[253] 야웨의 영광은 온 세상을 가득 채우고 있지
만(14절), 바벨론의 영광은 부끄러움과 불명예로 바뀔 것이다. 바벨론 사람
들은 자기들을 하나님의 심판으로부터 지켜주지 못하는 우상 신들을 신뢰한
다(18-19절). 사람의 손으로 만든 이 생기 없는 "신들"과는 대조적으로, 야웨
께서는 하늘의 궁전에서 온 세상을 다스리신다(20a절). 그의 앞에서 온 땅은
두려움에 사로잡힌 채로 침묵을 지키지 않으면 안 된다(20b절). 이 침묵은 심
판하러 오실 그의 임재를 예비하는 것이 될 것이다(3장과 습 1:7을 보라).

역사가 반복되기를 바라는 기도(3:1-15)

하박국은 바벨론의 파멸에 관한 예언의 말씀에 기도로 응답한다(1절). 그

로 이해하는 것이 더 나을 것이다.

252) Roberts, *Nahum, Habakkuk, and Zephaniah*, 124.

253) 히브리어 본문은 의인화된 바벨론을 할례 받지 않은 자로 묘사한다. 사해 사본과
70인역은 "그리고 비틀거린다"라는 상이한 본문 전승을 간직하고 있다. 전통적인 히브
리어 본문을 옹호하는 입장에 대해서는 다음을 보라: Miller, *Sin and Judgment in the
Prophets*, 63-64; Roberts, *Nahum, Habakkuk, and Zephaniah*, 116.

는 이스라엘의 과거에 있었던 야웨의 위대한 행동들에 관해서 들었다. 사실 그의 행동들에 관한 소문은 너무도 인상적이어서 예언자를 두려움에 사로잡히게 만든다(2a절).[254] 그는 야웨께 그러한 행동들을 자기 시대에 새롭게 행하실 것을 간구함과 아울러, 진노의 심판을 자비로 부드럽게 해주실 것을 요청한다(2b절).

하나님에 관한 소문은 정확하게 무엇을 포함하고 있는 것일까? 그것은 왜 예언자를 그러한 두려움에 사로잡히게 한 것일까? 3-15절에서 하박국은 자기가 들은 소문을 상세하게 설명한다. 그 소문은 두 부분으로 나누어져 있다. 3-7절은 야웨를 3인칭으로 칭하며, 남쪽으로부터 오시는 그의 모습을 묘사한다. 8-15절에서 예언자는 야웨를 향하여 직접 말한다. 그 소문이 그에 관해서 말하는 것을 회상하면서 말이다. 야웨께서 말을 타시고서 바다를 밟으신다는 표현은 8-15절 단락의 처음과 끝을 감싸는 역할을 수행한다.

야웨께서는 데만과 바란산 쪽에서 오신다(3절). 데만은 유다의 남동쪽에 위치한 에돔의 한 성읍이다(암 1:12; 옵 9절을 보라). 바란산은 유다 남쪽의 아카바 만 부근에 있는 산악 지대를 일컫는다. 요단 동편의 남쪽에 위치한 미디안과 구산의 천막 거주자들은 자기들이 이 강한 전사의 행진로에 거주하고 있다는 점을 알고서 두려움의 반응을 보인다(7절). 야웨께서 남쪽으로부터 오신다는 표현은 그가 동일한 지역으로부터 행진하신다고 보는 시적인 표현들을 상기시킨다. 신명기 33:2는 그가 이스라엘 지파들에게 복을 주시고 그들을 약속의 땅으로 인도하여 들이기 위해 시나이 지역과 세일(에돔을 가리킴)과 바란산으로부터 오신다고 묘사한다. 사사기 5:4에서 그는 시스라의 가나안 군대와 싸우기 위하여 세일/에돔으로부터 오신다.

야웨께서 무대에 등장하시면, 그의 제왕적인 영광이 사람들의 눈을 멀게 할 정도로 강하게 빛날 것이요, 그것을 바라보는 자들로 하여금 그를 찬미하게 할 것이다(3b절). NIV에 따르면, 4절은 그의 영광을 새벽녘의 태양 광선에 비교한다. 그러나 그 표상은 번개를 가리킬 수도 있다.[255] 본문을 문자적으

---

254) 2a절을 문자적으로 읽으면 이렇다: "야웨여, 나는 당신에 대한 소문을 들었습니다. 야웨여, 당신께서 하신 일을 나는 두려워합니다."

로 읽으면 이렇다: '[그의] 광명은 빛 같고, 두 뿔은 그의 손에서 나와 그에게
로 가는도다.'" "빛"으로 번역된 히브리어 낱말은 햇빛을 가리킬 수도 있지
만, 때때로 번개를 가리키기도 한다(욥 36:32; 37:3, 11, 15를 보라). "두 뿔"
에 대한 언급은 끝 부분이 두 개로 갈라진 번개를 가리킬 수도 있을 것이다.
메소포타미아의 신들은 때때로 "두 개로 갈라진 번개"를 무기로 사용하는 자
들로 묘사된다. 그리고 우가릿 문서는 폭풍우의 신 바알의 번개를 "뿔"로 칭
하기도 한다.[256] 9절은 화살을 쏘시는 야웨의 모습을 묘사한다. 그런데 이 모
습은 종종 신현 본문에서 번개를 가리키는 은유로 사용된다(시 18:14;
77:17-18; 144:6; 슥 9:14를 보라).

야웨는 의인화된 "질병"과 "전염병"을 자신의 제왕적인 수행원들의 일부
로 거느리신다(5절). 이 무시무시한 삼인조 앞에서 온 땅이 흔들리며, 나라들
은 떨고, 오랫동안 안전을 상징하는 것으로 알려진 오래된 산들이 무너져 내
린다(6절). '레셉'이라는 히브리어 낱말은 보통 여기서 "전염병"으로 번역된
다. 왜냐하면 그것이 5절의 평행 구조 속에서 '데베르'("질병")와 짝을 이루
어 나타나기 때문이다. '레셉'은 또한 신명기 32:24와 시편 78:48 [257]에서도
전염병을 가리키는 것으로 보인다. 일부 성서 본문들에서 '레셉'은 단순히
"화살들"을 뜻하기도 한다(시 76:3; 아 8:6을 보라). 이러한 이차적인 의미는
고대 근동에서 레셉이 화살로 전염병을 일으키는 전쟁의 신을 가리킨다는
사실에 의해 설명될 수 있다.[258]

---

255) Roberts, *Nahum, Habakkuk, and Zephaniah*, 152-53.

256) E. D. van Buren, *Symbols of the Gods in Mesopotamian Art* (Rome: Pontifical Biblical Institute, 1945), 70-73; Gibson, *Canaanite Myths and Legends*, 51.

257) 48a절의 히브리어 낱말 '바라드'("번개")를 '데베르'("질병")로 수정해야 한다고 보는 견해도 그 나름의 설득력을 가지고 있다. 이렇게 본다면, 48b절의 '레샤핌'('레셉'의 복수형)은 번개가 아니라 전염병을 가져다주는 레셉의 아들들을 가리킨다(욥 5:7을 보라). 이 레셉의 아들들은 49절에 언급된 "재앙의 천사들"을 가리킬 수도 있다: John Day, *Yahweh and the Gods and Goddesses of Canaan* (Sheffield: Sheffield Academic Press, 2000), 200-20

258) Ibid., 197-99, 202-4. 조각품 증거는 레셉을 전사로 묘사한다: Izak Cornelius,

8절은 일련의 질문들을 통하여 사람들에게 하나님의 진노의 대상에 대하여 생각하게 만든다. 야웨께서는 전쟁을 벌이기 위하여 자신의 전차에 오르시는데, 대체 누구와 싸우시기 위함인가? 그는 강들과 바다를 향하여 진노하시는가? 첫 눈에 보기에 이 질문은 이상하게 보일 수도 있다. 그러나 15절은 야웨의 전차를 이끄는 말들의 발굽이 바다의 거친 파도를 밟고 있는 모습을 묘사하고 있다. 이 모습은 바다가 야웨의 진노의 대상임을 암시하는 것으로 보인다(10b절도 보라). 이 표상은 야웨께서 바다를 말리시던 출애굽 사건을 연상시킨다. 그러나 바다는 순전히 적대 국가들을 나타내는 시적인 상징일 뿐이다(12절).

하박국이 들은 소문은 야웨를 몇 가지 무기들로 무장하신 전사로 묘사한다(9-14절). 그는 화살을 쏠 준비를 하는 동안에, 그 화살들에게 죽이는 일을 할 것을 정식으로 명하신다(9a절). NIV는 9절의 두 번째 행을 "당신께서 많은 화살들을 부르셨습니다"로 번역하지만, 히브리어 본문(문자적으로 읽는다면 이렇다: "당신께서 화살대에게 말씀[으로] 명하셨습니다")은 "당신께서 당신의 화살들을 명하셨습니다"로 번역하는 것이 더 나을 것이다(NET를 보라).[259] 고대 근동에서 전사들은 때때로 주술 양식을 사용하여 자신이 사용하는 무기들에게 힘을 준다.[260] 야웨는 여기서 그와 동일한 일을 하시는 분으로

The Iconography of the Canaanite Gods Reshef and Ba'al (Fribourg, Germany: Fribourg University Press, 1994). 우가릿에서 그는 메소포타미아에서 지하계의 신이요 질병의 신인 네르갈과 동일시된다. 한 우가릿 문헌은 그를 왕의 아내의 생명을 쥐고 있는 자로 묘사한다: Day, Yahweh and the Gods, 198; Gibson, Canaanite Myths and Legends, 82 (text 14 i 18-19). 레셉은 또한 바알이 바다의 신 얌과 싸울 때 그를 돕기도 한다: John Day, "New Light on the Mythological Background of the Allusion to Resheph in Habakkuk III 5," VT 29 (1979): 353-55

259) 히브리어 낱말 '마토트'는 '마테'의 복수형이다. 이 낱말은 보통 지팡이나 곤봉을 가리킨다. 그러나 평행 관계에 있는 인접 행에서 화살을 언급하는 9절의 문맥에서 그것은 전사가 사용하는 화살대를 가리킨다. '마테'의 우가릿 친족어는 신화적인 문헌에서 전사 아낫 여신이 자신의 활로 쏘아대는 "화살대"(즉, 화살)를 가리키는 데 사용된다: Gibson, Canaanite Myths and Legends, 47.

260) Haak, Habakkuk, 95. 우가릿 신화에서 바알의 무기들은, 바다의 신이요 바알의 강한 적인 얌을 죽이라는 공식적인 명을 받는다: Gibson, Canaanite Myths and

묘사된다(렘 47:6-7도 보라).

앞서 설명한 바와 같이, 화살들은 때때로 신현 본문들에서 번개를 상징하는 은유로 사용된다. 폭풍우 표상이 9b-10절을 지배하고 있는 것으로 보아, 여기서도 그러한 은유가 사용되는 것으로 보인다. 하늘에서 쏟아지는 폭우는 강들로 하여금 제방을 넘쳐 홍수가 되게 하며, 지표면으로 넘쳐흐름으로써 온 땅이 강들로 인하여 쪼개지는 것처럼 보이게 한다. 야웨의 공격이 너무도 맹렬한 탓에 산들이 흔들리고 깊은 바다가 손을 높이 쳐들면서(아마도 폭풍우에 동반되는 강한 바람으로 인하여 생겨난 큰 파도를 가리킬 것이다) 큰 소리로 자비를 구한다.[261] 이러한 언어는 시편 77:16-18과 비슷하다. 이스라엘의 홍해 구원을 시적인 언어로 설명하는 시편 77:16-18은 야웨께서 폭풍우 중에 임하셔서 바다를 굴복시키심으로써 자기 백성을 그 사이로 안전하게 지나가게 하셨다고 묘사한다. 야웨께서 사용하시는 화살들과 창(이 두 가지 은유는 똑같이 번개를 가리킴)의 번쩍이는 빛은 태양과 달을 마비시킬 정도이다(11절).[262] 이곳의 이러한 언어는, 태양과 달이 멈춤으로써 이스라엘 군대가 밤이 오기 전에 가나안 적군을 죽일 수 있었다고 묘사하는 여호수아 10:12-14를 연상시킨다.

야웨의 일차적인 목적은 자기 백성과 다윗계 왕 — 여기서는 야웨의 "기름 부음 받은 자"로 불리는 — 을 구원하는 데 있다(13-14a절). 이러한 언어는 전쟁터에서 초자연적인 구원과 보호를 맛보면서 많은 나라들을 굴복시킨 다윗의 군사적인 승리들을 연상시키는 것으로 보인다(삼하 22장을 보라).

야웨께서는 "악인의 땅(문자적으로는 "집")"을 향한 공격에 초점을 맞추신

Legends, 43-44.

261) 손을 높이 쳐드는 모습은 때때로 자비를 간구하는 태도를 동반한다. 시편 28:2와 애가 2:19를 보라.

262) 한 우가릿 신화 문헌은 바알을 다음과 같이 묘사한다: "그는 일곱 개의 번개와 여덟 개의 천둥을 던지며, 번개 창을 휘두른다." 이 문헌에 대해서는 다음을 보라: Marvin H. Pope and Jeffrey H. Tigay, "A Description of Baal," *UF* 3 (1971): 118; Frank M. Cross Jr., *Canaanite Myth and Hebrew Epic* (Cambridge: Harvard University Press, 1973), 147-48.

다. 여기서 예언자가 들은 소문의 예언적인 차원은 역사적인 사건들을 염두에 두고 있는 것으로 보인다. 왜냐하면 "악인의 집"이라는 구절이 2:9–11과 1:13을 암시하고 있기 때문이다. 2:9–11은 바벨론 제국을 불의한 소득으로 지은 집에 비교하며, 1:13은 바벨론 사람들을 "악한" 자들로 규정한다. 이처럼 악한 "집"에 대한 야웨의 공격은 폭력적이고 치명적인 것이다. 13b–14절은 다음과 같이 번역하는 것이 가장 타당할 것이다: "당신께서는 악인의 집의 머리를 치시며, 몸의 밑바닥에서 목에 이르기까지 그를 벌거벗기셨습니다. 당신께서는 그의 화살들을 가지고서 그의 병사들의 머리를 찌르셨습니다."[263] "악인의 집"은 여기서 야웨의 전쟁 대적자로 의인화되어 있다. 야웨께서는 전쟁용 곤봉으로 원수의 머리를 깨뜨리실 것이요, 자신의 칼로 그의 몸을 조각내실 것이다. 야웨께서는 원수의 화살들을 취하되, 그것들을 원수의 병사들의 머리를 향해 쏘실 것이다.[264]

하박국이 확신을 가지고서 미래를 내다봄(3:16-19)

야웨의 강한 역사적인 행동들에 관한 소문을 함께 나눈 예언자는 그것이 자기 안에 만들어낸 두려움에 대하여 다시금 묘사한다(16a절; 2a절을 보라). 하나님의 진노와 권능이 그렇게 드러나는 것은 관찰자들에게 두려움을 불러 일으키는 것이 될 수밖에 없다. 설령 그들이 진노의 대상이 아니라 할지라도 말이다.

자기 책의 마지막 부분에서 하박국은 이스라엘의 과거에 속한 하나님이 여전히 살아계시며 자신의 강한 행동들을 열방 중에 새롭게 행하실 수도 있다는 것을 알고 있다. 그럼에도 불구하고 유다 안의 상황은 점점 악화되어간

---

263) 이 번역은 히브리어 '로쉬'("머리")가 다음에 이어지는 "그의 병사들"이라는 구절과 연결되어 있다고 본다. 어떤 이들(예로써 NIV)은 다음에 이어지는 구절을 "그의 전사들"로 번역한다.

264) NIV의 "그 자신의 창"이라는 표현은 문자적으로 볼 때 "그의 화살"을 뜻하는 히브리어 표현을 번역한 것이다. 그러나 9절에서 이 낱말은 화살들을 가리키는 것으로 보인다.

다. 하나님께서 마지막에 그들의 정당함을 인정하실 때까지는 말이다. 과거에 대해 묵상하고서 하나님이 종국에는 자신의 위대한 행동들을 새롭게 행하실 것임을 깨닫는 것이 고무적인 일이기는 하지만, 당장 유다에게 임할 이방 민족의 침공(1:2-4를 보라)이 목전에 다가와 있다(16b절). 그러나 하박국은 확신을 가지고서 미래를 대할 수 있다. 왜냐하면 그는 하나님께서 자신을 충성스럽게 따르는 자들을 살려두시리라는 것을 알고 있기 때문이다(2:4b를 보라). 식량이 사라질 수도 있지만, 하박국은 그러한 위기로부터 자기 백성을 구원하시는 하나님을 인하여 기뻐한다(17-18절). 야웨께서는 어떻게든 그로 하여금 앞에 있는 위험한 장애물들을 헤치고 나아갈 수 있게 하실 것이다. 마치 몸이 재빠른 사슴이 울퉁불퉁한 지역을 달려갈 수 있는 것처럼 말이다(19절).

정결케 하는 심판(스바냐)

서론

스바냐서의 표제에 따르면, 스바냐는 요시야의 치세 기간(주전 640-609년) 동안에 예언활동을 한 사람이다. 그는 주전 612년의 니느웨 함락을 예견한다(2:13-15를 보라). 유다의 종교적인 타락에 관한 그의 묘사(1:4-18을 보라)는 주전 622-621년에 있었던 요시야의 종교개혁(왕하 22-23장을 보라)을 앞서는 것으로 보인다.

스바냐는 왕족의 후손일 수도 있다. 표제는 그의 조상을 4대에 걸쳐 히스기야라는 이름을 가진 자에게까지 추적한다. 예언서의 표제가 보통 예언자의 아버지 이름만을 소개하거나(사 1:1; 렘 1:1; 겔 1:3; 호 1:1; 욜 1:1을 보라), 아니면 많아야 두 세대 정도를 소개한다는 점(슥 1:1)을 고려한다면, 스바냐의 경우처럼 족보를 길게 소개하는 것에는 무엇인가 이유가 있음에 틀림이 없다. 이에 대한 가장 타당한 설명은 스바냐가 그 유명한 왕 히스기야의 후손이라는 데 있다.

스바냐서는 세 주요 부분으로 이루어져 있으며(1:2-18; 2:4—3:7; 3:8b-

20), 이들은 그 중간에 있는 두 개의 권면들로 연결되어 있다(2:1-3; 3:8a). 스바냐서의 구조는 다음과 같이 개관할 수 있다:

제1부
온 세상에 임할 심판 선고(1:2-3)
유다/예루살렘에 임할 심판 선고(1:4-6)
다가오는 야웨의 날에 관한 선포(1:7)
예루살렘에 임할 심판 선고(1:8-13)
다가오는 야웨의 날에 관한 선포(1:14a)
온 세상에 임할 심판 선고(1:14b-18)
중간 연결 본문: 권면(2:1-3)

제2부
블레셋에 임할 심판 선고(2:4-7)
모압과 암몬에 임할 심판 선고(2:8-11)
구스에 임할 심판 선고(2:12)
앗수르에 임할 심판 선고(2:13-15)
예루살렘을 향한 재앙 신탁(3:1-7)
중간 연결 본문: 권면(3:8a)

제3부
온 세상에 임할 심판 선고(3:8b)
온 세상에 임할 구원 선고(3:9-10)
예루살렘을 위한 구원 선고(3:11-20)

제1부에서 다가오는 "야웨의 날"에 대한 언급은 7절과 14절에 나오며, 이 부분을 세 개의 하위 단락으로 나눈다(2-6절, 7-13절, 14-18절). 2-6절에서 야웨는 자기가 온 세상을 심판하실 것이요, 더 구체적으로는 유다와 예루살렘을 심판하실 것임을 선언하신다. 7-13절은 후자의 주제(예루살렘 심판)를

발전시키며, 14-18절은 온 세상 심판의 주제를 발전시킨다. 온 세상에 임할 심판에 대한 묘사(2-3, 17-18절)는 제1부 전체를 감싸는 역할을 수행한다.

첫 번째 권면(2:1-3)은 다가오는 야웨의 날 선포에 어울리는 결론 부분을 제공한다(3절과 1:7, 14, 18을 비교하라). 그럼에도 그것은 분명히 중간 연결의 성격을 갖는다. 왜냐하면 히브리어 불변사 '키'("왜냐하면, 그 까닭은")가 4절의 서두에 나옴으로써(NIV는 이 낱말을 번역하는 데 실패함), 권면과 그 뒤에 이어지는 심판 신탁이 서로 논리적으로 연결되어 있음을 암시하고 있기 때문이다.

제2부의 심판 신탁은 제1부에 소개된 온 세상에 임할 심판의 주제를 뒷받침한다. 네 방위의 대표적인 나라들이 선정된다: 블레셋(유다의 서쪽), 모압과 암몬(동쪽), 구스(남쪽), 앗수르(북쪽, 2:13a).[265] 이 목록은 예루살렘에서 절정에 이른다.

1장에서와 같이 야웨의 심판은 그 범위가 온 세상이 미치지만, 그 주요 목표는 하나님 자신의 계약 공동체를 겨냥하고 있다. 그러나 그 메시지가 완전히 부정적인 것만은 아니다. 유다(2:7, 9b)와 열방(2:11)을 위한 구원 통지가 중간에 나타나서 제3부의 중심 주제를 예고하고 있기 때문이다.

두 번째 권면(3:8a) 역시 중간 연결의 성격을 가지며, 앞(서두에 있는 "그러므로"를 주목하라)과 뒤(8b절의 "왜냐하면"을 주목하라)의 내용과 논리적으로 연결되어 있다. 제3부는 온 세상을 향한 또 다른 심판 선고와 더불어 시작함으로써, 제1부와 제2부의 중심 주제를 계속 이어간다. 그러나 제2부에서 간략하게 소개된 구원의 주제가 중심을 이루면서 분위기가 다르게 나타난다.

파괴자가 다가옴(1:2-6)

야웨의 심판은 인간과 짐승을 포함하는 지표면 전체를 폐허로 만들 것이다. 하늘의 새들과 바다의 물고기들도 멸망당할 것이다. 폐허의 범위는 이곳

---

265) 앗수르는 사실상 유다의 북동쪽에 자리잡고 있지만, 앗수르 군대는 팔레스타인을 북쪽으로부터 침공한다. 이사야 14:31을 보라.

에 언급되어 있는 노아 홍수의 경우에 필적한다(2-3절의 언어를 창 6:7; 7:4, 23의 언어와 비교하라). 이러한 심판은 피조 세계를 정반대 순서로 멸망시키는 것으로 이루어져 있다. 3a절은 인간과 짐승(여섯째 날에 창조됨)에 이어 새들과 물고기들(다섯째 날에 창조됨)에 대해서 언급한다.

3b절의 정확한 의미는 확실치 않다. 히브리어 본문을 문자적으로 읽으면 이렇다: "걸려 넘어지게 하는 것들과 악인들을" 또는 "악인들을 걸려 넘어지게 하는 것들." 한 가지 가능성은 "걸려 넘어지게 하는 것들"이 짐승 모양으로 만들어진 우상들을 가리킬 수도 있다는 점이다. 이것은 왜 심판이 그토록 광범위한 것인지를 설명해준다. 만일에 인간이 계속해서 짐승 우상들을 숭배한다면, 하나님께서는 그러한 우상들의 감화력을 없애버릴 것이다. 여기서 중요한 것은 짐승들이 인간의 죄에 대하여 책임을 지고 있다는 데 있지 않다. 도리어 그것은 우상숭배에 빠진 인간이 창조주께서 결코 허락하지 않는 방식으로 짐승들의 나라를 사용함으로써 그 나라를 오염되게 했다는 데 있다. 또 다른 가능성은 그 히브리어 낱말이 걸려 넘어지게 하는 것들을 가리키기보다는 사람이 사는 성읍들의 "폐허"('카샬'["걸려 넘어지게 하다"] 동사의 사역형)를 가리킬 수도 있다는 점이다. 히브리 성서에서 이 낱말이 나타나는 유일한 다른 본문인 이사야 3:6에서 그것은 폐허로 변해버린 성읍을 가리킨다. 이렇게 본다면, 3b절은 야웨께서 악한 인간에게 심판을 내리심으로써 지상의 성읍들을 폐허로 만드실 것임을 경고하는 메시지라 할 수 있다.

하나님의 심판을 이처럼 우주적인 차원에서 묘사하는 것은 4-6절의 보다 집중적인 심판의 기본 틀을 제공한다. 하나님의 심판은 일차적으로 그를 배척하고 이방 풍습들과 이방 신들을 받아들인 자기 백성을 표적으로 삼을 것이다. 5절의 후반부를 문자적으로 읽으면 이렇다: "경배하며 야웨께 맹세하는 자들과 그들 자신의 왕에 의지하여 맹세하는 자들." 확실히 이것은 두 부류의 상이한 집단(야웨를 충성스럽게 따르는 자들과 우상숭배자들)을 가리키기보다는 야웨와 여기서 "자기들의 왕"으로 언급되는 이방 신을 혼합주의적인 방식으로 섬기는 한 집단을 가리킨다. 이 신의 정체는 확실치 않다. 바알(4절)이나 암몬 족속의 신 밀곰(히브리어 '말캄'["그들의 왕"]은 이 신의 이름을 교묘하게 빗댄 것일 수도 있다), 또는 몰렉(NIV를 보라) 등이 그 주된 후보자들이라 할 수 있다. 이 신들은 요시야의 시대에 널리 알려진 신들이었다. 요시야는 종교개혁을 통하여 이 세 신들의 숭배를 완전히 멸하고자 했다 (왕하 23:4-5, 10, 13을 보라).[266]

야웨의 날이 가까워옴(1:7-18)

이러한 심판 선고에 대한 적절한 반응은 두려움에 사로잡힌 채로 침묵을 지키는 것이다(7a절; 합 2:20을 보라). 왜냐하면 야웨의 심판 권능에 대한 이상의 계시가 곧 성취될 것이기 때문이다. 스바냐는 이처럼 곧 이루어질 하나님의 심판을 "야웨의 날"로 칭한다. 이 표현은 히브리 성서에서 자주 나타난다.[267] 그것이 다양한 사건들에 적용되기는 하지만, 가장 기본적인 의미에서 그것은 야웨께서 자신의 대적들을 심판하기 위하여 세상 속으로 들어오시는 날을 가리킨다. 여기서 그것은 바벨론의 유다 정복(주전 586년)과 전세계적인 차원에서 이루어지는 보다 광범위한 심판 모두를 포함한다. 스바냐는 이 "날"을 희생제사에 비유한다. 왜냐하면 제사장이 희생제물용 짐승을 죽이는 것과 똑같이 야웨께서 자신의 희생물들을 죽이실 것이기 때문이다(7b절). 그 희생물들은 이교의 특징을 나타내는 옷을 입고 있는 왕족의 일원들(8절)과 유다 안에서 사회적인 불의에 대하여 책임을 져야 할 모든 자들(9절)을 포함할 것이다.

후자의 집단은 문자적으로 볼 때 "문턱을 뛰어넘어서 자기 주인들의 집을 폭력과 거짓[으로] 가득 채우는 자들"로 묘사된다. 문턱을 뛰어넘는다는 표현은 이교 풍습을 가리킬 것이다. 사무엘상 5:5에 따르면, 야웨의 궤와 관련된 사건이 있은 후에, 아스돗에 있는 다곤 신전의 블레셋 제사장들은 문턱 밟는

---

266) NIV와는 대조적으로 열왕기하 23:13의 히브리어 본문은 몰렉(10절에서 언급되는)이 아니라 "밀곰"으로 읽는다.

267) 이사야 13장에 대한 필자의 설명을 보라. 이 구절의 기원과 용례에 대한 연구를 위해서는 다음을 보라: Gerhard von Rad, "The Origin of the Concept of the Day of the Lord," *JSS* 4 (1959): 97-108; A. J. Everson, "The Days of the Yahweh," *JBL* 93 (1974): 329-37; Douglas Stuart, "The Sovereign's Day of Conquest," *BASOR* 220/221 (December 1975-February 1976): 159-64.

것을 금한다. 다른 이들은 이처럼 문턱 밟는 것을 피하는 행동이 문턱 가까이에는 귀신들이 살고 있다는 보편적인 이교 신앙을 반영하고 있다고 본다. 또 다른 견해에 의하면, 이 진술은 이 압제자들이 희생자들의 집에 갑자기 들어서는 모습을 보여주거나, 아니면 그들이 폭력과 거짓으로 탈취한 부를 가지고서 집으로 돌아올 때 진지한 모습으로 돌아오는 것을 보여준다. 이 진술의 후반부에 있는 "자기 주인들"이 누구를 가리키는지는 확실치 않다. 이 구절은 이방 신들을 염두에 두고 있는 것일 수도 있지만(NIV를 보라), 그 압제자들에게 폭력과 거짓의 사명을 안겨주어 보내는 자들을 가리킬 가능성이 더 높은 편이다. 만일에 복수형이 위엄을 나타내는 것으로 이해된다면, 왕이나 고위 관리를 염두에 둔 것일 수도 있다.

야웨의 심판은 부자들에게서 불법적으로 얻은 그들의 재물을 빼앗을 것이다. 그로 인하여 특히 왕실 관리들의 압제적인 사회경제 정책에 편승하던 상인들의 대대적인 울음소리와 울부짖음이 터져 나올 것이다(10-13절). 많은 사람들이 야웨께서 멀리 떨어져서 자기들에게 이루어지는 일들에 전혀 무관심한 채로 계신다고 생각하면서 자기 만족감에 빠져 있다. 야웨께서는 그들을 너무 오랫동안 두껍게 침전되어 있어서 달콤한 맛이 나는 포도주에 비유하신다. 이와 마찬가지로 그들은 자기들의 생활 방식에 익숙해진 탓에 하나님의 기준에 맞추어 공동체를 개혁하기를 꺼려한다. 그러나 야웨께서는 이 실제적인 무신론자들이 어디로 숨으려고 하든 끝까지 그들을 쫓아감으로써 그들에게 따끔한 교훈을 주실 것이다. 이와 관련하여 그는 자신을 등불을 들고서 자기들이 찾고자 하는 목표물을 찾으려고 모든 어두운 구석과 골목길을 뒤지는 자들에 비유하신다.

예언자는 다시금 이 심판의 날이 얼마나 가까이 와있는지를 강조한다(14a절). 이 날이 오면 심판에 희생될 자들의 두려움에 사로잡힌 울음소리가 전사들의 전쟁 함성과 뒤섞일 것이다(14b절). 그 날은 공포와 패망과 어둠과 전쟁소리 등을 특징으로 갖는 하나님의 진노의 날로 묘사된다(15-16절). 공포에 사로잡힌 죄인들은 맹인처럼 비틀거릴 것이요, 칼에 맞아 쓰러질 것이다. 그로 인하여 땅은 그들의 피로 젖을 것이요, 그들의 내장으로 더럽혀질 것이다(17절). 그들은 자기들의 부로 야웨를 매수하지 못할 것이다. 왜냐하면 그의 진노가 온 세상을 불로 태울 것이기 때문이다(18절).

심판을 준비하라(2:1-3)

예언자는 여기서 야웨의 날에 대한 묘사를 중단하고서 하나님의 백성을 향하여 권면의 말씀을 전한다. 그 권면의 첫 번째 부분은 범죄한 나라 전체를 겨냥하고 있다(1-2절). 그는 그들에게 심판의 날이 오기 전에 불쏘시개처럼 한데 모일 것을 촉구한다.[268] 이 표상은 그들이 불에 탈 것임을 상징적으로 보여준다. 야웨의 불 같은 심판은 그들을 불사를 것이다(1:18을 보라).[269]

그 권면의 두 번째 부분은 신실하게 야웨를 따르는 유다 사람들을 겨냥하고 있다(3절). 예언자는 그들에게 겸손하게 야웨께 순종할 것을 촉구한다. 만일에 그들이 그렇게 한다면, 그들은 다가오는 심판의 날에 피난처를 찾을 수 있을 것이다. "혹시"라는 대수롭지 않은 낱말의 삽입은 다소 당혹스러운 것이다. 우리는 야웨께서 하박국에게 주신 보증의 말씀(합 2:4b)에 기초하여, 그리고 예언자가 발한 신뢰의 고백(합 3:16-19)에 기초하여, 야웨께서 신실한 자들을 확실하게 심판으로부터 건져주실 것임을 기대할 수 있을 것이다. 그러나 스바냐의 "혹시"는, 경건한 자들이 설령 하나님의 충만한 진노로부터 살아남는다 해도, 그들이 죄인들의 공동체 안에서 살고 있는 까닭에, 심판의 결과를 어느 정도 맛보게 될 것임을 상기시켜준다. 하박국조차도 강한 확신을 가지고 있음에도 불구하고 굶주림을 겪게 될 것임을 예상하고 있다(합 3:17). 물론 스바냐가 수사학적인 효과를 노리기 위하여 "혹시"를 삽입한 것일 수도 있다. 만일에 경건한 자들조차도 살아남는다는 것을 절대적으로 보증받지 못한다면, 그것이 불경건한 자들에게는 무엇을 뜻하겠는가? 그들은 참으로 불에 타기를 기다리는 불쏘시개 같을 것이다(1-2절을 보라).

---

268) 여기에 사용된 히브리어 동사는 "밀짚"을 뜻하는 명사로부터 비롯된 것으로서, "그루터기나 불쏘시개를 모으다"는 개념을 표현하고 있다: Roberts, *Nahum, Habakkuk, and Zephaniah*, 186.

269) Adele Berlin, *Zephaniah*, AB (New York: Abingdon, 1994), 96.

대대적인 파괴(2:4-15)

예언자는 이어서 하나님의 심판이 네 방위를 대표하는 다양한 나라들에 임할 것임을 묘사한다. 서쪽의 경우, 블레셋의 네 주요 도시들이 사람이 살지 못하는 폐허로 변할 것이요, 심판에서 살아남은 유다 사람들에 의해 초장으로 사용될 것이다(5-7절). 동쪽의 경우에는, 롯이 딸들과 근친 성관계를 맺음으로써 생겨난 모압 자손과 암몬 자손(창 19:30-38을 보라)이 멸망당할 것이다(8-11절). 그들이 유다를 위협하고 모욕한 까닭에, 야웨께서는 그들을 소돔과 고모라와 같게 만드실 것이요, 그들의 영토를 자기 백성의 남은 자들에게 넘겨주실 것이다. 그런데 소돔과 고모라에 대한 언급은 매우 아이러니컬한 것이다. 왜냐하면 모압과 암몬은 롯이 이 옛 도시들의 멸망을 피하여 살아남은 자임을 상기시켜주기 때문이다. 그러나 이제는 그 심판이 롯을 따라잡을 것이다. 남쪽의 경우에는, 에티오피아의 거주민인 구스 사람들이 칼에 맞아 쓰러질 것이다(12절). 그리고 북쪽의 경우에는, 앗수르의 주요 도시들 중의 하나인 교만한 니느웨가 풀을 뜯어 먹는 양 떼와 들짐승들이 거주하는 돌무더기로 변할 것이다(13-15절).

이 부분은 심판의 주제가 중심을 이루고 있음에도 불구하고, 그 어두운 구름 속에 환하게 빛나는 부분을 더불어 가지고 있다. 7b절의 언어는 3b절보다 훨씬 더 희망적인 분위기를 가지고 있다. 왜냐하면 그것은 야웨께서 유다의 남은 자들을 돌보시고 그들의 운명을 회복시키실 것이라고 묘사하기 때문이다. 그는 이전에 블레셋(7a절)과 모압/암몬 사람들(9b절; 사 11:14를 보라)이 차지하고 있던 땅을 자기 백성에게 주실 것이다. 11b절은 멀리 떨어져 있는 나라들이 심판을 겪고 난 후에 야웨께 예배드리기 위해 올 것임을 예고한다. 이 가물거리는 희망의 빛은 다음 장에서 구원의 밝은 빛줄기로 터져 나온다.

예루살렘의 장례식(3:1-7)

사람들은 처음에는 3장 서두의 재앙 신탁이 니느웨를 향한 심판 선고를 계속 잇고 있다고 생각할 수도 있을 것이다(2:13-15를 보라). 아마도 1절에 언급된 성읍은 "염려 없는 성읍"과 동일할 것이다(니느웨, 2:15). 그러나 사람들은 상황이 그렇지 않음을 금방 알게 된다. 압제적이고 반항적인 성읍은 야웨를 멸시한 거주민들이 살고 있는 예루살렘일 수밖에 없다(2절). 예루살렘의 지도층은 철저하게 부패한 자들이다. 탐욕스런 사자들과 늑대들에 비유되는 그 관리들은 약하고 가난한 자들을 착취하며(3절), 예언자들은 교만하고 거짓을 좋아한다(4a절). 그리고 제사장들은 하나님의 성전을 더럽히고 그의 율법을 깨뜨린다(4b절). 성전 안에 계시는 야웨께서는 정의를 요구하시지만, 그 성읍의 지도자들은 뻔뻔스럽게도 야웨의 정의로운 기준들을 왜곡시킨다(5절). 다른 나라들에 임할 야웨의 심판은 예루살렘에도 영향을 줄 것임에 틀림이 없다. 그럼으로써 예루살렘으로 하여금 그가 죄악을 적절하게 보응하시는 분임을 확신케 할 것이다. 그러나 그것은 예루살렘에 아무런 영향도 주지 못한다. 예루살렘 사람들이 계속해서 그들의 불의한 길을 고집했기 때문이다(6-7절).

이처럼 긴 고발을 따라가다 보면 사람들은 이 재앙 신탁이 공식적인 심판 선고로 마무리될 것이라고 기대한다. 8절 서두에 있는 "그러므로"라는 낱말이 그러한 중간 연결 역할을 할 것으로 여겨지지만, 여기서 다시금(위의 3:1에 대한 필자의 설명을 보라) 우리는 놀라게 된다. 심판 선고 대신에 야웨께서는 정체가 밝혀지지 않은 한 집단을 향하여 자기를 "기다리라"고 지시하신다. 그 까닭은 앞서 선포되고 묘사된 전 세계적인 심판(특히 1-2장을 보라)이 곧 임할 것이기 때문이다. 여기서 야웨께서는 자기를 따르며 순종하는 자들에게 말씀하시는 것으로 보인다. 앞선 권고의 말씀에서 그는 그들에게 말씀하신 바가 있으며(2:3을 보라), 이곳의 메시지 직후에 그들을 3인칭으로 칭하시기도 한다(3:12를 보라).[270] "기다리라"는 권면은 여기서 긍정적인 의미를 가지고 있다. 그것은 여기서 "믿음을 가지고서 기다리라"는 뜻을 가지고서 나타난다(시 33:20; 사 8:17; 30:18; 64:4; 합 2:3을 보라). 이처럼 희망에 찬 기대는 하나님의 백성으로 하여금 다가올 시련의 때, 곧 하나님의 진노가 세상 나라들에게 임할 때를 잘 이겨내게 할 것이다.

---

270) 3:8의 "기다리라"는 권면은 히브리어 본문에 2인칭 남성 복수형으로 되어 있다. 2:3에 사용된 동사 형태들처럼 말이다. 이러한 형태는 의인화된 예루살렘을 향하여 말하는 3:11-19의 2인칭 여성 단수형과 구별된다.

행복한 앞날(3:9-20)

경건한 자들의 믿음은 보상을 받을 것이다. 왜냐하면 야웨의 심판은 정결케 하는 효과를 가져올·것이요, 그 후에는 열방과 예루살렘 모두를 위한 구원의 때가 올 것이기 때문이다. 야웨께서는 이미 2:11b에 언급된 주제를 발전시켜, "여러 백성의 입술을 깨끗하게" 하고 그들로 하여금 야웨를 섬기면서 한 목소리로 그를 찬송하게 할 때를 기다리신다(9-10절). 이 예언은 세상 사람들이 다시금 한 언어를 말할 때가 올 것이라고 묘사한다. 그것은 하나님께서 사람들의 언어를 혼합케 함으로써 그들을 지상에 흩으셨던 바벨탑 사건이 뒤집어질 것이라고 본다. 당시에는 "온 세상이 하나의 언어[문자적으로는 "하나의 입술"]와 공통된 말을 가지고 있었다"(창 11:1; 참조. 6절). 그러나 야웨께서는 "온 세상의 언어[문자적으로는 "입술"]를 혼잡하게 하셨다"(창 11:9). 그러나 스바냐 3:9에 묘사된 종말의 날이 되면, 야웨께서는 사람들에게 "정결케 된 입술"을 주실 것이다. "입술"이라는 낱말이 언어를 가리키는 것으로 나오는 스바냐 3:9의 용례는 바벨탑 사건을 연상시킨다. 그리고 '베루라'("정결케 된")라는 낱말은 창세기 11장에 사용된 '발랄'("혼잡케 하다")이라는 동사와 비슷한 음을 가지고 있다. 사람들이 "흩어졌다"(10절)는 표현 역시 바벨탑 사건을 가리킨다. 왜냐하면 여기에 사용된 낱말이 창세기 11장에서는 야웨께서 사람들을 어떻게 "흩으셨는지"를 설명하는 데 세 번씩이나 사용되고 있기 때문이다(4, 8-9절). 바벨 지역에 모인 반항적인 사람들은 하늘에 닿는 탑을 쌓기 위해 힘을 모았다. 그들은 언어가 혼잡케 되고 온 땅 위에 흩어짐으로써 벌을 받았다. 앞으로 올 시대에 그들은 흩어져 살던 먼 땅들로부터 고국으로 돌아올 것이요("어깨를 나란히 하여," 습 3:9), 한때 자기들이 거역하였던 야웨를 통일된 언어로 섬길 것이다.

야웨께서는 이어서 의인화된 예루살렘을 향하여 방향을 돌리신 다음, 그 성읍이 회복될 것임을 보증하신다.[271] 11-19절의 주제들은 교차대구 형식으로 정리되어 있다:

---

271) 11-19절의 2인칭 대명사와 동사 형태들은 히브리어 본문에서 2인칭 여성 단수로 나타난다.

A 예루살렘의 수치가 제거될 것이다(11a절)
　B 야웨께서 남은 자들을 보존하시고 지켜주실 것이다(11b-13절)
　　C 예루살렘은 야웨의 구원에 대하여 기뻐할 것을 요청받는다
　　(14-15절)
　　C' 예루살렘은 야웨의 구원 임재를 낙으로 삼을 것을 요청받는다
　　(16-17절)
　B' 야웨께서 남은 자들을 회복시키실 것이다(18-19a절)
A' 예루살렘의 수치가 제거될 것이다(19b절).

14-17절에서는 몇몇 핵심 용어들과 구절들이 교차대구 형태로 나타난다:

A 노래(14a절)
　B 기뻐하라(14b절)
　　C 그가 네 원수를 쫓아내셨다(15a절)
　　　D 야웨께서 너와 함께 하신다(15b절)
　　　　E 네가 다시는 두려워하지 않을 것이다(15c절)
　　　　E' 두려워하지 말라(16b절)
　　　D' 야웨께서 너와 함께 하신다(17a절)
　　C' 그는 구원을 베풀 수 있는 힘을 가지고 있다(17b절)[272]
　B' 그는 너를 기뻐하시고 반기신다(17c절)[273]
A' 그는 노래하면서 너를 기뻐하신다(17d절).

그는 "네 가운데서 교만하여 자랑하는 자들"로 불리는 예루살렘의 범죄한
백성을 제거하시고, 경건한 자들로 하여금 그 성읍을 가득 채우게 하실 것이

---

272) C요소가 C항목의 낱말이나 어구를 하나도 되풀이하고 있지는 않지만, 그 주제
는 밀접하게 관련되어 있다. 원수를 쫓아내시는 하나님은 자신이 구원을 베풀 힘을 가지
고 있음을 입증하신다.

273) NIV는 이 구절을 "그는 너를 크게 기뻐하신다"로 번역하지만, 히브리어 본문을
문자적으로 읽으면 이렇다: "그는 너를 반기시며 너로 인하여 기뻐하신다."

다. 야웨께서는 이 남은 자들을 지켜주실 것이요, 이전 시대의 교만한 범죄자들과는 대조적으로 예루살렘은 야웨의 구원으로 인하여(참조. 15절) "기뻐할" 것이다(14절). 저는 자들과 흩어진 양 떼에 비유되는 귀향민들은 그 성읍으로 돌아와서 기뻐할 것이요, 경건한 자들과 함께 살 것이다. 스바냐서는 명성과 칭찬을 약속받은 이 포로민들에게 보증의 말씀을 전해줌으로써 끝을 맺는다(20절).[274]

새 시대의 여명(학개)

서론

학개는 다리오 왕 제2년인 주전 520년에 예언활동을 한 사람이다(학 1:1을 보라). 학개서는 다섯 개의 메시지들을 담고 있는 바, 그 중 네 개는 구체적인 날짜를 가지고서 나타난다:[275]

첫 번째 메시지(1:1-11)	여섯째 달 초하루 = 8월 29일
두 번째 메시지(1:13)	여섯째 달 초하루와 24일 사이의 한 시점 = 8월 29일-9월 21일
세 번째 메시지(2:1-9)	일곱째 달 21일 = 10월 17일
네 번째 메시지(2:10-19)	아홉째 달 24일 = 12월 18일
다섯 번째 메시지(2:20-23)	아홉째 달 24일 = 12월 18일

주전 520년에 한 무리의 포로민들이 당시에 페르시아의 한 지방이던 유다

---

274) 20절의 2인칭 대명사들은 히브리어 본문에서 남성 복수형으로 나타난다. 이는 예언의 말씀이 의인화된 예루살렘으로부터(11-19절을 보라) 포로민들에게 옮겨가고 있음을 암시한다.

275) 그 날짜들에 대해서는 다음을 보라: Carol L. Meyers and Eric M. Meyers, *Haggai, Zechariah 1-8*, AB (Garden City, N.Y.: Doubleday, 1987), xlvi.

지역으로 돌아왔다. 주전 536년에 시작된 성전 재건(스 3:8-13; 5:16)은 16년 동안이나 중단되었다. 그동안에 사람들은 번영을 누리지 못했다. 학개는 그들의 태만과 잘못된 우선순위를 지적한다. 그의 메시지에 응답하여 그들은 성전 재건 공사를 다시 시작한다(1:12, 14-15). 학개는 그들에게 하나님의 영광이 성전을 가득 채우고 다윗 왕조가 전례 없이 높임 받게 될 새로운 시대가 올 것임을 약속한다.

잘못된 우선순위(1:1-12)

주전 536년에 귀향 공동체는 적대감을 가지고 있던 주변 사람들의 압박으로 인하여(스 4:1-5, 24) 성전 공사를 중단하고 말았다. 성전 공사를 완료하기에 적절한 때가 아니라는 핑계를 대면서 말이다(2절). 그런데도 그들은 자신들을 위해서는 좋은 집을 짓고 살았다. 야웨께서는 그들의 우선순위가 잘못되었음을 지적하신다(3-4절). 그는 또한 그들이 성전을 소홀히 여긴 결과 경제적인 난관이 닥쳐왔다는 점을 지적하신다(5-11절). 그들이 농작물 재배에 힘을 다했는데도 불구하고 수확량이 적었다. 야웨께서 그 땅에 기근을 내리셨기 때문이다. 아이러니컬하게도 "기근"으로 번역된 히브리어 낱말(11절, '호랍')은 폐허가 된 성전의 상태를 묘사하는 데 사용된 낱말과 음이 비슷하다(NIV는 4, 9절의 히브리어 '하렙'을 "폐허"로 번역함). 그들의 밭이 처해 있는 상황은 성전의 상황을 그대로 반영하는 것이었다.

그러나 만일에 그들이 성전 공사를 재개한다면, 이 모든 것이 바뀔 수가 있다. 학개는 여기서 다시금 수사학적인 효과를 얻기 위하여 말놀이를 사용한다. 사람들은 거의 "수확을 하지"(6절; 문자적으로는 "오게 하다"; 히브리어로는 '보') 못했으며, 집으로 "가져간"(9절; 다시금 히브리어 '보'가 쓰임) 것들을 다 잃어버리고 말았다. 만일에 그들이 산에 올라가서 나무를 "가져다가"(8절; 히브리어 '보'가 한 번 더 쓰임) 성전을 짓는다면, 이러한 상황은 역전될 것이다. 사람들은 학개의 메시지에 긍정적인 반응을 보인다(12절). 총독 스룹바벨과 대제사장 여호수아의 인도함을 받은 그들은 학개의 메시지에 순종하여 나무를 확보한다.[276]

격려의 말(1:13-15)

사람들의 긍정적인 반응을 기뻐하신 야웨께서는 그들을 지켜주시고 그들과 함께 하겠다는 약속을 주신다(13절). 그는 또한 스룹바벨과 여호수아와 백성들을 "감동시켜" 성전 공사를 시작하게 하신다(14절). 그 공사는 9월 21일에 재개된다(15절). "마음을 감동시킨다"(14절)는 표현은 야웨께서 성전 재건 칙령이 내려지기 수년 전에 어떻게 고레스를 움직이셨는지를 묘사하는 데 사용되는 것(대하 36:22-23)과 동일한 것이다. 이처럼 야웨께서 자신의 뜻을 이루기 위해 인간의 마음을 움직이신다는 설명은 확실히 그의 주권을 입증하는 것이다. 그러나 한 가지 주목할 것은 학개 1:14에 묘사되어 있는 하나님의 초자연적인 행동이 성전 공사 재개를 촉구하는 메시지에 대한 백성의 반응에 이어서 나타나고, 또 그들의 순종적인 반응에 의해 구체화된다는 점이다. 하나님의 요구-인간의 반응(순종)-하나님의 응답(보증과 권능 부여)이라는 구조는 시사하는 바가 있다. 하나님은 여기서 백성을 마치 꼭두각시처럼 마음대로 조종하는 분으로 묘사되기보다는 순종하는 자에게 상급을 주시는 주권적인 왕으로 묘사된다.

다가올 영광(2:1-9)

백성이 성전 공사를 재개한 지 한 달 후인 10월 17일에 야웨께서는 다시금 그들에게 말씀하신다(1-2절). 66년 전에 파괴된 솔로몬 성전의 장엄함을 기억할 만큼 나이든 사람들은 재건된 성전을 바라보았을 때 확실히 낙심에 빠져들었다. 솔로몬 성전의 영화로움에 비교할 때 재건된 성전은 아무것도 아닌 것처럼 보였음에 틀림이 없다(3절). 그러나 야웨께서는 백성이나 그들의 지도자들이 그러한 비교를 통하여 낙심에 빠지는 것을 원치 않으셨다. 그들과 함께 하겠다는 약속을 주신 그는 그들에게 계약 백성으로서의 유산을 상

---

276) 15절이 건축 공사가 사실상 학개가 첫 번째 메시지를 선포한 지 24일째 되는 날에 시작했음을 암시하고 있는 것으로 보아, 12절은 건축 공사에 필요한 목재를 확보하는 작업을 가리키고 있음에 틀림이 없다.

기시키신다. 그의 영이 모세의 세대와 함께 하였던 것처럼 포로기 이후 시대의 공동체와도 함께 할 것이다(4-5절). 그들은 과거와 미래를 연결짓는 역할을 수행한다. 머지않아 야웨께서는 세계 질서를 무너뜨리실 것이요, 그 성전을 세계적인 평화의 나라의 중심이 되게 하실 것이다(6-9절). 세상 모든 나라들은 야웨께 조공을 바칠 것이요, 그 성전의 영광은 솔로몬 성전의 영광을 넘어설 것이다.

어떤 이들은 "모든 나라의 보배가 이르리니"라는 진술을 메시야적인 예언으로 이해한다. 그러나 이러한 해석은 그럴듯해 보이지 않는다. "올 것이다"라는 동사는 히브리어 본문에서 복수형으로 되어 있다. 이는 주어가 문법적으로 볼 때 복수임을 암시한다. 이 때문에 여성 단수 형태인 '헴다트'("보배로운 [것]")는 집합명사로 보거나, 복수 명사를 사용하고 있는 70인역을 따라서 '하무도트'("보배로운 [것들]")로 바꾸어 읽어야 할 것이다. 이 "보배로운 것들"은 8절에서 열방의 은과 금을 가리킨다(사 60:5-9; 슥 14:14도 보라).[277]

어떤 이들은 이 예언이 헤롯의 제2성전 확장 공사에 의해서 성취되었다거나 예수의 성전 출현에 의해 성취되었다고 보지만, 그 성취가 하나님께서 열방을 뒤엎으시고 지상에 자신의 통치를 확립시키시는 미래의 시대를 기다리고 있다고 보는 것이 더 타당할 것이다(6-7a절). 물론 이러한 해석에는 문제가 있다. 왜냐하면 제2성전이 주후 70년에 파괴되었기 때문이다. 그러나 중요한 것은 3절("이 성전의 이전 영광"이라는 표현을 주목하라)이 솔로몬 성전과 제2성전을 별도의 구조물로 보기보다는 하나의 구조물로 보고 있다는 점이다. 이와 마찬가지로 미래의 성전은 이 역사적인 성전의 후기 단계로 간주될 수도 있을 것이다.

그러나 우리가 논의해야 할 더 어려운 문제가 하나 있다. 이상의 모든 제안들은 학개의 시대로부터 오랜 세월이 지난 후에야 비로소 예언이 성취될

---

277) 이 문제에 관한 보다 상세한 논의를 위해서는 다음을 보라: Pieter A. Verhoef, *Haggai and Malachi*, NICOT (Grand Rapids: Eerdmans, 1987), 103-4; David L. Petersen, *Haggai and Zechariah 1-8*, OTL (Philadelphia: Westminster, 1984), 67-68.

것이라고 본다. "조금 있으면"이라는 표현이 이 예언의 보다 가까운 성취를 암시하고 있기는 하지만 말이다(6절).[278] 그러나 여기에 예언된 사건들은 포로기 이후 시대나 그 후의 유대인 역사에서 한 번도 구체화된 적이 없다. 학개의 시대는 더 말할 것도 없고 말이다. 그렇다면 과연 예언이 실패한 것일까? 예언자의 말들은 희망사항일 뿐인가? 어떤 이들은 그렇게 생각한다. 그러나 예언의 순전함을 지킬 수 있는 더 나은 설명이 있다. 이곳의 언어는 전형적인 것이요, 상황에 맞추어 변형된 언어일 것이다. 아마도 예언자는 포로기 이후의 공동체로 하여금 궁극적인 실재를 시각화할 수 있도록 그들이 눈으로 볼 수 있는 것들을 자신의 예언에 사용하고자 했을 것이다(재건된 성전과 총독 스룹바벨; 20-23절). 아마도 더 설득력 있는 또 다른 견해는 이 예언을 액면 그대로 받아들이되, 그 성취가 처음부터 불확정적인 것임을 암시한다고 본다. 야웨께서는 그 예언이 가까운 미래에 성취되기를 원하셨지만, 포로기 이후 공동체 안에서 이루어지는 그 후의 상황 전개는 그 성취를 더욱 먼 미래로 밀쳐놓았을 것이요, 문자적으로 이루어질 수 있는 현실을 원형에 해당하는 것들로 변형시켰을 것이다.[279]

278) 이 표현의 정확한 의미는 알 길이 없다. 히브리어 본문을 문자적으로 읽으면 이렇다: "아직 한 번 더, 조금 있어야 한다." 이러한 문장 구조는 히브리 성서의 어느 곳에서도 나타나지 않는다. 그것은 두 개의 변형 형태가 결합한 것일 수도 있다: (a) "아직 조금 있어야 한다"(히브리어로 '오드 메아트 히'; '아하트'가 생략됨); (b) "그러나 마지막으로"(히브리어로는 '오드 아하트'; '메아트 히'가 생략됨). 이 둘 중 첫 번째 것은 땅이 진동하는 등의 일들이 곧 이루어질 것임을 의미할 것이다. "아직 조금"이라는 관용어(히브리어로는 '오드 메아트')는 출애굽기 17:4; 시편 37:10; 이사야 10:25; 29:17; 예레미야 51:33; 호세아 1:4 등에서 "금방, 곧, 거의"라는 뜻을 가지고 있다. 두 번째 진술은 그 다음에 이어지는 내용과 결합함으로써 다음과 같이 읽힐 것이다: "그러나 마지막으로 … 진동시킬 것이다." '아하트'라는 낱말은 시편 89:36에서 이러한 의미를 전달하고 있다. 만일에 우리가 이러한 본문 읽기를 따르고자 한다면, 그 예언은 전통적인 번역이 암시하는 것처럼 금방 이루어지는 것으로 보기 어려울 것이다.

279) 이와 관련하여 이사야 55장이 어떤 방식으로 포로 공동체에게 야웨와 더불어 맺은 계약을 갱신하고 그의 복을 맛볼 기회를 제공하고 있는지를 주목하라. 이사야 40-55장에 있는 몇몇 본문들은 포로 귀향을 하나님의 복과 평화가 주어지는 새 시대의 개막으로 묘사하고 있는 것으로 보인다. 그러나 그 환상은 이런 식으로 구체화되지 않는다. 왜

준비 중인 복(2:10-19)

백성이 성전 재건을 시작한 지 3개월 정도 후인 12월 18일에 야웨께서는 새로운 복을 약속하심으로써 그들을 독려하신다(10절). 그는 의례법에서 비롯된 한 사례를 이야기의 서두로 활용하신다. 모세 시대의 의례법에 따르면, 거룩하게 바쳐진 고기를 싼 옷은 그 고기로 인하여 거룩하게 된다(레 6:27). 그러나 거룩함은 그 옷으로부터 그것과 접촉한 다른 물건에게로 옮겨가지 않는다(11-12절). 제의적인 부정함은 이와는 다르게 적용된다. 만일에 어떤 사람이 제의적으로 시체와 같은 부정한 것과 접촉했다면, 그는 부정해지게 되고 자신의 부정함을 자신과 접촉한 다른 것에게 옮긴다(13절; 참조. 민 19:22). 이와 마찬가지로 포로기 이후 공동체는 잘못된 우선순위로 인하여(1 장을 보라) 야웨 보시기에 영적으로 부정한 상태가 된다. 이 때문에 그들의 행동과 제물도 역시 부정해져서 야웨 앞에 받아들여질 수 없는 것이 된다(14 절). 이에 대한 증거로 그들은 단지 성전 공사를 시작하기 전에 어떤 일이 벌어졌는지를 생각해 보기만 하면 된다. 야웨께서 질병과 우박으로 그들의 농작물을 치신 까닭에 그들의 밭은 수확을 조금밖에 하지 못했다(15-17절). 그러나 이 모든 일들이 변할 것이다. 과거의 농사 실패가 현재 그들에게 씨나 열매가 전혀 없다는 것을 뜻하기는 하지만, 야웨께서는 그들이 성전 공사를 다시 시작했기 때문에 그들에게 복을 주실 것이다(18-19절).

15-19절의 문학적인 구조는 첫눈에 보기에도 다소 혼란스러운 데가 있는 것으로 보인다. 그 논지는 다음과 같이 개관하는 것이 가장 좋을 것이다:[280]

15a절: "이제 원하건대 너희는 오늘부터

냐하면 포로 공동체 전체는 하나님의 약속을 제대로 이해하지 못했고, 이사야 56-66장에 예견된 포로기 이후 공동체는 하나님의 기준들을 미치지 못했기 때문이다. 요엘 2:28-32의 성취에 대한 우리의 논의와 관련하여, 베드로가 유대인들에게 보여준 하나님 나라의 모습(행 2-4장을 보라)에 대한 필자의 설명을 보라.

280) 아래의 번역은 NIV에 기초한 것이다. 그러나 야웨의 주장에 담긴 논리에 대한 필자의 해석을 반영하여 약간의 변화를 주었다.

15b-17절: 이전, 곧 야웨의 전에 돌이 돌 위에 놓이지 아니하였던 때를
기억하라. 그때에는 이십 고르 곡식 더미에 이른즉 십 고르 뿐이었고,
포도즙 틀에 오십 고르를 길으러 이른즉 이십 고르 뿐이었었느니라.
만군의 야웨가 말하노라. '내가 너희 손으로 지은 모든 일에 곡식을 마
르게 하는 재앙과 깜부기 재앙과 우박으로 쳤으나 너희가 내게로 돌이
키지 아니하였느니라.'
18a절: '너희는 오늘 이전을 기억하라.
18b-19a절: 아홉째 달 이십사일, 곧 야웨의 성전 지대를 쌓던 날부터 기
억하여 보라. 곡식 종자가 아직도 창고에 있느냐? 포도나무, 무화과나
무, 석류나무, 감람나무에 열매가 맺지 못하였느니라.
19b절: 그러나 오늘부터는 내가 너희에게 복을 주리라.'"

15b-17절은 삽입된 본문에 해당한다. 15a절에서 시작된 생각을 마무리하
기에 앞서 야웨께서는 백성에게 성전 재건 이전 시대를 특징짓는 농사 실패
에 대해 생각해볼 것을 촉구하신다. 18a절에서 야웨께서는 15a절에서 시작
된 생각을 다시 간단하게 언급하지만, 다시금 백성의 생각을 과거로 돌리신
다. 18b-19a절에서 그는 그들에게 지난 16년 동안("야웨의 성전 지대를 쌓던
날부터") 어떤 일이 벌어졌는지를 생각할 것을 촉구한다. 그 시기는 씨와 열
매가 없다는 특징을 가지고 있다. 마지막으로 19b절에서 야웨께서는 15a절
에서 시작되고 18a절에서 재개된 진술을 마무리하신다. 과거와 미래를 서로
대조하기 위한 무대를 마련하신 야웨께서는 "오늘부터"(12월 18일부터) 자기
백성에게 복을 주겠다고 선언하신다.[281]

---

281) 앞선 해석에서 살핀 바와 같이, "야웨의 성전 지대를 쌓던 날"(18절)은 성전의 기
초를 놓던 날(주전 536년)을 가리키는 것으로 이해된다. 에스라 3:8-13이 이러한 이해
를 뒷받침한다. 그러나 다른 이들은 18절을 주전 520년 12월 18일의 준공식을 가리키는
것으로 이해하고자 한다: Meyers and Meyers, *Haggai, Zechariah 1-8*, 63-64;
Petersen, *Haggai and Zechariah 1-8*, 93. 스가랴 8:9은 그러한 준공식을 가리킬 수
도 있다.

야웨의 옥새 반지(2:20-23)

학개는 12월 18일에 이번에는 유다의 총독이요 다윗 왕의 후손인(대상 3:18-19; 마 1:12) 스룹바벨을 위해 두 번째 메시지를 선포한다. 다시금 그는 세계 질서를 무너뜨리겠다는 그의 의도를 선포한다(21절; 6절을 보라). 야웨께서는 지상의 높고 강한 나라들을 낮추실 것이요, 그들의 군사력을 산산이 부술 것이다(22절). 그때가 되면 그는 자신이 선택한 지도자인 스룹바벨을 크게 높이실 것이다(23절). 스룹바벨 총독은 이를테면 야웨의 옥새 반지가 될 것이다. 고대 근동 지역에서 왕의 옥새 반지는 왕의 인장을 포함하고 있었으며, 왕의 문서들과 칙령들을 정당화시키는 데 사용되었다(왕상 21:8; 에 8:8, 10). 이와 마찬가지로 스룹바벨은 야웨의 지상 대표자로 그 권위를 인정받을 것이다. 이 약속은 스룹바벨의 조부인 여호야긴을 향하여 선포된 심판 메시지(렘 22:24-30을 보라)를 뒤집어엎고 있으며, 다윗 왕조를 위한 희망을 되살리고 있다.

그러나 이 예언은 결코 성취되지 않는다. 하나님께서는 스룹바벨의 시대에 세상 나라들을 뒤엎지 않으셨으며, 스룹바벨 총독도 하나님을 위하여 통치하는 위대한 왕이 되지 못했다. 이 예언은 과연 실패한 것일까? 재건된 성전의 경우와 마찬가지로(2:1-9를 보라), 스룹바벨은 다윗의 후손일 이상적인 다윗계 왕의 한 전형일 수도 있다. 이렇게 본다면, 예언자는 백성으로 하여금 궁극적인 실재를 시각화할 수 있도록 돕기 위하여 재건된 성전뿐만 아니라 스룹바벨 총독을 사용한 것이 된다.

아마도 이 예언은 액면 그대로 받아들여지되, 암묵적으로 우연의 요소가 추가되었을 것이다. 야웨께서는 스룹바벨의 시대에 다윗 왕좌의 영광이 회복되기를 원하셨지만, 포로기 이후 공동체 안에서 이루어지는 그 후의 상황 전개는 그 성취를 연기시켰을 것이요, 그럼으로써 스룹바벨은 다가올 위대한 왕의 한 전형으로 변형시켰을 것이다.

시온과 그 지도자들을 회복시키심(스가랴)

서론

스가랴는 같은 시대 사람인 학개와 마찬가지로 포로기 이후 시대 초기에
활동한 사람이다. 처음 여덟 개의 장들은 주전 520-518년 사이의 것으로 추
정되는 세 개의 메시지들을 포함하고 있다.[282] 그 구체적인 날짜들은 다음과
같다:

첫 번째 메시지(1:1-6)	제2년 8월 = 주전 520년 10-11월
두 번째 메시지(1:7-6:15)	제2년 11월 24일 = 주전 519년 2월 15일
세 번째 메시지(7:1-8:23)	제4년 9월 4일 = 주전 518년 12월 7일[283]

이 책의 마지막 장들에 있는 두 개의 신탁(9-11장과 12-14장)은 날짜가
밝혀져 있지 않다. 현대 학자들은 스가랴가 이 장들을 기록하지 않았다는 데
의견의 일치를 보이고 있다. 이 장들은 흔히 익명의 "제2스가랴"가 기록한
것으로 여겨지고 있다.[284] 한편으로 보면, 9-14장의 일부는 포로기 이전 시대
의 배경을 반영하고 있는 것으로 보인다. 예로써 이집트와 앗수르는 하나님
의 백성의 원수들로 묘사되고 있으며, 앗수르의 함락(스가랴가 사역을 시작
하기 거의 1백 년 전인 주전 612-609년에 이루어진)은 장차 있을 일로 예언
되고 있다(10:10-12를 보라). 다른 한편으로, 하나님의 백성과 헬라 사람들
사이의 전쟁(9:13을 보라)과 같은 것들에 대해 언급하는 일부 본문들은 스가
랴 이후 시대를 가리키는 것으로 보인다. 이러한 증거를 우리는 어떻게 설명

---

282) 처음 두 개의 메시지는 페르시아의 통치자 다리오 제2년인 주전 520-519년에
속한 것이다. 반면에 세 번째 메시지는 이 왕의 제4년(주전 518년)에 속한 것이다.

283) 이 날짜들에 대해서는 다음을 보라: Meyers and Meyers, *Haggai, Zechariah
1-8*, xlvi.

284) 해석의 역사를 개관하기 위해서는 다음을 보라: Paul D. Hanson, *The Dawn
of Apocalyptic*, rev. ed. (Philadelphia: Fortress, 1979), 287-90; Ralph L. Smith,
Micah-Malachi, WBC (Waco, Tex.: Word Books, 1984), 169-73, 242-49. 그러한
증거에 대한 복음주의 시각의 유용한 요약 및 평가를 위해서는 다음을 보라: Dillard
and Longman, *Introduction to the Old Testament*, 429-32.

해야 할까? 어떠한 이론도 상상력에 의존한 것일 수밖에 없지만, 스가랴가 이 예언들을 편집할 때 초기 자료를 사용했을 수도 있고, 아니면 후대의 편집자 겸 저자가 그의 작품을 보충했을 수도 있다.[285]

회개 촉구(1:1-6)

스가랴서는 간략하면서도 강력한 회개 촉구의 메시지와 더불어 시작한다. 성전 공사가 재개(9월 21일; 학 1:14-15를 보라)된 지 얼마 되지 않은 주전 520년 10-11월(1절)에 야웨께서는 자기 백성에게 자신과 자신의 계약 기준들에 대하여 새로운 마음으로 헌신할 것을 촉구하신다. 그들의 조상은 야웨의 진노를 맛보았지만(2절), 야웨께서는 이 새로운 세대와 더불어 새로운 관계를 맺고 싶어하신다. 그는 그들에게 "내게로 돌아오라"고 재촉하신다. 만일에 그들이 그렇게 한다면 자신도 그들에게 돌아가겠다고 약속하시면서 말이다(3절). 야웨께서는 자신에게로 돌아온다는 것이 무엇을 포함하는지를 구체적으로 설명하지 않으신다. 그러나 나중에 나오는 메시지를 보면, 야웨께서 특히 상류층 인사들의 정의 확립에 관심을 가지고 계심을 암시하고 있다 (7:8-10; 8:16-19를 보라).

이 메시지를 뒷받침하기 위하여 야웨께서는 포로기 이후 공동체에게 간략한 역사 교훈을 전달하신다(4-6절). 포로기 이전 세대는 예언자들을 멸시하였다. 그런데 야웨께서는 그들을 통하여 백성에게 그들의 악한 생활방식을 뉘우치라고 촉구하셨다. 당시의 세대와 그들에게 설교하는 예언자들이 무대에서 사라지고 없지만, 그들의 경험은 계속해서 교훈을 준다. 하나님의 경고와 심판이 회개하지 않는 그들의 조상을 덮치는 바람에, 하나님께서 예언하신 대로 그들은 포로로 잡혀가고 말았다. 그러나 다행스럽게도 많은 포로민들이 회개하였고, 자기들의 죄가 정당한 벌을 받았다는 것을 인정하였다. 야웨께서는 자기 백성의 남은 자들을 본국에 돌아가게 하셨다. 포로기 이후 공동체는 유다 나라의 미래를 좌우할 수 있는 열쇠를 손에 쥐고 있다. 만일에

---

285) 일부 특수한 본문들로 인하여 생겨난 문제점들에 대해 논하기 위해서는 아래에 이어질 설명을 보라.

그들이 야웨의 말씀에 귀를 기울인다면, 그들의 미래는 밝게 빛날 것이다.

밝은 미래에 관한 환상들(1:7—6:15)

주전 519년 2월 15일(7절)에 선포된 이 긴 메시지에서 야웨는 예언자에게 연속 이어지는 여덟 개의 환상들을 보여주신다. 그 환상들은 스가랴가 그대로 실행에 옮겨야만 하는 상징적인 실물 교육에 관한 가르침에서 절정에 달한다(6:9-15를 보라). 그 환상 전체에서 스가랴는 자신을 위해 그 상징들을 해석해주는 천사와 대화를 나눈다. 그 환상들은 무엇보다도 예루살렘의 재건, 포로기 이후 공동체의 성장, 왕족과 제사장 계열 지도자들의 회복, 그 땅의 영적인 정화 등에 대해서 묘사한다.

첫 번째 환상: 화석류 나무들 사이에 서 있는 한 사람(1:8-17)

스가랴는 붉은 말을 탄 한 사람이 골짜기에 있는 몇 그루의 화석류 나무들 사이에 서 있는 것을 본다(8a절). 환상이 전개되면서 이 "사람"이 야웨의 천사라는 사실이 밝혀진다(11절을 보라). 그의 뒤에는 붉은 말과 갈색 말과 백마를 탄 자들이 서 있다(8b절). 이들은 온 땅을 두루 살피고 다니는 정찰 업무를 마치고서 돌아온 정찰병들이다(9-10절). 그들은 "온 세상"이 "평안하고 조용하다"고 보고한다(11절). 그러자 야웨의 천사가 야웨께 언제까지 예루살렘과 유다의 성읍들에게 그의 자비를 유보하실런지를 묻는다(12절). 586년의 예루살렘 파괴로부터 519년의 환상에 이르기까지 대략 70년의 기간 동안 그 성읍들은 폐허 속에 방치되어 있었다.[286] 천사의 질문에 대하여 야웨께서는 자신이 예루살렘의 행복을 위하여 열심을 낼 것이요, 자신의 진노가 예루살렘을 하나님의 본래 의도보다 더 고통스럽게 만든 나라들에게로 옮겨갈 것

---

286) "70"이라는 숫자는 여기서 완전 숫자에 해당한다. 예루살렘 파괴로부터 이 환상이 주어질 때까지의 실제 기간은 67년이다. 여기에 언급된 "70"이라는 숫자는 예레미야가 말한 "70"년의 포로 기간(렘 25:11-12; 29:10을 보라) ― 주전 539-538년에 끝나는 기간 ― 과 구별되는 것이다. 이에 대해서는 역대하 36:20-23; 에스라 1:1; 다니엘 9:2를 보라.

이라고 선언하신다(13-15절). 그는 자신이 예루살렘으로 돌아올 것이요, 재건된 성전 안에 머물 것이라는 기쁨의 소식을 선포하신다. 예루살렘은 재건될 것이요, 유다의 성읍들은 다시금 야웨의 복을 맛볼 것이다(16-17절).

어떤 학자들은 이 환상의 많은 세부적인 내용들에서 상징적인 요소들을 찾아내려고 노력한다. 이를테면 다양한 색깔의 말들이나 화석류 나무, 골짜기 등과 같은 것들이 그렇다. 그러나 본문 자체가 이와 관련하여 아무런 설명도 제공하지 않고 심지어는 아무런 암시도 주지 않고 있는 까닭에, 그러한 해석은 순전히 머리로 궁리한 것에 지나지 않으며, 무시되어야 마땅하다. 확실히 이 세부적인 사항들은 순전히 이 환상에 생생함과 현장감을 부여하기 위해 포함된 것들일 뿐이다.

두 번째 환상: 네 개의 뿔들과 네 명의 장인들(1:18-21)

스가랴는 자신의 두 번째 환상에서 네 개의 뿔들을 본다. 그 뿔들은 유다를 포로로 잡아간 나라들을 대표한다(18-19, 21절). 이에는 바벨론, 암몬, 모압, 에돔, 블레셋 등이 포함된다. 이들은 유다의 패배를 이용했던 나라들이다(왕하 24:2; 겔 25:1-17; 오바댜서). 4라는 숫자는 아마도 네 방위를 가리킬 것이다. 이는 하나님의 백성의 원수들이 모든 방향에서 예루살렘을 공격할 것임을 암시한다.

포로민들이 "하늘 사방에 … 흩어져" 있다고 말하는 2:6이 이를 뒷받침한다. 아마도 이 환상에 나오는 뿔들은 종종 히브리 성서에서 힘이나 군사력을 상징하는 짐승의 뿔들을 가리킬 것이다(신 33:17; 삼상 2:10; 시 75:10; 89:17, 24; 92:10; 112:9; 렘 48:25; 애 2:17; 겔 29:21 등을 보라).

예언자는 이어서 네 명의 장인(匠人)들을 본다. 그들이 하는 일은 네 뿔들을 "두렵게" 하고 "꺾는" 것이다(20-21절). 왜 "장인들"이 하나님의 심판의 도구들로 나오는지는 확실치 않다. 그것은 에스겔의 "멸하기에 익숙한 장인들"(21:31; NIV, "멸하는 기술을 가진 장인들")을 언급하는 것일 수도 있다. 아니면 그 장인들은 뿔들에 맞서 사용될 무기들을 만드는 데 사용될 것이기에 언급된 것일 수도 있다(사 54:16-17을 보라). 이 은유는 짐승의 뿔들이 제단의 뿔들로 바뀌는 이 시점에서 그 의미가 바뀌는 것으로 보인다(출 27:2를 보라). 뿔 가진 제단을 만든 장인들이 이제는 그 뿔들을 파괴할 것이다(암 3:14를 보라).[287] 이 환상은 적어도 부분적으로는 과거 회상의 성격을 가지고 있다. 왜냐하면 페르시아 사람들이 이보다 20년 전에 이미 바벨론을 정복했기 때문이다.

세 번째 환상: 측량줄을 가지고 있는 한 사람(2:1-13)

스가랴는 세 번째 환상에서 측량줄을 가지고 있는 한 사람을 본다. 그는 성벽 재건을 준비하기 위해 예루살렘을 둘러보고자 한다고 말한다(1-2절). 그러나 한 천사가 그를 따라와서 그에게 측량하는 수고를 할 필요가 없다고 말한다.

왜냐하면 예루살렘은 성벽 없는 성읍이 될 것이기 때문이다. 그곳에 사는 사람들이 너무 많아서 성벽 있는 성읍이 그들을 수용하지 못할 것이다(3-4절). 뿐만 아니라 야웨께서는 그 성읍을 둘러싼 불의 성벽이 되어줌으로써 잠재적인 침략자들에게서 그 성읍을 보호해 주겠다고 선언하신다(5절). 이곳의 언어는 명백하게 과장된 것이다. 이사야는 새 시대의 예루살렘을 한때 적대감을 보이던 나라들에 의해 건축된 성벽들을 가진 성읍으로 묘사한 바가 있다(60:10-11을 보라). 그러나 스가랴는 예루살렘이 성벽 없는 성읍이 될 것이라고 묘사함으로써 이를 넘어선다. 이 두 예언자는 동일한 기본적인 진리 — 예루살렘이 침략으로부터 안전할 것이라는 사실 — 를 제각기 자기 나름의 방식으로 강조한다.

야웨께서는 포로민들을 상대로 하여 말씀하시면서, 그들에게 자기들이 흩어져 살게 된 바벨론과 다른 곳들로부터 돌아올 것을 촉구하신다(6절). 그는 시온이 마치 이미 사로잡혀 있는 것처럼 시온에게 말하며, 바벨론으로부터 도망하라고 말한다(7절). 시온은 기뻐할 만한 이유들을 충분히 가지고 있다. 왜냐하면 야웨께서 돌아오셔서 다시금 그 성읍 안에 거하실 것이기 때문이다(10절). 유다와 예루살렘이 특별한 지위를 얻게 되면, 다른 민족들은 계약 공동체 안에 편입될 것이다(11-12절). 야웨께서 일어나 스스로 행동하실 때,

---

287) Petersen, *Haggai and Zechariah 1-8*, 165-66.

인간이 보일 적절한 반응은 두려움과 외경심을 가지고서 침묵을 지키는 일이다(13절).

8-9절에 대한 해석은 쉽지가 않다. 도입 양식(8a절)은 그 뒤에 이어지는 모든 내용이 야웨의 말씀이라는 인상을 주지만, 화자가 자신을 일컬어 야웨께서 보내신 자라고 말하는 9절의 마지막 문장은 그러한 판단에 문제가 있음을 암시한다. 차라리 이 두 절의 화자가 둘 — 스가랴와 야웨 — 이라고 보는 것이 더 나을 것이다. 예언자가 이 환상의 앞부분에서 1인칭으로 말하고 있다는 점을 주목하라(1-3절). 만일에 이러한 제안을 따른다면, 8-9절은 다음과 같이 두 가지 방식으로 개관하여 번역하거나 풀어쓸 수 있을 것이다:

가능성 A

스가랴: "전능하신 야웨께서 너희를 노략한 여러 나라들에 관하여[288] (나를 보내신 자신의 영광을 위하여)[289] 이같이 말씀하신다(너희를 범하는 자는 그의 눈동자를 범하는 것이기 때문에):

야웨: '내가 확실히 그들을 향하여 내 손을 들어 올림으로써 그들의 종들로 하여금 그들을 노략하게 하겠다.'

스가랴: (이 일이 이루어진다면) 너희는 전능하신 야웨께서 나를 보내셨음을 알게 될 것이다."

가능성 B

스가랴: "전능하신 야웨께서 이같이 말씀하신다: (그는 자신의 영광을 위

---

288) 여기에 사용된 히브리어 전치사는 종종 " ··· 에게"라는 의미를 갖기도 하지만, 여기서는 " ··· 에 관하여"라는 의미를 갖는 것으로 볼 수 있다: H. G. Mitchell, "A Critical and Exegetical Commentary on Haggai and Zechariah," in *A Critical and Exegetical Commentary on Haggai, Zechariah, Malachi, and Jonah*, ICC (New York: Charles Scribner's Sons, 1912), 146.

289) 히브리어 본문을 문자적으로 읽으면 이렇다: "영광을 따라 그가 나를 보내셨다." 이 진술의 의미는 확실치 않다. 여기에 제시한 번역은 본문이 하나님의 영광을 염두에 두고 있으며, 그것이야말로 예언자를 보낸 목적임을 전제하고 있다.

하여 너희를 노략한 여러 나라들에게로[290] 나를 보내셨다. 왜냐하면 너희
를 범하는 자는 그의 눈동자를 범하는 것이기 때문이다.)
야웨: '내가 확실히 그들을 향하여 내 손을 들어 올림으로써 그들의 종들
로 하여금 그들을 노략하게 하겠다.'
스가랴: (이 일이 이루어진다면) 너희는 전능하신 야웨께서 나를 보내셨음
을 알게 될 것이다."[291]

어느 경우에든 야웨께서는 자기가 여러 나라들을 적절하게 벌할 것임을
선언하신다. 그 까닭은 그들이 그의 백성을 공격했기 때문이다. 여기서 그는
자기 백성을 "눈동자"(전통적으로 "사과"로 번역됨)에 비유하심으로써 그들
이 그가 보기에 크게 소중한 존재임을 강조하신다. 그의 백성을 노략한 자들
은 그 벌로 그들 자신이 노략을 당하게 될 것이다. 이 일이 이루어지면 스가
랴는 야웨의 대변인으로 그 정당성을 인정받게 될 것이다.

네 번째 환상: 여호수아의 옷을 정결케 함(3:1-10)

스가랴는 이어서 대제사장 여호수아가 야웨의 천사 앞에 서 있는 것을 본
다(1절). 여호수아의 오른쪽에는 문자적으로 본다면 "대적자"(히브리어로는
'하사탄')로 불리는 고발자가 서 있다(시 109:6을 보라). '사탄'이라는 용어
는 정관사 없이 사용될 경우 보통 인간 대적자를 가리킨다.[292] 그러나 이 용어

---

290) 이 경우에 "… 에게"로 번역된 히브리어 전치사는 "나를 보내셨다"와 관련된 것
으로 이해된다.

291) 이러한 제안을 그 다음에 이어지는 내용에 적용할 경우, 우리는 11절이 야웨의
말씀과 예언자의 말을 모두 담고 있음을 알 수 있다. 먼저 야웨께서 10절에서 시작된 말
씀을 이어서 "그 날에 많은 나라가 야웨께 속하여 내 백성이 될 것이요, 나는 네 가운데
에 머물 것이다"라고 말씀하신다. 그리고 이어서 예언자가 "네가 전능하신 야웨께서 나
를 네게 보내신 줄 알 것이다"라고 추가한다.

292) 하나의 예외가 있다면 민수기 22:22, 32이다. 여기서 야웨의 천사는 발람의 대적
자 역할을 떠맡는다. 역대상 21:1에서 이 용어는 아마도 주변에 있는 한 나라를 가리킬
것이다. 비록 어떤 이들이 이 문맥 안에 있는 낱말을 "사탄"이라는 고유명사로 번역하기

가 이곳과 욥기 1-2장에서처럼 정관사를 가지고서 나타날 경우에는 천상회의에서 검사 역할을 수행하는 존재를 가리키는 호칭으로 이해된다. 욥기 1-2장에서 그는 하나님께 뻔뻔스러운 모습을 보이며, 욥에게 대하여는 지나치게 적대적인 태도를 보인다. 그는 욥의 동기와 하나님의 정의 모두를 문제시한다. 이곳 스가랴 3:1-2에서는 그가 말하는 자로 나타나지 않지만, 그의 존재 자체에 대한 야웨의 열정적인 반응은 그 대적자가 적대적인 의도를 가지고 있음을 암시한다. 성서 계시의 발전 과정에서 이 "대적자"라는 인물이 점점 강한 초점이 맞추어지면서 히브리 성서에 있는 그의 호칭은 고유명사인 사탄(Satan)으로 바뀐다. 그의 악한 품성이 히브리 성서에 완전하게 드러나 있지는 않지만, 그는 악의를 가진 자로 여겨진다. 그가 천상회의에서 수행하는 검사 역할은 정당한 것으로 보이지만, 그는 빅토르 위고의 소설 「레미제라블」에서 장발장을 대적하는 자로 나오는 자베르 경감을 연상시킨다. 그는 회개하여 변화된 죄수 장발장을 끈질기게 추적한다. "정의"와 "의"에 대한 자베르의 집착은 그를 자비심이라고는 손톱만큼도 가지고 있지 않은 악한 괴물로 변화시켜버린다.

야웨의 대변인 자격으로 말하는[293] 야웨의 천사는 그 대적자를 책망하면서, 그때가 구원의 때이지 심판의 때가 아님을 분명하게 밝힌다(2절). 야웨께서는 예루살렘을 향한 열심을 가지고 계시기에, 예루살렘과 포로기 이후 공동체를 대표하는 대제사장을 파멸로부터 건지신다. 마치 그슬린 나무를 불 속에서 급하게 끄집어낸 것처럼 말이다. 천사는 여호수아의 더러운 옷을 벗긴

를 좋아하기는 하지만 말이다. 이 용어를 고유명사로 보는 견해에 맞서는 주장들에 대해서는 다음을 보라: Sarah Japhet, *I & II Chronicles: A Commentary*, OTL (Philadelphia: Westminster, 1993), 374-75.

293) 2절은 야웨 자신이 그 대적자에게 말씀하고 있다는 인상을 준다("야웨께서 사탄에게 이르시되"라는 표현을 주목하라). 그런데 화자는 두 번에 걸쳐서 "야웨"를 3인칭으로 칭하고 있다. 이는 화자가 야웨와는 구별되는 자임을 암시한다. 아마도 야웨께서는 1절에 언급된 천사를 통하여 말씀하고 계실 것이다. 여기서 천사는 야웨를 대변하는 존재로 나타나기 때문에, 도입부의 양식은 그의 말이 곧 야웨 자신의 말씀과 같다고 본 셈이다.

다음 그의 몸에는 아름다운 옷을 입히고 머리에는 정결한 관을 씌우라고 지시한다(3-5절). 야웨께서 포로기 이후 공동체가 범한 과거의 죄악들을 모르시는 것은 아니다. "더러운"으로 번역된 용어는 제사장의 옷이 배설물[294]로 얼룩져 있음을 의미한다. 그러나 과거는 하나님의 자비와 관련된 미래에 대하여 장애물이 되지 못한다. 새로운 시대를 향한 문이 열려 있기 때문이다. 만일에 여호수아가 야웨의 계명들에 순종하고 성전을 제대로 관리한다면, 그는 공동체 안에서 탁월한 지위를 누리게 될 것이다(6-7절).

여호수아를 정결케 하고 그에게 새로운 기회를 주는 것은 공동체 전체의 변화를 예시한다. 그와 그의 동료들(그의 동료 제사장들이나 민간 지도자들)은 장차 있을 행복한 날들을 상징하는 자들이다(8-10절). 야웨께서는 "가지"(branch)라고 불리는 한 종을 일으키셔서 그 땅을 죄악으로부터 정결케 하실 것이요, 공동체의 번영을 회복시키실 것이다. 그 "가지"가 누구인지 구체적으로 밝혀져 있지는 않지만, 예레미야의 예언을 잘 알고 있는 자라면 누구나 그를 장차 올 이상적인 다윗계 왕으로 인식할 것이다(23:5; 33:15를 보라). 스가랴의 시대에는 이 약속이 다윗의 후손이요 공동체의 총독으로서 성전 재건의 도구가 될 스룹바벨이라는 인물에게 연결된다(4:6-12; 6:9-15; 학 2:20-23을 보라). 그러나 스룹바벨의 성취는 예레미야가 묘사하는 기준을 거의 충족시키지 못한다. 계시의 과정에서 예수 그리스도는 예레미야가 예견한 이상적인 통치자로 나타남으로써, 스룹바벨을 단순한 하나의 전형으로 격하시킨다.

야웨께서는 여호수아 앞에 세워 놓은 한 돌을 가리키신다. 그 돌은 일곱 개의 "눈"을 가지고 있으며, 곧 비문이 새겨질 예정으로 있다. 그 돌의 정체와 의미는 확실치 않다. 학자들이 다양한 해석을 제안하기는 하지만, 그 돌은 재건된 성전의 머릿돌일 가능성이 높다(4:7을 보라). 이 경우에 "일곱 개의 눈"은 아마도 야웨의 지켜주심과 돌보심을 상징할 것이다(4:12를 보라).

---

294) 4절에 사용된 히브리어 낱말은 이곳에만 나오지만, 이와 관련된 낱말들은 동일한 어근에서 비롯된 것들로서, 다른 곳에서는 배설물을 가리킨다(신 23:13; 왕하 18:27= 사 36:12; 겔 4:12를 보라).

반면에 그 위에 새겨질 글귀는 그 건물이 야웨의 것임을 나타내는 것이 될 것이다. 또 다른 매력적인 견해는 그 "돌"이 대제사장의 관에 덧붙여진 금패 — "야웨께 성결"이라는 글귀가 새겨진 — 를 가리킨다고 본다(출 28:36-37 을 보라).[295] 스가랴의 환상에 나오는 돌처럼 이 금패도 죄의 제거와 관련되어 있다(출 28:38을 보라). 이렇게 본다면, "일곱 개의 눈"은 그 돌의 겉면을 가리킬 것이다.[296]

다섯 번째 환상: 한 개의 등잔대와 두 그루의 감람나무(4:1-14)

스가랴는 다음 환상에서 기름 그릇과 일곱 등잔을 가지고 있는 순금 등잔대를 본다(1-2절). 2절 마지막 부분을 문자적으로 읽으면 이렇다: "그 기름 그릇 위에 있는 일곱 등잔을 위해서 일곱 괜또는 "주둥이"]이 있고." 이것이 무엇을 뜻하는지는 확실치 않다. 그것은 기름 그릇을 등잔과 연결하는 일곱 개의 도관이나 대롱을 가리킬 수도 있을 것이다(NIV). 그러나 이 경우에는 "일곱"이라는 낱말의 반복이 문제가 된다. 일곱 개의 등잔들이 그릇 가장자리를 돌아서 배열되어 있고 각 등잔이 그 안에 심지를 가지고 있는 일곱 개의 관이나 대롱을 포함하고 있을 가능성이 더 높은 편이다.[297] 각 등잔의 옆면에는 그 그릇에 기름을 공급하는 감람나무가 있다(3절; 11-12절을 보라).

이 환상의 다양한 요소들은 무엇을 상징하는 것일까? 천사는 등잔의 의미에 대해서 아무것도 설명해주지 않는다. 그러나 이 환상이 성전 재건과 관련

---

295) Petersen, *Haggai and Zechariah 1-8*, 211-12.

296) "눈"으로 번역된 히브리어 낱말은 때때로 금속이나 보석의 미광(微光)을 가리킨다. 에스겔 1:4, 7, 16, 22; 8:2; 10:9; 다니엘 10:6을 보라. 아울러 우가릿 문서의 'yn 'n' 라는 구절("거품이 이는 포도주"; 문자적으로는 "눈을 가진 포도주")도 주목하라. 이와 관련된 본문을 위해서는 다음을 보라: Gibson, *Canaanite Myths and Legends*, 78.

297) 등잔대와 그릇과 등잔 등의 구조에 대해서는 다음을 보라: Joyce G. Baldwin, *Haggai, Zechariah, and Malachi*, TOTC (London: InverVarsity, 1972), 119-20; Petersen, *Haggai and Zechariah 1-8*, 220-23; Meyers and Meyers, *Haggai, Zechariah 1-8*, 234-38.

되어 있는 것으로 보아(7-10절), 그것은 성전을 대표하는 것일 수도 있다. "등잔대"로 번역된 히브리어 낱말('메노라')은 다른 곳에서 성막의 등잔대나 솔로몬 성전의 등잔대를 가리키는 데 사용된다(왕하 4:10은 유일한 예외에 속함). 일곱 개의 등잔은 "온 세상을 두루 다니는 야웨의 눈"을 일컫는다(10b 절). 다시 말해서 일곱 개의 등잔은 야웨께서 세상에서 일어나는 모든 것들을 알고 있고 또 그것들을 주관하고 계신다는 것을 상기시켜주는 역할을 수행한다는 얘기다. 그 등잔들이 등잔대 위에 설치되어 있다는 사실은 야웨께서 성전에 계심을 암시한다. 감람나무의 정체가 무엇인지에 대해서는 아무것도 밝혀져 있지 않다. 스가랴는 그것들이 무엇을 상징하는지를 묻지만(11 절), 천사가 대답하기 전에 먼저 그는 두 줄기의 기름이 나무들로부터 나와서 두 개의 순금 관(기름을 그릇 안으로 운반하는) 속으로 흘러들어가는 것을 목격한다(12절).[298] 그가 그것들에 관해서 묻자 천사는 문자 그대로 "온 세상의 주 앞에 서 있는 기름의 아들들 두 명"이라는 말로 그것들의 정체를 구체적으로 밝힌다(14절). 여기서 "기름의 아들들"이라는 구절은 대체적으로 이곳에 언급되어 있는 두 사람이 야웨의 특별한 종들로 기름 부음을 받은 자들임을 뜻하는 것으로 이해된다(NIV를 보라).

그러나 여기에 사용된 "기름"이라는 낱말(히브리어로는 '이츠하르')은 다른 곳에서 머리에 붓기 위한 기름(이에 해당하는 히브리어 낱말은 '셰멘'임)을 가리키지 않고, 도리어 어느 한 지역의 풍요로운 농산물 수확을 상징하는 신선한 기름을 가리킨다.[299] 그렇다면 두 사람이 "기름의 아들들"로 불리는 것은, 야웨께서 그들의 인도 하에 그 땅에 풍요로운 농산물 수확을 회복시켜 주실 것이기 때문이라고 보는 것이 더 나을 것이다(3:10; 학 2:19를 보라). 물론 이 "기름의 아들들"은 대제사장 여호수아와 총독 스룹바벨을 가리킨다(3:1-10; 4:7-10; 6:9-15를 보라). 야웨께서는 자기 영의 초월적인 힘을 통하

---

298) NIV에서 "가지들"로 번역된 히브리어 낱말은 다른 곳에서 사실상 나무의 가지들이 아니라 "곡식의 이삭"을 가리킨다. 이 용어는 여기서 "흐르는 물줄기"를 뜻하는 동음이의어로 번역하는 것이 더 나을 것이다: Petersen, *Haggai and Zechariah 1-8*, 235-36.

299) Ibid., 230-31.

여 스룹바벨로 하여금 모든 난관을 이겨내고서 성전 공사를 마무리하게 하실 것이다(7-10절). 그리고 여호수아의 사역을 통하여 성전의 종교적인 활동들이 재개될 것이다(3:7). 이 두 지도자들은 공히 성전 예배의 회복을 가능케 하는 도구로 쓰일 것이기에, 성전 등잔대의 등잔을 밝힐 기름을 공급하는 자들로 묘사될 수 있다.[300]

여섯 번째 환상: 날아가는 두루마리(5:1-4)

스가랴는 이어서 펼쳐져 있는 거대한 한 개의 두루마리(9m 길이에 4.5m 너비)가 하늘을 나는 모습을 본다(1-2절). 이 두루마리는 "온 땅 위에 내리는 저주"로 분명하게 그 정체가 밝혀진다(3절). 그것은 악을 행하는 자들에게 심판을 선고하는 것이기에 "저주"라고 불린다. 두루마리의 한쪽 면에는 "모든 도적들은 추방당할 것이다"라는 글귀가 새겨져 있고, 반대쪽 면에는 "거짓 맹세하는 자들은 모두 추방당할 것이다"라는 경고의 글귀가 새겨져 있다. 야웨께서는 이 두루마리를 도적들과 거짓 맹세하는 자들의 집으로 보내실 것이다. 그러면 그것은 그곳에서 나무와 돌을 썩게 함으로써 그 집을 폐허로 만들 것이다(4절). 두루마리에 적힌 말씀들은 십계명의 두 계명들에 대해서 언급한다. 세 번째 계명은 거짓 맹세를 금지하며, 여덟 번째 계명은 도적질을 정죄한다. 이 두 계명의 기본적인 관심사는 하나님의 백성이 다른 사람을 속이고 강탈해서는 안 된다는 데 있다. 이 환상은 포로기 이후 공동체에게 그들이 조상들과 마찬가지로 여전히 십계명에 표현되어 있는 사회적인 행동의 기준들 — 하나님께서 정하신 — 에 순종해야 함을 상기시킨다. 이 기준들을 따라 사는 데 실패하면 점진적이면서도 확실한 파멸을 경험하게 될 것이다.

일곱 번째 환상: 광주리 안에 있는 한 여인(5:5-11)

스가랴의 다음 환상은 특히 기이한 것이다. 그는 그 땅의 악독함과 죄악을 상징하는 광주리 안에 한 여인이 있음을 본다(5-8절). 그 광주리의 무거운

---

300) Ibid., 233-34.

뚜껑은 그 광주리를 단단히 잠근다. 그 후에 황새처럼 날개를 가진 다른 두 여인이 그 광주리를 붙잡고서는 하늘로 날아 그 광주리를 둘 바벨론(문자적 으로는 시날)으로 떠난다(9-11절). 그 여인들을 황새들에 비유한 이유는 율 법에 따르면 그 새들이 부정하기 때문이다(레 11:19; 신 14:18). 황새와 같은 여인들은 더럽혀진 광주리를 들기에 적합한 자들이라 할 수 있다. 이와 마찬 가지로 포로민들이 살고 있는 먼 곳의 부정한 땅 시날은 의인화된 죄가 머무 는 데 적합한 목적지이다.[301] 이 환상의 요점은 분명하다. 야웨께서는 포로기 이후 공동체의 죄를 용납하지 않으실 것이다. 그의 기준들을 위반한 자들은 다시 포로로 잡혀갈 것이다.

여덟 번째 환상: 네 대의 전차(6:1-8)

이 마지막 환상에서 스가랴는 네 대의 전차가 두 개의 구리 산으로부터 나 오는 것을 본다. 각 전차를 이끄는 말들은 서로 색깔이 다르다(1-4절). 천사 는 전차들을 네 방위를 대표하는 "하늘의 네 바람"으로 규정한다(5절; NIV의 난외주와 2:6을 보라).[302] 말들의 다른 색깔은 어떤 상징적인 의미를 가지고 있다기보다는 단순히 각각의 전차들을 구별하는 데 도움을 주려는 목적을 가지고 있으며, 생생한 표현을 위해 포함된 것이다. 구리 산의 상징이 어떤 의미를 갖는지는 확실치 않다. 구리는 힘을 암시한다(사 45:2; 렘 1:18). 그리 고 두 산은 두 개의 구리 기둥을 입구에 가지고 있는 솔로몬 성전을 반영하 는 것일 수도 있다(왕상 7:15-22).

전차들이 하나님 앞으로부터 나오자 검은 말들을 탄 자가 북쪽으로 나아 가고, 흰 말들을 탄 자가 그 뒤를 따른다.[303] 얼룩진 말들이 이끄는 전차는 남

---

301) 이방 땅을 부정한 곳으로 보는 개념에 대해서는 아모스 7:17을 보라.

302) 어떤 번역본들은 히브리어 '루호트'를 "영들"로 번역하지만, 2:6에 있는 동일한 구절은 5절 본문이 바람들을 염두에 두고 있음을 암시한다: Meyers and Meyers, *Haggai, Zechariah 1-8*, 322-23.

303) NIV는 흰 말들이 이끄는 전차가 서쪽으로 갔다는 느낌을 준다. 히브리어 본문을 문자적으로 읽으면 이렇다: "그리고 흰 말들이 그들을 따라 나아갔다." '엘 아하레'라는 표현은 다른 곳에서는 "뒤에 있는 한 곳으로/에서"라는 뜻을 가지고서 나타난다(삼하

쪽으로 나아가지만, 붉은 말들이 이끄는 전차에 대해서는 아무런 언급도 없다. 그것은 예비로 남겨둔 것임에 틀림이 없다. 전차들이 할 일은 군사적인데 있는 것으로 보인다. 참으로 예레미야 49:36은 네 바람(전차들이 상징하는; 5절을 보라)이 하나님의 심판을 이루는 도구로 사용되고 있음을 보여준다. 북쪽으로 나아가는 전차들은 북쪽 지역에 심판을 쏟아 부음으로써 하나님의 진노를 진정시킨다.[304] 여기서 말하는 북쪽 지역이 의심할 여지 없이 바벨론을 포함하는 까닭에(2:6-7을 보라), 이 환상은 어느 정도 과거 회상적인 성격을 가지고 있는 셈이다(1:18-21을 보라). 페르시아는 20년 전에 바벨론을 정복한 바가 있다.

상징적인 즉위식(6:9-15)

이 긴 메시지(1:7에서 시작됨)는 스가랴에게 대제사장의 상징적인 즉위식을 행하도록 지시하는 내용으로 끝을 맺는다. 스가랴는 세 사람의 귀향민들에게서 취한 은과 금을 사용하여 왕관을 만들고서는 그것을 여호수아의 머리에 씌운다(9-11절). 스가랴는 성전 재건 및 왕권과 제사장직의 통합에 관한 메시지를 전한 후에(12-13절), 왕관의 재료가 된 은과 금을 기증한 자들에게 기념이 되게끔 그 왕관을 성전 안에 둔다(14절).[305] 그들의 기부 행위는 다른 귀향민들의 성전 재건 참여를 예고한다(15절).

5:23; 왕하 9:18-19). 이것은 흰 말들이 검은 말들을 따라 북쪽으로 갔음을 암시한다. 그러나 네 바람이 네 방위를 향해 움직일 필요가 있다고 생각하는 많은 학자들은 본문을 수정하여 다음과 같이 읽는다: "그리고 흰 말들이 바다 쪽으로 옮겨갔다." 이것은 그들이 서쪽을 향해 나아갔음을 의미할 것이다. 이 견해를 주장하는 자들은 또한 네 번째 전차가 동쪽을 향해 나아갔다는 내용이 우연히 본문에서 생략되었음에 틀림이 없다고 주장한다: Baldwin, *Haggai, Zechariah, Malachi*, 131-32; Petersen, *Haggai and Zechariah 1-8*, 263-64.

304) NIV는 8절을 이렇게 번역한다: "보라, 북쪽 나라로 나간 자들이 북쪽 땅에서 내 영을 쉬게 하였다." 그러나 자주 하나님의 영을 가리키는 데 사용되는(슥 4:6을 보라) 히브리어 '루아흐'가 여기서는 하나님의 진노를 가리킬 가능성이 높다. 그 진노는 진노의 대상에 심판을 쏟아 부음으로써 진정된다(1:15를 보라). 이 히브리어 낱말이 진노를 가리키는 사례들로는 욥기 15:13; 잠언 29:11; 전도서 10:4 등을 보라.

상징적인 즉위식에 이어 나타나는 메시지는 특별한 관심을 필요로 한다. 스가랴는 왕관을 여호수아의 머리에 씌운 후, "가지"라 불리는 자가 성전을 재건할 것이요 왕좌를 차지할 것이라고 선포한다(12-13a절). 처음에는 여호 수아가 그 "가지"인 것처럼 여겨지지만, 이러한 판단은 옳아 보이지 않는다. 왜냐하면 네 번째 환상과 다섯 번째 환상을 서로 연결시킬 경우 스룹바벨이 성전을 재건할 가지임이 분명하게 드러나기 때문이다(3:8과 4:7-10을 보라). 스가랴의 메시지는 사실상 여호수아와 스룹바벨 모두에게 해당하는 것으로 서, 그들이 계약 공동체의 지도자들로서 서로 협력할 것을 기대하고 있다. 11-13절은 다음과 같은 교차 대칭 구조를 보인다:[306]

A 공동체의 제사장 지도자인 여호수아에게 왕관을 씌운다(11절).
　B 스룹바벨(가지)이 성전을 재건할 것이다(12-13a절).
　B' 스룹바벨은 공동체의 민간 지도자가 될 것이다(13c절).
A' 여호수아는 공동체의 제사장 지도자가 될 것이다(13c절).[307]
결론: 두 지도자 사이에 조화가 이루어질 것이다(13d절).

예전이 아니라 정의(7:1—8:23)

벧엘 사람들이 사절단을 예루살렘으로 보내어, 다섯 번째 달에 주전 586년

---

305) 10절에 소개된 두 이름이 14절에서는 조금 다르게 나타난다. 14절의 히브리어 본문에서 헬대는 헬렘으로 불리고, 스바냐의 아들 요시야는 헨으로 불린다. 헬렘은 헬대 의 본문 손상으로 인하여 생겨난 이름이거나 헬대의 또 다른 이름일 것이다: Meyers and Meyers, *Haggai, Zechariah 1-8*, 340. '헨'은 고유명사가 아니라 요시야에게 부 여된 호칭일 수도 있다(실제 호칭은 "청지기"를 뜻하는 '레헨'이다: Petersen, *Haggai and Zechariah 1-8*, 278, n. 8.)

306) 아래의 교차 대칭 구조 개관은 다음의 책에 기초한 것이다: Eugene H. Merrill, *Haggai, Zechariah, Malachi* (Chicago: Moody, 1994), 199.

307) NIV("또 그는 그의 보좌에 앉은 제사장이 될 것이다")는 이 구절이 12-13a절의 가지를 가리키고 있는 것처럼 느끼게 한다. 그러나 히브리어 본문은 "그리고 그의 보좌 위에 제사장이 있을 것이다"로 번역하는 것이 더 타당할 것이다.

의 예루살렘 파괴를 기념하는 애곡 의식을 계속해야 하는지에 관해서 묻는다(1-3절). 다섯 번째 달이 언급된 것은 예루살렘 파괴가 그 해의 5월에 이루어졌기 때문이다(왕하 25:8; 렘 52:12를 보라). 이 질문에 대한 답으로 야웨께서는 스가랴에게 사회 정의가 예전보다 우선순위를 가져야 함을 강조하는 메시지를 그들에게 전하게 하신다. 7-8장의 구조는 중심 주제들이 교차 대칭 구조 속에 배열되어 있음을 보여준다. 중심 요소들(아래의 D/D'-F/F'를 보라)이 약간의 변형을 보이고 있기는 하지만 말이다:

A 벧엘의 사신들이 야웨께 간구하러(히브리어로는 '레할로트') 옴(7:1-3).
　B 야웨께서 무의미한 금식을 비난하심(7:4-7)
　　C 야웨께서 우선순위로 여기시는 것은 사회 정의임(7:8-12)
　　　D 야웨께서 자기 백성으로 포로로 잡혀가게 하심(7:13-14)
　　　　E 야웨께서 예루살렘을 회복하심(8:1-3)
　　　　　F 야웨께서 남은 자들에게 복을 주심(8:4-6)
　　　D' 야웨께서 포로민들을 돌아오게 하심(8:7-8)
　　　　　F' 야웨께서 남은 자들에게 복을 주심(8:9-13)
　　　　E' 야웨께서 예루살렘을 회복하심(8:14-15)
　　C' 야웨께서 우선순위로 여기시는 것은 사회 정의임(8:16-17)
　B' 야웨께서 뜻있는 금식을 회복하심(8:18-19)
A' 많은 나라들이 야웨께 간구하러(히브리어로는 '레할로트') 옴(8:20-23)

벧엘의 사절단이 던진 질문(3절)은 매우 당연한 것이다. 결과적으로 포로민들은 그 땅을 되차지하였고, 성전은 재건되었다. 사람들은 포로생활이 공식적으로 끝난 것으로 간주하고서 거의 70년 전에 있었던 예루살렘의 함락을 더 이상 기념할 필요가 없다고 생각할 수 있는 것일까? 그들은 하나님이 자신의 복을 회복하신 까닭에 더 이상 과거를 애곡할 필요가 없다고 생각할 수 있는 것일까? 야웨의 답변(4-6절)은 백성의 생각이 천박함을 드러내며, 그들이 하나님의 우선순위를 제대로 인식하지 못하고 있음을 폭로한다. 야웨께서는 지난 70년 동안 5월과 7월에 금식을 한 자들의 동기를 물으신다.[308]

그들은 금식을 할 때에도 음식물을 먹을 때에도 순전히 자기들의 이익만을 위해 행동했다. 그들은 하나님이 금식과 다른 예전에 우선순위를 두지 않으신다는 것을 알아야만 했다. 왜냐하면 포로기 이전의 예언자들이 그 점을 분명하게 밝혀주었기 때문이다. 포로민들은 그들의 가르침을 잘 알고 있어야만 했다(7절; 특히 렘 14:12를 보라).[308] 야웨께서는 윤리적인 기준들과 정의만큼이나 금식과 예전에 관심을 기울이시지는 않는다. 그는 포로기 이후 공동체에게 정의를 증진시키고 특히 공동체 안의 연약한 자들에게 긍휼을 베풀 것을 촉구하신다(8-10절). 그들은 완고하게 하나님의 계명들과 예언자들

---

308) 7월의 금식은 아마도 주전 586년 5월에 한 유대인 광신도에 의해 암살당한 총독 그달랴의 죽음을 기념하기 위해 지켜졌을 것이다(왕하 25:25-26을 보라). 그의 죽음은 유다 백성에게 부정적인 영향을 주었다(렘 40:7—41:18을 보라).

309) 현재의 히브리어 본문 7절은 에둘러 하는 표현이어서 이해하기가 쉽지 않다. 그것을 문자적으로 읽으면 이렇다: "예루살렘이 평온히 거주하며 주변 성읍들과 네게브와 셰펠라에 사람이 거주할 때에 야웨께서 옛 선지자들을 통하여 외친 말씀들이 있지 않으냐?" 히브리어 본문은 대격 불변사를 "말씀들" 앞에 놓음으로써, 그것이 동사의 목적어임을 암시하지만, 그 동사는 나타나지 않는다. 본문 전승 과정에서 뭔가가 우연히 생략된 것으로 보인다. 나는 7절 서두를 다음과 같이 수정할 것을 제안한다: '할로 아템 하쇼메임 에트-핫데바림,' "너희는 … 말씀을 들은 자들이 아니냐?" 이렇게 본다면, 현재의 히브리어 본문은 필사 과정 중에 발생한 우연한 실수의 결과로 쉽게 설명될 수 있다. 두 번째 남성 복수 대명사 '아템'의 첫 두 철자('알'과 '타우')를 쓴 서기관의 눈이 우연히 대격 불변사인 '알-타우'로 건너뜀으로써 그 중간에 있는 철자들을 생략하고만 것이다. 내가 제안한 수정 본문은 본문의 의미를 살려낼 뿐만 아니라, 적어도 부분적으로나마 6b절 구문을 반영하는 구문론적인 구조를 만들어내는 이점을 가지고 있기도 하다. 6b절을 보면, '할로'에 이어 2인칭 남성 복수 대명사인 '아템'과 정관사를 가진 능동 분사의 복수형이 나온다("너희가 먹은 자들이 아니냐?"). 수정 본문이 '샤마'("듣다, 경청하다")를 제안한 것은 그것 역시 종종 야웨의 말씀(들)과 병렬되어 나타나기 때문이다. 이렇게 본다면, 본문의 요점은 포로기 세대(5절을 보라)가 포로기 이전 시대 예언자들의 말씀들을 들었다는 데 있는 셈이다. 직접적이지는 않지만 예언 전승과 자기들의 부모를 통해서 말이다. 그러나 생략된 본문에 '마아스'("거부하다")나 '샤카흐'("잊다")와 같은 다른 동사가 누락된 것이라고 주장할 수도 있다. 이렇게 본다면, 야웨께서는 그들의 행동이 포로기 이전 시대 예언자들이 세워 놓은 오랜 원리들을 거역한 것임을 비난하고 있는 것이 된다.

의 경고를 무시함으로써 하나님의 진노의 심판이 자기들 위에 임하게 했던 조상들과는 달라야 한다(11-12절). 하나님께서 그들에게 회개할 것을 촉구하셨는데도 그들이 그의 말씀에 귀를 기울이지 않은 탓에, 하나님께서는 도움을 구하는 그들의 간구에 귀를 기울이지 않으셨다(13절). 도리어 그는 그들을 열방 중에 흩으시고 그들이 사는 땅을 폐허로 만들고 말았다(14절).

그러나 하나님의 심판으로 모든 것이 끝나는 것은 아니다. 그는 예루살렘을 향한 열심을 가지고 있어서, 다시금 그 성읍을 자신의 거처로 삼으시고, 그곳을 "진리의 성읍"과 "거룩한 산"으로 만드실 것이다(8:1-3). 노인들은 길거리에 앉아서 소년들과 소녀들이 뛰노는 모습을 보면서 기쁨으로 가득 찬 공동체의 모습을 발견할 것이다(4-5절). 예루살렘의 회복으로 인하여 사람들의 상상력이 혼란에 빠지겠지만, 야웨께서는 그들처럼 그렇게 놀라지는 않으실 것이다. 왜냐하면 세상에 있는 그 어떤 것도 그의 능력을 넘어서지는 못하기 때문이다(6절).

5-6절의 언어는 창세기 18장을 언급하고 있다. 이 창세기 본문에 의하면 사라는 아이를 낳을 것이라는 얘기를 들었을 때 '웃는다'(12절, 히브리어로는 '차하크'). 야웨께서는 그녀를 책망하시면서, "야웨께 능하지 못핸[히브리어로는 '팔라'] 일이 있겠느냐?"고 물으신다(14절). 아이가 태어나자 사라는 그를 이삭(히브리어로는 '이츠하크,' "그가 웃는다")이라 부르고서는, "하나님이 나를 웃게 하시니 듣는 자가 다 나와 함께 웃으리로다"(창 21:6)라고 설명한다. 스가랴 8:5-6을 보면 창세기 이야기의 핵심 낱말들이 그대로 나타난다. 5절은 아이들이 논다(문자적으로는 "웃는다"는 뜻을 가지고 있는 히브리어 "사하크"; '차하크'의 다른 발음 형태임)고 묘사하는 반면에, 6절은 이 놀라운 상황 전개마저도 야웨께는 전혀 경이로운(히브리어로는 '팔라') 일이 못 된다는 점을 지적한다. 새로 태어난 아들에 대한 사라의 즐거운 웃음과 마찬가지로 예루살렘 아이들의 웃음은 야웨께는 이루기 어려울 정도로 놀라운 일이라는 것이 없음을 증거할 것이다. 그는 불임의 사라에게 아이를 주신 것처럼, 황폐한 땅을 소생시키실 수 있다(7:14를 보라).

야웨께서는 포로민들을 고국으로 돌아오게 하실 것이요, 그들을 충성스러운 예배 공동체로 만드실 것이다(7-8절). 시대가 어렵기는 하지만, 야웨께서는 자기 백성을 번성케 하실 것이요, 그들에게 풍성한 수확물을 주실 것이다 (9-11절).[310] 하나님의 백성은 한때 열방 중에 저줏거리가 되었었지만, 이제는 하나님의 복을 받은 나라의 최고 사례가 될 것이다(13절). 13절을 문자적으로 읽으면 이렇다: "유다 족속아, 이스라엘 족속아, 너희가 이방인 가운데에서 저주가 되었었으나 이제는 내가 너희를 구원하여 너희가 복이 되게 할 것이다." 유다와 이스라엘에게 있어서 "저주가 된다"는 것은 그들의 이름이 저주 양식에 나타남을 의미한다.[311] 유다와 이스라엘은 저주받은 백성의 최고 사례였기 때문에 저주를 선포하는 자는 그와 똑같은 운명이 자신의 원수들에게도 임하기를 희망할 것이다. 유다와 이스라엘에게 있어서 "복이 된다"는 것은 그들의 이름이 축복 양식에 나타남을 의미한다.[312] 그들은 하나님의 복을 받은 백성의 고전적인 사례로 인식될 것이다. 복을 선포하는 자는 축복의 대상이 유다와 이스라엘처럼 번성하게 되기를 희망할 것이다.

야웨께서는 과거에 주어진 심판의 효과들을 역전시킴과 아울러, 유다와 예루살렘을 향한 자신의 은총을 회복시키겠다고 약속하신다(14-15절). 그러면서 그는 또한 유다 백성이 자신의 윤리적인 기준들에 헌신하기를 기대하신다. 그들은 공동체 안에서 정의를 증진시켜야 하고, 악하고 부정직한 행동들을 피하여야 한다(16-17절). 일단 유다 백성이 그들의 우선순위를 똑바로 지키고 하나님의 새로운 복을 받게 되면, 그들의 금식은 즐거운 축제로 바뀔 것이다(18-19절).[313] 그 땅 전역에서 온 사람들은 멀리 떨어진 곳에서 온 이방

---

310) 9절은 성전 기초가 놓이던 때에 대해서 언급한다. 이것은 성전 재건 공사가 시작된 주전 536년을 가리키는 것으로 보인다(스 3:13을 보라). 그러나 10절은 성전 기초를 놓기 전의 한 시기, 곧 품삯을 제대로 받지 못한 시기를 가리킨다. 이러한 상황은 학개 1:6에서 성전 공사 재개가 주전 520년 이전에 이루어졌다고 묘사되는 것과 일치하는 것으로 보인다. 아마도 스가랴 8:9는 520년의 두 번째 기초 공사를 가리킬 것이다. 그렇다면, 학개와 스가랴야말로 9절에 언급된 예언자들일 것이다.

311) 저주 양식의 한 사례로는 예레미야 29:22를 보라.

312) 축복 양식의 한 사례로는 창세기 48:20과 룻기 4:11을 보라.

313) 19절은 네 차례에 걸친 금식에 대해서 언급한다. 앞서 설명한 바와 같이, 5월의 금식은 586년의 예루살렘 함락을 기념하는 것이요, 7월의 금식은 그달랴의 죽음을 회상

인들과 함께 기쁨으로 야웨를 구할 것이다(20-23절).

야웨께서 자기 나라를 세우심(9:1—14:21)

앞서 설명한 바와 같이, 스가랴의 마지막 장들은 두 개의 신탁을 포함하고 있다. 그 중 첫 번째 신탁(9-11장)은 하나님의 백성의 영화로운 미래에 대해서 묘사한다. 그 미래는 그들의 전통적인 대적들의 패배(9:1-8), 하나님께서 선택하신 왕의 도착(9:9-10), 포로민들의 귀향(9:11-12; 10:8-12), 이스라엘 군사력의 초자연적인 회복(9:13-15; 10:3-7; 11:1-3), 하나님의 복의 회복 (9:16-17; 10:1-2) 등을 포함한다. 그러나 이러한 미래 묘사는 하나님의 통치권을 거부하는 그의 백성의 행동과 심판의 때에 대해서 묘사하는 대단히 상징적인 설명과 균형을 이루고 있다(11:4-17). 두 번째 신탁(12-14장)은 앞의 이야기를 계속 이어간다. 예루살렘이 적대 국가들에게 포위당하지만, 야웨께서는 초자연적인 방법으로 그 성읍을 지켜주실 것이다(12:1-9). 백성은 자기들이 하나님을 거부한 것에 대해서 슬퍼할 것이요, 그는 그들의 죄를 용서하시고, 그들을 정결케 하시며, 그들과 더불어 맺은 계약을 갱신하실 것이다 (12:10-13:9). 그러나 예루살렘은 야웨께서 적절한 때에 나타나시기 전까지는 큰 고통을 당할 것이다(14:1-7, 12-15; 참조. 13:7b-8). 야웨께서는 큰 승리를 거두신 후에 자신의 보편적인 나라를 세우실 것이요, 열방은 그를 경배할 것이다(14:8-11, 16-21).

하나님의 백성의 회복(9:1—11:3)

첫 번째 신탁은 북동쪽에 있는 아람(9:1)과 북쪽의 페니키아(2-4절) 및 서쪽의 블레셋(5-7절) 등을 향한 심판 선고와 더불어 시작된다. 어떤 이들은 이 예언이 주전 4세기에 알렉산더 대왕이 이룬 정복에 의해 성취되었다고 본다.

하는 것이다(7:3, 5를 보라). 4월의 금식은 아마도 586년에 있었던 바벨론의 예루살렘 침공을 기념하는 행사를 가리킬 것이요(왕하 25:3-4; 렘 39:2; 52:6-7을 보라), 10월의 금식은 588년에 있었던 예루살렘 포위 공격의 시작을 회상하는 행사를 가리킬 것이다(왕하 25:1-2; 렘 39:1; 52:4; 겔 24:1-2를 보라).

그러나 이 특별한 나라들이 언급된 것은 그들이 하나님의 백성의 전통적인 대적들이기 때문일 가능성이 높다. 더 나아가서 그들의 패배는 이스라엘과 유다의 국경선을 안전하게 만들어줄 것이요(8절), 그들로 하여금 이상적인 경계선에 이르기까지 영토를 확장할 수 있게 해줄 것이다(신 1:7; 수 1:3-4를 보라).[314]

예루살렘은 주전 586년의 함락 이후로 자신의 독립성을 빼앗겼음에도 불구하고 다시금 왕정을 회복할 것이다. 야웨께서는 의인화된 그 성읍으로 하여금 즐거워할 것을 촉구하시고, 이어서 그들의 왕이 오는 것에 주의를 기울이게 만드신다(9a절). 이 문맥에서는 야웨께서 화자로 나타나기 때문에(6-8, 10-13절), 그가 말씀하시는 왕은 인간 통치자임에 틀림이 없다. 그는 의심할 여지 없이 다윗의 후손이다(12:8을 보라). 그 왕은 "정의롭고 승리를 거두는" 자로(NIV, "의롭고 구원을 베푸는"), 그리고 나귀를 타는 자로 묘사된다(9b절).[315] 고대 근동 지역에서 왕들은 종종 나귀를 타는 바, 이러한 운송 수단은 본질적으로 왕권의 품위를 떨어뜨리는 것이 아니다.[316] 그러나 전차나 군마 대신에 나귀를 탄다는 것은 그의 "겸손한"(NIV, "온유한") 성품과 그의 평화로운 통치를 반영하는 것이다(10절을 보라).[317] 이 예언은 예수께서 십자가를 지시기 전에 예루살렘으로 승리의 입성을 하시던 때에 부분적으로 성취된다 (마 21:1-11; 막 11:1-11; 눅 19:28-38; 요 12:12-15를 보라). 그러나 유대 민족이 당시에 예수를 배척한 까닭에, 이 예언(특히 10절의 약속)의 완전한 성취를 보기 위해서는 재림의 때까지 기다려야 할 것이다.

이렇듯이 왕이 올 것임을 선포하신 야웨께서는 이어서 시온에게 자신의

---

314) Hanson, *Dawn of Apocalyptic*, 317(「묵시문학의 기원」: 크리스챤다이제스트); Merrill, *Haggai, Zechariah, Malachi*, 247-48.

315) 또 다른 견해는 여기에 나오는 히브리어 '차띠크'("의로운")를 "정당성을 인정받은" 또는 "합법적인"으로 이해하고자 한다: Merrill, *Haggai, Zechariah, Malachi*, 254.

316) Baldwin, *Haggai, Zechariah, and Malachi*, 165-66.

317) 이와 관련하여, 전차를 탄 압살롬(삼하 15:1)과 즉위식 때에 노새를 탄 솔로몬(왕상 1:33)을 비교해 보라.

계약을 성취하기 위해 포로가 된 자기 백성을 자유케 하겠다고 약속하신다
(11–12절).[318] "내 계약의 피"라는 구절은 출애굽기 24:8을 가리킬 수도 있다.
이 출애굽기 본문은 하나님께서 시내산에서 이스라엘과 더불어 맺으신 계약
을 비준하는 희생제사를 가리키는 데 그 구절을 사용한다. 그러나, 적어도
외관상으로 볼 때, 그 계약이 어떻게 시온과 더불어 맺은 것으로 여겨질 수
있는지, 또는 그것이 어떻게 포로 귀향보다 앞서는지를 설명한다는 게 쉬운
일이 아니다.[319] 스가랴는 여기서 에스겔 16:8을 언급하고 있을 가능성이 더
높다.

이 본문에 의하면 야웨께서는 시온이 젊은 여인일 때 그와 더불어 계약을
맺으셨음을 상기시키신다(60절도 보라). 시온이 나라 전체를 대표하는 것으
로 보아, 모세 계약이야말로 에스겔이 사용하는 은유의 기초를 이루고 있는
것일 수도 있다.

이 경우에, 스가랴 9:11이 정말로 에스겔 16:8을 언급하는 것이라면, 그것
은 하나님의 백성이 결국에는 포로생활을 마치고 고국으로 돌아가게 될 것
이라는 약속(신명기판 계약에 추가된)을 가리킬 것이다(신 30:1–10을 보라).
그러나 하나님께서 시온을 자신의 거주지로 선택하셨다는 개념(다윗 시대에
이루어진 결정임)이야말로 에스겔이 사용하는 은유의 기초를 이루고 있을
가능성이 더 높다. 이 경우에, 스가랴 9:11이 에스겔 16장에 의존하는 것이라
면, 그것은 하나님께서 다윗과 더불어 맺으신 계약과 긴밀하게 연결되어 있
는 시편 132:13–17의 약속들을 가리킬 것이다(11–12절을 보라).

스가랴는 또한 유다와 이스라엘 — 여기서는 가장 탁월한 지파인 에브라
임이 대표하는 — 의 재통합에 대해서 묘사한다(13a절). 시온의 아들들은 야
완(NIV, "헬라")의 아들들을 공격할 것이다(13b절). 야웨의 보호하심에 힘입
은 그의 백성은 자신의 대적들을 물리칠 것이요(14–15절), 그의 새로운 복들
을 맛볼 것이다(16–17절).

---

318) 11절의 2인칭 대명사와 동사의 형태들은 여성 단수형으로 되어 있다. 이는 의인
화된 시온을 가리키고 있음이 분명하다(9절을 보라).
319) 출애굽기 23장은 포로 귀향이 아니라 땅의 정복을 기대하고 있다.

어떤 이들은 헬라(문자적으로는 "야완")에 대한 언급이 이 신탁의 후대 저작권을 나타내거나 이 진술이 후대에 스가랴의 예언에 추가된 것임을 나타내는 증거라고 본다. 그러나 단순히 헬라(=야완)라는 이름이 나온다고 해서 반드시 그러한 결론을 내려야 하는 것은 아니다. 왜냐하면 야완에 대한 언급은 창세기 10:2, 4; 이사야 66:19; 에스겔 27:13에서도 나타나기 때문이다. 이보다 더 중요한 것은 본문이 하나님의 백성과 야완의 아들들 사이에 벌어지는 전쟁에 대해서 묘사하고 있다는 점이다. 어떤 이들이 보기에 이것은 주전 2세기에 마카베오 가문과 셀레우코스 가문 사이에 벌어진 투쟁을 예고하거나 반영하는 것으로 비칠 것이다(단 8:21-25를 보라). 그러나 야완은 여기서 야웨의 나라에 통합될 먼 나라들을 대표하는 존재로 언급된다.[320]

스가랴는 자신의 미래 묘사를 잠시 중단하고서 자기 시대의 사람들에게 야웨께 새로운 복을 달라고 간구할 것을 촉구한다(10:1). 포로기 이후의 공동체는 농업의 번영을 경험한 바가 없지만(학 1:5-11; 2:16-17을 보라), 하나님과 그의 윤리적인 기준들에 대한 새로운 헌신은 비를 가져다줄 것이요, 이로인하여 밭들은 풍성한 수확을 거두게 될 것이다(8:12를 보라).

바로 이 부분에서 9:11-16의 중심 주제들은 정반대 순서로 반복되면서 교차 대칭 구조를 만들어낸다:

> A 야웨께서 포로민들을 구원하심(9:11-12)
>> B 야웨께서 유다와 에브라임에게 전쟁을 벌일 수 있는 힘을 주심
>> (9:13-15)
>>> C 야웨께서 자기 백성을 먹이시고 복을 주심(9:16-17)
>>>> D 현재 주어지는 복(10:1)
>>> C' 야웨께서 자기 백성을 먹이심(10:2-3b)
>> B' 야웨께서 유다와 에브라임에게 전쟁을 벌일 수 있는 힘을 주심
>> (10:3c-7)
> A' 야웨께서 포로민들을 구원하심(10:8-11:3)

---

320) Baldwin, *Haggai, Zechariah, and Malachi*, 169.

이스라엘 백성은 점술 전문가들이나 그들의 점술이 아니라 야웨가 복의 근원임을 인정해야만 한다(2a절).[321] 사실 그러한 이교 풍습 때문에 야웨의 계약 공동체는 자기들을 인도하고 보호할 목자 없는 양 떼와 같이 되고 말았다(2b절). 하나님의 백성을 먹여야 할 책임을 지고 있는 자들은 자기들의 의무 이행을 소홀히 한 까닭에, 하나님의 엄한 징계를 받게 될 것이다(3a절).[322] 이 "목자들/숫염소들"의 정체는 확실치 않다. 그들은 압제적인 이방 통치자들을 대표할 수도 있다(9:8; 10:5b, 11을 보라). 그러나 11:4-17과 13:7에 사용된 목자 주제에 비추어볼 때, 그것은 계약 공동체 내의 지도자들을 염두에 두고 있을 가능성이 높다.

야웨께서는 자기 백성 위에 세운 무능한 지도자들에게 만족하지 못한 탓에, 자신이 직접 유다의 목자 역할을 수행하실 것이다(10:3b). 그는 유다를 강한 군대 — 여기서는 군마에 비교됨 — 로 바꾸실 것이다(3c절). 야웨의 권능은 유다로 하여금 안정을 누리게 할 것이요, 원수들을 무찌를 수 있게 하실 것이다(4-5절).[323] 그리고 북왕국("요셉 족속"의 "에브라임 사람들"이 대

---

321) 2절에 언급된 "우상들"은 점술에 사용되는 것들이다. "우상들"로 번역된 낱말(히브리어로 '테라핌'=드라빔)은 점술에 사용되는(겔 21:21; 호 3:4) 가신상을 가리킨다(창 31:19; 삼상 19:13, 16을 보라). 야웨께서는 그것들의 사용을 금하셨다(삼상 15:23; 왕하 23:24). 그러한 우상들은 사사기 17-18장에서 미가의 가정 성소에 있는 물품들의 목록에 포함되어 있다(17:5; 18:14를 보라). 단 지파는 결국 그것들을 훔친 후, 공인되지 않은 자기들의 예배 중심지에 귀속시킨다(삿 18:17-18, 20).

322) NIV에서 "지도자들"로 번역하고 있는 히브리어 낱말은 문자적으로 볼 때 때때로 양 떼와 더불어 움직이는 "숫염소"를 가리킨다(렘 50:8을 보라). 여기서 그것은 지도자들을 뜻하는 은유로 사용되고 있다.

323) 4절의 정확한 의미는 확실치 않다. 히브리어 본문을 문자적으로 읽으면 이렇다: "모퉁잇돌이 그에게서, 말뚝이 그에게서, 전쟁의 활이 그에게서, 모든 통치재[또는 압제자?]가 다 일제히 그에게서 나와서." 이 본문에 나오는 3인칭 남성 단수 대명사의 선행사가 누구/무엇인지는 확실치 않다. 그것이 "만군의 야웨"라고 하는 견해도 있고, "그의[야웨의] 양 떼"라고 하는 견해도 있으며, "유다 족속"이라고 하는 견해도 있다(3절을 보라). 내가 보기에는, 야웨의 양 떼나 유아 족속이 그 선행사인 것 같다. 처음 세 행은 야웨의 양 떼/유다 족속이 새로운 안정(모퉁잇돌과 말뚝이 상징하는)과 힘(활이 상징하는)을 누릴 것을 분명하게 밝히고 있다. 그 선행사는 아마도 유다에게서 나오는 한 왕족을 염

표하는)은 포로생활을 마치고 돌아와 유다와 결합할 것이다(6-8절). 이스라엘 포로민들은 과거에 열방 중에 흩어졌으나, 이제는 앗수르와 이집트(종살이와 포로생활을 상징함; 호 8:13; 9:6을 보라)로부터 돌아와서 길르앗과 레바논에 거주할 것이요, 야웨를 충실하게 따르는 자들이 될 것이다(9-10, 12절). 야웨께서는 과거로부터 비롯된 표상을 사용하여 자기 백성이 모세 시대에 그러했던 것처럼 위험한 바다 사이로 안전하게 지날 것이라고 말씀하신다(11a절). 그는 앗수르의 교만과 이집트의 왕권을 낮추실 것이다(11b절). 물론 앗수르는 스가랴의 시대에는 이미 국제무대에서 사라진 지 오래된 나라이다. 스가랴는 여기서 포로기 이전 시대의 자료를 사용했을 수도 있다. 그러나 이러한 견해는 시대착오적인 언급을 충분하게 설명해내지 못한다. 앗수르와 이집트가 이스라엘의 전통적인 적대 국가들이었던 까닭에 예언자는 아마도 그들을 여기서 자기 시대의 강한 나라들을 나타내는 관용어구로 또는 모든 적대 국가들을 대표하는 하나의 전형으로 사용했을 것이다.

11:1-3은 앗수르와 이집트의 붕괴를 매우 시적인 언어로 묘사하고 있다. 불이 레바논의 삼림과 바산 지역(요단 동편에 위치한)을 휩쓸고, 나무들과 초장들을 파괴한다. 목자들이 방목지를 잃은 것을 인하여 통곡하는 동안에, 그 불은 요단강 쪽으로 올라가면서 무성한 숲을 태우며 사자들을 그들의 집으로부터 내쫓는다. 이러한 표상의 배후에는 구체적으로 확인하기 어려운 현실이 가로놓여 있다. 그러나 이 절들이 앗수르와 이집트의 파멸 선고에 바로 이어 나타나는 것으로 보아, 그 불을 이 두 나라가 상징하는 나라들에 임할 하나님의 심판과 관련시키는 것이 타당할 것이다. 이사야는 하나님의 심

두에 둔 것일 수도 있을 것이다(모퉁잇돌의 은유는 다른 곳에서 지도자들을 가리키는 데 사용된다. 삿 20:2[NIV, "지도자들"]; 삼상 14:38[NIV, "지도자들"]; 사 19:13.) 네 번째 행의 의미에 대해서는 논란이 많다. 모퉁잇돌과 말뚝과 활이 유다가 새롭게 얻을 안정과 힘을 가리키는 긍정적인 의미를 가지고 있는 탓에, 어떤 이들은 네 번째 행의 통치자들을 하나님의 백성을 다스리는 통치자들로 이해하고 싶어한다. 그러나 여기에 사용된 용어(히브리어로는 '노게스')는 다른 곳에서 압제적인 폭군을 가리킨다(특히 슥 9:8을 보라). 이 때문에 네 번째 행은 하나님의 양 떼/유다 족속으로부터 제거될 압제적인 통치자들을 가리킨다고 볼 수 있을 것이다.

판을 받을 교만한 자들을 상징하기 위해 레바논의 백향목과 바산의 상수리 나무를 사용한 바가 있다(2:13). 이사야는 앗수르를 레바논의 나무들에 비유 하며(10:33-34), 에스겔은 앗수르와 이집트 모두를 레바논 삼림 속에 있는 거대한 나무들에 비유한다(31:1-18).

양 떼가 목자를 거부함(11:4-17)

통곡하는 목자들에 대한 언급(3절)은 목자들과 양 떼에 관한 풍유를 포함 하는 이 신탁의 결론 부분으로 넘어가기 위한 중간 연결고리에 해당한다. 이 제까지의 신탁은 유다와 이스라엘의 영화로운 미래에 초점을 맞추었지만, 4-5절에서는 그 분위기가 바뀐다. 양 떼를 전혀 돌보지 않는 쓸모없는 목자 들의 이야기가 나오기 때문이다. 이 주제는 이미 이 신탁에서 간략하게 다루 어진 바 있다. 10:2b-3a에서 야웨께서는 자기 백성을 방황하는 양 떼로 묘사 하시면서, 그들을 버린 목자들을 비난하셨던 것이다. 11:4-17에서 그는 이 주제를 훨씬 더 상세하게 발전시키신다.

야웨께서는 예언자에게 목자의 역할을 수행할 것을 청하시며, 그에게 "잡 혀 죽을 양 떼를 먹이라"고 지시하신다(4절).[324] 야웨께서는 세 집단, 곧 부요 해지기 위하여 양 떼를 파는 자들과 식량 조달을 위하여 그 양 떼를 사는 자 들 및 양 떼를 전혀 보살피지 않는 목자들을 비난하신다(5절). 이어서 야웨께 서는 자기 백성(양 떼가 상징하는)을 더 이상 긍휼히 여기지 않을 것이요, 그 들 모두로 하여금 "그의 이웃"(주변 나라들?)과 "그의 왕"(공동체의 지도자?) 에게 압제를 당하게 할 것이다(6절). 예언자는 양 떼를 치면서 두 막대기를 사용하는 바, 하나는 은총이라는 이름을 가지고 있고, 다른 하나는 연합이라 는 이름을 가지고 있다(7절). 한 달 사이에 그는 세 명의 목자들(아마도 5절에 언급된 게으른 목자들)을 제거하지만, 양 떼는 그에게서 등을 돌린다(8절). 그 까닭에 그는 자신의 사명을 포기하고서 양 떼를 죽게 내버려둔다(9절). 그

---

324) 예언자가 이 명령을 어떻게 — 전부는 아니라 할지라도 — 실행에 옮겼는지는 확 실치 않다. 아마도 그는 상징적인 목적을 위해서 실제로 양 떼를 먹였을 것이다. 그러나 4-17절에 묘사된 일들은 환상이나 꿈 속에서 이루어진 것들일 수도 있다.

는 은총이라 불리는 막대기 — 주변 나라들과의 평화로운 관계를 상징하는
— 를 부러뜨리고(10–11절), 자신의 수고로 인하여 받은 소량의 은을 던져버
린다(12–13절). 이어서 그는 연합이라 불리는 막대기 — 유다와 이스라엘의
연합을 상징하는 — 를 부러뜨린다(14절). 바로 이때 야웨께서는 예언자에게
다른 역할, 곧 그의 양 떼를 전혀 돌보지 않는 어리석은 목자의 역할을 수행
할 것을 지시하신다(15절). 이것은 아이러니컬하게도 야웨께서 친히 세우실
한 지도자를 예고하는 메시지에 해당한다. 그는 양 떼를 소홀히 여길 뿐만
아니라, 그들을 죽이고 먹기까지 할 것이다(16절). 그러나 이 쓸모없는 목자
에게는 심판 신탁이 선포된다(17절).

성서에서 가장 난해한 본문들 중의 하나인 이상의 절들은 그 의미를 찾아
내려는 해석자들의 온갖 노력을 피해 왔다. 이 때문에 여기에 소개되는 해석
들은 임시적인 것으로, 그리고 다소간에 사변적인 것으로 간주되어야 할 것
이다. 어떤 이들은 적어도 4–14절에 있는 알레고리가 포로기 이전 시대와 포
로기를 포함하는 이스라엘 역사를 다루고 있다고 본다.[325] 이스라엘(양 떼)은
무책임한 지도자들(목자들)에 의해 고통을 당한다. 야웨께서 이 목자들을 제
거함으로써 양 떼를 돕고자 하시지만, 이번에는 그의 백성이 그를 배척한다.
그 까닭에 그는 주변 나라들로 하여금 자기 백성을 압제하게 만들고, 자신의
계약 공동체를 두 나라로 분열시키신다. 야웨의 심판은 자기 백성이 어리석
은 목자에게 넘겨지는 데서 절정에 도달한다. 이 어리석은 목자는 아마도 하
나님의 백성을 포로로 잡아간 것에 대하여 책임을 지고 있는 이방 강대국을
상징할 것이다. 물론 이 목자가 스가랴의 시대 이후에 나타날 지도자일 수도
있겠지만 말이다.[326]

---

325) 예로써 4–14절에 대한 메릴의 해석을 보라: Merrill, *Haggai, Zechariah,
Malachi*, 287–301.

326) 메릴은 4–14절이 포로기 이전 시대를 회상하고 있는 것이라고 해석하기는 하지
만, 15–17절은 미래를 내다보고 있는 것이라고 본다. 그의 견해에 의하면 15–17절은
"스가랴 시대 이후의 이스라엘 지도자들 전체에 대해서 묘사하고 있으며, 마침내 불경건
한 폭군을 대표하는 인물, 곧 신약에서 적그리스도라 칭해지는 자가 나타나면서 절정에
도달한다"(ibid., 303을 보라).

다른 이들은 4-17절을 우리가 거의 알지 못하는 포로기 이후 시대 초기를 배경으로 하여 이해한다. 만일에 스가랴가 이 절들의 실제 저자라고 한다면, 아마도 그 절들은 그의 활동 기간 말년의 상황, 곧 공동체의 사회정치적인 구조가 해체되고 포로기 이후 공동체의 지도자들이 무책임한 모습을 보이던 때를 반영하고 있을 것이다(사 56-66장에 이미 예고된 상황임). 야웨께서 친히 개입하시지만, 공동체가 그를 배척하는 바람에, 야웨께서는 그들을 떠나실 것이요, 그들을 압제적인 이웃 나라들에게 넘겨버리실 것이다. 그리하여 초기 예언자들이 마음에 그리던 민족 통합은 부서진 이상이 되고 말 것이다. 설상가상으로 야웨께서는 그 양 떼를 자기가 선택하신 어리석은 지도자에게 넘기실 것이요, 그는 그의 백성을 압제하지만 종국에는 하나님의 심판을 받아 쓰러질 것이다. 이 통치자의 파멸은 13:7에 묘사되어 있다. 이 구절에 의하면, 야웨께서는 그를 쓰러뜨릴 것을 명하신다.[327] 그의 죽음은 양 떼를 흩어지게 만들 것이다. 야웨께서는 친히 양 떼를 공격하실 것이요, 그 땅을 폐허로 만드실 것이요, 오로지 소수의 남은 자들만을 살려두실 것이다. 하나님께서 이 통치자를 "내 목자"로, 그리고 "나와 사이가 가까운 사람"으로 칭하시는 것으로 보아, 그는 한때 포로기 이후 공동체를 다스린 다윗의 후손을 가리킬 것이다.[328]

야웨께서 예루살렘을 구원하심(12:1-9)

두 번째 신탁은 보다 긍정적인 분위기를 가지고서 시작한다. 여기서 우리는 야웨께서 자기 백성을 위해 개입하시고 또 그들을 적대 국가들로부터 구원하시는 것을 본다. 야웨는 인간을 포함하는 온 세상을 창조하신 분으로 묘사된다. 창조주로서 그는 민족들 간의 일들에 관여할 권세와 능력을 가지신 분이다(1절). 주변 나라들은 유다와 예루살렘을 공격하고 포위하지만, 종국에는 격퇴당하고 패배당할 것이다(2-3, 9절). 예루살렘은 독한 술로 가득 찬 잔에 비교된다. 그 잔을 마시는 자는 비틀거릴 것이다. 예루살렘은 또한 옮

---

327) Hanson, *Dawn of Apocalyptic*, 350.
328) Ibid., 349-50.

기려고 아무리 노력해도 소용이 없는 견고한 바위에 비교되기도 한다. 야웨께서는 그 전쟁에 개입하여 침략군의 말들을 쳐서 눈이 멀게 하실 것이요, 이로써 유다의 지도자들로 하여금 자기가 예루살렘을 지키려는 열심을 가지고 있음을 알게 하실 것이다(4-5절). 이 동일한 지도자들은 자기들의 대적들을 삼킬 것이다. 마치 불이 나뭇단을 삼키는 것처럼 말이다(6절). 예루살렘과 다윗 가문뿐만 아니라 유다 사람 모두가 구원을 받게 될 것이다(7절). 예루살렘 거주민들은 하나님의 권능을 힘입을 것이요, 그 결과 그들 중 가장 약한 자도 위대한 전사인 다윗의 군사력을 소유할 것이다. 그리고 다윗 가문은 하나님 자신이나 야웨의 천사와 마찬가지로 전쟁터에서 초인간적인 용기를 보일 것이다(8절).

백성이 야웨께 돌아옴(12:10—13:9)

구원의 날은 정결과 화해의 날이 되기도 할 것이다. 야웨께서는 주권적인 은총의 행동을 통하여 자기 백성으로 하여금 자기에게로 돌아오게 하실 것이다(12:10a). 그들은 목자와도 같은 그의 보호를 거부하였으나(11:8을 보라), 이제는 자기들이 한 일에 대하여 탄식할 것이다. 독자나 장남의 죽음을 애곡하는 자처럼 말이다(10b-11절).[329] 공식적인 애곡 의식은 왕실과 제사장들에 의해 치러질 것이다(12-14절).

사도 요한이 10b절을 인용한 까닭에(요 19:37을 보라), 어떤 이들은 그것을 메시야적인 예언으로 간주한다. 히브리어 본문은 10절 후반부를 이렇게 읽는다: "그리고 그들은 자기들이 찌른 자, 곧 나를 바라볼 것이요, 독자를 위하여 애곡하는 자처럼 그를 위하여 애곡하고, 장남을 위하여 슬퍼하는 자처

---

329) 11절은 그들의 애곡을 므깃도 평지에 있는 하다드 림몬의 애곡에 비교한다. 하다드 림몬은 지명(地名)일 수도 있다. 아마도 그곳은 므깃도 평지에서 벌어진 전쟁에서 전사한 요시야의 죽음을 애곡하던 곳을 가리킬 것이다(대하 35:24-25). 또 다른 견해에 의하면, 11절은 가나안의 폭풍우 신인 하다드 림몬을 위한 애곡 의식을 가리킨다. 이처럼 다양한 견해들에 대한 유용한 논의를 위해서는 다음을 보라: Merrill, *Haggai, Zechariah, Malachi*, 323-24.

럼 그를 위하여 슬퍼할 것이다." 히브리어 본문에서 "그들이 찌른 자"라는
관계절 앞에는 대격 불변사가 나오는 바, 이 불변사는 화자("나를"이라는 표
현을 주목하라)와 "그들이 찌른 자"가 동일 인물임을 구체적으로 밝히고 있
다.[330] 10절 뒷부분에 나오는 3인칭 단수 대명사의 사용은 그들이 찌르고 애
곡하는 자가 화자와는 구별되는 존재임을 분명하게 밝히고 있다. 그러나 3인
칭으로의 인칭 변화는 순전히 문법적인 것일 가능성이 더 높다. 3인칭 남성
단수 대명사는 "그들이 찌른 자"를 가리키고, 이어서 "그들이 찌른 자"는 화
자("나를")와 동일시되고 있다.[331] 화자를 자연스럽게 하나님 자신과 동일시
하는 이 문맥에서(2-4, 6, 9-10절을 보라) 누군가를 찌르는 행동은 순전히
은유적인 것으로, 백성이 자기들의 목자이신 하나님을 배척한 것을 가리킨
다(11:8을 보라).

로마 병사가 예수의 옆구리를 찔렀을 때 요한은 그러한 행동 속에서 스가
랴의 예언이 성취되었음을 보았다(요 19:37). 그러나 만일에 그 진술이 본래
의 문맥 속에서는 순전히 은유적인 것으로서, 하나님 자신을 찔린 바 된 분
으로 보고 있다면, 요한의 스가랴 본문 사용은 과연 어떻게 정당화될 수 있
을까? 스가랴 본문은 어떠한 방식으로 "성취된" 것일까? 요한이 스가랴 본문
을 인용했다고 해서 반드시 그가 스가랴 본문을 메시야가 겪게 될 일을 직접
예언한 것으로 보았음을 뜻하지는 않는다. 스가랴의 예언 및 그것과 예수 사
이의 관계에 대한 그의 이해는 이보다 더 미묘한 점을 가지고 있다. 예수께
서 옆구리에 창을 맞음으로써 마무리된 십자가 처형은 이스라엘이 하나님을
배척한 구체적인 사례들 중의 하나이다. 이보다 더한 것은 그것이 이러한 배
척 행동의 가장 궁극적인 표현이라는 점이다. 그것은 그러한 배척 행동의 오
랜 역사에서 절정을 이루는 행동인 셈이다. 이스라엘 민족은 예수를 배척하
고 처형함으로써 육체로 오신 하나님을 죽음에 이르게 했다. 그 사건은 스가
랴의 언어에 살을 입힌다. 은유가 문자적인 현실이 되는 것처럼 말이다. 스

---

330) 이처럼 대격 불변사가 구체적인 지시 대상을 밝히는 용법의 다른 사례들로는 예
레미야 38:9("예언자 예레미야, 곧 그들이 구덩이에 던져 놓은 자에게")와 에스겔 14:22;
37:19를 보라.

331) Ibid., 320.

가랴의 예언에 포함되어 있는 일반적인 진리는 예수의 십자가 처형에서 실체를 가진 것으로 성취된다. 그 예언이 본래의 문학적인 맥락에서 소유하지 못했던 문자적인 현실을 그 언어에 부여함으로써 말이다.[332]

백성과 왕족의 회개에 대한 응답으로 야웨께서는 그들을 "죄와 더러움으로부터 정결케"하실 것이다(13:1). 이것은 그들의 우상들과 거짓 예언자들을 제거하는 것을 포함할 것이다(2절; 10:2을 보라). 야웨를 향한 열심이 너무도 대단한 나머지 거짓 예언자들의 부모는 모세의 율법에 순종하여 기꺼이 그를 처형코자 할 것이다(3절; 신 13:6-11을 보라). 거짓 예언자들에 대한 평판이 너무도 나쁜 탓에, 과거에 거짓 예언에 관여했던 자들은 그러한 사실을 숨길 것이다(4-6절). 야웨께서는 또한 자기가 세우신 어리석고 쓸모없는 목자를 제거함으로써 다윗 가문을 정결케 하실 것이다(7절; 11:15-17에 대한 필자의 설명을 보라). 이 목자를 제거하는 일은 온 세상을 향한 심판의 첫 번째 단계가 될 것이다. 그가 자기 백성에게 심판을 내리신 결과 그들 중 3분의 2는 죽을 것이다(8a절). 그러나 야웨께서는 나머지 3분의 1을 보존하실 것이요, 그들을 자신의 계약 공동체로 만드실 것이다(8b-9절).

7절은 잘 알려진 본문이다. 특히 예수께서 체포되던 날 밤에 자신의 제자들이 자기를 버릴 것이라고 예언하면서 그것을 인용하셨기 때문이다(마 26:31; 막 14:27을 보라). 물론 예수는 스가랴가 예언한 어리석고 쓸모없는 목자가 아니다. 그렇다면 그는 왜 이 구절이 마치 겟세마네에서 발생할 일을 예언한 것인 양 그것을 인용하신 것일까? 요한이 스가랴 12:10을 인용한 경우와 마찬가지로, 예수께서 스가랴 13:7을 인용하셨다고 해서 반드시 그가 스가랴 본문을 자신에게 닥칠 일에 대한 직접적인 예언으로 이해하셨음을 뜻하지는 않는다. 그는 그 본문을 격언을 인용하는 방식으로 활용하셨을 가능성이 더 높다. 달리 말해서 목자가 쓰러지면 그의 양 떼가 당연히 흩어진다는 얘기다. 이와 마찬가지로, 예수의 체포되심은 혼란과 두려움에 빠진

---

332) 요한복음 19:37 역시 시편 34:20을 마찬가지 방식으로 사용한다. 시편의 은유적인 언어에 더 문자적인 현실을 부여함으로써 말이다. 요한의 시편 34:20 사용에 대해서는 다음을 보라: Robert B. Chisholm, "A Theology of the Psalms," in R. B. Zuck, ed, *A Biblical Theology of the Old Testament* (Chicago: Moody, 1991), 291.

"양 떼"를 사방으로 흩어지게 할 것이다.[333]

야웨께서 승리를 거두심(14:1-21)

스가랴서의 이 마지막 장은 앞선 장들에 있던 몇 개의 주제층들을 한데 묶는다. 그 땅에 임할 야웨의 심판(13:8을 보라)은 예루살렘을 포함할 것이다. 주변 나라들은 그 성읍을 점령할 것이요, 그 집들을 약탈하는가 하면, 여인들을 겁탈하고, 거주민들의 절반을 포로로 잡아갈 것이다(14:1-2). 여기에 묘사된 장면은 예루살렘을 난공불락의 요새로 묘사하는 12:1-9의 장면과 크게 다르다. 이 두 본문이 두 개의 상이한 사건들을 염두에 둔 것일 수도 있겠지만, 14:1-2가 초기 예언을 보충함과 아울러 예루살렘이 구원을 맛보기 전에 먼저 고통을 당하게 될 것임을 분명하게 밝힌 것일 가능성이 더 높은 편이다.

모든 희망이 사라진 것 같이 보일 때, 야웨께서는 하늘의 군대("거룩한 자들"로 불림)를 거느리고서 갑자기 개입하실 것이다. 그의 감람산 도착은 지진을 초래할 것이요, 그 지진은 산을 둘로 쪼갬으로써 성읍 거주민들을 위해 피할 길을 만들어줄 것이다(3-5절). 또한 우주 전체가 혼란에 빠질 것이요, 낮과 밤의 정상적인 순환이 크게 변형될 것이다(6-7절).

열방에 대한 야웨의 승리를 계속 설명하기에 앞서(12-15절을 보라), 예언자는 야웨께서 온 세상을 향한 자신의 통치권을 확립하신 후에 생겨날 상황에 대해서 묘사한다(9절).[334] 예루살렘은 생명을 주는 물의 근원이 될 것인

---

333) 예수의 스가랴 본문 사용에 대한 이러한 견해를 더 구체적이고도 유용하게 연구한 자료를 위해서는 다음을 보라: Merrill, *Haggai, Zechariah, Malachi*, 339. 그러나 메릴은 이러한 설명을 넘어서서 그 구절을 메시야적인 예언으로 보는 듯하다(339-40). 물론 예수의 스가랴 본문 사용은 그의 시대에 유행하던 메시야적인 해석을 반영하는 것일 수도 있다.

334) 9b절의 히브리어 본문을 문자적으로 읽으면 이렇다: "그 날에는 야웨께서 홀로 한 분이실 것이요, 그의 이름도 홀로 하나일 것이다.]" "하나"(one)라는 낱말은 여기서 "독특한, 유례없는"이라는 의미에서 사용된다. "하나"라는 낱말의 이러한 서술적인 용법에 대해서는 아가 6:9도 보라.

바, 그 중 한 물줄기는 동쪽으로 흘러 사해로 갈 것이요, 또 다른 물줄기는 서쪽으로 흘러 지중해로 갈 것이다(8절). 예루살렘 남쪽 지역은 아라바(사해 남쪽 지역)와 같이 평평하게 될 것이요, 다시금 사람이 거주하여 영원토록 안전을 누리게 될 그 성읍은 모든 사람들이 볼 수 있도록 높이 들릴 것이다(10-11절).

예언자는 이제 전쟁 장면으로 되돌아온다. 야웨께서는 예루살렘 밖에 있는 이방 군대들을 전염병으로 치실 것이다. 그 전염병은 그들의 눈과 혀를 썩게 할 것이요(12절), 그들의 짐승들을 죽일 것이다(15절). 공포가 침략군을 휩쓸 것이요, 그들로 하여금 서로를 공격하게 만들 것이다(13절). 유다 백성은 예루살렘 거주민들과 더불어, 전쟁에 패한 원수들이 버리고 간 금과 은과 의복 등을 수집할 것이다(14절).

열방을 굴복시킨 야웨께서는 그들을 다스리실 것이다. 열방 중의 생존자들은 해마다 초막절을 지키기 위하여 예루살렘으로 순례여행을 할 것이다(16절; 신 16:13-15를 보라). 이에 동의하지 않는 자들은 기근의 벌을 받을 것이요, 수확물을 빼앗길 것이다(17-19절). 예루살렘은 거룩한 성읍이 될 것이다. 말방울이나 요리용 솥처럼 일상적인 물품들조차도 거룩하게 여겨질 것이다. 마치 성전 안에 있는 거룩한 그릇들처럼 말이다(20-21a절). 재건된 성전은 더 이상 이방인들의 존재로 인하여 오염되지 않을 것이다(21b절).[335]

공동체를 정결케 함(말라기)

---

335) 21b절의 히브리어 본문을 문자적으로 읽으면 이렇다: "그 날에는 만군의 야웨의 집에 가나안 사람이 더 이상 있지 않을 것이다." 어떤 이들은 "가나안 사람"을 인종적인 언어로 이해하지만, 이 낱말은 여기서 "상인, 무역업자"라는 이차적인 의미를 가지고 있을 가능성이 더 높다. 아마도 그것은 이방 상인들 전체를 가리킬 것이다(욥 41:6; 잠 31:24; 사 23:8; 호 12:7에 있는 이 용어의 용례들을 보라). 이 본문이 바벨론 사람들을 염두에 둔 것일 수도 있다. 왜냐하면 에스겔 16:29와 17:4는 바벨론을 "상인들의 땅"으로 칭하고 있기 때문이다.

서론

그의 이름("나의 사자"를 뜻함)을 제외하고서는 예언자 말라기에 관하여 사실상 알려진 것이 전혀 없다. 어떤 이들은 "말라기"를 고유명사가 아니라 하나의 호칭으로 본다. 그러나 저자의 이름을 표제에 포함하고 있는 다른 예언서들과 비교해볼 때 그것은 다른 의미를 가지고 있는 것으로 보인다. 배경 정보가 없는 것은 독특한 요소가 아니요, 따라서 그 이름을 호칭으로 꼭 보아야 할 필요도 없다(욥 1절; 합 1:1; 학 1:1을 보라).

이 예언은 구체적인 날짜를 전혀 가지고 있지 않다. 그러나 내적인 증거는 그것이 포로기 이후 시대, 곧 주전 5세기에 생겨난 것임을 암시한다. "총독"이라는 낱말(1:8; 히브리어로는 '페하')은 느헤미야서에서는 페르시아의 총독들을 가리키는 데 사용되고, 학개서에서는 스룹바벨을 가리키는 데 사용된다(1:1, 14; 2:2, 21을 보라). 말라기와 에스라-느헤미야 사이에 있는 다른 평행 요소들은 이방 여인들과의 결혼에 대한 언급을 포함한다(말 2:11; 스 9-10장; 느 13:23-27을 보라).

이 예언이 느헤미야가 살던 때와 동일한 시대에 속한 것으로 추정되기는 하지만, 느헤미야는 1:8에 언급된 총독이 아니다. 왜냐하면 그는 백성들에게서 예물을 받지 않았기 때문이다(느 5:14, 18).

말라기서의 구조는 여섯 단락으로 배열된 논쟁 양식의 반복을 드러내고 있다. 여섯 논쟁은 제각기 야웨나 예언자의 주장, 백성의 응답, 결론 등을 포함한다.

논쟁	도입부	응답	결론
(1) 1:2—5	1:2a	1:2b	1:2c—5
(2) 1:6—2:9	1:6a, 7a	1:6b, 7b	1:7c—2:9
(3) 2:10-16	2:10-13	2:14a	2:14b—16
(4) 2:17—3:5	2:17a	2:17b	2:17c—3:5
(5) 3:6-12	3:6-7b, 8a	3:7c, 8b	3:8c—12
(6) 3:13—4:3	3:13a	3:13b	3:14—4:3

마지막에 있는 짤막한 부록(4:4-6)은 권면(4절)과 엘리야의 재등장 선포 (5-6절)을 포함한다.

야웨께서는 야곱을 사랑하심(1:2-5)

말라기서는 야웨께서 "야곱"을 사랑하신다고 말함으로써 긍정적인 분위기 와 더불어 시작한다. 여기서 "야곱"은 야곱의 후손, 곧 포로기 이후 공동체를 가리킨다(2a절). 그러나 백성은 회의주의적인 반응을 보이면서, 야웨께 그렇 게 고백한 사랑의 증거를 보여달라고 요구한다(2b절). 포로기의 시련과 수치 는 하나님의 백성으로 하여금 자기들을 향한 그의 관심에 대하여 냉소적인 태도를 갖게끔 하였음에 틀림이 없다. 그의 지속적인 사랑에 대한 증거로 그 의 백성은 단지 자기들의 상황을 에돔의 상황과 비교하기만 하면 된다(2c-5 절). 야웨께서는 포로기의 시련을 거치는 동안 자기 백성을 지켜주시고 그들 을 옛 땅으로 돌아가게 해주셨지만, 에서의 후손인 에돔 족속은 호되게 심판 하셨다. 이 심판이야말로 에돔 족속에 대한 하나님의 혐오감(또는 반감)을 나타내는 증거로 여겨진다. 그것은 야곱의 후손에 대한 그의 사랑(또는 계속 적인 열심)과 뚜렷한 대조를 이룬다. 에돔 족속은 폐허가 된 성읍들을 재건 하고자 하지만, 야웨께서는 그들의 노력을 방해하실 것이요, 그들이 다시 건 축한 모든 것들을 무너뜨리실 것이다. 그때가 되면 야웨의 백성은 이스라엘 의 국경선을 넘어서 온 나라들을 포함하는 그의 주권을 인정하지 않을 수 없 을 것이다.

부패한 희생제사를 비난함(1:6—2:9)

이 두 번째 논쟁(말라기서에서 가장 긴 것임)에서 야웨께서는 부패한 제사 장들을 비난하신다. 사람들은 한 아들이 아버지를 영화롭게 하거나 한 종이 주인을 영화롭게 하는 것을 기대할 수도 있겠지만, 제사장들은 주인이신 하 나님께 더러운 희생제물을 바침으로써 그를 멸시할 뿐이다(1:6-7). 모세의 율법이 눈이 멀거나 다리를 절거나 질병을 가진 짐승을 제물로 드리지 말 것 을 구체적으로 금하고 있음에도 불구하고(레 22:17-25; 신 15:21을 보라), 이

제사장들은 흠이 있는 제물들을 야웨께 바친다(8, 12-13절). 만일에 공동체의 총독이 그러한 예물을 정당한 공물로 간주하지 않을진대, 어떻게 제사장들이 세상의 최고 통치자인 야웨께서 그것을 받으리라고 기대할 수 있겠는가(8-9, 14b절)? 야웨께서는 어느 날엔가 모든 민족들에게 경배를 받으실 것이다. 그들은 그의 위대하심을 인정할 것이요, 그에게 향과 순전한 희생제사를 드릴 것이다(11절). 우주의 위대한 왕에게 흠이 있는 제물을 바친다는 것은 그를 모욕하고 그의 품위를 떨어뜨리는 행동이 아닐 수 없다. 제사장들은 차라리 성전 문을 닫는 것이 더 나을 것이다. 그 까닭은 더러운 제물은 야웨께 범죄가 되는 것이요, 제사장들의 거짓을 증명하는 것이요, 그러한 제물을 바친 자들에게 저주를 가져다줄 것이기 때문이다(10, 12, 14a절).

11절에 시간을 나타내는 표현이 전혀 없기 때문에 어떤 이들은 이 절을 미래 시제로 번역하기보다는 현재 시재로 번역한다(" … 내 이름은 크다 … 깨끗한 제물을 드리니 … 내 이름은 열방 중에서 크다"). 어떤 이들은 11절이 포로민들 사이에 행해지던 유대교 예배에 대해서 언급하고 있다고 본다. 그러나 "열방 중에서"라는 구절은 그보다 더 폭넓은 대상을 가리키고 있는 것으로 보인다. 다른 이들은 이 구절이 순전한 이교 예배를 유일하신 참 하나님을 향한 예배로 정당화하고 있다고 주장한다. 그러나 이러한 개념은 이스라엘의 야웨 신학을 관통하고 있는 전투적인 유일신 신앙과 배치된다. 예언자들은 보편적인 야웨 숭배가 미래 시대의 한 특징을 이룰 것이라고 본다(사 2:2-4; 19:19-21; 24:14-16; 42:6; 45:22-24; 66:18-21; 미 4:1-3; 습 3:8-9; 슥 8:20-23; 14:16을 보라). 이 때문에 11절은 미래 시제로, 그리고 하나님께서 땅 위에 자기 나라를 세우실 때 이루어질 일들에 대한 예언으로 이해되는 것이 가장 타당할 것이다.[336]

야웨께서는 제사장들에게 최후통첩을 보내신다(2:1-3). 만일에 그들이 그들의 길을 바꾸지 않는다면, 이미 그들에게 선포된 야웨의 "저주"가 강하게

---

336) 이 문제에 대한 보다 상세한 분석을 위해서는 다음을 보라: Verhoef, *Haggai and Malachi*, 227-28; Merrill, *Haggai, Zechariah, Malachi*, 399-401; Beth Glazier-McDonald, *Malachi* (Atlanta: Scholars Press, 1987), 60-61.

그들에게 임할 것이다. 그들이 다른 사람들에게 선포한 제사장의 복(레 9:22-23; 민 6:23-26; 대하 30:27을 보라)은 아무런 효과를 보지 못할 것이요 (=저주로 바뀔 것이요), 제사장들의 후손은 배척당하며, 제사장들 자신은 수치를 당할 것이다.[337] 야웨께서는 분명하게 불쾌감을 주는 표상을 사용하시되, 희생 제물의 똥을 제사장들의 얼굴에 바른 다음에, 성소 밖의 똥 버리는 곳으로 그들을 이끌어갈 것이라고 경고하신다(출 29:14; 레 4:11-12; 8:17; 16:27).

야웨께서는 제사장들을 대면하시고 또 필요하다면 그들을 벌하기도 하심으로써, 그들이 회개하여 레위의 후손들과 더불어 맺은 그의 옛 계약을 지킬 것을 기대하신다(4절). 오경에 그러한 계약에 대한 기록이 전혀 없기는 하지만, 그것은 야웨께서 레위인들 — 특히 아론 — 을 택하셔서 제사장의 역할을 통하여 자기를 섬기게 하신 것을 가리키고 있음에 틀림이 없다(민 33:21을 보라). 레위인들과의 공식적인 계약은 예레미야 33:21과 느헤미야 13:29에도 언급되어 있는 것으로서, 그때 맺어진 것임이 확실하다.[338] 야웨께서는 경건한 순종에 대한 보상으로 레위에게 "생명과 평강"을 약속하신다(5절). 레위 계약을 위반한 말라기 시대의 불순종하는 제사장들과는 대조적으로(8-9절), 초기의 레위인들은 제사장으로서의 책임을 성실하게 이행하였으며, 야웨의 백성에게 도덕적인 가르침을 주었다(6-7절). 어떤 이들은 예언자가 여기서 출애굽기 32:26-29와 민수기 25:11-13에 기록되어 있는 사건들을 가리

337) 여기서 "꾸짖다"로 번역된 동사는 "저주"와 동의어이며, 여기서는 꾸짖음당하는 "대상의 생명력이나 효력을 억누르다"는 뜻을 가지고 있다: Glazier-McDonald, *Malachi*, 66-67. 이 동사는 시편 106:9; 나훔 1:4; 스가랴 3:2; 말라기 3:11에서도 동일한 의미를 가지고서 나타난다.

338) 민수기 18:19는 야웨와 레위인들 사이에 맺어진 "소금 계약"에 대해서 언급한다. 그러나 이것은 제사장들에게 할당된 희생제물의 몫을 가리키는 것이지, 제사장 직무 전반을 가리키는 것은 아니다. 민수기 25:12-13의 계약은 비느하스 및 그의 후손과 더불어 맺은 것이지, 레위 지파 전체와 더불어 맺은 것이 아니다. 그것은 비느하스의 충성심에 대하여 상급을 주는 무조건적인 약속이다. 반면에 말라기 2:4가 염두에 두고 있는 계약은 상대방의 충성심에 따라 하나님의 복이 결정되는 쌍무적인 계약의 성격을 가지고 있다(5절을 보라).

키고 있다고 본다. 그러나 그 사건들의 경우에는 제사장들이 하나님의 징계의 칼을 휘둘렀지만, 말라기 2:8은 동료 이스라엘 사람들을 향한 징계 조치가 아니라 말뿐인 제사장들의 가르침을 가리키는 것으로 보인다.

이혼을 비난함(2:10-16)

이 세 번째 논쟁에서 예언자는 하나님과 아내들을 향한 공동체 구성원들 — 남자들 — 의 불성실함을 비난한다. 하나님의 계약 공동체는 아버지요 창조주이신 하나님에 의해 존재하게 된 가족이나 마찬가지이다(10a절).[339] 따라서 그들은 하나님께 충성심을 보여야 하고, 서로를 대함에 있어서 성실해야 한다(10b절). 그러나 공동체는 이러한 계약적인 삶의 원리를 위반하였다(11절). 많은 남자들이 "이방 신의 딸"과 결혼하였다. 어떤 이들은 이 표현이 비유적으로 이방 여신을 가리킨다고 본다. 그러나 그것은 이방 여인들과의 통혼(通婚)을 가리킬 가능성이 더 높은 편이다. 에스라 9-10장은 이처럼 인정받지 못한 결혼이 포로기 이후 시대에 이루어졌음을 분명하게 밝히고 있다. 이러한 결혼은 본질적으로 계약 공동체의 인종적인 순결함과 정체성을 파괴하려는 위협적인 경향을 가지고 있었으며, 사람들을 우상숭배에 빠지게 했다(출 34:15-16; 신 7:3-4; 삿 3:6-7; 왕상 11:1-6을 보라).

이 때문에 야웨께서는 이방 여인들과 결혼한 자들을 배척하실 것이다. 설령 그들이 그에게 제물을 바치고 눈물을 흘리면서 하나님의 진노에 대하여 탄식한다고 해도 소용이 없다(12-13절). 그들은 하나님 보시기에 괘씸한 자들이다. 특히 이방인들과 결혼하기 위하여 본 아내들과 이혼한 자들이 그렇다(14절). 야웨께서는 결혼을 쌍방에 의해 존중되어야 할 구속력 있는 계약으로 보신다(15절). 야웨께서는 이혼을 강하게 반대하시며, 그것을 폭력 행위에 버금가는 것으로 간주하신다(16절).

---

339) 볼드윈은 "아버지"를 아브라함(사 51:2를 보라)과 동일시하지만, 동의적(同意的)인 평행법을 따르는 구조는 이 본문이 이스라엘의 아버지이신 하나님을 염두에 두고 있음을 암시한다: Baldwin, *Haggai, Zechariah, Malachi*, 237; Merrill, *Haggai, Zechariah, Malachi*, 414 n.1.

16절의 정확한 의미는 확실치 않다. 대부분의 영어 번역본에 나타나는 번역("나는 이혼을 미워한다")은 전통적인 히브리어 본문을 반영하고 있지 않다. 히브리어 본문을 문자적으로 읽으면 이렇다: "이스라엘의 하나님 야웨께서 '그는 이혼을 미워한다'라고 말씀하시며, 전능하신 야웨께서 '그는 폭력[으로] 자기 옷을 덮는다'라고 말씀하신다." 현재의 본문은 의미가 잘 통하지 않는다. 왜냐하면 현행 본문은 이혼을 미워하는 자가 폭력의 죄를 범하고 있음을 암시하는 것으로 보이기 때문이다. 70인역은 2인칭 동사 형태가 아내와 이혼하는 죄를 범한 자를 겨냥하고 있다고 본다: "이스라엘의 하나님 야웨께서는 '만일에 네가 [그녀를] 미워하여 [그녀를] 내쫓는다면'이라고 말씀하시며, 전능하신 야웨께서는 '불경건한 자가 네 생각들을 덮을 것이다'이라고 말씀하신다." 이렇게 본다면, 미워하는 죄를 범하는 자는 자기 아내와 이혼하는 자이다. 현재의 히브리어 본문이 이러한 본문 읽기에서 비롯되었다고 보기는 어려울 것이다. 본문이 다소 훼손되어 있다고 할지라도 말이다. 70인역이야말로 훼손된 본문의 의미를 살려내는 데 성공한 것으로 보인다: "[자기 아내]를 미워하는 자는 [자기 아내]와 이혼하는 자요 … 자기 옷을 폭력으로 덮는다."[340] 이렇게 본다면, 70인역의 번역이 보여주듯이, 자기 아내와 이혼하는 자는 이미 남을 미워하는 죄를 범한 셈이다. 또 다른 견해는 히브리어 본문을 재구성함으로써 전통적인 번역을 되살려내고자 한다: "나는 이혼하는 것과 … 폭력으로 자기 옷을 덮는 자를 미워한다."[341]

하나님의 정의를 확신함(2:17—3:5)

---

340) 이러한 번역을 만들어내려면, (a) 3인칭 남성 단수 완료인 히브리어 '사네'를 명사적으로 쓰이는 남성 단수 능동 분사 '소네'로 바꾸거나, (b) 연계형 '샬라흐'를 3인칭 남성 단수 피엘 완료인 '쉴레아흐'로 바꾸지 않으면 안 된다.

341) 이러한 번역을 만들어내려면, 첫 번째 구절 '키 아노키 소네 샬라흐'를 재구성하지 않으면 안 된다. '키 아노키' + 분사의 구문은 신명기 4:22에서도 발견된다. 만일에 현행 본문이 원본이라고 한다면, '소네'가 '사네'로 바뀌는 과정에서 대명사 '아노키'가 실수로 본문에서 사라졌을 수도 있다. 그리고 두 번째 구절은 사실상 관계절로 이해하지 않으면 안 된다. 문법적인 문제에 대해서는 다음을 보라: *GKC* 488, para. 155n.

야웨께서는 이어서 이스라엘 백성이 자신의 정의로운 성품을 무시함으로써 자신을 괴롭힌다고 비판하신다(17절). 그들의 그러한 행동은 두 가지 형태로 나타난다. 어떤 이들은 사실상 하나님이 악인들을 용납하신다고 주장한다. 그런가 하면 다른 이들은 단순히 그가 인간사에 관심이 없을 뿐이라고 주장한다. 이러한 비난에 대하여 야웨께서는 자신이 세상일에 관여하여 자신의 정의를 모든 사람들에게 분명히 나타내 보이겠다고 선언하신다(3:1-5). 여기서 "금을 연단하는 불"과 "표백하는 자의 잿물"에 비유되고 있는 하나님의 심판(2절)은 레위인들을 정결하게 만들 것이요(3a절), 그야말로 모든 행악자들 — 약한 자들을 압제하고 가난한 자들에게서 정의를 빼앗는 자들을 포함하는 — 을 멸할 것이다(5절). 정결케 하는 이러한 심판의 결과로서 경건한 자들은 말라기 시대의 위선자들(2:12-13을 보라)과는 대조적으로 야웨께 받아들여질 만한 제사를 드릴 것이다(3b-4절).

1a절에서 야웨께서는 야웨의 오심을 위한 길을 준비하라고 보낸 사자에 대해서 언급한다. 4:5-6에서 이 사자는 예언자 엘리야와 동일시된다. 1절은 이어서 "주"께서 어떻게 "그의 성전"에 임하시는지, 그리고 어떻게 "계약의 사자"로 불리는 자가 임하는지에 대해서 묘사한다. 동의적인 교차 대칭 구조를 보이는 히브리어 본문의 평행 구문은 "주"와 "계약의 사자"가 동일 인물임을 강하게 암시하고 있다. 본문을 문자적으로 읽으면 이렇다:

> 또 너희가 구하는 바
> 주가 갑자기 그의 성전으로 오실 것이요,
> 너희가 사모하는 바 계약의 사자가
> 보라, 그가 오실 것이다.

처음에는 누구나 "나의 사자"와 "계약의 사자"가 동일 인물을 가리킨다고 생각할 것이다. 그러나 본문의 평행 구조는 그렇지 않음을 암시한다. 도리어 "주"(히브리어로는 '하아돈')와 "계약의 사자"라는 두 호칭이 동일 인물을 가리키는 것으로 보인다. 물론 그는 선구자와는 구별되는 인물이다.[342] 여기에 사용된 이 두 호칭은 이 구절에서만 발견되는 것이다.[343] 어떤 이들은 이 호칭들의 주인을 메시야적인 왕으로 간주하지만, 그것들은 야웨 자신을 가리킬 가능성이 더 높아 보인다. 왜냐하면 본문이 그를 "그의 성전"으로 올 자로 묘사하고 있기 때문이다(시 27:4; 겔 43:1-9를 보라). 그러나 어떠한 점에서 주는 "계약의 사자"와 동일 인물인가? 이 호칭은 정확하게 무엇을 의미하는가? 이 호칭은 야웨를 경건한 자들에게 복을 주시고 악인들을 징벌하시는 분으로 묘사하는 것일 수도 있다(3-5절). 그리고 "사자"라는 낱말은 야웨를 수호천사로 묘사하거나(창 48:15-16; 호 12:4를 보라), 아니면 적어도 그를 그러한 천사와 관련시키는 옛 전승을 가리키는 것일 수도 있다(출 23:20-23; 사 63:9를 보라).[344]

하나님의 것을 도적질함(3:6-12)

야웨께서는 자신의 신실하심을 분명하게 밝힘으로써 그 다음 논쟁을 시작하신다: "나 야웨는 변하지 않는다"(6a절). 이 선언은 마치 하나님의 존재나 그의 본질적인 속성을 가리키는 것인 양 지나치게 철학적인 태도로 이해되어서는 안 된다. 하나님은 자신의 존재와 본질적 속성에 있어서 불변하시는(변함이 없는) 분이지만, 이것이 이 구절의 요점인 것은 아니다. 전후 문맥은 그것이 하나님의 신실하심을 염두에 두고 있음을 암시한다. 더 구체적으로는 그가 자기 백성과 더불어 맺으신 계약 관계에 충실하신 분임을 염두에 두고 있다는 얘기다(6b-7a절).[345] 자기 백성의 반역에도 불구하고 야웨께서는

---

342) Verhoef, *Haggai and Malachi*, 288-89. "나의 사자"와 "계약의 사자"가 "주"와는 다른 동일 인물을 가리킨다고 보는 견해에 대해서는 다음을 보라: Merrill, *Haggai, Zechariah, Malachi*, 431-32.

343) '하아돈' ("주")이라는 호칭은 일곱 개의 다른 본문들에서도 발견되지만, 항상 그 뒤에 야웨라는 이름을 가지고서 나온다. 오직 여기서만 그것은 홀로 사용된다.

344) "계약의 사자"라는 구절의 의미에 대한 보다 상세한 논의를 위해서는 다음을 보라: Verhoef, *Haggai and Malachi*, 289; Glazier-McDonald, *Malachi*, 130-32.

345) 시편 89:34에서 하나님은 다음과 같이 선언하신다: "나는 내 계약을 깨뜨리거나 내 입술에서 낸 것을 바꾸지[히브리어로는 '샤나' ; 말 3:6에서 "변하다"로 번역된 동사와 동일함] 않는다." 전후 문맥(특히 33절)은 이 구절이 그가 계약을 통하여 다윗에게 주

자신의 약속들을 지키시며, 그들을 완전히 멸하지 않는다. 그는 계속해서 불순종하는 민족에게 손을 내미신다. 그는 그들에게 회개할 기회를 주시며, 그 대가로 그들과의 관계를 회복시켜 주겠다고 약속하신다.

그들의 경우, 회개는 하나님의 계약이 요구하는 것들에 새롭게 헌신하는 것으로 시작하지 않으면 안 된다. 그들은 율법이 요구하는 십일조와 예물들을 무시하였다(민 18:8, 11, 19, 21-24를 보라). 이러한 행동이 도적질에 버금간다고 보시는 야웨께서는 이스라엘 민족을 "저주" 아래 두셨다(8-9절). 그는 이스라엘 백성에게 "온전한 십일조"를 드릴 것을 촉구하신다. 만일에 그들이 순종한다면, 그는 그들에게 복을 부어주겠다고 약속하신다(10-12절). 그는 하늘로부터 비를 내리실 것이요, 그들의 농작물을 지켜주실 것이다. 주변 나라 사람들은 그들의 풍성한 농산물 수확을 목격하고서는 하나님의 백성이 그에게 복을 받았음을 알게 될 것이다.

경건한 자들의 의로움을 인정하심(3:13—4:3)

여섯 번째 논쟁과 일곱 번째 논쟁은 앞서 제기한 주제를 더욱 발전시킨다(2:17—3:5를 보라). 이스라엘 백성은 야웨에 관하여 상당히 귀에 거슬리는 말을 했다. 그들은 야웨를 섬기는 것이 수지맞는 일이 아니라고 주장하였으며, 실제로는 불경건한 자들이 형통함을 누리고 있다고 불평하였다(13-15절). 그 의미는 분명하다. 그들의 사고방식에 따르면, 하나님은 인간사에 무관심한 분이요, 더 나쁘게 말하면, 불공평한 분이다.

그러나 이러한 판단에 모두가 다 동의하는 것은 아니다. 야웨를 경외하는 자들은 서로 연대함으로써 야웨의 관심을 끌며, 이에 대한 대가로 야웨께서는 그들의 이름을 공식적으로 기록하신다(16절). 야웨께서는 하나님을 경외하는 이들 무리가 자신의 "보배로운 소유"(17a절; 출 19:5를 보라)가 될 것이요, 자신의 긍휼과 구원을 맛보게 될 것임을 약속하신다(17b절). 야웨께서는 불경건한 자들과 경건한 자들 사이를 분명하게 구별하실 것이다(18절). 그의

신 약속에 충실하신 분임을 염두에 두고 있음을 분명하게 밝히고 있다.

파괴적인 심판은 불경건한 자들을 완전히 멸하겠지만(4:1), 경건한 자들은 승리를 거둘 것이요, 원수들을 짓밟을 것이다(2-3절).

엘리야가 올 것이다(4:4-6)

야웨께서는 율법에 순종하라는 권고로 이스라엘 백성에게 주는 메시지의 끝을 맺으신다(4절). 그들이 희생제사(1:7-14)와 우상숭배(2:10-11) 및 십일조(3:8-9) 등에 관한 법들을 어긴 까닭에, 그러한 권고는 적절한 것이다. 포로기 이후 세대의 구성원들은 하나님께서 이스라엘과 더불어 맺으신 옛 계약의 상속자들이기에, 그들의 책임을 진지하게 받아들이지 않으면 안 된다.

야웨께서는 이전 예언(3:1a)을 정교하게 다듬어, "야웨의 날" 이전에 올 사자의 정체를 밝히신다(5절). 옛 예언자 엘리야가 와서 공동체를 하나님께로 돌아서게 할 것이요, 그럼으로써 악한 자들에 대한 이전의 가혹한 심판 예언이 철회되게끔 할 것이다(6절).[346] 예수의 설교에 따르면, 이 예언은 엘리야를 닮은 세례 요한의 인격과 사역을 통하여 본질적으로 성취되었다(마 3:4를 왕하 1:8과 비교하라). 그는 옛 예언자와 마찬가지로 하나님의 백성이 철저하게 회개할 것을 요구한다(마 11:10-14; 17:12-13; 눅 1:17, 76; 7:27을 보라).

NIV에 따르면, 6절은 엘리야가 아버지와 자녀를 화해시킴으로써 공동체의 가정적인 평화를 회복시킬 것이라고 본다. 이것은 아버지와 자녀 사이에 갈등이 있음을 전제하고 있다. 그러나 히브리어 본문은 다음과 같이 번역될 수도 있다: "그는 아버지의 마음을 자녀들의 마음과 함께 돌이키실 것이요, 자녀들의 마음을 아버지의 마음과 함께 돌이키실 것이다."[347]

이 경우에 교차 대칭적이고 보충적인 평행법은 기성 세대와 젊은 세대를 포함하는 공동체 전체가 회개하고서 야웨께로 돌아올 것임을 강조하는 효과

---

346) 6절의 경고는 주로 악한 자들을 겨냥한 것이다. 왜냐하면 야웨께서는 이미 경건한 자들을 남겨두겠다고 약속하신 바가 있기 때문이다(3:3-4; 4:1-3을 보라): Glazier-McDonald, *Malachi*, 259-61.

347) 전치사 '알'이 "함께"라는 뜻을 가지고서 나오는 다수의 사례들을 위해서는 다음을 보라: *BDB* 755.

를 갖는다(참조. 3:7).[348]

348) Glazier-McDonald, *Malachi*, 256.

소예언서 참고문헌

Recent Studies on the Minor Prophets

Barton, J. "The Canonical Meaning of the Book of the Twelve." In *After Exile: Essays in Honour of Rex Mason,* edited by J. Barton and D. J. Reimer, 59–73. Macon, Ga.: Mercer University Press, 1996.

Baumann, G. "Connected by Marriage, Adultery, and Violence: The Prophetic Marriage Metaphor in the Book of the Twelve and in the Major Prophets." *SBLSP* (1999): 552–69.

Ben Zvi, E. "A Deuteronomistic Redaction in/among 'The Twelve'? A Contribution from the Standpoint of the Books of Micah, Zephaniah, and Obadiah." *SBLSP* (1997): 433–59.

———. "Twelve Prophetic Books or 'The Twelve'? A Few Preliminary Considerations." In *Forming Prophetic Literature: Essays on Isaiah and the Twelve in Honor of John D. W. Watts,* edited by J. W. Watts and P. R. House, JSOTSup 235, 125–56. Sheffield: Sheffield Academic Press, 1996.

Chisholm, R. B., Jr. *Interpreting the Minor Prophets.* Grand Rapids: Zondervan, 1990.

———. "A Theology of the Minor Prophets." In *A Biblical Theology of the Old Testament,* edited by R. B. Zuck, 397–433. Chicago: Moody, 1991.

Coggins, R. J. "The Minor Prophets: One Book of Twelve?" In *Crossing the Boundaries: Essays in Biblical Interpretation in Honour of Michael D. Goulder,* edited by S. E. Porter et al., 57–68. Leiden: Brill, 1994.

Conrad, E.W. "The End of Prophecy and the Appearance of Angels/Messengers in the Book of the Twelve." *JSOT* 73 (1997): 65–79.

Floyd, M. H. *Minor Prophets, Part 2.* FOTL 22. Grand Rapids: Eerdmans, 2000.

Fuller, R. "The Form and Formation of the Book of the Twelve: The Evidence from the Judean Desert." In *Forming Prophetic Literature: Essays on Isaiah and the Twelve in Honor of John D. W. Watts,* edited by J. W. Watts and P. R. House, JSOTSup 235,

86–101. Sheffield: Sheffield Academic Press, 1996.

House, P. R. "The Character of God in the Book of the Twelve." *SBLSP* (1998): 831–49.

——. *The Unity of the Twelve.* JSOTSup 97. Sheffield: Almond, 1990.

Jones, B. A. *The Formation of the Book of the Twelve: A Study in Text and Canon.* SBLDS 149. Atlanta: Scholars Press, 1995.

Nogalski, J. D. "The Day(s) of YHWH in the Book of the Twelve." *SBLSP* (1999): 617–42.

——. *Literary Precursors to the Book of the Twelve.* Berlin: de Gruyter, 1993.

——. *Redactional Processes in the Book of the Twelve.* Berlin: de Gruyter, 1993.

Redditt, P. L. "The Production and Reading of the Book of the Twelve." *SBLSP* (1997): 394–419.

Rendtorff, R. "Alas for the Day! The 'Day of the Lord' in the Book of the Twelve." In *God in the Fray: A Tribute to Walter Brueggemann,* edited by T. Linafelt and T. K. Beal, 186–97. Minneapolis: Fortress, 1998.

——. "How to Read the Book of the Twelve as a Theological Unity," *SBLSP* (1997): 420–32.

Hosea

Commentaries

Andersen, F. I., and D. N. Freedman. *Hosea.* AB. Garden City, N.Y.: Doubleday, 1980.

Davies, G. I. *Hosea.* NCB. Grand Rapids: Eerdmans, 1992.

Harper, W. R. *A Critical and Exegetical Commentary on Amos and Hosea.* ICC. Edinburgh: T. & T. Clark, 1905.

King, P. J. *Amos, Hosea, Micah—An Archaeological Commentary.* Philadelphia: Westminster, 1988.

Macintosh, A. A. *A Critical and Exegetical Commentary on Hosea.* ICC. Edinburgh: T. & T. Clark, 1997.

Mays, J. L. *Hosea.* OTL. Philadelphia: Westminster, 1969.

McComiskey, T. E. "Hosea." In *The Minor Prophets: An Exegetical and Expositional Commentary,* edited by T. E. McComiskey, 3 vols., 1:1–237. Grand Rapids: Baker, 1992–98.

Stuart, D. *Hosea-Jonah.* WBC. Waco, Tex.: Word, 1987.

Wolff, H. W. *Hosea.* Translated by G. Stansell. Hermeneia. Philadelphia: Fortress, 1974.

Recent Studies

Bosma, C. J. "Creation in Jeopardy: A Warning to Priests (Hosea 4:1–3)." *Calvin Theological Journal* 34 (1999): 64–116.

Botha, P. J. "The Communicative Function of Comparison in Hosea." *OTE* 6 (1993): 57–71.

Boudreau, G. R. "Hosea and the Pentateuchal Traditions: The Case of Baal of Peor." In *History and Interpretation: Essays in Honour of John H. Hayes,* edited by M. P. Graham et al., JSOTSup 173, 121–32. Sheffield: JSOT, 1993.

Brenneman, J. E. "Prophets in Conflict: Negotiating Truth in Scripture" [on Hos. 1:4–5]. In *Peace and Justice Shall Embrace—Power and Theopolitics in the Bible: Essays in Honor of Millard Lind,* edited by T. Grimsrud and L. L. Johns, 49–63. Telford, Pa.: Pandora, 1999.

Daniels, D. R. *Hosea and Salvation History: The Early Traditions of Israel in the Prophecy of Hosea.* Berlin: de Gruyter, 1990.

Dearman, A. "YHWH's House: Gender Roles and Metaphors for Israel in Hosea." *JNSL* 25 (1999): 97–108.

Eidevall, G. *Grapes in the Desert: Metaphors, Models, and Themes in Hosea 4–14.* Stockholm: Almqvist & Wiksell, 1996.

Fuller, R. A. "A Critical Note on Hosea 12:10 and 13:4." *RB* 98 (1991): 343–57.

Goldingay, J. "Hosea 1–3, Genesis 1–4, and Masculist Interpretation." *Horizons in Biblical*

Theology 17 (1995): 37–44.

Hynniewta, M. J. "The Integrity of Hosea's Future Hope: A Study of the Oracles of Hope in the Book of Hosea." Ph.D. diss., Union Theological Seminary (Va.), 1996.

Holt, E. K. *Prophesying the Past: The Use of Israel's History in the Book of Hosea.* JSOTSup 194. Sheffield: Sheffield Academic Press, 1995.

Hornsby, T. J. "'Israel has become a worthless thing': Re-reading Gomer in Hosea 1–3." *JSOT* 82 (1999): 115–28.

Irvine, S. A. "Enmity in the House of God: (Hosea 9:7–9)." *JBL* 117 (1998): 645–53.

———. "Politics and Prophetic Community in Hosea 8:8–10." *JBL* 114 (1995): 292–94.

———. "The Threat of Jezreel (Hosea 1:4–5)." *CBQ* 57 (1995): 494–509.

Kruger, P. A. "The Divine Net in Hosea 7,12." *ETL* 68 (1992): 132–36.

———. "The Marriage Metaphor in Hosea 2:4–17 against Its Ancient Near Eastern Background." *OTE* 5 (1992): 7–25.

Kuan, J. K. "Hosea 9.13 and Josephus, *Antiquities* IX,277–287." *Palestine Exploration Quarterly* 123 (1991): 103–8.

Landy, F. *Hosea.* Sheffield: Sheffield Academic Press, 1995.

———. "In the Wilderness of Speech: Problems of Metaphor in Hosea." *Biblical Interpretation* 3 (1995): 35–59.

Lemche, N. P. "The God of Hosea." In *Prophets and Scribes: Essays on the Formation and Heritage of Second Temple Judaism in Honour of Joseph Blenkinsopp,* edited by E. Ulrich et al., JSOTSup 149, 241–57. Sheffield: JSOT, 1992.

Light, G. W. "Theory-Constitutive Metaphor and Its Development in the Book of Hosea." Ph.D. diss., Southern Baptist Theological Seminary, 1991.

Macintosh, A. A. "Hosea and the Wisdom Tradition: Dependence and Independence." In *Wisdom in Ancient Israel: Essays in Honour of J. A. Emerton,* edited by J. Day, 124–32. Cambridge: Cambridge University Press, 1995.

McComiskey, T. E. "Hos 9:13 and the Integrity of the Masoretic Tradition in the Prophecy of Hosea." *JETS* 33 (1990): 155–60.

———. "Prophetic Irony in Hosea 1,4: A Study of the Collocation פקד על and Its Implications for the Fall of Jehu's Dynasty." *JSOT* 58 (1993): 93–101.

McKinlay, J. "Bringing the Unspeakable to Speech in Hosea." *Pacifica* 9 (1996): 121–33.

Moenikes, A. "The Rejection of Cult and Politics by Hosea." *Henoch* 19 (1997): 3–15.

Morris, G. P. *Prophecy, Poetry, and Hosea.* JSOTSup 219. Sheffield: Sheffield Academic Press, 1996.

Odell, M. S. "The Prophets and the End of Hosea." In *Forming Prophetic Literature: Essays on Isaiah and the Twelve in Honor of John D. W. Watts,* edited by J. W. Watts and P. R. House, JSOTSup 235, 158–70. Sheffield: Sheffield Academic Press, 1996.

———. "Who Were the Prophets in Hosea?" *Horizons in Biblical Theology* 18 (1996): 78–95.

Oestreich, B. "Metaphors and Similes for Yahweh in Hosea 14:2–9 (1–8): A Study of Hoseanic Pictorial Language." Ph.D. diss., Andrews University, 1997.

Olyan, S. M. "'In the Sight of Her Lovers': On the Interpretation of *nablūt* in Hos 2,12." *Biblische Zeitschrift* 36 (1992): 255–61.

Schmitt, J. J. "Yahweh's Divorce in Hosea 2—Who Is That Woman?" *SJOT* 9 (1995): 119–32.

Sherwood, Y. *The Prostitute and the Prophet: Hosea's Marriage in Literary-Theoretical Perspective.* JSOTSup 212. Sheffield: Sheffield Academic Press, 1996.

Smith, D. A. "Kinship and Covenant: An Examination of Kinship Metaphors for Covenant in the Book of the Prophet Hosea." Ph.D. diss., Harvard University, 1994.

———. "Kinship and Covenant in Hosea 11:1–4." *Horizons in Biblical Theology* 16 (1994): 41–53.

Snyman, G. "Social Reality and Religious Language in the Marriage Metaphor in Hosea 1–3." *OTE* 6 (1993): 90–112.

Swanepoel, M. G. "Solutions to the *Crux Interpretum* of Hosea." *OTE* 7 (1994): 39–59.

van Rooy, H. F. "The Names Israel, Ephraim, and Jacob in the Book of Hosea." *OTE* 6 (1993): 135–49.

Walker, T. W. "The Metaphor of Healing and the Theology of the Book of Hosea." Ph.D. diss., Princeton Theological Seminary, 1997.

West, G. "The Effect and Power of Discourse: A Case Study of a Metaphor in Hosea." *Scriptura* (1996): 201–12.

Weyde, K. W. "The References to Jacob in Hos 12:4–5: Traditio-Historical Remarks." In *Text and Theology: Studies in Honour of Professor dr. theol. Magne Saebø Presented on the Occasion of His Sixty-fifth Birthday,* edited by A. Tångberg et al., 336–58. Oslo: Verbum, 1994.

Whitt, W. D. "The Divorce of Yahweh and Asherah in Hos 2,4–7.12ff.." *SJOT* 6 (1992): 31–67.

———. "The Jacob Traditions in Hosea and Their Relation to Genesis." *ZAW* 103 (1991): 18–43.

Zulick, M. D. "Rhetorical Polyphony in the Book of the Prophet Hosea." Ph.D. diss., Northwestern University, 1994.

Joel

Commentaries

Allen, L. C. *Joel, Obadiah, Jonah, and Micah.* NICOT. Grand Rapids: Eerdmans, 1976.

Coggins, R. J. *Joel and Amos.* NCB. Sheffield: Sheffield Academic Press, 2000.

Crenshaw, J. L. *Joel.* AB. New York: Doubleday, 1995.

Dillard, R. "Joel." In *The Minor Prophets: An Exegetical and Expositional Commentary,* edited by T. E. McComiskey, 3 vols., 1:239–313 Grand Rapids: Baker, 1992–98.

Finley, T. J. *Joel, Amos, Obadiah.* Chicago: Moody, 1990.

Hubbard, D. A. *Joel and Amos.* TOTC. Downers Grove, Ill.: InterVarsity, 1989.

Stuart, D. *Hosea–Jonah.* WBC. Waco, Tex.: Word, 1987.

Wolff, H. W. *Joel and Amos.* Translated by W. Janzen et al. Hermeneia. Philadelphia: Fortress, 1977.

Recent Studies

Andiñach, P. R. "The Locusts in the Message of Joel." *VT* 42 (1992): 433–41.

Coggins, R. J. "Interbiblical Quotations in Joel." In *After Exile: Essays in Honour of Rex Mason,* edited by J. Barton and D. J. Reimer, 75–84. Macon, Ga.: Mercer University Press, 1996.

Crenshaw, J. L. "Freeing the Imagination: The Conclusion of the Book of Joel." In *Prophecy and Prophets: The Diversity of Contemporary Issues in Scholarship,* edited by Y. Gitay, 129–47. Atlanta: Scholars Press, 1997.

———. "Who Knows What YHWH Will Do? The Character of God in the Book of Joel." In *Fortunate the Eyes That See: Essays in Honor of David Noel Freedman in Celebration of His Seventieth Birthday,* edited by A. B. Beck et al., 185–96. Grand Rapids: Eerdmans, 1995.

Hurowitz, V. A. "Joel's Locust Plague in Light of Sargon II's Hymn to Nanaya." *JBL* 112 (1993): 597–603.

Leung, K. K. "An Intertextual Study of the Motif-Complex יהוה יום in the Book of Joel." Ph.D. diss., Fuller Theological Seminary, 1997.

Marcus, D. "Nonrecurring Doublets in the Book of Joel." *CBQ* 56 (1994): 56–67.

Noguchi, T. "A Study of the Verbs in Joel 2:4–9: The Author's Style or Aramaic Influence?" *Orient* 33 (1998): 103–14.

Pettus, D. D. "A Canonical-Critical Study of Selected Traditions in the Book of Joel." Ph.D. diss., Baylor University, 1992.

Prinsloo, W. S. "The Unity of the Book of Joel." *ZAW* 104 (1992): 66–81.

Simkins, R. A. "God, History, and the Natural World in the Book of Joel." *CBQ* 55 (1999): 435–52.

———. "'Return to Yahweh': Honor and Shame in Joel." *Semeia* 68 (1994): 41–54.

———. *Yahweh's Activity in History and Nature in the Book of Joel.* Lewiston, N.Y.: Mellen, 1991.

Sweeney, M. A. "The Place and Function of Joel in the Book of the Twelve." *SBLSP* (1999): 570–95.

Treier, D. J. "The Fulfillment of Joel 2:28–32: A Multiple-Lens Approach." *JETS* 40 (1997): 13–26.

van Leeuwen, C. "The 'Northern One' in the Composition of Joel 2,19–27." In *Sacred History and Sacred Texts in Early Judaism: A Symposium in Honour of A. S. van der Woude,* edited by J. N. Bremmer and F. G. Martínez, 85–99. Kampen: Kok Pharos, 1992.

Wheeler, R. D. "The Development of Repentance in Joel: A Reader-Response Approach." Ph.D. diss., Southern Baptist Theological Seminary, 1992.

Amos

Commentaries

Andersen, F. I., and D. N. Freedman. *Amos.* AB. New York: Doubleday, 1989.

Coggins, R. J. *Joel and Amos.* NCB. Sheffield: Sheffield Academic Press, 2000.

Finley, T. J. *Joel, Amos, Obadiah.* Chicago: Moody, 1990.

Harper, W. R. *A Critical and Exegetical Commentary on Amos and Hosea.* ICC. Edinburgh: T. & T. Clark, 1905.

Hayes, J. H. *Amos.* Nashville: Abingdon, 1988.

King, P. J. *Amos, Hosea, Micah—An Archaeological Commentary.* Philadelphia: Westminster, 1988.

Mays, J. L. *Amos.* OTL. Philadelphia: Westminster, 1969.

Niehaus, J. "Amos." In *The Minor Prophets: An Exegetical and Expositional Commentary,* edited by T. E. McComiskey, 3 vols., 1:315–494. Grand Rapids: Baker, 1992–98.

Paul, S. M. *Amos.* Hermeneia. Minneapolis: Fortress, 1991.

Smith, B. K., and F. S. Page. *Amos, Obadiah, Jonah.* NAC. Nashville: Broadman & Holman, 1995.

Smith, G. V. *Amos: A Commentary.* Grand Rapids: Zondervan, 1989.

Stuart, D. *Hosea-Jonah.* WBC. Waco, Tex.: Word, 1987.

Wolff, H. W. *Joel and Amos.* Translated by W. Janzen et al. Hermeneia. Philadelphia: Fortress, 1977.

Recent Studies

Asen, B. A. "No, Yes, and Perhaps in Amos and the Yahwist." *VT* 43 (1993): 433–41.

Auld, A. G. "Amos and Apocalyptic: Vision, Prophecy, Revelation." In *Storia e tradizioni di Israele,* edited by D. Garrone and F. Israel, 3–13. Brescia, Italy: Queriniana, 1991.

Berquist, J. L. "Dangerous Waters of Justice and Righteousness." *BTB* 23 (1993): 54–63.

Bramer, S. J. "The Analysis of the Structure of Amos." *BSac* 156 (1999): 160–74.

———. "The Literary Genre of the Book of Amos." *BSac* 156 (1999): 42–60.

———. "The Structure of Amos 9:7–15." *BSac* 156 (1999): 278–81.

Bulkeley, T. "Cohesion, Rhetorical Purpose, and the Poetics of Coherence in Amos 3." *Australian Biblical Review* 47 (1999): 16–28.

Carroll R.. *Contexts for Amos: Prophetic Poetics in Latin American Perspective.* JSOTSup 132. Sheffield: JSOT, 1992.

———. "God and His People in the Nations' History: A Contexualised Reading of Amos 1–2." *TynB* 47 (1996): 39–70.

Ceresko, A. R. "Janus Parallelism in Amos's 'Oracles against the Nations' (Amos 1:3–2:16)." *JBL* 113 (1994): 485–90.

Chisholm, R. B., Jr. "'For Three Sins . . . Even for Four': The Numerical Sayings in Amos." *BSac* 147 (1990): 188–97.

Clements, R. E. "Amos and the Politics of Israel." In *Storia e tradizioni di Israele,* edited by D. Garrone and F. Israel, 49–64. Brescia, Italy: Queriniana, 1991.

Clines, D. J. A. "Metacommentating Amos." In *Of Prophets' Visions and the Wisdom of the Sages: Essays in Honour of R. Norman Whybray on His Seventieth Birthday,* edited by H. A. McKay and D. J. A. Clines, JSOTSup 162, 142–60. Sheffield: JSOT, 1993.

Cooper, A. "The Meaning of Amos's Third Vision (Amos 7:7–9)." In *Tehillah le-Moshe: Biblical and Judaic Studies in Honor of Moshe Greenberg,* edited by M. Cogan et al., 13–21. Winona Lake, Ind.: Eisenbrauns, 1997.

Cotterell, P. "A Question of Peak." *BT* 49 (1998): 139–48.

Davies, P. R. "*Bytdwd* and *Skwt Dwyd*: A Comparison." *JSOT* 64 (1994): 23–24.

Dell, K. J. "The Misuse of Forms in Amos." *VT* 45 (1995): 45–61.

Dempster, S. "The Lord Is His Name: A Study of the Distribution of the Names and Titles of God in the Book of *Amos.*" *RB* 98 (1991): 170–89.

Diop, A. G. "The Name 'Israel' and Related Expressions in the Books of Amos and Hosea." Ph.D. diss., Andrews University, 1995.

Dorsey, D. A. "Literary Architecture and Aural Structuring Techniques in Amos." *Bib* 73 (1992): 305–30.

Firth, D. G. "Promise as Polemic: Levels of Meaning in Amos 9:11–15." *OTE* 9 (1996): 372–82.

Freedman, D. N. "Confrontations in the Book of Amos." *Princeton Seminary Bulletin* 11 (1990): 240–52.

García-Treto, F. O. "A Reader-Response Approach to Prophetic Conflict: The Case of Amos 7.10–17." In *The New Literary Criticism and the Hebrew Bible,* edited by J. C. Exum and D. J. A. Clines, JSOTSup 143, 114–24. Sheffield: JSOT, 1993.

Gilbert, P. "A New Look at Amos' Prophetic Status (Amos 7:10–17)." *Eglise et Theologie* 28 (1997): 291–300.

Giles, T. "A Note on the Vocation of Amos in 7:14." *JBL* 111 (1992): 690–92.

Gillingham, S. "'Who Makes the Morning Darkness': God and Creation in the Book of Amos." *SJT* 45 (1992): 165–84.

Grimsrud, T. "Healing Justice: The Prophet Amos and a 'New' Theology of Justice." In *Peace and Justice Shall Embrace—Power and Theopolitics in the Bible: Essays in Honor of Millard Lind,* edited by T. Grimsrud and L. L. Johns, 64–85. Telford, Pa.: Pandora, 1999.

Hasel, G. F. *Understanding the Book of Amos.* Grand Rapids: Baker, 1991.

Hermanson, E. "Biblical Hebrew: Conceptual Metaphor Categories in the Book of Amos." *OTE* 11 (1998): 438–51.

Heyns, D. "In the Face of Chaos: Border-Existence as Context for Understanding Amos." *OTE* 6 (1993): 72–89.

————. "Space and Time in Amos 7: Reconsidering the Third Vision." *OTE* 10 (1997): 27–38.

————. "Space and Time in Amos 8: An Ecological Reading." *OTE* 10 (1997): 236–51.

————. "Theology in Pictures: The Visions of Amos." In *"Feet on Level Ground": A South African Tribute of Old Testament Essays in Honor of Gerhard Hasel*, edited by K. Van Wyk, 131–71. Berrien Center, Mich.: Hester, 1996.

Hoffmeier, J. K. "Once Again the 'Plumb Line' Vision of Amos 7.7–9: An Interpretative Clue from Egypt?" In *Boundaries of the Ancient Near Eastern World: A Tribute to Cyrus H. Gordon*, edited by M. Lubetski et al., JSOTSup 273, 304–19. Sheffield: Sheffield Academic Press, 1998.

Hope, E. R. "Problems of Interpretation in Amos 3.4." *BT* 42 (1991): 201–5.

Jeremias, J. "The Interrelationship between Amos and Hosea." In *Forming Prophetic Literature: Essays on Isaiah and the Twelve in Honor of John D. W. Watts*, edited by J. W. Watts and P. R. House, 171–86. Sheffield: JSOT, 1996.

Kleven, T. "The Cows of Bashan: A Single Metaphor at Amos 4:1–3." *CBQ* 58 (1996): 215–27.

Linville, J. R. "Visions and Voices: Amos 7–9." *Bib* 80 (1999): 22–42.

Mahaffey, E. L. "An Investigation of Social Justice as It Relates to the Message of Amos." Ph.D. diss., New Orleans Baptist Theological Seminary, 1993.

Marrs, R. R. "Amos and the Power of Proclamation." *Restoration Quarterly* 40 (1998): 13–24.

Melugin, R. F. "Amos in Recent Research." *Currents in Research: Biblical Studies* 6 (1998): 65–101.

Moltz, H. "A Literary Interpretation of the Book of Amos." *Horizons* 25 (1998): 58–71.

Moore, D. C. "Amos' Apologia: A Defense of His Prophetic Ministry." Ph.D. diss., Southwestern Baptist Theological Seminary, 1994.

Noble, P. R. "Amos' Absolute 'No'." *VT* 47 (1997): 329–40.

————. "Amos and Amaziah in Context: Synchronic and Diachronic Approaches to Amos 7–8." *CBQ* 60 (1998): 423–39.

————. "The Function of *N'm Yhwh* In Amos." *ZAW* 108 (1996): 623–26.

————. "'I Will Not Bring "It" Back' (Amos 1,3): A Deliberately Ambiguous Oracle?" *ExpT* 106 (1994–95): 105–9.

————. "Israel among the Nations." *Horizons in Biblical Theology* 15 (1993): 56–82.

————. "The Literary Structure of Amos: A Thematic Analysis." *JBL* 114 (1995): 209–26.

————. "The Remnant in Amos 3–6: A Prophetic Paradox." *Horizons in Biblical Theology* 20 (1998): 122–47.

Nogalski, J. D. "The Problematic Suffixes of Amos ix 11." *VT* 43 (1993): 411–18.

O'Connell, R. H. "Telescoping N + 1 Patterns in the Book of Amos." *VT* 46 (1996): 56–73.

Ogden, D. K. "The Earthquake Motif in the Book of Amos." In *Goldene Äpfel in silbernen Schalen*, edited by K.-D. Schunck and M. Augustin, 69–80. Frankfurt am Main: Lang 1992.

O'Kennedy, D. F. "'It Shall Not Be': Divine Forgiveness in the Intercessory Prayers of Amos (Am 7:1–6)." *OTE* 10 (1997): 92–108.

Olyan, S. M. "The Oaths of Amos 8.14." In *Priesthood and Cult in Ancient Israel*, edited by G. A. Anderson and S. M. Olyan, JSOTSup 125, 121–49. Sheffield: JSOT, 1991.

Paas, S. "'He Who Builds His Stairs into Heaven . . .' (Amos 9:6a)." *UF* 25 (1993): 319–25.

Park, S. H. "Eschatology in the Book of Amos: A Text-Linguistic Analysis." Ph.D. diss., Trinity Evangelical Divinity School, 1996.

Ramírez, G. "The Social Location of the Prophet Amos in Light of a Cultural Anthropological Model." Ph.D. diss., Emory University, 1993.

Rilett, W. J. L. "Amos: Prophecy as Performing Art and Its Transformation in Book Culture." Ph.D. diss., University of St. Michael's College, 1993.

Rosenbaum, S. N. *Amos of Israel: A New Interpretation.* Macon, Ga.: Mercer University Press, 1990.

Schmitt, J. J. "The Virgin of Israel: Referent and Use of the Phrase in Amos and Jeremiah." *CBQ* 53 (1991): 365–87.

Shelly, P. J. "Amos and Irony: The Use of Irony in Amos' Prophetic Discourse." Ph.D. diss., Iliff School of Theology and University of Denver, 1992.

Siqueira, R. W. "The Presence of the Covenant Motif in Amos 1:2–2:16." Ph.D. diss., Andrews University, 1996.

Smith, G. V. "Continuity and Discontinuity in Amos' Use of Tradition." *JETS* 34 (1991): 33–42.

Snyman, S. D. "A Note on Ashdod and Egypt in Amos iii 9." *VT* 44 (1994): 559–62.

———. " 'Violence' in Amos 3,10 and 6,3." *ETL* 71 (1995): 30–47.

Soggin, J. A. "Amos and Wisdom." In *Wisdom in Ancient Israel: Essays in Honour of J. A. Emerton,* edited by J. Day, 119–23. Cambridge: Cambridge University Press, 1995.

Steinmann, A. E. "The Order of Amos's Oracles against the Nations: 1:3–2:16." *JBL* 111 (1992): 683–89.

Strijdom, P. D. F. "What Tekoa Did to Amos." *OTE* 9 (1996): 273–93.

Thompson, H. O. *The Book of Amos: An Annotated Bibliography.* London: Scarecrow, 1997.

Thompson, M. E. W. "Amos—A Prophet of Hope?" *ExpT* 104 (1992–93): 71–76.

Viberg, Å. "Amos 7:14: A Case of Subtle Irony." *TynB* 47 (1996): 91–114.

Watts, J. D. W. *Vision and Prophecy in Amos.* Expanded ed. Macon, Ga.: Mercer University Press, 1997.

Weiss, M. "Concerning Amos' Repudiation of the Cult." In *Pomegranates and Golden Bells: Studies in Biblical, Jewish, and Near Eastern Ritual, Law, and Literature in Honor of Jacob Milgrom,* edited by D. P. Wright et al., 199–214. Winona Lake, Ind.: Eisenbrauns, 1995.

Widbin, R. B. "Center Structure in the Center Oracles of Amos." In *"Go to the Land I Will Show You": Studies in Honor of Dwight W. Young,* edited by J. E. Coleson and V. H. Matthews, 177–92. Winona Lake, Ind.: Eisenbrauns, 1996.

Williamson, H. G. M. "The Prophet and the Plumb-Line: A Redaction-Critical Study of Amos vii." In *In Quest of the Past: Studies on Israelite Religion, Literature, and Prophetism,* edited by A. S. van der Woude, 101–21. Leiden: Brill, 1990.

Wood, J. R. "Tragic and Comic Forms in Amos." *Biblical Interpretation* 6 (1998): 20–48.

Obadiah

Commentaries

Allen, L. C. *Joel, Obadiah, Jonah, and Micah.* NICOT. Grand Rapids: Eerdmans, 1976.

Finley, T. J. *Joel, Amos, Obadiah.* Chicago: Moody, 1990.

Niehaus, J. "Obadiah." In *The Minor Prophets: An Exegetical and Expositional Commentary,* edited by T. E. McComiskey, 3 vols., 2:495–541. Grand Rapids: Baker, 1992–98.

Raabe, P. R. *Obadiah.* AB. New York: Doubleday, 1996.

Smith, B. K., and F. S. Page. *Amos, Obadiah, Jonah.* NAC. Nashville: Broadman & Holman, 1995.

Stuart, D. *Hosea–Jonah.* WBC. Waco, Tex.: Word, 1987.

Watts, J. D. W. *Obadiah: A Critical Exegetical Commentary.* Grand Rapids: Eerdmans, 1969.

Wolff, H. W. *Obadiah and Jonah.* Translated by M. Kohl. Minneapolis: Augsburg, 1986.

Recent Studies

Ben Zvi, E. *A Historical-Critical Study of the Book of Obadiah.* New York: de Gruyter, 1996.

Bliese, L. F. "Chiastic and Homogeneous Metrical Structures Enhanced by Word Patterns in Obadiah." *Journal of Translation and Textlinguistics* 6 (1993): 210–27.

Clark, D. J. "Obadiah Reconsidered." *BT* 42 (1991): 326–36.

Halpern, H. "Obadiah: The Smallest Book in the Bible." *The Jewish Biblical Quarterly* 26 (1998): 231–36.

Nogalski, J. D. "Obadiah 7: Textual Corruption or Politically Charged Metaphor?" *ZAW* 110 (1998): 67–71.

Snyman, S. D. "Yom (YHWH) in the Book of Obadiah." In *Goldene Äpfel in silbernen Schalen,* edited by K.-D. Schunck and M. Augustin, 81–91. Frankfurt am Main: Lang, 1992.

Wendland, E. R. "Obadiah's 'Day': On the Rhetorical Implications of Textual Form and Intertextual Influence." *Journal of Translation and Textlinguistics* 8 (1996): 23–49.

———. "Obadiah's Vision of 'The Day of the Lord': On the Importance of Rhetoric in the Biblical Text and in Bible Translation." *Journal of Translation and Textlinguistics* 7 (1995–96): 54–86.

Jonah

Commentaries

Allen, L. C. *Joel, Obadiah, Jonah, and Micah.* NICOT. Grand Rapids: Eerdmans, 1976.

Baldwin, J. "Jonah." In *The Minor Prophets: An Exegetical and Expositional Commentary,* edited by T. E. McComiskey, 3 vols., 2:543–90. Grand Rapids: Baker, 1992–98.

Limburg, J. *Jonah.* OTL. Louisville: Westminster John Knox, 1993.

Sasson, J. M. *Jonah.* AB. New York: Doubleday, 1990.

Simon, U. *Jonah.* JPSBC. Translated by L. J. Schramm. Philadelphia: Jewish Publication Society, 1999.

Smith, B. K., and F. S. Page. *Amos, Obadiah, Jonah.* NAC. Nashville: Broadman & Holman, 1995.

Stuart, D. *Hosea-Jonah.* WBC. Waco, Tex.: Word, 1987.

Wolff, H. W. *Obadiah and Jonah.* Translated by M. Kohl. Minneapolis: Augsburg, 1986.

Recent Studies

Barré, M. L. "Jonah 2,9 and the Structure of Jonah's Prayer." *Bib* 72 (1990): 237–48.

Bolin, T. M. *Freedom beyond Forgiveness: The Book of Jonah Re-examined.* JSOTSup 236. Sheffield: Sheffield Academic Press, 1997.

———. " 'Should I Not Also Pity Nineveh': Divine Freedom in the Book of Jonah." *JSOT* 67 (1995): 109–20.

Brenner, A. "Jonah's Poem out of and within Its Context." In *Among the Prophets: Language, Image, and Structure in the Prophetic Writings,* edited by P. R. Davies and D. J. A. Clines, 183–92. Sheffield: JSOT, 1993.

Christensen, D. L. "Jonah and the Sabbath Rest in the Pentateuch." In *Biblische Theologie und gesellschaftlicher Wandeln: Für Norbert Lohfink SJ,* edited by G. Braulik et al., 48–60. Freiburg: Herder, 1993.

Cooper, A. "In Praise of Divine Caprice: The Significance of the Book of Jonah." In *Among the Prophets: Language, Image, and Structure in the Prophetic Writings,* edited by P. R. Davies and D. J. A. Clines, 144–63. Sheffield: JSOT, 1993.

Craig, K. M., Jr. *A Poetics of Jonah: Art in the Service of Ideology.* Columbia: University of

South Carolina Press, 1993.

————. "Jonah and the Reading Process." *JSNT* 47 (1990): 103–14.

————. "Jonah in Recent Research." *Currents in Research: Biblical Studies* 7 (1999): 97–118.

Crouch, W. B. "To Question an End, to End a Question: Opening the Closure of the Book of Jonah." *JSOT* 62 (1994): 101–12.

Day, J. "Problems in the Interpretation of the Book of Jonah." In *In Quest of the Past: Studies on Israelite Religion, Literature, and Prophetism,* edited by A. S. van der Woude, 32–47. Leiden: Brill, 1990.

Dell, K. J. "Reinventing the Wheel: The Shaping of the Book of Jonah." In *After Exile: Essays in Honour of Rex Mason,* edited by J. Barton and D. J. Reimer, 85–101. Macon, Ga.: Mercer University Press, 1996.

Dyck, E. "Jonah among the Prophets: A Study in Canonical Context." *JETS* 33 (1990): 63–73.

Farmer, D. A. "Jonah 3–4." *Int* 54 (2000): 63–65.

Ferguson, P. "Who Was the 'King of Nineveh' in Jonah 3:6?" *TynB* 47 (1996): 301–14.

Frolov, S. "Returning the Ticket: God and His Prophet in the Book of Jonah." *JSOT* 86 (1999): 85–105.

Gitay, Y. "Jonah: The Prophecy of Antirhetoric." In *Fortunate the Eyes That See: Essays in Honor of David Noel Freedman in Celebration of His Seventieth Birthday,* edited by A. B. Beck et al., 197–206. Grand Rapids: Eerdmans, 1995.

Holmgren, F. C. "Israel, the Prophets, and the Book of Jonah: The Rest of the Story (the Formation of the Canon)." *Currents in Theology and Mission* 21 (1994): 127–32.

Houk, C. B. "Linguistic Patterns in Jonah." *JSOT* 77 (1998): 81–102.

Jonker, L. "Reading Jonah Multidimensionally: A Multidimensional Reading Strategy for Biblical Interpretation." *Scriptura* 64 (1998): 1–15.

Judisch, D. McC. L. "The Historicity of Jonah." *Concordia Theological Journal* 63 (1999): 144–57.

Krašovec, J. "Salvation of the Rebellious Prophet Jonah and of the Penitent Heathen Sinners." *Svensk Exegetisk Årsbok* 61 (1996): 53–75.

Lacocque, A., and P.-E. Lacocque. *Jonah: A Psycho-Religious Approach to the Prophet.* Columbia: University of South Carolina Press, 1990.

Levine, B. A. "The Place of Jonah in the History of Biblical Ideas." In *On the Way to Nineveh: Studies in Honor of George M. Landes,* edited by S. L. Cook and S. C. Winter, 201–17. Atlanta: Scholars Press, 1999.

Longacre, R. E., and S. J. J. Hwang. "A Textlinguistic Approach to the Biblical Hebrew Narrative of Jonah." In *Biblical Hebrew and Discourse Linguistics,* edited by R. D. Bergen, 336–58. Winona Lake, Ind.: Eisenbrauns, 1994.

Marcus, D. "Nineveh's 'Three Days' Walk' (Jonah 3:3): Another Interpretation." In *On the Way to Nineveh: Studies in Honor of George M. Landes,* edited by S. L. Cook and S. C. Winter, 42–48. Atlanta: Scholars Press, 1999.

Nel, P. J. "The Symbolism and Function of Epic Space in Jonah." *JNSL* 25 (1999): 215–24.

Niccacci, A. "Syntactic Analysis of Jonah." *Liber Annuus Studii Biblic Franciscani* 46 (1996): 9–32.

Person, R. F., Jr. *In Conversation with Jonah: Conversation Analysis, Literary Criticism, and the Book of Jonah.* JSOTSup 220. Sheffield: Sheffield Academic Press, 1996.

Ratner, R. J. "Jonah, the Runaway Servant." *Maarav* 5–6 (1990): 281–305.

Salters, R. B. *Jonah and Lamentations.* Old Testament Guides. Sheffield: JSOT, 1994.

Sherwood, Y. "Cross-Currents in the Book of Jonah: Some Jewish and Cultural Midrashim on a Traditional Text." *Biblical Interpretation* 6 (1998): 49–79.

————. "Rocking the Boat: Jonah and the New Historicism." *Biblical Interpretation* 5 (1997): 364–402.

Smelik, K. A. D. "The Literary Function of Poetical Passages in Biblical Narrative: The Case of Jonah 2:3–10." In *Give Ear to My Words: Psalms and Other Poetry in and around the Hebrew Bible. Essays in Honour of N. A. Uchelen,* edited by J. W. Dyk, 147–51. Amsterdam: Societas Hebraica Amstelodamensis, 1996.

Spangenberg, I. J. J. "Jonah and Qohelet: Satire versus Irony." *OTE* 9 (1996): 494–511.

Thompson, M. E. W. "The Mission of Jonah." *ExpT* 105 (1993–94): 233–36.

Trible, P. A. "Divine Incongruities in the Book of Jonah." In *God in the Fray: A Tribute to Walter Brueggemann,* edited by T. Linafelt and T. K. Beal, 198–208. Minneapolis: Fortress, 1998.

———. *Rhetorical Criticism: Context, Method, and the Book of Jonah.* Minneapolis: Fortress, 1994.

———. "A Tempest in a Text: Ecological Soundings in the Book of Jonah." In *On the Way to Nineveh: Studies in Honor of George M. Landes,* edited by S. L. Cook and S. C. Winter, 187–99. Atlanta: Scholars Press, 1999.

van Heerden, W. "Humour and the Interpretation of the Book of Jonah." *OTE* 5 (1992): 389–401.

van Wyk-Bos, J. W. H. "No Small Thing: The 'Overturning' of Nineveh in the Third Chapter of Jonah." In *On the Way to Nineveh: Studies in Honor of George M. Landes,* edited by S. L. Cook and S. C. Winter, 218–37. Atlanta: Scholars Press, 1999.

Wendland, E. R. "Recursion and Variation in the 'Prophecy' of Jonah: On the Rhetorical Impact of Stylistic Technique in Hebrew Narrative Discourse, with Special Reference to Irony and Enigma." *AUSS* 35 (1997): 67–98.

———. "Text Analysis and the Genre of Jonah." *JETS* 39 (1996): 191–206, 373–95.

Wilt, T. L. "Jonah: A Battle of Shifting Alliances." In *Among the Prophets: Language, Image, and Structure in the Prophetic Writings,* edited by P. R. Davies and D. J. A. Clines, 164–82. Sheffield: JSOT, 1993.

———. "Lexical Repetition in Jonah." *Journal of Translation and Textlinguistics* 5 (1992): 252–64.

Woodard, B. L. "Death in Life: The Book of Jonah and Biblical Tragedy." *Grace Theological Journal* 12 (1990): 3–16.

Micah

Commentaries

Allen, L. C. *Joel, Obadiah, Jonah, and Micah.* NICOT. Grand Rapids: Eerdmans, 1976.

Andersen, F. I., and D. N. Freedman. *Micah.* AB. New York: Doubleday, 2000.

Hillers, D. R. *Micah.* Hermeneia. Philadelphia: Fortress, 1984.

King, P. J. *Amos, Hosea, Micah—An Archaeological Commentary.* Philadelphia: Westminster, 1988.

Mays, J. L. *Micah.* OTL. Philadelphia: Westminster, 1976.

McKane, W. *The Book of Micah: Introduction and Commentary.* Edinburgh: T. & T. Clark, 1998.

Smith, R. L. *Micah-Malachi.* WBC. Waco, Tex.: Word, 1984.

Waltke, B. K.. "Micah." In *The Minor Prophets: An Exegetical and Expositional Commentary,* edited by T. E. McComiskey, 3 vols., 2:591–764. Grand Rapids: Baker, 1992–98.

Wolff, H. W. *Micah.* Translated by G. Stansell. Minneapolis: Augsburg, 1990.

Recent Studies

Andersen, F. I. "The Poetic Properties of Prophetic Discourse in the Book of Micah." In *Biblical Hebrew and Discourse Linguistics,* edited by R. D. Bergen, 520–28. Winona Lake, Ind.: Eisenbrauns, 1994.

Barker, K. L. "A Literary Analysis of the Book of Micah." *BSac* 155 (1998): 437–48.

Ben Zvi, E. "Micah 1.2–16: Observations and Possible Implications." *JSOT* 77 (1998): 103–20.

———. "Wrongdoers, Wrongdoing, and Righting Wrongs in Micah 2." *Biblical Interpretation* 7 (1999): 88–100.

Biddle, M. E. "'Israel' and 'Jacob' in the Book of Micah: Micah in the Context of the Twelve." *SBLSP,* vol. 2 (1998): 850–71.

Carroll, R. P. "Night without Vision: Micah and the Prophets." In *Sacred History and Sacred Texts in Early Judaism: A Symposium in Honour of A. S. van der Woude,* edited by J. N. Bremmer and F. G. Martínez, 74–84. Kampen: Kok Pharos, 1992.

Cook, S. L. "Micah's Deuteronomistic Redaction and the Deuteronomists' Identity." In *Those Elusive Deuteronomists: The Phenomenon of Pan-Deuteronomism,* edited by L. S. Schearing and S. L. McKenzie, JSOTSup 268, 216–31. Sheffield: Sheffield Academic Press, 1999.

Dempsey, C. J. "The Interplay between Literary Form and Technique and Ethics in Micah 1–3." Ph.D. diss., Catholic University of America, 1994.

———. "Micah 2–3: Literary Artistry, Ethical Message, and Some Considerations about the Image of YHWH and Micah." *JSOT* 85 (1999): 117–28.

Hutton, R. P. "What Happened from Shittim to Gilgal? Law and Gospel in Micah 6:5." *Currents in Theology and Mission* 26 (1999): 94–103.

Jenson, P. P. "Models of Prophetic Prediction and Matthew's Quotation of Micah 5:2." In *The Lord's Anointed,* edited by P. E. Satterthwaite, R. S. Hess, and G. J. Wenham, 189–211. Grand Rapids: Baker, 1995.

McKane, W. "Micah 1,2–7." *ZAW* 107 (1995): 420–34.

———. "Micah 2:1–5: Text and Commentary." *JSS* 42 (1997): 7–22.

———. "Micah 2:12–13." *JNSL* 21 (1995): 83–91.

Miller, D. E. "Micah and Its Literary Environment: Rhetorical Critical Studies." Ph.D. diss., University of Arizona, 1991.

Na'aman, N. "'The House-of-No-Shade Shall Take Away Its Tax from You' (Micah i 11)." *VT* 45 (1995): 516–27.

Petrotta, A. J. *Lexis Ludens: Wordplay and the Book of Micah.* New York: Lang, 1991.

Shaw, C. S. *The Speeches of Micah: A Rhetorical-Historical Analysis.* JSOTSup 145. Sheffield: JSOT, 1993.

Shoemaker, K. W. "Speaker and Audience Participants in Micah: Aspects of Prophetic Discourse." Ph.D. diss., Graduate Theological Union and University of California, Berkeley, 1992.

Strydom, J. G. "Micah of Samaria: Amos's and Hosea's Forgotten Partner." *OTE* 6 (1993): 19–32.

van der Wal, A. *Micah: A Classified Bibliography.* Amsterdam: Free University, 1990.

Wagenaar, J. A. "The Hillside of Samaria: Interpretation and Meaning of Micah 1:6." *Biblische Notizen* 85 (1996): 26–30.

Wessels, W. J. "Conflicting Powers: Reflections from the Book of Micah." *OTE* 10 (1997): 528–44.

———. "Wisdom in the Gate: Micah Takes the Rostrum." *OTE* 10 (1997): 125–35.

Williamson, H. G. M. "Marginalia in Micah." *VT* 47 (1997): 360–72.

Zapff, B. M. "The Perspective of the Nations in the Book of Micah as a 'Systematization' of the Nations' Role in Joel, Jonah, and Nahum? Reflections on a Context-Oriented Exegesis in the Book of the Twelve." *SBLSP* (1999): 596–616.

Nahum

Commentaries

Longman, T. "Nahum." In *The Minor Prophets: An Exegetical and Expositional Commentary,* edited by T. E. McComiskey, 3 vols., 2:765–829. Grand Rapids: Baker, 1992–98.

Patterson, R. D. *Nahum, Habakkuk, Zephaniah.* Chicago: Moody, 1991.

Roberts, J. J. M. *Nahum, Habakkuk, and Zephaniah.* OTL. Louisville: Westminster John Knox, 1991.

Robertson, O. P. *Nahum, Habakkuk, and Zephaniah.* NICOT. Grand Rapids: Eerdmans, 1990.

Smith, R. L. *Micah-Malachi.* WBC. Waco, Tex.: Word, 1984.

Recent Studies

Ball, E. "Interpreting the Septuagint: Nahum 2.2 as a Case Study." *JSOT* 75 (1997): 59–75.

Becking, B. "Divine Wrath and the Conceptual Coherence of the Book of Nahum." *SJOT* 9 (1995): 277–96.

———. "Passion, Power, and Protection: Interpreting the God of Nahum." In *On Reading Prophetic Texts,* edited by B. Becking and M. Dijkstra, 1–20. Leiden: Brill, 1996.

Bliese, L. F. "A Cryptic Chiastic Acrostic: Finding Meaning from Structure in the Poetry of Nahum." *Journal of Translation and Textlinguistics* 7 (1995): 48–81.

Charles, J. D. "Plundering the Lions' Den—A Portrait of Divine Fury (Nahum 2:3–11)." *Grace Theological Journal* 10 (1989): 183–201.

Christensen, D. L. "The Book of Nahum: A History of Interpretation." In *Forming Prophetic Literature: Essays on Isaiah and the Twelve in Honor of John D. W. Watts,* edited by J. W. Watts and P. R. House, JSOTSup 235, 187–94. Sheffield: Sheffield Academic Press, 1996.

Floyd, M. H. "The Chimerical Acrostic of Nahum 1:2–10." *JBL* 113 (1994): 421–37.

House, P. R. "Dramatic Coherence in Nahum, Habakkuk, and Zephaniah." In *Forming Prophetic Literature: Essays on Isaiah and the Twelve in Honor of John D. W. Watts,* JSOTSup 235, edited by J. W. Watts and P. R. House, 195–208. Sheffield: Sheffield Academic Press, 1996.

Johnston, G. H. "Nahum's Historical Allusions to the Neo-Assyrian Lion Motif." *BSac* 158 (2001): 287–307.

———. "Nahum's Rhetorical Allusions to Neo-Assyrian Conquest Metaphors." *BSac* 159 (2002): 21–45.

———. "A Rhetorical Analysis of the Book of Nahum." Ph.D. diss., Dallas Theological Seminary, 1992.

Nogalski, J. "The Radical Shaping of Nahum 1 for the Book of the Twelve." In *Among the Prophets: Language, Image, and Structure in the Prophetic Writings,* edited by P. R. Davies and D. J. A. Clines, 193–202. Sheffield: JSOT, 1993.

Patterson, R. D., and M. E. Travers, "Nahum: Poet Laureate of the Minor Prophets." *JETS* 33 (1990): 437–44.

Spronk, K. "Acrostics in the Book of Nahum." *ZAW* 110 (1998): 209–22.

———. *Nahum.* Kampen: Kok Pharos, 1997.

———. "Synchronic and Diachronic Approaches to the Book of Nahum." In *Synchronic or Diachronic? A Debate in Old Testament Exegesis,* edited by J. C. de Moor, 159–86. Leiden: Brill, 1995.

Sweeney, M. A. "Concerning the Structure and Generic Character of the Book of Nahum." *ZAW* 104 (1992): 364–77.

Wendland, E. R. "What's the 'Good News'—Check Out 'the Feet'! Prophetic Rhetoric and the Salvific Center of Nahum's 'Vision.'" *OTE* 11 (1998): 154–81.

Wessels, W. J. "Nahum, an Uneasy Expression of Yahweh's Power." *OTE* 11 (1998): 615–28.

Habakkuk

Commentaries

Bruce, F. F. "Habakkuk." In *The Minor Prophets: An Exegetical and Expositional Commentary,* edited by T. E. McComiskey, 3 vols., 2:831–96. Grand Rapids: Baker, 1992–98.

Patterson, R. D. *Nahum, Habakkuk, Zephaniah*. Chicago: Moody, 1991.
Roberts, J. J. M. *Nahum, Habakkuk, and Zephaniah*. OTL. Louisville: Westminster John Knox, 1991.
Robertson, O. P. *Nahum, Habakkuk, and Zephaniah*. NICOT. Grand Rapids: Eerdmans, 1990.
Smith, R. L. *Micah-Malachi*. WBC. Waco, Tex.: Word, 1984.

Recent Studies

Bliese, L. F. "The Poetics of Habakkuk." *Journal of Translation and Textlinguistics* 12 (1999): 47–75.
Copeland, P. E. "The Midst of Years." In *Text as Pretext: Essays in Honour of Robert Davidson*, edited by R. P. Carroll et al., JSOTSup 138, 91–105. Sheffield: JSOT, 1992.
Floyd, M. H. "Prophecy and Writing in Habakkuk 2,1–5." *ZAW* 105 (1993): 462–81.
————. "Prophetic Complaints about the Fulfillment of Oracles in Habakkuk 1:2–17 and Jeremiah 15:10–18." *JBL* 110 (1991): 397–418.
Haak, R. D. *Habakkuk*. VTSup 44. Leiden: Brill, 1992.
Hahlen, M. A. "The Literary Design of Habakkuk." Ph.D. diss., Southern Baptist Theological Seminary, 1992.
Heard, C. "Hearing the Children's Cries: Commentary, Deconstruction, Ethics, and the Book of Habakkuk." *Semeia* 77 (1997): 75–89.
Leigh, B. Y. "A Rhetorical and Structural Study of the Book of Habakkuk." Ph.D. diss., Golden Gate Baptist Theological Seminary, 1992.
O'Neal, G. M. "Interpreting Habakkuk as Scripture: An Application of the Canonical Approach of Brevard S. Childs." Ph.D. diss., Southern Baptist Theological Seminary, 1996.
Sweeney, M. A. "Structure, Genre, and Intent in the Book of Habakkuk." *VT* 41 (1991): 63–83.
Thompson, M. E. W. "Prayer, Oracle, and Theophany: The Book of Habakkuk." *TynB* 44 (1993): 33–53.
Trudinger, P. "Two Ambiguities in Habakkuk's 'Unambiguous' Oracle." *Downside Review* 113 (1995): 282–83.
Tsumura, D. T. "The 'Word Pair' *qšt* and *mṭ* in Habakkuk 3:9 in the Light of Ugaritic and Akkadian." In *"Go to the Land I Will Show You": Studies in Honor of Dwight W. Young*, edited by J. E. Coleson and V. H. Matthews, 353–61. Winona Lake, Ind.: Eisenbrauns, 1996.
van Ruiten, J. T. A. G. M. "'His Master's Voice'? The Supposed Influence of the Book of Isaiah in the Book of Habakkuk." In *Studies in the Book of Isaiah: Festschrift Willem A. M. Beuken*, edited by J. van Ruiten and M. Vervenne, 397–411. Louvain: Peeters, 1997.
Watts, J. W. "Psalmody in Prophecy: Habakkuk 3 in Context." In *Forming Prophetic Literature: Essays on Isaiah and the Twelve in Honor of John D. W. Watts*, edited by J. W. Watts and P. R. House, JSOTSup 235, 209–23. Sheffield: Sheffield Academic Press, 1996.
Wendland, E. "The 'Righteous Live by Their Faith' in a Holy God: Complementary Compositional Forces and Habakkuk's Dialogue with the Lord." *JETS* 42 (1999): 591–628.

Zephaniah

Commentaries

Berlin, A. *Zephaniah*. AB. New York: Doubleday, 1994.
Motyer, J. A. "Zephaniah." In *The Minor Prophets: An Exegetical and Expositional Commentary*, edited by T. E. McComiskey, 3 vols., 3:897–962. Grand Rapids: Baker, 1992–98.

Patterson, R. D. *Nahum, Habakkuk, Zephaniah.* Chicago: Moody, 1991.
Roberts, J. J. M. *Nahum, Habakkuk, and Zephaniah.* OTL. Louisville: Westminster John Knox, 1991.
Robertson, O. P. *Nahum, Habakkuk, and Zephaniah.* NICOT. Grand Rapids: Eerdmans, 1990.
Smith, R. L. *Micah-Malachi.* WBC. Waco, Tex.: Word, 1984.

Recent Studies

Ben Zvi, E. *A Historical-Critical Study of the Book of Zephaniah.* Berlin: de Gruyter, 1991.
Berlin, A. "Zephaniah's Oracles against the Nations and an Israelite Cultural Myth." In *Fortunate the Eyes That See: Essays in Honor of David Noel Freedman in Celebration of His Seventieth Birthday,* edited by A. B. Beck et al., 175–84. Grand Rapids: Eerdmans, 1995.
Haak, R. D. "'Cush' in Zephaniah." In *The Pitcher Is Broken: Memorial Essays for Gösta A. Ahlström,* edited by S. W. Holloway and L. K. Handy, JSOTSup 190, 238–51. Sheffield: Sheffield Academic Press, 1995.
King, G. A. "The Day of the Lord in Zephaniah." *BSac* 152 (1995): 16–32.
———. "The Message of Zephaniah: An Urgent Echo." *AUSS* 35 (1997): 211–22.
———. "The Remnant in Zephaniah." *BSac* 151 (1994): 414–27.
———. "The Theological Coherence of the Book of Zephaniah." Ph.D. diss., Union Theological Seminary (VA), 1996.
Nysse, R. W. "A Theological Reading of Zephaniah's Audience." In *All Things New: Essays in Honor of Roy A. Harrisville,* edited by A. J. Hultgren et al., 65–73. St. Paul, Minn.: Word & World, 1993.
Rudman, D. "A Note on Zephaniah." *Bib* 80 (1999): 109–12.
Ryou, D. H. *Zephaniah's Oracles against the Nations: A Synchronic and Diachronic Study of Zephaniah 2:1–3:8.* Leiden: Brill, 1995.
Sweeney, M. A. "A Form-Critical Reassessment of the Book of Zephaniah." *CBQ* 53 (1991): 387–408.
———. "Zephaniah: A Paradigm for the Study of the Prophetic Books." *Currents in Research: Biblical Studies* 7 (1999): 119–45.

Haggai

Commentaries

Baldwin, J. G. *Haggai, Zechariah, Malachi.* TOTC. London: InterVarsity, 1972.
Merrill, E. H. *Haggai, Zechariah, Malachi.* Chicago: Moody, 1994.
Meyers, C. L., and E. M. Meyers. *Haggai, Zechariah 1–8.* AB. Garden City, NY.: Doubleday, 1987.
Motyer, J. A. "Haggai." In *The Minor Prophets: An Exegetical and Expositional Commentary,* edited by T. E. McComiskey, 3 vols. Grand Rapids: Baker, 1992–98. 3:963–1002.
Petersen, D. L. *Haggai and Zechariah 1–8.* OTL. Philadelphia: Westminster, 1984.
Redditt, P. L. *Haggai, Zechariah, Malachi.* NCB. Grand Rapids: Eerdmans, 1995.
Smith, R. L. *Micah-Malachi.* WBC. Waco, TX.: Word, 1984.
Verhoef, P. A. *Haggai and Malachi.* NICOT. Grand Rapids: Eerdmans, 1987.
Wolff, H. W. *Haggai.* Translated by M. Kohl. Minneapolis: Augsburg, 1988.

Recent Studies

Bedford, P. R. "Discerning the Time: Haggai, Zechariah, and the 'Delay' in the Rebuilding of the Jerusalem Temple." In *The Pitcher Is Broken: Memorial Essays for Gösta A. Ahlström,* JSOTSup 190, edited by S. W. Holloway and L. K. Handy, 71–94. Sheffield: Sheffield Academic Press, 1995.

Christensen, D. L. "Impulse and Design in the Book of Haggai." *JETS* 35 (1992): 445–56.

Clark, D. J. "Discourse Structure in Haggai." *Journal of Translation and Textlinguistics* 5 (1992): 13–24.

Clines, D. J. A. "Haggai's Temple, Constructed, Deconstructed, and Reconstructed." *SJOT* 7 (1993): 51–77.

Craig, K. M., Jr. "Interrogatives in Haggai-Zechariah: A Literary Thread?" In *Forming Prophetic Literature: Essays on Isaiah and the Twelve in Honor of John D. W. Watts*, JSOTSup 235, edited by J. W. Watts and P. R. House, 224–44. Sheffield: Sheffield Academic Press, 1996.

Floyd, M. H. "The Nature of the Narrative and the Evidence of Redaction in Haggai." *VT* 45 (1995): 470–90.

Holbrook, D. J. "Narrowing Down Haggai: Examining Style in Light of the Discourse and Content of Haggai." *Journal of Translation and Textlinguistics* 7 (1995): 1–12.

Sim, R. J. "Notes on Haggai 2:10–21." *Journal of Translation and Textlinguistics* 5 (1992): 25–36.

Sykes, S. "Time and Place in Haggai-Zechariah 1–8: A Bakhtinian Analysis of a Prophetic Chronicle." *JSOT* 76 (1997): 97–124.

Tollington, J. E. *Tradition and Innovation in Haggai and Zechariah 1–8.* JSOTSup 150. Sheffield: JSOT, 1993.

Wendland, E. R. "Temple Site or Cemetery?—A Question of Perspective: The Influence of World View on the Interpretation of Haggai 2:10–19 and Its Implications for the Handling of Implicit Information in Bible Translation." *Journal of Translation and Textlinguistics* 5 (1992): 37–85.

Zechariah

Commentaries

Baldwin, J. G. *Haggai, Zechariah, Malachi.* TOTC. London: InterVarsity, 1972.

McComiskey, T. E. "Zechariah." In *The Minor Prophets: An Exegetical and Expositional Commentary,* edited by T. E. McComiskey, 3 vols., 3:1003–1244. Grand Rapids: Baker, 1992–98.

Merrill, E. H. *Haggai, Zechariah, Malachi.* Chicago: Moody, 1994.

Meyers, C. L. and E. M. Meyers. *Haggai, Zechariah 1–8.* AB. Garden City, N.Y.: Doubleday, 1987.

———. *Zechariah 9–14.* AB. New York: Doubleday, 1993.

Petersen, D. L. *Haggai and Zechariah 1–8.* OTL. Philadelphia: Westminster, 1984.

———. *Zechariah 9–14 and Malachi.* OTL. London: SCM, 1995.

Redditt, P. L. *Haggai, Zechariah, Malachi.* NCB. Grand Rapids: Eerdmans, 1995.

Smith, R. L. *Micah-Malachi.* WBC. Waco, Tex.: Word, 1984.

Recent Studies

Butterworth, M. *Structure of the Book of Zechariah.* JSOTSup 130. Sheffield: JSOT, 1992.

Clark, D. J. "Vision and Oracle in Zechariah 1–6." In *Biblical Hebrew and Discourse Linguistics,* edited by R. D. Bergen, 529–60. Winona Lake, Ind.: Eisenbrauns, 1994.

Cook, S. L. "The Metamorphosis of a Shepherd: The Tradition History of Zechariah 11:17 + 13:7–9." *CBQ* 55 (1993): 453–66.

Craig, K. M., Jr. "Interrogatives in Haggai-Zechariah: A Literary Thread?" In *Forming Prophetic Literature: Essays on Isaiah and the Twelve in Honor of John D. W. Watts,* edited by J. W. Watts and P. R. House, JSOTSup 235, 224–44. Sheffield: Sheffield Academic Press, 1996.

Floyd, M. H. "Cosmos and History in Zechariah's View of the Restoration (Zechariah 1:7—

6:15)." In *Problems in Biblical Theology: Essays in Honor of Rolf Knierim,* edited by H. T. C. Sun, 125–44. Grand Rapids: Eerdmans, 1997.

———. "The Evil in Ephah: Reading Zechariah 5:5–11 in Its Literary Context." *CBQ* 58 (1996): 51–68.

Fox, H. "The Forelife of Ideas and the Afterlife of Texts." *RB* 105 (1998): 520–25.

Good, R. "Zechariah 14:13 and Related Texts: Brother against Brother in War." *Maarav* 8 (1992): 39–47.

Gordon, R. P. "Inscribed Pots and Zechariah xiv 20–1." *VT* 42 (1992): 120–23.

Hartle, J. A. "The Literary Unity of Zechariah." *JETS* 35 (1992): 145- 57.

Hobbs, T. R. "The Language of Warfare in Zechariah 9–14." In *After Exile: Essays in Honour of Rex Mason,* edited by J. Barton and D. J. Reimer, 103–28. Macon, Ga.: Mercer University Press, 1996.

Hoppe, L. J. "Zechariah 3: A Vision of Forgiveness." *TBT* 38 (2000): 10–16.

Kline, M. G. "The Structure of the Book of Zechariah." *JETS* 34 (1991): 179–93.

Kruger, P. A. "Grasping the Hem in Zech 8:23: The Contextual Analysis of a Gesture." In *"Feet on Level Ground": A South African Tribute of Old Testament Essays in Honor of Gerhard Hasel,* edited by K. Van Wyk, 172–92. Berrien Center, Mich.: Hester, 1996.

Laffey, A. L. "Zechariah 1: A Vision of Compassion." *TBT* 38 (2000): 4–9.

Larkin, K. *The Eschatology of Second Zechariah: A Study of the Formation of a Mantological Wisdom Anthology.* Kampen: Kok Pharos, 1994.

LaRocca-Pitts, B. "Zechariah 6: A Vision of Peace." *TBT* 38 (2000): 23–28.

Laubscher, F. du T. "Epiphany and Sun Mythology in Zechariah 14." *JNSL* 20 (1994): 125–38.

Marinkovic, P. "What Does Zechariah 1–8 Tell Us about the Second Temple? In *Second Temple Studies,* vol. 2: *Temple Community in the Persian Period,* edited by T. C. Eskenazi and K. H. Richards, JSOTSup 175, 88–103. Sheffield: JSOT, 1994.

Meyers, C. L., and E. M. Meyers. "The Future Fortunes of the House of David: The Evidence of Second Zechariah." In *Fortunate the Eyes That See: Essays in Honor of David Noel Freedman in Celebration of His Seventieth Birthday,* edited by A. B. Beck et al., 207–22. Grand Rapids: Eerdmans, 1995.

———. "Jerusalem and Zion after the Exile: The Evidence of First Zechariah." In *"Sha'arei Talmon": Studies in the Bible, Qumran, and the Ancient Near East Presented to Shemaryahu Talmon,* edited by M. Fishbane et al., 121–35. Winona Lake, Ind.: Eisenbrauns, 1992.

Meyers, E. M. "The Crisis of the Mid–Fifth Century B.C.E. Zechariah and the 'End' of Prophecy." In *Pomegranates and Golden Bells: Studies in Biblical, Jewish, and Near Eastern Ritual, Law, and Literature in Honor of Jacob Milgrom,* edited by D. P. Wright et al., 713–23. Winona Lake, Ind.: Eisenbrauns, 1995.

———. "Messianism in First and Second Zechariah and the 'End' of Biblical Prophecy." In *"Go to the Land I Will Show You": Studies in Honor of Dwight W. Young,* edited by J. E. Coleson and V. H. Matthews, 127–42. Winona Lake, Ind.: Eisenbrauns,1996.

Nash, K. S. "Zechariah 4: A Vision of Small Beginnings." *TBT* 38 (2000): 17–22.

Nielsen, E. "A Note on Zechariah 14, 4–5." In *In the Last Days: On Jewish and Christian Apocalyptic and Its Period,* edited by K. Jeppesen et al., 33–37. Århus, Denmark: Århus University Press, 1994.

Nurmela, R. *Prophets in Dialogue: Inner-Biblical Allusions in Zechariah 1–8 and 9–14.* Turku, Finland: Åbo Akademis Förlag, 1996.

Peachey, B. F. "A Horse of a Different Colour: The Horses in Zechariah and Revelation." *ExpT* 110 (1999): 214–16.

Person, R. F. *Second Zechariah and the Deuteronomistic School.* JSOTSup 167. Sheffield: JSOT, 1993.

Redditt, P. L. "Nehemiah's First Mission and the Date of Zechariah 9–14." *CBQ* 56 (1994): 664–78.

———. "The Two Shepherds in Zechariah 11:4–17." *CBQ* 55 (1993): 676–86.

———. "Zechariah 9–14, Malachi, and the Redaction of the Book of the Twelve." In *Forming Prophetic Literature: Essays on Isaiah and the Twelve in Honor of John D. W. Watts*, edited by J. W. Watts and P. R. House, JSOTSup 235, 245–68. Sheffield: Sheffield Academic Press, 1996.

———. "Zerubbabel, Joshua, and the Night Visions of Zechariah." *CBQ* 54 (1992): 249–59.

Rhea, R. "Attack on Prophecy: Zechariah 13,1–6." *ZAW* 107 (1995): 288–93.

Rose, W. H. *Zemah and Zerubbabel: Messianic Expectations in the Early Postexilic Period.* JSOTSup 304. Sheffield: Sheffield Academic Press, 2000.

Rubenstein, J. L. "Sukkto, Eschatology, and Zechariah 14." *RB* 103 (1996): 161–95.

Schaefer, K. R. "The Ending of the Book of Zechariah: A Commentary." *RB* 100 (1993): 165–238.

———. "Zechariah 14: A Study in Allusion." *CBQ* 57 (1995): 66–91.

———. "Zechariah 14 and the Composition of the Book of Zechariah." *RB* 100 (1993): 368–98.

Sykes, S. "Time and Place in Haggai–Zechariah 1–8: A Bakhtinian Analysis of a Prophetic Chronicle." *JSOT* 76 (1997): 97–124.

Tigchelaar, E. J. C. *Prophets of Old and the Day of the End: Zechariah, the Book of Watchers, and Apocalyptic.* Leiden: Brill, 1996.

Tollington, J. E. *Tradition and Innovation in Haggai and Zechariah 1–8.* JSOTSup 150. Sheffield: JSOT, 1993.

VanderKam, J. C. "Joshua the High Priest and the Interpretation of Zechariah 3." *CBQ* 53 (1991): 553–70.

Wilbur, K. C. "Analysis of Poetic and Prose Expression in Zechariah 9–11." Ph.D. diss., Boston University, 1994.

Witt, D. A. "Zechariah 12–14: Its Origins, Growth, and Theological Significance." Ph.D. diss., Vanderbilt University, 1991.

Wolters, A. "Semantic Borrowing and Inner-Greek Corruption in LXX Zechariah 11:8." *JBL* 118 (1999): 685–707.

Malachi

Commentaries

Baldwin, J. G. *Haggai, Zechariah, Malachi.* TOTC. London: InterVarsity, 1972.

Hill, A. E. *Malachi.* AB. New York: Doubleday, 1998.

Merrill, E. H. *Haggai, Zechariah, Malachi.* Chicago: Moody, 1994.

Petersen, D. L. *Zechariah 9–14 and Malachi.* OTL. London: SCM, 1995.

Redditt, P. L. *Haggai, Zechariah, Malachi.* NCB. Grand Rapids: Eerdmans, 1995.

Smith, R. L. *Micah–Malachi.* WBC. Waco, Tex.: Word, 1984.

Stuart, D. "Malachi." In *The Minor Prophets: An Exegetical and Expositional Commentary*, edited by T. E. McComiskey, 3 vols., 3:1245–1396. Grand Rapids: Baker, 1992–98.

Verhoef, P. A. *Haggai and Malachi.* NICOT. Grand Rapids: Eerdmans, 1987.

Recent Studies

Berry, D. K. "Malachi's Dual Design: The Close of the Canon and What Comes Afterward." In *Forming Prophetic Literature: Essays on Isaiah and the Twelve in Honor of John D. W. Watts*, edited by J. W. Watts and P. R. House, JSOTSup 235, 269–302. Sheffield: Sheffield Academic Press, 1996.

Clark, D. J. "A Discourse Approach to Problems in Malachi 2.10–16." *BT* 49 (1998): 415–25.

Clendenen, E. R. "Old Testament Prophecy as Hortatory Text: Examples from Malachi." *Journal of Translation and Textlinguistics* 6 (1993): 336–53.

Curtis, B. G. "The Daughter of Zion Oracles and the Appendices to Malachi: Evidence on the Latter Redactors and Redactions of the Book of the Twelve." *SBLSP*, vol. 2 (1998): 872–92.

Fuller, R. "Text-Critical Problems in Malachi 2:10–16." *JBL* 110 (1991): 47–57.

Heath, E. A. "Divorce and Violence: Synonymous Parallelism in Malachi 2:16." *Ashland Theological Journal* 28 (1996): 1–8.

Hugenberger, G. P. *Marriage as a Covenant: A Study of Biblical Law and Ethics Governing Marriage Developed from the Perspective of Malachi.* Leiden: Brill, 1994.

Kugler, R. A. "A Note on the Hebrew and Greek Texts of Mal 2,3aα." *ZAW* 108 (1996): 426–29.

———. "The Levi-Priestly Tradition: From Malachi to 'Testament of Levi.'" Ph.D. diss., University of Notre Dame, 1994.

Lewis, J. P. "'Sun of Righteousness' (Malachi 4:2): A History of Interpretation." *Stone-Campbell Journal* 2 (1999): 90–110.

Mariottini, C. F. "Malachi: A Prophet for His Time." *The Jewish Biblical Quarterly* 26 (1998): 149–57.

O'Brien, J. M. "Judah as Wife and Husband: Deconstructing Gender in Malachi." *JBL* 115 (1996): 241–50.

———. "Malachi in Recent Research." *Currents in Research: Biblical Studies* 3 (1995): 81–94.

———. "On Saying 'No' to a Prophet." *Semeia* 72 (1995): 111–24.

———. *Priest and Levite in Malachi.* SBLDS 121. Atlanta: Scholars Press, 1990.

Redditt, P. L. "The Book of Malachi in Its Social Setting." *CBQ* 56 (1994): 240–55.

Reynolds, C. B. "Malachi and the Priesthood." Ph.D. diss., Yale University, 1993.

Snyman, S. D. "A Structural Approach to Malachi 3:13–21." *OTE* 9 (1996): 486–94.

Viberg, Å. "Wakening a Sleeping Metaphor: A New Interpretation of Malachi 1:11." *TynB* 45 (1994): 297–319.

Williams, D. T. "The Windows of Heaven." *OTE* 5 (1992): 402–13.

역자 후기

한국의 기독교인들 중에는 이스라엘의 예언을 단순히 앞으로 있을 일에 대해서 "미리 말하는 행동"(豫言)으로 이해하는 사람이 매우 많다. 속된 말로 표현하자면, 구약의 예언자들을 일종의 점쟁이 정도로 생각하는 시각이 적지 않은 것이다. 그러나 엄밀하게 말해서 이스라엘의 예언은 하나님께 부름 받은 종이 그의 말씀을 위탁받아 그것을 사람들에게 선포하는 행위(預言)를 가리킨다. 이 점은 예언자들이 선포하는 메시지를 볼 때 분명하게 드러난다. 예언자들은 과거에 하나님께서 주신 토라와 그의 구원 은총에 근거하여 이스라엘의 비뚤어진 현재를 비판하고 고발하는 한편으로, 그에 상응하는 하나님의 준엄한 심판이 있을 것임을 선언한다. 아울러 그들은 심판 후에 있을 이스라엘의 회복과 하나님의 구원에 대해서 선포하는 것을 잊지 않는다. 이것은 결국 예언 메시지가 과거와 현재와 미래를 다 포괄하는 것임을 분명하게 보여준다.

그런데 하나님께서 부르신 이들 예언자들은 그 활동 시기에 따라 초기(初期) 예언자와 후기(後期) 예언자로 나누인다. 초기 예언자와 후기 예언자를 나누는 가장 편리한 기준은 예언자 자신의 이름으로 기록된 책이 있느냐 없느냐 하는 것이다. 초기 예언자들의 경우, 그들의 활동이 성경의 역사서에 낱낱이 기록되어 있으면서도 그들의 이름을 가진 책은 남겨져 있지 않다. 그러나 후기에 가면서 예언자들의 활동과 그들이 선포한 메시지를 모아 두는 경우가 많았다. 그래서 우리는 후기 예언자들을 "문서 예언자"(the writing/written prophets)라고 부르기도 한다. 이들 문서 예언자들은 모두 16명으로 구약성경의 마지막 부분에 예언서라는 항목으로 한데 묶여 있다. 그리고 이들은 비교적 분량이 많은 대(大)예언서와 분량이 적은 소(小)예언서로 나뉜다. 대예언서는 이사야에서 다니엘에 이르기까지의 4권이고(예레미야 애가는 예레미야에 딸린 것으로 봄) 소예언서는 호세아에서 요엘까지의 12권이다.

이 문서 예언자들의 메시지를 종합적으로 개관한 훌륭한 책이 최근에 미국에서 출판되었다(2002년). 치즈홀름(Robert B. Chisholm Jr.)의 『예언서 개론』 (Handbook on the Prophets)이 바로 그 책이다. 본서의 저자인 치즈홀름은 미국의 달라스 신학교(Dallas Theological Seminary)에서 구약학으로 신학박사 학위를 받은 후(1983년), 같은 대학에서 거의 25여 년 동안 구약학을 강의해 온 중견 학자이다. 구약 예언서를 전공한 학자로 널리 알려진 그는 본서를 쓰기 전에 두 권의 저서를 먼저 출간하였는데, 그 하나는 『소예언서 해석』 (Interpreting the Minor Prophets, 1990)이라는 제목의 소예언서 해설서이고, 다른 하나는 히브리어 연구에 기초한 성서해석 방법론(주로 본문비평)에 관한 책으로(From Exegesis to Exposition: A Practical Guide to Using Biblical Hebrew, 1999), 다음과 같이 우리말로도 번역되어 있다. 『주석에서 강해까지』 (류근상 옮김; 크리스챤 출판사, 2003).

그의 저서 중 가장 최근에 나온 본서는 그동안의 예언서 연구 성과를 집대성한 것이라 할 수 있다. 그가 서문에서 밝힌 바와 같이, 이 책은 각 예언서의 구조와 주제 및 메시지 등을 분석하는 개략적인 주석을 통하여 예언 메시지를 개관하려는 목적을 가지고 있다. 이는 본서가 독자들로 하여금 나무와 숲을 동시에 보게 하려는 의도를 가지고 있음을 뜻한다. 그러면서도 치즈홀름은 이 책에서 특히 중요한 해석상의 쟁점들을 한층 깊이 다루고자 했고, 주석들과 전문적인 신학 문헌들에 표현되어 있는 다양한 학문적인 견해들을 종합하면서 그것들과 교감하고자 노력했다. 그러한 논의의 많은 부분들은 각주에 잘 반영되어 있다.

아울러 그는 예언 문헌에 대한 한층 심화된 학문적 연구를 진행하고자 하는 사람들을 위해서 친절하게도 각 장의 말미에 참고문헌을 소개하였다. 비록 참고문헌의 대부분이 1990년 이후로 완성된 영문 저작들에 한정되어 있기는 하지만 말이다. 독자들은 이 참고문헌 목록을 통하여 최근 학계의 동향을 알 수 있을 것이며, 그 목록의 도움을 받아 평소에 관심을 가지고 있던 분야나 주제를 찾아 자기 나름의 학문적인 연구를 추가로 진행할 수 있을 것이다.

역자가 판단하건대, 아마도 독자들은 우리말로 번역된 치즈홀름의 이 책을 읽으면서 도발적이면서도 흥미로운 하나님의 예언의 말씀에 대한 상당한 지식과 통찰력을 얻을 수 있을 것이다. 어떤 부분에서는 그동안 축적된 구약학계의 다양한 비평적 연구 성과들에 대해서 너무 문을 닫고 있지 않은가 하는 생각이 들기도 하지만, 이 책이 복음주의적인 시각에서 성경을 하나님의 말씀으로 믿고 연구하는 사람들에게는 여러 모로 유익하고 도움이 되는 예언서 길잡이임에 틀림이 없다.

아무쪼록 이 부족한 번역서가 구약 예언서에 관심을 가진 학자들이나 목회자들, 신학도들 모두에게 이사야서에서 말라기까지 이어지는 문서 예언자들의 메시지를 공부하고 주석하는 데 많은 도움을 주었으면 한다. 그리고 궁극적으로는 구약 예언서에 기록되어 있는 하나님의 말씀들이 이 번역서를 통하여 한층 은혜롭고 풍요로운 메시지로 사람들에게 전달되는 귀한 역사가 이루어지기를 바라는 마음 간절하다. 마지막으로 치즈홀름의 이 책을 번역, 출판할 수 있게 해주신 크리스챤다이제스트의 박명곤 사장님께 깊은 감사를 드리며, 부족한 번역 원고를 잘 교정해 주셔서 번역의 빈틈을 훌륭하게 메워주신 출판사의 모든 분들에게도 동일한 감사의 마음을 전한다.

2006년 1월
광주 양림골 선지동산에서
강성열

● **독자 여러분들께 알립니다!**
'**CH북스**'는 기존 '**크리스천다이제스트**'의 영문명 앞 2글자와
도서를 의미하는 '**북스**'를 결합한 출판사의 새로운 이름입니다.

베이커 구약 개론 시리즈 3

예언서개론

1판 1쇄 발행 2006년 3월 20일
1판 중쇄 발행 2022년 3월 14일

발행인 박명곤 **CEO** 박지성 **CFO** 김영은
편집 채대광, 김준원, 박일귀, 이은빈, 김수연
디자인 구경표, 한승주
마케팅 임우열, 유진선, 이호, 김수연
펴낸곳 CH북스
출판등록 제406-1999-000038호
대표전화 070-4917-2074 **팩스** 031-944-9820
주소 경기도 파주시 회동길 37-20
홈페이지 www.hdjisung.com **이메일** main@hdjisung.com
제작처 영신사 월드페이퍼

© CH북스 2006

'그리스도와 그의 나라를 위하여'
CH북스는 여러분의 의견 하나하나를 소중히 받고 있습니다.
원고 투고, 오탈자 제보, 제휴 제안은 main@hdjisung.com으로 보내 주세요.

"크리스천의 영적 성장을 돕는 고전"
세계기독교고전 목록